Bernt Lüchtenborg

MEERES LUST

„Manchmal erscheint mir das Meer wie ein Traumspiel, so nah war ich der Wirklichkeit."

Henry Martinson

HEEL

Impressum

HEEL Verlag GmbH
Gut Pottscheidt
53639 Königswinter
Telefon 0 22 23 / 92 30-0
Telefax 0 22 23 / 92 30 26
Mail: info@heel-verlag.de
Internet: www.heel-verlag.de

Verantwortlich für den Inhalt:
Bernt Lüchtenborg

Fotos:
Archiv des Autors

Gestaltung und Satz:
Grafikbüro Schumacher, Königswinter

Druck:
Europrinting S.p.A., Italien

Printed in Italy

ISBN: 978-3-89880-796-8

Inhalt

Meereslust

1850 Tage zwischen Himmel und Horizont in der Weite der Ozeane

Prolog

Ich pinkelte das erste Mal in den Pazifik. Über mir funkelten die Sterne, der Wind orgelte, während ich meiner Angst Raum verschaffte und die mächtigen Wellen übel anschrie. Doch das, was ich dem Ozean entgegen hielt, drückte mir die Gischt brutal in den Hals zurück. Sturm! Einer mehr von vielen auf meiner Reise um die Welt, die mir vorkam wie fünf Tage und zugleich wie ein ganzes Leben. Ich war aus der Zeit gefallen, drei Jahre mittlerweile unterwegs und trieb dahin in der Weite des Pazifiks.

Da es keine Geschichte gibt, die bei sich selbst anfängt, erinnerte ich mich plötzlich wieder daran, wie mein Schicksal mit dem Alltag kollidierte und etwas in Bewegung setzte, an das ich niemals zu glauben wagte. Wenn es zur Meereslust einen Anfang gab, von dem man sagen kann, dass mit ihm alles begann, dann war es die Frage: „Kannst Du segeln?" Vor mir stand Helmut, ein bis ins Mark seiner rheumatischen Knochen erfahrener Seemann und konfrontierte mich mit einer Frage, die ich befürchtet hatte. Denn zu den schwierigsten Dingen im Leben zählt das Eingestehen von Unkenntnis gerade dann, wenn man jemanden beeindrucken möchte. Das erste Mal in meinem Leben stand ich auf einer Yacht, hatte keine Ahnung vom Segeln und doch checkte ich ein auf der „Warp Factor", einem Schiff der Seglergemeinschaft Schwarzenbek. Diese Geschichte liegt sieben Jahre zurück.

Ich löste das Geburtstagsgeschenk meiner Ex-Frau ein und damit begann ein mehrtägiger Törn. Gleich nach dem Start hing ich über der Reling und kübelte dem Leuchtfeuer von Staberhuk meine ganze Aufregung entgegen. Das schaffte Räume. Frei von Terminen, Druck und Hetze fühlte ich eine wunderbare Leere. Schiff und Gedanken nahmen Fahrt auf, weil der Wind heran kam und Neues brachte. Ich spürte, dass etwas mit mir passierte. Das starre Gerüst der Gesellschaft, das mich umgab, begann zu schwanken und die Fassade einengender Normen fing an zu bröckeln.

Ich lauschte dem Zwiespalt innerer Stimmen. Der einen, die sich selbstherrlich gegen den Wind lehnte und sagte: „An Land bist du wichtig, mächtig, bestimmst den Kurs, hinterlässt Spuren." Und dann der anderen: „Vergiss es," konterte sie, „auf See lernst du, wie sinnlos dein Tun ist. Wenn ein Schiff vorüber gezogen ist und das Kielwasser sich wieder beruhigt hat, ist alles so wie vorher – nichts bestimmst du. Gar nichts."

In jener Vollmondnacht schnupperte ich am Geruch der Freiheit unter Segeln, griff nach der Einfachheit des Seins und sehnte mich unter einem Universum, das sich mit Sternen füllte, nach mehr vom Meer. Die See bewegte mich, die Seele lächelte im Vollmond. Gefühlte Momente in der ersten Nacht unter Segeln öffneten mir die Augen. Diese Zeit innerhalb einer einmaligen Sphäre des Seins reichte aus, um mich darauf zu trimmen, was ich war: Ein unbedeutendes Wesen, zu aufgeblasen in der ständigen Überbietung seiner Selbst und in seinem Erfolg. Ich griff nach einer Welt, die mich in ihrer ganzen Komplexität im Griff hatte, weil ich um erfolgreich zu funktionieren tausend große Dinge gleichzeitig erledigte und die kleinen vernachlässigte. Im Rauschen des Meeres hatte ich plötzlich mein eigenes Leben satt und obwohl ich keinen blassen Schimmer vom Segeln hatte, war ich schon infiziert davon.

Als der Törn zu Ende ging, zog ich bereits den schweren Schatten von Veränderung hinter mir her und mein bisheriges Leben geriet aus der Balance.

„Völliger Schwachsinn" – so lauteten die Worte derer, die mir den Törn eingebrockt hatten. Aber dem Blödsinn haftete der Charakter von etwas Beginnendem an. Ich blätterte in einer Segelzeitschrift, stieß auf die Verkaufsseiten gebrauchter Schiffe und war wenige Tage später Besitzer eines 11 Meter langen Segelbootes, das den Winter über an Land stand. Derweil stopfte ich die unscharfe Theorie nautischer Ausbildung in meine Birne, bis ich es für spannender hielt, den nüchternen Fakten Konturen zu geben und sie am Prozess des praktischen Verstehens teilhaben zu lassen.

Jedem Anfang wohnt ein Zauber inne – frei nach Hesse. Jener an der Ostsee fühlte sich nicht nur saukalt an, sondern roch zudem noch muffig, als an einem Märztag der Trecker die MERIDIAN aus dem Modergeruch einer Scheune zog. Mein Schiff vom Typ Dehler 38 hatte mittlerweile einen Namen und in mir schrie es nach Aufbruch. Ein Ruck ging durch das Gespann und die Fahrt führte in Richtung Hafen. Vorbei an züchtigen Häuschen, die still aufs Meer blickten und durch ein Dorf, das im Sonnenlicht eines friedlichen Wintertages ruhte. Es war ein schöner Tag, an dem das Gekreische der Möwen weniger zänkisch klang und ein sanfter Wind die Ostseewellen fast träge und verschlafen in den dösenden Yachthafen trieb. Ein ganz normaler Wintertag, könnte man meinen. Wenn da nicht dieser Kran mit Hilfe quietschender Seile ein kleines Segelboot unter den interessierten Blicken weniger Spaziergänger ins Wasser gehoben hätte. Verlassen zwischen einengenden Stegboxen, allein im Hafen, schien mein Schiff ungeduldig darauf zu warten, von den Landleinen befreit zu werden. Doch zunächst mussten die Liegegebühren des Winters bezahlt werden.

Im schummrigen Licht einer Kneipe fand ich den Archetypus eines Hafenmeisters: Latzhose und Kutterhemd. Ein kerniger „Fundi“, um im ehemaligen Duktus der Grünen zu sprechen. Das Gesicht voll mit Bart, aus denen zwei listige Augen lugten und eine Pfeife, die er nur heraus nahm, wenn er die Buddel Rum ansetzte. Was er ziemlich oft tat. In bester Gesellschaft mit Fischern schien der versammelte Frühschoppen den Lohn der Woche zu versaufen. Der Tisch war überladen mit leeren Bier- und Rumbuddeln sowie schmalzigen Broten, die sie zwischen ihren Bieren mummelten. Vermutlich so lange, bis nichts mehr rein, sondern nur noch raus ging, unter den Augen der vollbusigen Lady, die in aufreizender Pose vom vergilbten Pin-up-Poster grinste. Doch ich gleite ab …

Mein Vorhaben, die Segelsaison bereits im Winter zu eröffnen, quittierte der Meister des Hafens jedenfalls mit schallendem Lachen und trug es konspirativ an seine Saufkumpane weiter. Die Runde in diesem von Rauch geschwängerten Raum schien sich einig. Vor ihnen stand ein Bekloppter, denn umwegfrei fanden sie die direkte Route mit ihren Zeigefingern zu ihren kantigen Schädeln und tippten daran. Ich verdrückte ihr Grölen, denn auf ihre Art hatten sie Recht. Bricht nicht jeder von uns auf seine Art aus seinem Tätigkeitstaumel aus? Der eine aus der Umgebung seiner Gartenzwerge heraus, der andere aus seiner materialistischen Welt, die ihm die Sicht zum Horizont nimmt.

Geld, Haus, Macht, Statussymbole – das alles ist wunderbar, aber angetörnt hat mich das schon lange nicht mehr. Obwohl ich besaß, was ich mir auf dieser Welt wünschte, fühlte ich Leere. Dumpfe Gewohnheiten nahmen mir die Freude an dem, was ich tat, weil ich es über zwanzig Jahre tat und der persönliche Auftrag, sich eine eigene Existenz aufzubauen, erfüllt war. Ich war am Ziel – und doch am Ende!

„Wenn Du so weitermachst, hast du vielleicht noch ein paar Jahre zu leben“, warnte mich mein Arzt vor den Folgen meines Workaholic-Daseins und beschäftigte sich mit meinem ersten Magengeschwür sowie anderen Ungereimtheiten meines Körpers.

War es das Manöver des letzten Augenblicks, gesunder Egoismus oder Überlebenswille? Womöglich alles zusammen und doch brauchte es nur das Ticket zu meiner ersten Seereise, damit sich mein Blick auf etwas fokussierte, was ich schon verloren zu haben glaubte: Zufriedenheit in der Einfachheit zu empfinden.

Es wurde Zeit, eine Entscheidung zu treffen. Ich musste den Schädel frei bekommen und mir neue Ziele setzen. Zeit haben für mich und den Traum eines kleinen Jungen, der bald schon wieder so greifbar wurde, wie die einzelnen Schneeflocken, die sich sanft auf das Schiff legten.

Mittlerweile hatte sich der Hafenmeister mit seinen Stammtischfreunden auf den Steg verholt, wo sie mir kopfschüttelnd zuschauten, wie ich den Schnee von Deck meines Schiffes fegte, um dann bei plus zwei Grad hinaus auf die Ostsee zu segeln. Außer meinen theoretischen Kenntnissen hatte ich weder Ahnung von der Praxis des Segelns noch von Segelschiffen in ihrer Komplexität. Nach meinen ersten Segelversuchen wurde mir schnell klar, dass der Kauf der MERIDIAN eher eine Sache des Bauches und weniger des Verstandes war, weil ich in dem Schiff nicht stehen konnte und es mich auch sonst zu sehr einengte.

Wieder suchte ich nach Schiffen und fand AURYN, eine Moody 425. Mit dem schwungvollsten Namenszug, dessen ich fähig war, unterschrieb ich den Kaufvertrag und ließ das Schiff hochseetechnisch ausrüsten, weil ich endgültig beschlossen hatte, damit für ein paar Monate zu segeln.

Mit dem Kauf von AURYN veränderte sich auch mein Horizont an Land. Die Gesellschaft, in der ich lebte, irritierte mich immer mehr. Materialismus, Leistungsdruck, Werbung, Rituale, Bankverpflichtungen. Ich war ein Rädchen in ihrem Getriebe. Durch diesen Mechanismus fühlte ich mich zunehmend ausgebrannt.

Lebendig fühlte ich mich immer dann, wenn ich segelte. AURYN ließ mich durchatmen. Sie führte mich in eine entspannte Zufriedenheit und brachte mich unter vollen Segeln und mit einem kräftigen Ebbstrom an einem lauen Sommerabend zurück zum Kai voller Erinnerungen. Brake an der Weser war ein Teil meiner Vergangenheit.

Von Bord des Schiffes sah ich nun dort oben den kleinen Jungen stehen, als er seine Jahre noch an den Fingern seiner Hände abzählen konnte und mit dem Fahrrad zum Weserstrand fuhr, um den vorbeifahrenden Schiffen hinterher zu schauen. Versunken im Traum wohl so mancher Knirpse, eines Tages mit einem Boot ebenso in die weite Welt zu starten. Dieser Traum ging über die Jahre verloren, jetzt kehrte ich zu ihm zurück und begriff beim Segeln entlang der Strände meiner Kindheit die Fügung des Augenblicks, wo sich in Erinnerungen plötzlich der Geruch meines modrigen Schulatlas' mit den Geschichten von Stevensons Schatzinsel und anderen Abenteuerbüchern verwob.

Träume nicht Dein Leben, lebe Deinen Traum

Hängen wir diesen abgedroschenen Spruch nicht immer wieder gerne auf? Davon zu reden, ist eine Sache, eine andere ist es, ihn umzusetzen. Denn mit Träumen beginnt der erste Schritt, dann folgt die Realität. Bei mir sah sie so aus, dass ich die Schrauben meines bereits feststehenden Plans anzog und meinen Rückzug ordnete, wobei ich auf das Unverständnis derer stieß, von denen ich mich bisher verstanden glaubte: Familie, Freunde und Bekannte. *„Aufhören, um zu Segeln?"*, *„Auf einem Boot zwischen Himmel und Ozean leben?"* Das kapierte keiner! *„So etabliert zu sein, um soviel wieder aufzugeben. Warum?"* Weil das alles zu wenig war, lautete meine Antwort.

Vielleicht waren sie ernsthaft besorgt um mich, aber in Wirklichkeit, so schien es mir, hatten sie Angst vor jeder Art von Veränderung, die ihre gewohnte Welt erschüttern konnte.

Überzeugte Mahner hatten mir unmissverständlich klar gemacht, dass ein normales Leben nach einer solchen Tour nicht mehr möglich sei, dabei war ich noch nicht einmal losgesegelt. Das Hier im Jetzt genießen und sich mit der Zukunft in Zukunft befassen, darin lag meine Absicht. Die langweiligen Weltuntergangspropheten ermutigten mich geradezu, auch jene der anderen Abteilung, die man gerne als maritime Bedenkenträger bezeichnet. Den Seebären gingen ihre Prinz-Heinrich-Mützen hoch, als ich von meinem Vorhaben erzählte. Gestandene Seemänner, die nie über den Rand der Ostsee hinaus blickten, geschweige denn segelten, dozierten nun über die Gefahren der Ozeane und wohin ich auch lauschte, überall vernahm ich ein deutliches Abraten von meiner Reise, weil ich keine Erfahrung hatte. Das war sicher richtig und es wäre wohl auch vernünftiger gewesen, erstmal eine gründliche Ausbildung im Hochseesegeln zu erlernen. Aber ich war nicht vernünftig! Es gibt mittlerweile gegen und für alles Kurse, Seminare und Vorbereitungen. Sie schaffen meiner Meinung nach Verunsicherung, weil man durch die Fülle des Wissens zu sehr zum Abwägen neigt und darüber seine Spontaneität verliert. Was nützt eine umfangreiche Theorie, wenn es an den wesentlichen Punkten für eine solche Reise fehlt? Neugier, Mut, Begeisterung und Entschlossenheit. Auf mich reflektiert: Wo konnte ich besser Erfahrungen sammeln, als auf dieser Reise? In ihrer Bewegung liegt die Veränderung, mit ihr würden Fehler passieren, aber auch die Chance, aus ihnen zu lernen – und der beste Lehrmeister bleibt immer noch die See.

Das Wichtigste aber war, meinen Plan nicht auf später zu verschieben. Ich wollte mir nicht irgendwann vorwerfen, es hätte tun zu können, aber nicht getan zu haben, weil ich mich lieber hinter Ausreden und Konjunktiven versteckte. Das Carpe Diem war da und keiner konnte mich davon abhalten!

„Diejenigen, die in der Nacht in den staubigen Nischen ihres Verstandes träumen, wachen am Morgen auf und erkennen, dass es sinnlos war. Aber die Tagträumer sind gefährliche Menschen, denn sie träumen ihren Traum mit offenen Augen und wollen, dass er Realität wird."

T.E. Lawrence

Meergeschichten

Mit den ersten Sätzen dieses Prologs begann alles wieder neu, da ich durch jene Zeit trieb, mit der alles begann. Doch nun möchte ich Sie mitnehmen. Kommen Sie an Bord und reisen Sie mit mir um die Welt. Ich möchte Ihnen Meergeschichten erzählen von der Schönheit paradiesischer Inseln, archaischer Landschaften und von der Kunst, den Wind zu nutzen. Träumen Sie bei der Betrachtung der Bilder von der Schönheit der Natur. Aber werden Sie sich auch ihrer Brutalität bewusst in der oft beklemmenden Enge eines Bootes zwischen Himmel und Meer. Zwischen Einsamkeit und Horizont in der Weite des Ozeans.

Sie finden Erzählungen über freundliche, manchmal auch weniger freundliche Menschen in wunderbaren Ländern, die ich besuchte und werden vielleicht auch als Landratte mit einem Bullenstander und der Bedeutung von Luv und Lee etwas anzufangen zu wissen. Ansonsten schlagen Sie einfach im Glossar am Ende des Buches nach.

Die Meergeschichten sollen Lust machen auf Meer – und auch ermutigen, den Traum, in welcher Form auch immer, zu leben und den lässig beiseite geschobenen Begriff von der Demut gegenüber den Elementen wieder neu zu entdecken, weil jeder scheitern wird, der den Respekt vor der Natur und ihrer gewaltigen Kraft verliert.

Wenn ich überwiegend im Plural schreibe, dann deshalb, weil ich mein Schiff und später meinen Kater namens Socke in diese Reise mit einbeziehe. Abgesehen davon, schafft ein *Wir* Entlastung vom lästig mit sich selbst beschäftigten Ich. Abgesehen von gelegentlichen Besuchen durch Freunde und einigen Etappen, auf denen mich meine Freundin begleitet hat, bin ich die meiste Zeit allein gesegelt. Durch die großen Meere dieser Erde: Den Atlantik, das Südpolarmeer, den Pazifik und den Indischen Ozean. Um die gefürchtetsten Kaps dieser Welt: Kap Hoorn, das Kap der Guten Hoffnung. Dass ich in die Antarktis segelte, entsprang eher einer Neugierde, wie überhaupt diese Weltumsegelung nie geplant war, sondern erst im Unterwegssein Kontur annahm.

Als mich nach fünf Jahren der mächtige Elbstrom wieder in seine Klauen bekam, hielt ich die Welt in den Händen. Im Kielwasser lagen 52.000 Seemeilen, 6 Kontinente und 46 Länder. 1850 Tage zwischen Horizont und Himmel in der Weite der Ozeane

Die Meereslust ist eine Reise zum Ende des Regenbogens, in eine für Sie vielleicht fremde Welt, genau so, wie sie es für mich war, als im August 2000 meine Träume Segel setzten …

Im Gaukel der Freiheit

Der Tag kam, der Abschied war leise. Ich schmiss die Leinen zum Land los, womit das Schwierigste dieser Reise schon mal geschafft war. Ruhig schob uns eine leichte Brise durch die Ostsee in Richtung Kieler Förde. Ich lag ausgestreckt im Cockpit, beobachtete das Leichtwindsegel und spürte, wie sich der Wind in seiner Richtung änderte, ebenso der damit verbundene Segeltrimm. Was allerdings noch fühlbarer wurde, nachdem ich die Schoten auffierte und das Segel besser stand, war mein eigener Trimm: Ich hatte es tatsächlich geschafft, alles hinter mir zu lassen! Allerdings rutschte diese Tatsache erst allmählich ins Bewusstsein, aber dort angekommen, löste sie ein wunderbares Gefühl der Befreiung aus. Es begann, wirklich zu werden.

Am späten Nachmittag passierten wir ohne Aufregung die große Schleusenkammer des Nordostseekanals (NOK) und verließen Kiel-Holtenau mit Kurs Brunsbüttel. Vor uns lagen hundert Kilometer Motorfahrt. Da auf dieser Wasserstraße Segeln strikt verboten ist, ergab ich mich dieser lästigen Verordnung und musste mich wohl oder übel an das monotone Motorengeräusch gewöhnen. Aber ich bekam den Blick frei für die landschaftlichen Eindrücke dieser Passage. Hügelige, parkähnliche Landschaften ziehen sich beidseitig entlang des Kanals und wechseln sich ab mit Wäldern, aus denen ein sanfter Landwind den satten Geruch harziger Kiefern herüber weht. Doch dann klemmte der Frieden des Nachmittags im dunklen Schatten einer mächtigen Stahlwand. Ein Monster von Containerschiff drückte uns an den Rand des NOK, wodurch AURYN in das Reich von Entenfamilien einbrach und diese aufgeregt schnatternd aus dem Schilf verscheuchte.

Als sich die Sonne im letzten Licht des Tages verlor, fand ich in einem kleinen Fluss einen idyllischen Ankerplatz. Ich stieß mit mir selbst auf den ersten Tag meiner Freiheit an und schmunzelte über diesen Begriff, denn der Tidenkalender hielt mich gefangen. Zum ersten Mal befasste ich mich konkret mit Stromtabellen, Gezeitentafeln. Nippzeit und Springzeit beschäftigten mich an diesem romantischen Abend, auch wenn die Zärtlichkeit einer Frau nicht weit entfernt lag. Doch Fragen von Zeit, Tide und Entfernung lenkten meine Aufmerksamkeit ab. Jede Zahl versuchte ich mir ins Gedächtnis zu meißeln, weil ich wusste: Je sorgfältiger ich mich auf das Gezeitenrevier vorbereitete, umso sicherer fühlte ich mich in Nordsee, Ärmelkanal, Biscaya und Atlantik. Reviere, die wir durchsegeln wollten. Raue Reviere, in denen die Navigation eine andere Dimension bekommt und Segeln bestimmt wird durch die Uhr. Jenem Stück Zeitverwalter, der eigentlich kein Bestandteil meines Lebens mehr sein sollte.

Ich rechnete und rechnete und auf Grund der Elb-Tide bestimmte ich die Abfahrt auf den frühen Morgen des nächsten Tages. Mittags wollte ich an der Schleuse in Brunsbüttel sein, damit ich anschließend mit dem ablaufenden Wasser Cuxhaven locker erreichen konnte. Es war schon weit nach Mitternacht, als ich die Detailkarte des Elbefahrwassers beiseite schob und im funzeligen Licht der Lampe die große weite Welt ausrollte. Vor mir lagen die Weltmeere, in ihnen exotische Inseln, groß wie Stecknadelköpfe und voller Geheimnisse. Gedanken segelten voraus. Werden wir an diesen Fernweh auslösenden Orten wie Bora-Bora, Rapa Nui oder Madagaskar jemals ankommen? Wird der Anker tatsächlich vor diesen Trauminseln ins türkisfarbene Wasser plumpsen, so wie hier in diesem Seitenarm des NOK, dessen Wasser allerdings eher von diffuser Farbe war.

Still lag das Schiff vor Anker – als ob es mich beruhigen wollte in einer Nacht, in der ich vor Aufregung kaum Schlaf fand. Der Morgen dämmerte. Der Tag schlief noch hinter dem Horizont, als mich quakende Enten weckten. Ich hüpfte zu ihnen ins Wasser, schwamm eine Runde ums Schiff, steckte meinen Kopf unter Wasser und als ich ihn wieder heraus zog, rief ich einer unruhigen Nacht ein frisches Guten Morgen hinterher. Es waren 35 Kilometer bis Brunsbüttel, das wir nach einer im Dieselgewummer eher langweiligen Motorfahrt an einem strahlenden Sommertag nachmittags erreichten. Viel später als geplant. Ich verschweige nicht, dass ich mich um neunzig Minuten zum passenden Hochwasser verspätet hatte. Aber war das wichtig bei eintausendachthundertfünfzig Tagen, die noch vor mir lagen?

In der Ohnmacht einer Schieflage

Eisen knarrte, Wasser strudelte. Das Schleusentor des NOK öffnete sich nach Westen, vor uns lag die Elbe. Plötzlich wurde alles anders. Die Bäume bogen sich im Wind, die Luft schmeckte nach Salz und das Meer atmete in der Gezeit. Der mächtige Ebbstrom bekam uns in seine Klauen und spülte AURYN unter voller Besegelung in Richtung Cuxhaven. Im betonnten Fahrwasser empfing uns dichter Schiffsverkehr. Riesige Pötte zogen im quirlenden Wasser entweder nach Hamburg oder mit uns Elbe abwärts. Braune Brühe schwappte gegen die Bordwand, manches Wasser erbrach sich ins Cockpit. Schallsignale ertönten, Fähren kreuzten. Ein geordnetes Chaos inmitten durchnummerierter, wild schwankender Bojen. Ich wich den drängelnden Ungetümen aus und segelte mein Schiff außerhalb des markierten Fahrwassers! Was man in der Elbe tunlichst vermeiden sollte, denn gleich daneben liegen tückische Sandbänke, die nach jedem Sturm nicht nur umgebaut werden, sondern ihre Lage und Topografie im Tidengewässer ständig verändern.

Unglücklicherweise ließ ich das Wissen darüber aus dem Ruder laufen und auch das Beobachten einer Schar scheinbar auf dem Wasser laufender Möwen ließ mich nicht handeln! Meine Nachlässigkeit bestrafte ein knirschendes Geräusch, unterstützt durch einen kräftigen Ruck, der durch das Mark des Schiffes und meines Rückens ging. Der Kiel steckte im Sand und im Revier der Möwen, die sich erschrocken verzogen, während ich die Segel einrollte und den Motor startete. Vorwärts und rückwärts in der Hoffnung, mit dem Schub der Maschine von der Untiefe frei zu kommen. Immer wieder und begleitet durch Flüche, die ich meiner Leichtsinnigkeit entgegen schrie. Die Hoffnung starb, der Motor qualmte, das Wasser lief weiter munter ab. Mein Schiff neigte sich bereits zur Seite. Wir saßen fest. Der Rumpf knackte, die See zog sich immer weiter zurück, bis sich die Bänke siegreich über die ganze Weite legten.

War es das? War es das Ende einer Reise, die gerade begonnen hatte? Als wollte ich mir über die Umstände Klarheit verschaffen, rieb ich mir die Augen, kletterte vom Deck und schaute mich um – direkt in den neugierigen Blick eines Seehundes, der sich im warmen Sonnenlicht auf der Sandbank lümmelte. Auch der süße Kerl konnte mir keine Antwort darauf geben, warum ich nicht sorgfältiger navigierte, besonders hier, wo es darauf ankam und man sich keine Fehler erlauben konnte. Aber genau daraus wollte ich ja lernen und das tat ich. Hautnah und in der ersten Reihe im Anschauungsunterricht der Natur. AURYN lag mittlerweile mit einer Krängung von 30° komplett auf der Backe und trocken in einem Bett aus gelbem Sand. Für sie war die Situation weder bedrohlich noch dramatisch, weil dem Schiff kaum etwas passieren konnte. Für den Seemann werden solche unfreiwilligen Erlebnisse allerdings zur Nervenprobe, weil er warten muss. Sechs lange Stunden.

In dieser Unendlichkeit konnte man nicht viel machen, außer einem Spaziergang barfuss über die Sandbank oder in der ungemütlichen Schräglage Radio hören. Der Seewetterbericht ging über in die Nachrichten, wo eine sonore Stimme etwas von Gentests faselte, die bereits heute einen Blick in die Zukunft versprechen! So wird's kommen, murmelte ich, man wird uns erzählen, ob wir gesund bleiben oder bald krank werden. Die Werte werden entscheiden, ob man einen Job erhält oder einen Rabatt bei der Krankenversicherung und irgendwann werden sie uns auch noch unseren Todestag voraussagen.

Nachdenklich blickte ich in die Abendstimmung und auf das alte Spiel der Gezeiten, die unantastbar bleiben. Kein Mensch und keine Macht wird die Uhr der Natur, Ebbe und Flut, jemals beeinflussen können.

Gefangen in einer Mischung aus Ohnmacht und Hilflosigkeit bekam ich was auf die Augen, einen wunderschönen Sonnenuntergang. Im Gegenlicht spiegelten sich die Priele, die das Gewirr einiger Sandbänke durchzogen. Spiegelte sich das Fell einiger Seehunde, bis das allmählich zurückkommende Wasser das friedliche Bild auslöschte. Von irgendwo her erklang das Geläut einer fernen Kirche. Es war Mitternacht, als sich das Wasser wieder über die Sandbänke legte und AURYN zum Leben erwachte. Sie bebte, knarzte und schien gereizt. Voller Ungeduld erhob sie sich träge, um die Schande zu bewältigen. Mühsam und doch stetig ruckte sie sich wieder ins Gleichgewicht, bis sie wieder dort schwamm, wo sie hingehörte und mit dem Wind breitseitig abtrieb.

Manchmal beginnen erfolgreiche Geschichten mit extremer Schieflage, sagte ich mir, korrigierte den Kurs und segelte im frischen Westwind durch die Kühle einer Nacht. Das erste Abenteuer war überstanden, das Glück griente und mein Optimismus war zu locker, als sich von wem auch immer angekränkelt zu fühlen. Im Gewimmel roter, grüner und weißer Navigationsleuchten der Berufsschifffahrt und dem vor uns liegenden Lichtermeer Cuxhavens fanden wir gegen drei Uhr nachts die Einfahrt in die Marina, wo ich die Leinen auf Klampen belegte, die das Mondlicht reflektierten.

Im Meer der Gezeiten

Nordsee – Ärmelkanal – England – Channel Islands – Frankreich

„Geiht los“, wie Hinnerk von der Küste sagt. Der Wetterbericht versprach gute Aussichten und einen sonnigen Tag. Mein Schiff hatte die Nase bereits im Wind, ich den Mund offen und das Gesicht zum Himmel. Losgelöst von den festen Gerüsten der Gesellschaft, die mich einzäunten, entfesselt von den starren Werten aufgezwungener Normen, die mich kontrollierten, empfand ich ein tiefes Gefühl von Zufriedenheit. In mich gekehrt und dem Zug der Wolken nachschauend muss ich meinen Freunden gegenüber beim Abschied merkwürdig vorgekommen sein, wie der Idiot, der ich in ihren Augen eh schon war, weil ich hinter mir alles abbrach. Aber dieser Blödmann fühlte sich schon lange nicht mehr so glücklich, wie in jenem Moment, als er die Leinen zum Land löste. Mit einem letzten Gruß an die Zurückgebliebenen, steuerte ich AURYN aus dem Yachthafen, hinein in das Elbefahrwasser, von dem Deutschland sozusagen seinen Kopf ins Freie steckte. Das Tor der Welt, der Weg zum Irgendwo.

Der Kurs war bestimmt, die Segel gesetzt. AURYN nahm Fahrt auf, spaltete mit ihrem Bug das schmuddelige Wasser einer kabbeligen See und segelte entlang dem Wattenmeer in dem bleigrau der Schlick glänzte. Möwen kreischten aufgeregt durch eine frische Luft, die nach Meer roch, während sich Fahrwassertonnen verbeugten, weil uns ein mächtiger Tiden-Strom zur Deutschen Bucht zog. Die Heimat lag im Kielwasser. Voraus am Horizont schimmerte am taumelnden Horizont roter Sandstein. Helgoland. Auch Fuselfelsen genannt. Die Insel liegt 30 Seemeilen vor der Küste und ist ein zwei Quadratkilometer großes Duty-Free-Dorado. Man kennt die Klischees. Ebenso wie die kitschigen Bilder von Fischkuttern, die mit hängenden Netzen in Sonnenuntergänge fahren und dabei eine Schar von Möwen hinter sich her ziehen. Aber dieses Bild war echt, ein Foto wert und verabschiedete den Tag.

Das Leuchtfeuer der Verlorenen

Nacht. Sterne, Mondlicht. Darin ziehende Wolken. Darunter die weiße Spur eines blauen Segelschiffes mit Kurs West. Ich reffte einmal die Segel, weil der Wind spürbar zugenommen hatte. Um ihm näher zu sein, klappte ich die Sprayhood runter und empfand im Einssein mit der Natur ein Gefühl von Einheit und Neugier auf das, was vor dem Bug lag.

Allein mit mir und dem Meer segelte AURYN mit einem nordöstlichen Wind mitten durch das Gebiet zweier Verkehrstrennungsgebiete (VT). Für Landratten: Das sind, wenn man so will, Autobahnen für die Großschifffahrt. Sie ordnen und leiten den Verkehr, wie in diesem Fall durch die Deutsche Bucht, die zu den meist befahrenen Wasserstraßen der Welt gehört. Die VT sind zwei gebündelte Einbahnrouten, die durch einen Mittelstreifen getrennt sind. Auf diesen Routen wird der Richtungsverkehr vorgegeben und anders als auf hoher See halten sich die Kapitäne der großen Pötte daran, weil diese Gebiete durch Radar Tag und Nacht überwacht werden.

Der kleine Segler hat in den Verkehrstrennungsgebieten nichts zu suchen. Wenn er sie kreuzen sollte, dann nur rechtwinklig und so, dass er die vorfahrtberechtigte Berufsschifffahrt nicht behindert. Ansonsten drohen außer Ärger erhebliche Geldbußen.

AURYN segelte wie schon erwähnt in der Mitte dieser Autobahnen, in denen unzählige Schiffe die Weser und Elbmündung ansteuerten oder sie verließen. Die ganze Nacht saß ich im Cockpit, beobachtete die vorbeiziehenden Dampfer, lauschte ihren Funksprüchen, dem aktuellen Wetterbericht und beobachtete den blinkenden Schein umlaufender Lichter der friesischen Inseln. Es sind die Leuchtfeuer der Verlorenen, für jene, die aufgeregt nach Orientierung grabbeln. Ich kannte diese Inseln und ihre Orte. Langsam zogen sie vorbei. Als ihre Lichter nach und nach verblassten, bekamen sie eine ganz besondere Bedeutung, weil etwas Vertrautes zur Vergangenheit wurde. Ein seltsames Gefühl, so ob wenn man geht – und zwar für immer.

Am nächsten Morgen sah ich das Land als einen schmalen Strich am Horizont. Texel hieß die holländische Insel, an der wir entlang segelten. Damit verließen wir die Nordsee und gelangten in den Ärmelkanal. Womit sich auch das Dolce Vita an Bord änderte, weil der Wetterbericht dazwischen haute und Starkwind ankündigte.

Üble Stunden begannen. Der Himmel graute ins Schwarz. Dunkle Regenwolken zogen auf, aus denen es kräftig schüttete. Starke Windböen ließen mich ständig mit den Segeln mit Reffen und wieder Ausreffen arbeiten. AURYN stampfte durch das aufgestürmte Element, während kurz der Himmel aufriss und die Sonne die wilde See in ein gleißendes Licht tauchte. Der Wind nahm kurzzeitig ab, mit ihm setzte ich die Segel wieder in ganzer Größe, musste sie aber wenig später wieder verkleinern. So ging das über Stunden und entlockte mir ein Grinsen. In meinem vorigen Leben hetzte ich mit zwei Handys wichtig durch den Tag und nun schrie ich während meiner Arbeit in den furigen Wind und fühlte mich klein.

Das permanente Tag-und-Nacht-auf-der-Hut-Sein machte mich mürbe, genauso wie das immer noch anhaltende Mistwetter. Der Wind kam aus West und kachelte mit sieben Beaufort. Wolkenfetzen hingen ausgerissen am Himmel. Das Barometer deckte sich mit dem Seewetterbericht und dieser versetzte mich in eine physische Welt, von der ich gehofft hatte, verschont zu bleiben. Die Kaltfront war immer noch nicht durch. Wir kreuzten zickzack gegen den Wind und gegen den Rest der Vernunft, solange, bis der Dickschädel in seiner Schwerwetterkleidung einsah, dass er kaum Richtung Westen voran kam und es für ratsam hielt, das französische Calais anzusteuern. Die Einfahrt in den Yachthafen blieb uns wegen des Niedrigwassers verwehrt, das Schleusentor verrammelt. Was nun? Im Licht einiger Lampen, das von einer Teer behangenen Kaimauer auf das verdreckte Hafenwasser schien, schimmerte der Rest einer Mooringboje, der ich mich rückwärts näherte, um von der Badeplattform am Heck eine Leine einzufädeln, an der AURYN, umgeben von arglos entsorgtem Plastikmüll, bald darauf sicher lag.

Im Spiel des Windes klöterte eine leere Coladose über das nasse Kopfsteinpflaster eines schäbigen Hafenviertels, derweil ich mir das Meersalz aus den Klamotten klopfte, in den Salon stieg, um mir einen heißen Tee zu machen. Im Schatten dumpfer Vibrationsgeräusche ein- und ausfahrender Containerschiffe döste ich im Halbdunkel meiner Koje und segelte in Gedanken voraus. Die Herbststürme standen bevor. Auch noch die Biscaya. So schnell wie möglich wollte ich den englischen Kanal hinter mir lassen und startete bereits am nächsten Morgen.

Der Wind hatte etwas nachgelassen, kam aber immer noch aus West. Um nicht wieder gegenan zu kreuzen, steuerte ich spontan auf die englische Südküste zu, um mir den berühmten Kreidefelsen von Dover vom Wasser aus anzuschauen.

Calais – Dover. Wenn man sich den Atlas vor Augen hält, weiß oder erkennt man, dass dies die schmalste Stelle zwischen dem Festland und England ist. AURYN segelte mit neunzig Grad zum Wind mit vollen Tüchern in einer Passage, die gespickt war mit sauschnellen Monstern. Aufgerissene Mäuler saugten vorne das Wasser auf und schmissen es achtern im hohen Bogen wieder raus. Es waren lautlose Ungeheuer, die man erst hörte, wenn sie an einem vorbeizogen. Diese Riesengeschosse von Schnellfähren flitzten in einer Affengeschwindigkeit zwischen Dover und Calais hin und her. Vermutlich in einer Zeit, in der die Gäste gerade mal den letzten Schluck ihres Kaffees runter bekamen. In der Bedächtigkeit einer normalen Segelfahrt brauchte AURYN drei Stunden, dann segelten wir am Rand von weißer Kreide, die eher gelblich schimmerte, weiter an der englischen Südküste entlang Richtung Isle of Wight.

Der englische Kanal, vorausgesetzt sein typischer Nebel vermindert nicht die Sicht, gehört zu den schönsten Segelrevieren der Welt. Das behauptet nicht nur der britische Tourismusverband, sondern beweist die Landschaft selbst. Die Küstenform ist sehr vielfältig und reicht vom felsigen Granit bis zu den Wattenregionen im Solent. Vom gerade bewunderten Kreidefelsen bis hin zu alten Seebädern, die im viktorianischen Stil und im warmem Licht der Abendsonne eine besondere architektonische Melancholie ausstrahlen. Schöne Flussläufe legen sich in hügelige Landschaften aus satten Wäldern. Kleine Inselchen bieten noch stille Ankerplätze. Die Landschaft ist eindrucksvoll und das Segelrevier nautisch gesehen sehr anspruchsvoll. Das Land lebt in zwei Gezeiten.

Wer hier schlampig navigiert, erhält im Meer der Gezeiten seine Lektion. Die Tidenströme setzen mit bis zu sechs Knoten knallhart ein und den, der dies unterschätzt, ruckzuck auf die mit Felsen und Untiefen gespickte Küste.

Wir lagen vor Anker in der Nähe von Beachy Head und beobachteten beeindruckt, wie der Strom das Schiff um 180° drehte und alles, was nicht angebunden war, mit aufs Meer hinauszog. Rasend schnell floss das Wasser ab, so als hätte jemand einen Stopfen heraus gezogen.

Dann veränderte sich die Landschaft. Buchten und Sandstrände tauchten auf. Felsen und Steine lagen erschreckend offen, dort wo gerade noch Wasser war. Der Gezeitenhub ist gewaltig. Es war Springtide (Vollmond). Der Wasserpegel ging bis zu acht Metern runter. Dann kam das Meer zurück und als ob es sich für den respektlosen Blick eines Seemannes rächen wollte, wirbelte es AURYN wie von Geisterhand in die alte Position herum und donnerte mahnend so hoch gegen rund gewaschenen Felsen, wie es der Tidenkalender des Königlich Geografischen Gezeiteninstituts an diesem Tag erlaubte.

Im Slackwater, wie der Engländer sagt, also im Stillstand der Tide, zog ich den Anker aus dem schlammigen Grund und steuerte AURYN im allgegenwärtigen Geruch von Brackwasser, Fisch und Salz zurück auf eine rubbelige See. Kurs 210 Grad. Sollten wir davon nicht abweichen, müsste in zwei Tagen Cherbourg an der französischen Normandie vor dem Bug auftauchen.

Großsegel und Genua waren gesetzt, mit 100 qm weißer Segelfläche pflügte AURYN flott durch ein graues Meer, das im Auf und Ab seiner Wellen zerklüftet dalag. An backbord querab trieben ein paar Fischerboote, von denen aus gelbe Männchen jene Dinge wieder ins Meer schmissen, die sie kurz vorher emotionslos aus dem warmen Bauch gerade gefangener Fische rissen. Möwen balgten sich und pickten danach, während wir einem monströsen Stahlungetüm namens Bohrturm 8 auswichen, auf dessen Ausleger eine mächtige Gasflamme loderte. Zwei Uhr fünfzehn – ich muss eingeschlafen sein. Benommen vom Zehn-Minuten-Schlaf wankte ich ins Cockpit, um Ausschau zu halten. Merkwürdig, vorhin befanden wir uns noch in einem Lichtermeer anderer Schiffe. Doch mittlerweile hatte sich das bunte Gewimmel aus rot-grün und weiß aufgelöst, wie der erotische Traum, aus dem ich soeben erwacht war. Weit im Südwesten war ein schwacher Schein zu erkennen. Ich kontrollierte den Kurs, trimmte die Segel und fuhr ihm hinterher.

Kekse und ein Telefongespräch

Über den nächsten Tag blieb der Wind konstant und blies mit angenehmen vier Beaufort. Es gab nicht viel zu tun. Also genießen wir an Bord die Dinge, die uns auch an einem gemütlichen Nachmittag an Land beschäftigen, eine schöne CD einlegen und Musik hören. Ein Buch lesen, Kaffee trinken, mit Keksen krümeln und … nö, nicht kuscheln. Die aphrodisierende Wirkung einer schönen Frau? Nein, weil nicht vorhanden. Also telefonierte ich, weil mich das Gebimmel meines Handys aus dem *lazy sunday afternoon* schreckte.

Kein Land in Sicht. Mitten im Ärmelkanal ein Gespräch mit Freunden am Telefon. Je länger ich dies tat, umso mehr schlugen mir ihre Probleme entgegen, so wie die Wellen am Rumpf meines Schiffes. Sie jammerten und jaulten, weil sie ihre Tage und Jahre verloren, und ich heulte mit ihnen, weil ich mich wohl fühlte und freute auf eine vor mir liegende Zeit, die ich in ihrer ganzen Fülle ausleben wollte. Ich war unterwegs – unterwegs auf einer Reise zu mir selbst, auf der ich bereits Momenten begegnete, die ich als Glück empfand.

Gedanken rutschten. In ihnen wechselte ich abrupt das Thema und schaute einem Dampfer hinterher, der in einem Abstand von ca. fünf Seemeilen schon nach kurzer Zeit hinter dem Horizont verschwand und mir eindrucksvoll vor Augen führte, wie markant gerade auf See die Krümmung der Erdoberfläche ist.

Nachtfahrt. Wir näherten uns der Küste des Kontinents. Um wach zu bleiben, beschäftigte ich mich in der langweiligen Dunkelheit vieler Stunden mit der terrestrischen Navigation nach Leuchtfeuern und freute mich, wenn ihr Schein sichtbar wurde: Blink 2 Sekunden. Aus der Seekarte koppelte ich einen Abstand von 18 Seemeilen und peilte schräg voraus das Feuer von Le Havre an der Seine-Mündung.

05:18 Uhr

Ein paar Zahlen und eine Uhr, in einer Nacht, die sich zäh dahinzog. Und doch war es ein bedeutender Augenblick, denn wir segelten über den Null-Meridian, der die Erde in östliche und westliche Längengrade teilt. Nicht nur das. Das Überschreiten machte gleichzeitig Geschichte lebendig und erinnerte mich daran, dass ich seit weiß Gott wie vielen Jahren mal wieder ein Buch las. Es trug den Titel „Längengrad", ist geschrieben von Dana Sobel und handelte von Geschichten, die über zwei Jahrhunderte zurück lagen. Eine Zeit, in der eine Seefahrt alles andere als lustig war, weil sich Schiffe verfuhren oder Expeditionen verloren gingen. Das Problem jener Zeit war, dass man nicht in der Lage war, die geografische Länge mit Hilfe einer Uhr zu bestimmen. Diese Art von Stoppuhr brauchte man, um genau nach einer Stunde seine ungefähre Position zu bestimmen, wobei man die Fahrt durchs Wasser und den Kompasskurs miteinbezog. Keine Uhr der damaligen Zeit war den langen Seereisen gewachsen. Sie zerstörten sich durch Salzwasser, Kondensation in den Tropen oder heftige Schiffsbewegungen während zermürbender Sturmfahrten. Als durch diesen Umstand immer mehr Schiffe auf Untiefen liefen oder an Felsen zerschellten, setzte im 17. Jahrhundert das englische Königshaus eine für damalige Verhältnisse hohe Belohnung für denjenigen aus, dem es gelang, eine Uhr zu bauen, die genau ging und gegen äußere Einflüsse resistent war. Der schottische Zimmermann J. Harrison hatte nicht nur das handwerkliche Geschick, sondern auch den Mut, gegen alle wissenschaftlichen Genies seiner Zeit anzutreten. Es dauerte, doch schließlich gelang dem Schotten das, was handwerklich geschickte Arbeiter auszeichnet, wenn sie Filigranes mit einem Schuss Genialität mixen, so wie ihre Kumpel in den Highlands einen guten Malt. Harrison bastelte einen Chronographen und verarbeitete für das Räderwerk ein spezielles Holz, das sich während der Funktion selbst pflegt. Auch heute noch. Seine Uhren sind nach wie vor funktionsfähig und ausgestellt in der Sternwarte von Greenwich, durch die man den Nullmeridian legte. Womöglich auch zu Ehren eines kleinen Zimmermanns, den man damals um seine Belohnung betrogen hatte, weil theoretische Besserwisser sein Werk anzweifelten und es für nicht geeignet hielten.

In der Melancholie einer Leere

Je länger ich unterwegs war, umso leerer fühlte ich mich. Aber diese Leere war ein durchaus angenehmes Gefühl, weil ich Zeit hatte, Dinge zu tun, die ich so lange schon vernachlässigt hatte. In Muße lesen, entspannt Musik hören und schreiben. Ich begann eine Art Reisetagebuch zu führen, das aus Fragmenten zu dem wurde, was Sie gerade in den Händen halten. Ich genoss es, weit weg vom Festland zu sein. Es war eine andere Form von Leere, Leere die mich füllte. Bis mir der Wind nicht sein Lied sang, sondern den Marsch blies ...

04:00 Uhr – der Wecker schrillte. Der Seewetterbericht der BBC versprach nichts Gutes. Südwest bis West fünf, zunehmend sieben. Als ob das noch nicht reichte, setzte der Sprecher noch eins drauf und näselte von einer Gale-warning!

Wehe dem, der bei einer angekündigten Sturmwarnung noch auf See war. So wie ich! In Erwartung des schweren Wetters reduzierte sich mein Dasein darauf, es mir und AURYN so einfach und sicher wie möglich zu machen. Zeitig reffte ich die Segel, band alles fest, was mir die See nehmen könnte, kochte eine Kanne Tee und stopfte mir ein paar Müsliriegel in die Schwerwetterjacke. Danach blieb nicht mehr viel zu tun. Außer Warten und *„vom Schlimmsten ausgehen und das Beste hoffen"*. Ein alter Seemannsspruch, der in seiner Schlichtheit dem Komplizierten die ganze Seele nimmt.

Im Warten frischte es auf. Im Gegenlicht des zunehmenden Mondes erkannte ich die See, wie sie sich aufbaute und sich Wellen aufstellten, von deren Kämmen der Wind weiße Schaumkronen riss. Windböen jaulten im Rigg. Ein paar Brecher kamen quer, klatschten an den Rumpf. Ich leckte mir die salzige Gischt aus dem Gesicht und schlürfte einen heißen Tee, während ich die chaotische See beobachtete und das ganze Drumherum nicht so dramatisch fand. Jedenfalls wurde es nicht zu dem, was der Typ im molligen Studio den Seemännern auf dem Meer an Unwetter versprach. Außerdem lag Cherbourg und damit die Ruhe eines sicheren Hafens nur noch ein paar Stunden entfernt. Als der Küstenstrich der Grande Nation in Sicht kam, nahm der Starkwind bereits deutlich ab, so dass ich das Deck aufklaren konnte und Zeit hatte, im Sucher des Fernglases den Blick auf die Normandie zu fokussieren. Ihre ganze Küste ist von Stahlbetonbunkern aus der deutschen Besatzungszeit während des zweiten Weltkrieges überzogen. Diesen apokalyptischen Ungetümen stehen wie zum Hohn die Kulissen einer zauberhaften Landschaft entgegen.

Auch wenn der starke Wind einen feinen Sand über den Strand in die Dünen trieb, so beruhigte das Bild dahinter. Grüne Wiesen mit bunten Blütenteppichen stiegen sanft in die hügelige Landschaft. Kleine Wälder wechselten sich ab mit parkartigen Gärten, in denen alte Naturstein Cottages auf Distanz zu der üppig um sich greifenden Vegetation gingen. Hinter allem lag ein kristallklarer Himmel und eine Wolkenpracht, die wie gewaschen schien.

Im letzten Licht des Tages und mit dem Rest einer mitlaufenden Tide steuerte ich AURYN in die weit ausholende Hafenanlage von Cherbourg. Vorbei an dramatischen Klippen und einer kleinen Backstein-Kirche, die über einem Friedhof voll granitener Ruhe, fest verankert über dem bewegten Treiben einer Uferpromenade und den Gezeiten, thronte.

In der Balance zwischen Wasser, Wind und Segel

Cherbourg ist eine quirlige Stadt. Ein riesiger Hafen für die Containerschifffahrt, An- und Ablegestelle riesiger Autofähren und Standort der französischen Marine. Cherbourg ist auch ein Platz voller Segeltradition und ein Ort, wo Segeln Schulfach ist. Von meinem Liegeplatz im Yachthafen beobachtete ich die Kiddies, wie sie munter verspielt ihre Optimisten aufriggten. In die Gemütlichkeit unseres Cockpits drang ihr erwartungsfrohes Lachen. Das entspannte Kommando eines Segellehrers wehte zu uns herüber, während sich der frische Duft von Croissants an das kräftige Aroma des frischen Kaffees lehnte. Ich blinzelte in die Morgensonne, konnte die Tasse mal wieder unbeaufsichtigt auf den Tisch stellen und das ausgiebige Frühstück in der Morgensonne kaum erwarten. Dann klingelte es.

Der Pauker spazierte herein. Eine Tür fiel ins Schloss. Dann kritzelte er mit quietschender Kreide auf schwarzem Schiefer das Thema der nächsten Stunde: SEGELN. Der Anschauungsunterricht begann. Ohne zu dozieren, zeigte der Lehrer den Zwergen, wie man einen Palstek knotet und ein Segel trimmt. Aufmerksamkeit reflektierte sich im Verhalten der Kinder. Sie brauchten niemanden, der sie rein mechanisch etwas lehrte, sondern sie lauschten begeistert, schoben ihre Optis ins Wasser und flitzten unter bunten Segeln aufgeregt hin und her. Mittendrin der Lehrer in seiner Nussschale und einer Ölzeughose, deren Hinterpartie vom ständigen Eintauchen ins Salzwasser speckig angegammelt war. Lässig hielt er in der einen Hand die Schot, in der anderen ein Megaphon, aus dem er seinen Schülern vermittelnd jenes zuflüsterte, was er bis in seine Zehenspitzen zu spüren schien – das subtile Gleichgewicht zwischen Wasser, Wind und Rigg.

Mittlerweile war der Kaffee aus, die Croissants verarbeitet und der Zauber bunter Segel verflogen. Die nüchternen Zeilen eines Arbeitszettels erinnerten mich daran, dass es einiges auf AURYN zu erledigen gab. Des Weiteren standen Lebensmitteleinkäufe an sowie die Besorgung einiger nautischer Karten von der Südwestküste Englands – für den Fall, dass mich Wind und Neugier nochmals dort hinüber treiben sollten.

Aber noch sind wir in Frankreich. Und nun erstmal eintauchen in das Savoir vivre und mummeln an der Haute Cuisine. Hier gab es keine fahlen Fish'n'Chips, Gerichte wie jenseits des Kanalnebels, dafür Hummer, Austern, Muscheln und das alles frisch aus dem Meer gepult. Bei der Bestellung verhakte sich meine Zunge noch im französisch Geschriebenen, doch anschließend kaute ich völlig losgelöst auf Muscheln, die vor Proteinen strotzten.

Die kuschelnden Inseln – Herm, Sark und Guernsey

Wenn man nach einem tollen Abendessen, aufgeladenen Batterien, vollen Wassertanks, gefülltem Kühlschrank und einer durchgeschlafenen Nacht am nächsten Morgen aufwacht, verlockt der frische Duft der See zum *„jetzt aber los"* oder zu einem beschwingten Aufbruch. Der Tag roch nach Aktivität und die Küste nach Eroberung. Wohl auch deshalb befanden sich an ihr riesige Bollwerke militärischer Anlagen, die den Hafen umzingelten.

An einem wunderschönen Spätsommertag setzte ich die Segel und steuerte AURYN vorbei an einem alten Wehrmachtsbunker, dessen Schießscharten nun bei Seevögelmanövern zu Flugschauplätzen wurden und hinaus auf ein glitzerndes Meer. Kurs Nordwest, entlang einer eindrucksvollen Küste zum nächsten Tagesziel, den britischen Kanalinseln.

Ein ganz normaler Segeltörn. Zumindest solange, bis uns am Cap de la Hague ein kräftiger Strom in seine Klauen bekam und wir auf der Stelle segelten. Verwundert stellte ich fest, dass die Anzeige eine Fahrt durchs Wasser von sechs Knoten anzeigte, das Satellitennavigationsinstrument, kurz GPS genannt, diese jedoch auf 0,5 Knoten über Grund korrigierte, derweil der rabiate Strom uns immer weiter in Richtung zackiger Felsen trieb. Jetzt blieb nur noch eins: Tief Luft holen, weit weg vom Land, und zwar schnell. So verließen wir den ursprünglichen Kurs, trimmten die Segel neu zum Wind und segelten nach Nord, später dann im spürbar abnehmenden Strom wieder Richtung Alderney.

Wir erinnern uns: Das Segeln im Meer der Gezeiten wird durch die Uhr vorgegeben. Durch den Schlenker nach Nord, dann nach West, schließlich Südwest erreichten wir gerade noch zeitig den mitlaufenden Strom, der zu den Kanalinseln führte. Eben noch spuckte der Strom große Töne von seiner Mächtigkeit, jetzt wurde die Atmosphäre lässiger. *The Race* und *The Swinge* hießen die Strömungen, in die wir aufstiegen. Mit sechs bis 10 Knoten legten sie den flottesten Gezeitenrhythmus des Kanals hin, die jedoch zu einer gefährlichen Rauschefahrt in sprudelnden Stromwirbeln wurde. In dieser Region zu navigieren, wurde schon manchem Seemann zum Verhängnis. Die Seekarte, in der viele Wracks verzeichnet sind, und der Schiffsfriedhof um Alderney sind ein stummer Beweis dafür.

Vor uns kamen die Umrisse der kleinen Insel Sark in Sicht. Ein nackter Fels, der mit Herm, Alderney, Jersey und Guernsey zu den Channel Islands gehört. Fünf Inseln, die sich im Golf von St. Malo kuscheln und 45 Kilometer vom Kontinent entfernt liegen. Vor dem schroffen Granitstein der Insel Sark rasselte vier Stunden später die Kette aus und ein Anker plumpste ins Meer. Ich tüdelte das Beiboot frei, schmiss es hinterher und paddelte für eine kleine Inselabendwanderung an den kiesigen Strand.

Nachdem ich die zahlreichen, in den Fels gehauenen Stufen keuchend überwunden und es bis auf das Hochland geschafft hatte, nahm mir die Natur wiederum den Atem, denn atemberaubend war der Ausblick. Das Plateau thronte wie eine Krone über der See. Ein Klippenpfad führte durch einen Ginsterteppich zu einem Schwindel erregenden Grat zwischen Himmel und Meer, Traumwandern zwischen Horizont und Erde. Zu beiden Seiten des Pfades toste die See und Wellen krachten in die Felsen. Seevögel glitten majestätisch in der Thermik und stürzten im Sturzflug auf der Suche nach Beute in die See, während am Horizont die Sonne unbeeindruckt von allem allmählich verschwand. Es war aufregend, genauso wie das Segeln auf dem Törn hierher. Im Slalom durch ein Meer mit kleineren Felsen und heftigen Stromwirbeln.

Im Sonnenuntergang färbte sich der Granit dunkelrot und schien zu glühen. In dieser dramatischen Klippenszenerie ruderte ich zu meinem Schiff zurück, das im leichten Schwell einer flachen See ruhig vor sich hin dümpelte. Diese Ruhe ergriff den Kopf und öffnete die Seele. Ein Hauch salzige Luft wehte in das Fenster meiner Koje und Vögel zwitscherten von der nahen Felswand. Im Frieden dieser Ankernacht schlief ich tief und fest. Solange, bis mich das Tuckern eines Außenbordmotors weckte und mir ein Fischer einen Korb voller Krabben zum Kauf anbot, nachdem ich endlich und immer noch schlaftrunken den Weg an die Reling meines Schiffes gefunden hatte. Paul hieß der nette Typ. Über die Geschäftsverhandlungen hinaus bekam ich von ihm nicht nur ein paar Infos über die örtlichen Baustellen *„pass' da auf den Strom auf und am Rocky Point auf den Felsen, der knapp aus dem Wasser schaut"*, sondern auch noch den Tipp, mir auf jeden Fall seine Heimatinsel Herm anzuschauen. Mit einer rudernden Armbewegung wies er in die Richtung, in die ich steuern sollte, startete seinen Motor und bölkte mir im Qualm der röhrenden Maschine noch den Namen jener Kneipe entgegen, wo ich ihn finden könnte – für alle Fälle.

Meeressinfonie

Bevor ich den Anker hochzog, machte ich nochmals eine kleine Strandwanderung und stelzte wie die Möwen mit mir durch angespülte Muscheln, vorbei an rötlich schimmernden Steinen, die sich wie Miniaturskulpturen aus dem Wasser erhoben. Irgendwann stand ich auf einem puderigen Traumstrand aus weißem Sand und erlebte eine Meeressinfonie – ein Ausblick über hellen Sand und tiefblaues Wasser, über eine glitzernde See bis zum Horizont, an dem weiße Cumuluswolken von Ost nach West zogen.

Gegen Mittag segelte ich der Empfehlung von Paul hinterher und rüber nach Herm. Als AURYN mit dem Bug um die Ecke des in Lee liegenden Ankerplatzes schaute, schlugen ihr ein frischer Wind und dem Skipper bereits die Umrisse von Herm entgegen. Die Insel lag in Sichtweite und schien zum Greifen nahe. Doch Achtung! *Rocky point* näherte sich. Weißes Wasser wusch über einen fiesen Felsen, der nur ganz schwach aus dem Wasser lugte, aber mit gewaltiger Wirkung bereits die Rümpfe einiger Schiffe aufgeschlitzt hatte.

Nach nur drei Stunden herrlicher Segelei erreichten wir Herm. Im Windschatten einer weit ausholenden Bucht fand ich nicht nur einen sicheren Ankerplatz, sondern auf Anhieb auch jenen versteckten Pfad, den mir Fischer Paul gerade noch verständlich vorgenuschelt hatte. Der schmale Weg führte aufs Hochland. Unter mir grüßte der schwankende Mast von AURYN, vor mir eröffnete sich der landschaftliche Charakter von Herm, der im Vergleich zu Sark ein ganz anderer war.

Im Fernglas erkannte ich weiß getünchte Häuser, die sich vor Wind und Wetter schützend hinter Erdwällen oder kleinen Wäldchen in die sanfte Natur eingegraben hatten. Dann erschrak ich. Hinter mir stand ein brauner Riese. Ein Jersey-Rind. Diese schönen Kühe sind die einzigen, die in Herms grüne Wiesen scheißen. Ihr *cream* jedoch ist erste Sahne. Ihre fette Milch war verantwortlich für die köstliche vanillegelbe Sahne, die auf dem berühmten 5-Uhr-Tee schwamm, den ich kurz darauf im schroffen Granit-Ambiente eines urigen Pubs zu mir nahm.

Herm ist eine Robinsonade und bietet ein Gefühl von stehen gebliebener Zeit. Pferdekutschen hoppeln über schmale Schotterwege. Autos sind auf dem Eiland nicht zugelassen, womit die Reizüberflutung auf dem Festland zurückbleibt. Wohl auch deshalb ist sie eine der schönsten der Channel Islands, weil sie ihren wenigen Gästen lediglich zulässt, sich auf ihre Natur und sich selbst zu besinnen. Diese Insel reinigt von innen. Man kann aufräumen mit dem Zivilisationsmüll, der einen ansonsten umgibt. Herm schärft die Sinne für die Feinheiten. Ob es nun das Rascheln des Windes im Dünengras ist oder das warme bernsteinfarbene Licht, das aus geduckten Häusern auf eine verträumte Gasse fällt.

55 Menschen sollen auf Herm leben. Die Hälfte davon schien sich in der *ShipBar* zu drängeln. Mein knurrender Magen und der liebevoll bemalte Holzrahmen „*Heute frische Muscheln in Weißweinsud*" zogen mich in den rau belassenen Cottage Pub. Knarrend öffnete sich eine aus angeschwemmten Schiffsplanken grob gezimmerte Tür. Im dunklen Innern erschien ein angestaubtes maritimes *kitsch as kitsch as can*-Sammelsurium und ein Kamin suggerierte Gemütlichkeit. Und so war's. Hier konnte man sich den strammen West aus der Jacke schütteln und in hungriger Ungeduld einem schwankenden Wirt zusehen, wie er sich bereits am frühen Abend auf die falsche Seite des Ausschanks setzte und immer wieder tapfer den Kopf soweit hoch bekam, dass dieser nie wirklich die stäbige Holzplanke des Tresens berührte. Ein paar Fischer, darunter auch Paul, stützten ihren vom Wetter gegerbten Schädel zwischen ihre rissigen Hände, peilten das vor ihnen liegende Ziel und lauerten darauf, dass der Kellner ihnen den nächsten Pott mit dunkelbrauner Brühe derb auf den Tisch knallte.

Die Muscheln waren köstlich, die Stimmung super. Ich lauschte einer Gitarre und dem Gesang zweier Musiker, während Paul, der sich mittlerweile zu mir verholte, dagegen hielt und mir seine Eheprobleme ins Ohr schrie. Er war schlechter Laune und seit Tagen schon nicht mehr in seinem Haus gewesen, obwohl es sich ganz in der Nähe befand. So wie ich ihn verstand, liebte er seine Frau nicht, was allerdings nicht das eigentliche Problem schien. Das Problem war, dass er ihr aus dem Weg ging. Vielleicht war er deshalb Fischer, um nicht daheim zu sein.

Zwei Inselkelten fiedelten und sangen herrliche irische Volksmusik und der Abend machte es mir nicht leicht, mich von ihm zu verabschieden. Einer behielt in seiner ganzen Klarheit den Überblick: *„Nach vorn geht der Blick. Zurück darf kein Seemann schauen"*. Mit diesem Satz schüttelte Paul mir die Hand und verschwand im schummrigen Licht einer verlassenen Gasse, durch die ein scharfer Wind wehte.

Zwölf Meter Tidenhub, der zweithöchste der Welt, werden in den Gewässern der Kanalinseln gemessen. Gerade deshalb brachte ich mein Beiboot weit hoch an Land in Sicherheit und latschte auf dem Weg dorthin durch ein exotisches Strandgut verwaschener Zeit. Dort, wo vor einigen Stunden noch Wasser war, erstreckte sich ein endlos breiter Strand. Er nahm mir meine ganze Energie, als ich das nicht gerade leichte Dingi, vorbei an einer Kolonie staksender Austernfischer, ins Wasser schob. Plätschernde Ruderbewegungen durchbrachen die Stille und schreckten ein paar Möwen auf, die zu einem nahen Felsen flogen, wo sie ihre Flügel trockneten.

Herm machte Lust auf mehr. Am anderen Tag schlenderte ich nochmals über die Insel, die sich wunderbar entspannt ausstreckte. Über wild bewachsene Pfade durch einen einzigen Naturgarten, der von einer betörenden Blütenpracht überzogen war. Verwöhnt von einem warmen Klima, das bis in den Herbst hinein dafür sorgte, dass der pflanzliche Rausch zu immer neuen Farbteppichen mutierte.

Steile Klippen, tiefblaues Meer. In ihm zog jene Strömung, die für das impressionistische Gesamtgemälde verantwortlich war – der Golfstrom. Er entspringt im Golf von Mexiko und wird auf seinem Weg nach Norden im karibischen Meer zusätzlich aufgeheizt. Dann wälzt er sich weiter bis nach Neufundland und schwenkt ab nach Europa. Mathematische Genies haben herausgefunden, dass der Golfstrom dabei eine Milliarde Megawatt Fernwärme transportiert, was grob gerechnet einer thermischen Leistung von 250.000 Kernkraftwerken entspricht ...

Weg von den Zahlen, zurück aufs Hochplateau und hin zum Westcoast-Feeling. Ich saß mittlerweile mit dem Rücken an der Wand eines weiß getünchten Steinhauses, in Gedanken bei einem Glas Wein, den Sonnenuntergang vor Augen, den Arm um jemanden gelegt, mit dem ich diesen Moment gerne geteilt hätte und blickte durch eine schmiedeeiserne Pforte in eine vergangene Welt. Vor mir lag der Friedhof. Die alten Grabstätten der Kelten sind Orte voller Geschichten und Mythen. Aber die eigentliche Magie geht von Herm selbst aus. Eine heile Welt ohne Hektik, nur einen Steinwurf vom Trubel und Guernsey entfernt.

Guernsey

Der nächste Tag begann kalt. Gegen Mittag wurde er sengend heiß und wolkenlos. Wahrer Wind? Fehlanzeige. Was einem der Fahrtwind vorgaukelte, war die Brise einer eher langweiligen Motorfahrt, in der wir nach 15 Seemeilen die zweitgrößte der Channel Islands, nämlich Guernsey, erreichten. Ich legte AURYN zunächst im Außenhafen an einen Ponton an, um die lästigen Einreiseformalitäten dieser autonomen Insel über mich ergehen zu lassen.

Die Channel Islands gehören nicht zur EU. Sie unterstehen auch nicht London und werden weder von Parlament noch Premier regiert. Die Kanalinseln, zusammen genommen kaum größer als Rügen, besitzen eigene Gesetze und Gerichtsbarkeit. Ihre Handlanger, Zoll und Polizei, fertigten uns mechanisch ab.

Anschließend verhinderte das Niedrigwasser in seiner ganzen Natürlichkeit die Einfahrt in die Victoria Marina. Warten. Als der rot-weiße Pegel an der Barre genügend Wasser unter dem Kiel von AURYN anzeigte, steuerte ich mein Schiff über die Felsbarriere in den romantischen Hafen von St. Peter Port. Eingebettet in einer Umgebung von üppiger Vegetation, lümmelte sich in der letzten Wärme der Sonne das Hafenambiente in aufreizender Schönheit. Mimosen und Kamelien legten sich zärtlich über das stilvolle Befestigungsgemäuer, auch wenn vom Castle Pier der übliche Böllerschuss aus grimmigen Kanonen ertönte.

St. Peter Port besticht durch einen pittoresken Stadtkern, in dem ich über glatt gewaschenes Kopfsteinpflaster und durch kleine Gassen marschierte, die mit schönen Läden gesäumt waren. Zwar waren ihre Fassaden alt und gemütlich, ihre Fensterdekorationen jedoch exquisit. Lüstern lockende Juwelierauslagen rivalisierten mit allen Düften dieser Welt, untragbaren Skulpturen und Schnickschnack.

Die gepflegten Parkanlagen erstrahlten in der mediterranen Pracht ihrer Blüten, die durch die Fernheizung Golfstrom jenes Klima vorfinden, das sie für ihre Herrlichkeit benötigten. Wie in der explodierenden Pflanzenwelt, gibt es auch auf dem Finanzsektor einen blütenreichen Mix. Asiatische und amerikanische Bankhäuser treffen auf die Vielfalt europäischer Geldinstitute.

Guernsey ist ein Steuerparadies. Aber das Geld liegt nicht auf dem Kopfsteinpflaster, sondern wird fein versteckt hinter Türen auf denen Messing polierte Namen den Sitz unzähliger Finanzgesellschaften verraten. Um die Unausgewogenheit zwischen melkenden Bauern und den Neureichen vom Festland auszutarieren, nimmt man die Millionäre nur noch im Zehnerpack auf.

Wie in einem Priel das Wasser zusammenläuft, so landet man auf den Inseln früher oder später im Pub. Zahlreiche Kneipen locken mit Live-Musik. Restaurants versprechen gute englische Küche. Und diese ist wirklich nicht so schlecht, wie vielfach behauptet wird. Die britische Küche auf St. Peter Port beispielsweise ist herrlich, geradezu köstlich, wenn ... ja, wenn man darauf achtet, dass sie von einem französischen Koch angeführt wird! Dieser Mix ist es wohl, der Guernsey so interessant macht: Französische Lebenskunst trifft auf britische Eleganz. Gartenkunst aus England prallt auf die Küche der Grande Nation.

Und die allgegenwärtige Tide gibt der wohlgeordneten Insel etwas leicht Anarchisches. Wenn man die Ebbe abwartet, kann man Hunderte von Metern hinaus durch von Prielen durchzogene Uferlandschaften wandern und sich die Taschen voll mit Muscheln stopfen. Dann sollte man sehen, dass man schleunigst die Promenade erreicht, bevor sich die Flut in einem unvergesslichen Sonnenuntergang Zentimeter um Zentimeter vom Strand zurückholt.

An der Tafelrunde mit König Artus und Frau Pilcher

Der BBC-Seewetterbericht verkündete für die nächsten Tage einen frischen Westwind. Merde. Genau in dieser Richtung lag die französische Bretagne, unser nächstes Etappenziel. Abgesehen davon, dass ich nicht gegen den Wind kreuzen wollte und mich St. Peter Port nicht mehr besonders reizte, verspürte ich Lust darauf, Cornwall jenseits des Kanals zu besuchen. Also, spontan hoch nach Norden. Das ist Segeln. Ausfahrt Freiheit und Kurs 320°.

Das Wetter war gut, die Sicht klar. Man konnte bis zur Küste Frankreichs schauen, als ich Guernsey verließ und damit die Inseln, die jede für sich verschieden und ein individuelles Paradies sind. Ein Stück Frankreich, das ins Meer gefallen war und von England aufgesammelt wurde.

AURYN segelte hoch am Wind mit voller Genua und gerefftem Großsegel. Vor uns lagen 90 Seemeilen, eine Nachtfahrt und Achtung – ein Verkehrstrennungsgebiet! So richtig konnte sich der Wind nicht entscheiden. Entweder frischte er so stark auf, dass ich die Segelfläche reffen musste oder er schwächelte dermaßen, dass AURYN gerade mal wie eine müde Ente über den Dorfteich schipperte. Doch dann, als wir die Mitte des Ärmelkanals und die Grenze des VT erreichten, war die Kasperei vorbei. Es kachelte, und zwar heftig. Um solches Wetter definieren zu können, haben schlaue Meteorologen eine Skala eingerichtet, die nach einem gewissen Monsieur Beaufort benannt wurde. Demnach ist eine Windstärke von 7 Beaufort der Übergang von Starkwind zu Sturm. Packen wir die Tabelle weg und schauen nach, wie sich so etwas anfühlt: Wind heulte in den Wanten. Gischtiges Salzwasser flog. Die See kippte eine quer laufende Welle ins Cockpit, das bald darauf Holz unter meldete. Das Wasser stand so hoch, dass es mir über die Kante meiner Gummistiefel lief. Ich hatte kaum Zeit, die schwabbelnde Soße aus den Hochschäftigen zu lenzen, weil ich den Autopiloten ausgeschaltet hatte und AURYN von Hand lenkte, um die hackigen Wellen, die mittlerweile kreuz und quer brachen, individuell auszusteuern. Wenn man in diesen Bedingungen allein segelt, kann man keinen Handel abschließen. Man muss es durchstehen. Ein Strohhalm bleibt – man kann beten! Ich tat es nach vielen Jahren wieder und verstand nachhaltig, warum viele Seefahrer gottesfürchtig sind.

Mittlerweile segelte mein Schiff nur noch mit einem Hauch von Genua und dem Rest eines Stofffetzens, den man mit viel Phantasie und Liebe zur See als Großsegel bezeichnen konnte.

Dennoch war es ein feines Segeln, weil der Wind auf Südwest drehte und ich das tat, was der erfahrene Segler als den berühmten *Schrick in die Schoten* bezeichnet. Dies bedeutete nichts anderes, als dass man die Schoten etwas auffiert. Dadurch trimmt man ein Segel bauchiger, was zur Folge hat, dass das Schiff nicht mehr so viel Lage schiebt, also schräg liegt, womit der Rumpf mehr Fläche zum Gleiten bekommt! Kompliziert? Nö, gar nicht. Aber dafür schnell. Sieben Knoten Fahrt über Grund zeigte die Logge, während das Rigg beim Einstampfen ins nächste Wellental zitterte und der Wind pfiff. Viele Lichter riesiger Dampfer um uns herum. AURYN mittendurch. Rechtwinklig, den Vorschriften der Seeschifffahrtsverordnung entsprechend, und stur im Winkel von neunzig Grad zu den hin und her fahrenden Pötten, deren Funkverkehr bis zu mir ins Cockpit quakte. Es war chaotisch. Die Nacht kam und mit ihr wurde es kalt.

Der Seemann steckte warm verpackt in Fleece- und Schwerwetterklamotten, während nach ein paar Stunden allmählich Lichter am Horizont tanzten. Es war Mitte September und es kam mir vor wie im Winter. Weiße Wasserlandschaften um mich herum erinnerten eher an eine Wanderung durch ein verschneites Gebirge, als an eine Segelreise. Mir war arschkalt. In dieser nassen Kälte rückte das Land näher und mit ihm stellte ich mir seine Bewohner vor, wie sie sich mollig eingepackt im Bett nochmals umdrehten oder bereits im warmen Strickpullover vor einer heißen Tasse Tee frische Brötchen mummelten und die Morgenzeitung lasen. Mit dieser Phantasie beendete ich auch das geduckte Grübeln über Sinn und Unsinn einer um die Ohren gehauenen Nacht ohne Schlaf. Was sollte es auch, ich war schließlich freiwillig hier und auch wenn diese Erlebnisse zu den weniger erfreulichen einer Segelreise gehören, so freute ich mich, dies erleben zu können. Auch wenn ich bald darauf fluchte.

Als ich kurz in den Salon hinab stieg, um mir ein paar Müsliriegel zu holen, traute ich meinen Augen nicht – Wasser, wohin ich sah!! Darauf schwimmende Bodenbretter, die mich um meinen Seelenfrieden brachten. Wie hypnotisiert starrte ich auf die schwappende Unordnung. Was war passiert? Gedanken kreisten. Machten Halt an der Vermutung einer Leckage. Ich prüfte die Seeventile, alles schien in Ordnung. Auch die Stopfbuchse der Wellenanlage war, abgesehen von normaler Feuchtigkeit, trocken. Woher kam das verfluchte Wasser? Erst jetzt tauchte ich den Finger rein und nuckelte daran: Süßwasser! Nun war es zur Ursache nicht mehr weit. Gleich nebenan befand sich der Wassertank. Ich riss die Sitzpolster hoch und die Revisionsklappe der Bank auf. Und dann entdeckte ich den Pfusch jenes Installateurs, der mir einen Wassermacher, eine so genannte Entsalzungsanlage eingebaut hatte, deren Schlauch eben in diesen Tank führte. Der Anschluss war so saumäßig abgedichtet worden, dass er sich durch die ständigen Schiffsbewegungen auflöste, wodurch bei der Schräglage des Schiffes ca. 400 Liter Wasser aus dem Tank ins Innere von AURYN liefen. Vierhundert Liter, die ich nun in rollender See – ich nahm in der Zwischenzeit die Segel runter und damit die Fahrt aus dem Schiff – per Eimer und im hohen Bogen über die Reling pützte. Zwei Stunden dauerte die Arbeit. Zeit genug, um dem so genannten Fachmann außer einer ordentlichen Tracht Prügel auch noch andere Gemeinheiten gedanklich anzudrohen. Aber auch das ging vorbei, genau wie das schwere Wetter. Das Leuchtfeuer vom Start Point signalisierte uns, dass wir richtig navigierten und uns allmählich der Südwestküste von England näherten.

Als die Sonne aufging, lag vor uns das Land. Noch. Doch bald schon senkte sich schwer wie eine Bettdecke ein feuchter Nebel über Devons Süden, wie einst, als er das heilige Avalon der Kelten einhüllte, um es vor den Blicken der restlichen Welt zu verbergen. Der Nebel verwirrte, ließ mich jedes Gefühl für Raum und Zeit verlieren. Wie von Geisterhand zog sich der nasse Vorhang allmählich auf, das Licht kam zurück. Es war ein milder, früher Sonntagmorgen, als ich die Einfahrt in den Fluss fand, der nach Dartmouth führen sollte. Reste von zarten Nebelschwaden lagen wie ein Schleier auf Wäldern und grünen Wiesen, als ich mein Schiff flussaufwärts steuerte, bis nach einer Biegung vor uns die kleine Stadt auftauchte. Dartmouth hatte sich im Laufe der Jahrhunderte sanft in eine schwungvolle Landschaft gegraben und empfing uns im tiefen Geläut der Kirche. In dieser Stimmung fand ich den letzten freien Platz im randvollen Yachthafen dieser traditionsreichen Gegend voller Mythen und Typen. Dem Zuhause von Sir Francis Drake, dem berüchtigten Piraten im Auftrag der Royals. Das sagenumwobene Land von König Artus und seiner Tafelrunde. Die Heimat von Rosamunde Pilcher und ihrer Geschichten.

Eine eigenartige Welt aus spröden Menschen, merkwürdig klingenden Lauten, komischen Ortsschildern, fremder Währung, seltsamem Verkehr und merkwürdigem Essen. England.

Nach der heftigen Nacht war ich zu faul, mir an Bord ein Frühstück zuzubereiten und gönnte mir stattdessen eines im Yachtclub. Neben mir saß ein Typ mit abgewetzten Klamotten und einer blau wollenen Pudelmütze, die er zwar schlank hochgekrempelt, aber wohl noch nie von seinem Kopf genommen hatte. Mark, so stellte sich der nette Kauz vor, machte sich über mein beiseite geschobenes Frühstück her, während ich den Kaffee genoss und seine Einladung zu einer Sightseeing Tour gerne annahm.

Die Fassaden des Seeräubernests strahlten Kraft und Widerstand, zugleich eine fragile Melancholie aus, weil sie Geschichten erzählten von Wracks und Piraten, von Seeleuten und Männern, die hinausfuhren und niemals wiederkamen. Mark kannte sie alle. Die schaurigen Details der Vergangenheit, die Realität seines Lebens und die Träume seiner Gegenwart. Seine Ehe war kaputt, wie das Boot auf dem er seit einigen Jahren schon eine Art Zigeunerexistenz lebte. Irgendwann wollte er es auf Vordermann bringen und damit in die Karibik segeln. Dass er mit Seefahrt zu tun hatte, war mir nun klar. Geahnt hatte ich es schon, als mir beim Frühstück seine notdürftig geflickte Brille auffiel, die mich an einigen Stellen an Notriggs aus Epoxyharz, Draht, Schräubchen und Splinten erinnerte. Der Mann schien handwerklich geschickt und phantasievoll genug, um mir beim Reparieren des Wassertanks behilflich zu sein. Zumindest sollte er wissen, wo man das Material dafür besorgen konnte. Das Problem war schon am nächsten Tag behoben, aber damit schaffte ich mir ein neues. Mark wich nicht mehr von meiner Seite und schleppte mich am nächsten Tag zwei Orte weiter, um mir sein Boot zu zeigen.

Vor mir lag ein einstmals wunderschöner, wenn auch kleiner Gaffelsegler. Angebunden an schäbigen Leinen. Verrostet und in einem ähnlichen Zustand wie die Brille seines Skippers. Ein Bild voller Phantasie. Denn in dieser maritimen Trostlosigkeit reflektierte sich nicht nur sein Traum vom Aufbrechen, sondern zugleich seine Angst, die ihm vertraute Welt hinter sich zu lassen. Im Pub auf dem Hügel tranken wir ein paar Gläser, aßen eine Suppe und redeten über Frauen, blickten hinunter auf sein Schiff und quatschten über unsere Liebe zur See. Dass ich morgen schon wieder aufbrechen wollte, wunderte ihn. Er fragte mich nicht einmal danach, wohin. Dennoch erzählte ich ihm nichts von meinen Absichten, um diese nicht unnötig zu erhellen und beobachtete stattdessen schweigend die auflaufende Flut.

Was mir am Land jenseits des Kanals gefällt, sind die kleinen Gassen und die Pubs. In beiden ist die englische Seele tief verwurzelt. In den Kneipen herrscht eine lockere Atmosphäre. Es wird erzählt, gestikuliert, gesungen. Damals noch bis 23 Uhr, dann war *Last Order*. So wollte es seit Urzeiten das Gesetz.

Im Ausatmen der Gezeit

Nach dem fröhlichen Gelage im Fisherman's Place verabschiedete ich mich am nächsten Tag von ein paar Segelnachbarn des Yachtclubs und meinem Freund Mark. Ich sagte ihm Lebwohl, wünschte ihm, dass er sich seinen Traum niemals austreiben lassen möge und umarmte ihn herzlich. Kurz darauf trieb AURYN im Ausatmen der Gezeiten dem Meer entgegen. Vorbei an imposanten Herrenhäusern im viktorianischen Stil, die sich hinter Buchsbaumhecken versteckten oder an urigen Steincottages, in denen Miss Marple hausen könnte.

Hinter dem Leuchtturm von Start Point segelten wir auf neuem Kurs nach West und trieben träge an der Küste des cornischen Landes. Start Point ist einer der berühmtesten Ecken Devons. Ich erinnerte mich an Marks Geschichte, als er davon erzählte, wie an diesem abweisenden Ort in einer einzigen Nacht des Jahres 1891 fünf Schiffe trotz verzweifelter Manöver in Gischt umtoste Felsen krachten. Zu einer Zeit, als man über den Daumen navigierte und Nebel oder Sturm unzählige Schiffe in den nahen Untiefen zerschellen ließen. Welche Dramen haben sich hier abgespielt? Anker wurden geworfen, Masten gekappt. Rettungsboote ins Meer geschmissen. Seeleute hinterher. Von der starken Strömung abgetrieben und nie wieder gesehen.

Der Tag war friedlich und ohne Gefahren. Auch wenn in Sichtweite kleine Buchten wie Piratennester lagen. Die damaligen Freibeuter lotsten mit falschen Feuern die Schiffe ans Land oder zogen alles an sich, was von den Wind geplagten Schiffen fiel.

Cornwall versank hinter dem Horizont und wurde zur Vergangenheit. Doch die alte Sage der Kelten, wonach König Artus mit seinem Schwert Excalibur auf der heiligen Insel Avalon wartete, um die Kelten von den Angelsachsen zu befreien, wird auch in Zukunft erhalten bleiben.

Bevor ich den neuen Kurs auf die Bretagne absetzte, hörte ich am späten Nachmittag den mittelfristigen Wetterbericht der BBC. Ein Tief zog von Westen rasch heran. Strandung, Stürme, Stoßgebete? Weit ab davon. Die Überfahrt hätte besser nicht sein können. Die 70 Seemeilen (sm) segelte AURYN in zehneinhalb Stunden mit halbem Wind bei mäßigem Seegang ab.

Nightpic

Dichter Schifffahrtsverkehr um uns herum ließ wieder keinen Schlaf zu. Rufe über Funk einen Riesentanker. Der wachhabende Offizier informiert über den aktuellen Wetterbericht und fragt nach meinem Reiseziel. Wir sprechen über Segelschiffe und wünschen uns eine gute Fahrt. Halt ..., ich möchte noch von ihm wissen, welches Radarbild mein Schiff abgibt. Worauf er antwortet, dass AURYN aus 2,8 sm Distanz auf seinem Schirm gut zu erkennen ist. Na ja, vorausgesetzt, es ist überhaupt einer auf der Brücke. Vorbei die Zeiten, wo Schiffe nicht nur schöner aussahen, sondern auch noch besser bemannt waren. Noch in den Fünfzigern banden sich die Segler eine Petroleumfunzel ins Cockpit und gingen getrost pennen, weil sie relativ sicher sein konnten, dass die Großschifffahrt den vorgeschriebenen Ausguck am Bug hatte, der der Brücke ein Signal zum Ausweichen gab, falls sich ein Segler auf Kollisionskurs befand. Schon lange hat man diesen Schutzengel für uns Segler aus Kostengründen wegrationalisiert.

Also, nichts mit hinhauen und schlafen. Der Wachplan an Bord von AURYN sieht folgendermaßen aus: Alle 20 Minuten schreckt mich der Wecker – und zusätzlich eine Minute später einer in Reserve – aus der molligen Koje in die Frische des Cockpits. Es folgt ein verschlafener 360-Grad-Rundumblick. Danach bin ich ein bisschen klarer und genieße den Augenblick der vertrauten Symphonie des Windes in den Wanten, die Geräusche der Segel. Lausche dem vorbeirauschenden Wasser. Prüfe Kurs und Segel, um dann wieder unter meine Decke zu kriechen.

Auch endlos lange Nächte auf See werden nie langweilig, weil es immer was zu tun gibt. Dennoch fühlte ich mich frei. Aber nicht im Sinne von „keine Verpflichtungen mehr zu haben". Sondern Freiheit war für mich, genau das zu tun, was das Beste für mich ist – und darauf hatte ich mich gerade eingelassen.

In der Feuchtigkeit eines Leichenschleiers

Zu den weniger reizvollen Begleiterscheinungen eines Segeltörns gehört der Nebel. Wie ein Leichenschleier legte er sich am nächsten Morgen über das Wasser und dämpfte das monotone Geräusch des Dieselmotors. Das Navigieren im Nebel bedeutet höchste Konzentration, weil man nach Motorgeräuschen und Schallsignalen verschiedener Tonnen hören muss und den Radarschirm beobachten sollte. Immer im Wechsel, besser noch alles gleichzeitig.

Wir näherten uns der Bretagne und passierten den dunklen Schatten einer Heultonne, die noch lange danach ihren warnenden Ton durch die Feuchtigkeit trug. Um dem angekündigten Tief auszuweichen, steuerte ich den Eingang der beiden Flüsse L'Aber Benoit und L`Aber Wrac an. Das Wort *Aber* stammt aus dem Keltischen und meint die tiefen Flusstäler, die sich hier in die schroffe Küste eingegraben haben und sich landeinwärts verjüngen.

Auf die Flut wartend, fädelte ich die Festmacherleine in die rostige Öse einer Mooringtonne und wartete voller Ungeduld auf den nächsten Morgen. Dann wollte ich einige Kilometer flussaufwärts fahren, um im Landesinneren sicher zu liegen. Es wurde Zeit, denn bereits jetzt schickte die nahende Front ihre Vorboten. Der Wind hatte den Nebel verscheucht und drehte auf Nordwest, während eine gewaltige Dünung vom nahen Atlantik einsetzte. Die ersten Schaumkronen übersäten das Meer, das vom Mond gespenstisch illuminiert wurde. Die Nacht blieb unruhig und wurde rollig. AURYN taumelte in den Wellensets aufgeregt hin und her. Als die Sonne endlich aufging und der Strom kenterte, zog ich die Leine aus dem Auge der Boje und lenkte mein Schiff vom Flussdelta in die Bretagne. Der Fluss wand sich in einigen Kehren, wurde immer schmaler und gab mir wunderbare Ausblicke in die Gärten backsteinfarbener Häuser. Sie lagen verträumt eingebettet im Grün saftiger Wiesen, in denen Wildhyazinthen sprenkelten und Hortensien leuchteten. Wir fuhren durch eine liebliche Gegend voller Rebstöcke und kleiner Wälder in eine Welt, die mich begeisterte. So lange, bis uns eine Bahnüberführung stoppte. 18 Meter Masthöhe passen nicht mit 12 Metern Brückenhöhe zusammen.

Mitten im Fluss, nicht weit entfernt von der Brücke, schmiss ich den Anker. Gerade noch rechtzeitig, weil mittlerweile Schauerböen über das Land fegten. Dennoch lagen wir in absoluter Sicherheit und einer friedlichen Umgebung, die mich vergessen ließ, dass nur einige Kilometer entfernt zwei Gewässer lagen, die zu den gefährlichsten dieser Welt gehören – die Biscaya und der Ärmelkanal.

Um die Biscaya zu durchsegeln, war es fast schon zu spät in der Saison. Denn es begann die Äquinoktialzeit, die Tag- und Nachtgleiche. Und mit ihr kommen die Herbststürme. Trotz des Schietwetters ruderte ein kleiner Franzose mit kräftigen Schlägen gegen den Wind zu uns herüber, um dreist und ohne ein Zucken für den Ankerplatz eine Hafengebühr abzukassieren. Merkwürdig. Genau wie das Bild vor mir. Die geduckte Auberge aus Naturstein, auf dem eine grell-blaue Neonschrift blinkte, passte ebenso wenig in die so wohlgeordnete Umgebung wie die rostigen Träger der Eisenbahnbrücke.

Dennoch zogen mich die leuchtenden Signale, die das kleine Restaurant aussendete, dermaßen an, dass ich kurz darauf ins Beiboot stieg, um an Land zu rudern. Eine Eichentür knarrte. Ich betrat einen Raum voller Atmosphäre und saß im Geruch modrigen Gebälks als einziger Gast vor einem Topf köstlicher Muscheln, die der Koch höchstpersönlich noch am Nachmittag frisch aus den Felsen gepult hatte. Deshalb sollte ich mich auch nicht wundern, wenn der exzentrische Patron am nächsten Tag aus dem Fluss auftauchen würde, um mir einen frischen Fisch unter die Nase zu halten. Zumindest war es das, was er mir mit einem Augenzwinkern mit auf den Weg gab, als wir uns verabschiedeten.

Es war Mitternacht, als ich zurück an dem Platz war, wo ich mein Beiboot zurückgelassen hatte. Was ich dann entdeckte, verschlug mir die Sprache. Aus dem Dingi hatte man die Paddel geklaut!

Ich war gerade im Begriff ins Wasser zu springen, um schwimmend mit dem Beiboot im Schlepp AURYN zu erreichen, als ich hinter mir Schritte hörte. Ein rothaariger Hüne befand sich auf Torkeltour über grobes Kopfsteinpflaster und knallte kurz darauf der Länge nach auf das raue Gestein. Irgendwie schien der Kerl meine nächtliche Odyssee zu beobachten, denn er rappelte sich auf und steuerte, in einer Art Tango die Balance haltend, auf mich zu. Trotz seines benebelten Zustandes begriff der breitschultrige Bretone sofort meine Situation und führte mich zu seinem Haus, wo er aus einem Schuppen ein Paddel zauberte. Während der ganzen Begegnung sprachen wir nicht ein Wort, was auch nicht unbedingt nötig war, denn den Charakter eines Menschen erkennt man nirgends besser als an seinem Verhalten in entscheidenden Augenblicken.

Begegnung mit dem Seemonster

Am Morgen glitzerte das Wasser im Licht der Sonne scheinheilig ruhig. Ich kaufte im nahen Ort ein paar neue Paddel, frisches Brot und brachte das geliehene Ruderblatt mitsamt einer Flasche Wein zurück zum freundlichen Helfer, der gerade damit beschäftigt war, die Fenster seines alten Steinhauses liebevoll anzumalen.

Die Schlechtwetterfront war durchgezogen, so dass meinem nächsten Ziel nichts mehr im Wege stand. Auf nach Brest. Aber zunächst raus aus dem Fluss und durch eine Umgebung, die sich nochmals von ihrer schönsten Seite zeigte. Nach der letzten Flussbiegung waren wir wieder zurück in der rauen Wirklichkeit einer alten See. Kurs Ile d'Ouessant, der Nordwestspitze Frankreichs. Der Wind blies frisch aus Nordwest und gegen Abend erkannte ich den berühmten

Leuchtturm von Ouessant. Die Anhänger maritimer Poster kennen vermutlich das unglaubliche Bild, wo sich eine sturmgepeitschte See bis zum Glas des Leuchtfeuers aufwirft, während in der Tür der Leuchtturmwärter gelassen zum Helikopter schaut, von wo aus dieses einmalige Szenario aufgenommen wurde. Das waren noch trostreiche Zeiten für Seeleute, als Leuchttürme von Menschen bewohnt waren, weil man wusste, dass man nicht alleine war und es dort oben eine Seele gab, die das gleiche Wetter aushalten musste wie der Mann auf See.

Raumschots ging es im Gezeitenstrom flott voran. Konzentrierte Aufmerksamkeit, weil uns der starke Strom um fast dreißig Grad in Richtung zackiger Felsen versetzte. Spannend verlief die Navigation. Ich schaltete das GPS ab und beschäftigte mich mit Fernglas, Handpeilkompass, Zirkel und Kursdreieck mit der Kreuzpeilung verschiedener Seezeichen und Landmarken, um eine terrestrische Standortbestimmung zu erreichen. Solange, bis sie so sicher war, dass sie von den Satellitenkoordinaten nur unwesentlich abwich.

Am Morgen fuhren wir in eine Nebelbank – schon seit einigen Stunden unter Motor, weil sich in der Nacht der Wind komplett verabschiedet hatte. In der Diesigkeit muhte eine Signalboje und brummte noch lange wie eine traurige Kuh aus dem Irgendwo. Doch als wir die Ansteuerungstonne des Fahrwassers nach Brest erreichten, verzog sich der Nebelvorhang wie von Geisterhand und hinter ihm tauchte das Land auf. Nicht nur das. Auch ein U-Boot. Neben uns quirlte das Wasser, dann stieg aus der Tiefe der See dieses riesige atomgetriebene Monster auf. So, als ob es uns Begleitschutz geben oder auch in seine militärische Übung mit einbeziehen wollte, wich es uns bis Brest nicht mehr von der Seite.

In der drängelnden Hektik eines Kreisverkehrs ...

Brest ist eine pulsierende Stadt. Sie empfing uns herbstlich kühl und voller Streiks. Gerade jetzt, wo ich meine Spritvorräte ergänzen wollte, gab es keinen Diesel, weil Fischerboote die Tankstelle blockierten. Vor mir stand der erste längere Seetörn, direkt über 600 Seemeilen durch die Biscaya bis zum spanischen La Coruna. Dafür kaufte ich im Supermarkt großzügig Lebensmittel und Getränke ein. Sie einfach zum Schiff zu transportieren, entfiel, weil auch die Taxifahrer sich dem Streik angeschlossen hatten und schmollten. Es blieb nichts anderes übrig, als zwei vollbepackte Einkaufswagen nebeneinander her zu schieben, um ihren Inhalt in den ca. vier Kilometer entfernten Yachthafen zu transportieren. So weit, so gut. Schade nur, dass ein Teil der Strecke leicht abschüssig war und unten die drängelnde Hektik typisch französischen Kreisverkehrs auf uns lauerte. Ich bekam trotz der Geschwindigkeit im Galopp gerade noch die Wagen unter Kontrolle, aber nicht mehr das Klopapier, das im hohen Bogen einem verdutzten Autofahrer direkt auf den Kühler flog. Schon tauchte das nächste Problem auf. War ich mit meinen vollen Einkaufswagen im Kreisverkehr vorfahrtsberechtigt gegenüber den Kopf schüttelnden Franzosen?

AURYN und ihr Skipper waren nach zwei Tagen der Ruhe und einer nicht gerade interessanten Stadtbesichtung für den Absprung bereit. Mal ehrlich: War ich das wirklich? Die erste nautische Herausforderung lag vor dem Bug, besser gesagt: Immer spürbarer wie ein Kloß in meinem Hals. Der erste große Törn. 600 Seemeilen am Stück. Vier bis fünf Tage und Nächte durch eines der fürchterlichsten Gewässer der Seefahrt, die Biscaya im Herbst. War ich fit genug, diese Prüfung zu bestehen? Fragen über Fragen. Bis sich der zappelige Geist meiner inneren Unruhe verzogen hatte und ich endlich Schlaf fand. Zumindest solange, bis am Horizont ein strahlender Mittwoch aufging und mit ihm die Beklommenheit nächtlicher Gedanken verschwand. Sie wich einer gewaltigen Neugier.

Meersein

Biscaya

Hinter uns lag das Land wie ein dünner Strich. Weit weg braute sich ein Gewitter zusammen, das uns eine ganze Weile seine grellen Blitze hinterher schickte. Wir waren bereits einige Stunden unterwegs und segelten durch die Bucht von Brest. Vor uns befanden sich die Biscaya, der Atlantische Ozean, von denen ich als Kind immer geträumt hatte. Wir erreichten den Rand eines großen Meeres. Zum ersten Mal kribbelte ein Gefühl von Davongehen.

Die See war ruhig, der Wind eher schwach. Ein sattes Hochdruckgebiet hatte sich nördlich von uns breit gemacht und da die Winde im Uhrzeigersinn aus den Hochs herauswehen, bedeutete es Wind aus dem östlichen Quadranten. So zog AURYN nur unter der Leichtwindbesegelung ihre gemächliche Spur durch ein Wasser, das vom tristen Grau in ein tiefblaues Meer überging, weil wir die Grenze des Kontinentalschelfs überquerten. Als ich unsere Position mit einem kleinen Bleistiftkreuz in die Seekarte eintrug, erkannte ich, wie der Meeresboden unter uns auf 1500 Meter wegsackte. Wir schwebten sozusagen über einen steilen Absturz hinweg und glitten bald darauf über die nächste Kante, wo wir 4000 Meter Tiefe unter dem Kiel hatten! Das Wetter war wunderschön und die Biscaya zahm. Zeit genug, um sich ein bisschen mit der Umgebung zu beschäftigen.

Ich kramte aus dem Regal die *Enzyklopädie der Meere*, blätterte und fand schnell, was ich suchte: Das Querschnittsdiagramm einer Schelfkante. Die Farbtafel erklärte eindrucksvoll die Konvergenzzone des Kontinentalsockels, wo in jedem Tiefenbereich unterschiedliche Fische und Organismen zusammenkommen. Auch die globale Erderwärmung hat Auswirkungen auf das Leben im Ozean. Meeresbiologen entdecken in einer Art Volkszählung unter Wasser immer wieder neue Bewohner in der atlantischen Tiefsee. Wenn man so will, ist die Steilwand des Festlandsockels ein übermäßig gedeckter Tisch, zu dem alle strömen, um zu futtern. Jeder frisst jeden. Die Kleinen werden von den Großen gefressen. Die Großen von Trawlern. Jetzt verstand ich auch die locker auseinander gezogene Kette von Fischerbooten, die wir durchsegelten.

Der Atlas ist eine wunderbare Bereicherung jeder Bordbibliothek. Da wir mehr von der Oberfläche des Mondes wissen, als von den Tiefen der Meere, öffnet er die Augen. Er verwandelt die bedrohliche, unergründliche See in einen sensibel phantasievoll gebauten Organismus. Er hilft dabei, die Evolution zu verstehen und nimmt dem fremden Universum, das mehr als 70 % unserer Erdoberfläche bedeckt, etwas vom Geheimnisvollen.

Mit der Farbe des Wassers und der neuen Tiefe hatte sich auch das Muster der Wellen geändert. Die hackigen Wellen gingen über in eine weit ausgestreckte Dünung. Sie hob uns sanft an und mit ihr rutschte ich nach einer schlaflosen Nacht dem Frühstück entgegen.

Mit Rührei und Toast, tausende von Metern über dem Meeresgrund. Aber vorher noch schnell Edvard Griegs *Morgenstimmung* in den CD-Player, weil jede andere Musik nur versagen kann in einer Umgebung aus loderndem Sonnenaufgang und friedlicher See.

Die pure Lust nur zu sein

Bereits am zweiten Tag dieses Törns fühlte ich das Einswerden mit der Weite, die mich umgab. Über mir der Himmel, unter mir das Wasser und in mir Momente des Wohlseins. Es fühlte sich alles so einfach an. So einfach, dass komplizierte Leute sich oft nicht eingestehen möchten, was ihnen im Grunde fehlt: In der Einfachheit Zufriedenheit zu empfinden.

Moment mal, wo Segeln wir hier eigentlich? Richtig, immer noch in der berüchtigten Biscaya. Diesem Schiffsfriedhof unzähliger Wracks und Leiden. In einem Gewässer, das deshalb so gefährlich ist, weil die rasch ziehenden Tiefdruckgebiete des Nordatlantiks riesige Wellenberge auf ihrem Weg über tausende von Meilen vor sich her schieben. Bis sie in ihrer ganzen Kraft auf den Sockel des europäischen Kontinents prallen, wo sie sich zu noch höheren Kaventsmännern aufbauen und in einer konfusen See unkontrolliert auseinander laufen. Ein Platz voller Tragödien. Wer das Pech hatte, in ihren stürmischen Gewalten unterwegs zu sein, wurde entweder im Schnellverfahren begraben oder kämpfte um das nackte Überleben. Schiffe mitsamt ihren Seemännern gingen für immer verloren. Auch ich sollte den wahren Charakter der Biscaya noch kennen lernen. Doch vorher schlief der Wind völlig ein. Ich nahm das Segel weg, sprang ins Wasser und schwamm zwei Runden ums Schiff. Geiles Gefühl über 3600 Metern Tiefe! Was dann folgte, war nervenaufreibend. Stundenlanges Motoren durch eine See wie Blei. Erschlagen von der Monotonie eines wummernden Diesels sowie müde vom Lesen, klappte ich das Buch zu, setzte mir einen Becher Kaffee auf und schrie anschließend *Halleluja*. Der Wind war zurück, das Wasser begann sich zu kräuseln. Kleine Schaumkronen bildeten sich. Die Segel waren ruckzuck gesetzt, weil ich es kaum abwarten konnte, einen der schönsten Momente einer Segeltour sinnlich zu genießen: Jenen, wo der Schalter des Motors in die Position *Off* gestellt wird. Dann beginnt etwas Zauberhaftes. Krach geht in Stille über. Langsam füllen sich die Segel, das Schiff nimmt Fahrt auf. Man spürt den kühlenden Wind im Gesicht. Schnuppert an der salzigen Luft, hört das Rauschen der Bugwelle und das Knarzen der Schoten. Ich segle – und es klingt, als wenn ich atme. Da ist sie wieder, die pure Lust, nur zu sein!

3.10. – Hey, das ist mein Geburtstag. Wenn ich's nicht ins Logbuch gekritzelt hätte, es wäre mir nicht aufgefallen. Mitten in der Biscaya brüllte die See mir ihre rauen Glückwünsche furig entgegen. Ich hielt dagegen, weil es einfach herrlich war, meinem Schiff bei der Arbeit zuzuschauen, das mit acht Knoten Fahrt im Surf mächtiger Dünungswellen unterwegs war. So konnte es weitergehen, auch wenn die Hälfte der Distanz schon geschafft war. Leider drehte der Wind. Kam mehr aus West, so dass ich die Segel hoch am Wind trimmte und es für AURYN mit zunehmender Krängung nicht nur schräger, sondern auch härter wurde. Die nun steile Welle ließ den Horizont nicht mehr erkennen. Der Tag, an dem es endlich was tun gab, verdämmerte. Es wurde Nacht. Der Mond wanderte von einer Seite auf die andere und leuchtete das Meeresszenario gespenstisch aus. Wolkenbänke zogen rasch dahin, senkten und formten sich zu Phantasiebildern tanzender Ungeheuer. War es der Mangel an Schlaf oder warum hörte ich plötzlich Stimmen von Menschen, von denen ich annahm, dass sie schon lange aus meinem Leben verschwunden waren? Die zischenden Laute einer mit uns ziehenden Delfinschule rissen mich aus seltsamen Erinnerungen. Selbst in der Nacht war es eine Freude, dem Spiel der Delfine zuzuschauen, die eine Leuchtspur von aufgewirbeltem Wasser zurückließen, während ich allmählich Schiss davor bekam, dass der kachelnde Wind noch weiter zunehmen würde. Die See wurde heftig, riesige Wellenberge rollten heran. Ich fing an zu summen und es klang wie das berühmte Pfeifen im Wald. Aber die Biscaya war uns insgesamt gnädig gestimmt. Mit der Annährung ans Festland nahm der Wind ab, die Temperaturen wurden milder. Im warmen Gegenlicht der Sonne umspielte ein leichter Nordost die Segel und schob uns nach Südwest.

Schnaufen durchbrach die Stille! Waren das wieder die Kollegen von heute Nacht? Delfine am Schiff. Aus allen Richtungen schossen mit eleganten Sprüngen neue heran. Sie schienen sich wie auf ein geheimnisvolles Zeichen zu versammeln, als ob sie vorhätten, AURYN mit in ihr Spiel einzubeziehen. Doch die blieb stur und solide, so wie es dem Charakter englischer Schiffe entspricht. Delfine am Boot sind ein ganz besonderes Erlebnis, weil sie in mir ein Gefühl von Freude und innerer Ruhe auslösen, wie ich es bisher nur auf See erlebt habe.

Der vierte Tag auf dem Meer verging. Im besten Sinne des Wortes war es für mich eine neue Erfahrung zu empfinden, dass längere Distanzen auf See für mich keinen Stress bedeuteten, sondern in ihnen etwas Neues spürbar wurde. Im Meersein verschmolz alles zur Einheit, das blaue Schiff mit dem Sonnenuntergang, das Wasser mit dem Horizont, der Himmel mit dem kleinen Seemann. Wenn die See friedlich war und es Nacht wurde, begann eine fast meditative Zeit im Mikrokosmos Schiff. Optische Wahrnehmungen wurden reduziert und machten Raum für kreisende Gedanken. Vor wenigen Wochen beschäftigte ich mich noch mit kleinlichen Intrigen, debattierte mit wichtigen Schlipsträgern und kontrollierte Papiere. Nun tickte vor mir keine Uhr, die mächtig den Tag kontrollierte (okay, sehen wir mal vom Gezeitengewässer ab) – Segeln wurde für mich zur Entspannung und ich empfand gerade die langen Fahrten auf See als einen kurzen Weg zu mir selbst.

Land in Dunst

Ein leises, dennoch quirliges Störungsmuster schlängelt sich über das ansonsten wohl geordnete Meeresbild. Irgendetwas schien uns festzuhalten, obwohl wir kaum Fahrt verloren. Vermutlich war eine Unterströmung an der Stelle, wo wir das europäische Kontinentalschelf wieder erreichten und dem Land näher krochen. Ein seltsamer Geruch von Eukalyptus und Kiefer wehte vom spanischen Festland her, das versteckt blieb, da es unter einer dicken Decke voller Dunst lag. Allmählich lösten sich darin die Konturen einer bergigen Halbinsel auf. Die Dramaturgie dieses Schauspiels steigerte sich, als kurz darauf, wie von schwungvoller Hand eines Requisitenausstatters, der feuchte Vorhang aufgerissen wurde und den Blick frei gab auf grün überzogene Berge, in denen weiß gesprenkelte Dörfer lagen.

Bei diesem Bild erinnerte ich mich an einen Satz von Joseph Conrad, wonach *„die See keine Galerie hat."* Ganz sicher nicht. Jedoch gibt es Galerien, die ganz dicht am Meer liegen. La Coruna an der Nordwestspitze Spaniens ist ein solcher Platz. Galerie und Mutterschoß der Fahrtensegler. Hier hält man Ausschau, beobachtet, fachsimpelt. Man kommt an oder kehrt zurück. Durchgerüttelt und durchnässt. La Coruna bietet Schutz vor den Stürmen der Biscaya. Hier bekommt das Wort *warten* eine neue Bedeutung. Einfach so raus geht nicht. Für den Törn nach Norden oder um das markante Cap Finisterre Richtung Süden sollte man ein geeignetes Wetterfenster abwarten.

Bei meiner unwesentlichen nautischen Erfahrung empfand ich 100 Seemeilen schon als eine lange Segelstrecke, nun lagen mit einem Schlag über 600 davon im Kielwasser. Ein Erlebnis einerseits und ein Dankeschön andererseits an AURYN, die ohne zu zicken absolut sicher diese Distanz hinter sich brachte. Die blaue Slup lag in freundschaftlicher Umgebung zahlreicher Segler und ihr Liegeplatz klang geradezu königlich: Real Yachtclub Nautico.

Mich hatte der Rhythmus der See so vereinnahmt, dass es mir trotz Müdigkeit schwer fiel, einfach zu schlafen. In der milden Sonne eines wunderschönen Herbsttages befreite ich AURYN von einer Lage Meersalz und wunderte mich über einen alten Typen, der sich wenige Meter entfernt katzenhaft aus seinem kippeligen Dingi auf den Steg des Yachthafens schwang und mich lange mit einer Plastiktüte in der Hand musterte. *„Moin, Seemann. Wo kommst Du denn her?"* sprach er mich an. Ich erzählte kurz von meinem Trip, war allerdings mehr an seinem interessiert. Nun, er kam von „drüben". Ich folgte seiner Handbewegung, konnte aber außer einem kleinen Katamaran nichts erkennen, was auf ein Schiff deutete. *„Jo, das is mein Schiff dor achtern am Anker."* Und mit „drüben" meinte er übrigens auch seinen Törn von Barbados über den Atlantik mit Ziel Hamburg. Navigatorisch gesehen eine ziemlich harte Tour. Vor dem Cap Finisterre erwischte ihn ein Sturm, die Segel rissen. Sein Schiff ohne Motor trieb in Richtung Felsen. Er setzte einen Mayday-Ruf ab und ließ sich von der Küstenwache hierher schleppen. Diese kassiert nun mal Bergelohn und der überstieg mit 1000,- Dollar um genau diese Summe seine Bordkasse. Aus dieser Nummer versuchte er nun mit Gelegenheitsjobs rauszukommen.

Paul, ein alter Seebär durch und durch, fuhr als Kapitän riesige Frachter und verstrahlte eine fast mystische Aura. Mit einem traurigen matten Glanz in den Augen erzählte er romantische Geschichten von endlosen Ozeanen, die weit über meinen Blick hinaus gingen und sah mit all seiner Erfahrung die Welt so, wie sie in Wirklichkeit ist und nicht, wie man es uns beigebracht hatte, sie zu sehen. Zwei verwandte Seelen kommunizierten miteinander, bis es Abend wurde.

Paul zog mit seiner Plastiktüte weiter, ich schlenderte zum Büro des Yachthafens. Zeit zum Einklarieren. Bis auf sein Unterhemd entblättert saß der Hafenmeister vor seiner Bude, grinste den letzten Sonnenstrahlen entgegen und begrüßte mich herzlich. Nur zum Anmelden sollte ich doch morgen wieder kommen. Manana, und damit waren wir wirklich in Spanien angekommen.

Die Patina stummer Fassaden

Ein schwarzes Tier mit imposanten Hörnern stand schnaubend vor einem weibisch tänzelnden Matador. Was vorher noch Leben war, wurde ein Blut würgendes Wrack ... Okay, erzählen wir die Geschichte von vorne.

Die temperamentvollen Geräusche einer vollen Tapas Bar direkt am Yachtklub erweckten meine tiefe Neugierde, obwohl mich die TV-Bilder mit Grauen erfüllten. Gespannte Aufmerksamkeit. Slow Motion. In Zeitlupe sticht ein schmalhüftiger Matador seinen Degen bis zum Griff in den Hals eines schnaubenden Stieres, der auf seine Knie sinkt und mit angstvollen Augen sabbernd zusammen bricht und dann tot aus der Manege gezogen wird. Ein Tod, der choreographisch so brutal inszeniert wird, dass er für die Spanier wiederum ein Schauspiel von schrecklicher Schönheit bedeutet.

Schnell weg von diesem ekeligen Zeitvertreib, den Stierkampfpuristen auch noch als Sport bezeichnen, und hin zu einer Stadtbesichtigung. La Coruna ist eine der ältesten Städte Spaniens. Ihr Kern ruht fest verwachsen im Gemäuer hunderter von Jahren. Seefahrertradition wischte sich in die Patina stummer Fassaden, die geheimnisvolle Epochen ausdrückten auf meinem Weg zur Kathedrale. Zentrum der Stadt und mit ihrem grossangelegtem Park davor Mittelpunkt des spanischen Lebens. Hier trifft sich auch noch am späten Abend die ganze Familie, dazu gehören auch Oma und Opa. Sämtliche Generationen klönen, singen, essen und spielen miteinander. Kinder ins Bett zu schicken? Auf diese Idee kam keiner. Eine herrlich entspannte Atmosphäre lag über dem Abend. Eine Bank nahm mich auf. Von ihr beobachtete ich noch lange das muntere Treiben, bis ein Gewitterregen das friedliche Bild auflöste. Klitschnass und mit knurrendem Magen fand ich ein nettes kleines Restaurant zum Abendessen und freute mich auf den nächsten Tag. Die nächste Etappe sollte uns um das berühmte Cap Finisterre Richtung Süden führen.

In diesen Gedanken marschierte ich zurück zum Yachtklub und bald durch das marode Viertel verlassener Gebäude. Das flackernde Licht schwach funktionierender Straßenlaternen reflektierte in einer Strasse voller Pfützen. Zwei Typen mit finsteren Sonnenbrillen verfolgten mich und schufen eine schlanke Andeutung von Gefahr, die jedoch die Poesie dieses tristen Hafenambientes noch verstärkte.

Der Wind hatte zugenommen, er wehte kalt vom Atlantik. Hinter der langen Mole schwankten im funzeligen Licht des Yachthafens die Masten und suggerierten Aufbruch. Am Aushang des Wetterberichtes traf ich Paul. „Starkwind aus Nordwest. Sturmwarnung“, murmelte er, ohne mich anzusehen. Meine Abfahrt konnte warten. Paul wollte dennoch morgen starten. Bei den zu erwartenden Aussichten schaute ich ihn verwundert an und empfing ein ausgedehntes Lächeln aus den Mundwinkeln des Alten. Da war sie wieder, diese stille Gelassenheit eines Mannes, den nichts mehr erschüttern konnte. Wetterberichte sind nicht für ihn gemacht. Er nimmt es, wie es kommt.

Leichter Nieselregen setzte ein. Ratten trippelten dreist über den Weg, verschwanden unter einem abgedeckten Holzboot, dessen Plane im Wind raschelte. Paul wünschte eine gute Nacht und hinkte in Richtung der dunklen Stadt. Ich schaute ihm solange nach, bis sich sein Schatten mit der Finsternis verwebte und mir klar wurde, dass dieser Mann sich auf den Seiten der „Meereslust“ sicher wohl fühlen würde. Und so kritzelte ich in der Nacht diesen Tag in mein schwarzes Reisetagebuch, während der surrende Wind in den Wanten mir einige unruhige Stunden verschaffte.

Verschlafen kroch ich am nächsten Morgen aus dem Niedergang, reckte mich auf dem Achterdeck und schaute raus über die weiß schäumende Bucht zu Paul. Der Katamaran war weg!

Zwei Tage wehte uns das Wetter ein. Dann drängelte sich ein Hochdruckkeil zwischen zwei Tiefdruckgebiete und sorgte dafür, dass der Wind drehte und etwas abnahm. Nach dem Erledigen letzter Einkäufe verließ ich den Hafen von La Coruna und segelte entlang der Küste von Galicien zum Cap Finisterre. Entlang einem imposanten Bergpanorama, in dessen Tälern Nebelschwaden wie feine Wolken schwebten, an Steuerbord begleitet von einer Horde dunkler Grindwale, die uns langsam überholte.

AURYN segelte mit nordöstlichem Wind auf raumem Kurs. Seglerlatein. Nichtsegler müssen sich das so vorstellen, dass der Wind mit 120° schräg von achtern einfällt. Weil dadurch das Vorsegel in die (Lee) Abdeckung des Großsegels geriet und hin und her schlackerte, baumte ich die Genua mit dem Spinackerbaum aus, der das Segel in seinem ganzen Profil am Schothorn hielt. Zur Arbeit auf einem Segelschiff bei raumem Wind gehört auch das Setzen eines Bullenstanders, der verhindert, dass einem der Großbaum in rollender See oder bei plötzlich wechselndem Wind an den Schädel knallt. Während ich mit all dem beschäftigt war, prusteten die Wale erneut. Sie waren zurück und schwammen parallel mit gemächlichem Auf- und Abtauchen bis zu jener Stelle im Meer, wo die Biscaya endet und dem Augenblick, wo wir in den Atlantischen Ozean segelten.

Der Start

Biscaya-Schmetterling

An der Westküste Europas

Bayona – Porto – Lissabon – Sines – Gibraltar – Malaga

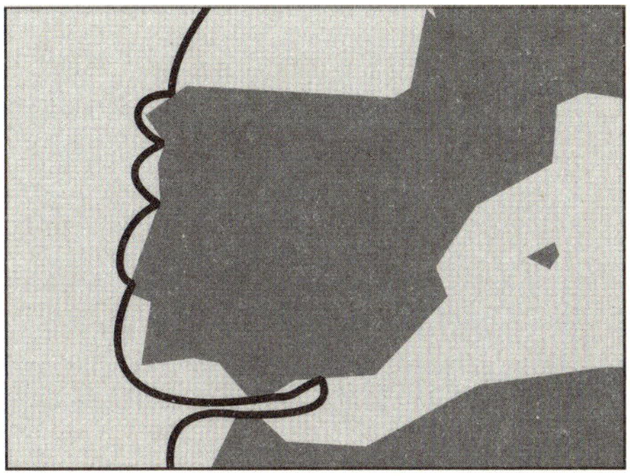

Seit Mitternacht zeigte uns das Leuchtfeuer vom Cap Finisterre den Weg durch eine von hoher Luftfeuchtigkeit geschwängerte Nacht. Die Nordwestspitze von Spanien, genauer gesagt ihr weißer Leuchtturm galt in der Seefahrt lange Zeit als das markanteste Peilobjekt für jene Schiffe, die vom amerikanischen Kontinent Kurs auf Europa absetzten.

In dieser Nacht begegnete ich einigen hell erleuchteten Dampfern, mehr noch aber hielten mich die zahlreichen Fischerboote auf Trab. In ständiger Konzentration löste Apathie eine lähmende Müdigkeit ab und irgendwann muss ich eingeschlafen sein. Als ich erwachte, dämmerte durch die beschlagenen Scheiben grau der Morgen heran. Cap Finisterre lag querab an backbord.

Während AURYN im ruhigen Wetter einer gewaltigen Dünungssee Richtung Süden segelte, erhielten wir Besuch: Ein erschöpfter Seevogel setzte sich zum Ausruhen gemächlich auf das Achterdeck und ich überlegte, wohin ich uns steuern sollte. Der Wetterbericht kündigte schwache Winde an, somit war Porto unter Segeln nicht zu erreichen. Um auf Wind zu warten, schien mir das nahe Bayona eine gute Option zu sein. Das Problem war nur, dass ich zur Ansteuerung keine detaillierten Unterlagen an Bord hatte. Dennoch reichte der große Maßstab der Seekarte des Atlantiks aus, um diesen sicher zu verlassen und einem breiten fjordähnlichen Strom zu folgen, der ins Landesinnere führte. Gleich hinter einer Halbinsel lauerte die Stadt. Sie umgab sich mit hohen Bergen, in denen die Sonne den wabernden Nebel weg brannte.

AURYN lag am Steg des Yachthafens in duftig dekorierter Umgebung von Pinien, Mimosen, Eukalyptusbäumen und einem Nachbau der Pinta, deren einstiger Kapitän Pinzon aus Bayona stammte. Wir erinnern uns: Pinta, Nina, Santa Maria. Das war die kleine Flotte des genialen Seefahrers Christoph Kolumbus, mit der er zum größten Abenteuer der Geschichte der Neuzeit aufbrach, um den westlichen Seeweg nach Indien zu finden. Am Freitag dem 12.10.1492 wurde auf der Pinta ein Kanonenschuss abgefeuert. Neues Land war entdeckt.

Am frühen Morgen des gleichen Tages betrat Kolumbus den Boden einer fremden Welt auf einer Insel mit der indianischen Bezeichnung Guanahani und rammte das Banner Kastiliens zu Ehren Königin Isabellas in den Sand. Er vermaß die Insel, die ihm nicht gehörte und schenkte sie seiner königlichen Sponsorin. Die Pinta unter dem Kommando von Pinzon hatte sich zu diesem Zeitpunkt bereits selbstständig gemacht und operierte außerhalb der Befehlsgewalt von Kolumbus auf der Suche nach Gold und kehrte, ohne sich Kolumbus wieder anzuschließen, zurück in den Heimatort ihres Kapitäns.

Bayona ist ein Platz voller Bootsbautradition und ein Reservat von Segelindividualisten. Claude war einer davon. Ein leidenschaftlicher Bootsbauer. Er baute Segelschiffe, weil er sie liebte. Aber er schob sie nicht ins Wasser, weil er das Meer fürchtete. Die Lust zur See brachte exzentrische Typen am Abend zur Happy Hour an die aus Schiffsplanken gezimmerte Bar des Yachtklubs. Es waren solche, die unterwegs sind und jene, die nur davon erzählen, es irgendwann zu sein. Es gab Streit an diesem Abend. Klaas und Antje stritten sich in aller Öffentlichkeit darum, ob sie weiter segeln würden oder sich trennen sollten. Ein Sturm in der Biscaya hatte ein Segel zerfetzt, die Rettungsinsel von Bord gerissen und die Angst seither nicht aus dem Gesicht der jungen Dame weichen lassen. Klaas tat das alles mit einem lächelnden Achselzucken ab. Auch dass kein Geld in der Kasse war, schien ihn nicht weiter zu beunruhigen. Sein Optimismus reichte aus, um die Wünsche seiner Freundin, ein beschädigtes Schiff und das Risiko der See seinen Zielen unterzuordnen. Es war das alte Spiel der Zerrissenheit von Seglerpaaren, die gemeinsam unterwegs waren. Solch eine Reise schweißt sie zusammen oder lässt sie auseinander driften. Dazwischen gibts kaum etwas. Ich begegnete Klaas später in der Karibik wieder – allein.

In der Stille einer Siesta

Das Hoch hielt an. Von Wind keine Spur. Egal. Mich reizte ein Ausflug in das Landesinnere von Galizien. So stieg ich am nächsten Tag in einen Bus, der gemächlich in eine Gegend verschwand, die mich begeisterte. Sie war weder urbanisiert noch verbaut, sondern von satter Vegetation überzogen. Der Reisebus kroch über steile Serpentinen. Immer höher schraubte der Fahrer sein Gefährt auf Busch bedeckte Berge. Beruhigend war die anschließende Fahrt durch ein Hochtal, das gesäumt war von fruchtbarem Weideland. Dann ging es wieder runter und die Kurverei begann erneut. Jetzt änderte sich ständig das Bild. Tiefe Schluchten wechselten sich ab mit dichten Wäldern. Reißende Bergflüsse mit dem Geröll mächtiger Felsbrocken. Dann neigte sich der Bus in eine abschüssige enge Kurve. Ausgerechnet hier Gegenverkehr. Der beherzte Tritt des Fahrers auf die Bremse ließ die Reisegesellschaft ruckartig in ihren Sitzen nach vorn rutschen. Vorhänge teilten sich. Eine Frau kreischte. Der Bus rumpelte weiter und stoppte nach geraumer Zeit in einem abseits gelegenen Bergdorf, das ganz in Weiß strahlte. 90 Minuten Mittagspause. Ich stromerte umher. Umgeben von schlichten Häusern, an denen selbstbewusste Bewohner ihre Handschrift hinterließen. Frauen standen auf den Feldern ihren Mann. Männer hielten im langen Schatten der Dorfkneipe Siesta. Auf dem Gemüsemarkt wuselten geschäftstüchtige Frauen. Im Halbdunkel der Sonnenschirme dösten die Kerle. Ihre Fähigkeit zu leidenschaftlichen Ausbrüchen war allerdings nicht zu unterschätzen, brach gelegentlich offen aus, wenn Real Madrid ein Gegentor kassierte oder es einen Stierkampf zu kommentieren galt. Besonders, wenn der Matador ihnen zu soft herumstolzierte.

Die Hitze holte mich ein. Ich saß im Schatten einer riesigen Baumkrone auf der unbequemen Steinbank des kleinen Dorfplatzes. Über mir raschelten die Zweige eines Eukalyptusbaumes. Aus einem der Häuser gegenüber wehte eine Melodie von Bob Marley. Irgendwann döste ich ein. Bis die Pfeife des Busfahrers ertönte und die Ruhe unterbrach. Einsteigen! Platz nehmen! Mit einem Ruck setzte sich der Bus wieder in Bewegung. Er röhrte durch die enge Gasse des Ortes und verscheuchte Mopeds sowie Spaziergänger, denen nichts anderes übrig blieb, als mit einem gewagten Sprung in Hauseingänge dem Ungetüm zu entkommen. Im neugierigen Blick zurück legte sich der aufgewirbelte Staub und mit ihm senkte sich die schwere Stille einer Siesta auf das Dorf.

Der Tag war heiß. Wir fuhren in Richtung Atlantik, von dem uns ein angenehm kühler Wind entgegenwehte. Entlang der Küste zogen sich Einkerbungen bis tief ins Bergland. Schroffe Felsformationen hockten wie verzauberte Gestalten in einer Landschaft, die aus einem Märchenbuch hätte geklaut sein können. Die unsichtbaren Zauberknirpse huschten vorbei wie die Eindrücke dieses herrlichen Tages. Besser konnte es kaum werden. Der Wind war zurück und eine alte Weisheit flüsterte: *„Geh, wenn es am schönsten ist.“*

Am nächsten Morgen verließen wir Bayona. Beim Abschied haute mir Claude seine kräftige Pranke in galizisch rauer Art auf die Schulter und Antje überreichte mir in lieber Freundschaft einen selbstgebackenen Kuchen.

Als AURYN das offene Meer erreichte, zog ich von der Steuerbordsaling die spanische Flagge runter und die portugiesische rauf. Kurs Süden. Porto hieß das nächste Ziel. Bis dahin waren es 195 Seemeilen. Der Tag brachte uns konstantes Segeln mit einer Windstärke von vier Beaufort aus Nordwest. Wir segelten in einem Abstand von fünf Seemeilen parallel zur Küste, an der uns ein leichter Strom zusätzlich anschob. Auch wenn mich in der Nacht einige Schiffe, besonders Fischerboote, auf Trab hielten, wurde es eine ruhige Fahrt im beständigem Auf und Ab des Atlantiks.

Porto liegt ca. 15 Kilometer landeinwärts am Douro. Über den Vormittag ließ der Wind immer mehr nach. Als wir den Fluss erreichten, waren die Segel bereits weggerollt, so lenkte ich AURYN unter Motor in das betonnte Fahrwasser des Douro und nach der ersten Flussbiegung in eine fette Nebelbank. In ihren weißen Schwaden fühlte ich mich wie verloren, eine vollkommene Leere hatte die Umgebung verschluckt. Vom Großbaum tröpfelte die Feuchtigkeit ins Gesicht. Unter Radarbeobachtung und dem Lauschen ins gespenstische Nichts krochen wir der Stadt entgegen. Auch Porto lag im Nebelschleier und dennoch war die Ansteuerung ein Erlebnis ganz besonderer Art. Vor allem, wenn man sich ihr mit einem Schiff nähert und mit diesem direkt am Kai vor den Fassaden der Altstadt festmacht. Dann kann es gar nicht schnell genug gehen, sich galant an der glitschigen Mauer eines Weltkulturerbes hochzuziehen, um anschließend durch die kleinen Gewölbegassen des alten Hafenviertels zu bummeln. Entlang einer Promenade bis zu jener Brücke, die der Erbauer des Eiffelturmes so phantasievoll über den Douro spannte. Portwein genießt man am besten dort, wo herkommt: Im Gemäuer einer schummrigen Hafenbar mit Blick auf das silbrig glänzende Wasser.

Auf dem Fluss schipperten alte Portweinkähne, *Barcos Rabelo*, phönizische Schiffe von großer Robustheit und mit einem Ruder, das nur mit mehreren Männern gleichzeitig bedient werden kann. Wie in alter Zeit sorgen sie noch heute dafür, dass der Portwein von den terrassenförmig angelegten Weinbergen mit Fußbodenheizung – dem von der Sonne angewärmten Schieferboden – zu Herrn Sandeman gelangt, der daraus allerfeinsten Sherry und andere geistanregende Getränke zauberte.

Das wirkliche Ausmaß der Schönheit Portos machte erst ein Blick über die Dächer klar. Ich erwanderte mir anderntags das schönste Panorama und stand nach einem mühsamen Weg auf dem höchsten Punkt eines Hügels, worauf eine Kathedrale wie eine Trutzburg aus dem 12. Jahrhundert thronte. Der herrliche 180-Grad-Schwenk über die Stadt bis hinunter zum Douro entschädigte für alle Mühen. Im warmen Licht des späten Nachmittags reflektierten die Dachformen in den unterschiedlichsten Geometrien. Ein Bild wie gerahmt, gefüllt mit Kuppeln, Türmchen, Pult- und Satteldächern, deren Ziegel nur eine Farbe hatten: Die allerzarteste Tönung von rotbraun.

Zurück im Hafenviertel lockten zahlreiche romantische Restaurants, die sich tief in das alte Gestein eingenistet hatten, zum einfachen Essen. Im Ambiente eines brüchigen Kellergewölbes bestellte ich die Spezialität des Tages: Gegrillte Sardinen, trank einen jungen Sherry und wippte zu den Klängen alter Töne. Was ich hörte, war Fado. Diese traditionelle portugiesische Musik im uralten Antlitz des stummen Gemäuers zu hören, war eine fast perfekte Symbiose. Nur leider erwischte mich die emotionale Stimmung auf dem falschen Fuß, denn allmählich übertrug sich die Melancholie der Musik und das verfallene Gemäuer auf mein Inneres.

Das Beste, was man gegen Einsamkeit unternehmen kann, ist Segeln. Und so verließ ich Porto am nächsten Morgen mit dem ablaufenden Wasser in Richtung Lissabon.

Mit dem Norden im Rücken ...

... wurden die 230 sm eine Rauschefahrt, weil ein sattes Hochdruckgebiet über den Azoren dafür sorgte, dass der berühmte portugiesische Nordwind Oberhand bekam und uns mit achterlichen Winden zügig vorantrieb.

AURYN segelte wie ein Schmetterling. Was bedeutet, dass ihre Segel flügelähnlich angeschoben wurden. Die Genua, der eine Flügel, stand ausgebaumt auf Steuerbord, während das Großsegel den anderen Flügel mimte und mit dem Bullenstander auf Backbord fixiert war. Segeln vom Feinsten. Der Strom half zusätzlich und so betrug das Etmal – das ist die innerhalb von 24 Stunden zurückgelegte Distanz – rekordverdächtige 182 Seemeilen. Alle Achtung!

Und damit waren wir ruckzuck am Cabo da Roca. Dort, wo Europa steil ins Meer fällt, passierten wir einen weiteren markanten Punkt an der Westküste des Kontinents. Der Skipper gab seiner Crew das Kommando zum Kurswechsel. Ich nahm meine eigene Order ohne zu murren an und trimmte die Segel auf einen neuen Winkel zum Wind. AURYN hielt den Bug nach Osten. Die Kompassnadel wanderte auf 90 Grad und damit änderte sich auch das Bild der Landschaft. Hinter sandigen Ufern schossen hässliche Hochhaustürme in einen blauen Himmel. Dahinter zogen sich eierschalenfarbene Reihenhäuser und protzige Villen bis ins karstige Hinterland. Eine vernichtete Natur von Estoril bis zur Einfahrt in den Tejo, einem breiten Fluss, der landeinwärts nach Lissabon führt.

Mittlerweile war es Nacht. Wir hangelten uns von einer Leuchttonne zum nächsten grünen Blink – was in seiner Ausführung eigentlich klar ist. Nur irgendetwas stimmte hier nicht. Die Tonne Nr. 5, Blink grün, nach der ich konzentriert Ausschau hielt, tauchte nicht auf. Stattdessen rauschte ein dunkler Schatten haarscharf am Rumpf von AURYN vorbei. Schwein gehabt. Beinahe wären wir vierkant auf dieses Stahlungeheuer geprallt, nur deshalb, weil eine kleine Leuchtstoffröhre, auf die ich mich voller Anspannung konzentrierte, nicht funktionierte.

Heinrich der Seefahrer dagegen strahlte im Glanz prächtiger Scheinwerfer. Das berühmte Denkmal zu Ehren des geistigen Vaters zahlreicher seefahrerischer Expeditionen stand direkt am Tejo. Ihm gegenüber thronte auf der anderen Uferseite eine riesige Jesus-Statue, die ihre segnenden Arme über die ein- und ausfahrenden Seefahrer ausbreitete. Umgeben von dieser illustren Gesellschaft fand ich die schmale Einfahrt in einen überfüllten Yachthafen direkt in der Innenstadt.

Im Geruch modriger Seekarten

Eigentlich hatte der Tag ganz anständig angefangen. Die Sonne war strahlend über der Hektik einer Metropole aufgegangen. Das Land erwärmte sich und es roch nach blütenübersäten Parks. Die Innenstadt von Lissabon zeigte sich von ihrer aufgeräumten Seite. Die hübsch restaurierten Fassaden erinnerten an die vergangene Expo-Weltausstellung. In der Alfama konnte man den Duft der letzten Jahrhunderte in sich aufnehmen. Ich bummelte hinauf zur Altstadt Lissabons, stand auf historischem Boden und genoss einen faszinierenden Überblick über die Stadt bis zum Atlantik. Der Platz war einst eine Maurenfestung und Residenz der ersten portugiesischen Könige. Viel mehr aber ein Symbol vergangener Größe. Noch heute spazieren stolz und in prächtigem Gewand würdevolle Gestalten durch einen parkähnlichen Garten, auch wenn es sich dabei um Königspfauen handelte. Ich schlich ihnen für ein Foto hinterher und verfing mich im Zauber eines subtropischen Märchenparks aus Wildwuchs und geordneter Vegetation. Asiatische Gräser, neuseeländischer Eukalyptus, mexikanische Zypressen, exotische Palmen, Farne und so weiter und so fort. Und doch lag über dem lustvoll kultivierten Garten so etwas wie Schmerz, denn dieser Platz trauert den entschwundenen Kolonien der einstigen Weltmacht Portugal nach: Timor, Goa, Macao, Angola, Mozambique, vom Königreich Brasilien ganz zu schweigen. Was blieb, waren die Bäume und ein Ort voller Luxus, der jedoch auf die Dauer ermüdete – alles schien einander ähnlich. Wie facettenreich dagegen ist Armut. Für Betroffene auf jede Art und Weise grausam anders. Dem Elend der Stadt begegnete ich kurz darauf am Eingang des Parks. Bettelnde Frauen hockten in schäbigen Umhängen mit verdreckten Kindern auf dem Schoß, in der Hoffnung, Mitleid zu erregen. Dann stieg ich in die uralte Zuckel-Straßenbahn und kehrte zurück in das pulsierende Herz Lissabons.

Auf dem Rückweg zum Hafen verneigte ich mich gegenüber jenem Herrn, dessen Umrisse ich im angestrahlten Licht riesiger Scheinwerfer bereits am Abend vorher bewundert hatte. Über die grobe Eingangsschwelle stolpernd gelangte ich in das Geburtshaus von Infante Don Enrique, dem berühmtesten Sohn der Stadt. Heinrich der Seefahrer erschuf die erste Seefahrtschule Portugals und sorgte mit seinem Pioniergeist dafür, dass Männer wie Fernando Magellan, Vasco da Gama oder Bartholomäus Diaz die Welt auf dem Seeweg entdeckten, Kolonien eroberten und ihrem König die halbe Welt zu Füßen legten.

Das kleine Museum im Geburtshaus ist sehr eindrucksvoll. Umnebelt vom Ruß einer Petroleumfunzel, inmitten einer Welt uralter Seefahrtsmythen und ewiger Geheimniskrämerei um gewinnträchtige Meeresrouten, schnupperte ich am Geruch modriger Seekarten. Es ist verblichenes Papier voller Geschichte und Abenteuerromane. Alte Navigationsinstrumente spannten einen Bogen bis hin zur Seefahrt der heutigen Zeit.

Spätnachmittags tauchten letzte Sonnenstrahlen die Plaza de Don Enrique in warmes Licht und gaben der Vegetation des Parks, durch den ich marschierte, herbstliche Impressionen. Es war ein Tag der, wie gesagt, ganz anständig anfing. Doch als ich zum Schiff zurückkehrte, wurde er lausig.

Schatten an der Wand

Mit grober Gewalt hatte ein Gangster das Steckschott zum Bootsinneren aufgebrochen. Geklaut waren Handy, Ladegerät, Adapter, Hand-GPS, Peilkompass und anderes Kleinzeug.

„Lissabon ist schön. Leider gibt es hier eine hohe Beschaffungskriminalität“, bemerkte der Ordnungshüter in der engen Uniform und ließ den Satz irgendwie in der Luft hängen. Ich saß mittlerweile bei der *policia* im Gemäuer eines alten Kastells, um den Einbruch zu melden. Der Mann mit dem zerfurchten Gesicht, das so verwittert aussah wie das Eingangsportal seiner Amtsstube, schob mir wortlos ein Stück Papier über den Tisch. Ich kritzelte Namen, Schiffsdaten und den Vorgang des Einbruchs auf das Blatt, während er sich in aller Ruhe eine Zigarette anzündete, wobei sich seine Glatze im Licht spiegelte.

Es interessierte ihn nicht, was ich schrieb. Auch hatte ich das Gefühl, dass meine Worte an seinen Ohren scheiterten. Der Arm des Gesetzes in südeuropäischen Ländern zeichnete sich schon immer durch notorische Lahmheit aus. Auch meine Anzeige würde daran nichts ändern. Ein Tourist hat kaum Macht. Und ein kleiner Skipper keinen Einfluss. Bei den Ermittlungen würde nichts herauskommen, wenn sich denn überhaupt jemand damit befasste. Also – Mund abwischen und die üble Geschichte abhaken. Denn zu einem Törn auf eigenem Kiel gehört neben der Eigenschaft, negative Dinge schnell wegzustecken, auch eine Menge Optimismus. Ohne den wäre eine solche Reise die reine Qual.

In der romantischen Bar des Yachtklubs spülte ich den Ärger mit einem Glas kräftigen Ports hinunter. Eine herbe Schönheit sang einen traurigen Fado. Zarter Wind fächerte vom Tejo herüber und ließ den Kerzenschein an der weißen Wand zittern.

Waschgang fürs Ego

Am Nachmittag des nächsten Tages lag das Erlebnis Lissabon schon lange im Kielwasser. Bevor es hell wurde schob uns der Ebbstrom flussabwärts und zurück aufs Meer. Nach den Kulissen der Großstadt war es schön, wieder den Horizont zu sehen und klare Seeluft zu atmen. AURYN segelte mit voller Genua und ausgerefftem Großsegel weiter Richtung Süden inmitten einer friedlichen See. Da ein Seemann nicht vom Boot allein lebt, kochte ich neben einem deftigen Mittagessen auch das Futter für die nächsten zwei Tage vor. Die nötige Grundlage für die Etappe ins 260 Meilen entfernte Gibraltar.

In die ruhige Fahrt kehrte die Gelassenheit täglicher Bordroutine ein: Navigieren, Segel trimmen, Ausschau halten, dösen, lesen, dösen, Musik hören, schreiben und heute ... mal Wäsche waschen! Das hatte ich in der Aufgeregtheit Lissabons total vergessen. Nun schrubbte ich das, was nötig war, in einem Eimer – und empfand es gleichzeitig als einen Waschgang fürs Ego. Obwohl ich erst einige Wochen unterwegs war, reinigte mich diese Fahrt. Klingt nach Selbsthilfegruppe und Therapiebedarf – so war es aber nicht. Vielmehr konnte ich im einfachen Bordleben total abschalten. Meine Seele auftanken, während Stille und Alleinsein einen völlig neuen Stellenwert bekamen. Ich merkte, wie meine Sinne für Nebensächliches wieder empfänglicher wurden. So erfreute es mich, dass ein müder Seevogel auf dem Deck landete, um mir Gesellschaft zu leisten. Während er mir zuschaute, wie ich die Wäsche über die Reling hängte, erkannte ich an Backbord die weißen Umrisse von Sines, der Geburtsstadt von Vasco da Gama, jenem nautischen Prinzen, der als Erster den Seeweg nach Indien entdeckte.

Musterhausausstellungen

Der ansonsten beständige portugiesische Nordwind schwächelte. Er drehte auf Südwest, während der Himmel sich zunehmend verschleierte. Das Barometer sank. Alles in allem grausige Aussichten. Einer Schule verspielter Delphine schien es egal. Sie begleiteten uns noch so lange, bis ein weiteres berühmtes Kap in Sicht kam: Cabo da Sao Vincente. Rötlich schimmerte der Felsen in der Abendsonne. Falls Sie hier einmal entlang segeln sollten: Die weißen Umrisse hinter dem Leuchtturm gehören wieder zur Geschichte von Heinrich dem Seefahrer, der auf dem Felsplateau die erste nautische Akademie gründete und im nahen Lagos seine hochseetüchtigen

Flotten zimmern ließ. Die Region, die wir durchsegelten, schrieb Seefahrtgeschichte und wurde zum Sprungbrett großer Entdeckungen. Gleichzeitig galt das Cabo da Sao Vincente lange als der westlichste Punkt der Alten Welt. Danach kam nichts mehr. Solange, bis – wir erinnern uns an 1492 – ein gewisser Don Christoph aufbrach, um Indien zu entdecken.

Die salzige Gischt wusch mir das Gesicht. AURYN segelte mittlerweile hoch am Wind und stampfte nach jedem Durchschneiden der steilen See in das folgende Wellental. Der fallenden Nadel des Barometers nach zu urteilen würde der kachelnde Südwest noch weiter zunehmen. In Anbetracht dessen reffte ich die Segel bereits zeitig einmal durch und ließ AURYN etwas vom Wind abfallen, wodurch die Krängung abnahm und das Schiff es einfacher hatte. Durch die damit verbundene Kursänderung war der direkte Weg zur Straße von Gibraltar nicht mehr zu halten, so dass wir nun mehr in Richtung Algarve segelten und jenem geographischen Knick folgten, der sich vom Cabo da Sao Vincente in östlicher Richtung fortsetzt.

Meile für Meile näherten wir uns nun wieder dem Land, bis auf der 100-Meter-Tiefenlinie das Manöver *Klar zur Wende* eingeleitet wurde. Nachdem die Segel von Steuerbord auf Backbord gerauscht waren, zeigte der Bug von AURYN wieder zum Ozean. So ging das die ganze Nacht. Kreuzen gegen den Wind. Arbeiten mit den Segeln, bis die Hände rissig wurden und das Kreuz schmerzte. Nachtsegeln entlang der Algarve, die touristisch mittlerweile so erschlossen ist, wie man es nach dem schlechten Vorbild des Mittelmeers eigentlich zu verhindern versucht hatte. Ich hielt den Hochglanzprospekt der portugiesischen Tourismusbranche zwischen in Händen, den mir der Hafenmeister in Lissabon zugesteckt hatte. Bunte Bilder lockten mit Sonnentagen, weißen Stränden und dem satten Grün exklusiver Golfanlagen. Urlauber räkelten sich Wellness bewusst auf der Massagebank, während sich meine Bewegungen durch die Nässe nicht mehr so geschmeidig anfühlten. In dieser kalten Nacht lieferten wir uns mit einigen Thunfischtrawlern ein paar Rangeleien um die Vorfahrtsregeln. Und sie bescherten uns Aufregung, indem sie das aufwirbelnde Heckwasser von AURYN als haarscharfe Ansteuerung nutzten, um darin ihre Netze zu schleppen. Ich konnte den Morgen kaum erwarten, weil ich mich darauf freute, endlich ein bisschen zu schlafen. Nicht nur, weil auch nervende Fischer irgendwann müde werden, sondern vor allem, weil unser Schiff bei Tageslicht besser zu erkennen war.

Am Tage drehte der Wind auf West, womit das Zickzacksegeln ein Ende fand. Der Kurs wurde mit nun 180° neu berechnet. Dann segelte AURYN parallel zur Algarve. Entlang einem Küstenstreifen, dessen Landschaft durch zahllose architektonische Grausamkeiten seine natürliche Gestalt verloren hatte. Das Bild hatte etwas von Musterhausaustellungen im Sonderangebot. Dicht an dicht drängelten sich kleine Bungalows mit anonymen Apartmentanlagen, durchbrochen von Chalets und Shopping Malls. In allen Phasen der Fertigstellung schimmerten die grauweißen Gebäude vor den grün gewässerten Rasenteppichen der Golfclubs, die sich ins hügelige Hinterland hinaufzogen.

Seegefechte

Die Nacht kam und mit ihrer Dunkelheit löschte sie das Bild der zurückliegenden Stunden aus. Das Lichtermeer der Algarve verschwand achteraus. Vor uns lag die weitläufige Bucht von Cadiz. Dahinter erwartete uns das nautische Nadelöhr der *Straße von Gibraltar*.

Der Westwind hatte sich bei sechs Bft stabilisiert. Gut so, denn dadurch brauchte ich mich in der Nacht nicht mit Segelmanövern zu beschäftigten, sondern konzentrierte mich auf den stark zunehmenden Schiffsverkehr. Neben den zahlreichen Lichtern großer Containerschiffe mit Kurs Mittelmeer und Dampfern, die uns von dort entgegenkamen, fokussierte sich weit nach Mitternacht der Blick auf ein riesiges, hell erleuchtetes Objekt. Drumherum flackerten weitere, wenn auch kleinere Lichtoasen. Das alles erschien mir suspekt. Was da genau los war, konnte ich nicht wirklich einordnen. Erst als Hubschrauber knapp über dem Mast knatterten und mich eine Stimme aus dem Funkgerät anquäkte, den Kurs weiter östlich zu verlegen, lüftete sich der Schleier aus Unkenntnis und Vermutungen: Wir befanden uns inmitten eines Seemanövers der spanischen Marine, umgeben von bedrohlichen Monstern. Wohin sollte ich ausweichen? Kein Raum, zu entkommen. Außerdem segelten wir in internationalen Gewässern und deshalb fiel es mir gar nicht ein, meinen Kurs zu ändern, nur weil Spanien Krieg spielte. Um auf uns aufmerksam zu machen, jagte ich mit der Signalpistole eine kleine Patrone in den Himmel. Die pechschwarze Umgebung erleuchtete kurzzeitig in weißem Licht. Das Leuchtsignal bedeutete: Achtung! In friedlicher Absicht teilte ich den Soldaten meinen Kurs mit und steuerte AURYN entschlossen durch das Gewirr mächtiger Kriegsschiffe, die unbeweglich, aber mit brummenden Motoren stummen Geleitschutz boten. Ein Hubschrauber landete auf der Plattform. Während seine Rotorblätter weiter heulten, drehte sich der Zerstörer im Zeitlupentempo. Bis der scharfe Bug direkt in unsere Richtung zeigte. Dann fuhr das Monstrum mit hoher Geschwindigkeit an und brodelndem Heckwasser direkt an uns vorbei. Sahen die uns überhaupt auf ihrem mit elektronischen Anlagen vollgestopften Schiff? Mehrmals versuchte ich über Funk Kontakt zu ihnen aufzunehmen, aber der Lautsprecher blieb stumm. Nach dieser Fast-Karambolage spürte ich noch lange den Herzschlag unter meinem Kinn. Dennoch hatte die Aktion auch etwas Gutes. Sie verschaffte mir eine kurzweilige Nacht.

Zwischen den Säulen des Herkules

Als der Morgen grau dämmerte, befanden wir uns unmittelbar vor der Straße von Gibraltar und in einer groben, teilweise konfusen See. Das hatte seine Ursache. Der Wasserspiegel des Mittelmeeres ist niedriger als der des Atlantiks. Permanent fließt also Wasser aus dem Ozean in das Mittelmeer, wobei starke Gezeitenströme auf den ungewöhnlichen Zustrom prallen. Zudem schießt in 80 Metern Tiefe eine gewaltige Unterströmung über die Grundschwelle der Wasserstraße, wodurch das Chaos perfekt wird. Wasserstrudel kreiseln, Wellen bäumen sich hektisch auf und fallen ebenso schnell in sich zusammen. Wasserströme kreuzen sich. Grundseen spülen weißes Wasser vor sich her. Unzählige Dampfer zogen darin ihre Spur, links ab nach Ägypten, rechts herum nach Amerika. AURYN mitten drin und in jenem rund 20 Kilometer breiten Kanal, der über tausende von Jahren die einzige Seeverbindung in die weite Welt bedeutete. Bis zum Jahr 1875, als Verdis Aida erklang und mit ihr der Suezkanal eröffnet wurde.

Rein ins Mittelmeer. Ich kannte es von zahlreichen Landbesuchen. Hatte es aber so noch nie befahren: Unter rauschenden Segeln und geschoben von einem kräftigen Gezeitenstrom. An Backbord lag Afrika, darin ein weißer Fleck: Tanger. Okay, aber beides sollte sich noch gedulden. Denn das wollte ich mir für die Rückfahrt vornehmen. Erst einmal ging es durch zwei markante Klötze, die das Symbol zur Einfahrt ins Mare Mediterrano darstellen. Die Säulen des Herkules. Der Geschichte nach soll Herkules den Kalksandsteinbrocken Gibraltar auf den europäischen Kontinent geworfen haben, am gegenüber liegenden Ufer ruckelte er einen anderen Felsen in den afrikanischen Sand, den *jebel musa*. Diese beiden Zwillingszacken bilden sozusagen das Tor zum Mittelmeer und gleichzeitig markierten sie über Jahrhunderte das Ende der Welt.

Acht Knoten Fahrt gaukelte das Log. Kaum zu glauben, bei den leichten Winden, aber erklärbar durch einen unsichtbaren Strom, der uns gewaltig anschob. Und nicht nur uns. Denn ola', hier war jede Menge los! Das Wasser kochte. Ganze Scharen von Thunfischen (ich musste mir unbedingt eine Angel besorgen) und Bonitos zogen ins Mittelmeer. Die Fischschwärme zogen zu ihren Laichplätzen ins Schwarze Meer und AURYN nahm Kurs auf den Fels Gibraltar. Als ich AURYN in die schicke Queensway Marina steuerte, lag das Schönste von Gibraltar bereits hinter uns. Denn die britische Enklave entfacht ihren eigentlichen Liebreiz dann, wenn man sich ihr von See her nähert. Hat man angelegt und sich ordnungsgemäß bei Zoll und Polizei angemeldet, empfängt der kleine Stadtstaat seine Besucher mit überfüllten Gassen und hektischen Einkäufern. Die Auslagen der Geschäfte quollen fast über. Wobei die Waren ohne Mehrwertsteuer, für die „Gib“ so berühmt ist, mir nicht gerade up to date zu sein schienen. Das Stadtbild Gibraltars gefiel mir nicht sonderlich. Es war überladen mit militärischen Einrichtungen, mitsamt ihren aufgeblasenen Soldaten, die einem ständig den Schatten eines bewaffneten Konflikts suggerierten. Das Gefühl von Hauen und Stechen war nicht nur durch die zänkischen Auseinandersetzungen in der Politik mit den Spaniern greifbar. Man spürte den Geist der Aggression auch in der Begegnung zwischen den hier lebenden Hindus, Moslems und Exilafrikanern, die in aufgeregten Diskussionen und hitzigen Wortgefechten palaverten. Völlig unbeeindruckt von der drängelnden Menschenmasse in einer übervollen Mainstreet, zu der dann noch hunderte von Menschen strömten, die ein gerade angelegtes Kreuzfahrtschiff aus seinem riesigen Bauch spuckte. Schnell weg und rauf auf den Berg. Auf den *Dschebel al Tarik*, den „Berg des Tarik“, wie die Mauren einst den Felsen nannten, bis er später von den Briten ohne Sinn für Poesie zu Gibraltar verballhornt wurde.

Windböen über Gibraltar. Schauerwetter. Ich stand mittlerweile in 400 Metern Höhe auf dem berühmten Affenfelsen. Regen peitschte mir ins Gesicht. Mit verkniffenen Augen verfolgte ich das freche Spiel der wuseligen Berberaffen, die völlig ungeniert in die Auslagen einiger Damenblusen griffen oder frech einem Herrn die Brille aus dem Gesicht mopsten. Während dieser wütend die Attacke kommentierte, las ich im Reiseführer das klassisch britische Credo *Erst wenn der letzte Affe vom Felsen verschwunden ist, wird Gibraltar wieder spanisch werden.* Darauf wollte ich keinesfalls warten und so beschloss ich, am nächsten Tag nach Spanien zu segeln, genauer gesagt, nach Malaga. Nicht weil mich die Costa del Sol besonders anzog, sondern um ein bisschen auf den Spuren von Don Ernesto zu wandeln.

„Tod am Nachmittag“

Diese Novelle von Hemingway hab ich gefressen, geradezu verschlungen. Nun, da Andalusien gleich nebenan lag und ich noch über 1750 Tage Zeit hatte, wollte ich mir die von Hemingway beschriebenen Stätten und ihre Landschaft genauer anschauen.

Der Tagestörn mit dem Ziel Malaga war einfach herrlich. Blauer Himmel. Ein warmer Südwind blies aus Afrika herüber. Völlig entspannt lag ich auf dem Achterdeck und beobachtete AURYN, die, vom Autopiloten gesteuert, unter voller Besegelung die Costa del Sol entlang rauschte. Einige Segelboote kreuzten unseren Kurs. Motorboote nutzen die blaue Slup als Ansteuerung. Sie zogen einen weiten Kreis um AURYN und steuerten dann wieder in Richtung einer dicht besiedelten Küste, hinter der sich die hohen Berge der Sierra Nevada abzeichneten. Ein traumhaftes Bild. Eines von denen, das man in seiner ganzen Schönheit nur von See her geboten bekommt. In diese Schönheit schob sich bereits das allmählich sich aufbauende Chaos einer Nacht. Malaga, das wir eigentlich am nächsten Mittag ansteuern wollten, sollten wir nicht erreichen. So ist das, wenn man auf Fahrt ist. Einiges von dem, was man auf dem Zettel hat, gelingt, manche Dinge gehen auch daneben. Aber gerade das ist ja auch der Reiz des Unterwegsseins.

Aber der Reihe nach: Als die Dunkelheit hereinbrach, segelte AURYN bei abnehmendem Wind, der auf Südwest gedreht hatte, mit voller Besegelung in eine Neumondnacht. Solche Nächte sind pechschwarz und lösen in mir etwas Beklommenheit aus. Nichts lässt dich einsamer sein, nirgendwo fühlt man sich so allein und verlassen wie in einer Neumondnacht auf See. Umgeben von Dunkelheit und bedingt durch Schlafmangel regen solche Nächte bis weit nach Mitternacht meine Phantasie in alle möglichen Richtungen an. Ich segelte nicht gerne in solchen Nächten.

Andere Skipper wiederum können den Neumond kaum erwarten. Sie fassen außer ihrer Habe auch ihren ganzen Mut zusammen, schieben an der gegenüber liegenden Küste von Afrika fragile Kähne ins Wasser und schippern der großen Hoffnung Europa entgegen. Sie tun das illegal, am liebsten unerkannt und in schwarzen Nächten. In einer wie dieser und direkt vor unserem Bug! Im letzten Moment sah ich den dunklen Schatten. Ich riss das Ruder blitzschnell herum und direkt auf den nächsten Seelenverkäufer zu. Die winzigen Nussschalen waren in der hohen Dünung nur schwer auszumachen. Offene Boote, mit Menschen übervoll beladen. Geduckte Gestalten. Manche ruderten, andere kauerten unter einer schweren Plastikfolie.

Ich hatte mittlerweile die Segel geborgen und lenkte AURYN unter Motor, weil ich mir dadurch erhoffte, schneller auf drohende Karambolagen reagieren zu können. Abgesehen davon – der Wind war verschwunden und mit ihm allmählich die Eindrücke dieser merkwürdigen Begegnung.

Es war drei Uhr in einer langweiligen, irgendwie nicht enden wollenden Nacht. Monoton hämmerte der Diesel. Zwischenzeitlich waren wir unserem Ziel 15 Seemeilen näher gekommen. Ein paar Seemöwen huschten durch die Dunkelheit, während ich im Cockpit saß und fror. Das Kompasslicht warf einen kalten Schein, den ich nutzte, um bibbernd in einem Fotoband Andalusiens zu blättern. Schwach beleuchtete Fischerboote tanzten am Horizont im Auf und Ab der See. Einige große Containerschiffe brummten von Ost nach West. Aber da waren auch noch andere Motorengeräusche. Von irgendwoher. Mal wurden sie lauter, dann wieder leiser. Sie kamen von oben, wanderten nach vorn. Dann waren sie weg. Plötzlich hinter uns. Mittlerweile saß ich am Radarschirm, um zu prüfen, ob ich den Spuk lokalisieren konnte. Nichts. Das Motorengeknatter kam zurück. Zunächst gedämpft. Dann wurde es lauter. In dem Moment, als ich am Heck stand und in die Dunkelheit blickte, strahlte uns ein riesiger Scheinwerferkegel an. Mein Herz sackte in die Hose. Der Schreck war gewaltig. Hubschraubergeräusche näherten sich. Geblendet vom Licht griff ich instinktiv nach dem Flaggenstock am Heck und schwenkte das große Tuch mit den Farben schwarz, rot, gold. Der Scheinwerfer leuchte das Heck aus, wackelte entlang dem Rumpf und blieb zitternd über dem Schriftzug meines Schiffes stehen. Dann ging das Licht aus. Der Heli verschwand. Was sollte die Aktion? Ich fand darauf keine Antwort, machte mir einen Tee, überprüfte den Kurs und legte mich anschließend ins Cockpit. Um abzuschalten fummelte ich mir den Knopf des Walkmans in die Ohrmuschel und döste bei wunderschöner Musik. Zu Klassik passt vieles. Nur nicht der grelle Schein eines Flutlichtstrahlers, es sei denn, man befindet sich im Amphitheater von Verona bei einer Aufführung von Verdis Aida. Doch die nächtliche Vorstellung auf See verlief etwas anders – sie bekam Schärfe. Ungefähr 50 Meter querab dümpelte ein Zollboot der spanischen Küstenwache. Während ich in gespannter Erwartung an der Reling ausharrte, näherte sich uns das graue Ungetüm. Aus dem Lautsprecher quäkte eine schneidende Stimme, die es offenbar gewohnt war zu befehlen, und Gehorsam erwartete. Sie forderte mich auf, Fender an Backbord zu hängen und ihr Boot dort längsseits gehen zu lassen. Mehr noch, Beamte würden übersteigen, um die Papiere zu prüfen. Getrennt von den Gummipuffern kuschelten zwei Boote aneinander. Sechs Beamte stiegen über. In Kampfstiefeln, schwer bewaffnet und mit Augen, die mich aus Sehschlitzen musterten, standen sie mir gegenüber. Sie prüften Pass und Schiffspapiere. Wieder ertönte die schneidende Stimme desjenigen, der die Befehle gab. Mein Schiff sollte durchsucht werden! Kaum ausgesprochen, drängte mich bereits der erste Vermummte zur Seite. Ich protestierte, hielt dann aber doch meine Klappe, weil es unmöglich war, Leuten mit Macht etwas zu erklären.

Zwei Typen drückten mich in den Sitz. Andere durchwühlten Schränke, Schapps und Schubladen auf der Suche nach einem heißen Fund, wodurch sie sich vielleicht eine rasche Beförderung erhofften. Das waren absolute Spezialisten, die wussten, wo sie suchten. Mit Spiegeln leuchteten sie nicht nur den Motorraum, sondern auch die kleinsten Ecken aus. Während ich einen schläfrigen Beamten bat, den Lauf seiner Knarre aus der Richtung meines Bauches zu nehmen, entschuldigte sich der Kommandant immerhin für den nächtlichen „Überfall". Reine Routine, im Kampf gegen den Drogenschmuggel.

Mit diesen Worten beendeten sie ihre Aktion und verschwanden im Dunkel dieser Neumondnacht. Zurück blieben aufgerissene Schränke, durchwühlte Klamotten und ein verschreckter Seemann.

Das Erlebte machte es mir schwer, Verständnis aufzubringen, erlaubte jedoch meiner Phantasie, Fragen zu stellen. Waren das überhaupt Polizisten oder eher solche, die sich verkleidet hatten, um Yachten zu klauen, die sie wiederum für Drogentransporte nutzen konnten? Vielleicht erschien ihnen AURYN nicht das geeignete Boot dafür. Eventuell waren es auch … Doch Schluss damit, aber ich spekulierte trotzdem noch lange über versponnene Theorien. Bis mich die Realität beim Positionseintrag in der Seekarte wieder einholte. Vom Bleistiftkreuz unseres Standortes bis Malaga noch 80 Meilen. Irgendwie fühlte ich mich angeknabbert, müde und lustlos. Um es abzukürzen: Malaga wurde gestrichen.

Ich suchte mir den nächsten hellen Punkt an der Küste, peilte ihn mit dem Handkompass, übertrug die Linie in die Seekarte und wusste kurz darauf, um welches Licht es sich handelte. Marbella. Nicht gerade die Erleuchtung eines Seenomaden, als der ich mich fühlte. Marbella. Schickimicki, Jetset usw. Wir kennen die Schublade. Aber in dieser Nacht war es mir egal, also auf nach Marbella.

Schade, dass es an der Costa del Sol so gut wie keine idyllischen Ankerplätze gibt. Deshalb blieb uns frühmorgens nichts anderes übrig, als in den rappelvollen Yachthafen von Marbella einzulaufen.

Puerto Banus ist ein Retortenhafen. AURYN lag in der Umgebung von schicken Einkaufsmeilen, exklusiven Restaurants, einem Spielcasino und, wie gerahmt, zwischen zwei fetten Motoryachten, vor denen protzig ein Rolls-Royce parkte.

Im Würgegriff der Klischees

Marbella – die ehemalige Hauptstadt des Jetsets empfing mich in mondäner Atmosphäre. Aber eigentlich alles halb so wild. Denn es bedeutet nicht, dass damit immer guter Geschmack verbunden ist. Ein Dickicht aus Klischees hält die Stadt im Würgegriff wie Efeu eine todgeweihte Fichte. Aufgetakelte Damen flanierten über die Promenade und sahen gelangweilt darüber hinweg, wenn ihre gefönten Pudelmischungen die hübschen Blumenrabatten voll schissen. Schneidig aufgeputzte Ruheständler vom Typ Playboy schäkerten einem Häuflein aufgemotzter Nutten hinterher, die durch fleißiges Vorzeigen ihrer üppigen Busen auf Kundenfang waren.

„Fish'n'chips"-Buden wechselten sich ab mit lärmenden Spielhöllen. Und da wir uns immer noch im Würgegriff der Klischees befinden, gehören auch stets unsere gern gesehenen britischen Inselnachbarn dazu. Wie die Sangria zur Paella. Mit freien Oberkörpern, die in den unterschiedlichsten Stadien des Sonnenbrands auch am Abend noch glänzten, lieferten sie sich grölend ein verbales Bankdrücken mit holländischen Touristen.

Genug der Lästerei – widmen wir uns der Architektur. Oder besser nicht. Denn sie bestach durch wuchernde Hässlichkeit. Die Tourismusindustrie hat die Costa del Sol mit abstoßenden Hotelburgen und grässlichen Apartmentblocks überzogen, deren Anblick in mir einen drastischen Satz des Dramatikers Heiner Müller hochkommen ließ: *Fickzellen mit Sonnenwärme.*

Mit grellen Werbetafeln und schrillen Leuchtreklamen schließen wir das Bild der Scheußlichkeit und widmen uns dem Hinterland. Dort lag der eigentliche Charme der andalusischen Landschaft und genau dahin wollte ich. So kramte ich am nächsten Tag jene Dinge in den Rucksack, die man für eine Woche benötigte, verriegelte AURYN, lieh mir ein Auto. Denn es gibt nun einmal Orte, wo man mit dem Schiff nicht hinkommt. Das weiße Dorf Ronda, in der ursprünglichen Bergwelt Andalusiens gelegen, war ein solcher und unser Ziel.

Um es vorweg zu nehmen: Es wurde eine herrliche Reise durch ein heißes Land. Mit stolzen Menschen und herber Landschaft. Zunächst führte der Weg entlang der Küstenstraße nach Malaga. Wobei ich die Küste gerne gesehen hätte. Was ich erblickte, war eher kalter Beton und die Fortsetzung dessen, was wir gerade hinter uns gelassen hatten. Dann erreichten wir das Zentrum von Malaga, wo mir im brodelnden Straßenverkehr das Herz fast stehen blieb. Da gab es nur eine Überlebensstrategie: Die gewohnten Verkehrsvorschriften komplett zu ignorieren. Jeder fuhr, wie er wollte und dennoch schien das Chaos geordnet. Es gab weder Unfälle noch zersplitterte Knochen.

Von Malaga führte die Straße Richtung Norden, mit Ziel Granada, und zog sich durch weite Steppen mit grünem Weideland, auf dem Stiere grasten. Keine Angst. Einige der riesigen Bullen, denen man direkt an der Straße begegnet, sind nicht echt. Man kennt die berühmte Osborne-Silhouette, die bald an uns vorüber flog.

Die Fahrt führte durch Bataillone von Olivenbäumen, entlang der Sierra Nevada mit ihren über 3000 Meter hohen Gipfeln und vorbei an weißen Dörfern, die wie glänzende Perlen an den Flanken mächtiger Bergrücken lagen. Immer höher stieg die Straße. In der Kehre einer Serpentine gab sie plötzlich den Blick frei auf das in der Ferne azurblau glitzernde Mittelmeer, das kurz darauf im Rückspiegel wieder verschwand. Die letzte Anhöhe. Rechts ein Schild mit 680 Metern über NN und vor uns der Zauber von Granada. Von weitem schon sah man ihren architektonischen Schatz, die Alhambra, in weiches Scheinwerferlicht getaucht und sie schien über der Stadt zu schweben.

Unterhalb des Palastes fand ich ein kleines Hotel und geriet beim Abendspaziergang durch das Gassenlabyrinth des alten maurischen Viertels in ein Gitano Festival. In ausgelassenem

Treiben sangen und spielten sich pomadisierte Zigeuner die Seele aus dem Hemd, während die Jugendlichen ihres lasziv aufknöpften, sich lässig an ihre Mopeds lehnten und den Chicas hinterher pfiffen. Viel Machogehabe, wenig Überblick.

Mätressen und Giftmorde

Gegenüber, hoch über der Stadt, liegt die letzte Bastion der Mauren in Spanien – die rote Festung der Alhambra. Hunderte von Menschen standen bereits früh morgens an der Kasse. Alle wollten sie einen der schönsten Palastanlagen der moslemischen Welt und ein Wunder islamischer Baukunst besuchen. Ich war einer von ihnen und schwer beeindruckt von der filigranen Handschrift der maurischen Baumeister, die nichts dem Zufall überließen. Leichtigkeit und Harmonie ergänzen sich mit optischen Effekten. Fußböden aus Marmor mit Decken aus intarsiertem Holz oder Stuck. Ich befummelte Koranverse in Gips auf geometrischen Mustern und hätte gerne die Gedichtzeilen des Poeten Zamrak auf Kachelbändern dechiffriert. Ich marschierte durch ein anderes Jahrhundert und entdeckte eine Ruhe, die wie ein Zauber war. Jeder der verschiedenen Säle versprühte eine fast magische Pracht im Glanz und Gloria der ersten Maurenkönige, die aus Afrika eingezogen waren und über Jahrhunderte die Architektur und Kultur im südlichen Teil Spaniens prägten.

Die rote Burg war das Spätwerk der Fantasten. Als die Alhambra fertig war, stürzte die Welt der Mauren ein und Isabella, konspirativ unterstützt durch die Kirche, vertrieb sie wild entschlossen aus Spanien. Das war Ende des 15. Jahrhunderts und danach passierte so gut wie nichts Dramatisches in diesen wunderschönen Gebäuden außer ... sagen wir es mal so und mit einem Augenzwinkern: Außer, dass vermutlich Karl der V. lüstern unter goldenen Kronleuchtern seine Mätressen befummelte und in verschlungenen Kellergewölben teuflische Diener der Kirche rätselhafte Giftmorde ausheckten.

Im Kino der Seefahrtsgeschichte

Am anderen Tag fuhr mich mein kleiner Seat nach Sevilla. Stadtbesichtigung. Weiter. Ich befand mich in der Spur neugieriger Vorstellungen und folgte ihnen bis Palos. Da stand ich bald, blickte auf den Atlantik und war wieder an dem Punkt, wo ich eine Woche vorher bereits vorbei gesegelt war. Schon damals kreiste ich schwungvoll auf der Seekarte den Ort Palos ein, weil er ein mystischer Platz voller Seefahrtsgeschichte ist. Palos signalisierte Aufbruch und war sozusagen der Punkt Null für die Neue Welt.

Wir brechen die Zeit und gehen über 500 Jahre zurück. Genauer gesagt, zum 3. August 1492. Machen Sie sich es gemütlich, lassen Sie das Popcorn weg, der alte Film dauert nur ein paar Sekunden. Pssst ... Die Klappe fällt, der Film surrt. In schwarz-weißer Sequenz ziehen Nebelschwaden durch das Bild. Der diffuse Schleier verzieht sich, von der Stadtmauer blickend erkennt man die Konturen dreier Schiffe, die unten im Hafen liegen. Vorbeieilende Weiber tuscheln mit anderen und huschen mit Körben voller Gemüse zu ihren dunklen Granitsteinhäusern. Peitschenhiebe durchknallen die Ruhe des Morgens. Klackende Pferdehufe tippeln aufgeregt über nasses Kopfsteinpflaster. Schwer beladene Proviantwagen holpern dumpf durch verwinkelte Gassen. Die Kamera schwenkt. Am Kai speit der Schiffsarzt seinen Tabak aus. Vor ihm befindet sich eine Schar anmusternder Seemänner. Zimmerleute, Tagelöhner, Abenteurer. Und vermutlich jene, die gerade von ihren Frauen abhauten, sowie finstere Gestalten, die man soeben aus Gefängnissen entlassen hatte. Schweigend reißt der Doc ein Maul nach dem anderen auf, klopft mit einem kleinen Hammer ihre Kauleisten ab und prüft die Mandeln. Vom Fenster der gegenüber liegenden Burg beobachtet die Abordnung des Königshauses mit kritischem Blick das geheimnisvolle Szenario. Sie sehen, wie die gedrungene Gestalt des Zahlmeisters auf einem halben Eichenfass kauert und dunkle Gestalten in schäbigen Kutten anheuert. Jetzt wird es melancholisch. Frauen weinen um ihre Männer, Kinder um ihre Väter. Kaum welche, die sich jemals wiedersehen. Das schwere Geläut der Kirche ertönt. Im Weihrauch vernebelt, zieht die Kirchengemeinde murmelnd und singend den holprigen Weg zum Hafen. Der Bischof segnet die Schiffe. Zuletzt die Santa Maria, auf der nur ein Besessener stehen konnte: Christoph Kolumbus. Er war überzeugt davon, dass die Erde eine Kugel sei. Die spanische Königin Isabella erlag mehr seinen Überredungskünsten, als dass sie seiner Theorie vertraute. Dennoch finanzierte sie sein Vorhaben. Kolumbus gibt das Kommando zum Segel setzen. Indien will er entdecken – doch Amerika findet er. Eher zufällig. Davon ahnt keiner von jenen etwas, die zum letzten Mal ihren Liebsten hinterher winken, während sich langsam das kräftige Tuch der Segel füllt. Die Schiffe nehmen Fahrt auf. Der Blick von Kolumbus geht in Richtung ...

Schnitt. Gegenwart.

Ja, wohin blickte er? Das ist die Frage, die mich beschäftigte, als ich an diesem Nachmittag auf historischem Grund stand. Klar, er schaute voraus, auf das Wasser, das damals wie heute silbrig glänzend im Licht einer untergehenden Sonne schimmerte. Genau so hefteten sich seine Augen auf das Land, welches grau und braun hinter ihm lag. Getupft von weiß gekalkten Häusern in einer rauen Berglandschaft, in die noch kein Mensch eingegriffen hatte und die auch vor Hunderten von Jahren genau so ausgesehen haben musste wie an diesem Tag.

Im Schatten einer Dorfeiche

Das Dorf hieß Algodonales. Irgendwo nordwestlich von Ronda. Früh am Morgen war ich in Palos gestartet. Andalusien ist heiß. Die Sonne brennt vom Himmel und die Hitze bestimmt den Gang der Menschen. Sie verkriechen sich zur Siesta in ihre dunklen Häuser, deren weiße Wände die Sonne reflektieren. Hauchdünne Rollos bewegen sich sachte im Wind. Von irgendwoher plärrte ein Fernseher. Ansonsten nichts als Ruhe. Kein Laut. Siesta im Schatten der Dorfeiche oder wie immer der ausladende Baum über mir auch heißen mochte. Am Nachmittag huschten die Leute wieder zurück ins Leben. Alte Frauen in ihren traditionellen schwarzen Trachten und dann ... diese junge Schönheit, deren wippender Busen mit aller Macht den viel zu knappen Stoff ihres T-Shirts zu sprengen versuchte.

Mittlerweile war ich in Ronda. Kaum ein anderer spanischer Platz, der so romantisch ist. Fand wohl auch Rainer Maria Rilke während seines Aufenthaltes 1912. Ronda breitet sich über ein Felsplateau aus, dessen Flanken bis zu 165 Meter senkrecht in die Tiefe fallen. Dort unten von der Weide hat man übrigens den schönsten Blick auf dieses einmalige Schauspiel. Als ob einer mit einem gewaltigen Hieb einen Keil in den Felsklotz geschlagen hätte, teilt eine 80 Meter hohe Schlucht die Altstadt vom neuen Teil Rondas. Die Puente Nuevo, ein spektakuläres Meisterwerk der Brückenbaukunst, spannt einen Bogen zu beiden Teilen. Darunter hat sich der Rio Guadalquivir seinen Weg zwischen riesigen Gesteinsbrocken gesucht, während ich wieder nach oben stieg, in der Hoffnung die Plaza de Toros zu finden. Denn das war ja eigentlich der Ursprung dieses Ausflugs, sozusagen das Palos meiner Andalusien-Reise: Hemingways *Tod am Nachmittag*. Sein Buch, in dem er das Land, explizit die *Corrida* (den Stierkampf) eindrucksvoll beschreibt. Inspiriert von jenem weiten Rund, durch das ich bald fasziniert und ganz ohne Angst schlenderte, weil kein Toro schnaubend auf mich zustampfte. Ich befand mich im weiten Rund der ältesten Stierkampfarena Spaniens. Es war herrlich. Nicht, weil ich irgendeine positive Beziehung zum Stierkampf hätte, sondern weil mich die Schlichtheit dieses Bauwerks begeisterte.

Nach sechs Tagen *on the road* ging die wunderbare Andalusienrundfahrt langsam zu Ende. Dort, wo alles begann, fuhr ich zurück zum Mittelmeer und nochmals durch die Ruhe riesiger grüner Steppen. Rast auf einer Anhöhe. Sandwich, Wasser. Blick voraus in die unendliche Weite Andalusiens. Am späten Nachmittag erreichte der verstaubte kleine Seat wieder das Mittelmeer und schaukelte die Küste entlang. Ihr hatte man den natürlichen Charakter genommen, indem man Buchten für Hotelanlagen begradigte und Riffe wegsprengte. Zieht schweres Wetter auf, rächt sich das Meer. Lacht sich eins, kommt und spült die Strände weg.

An der Straße zurück nach Marbella sind unzählige Träume gestorben. Nicht nur die von James Michener in seinem Roman *Die Kinder von Torremolinos*. Nein, links und rechts des Weges standen die Skelette unzähliger Bauruinen, aus denen der Rost des Armierstahls tränte.

Puerto Banus – Marbella. Ich war wieder auf AURYN, gab meiner Lady die Erfrischung einer Deckdusche, wusch ihr den Staub einer Woche ab und polierte das Niro so blank, dass ihr Skipper nichts mehr zu meckern hatte. Zwischendurch schielte ich immer wieder auf das muntere Treiben auf der Promenade, wo ich kaum etwas von dem entdecken konnte, was meinen Andalusienausflug so unvergesslich gemacht hatte: Charme, Würde, Eleganz und Zurückhaltung.

Doch damit genug – lasst uns wieder anständig segeln! „Akkarbaaarrr“, mit diesem Schlachtruf aus der Seefahrergeschichte schmiss ich die Leinen los! Auf nach Afrika! Zu einem Kapitel, in dem ich zufällig Joaquim (gracias amigo) traf. Es ist ihm gewidmet.

In Gummistiefeln und Pyjama

Ein frischer Wind aus Ost (Levante genannt) schob AURYN mit vollem Tuch in Richtung der Meerenge von Gibraltar. Auf der anderen Seite lauerte der schwarze Kontinent und dort ein neues Ziel: Tanger. Lange Zeit galt diese Stadt als Umschlagplatz des Drogenhandels, Achse von Autoschieberbanden, Menschenhandel, Prostitution, Agententreffpunkt. Kurzum, Zentrum des Bösen. Aber Tanger klingt auch nach Geschichten aus 1001 Nacht. Wie auch immer. Alles in allem gab es gute Gründe, sich die Stadt mal näher anzuschauen.

Der Wind nahm zu. Gischt spritzte. Ich atmete durch, spürte Klarheit und damit auch Wahrheit. Denn die See verspricht nichts, was sie nicht halten kann. Sie ist kompromisslos. Wettervorhersagen dagegen halten sich bekanntlich nicht immer an das, was sie ankündigen. Besonders jene, die ich hörte, als das Land des Sherrys und der Stierkämpfe bereits weit achteraus lag.

Seewetterbericht westliches Mittelmeer: vier bis fünf Bft aus Nordost. Tendenz unverändert. Toll, dachte ich. Optimale Voraussetzungen. Zunächst kamen wir auch flott voran. Der Monolith von Gibraltar zeichnete sich immer deutlicher ab, während die Konturen des Windes kurzzeitig an Schärfe verloren und sich der Nordost auflöste. Dann aber kam der Wind zurück und urplötzlich aus Süd, und erwischte uns dann frontal vor dem Bug. Damit nicht genug, denn mittlerweile war die Digitalanzeige der Windmessanlage auf sieben Bft gestiegen. Frische Aussichten und eigentlich gar nicht so wild, solange man nicht dagegen an muss.

Was war hier los? Wenn man in der Straße von Gibraltar segelt, sollte man auf der Hut sein. Wetterberichte überholen sich blitzschnell, verlieren kurzfristig an Aktualität, weil sich die warme Luft Afrikas an der relativen Kühle des europäischen Kontinents reibt. Dadurch verstärkt sich, thermisch bedingt und durch die Düsenwirkung der Meerenge, der Wind sehr speziell. Wind? Meistens eher Sturm. Was nicht nur die Surfer im nahen Tarifa, sondern auch den Fahrtensegler erfreut, wenn es denn, je nach Gusto, ein konstanter Levante (Ost) oder ein Poniente (West) wäre. Aber mir blies der Wind gewaltig den Marsch! Mehr noch. Es gab was auf die Schnauze, und zwar nicht zu knapp!

Alles verhielt sich plötzlich konträr. AURYN gegen den Wind. Der Strom gegen die See. Mensch gegen Natur. Vernunft gegen Verstand. Einsicht gegen Sturheit. Warum fierte ich nicht die Schoten auf, holte den Großbaum dicht und leitete eine elegante Halse ein, um dann mit dem Wind im Rücken locker zurück nach Marbella zu segeln? War es ein *Marbella, bitte nicht!* oder eher der kleine Sturkopf im Dickschädel, der die Vernunft rüde beiseite schob und geradeaus vorwärts gegen den Wind westwärts kreuzte? Segler kennen diese Zickzack-Kurse. Doch hier hieß das in der Konsequenz: Hin und her zwischen Afrika und Europa. Vorbei an rostigen Fischerkähnen und riesigen Containerschiffen, die wie von einer unsichtbaren Schnur gezogen ruhig ihre Kurse zogen.

AURYN segelte mittlerweile zweimal durchgerefft und gegen eine steile Wand aus Wasser. See steht gegen Strom. Was dabei herauskommt, ist dem Segler bekannt. Eine steile Welle. Diese hob AURYN kurz an und ließ sie nach dem Durchbrechen brutal in das dahinter schon wartende Wellental knallen. Jeder Schlag tat weh, auch mir.

Fliegende Wolkenfetzen. Es wurde Nacht. Gott sei Dank nahm der Wind nicht weiter zu. Dafür kenterte der Strom, so dass wir kaum noch vorwärts kamen. Deutlich zu erkennen am Leuchtfeuer von Gibraltar, das sich nur unmerklich näherte. Wie ein kleiner Korken tanzte AURYN in der aufgewühlten See und musste Prügel einstecken. Chaotische Wellen brachen sich und bretterten gegen den Rumpf. Das machte mürbe. Da ich nicht vorhatte, etwas Besonderes zu leisten, sondern nur Besonderes erleben wollte, ließ ich den Plan Tanger zumindest in dieser Nacht fallen. Um dem starken Gezeitenstrom ins Mittelmeer auszuweichen, steuerte ich AURYN dicht unter Land und morgens um vier in die weit ausholende Bucht von Gibraltar. Vorbei am Containerterminal, wo riesige Arme schlanke Stahlbüchsen in den Bauch dampfender Schiffe hievten. Gabelstapler sausten auf dem Kai hin und her und brachten Nachschub. Das ganze Szenario war taghell ausgeleuchtet, so dass ich in diesem Lichtermeer erst sehr spät die kleinen rot-grünen Lampen ausmachen konnte, die die Einfahrt in die Sheppards Marina kennzeichneten.

Bewusst steuerte ich nun diesen Yachthafen an, weil mir die Queensway Marina nach meinem ersten Besuch zu elitär erschien und dort keinerlei Hauch von Seefahrtsromantik über durchgestylten Gebäuden und chromblitzenden Motorbooten lag.

Selbst im eigentlich geschützten Hafen brodelte die aufgewühlte See. Heftige Böen kachelten von den gegenüber liegenden Bergen über die Bucht. Sie trieben weiße Schaumkronen vor sich her und rüttelten energisch an einigen Yachten, die im Vorhafen ankerten. Endlich fand ich einen freien Liegeplatz in der Marina. Allerdings drückte beim Einparken in die Box der Wind AURYN dermaßen stark zur Seite, dass sie kurzzeitig auf Kollisionskurs mit einem massiven Stahlklotz ging, der scharfkantig knapp aus dem Wasser ragte.

Erst im letzten Moment und mit Vollgas entkam ich dem Schlitzer. Neuer Anlauf, altes Spiel. Der Motor heulte, Heckwasser sprudelte. Es klappte einfach nicht. Auf dem Schiff nebenan löste mein lärmendes Anlegemanöver ebenfalls Bewegung aus. Das Licht ging an. Eine Taschenlampe leuchtete, dann stand ein hilfsbereiter Typ auf dem Steg, um mir beim Anlegen die Leinen abzunehmen. Er tat das völlig gelassen, in Gummistiefeln und Pyjamahose, die seine knubbeligen Knie gerade bedeckten. Nachdem AURYN sicher vertaut war und die Sonne im schwachen Licht aufging, lud mich der Pyjama auf einen Welcome-Drink in seine *Hippiebude* ein. So nannte er jedenfalls sein Schiff. Er selbst hieß Joaquim.

„Hey, warum segelst du allein?" war seine Frage, während sich der Salon seiner Yacht füllte, weil seine drei Mitsegler von der Unruhe wach geworden waren oder vielleicht auch, weil sie um halb sechs morgens gerne mal ein Bier tranken.

Nun, die Frage stand im Raum wie die Buddel auf dem Tisch. Ich kramte nach einer Antwort, fand nichts Gescheiteres als: *„Leider gab es in meinem Umfeld keinen Segelbegeisterten ..."*, ergänzte es mit *„... auch niemanden, der sich so eine Tour antun wollte."* Wobei – antun? Hmm, irgendwie nicht das richtige Wort. Ich tat mir ja nichts an, eher gönnte ich mir etwas. Mehr jedenfalls, als zu Beginn meiner Fahrt, als ich noch glaubte, mit zunehmender Entfernung isolierter zu werden. Falsch – das genaue Gegenteil war der Fall. Je länger ich unterwegs war, umso öfter lernte ich aufgeschlossene, hilfsbereite Menschen kennen. Nette Typen wie Joaquim, Manuel und Jaime. Allesamt aus Menorca und unterwegs nach Gran Canaria, wo sie zusammen mit den Teilnehmern der Atlantic Rally for Cruisers (ARC) über den Atlantik in die Karibik schippern wollten. Auch sie hatte das miese Wetter erwischt und so warteten wir gemeinsam auf ein geeignetes Wetterfenster, um die Tücken der Straße von Gibraltar zu überlisten.

Aber noch wehte uns der Starkwind ein. Heftiger Regen trommelte gegen die Scheiben, als ich nach einem soliden Zwei-Stunden-Schlaf das Schiebeluk zum Cockpit aufriss und dem Flughafen von Gibraltar entgegen gähnte. Wir lagen in einem Seitenarm des Yachthafens und direkt an der Landebahn, die in die Bucht von Gibraltar ragte. Ein gelbes Auto kam auf dem Airstrip angerollt, verscheuchte Schwärme von Möwen, derweil im Hintergrund ein grummelnder, bald lärmender Jet zum Anflug ansetzte.

Zeit für ein ausgiebiges Frühstück. Als Gegenleistung für die morgendliche Hilfsaktion lud ich Menorca zum Frühstück ein. Spiegeleier brutzelten. Kaffee dampfte. Angeregter Gedanken- und Erfahrungsaustausch. Ich bekam gute Tipps zum Angeln auf Fahrt. Mittags zog ich mit Joaquim los, der mir half, das passende Angel-Equipment zu finden. Dabei erledigte ich gleich ein paar wichtige Einkäufe.

Da ich „Gib“, wie die Einheimischen sagen, bereits kannte, zog mich nichts mehr in die Stadt. Sie hatte mir außer ethnischen Hitzköpfen, Main Street, Upper Rock und wilden Affen so gut wie nichts zu bieten. Die Sheppards Marina dagegen begeisterte mich durch ihre ganz eigene Atmosphäre. Die Schar der Fahrtensegler war mittlerweile munter geworden, sammelte sich am Steg oder an der offenen Bar. Der Geist von Abenteuer und Aufbruch war greifbar. Hörbar in den Geschichten, den Erfahrungsberichten zahlreicher Weltumsegler und sichtbar am internationalen Flaggenmeer: Hongkong, Australien, USA, Neuseeland, Japan, Argentinien und viele andere. Sie waren auf dem Weg aus dem Mittelmeer Richtung Karibik oder vom Atlantik mit Kurs auf den Suezkanal. Frauen tratschten oder hingen bunte Wäschestücke zwischen Vorstag und Mast. Dazwischen wuselten Kinder, die sich den unsichtbaren Zaubermantel verwegener Piraten umhängten.

Für die Großen bedeutet die Sheppards Marina Bunkerstation, Schwarzes Brett, Supermarkt, Serviceleistungen, Reparatureinrichtungen, Winterliegeplatz. Kurzum – ein Rasthof der Fahrtensegler. Aber auch Endstation der Gestrandeten. Georg aus der Schweiz war einer von ihnen. Uralt, runtergekommen und ausgemergelt. Wie sein Boot, völlig zerstört. Eine Katastrophe. Nach einem Sturm in der Nähe der Balearen trieb er eine Woche zwischen Afrika und Europa. Mit zerrissenen Segeln und ohne Motor. Wasser und Lebensmittel waren verbraucht. Gerade noch rechtzeitig schleppte ihn ein Fischkutter in den Hafen von Gibraltar.

Hier tauschte er Seekarten von Revieren, die hinter ihm lagen, gegen einen Brandy, wobei seine Augen eine tiefe Traurigkeit verrieten. Stumm war sein Blick, voller Sehnsucht südwärts gerichtet. Dort lag sein letztes Ziel. Afrika und nie mehr zurück. Da wollte er sterben – oder vielleicht schon auf den Weg dorthin.

Der nächste Morgen kam und mit ihm drehte der Wind vom Atlantik ins Mittelmeer. Die Tide stand günstig, Ausreden gab es keine und somit stand einem erneuten Versuch, Tanger anzusteuern, nichts mehr im Wege. AURYN und die *Hippiebude* – eigentlich hieß sie *Rainbow* – segelten gemeinsam aus der Bucht von Gibraltar hinaus. Ein schönes Bild. Ein angenehmer Levante schob uns in die Meerenge zwischen den beiden Kontinenten. Dann verlor sich im letzten Winken allmählich unsere Spur – wir segelten verschiedene Kurse. Die Rainbow Richtung Atlantik und AURYN hielt ihren scharfen Bug direkt in die Ausläufer des Atlasgebirges auf der afrikanischen Seite. Damit lag Europa im Kielwasser und vor uns das Abenteuer eines geheimnisvollen Kontinents. Tanger war die Eintrittskarte dazu. Das Tagesziel lag nur 25 Seemeilen entfernt und suggerierte einen netten Segelausflug von nur wenigen Stunden. Wurde es auch, allerdings konzentriert bis zum Anschlag.

VTs dürften uns aus dem Ärmelkanal und der Nordsee mittlerweile bekannt sein. Auch in der Straße von Gibraltar sorgt ein Verkehrstrennungsgebiet für geordnete Verhältnisse. Mächtige Tanker und riesige Containerschiffe zogen von links nach rechts oder anders herum. Dazwischen hetzten Schnellfähren von Algeciras rüber nach Ceuta und umgekehrt. Zollboote lauerten auf Schmuggler. Kreuzfahrtschiffe steuerten majestätisch an uns vorbei in Richtung des Affenfelsens. Fischerboote schaukelten vor Anker im Strom, um die Fischschwärme einzufangen, die mit der Gezeit in den Atlantik zogen. Alles war in bester Konfusion und mittendrin segelte ein blaues Boot unter vollen Segeln nach Afrika.

Doch aufpassen, Seemann! Tückisch ist der Stromversatz. Mit 15° westwärts trieb er uns zunehmend mehr in Richtung Atlantik. Ich korrigierte den Kurs auf vorsichtshalber 20° Ost. AURYN übernahm. Bald darauf lag der weiße Fleck mit Namen Tanger wieder vor dem Bug und wurde allmählich größer.

Zwischen Orient und Okzident

Das Königreich Marokko warf seine Schatten voraus. Die Nähe zum hinter uns liegenden Kontinent Hoffnung forderte augenscheinlich eine starke Polizeipräsenz. Wir durchstießen eine Kette kleinerer Kontrollboote der Guardia Civil, wobei im Fernglas zu erkennen war, dass gerade ein kleiner Kahn längsseits genommen wurde und unter einer Plane etwa 20 schwarze Seelen herauskrabbelten.

Afrika war zum Greifen nahe. Roch das Land anders? Konnte ich nicht sagen. Es war zumindest grün. Und das hatte ich nicht erwartet. Genau so wenig wie das freundliche Winken der finsteren Gestalten auf der heimkehrenden Flotte schwer beladener Sardinenkutter. Ich fuhr ihnen nach. In der berechtigten Hoffnung, dass, wenn überhaupt jemand die sichere Einfahrt in ihren Hafen kannte, es jene Fischer sein mussten.

Tanger schickte uns seinen Dreck entgegen. Teppichgroße Öllachen trieben auf dem Wasser. Styroporteilchen schwabbelten im Spiel der Wellen. Hinter der Moleneinfahrt hing ein halb abgesoffenes Schiff am Rest einer durchgescheuerten Leine. Tanger. Angekommen!

Nur, wo war der Yachthafen? Es gab keinen. Dafür wild gestikulierende Kutten, die am Kai standen und uns in die äußerste Ecke des Fischerhafens lotsten. Dort lagen wir dann. An einer breiten Anlegerbohle, die aus morschen Brettern und rostigen Klampen bestand und die europäisch-verwöhnte Erwartung eines schicken Stegs mit Wasser- und Stromanschluss entlarvte. Egal. Erst mal festmachen und durchatmen. Die Gerüche des afrikanischen Kontinents bestanden leider nicht aus dem Duft frischer Früchte oder dem kräftigen Aroma unbekannter Gewürze. Hier stank es. Und zwar bestialisch. AURYN lag in unmittelbarer Nähe der Entladestation der Sardinen- und Thunfischfänger. Aus ihren tief beladenen Booten saugten gierige Rüssel den Tagesfang in die gegenüber liegende Fischfabrik. Diese wiederum transportierte die mittlerweile in Weißblech verlöteten Fische zur Rampe und verstaute sie in wartende Transporter. Was von der Verarbeitung der Fische übrig blieb, spülten die Stahlrüssel zurück in die braune Brühe des Hafenwassers, in dem AURYN dümpelte.

Aber Afrika lockte. Vom schlanken Minarett kreischte der Muezzin sich im Falsett das Gebet aus der Seele, während ich Reisepass und Schiffspapiere klar machte, auf den kippeligen Steg trat und mit nassen Füßen auf den staubigen Hafenkai krabbelte. Direkt vor die Füße jener, die mich in dieses Dreckloch gelotst hatten.

Porto

Der erste Fisch

Der Zauber Afrikas

Tanger

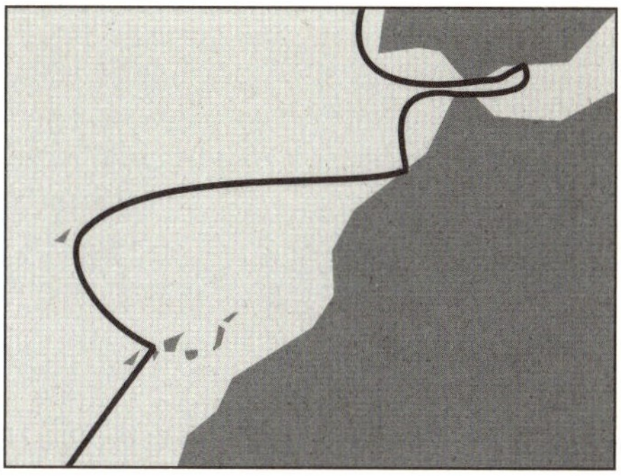

Da krabbelte ich also eine glitschige Hafenmauer hinauf, schabte vorbei am abgelagerten Schlick der letzten Jahre und warf meinen wasserdichten Beutel mit samt den Schiffsdokumenten vor die Füße jener hilfsbereiten Gesellen, die mich in dieses Loch gelotst hatten.

In freudiger Erwartung grienten sie mich an und hielten mir ungeduldig ihre dunklen Hände unter die Nase, während ich noch damit beschäftigt war, den Dreck der Mole aus meiner Hose zu klopfen. „Bakschisch, Bakschisch" zischelte es aus einem der muffigen Kaftane, Missverständnisse waren damit ausgeschlossen. Dank der Tipps von Joaquim war ich vorbereitet und kramte aus dem Rucksack eine Schachtel Zigaretten. Die Wegelagerer Mohammeds verlangten Zoll und wichen mir nicht mehr von der Pelle. Dafür führten sie mich zum Einklarieren in die Richtung eines zweistöckigen Gebäudes der Hafenbehörde. Vorbei an der Fischfabrik, vor der junge Afrikaner barfuss durch riesige Blutlachen schritten und mit langen Messern schwungvoll die Leiber glubschäugiger Thunfische aufsäbelten. Unbeeindruckt davon lugten mich aus dem dunklen Eingang des Nebengebäudes finstere Augen an. Weiter, entlang einer schäbigen Hausfront und vorbei an einem Typen, der mir folgte, mich stumm musterte und bald wieder verschwand.

Eine kühle, distanzierte Atmosphäre lag über der Szenerie, in der sich Armut spiegelte; nur Uniformen glänzten. Die kamen bald ins Bild. Dazu gesellten sich Macht und Korruption. Ich befand mich mittlerweile im schwülen Büro des Polizeichefs, der mit Goldkordel und blank geputzten Abzeichen hinter einem halben Meter aufgetürmter Papiere saß. Der Stapel hinterließ nicht gerade den Eindruck, dass er wusste, was damit überhaupt anzustellen war.

Umzingelt von einer beachtlichen Ansammlung grober Stempel, Bilderrahmen und sakraler Utensilien folgte der Zauber bürokratischer Umständlichkeit in der schriftlichen Begründung meines Besuches. Begleitet vom schleimigen Taktieren eines auf Bakschisch versessenen Beamten. Das Spiel hieß: Gibst Du mir eine Stange Zigaretten und eine Flasche Whisky, geht alles doppelt so schnell. Es war genau so, wie Joaquim es mir prophezeit hatte. Im Namen Allahs zog ich aus dem Rucksack eine Flasche billigen Supermarkt-Fusel und eine Stange Marlboro, die wiederum blitzschnell in seine Tasche wanderten. Ruckzuck war ich im Besitz einer gültigen Aufenthaltsgenehmigung. Das gleiche Spiel setzte sich beim Zoll und beim Hafenmeister (dort ohne Whisky) fort.

Die Luft war stickig und roch süßlich. Freundliche Menschen verabschiedeten mich. Der Zöllner kratzte sich völlig ungeniert im Schritt. Der Polizist radebrechte *Auff Wieddäseh*, während ich lieber den Mund hielt und mich verzog. Nun schnell rein in die Kasbah.

Auf Sindbads Spuren

Von irgendwoher ertönte wieder der Gesang des Muezzins. Ihm folgend schüttelte ich durch verwinkelte Gassen jene Typen ab, die mich bereits im Hafen in Empfang genommen hatten und sich als Führer aufdrängten. Allerdings lief ich ihnen an der nächsten Ecke des unübersichtlichen Viertels wieder in ihre Kutten aus zusammengebunden Hosenbeinen. Sie ließen nicht lokker. Auch der Muezzin, der nun zum Abendgebet bat, nahm mir die lästige Horde nicht ab. Egal, also mit ihnen im Schlepp hinein in 1001 Nacht, vorbei an kleinen Spelunken, in denen vor sich hin dösende Muslime am klebrig süßen *Thé de menthe* schlürften und sich ihre Bärte kräuselten, als ein paar junge Mädchen, welche die Bekleidungsvorschriften des Koran offensichtlich nicht einmal vom Hörensagen kannten, ihre Reize allzu freizügig zeigten. Faszinierende Atmosphäre. Herrliche Eindrücke.

Die staubigen Gassen waren voller kleiner Läden und erfüllt vom Duft exotischer Kräuter und Gewürze. Im wuseligen Treiben mischten sich die Stimmen der Straßenhändler mit den spitzen Rufen der Muezzine und dem Klang der Gebete, die von nahen Moscheen widerhallten. Immer tiefer drang ich in das Labyrinth der Altstadt vor. Hoppla, ein Dealer rempelte mich an und nuschelte mir den Stoff des Tages ins Ohr. Ich wimmelte ihn ab und zog weiter. Bis ich der Verlokkung doch nicht widerstand und mich listige Händler mit einem Tee in ihre vollgestopften Ausstellungsräume drängten. Gewaltige Wandteppiche dämpften wortreiche Verkaufsverhandlungen. Allah erlaubte ihnen zwar den Handel, aber verbot ihnen Wucher. Wer hielt sich schon daran. Die Herrschaften im feinem Zwirn, mit glänzenden Goldzähnen und dicken Armbändern jedenfalls nicht. Sie blieben zäh, eiskalt und waren ganz anders als die schleimigen Hanswurste bei den Behörden.

Zurück auf der Straße, im Chaos unübersichtlicher Gassen. Andere, ebenso aufdringliche Guides hefteten sich an meine Fersen. Das Manöver wurde unterbunden durch die Schar meiner „Lotsen“, die mich immer noch begleiteten. Ein kleiner Junge auf streichholzdünnen Beinen bettelte mit großen Augen. Ich legte eine Münze in seine Handfläche und noch bevor sie sich schloss, wurde ihm der Taler blitzschnell von einem vorbeihuschenden Schatten entrissen.

Tanger ist ein Traum aus weißem Stein und imposanten Moscheen. Ein Schmelztiegel verschiedener Religionen. In dieser pulsierenden Stadt lebten Christen und Muslime solange friedlich zusammen bis scharfe Wortgefechte, offen ausgetragen, das fragile Gefüge erzittern ließen. Aufgeregte Wortkaskaden hallten zurück von schlichten Kalkfassaden, in denen sich Licht und Schatten reflektierten. Doch der Zauber von Tanger liegt über dem arabischen Souk, dem Marktplatz. Ich wandelte durch ein unvorstellbares Meer aus Säcken voller Datteln, Nüsse und Gewürze. Dazu Berge von Obst, Gemüse und nochmals Gemüse. Paletten voller Oliven und Kisten voller traurig glotzender Fische. Auf dem rohen Fleisch herabhängender Lammhälften tummelten sich Dutzende von Fliegen. Zwischen all dem feilschten Araber, Franzosen und Afrikaner. Darüber wehte der Geruch von frischem Couscous. Ich verzehrte eine anständige Portion, während ich vor mir das lebendige Treiben des Orients beobachtete.

Ist der Markt vorbei, legt sich die Dunkelheit über die Kasbah. In ihrem Schatten beginnt die Zeit der Schlangenbeschwörer und die Gaukelei der Märchenerzähler. Durch die Gassen der Medina huschten schwarze Gewänder wie Geister. Aus den Sehschlitzen blickten die Augen von Frauen demutsvoll auf das Pflaster und verschwanden hinter düsteren Türen aus vergangenen Jahrhunderten. Auf der anderen Straßenseite nuckelten Männer abwechselnd an einer Wasserpfeife. Ich ging durch wabernde Marihuanaschwaden und den Müll eines Stadtviertels hinunter in einer langen Kehre zum Hafen.

Mitternacht. Vom Meer brummte das Signal eines Dampfers. Aus einer Hütte nebenan roch es nach getrocknetem Fisch. Ich saß auf den Resten einer uralten Stadtmauer und blickte über die Straße von Gibraltar hinüber zu den Lichtern Europas. Eigenartig, wie verschieden zwei Kontinente sein können, die nur durch einen Wasserstreifen von 14 Seemeilen voneinander getrennt sind. Was sie verbindet, sind die hitzigen Diskussionen, in denen es darum geht, welcher Gott denn nun der bessere ist. Hinter mir stritten sich ein Afrikaner und ein Spanier. Fast aggressiv schlugen sie sich ihre Überzeugungen um die Ohren.

Mittlerweile hockte ich nicht mehr auf den Überresten der alten Befestigungsanlage, sondern war zurück auf AURYN und saß im aufgeräumten Cockpit meiner Yacht, während die Eindrücke des Tages nochmals vorbeizogen. Ich notierte ein paar Worte des Erlebten, knabberte am anderen Ende des Stiftes und glitt mental ab. Gedankenverloren blickte ich auf die Umrisse des Rif-Gebirges weit hinter der Stadtperipherie von Tanger. Dort hinten musste sich der wahre, der raue Orient befinden. Tanger selbst war mir zu städtisch, aber dennoch war es ein Erlebnis. Nicht, weil gerade fette Kakerlaken über die kippelige Bohle des Anlegers hoppelten. Auch nicht, weil der Rüssel der Fisch-Fabrik gerade mal wieder die Rohabfälle ausgenommener Fische ins Meer spuckte. Das war eher zum Kotzen! Nein, Tanger beeindruckte mich durch seine schlichte Aufgeregtheit und durch Eindrücke, die mir bisher fremd waren.

As tears go by – Unter weißen Segeln nach Casablanca

Am Vormittag hatte ich bereits bei den Behörden ausklariert. Umgerechnet bedeutete dies vier Flaschen Whiskey und zwei Stangen Zigaretten. Damit war ich blank, konnte aber am Nachmittag starten und ließ trotz der gähnenden Leere in meinem Bestechungskoffer von meinem Ziel Casablanca nicht ab. Es war wie bei der Ankunft: Vom Minarett quäkte die Stimme des Muezzin. Nur dieses Mal war es das Zeichen zum Aufbruch und das Signal zum Lösen der Leinen. Bloss – so einfach geht das nicht. Nicht in Afrika und ohne Tabak schon gar nicht. Also schmiss ich den lungernden Gestalten auf dem Kai eine Schachtel Zigaretten zu, worauf sie den Knoten der Festmacherleine lösten und mich freudig winkend verabschiedeten, während AURYN langsam Fahrt aufnahm. Es war herrlich. Lächelnd steuerte ich mein Schiff entlang der Mole in Richtung Hafenausfahrt, wo alles noch besser wurde. Denn es wehte. Und zwar frisch aus Nordost. Weiße Schaumkronen und eine bewegte See schienen uns ebenfalls in freudiger Erwartung aufzunehmen.

So konnte es weitergehen. Ich war gespannt auf den Passatwind und freute mich auf zwei Seetage unter weißen Segeln nach Casablanca.

AURYN nahm es gelassener, sie schüttelte die kurzen kabbeligen Wellen ab und hielt ihren Bug stur Richtung Atlantik. Keine Kompromisse. Denn, um die 30 Seemeilen bis zur Nordwestspitze Marokkos mit dem Strom zu schaffen, sollte man nicht lange rumtrödeln, sondern die wenigen Stunden der Tide flott nutzen, da der Strom in Richtung Mittelmeer länger und kräftiger (denken wir daran, dass der Wasserspiegel dort niedriger ist als im Atlantik) fließt als umgekehrt.

Um aus der Windabdeckung des Landes heraus zu kommen, segelte ich zunächst einen langen Schlag nach Nord und passierte vorschriftsmäßig und im rechten Winkel jenen uns schon bekannten Schiffskorridor. Auch hier, wie auf allen stark befahrenen Schifffahrtswegen, sorgte ein Verkehrstrennungsgebiet für Ordnung und führte zahlreiche Pötte vom Atlantik durch die Meerenge von Gibraltar ins Mittelmeer oder anders herum.

Mittlerweile segelte AURYN parallel zu den Einbahnstraßen. Je weiter wir uns vom Land entfernten, desto mehr drehte der Wind. Von Nordost auf Nord, was bedeutete, dass wir mit 90 Grad zum Wind auf 270 Grad Kompasskurs, also westwärts, segelten. Direkt hinein in das Rot einer untergehenden Sonne. In der anbrechenden Nacht hatte sich das Szenario hin- und herflitzender Schiffe beruhigt und wir waren zurück im Atlantik, womit sich der Kurs änderte. Ich trimmte die Segel auf raumen Wind, baumte die Genua aus, fierte die Schot des Großbaumes und sicherte ihn durch … genau, durch den Bullenstander. Die Kompassnadel konnte sich nicht so richtig entscheiden und hampelte im Auf und Ab einer schiebenden See zwischen 200 und 230 Grad.

An Steuerbord drehte der kräftige Schein des Leuchtturms des Cap Espartel unermüdlich seine Runden. Und das war gut so – denn es war eine deutliche Warnung, sich fernzuhalten von der Costa del Muerte, der Küste des Todes, deren Name durch unzählige Schiffskatastrophen traurigen Ruhm erlangt hat.

Ruhig zog mein Schiff seine Bahn. Seit dem Nachmittag schleppte es die fast durchsichtige Sehne einer Angel hinter sich her. Daran hing ein Flummiköder und der listige Versuch, endlich einmal einen Fisch selbst zu fangen. Während der Fahrt hatte ich die Konstruktion gemäß den Anweisungen Joaquims an den Heckkorb gefummelt, dabei einen Schraubenzieher an die See verloren, jedoch nicht die Hoffnung auf ein aus dem Ozean eigenhändig gehievtes Abendessen.

Wettervorhersage: 4 Bft aus Nordost. Baro 1020. Keine Veränderung.

Das passte genau, kam mir Recht und schien AURYN geradezu Spaß zu machen. Der Anzeige nach pflügte sie mit 6,5 Knoten Fahrt über Grund. Nur noch schwach war achteraus das Leuchtfeuer von Cap Espartel zu erkennen. Dann verschluckte es die See und um uns herum war nichts. Nichts, außer dem fantastischen Licht des Vollmonds. Es reflektierte im Ozean und ließ im Kielwasser das aufgewühlte Plankton wie kleine Sterne glitzern.

Ich saß mit einer Mug Tee im Cockpit, hörte Musik und genoss den Augenblick in einer friedlichen Nacht. Allein. Allein auf dem Meer. Doch ganz so einsam war ich nicht. Da war noch einer … Da war es wieder. Ich konnte den Schrei schlecht orten, aber er wurde zunehmend lauter. Er kam näher! Jetzt wurden es mehr. Im Meer lagen markerschütternde Schreie. Dann sah ich ihre Finnen, ein Blas, glänzende Rücken und eine wegtauchende Fluke. Der Schrei der Wale. Dort zog eine Walherde, geschäftig unterwegs, entweder sich unterhaltend oder aber verschlüsselte Nachrichten über hunderte von Meilen voraus ins Meer schickend. Wie auch immer die geheimnisvolle Botschaft dieser Nachkommen der ältesten Lebewesen unseres Planeten lautete, sie schickten ihre Weisheiten in die Unendlichkeit eines vom Mondschein silbrig glänzenden Ozeans. Und ich war nur ein kleiner Teil des Ganzen.

Der Besuch der Wale, dieses Bild von Harmonie, löschte sich nicht aus. Es legte sich auf unsere Nachtfahrt, die so angenehm wurde, dass ich nichts zu tun brauchte – abgesehen vom Wecker, der mich daran erinnerte, aus der molligen Koje zu krabbeln, um einmal dösig in die Runde zu schauen und anschließend wieder gähnend ins Bett zu kriechen. So ging das jede Viertelstunde bis zum frühen Morgen.

Bis mir plötzlich der Schreck in alle Glieder fuhr und ich fast gewaltsam aus meiner Schläfrigkeit gerissen wurde. Keine hundert Meter entfernt wummerte der Diesel eines mächtigen Öltankers, den ich mir blitzschnell im Fernglas näher anschaute. Ein Riese von über dreihundert Fuß Länge. Sein mächtiger Rumpf gammelte friedlich rostend vor sich hin. Trotz des offensichtlichen Risikos ließ sich wohl keiner davon abhalten, den Schrotthaufen bis zum Rand mit Öl zu füllen und auf Fahrt zu schicken. Rasch zog der archaische Kasten an uns vorbei und es sah so aus, als ob seine Spur ebenfalls nach Casablanca führte. Kurz darauf tauchte wie aus dem Nichts hinter uns ein gewaltiges Containerschiff auf. Auch wenn das Zeitalter der Düsenjets die Passagierschifffahrt ausgelöscht haben mag, der Welthandel hängt mehr denn je am Meer. Nichts kann den natürlichen Wasserweg ersetzen.

Die Stunden eines warmen Tages flossen ineinander. Sie waren gekennzeichnet von Entspannung und kleinen Abwechslungen: Delphine spielten am Bug. Eine Windböe wehte den von mir lasch an die Reling gebändselten Strumpf ins tiefblaue Meer. Mit einer ins Meer entsorgten Socke verschlang der Wind symbolisch einen Teil meines früheren Lebens. Ich fühlte mich von etwas befreit und allmählich empfand ich diese Vorstellung vom Leben, grenzenlos unterwegs zu sein, zu entdecken, um daraus Kraft zu tanken, wie eine vibrierende Lust. Und noch etwas wurde deutlich: Ich erkannte, dass mein Entschluss, auf eine Reise zu mir selbst zu gehen, bereits spürbare Folgen hatte. Die physischen Schmerzen meines vorherigen Lebens ließen mich in Frieden.

Gracias amigo … – womit ich nicht das anscheinend verschwundene Magengeschwür meinte, als ich meinen Dank in die Weite des Ozeans schrie, sondern Joaquim. Denn mit Hilfe seiner Tipps gelang etwas Wunderbares: Der erste Fisch zappelte an der vierzig Meter langen Sehne! Genauso aufgeregt wie der kleine Seemann an Deck, der es kaum erwarten konnte, die silbrig glänzende Dorade Hand über Hand an Bord zu ziehen. Unglaublich, was für Glücksgefühle ein solches Erlebnis frei setzt! Allerdings – einen Fisch zu fangen, ist eine Sache, ihn zu töten, eine andere. „*… Dann haust du ihm eins mit der Winschkurbel über den Schädel …*“, so die Worte meines Meisters. Der Lehrling tat sich schwer damit, zumal ihn gerade in dem Moment, als er entschlossen ausholte, der Fisch aus seinen Glubschaugen anglotzte.

Mittlerweile hatte ich den Spinnackerbaum von der Genua entfernt und die Segel dichter geholt. Wir segelten höher am Wind und steuerten direkt auf Afrika zu und Casablanca an. AURYN nahm die Fährte auf und sollte gegen Mitternacht den Hafen erreicht haben. So berechnete ich jedenfalls unsere voraussichtliche Ankunftszeit, schlitzte anschließend den warmen Fischbauch auf, entfernte die Innereien und schnitt kleine Filets aus dem Fang des Tages. Frisch und aus freier Wildbahn.

Gegen Abend schaukelten brutzelnd die Fischsteaks in der Pfanne des kardanisch aufgehängten Herdes. Ein geradezu perfekter Segeltag. Darauf schon mal vorab ein Glas Rotwein. Ich stieß mit dem Rot einer untergehenden Sonne an und widmete mich anschließend dem köstlichen Essen. Prost, Mahlzeit!

Immer deutlicher wurde der Schein von Casablanca. Die Stadt kam langsam näher, so wie AURYN den kleinen Lämpchen, die davor auf und ab tanzten. Lange konnte ich diese Schnur von weißen Lichtern nicht zuordnen. Haarscharf rauschten wir an einem kleinen Fischerboot vorbei, von wo ein fluchender Fischer Unverständliches in die Nacht brüllte. Vermutlich hatte er kurz vorher den Gedanken gefasst, seinen Kahn zu beleuchten.

Unaufhaltsam zog AURYN dem Ziel entgegen und passierte bald die aufgereihte Kette kleiner Sardinenfischer, die im grellen Arbeitslicht ihre Netze an Bord zogen. Das waren also die merkwürdigen Lichter gewesen.

Dann kam Afrika in Sicht. Der Mond war aufgegangen, aber so richtig stand er noch nicht am Firmament, sondern lauerte knapp unterhalb der Umrisse des Atlas-Gebirges, dessen Konturen er anstrahlte. Wie von unsichtbarer Hand sanft angeschoben zog darüber eine Bank aus lockeren weißen Haufenwolken entlang der marokkanischen Westküste. Darunter lag der Dunstschleier wie ein Leichentuch über Casablanca.

Ohne Probleme fand ich die Ansteuerungstonne der Einfahrt zum Hafen. Den Rest erledigte das betonnte Fahrwasser, das uns in den betriebsamen Vorhafen führte. Das klingt lax. War es auch. Obwohl es meine höchste Wachsamkeit erforderte, weil wir ständig unbeleuchteten Fischerbooten begegneten. Sie befanden sich auf dem Weg zu ihrer Arbeit, während unser Job getan war. Im geschützten Binnenhafen rollte ich die Segel ein, klarierte das Deck auf, bereitete AURYN zum Anlegen vor, indem ich die Fender über Bord hängte und die Festmacherleinen griffbereit hielt. Der Motor lief. Ich schnappte mir den Halogenscheinwerfer und steuerte mein Schiff durch das von Öl verschmutzte Hafenwasser bis zum verrotteten Steg des „Yachtclubs". Zumindest gaukelte mir das Symbol in der Detailkarte des Hafens von Casablanca einen Yachtclub vor. Klar, dass mich auch hier dunkle Gestalten neugierig musterten, als ich ein paar Schritte an Land ging, um die rollenden Bewegungen zweier Seetage und -nächte aus dem immer noch arbeitenden Gleichgewichtssinn meines Schädels zu bekommen.

Und ebenso gewiss war mir am nächsten Morgen das zu erwartende Bakschisch-Geplänkel der Einklarierung. Mit Fusel und Tabak konnte ich keinen Eindruck mehr schinden, doch auf knisternde Scheinchen waren die schmierigen Uniformen genauso versessen wie die Sau auf den vollen Futtertrog. Hart? Sarkastisch? Weder noch. Für mich war das hübsch abgedrehte Schmierengeplänkel eine neue Erfahrung gewesen und ich wollte es für mich gewissermaßen rationalisieren, wodurch es zu etwas Vertrautem wurde. Denn es sollte mir im weiteren Verlauf meiner Reise noch oft begegnen.

Das Büro bot mit drei Türen und zwei Korridoren reichlich Abgangsmöglichkeiten. Ich entschied mich für mittendurch und rempelte beim Hinausgehen einen freundlichen Menschen an, der mich daraufhin zu einem Espresso in der nahen Hafenkneipe einlud. Drogenfahndung! Ich schluckte, trank anschließend die heiße Brühe, während der Zivilbeamte in schlechtem Englisch auf mich einredete. Da mein Englisch ebenso ungeeignet war, um tolle Konversation zu führen, verstanden wir uns prächtig! Ach so, der Grund seiner Einladung: Hatte ich zwischen Tanger und Casa vielleicht ein weißes französisches Motorboot von ungefähr zwanzig Metern Länge mit vier Typen drauf gesehen? Nein. *„Soll ich dir ein junges Mädchen aus dem Orient besorgen"?* Nein!

Mir war nach Bewegung und so marschierte ich aus dem abgesperrten Hafengelände hinaus in den Orient, dem Atlantik entlang, bis mich die neue Sehenswürdigkeit von Casablanca in ihren Bann zog: Mit der Moschee Hassan II hat sich der regierende Herrscher ein Denkmal gesetzt. Inspiriert durch den Koranvers „Gottes Thron stand auf dem Wasser" wählte der Souverän als Standplatz für seine Moschee den Küstenstrich des Atlantiks und schuf einen prächtigen Sakralkomplex in einer Synthese aus Hightech und maurischer Baukunst. Die Wirklichkeit spielte sich gegenüber ab.

Puffgebete

Verlauste Hunde durchwühlten den Müll. Im Dreck nebenan schliefen Männer in schmutzigen Kaftanen im Rausch von 1001 Nacht. Für mich war es bereits Vormittag, als ich in Richtung Casablanca-Stadt aufbrach. Als die Sonne in ihrem Zenit stand, wurde es heiß und unangenehm stickig Casablanca vermittelte mir seltsame Eindrücke zwischen dem Glanz der Moderne und verfallenden orientalischen Fassaden aus uralter Zeit. Die Stadt gibt sich frankophil. Zahlreiche Firmenniederlassungen deuten auf eine starke französische Handelspräsenz hin. Viele sprechen die Sprache der Tricolore, denn Casablanca war lange eine französische Enklave und das Tor zum Orient.

Mittlerweile mischte sich der Dunst der Abgase mit dem gerade noch zu erahnenden Blau eines ansonsten wolkenlosen Himmels. Der Smog knebelte mich. Ein nervtötender, hupender Autoverkehr und die Hektik des Stadtzentrums raubten mir die Sinne. Erst als ich das Altstadtviertel mit der Kasbah erreichte, hatte ich das Gefühl, die Zeit zu brechen und in eine vergessene Welt zurückgesprungen zu sein – in eine Märchenwelt aus Messerwerfern, Feuerschluckern Wahrsagern, Dompteuren und Medizinmännern. Eine phantastische Mischung aus würzigen Gerüchen, listigen Teppichhändlern und dampfenden Wasserpfeifen, verzauberten Klängen und vergangener Geschichte. Ein Anachronismus. Zwei Welten nebeneinander. Hier die Medina, ein paar Meter weiter die Fassaden moderner Luxushotels und Bürohochhäuser mit zeitgemäßen Glas- und Edelstahlfronten. Dazwischen ein Zeitreisender, der mit seinem Segelboot ein bisschen anders in diese Stadt kam als die geführte Schar Amerikaner, die auf den Spuren von Humphrey Bogart über die Kasbah herfiel. Der Abend tauchte ab in unangenehme Schwüle. Ich knabberte an der Keule eines zähen Hammels, löffelte ein vorzügliches Dessert – und schnüffelte plötzlich am Gras. Ein verfilzter Jugendlicher stand wie aus dem Dunstschleier hervorgezaubert am Tisch und hielt mir in Zeitungspapier gerolltes Marihuana ziemlich dreist vor die Nase. Wozu das Zeugs? Meine Droge lag auf See und davon hatte ich mehr als genug.

Vom Gras zum Fußball ist es nicht weit, so hatte ich mit der Rastalocke schnell ein neues Thema und gleichzeitig einen Scout, der mir die Richtung zum Hafen wies. Obwohl dies relativ einfach ist, denn man muss nachts nur dem Licht göttlicher Erleuchtung folgen. Vom Minarett der riesigen Moschee wies ein Hightech-Laserstrahl in die verstaubte Welt des Orients gen Mekka. Allerdings durchquert man dabei das Rotlichtviertel im Schatten Allahs ... Vorbei an schummrigen Klubs und Türstehern, die mir mit der eindeutigen Geste zweier Finger und eines Daumens verklickerten, um was es hier ging. Irgendwie passten Gebete und Puff nicht wirklich zusammen. Dennoch federten ein paar Typen in die Knie, nicht ohne vorher einen kleinen Gebetsteppich in den Staub der Straße auszubreiten. Dann verbeugten sie sich einige Male in Richtung Mekka und beteten andächtig. Anschließend erhoben sich die Wächter des Glaubens. Sie verneigten sich in Demut und verschwanden freudig hinter einem wehenden Vorhang zum Vögeln – ins Paradies der Sünder.

Ich dagegen kam nicht rein. Nein, nicht in den Puff, sondern durch das Tor zum Hafen, das verrammelt war. Eine verbale Rangelei mit dem Bewacher davor begann und da ich mich auf der Seite des Rechts wähnte, fuchtelte ich aufgeregt mit dem weißen Kärtchen der gestempelten Visa. Doch das machte wenig Sinn und hinterließ keinen Eindruck bei dem dürren Typen in viel zu weiter Uniform. Das schmale Ärmchen voller Macht hielt mich barsch zurück und palaverte sich die Brust breit. Wilde Gesten beiderseits folgten. Sein Gehabe war bedeutungsschwer. Meins eher voller hilfloser Drohungen, bei denen mir nichts Gescheiteres einfiel, als den deutschen Konsul vorzuschieben. Ich bot ihm eine Zigarette an, wodurch die Starre sich etwas löste, was freilich nicht bedeutete, dass damit die Verhandlungstaktik einfallsreicher wurde. Er griente eher gelangweilt und steckte sich im Windschatten eines Pfeilers die Zigarette ins Gesicht. Er hatte alle Zeit der Welt. Mir war klar, was er wollte. Nur – so einfach sollte er mir nicht in die Tasche greifen können! Deshalb hob ich mir die Zaubernummer bis zu dem Zeitpunkt auf, wo er frech abdrehte und sich in das dunkle Kabuff verziehen wollte, aus dem orientalische Bauchtanzmusik drang. Blitzschnell griff er nach der zusammengerollten 10-Dollar-Note, die ich ihm als Köder durch die rostigen Stäbe entgegenstreckte und dann kam Bewegung in das verriegelte Tor. Rumpelnd öffnete es sich. Quietschend zog sich der Vorhang aus Stahl zur Seite und gab den Weg frei zum Aufbruch. Zum nächsten Abenteuer. Morgen wollte ich weitersegeln. Nach Madeira. Morgen? Noch heute würde ich die Leinen losschmeissen!

Im Staub von Fischmehl auf der Flucht vor Allah

Endlich zurück auf AURYN. Ein bestialischer Gestank von Fischmehl wehte über das Hafenbecken. Ich verschloss sämtliche Luken und legte mich schlafen. Bis mir die Hitze das verschwitzte Bettzeug auf meinen schweißnassen Körper klebte. Luken auf. Immer noch stank es erbärmlich. Schlimmer noch, es legte sich ein feiner Staub von Fischmehl auf das Deck. Auslaufen? Der spontane Plan nahm Konturen an. Und so machte ich mein Schiff seeklar und legte ohne auszuklarieren ab. Was immer auch passieren würde – und wenn sie mich im Namen Allahs verfolgten und in ihre finsteren Verließe sperrten –, egal! Ich wollte nur noch eins – raus aus diesem Hafen, und zwar sofort!

Es war ein Uhr in der Nacht, als wir uns aus der Weitläufigkeit eines riesigen Industriehafens aufs Meer schummelten. Hinter der geschützten Hafenmole empfing uns der Atlantik mit einem starken Südost, der eine kurze, aber steile See vor sich her schob. Noch steuerte ich AURYN von Hand. Als ich später „Karl“ (so nannte ich den Autopiloten) das Ruder in die Hand drückte und am Navigationstisch den neuen Kurs in die Karte zog, entdeckte ich den Grund für die ruppige Passage. Wir überquerten die Josefine-Bank. Auf ihr beträgt die Wassertiefe nur vier bis zehn Meter. Womit sich die heftige See erklärte, weil der Atlantik gegen diesen Sockel knallte. Zurück zur spontanen Navigation. In vier Tagen konnten wir in Madeira sein. Sofern ich meiner Berechnung vertrauen konnte, sollten es ca. 470 Seemeilen sein. Der Wind drehte zurück auf Nordost. Passat. Aber bevor wir anfingen, den neuen Kurs anzulegen und mit den Segeln zu arbeiten, hieß das Kommando: Zügig weg vom Land. Immer wieder ertappte ich mich bei dem Blick über die Schulter. Verfolgte uns etwa ein Behördenboot? Hatte man meine Flucht ohne gültige Erlaubnis bemerkt? Selbst der Tower der Hafenverwaltung schwieg dazu, wie der lange Schein des Lasers, der weit in das geheimnisvolle Hinterland des Atlasgebirges wies.

Ein kräftiger Schrei durchbrach alsbald die Stille: *„Bullenstander setzen.“* So muss es sich von außen angehört haben, als ich in rollender See mir selbst das Kommando zuschrie. Der Wind fiel achterlich ein. Ich hatte mittlerweile die Genua ausgebaumt, doch nun schlug der Großbaum im Geschaukel der See verdächtig nah am Überkommen. Um den Schlag gegen den Schädel zu vermeiden, fierte ich eine Schot in die Öse am Ende des Großbaums und balancierte mit der Leine zur Mitte des Schiffes, wo ich sie auf der Klampe belegte. Der Baum war nun gesichert und nichts schwang mehr unkontrolliert durch die Lüfte. Als hinter uns die Sonne milchig aufging, lag vor uns der freie Ozean.

Nach 30 Nachtmeilen erreichten wir Niemandsland. Hier konnte mir keiner mehr etwas anhaben. Außer die See. Aber die blieb friedlich. Ich atmete durch und den frischen Wind ein. Dann spürte ich Reinheit und Klarheit. Auch wenn ich beim Kaffeetrinken den Inhalt nicht komplett in der Tasse ausbalancieren konnte – einiges schwappte über den Becherrand –, so fühlte ich mich trotzdem stark. Denn hier draußen hatte ich es in der Hand: Das Schiff, den Wind, den Ozean. Alles war eins. Im Gleichgewicht und dennoch in Bewegung.

Große Gefühle und kleines Besteck

Ein blaues Schiff. Weiße Segel. Zartgetupfter Himmel. Unendliche Weite. Zumindest bis zum Horizont. Egal, wohin man blickte. In der Poesie der Sinne wurden belanglose Dinge plötzlich wieder wichtig und bekamen eine ganz andere Bedeutung. Ich las zum ersten Mal ein Buch in Ruhe und bis zu Ende. Ich schrieb, obwohl ich vorher nicht mal in der Lage gewesen war, die kleine Ecke einer Ansichtskarte auszufüllen. Ich begegnete meiner Vergangenheit und vergessenen Stimmen.

Der Besuch von Delphinen erfreute mich genauso wie die ausgelassenen Tänze mit mir selbst in den rauschenden Farben von Sonnenuntergängen. Das Größte an diesem Tag jedoch war, ein Brot selbst zu backen, da mir die nächtliche Flucht aus Casablanca dieses vom Einkaufszettel gewischt hatte. Zwar war ich noch im Besitz eines weißbräunlichen Etwas, das vor sechs Tagen in Tanger ganz sicher mit viel Liebe zu Brot verarbeitet worden war, aber der Teigklumpen hatte bei allem Respekt gegenüber der marokkanischen Bäckerin in der Zwischenzeit den Geschmack alter Zeitungen angenommen.

Jetzt wollte ich selber ran: Mehl, Wasser, Sauerteig, Hefe, Salz, ein Esslöffel Kümmel. Eine Form. Knetende Hände. Einen Wecker und den vorgeheizten Backofen. Alles recht übersichtlich. Mehr braucht es nicht, um in den Genuss von frischem Brot auf See zu kommen. Bald zog ein herrlicher Duft aus der Pantry hinaus ins Cockpit, hinein in den Frieden eines Bordnachmittags, während AURYN brav Kurs hielt und uns Meile um Meile Richtung Südwest voran brachte.

Genug von der Poesie der Sinne und hin zum Karussell tiefer Verlassenheit in der Weite des Ozeans. Damit wir uns richtig verstehen: Ich meine nicht jene Einsamkeit, die viele als Traurigkeit interpretieren. Auch war es nicht die Nacht eines einsamen Träumers. Für mich war dieses „Auf-sich-selbst-zurückgeworfen-Sein“ etwas völlig Neues und ich begann es zu schätzen, weil ich mich auf noch so kleine Details konzentrieren und darin abschalten konnte. Ich tauchte weg und fühlte mich so klein wie ein Plankton. Umhergewirbelt im Heckwasser meines Schiffes. Gleichzeitig verstand ich mich als Puzzle eines unendlich größeren Ganzen, indem mir klar wurde, dass dieser Törn auch eine Reise in die Extreme meiner Emotionen sein würde. Doch bevor ich hier wie ein erleuchteter Esoteriker klinge: Schluss damit, sonst wird's kitschig. Außerdem – es klingelt. Brot ist fertig.

In freudiger Erregung zog ich es aus dem Ofen und vertilgte es genüsslich im gelblichen Sonnenuntergang. Es schmeckte einfach grandios. Nur das Bild der Sonne stimmte mich während des Kauens nachdenklich. Im grellen Hell des Sunsets lag etwas von Wetterumschwung.

Nichts los in der Nacht. Keine Schiffe. Dennoch kroch ich alle fünfzehn Minuten aus der Koje, um den schon bekannten 360-Grad-Blick zu werfen. Darin lag Routine, genau wie im nächtlichen Schluck Tee dazu. Dann haute ich mich wieder hin und mir war, als sei ich gar nicht richtig wach gewesen. Eingelullt von der Müdigkeit und berauscht von den hörbaren Wahrnehmungen gurgelte unter dem Kiel der Ozean. Dort klaffte die relative Unendlichkeit von über dreitausend Metern Tiefe und an der Seite zischte der Atlantik am Rumpf entlang. Zwanzig Millimeter Kunststoff trennten mich von ihm und der Ewigkeit. Über uns im Rigg summte der Wind, Schoten knarrten. Wie von einer unsichtbaren Schnur gezogen, segelte AURYN durch die Nacht.

An dieser Stelle unterbreche ich und komme zu einer Frage, die Sie sich vielleicht schon gestellt haben: Was bedeutet „AURYN“ eigentlich? Nun, falls Sie Michael Endes „Unendliche Geschichte“ nicht gelesen haben: AURYN ist ein Amulett, das am Hals eines kleinen Jungen baumelt. Nicht nur das. Dieses Stück Blech hat auch den Auftrag, den Burschen vor den bösen Geistern dieser Welt zu beschützen, wozu auch die Ungeheuer der Meere gehören. Alles klar?

Windgeister

Im letzten Schein der Sterne nahm der Wind ab. Die Sonne fühlte sich bestätigt und griente hinterrücks im Morgengrauen. Sie fand Unterstützung durch den Himmel, unter dem sich eine zarte Schleierbewölkung voranschob. Der Passat knickte ein und brach in sich zusammen. Der Wind hatte auf Süd gedreht. Seine Power reichte gerade noch aus, um AURYN mit drei Knoten Fahrt anzuschieben und zwischen dem 33. und 32. Breitengrad nach Westen segeln zu lassen. Am Mittag spuckte das Faxgerät die aktuelle Isobarenkarte Seewetter Atlantik aus. Das glatte Papier versprach raue Aussichten. Südwestlich von Madeira rieb sich ein Tiefausläufer an einer Warmfront. Eng anliegende Isobaren deuteten auf Starkwind. Dieses Kraftfeld zog in unsere Richtung, womit das Chaos Gestalt bekam. Doch bis dahin blieb noch die Zeit eines ganzen Nachmittags.

Mittlerweile hatte ich das Großsegel und die Genua eingerollt und stattdessen den weißblauen Blister in den sich zunehmend verdichtenden Himmel gezogen. Hundertzwanzig Quadratmeter blähten sich vor dem Bug auf. Das Wasser gurgelte, AURYN zog an und nahm wieder Fahrt auf. Nicht lange, dann schwächelte der Wind erneut, drehte auf Südwest und verabschiedete sich in diesem Schwenker völlig. Genervt durch die Zickigkeiten des Windes zog ich den Blister in den Bergeschlauch und startete den Motor. Der Bug spaltete eine See, die bleiern dalag. Bewegung im Glas des Barometers, die Nadel sackte ab.

Völlige Windstille. Die Ruhe vor dem ...? Ich wagte nicht, den Namen auszusprechen, denn dann würde genau dieser nach dem Aberglauben alter Teerjacken auch eintreten. Der Seemann in seinem modernen Goretex-Segelanzug ließ von seinem ursprünglichen Plan, Madeira anzulaufen, ab und entschied sich dafür, das etwa 35 Seemeilen nördlich von Madeira gelegene Porto Santo anzupeilen. In der Hoffnung, dort Schutz zu finden, bevor der Sturm zupackte. Soweit der Plan – nur spielte die Kaltfront nicht mit. Sie krallte schon bald nach uns und schüttelte uns durch. Aber gewaltig.

Der Ausläufer des bereits angekündigten Sturmtiefs hatte uns am Abend voll in seinen Klauen. Neben ihm schien auch der Ozean zur Attacke anzusetzen. Wild schäumende Wasserberge schoben sich auf uns zu. Ich pfiff auf den Kurs. Egal, der war eh nicht zu halten, denn der Wind kachelte stark aus Südwest. Und genau da lag Porto Santo. Nur noch 40 Seemeilen. Kurz vor der Haustür war Schluss mit sinnlicher Poesie und Seefahrerromantik. Jetzt ging es zur Sache und mit südöstlichem Kurs in Richtung Mauretanien. Mauretanien? Ich hatte keine Zeit, mich damit zu beschäftigen.

Gischtfontänen fegten mir ins Gesicht, als ich das Großsegel ganz wegnahm und die Genua einrollte. Die See tobte, AURYN tanzte. Genau diese Bewegungen versuchte ich zu antizipieren, als ich auf dem Vorschiff stand und dabei war, die Sturmfock aus dem Segelsack zu fummeln, um das kleine Segeltuch von 15 qm auf das zweite Stag zu ziehen, das ich zur Sicherheit in Reserve fuhr, um bei einem Bruch des Vorstags dem Mast Stabilität zu geben. Das Manöver gelang auf Anhieb wunderbar. Erfahrungen mit solchen Segeltricksereien hatte ich ja kaum bis überhaupt nicht vorzuweisen. Dafür aber gerade die ersten 2500 Seemeilen auf dem Buckel. Ein kleines Jubiläum und darauf keinen Sherry. Lieber später. Zur Feier des Tages klopfte mir der Atlantik auf die Schulter. Eine See erbrach sich am Rumpf und duschte mich erfrischend. Salzwasser suchte sich seinen Weg ins Innere meiner Segeljacke. Ich war klitschnass und hatte doch keine Zeit, in trockene Klamotten zu kriechen. Denn AURYN brauchte meine Hilfe. Die Wellen hatten noch kein Muster und brachen sich chaotisch. Einige Male lief das Schiff, von „Karl" gesteuert, durch die Macht der Kaventsmänner aus dem Ruder. Ich schaltete den Autopiloten aus und steuerte die Wellen und die heftig einfallenden Böen von Hand aus. Zwei Stunden ging das so. Der Kompass zeigte immer noch nach Südost. Sollte es so weitergehen, wären wir in zwei Tagen wieder da, wo wir herkamen. Afrika, genauer gesagt: Mauretanien. Das klingt gut, nicht wahr. Hat aber einen Haken. Es gibt dort keinen Hafen. Auch egal. Irgendwann würden sich die Gewalten schon wieder beruhigen, denn das Barometer stieg bereits wieder. Demnach war das Schlimmste schon durch. Aber noch hielt es an. Auch wenn sich die Wellen auf beachtliche Höhen einpegelten, lag AURYN nun in einem geordneten Wellenmuster ruhiger in der See.

An Deck war nichts mehr zu tun. Ich saß unter der schützenden Sprayhood, ruhte mich nach der stundenlangen Arbeit aus und beobachtete die aufgewühlte Umgebung. Ich hatte Hunger. Nur, großartig kochen bei diesen Bedingungen, danach war mir nicht. Also machte ich es mir einfach. Sehr einfach. Vielleicht hätte ich auch die Dose fetter Linsen mit einer übel riechenden Wurst besser im Topf erhitzen sollen. So säbelte ich kurz entschlossen den Deckel auf und löffelte draußen im schneidenden Wind jenen gerade beschriebenen Inhalt in mein gieriges Maul. Kalt.

Dunkle Wolkengebilde zogen an uns vorüber. Aus ihnen erwischten uns heftige Schauerböen. Manchmal lugte der Mond durch eine aufgerissene Decke tief hängender Bewölkung. Dann umschlang uns wieder die Dunkelheit einer schwarzen Nacht.

Weit nach Mitternacht bollerte es verdächtig. Es rumpelte und kam aus meinem Magen. Linsensuppe, Windstärke acht. Die Luft roch und schmeckte nach Salz. Es ging mir im wahrsten Sinne des Wortes beschissen. Was für eine Nacht. Sie blieb hart. Noch härter wurde sie jedoch für eine norwegische Familie, die keine 80 Meilen von hier um ihr Leben kämpfte. Jener Sturm, der uns immer noch nicht aus seiner Pranke entließ, fegte auch über sie hinweg und nahm ihr alles, was sie hatte – ihr Schiff. All das wusste ich zu diesem Zeitpunkt natürlich noch nicht und dennoch begannen sich bereits in dieser Nacht die Fäden des Kismet miteinander zu verweben. Ungefragt hatte es uns zu Freunden bestimmt. Das war dem Schicksal klar – nur uns noch nicht.

Meernächte, gefüllt mit Träumen

So, wie vor mir der heiße Tee in der Tasse schwappte, warf mich die wogende See am Navtisch hin und her. Es war sechs Uhr früh und seit 10 Stunden hatte ich schon keine Positionseintragung mehr vornehmen können. Nun zeigte mir das kleine Kreuz in der Seekarte, dass uns der

Sturm 30 Seemeilen vom Kurs abgetrieben hatte. Ich nahm den Tee, stieg ins Cockpit und mir fiel ein, dass ich schon seit zwei Tagen kein Schiff mehr gesehen hatte. Diese Tatsache hatte einerseits etwas Beruhigendes, andererseits förderte sie aber auch eine gewisse Nachlässigkeit.

Gegen Morgen ließ der Sturm nach. Obwohl er mir den Schlaf genommen hatte, spürte ich immer noch genügend Energie, um das Schiff aufzuklaren und anschließend ein paar Eier in die Pfanne zu schlagen. Zeit für ein kräftiges Frühstück. Das leckere Brot in der einen, die anständige Portion Rühreier in der andern Hand, balancierte ich die Treppe ins Cockpit hinauf und hatte kurz jenen Gedanken, den dann eine am Rumpf brechende Welle zur Gewissheit werden ließ. Da lagen sie nun, die gerührten Eier und hatten zumindest den Vorteil, dass ich sie nicht mehr nachzuwürzen brauchte. Denn ich aß sie so, wie ich sie vorfand, vom meersalzigen Holzboden.

Die See beruhigte sich. Der Wind ging auf angenehme fünf Windstärken zurück und drehte weiter auf Nord. Das war gut, denn endlich konnte ich den Kurs auf Porto Santo wieder neu anlegen. AURYN hatte die über sie herfallenden Gewalten gut überstanden, sie furchte nun wieder unter vollen Segeln mit neunzig Grad zum Wind durchs Wasser und brachte uns Porto Santo unaufhaltsam näher. Hochseesegeln – es fühlte sich wunderbar an. Jeder Tag war anders, brachte neue Höhepunkte und Seeabenteuer. Ob in zermürbenden Flauten oder Auseinandersetzungen mit heftigen Stürmen wie jenem der letzten Nacht, der mich nicht einschüchterte, sondern nur stärker machte. All dieses zu erleben, war bereits jetzt ein großer Gewinn und dabei stand ich gerade am Anfang.

Die vierte Nacht brach an und endlich fand ich Zeit, mich auszuruhen. „Karl“, der Autopilot, steuerte AURYN wieder souverän. Ich kuschelte mich in den Schlafsack hinterm Steuerrad. Über mir ein Sternenhimmel, unter dem weiße Schönwetterwolken über den Atlantischen Ozean zogen, darunter ein blaues Schiff mit weißen Segeln. Auch wenn ich mich zu einer Reise entschlossen hatte, von der ich nicht wusste, wohin sie mich bringen würde, freute ich mich auf fremde Kontinente und darauf, über andere Ozeane zu segeln.

Grau brach der Morgen heran. Dann stieg die Sonne auf, sie schob die Phantasie beiseite und machte der Freude aufs Ankommen Platz. Vor mir lag der dünne Strich der Insel Porto Santo. Touristisch kaum erschlossen und wenn, dann nur mit der Fähre von Madeira aus zu erreichen. Nach 10 Meilen und drei Stunden steuerte ich AURYN in den kleinen Hafen der Insel. Wobei man nur mit sehr viel Liebe zur Insel von einem Hafen sprechen kann, denn den gab es nicht wirklich. AURYN lag vor Anker in einer geschützten Bucht, die von zwei Molen umgeben war, und vor einem hellen Sandstrand, hinter dem sich kleine, weiß getünchte Häuschen befanden.

Das Dingi ist bereit, steigen Sie mit ein und folgen Sie mir auf einen Ausflug auf Porto Santo. Die kleine Insel zählt, so wie ihre größere Schwester Madeira, zu Portugal. Von Hektik war hier weit und breit nichts zu spüren. Die Straßen bestanden aus Sand und waren so gut wie leer. Hier brauchte niemand ängstlich zur Seite zu blicken, um nicht im nächsten Moment von einem Auto überrollt zu werden. Denn es gab so gut wie keine. Und die wenigen kamen nicht mal aus dem zweiten Gang hinaus.

In Porto Santo dürfen Sie auch zu später Stunde noch unbesorgt unterwegs sein, niemand fordert hier sein Schicksal heraus. Denn das winzige Eiland ruht wie seit Urzeiten im Auf und Ab des atlantischen Wellenschlages. Es gab einige Pensionen, einen Supermarkt, die Dorfkirche und die Strandkneipe, in welcher der Wirt gerade schwungvoll die Hocker vom Tisch hob und in den Sand stellte. Die Speisekarte bestand aus einem Tablett frischer Fische. Porto Santo ist eine Fischerinsel und das bestätigte eindrucksvoll der Besuch der Kirche, die auf einer kleinen Anhöhe stand, wodurch sie den heimkehrenden Fischern eine gute Ansteuerung bot. Mittlerweile befand ich mich in der gewölbten Schlichtheit des Gotteshauses. Als hätte das Zeichen etwas von Bedeutung, schien plötzlich machtvoll die Sonne durch die bleiverglasten Fenster unter groben Natursteinstürzen und direkt auf ein altes Freskenmotiv, das eine Flotte kleiner Fischerboote zeigte. Daneben stand die Schutzpatronin der Fischer. Die Madonna richtete ihren Blick auf ein kleines Bündel in ihrem Schoß und schaute es voller Liebe an. Es war nicht das Jesuskind, sondern ein Fischerboot.

Faszinierend an Porto Santo ist der Blick zurück ins 15. Jahrhundert. Alte Bekannte laufen uns über den Weg. Vasco da Gama und Christoph Kolumbus begegnet man hier wieder. Sie ankerten mit ihren Schiffen in dieser Bucht, um auf dem Weg nach Südamerika oder Indien ihre Wasservorräte zu ergänzen. Aus einer anderen Epoche der Seefahrt erzählt heftiges Säbelrasseln, Schiffe versenken und Beute verstecken. Piraten, die Erben der schwarzen Flagge, raubten nicht nur auf See die Schiffe aus, sondern lockten sie mit falschen Feuern ans Land, um ihnen hier den Todesstoß zu versetzen.

Womit wir den Faden spinnen zum Leiden anderer Schiffbrüchiger. Was machte eigentlich das Schicksal, das uns ungeahnt verwebte? Nun, es wob fleißig weiter. Dazu gehörte auch der Katamaran unter amerikanischer Flagge, der neben uns vor Anker lag. Zwei Typen huschten darauf hin und her, während ich im Cockpit saß und beobachtete, wie am Strand in der Hafenkneipe die Stühle wieder auf den Tisch gestellt wurden. Ich trank ein Glas Rotwein und freute mich derweil auf acht Stunden Schlaf ohne sechzehnmalige Unterbrechung. Doch daraus wurde nichts ...

Casablanca

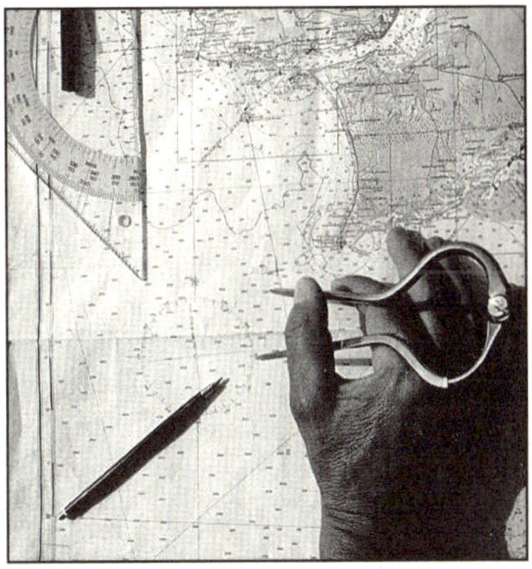

Navigation

Im Schatten des Schicksals

Schiffbruch

Sechs Uhr morgens. Hektisches Klopfen an der Bordwand. Rufe. Benommen von der Müdigkeit und noch dösig vom Rotwein entdeckte ich die beiden Amis vom Katamaran gegenüber nun an der Seite von AURYN. Aufgeregt berichteten sie von gerade empfangenen Mayday-Rufen einer norwegischen Yacht, die 20 Seemeilen südlich von hier von einem Sturm in die Felsen getrieben wurde. Jenem Sturm, mit dem auch wir uns gekabbelt hatten.

Dave und John, die beiden Amerikaner, kannten den Skipper und die Besatzung der norwegischen Yacht „Starship“ von gelegentlichen Zusammentreffen im Mittelmeer. Deshalb hielten sie auch Funkkontakt auf ihrem Törn zu den Kanarischen Inseln. Das Drama hatte sich bereits eine Nacht vorher abgespielt: Die „Starship“ lag vor Anker in Lee der Isla Deserta (passender konnte kein Name sein, um sein Schiff zu verlieren), als der Wind drehte und auflandig in die Bucht wehte. Der Anker hielt nicht mehr und die „Starship“ ging auf Wanderschaft. Nur die Richtung stimmte nicht. Sie war fatal und bedeutete für das Schiff den Tod, denn hinter ihm lauerten die Zacken scharfkantiger Felsen. Das muss auch der Skipper erkannt haben, denn er startete voller Panik den Motor. Als es um alles ging, sprang die Maschine nicht an. Die Tragödie begann und in ihrem Lauf trieb das Schiff in die Felsen, wo es aufgerieben wurde. Der Skipper setzte einen Notruf ab. Vom nahen Madeira startete ein Helikopter und barg seine Frau und die zwei Kinder. Der Eigner selbst blieb an Bord zurück, um Ausrüstungsteile und persönliche Gegenstände zu sichern, wohl auch um Bergungskosten zu sparen. Doch nun schien er noch mehr Probleme zu haben und rief über Funk seine amerikanischen Freunde um Hilfe. Diese baten mich um Unterstützung. Das zur Einführung und nun befinden wir uns mitten im Schicksal, womit sich der Kreis schloss.

Mittlerweile hatte ich für die Rettungsgesellschaft Kaffee aufgesetzt und im Cockpit von AURYN erfolgte die Lagebesprechung zur Vorgehensweise. Wenn wir Ausrüstungsgegenstände und anderes bergen wollten, brauchten wir ein großes Schiff. Das besaßen wir. Gegenüber schaukelte ein Raumwunder, der sechzehn Meter lange Katamaran „Morning Glory“ von Dave und John. Sie machten zwischenzeitlich ihr Gefährt klar. Ich kramte Leinen, Neoprenanzug, Messer, Taucherausrüstung aus den Backskisten, packte Werkzeug und Handfunkgerät in einen wasserdichten Behälter, verstaute alles im Dingi und schipperte zu ihnen herüber. Halt, schnell noch einmal zurück. Das Wetter sollte sich verschlechtern. Zur Sicherheit krabbelte ich noch mal auf mein Schiff, ließ noch mehr Ankerkette ins Wasser rasseln und brachte zur zusätzlichen Sicherheit einen zweiten Anker aus. Die Schreckensberichte einer wegen eines nicht haltenden Ankers verlorenen Yacht hatten sich bereits jetzt bis in die Ewigkeit in meinen Schädel gehämmert!

Dann stand ich auf der „Morning Glory“. Eine kurze Checkliste der benötigten Utensilien wurde angefertigt und überprüft. Der Kurs bestimmt. Alles war getan. Any questions? Wir waren bereit und hatten keine Ahnung von dem, worauf wir uns gerade einließen. Dennoch sprühte unsere Handlung von Souveränität und deutete auf die Entschlossenheit dreier Typen, die glaubten, die Situation im Griff zu haben. John hielt noch einmal Rücksprache mit dem Skipper der havarierten Yacht. Das Funkgerät war das einzige, was auf seinem Schiff noch zu funktionieren schien. Dann waren wir unterwegs.

Niemals vorher bin ich auf einem Katamaran gesegelt. Das Schiff war eine segelnde Wohnstube, eine Küche mit offenem Esszimmer, ein Freilufttheater mit Tanzboden. Vor allem war es sauschnell. Die „Morning Glory“ machte ihrem Namen alle Ehre. Herrlich, wie sie vor dem Wind dahin rauschte. Ihre beiden Rümpfe flogen geradezu über das Wasser und das Schöne am Katamaransegeln war, die Kaffeetasse auch während des Segelns auf dem Tisch stehen lassen zu können. Schon nach zwei Stunden tauchten die dunklen Umrisse der kleinen unbewohnten Vulkaninsel am Horizont auf.

Rasch kam das dunkle Lavagestein näher. Es stieg immer imposanter aus den Fluten empor. Isla Deserta – entstanden aus den Tiefen des Ozeans, als ein riesiger Unterwasservulkan rülpste, Gesteinsbrocken nach oben drückte, sich chemische Substanzen reckten und ausdehnten, bis sich alles friedlich beschnüffelte und Freundschaft schloss. Die Isla Deserta liegt heute noch genauso da, wie sie vor Millionen von Jahren nach dem Handbuch der Evolution Natur geschaffen wurde.

Auch heute rumpelt es noch gelegentlich im Atlantik. Dynamische Prozesse sorgen dafür, dass der Meeresboden auseinander bricht. Die Kontinentalplatten rempeln sich, schieben sich auf- oder untereinander. Es bebt. Die permanente Unruhe sorgt dafür, dass sich kaum etwas im Gleichgewicht befindet. Der geologische Alltag schon lange nicht. Interessantes Thema. Doch nicht jetzt, denn sonst vernachlässigen wir den eigentlichen Auftrag. Ein weißer Fleck vor schwarzem Vulkangestein erinnerte uns eindringlich daran.

Vorsichtig steuerte John den Kat auf das trostlose Bild zu, während Dave aufgeregt die Tiefen ausrief. Ich stand daneben und erkannte, dass die „Starship“ von der Brandung auf ein Riff getrieben wurde, dessen Felsen nur knapp über der Wasserlinie zu sehen war. Der Wind frischte auf, das Wasser wurde zunehmend unruhiger. Genau wie die Amerikaner, die sich nicht darüber einigen konnten, an welcher Stelle nun der Anker zu fallen hatte. Es dauerte, bis er dann etwa 50 Meter vom Wrack entfernt in die Tiefe rasselte. Ich hatte mittlerweile das Dingi aus seiner Halterung befreit, es zu Wasser gelassen und konnte es kaum erwarten, zur „Starship“ hinüber zu paddeln, wurde aber gebremst von Dave und John, die sich nun zunehmend der Auftragsverweigerung näherten. Der eine entschuldigte sich damit, dass er nicht schwimmen konnte, während dem anderen plötzlich das Risiko zu groß erschien. Er kniff. „Er kniff seinen Schwanz zwischen die Beine, anstatt den Stier bei den Hörnern zu packen.“ Der Spruch von Hemingway hing wie ein Balken über den zaudernden Amis. Allein stieg ich in das kippelige Dingi und ruderte zur „Starship“ oder besser zu dem, was von ihr noch übrig geblieben war. Ein schrecklicher Anblick. Während die Ruderschläge immer lahmer wurden, entdeckte ich, wie der Mast abgeknickt über der Reling hing. Das Ruder war aus der quer geschlagenen Yacht herausgerissen. Der Kiel hatte sich in einer Felsspalte verkeilt. Der Rumpf war an einer Seite auf ungefähr vier Metern Länge eingedrückt und hatte im Unterwasserbereich mehrere lange Risse, durch die das Seewasser ungehindert einströmte. Ein Wahnsinn, aus diesem Wrack noch Gegenstände abzubauen und diese abtransportieren zu wollen.

Vorsichtig paddelte ich dem Rumpf entgegen. Ausschau haltend nach einem geeigneten Platz, um an Bord zu gelangen. Das war gefährlich, weil jede Welle, die über das Riff lief, den Rumpf anhob und ihn brutal wieder auf den Fels sacken ließ.

Olof, so hieß der Norweger, befand sich an Deck. Er nahm die Leine an, half mir an Bord, schilderte kurz die Situation und führte mich anschließend ins Innere des einstmals stolzen Bootes. Hier bekam ich ein Bild vom Ausmaß des Schadens aus erster Hand. Wieder hob eine Welle das Schiff an und ließ es kurz darauf polternd fallen. Ein dicker Schwall Salzwasser strömte durch die offene Seite des Rumpfes, vermischte sich mit dem Wasser, welches sich bereits im Schiff befand und ließ Polster, Wäschestücke, Bücher und Reste aus dem Kühlschrank in seinem Spiel hin und her tanzen. Die Pantry wurde komplett aus der Verkleidung gerissen, der Motorblock aus dem Fundament gehebelt. In den Rumpf bohrte sich der Zacken eines Felsens wie der Degen in die Schulter eines Toros.

Das Schiff war verloren. Es wurde Stück für Stück zermalmt. Es ächzte bei jeder Erschütterung durch die See und es klang, als ob in der Ferne die Totenglocken schlugen.

Der Wind nahm weiter zu, mit ihm die Höhe der Brecher. Die Kraft von tausenden Tonnen drückte gegen die Bordwand, das Schiff schrie im Todeskampf. Olof weinte. Er kämpfte bereits zwei Tage um sein Schiff, in das er die Zukunft seiner Familie hineingebaut hatte. Der See war es egal, sie war erbarmungslos und kalt. Der Skipper hatte die sentimentale Hoffnung auf Gnade verloren und spürte den bitteren Geschmack der unendlichen Gleichgültigkeit des Meeres, das zum Killer wurde. Auch wenn wir auf Seereisen keine natürlichen Feinde haben, einen haben wir immer: Die Natur.

Warum? jammerte der Norweger. Dann nahm er es apathisch hin, griff nicht zu den Sternen, sondern zum nächsten Strohhalm und kämpfte weiter um seine Habe. Er ließ nicht ab von seinem Plan, nautische Geräte wie GPS, Radar, Funkgeräte auszubauen und Seekarten, Bücher, Kleidungsstücke, Werkzeuge, Segel zu verstauen, die wir dann abtransportieren wollten. Mittlerweile hatten wir eine lange Leine zwischen der „Morning Glory" und der „Starship" gespannt, woran wir uns im Dingi sitzend mit den geborgenen Gegenständen hin- und herzogen. Zunächst ging alles noch ganz gut, dann verschlechterte sich die Lage dramatisch, da der Wind mittlerweile stark wehte und sich mächtige Wellen in die Bucht schoben. Jede Welle spülte eine Ladung Salzwasser in die kleine Wanne, in der wir saßen. Umgeben von einer seltsamen Sammlung von Büchern und Dokumenten, vollgesogen von Wasser und verschmiert vom Öl ausgebauter Motorteile. Scheiße, ängstlich blickte ich einer bedrohlichen Welle entgegen, die sich wütend aufbaute und uns kurz darauf aus dem Beiboot hebelte. Waschgang. Der Wasserberg war so mächtig und so kraftvoll, dass er mich wie ein lasches Holzstück über das scharfkantige Riff schleuderte. Bis mich irgendetwas stoppte, das sich verdammt unangenehm hart anfühlte. Ich spuckte das Salzwasser aus dem Mund, krabbelte in die Sicherheit des Felsens, während der weiße Schaum einer weiteren Welle meine Füße und Hände umspülte. Erst jetzt verspürte ich einen brennenden Schmerz in der Schulter und entdeckte üble Schürfverletzungen am Oberarm. Schlimmeres verhinderte der Neoprenanzug, auch wenn in ihm jetzt ein großes Loch klaffte. Olof war der Gewinner dieser Rutschpartie. Er rauschte haarscharf am Riff vorbei und wurde auf den kleinen schwarzen Strand dahinter gespült. Ein paar wasserdichte Behälter folgten. Das Dingi hatte es am schlimmsten erwischt. Das vom Hersteller als unsinkbar bezeichnete, weil mit doppeltem Boden ausgerüstete Gummiboot, hielt sich nicht an die Verkaufsversprechungen. Der Boden wurde vom Felsen zertrümmert, die Reste rieben sich in der Felsbrandung der Steilküste auf. Kurz darauf sank es und damit auch die letzte Hoffnung, Olofs mühsam ausgebauten Teile zu sichern. Schlimmer noch, vorläufig kamen wir nicht mehr zurück zur „Morning Glory", auf der Dave und John sorgenvoll auf ab wuselten und mit lächerlichen Tüchern aufgeregt winkten.

Die Nacht brach über das Chaos herein und legte sich wie ein schwarzes Tuch über das Szenario. Ich verfluchte die Welle, die mir so übel mitgespielt hatte und meine eigene Blödheit, mich überhaupt auf eine solche Aktion eingelassen zu haben.

Die Schmerzen waren höllisch, der Arm blutete und war kaum noch zu bewegen. Ich erschrak. Von der nahen Felswand hallte ein ohrenbetäubender Knall gespenstisch wider. Die See hatte die Rettungsinsel über Bord gespült, die sich in Verbindung mit dem Wasser automatisch aufblähte. Mit diesem Signal entwickelte sich aber gleichzeitig eine Idee. Wir zogen die Rettungsinsel schwimmend hinter uns her, erreichten den Strand und benutzten den Gummiwanst als Nachtlager. Vielleicht würde sich morgen der Ozean beruhigen und wir konnten die zweihundert Meter zur „Morning Glory" hinüber schwimmen.

Wie erging es ihr eigentlich inzwischen? Nun, sie rollte vor uns in der Dünung hin und her und gab Dave den Knockout. Er hatte sich mit einer Seekrankheit in der Koje liegend verabschiedet. So erzählte es jedenfalls John, nachdem Olof ihm über das Walkie-Talkie einen Zustandsbericht unserer Angeschlagenheit gab, bis er resignierend über das Gespräch in sich zusammen brach. Da lagen wir nun. Er weinend in meinem Arm, ich im feuchten Neo.

Nasse Kälte stieg in mir auf. Ich sehnte mich nach einem warmen Bett und verteufelte den spontanen Gedanken, der mich nach Porto Santo getrieben hatte. Die Nacht wurde zur Unendlichkeit. In einer Mischung aus Schmerz und Kälte träumte ich mich in Harmonie, in die Wärme einer Decke und tröstete mich damit, dass es John und Dave in ihrem trockenen Schiff auch nicht viel besser ging. Im Gegenlicht des Mondes torkelte und stampfte die „Morning Glory" wild zwischen hohen Wellensets. Viel schlimmer erging es Olof. Traurig, wie in Trance und immer noch im Banne des Unbegreiflichen lag er neben mir und stierte der Dunkelheit entgegen, in der ich das erste Licht des Morgens kaum erwarten konnte.

Eine graue Leere stieg langsam aus einer schwarzen Nacht voller Albträume, die für eine norwegische Familie zur Endstation ihrer Träume wurde. Dann kam die Sonne. Aus dem Dunst hob sich ein Feuerball aus dem Atlantik. Er warf Strahlen empor, bis die Umgebung aufglühte und die schroffen Felsen der Umgebung Gestalt bekamen. Der Wind hatte spürbar nachgelassen.

Müde und ausgebrannt rollten wir die Rettungsinsel zusammen, verstauten sie in einer nahen Felsspalte und schwammen zurück zur „Morning Glory". Entlang dem Riff schaute ich noch lange auf die zerschmetterte „Starship", bis sich das Bild zur schrecklichen Wirklichkeit einbrannte. Auf dem spitzen Felsenriff hatte die einst stolze Yacht ihre Seele ausgehaucht und den letzten Liegeplatz gefunden.

„Morning Glory" – Mittags. Dave, der Projektleiter der misslungenen Bergungsaktion, zog den Anker hoch und steuerte anschließend sein Schiff nach Porto Santo. Lange verharrte ein völlig verzweifelter Norweger an der Reling und konnte seinen Blick nicht von seinem Schiff lösen, das seiner Familie und ihm als schwimmendes Heim gedient hatte. Die See hatte ihm alles genommen und raubte uns in den nächsten zwei Stunden die Worte. Stattdessen weitete sich der Raum für jede Menge Gedanken.

Das Erlebnis hinterließ tiefe Spuren von Demut. Es war eine Lektion und machte deutlich, wie schnell man von einem Augenblick zum anderen alles verlieren konnte, wenn man die sicheren Pfade bürgerlichen Lebens eintauschte gegen die abenteuerlichen Risiken einer Reise über die Weltmeere.

Am nächsten Tag segelten wir nach Madeira. Dave und John auf der schnellen „Morning Glory" voraus und wir, ich hatte Olof mit an Bord, hinterher. Es war eine Qual, ich hatte höllische Schmerzen in der Schulter, einen jammernden Mitsegler und war heilfroh, nach sechs Stunden Funchal zu erreichen.

Funchal – Madeira

Die Stadt Funchal verteilt sich um das Hafenbecken und klettert terrassenartig im weiten Rund die Hügel hinauf. Die Schmerzen in der Schulter trieben mich über ein harmonisches Natursteinpflaster und durch eine tropisch bepflanzte Parkanlage zum Arzt. Eine Röntgenaufnahme folgte (Schulterprellung), die Schürfwunden wurden gesäubert, dann kehrte ich zurück in das sympathische Funchal. Man sah kaum Hochhäuser, stattdessen eine prachtvolle Bausubstanz, die einen sehr gepflegten Eindruck hinterließ. Abgesehen von kleineren Gemetzeln, die sich das portugiesische Madeira mit den Spaniern und Engländern lieferte, war auf dieser schönen Insel im Laufe der Zeit nichts Außergewöhnliches vorgefallen. Die Menschen von Madeira gefielen mir durch ihre freundliche, unaufdringliche Art. Ebenso beeindruckte mich die üppige Vegetation seltener Bäume direkt in der Stadt. Funchal ist ein riesiger Park, der in allen Farben leuchtet.

Matt dagegen war meine Verfassung. Körperlich und besonders geistig. Ich brauchte Ablenkung, stieg in einen Bus und begab mich auf eine Inselrundfahrt. Ich schnupperte in einem Orchideenhaus am kräftigen Duft wunderschöner Blüten und wanderte entlang der berühmten Lavados von Madeira. Wem das wunderschöne Madeira fremd ist, dem sei gesagt: Die Lavados sind jene raffiniert ausgetüftelten Steinrinnen, die das Wasser aus den Bergen dort hin leiten, wo es von den Bauern auf den Feldern benötigt wird. Noch heute dient dieses Jahrhunderte alte System als Musterbeispiel für ökologische Bewässerung.

Dann kam ich ins Kloster – Monte, hoch über Funchal, ist nicht nur ein Refugium andächtiger Stille, sondern bietet gleichzeitig einen atemberaubenden Blick über die roten Dächer der Stadt bis in die Weite des glitzernden Atlantiks. Madeira-Kenner wissen, was nun kommt. Genau, die holprige Fahrt in einem Korbschlitten hinunter durch steile verwinkelte Gassen. Ein Muss. Trotz meiner bedenklichen Krankenakte zwängte ich mich in den Bastkorb und sauste Funchal entgegen. Ich war verabredet. In der gemütlichen Taverne, an einem langen Tisch, warteten bereits Dave und John sowie Olof mit seiner Familie. Umgeben von Einheimischen, eingespannt in der packenden Atmosphäre von Live- Musik servierte der Wirt ohne Rücksicht auf das, was wir bestellten. Und es war köstlich! Der Abend begann stimmungsvoll. Es roch nach dem Feuer des Flamencos. Ein schwitzender Gitarrespieler sang sich die Seele aus dem Leib, während der Abend immer trauriger wurde. Die Vergangenheit holte uns ein. Olof verschloss sich in Schweigen. Ich spürte seinen Schmerz, alles an die See verloren zu haben. Fühlte seine Qual der Ungewissheit, jemals wieder auf Fahrt zu gehen und wünschte ihm, dass sich die Traurigkeit mit der Hoffnung verzahnte, es doch wieder tun zu können.

Mit Röntgenaufnahme und Stützverband kehrte ich am Abend zurück. Kaputt, leer und unbeschreiblich müde. Dennoch konnte ich kaum schlafen, weil die Schmerzen in der Schulter es nicht zuließen. Aber da war auch noch was anderes. Es hieß Selbstzweifel. Ein Gefühl, das mir bisher fremd gewesen war. Die Nacht in der Rettungsinsel hatte mein seemännisches Selbstvertrauen angeknabbert. Der Blick in den Spiegel der Tragödie ließ mich wanken. Bisher hatte ich in sehr vielen Situationen einfach nur Glück gehabt. Die Grenze verschob sich immer weiter nach hinten. Wollte ich mein Schicksal weiter herausfordern? Musste ich ständig hinter den Vorhang schauen? Fragen über Fragen. Die Antwort konnte ich wohl nur finden, indem ich weitersegelte.

Spiegelnde Stille

Ich verabschiedete mich von Dave und John, umarmte Olof und wünschte ihm, dass er seine Liebe zur See wieder finden würde und verstaute diese Hoffnung gleichzeitig auch tief unten in meinem Inneren.

Dann schmiss ich die Leinen los und segelte in das Licht meiner Dunkelheit. Einhundertachtzig Seemeilen zur unbewohnten Insel Selvagem Grande, kurz vor den Kanarischen Inseln. Die eineinhalb Tage verliefen im angenehmen Segeln mit nordöstlichen Winden und höllischen Schmerzen. Aber da ich an diesem Zustand selbst Schuld war, will ich darauf gar nicht weiter eingehen. Rumjaulen schon gar nicht. Das Unterwegssein lenkte ab. Kein Arzt konnte mir die Schmerzen nehmen. Kein Hafen bot mir den Blick zum Horizont. Und kein Platz die Ruhe, die ich am Ankerplatz vor Selvagem Grande spürte. Ein Delphin schaute kurz vorbei, ansonsten nur Stille, Ruhe und Einsamkeit um uns herum.

Die Tage kamen in Blau, silbern schimmerte die See. Die Nächte wurden zum Universum. In spiegelnder Stille reflektierten die Sterne im Meer und in diesem Frieden brauchte es nicht lange, bis auch die Klarheit wieder die Seele berührte. Nach vier Tagen spürte ich sie wieder – die Meereslust. Ich war wieder bei mir und setzte Segel.

Wir verließen Selvem Grande und nahmen Kurs auf Lanzarote. Die Überfahrt verlief ruhig, zu ruhig. Das Meer zeigte sich sanft. Obwohl vom Wetterbericht vier bis fünf Bft gemeldet wurden, wehte kaum ein Luftzug. Nach zwei Stunden dröhnender Motorfahrt kam der Wind. Ich setzte das Großsegel, rollte die Genua aus und überließ AURYN sich selbst im Spiel der Natur.

Auch wenn es nur ein Tag unter Segeln nach Lanzarote war, so bedeutete dieser Kurztrip auch das Ende einer für mich großen Etappe. Mein Ziel waren die Kanarischen Inseln. Jetzt war ich angekommen. Wobei das eigentliche „Ankommen“ eher in der Reise selbst, auf dem Weg zu mir lag.

Siete Islas

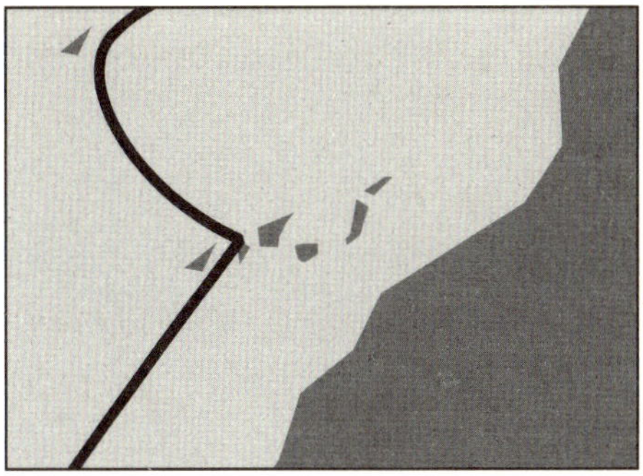

Lanzarote, Fuertevtura, Gran Canaria, Teneriffa, Gomera

Isla Sietes. Inseln im immerwährenden Frühling. Die schönsten Wochen des Jahres. Es gibt viele Superlative für die kanarischen Inseln. Eine davon sind auch ihre Widersprüche. Landschaftliche Reize wechseln sich brutal ab mit expandierendem Tourismus. Bedenkenlos opferte man die letzten Reservate der Natur und reihte ein Ferienghetto an das nächste. Vorbei sind die Zeiten, als es dem genialen Künstler Cesar Manrique durch seinen Einfluss gelang, dass kein Hotel höher wie eine Palme gebaut wurde.

Ich kam aus der Weite des Meeres und prallte auf den touristischen Rummel Lanzarotes. Puerto Calero hieß der Hafen. Ich hatte AURYNS Festmacherleinen gerade um die blankpolierten Messingpoller gelegt, als mir ein provisionsgieriger Typ einen Hochglanzprospekt schicker Ferienwohnungen unter die Nase hielt und mich mit einem Bonuspräsent in die nächste Verkaufsveranstaltung zu locken versuchte.

Bei einem Seenomaden verfangen die Reize der Werbung nicht. Stattdessen sehnte ich mich nach den langen Tagen auf dem Meer nach einer Wanderung auf festem Boden.

„In zwei Stunden ist man durch " – von wegen! Ich erinnerte mich an diese eher geringschätzigen Worte des Autoverleihers, als ich mich auf den Weg zum Nationalpark Timanfaya machte. Auch wenn die schwarze Vulkaninsel kaum Vegetation aufwies, so genoss ich doch ihre schroffe Schönheit. Mehr noch faszinierten mich die eindrucksvollen Plätze, an denen die Handschrift von Caesar Manrique deutlich wurde. Er war ein Meister der Symbiose, indem er die Natur nicht vergewaltigte, sondern sensibel zähmte und in ihr Stätten der Begegnung schuf. Ob es ein ausgehöhlter Lavastrom war, in den er eine Konzertbühne integrierte oder die filigrane Architektur schlichter Gebäude mit Blick für das Detail. Es begeisterte und schien vollendet:

Im Zauber des Schlichten

Die ursprüngliche Schönheit Lanzarotes liegt an seiner Westküste. Fernab ausgelatschter Pfade besuchte ich ein kleines Bergdorf. Der Weg dorthin war staubig und überzogen von schwarzer Vulkanasche. Abseits des Weges standen krüppelige Gewächse dorniger Kakteen in einer ausgetrockneten Lavaebene. Weit und breit kein Coca-Cola Schild. Auch nicht im Dorf. Eine angekettete Ziege meckerte am Bolzplatz. Auf dem staubigen Acker flitzten ballgeschickte Jungen hin und her. Zwischen aufwirbelnden Staubwolken gelang gerade ein präziser Doppelpass mit abschließendem Treffer unter die angerostete Latte eines netzlosen Tores. Der Ball kullerte ins Dorf, das im Zauber des Schlichten ruhte. Die Fassaden der einheitlich weiß getünchten Häuser vermittelten eine strenge Einheit ohne Brüche. Aufgelockert dagegen ihre Bewohner. Umgeben von natürlicher Einfachheit und Herzlichkeit hießen sie mich mit kleinen Gesten willkommen.

Ich saß mit ihnen im Schatten mächtiger Bäume am Dorfplatz, lauschte dem virtuosen Spiel eines Organisten aus der nahen Kirche und befand mich für Minuten in einer ganz anderen Welt. Nichts passierte. Stille. Dann raschelten kurz die Zweige. Danach legte sich wieder Schweigen über die Plaza. Das war der Augenblick, den ich sorgsam verstaute und mitnahm von Lanzarote.

Entlang der Ostküste segelten wir am nächsten Tag. Vorbei an einer mondkraterähnlichen Landschaft aus schwarzem Lavagestein, bis ich mehr aus Zufall eine kleine Ankerbucht an der Südküste entdeckte. Der Anker fiel, die Badeleiter ging hinunter. Ich schwamm ein paar Runden ums Schiff, las anschließend und nickte dabei ein. Ein Windhauch weckte mich und erinnerte daran, dass der Frieden wirklich war. Im Süden schimmerten im warmen Licht der untergehenden Sonne die Berge von Fuerteventura – die Insel wurde am nächsten Tag unser Ziel.

Schiff zu verkaufen

AURYN rauschte durch die Meerenge zwischen Lanzarote und der Nordküste Fuerteventura. Die See wurde rau, weil sich der Wind zwischen den Inseln kanalisierte und durch den Düseneffekt schlagartig verstärkte. Ich reffte gerade das Segel, als mit einem lauten Knall die Genua von oben rauschte und kurz darauf über Bord hing. Die Ursache war schnell klar: Der Schäkel des Falls (der Leine, die das Segel in der Mastspitze hält) war gebrochen. Eigentlich hatte ich nicht vor, Fuerteventura anzulaufen, doch nun blieb mir nichts anderes übrig, als den direkt vor uns liegenden Hafen von Corralejo anzusteuern. Der Tag blieb heiß. Der Strand war mit Menschen überfüllt. Nichts Besonderes lag in der dumpfen Schwüle des Nachmittages. Außer dass Barcelona gegen Madrid Fußball spielte und am Bootssteg den Spaziergängern eine kleine Show geboten wurde, als ein Mensch fünfzehn Meter hoch zur schwankenden Mastspitze krabbelte. Das geht relativ einfach, wenn man am Mast kleine Trittstufen hat. Dennoch wurde es eine heikle, schwankende Aktion, da eine auslaufende Fähre im Hafen für Wellenschlag sorgte, wodurch AURYN bockte und ich mich krampfhaft bemühte, nicht aus dem Mast geschleudert zu werden. Da hing ich nun. Unter mir eine Schar gaffender Leute und vor mir das gerissene Fall der Genua. Ich schnitt die Fransen ab, kokelte die Fäden an, knotete anschließend einen neuen Schäkel in das Tauwerk und war heilfroh, anschließend wieder den sicheren Boden meines Schiffes erreicht zu haben.

Der Einsatz musste belohnt werden. Der Eigner spendierte seinem Skipper eine Extraportion Eis.

Corrajelo – Ich kannte diesen Ort von einer Surfreise, die fast zwanzig Jahre zurück lag. Was ich jetzt entdeckte, verwischte die Erinnerung an das einst idyllische Fischernest. Bauboom und mangelnde Infrastruktur machten die ehemalige Bucht zu einer schmutzigen und lauten Badewanne. Betrunkene Engländer zogen grölend über die Plaza, pöbelnde Teutonen folgten. Ich fühlte mehr als Unbehagen und marschierte zurück zum kleinen Bootshafen, wo mich ein Schild „for sale “ kurzzeitig ablenkte. Der kleine Gaffelkutter sah wunderschön aus. Ein maritimer Trödelladen. Er versprühte die Patina alter Seeschiffe aus Holz, Messingbeschlägen und Petroleumfunzeln. Allerdings passte der gebrochene Mast nicht wirklich in das antiquierte Bild filigraner Bootsbaukunst. Das Schiff bestach durch seine Einfachheit. Ohne Elektrik, Radar, Windgenerator und, wie ich später erfuhr: Ohne Motor. Ganz offensichtlich versuchten die beiden Franzosen, die ich auf ihrem Achterschiff entdeckte, auf ihre Art die Sündflut unserer Zivilisation zu überleben. Mühsam nähten sie das schwere Tuch zerfetzter Segel. In ihrer Arbeit lag viel Geschick und Wissen um das Tun. Unsere Blicke streiften sich. Dann murmelte der eine etwas, während der andere sich erhob, auf mich zusteuerte und mich mit leiser Stimme um ein paar Flaschen Wasser bat. Seine Augen waren blutunterlaufen und voller Müdigkeit. Ihre Geschichte machte mich hellwach, denn auch sie waren Opfer jenes heftigen Sturmes, der mich eine Nacht beschäftigte, einer norwegischen Familie ihr Schiff nahm, den Mast ihres Schiffes brechen ließ und uns hier zusammengeführt hatte. Sie befanden sich bereits weit ab von den Kanaren auf dem Weg in die Karibik, als das Drehbuch ihres Schicksals diese Seite aufschlug. Der Sturm brach nicht nur den Mast ihres schönen Schiffes, sondern zerriss auch noch die Segel. Da ihr Boot ohne Motor ausgestattet war, trieb sie der Südwest zurück und ohne Navigation zwischen den kanarischen Inseln hindurch bis sie Land sichteten – Afrika. Dann packte sie der Passat und trieb sie wieder zurück. Nach sechs Tagen sahen sie abermals die Konturen vom Land: Die Berge Fuerteventuras. Ein Fischerboot zog sie nach Corralejo, wo ihre Odyssee ein Ende fand. Das schlichte Holzbrett baumelte sanft im Wind. Die krakeligen Buchstaben „for sale“ erzählten nicht nur von einer Geschichte, sondern verkündeten zugleich das Ende einer Reise.

Obwohl mich der Rummel des Ferienortes abschreckte, kehrte ich zu ihm zurück. Begleitet von den jungen französischen Seefahrern, die ich zu einer Pizza einlud. Ihre Zukunftspläne mischten sich in die schmachtenden Songs von Julio Iglesias, die von der Tanzbar zu uns herüber wehten. Die Lovesongs erinnerten daran, dass zwischen Brunst und Schmalz oft nur ein Chromosom liegt. Während Frauen bei der Musik von Julio dahinschmelzen, fühlen sich die Männer vom Schmalz eher belästigt.

Eine Robinsonade

Am nächsten Morgen stand ich bereits früh auf der Kaimauer, beobachtete die Wellen, das Bild der Wolken und lauschte dem Wind. Der Passat wehte mit herrlichen 4 Bft. Ich sehnte mich nach dem Meer und steuerte AURYN wenig später aus dem Fischerhafen und entlang der wild zerklüfteten Küste von Fuerteventura. Hinter dem Leuchtturm, den die See zu verschlingen drohte, begann ein herrliches Segeln mit schräg von achtern einfallendem Wind, der mein Schiff zügig südwärts trieb. Ein Düsenjet kreuzte unseren Kurs und setzte zum Anflug auf die Landebahn des internationalen Flughafens an, der sich unmittelbar am Atlantik befindet.

Dann erinnerte ein von der Sonne erleuchteter Klumpen, der wie ein Geschwür mit weißen Fasern in die schroffe Landschaft griff, an den Schimmel der Neuzeit, in dem sich ein Ferienghetto ausbreitete. Danach folgte lange Zeit nichts. Bis auf eine rauschende Fahrt, Meer, Wärme, Stille und eine Gegend, wo die Seele baumelte. Hinter Castillio begann der letzte noch jungfräuliche Küstenabschnitt. 60 Kilometer Küstengebirge vulkanischen Ursprungs zogen an uns vorbei. Unterbrochen von kleinen Sandstränden, die menschenleer waren. An den dunklen Berghängen lagen kleine Siedlungen wie Oasen in der Wüste. Nichts störte den Frieden eines Segelnachmittags im sich neigenden November. Das Thermometer zeigte 28°, das Wasser war türkis, der Sandstrand schneeweiß. Wer konnte diesen Verlockungen widerstehen und keinen Badestopp einlegen? Ich jedenfalls nicht.

Zwischen der Costa Calma und Morro Jable an der Südostküste Fuerteventuras findet man einen Sandstrand von zwanzig Kilometern Länge, unterbrochen von kleinen Lagunen, die zur Springtide(Vollmond) unter Wasser stehen, und herrlichen Dünenlandschaften, die das ansonsten eher straff geordnete Sandbild unterbrechen.

Naturschutzgebiet. Dennoch gelang es den Herrschaften großer Ferienklubs, genau in diese unberührten Landschaften weiße Anlagen des Profits zu pflanzen. Einer dieser Klubs hieß Robinson.

Und auf einem traumhaften Sandstrand landete ich wenig später – wenn auch unsanft.

AURYN schwebte auf türkisfarbenem Wasser, nachdem zwanzig Kilo Stahl vier Meter tief auf den Sandgrund plumpsten. Der Anker grub sich ein. Mein Schiff lag sicher. Der Seemann stieg ins Dingi und ruderte in Richtung Strand. Die kleine Brandungswelle, die mich anschob, fand ich zunächst noch lustig. Der Kamm der nächsten verschlug mir die Sprache und stopfte mir geradezu das Maul. Die Welle hebelte mich aus dem Dingi, während das Weißwasser mich wusch und die Unterströmung mich unter Wasser zog. Prustend tauchte ich auf. Spuckte das Salzwasser aus, sah, wie das Dingi auf den Strand gewirbelt wurde und spürte, wie mich die nächste Welle anhob und auch mich aufs Land spülte. Wie Robinson, nur vor die Füße sonnenbadender Landsleute.

Woher kommen sie? Mit dem Schiff ganz aus Deutschland? Ja geht datt überhaupt?

Verdutzt schien das Paar. Doch außerordentlich nett. Sie arbeitete in der Rezeption des Ferienklubs, er war pensioniert und Hausverwalter einer Appartmentanlage, die ausschließlich von Deutschen bewohnt wurde. Ältere Herrschaften, die es sich im angenehmen Klima der Kanaren auf ihre alten Tage gut gehen ließen. „Komm, ich zeig dir die Anlage, sie ist sehr schön, wir haben sogar eine Minigolfanlage". Ja, das konnte ich mir sehr gut vorstellen. Es war vermutlich ein adrettes Villenviertel, in dem ihre Bewohner den Garten sprengten oder hinter dem Rasenmäher herliefen. Was sollte ein Streuner des Meeres in der zivilisierten Welt? Aus der kam ich gerade und vermutlich würde ich Heimweh nach dem Meer bekommen, sollte ich zurückkehren in die Ordnung der Bürgerlichkeit. Nein, im Ernst: Mir war nach etwas völlig anderem, ich freute mich auf die ungeschliffene Romantik einer noch unbekannten Zeit. Auch wenn ich das Angebot der freundlichen Leute dankend ablehnte, so wollte ich mich nicht der Ausgeschlossenheit hingeben und nahm stattdessen die Einladung zum Abendessen im feinen Ferienklub des Herrn Robinson an: Die Karte versprach ein Sechs-Gang-Menü, der Koch hielt sich dran. Das Mahl war exquisit. Dazu wurde bei lauschiger Musik ein hervorragender Wein goutiert. Ein wundervoller Abend im Ambiente dieser edlen Fünf-Sterne-Herberge ... doch was ist das schon gegen Bratkartoffeln mit Spiegelei unter dem Sternenhimmel einer Vollmondnacht im Cockpit eines Segelschiffes!

Der Jahrhundert-Orkan

Am nächsten Tag zog ich unter dem Winken meiner Freunde den Anker an Deck und folgte der gedanklichen Linie, die ich beim Abschied mit dem Zeigefinger in den Sand zog: Fuerteventura – Gran Canaria.

Auch wenn über dem Atlantik ein kräftiges Tief lag, so wollte ich dennoch die 60 Seemeilen nach Gran Canaria segeln. Tiefdruckgebiete suggerieren dem bedenklichen Segler Bleib doch lieber im Hafen, anderen versprechen sie Wind. Für mich bedeutete es zunächst herrliche Aussichten. Auch wenn darin die Gefahr lauerte, aber darauf konnte man das Schiff und sich selbst einstellen. Das klingt lax, ist aber nicht so gemeint. Natürlich beobachtete ich das Wetter und verfolgte aufmerksam die Wetterberichte, die es einem Segler heute relativ einfach machen, darüber zu entscheiden, geht er raus oder nicht. Trotz moderner Computeranalysen bleibt aber ein Restrisiko. Wie schwer war es dagegen für die Seefahrer einer längst vergessenen Zeit, als man Wettererscheinungen noch für Chefsache hielt. Göttersegen. Griechische Gelehrte waren es, die die Wissenschaft der Vorhersage auf natürliche Ursachen gründeten.

Was in der Neuzeit ein Herr Kachelmann über das Wetter von sich gibt, bezeichnete Aristoteles als Meteorologie. Und das bedeutet nichts anderes als „Gespräch über das Wetter".

Blättern wir zurück: Von den ältesten Bemühungen der Menschen, sich mit dem Wetter auseinanderzusetzen, wusste schon Homer in der Odyssee zu berichten. Poseidon, der Meeresgott der Griechen „rührte in den tiefen Gewässern und versammelte die Wolken. Erregte Stürme aller Art bedeckten das Land und das Meer mit Wolken "

So ähnlich sah das Bild der Gegenwart bald aus. Aus den aufziehenden Wolken begann es zu regnen. Der Wind blieb mäßig und drehte. In träger Langsamkeit und ständigen Segelmanövern arbeiteten sich Schiff und Besatzung über Stunden voran. Dann sackte die Nadel des Barometers von 1010 auf 990. Ich schluckte, meine Hand zitterte, als ich den Wert ins Logbuch eintrug. Rekordtief! Und dann kam es. Sie kamen. Heftige Windböen, brutal aus drohenden Wolkenbänken, die rasch vorüberzogen. Noch erkannte ich die Küste von Gran Canaria, dann war die Luft mit Staub beladen, den der Scirocco von Afrika herüberwehte. Das klingt nach „Ohgottohgott" und Katastrophe. Wurde aber ein tolles Segeln, weil der Wind von der richtigen Seite kam. Er fiel schräg von achtern ein. Reffen – der Sand verschluckte das Kommando! Das Schiff war gut vorbereitet. Ich hatte das Großsegel komplett geborgen und ließ AURYN nur mit einem Stück Vorsegel, das größenmäßig eher an ein Badehandtuch erinnerte, dahinrauschen. Aber es reichte, denn mittlerweile stürmte es in den Böen mit zehn Beaufort und mehr. Das muss der Moment gewesen sein, als sich das kleine Rädchen im Mast überschlug, worauf die Windmessanlage ihren Dienst wegen Schlechtwetter einstellte. Gut so, dass sich das Inferno nicht mehr in Zahlen ausdrückte. Die Sicht wurde immer schlechter. Noch 12 Seemeilen. Der Staub verschluckte uns. Sicht gerade mal fünfzig Meter. Ich spürte, wie uns die mächtige Dünung anhob, um uns dann mit einem kräftigen Kick zusätzlich anzuschubsen. Fasziniert fühlte ich die Geschwindigkeit am Steuerrad auf der Reise ins Nirgendwo und bekam allmählich eine leise Ahnung davon, wie es sein musste, sich einem Wasserfall zu nähern. Noch hundert Meter bis zur Kante. Wirbel. Rauschen. Der Bug kippt ab. Das Ende. Das Ende kam. Hinter dem Vorhang der Staubwand lag der Hafen von Puerto Mogan. Das Meer kochte. Der Ozean schob sich mit Macht von zweitausend Meter Wassertiefe auf den flachen Inselsockel. Von den Felsen peitschte die Oberflächenbrandung zurück, vermischte sich mit der Unterströmung und sorgte für eine chaotische See. Im heftigen Geschaukel steuerte ich AURYN, konzentriert bis in die sandigen Haarspitzen, langsam durch die Staubschicht hinein in den vermeintlich sicheren

Hafen, der zur Falle wurde. Jede Sturmböe trieb mir nicht nur den Sand in die Augen, sondern drückte mein Schiff während des Anlegemanövers aus der Spur.

Unruhe auf den Schiffen. Grau vom Staub gezeichnet kämpften Crews um die Sicherheit ihrer Boote, während sich ein paar Leute mit ihren motorisierten Beibooten bemühten, uns im brodelnden Hafenwasser an den Liegeplatz zu bugsieren. Nach drei Anläufen klappte es, wir lagen sicher. Aber das Schlimmste stand noch bevor. Die Festmacherleinen stöhnten und ächzten unter dem Winddruck. In den schweren Böen legte sich AURYN schräg auf die Seite. Andere taten es auch, verhakten sich im Rigg des Nachbarschiffes oder rissen sich von viel zu schwachen Leinen.

Die See konnte das Paradies sein, aber hier im Hafen war die Hölle los. Angst und Sorge standen in den sandbeschichteten Gesichtern der Seglergemeinde. An Schlaf dachte in dieser Nacht keiner. Zur Sicherheit brachte ich noch einen zweiten Anker aus, während eine gewaltige See über die Hafenmole peitschte und die Frontscheiben dahinter parkender Autos durchschlug.

Immer wieder kontrollierte ich die Festmacherleinen, die sich im Gezerre des Windes allmählich mürbe rieben.

Mittlerweile waren die Steganlagen überflutet, aus den Stromkästen zischelten Funken. Dann fiel das Licht aus. Ein Fischerboot riss sich los und trieb durch den Hafen, bis es frontal in eine Yacht krachte, die bald darauf mit verdächtiger Schräglage für weitere Aufregung sorgte.

Hektische Hafenarbeiter wuselten hin und her, um Schäden zu reparieren, während sich neue auftaten. Auf dem Werftgelände riss der Sturm einige Boote aus ihren Holzgestellen. Vor uns ging die Steganlage einschließlich der daran angebundenen Yachten auf Drift, weil der Winddruck, der sich von den Angriffsflächen der Schiffe auf den Schwimmsteg übertrug, so gewaltig war, dass die Ketten der Steganlage aus ihrer Verankerung brachen. Ich fühlte mich hoffnungslos gefangen, ausgeliefert und dachte daran, wie man bei allem Unbehagen solchen Gewalten auf See begegnete: Durch Handeln. Hier konnte man sich nur der Hilflosigkeit ergeben und darum beten, dass dieser Sturm sich möglichst bald verzog. Sturm??

In der Nacht wurden im Hafen Böen von 140-160 km/h gemessen, das hatte es seit Beginn der Wetteraufzeichnungen noch nie gegeben. Der Orkan peitschte über das Archipel der Kanarischen Inseln hinweg und verschaffte den Zeitungen reißerische Überschriften.

Sintflutartige Regenfälle im Jahrhundertorkan, schrie die eine. Von Toten auf Teneriffa, berichtete die andere. Gemeinsam blieb ihnen das nüchterne Protokoll dessen, was der Orkan zurückgelassen hatte: Entwurzelte Bäume, ins Meer gespülte Autos, eingestürzte Dächer, zwei Yachten, die verschollen blieben, vier, die vor Anker liegend gesunken waren. Zwölf Tote. Zeilen der Apokalypse und Bilder des Schreckens. Daran konnten sich selbst die ältesten Canarios nicht erinnern. Am Nachmittag legte sich das Inferno. Der Wind ließ nach. Die Sonne kam zurück und beleuchtete ein merkwürdiges Bild von Yachties, die den Staub aus ihren Segeln klopften, ihre Schiffe vom Dreck abfegten, während ich mir den Sand aus den Augen rieb. Schadensübersicht. Bis auf ein paar Kratzer blieb AURYN verschont. Weniger Glück hatte ein deutscher Katamaran, der halb geflutet in den Leinen hing und nur durch seinen unbeschädigten zweiten Rumpf über Wasser gehalten wurde. Betroffen räumte die Crew ihr Schiff aus. Das Loch im Rumpf schmerzte, der Bootsfrieden war zerrissen, während in den Aufräumungsarbeiten Routine lag.

Auch im Ort Mogan hatte der Orkan wüste Spuren seiner Gewalt hinterlassen. Jedoch blieb der optische Reiz des Dorfes unzerstört. Man nahm dem Retortenhafen den üblichen Seriencharakter, baute nur zweigeschossige Apartments, deren Fassaden von Weiß, Blau, Bordeaux und Ocker abgesetzt waren. Genau so liebevoll waren die kleinen Innenhöfe und die öffentlichen Plätze gestaltet, die mit üppiger Vegetation beeindruckten. Bougainvilleen und Frangipani duellierten sich im Rausch ihrer Blüten. Durch die hübsch gestalteten Gassen marschierten nur Fußgänger, vorbei an verschnörkelten Kandelabern über kleine Brücken zu romantischen Restaurants. Alles in allem ein nettes Ambiente und so ganz anders als die Bilder, die man sich vor Augen projiziert, wenn man Gran Canaria hört und Playa del Ingles meint. Dort zentriert sich der Massentourismus. Bitte biegen Sie links ab, nach fünfzig Metern rechts. Folgen Sie der inneren Stimme Ihres Navigationssystems ins Landesinnere. Sie haben ihr Ziel erreicht. Jetzt entdecken Sie das andere Gran Canaria. Sie blicken in abgeschiedene Naturschönheiten und verdrängen das Bild eventuell vorhandener Vorurteile. Kleine, windungsreiche Wege führen in die Bergwelt mit schroff abfallenden Schluchten. Romantische Täler durchbrechen die Canyons. Hirten halten ihre Ziegenherden zusammen, während Sie weiterfahren durch Kieferwälder, entlang von Stauseen, durch weiß leuchtende Bergdörfer, bis Sie ein alpines Massiv entdekken: Den Pozo de las Nieves. Wenn Sie Glück haben, ist der Gipfel frei von Wolken und Sie genießen einen phantastischen Blick ins Hinterland Gran Canarias oder hinüber nach Teneriffa.

Zurück im Hafen von Puerto Mogan. Im Gemisch verschiedener Nationalitäten konnte die Szene der hier versammelten Segler bunter nicht sein. Familien mit Kindern, Aussteiger, Lebenskünstler, Abiturienten, pensionierte Manager. In vielen Gesichtern spiegelte sich eine gewisse Anspannung wieder, denn sie bereiteten sich auf die Regatta Atlantik Rally for Cruisers (ARC) vor, die sie mit über zweihundert Schiffen über den Atlantik in die Karibik führen sollte. Warum es so viele über den Ozean zieht, liegt einerseits an der vermeintlichen Sicherheit des Flottillensegelns, andererseits mag es auch an dem Mythos liegen, das Meer zwischen der Neuen und der Alten Welt mit einem Boot zu bezwingen. Das ist der Traum vieler Segler. Auch meiner. Doch für mich bedeutete er: Allein und ohne Rummel. Nun lag der Ozean vor mir, doch was wusste ich schon von ihm? Nichts. So besorgte ich mir am nächsten Tag nautische Bücher sowie Unterlagen über Häfen und Ankerbuchten. Am Abend zog ich im Schein der Navigationslampe feine Linien in die Seekarte des Atlantiks, sie endeten im Karibischen Meer. Vor stecknadelgroßen Inseln, von denen ich hoffte, dass sie irgendwann einmal Wirklichkeit würden.

Opus 61

Von Hafenhandbüchern und Detailkarten war es an diesem Abend nur ein kleiner Übergang zur Partitur eines Violinenkonzerts. Wolf, der mit seinem Schiff bereits einige Jahre in Puerto Mogan lag, hielt mir zwei Eintrittskarten für die klassische Nacht in Las Palmas unter die Nase. Und so mischten sich später zwei Seemänner in die aufgestylte Gesellschaft der Canarios und lauschten dem Cleveland Orchestra unter der Leitung von Christoph von Dohnany, der uns in die Welt von Ludwig van Beethoven entführte. „Disfruta hoy, quien sabe lo que pasa manana „Genieße heute, wer weiß, was morgen ist". So lautete der grob in den Türbalken geschnitzte Spruch am Eingang des Restaurants. Das Motto des Abends. Wir saßen nach dem Konzert im Schatten der mächtigen Kathedrale, die in der Altstadt von Las Palmas über Bürger- und Adelspalästen thront. Die Tapa-Bar war einfach, verschwenderisch ihre gigantischen Blumendekorationen. Der Laden schien eine feine Adresse zu sein, denn hierher kam einmal sogar der spanische Monarch Juan Carlos zum Langustenessen. Auch das gewöhnliche Volk hatte darauf Appetit, also langten wir ordentlich zu.

Umgeben vom Massentourismus und der Hektik einer Großstadt hatte sich das Altstadtviertel seine Identität und seinen Charakter bewahrt. Die Patina historischer Fassaden schimmerte im matten Licht kunstvoll gefertigter Lampen und schien die Moderne mit Gleichmut zu ertragen. Der Geist des alten Spanien lebte darin ebenso wie in den verwinkelten Gassen und im morbiden Restaurant-Gemäuer, das Raum für Phantasie schuf und wo sich die Geschichten meines alten Freundes gut aufgehoben wussten. Wolf kannte die Welt, die Meere, die er als Offizier zur See bei der Handelsmarine befahren hatte. Doch die Zeit war lange vorbei, beinahe ausgelöscht wie sein Leben. Er war müde vom Unterwegssein und sehr krank, aber er ließ sich nicht unterkriegen und immer noch erschloss sich ihm die verzaubernde Magie bewegter See. Der greise Philosoph sprach mit tiefer Stimme und beim Blick in seine Augen konnte ich erfahren, wie sich unsere Seelen berührten.

Farewell

Menschen, die mir anfangs fremd waren, verabschiedeten mich als Freunde. Unter Motor verließen wir den Hafen. Der alte Wolf hob zum stummen Abschiedsgruß seine Hand. Ich habe ihn nie wieder gesehen – eines Tages im westlichen Pazifik erreichte mich die Nachricht von seinem Tod.

Eigentlich wollte ich an diesem strahlend blauen Tag Teneriffa direkt ansteuern, nur blieb der angekündigte Wind aus. Da ich nicht gern dorthin zurückkehre, wo ich gerade abgelegt hatte, steuerte ich mein Schiff weiter unter Motor entlang der Südwestküste Gran Canarias in eine 15 Meilen entfernte Ankerbucht. Im Licht der warmen Sonnenstrahlen verwandelte sich die Landschaft in das imposante Farbenspiel der untergehenden Sonne, die die nahen Felswände in sämtlichen Nuancen von Rot erleuchten ließ.

In der schönsten Zeit des Tages aß ich im Cockpit und blieb über Nacht. Der Morgen brachte eine Überraschung: Das am Heck angebundene Beiboot war verschwunden! Geklaut oder nicht sorgsam genug befestigt? Da ich das erste nicht beweisen konnte, musste ich vom letzteren ausgehen und mir in Teneriffa ein neues kaufen.

Teneriffa

Ein paar Zahlen: Kurs 280°.Distanz 50 Seemeilen. Wind zunächst 0, später 5 aus Nordost, aber erst als die Felsküste Gran Canarias bereits drei Stunden achteraus lag. In der sogenannten „Düse", der Meerenge zwischen den Inseln GC und Teneriffa, wurde das Wasser weiß und ein kräftiger Passat füllte die Segel. AURYN bewegte sich im Spiel des Windes und der Wellen auf Kurs Teneriffa. Der schneebedeckte Pico de Teide mit seinen fast 4000 Metern bot eine ausgezeichnete Ansteuerungshilfe. Neben AURYN trieb sich in freier Wildbahn noch jemand herum: Ein riesiger Wal zog stolz seine Spur, später bewunderte ich eine verspielte Delphinschule am Bug. Ansonsten nichts Erwähnenswertes an einem entspannten Segeltag auf dem Meer.

Der Tag ging. Die Nacht kam. Eine leise Brise schob uns entlang der dichtbesiedelten Küste von Teneriffa, das wie ein Gebirge im Meer lag. Gegen Mitternacht passierten wir die rot-grünen Beleuchtungsfeuer der Hafeneinfahrt von Los Gigantes. Der Hafen war rappelvoll, sämtliche Liegeplätze besetzt. Ich manövrierte AURYN in eine schmale Lücke längsseits eines Dampfers, der mit bunten Aufklebern für Ausflüge mit Flipper-Fieber sowie Wale gucken lockte, und das sicher nicht in der Absicht, autistische Kinder zu heilen.

Piss off, schrie mich die Stimme aus dem Halbdunkel an, während ich die Leinen fester zog. Irgendwie hatte der kahlköpfige Bursche in zerfledderten Shorts etwas dagegen, dass ich den Kahn, den er zu bewachen schien, als Anleger nutzte. Ich begrüßte ihn freundlich, während er den Brei eines ätzenden Tabaks im hohen Bogen ausspuckte. Was für eine Tätowierung ! Ein grimmig dreinschauendes Monster trat mir entgegen. Der Atem des Drachens stank nach Alkohol. Der besoffene Typ schob mich beiseite, pinkelte dreist über die Reling, wobei er das Gleichgewicht verlor und ins Hafenbecken klatschte. Im Stehen zu pinkeln fordert eben seinen Preis, ich half der Nachtwache aus dem Hafenwasser und erhielt als Dankeschön einen Liegeplatz für die Nacht.

Los Gigantes – gigantisch war der Ausblick, als ich am nächsten Morgen beim Frühstück im Cockpit saß und die Umgebung auf mich wirken ließ. Ein riesiges Bergmassiv hielt meinen Blick gefangen. Die Ausläufer des Masca-Gebirges wurden abrupt vom Meer gestoppt.

Schroff stürzt die Steilküste in den Atlantik. Seine Brandung brach sich in den Klippen, die sich dem schäumenden Wasser trotzig entgegenstellten. Abseits des Naturschauspiels hatte der Mensch in seiner Gier nach Profit ein altes Fischernest ruiniert, das von Generationen vorher bewohnt wurde, ohne es zu zerstören. Ferienanlagen weiteten sich geschwulstartig aus. War kein Platz mehr vorhanden, sprengte man einfach einen Felsen in die Luft. Die kleine Badebucht davor war übersät mit Menschen, die bekamen, was sie suchten: Sonne. Alles andere all inclusive. Das Zimmer und das Essen würden gut sein, schwarze Kellner hatten gefälligst deutsch zu sprechen. Die Insel? Okay, eine Safari sollte schon drin sein. Allein schon wegen der Fotos zu Hause.

Die Küste Teneriffas war zu früherer Zeit ein beliebtes Ziel angriffslustiger Piraten. Die Zeiten sind friedlicher geworden, das Blatt hat sich gewendet: Ausgenommen werden heute die Touristen und die Segler, denen man unverschämt hohe Liegeplatzgebühren abknöpft.

Eroberungen anderer Art widerfuhren Teneriffa Ende des 14. Jahrhunderts, als Heinrich der Seefahrer eine Expedition aussandte, um Teneriffa einzunehmen – vergeblich. Auch der Korsar Francis

Drake, unterwegs im Auftrag der englischen Königin, scheiterte beim Versuch, den Union Jack in kanarischen Boden zu rammen. Mitte des 20. Jahrhunderts hatten sie es doch geschafft, überwiegend Engländer nahmen die Insel in Besitz. Die des guten Geschmacks eher unverdächtigen Briten prägen bis heute das Straßenbild, das aus biertrinkenden Halbnackten besteht, die einen erstklassigen Eindruck vom aktuellen Stand britischer Tätowierkunst vermittelten.

Trotz der Invasoren der Neuzeit findet man immer noch traumhaft schöne Wanderwege, wie zum Beispiel im Masca-Gebirge, das mich in eine abgeschiedene, raue Welt mit hohen Bergen, tiefen Tälern und dichten Wäldern entführte. In der unvergleichlichen Schönheit grüner Hochebenen spazierte ich über einen alten Eselspfad, entlang dichtbewachsenen Sträuchern und vorbei an mächtigen Felsbrocken, die zu stummen Zeugen der Vergangenheit wurden. Ein kleines Dorf mit weißen, kubisch verschachtelten Häusern klebte an der Flanke eines Berges vor dem tiefen Blau des mediterranen Himmels in einem Landschaftsbild, das Fröhlichkeit und Frieden ausstrahlte, was diejenigen verstehen, die es in stiller Aufmerksamkeit durchwandern.

Zurück im Yachthafen traf ich Henk aus Holland, der mit seiner Familie bereits seit sechs Jahren unterwegs war. Vermutlich verdankten sie ihr zähes Vorankommen ihren fünf Kindern. Sie kamen kaum vorwärts, hatten dafür aber mehr Sex.

Es trieb mich weiter.

Von Teneriffa segelten wir nach Gomera. Mit der Fähre dauert es nur sechzig Minuten, lockte mich die freundliche Dame am Fähranleger. Mit AURYN wurden es fünf Stunden. Sie verdankte ihre trödelige Fahrt einem satten Hochdruckgebiet, das im Kern über den Kanaren lag.

Gnadenlos brannte die Sonne. Am Vormittag starteten wir mit mäßigen Winden, später nahm der Wind weiter ab. Das Wasser glitzerte türkisfarben – einladend. Ich nahm an, schmiss eine Leine achteraus, belegte sie auf einer Klampe und ließ mich hinter meinem Schiff durchs Wasser ziehen. Herrlich erfrischend, auch wenn ich ein vorzüglicher Köder für gierige Haie war, die in freier Wildbahn verwundert auf diesen Happen Mensch gestoßen wären.

Im warmen Licht der Abendsonne glänzte San Sebastian und nicht nur das Glockengeläut der Kathedrale schien uns willkommen zu heißen. Nein, auch Klaus winkte freundlich, vermutlich weil er bereits im Fernglas erkannte, dass sich eine Yacht mit deutscher Flagge näherte.

Entschlossen nahm er die Leinen an, als ich AURYN rückwärts in die Liegebox steuerte, in unmittelbarer Nähe der Fähre Teneriffa- Gomera, die ebenfalls anlegte und Autos sowie Gäste aus der Heckklappe spie. Was machte Klaus? Nun, er fand Verstärkung in Mike und beide lotsten mich zum Willkommenstrunk auf ihr sehr aufgeräumtes Schiff. Ohne dass ich sie danach gefragt hätte, hakten sie das Handbuch „Gomera, wo finde ich was?“ ab. Besonders interessant waren die aktuellen Bierpreise, die beste Schinkenadresse, wo es deutsches Schwarzbrot und die Bildzeitung gab. Nahtlos folgte der unaufhörliche Hafentratsch. Material gab`s genug, denn schließlich lagen sie schon einige Jahre hier im Hafen. Sie rissen Witze, erzählten viel, hörten schlecht zu und nörgelten über das Bier, das nach Fanta schmecke. Es sprudelte ihnen zu süß, doch es berauschte nicht. Bäh! Das mag der Deutsche nicht. Okay, auch wenn die Plörre nicht unters Reinheitsgebot fällt, das dem Land der Biertrinker seit 1516 heilig ist, so neigt der Deutsche auch in den Tropen zu Missmut. Da hat er was zu meckern, da stimmt sein Weltbild wieder. Ihre Sprache blieb schmoll, während sie ihr viertes Bier kippten. Ich staunte und überschlug in Gedanken, ob ich ihre tägliche Ration in einem Monat schaffen würde. Da ich ein schlechter Kumpan in solchen Runden bin und mir ihr Kaltgetränk wie ein Eisblock im Magen lag, verabschiedete ich mich, nachdem mir endlich eine gescheite Ausrede einfiel, um die öde Runde zu verlassen.

Es war nur ein kurzer Weg in das Dorfzentrum von San Sebastian oder auch vom eisgekühlten Bier zum Wasser, das Amerika segnet.

Taufwasser

Gomera war für mich der letzte Brückenkopf europäischer Zivilisation, denn anschließend bestand der Plan darin, weiter südwärts zu den Kapverden zu segeln, um von dort den gewaltigen Sprung über den Atlantischen Ozean in Richtung Karibik zu wagen. Genauso wie es 1492 Christoph Kolumbus mit seiner Flotte tat, die an diesem Platz vor Anker gelegen war. San Sebastian war für ihn nicht nur der westlichste Punkt Europas, sondern auch die letzte Möglichkeit zum Verproviantieren.

„esta Agua se bautizo America ". Dieses Wasser taufte Amerika. Die gemeißelten Buchstaben erinnern an jenen Brunnen, aus dem das Wasser vor der Entdeckung der neuen Welt entnommen wurde.

Dank ihrer mangelnden Infrastruktur, nach Gomera kommt man nur mit dem Schiff, gab es auf dieser kleinen kanarischen Insel so gut wie keine Pauschaltouristen. Wobei wir Segler uns nicht einbilden sollten, wir seien bessere Touristen, nur weil wir meinen, den anderen gegenüber durch unsere mitunter abenteuerlichen Einfälle auf diesem Gebiet überlegen zu sein. Nein, auch ich fühlte mich als ganz normaler Tourist und fand darin oft ein brauchbares Sorry für gelegentliche Tolpatschigkeiten.

Ufos und geile Farben

Gomera versprühte eine angenehme Aura – und den Duft von Hasch. An letzterem lag es nicht, dass ich auch auf dieser Insel jene Harmonie empfand, die ich gerade auf dem Ozean hinter mir gelassen hatte. Eher war es der Kontakt zu den Einheimischen, die in friedlicher Stimmung unter alten Eukalyptusbäumen auf dem Dorfplatz saßen. Vielmehr war ich jedoch gefangen in den Eindrücken verschiedener Wanderungen über die Insel der landschaftlichen Gegensätze. War das steil aufragende Gebirgsmassiv zum Meer noch wild zerklüftet und abgeholzt, so begeisterte das Inselinnere durch üppige Vegetation, mit verzauberten Nebelwäldern und riesigen Farnen. Lorbeerwälder wechselten sich ab mit Bananenplantagen und schwarzen Lavastränden. Avocados, Papayas, Orangen und Zitronen schienen darauf zu warten, gepflückt zu werden.

Wellenförmige Terrassenlandschaften strahlten Ruhe und Gelassenheit aus. In ihnen lebten in einfachen Hütten einige Aussteiger, die unter südlicher Sonne das Korsett der materialisierten Gesellschaft abzuschütteln versuchten. Natur pur, auch wenn diese in den zahlreichen Szene-Treffs sehr süßlich roch, wodurch einige Insassen die Orientierung verloren, Ufos erblickten oder auf andere rätselhafte Weise aus dem Ruder liefen, weil sie schlechtes Zeug rauchten.

Gomera war für mich ein Erlebnis. Der einzige Nachteil bestand darin, dass es leider keinen geschützten Ankerplatz auf dieser Insel gibt. Wie übrigens im gesamten kanarischen Archipel nicht.

Im Fieber der See

Rasende Wolken zogen ihre Bahn im Licht des Vollmondes.

Mein letzter Abend auf Gomera bedeutete Abschied, auch von Europa. Und das für einige Jahre. Wie viele es genau werden sollten, wusste ich zu diesem Zeitpunkt noch nicht. Nur soviel, dass Meereslust Wirklichkeit wurde. Das Seefieber setzte ein. Zunächst eine Woche zu den Kapverdischen Inseln, danach ungefähr einundzwanzig über den Atlantik ins karibische Meer. Gedanken segelten voraus. Freiheit in einem Schiff in der unendlichen Weite des Ozeans. Verbunden mit Risiken, Entbehrungen und Strapazen. Zweifel? Sicher, wenn auch nur kurzeitig vorhanden, als das große Abenteuer plötzlich ganz klein wurde und der Ozean vor mir lag wie für den Bergsteiger die Eigernordwand.

Ein zarter Windhauch wehte den Gedanken weg und schob stattdessen andere Bilder vor Augen: Raschelnde Palmen im Passat, türkisfarbene Atolle, verträumte Ankerplätze. Starting point Gomera. Nachtgedanken sollten zur Realität werden. Es war nur eine Frage der Zeit, aber davon hatte ich immer noch weit über 1600 Tage!

Neun Tage und Nächte war ich an einem Stück noch nie gesegelt! Das schien mir gerade an dem Tag klar zu werden, als ich AURYN für den Start zu den Kapverden vorbereitete. Ich war nervös. Vielleicht ist der Wind zu schwach, sprach eine innere Stimme. Hast du an alles gedacht, eine andere. Konspirativ schienen sich beide zuzunicken, um nicht ablegen zu wollen – jedenfalls heute noch nicht. Doch lasst gut sein, Einwände. Eure Bedenkzeit ist um. Es gab keine Ausflüchte mehr. Nur noch ein letzter Landgang. Einkäufe von frischem Obst und Baguette. Dann marschierte ich mit vollen Tüten wie von unsichtbarer Schnur gezogen in die Kathedrale, die mich mit ihrem Glockengeläut lockte. Im hohen mittelalterlichen Raum der Kirche brachen die Sonnenstrahlen durch die dunklen Bleiverglasungen der Fenster und ließen die Bögen der Deckengewölbe im Spiel aus Licht und Schatten geisterhaft hin und her schwingen. Neben mir saß eine alte Frau in schwarzer Tracht auf durchgesessenem Gebälk. Ein zarter Geruch von Mottenkugeln wehte zu mir herüber und mischte sich mit dem Duft frischen Brotes aus meiner Einkaufstüte. Die Greisin bekreuzigte sich und murmelte vor sich hin. Der Seemann lauschte andächtig dem dumpfen Schlag der Glocke, dachte an Gott, betete um den Segen einer guten Fahrt und suchte nach Arbeitsgemeinschaften aus unsichtbaren Kräften, die ihn gelegentlich in jene Dimensionen mitnahmen, wo viele Dinge plötzlich in großer Klarheit erschienen.

Leinen los: Gomera – Kapverden

Bevor ich zu AURYN zurückkehrte, checkte ich im Hafenbüro aus, besorgte mir den aktuellen Wetterbericht und stand kurz darauf auf der Hafenmole. Der Blick ging aufs Meer. Der angekündigte Passat schien sich eingestellt zu haben. Wind aus Nordost mit 4 Bft.

Es war soweit. Leinen los. Damit kappte ich auch für unbestimmte Zeit die letzte Landverbindung, denn nun war es vorbei mit dem Luxus schicker Yachthäfen. Vor uns lag die ungeschliffene Romantik stiller Ankerplätze, worauf ich mich noch mehr freute.

Still und leise tuckerten wir aus dem Hafen. Setzten Segel, überließen AURYN sich selbst im Spiel mit den Kräften des Windes. Ein letzter Blick zurück. Dann tippte ich zwei eins null in die Tastatur des Autopiloten, passte den Segeltrimm an und schrie in den frischen Wind vamos, cabo verde. Die große Fahrt begann, die anfängliche Nervosität verflog und machte einer unbändigen Freude Platz. Dazu gesellte sich die Neugier, die nun ganz breit vor dem Bug lag.

Nach sechs Stunden war am Horizont kein Land mehr zu sehen. Das Meer verwischte unsere Spur, die Weite des Ozeans nahm uns auf. Zwischen Himmel und Wasser zogen wir südwärts und tauchten in den Zauber einer sternenklaren Nacht. Mondlicht reflektierte sich in weiß schäumenden Wellenkämmen, auf denen AURYN dahinrauschte. Segeln in seiner ganzen Schönheit!

Zufrieden über den gelungenen Start saß ich im Cockpit. Die Nacht blieb ruhig und doch fand ich vor Aufgewühltheit keinen Schlaf. Sternschnuppen fielen. Kein Schiff unterwegs. Nicht ein einziger Frachter. Nichts. Nur der Mond auf dem Meer.

Sonnenaufgang. Noch immer blies der Nordostpassat unverändert. Er sorgte für eine flotte Fahrt und kaum Arbeit mit den Segeln. Gegen Mittag lag der erste Seetag ebenso hinter uns wie die ersten einhundertsechzig Meilen von insgesamt über neunhundert. Ich kritzelte das kleine Kreuz unserer Mittagsposition in die Seekarte, während mir das Faxgerät die aktuelle Wetterkarte auf den Tisch spuckte. Der Text versprach gute Aussichten. Das Ungeschriebene lag vor mir: Der Ozean. Die Natur. Die einzige Wahrheit!

„Ich bin Bürger des schönsten Landes dieser Erde. Es ist ein Land mit harten, aber klaren Gesetzen – riesig und ohne Grenzen. Niemals wird dort etwas versprochen, was nicht gehalten werden kann und immer lebt man in der Gegenwart. In diesem Reich ohne Grenzen, in diesem Reich des Windes, des Lichts und des Friedens, hat nur einer das Sagen: Das Meer!“

Bernard Moitessier

2. Seetag – Meeresschildkröten tauchten auf, Tümmler und Delfine schauten neugierig vorbei. In der Nacht eine kurzzeitige Aufregung, als ein paar Thunfischtrawler unseren Kurs kreuzten und später gedämpfter Schiffsdiesel durch die Bordwand wummerte. Weit entfernt zog ein hell erleuchteter Dampfer Richtung Norden. Der Wind war unverändert gut. Nordostpassat, tiefblaues Wasser unter weißen Haufenwolken. Seetage, bestimmt durch Bordroutine.

Bevor sich Ihre Fragen darum pirouettieren, was man eigentlich vierundzwanzig Stunden lang auf einem Schiff macht, gebe ich Ihnen einen kurzen Abriss dessen, was zum Beispiel heute geschah: Kurs und Segeltrimm überprüfen, immer wieder. Genau wie Wetter beobachten und Logbuch führen. Essen kochen, dösen, kleinere Reparaturen vornehmen, lesen. Wandern, na ja nicht so richtig, aber immerhin ein paar Schritte. Schreiben, Angel überprüfen. Schlafen. Gymnastik, Musik hören, Kraftübungen, um die Fitness zu erhalten. Kurz: Schiffsalltag. In ihm fand der Körper allmählich zu seinen Schlafintervallen, während AURYN unter der Führung von „Karl", dem Autopiloten, stur ihre Bahn durch den Atlantischen Ozean zog. Ich liebe diese Seetage, weit weg und allein zwischen den Horizonten, deren Leere gefüllt ist mit Harmonie aus Wind und Meer. Diese Seetage inspirierten mich, sie schufen jede Menge Raum im lautlosen Dahingleiten an Vergangenheiten. Unendlich viel Platz für Erinnerungen und Reflektionen an und über Menschen, denen ich schon sehr lange nicht mehr begegnet war und solchen, die ich gerade getroffen hatte. Wie Frank. Eingegraben im Schlafsack während einer einsamen Nachtwache im Cockpit dachte ich zurück an ihn. Unsere Schiffe lagen in Mogan nebeneinander. Er war ein hervorragender Seemann, es war seine ruhige Art und sein handwerkliches Geschick, welches mich faszinierte. Während ich für meine Reise zwanzig Jahre gearbeitet hatte, verdiente er sich seine Reise durch Gelegenheitsjobs an Land. War wieder Geld im Topf, segelte er weiter. Sein Schiff war klein, selbstgebaut in Holland. Ohne Schnickschnack. Einfach und übersehbar. So klein sein Schiff auch war, die Küsten der Erde waren für ihn erreichbar. Er lebte einfach. Reichtum hatte er genug: Menschen, die ihn liebten, Meer und Landabenteuer. Sonne und Sterne. Er bewegte sich im Raum, der nicht einengte und lebte die Freiheit, die nicht forderte.

Lichter tauchten auf und rissen mich aus den Gedanken.

Endlich kam mal wieder ein Schiff in Sicht. Irgendwie muss sich das Wachbleiben ja lohnen. Der mächtige Frachter kam von achtern schnell auf und zog rasch an uns vorbei. Ich fragte mich, ob die Wachhabenden auf der Brücke des bis oben hin mit Containern voll gepackten Riesen das kleine Segelboot überhaupt sahen. Das wollte ich wissen und funkte sie an. Keine Antwort, nur das Knacken im Lautsprecher. Vermutlich saß die Nachtwache gerade auf dem Klo oder machte sich einen Kaffee. Ihr Schiff folgte gehorsam dem Kurs von Hightech-Geräten aus moderner Zeit, während die Maschine archaisch das Kühlwasser durch ein winziges Loch im Rumpf ansaugte.

Im Osten stieg die Sonne aus dem Meer. Der Tag erwachte.

Nach einem herrlichen Frühstück machte es Zipp, dann Peng! Was die Geräusche verursachte, war die Fischanbeißalarmanlage. Häää? Okay, erklären wir es mal so: Eine Wäscheklammer hielt die gespannte Angelsehne auf der Reling. Darauf ruhte eine angebundene leere Coke-Dose, die wegschepperte, wenn der Fisch in den Köder biss und sich wunderte, warum der den Stahlhaken nicht mehr aus dem Kiefer bekam. Er zappelte und begann sich gegen das linke Spiel zu wehren, indem er um sein Leben kämpfte und versuchte, seitwärts auszubrechen. Ich hielt dagegen und zog ihn Hand über Hand langsam zum Heck. Doch plötzlich ließ die Zugkraft spürbar nach. Die Sehne bewegte sich nicht mehr. Als ich den Thunfisch aus dem Wasser zog, wusste ich warum: Er war nur noch ein halber. Der andere Teil schien bereits jemandem geschmeckt zu haben, der sehr gierig gewesen sein musste. Vermutlich ein Hai. Dennoch reichte es immer noch für leckere Filets. Dazu einen Salat und ausnahmsweise ein Glas Rotwein, während im Westen die Sonne unterging.

Die Chronologie des dritten und vierten Seetages bestach durch Ereignislosigkeit. Nichts außer Bordroutine. Am fünften waren es nur noch dreihundert Meilen oder zweieinhalb Tage. Doch dann passierte etwas. Die kleine Nadel des Barometers sackte ab: von 1020 auf 1010 Hpa. Hinter dem Wettervorhang wurden neue Kulissen geschoben und andere Rollen eingeübt.

Bedrohliche Gewitterwolken zogen bald auf, der Wind drehte. Es grummelte. Dann verdichtete sich die Bewölkung und es begann zu regnen. Gott sei dank zog die Gewitterfront an uns vorbei. Der Regen blieb und spülte roten Sand, den der Wind von Afrika herüberwehte, auf das Deck.

In der Nacht zeichneten sich die Sterne wieder deutlicher ab. Die Bewölkung riss auf, das Baro stieg, Schönwetter setzte sich durch. Was es auch gefälligst zu tun hatte, denn schließlich waren wir in den Tropen! Am frühen Morgen segelte AURYN über den 23. nördlichen Breitengrad, bekannt auch als „Wendekreis des Krebses". Hier erreicht die Sonne am 21.6. ihre nördlichste Position. Für Europa bedeutet das Ereignis Sommeranfang, weit südlich des Äquators brach der Winter aus, wogegen AURYN nun in jener Region segelte, die unter Seglern als Barfußroute ins Paradies bekannt ist.

Es wurde heiß. Fast Windstille. Die See zog sanft, weil die Atlantikdünung blieb. Hochdruck. Auf der aktuellen Wetterkarte lagen die Isobaren weit auseinander. Gedrängt dagegen erschien mir das Archipel der Kapverdischen Inseln. Auf der Seekarte zählte ich fünfzehn Inseln, die 1460 von einer Abordnung jenes Herrn entdeckt wurde, dessen Name bereits einige Male unseren Kurs kreuzte: Heinrich der Seefahrer. Don Enrique entdeckte und eroberte die Kapverden, die bis 1975 noch portugiesische Kolonie waren. Flaggentausch auch an Bord. Ich zog die spanische herunter und die kapverdische hoch. Dann blinzelte ich in die Sonne. Irgendwas stimmte nicht.

Als die Zeit stockte

Das Licht wurde fahl. Seevögel flatterten umher und schimpften aufgeregt. Etwas Mächtiges saugte die Helligkeit auf. Ein dunkler Schatten legte sich geheimnisvoll auf das Licht. Was war los? Nun, der Mond schob sich vor die Sonne und knipste die Lampe aus. Sonnenfinsternis! Die Zeit stockte in einer vagen Idee im finsteren Dunst. Ein mystisches Licht legte sich auf den Ozean. Nach einigen Minuten setzte der Pulsschlag des Lebens wieder ein. Das Licht kam zurück. Zuerst erleuchtete es die Wolken, danach erfüllte es die Horizonte. Dann blühte das Meer und das Geschrei der Vögel verstummte. Auch ich war sprachlos. Sehr lange. Weil ich so lange keine Erklärung fand, bis mich die Nachrichten der Deutschen Welle über dieses einmalige Naturschauspiel informierten.

7. Tag auf See – Gespannt lehnte ich über dem Steuerrad und blickte nach vorn. Hinterm Horizont mussten bald die Umrisse der Kapverden, genauer gesagt von Sao Vicente auftauchen. Vorausgesetzt, der Navigator hatte sich nicht verrechnet. Die Nähe zum Land wurde bereits sichtbar. Die Haufenwolken voraus wiesen darauf hin, die Anzahl der Vögel mehrte sich und dann tauchte ein Vulkankegel aus dem Meer auf. Land in Sicht. Ein bewegender Moment, wenn das Ziel nach Langem zur berechneten Zeit in Sicht kommt oder die topografische Skizze aus dem Handbuch des Atlantic Ocean zum wirklichen Bild wird. Wenn hinter den gezogenen Bleistiftlinien in der Seekarte Häfen auftauchen oder aus winzigen Punkten Orte werden.

Doch nicht so schnell, denn noch waren es 27 Seemeilen. Und zunächst hieß es Aufmerksamkeit, denn vor uns lag eine gefährliche Meerenge, die uns zwischen den Inseln von Sao Antao und Sao Vicente hindurchführte. Wie erwartet presste sich der Wind durch diesen Kanal. Er tat das so brutal, dass ich gerade noch die Segel reffen konnte, bevor eine gewaltige See übers Deck platschte. Noch etwas schien mit uns zu ziehen. Es war nicht sichtbar, dafür umso tückischer. Eine gewaltige Querströmung versetzte AURYN aus dem angelegten Kurs, wodurch sie der grimmigen Felsküste immer näher kam, was dem Strom zwar egal schien, mich aber in höchste Konzentration brachte. Nur keine Fehler, jetzt wo es drauf ankam und nur noch sechs Meilen zu segeln waren. Bald öffnete sich vor dem Bug die riesige Bucht von Mindelo. Ich steuerte AURYN mitten hinein in den imposanten Naturhafen, staute die Segel weg und tuckerte solange, bis ich auf sechs Meter Wassertiefe in unmittelbarer Nähe der Stadt guten Ankergrund fand. Der Anker rauschte aus, seine Kette rasselte hinterher. Dann kehrte Ruhe ein. AURYN schaukelte nicht mehr, sondern bewegte sich ruhig im sanften Ostwind, der von Afrika herüber wehte.

Fazit bei einer Tasse Kaffee im Cockpit: Sieben Tage auf dem Ozean, 860 Seemeilen im Kielwasser. Keine technischen Probleme. Eine schöne Reise. Nun lag ein neues Abenteuer vor mir. Neues Land. Und es vermittelte nicht gerade einen freundlichen Eindruck. Zerrissen, schroff und abweisend stieg die Küste aus dem tiefblauen Wasser. Die Hänge dieses halboffenen Vulkanes zeigten sich in mildem Braun, dunklem Schwarz, Rot und Gelb. Farben, die nichts anderes verhießen als Ödnis und Trockenheit. Ich blickte auf eine fremde Welt und hörte Worte, die ich kannte:

De De Err, serr gutt! plärrte es aus dem Lautsprecher des Funkgerätes. Ich hatte mittlerweile über Funk meine Ankunft angekündigt und bat bei der Hafenbehörde um Erlaubnis, in der Bucht ankern zu dürfen.

Dann paddelte ich mit dem Beiboot an Land, um mich offiziell bei Polizei, Zoll, Gesundheitsoffizier und im Hafenamt anzumelden.

Der Typ am Funkgerät verriet ja schon, wo er „geimpft“ worden war. Zu Honeckers Zeiten wurden die meisten Offiziere in Ostberlin ausgebildet. Dazu sollte man wissen, dass die Kapverden nach ihrer Unabhängigkeit sozialistisch wurden und eine enge Zusammenarbeit mit ihrem damaligen Bruderland DDR pflegten. Ein weiteres Überbleibsel aus jener Zeit entdeckte ich am Strand, wo ein ehemaliger Butterdampfer aus Sassnitz vergammelt und vom Rost durchfressen im Schlick lag.

Ich saß mittlerweile im Polizeibüro. Von der Wand lächelte das vergilbte Porträt des Staatspräsidenten. Vor mir saß der Polizeibeamte, der aus welchen Gründen auch immer gleich seinen Assi mitgebracht hatte. Er prüfte meinen Reisepass, sprach ein paar Brocken deutsch: „DDR serr gutt“ und schickte mich zum Zoll. Dieser mich zum Hafenmeister, der mich zum Gesundheitsoffizier. Das klingt nach ärztlicher Untersuchung, Impfungen oder einem Fragenkatalog von eingeführten Schiffsseuchen. Bedeutete aber weder das eine noch das andere. Seine einzige Handlung bestand darin, mir einen weißen Zettel mit fettem Stempel und einigen vorgedruckten Kritzeleien über den Tisch zu schieben. Dazu klopfte sein Zeigefinger auf eine Zahl. Worauf ich kurz schluckte und 25 Dollar zurück über den Tisch schob.

Nun war ich auch offiziell auf den Kapverden angekommen und im Besitz eines vier Wochen gültigen Visums. Das sollte reichen für ein neues Kapitel. Doch zuvor gönnte ich mir zum Abschluss dieses Törnabschnittes einen welcome-drink in einer abgewirtschafteten Hafenkneipe. In der Bucht lag AURYN vor Anker. Ich prostete ihr zum Dank zu, während ein Fischtrawler auf uns zutuckerte und neben der Kneipe am Steg anlegte. Getuschel, neugierige Blicke, dann winkten die Fischermänner freundlich in Richtung des Weißen, der nun beobachtete, wie Bewegung in die Szene kam. Seesäcke flogen auf den Steg, Männer sprangen hinterher. Sie hatten es eilig, waren tagelang auf See und konnten es nun kaum erwarten, zu ihren Frauen zurückzukehren. Übrigens, wissen Sie, was ein Seemann als zweites macht, wenn er nach Hause kommt? Nun – er stellt seinen Seesack ab.

Im Antlitz schroffer Natur

Kapverdische Segelabenteuer

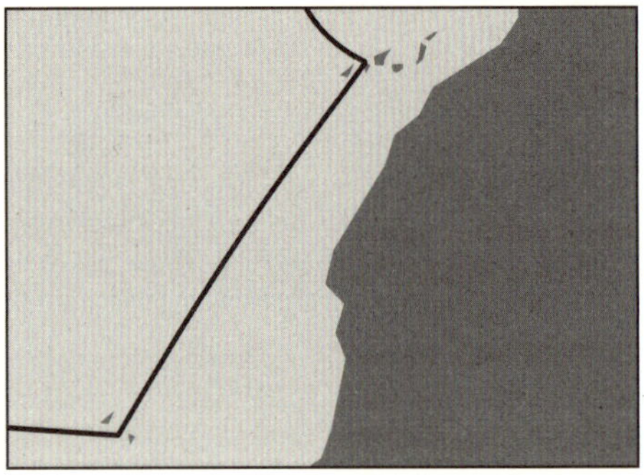

Der Kapverdische Archipel ist in einer nach Westen offenen Hufeisenform angeordnet und besteht aus fünfzehn Inseln. Neun sind bewohnt, einige davon wollte ich in den nächsten Wochen besuchen. Und zwar so, wie man es seit Jahrhunderten überwiegend tat. Auf dem Wasser und mit einem Schiff. AURYN hatte ihren Anker in historischen Grund gegraben, denn der herrliche Naturhafen von Mindelo auf Sao Vicente war Ausgangspunkt für zahlreiche Entdeckungsreisen. Hier ankerten bedeutende Kapitäne wie Diaz, Kolumbus, Vasco da Gama, Cabral, James Cook und, auch wenn er alles andere als ein Seemann war: Alexander von Humboldt.

Die Entdeckung der Kapverden musste Portugal wie ein Geschenk des Himmels erschienen sein. Denn nun hatte man den schon lange begehrten Stützpunkt vor der Westküste Afrikas. Perfekt war dessen geostrategische Position. Er lag an der schmalsten Stelle des Atlantiks, war wegen der vorherrschenden Passatwinde leicht zu erreichen und ideal auch zum Auffüllen von frischen Trinkwasser und Essensvorräten. Hier lag das Epizentrum der Abenteurer. Ausgehend von Mindelo entdeckten sie unbekannte Länder und zeichneten die Weltkarte neu. Und heute? Heute verfällt der Ort immer mehr in sich und gerät zunehmend in Vergessenheit. Portugals erste Kolonie der Neuzeit wurde mit ihrer Unabhängigkeit auch eines der ärmsten Länder der Welt. Die Kapverden gehören zu den westlichen Ausläufern der Sahelzone. Trockene, lang anhaltende Dürreperioden sorgen dafür, dass im sandigen Boden kaum etwas wächst und 95% aller Lebensmittel importiert werden müssen.

Apropos Essen. Tote Augen glotzten mich an. Ich schrieb gerade an meinen Reisenotizen und nahm den tuckernden Außenbordmotor zunächst nicht wahr. Bis ein Fischer am Bootsrand hing, mir einige kleine Fische aufs Deck legte und mit einem stummen Gruß genauso plötzlich wieder verschwand.

Als ich am nächsten Morgen zum Strand ruderte, entdeckte ich den alten Fischer, wie er im Sand sitzend stumm aufs Meer blickte. Ich hockte mich zu ihm, revanchierte mich mit einer Schachtel Zigaretten für den Fisch und erfuhr den Grund seiner Traurigkeit. Er vermisste seinen Sohn. Ein Sturm hatte vor einigen Tagen auf dem Atlantik gewütet. Seitdem galten zwei Boote und vier Fischer als verschollen. Der alte Seemann verschloss sich wieder in sein Schweigen und trauerte im Schmerz, seinen Sohn an die See verloren zu haben. Gleichwohl schien in seinem Blick auch so etwas wie ein zartes „Vielleicht doch“ zu liegen. Hoffnung verwebte sich mit der Qual der Ungewissheit. Wieder kniff er die Augen zusammen und suchte am Horizont nach einem Schiff, das seiner Hoffnung Nahrung geben könnte. Schließlich war es nicht das erste Mal, dass Fischer von den Kapverdischen Inseln in Seenot gerieten und vom Äquatorialstrom westwärts getrieben wurden. Wenn sie Glück hatten, nahm ein Frachter sie auf und ließ sie in Südamerika an Land. Dann kehrten sie mit dem nächsten Dampfer zurück, marschierten barfuss durch die Sandstraße ihres Dorfes, wie Totengeister, die ins Leben zurückkehren.

Sao Vicente – vom Winde verweht

Ich hatte mir vorgenommen, etwas von der Insel zu sehen. Also stieg ich in den Bus, ohne zu wissen, wohin die Fahrt ging. Was ich entdeckte, war eine wüstenähnliche Landschaft, deren Erhebungen ungefähr vierhundert Meter aufwiesen. Viel zu wenig, um die Passatwolken aufzuhalten und zum Abregnen zu zwingen. Auf der dürrtrockenen Hochebene lagen kleine Häuser und Hütten. Dann wieder nichts in einer ausgemergelten Steppe ohne Vegetation. Erbarmungslos brannte die Sonne. Der Bus ruckelte in den Himmel, quälte sich mühsam einen Hügel hinauf. Es ging wieder bergab und das Blau wechselte. Vor uns lag der Atlantik. Der Bus stoppte. Endstation. In San Pedro, einem kleinen Nest an der Nordwestküste von Sao Vicente, stieg ich aus. Schlichte weiße Häuser umgaben mich. In einem Hinterhof trommelte es, eine Sambatruppe übte für den Karneval. Am Ende der Dorfstraße begann ein langer weißer Sandstrand, der die ovale Bucht umschloss. Es war ein Traum von Strand und ganz ohne Touristen. Kein Hotel. Lediglich ein paar Fischer saßen unter den wenigen Palmen und flickten ihre Netze. Auf der anderen Straßenseite hetzten Kinder einem Stoffball hinterher. Alte Dorfbewohner pulten in den dunklen Hauseingängen Bohnen, andere dösten vor sich hin. Vor der einzigen Dorfkneipe diskutierten ein paar Männer die großen Probleme des Lebens, während fleißige Frauen mit schweren Körben auf ihren Schädeln die kleineren lösten. Obwohl mir die Leute sehr freundlich entgegentraten, spürte ich dennoch ihre Verschlossenheit. Die Jugendlichen langweilten sich. Sie hatten keine Perspektive. Armut, Mangel an Arbeit, Emigration hießen die Faktoren, die die Familienstruktur bestimmten. Die Männer emigrierten entweder zu den anderen Inseln oder nach Europa. Kaum einer kam zurück. Die zurückgebliebenen Frauen führten den Kampf ums Überleben fort, sie waren das Zentrum der Familie und verantwortlich für Ernährung und Erziehung. Die jungen Mütter, die ich sah, trugen mindestens zwei Kinder: Eines auf dem Rücken, eines im Bauch. Obwohl ihre Familien durch die Emigration zerrissen wurden, ging die Geburtenrate nicht zurück. Es gedieh und vermehrte sich prächtig auf den Kapverden, was nicht schlimmer ist als die Inzucht in manchen Alpendörfern. Ansonsten passiert wenig Bewegendes in San Pedro. Man sieht den großen Atlantik, doch kein Schiff läuft die Bucht an. Das Leben im Dorf ist von unerbittlicher Eintönigkeit gezeichnet. Aber das stört niemanden. Schon gar nicht jene Sau, die gemächlich über die ungepflasterte Straße trottete und sich ihre mit Fliegen besetzte Schwarte an der Lehmmauer schabte. Mittlerweile bekam ich Hunger, also marschierte ich zurück zur Kneipe, in der Michael Jackson gerade seinen Thriller zum Besten gab und bestellte mir ein Hühnchen mit Reis. Das Essen war ordentlich. Morgen würde es Fisch geben, sagte die Köchin. Immer im Wechsel, sprach ihre Tochter und wippte zu Michaels Beat. Fisch und Hühnchen. Mehr gab die Insel einfach nicht her.

San Pedro beeindruckte mich durch die raue Schlichtheit seiner Natur, den herben Charme seiner Bewohner und besonders dadurch, dass ich im gesamten Dorf nicht eine einzige Werbetafel sah.

Wozu auch. Als Luftkurort war San Pedro nicht geeignet. Aus den Saharahochs des nahen Afrika wehten ständig trockene und heiße Luftmassen herüber. Dieser so genannte Harmattan schüttete feinen Wüstenstaub ab und würde grazile Bikini-Schönheiten am Strand vom Winde verwehen oder ihre Röcke anheben. Am Abend fuhr der Bus zurück nach Mindelo. Im Blick zurück staubte die ausgedehnte Steppe vor sich hin. Nach ein paar Hügeln und Tälern tauchte aus der gelbsandigen Steppe wieder der tiefblaue Atlantik auf. Noch eine Kurve. Die nächste. Nach all der Kurverei dachte ich an mein Schiff und an gerade Kurse auf dem Meer. Gegenüber lag die Insel von Sao Antao und dahin wollte ich am nächsten Tag segeln.

Sao Antao

Anker hoch und rüber nach Sao Antao. Sind ja nur 20 Seemeilen. Doch vorsichtig! Der Nordost blies frisch. Als AURYN ihre Nase aus der geschützten Bucht steckte, verstärkte er sich urplötzlich durch die Düsenwirkung zwischen den beiden Inseln. Willkommen im Reich des Chaos. Eine mächtige Welle klatschte an den Rumpf, erbrach sich über dem Schiff und empfing uns mit einer Salzwasserdusche. Schlagartig blies der Wind mit acht Beaufort und schaufelte Berge von Wellen vor sich her. Ich rieb mir die salzige Gischt aus dem Augenwinkel und schaute auf Wellen, die ich in dieser Höhe noch nie gesehen hatte. Wind ist der Welle lieblicher Buhler. Ach was! Goethes Poesie und die Wirklichkeit … Ich bekam beim Blick über die Schulter regelrecht Angst, rollte das Großsegel ganz ein und surfte mit AURYN, nur gezogen von einem Stück Genuatuch, mit neun Knoten Fahrt so flott die Wellenhänge hinunter, dass ich das Gefühl hatte, mein Schiff würde aus dem Ruder laufen. Es war einerseits ein Rausch, andererseits war ich froh, als mit dem Erreichen der Südwestküste von Sao Antao der Wind nachließ. Dann zeigte er uns frech seine Nase und verschwand völlig, als wir in die Windabdeckung der bergigen Insel gelangten. Der Wellensalat ging über in eine sich sanft bewegende See. Windstille. AURYN trieb wie auf einem Ententeich, nur die kreiselnden Stromwirbel erinnerten an einen Ozean. Unter Motor steuerte ich mein Schiff entlang der unbewohnten Westküste, bis die nächste Siedlung am schroffen Land auftauchte. Tarrafal hieß der Ort, vor dem wir ankerten. Und es war ein unglaubliches Bild. Auf der einen Seite begann die Unendlichkeit des Atlantiks. Nichts als Wasser und nach 2000 Seemeilen Amerika. Auf der anderen Seite lag das graue Dorf. Dahinter stieg das Land von Meeresnull bis auf weit über tausend Meter an.

Rudern wir hinüber und schauen uns die Insel genauer an. Denn Sao Antao war ganz anders als ihre große Schwester, von der wir gerade kamen. Ein paar Fischer, die mit mir den Strand ansteuerten, lotsten mich durch eine Passage mit gefährlichen Felsspitzen, die knapp unter der Wasseroberfläche lagen. Die Brandung wusch sich darüber und uns mit ihrem letzten Schub auf den Strand. Genetische Kapriolen stürzten auf mich zu: Kinder mit blonden Haaren und brauner Haut. Sie umzingelten den Fremden, nahmen ihn bei der Hand und führten ihn ins Dorf. Eine Frau stellte mir ein Stück Ziegenkäse auf den Tisch, eine andere ein Glas Saft. Diese Gastfreundschaft musste erwidert werden. Aus meinem Rucksack kramte ich für die Kinder ein paar Bleistifte und kleine Schreibblöcke, wer noch nicht kritzeln konnte, bekam Luftballons. Der Hit aber war der Kaugummi. Damit kam Leben in die Gesichter der Kinder, die in allen erdenklichen Schattierungen schokoladenbraun glänzten. Blonde Haare? Nun, die genetische Vermischung von Schwarz und Weiß begann im 15. Jahrhundert, als sich auf den Kapverden weiße Männer ihrer schwarzen Sklavenfrauen bedienten. Vorbeikommende Seefahrer, Piraten und die portugiesischen Kolonialherren taten es ihnen gleich. Ich übrigens nicht. Kleine Lüchtis wurden auf den Kapverden nicht zurückgelassen. Stattdessen zeigte mir eine Schönheit die Richtung zum nächsten Dorf. Dann verließ ich Tarrafal, wie ich es betreten hatte: Inmitten einer Schar Kinder. Sie begleiteten mich bis zu einer Gabelung, zeigten auf den richtigen Weg und verschwanden winkend. Ich war allein und stieg in das bergige Hinterland. Ohne dass ich es bemerkte, drang mit jedem Schritt die Landschaft in mein Blut ein. Zwei Gebirgszüge formten eine grandiose Landschaft, die von ausgedörrten Küstenstreifen zu üppig grünen Steilhängen und Ribeiras (Tälern) führte. Auch wenn die Sonne ihren Scheitelpunkt noch nicht erreicht hatte, war selbst in der Höhe die Hitze lähmend. Weit und breit kein Wasserlauf, kein plätschernder Bach. Dafür wanderte ich vorbei an bizarre Felsformationen, kam durch eine idyllische Ebene und entdeckte ein kleines Gehöft, das wie eine Perle in der Schroffheit des Vulkangesteins glänzte. Doch diese Bergwelt war alles andere als ein Idyll. Harte Arbeit auf den Feldern und unentwegter Existenzkampf bestimmten das Leben der Abkömmlinge entflohener Sklaven, die sich in den unwegsamsten Winkeln des Eilandes ansiedelten. In dieser Isolation bewahrten sie ihre uralten Traditionen.

Am Abend war ich zurück in Tarrafal, aß im schummerigen Licht eines kleinen Restaurants einen gegrillten Fisch. Aus dem Ghettoblaster schepperte eine traditionelle Salsa. Lateinamerikanischer Rhythmus lag in der Luft. Eine schöne Frau kreiste mit den Hüften und bewegte ihren Hintern, wie es nur schwarze Frauen können. Tanzende Erotik. Männer schauten ihr zu. Das wusste die Schöne, auch was sie wollte: Alles. Dann wird sie schwanger. Nur von wem? Aber das hatte ja Tradition auf den Kapverden. Der weiße Mann mit dem großen Sonnenhut ging auf ihr erotisches Geplänkel ein und beeindruckte sie, indem er großzügig den nächsten Drink spendierte. Seine Aura war bestimmt durch Lässigkeit, erschien allerdings weniger sexy. Der Typ hieß Werner. So jedenfalls stellte er sich mir vor. Ein Streuner, wie er sich nannte, und damit befand ich mich in bester Gesellschaft. Er war bereits einige Male auf dieser Insel gewandert und kannte die anderen. Nun freute er sich auf den bevorstehenden Karneval. Auch wenn in diesem Spektakel nicht gerade etwas lag, was mich anzog, so imponierte mir der gelassene Habitus dieses Reisenden, der selbst den ungemütlichsten Plätzen noch einen Reiz abgewinnen konnte.

„Man weint nur zweimal auf Sao Antao. Das erste Mal, wenn man ankommt und nichts als Steine sieht. Und das zweite Mal, wenn man abreist und weiß, dass man die Steine vermissen wird"; mit diesem Spruch klopfte er mir auf die Schulter und wir verabschiedeten uns.

Santa Lucie – Boavista

Der nächste Tag wurde hart. Ich verließ die Bucht von Tarrafal und folgte dem Tip von Werner: „Vergiss nicht, dir Boavista anzuschauen!" Boavista liegt im östlichen Bogen des Archipels und das bedeutete nun einmal Segeln gegen den Wind. Gegen den Strom und mitten durch die berüchtigte Meerenge, die mir bereits zweimal gewaltig zu schaffen gemacht hatte. Mit einer winzigen Segelfläche kreuzte AURYN hoch am Wind zwischen den Inseln. Bereits nach kurzer Zeit war ich von der fliegenden Gischt und vom überkommenden Salzwasser pitschnass. Doch wer will sich schon bei Temperaturen um 30° ins Ölzeug packen. Zickzack ging es zwischen den Inseln, von Sao Antao nach Sao Vicente, hin oder her. Dicht unter der Küste folgte das Manöver zur Wende. Das Schiff legte sich auf die Seite, die Schoten knurrten, Wasser kam über. So ging das den ganzen Tag. Mühsam quälte sich AURYN voran. Mürbe machten mich die Schläge der See. Sie spuckte die Wellen monoton aus, ließ sie am Rumpf explodieren, womit mir die nächste Ladung Salz ins Gesicht klatschte. Sitzen Sie trocken und bequem? Gut, denn an Bord wurde es recht ungemütlich. Beneiden Sie mich eigentlich manchmal um diese Reise? Na klar tun Sie das. Aber wohl kaum wegen des gerade beschriebenen rauen Wetters und sicher nicht wegen der durchsegelten Nächte ohne Schlaf oder der ängstlichen Ungewissheit, die oftmals vor dem Bug lag oder noch liegen wird. Vielleicht beneiden Sie mich um die Freiheit, einfach zu entscheiden, wohin ich wollte. So, wie in dem Moment, als mir spontan der Gedanke kam, von meinem Ziel Boavista abzulassen und die nahe Insel Santa Lucie anzusteuern. Sie war unbewohnt und schuf dadurch einen noch größeren Reiz, sich das Eiland anzuschauen. Boavista konnte warten. Nach 35 Seemeilen fiel der Anker in einer Bucht vor einem Traumbild. Vor uns lag ein nicht enden wollender Sandstrand. Menschenleer. An diesem Platz, abseits jeder Zivilisation und Organisation, reduzierte sich alles auf das Einfachste. Am Strand machte ich ein Feuer und grillte Kartoffeln mit Hähnchenfleisch. Irgendwo in den Dünen meckerten Ziegen. AURYN schwebte über türkisfarbenem Wasser. Ich schwamm durch den Frieden dieser Bucht und genoss die Faszination, dahingleitende Mantarochen zu beobachten. Zwei Tage blieb ich, fühlte mich wie Robinson und segelte weiter wie zu Zeiten der alten Seefahrer: Manchmal mühsam, oft Grenzen sprengend, voller Offenheit und Neugier. Mit dem Erreichen der Kapverdischen Inseln begann für mich der nächste Schritt in eine neue Segeldimension des Unterwegsseins. Es fährt ein Schiff nach Nirgendwo!

Schon immer war die offene See Sinnbild für Freiheit und Aufbruch zu unbekannten Ufern. Auf diesen Wegen löste das Meer Gefühle aus, die widersprüchlicher nicht sein konnten: Angst und Freude, Ruhe und Chaos. Schwere See oder sanfte Energie. Und nichts symbolisiert die Macht der Meere mehr als ihre Welle. Vor einigen Tagen war sie noch brutal gegen uns, nun schob sie uns sanft an. Wir segelten vor dem Wind bei 3 Bft und nicht nach Nirgendwo. Denn immer noch hieß unser Ziel Boavista. Wir erreichten es am späten Nachmittag. Vom Ankerplatz aus betrachtet lag die Insel geradezu bezaubernd da. Sie zeigte sich in pastellfarbenen Kontrasten aus tintiger See und weißgoldenen Dünenstränden vor grünen Palmenwäldern. In der der Hitze flimmerte das Land. In der Ferne verschwanden die bizarren Inselberge im blauen Schimmer des Himmels. Boavista war völlig anders und so freute mich auf den ausgiebigen Landgang am nächsten Tag. Doch daraus wurde nichts.

In der Nacht zog eine Gewitterfront über uns hinweg. Starke Schauerböen setzten ein, in ihnen zerrte AURYN heftig an der Ankerkette. Immer wieder kontrollierte ich den Anker auf seinen Halt, gab etwas Kette nach und hockte anschließend wieder hinter der Sprayhood, um notfalls rasch reagieren zu können. Der Regen peitschte, in ihm reichte die Sicht gerade mal 50 Meter weit. Dann drehte der Wind und es wurde heikel. Denn mit der Winddrehung rollten nun die Wellen des Atlantiks in die bisher geschützte Ankerbucht. Es war drei Uhr in der Nacht, als der Spuk vorbei war. Durchnässt, müde und dennoch voller Anspannung kroch ich in die Koje.

Am Morgen blinzelte mir durch das Fenster meiner Koje die Sonne ins Gesicht. Aber etwas anderes hatte mich geweckt. Es war wie ein Schlag am Rumpf. Ich schob das Schott zum Cockpit auf, kroch hinaus und erkannte die Ausmaße der Gewitternacht. Die Wellen hatten ein paar Fischerboote vom nahen Strand gespült und ins offene Meer gezogen. Dort, wo gestern das ausgetrocknete Flussbett vor sich hin gegähnt hatte, gurgelte nun ein reißender Strom. Er spülte braune Brühe aus den Bergen. Nicht nur das. Der Fluss reinigte sein Bett von all dem, was sich im Laufe der Zeit dort angesammelt hatte: Baumstämme, Äste, Plastikmüll, Gummilatschen, Bretter. In diesem Sammelsurium ankerte AURYN im schmuddeligen Braun. Es wischte das wunderschöne Türkis aus und damit das Traumbild eines romantischen Ankerplatzes. In dieser Sauerei blieb ich nicht länger. Vorsichtig verließen wir nach dem Frühstück die Bucht und machten uns auf den 160 Seemeilen langen Törn zur nächsten Insel mit dem schönen Namen Santiago.

Santigao

Die zarten Umrisse Boavistas verschwanden hinter uns in einem blauen Streifen aus Wasser. Vor uns flimmerte das Meer wie geriffeltes Silber. Die Weite des Ozeans nahm uns wieder auf. In ihr segelte AURYN unter vollen Tüchern Kurs EinsNeunNull. Süden lag im Blick. Er weckte Neugier und ließ die Mühen einer anstrengenden Nacht vergessen, in der das Gewitter mir jeglichen Schlaf nahm.

Der Reiz des Fahrtensegelns liegt in seiner Abwechslung. Jeder Tag, jeder Törn war anders und der nach Santiago wurde ein herrlicher unter weißen Segeln, in rauschender Fahrt. Die Gischt flog, man fühlte den Seewind, schmeckte das Salz auf der Haut und schnupperte … mmhh. Der Geruch passte nicht wirklich zur Poesie des Segelns, denn es roch nach verbranntem Toast aus der Pantry! Essen ist fertig. Gegen Abend wischte die Dämmerung den Horizont aus. AURYN segelte durch eine ruhige Nacht. Der Mond ging auf, wanderte von einer Seite zur anderen und bis er dort ankam, passierte in seinem Lauf unter ihm nichts Wesentliches. Ein paar Schiffe zogen weit weg am Horizont ihre Bahn, ein paar Delphine fiepten. Als sich der Morgendunst allmählich auflöste, lagen voraus die Berge von Santiago.

Am Nachmittag erreichten wir die kleine Ankerbucht an der Südküste. Die Segel fielen, der Anker grub sich in fünf Meter Wassertiefe ein. Ich stellte den Motor ab und „hörte“ die Ruhe. Allmählich gewöhnte ich mich an das Ankern an idyllischen Plätzen und empfand darin einen perfekten Abschluss des harmonischen Segelns im Rhythmus der Natur. Ein besonderes Erlebnis ist dann der erste Kontakt mit dem neuen Land. Ich segelte über den Ozean, ruderte zum Strand. Für die Einheimischen, die sich dort versammelten, war das Bild nicht alltäglich. Seefahrer von anderem Kaliber hatten einst auf diese Art ihre Insel geentert. Sie trugen Helme und Kettenhemden, metzelten die, die sich ihnen entgegenstellten, nieder, unterjochten sie im Namen der Kirche, vergewaltigten ihre Frauen oder nahmen die Eingeborenen als Sklaven.

Der Boden des Beiboots knirschte in den Sand. Ich betrat Santiago barfuß und blickte in die erstaunten Gesichter einiger Einheimischen. Offenbar gab es für sie an diesem Nachmittag nichts Schöneres, als einen Weißen zu entdecken und ihn willkommen zu heißen. Nach einem kurzen Palaver und einer Paddelrunde mit den Kindern im Beiboot führten sie mich in ihr Dorf.

Im Rhythmus der Trommeln

Dröhnende Musik lag in der Luft, Ausgelassenheit auf den Strassen. Ein Tiger schlich mir entgegen. Seine Bewegungen waren wild. Ein Clown stupste mich an, als ich dastand und staunte. Santiago feierte Karneval. Verloren im Gedränge der Zuschauer erlebte ich den vorbeiziehenden Umzug aus bezaubernden weiblichen Geschöpfen in phantasievollen Kostümen oder in einem Hauch aus Nichts. Im Rhythmus der Trommeln kreisten sie ihre Hüften. Die Bewegungen der schwarzen Körper waren tanzender Sex und unterschieden sich deutlich von der unterdrückten Sinnlichkeit der weißen Frauen, die man wohl auch deshalb ans Ende des Zuges platzierte, weil sie weniger sexy erschienen. Der Zug stoppte. Die Prinzessin grüßte ihr Volk. Dann hob man ihre goldene Sänfte an und trug sie im lärmenden Jubel weiter. Die ohrenbetäubende Musik hallte von den Fassaden einfacher Häuser zurück und mischte sich mit dem Gesang der Menschenmasse, in der sich begeisterte Leute in den Armen lagen. Der Karneval hatte den Höhepunkt seiner Tollheit erreicht – ein Kosmos an Freude gewaltigen Ausmaßes. Nichts fehlte, außer Übersichtlichkeit. Aber das schien dem Festtaumel egal. Sie waren glückselig und dabei wollte ich sie um Gottes Willen nicht stören. Das teilweise vulgäre Spektakel schwängerte meine

Unbehaglichkeit, außerdem kann ich nicht behaupten, dass ich mich auf solchen Massenveranstaltungen besonders wohl fühle und so saß ich dann im Cafe unter dem schattigen Schirm und blickte vom Balkon auf den Festtaumel der Strasse.

Traumwanderung

Die Party ging bis weit nach Mitternacht. Klangfetzen wehten über die Ankerbucht, während ich im Tiefschlaf vom Tiger träumte, sowie von erotischen Frauen, die mir mit akrobatischen Vorstellungen den Verstand raubten. Eine schöne Beduinenfrau legte ihren Schleier ab, während ich mich wohlig auf die Seite drehte und sie ... Es klingelte. Ich hatte mir den Wecker auf früh morgens gestellt, um den Tag in seiner ganzen Breite für eine Wanderung in den Bergen auszunutzen. Die Sonne ging auf. Aus dem Urwald krähte ein Hahn. Ein kleines Fischerboot tuckerte aus der Bucht, während ich mit ruhigen Schlägen zum Strand ruderte und zum Dorf marschierte. Der Trubel war vorbei. Weit und breit keine Schönheiten mehr zu sehen. Nur noch zwei Clowns, vier Piraten und drei Märchenkönige, die im Dreck der Straße ihren Rausch ausschliefen.

Ich bestieg den Bus, der ins Landesinnere fuhr. Stieg nach einer Stunde wieder aus und verschwand für einen Tag in einer monumentalen Bergwelt aus schluchtartigen Tälern und alpiner Vegetation. Unterwegs begegnete ich skeptischen Bergmenschen. Ging ich auf sie zu und begrüßte sie freundlich, öffneten sie sich herzlich und waren voller Gastfreundschaft, indem sie mir ein Glas Saft anboten oder mir zeigten, wie sie ihre eigenen Kaffeebohnen rösteten. Was mir besonders auffiel, war, dass sich die Ruhe der Bergwelt immer wieder verwebte mit Musik, die aus allen Hütten klang. Santiago ist die Geburtstätte der traditionellen Klänge der Kapverden. Die Seele der Volksmusik liegt in der Bergwelt. Diese Musik ist emotional sehr unterschiedlich. Man steigt mit ihr fröhlich auf die Berge und sinkt mit ihr schwermütig in die Tiefen der Täler. Dazu könnte ich noch mehr schreiben oder mich über die wunderschöne Natur auslassen, doch im Westen meckert bereits der Vulkan, wann er denn endlich bestiegen wird.

Fogo

Atlantik. Zwei Tage später. Wir hatten mittlerweile das schöne Santiago verlassen und befanden uns wieder auf dem Meer. Der 45-Seemeilentörn führte uns unter Motor entlang der Nordküste von Santiago und dann im frischen Wind unter Segeln hinüber nach Fogo. Wir haben das Ziel erreicht. Um das zu merken, braucht man nicht die Bestätigung des Navigationssystems. Denn einen 2839m hohen Vulkankegel, der mattschwarz gegen das Blau des Himmels sticht, konnte selbst ich nicht verfehlen. Der Kontrast weißer Segel mit schwarzen Aschenbergen, gewaltigen ausgekühlten Lavaströmen und wie Pickel aus dem Boden sprießenden Kratern konnte kaum größer sein, als AURYN dicht unter Land entlang der Küste segelte. Diese ersten Eindrücke vermittelten mir ein unwirkliches, unbewohntes Fogo. Doch dem war nicht so. Als ich AURYN, die in der Sicherheit einer geschützten Bucht vor Anker lag, verließ und durch den nahen Ort Sao Felipe marschierte, war ich überrascht von den hübsch angestrichenen Fassaden. Bisher bestachen sie eher durch die Monotonie von Grau oder Weiß. In Sao Felipe erweiterte sich die Kapverdische Farbpalette, denn man strich die alten Häuser in wässrigem Grün, Altrosa oder Himmelblau an. Diese Pastellfarben waren es, die im letzten Licht der Sonne dem Stadtteil einen einzigartigen Charme gaben.

Bisher war ich auf meiner Reise durch den Kapverdischen Archipel kaum anderen Touristen begegnet. In Sao Felipe jedoch wimmelte es von ihnen und das hatte seinen Grund. Eigentlich hätte man es für einen Aprilscherz halten können, doch es war der zweite April 1995. Spätabends um 21Uhr begann der mächtige Vulkan von Fogo nach langjähriger Ruhepause wieder zu rülpsen. Er tat das drei Wochen lang, wobei er riesige Gesteinsbrocke und glühende Lavamassen ausspuckte und erhebliche Schäden verursachte. Er verängstigte nicht nur die Bewohner von Fogo, sondern sorgte auch dafür, dass ganze Dörfer am Rand der Caldeira evakuiert werden mussten. Noch heute blubbert es im Inneren des Vulkanes und die aufsteigenden Rauchsäulen, sogenannte Fumarolen, zeigen ganz deutlich, dass der

Vulkan noch aktiv ist. Er zog zahlreichen Vulkanpilger an, die nach Sao Felipe kamen, um die Spuren der alten und jüngsten Vulkantätigkeit zu bewundern. Das ging aber nur in Begleitung eines einheimischen Führers und nach einem langem Autotransfer zum Krater. Dafür löste ich das Ticket, aß in einem netten Restaurant unter deutscher Flagge zu Abend und konnte den nächsten Tag kaum erwarten.

Über den Wolken

Es war kalt. Die Sonne war gerade aufgegangen, als sich eine kleine Schar Vulkanwanderer auf den Weg machte oder besser gesagt wie Vieh zusammengepfercht auf der Ladefläche eines Pickups kauerte und sich zum Rand der Caldeira transportieren ließ. Zwei Stunden dauerte die holprige Fahrt durch die bizarre Vulkanregion. Zunächst noch durch das flache strohgelb bewachsene Vorland, dann stetig höher. Vorbei an kleineren Vulkankegeln, rumpelnd über einen Lavastrom. Erste Ascheberge wurden sichtbar. Schlacke und Tuffstein türmte sich abseits der kleinen Strasse. Immer wieder fiel der Blick auf winzige Häuser, die ihre Bewohner an den unwahrscheinlichsten Stellen inmitten einer schwarzen Lavawüste errichtet hatten. Dann führte die Strasse nur noch geradeaus und direkt in den Himmel. Steil ging sie hinauf bis an den Rand eines kleineren Kraters. Der Motor qualmte, der Pass war erreicht. Pause. Neben dem Rastplatz stand verlassen in der Tristesse aus Schwarz eine kleine Schutzhütte aus geschichteten Lavabrocken. Ein Dach, eine Öffnung ohne Tür. Simpel. Aber als ich eintrat, genoss ich das, was man ein Zimmer mit Aussicht nennt. Wow! Vor mir lag der Krater, darüber weiße Passatwolken, in der Ferne der Atlantik, nur noch als glänzendes Nichts auszumachen. Doch wo war der Vulkan? Aufsitzen. Weiter. Jetzt ging es hinunter in die Ebene eines alten Vulkanes. Einige Kurven, eine letzte und dann löste sich die Spannung: Hinter der Wüste aus Geröll und Lavamassen, Aschebergen und riesigen Gesteinsbrocken stieg der schwarze Vulkankegel wie mit dem Lineal gezogen in das stechende Blau des Himmels. Der Pickup hielt. Vor uns lag der Vulkankegel in einer unheimlichen Landschaft aus Asche. Kinder stürzten aus dem Dorf auf uns zu. Einheimische winkten freundlich herüber. Und dann ging es hinauf. Schritt für Schritt. Von eintausend Meter auf fast dreitausend unter einer erbarmungslos brennenden Sonne. Nach sechs Stunden erreichten wir den Kraterrand, standen über der aufgerissenen Wolkendecke und blickten auf den fast dreitausend Meter tiefer liegenden Atlantik. Eine Aussicht, die zu einem unvergesslichen Erlebnis wurde. Kreisrund lag die Insel wie eine gebrannte Tonscheibe im glitzernden Meer. Vom Kraterrand stürzte die Wand fast senkrecht über zweihundert Meter in das Innere des Kegels, wo aus seinen rissigen Innenwänden einige Fumarolen in den Himmel stiegen und von latenter Gefahr zeugten. Voller Schwefelgeruch war die Luft in einer geheimnisvollen Stille, die sich über alles legte. Das energische vamos des Wanderführers riss mich aus der Meditation weit über den Wolken. Rui drängte zur Eile, schließlich hatte er seine Gruppe pünktlich in Sao Felipe wieder abzugeben.

Rasch ging es hinunter durch die feine Asche eines Lavastromes, bei dem ich mir wünschte, mein Snowboard dabei zu haben. Was für eine Abfahrt.

Zurück im Dorf.

Als der Vulkan spuckte, hatten die Bewohner ihre Häuser verlassen müssen. Allmählich kehrten sie wieder zurück. Die Kinder konnten die Häuser an den Fingern ihrer Hände abzählen. Schlichte weiße Einraumkästen. Frauen saßen unter schattigen Bastmatten und schabten Gemüse. Aus einer Hütte drang das Gefiedel einer Geige. Der kleine Krimskramsladen war Kneipe, Kontakthof und Auditorium zugleich. Der Chef servierte selbstgebackenes Brot und Käse, der zwar etwas säuerlich roch, jedoch nicht nach dem Tier schmeckte, das gerade meckernd um die Ecke bog. Dann klemmte er seine Geige unters Kinn und begann wieder zu spielen. Mittlerweile hatte er Unterstützung bekommen. Zwei Gitarren und eine Trompete fielen mit ein. Es klang reichlich schräg, denn keiner der Typen beherrschte sein Instrument wirklich. Aber genau das war das Herrliche an dieser Session kapverdischer Spielfreude und mit jedem Schluck Wein aus der offenen Korbflasche stieg die Stimmung und das Quartett spielte so, als ob es schon ewig existierte.

Spätabends ging eine unvergessliche Tour zu Ende. Zurück auf AURYN klopfte ich mir den schwarzen Vulkanstaub aus den Socken, sprang ins Wasser, schwamm einige Runden ums Schiff und als ich wieder an Bord war, hatte ich genug vom Wandern und wieder Lust auf Meeresaction. Also hinein in die Segelklamotten und hinaus auf den Ozean.

Stern-Berührungen

Der Kreis unserer Segelabenteuer durch den Kapverdischen Archipel sollte sich dort schließen, wo er begonnen hatte: In Sao Vicente. Das bevorstehende Ende bedeutete gleichzeitig auch den Aufbruch zum nächsten nautischen Highlight, der Überquerung des Atlantischen Ozeans.

Augenblicklich zu weit vorgegriffen, denn zunächst waren es einhundertneunzig Meilen zurück nach Mindelo. Der angekündigte frische Wind aus Südwest hatte sich noch nicht durchgesetzt. Eine sanfte Brise aus Süd schob AURYN fast lautlos unter der Leichtwindbesegelung nordwärts. Die gelbliche Sonne schien durch einen fahlen Dunst, eine hohe Luftfeuchtigkeit lag in der Luft. Im Licht der untergehenden Sonne ließ der Wind mehr und mehr nach. Segel runter, Maschine an. AURYN motorte durch eine See, die wie flüssiges Blei vor dem Bug lag. Nach dem Abendessen, Pasta mit Spiegeleiern, lag ich ausgestreckt im Cockpit und beobachtete, wie wir die Sterne berührten. Keine Bange, ich habe nichts getrunken! Ruhig zog mein Schiff seine Bahn durch die klare Nacht und es schien, als würde der schwankende Mast die Sterne berühren. Über uns das Universum in seiner ganzen Pracht, um uns herum die Wasserwüste des Atlantiks. In dieser Unendlichkeit würden wir demnächst für lange Zeit verschwinden. Je näher der Zeitpunkt kam, umso intensiver beschäftigte ich mich damit. Denn schließlich ging es über den großen Ozean. Das erste Mal und allein. Die Entfernung von zweitausendsiebenhundert Seemeilen mutiert für viele zur Unerreichbarkeit, doch in dieser Distanz lag für mich auch der Reiz der Herausforderung. Womöglich murmelten sie bereits hinter dem Horizont, die Freunde aus der Abteilung maritime Bedenkenträger. Die mahnenden Kollegen, die meine Reise bereits im Vorfeld abkanzelten, sie für verantwortungslos hielten, da es mir an seemännischen Grundlagen fehlte. Doch mit dem wenigen, was ich hatte, war ich relativ weit gekommen. Und nun wollte ich MEER.

Die Nacht blieb weiterhin windlos. In diesem Frieden, sehen wir mal vom Gehämmer des Motors ab, saß ich mittlerweile vor der Seekarte des Atlantiks und versuchte ihr den günstigsten Kurs nach Südamerika zu entlocken. Dabei befand ich mich in bester Gesellschaft und schaute einem alten Bekannten respektvoll über die Schulter: Christoph Kolumbus erkannte als erster, dass sich die Kapverden als Ausgangspunkt für eine Ozeanüberquerung besser eigneten und begann seine dritte Reise in Mindelo. Der alte Haudegen wusste mittlerweile, dass in diesen Breiten der Passat beständiger westwärts wehte und zudem der Nordäquatorialstrom die Fahrt zusätzlich mit einem Knoten unterstützte. Was nicht nur für eine schnelle Fahrt sorgte, sondern auch die Gewähr beinhaltete, irgendwann auf Land zu treffen. Es war nur eine Frage der Zeit.

Zwei Uhr in der Nacht. Der Windzug, der durchs Fenster wehte, hatte mich geweckt. Es kam wieder Leben ins Schiff. Der Südwest war da! Wenn auch verspätetet. Aber drücken wir ein Auge zu, denn immer noch lagen über hundert Meilen Segelgenuss vor uns. Sollte der Wind sich stabilisieren, würden wir in der kommenden Nacht Mindelo erreichen. Doch der Wind nahm weiter zu. Er fiel schräg von achtern ein, wodurch das Groß der Genua den Wind aus dem Segel nahm. Ich rollte das Hauptsegel komplett weg, während AURYN umgeben von weißschäumender Bugwelle munter ihrem Vorsegel hinterher rauschte. So konnte es weitergehen. Ich fühlte mich wieder zuhause und eins mit heranrollenden Wasserbergen, im Rauschen der Wellen, im Singen des Windes und auf geraden Kursen. Ich konnte mir kein anderes Leben mehr vorstellen, als ewig weiterzuziehen im Rhythmus der See. Tag und Nacht.

Die Umrisse von Sao Vicente kamen in Sicht. Durch die Landmasse veränderte sich die Windrichtung. AURYN segelte nun mit östlichen Winden auf Halbwindkurs und steuerte Meile für Meile dem Chaos entgegen, das in der Meerenge zwischen den Inseln Sao Vicente und Sao Antao bereits lauerte. Da ich Ihnen dieses Szenario bereits nach unserem Start genügend beschrieb, verzichte ich gern auf eine Widerholung und springe zu dem Moment, wo wir in den Naturhafen von Mindelo einlaufen. Vom Salz gewaschen und ziemlich sauer, weil ich mich ärgerte, da kurz vorher ein Thunfisch an der Schleppangel hing und sich gerade in dem Moment, als ich ihn an Deck ziehen wollte, wieder aus dem Köder riss. Und dann kam es noch dicker.

Überfall

Doch keiner, vor denen mich andere Seglerkollegen bereits auf den Kanaren gewarnt hatten: Kapverden, bloß nicht. Die Schwarzen klauen und überfallen die Yachties. Wenn man nach solchen Aussagen seiner Phantasie Blasen zu werfen erlaubt, dann muss man sich nicht wundern, wenn man ängstlich durch die Gassen schleicht und keinen unbeschwerten Blick mehr hat für die Details und den angenehmen Begegnungen mit den Einheimischen. Gleichwohl bestätigten sich hin und wieder die pauschalierten Aussagen aus dem Überlebenshandbuch, auch in Mindelo. Aber das kann einem überall widerfahren, wenn man zur falschen Zeit am falschen Ort ist. Ob der nun Rio, die Bronx oder Hamburg hieß. Doch zurück zum Überfall. Die Begegnung hatte ihr zwar das Leben gekostet, doch auch für mich war das Treffen nicht gerade glücklich verlaufen. Überhaupt, was fiel der Mücke ein, ihren spitzen Stachel heimtückisch in meinen Knöchel zu rammen! Warum war ich auch so bescheuert und rieb die Stelle anschließend auf! Immer wieder. Sand und anderer Dreck setzte sich in die Wunde, in der sich bald ein unsichtbarer Teppich von Bakterien bildete, der in Eiter überging. Der Knöchel schwoll dick an. Dann folgte die zweite Attacke. Das Feuer fiel über mich her und brachte mich fast in die Hölle. Schweißgebadet las ich das Fieberthermometer ab. 40 Grad! Aus der Bordapotheke wollte ich ihm mit Antibiotika auf dem Pelz rücken, wobei ich hoffte, dass die Tabletten nicht an der Anpassungsfähigkeit der Viren scheiterten. Doch das bestätigte sich leider bereits in der Nacht. Überall hörte ich Stimmen und wusste nicht, ob sie den Geistern meiner Träume oder jenen Typen gehörten, die ich an meiner Koje wahrzunehmen glaubte. Der Knöchel war nur noch eine Masse Fleisch. Mein Appetit dagegen lag in nebulöser Ferne. Mit jeder Stunde, die ich schwächer wurde, entzog er sich ein bisschen mehr, so dass mir nur noch die Kraft des Verzweifelns blieb. Die Fieberschübe waren heiß oder kalt. Bei brütender Hitze lag ich im Bett und fror und zählte nicht die vierzig Grad am Fieberthermometer, sondern die dunklen Stunden, in denen ich in Alpträumen mit Fliegen und riesigen Skorpionen kämpfte. Wann hörte es endlich auf?

Als ich die Augen wieder öffnete, war es Mittag. Die Sonne hing grell im Fenster. Das Fieber hatte etwas nachgelassen und ich wünschte mir, dass es im Krankenhaus ein Mittel gegen den Schmerz geben würde. In der Hoffnung, auf einen Arzt zu treffen, der diesen Namen auch verdiente, betrat ich die Klinik, die jeglicher Hygiene entbehrte. Die „Zimmer“ waren randvoll mit Leuten, selbst auf dem Flur standen Stockbetten. Ein Mann pinkelte im hohen Bogen in den Flur. Ich hinkte durch Urinpfützen, die gemischt waren mit Blut. Es roch erbärmlich. Wo war die Anmeldung? Es gab keine. Auf der Suche nach einem Doc kam ich an einem offenen Zimmer vorbei und glaubte, eine Szene aus Formans „Einer flog über das Kuckucksnest“ zu sehen. Unter den Stromschlägen einer Reanimation bäumte sich der Patient ruckartig auf, wie ein Besessener vor dem Exorzisten. Dann bekam er den nächsten Elektrostoß verpasst, wobei er sozusagen vor Energie sprühte, wenn die Metapher erlaubt ist.

Eine Hand griff mir von hinten auf die Schulter und zog mich zur Seite. Endlich war da ein Arzt, der mich behandelte. Er untersuchte mein Blut, schabte die Wunde aus und gab mir neue Tabletten. Diagnose: Blutvergiftung.

Jeden Tag humpelte ich zum Säubern der Wunde ins Krankenhaus. Allmählich nahmen die Schwellung ab und der Knöchel wieder Gestalt an. Nach einer Woche war ich soweit fit, dass ich damit begann, AURYN für die Atlantiküberquerung vorzubereiten. Der Törn würde ungefähr drei Wochen dauern. Einschließlich Sicherheiten entwarf ich einen Einkaufszettel für zwei Monate. Dann saß ich vor dem, was ich im Verlauf der letzten zwei Tage besorgt und zum Schiff geschleppt hatte und näherte mich dem Chaos des Verstauens. Jetzt stellen Sie sich womöglich die Frage: Was packt er da nun alles weg? Was nimmt man eigentlich mit bei einer Ozeanüberquerung? Ich will das nicht im Detail aufzählen, dafür gibt es andere Weltumseglerbücher, in denen das bis auf die letzte Tüte Gummibärchen aufgelistet und ins Gramm ausgewogen wird.

Um Ihnen aber unnötige Gedanken zu ersparen und ein Bild zu vermitteln, hier ein kurzer Aufriss dessen, was unter den Bodenbrettern und in den Staufächern verschwand: Mehl zum Backen und für Pfannkuchen, Reis, Pasta, Kartoffeln, Zwiebeln, Knofel, Saucen, Marmelade, Getränke, frisches Obst und Gemüse. Konserven mit Obst und Gemüse. Suppen. Fleisch und Wurst in Dosen. Schokolade, Knabberzeugs, Kekse, sechzig Eier. Tee und Kaffee. Bezüglich der Eier: Sie sind länger haltbar, wenn man sie mit Vaseline einschmiert und in Zeitungspapier legt! Weiter geht's: Müsli wegpacken, Jogurt und Käse in den Kühlschrank. H-Milch gab es leider nicht, dafür jede Menge Milchpulver. 100 Flaschen Wasser je 1,5 Liter und so weiter. Soviel zum Thema: Was bunkern und wie. Jetzt aber los! Halt, noch mal schnell mit den Kanistern zur nahen Tankstelle und Diesel zum Auffüllen des Tanks besorgen.

Bevor wir am nächsten Tag endgültig in der Weite des Atlantiks verschwanden, enterte ich noch rasch den Mast, um das Rigg zu inspizieren und schaute vorsichtshalber noch mal die Nähte der Segel durch. Ein letzter Rundgang auf dem Schiff. Dann war alles getan und es klang so, als ob jemand flüsterte: Okay, du hast alles soweit zusammen, jetzt bleibt dir nur noch abzulegen, deinen Rhythmus zu finden, dich der Natur anzupassen und AURYN auf Kurs zu halten. Liest sich womöglich alles ziemlich locker. Aber so einfach war es auch wieder nicht. Immer wieder holten mich die gleichen Fragen ein: Hatte ich tatsächlich an alles gedacht, nichts übersehen oder vergessen? Nochmals hakte ich den Spickzettel ab, weil mir klar wurde, dass Versäumnisse Konsequenzen auf See nach sich ziehen würden. Der oftmals zitierte Spruch der Prinz-Heinrich-bemützten Seebären, mit erhobenen Zeigefinger geäußert, lautet: Die See verzeiht keine Fehler! Womit sie zweifellos Recht haben.

Im Blues der letzten Nacht

Eine leicht in die Jahre gekommene Diva fuhr sich noch einmal durchs aufgedonnerte Haar, rückte sich das Dekolletee zurecht, trank einen Schluck Wein, bekreuzigte sich und rauschte in die Mitte der verqualmten Kneipe. Gitarrist und Pianist befanden sich bereits im Vorspiel. Dann fiel sie ein, schmetterte los und sang den Blues von der verlorenen Liebe, von den verpassten Gelegenheiten. Sie sang ihren Fado, wie ich ihn seit Portugal im Ohr behalten hatte: Leicht nölig, aber voller Atmosphäre.

Musik, Stimmen. Mein letzter Abend unter Menschen. Für wie lange Einsamkeit? Drei Wochen oder noch länger über den Atlantik? Noch einmal schlief der Traum. Morgen sollte er Wirklichkeit werden. Doch die Anspannung ließ mich nicht abschalten. Schon lange nicht mehr konnte ich mich an aufregendere Dinge in meinem Leben erinnern, als die Vorbereitungen zu meiner ersten Ozeanfahrt. Die aufgewühlte Kribbeligkeit ließ mich kaum schlafen. Immer wieder hielt ich mir die Distanz vor Augen. Zweitausendsiebenhundert Meilen. Allein über den Atlantik. Ein Wagnis, zweifellos. Zuviel Risiko? Vielleicht. Doch wünschten sich nicht auch jene, die diese Argumente hervorbrachten, im Geheimen genau das? Ist es nicht so, dass in jedem von uns ein ungeheures Feuer nach ungewöhnlichen Erlebnissen brennt?

Drehen Sie mal am Globus! Man kann ihn drehen und wenden wie man will. Zwei Drittel der Erdoberfläche bestehen aus Wasser! Also Leinen los, wir segeln über einen großen Ozean.

In der Melancholie der Weite – Allein über den Atlantik

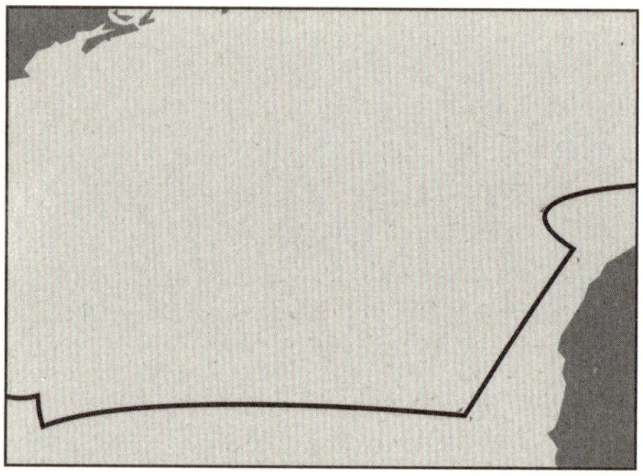

Kapverden- Barbados

Nachdem wir Mindelo verlassen hatten, segelte AURYN im Auf und Ab mächtig schiebender Wellen in Richtung Westen. In ihnen nahm das Unheil seinen Lauf, besser gesagt, es nahm Anlauf: Zwei übereinander gelagerte Seen klatschten auf das Schiff. Weiter nicht tragisch. Doch als ich später in meine Wohnhöhle stieg, watete ich zunächst durch Wasser und erkannte sofort die Ursache: Bei meiner Abfahrt hatte ich völlig vergessen, die Seitenfenster zu schließen! Wie war das noch mit der See, die keine Fehler verzieh? Alles war nass. Das Bett. Die Wäsche. Das schwabbelnde Salzwasser auf dem Boden lief nicht ab, weil der Filter der Bilgenpumpe bereits nach kurzer Zeit verstopfte, so dass mir nichts anderes übrig blieb, als das Wasser im Eimer von Hand aufzunehmen und über Bord zu lenzen. Abwechselnd, denn immer wieder musste ich den Kurs in einer heftig rollenden See korrigieren und einige Wellen von Hand aussteuern. Der nächste Eimer. So ging das über Stunden und bis weit in den Abend. Schwach leuchtete achteraus das Leuchtfeuer von Sao Vicente im Auf und Ab der Wellenberge. Im Geschaukel der See, von der Anstrengung der Aufräumarbeiten völlig erschöpft, saß ich in einer rabenschwarzen Neumondnacht im Cockpit und erhielt die Quittung für meine Nachlässigkeit. Mir ging's elendiglich und ich musste mich übergeben. Trotz des miserablen Auftaktes und des Bewusstseins, dass ich das komfortable Landleben gegen vergleichsweise große Unbequemlichkeiten eintauschen würde, stellte ich meine Fahrt nicht in Frage. Denn unschlagbar war das Gefühl der Freiheit, nicht nur spontan entscheiden zu können, wohin ich segeln wollte, sondern sich auch den technischen Problemen im Bordalltag zu stellen und damit fertig zu werden.

Die Sonne zog ihre Bahn. In ihrem Zenith trug ich mittags unsere Position in die Seekarte ein und ergänzte das Logbuch. 165 Seemeilen lagen nach dem ersten Seetag hinter uns und der Bordfrieden kam zurück. Der Skipper war wohlauf und sein Apartment bestach wieder durch Wohnqualität. Es ließ sich wieder halbwegs zivilisiert leben auf AURYN, auch wenn sich das Bett immer noch vom Salz feucht anfühlte.

„Gentleman don´t go to Windward" las ich gerade in einem Reisebericht traditioneller Windjammer. Gegen den Wind zu segeln verbat sich nicht für die Region, in der wir unterwegs waren. Denn wie seit ewigen Zeiten befiehlt der Passat die Fahrtrichtung zwischen dem fünften und dreißigsten nördlichen Breitengrad, wo er aus dem östlichen Quadranten zu wehen pflegt. Das ist nichts Neues und war bereits Christoph Kolumbus bekannt, als er vor über 500 Jahren mit seinen drei spanischen Karavellen den Ankerplatz in Mindelo verließ und dem logischen Weg mit dem Passatwind hinaus in den Atlantik zur Entdeckung „Westindiens" folgte. So wie wir heute, unterwegs auf einem Törn ohne ein Zurück, auf einer Reise ins Ungewisse. Für den Fall, dass ich die Atlantiküberquerung nicht überleben sollte, schließlich kann man auch mal von Bord fallen, schrieb ich einen Abschiedsbrief. Wenn man AURYN irgendwo ohne mich finden sollte, hielt ich es für würdiger, nicht ohne Schlussworte vermisst zu werden.

3. Seetag – Seit unserem Start in Mindelo wehte der Wind mit 5 Bft aus Nordost. Tag und Nacht konstant, so dass ich bisher nicht mit den Segeln arbeiten musste, die unverändert auf Backbord standen. Das Groß im 1. Reff mit dem Bullenstander gesichert, die Genua ausgebaumt. Das Log zeigte eine Fahrt von 7 bis 8 Knoten. Wir waren also flott unterwegs. Und mitverantwortlich dafür war natürlich auch unsere Transportgesellschaft namens Äquatorialstrom,

in der wir mit eineinhalb Knoten zusätzlich reisten. Trotz der angenehmen Fahrt verliefen die ersten Seetage relativ unruhig. Ich schlief wenn überhaupt, dann schlecht. Doch allmählich fand ich zu meinen Rhythmus, blendete mich wieder ein in die gewohnte Bordroutine und verspürte Lust auf Neues. Etwas weckte meine Neugierde, das bereits seit unserem Start in Cuxhaven im Schrank schlummerte: Ein wunderbarer Sextant! Abgesehen davon, dass man sich mit diesem tollen Gerät und den dazu gehörenden nautischen Tabellen sowie den Sternbildern herrlich beschäftigen kann, gehört die Astronavigation auch in Zeiten der Satellitennavigation nach wie vor zum Handwerk des Langfahrtseglers. Denn sie bedeutet eine zusätzliche Sicherheit.

Unter weißen Passatwolken, die sich von einem Horizont zum anderen spannten, und mit unendlich viel Zeit lernte ich nun täglich mit dem Sextanten umzugehen. Doch aller Anfang ist schwer. Mühsam war es auf dem hin und her rollenden Schiff, den Sextanten so ruhig in der Hand zu halten, dass man exakte Winkelberechnungen vornehmen konnte, denn davon hing schließlich mehr oder weniger die Genauigkeit der dann zu errechnenden Position ab. Und die schwankte anfangs gewaltig. Die Ergebnisse waren eher frustrierend und zeigten, verglichen mit dem GPS, immerhin Abweichungen von bis zu dreißig Meilen! Die besten Voraussetzungen um AURYN zu verlieren, aber weniger geeignet, um sicher zu navigieren. Doch Übung macht den Seemann. Bereits nach einiger Zeit war ich bis auf 1,5 Meilen dran! Das gab mir einerseits ein sicheres Gefühl, nicht von der Technik abhängig zu sein, andererseits erkannte ich im Umgang mit dem Sextanten auch die großartige seemännische Leistung aller, die noch bis vor dreißig Jahren nur mit Hilfe des Sexanten um die Welt segelten oder Riffpassagen ansteuerten, die gerade mal die Breite einer Straßenbahn hatten.

So simpel die Satellitennavigation durchs GPS heutzutage auch ist, man wird von der Elektronik abhängig. Klar, das weiß man alles. Genau wie alles, was kaputt gehen kann, auch kaputt geht! Auf See erst recht und gerade dann, wenn man es am allerwenigsten gebrauchen kann. Wie zum Beispiel in der nächsten Nacht.

Im Schattenspiel der Wolken

6. Seetag – Unendlich weite Tage und Nächte zwischen Himmel, Wasser und Horizont.

Die tradewinds, wie der Passat vom Engländer auch genannt wird, schwächelten ein wenig. Naja, nach einer Woche konstanter Blaserei durfte er ruhig mal ein Päuschen einlegen. Dennoch reichten zwei bis drei Windstärken, um unter Segeln westwärts voranzukommen. Meile für Meile und immer noch weit über zweitausend. Segelwechsel: Genua weg, den Blister dafür rauf. Anschließend rollte ich das Großsegel komplett ein und prüfte den Zug der Angel. Wobei ich mich wunderte, dass wieder keiner anbiss. Wie schon seit Tagen nicht mehr. Nun, da ich schon mal am Heck stand, schüttete ich mir ein paar Eimer erfrischendes Meerwasser über den Balg und verzog mich unter die Sonnenpersenning zum Lesen. Thema: Die Geschichte der Karibischen Inseln. Sie interessierte mich zwar, aber es fiel mir schwer, mich darauf zu konzentrieren, weil um uns herum immer etwas passierte, was mir beachtenswerter erschien.

Ob es nun der Zug der Wolken war oder das Spiel der Sonne im Schatten der Wolken. Das sich daraus ergebende Lichtspiel einer kristallenen See oder einfach nur die klare Luft und das Rauschen der Heckwelle. Nichts störte diesen Frieden. Kein Vogel, kein Schiff, kein Kondensstreifen eines Fliegers am Himmel. Nichts, was auf Zivilisation deutete, in einer Wasserwüste aus Weite und Reinheit. Je länger ich nun auf dem Atlantik segelte, desto intensiver fühlte ich die Harmonie des Unterwegsseins in Tagen und Nächten, die mich wie große Räume aufnahmen. Ich wanderte hindurch und hatte mehr als genug Gedanken.

Ich schrieb, lag dösend im Cockpit, beobachtete intensiv die Sternenbilder und fühlte mich dadurch nicht mehr allein. Orion war sehr gut zu erkennen. Der Nordstern. Venus über Jupiter und Sirius zeigten sich. Eindrucksvoll ging der Mond auf und ebenso wieder unter. Dann schepperte es.

Ein fulminanter Knall ließ mich aus meiner Wohnhöhle nach oben stürzen. AURYN hatte mittlerweile an Fahrt verloren, weil kein Antrieb mehr aus dem Blister kam. Wie auch. Es gab ihn nicht mehr. Eine starke Windböe knallte in das Leichtwindsegel und riss es vom Topp in voller

Länge bis ins Unterliek ein. Die traurigen Stofffetzen hingen nun über Bord, wurden hinterhergezogen und verfingen sich im Propeller des Motors. Mühsam versuchte ich das einhundertzwanzig Quadratmeter große Tuch wieder an Bord zu ziehen, was trotz großer Anstrengungen nicht gelang. Aber es musste aus der Schraube befreit und geborgen werden, deshalb blieb mir nichts anderes übrig, als gesichert an einer Leine in den finsteren Ozean zu steigen. Mitten in der Nacht und noch schlaftrunken. Doch nicht lange, denn schon packte mich eine Dünungswelle und knallte mich gegen die Bordwand. Das war alles andere als eine Freude, doch jetzt war ich hellwach. Umgeben von einer geheimnisvollen Dunkelheit tauchte ich ab und fummelte, zwischendurch immer wieder Luft holend, das Segel aus dem Propeller. Es dauerte und je länger ich über fünftausend Meter Wassertiefe zappelte, desto mulmiger wurde mir. Was war das? Das grünlich pulsierende Licht ließ den Ozean gespenstisch erleuchten und trieb meinen Puls bis unter die Kinnlade. Ich befand mich inmitten eines Krillschwarmes aus glitzernden Lichtern, die der Krill über seine Leuchtzellen am Körper ausstrahlt. Krill sind jene Miniausgaben von Kleinstkrebsen, von denen hungrige Wale gerne mal ein Maul voll nehmen. Wenn sich in dem Gemüse noch ein Stück Fleisch befände, umso besser. Der Seemann, der inmitten eines Schwarmes Walfutters zappelte, dürfe sich nicht mokieren, dass ihm hinterher ein Bein fehle, könnte der Wal denken. Aber ich war schon bei den Haien. Luft holen, noch mal runter. Nachts im Ozean, über fünftausend Meter Wassertiefe. Gespenstisches Licht. Gedanken an Wale und verschwommene Konturen aus bekannten Filmszenen vom weißen Hai. All das regte meine Phantasie an und schärfte die Angst, es war ein ... Alptraum? Zweifellos. Nach einer Zeit, die mir zur Unendlichkeit wurde, war ich froh, wieder an Bord zu stehen und in der Sicherheit des Schiffes das zerfetzte Segel an Deck zu ziehen. Das bedeute Näh-Arbeit, doch die kam erst Tage später.

Der Weg unter Sternen

10. Seetag – Position 16°49'N, 31°47'W. Atlantischer Ozean, mittendrin. Von Tag zu Tag wurde es heißer. Ein imposanter Hai schaute kurz mal vorbei, verzog sich wieder, nachdem ich ihm mörderische Drohungen entgegenschrie. Die Passatwolken lösten sich auf, das Baro stieg. Von tiefem Blau umgeben atmete der Wind aus. In seinem Schatten glitten wir in eine Flaute von zwei absolut windlosen Tagen. Diese Stille wollte ich nicht zerstören, indem ich den Motor startete, sondern so erleben, wie sie war. Also spannte ich die Hängematte auf dem Vordeck zwischen Mast und Vorstag, stieg hinein und ließ mich vom Atlantik in seiner sanften Dünung mal nach Backbord und dann wieder nach Steuerbord schaukeln. Der Ozean stand still. Doch nicht ganz. Trotz der vermeintlichen Bewegungslosigkeit brachte uns der unsichtbare Äquatorialstrom immer noch mit 20 Seemeilen voran. Der Motor blieb stumm. Was brachte es schon, bei einer Distanz von tausenden von Meilen einen Tag eher oder später anzukommen? Ich hatte keine Eile, aber dafür eine Überdosis Zeit und in der erlebte ich eine traumhafte Nacht in der Hängematte unter einem Vollmond, der eine riesige dunkle Scheibe über den von Passatwolken betupften Himmel zauberte.

Wir trieben dahin. Über uns das Universum aus Galaxien, Sternen und Planeten, von denen wir mehr wissen als von den geheimnisvollen Tiefgeschossen der Ozeane, jener Dunkelzone ab zweitausend Meter Wassertiefe, die man Abyssale nennt.

Mein Blick verlor sich in der nächtlichen Unendlichkeit. Sternschnuppen leuchteten auf und einen Augenblick später erlosch die Welt. Schon lange nicht mehr hatte ich besser und tiefer geschlafen als in jener Nacht auf einem Weg unter funkelnden Sternen.

Kurz nach dem Sonnenaufgang schrieb ich in meine schwarze Kladde blasse Zeilen auf spiegelnder See und damit beenden wir diese romantische Verschnaufpause, denn es gab etwas zu tun. Der Wind war zurück und brachte wieder Leben in Schiff und Mannschaft. Von Norden her rollte eine gewaltige Dünung heran. Sie schien ein Indikator dafür zu sein, dass weit weg ein ziemlich heftiges Unwetter tobte, was der Blick auf's Barometer zu bestätigen schien. Angenehme Assoziationen wollten sich beim stetigen Fallen der kleinen schwarzen Nadel nicht wirklich einstellen, eher schwante mir Böses, als die üblichen Verdächtigen aufzogen: Zirren am Himmel, anschließende Schleierbewölkung. Umlaufende Winde. Stürme im Monat Februar sind während einer Ozeanfahrt in der Passatwindzone eher unnormal, las ich im Benutzerhandbuch für den Atlantischen Ozean. Doch Statistik und Wahrscheinlichkeit klangen noch nie nach überzeugender Sicherheit. Der Wind frischte auf, prasselnder Regen setzte ein und erstickte die weißen Kämme der Wellen. Das Meer verdichtete sich zu einer Berglandschaft, deren dunkle Spitzen sich aus den Nebentälern erhoben. Ockergelb färbte sich der Himmel, ging über in grau und riss gelegentlich auf, wobei die Sonne das aufgewühlte Meer erleuchtete. In diesem eindrucksvollen Farbspiel segelte AURYN direkt in das Zentrum eines leuchtenden Regenbogens. Kurs Südamerika. Die Windmessanlage zeigte Wind aus Nordwest in Böen sieben. Die Segel standen im 2.Reff. Wir pflügten durch eine stark bewegte See und kamen gut voran.

Nachtschicht. Ein Regenschauer trommelte wütend an die Fenster, darunter saß ich am Navigationstisch und betrachtete in der Seekarte die wachsende Kurslinie. Ich ertappte mich dabei, wie ich die verbleibenden Seemeilen in Tage umrechnete. Aber was spielte es für eine Rolle? Tage gingen dahin, als ob es nur ein einziger wäre. Was hat Zeit schon für eine Bedeutung in der Weite eines Ozeans! Bordroutine teilte die Zeit ein. Auch wenn darin Wiederholung lag, so war jeder Tag, jede Stunde anders. In ihnen wechselten sich die äußeren Einflüsse von Wetter und Meer ab mit den emotionalen Einflüssen von Gedanken und Stimmungen. Mal fühlte ich mich leicht und locker, kurz darauf kam ich nur schwer in Tritt. Schwer fiel mir das Kochen. Die heranrollende See mit ihrer hohen Dünung ließ das Schiff auf den Wellenbergen wild geigen, dadurch wurde jede Kocheinlage zur zirzensischen Übung.

Die Nacht spannte sich wie ein pechschwarzes Segel zwischen den Horizonten. Im Blick zurück warf der Ozean mit der Sturheit einer Fließbandproduktion eine Welle nach der anderen aus. Starkwind, Sturmböen, Regenschauer. Weit und breit kein Schamane, der mit den Göttern um besseres Wetter verhandelte. Hoffnung versprach die aktuelle Wetterkarte des Nordatlantiks: Ein langer Hochdruckkeil verlief von der Westküste Afrikas bis in das Karibische Meer und schien die tropische Störung aufgelöst zu haben. Doch erst am Nachmittag des folgenden Tages war die Schlechtwetterfront tatsächlich über uns hinweggezogen. Die Sonne blinzelte wieder durch die Wolken. Es wurde wieder ruhig auf dem Atlantik. Zeit, um mein Appartement mit Seeblick mal wieder aufzuräumen, um Wäsche zu waschen und den Fang des Tages frisch zu filetieren. Am frühen Morgen zappelte eine kapitale Dorade am Haken. Die Zeit nach dem Sonnenaufgang verspricht gelegentlich einen leckeren Fisch an der Schleppangel. Denn in den frühen Morgenstunden erwacht der Appetit der Spezies, die im Kosmos Ozean unterwegs sind. Jäger und Gejagte. Fliegende Fische sprangen vor den schnappenden Mäulern gieriger Raubfische aus dem Wasser. Diese sorgen dafür, dass die kleinen aus dem Verkehr gezogen werden oder andere Bestände in ihrem Revier nicht überhandnehmen.

Totenglocken

Wäsche flatterte im frischen Passatwind, die Schoten knarrten. Es wurde wieder ein feines Segeln im Tropengürtel der Passatroute. Dank „Karl" steuerte AURYN stur durch die See. Tag und Nacht. Das blaue Boot wurde mir zur Insel, die weit weg von der übrigen Welt zwar Einschränkung, dafür aber unendlich viel Freiheit bedeutete.

Der 14. Seetag – noch 500 Seemeilen bis Barbados. Immer noch hatte ich kein anderes Schiff gesichtet, dafür staunte ich bald über eine Kolonie von blauschillernden Segeln, die es ebenfalls Richtung Westen trieb. Portugiesische Galeeren! Jene Quallenart, die vom Baumeister der Evolution mit der interessanten Eigenschaft ausgestattet wurde, ihre Rückenpartie gasgefüllt senkrecht aus dem Wasser ragen zu lassen. Damit segelten sie wie eine Yacht vor dem Wind. Ich erinnerte mich beim Beobachten der Kolonne an das Logbuch der ersten Atlantikfahrt von Kolumbus. Darin beschrieb er erstmals diese Quallen, die eigentlich nur noch eine schwarze Flagge mit gekreuzten Knochen auf ihrer Glibbermasse tragen müssten, um sie dafür zu kennzeichnen, was sie brachten: Den Tod! Zumindest, wenn an Land nicht zufällig ein Arzt in der Nähe war.

So putzig diese Tierchen mit ihren wackelnden Segeln auch aussehen, unterhalb des Gelees zieht die Galeere den schleppenden Vorhang des Todes hinter sich her. Ein Gestrüpp aus hocheffizienten Gift-Tentakeln. Kommt man mit ihnen in Berührung, durchschießen hunderttausende winzige Pfeilchen die Haut des Opfers und injizieren ihm Stoffe, die seine Blutkörperchen und Nervenzellen blockieren. Lähmung, Atemstillstand, Herzversagen sind die Folgen. Doch lassen wir die Totenglocken verstummen, denn der Schwarm der portugiesischen Galeeren lag im Kielwasser. Unter der hohen Flächenbewölkung zogen lockere Passatwolken. Ich schaute ihrem Zug nach, beobachtete die See und, abgesehen davon, bestand der Grund des lazy sunday afternoon eher in Nachdenklichkeit. Abgelegte Empfindungen an die Hochs und Tiefs, die ich beim Segeln empfand, flackerten auf, genau wie die Glücksmomente, einen Fisch zu fangen oder an die verspielten Delfine zu denken, die uns begleiteten. Über allem stand jedoch das Schauspiel der Natur im ständig sich verändernden Spiel aus Farben und Formen. Herrje, schon wieder die Poesie. Doch die Vokabeln sind viel zu mager, es gehören fettere her. Gefühle: Ob es das schöne Gefühl war, selbstgesteckte Ziele unter Segeln zu erreichen oder die unvergesslichen Tage, wenn ich in abseits gelegenen Ankerbuchten bei einem Glas Wein im Cockpit saß und den Sonnenuntergang beobachtete. Alles polterte plötzlich durcheinander: Ich erinnerte mich an den Anfang dieser Reise. An meinen Traum, der mich nicht los ließ, der verschwand, jedoch immer wieder hervorkroch, mich zaudern ließ und mir Mut machte. Immer wieder, bis ich AURYN kaufte und lossegelte. Und jetzt war ich hier, umgeben von der atlantischen Wasserwüste. Mitten im blauen Nichts unter weißen Segeln, die mich unaufhörlich in Richtung eines neuen Kontinentes zogen. Doch zunächst ging es in die sechzehnte Nacht. Und die wurde unruhig. Im Schiff staute sich die Hitze des Tages, so dass ich es vorzog, draußen im Cockpit zu schlafen. Während ich dort so vor mich hindöste, klatschte ein fliegender Fisch ins Cockpit und zappelte glibbernd über den Boden, wobei er einen sehr intensiven Geruch verströmte. Später murmelten Stimmen am Horizont und ich glaubte ein sanftes Lachen von jenen Gestalten wahrzunehmen, die wie buckelige Ungeheuer in der Wolkenbank am Horizont dahinhinkten. Sah ich zum Heck, wo der Außenbordmotor auf der Reling hing, suggerierte sein Schatten ein schleimiges Monster, das sich aus dem Ozean zog und gierig seine Tentakel nach mir ausstreckte … Keine Angst, das alles entsprang meiner Phantasie, entstand aus Schlafmangel und in der Alleinsamkeit einer Ozeanüberquerung. Ich musste mich ablenken, saß im Schein einer kleinen Lampe am Kartentisch und rechnete die Längengrade in die Ortszeit um. Wir segelten mittlerweile durch eine weitere Zeitzone, was mich nicht nur vier Stunden jünger machte, sondern gleichzeitig den vorletzten Tag auf See bedeutete.

Ich betrachtete die vielen Kreuze unserer Standorteintragungen der zurückliegenden Tage über diese große Fläche aus weißem Papier, die das Meer bedeutet. Aus der Isolation der Wasserwüste zog ich einen Strich vorbei an den kleinen Zahlen der Tiefenangaben hin zu den schraffierten Konturen von Barbados. Die geschwungenen Linien konnten alles bedeuten: Hohe Klippen, schroffe Felsen, türkisblaue Buchten oder schneeweiße Strände. Auf jeden Fall suggerierten sie Land. Leben. Geräusche. Ein Bach plätschert, Vögel zwitschern, die Vegetation riecht und Menschenstimmen klingen.

Frühmorgens tauchte ich wieder aus dem warmen Licht der Kajüte auf, saß im Cockpit und ließ meinen Blick über den Bug durch die graue Weite des Ozeans zum Horizont wandern. Zu jener Linie, die den Himmel vom Meer trennte, ohne dass wir ihr jemals nahe kamen. Und doch entstieg aus diesem Strich bald das Land. Barbados. Noch einhundertsechzig Meilen.

Das Morgenlicht zog über uns herauf. Der Sonnenaufgang war so großartig, dass ich nach meiner Seewasserdusche auf dem Achterschiff einfach nur dastand und das goldene Licht bestaunte, das diesen Augenblick ausgoss. Danke – schrie ich zum Himmel, während ich nackt in wilde Bewegungen ausbrach und zu den knalligen Farben eines Sonnenaufgangs anfing zu tanzen!

18. Tag – Der Passat blies in gewohnter Zuverlässigkeit, so dass ich wiederum nichts mit den Segeln zu tun hatte. Über den Tag bereitete ich mich auf das Ansteuern von Barbados vor. Aber wollte ich eigentlich schon ankommen? Die Zeit auf dem Atlantik hatte sich erfüllt und war bestimmt vom intensiven Gefühl, eins zu sein mit der Natur, als deren Teil ich mich begriff. Die Reise über den Ozean war einzig in ihrer Art. Darin lag für mich das eigentliche Abenteuer, nicht im Irgendwo-Ankommen.

Jaulte da jemand? Es dauerte, bis ich in der silbrig geriffelten See den geheimnisvoll glänzenden Rücken eines Wales ausmachen konnte. Wieder fiepte es eindringlich und lange. Mit viel Phantasie und Liebe zur Musik ließ sich daraus gerade noch eine Melodie erkennen, die vermutlich ausreichte, um einen esoterischen Meditationsabend an der Volkshochschule zu gestalten. Doch was der Riese von ungefähr fünfzehn Metern an geheimnisvollen Botschaften in die Tiefe des Ozeans sendete, blieb unentschlüsselt. Leider gelang es mir nicht, von dieser Begegnung ein Foto zu schießen. Ein Blas, eine winkende Fluke wie zum Abschied. Das war alles, dann tauchte er ab. Das Bild blieb, denn das beste Foto ist das mit dem Auge und der ideale Film für spezielle Augenblicke ist die Erinnerung.

Langsam erlosch der Abendhimmel. Die glühende Sonne sank hinter den Horizont und entflammte aus ihrem Versteck den ganzen Himmel, das ganze Meer. Auch das mächtige Wolkenband, das weit voraus vor dem Bug lag. War das die Willkommenszeile von Barbodas? Eigentlich hätten die Berge der Insel schon lange in Sicht kommen müssen. Auch wenn ich nicht wirklich an meiner Navigation zweifelte, so überprüfte ich dennoch die GPS-Koordinaten. Alles schien korrekt. Hinter meinem Rücken hob eine hohe Dünungswelle AURYN an, doch ich hatte nur noch Augen für das, was sich vor mir abspielte: Eine unsichtbare Hand zog den Wolkenvorhang auf und gab den Blick frei auf Barbados` Bergkonturen, die sich wie Scherenschnitte im Gegenlicht des Mondes abzeichneten. Noch 35 Meilen. Immer mehr Seevögel umschwirrten AURYN, in der Luft lag ein Aroma von Land und in mir kribbelte ein unglaublich warmes Gefühl von Zufriedenheit, als ich den Punkt erreichte, den ich vor drei Wochen in den Navigator getippt hatte. Der Adrenalinstoß verscheuchte den Schlaf in die Koje, während ich völlig aufgedreht die ganze Nacht im Cockpit hockte. Ich schrieb den 20.Tag der Atlantiküberquerung ins Logbuch und starrte fasziniert um drei Uhr morgens auf die ersten Lichter von Bridgetown, die in einer hohen Dünung vor dem Bug tanzten.

Im ersten Morgenlicht rollte der Ozean aus. Seine unbegrenzte Kraft trieb das Schiff eines erschöpften Seemannes in die Carlisbay von Bridgetown – Barbados. Vom Land krähte ein Hahn, der Anker rasselte und saß bald darauf im sandigen Grund. Seltsam mutete die Stille an, obwohl die Brandung unermüdlich an den Strand rollte. Doch an Bord kehrte Frieden ein. Keine Segelgeräusche, kein Schaukeln, kein rauschendes Wasser. Stattdessen völlige Ruhe und Bewegungslosigkeit. Still saß ich im Cockpit. Benommen von der langsam einsickernden Erkenntnis, etwas Unvergessliches erlebt zu haben. Denn AURYN brachte mich nicht nur an den Rand des Horizonts, sondern darüber hinaus und zugleich hinein in eine neue, phantastische Wirklichkeit, die mir das Meer in Freiheit und unendlicher Weite schenkte. Morgens um fünf ein Bier! Na dann, salute! Dieser Augenblick war Alibi genug, um darauf mit der aufgehenden Sonne anzustoßen. Auf den Schultern eines milden Windes wehte der Geruch von Zivilisation zu uns herüber. Vor mir erwachte langsam die Stadt. Autos flitzen hin und her. Menschen joggten am weißen Sandstrand von Bridgetown, deren pastellfarbene Häuser wie gesprenkelt in den grünen Hängen lagen. Ich lehnte mich zurück, schmeckte das Meer auf den Lippen und schloss die Augen. Als ich sie wieder aufschlug, lag der Atlantik endgültig hinter uns. Zwanzig Seetage waren vorübergegangen, als wäre es ein einziger gewesen. Damit klappte ich das Logbuch meiner ersten Ozeanüberquerung zu, wobei mir ein Stück Papier vor die Füße segelte, das der noch lebende Verfasser vor dem Start beschrieben hatte. Ich hob den vorsorglichen Abschiedsbrief auf, zerriss ihn und stieg selig in die Koje.

Mittlerweile lag der erste Landgang hinter mir, ich ruderte mittags an Land, das unter meinen ersten Schritten gewaltig schwankte. Die blöden „Steinchen“ im Ohr, die uns helfen, in den Rollbewegungen des Schiffes das Gleichgewicht zu halten und nicht hinzufallen, hatten es offenbar noch nicht bemerkt, dass die Schaukelei auf See ein Ende hatte. Zumindest gaukelten sie dem ihnen anvertrauten Seemann weiterhin vor, einen reichlich eierigen Bewegungsablauf auszuführen. Das muss auch beim Einklarieren im Zollbüro dem Beamten so vorgekommen sein, als der mir netterweise einen Stuhl zuschob. Mit einem halben Lächeln knallte er einen weiteren Stempelabdruck in den Pass und wies mir freundlich den Weg zum Supermarkt. Vorbei an dem quirligen Treiben einer neuen farbenfrohen Welt marschierte ich durch das karibische Flair und schielte verstohlen einem hübschen Mädchen hinterher, das meinen Weg kreuzte. So bewegt, dass ich wieder anfing zu stolpern und grienend in die Hacken eines Typen mit verfilzten Rastalocken lief, der im wohlgefälligen Geruch eines krummen Joints immerzu den Kopf schüttelte. So als könnte er's mir nicht glauben, dass ich mit einem blauen Segelboot von Europa über den Atlantik auf seine Insel kam.

Das verlorene Paradies

Barbados

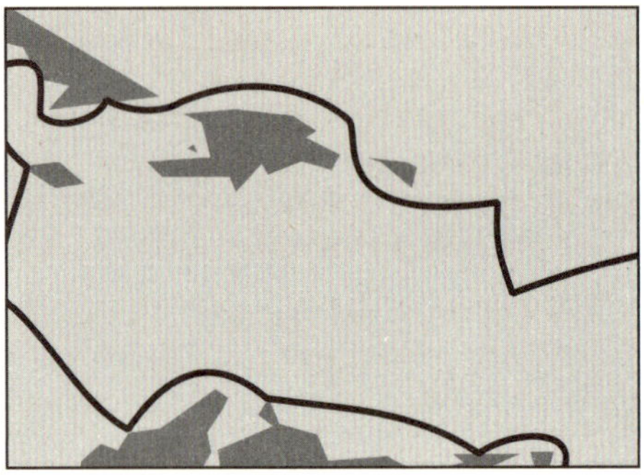

Hallo Deutschland, rief jemand, als ich dabei war, AURYN vom Salz des Atlantiks zu befreien. Auf der Kaimauer stand der Kapitän vom Containerschiff „Stadt Cuxhaven“, das am Vormittag in den Hafen von Bridgetown eingelaufen war. Mittlerweile saß Reinhard im Cockpit und teilte den Rest Kaffee mit mir. Im Gegenzug erfuhr ich von ihm einige Informationen über das karibische Meer sowie aktuelle Funkfrequenzen für Seewetterberichte. Er war sehr an meiner Reise interessiert, da sich diese mit seinen Plänen mischte. Auch er besaß eine Segelyacht und die dazu gehörenden Träume von einer Weltumsegelung. Irgendwann und später. So begann sein Traum, den er auf später verschob. Wenn er in Rente sei und die Lebensversicherung ausgezahlt würde. So lautete seine Begründung oder versteckte er sich nur dahinter? Auf meinem Törn hatte ich einige kennengelernt, die wie er argumentierten. War es dann tatsächlich so weit, fühlten sie sich so alt, dass sie nicht mehr den Mut fanden zu starten. Andere wurden krank und aus den Trümmern ihrer Träume entstanden Selbstvorwürfe, es nicht vorher getan zu haben. In der nicht verlorenen Hoffnung auf unbegrenzte Möglichkeiten kreisen bei uns die Visionen. Der eine verschiebt sie auf später, während andere sie leben oder beim Versuch scheitern, nach einer Ozeanüberquerung weiter zu segeln, weil kein Geld mehr da ist, ihr Schiff kaputt ist oder der Mensch oder alles zusammen. Immerhin ist der kleinste Ansatz von Verwirklichung besser als ein nicht realisierter Traum.

Reinhard lud mich zum Abendessen auf seinen Dampfer ein. So saß ich dann umgeben von seinen Offizieren in der eleganten Messe und fühlte mich nicht gerade wohl, da mich der 1. Offizier mit seinen Sprüchen über die blöden Neger, die sich auf Kosten der Weißen ein schönes Leben machten, reichlich nervte. Anfangs konnte man es noch als Delirium eines zu kurz gekommenen Rassisten abtun, doch wie ich später feststellen musste, war die Karibik voll von solchen Bleichgesichtern, die sich einbildeten, umgeben von Schwarzen ein bisschen heller zu scheinen.

Das Essen war köstlich, dennoch hatte ich keine Lust auf den anschließenden Spiele-Abend in der Aufgeblasenheit des Rassisten und verzog mich wieder zurück auf AURYN.

Ausflug

Wo eben noch gesunder Rasen wuchs, klaffte nun eine kleine Mulde in erdbraun. Der kräftige Hieb schälte das satte Grün der Driving Range radikal ab und weitere Schläge des Dilettanten sicherten dem Landschaftsgärtner im Golfklub den Job. Doch ich ließ es sein, packte das Eisen beiseite und verabschiedete mich von Reinhard, den ich zu seiner Golfrunde begleiten sollte. Stattdessen stieg ich in den Leihwagen und fuhr, der Hinterlassenschaft britischer Kolonialzeit gemäß, auf der linken Seite. Die Straße führte über sanfte Hügel durch Zuckerrohrplantagen, in denen die Nachfahren der Sklaven wie zu Urzeiten mit Macheten auf die wehenden Stiele einsäbelten. Das frisch geschlagene Zuckerrohr schwängerte die Luft, während ich nach ein paar Kurven ausstieg und zum ersten Mal an Frangipaniblüten schnupperte und Riesenfarne auf ihre Echtheit prüfte. Dann wurde die Landschaft fruchtig und es ging durch endlose Bananenplantagen. Wieder stieg ich aus, doch diesmal pflückte ich Papayas und Mangos, so wie sie wuchsen. Wild und in freier Natur.

Am Nachmittag stand ich am Strand. Eine sanfte Dünung hob das Beiboot an. Ich schob es ins Wasser und zerstörte das Bild, in dem sich die Palmen spiegelten. Die Bucht war windstill, der helle Korallenstrand mit grünen Palmen schien genau so kitschig wie das Bild eines Inselschoners, der mit weißen Segeln davor kreuzte. Das ist die Karibik. Schon ihr Name verspricht Balsam. Ihre Palmen Schatten fürs Auge und ihr türkisfarbenes Wasser Licht für die Seele. In Seelenbad und Augenfreude versank die Sonne im Meer. Die Nacht kam schnell und wischte die prosaische Wirklichkeit aus. In ihr trieb mich Ungeduld weiter, denn vor mir lag das nächste Ziel. Die Insel Sta. Lucia in 85 Seemeilen Entfernung. Um sie bei Tageslicht anzusteuern, zog ich nachts um zwei Uhr den Anker aus dem Sand und verließ Barbados in einer wunderschönen Halbmondnacht. Hinter der Landabdeckung wehte der Passatwind aus Nordost mit vier bis fünf Beaufort und im schwachen Licht des Kompasses pendelte sich die Nadel auf 315° ein. AURYN segelte mit halbem Wind unter voller Besegelung. In den Wanten pfiff es. Die Segel knatterten, ich trimmte sie etwas nach, während der Autopilot schweigend und ohne tariflich vereinbarte Ruhezeiten seinen Dienst versah. Ein paar Fischerboote kreuzten unseren Kurs und später ein riesiges Kreuzfahrtschiff in eindrucksvoller Lichterpracht.

Die Nacht blieb voller Lichter. Sterne gingen auf und verschwanden nach einiger Zeit, Flugzeuge zogen Richtung Norden und Sternschnuppen verglühten im Nirgendwo. Dann blinkte es an der Kimm. Mit dem Handkompass peilte ich das kräftige Licht am Horizont, legte die Gradzahl am Längengrad der Seekarte an, zog einen Strich von meiner Position zum identifizierten Licht und stieß so auf das Leuchtfeuer der Insel St. Vincent. Im sicheren Abstand passierten wir den dunklen Felsen.

Mit einer Tasse Tee in der Hand erlebte ich den ersten Sonnenstrahl, der die Dämmerung wegwischte. Sonnenaufgang in den Tropen. Der Tag erwachte und kam mit Farben von einer solch imposanten Intensität, dass man glaubte sich darin zu verlieren. Lange schon lagen vor dem Bug die steilen Vulkanberge von St. Lucia. Am Mittag erreichten wir mit zunehmendem Wind ihre Westküste, an der die See ruppig wurde, weil der Passat den ganzen Atlantik über tausende von Meilen auf den Inselsockel trieb. „Die Sonne vergoldete ein Bild, das ich kaum zu beschreiben vermag“ sagte kein anderer als Kolumbus, als er beim Anblick der Insel ins Schwärmen geriet. Und in der Tat: Das Landschaftsbild machte Eindruck und bestach durch eine Natürlichkeit, in die kein Tourismusstratege eingegriffen hatte. Das zentrale Bergmassiv bestand aus mehreren Rücken, die sich mit sattgrünem Regenwald bedeckten. Dazwischen lagen fruchtbare Täler mit riesigen Bananenplantagen. Ihre natürliche Bewässerung schien sich aus zahlreichen Gebirgsbächen zu speisen, die sich durch eine bizarre Gebirgslandschaft schlängelten. Imposante Wasserfälle und kleine Hüttendörfer, deren Dächer im Sonnenlicht reflektierten, lockerten das Bild einer üppigen Vegetation auf. Wie mit einem kühnen Pinselstrich auf sattgrüner Leinwand gezogen schwebte, mittendrin ein weißer Wolkenstrich und dehnte sich entlang der Westküste. Soweit zum Land. Aber noch sind wir auf AURYN und es gab etwas zu tun. Denn je näher wir der Nordspitze von Sta. Lucia kamen, desto mehr legte der Passat zu, entsprechend mussten die Segel gerefft werden. Als wir die nördlichste Ecke erreichten, führte der neue Kurs nach Ost, damit veränderte sich die Segelstellung und bedeutete Klar zur Halse. AURYNS Heck rutschte in diesem eleganten Manöver durch den Wind. Der Großbaum ging von Steuerbord auf Backbord, das Vorsegel folgte. Fix noch das Großsegel mit dem Bullenstander festsetzen, die Genua ausbaumen. Segel trimmen. Mund abwischen und fertig! Der neue Kurs lag an, die Rauschefahrt ging weiter. Schäumend, wie die Brandung der zahlreichen Riffe, auf denen die alten Wracks den nachlässigen Seemann mahnten, besonders vorsichtig zu navigieren, weil die Nordküste von Sta. Lucia gespickt ist mit zahlreichen Untiefen, die nicht in jeder Seekarte verzeichnet wurden.

Am frühen Nachmittag erreichten wir die Rodney Bay. Von weitem schon leuchteten die zahlreichen Masten der Marina. Um einige Besorgungen zu erledigen, wollte ich dort morgen einlaufen. Heute war mir nach einem erfrischenden Bad im türkisfarbenen Wasser und einer Ankernacht im Frieden einer paradiesischen Bucht. Dort hinein steuerte ich mein Schiff, rollte die Segel weg, um anschließend den Anker zum Fallen vorzubereiten. Im Gleiten der letzten Fahrt rasselte die Kette aus, der Anker ruckte ein und setzte die Harmonie eines schönen Segeltörns fort.

Einige Zeit stand ich vorn am Bugkorb undgenoss die Umgebung, an einem Tag, da das Wasser in der Bucht so klar war, dass man über einem Abgrund zu schweben vermeinte. Vor uns lagen dunkle Korallenköpfe und ein kleines Riff. Wollten wir nicht schwimmen? Klar, aber noch mehr freute ich mich auf eine kleine Unterwasserexkursion entlang der Korallen. Eine Tauchausrüstung befindet sich zwar an Bord, aber man muss nicht weit hinab, denn Korallen gedeihen im Licht der Sonne. Also Schwimmflossen an, Schnorchelmaske auf und hinab. Folgen Sie mir in den Garten. Ein paar sanfte Flossenschläge und schon schwebt man vorbei an einer faszinierenden Unterwasserwelt aus Flora, Fauna und Leben in atemberaubender Vielfalt. Die geweihartigen Skulpturen kunstvoller Korallenblöcke schmiegten sich in der leichten Strömung. Gemächlich zogen ein paar Zackenbarsche vorbei, während in den lichtdurchfluteten Korallengassen bunte Fischschwärme hin- und herkreuzten. Ein Kugelfisch lugte neugierig aus seiner Höhle. Der Kopf einer Muräne schlängelte in Richtung eines sorglosen Krebses, der sich gerade seiner tarnenden Sanddecke entledigte und bald darauf keiner mehr war. Die Architektur der Korallenlandschaft bestach durch eine faszinierende Zauberwelt mit Miniaturfestungen aus formenreichen Türmchen und kunstvollen Säulen. Dazwischen schwebte ein Rochen mit majestätischen Schwingen und verursachte außer Eindruck auch gewaltiges Herzklopfen. Dann zog ich meinen Kopf aus dem fremden Mikrokosmos und tauchte wieder ein in jene vertraute Welt, die ich kurz verlassen hatte. Zurück an Bord spannte ich mir die Hängematte zwischen Vorstag und Mast, blickte auf den palmenumsäumten weißen Strand und reflektierte die Eindrücke des Tages, während sich vor mir die Schriftzeichen des Himmels ständig änderten. Vereinzelte Wölkchen zogen auf, der Passat verwehte ihre Gestalt und die Farbe bis zum Abendrot. Als die Vorstellung am Himmel lange beendet war, es war Nacht, bellten am Strand ein paar Hunde und danach war die Stille zum Greifen.

Sta. Lucia

Der nächste Tag konnte widersprüchlicher nicht sein. Ich steuerte AURYN durch eine schmale Lagune in die Betriebsamkeit der Rodney Bay-Marina, die nichts anderes war als einer der größten Yachthäfen im karibischen Raum, Zentrum für Bootsreparaturen sowie technische Versorgungseinrichtungen aller Art. Auf meinem Einkaufszettel standen Lacke fürs Teakholz, vier neue 12-Volt-Batterien, diverse Schäkel, Motoröl, Benzin für den Außenbordmotor und die Reparatur des Leichtwindsegels.

Ein paar aufdringliche Boatboys („Boss, do you meet my sister“) lungerten am Schiff. Nachdem ich ihre lästigen Verhandlungen zum Waschen des Bootes ablehnte, rückten sie mir nicht mehr von der Pelle und erinnerten dabei an Versicherungsvertreter der hartnäckigsten Sorte. Am Steg gegenüber polierten finster dreinblickende Schwarze weiße Yachten. Einer ihrer Eigner, ein zotteliger Graubart mit Piratengold im Ohrlappen, bölkte den Arbeitern ätzende Ratschläge entgegen oder stand ihnen mit hämischer Kritik hilfreich zur Seite. Aus seinem Liegestuhl winkte mir der Sklaventreiber moderner Zeit lässig zu und zu sich herüber. John, so hieß der verfettete Ami, lockte mich zu einem Bier auf sein Schiff, besser gesagt, er versuchte es. Ich lehnte ab, weil mir der Saft am frühen Morgen die Energie des Tages nehmen würde. Stattdessen verabredete ich mich mit ihm zum Schnack am Abend im Yachtklub und folgte zunächst seinen Beschreibungen zum Segelmacher und Yachtausrüster.

Ich staunte über das amerikanische Ambiente dieses Retortenhafens in der Umgebung exklusiver Hotelanlagen, die sich mit all-inclusive-Angeboten unterboten, und marschierte aus dem bewachten Gelände des Yachtklubs in den Supermarkt auf der anderen Seite der Straße. Obwohl mich der Wärter vor gewalttätigen Jugendlichen warnte, ließ ich mich dennoch von ihnen übertölpeln. Die Attacke erfolgte, kurz bevor ich den Gemüsestand betrat: Der eine Gangster rempelte mich an, während der andere, ein verdreckter Lümmel, in die Seitentasche meiner Hose greifen wollte. Ich schlug ihm auf die Pfote, schüttelte die Juniorbande ab und erledigte meine Einkäufe. Auf diesen Schrecken genehmigte ich mir später auf der Sonnenterrasse des Yachtklubs einen Sundowner. Der typisch karibische Rumpunsch war lecker, vom Holzkohlengrill waberten die Gerüche der Spare Ribs und ansonsten hätte ich mir lieber etwas Traditionelles wie eine einheimische Steelband gewünscht als die sentimentale Willie-Nelson-Coverversion unter wehenden Palmen. Zahlreiche Yachties, es waren hauptsächlich Amerikaner,

Holländer, Franzosen und Deutsche, hatten sich an der Bar versammelt. In den Farben eines knalligen Sonnenuntergangs wehte der sanfte Passat ihre Satzfetzen zu mir herüber. Ihre lauen Gespräche drehten sich ausschließlich um Geld: Wo es das billigste Bier gäbe, die günstigste Pizza, den billigsten Bus oder den besten Wechselkurs und so weiter. Es fiel mir mittlerweile auf, dass besonders in Yachthäfen die Sprache vieler Segler die des Geldes ist und diese Sprache ist die Quelle von Missverständnissen, besonders bei Knausern.

Dann kam der Schlag! War das der Gegenangriff der Kriminellen vom Nachmittag? Weit gefehlt. Die Bärenpranke von John knallte auf meine Schulter. „How you doing" sprach der alte Vagabund und reichte mir mit der anderen einen freundschaftlichen Welcome-Drink. Wir setzten uns, erzählten von unseren Reisen. Die Sonne verschwand hinterm Horizont, davor schnallte sich Willie Nelson seine Gitarre um und sang ein weiteres Lied voll triefenden Schmalzes. Eine Nutte mit Sonderangeboten in den Kajal-Augen, die Lippen blutrot geschminkt, wackelte mit schmalen Hüften augenzwinkernd an John vorbei. Die beiden schienen sich auch ohne Worte zu verstehen, denn der Platzhirsch erhob sich balzend und verschwand mit der Lady im Dunkel einer schnell hereinbrechenden Nacht.

Ich sah John nie wieder, hoffte dennoch, dass es ihm gut ging und verließ am nächsten Morgen die Rodney Bay-Marina sehr früh. Jenseits der all-inclusive-Hotel-Resorts und lärmenden Jet-Skis lag das noch andere Sta. Lucia. Außerdem erinnerte ich mich, während ich AURYN aus dem Hafen steuerte, an die Worte meines alten Reiseleiters – „diese Landschaft ist die schönste, die je ein Menschenauge sah", das sagte kein anderer als Kolumbus und meinte die imposanten Wasserfälle, tropischen Regenwälder, Wiesen voller Blumen und Vögel, die in allen Farben schimmern. Sein König dagegen war mehr an den unterirdischen Schätzen interessiert, aber das wollen wir unter den Eindrücken des Törns nicht weiter ausführen.

Dennoch bestätigte sich das Bild der undurchdringlichen tropischen Wälder entlang der Westküste, an der AURYN nun auf Kurs zur Marigot Bay segelte. Es waren nur 12 Meilen und schon bald tauchte die versteckte Einfahrt zu einem der schönsten Ankerplätze von Sta. Lucia auf. Die Marigot Bay ist eine wunderschöne Lagune, die ins Landesinnere führt und durch ihre geschützte Lage ein sicheres Schlupfloch für jene bedeutete, die trotz der anbrechenden Hurrikansaison glaubten, sie könnten in der Karibik segeln. Auf Grund ihrer vermummten Lage, riesige Palmenwälder ließen die schmale Einfahrt kaum erkennen, galt die Marigot Bay zu Zeiten der Piraten und Freibeuter als ideale Camouflage. Sie tarnten ihre Schiffe so geschickt mit Palmenwedeln, dass sie von See her nicht zu erkennen waren, um sie dann zum richtigen Zeitpunk in eine strategisch bessere Position zu bringen. Begeben wir uns kurz ins siebzehnte Jahrhundert: „Palmen runter, Segel heißen, Schiff klar zum Gefecht" schrie der Master und Commander und schob das Fernglas zusammen. An Deck wurden Kanonen in Stellung gebracht, Lunten angesteckt. Bevor die Kanone zündete, knallte ein Treffer in die Takelage. Holz splitterte. Ein Dreispitz stürzte aus dem brechenden Mast auf das Deck. Schreie ertönten, Schüsse hallten. Der Rudergänger hatte ein Loch im Kopf, röchelte schwach und brach blutüberströmt zusammen. Sein Ersatzmann schob ihn beiseite und nahm seine Position ein. Nun war er der Steuermann, jedoch nicht lange, denn auch auf ihn lauerte der Tod bereits.

Kaum eine andere Gegend der Karibik hat mehr Blut und Kriege erlebt wie Sta. Lucia. Vierzehnmal wechselte das Land den Eigentümer. Dazu gesellten sich die Katastrophen der Natur: Hurrikane, Erdbeben, Vulkanausbrüche. Von allem erholte sich das Land und zeigte sich paradiesisch.

AURYN lag mittlerweile vor Anker in einer einmaligen Naturschönheit zwischen zwei zuckerhutförmigen Vulkankegeln, die ich von Deck aus bestaunte. Kolibris flatterten um meine Ohren und ein kleiner Krauskopf in seinem fragilen Einbaum ruderte auf mich zu. Der Knirps mochte gerade mal 8 Jahre alt gewesen sein, erinnerte aber eher an ein ausgebufftes Schlitzohr, das mit unverschämten Preisen für ein paar Ananas und Mangos in die Verkaufsverhandlungen trat. Nun, damit konnte er andere Bleichgesichter überlisten, mittlerweile wusste ich, wo es die Früchte gab: In der freien Natur und umsonst. Und dahin begab ich mich, als ich AURYN verriegelte, an Land ruderte und durch den umliegenden Dschungel wanderte. Ganz in der Nähe entdeckte ich inmitten eines kleinen Vulkankraters eine dampfende Schwefelquelle und duschte unter einem malerischen Wasserfall. Fette Geckos, die man ohne zu übertreiben schon als Warane bezeichnen konnte, huschten durch gewaltige Farnbeete. Sta. Lucia ist ein einziger Naturpark. Zu sehen gibt es einiges und zu einem ganz besonderen Erlebnis wurde eine Busfahrt am nächsten Tag.

Frühmorgens dampfte vor mir der Dschungel. Ich stand an der Straße, den Daumen senkrecht im Morgenwind. Von weitem schon wummerten die Bässe des dunklen Kleinbusses, der sich mit knalligen Aufklebern einer Biersorte näherte. Reifen quietschten. Im aufwirbelnden Staub stieg ich ein, während der Fahrer bereits wieder Gas gab. Dank der Fliehkraft landete ich, ob ich wollte oder nicht, auf dem Schoß einer schwarzen Mutter. Sie schob mich grinsend beiseite und nahm sich Wichtigeres vor: Das Kleinkind im geflochtenen Palmenkorb schrie. Sie zog es schwungvoll auf jenen Platz, auf dem ich gerade noch gesessen hatte, fummelte einen Busen aus ihrer Schürze und stillte ihr Baby! Landschaften flogen vorbei. Mitreisende murmelten. Dann wurde es laut. Die Bässe vibrierten, weil der Driver den Reggae bis zum Anschlag aufgedreht hatte. In seinem Beat nickte die verfilzte Rastalocke neben mir und nebelte mich aus seiner begrasten Ganjapfeife in süßem Duft ein. Ich kramte meine Inselkarte aus dem Rucksack und suchte nach einer geeigneten Ausstiegsstelle für eine Wanderung zu den Pietons, den Wahrzeichen der Insel. Bus stop please. Ich stieg aus, zahlte einen caribbean dollar und wünschte den Zurückbleibenden einen schönen Tag. Der Rastatyp nuschelte was von Respect and Love, man! Und dann blieb ich zurück, so wie ich eingestiegen war: Im Müll der Straße und im Gezwitscher bunter Tropenvögel.

St.Vincent – und der Preis der Trennung

Wir segelten weiter nach Südwesten. St.Vincent hieß das Ziel, es lag 35 Seemeilen vor uns. Der Tagestörn geschah in flotter Fahrt, wie immer wehte der Passat beständig. Von der Sonne bestrahlt lagen hinter uns noch lange die markanten Zacken von Sta. Lucia, dann verloren sie sich in den Farben dunkler Regenwolken. Sie zogen über uns hinweg und luden ihre nasse Last mit kräftigen Schauern ab. Als sich der erfrischende Tropenschauer austobte, wurde der Himmel blau und der Wind frischte auf. Ein harter, kurzer Seegang setzte ein und fast drohend empfingen uns die hohen Berge von St.Vincent. Ich fand eine kleine Bucht, steuerte AURYN hinein und ankerte in unmittelbarer Nähe einer schroffen Felswand, von der ein Wasserfall herabstürzte. Bald darauf stand ich unter ihm und mitten im Urwald. Vor mir ankerte mein Schiff. Fische sprangen aus dem Wasser und hinterließen Kreise im Türkis. In den Büschen prügelten sich Affen. Dann kam der Besuch.

Ein weißes Schiff bog um die Ecke und ankerte bald neben AURYN. Als ich zu ihr zurückruderte, glaubte ich meinen Augen nicht zu trauen: Ich schaute in die lachenden Gesichter von Jose und Louis aus Barcelona, die ich in Teneriffa kennengelernt hatte. Wir quatschten und lachten, tranken Kaffee und genossen Joses wunderbare Paella an Bord ihres Schiffes, während sich die Ruhe der Umgebung allmählich auflöste. Der Dschungel erwachte, ein unglaubliches Zikadengezirpe setzte ein. Vogelschrei kam dazu. Irgendwo hinter der grünen Wand aus großen Tropenbäumen dröhnten Trommeln, sangen Kinder. Neugierig stiegen wir ins Dingi, fuhren den weißen Korallenstrand entlang und entdeckten hinter einer Biegung ein paar Hütten. Ein buntbemaltes Fischerboot lag am Strand, Kinder spielten am Wasser und winkten lachend. Ein Mann in zerfledderten Shorts mit breitrandigem Strohhut reparierte im Schatten der Fischernetze den Motor. Unter dem Baum döste ein Hund. Das Dorf bestand aus wenigen Hütten und lag in der Stille abgeschiedener Verlorenheit. Eine alte Frau strickte im Eingang ihres Häuschens ohne Wände und musterte uns mürrisch, vermutlich weil Weiße in ihre Welt marschierten und sie aufgrund der Geschichte nicht geschaffen war, sich in ausgelassener Freundlichkeit auf neugierige Europäer zu stürzen. Man beschnupperte uns eher aus der Distanz.

Die Steelband spielte gut. Im Sound der Karibik trommelten junge Wilde auf leeren Ölfässern, die einen singenden, fast wehmütigen Klang von sich gaben. Die Einheimischen schienen die Schatten der weißen Männer zu ignorieren, die sich ihnen näherten. Mit schweißnassen Körpern bewegten sie sich im Rhythmus eines Tanzes, der nicht endete. Die Schatten der weißen Männer hatten sich Jahrhunderte zuvor wie ein Leichentuch über ihre Inseln gelegt, die in Besitz genommen wurden. Sie rammten die Flagge Kastiliens in den Boden, fingen die Ureinwohner ein wie Tiere, legten sie in Ketten, nahmen sie als Sklaven. Der weiße Mann brachte ihnen die Kirche und Seuchen sowie andere Krankheiten, die sie vorher nicht kannten. Der Weiße entwurzelte die Schwarzen. Was ihnen blieb, war der Tanz. Sie schnitten Ölfässer auf, schlitzten kleine Stöckchen, begannen zu spielen und tanzten sich in einen Rausch der Ekstase Der Weiße schrieb Geschichten über die glorreiche Zeit der Zivilisation, während er die Ureinwohner grausam folterte. Der Schwarze tanzte in die Ekstase des Vergessens. Im Zeugnis der Vergangenheit warf der Mond sein Licht durch die Palmen. Wir gingen zum Meer, die Musik ging uns nach. In der Stille der Bucht ankerten unsere Schiffe, am Strand lief eine sanfte Brandung unter das Dingi. Der Wind hatte sich davongemacht, was blieb, war der Schein des Vollmondes und der Abschied, so wie er immer sein wird: Geschenk einer Freundschaft und um den Preis einer Trennung. In der Anziehungskraft neuer Ziele sagten wir Adios und in der Neugier auf das Un'bekannte zogen wir neue Kurse.

Parkbesichtigung

Sehr früh am nächsten Morgen weckte mich das Geschrei der Brüllaffen vom nahen Dschungel. Im Licht der aufgehenden Sonne zog ich den Anker aus dem Grund und steuerte AURYN zurück ins karibische Meer. Mein Tagesziel hieß Bequia, es lag nur 20 Seemeilen voraus. Segeln im Passat, im beständigen Wind, im blauen Meer unter weißen Wölkchen. Ich korrigierte die Automatiksteuerung, holte die Schoten ein wenig dichter und spürte sofort, dass AURYN dadurch mehr Fahrt aufnahm. Die Gischt flog, ich atmete die Luft, die nach Meer roch, und erlebte wieder einen dieser großartigen Momente, die Leben und Freiheit bedeuteten.

Die Sonne zog ihre Bahn. Am Mittag, als sie direkt über uns stand, zeigte das Außenthermometer 30 Grad. Die Zeit, in der die Sonne in ihrem Zenith stand, war lichttechnisch betrachtet der optimale Zeitpunkt, um sein Schiff durch die mit dunklen Korallenköpfen versehene Ostküste zu steuern. Auf dem flachen Inselsockel von Bequia nahm ich die Segel herunter und warf auf vier Metern Wassertiefe den Anker. Ich hatte eine Überdosis Zeit und noch keine Lust auf den Rummel der gut besuchten Insel von Bequia. Stattdessen schwamm ich ein paar Runden ums Schiff, erschreckte dabei eine Wasserschildkröte und mummelte anschließend im Schatten des Sonnensegels die Reste von Joses Paella. Anschließend war mir nach einem Spaziergang durch den Korallengarten. Also Flossen und Taucherbrille an und rein … Halt. Ich zog noch ein T-Shirt über, denn die Sonne brannte im Wasser wie in einem Spiegel. Dann tauchte ich ein in die wunderbare Welt der Ruhe und schnorchelte zum Riff. Doktorfische flitzten herum, Papageienfische knabberten an Pflanzen. Mit seichten Flossenschlägen glitt ich vorbei an Korallentürmchen und Zinnen wie in einer Hobbit-Welt. Träge zog ein Zackenbarsch vorbei. Dann erschrak ich. In stoischer Unbeweglichkeit stand vor mir ein Barrakuda. Sofort dachte ich an mein Fischbuch: Barrakudas sind aggressiver als Haie. Seine messerscharfen nach hinten geformten Zähne … Ich schluckte, er musterte mich regungslos, so als ob er darüber sinnierte, in welches Menschenbein er seine gerade beschriebenen Beißer rammen sollte. Hätte ich zum Verhalten der Barrakudas aufmerksam weiter gelesen, wären mir vermutlich ein paar eitrige Wunden erspart geblieben. Was ich sagen will ist: Sollten Sie bei einer Parkbesichtigung unter Wasser jemals einem Barrakuda begegnen, grüßen Sie freundlich, ansonsten verhalten Sie sich ruhig. Laufen Sie nicht weg. Das tun im Verständnis von Raubfischen nur verletzte Fische oder Menschen wie ich. Panik breitete sich aus, schob den Verstand beiseite. Hektisch flüchtete ich. Der Barrakuda hinterher. Im Blick zurück blieb er in aufmerksamer Distanz, so als wolle er den perfekten Zeitpunkt zur Attacke abwarten, während ich auf meiner Flucht über scharfkantige Feuerkorallen rutschte und in eine teuflische Qualle griff. Das tat nicht nur weh, sondern brannte noch Tage später. Aber angesichts meiner Unkontrolliertheit hatte ich keinen Grund, mich zu beschweren und konnte froh sein, wenn mir am Ende nicht auch noch ein Stück von der Wade fehlen würde.

Am Ende der Sehnsucht

Nach diesem Erlebnis steuerte ich AURYN in den Naturhafen der Insel Bequia und lag umgeben von zahlreichen Yachten im Pulk jener Blauwassersegler, die entweder allein oder mit Frau und Kindern den Rahmen des Alltäglichen verließen, indem sie lossegelten. Beim Sundowner saß ich unter alten Frangipanibäumen auf der Terrasse eines kleinen Hotels, inmitten eines Ortes voller Seefahrertradition. Fischer kehrten von der Arbeit des Tages heim, Bootsbauer hobelten an den Spanten eines Kutters, der an Land aufgebockt war. Daneben standen seelenlose Schiffe. Bequia war ein Friedhof menschlicher Sehnsüchte. Träume verflogen, Ehen und Beziehungen zerbrachen, manche Langfahrt fand hier ihr vorzeitiges Ende. Einige Schiffe erzählten davon und standen zum Verkauf.

Zurück auf AURYN schaukelte ich in der Hängematte und ließ mich treiben. Mein Blick ging über die Bucht zum Horizont, der nur noch aus Wasser bestand. Vom Land wehte der schwere Geruch von Frangipani und Bougainvilleen. Eine Steelband trommelte. Dorfköter kläfften. Über mir glühten die Sterne zum Greifen nah, unter ihnen schrieb ich in der Nacht, was am Tage war, worüber ich nachdachte und suchte anschließend im dunklen Himmel nach Sternbildern.

Auf angenehme Weise unruhig zog ich anderntags weiter. Ich hatte meine bisherige Welt aufgegeben für einen Traum und dieser Traum trug mich von Insel zu Insel. AURYN segelte weiter entlang dem karibischen Inselbogen Richtung Süden. Auch wenn das Segeln in dieser Region eher anspruchslos war, weil Tag und Nacht der Passat beständig aus dem östlichen Quadranten wehte, so hatten die Inseln einen recht abwechslungsreichen Charakter. So wie unser nächstes Tagesziel, das genau genommen keine Insel ist, sondern ein imposantes Hufeisenriff von gewaltigem Ausmaß.

Tobago Cays

Vor meinem Start in Deutschland kaute ich lange auf diesen ungeschliffenen Worten herum, auch auf der Seekarte schien der Weg unerreichbar fern. Das nautische Handbuch gab mir zwar Bilder von den Cays, aber keine Vorstellung. Doch nun entstanden aus der Ungeschliffenheit fremder Namen klare Konturen, aus Visionen wuchs Wirklichkeit. Die Tobago Cays waren zum Greifen nah. Mein Schiff segelte zwischen kleinen Atollen, die Navigation erforderte höchste Konzentration. Eine kleine Nachlässigkeit und die tückischen Korallenbänke knirschten unter dem Kiel, wenn man Glück hatte. Einigen Schiffen rissen die scharfkantigen Korallenzacken die Rümpfe auf. Etliche Wracks erzählten von dieser Tragik. Auf den Punkt genau trafen wir den südöstlichen Pass zum Horseshoe Reef, der sich plötzlich wie ein Tor in der Riffbrandung öffnete. Der Riffgürtel verschwand hinter uns, eine neue Bucht tat sich auf und damit eine Zeit, die nicht drängte. Ich steuerte AURYN in das Zentrum des Atolls und schmiss den Anker in ein Kaleidoskop von Wasserfarben, die von Hellgrün ins Tiefblau übergingen. Drei winzige Inselchen standen auf dem Außenriff. Sie boten außer schneeweißen Palmenstränden nichts, aber das war mehr als genug. Die ganze Schönheit der Tobago Cays zeigte sich konzentriert in ihrer Unterwasserwelt. Ein Traum für Schnorchler und Taucher.

Zum ersten Mal schwebte ich, unter Sauerstoff blubbernd, in 10 Meter Wassertiefe einem Außenriff entlang. Die starke Strömung trieb mich einer Steilwand voller Leben entlang. Muränen steckten neugierig ihre Köpfe aus dunklen Höhlen, ein Zackenbarsch glotzte mich an und zog gemächlich weiter. Ein Barrakuda, diesmal blieb ich ruhig, verputzte einen kleineren Fisch und blieb selbst dem Risiko ausgeliefert, als Lunch verputzt zu werden. Denn hinter ihm lauerte ein Riffhai. Vorsichtshalber zog ich mich aus der Nahrungskette kleiner und großer Wesen zurück und glitt innerhalb des Riffes durch einen flachen Korallenpark. Fächerkorallen bewegten sich im sanften Strom. Das Sonnenlicht brach sich unter Wasser wie ein Prisma und lenkte seine zahlreichen Lichtsäulen auf die betörende Schönheit einer tropischen Atolllandschaft, die mit ihren farbenprächtigen Äußerlichkeiten jedoch nicht davon ablenken konnte, dass sich in ihr die Umwelt änderte. Korallen brauchen zum Leben eine konstante Wassertemperatur, durch die Erwärmung der Meere starben die ersten Korallen bereits ab, das marine Ökosystem wird folgen. Zusätzlich beschleunigt durch die teilweise verantwortungslosen Manöver einiger Skipper, die ihren Anker in die fragile Struktur einer wunderschönen Unterwasserwelt werfen oder ihren Bootsmüll einfach dort entsorgen, wo vermeintlich niemand hinsieht: Mitten in den Mikrokosmos einer Korallenlandschaft. Über dieses Thema sinnierten die Hirnkorallen und Seesterne weniger, an denen ich vorbeischnorchelte. Dennoch sollten wir Yachties für einen bewussten Umgang mit der Natur während des Ankerns sorgen, um das Paradies auch für nachfolgende Generationen zu erhalten, wenn denn der Hinweis auch ohne Zeigefinger erlaubt ist.

Sonnenlicht fiel durch die Passatbewölkung, innerhalb des Riffs lag AURYN wie auf einem Ententeich. Vor dem Riff donnerte die Brandung des karibischen Meeres. Fallböen huschten heran und zeichneten flüchtige Muster auf der Wasseroberfläche. Ein Geruch von Erde und Blüten wehte von der kleinen Insel herüber. Die untergehende Sonne blinzelte am Horizont, davor zog ein Schiff unter vollen Segeln in die aufkommende Dämmerung. Die Nacht kam schnell.

Meine Insel hieß AURYN. Auf ihr trieb ich ein paar Tage in einer Oase des Friedens. Ich schwamm und tauchte, harpunierte meinen ersten Fisch und tauchte an Bord weiter: Tief ein in die Ruhe und den Frieden, die mich umgaben. Bis die Zeit, die weiter nichts tat als zu verstreichen, mich daran erinnerte, dass die Wasservorräte zu Ende gingen. Vor dem Riff flüsterte die Brandung, dahinter führte der Weg nach Grenada. Wir zogen weiter, segelten im karibischen Sonnenschein und machten nach sieben Seemeilen einen Zwischenstopp auf einem Postkartenidyll namens Sandy Island und dort marschierte ich eine Runde.

Im Schnee der Tropen

Als der Anker vor Sandy Island griff und AURYN sicher lag, ruderte ich vorbei an bizarren Korallen zum Strand dieser winzigen unbewohnten Tropeninsel wie aus einem Bilderbuch kitschiger Fotos.

Drei Palmen rauschten vor einem Kollier aus schneeweißem Sand. Ich griff in das feinkörnige Korallengestein und ließ eine Handvoll durch die Finger rieseln. Dann wanderte ich über den Schnee der Tropen einmal um die Insel, wofür ich immerhin zehn Minuten benötigte. Zehn Stunden dagegen errechnete ich für den Törn nach Grenada. AURYNS Bug zeigte nach Süden, ich freute mich, wieder freien Seeraum vor mir zu haben. Blau war der Himmel, einige Passatwolken zogen mit uns, am Horizont stand eine Bank geballter Cumuluswolken. Wie gewohnt blies der Wind aus Nordost mit Stärke 5. Er fiel aus 120°, also achterlich ein, so dass die Segel im raumen Wind ausgebaumt waren. Die Fahrt verlief flott und ereignislos, zumindest so lange, bis an backbord querab die schroffen Felsen der unbewohnten Insel Diamond Island auftauchten. Damit wurde die See ruppig und begann sich zu kabbeln. Tidenströme balgten sich mit vorgelagerten Riffen. Nicht nur das. Diese Ecke der Grenadinen zählt zu den rauesten und unangenehmsten Stellen des Karibischen Meeres, weil es hier immer wieder zu Aktivitäten eines Unterwasservulkans kommt. Davor warnt regelmäßig die Küstenwache und auch die Fischer haben mittlerweile einen anderen Namen für Diamond Island: „Kick 'em Jenny“, sinngemäß: Die Insel, die Ärger macht. Und den machte sie in der Tat.

AURYN segelte wie in einem Wildwasserbach aus brodelndem Weiß. Das Meer kochte. Was mochte sich in der Tiefe des Meeres abspielen? Man weiß. dass der Meeresboden rissig ist, wäre er es nicht, könnte er dem immensen Druck der dynamischen Prozesse, die sich im Erdinneren vollziehen, nicht standhalten. Das Innere drängt nach außen. Die einzelnen riesigen Platten des Meeresgrundes driften auseinander, auf sich zu. Verhaken und vertüdeln sich, sacken ab oder schnellen hoch. Damit gleichen sie den Druck aus dem Inneren aus. Es ruckelt und knirscht, wenn sich die atlantischen Tiefseeplatten unter den amerikanischen Kontinentalsockel schieben. Unterwasservulkane explodieren, speien ihre Lava aus. Neue Inseln entstehen, wie zum Beispiel Kick em Jenny; neue Tiefseebergketten formen sich, während in den seismischen Prozessen das Meer weiterhin brodelt. Nach ein paar Meilen schaltete sich der Whirlpool wie von Geisterhand ab, das Meer, das der Passat vor sich hin trieb, ging wieder über in seinen gewohnten Wellenrhythmus. Am Horizont flammte das Abendrot, davor zog AURYN unter vollem Tuch gelassen ihre Bahn in eine Nacht, die ruhig blieb.

Das junge Licht des Morgens verscheuchte die Schatten der Nacht.

Vor dem Bug erschienen die Berge der Insel Grenada, ihre Spitzen blieben in Wolken verhüllt. Die Westküste erreichten wir gegen Mittag. An ihr prallte eine hohe Dünung aus Nordost. Der Wind frischte auf, ich schob „Karl“ beiseite und steuerte AURYN von Hand, fühlte den Ruderdruck. Den Wind. Die See. Ein paar Stunden segelten wir entlang der Küste von Grenada. Dunkelgrün färbten sich die Uferhänge, vor schwarzen Klippen schäumte die Brandung weiß. Blau schimmernd in der grellen Sonnenspiegelung bildete das Meer einen Gegensatz zur geballten Masse des Landes. Ein mächtiges Kreuzfahrtschiff steuerte mit uns in jene Richtung, wo ich die Einfahrt in den Hafen vermutete. Dann verschluckte eine grüne Wand das weiße Ungeheuer.

Nach 8 Seemeilen befanden auch wir uns vor der schmalen Einfahrt der Lagune, die nach St.Georges führte. Die üppige Vegetation spreizte die Ufer, wir schlüpften hinein und motorten durch das ausgetonnte Fahrwasser ins Landesinnere. Vorbei an einem Fort, dessen angedeutete Festungsmauern, militärisch gesehen, so eindrucksvoll wirkten wie die Papierburgen zum Ausschneiden bei McDonalds. Nach einer Biegung tauchte die Stadt auf. Aus der Ferne betrachtet klebten ihre kleinen weißen Häuschen wie Spielzeug an den Hängen, im Zentrum thronte die mächtige Kirche.

Das Bild suggerierte Vertrautes, etwas, das tief in meiner Erinnerung moderte. Dann kramte ich es hervor und wusste, dass so das Pappdorf aussah, welches meine Modelleisenbahn zierte.

Grenada

Am riesigen Kai hatte das Kreuzfahrtschiff schon lange festgemacht. Vom Oberdeck winkten aufgeregt ein paar Gäste, ich grüßte zurück und lenkte mein Schiff vorbei an dem Koloss in eine Bucht, die gleich hinter einem Knick lag. Dort fiel der Anker. Heiß brannte die Sonne. Ausgelöscht war das Bild von knisternden Palmen. Wir lagen in absoluter Windstille umgeben von den Geräuschen der nahen Stadt, auf die ich mich nach der Abgeschiedenheit in der Natur freute. Im Supermarkt hakte ich meinen Einkaufszettel ab und genoss anschließend das bunte Treiben in den Geschäften und Cafés einer wuseligen Kleinstadt inmitten der Karibik. An diesem lauen Tropennachmittag wurde St.Georges von den Passagieren des Luxusdampfers für ein paar Stunden überrollt. Es wimmelte von weißen Seefahrern und das bedeutete Umsatz für die Bewohner Grenadas. Ein ganzer Markt voller Früchte und Gewürze wurde direkt vor dem Kreuzfahrtschiff aufgebaut. Listige Schwarze aus dem Busch verhökerten Nippes und Kitsch an die zivilisierten Weißen, die auf den Ramsch made in Taiwan hereinfielen. Eine alte Mutter baute mühsam eine Pyramide aus Tomaten und Mangos auf, setze sich auf eine Apfelsinenkiste und blickte mit müden Augen auf einen sonnenverbrannten Ami, dessen weiße Kniestrümpfe in billigen Gummilatschen steckten. Wohlgefällig drückte das Stachelbeerbeinchen in die eine und andere Tomate, wobei er respektlos begann, mit der Einheimischen um ein paar Cent zu feilschen. Die Müdigkeit ihrer Augen verflog, Wut stieg auf.

Dann machte sie sich mit den Kraftausdrücken einer Gemüsefrau Luft, während sich der Geizkragen unter den Schmähkaskaden der schwarzen Perle in die hinterste Reihe verzog.

Am Abend hupte der Kreuzfahrer einmal lang. Achtung, bedeute das Signal. Er legte ab. Die Ruhe kehrte zurück in das idyllische Hafenviertel von St.Georges. Die Schwarzen, die sich vorübergehend zahlenmäßig in der Minderheit befunden hatten, waren wieder in der Mehrzahl. Mit einigen von ihnen saß ich in einem Café am Wasser. Es waren kernige Typen, die kein Alibi brauchten, um mal eben innerhalb weniger Minuten eine Flasche Rum niederzumachen. Zikaden summten. Gras roch. Sie steckten sich riesige Joints an, waren nach kurzer Zeit völlig begrast und wippten im Sound des Calypsos, der mich an mein nächstes Ziel erinnerte: Trinidad.

Doch vorher fuhr ich am nächsten Tag mit einem Localbus über die Gewürzinsel Grenada, begeisterte mich an ihrer eindrucksvollen Natur und aß am Abend in der gleichen Kneipe. Wieder roch es nach Gras, Calypso ertönte. Doch diesmal war es anders. Sex lag in der Luft. Die viel zu junge Schöne bezirzte einen greisen Mann, der für einen schweißtreibenden Akt sich vermischender Gene nicht nur in ein Abendessen investierte, sondern in noch mehr, indem er der Lady unverhohlen ein paar Dollars in ihre prallvolle Auslage steckte. Ob die Nacht der beiden halbwegs vergnügt, brutal oder gar frustrierend verlief, blieb unbekannt. Meine dagegen war zumindest kurz und lustlos und endete bereits gegen vier Uhr morgens. Vor der abgedunkelten Stadt, die noch schlief, zog ich den Anker an Deck und verließ Grenada mit Kurs auf Trinidad.

Die grünroten Lämpchen des Fahrwassers lotsten mich durch das Gewirr kleinerer Inselchen sowie zahlreicher Korallenbänke, die auf dem flachen Inselsockel lagen. Im Morgengrauen blieb die See noch kabbelig, doch mit zunehmender Wassertiefe wurde die Fahrt ruhiger. Als die Sonne strahlend aus dem Horizont stieg, lag das Meer vor mir wie ein grober Diamant. Dünungsrücken mit blauen Schattenseiten glitzerten im aufgeriffelten Wasser. In ihm zog AURYN südwärts. 80 Seemeilen lagen vor uns, meine Ankunft in Trinidad koppelte ich auf Mitternacht. Doch zunächst gab's Frühstück. Rührei, Speck und frischen Toast, dazu dampfte der Kaffee. Unter Vollzeug standen die Segel gut getrimmt gegen den blauen Himmel, tiefblau mit weißen Schaumkronen zog das Wasser vorbei. Was will man mehr auf dem Meer, als diesen Traum vom Segeln im Unterwegssein.

Im Sonnenuntergang tauchte aus dem Dunst des Horizonts der schmale Strich eines neuen Kontinents auf: Südamerika. Das Leuchtfeuer eingangs des Golfs von Paria schickte uns seinen Schein entgegen. Der Äquatorialstrom versetzte uns nach West. Ihm gegenüber stand ein starker Gezeitenstrom. In dieser Kreuzsee zischten die Laute einer Delphinschar, die uns in die weitläufige Bucht von Chaguramas führten. Der Mond schickte sein letztes Licht, dann kam die absolute Dunkelheit. Mit ihr verstummten an Land die Zikaden. Am Strand flimmerte eine Petroleumfunzel. Ein Uhr, wir ankerten vor der Tür eines fremden Landes.

Trinidad

Ich schlief schlecht und konnte den Morgen kaum erwarten. Wie mochte es aussehen in Südamerika?

Dicht bewaldet, bergig und malerisch schön zeigte sich die Umgebung. Zu den mittlerweile bekannten karibischen Bildern gesellte sich nun eine neuartige Tierwelt. Kolibris schwirrten durch die Luft, Pelikane klatschten ins Wasser und schaufelten sich kleine Fische ins überdimensionale Maul, während ich auf einem kurzen Landausflug großen Waranen begegnete.

Ich war nicht nur an der Schönheit Trinidads interessiert, mehr noch lockten mich die guten Reparaturmöglichkeiten am Schiff. Die Maschine erhielt eine Inspektion, Funkanlage, Wassermacher, Außenbordmotor mussten überprüft werden. Ein Ölwechsel des Motors, verbunden mit neuen Filtern, war überfällig. AURYN lag mit Leinen zum Land in einer feinen Marina mit eigenem Pool und Zeitungsservice sowie Telefon und TV-Anschluß am Steg. Ein Superservice, der hauptsächlich von amerikanischen Yachten genutzt wurde, deren Klimaanlagen Tag und Nacht brummten.

Die Reparaturen dauerten. Die Weißen haben zwar die Uhren, die Schwarzen dafür die Zeit. Diese nutzte ich für eine Inselerkundung. Trinidad präsentierte sich schwülwarm und von solch hoher Feuchtigkeit, dass man die Luft auswringen konnte. Auf der „Leris", wie die Ureinwohner Trinidads ihre Insel vor Jahrhunderten nannten, brummten daumengroße Kolibris durch die farbenprächtige Flora süß riechender Orchideen und Frangipani. Auf einer Wanderung durch den Regenwald erschrak ich vor einem Waschbären, der auf Futtersuche durchs Gebüsch raschelte. Affen flitzten im Geäst exotischer Bäume hin und her und wenn man den Erzählungen des einheimischen Führers Glauben schenken mochte, so gab es hier Giftschlagen und Ozelots. Zumindest eine ungewöhnliche Vielfalt anderer bizarrer Geschöpfe. Wie z.B. die Oelbirds, die seltenen rotäugigen Höhlenbewohner, die der große Naturforscher Alexander von Humboldt bereits vor 200 Jahren entdeckte. Zeitenwende: Man schrieb den 5.Juni 1799, als Alexander von Humboldt und sein Kollege Ami Bonpland vom spanischen Hafen La Coruna in See stachen. Endlich wurde die lang ersehnte Expedition im Dienste der Wissenschaft möglich. Unterstützt durch die spanische Krone, die zu dieser Zeit zahlreiche Kolonien in aller Welt unterhielt, steuerten sie auf ihrem Postschiff „Pizarro" Lateinamerika an. Sie wurden Zeugen des afrikanischen Sklavenmarktes, erforschten Salzsümpfe und krochen in düstere Höhlen, sie zählten penibel die Kopfläuse ihrer sie begleitenden schwarzen Dienerschaft und archivierten sie. Sie beschrieben die Zubereitung von Pfeilgift, erprobten es im Selbstversuch und korrigierten das falsche Bild der Kariben als Kannibalen. Es gab kaum etwas, das von Humboldt nicht ausgewertet wurde. Ob er im Namen der Wissenschaft Vogelkot verkostete, Ländergrenzen vermaß, die Feuchtigkeit des Morgennebels gewichtete oder in die Felsgruften von Toten stieg, um deren Knochen zu sezieren. Er untersuchte unzählige Tiere, die meisten tot, und sammelte über sechzigtausend gepresste Pflanzen. Er gab Anstöße zur Geobotanik, distanzierte sich in seinen Schriften von Rassenhass und Sklaverei. Was für ein Schaffen! Alexander von Humboldt starb im Mai 1859, nachdem er unzählige Bände verfasst hatte, die noch heute als Grundlage der aktuellen Reiseliteratur dienen. Und damit wären wir wieder in der Gegenwart. Übrigens, falls Sie mal durch den Park des Schlosses Tegel in Berlin spazieren sollten, schauen Sie mal bei ihm vorbei. Sein Grab befindet sich dort.

Der Bus fuhr weiter. Die Inselrundfahrt führte durch den Dschungel der Berge. Ich musste eingedöst sein, in der Fliehkraft einer Kurve wurde ich wach, der Fenstervorhang teilte sich und ich blickte auf eine Lichtung mit kleinen Hütten, deren Not schon von weitem zu sehen war. Zuerst an den schlecht geflickten Dächern – dann an den zerborstenen Fenstern. Darüber nickte ich wieder ein.

Stolz und farbenfroh zeigten sich die Musiker und Sängerinnen der Steel- und Calypsoband ... Ich war mittlerweile wieder zurück im Yachthafen, zu dem auch ein exklusives Hotel gehörte. Auf der Terrasse bot man den Gästen nach dem Barbecue eine knallige Karibikshow, als Höhepunkt verkündete der Animateur einen Limbowettbewerb. Einen Tanz in die grausige Vergangenheit der Sklaven. Die Steelband setzte ein. Schöne Frauen sangen. Geschmeidige Körper tanzten im Klatschen der überwiegend weißen Gäste zur Vorhölle. Nichts anderes bedeutete im Sprachgebrauch der Sklaven dieser Tanz, den sie dem weißen Massa zur Unterhaltung seiner Abendlangeweile vortragen durften.

Im Takt der rasenden Trommeln, die Knie vorgeschoben, zuckend den schweißüberströmten Körper nach hinten gebeugt, näherte sich der Tänzer einem Gestell aus zwei senkrechten Hölzern, die eine waagerechte Stange hielten. Einst versprach der weiße Mann dem besten Tänzer die Freiheit, wenn er darunter hindurchtanzte. Um das nicht einlösen zu müssen, lag die Latte kaum höher als 30cm.

Die Musik wurde lauter. Der Tänzer steigerte sich in eine Ekstase schlangenartiger Bewegungen. Die Arme balancierend nach hinten gestreckt, den Hinterkopf fast auf dem Boden, gelingt es kaum einem der Schwarzen, unter der Stange in die Freiheit zu tanzen.

22 Uhr. Die Show ist zu Ende, das eigentliche Ereignis des Abends stand bevor. Wollten Sie nicht immer schon einmal mitten in einer sternenklaren Nacht riesigen Ledernackenschildkröten beim Eierlegen zuschauen? fragte ich meinen Bootsnachbarn. Nein, okay. Soll er noch einen Drink nehmen oder sich schlafen legen. Ich dagegen schlug mir die Nacht um die Ohren, stieg gegen 23 Uhr in den Bus und fuhr mit ihm ungefähr zwei Stunden über die Insel zur Westküste von Trinidad. Gerade rechtzeitig kam unsere kleine Gruppe an, um von einem Ranger zu jenem Platz am Strand geführt zu werden, wo kurz darauf drei etwa 500 Kilo schwere riesige Schildkröten von der Brandung auf den Sand gespült wurden. Fasziniert lauschen wir den Erklärungen des Tierschützers, während er die Tiere vermaß und protokollierte. Kaum vorstellbare Entfernungen legen diese Tiere zurück. Dank den am Körper angebrachten Markierungen konnte der Ranger ihren Weg zurückverfolgen. Manche waren in Australien registriert worden, andere wiederum kamen aus dem Indischen Ozean. Mittlerweile ordneten sich die Schildkröten, krochen den Strand entlang auf der Suche nach einem geeigneten Platz, um ihre Eier in den Sand zu vergraben, der ihnen am Tage zu heiß ist. Dann begannen die Erdarbeiten. Sie schaufelten ein ca. 50 Zentimeter tiefes Loch, ploppten ihre rund 120 billardgroßen Eier aus und verdichteten anschließend lagenweise wieder die Kuhle. Nach einigen Wochen krabbelten daraus ihre Jungen, schüttelten sich den Sand vom zarten Flaum ihrer Panzer und watschelten zum Wasser. Nur wenige von ihnen würden es erreichen, da bereits hungrige Vögel oder andere Tiere in der Nahrungskette der Natur auf sie warteten.

Mittlerweile schob die Kröte ihren Panzer wieder in die schäumende Brandung, tauchte ab im Licht einer wunderschönen Vollmondnacht, die diesem einmaligen Naturschauspiel die passende Beleuchtung gab.

Mir war nach Segeln und Aufbruch. Doch die Arbeiten am Schiff dauerten länger als geplant, weil ich die „No problem"- Philosophie der Trinis nicht einkalkulierte. Ebenso wenig wie das „Liming", eine spezielle Eigenschaft der Locals, die darin besteht, den Tag mit Schauen, Reden, und gemeinsamem Witzemachen zu verbringen.

Im Spiegel der Stille

Nach sieben Tagen Trinidad war ich endlich wieder auf dem Wasser. Im seichten Fahrtwind begriff ich die Unruhe der letzten Tage, die nichts anderes war, als die Ungeduld nach dem Meer.

Doch wo war der Wind, der mir die verbrauchten Gedanken wegblies und neue Räume schaffte? Kein Hauch ließ das Wasser kräuseln. Still lag die See vor mir, so aufgeräumt wie das Wohnzimmer einer alten Dame. Der Diesel hämmerte, der Bug von AURYN spaltete unter einem blauen Himmel das Meer, das wie gegossenes Blei dalag. Mein Ziel war Tobago, doch ohne Segel wollte ich Robinsons Insel auch nicht ansteuern. Somit kam ich ungewollt nach Chacachacare, einer Insel an der Nordküste Trinidads, wo ich auf Wind warten wollte und mich nach den eher langweiligen Runden im Hotelpool darauf freute, wieder im natürlichen Wasser zu schwimmen. Die heiße Ruhe des tropischen Mittags flimmerte durch die Bucht, auf dem Wasser spiegelte sich das Bild ringsum. Langsam glitt mein Schiff zum Ankerplatz. Mit der ausrasselnden Kette zerstörte ich etwas, das gerade noch unberührt war. Den Spiegel der Stille. Ein Windhauch kam auf, zog vorbei als Zeichen der Wirklichkeit.

Ich tauchte nach dem Anker, verscheuchte ein paar Fische, die vor mir wegflitzten, schwamm zum kleinen Strand und entdeckte im Dschungel dahinter Mauerreste einer alten Villa. Das alte Gemäuer drückte Verfallenheit aus und machte neugierig. Ich schwamm zum Schiff zurück, besorgte Schuhe, Fotoequipment und zog mir zur Hausbesichtigung Klamotten über. Dann ruderte ich zurück und nahm den Faden der Neugier wieder auf. Vorsichtig drückte ich die Äste beiseite. Als ich sicher war, dass niemand im Haus war, stieß ich vorsichtig die knarrende Tür auf und trat in eine Welt, die vor langer Zeit verlassen worden war. Verrostete Bettgestelle deuteten auf eine ehemalige Krankenstation hin. Die Vermutung bestätigte sich, als ich am Ende des Flures das eingetretene Türblatt beiseite schob und auf alte Ampullen und Spritzen trat. Hinter einer herunterbaumelnden Deckenverkleidung entdeckte ich ein Regal mit alten Papieren. Ich klopfte eine feine Sandschicht aus einer zerfledderten Krankenakte und erkannte im Staub der Vergangenheit die abgelaufene Zeit. Vor ungefähr vierzig Jahren, so errechnete ich, mussten in diesen Gemäuern die Lepra-Aussätzigen von Trinidad gelebt haben. Ein Fenster knarrte im Scharnier, etwas raschelte an der Außenwand und von irgendwoher wisperten Menschenstimmen. Doch es war nur der Wind, der die unheimlichen Geräusche machte, er spielte mit den Ästen eines Baumes. Sonst war niemand da, außer dem neugierigen Geist, der in ein fremdes Haus und verblichene Akten schaute.

Auf dem Rückweg zum Dingi marschierte ich über den kleinen Friedhof, der mitten im Dschungel lag. Schiefe Eisenkreuze erinnerten an Menschen, die auf die Insel kamen und sie nie wieder verließen. Die Luft roch nach üppiger Vegetation. Dieser Duft war es, der einst den Gestank des Todes verschluckt hatte, als gesichtslose Totengräber den Leinensack eines Verfaulten ins dunkle Erdloch stießen, zusammen mit den Tränen der Trauernden. Als aus dem Busch Fledermäuse flatterten und Affen brüllten, bekam die Szenerie etwas Unheimliches. Im leuchtenden Rot des Sonnenuntergangs ruderte ich zurück zum Schiff, weil ich wusste, dass es schnell dunkel wurde in den Tropen. Über uns lag die Dunkelheit, umgeben von der Aura eines geheimnisvollen Ortes gingen die Gedanken mehr an die Toten, als dass ich im Buch Alexander von Humboldts über seine Südamerikanische Reise vorwärts kam.

Humboldt lehnte im Regal, während ich mich über Radio Trinidad mit dem Wetterbericht beschäftigte und über das Wetterfax eine aktuelle Isobarenkarte erhielt. Ein tropisches Tief war im Anmarsch, an seinem Randgebiet sollte es genügend Wind geben, um am nächsten Tag nach Tobago zu starten. Bereits in der Nacht fegten erste Windböen über die Bucht.

Im Rauschen des Ozeans

Um sechs Uhr zog ich den Anker aus dem Grund und lenkte AURYN auf die offene See, wo mich ein frischer Wind empfing. Schnell waren die Segel gesetzt, 85 Seemeilen lagen vor dem Bug und der Kompasskurs mit 45° direkt auf Tobago lag an. Noch. Denn später sollte der Wind von Süd über Ost zu Nordost drehen. Und das bedeutete doppelte Arbeit, zweifachen Weg, weil wir mal nach Nordwest segelten und nach der Wende auf Südost steuerten. Kreuzen gegen den Wind. Doch zunächst erklangen aus schäumenden Wogen alte Seemannslieder. Spieren knarrten. Wind pfiff in den Wanten, Segel knatterten, Taljenblöcke ächzten. An Deck wurde gesungen und geflucht. Im Rauschen der Dünung, das Land witternd, musste sich der wettergegerbte Kapitän so wohl gefühlt haben wie Hans Albers in der Badewanne. Auf der Brücke stand kein anderer als Christoph Kolumbus. „Heiss die Marssegel" schrie er seinen Leuten auf dem Vordeck zu. „Land in Sicht" bölkte ein anderer. Der Leichtmatrose im Ausguck hatte eine fremde Insel entdeckt. Seefahrtsgeschichte wurde geschrieben, als Kolumbus nach seiner dritten Atlantiküberquerung auf die grünen Hügel der Nordwestküste Trinidads blickte. Nicht nur er. Jahre später kamen die Engländer, die die Weltmeere des fünfzehnten Jahrhunderts uneingeschränkt kontrollierten, und kolonisierten Trinidad und Tobago. Auf dem Weg zum Orinokodelta musste Alexander von Humboldt feststellen, dass ihn der Guyana-Strom mit zwei Knoten bremste, wie heute AURYN, die mittlerweile unter stark gerefften Segeln die äußerste Landspitze von Trinidad erreichte. Als der freie Seeraum nach Tobago erreicht wurde, begann ein Törn, der nicht gerade zu den angenehmeren zählte, weil das Ziel genau in jener Richtung lag, aus der der Wind blies. Er nahm über den Tag weiterhin zu. Von Norden verdichtete sich der Himmel und zog nassgrau über uns hinweg. Rau wurde die See. AURYN segelte hoch am Wind durch eine aufgewühlte See. Bedrohliche Wellen polterten an den Rumpf, Weißwasser überspülte das Deck. In diesem Chaos wendete ich und segelte für drei Stunden Richtung Südafrika. Dann erfolgte das nächste Manöver zur Wende, danach ging's auf Kurs Mexiko. Verlockende Namen, nur Tobago näherten wir uns durch die Kreuzerei den ganzen Tag über nur allmählich und mühsam.

Der Sonnenuntergang fiel aus. Die Wolkendecke hing auf dem Ozean und schien in einer einzigen grauen Masse in ihn überzugehen. Irgendjemand knipste das Licht aus, es wurde dunkel. Starke Regenschauer verstärkten die Düsternis. Die Nacht blieb sternenlos.

Die Arbeitsgemeinschaft der Schutzengel

Durch das ständige Arbeiten mit den Segeln fühlte ich mich müde und körperlich angeschlagen. Vielleicht war es diese Mattigkeit, die mich sorglos den Niedergang hinunter in die Pantry hangeln ließ, um einen Tee aufzusetzen. Wie auch immer. Ich spürte, wie eine herandonnernde See nach AURYN griff und ihr Heck anhob, sie zur Seite schleuderte, während ich in dem Moment den Holzgriff der Treppe verlor und schwungvoll durch den Salon geschmissen wurde. Bis mich die Stufe zur Vorkabine unsanft bremste. Die Arbeitsgemeinschaft meiner Schutzengel musste den Knockout vorhergesehen haben, denn Gott sei Dank lag vor dem massigen Holzschott ein heruntergefallenes Kissen! Es sind die kleinen Zufälle, die das Leben angenehm machen – ein Kissen. Wer weiß, wie es sonst ausgegangen wäre. Doch so einfach kam ich wiederum nicht davon, meine Schulter schmerzte nach dem Crash und es meldete sich zurück, was ich vergessen zu haben glaubte. Die noch nicht verheilten Narben von der Rettungsaktion des norwegischen Bootes in der Nähe von Porto Santo. Innerlich wie äußerlich. Die Schulter fühlte sich taub an und mein Arm blieb vor Schmerz bewegungslos.

Um es nautisch auszudrücken: Ich war manövrierbehindert. In diesem Zustand saß ich im Cockpit und sah zu, wie AURYN durch eine rabenschwarze Nacht segelte. Weit nach Mitternacht riss kurzzeitig der Himmel auf und zwischen den dahinjagenden Wolkenfetzen schien der Rest vom Mondlicht auf das nass glänzende Deck. Die anrauschende Gischt leuchtete. Der Wind blieb konstant und blies mit 8 Bft. Dann wurde die Nacht wieder tiefschwarz und zur Unendlichkeit. Keine Schiffe um uns herum. Niemand. Stundenlang, eine Ewigkeit. Froh war ich, als endlich ein Licht am Horizont auftauchte und allmählich im Blinken näher kam. Das musste das Leuchtfeuer von Tobago sein. Ich fühlte mich zu angeschlagen, um es am Kartentisch zu identifizieren, die Navigation im eigentlichen Sinne fiel aus in dieser Nacht der Schmerzen und stürmischen See. Der Lichtschein kam näher und half, den Kurs zu bestimmen, mehr noch, er gab mir ein Gefühl von Wärme und Nähe, als ob sich zwei Seelen berührten. Das Land, der Seemann.

Am frühen Morgen ließ der Wind nach. Die Insel kam erst sehr spät in Sicht, weil ihre Topographie im Gegensatz zu Trinidad eher von geduckter Gestalt ist. Gegen Mittag erreichten wir die Milford Bay, der Anker fiel und hielt. Ich klappte den Kettendeckel zu, drehte mich um und hielt den Atem an. Direkt auf uns zu und knapp über dem Mast schwebte ein Düsenjet. Wir lagen direkt in der Einflugschneise des Internationalen Flughafens von

Tobago

Am nächsten Morgen verholten wir uns zum Pigeon Point gleich um die Ecke. Das sonnige Karibikwetter war zurück und das Bucco-Riffatoll, in dem AURYN am Nachmittag ankerte, stellte jede Werbung der Reisekataloge locker in den Schatten. Nicht nur die. Unter einem strahlend blauen Himmel knisterten die Palmen im sanften Passatwind, ich lief im weißen Korallensand durch eine Badeoase vor subtropischer Vegetation und hatte ständig das Gefühl, im Werbespot einer bekannten Rummarke gelandet zu sein. Doch wo waren die Karibikschönheiten? Jedenfalls nicht hier. Der Strand war verlassen, dabei war der Platz ein Traum. Auf dieser Trauminsel spielt ein Werk der Weltliteratur: „Das Leben und die befremdlichen Abenteuer des Robinson Crusoe", in dem Daniel Defoe einen Schiffbrüchigen auf Tobago stranden ließ. Die wahre Geschichte spielte sich allerdings in den eher kühleren Regionen auf einer schroffen Insel im Südatlantik ab. Wenn Sie bis dahin nicht schon abgewunken haben, stoßen Sie auf diese im Kapitel „Von den Gletschern Feuerlands zu den Atollen der Südsee."

Doch zurück zu Robinson. Er strandete wie bereits erwähnt auf Tobago, wo er, ganz englischer Puritaner, seine bisherige Welt akribisch in die für ihn feindliche Wildnis kopierte. Robinson begegnete dem Schwarzen Friday, der ihm half, über sich und die Einfachheit des Lebens nachzudenken, bis er die Natur als den Garten Eden empfand und darin seine Zivilisationsleiden auskurierte.

Wir segelten entlang der Westküste, Wolkenfetzen hingen wie Schleier an grünen Berghängen. Tobago schenkte uns die Schönheit seiner Insel, seiner Buchten. Eine davon war die Pirates Bay, sie war einst der Stützpunkt der westindischen Piratenflotte, hier leckten die Freibeuter ihre Wunden und vergruben ihre Beute an Land. Dort lag jetzt ein kleines Fischerdorf. Nach einer ruhigen Nacht vor Anker erwachte der Tag heiter. Ein Glockengeläut verlor sich im Dschungel, der mit mächtigem Geäst bis in die Bucht ragte. Der Strand war menschenleer, im Fernglas erkannte ich eine natürliche Wasserquelle, die an einem Felsrücken plätscherte. Dort füllte ich später einige Kanister und die Wassertanks auf. Ein Fischer kam in die Bucht und bot mir den Fang des Tages an. Ich wies auf meinen gerade gefangenen Bonito, während er die Reste eines abgesäbelten Daumens nach oben streckte und grinsend in seinem buntbemalten Kanu davonpaddelte.

Im Schatten der Sonnenpersenning schrieb ich an meinen Reisenotizen, vervollständigte das Logbuch und immer wieder schaute ich hinüber zum Dorf, das voller Leben schien. Kinder kamen am Strand zusammen und winkten freundlich. Die besuchen wir jetzt, sagte ich zu mir, und ruderte mit leichten Schlägen über ein türkisfarbenes Wasser. In der Holprigkeit von Englisch und Spanisch wiesen mir die Kinder den Weg zum „Supermarkt", der aus einer dunklen Hütte mit mehr Kakerlaken als Kunden bestand. Ein paar Vögel drehten eine Runde und pickten dreist Reiskörner aus aufgerissenen Säcken. Weil ansonsten nichts geschah, kicherten die Kinder über dieses und nichts.

Das Dorf machte einen aufgeräumten Eindruck. Die Hütten waren im symmetrischen Stil erbaut und harmonierten mit der Natur. Ihre Baumeister arbeiteten mit Materialien, die im Dschungel wuchsen, und mit einfachen Tricks, um die tropische Hitze zu überlisten. Sie schufen Häuser mit offenen Wänden und Fenstern, durch die der Passat fächelte. Sie bauten Dächer mit Palmenwedeln, die die Hitze des Tages absorbierten und nachts ins Innere abstrahlten, wenn die Bastrollos vor den Fenstern heruntergerollt wurden. Ein weiteres Merkmal der karibischen Architektur ist deren Farbenpracht. In sämtlichen weichen Pastelltönen, gemischt mit dem knalligsten Rot oder Grün, schienen sich die Einheimischen in einem permanenten Wettstreit um die schrillste Hütte zu befinden. Ihre Häuser sind reizvolle, bequeme Unterkünfte und keine Prachtbauten. Dafür lebten die Einheimischen ein Leben in Einfachheit, die wir Europäer auch Armut nennen würden. Dennoch hatte ich nicht den Eindruck, dass es den Menschen schlecht ginge. Sie bedienten sich im Garten der Natur, bauten ihr Gemüse an, hielten Hühner und Schweine. Gingen auf die Jagd oder fischten. Sie brauchten wenig und das wenige war ihnen mehr als genug.

Anderntags verließ ich AURYN früh und startete zu einer Inseltour. Der Bus holperte durch Kakao- und Zuckerrohrplantagen. So kam ich nach Scarborough, der Hauptstadt Tobagos. Auch sie war eher ein Dorf, das sich der Zeit verweigerte. Ich war überrascht, wie klein das Zentrum der City war, wanderte hoch zum Fort George, von dem aus man den Engländern mit schweren Kanonenkugeln in die Rahen schoss, als diese versuchten die Insel einzunehmen. An diesem Tag lauerte etwas anderes in der Bucht. Ein riesiges Kreuzfahrtschiff nahm Scarborough ein. Auch wenn die Mission ihrer Passagiere eher von friedlicher Absicht schien, so gerieten die Einheimischen bei diesem Blitzbesuch hoffnungslos in die Minderheit. Allerdings fragte ich mich, was die Amis hier suchten. Es gab weder Casinos noch klimatisierte Shoppingmalls. Aber vielleicht interessierten sie sich ja doch für die wunderschöne Natur. In ihr gab es einiges zu entdecken, wenn man nichts verpasste. Denn die Zeit schien stehengeblieben zu sein auf Tobago.

AURYN dagegen war wieder in Bewegung. In schneller Fahrt und unter Segeln. Gegen Mittag hatten wir Tobago verlassen. Im Blick zurück fingen die Wolken das abstrahlende Licht in der Farbe der Insel. Grün und türkis leuchteten ihre Unterseiten.

Vierhundertachtzig Meilen errechnete ich bis nach Antigua, im nördlichen Inselbogen der Antillen gelegen. In der Seekarte zog ich einen Strich östlich und in Luv, also in der zum Wind hingewandten Seite und vorbei an jenen Inseln, die wir bereits besuchten hatten. Auf diese Linie setzte ich kleine Bleistiftkreuze, ermittelte ihre nördliche Breite sowie westliche Länge, gab ihnen einen Namen und tippte alles penibel in das Navigationssystem. Das brauchte Zeit, doch davon hatte ich genug, denn der Törn sollte vier Tage dauern. Und doch wieder nicht, denn die Zeit drängte. Es war bereits Mai und die Hurrikansaison klopfte an der Tür zum Karibischen Meer. Aufmerksamer als sonst hörte ich die Wetternachrichten und analysierte die Wetterkarten.

Wie gewohnt blies der Passat aus Ost mit 5 Bft. In ihm entwickelte AURYN ihre bekannte Kraft und gab mir jenes Gefühl von vertrauter Sicherheit, das sie mir seit dem Beginn meiner Reise im Auf und Ab der See vermittelte. Das Meer schäumte. Ich spürte das Salz auf den Lippen, rollte die Schleppangel aus, lehnte mich an die Reling und las. Wieder Alexander von Humboldt, doch diesmal ein anderes Buch, „Politisches Essay über die Insel Kuba“. Die Geschichte Kubas interessierte mich besonders, weil ich vorhatte, demnächst nach Kuba, der größten Insel der Karibik, zu segeln, um mir einerseits ein Bild von der viel besungenen Insel zu machen, andererseits war ich neugierig darauf, wie die Menschen in ihrem totalitären kommunistischen System (über)lebten.

Lesen gehört für mich zum Angenehmsten, womit ich mich auf Langfahrten beschäftige. Die Bordbibliothek bot Stoff genug, über der Lektüre verging die Zeit und darüber neigte sich der erste schöne Segeltag dem Ende zu. Es war bereits finstere Dunkelheit, als ich gegen 20 Uhr die aktuelle Position in die Seekarte eintrug, mich über eine schnelle Fahrt von durchschnittlich sieben Knoten freute und Mannschaft sowie Schiff für die Nachtfahrt vorbereitete.

Im Schatten des Seemannes

Während der Nachtwache blieb mir wieder genügend Raum, um das, was hinter mir lag, in der Gegenwart zu betrachten. Vielleicht konnte ich auch deshalb kaum schlafen, weil die Eindrücke und Gestalten der letzten Wochen so schnell nicht verschwanden. Ein Fischerboot zog an uns vorbei und senkte die Netze ins Meer. Zwei Schiffe im Niemandsland, dort, wo die Arbeit des einen begann und die Phantasie des anderen nicht aufhörte.

Über dem Heck stand eine strahlende Venus und warf ihren hellen Schein auf das bewegte Meer. In der klaren Passatluft entwickelten die Gestirne eine eindrucksvolle Leuchtkraft, am

Horizont zogen Wolkentürme, deren blumenkohlartige Rundungen das Mondlicht reflektierte. Während der ganzen Nacht lag ich im Cockpit. Der Wind zerrte im Rigg, ich trieb in Gedanken, mein Schiff im Rhythmus der Wellen.

Der zweite Seetag. Mittags – nach langer Zeit hielt ich mal wieder den Sextanten zwischen den Händen und „schoss" die Sonne im Zenith, während ich die Zeit in einem Augenblick erlebte, in dem ich auf meinem eigenen Schatten stand. Senkrecht brannte die Sonne aufs Deck. Für einen kurzen Moment warf der Seemann keinen Schatten, doch bald darauf ging er ihm voraus oder folgte ihm nach. Die Sonne wanderte weiter, der Tag lief ihr hinterher. AURYN segelte im beständigen Passat im Frieden der See.

Der Wetterbericht des nächsten Morgens schien zu bestätigen, was der hohe Luftdruck des Barometers bereits über die Nacht versprochen hatte. Unverändert hoher Luftdruck deutete auf keine Wetterverschlechterung, und so wurde es bis Antigua ein wunderbarer, ereignisloser Segeltörn.

Am vierten Tag, nach Einbruch der Dunkelheit, kamen die ersten Lichter von Antigua in Sicht. Fischerboote zogen ihre Netze auf dem Inselsockel. Ein Frachter kam vom Osten des Atlantiks, kreuzte unseren Kurs und zog weiter zwischen den Inseln hindurch Richtung Golf von Mexiko.

Nach Mitternacht erreichte ich Antigua und fand im irrlichternden Schein der vielen Apartementanlagen die grünroten Lichter der Molenbefeuerung zum Yachthafen von Jolly Harbour erst sehr spät. Ein fjordähnlicher Kanal führte ins Innere einer geschützten Bucht, wo in natürlicher Umgebung vor der Silhouette des Mondlichts zahlreiche Yachten vor Anker lagen.

Der Anker fiel. Der Schlaf war kurz. Ein Behördenboot kam längsseits, kontrollierte Schiff und Papiere. Genauso schnell verschwanden sie. Ich schaute auf den Stempel im Reisepass. Er bewies, dass ich tatsächlich auf Antigua angekommen und, obwohl ich noch kein Land betreten hatte, um 40 Dollar ärmer war.

Es war früh am Morgen. Trotz Schlafdefizits fühlte ich mich keineswegs übernächtigt, so dass ich mein Schiff aufräumte und das Dingi ins Wasser ließ, um mich für den fast zwei Wochen langen Törn nach Kuba mit Proviant und Getränken einzudecken. Doch nicht nur für den Törn, sondern auch für den geplanten vierwöchigen Aufenthalt auf Kuba, weil es dort nach meinen Informationen an Versorgungsmöglichkeiten mangeln würde. Ein kurzes Frühstück im Cockpit, inmitten einer Heerschar weißer, gelber und blauer Boote. Ich zählte 26 Masten. Dann schmiss ich den Außenbordmotor des Dingis an und tuckerte in Richtung Steg, der am Ende des weitläufigen Naturhafens lag. Doch weit kam ich nicht. Ein Pärchen auf einer luxuriösen Yacht winkte mich zu sich, ein kurzer Plausch aus dem Dingi zur Reling folgte. Dann bändelte ich mein Beiboot an, stieg zu ihnen ins Cockpit, weil Hans und Thea mich zum Kaffee einluden, womit sie mich in einen redseligen Hinterhalt lockten. Wir unterhielten uns, tauschten Informationen aus, während sich ihr weiträumiges Achterdeck allmählich mit anderen Seglerpaaren füllte. Sie kannten sich bereits seit einigen Jahren, segelten in der Flottille über den Atlantik und befanden sich nun auf dem Absprung nach Trinidad, wo sie die Hurrikansaison abwarten wollten. Da ich gerade aus Trinidad kam, fragten sie mich nach allem Möglichen: wo es den besten Schinken gebe, den günstigsten Supermarkt usw. Wonach sie nicht fragten, waren meine Eindrücke vom Land, seiner Natur. Dafür suggerierte ihnen ihr Denkapparat, dass sie auch in der Karibik ständig zu nörgeln hatten. Es gefiel ihnen nicht, dass es kein Schwarzbrot gab und die Wurst lau sei, was fast zur Ausrufung des Notstandes führte. Das Verfallsdatum der Fleischbrocken in den Kühltruhen sei schon lange abgelaufen, die Krausköpfe unfreundlich lästerte, eine Segellady. Die anderen in der Runde nickten ihr zu. Die Neger seien nur faul und träge ergänzte Walter und lächelte der Arroganz seiner Worte hinterher. Um sie in der Sicherheit ihrer penetranten Ansichten zu wiegen, hielt ich Distanz und wedelte mit meinem vollen Einkaufszettel. Dann machte ich mich davon. Zum Einkaufen und Diesel bunkern, wofür ich den ganzen Tag benötigte. Als die Dunkelheit kam, beendete ich das Verstauen der Lebensmittel und beschäftigte mich mit der Navigation zum nächsten Ziel. Ein Weg von 800 nautischen Meilen. Auf der Seekarte machte der Törnlauf einen scharfen Knick, er bog meine Reise nach Kuba. Doch vorher tauchte ich ein in den Zauber des Verbotenen.

Der Reiz des Verbotenen – über ein Geheimnis nach Kuba

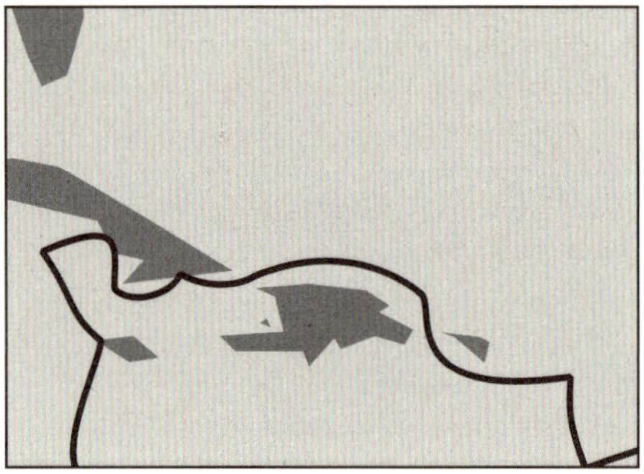

Das Geheimnisvolle in der Überschrift hatte einen Namen: Montserrat und die Idee, die Vulkaninsel zu besuchen, hatte sich schon lange eingehämmert. Die Sache hatte nur einen Haken. Es war verboten. Überall, wo ich in den letzten Wochen nach Seekarten für die Insel gefragt hatte, winkten die Menschen ab: Man dürfe dort nicht hinfahren, sagten die einen. Die Insel zu betreten, sei verboten, schrieen andere. Manche erzählten von Geistern, die dort herumspukten. Aber das schien nur der Grund des Kaffeesatzes zu sein, hauptsächlich war Montserrat deshalb Sperrzone, weil der Vulkan Soufrière immer noch aktiv ist und Seismologen mit weiteren Eruptionen rechneten. Ich dachte eine Zeit darüber nach, dann wollte ich mir selbst ein Bild machen und setzte Montserrat an die Spitze einer Liste von Orten der Karibik, die ich unbedingt ansteuern wollte. 35 Seemeilen waren es bis Montserrat.

Entgegen meiner ansonsten gepflegten Art, am frühen Morgen zu starten, lief ich am Abend unter den Augen der mir zuwinkenden Fahrtenseglerkolonie aus. Als ich mich bereits am Nachmittag von ihnen verabschiedete, erntete ich außer verständnislosem Kopfschütteln noch die mir bekannten Ratschläge. Montserrat, das ist doch verboten! AURYN erreichte die offene See, ich rollte die Segel aus.

Kuba, da fährt man doch nicht mit dem Schiff hin, zu restriktiv sind die Einreisebestimmungen usw. hallte es mir in der Erinnerung des Nachmittags nach. Die Bedenken mochte berechtigt sein, für mich schufen ihre Argumente eher zusätzliche Verlockung. Außerdem, was wussten sie und ich schon davon? Nichts. Doch dieses Nichtwissen über das, was vor mir lag, war für mich ein Geschenk, denn diese Ungewissheit ist für mich das Salz des Lebens. Wie das Salz im Meer. Kräftig und intensiv. So wie die Zeit unter Segeln, seit meinem Start in Cuxhaven und auch an diesem Abend, als wir im frischen Passat in einen wunderschönen Sonnenuntergang segelten. Hinter uns entfernte sich allmählich die grüne Linie Antiguas. Als das Land nicht mehr zu sehen war, wurde das Meer ruhiger und seine Wellen gleichmäßiger, weil wir den Inselsockel verließen. Der Wind fiel vorlicher ein. Ich holte die Segel über die Winsch etwas dichter und überließ AURYN dem Wind. Den Kurs bestimmte die Rauchsäule des Vulkans von Montserrat, die bald schon apokalyptisch aus dem Horizont stieg.

Die Nacht kam. Der Tag blieb noch weit oben auf einem Gebilde mächtiger Wolken, deren Schattenrisse am Abendhimmel leuchteten. In dieser friedlichen Stimmung segelten wir in die Dunkelheit. Das Heckwasser rauschte und suggerierte eine schnelle Fahrt. Die Geschwindigkeit: 8 Knoten! Trotz der Bewegung des Schiffes wurde Segeln für mich eine Quelle der Stille und der Kraft in einer Welt voller Hektik und Chaos.

In der Nacht nichts Aufregendes. Ein paar Fischerboote. Sonst nichts. Außer der Vorstellung von einer geheimnisvollen Insel, deren Schatten im Schleier der Dunkelheit hinter dem Horizont zu erahnen waren. Ich schlief kurz, machte mir einen Tee und stieg mit ihm zurück ins Cockpit. Ein feiner Schwefelgeruch lag über dem Meer und im Blick voraus schluckte ich die Begeisterung des Anblicks herunter. Vom geisterhaften Mondlicht ausgeleuchtet lag vor dem Bug der Zauber des Verbotenen. Der schwarze Felsen von Montserrat rückte bedrohlich näher, gegen zwei Uhr nachts erreichte ich den südlichsten Punkt. In Lee der Insel verabschiedete sich der Wind, so dass ich die Segel einrollte und mein Schiff unter Motor entlang der Westküste steuerte, die sich wie eine Mondlandschaft aus schwarzer Lavamasse ausbreitete. Ein Auge heftete sich auf die Anzeige des Tiefenmessers. 12 Meter, 9 Meter ... Das andere kontrollierte den Abstand zum Land, dem ich mich vorsichtig näherte. 8 Meter, sechs Meter! Der Anker rasselte aus. Als ich um vier Uhr morgens den Motor abstellte, lag um uns herum eine unwirkliche Stille. Das Wolkenband, das die Vulkanspitze bisher eingehüllt hatte, teilte sich wie von Zauberhand und durch diesen Spalt erhellte das Licht des Halbmondes gespenstisch die Kulissen einer Geisterstadt sowie die Umrisse einer zerstörten Landschaft ohne Leben.

Im Warten auf das erste Licht des Morgens verzog sich der Mondschein hinter den Wolken. Düsternis breitete sich aus, der Vulkan grummelte. Ein leichtes Vibrieren war nun selbst auf dem Wasser zu spüren. Kurz darauf rumorte es erneut im Vulkan und etwas polterte vom Geröllfeld herunter. So ähnlich musste es sich für die ehemaligen Bewohner angefühlt haben, als im August 1997 der Vulkan Soufrière sein infernalisches Feuer ausspuckte und riesige Gesteinsbrocken in die Umgebung schleuderte. Glühende Lavaströme wälzten sich talabwärts. Alles, was sich ihnen in den Weg stellte, wurde vernichtet und begraben, die ehemalige Hauptstadt Plymouth unter einer glühend grauen Masse verschüttet. Die Lavaströme liefen bis ins Meer hinaus und verschoben die Küstenlinie um fünfzig Meter. Vor diesem Streifen erloschener Lava ankerte AURYN und das neue Land machte es mir fast unmöglich, mit dem Dingi anzulanden, als die Sonne endlich aus dem Meer kroch. Vielleicht machte es der Ort mir auch nur deshalb so schwierig, weil er tabu war. Doch dann fand ich eine geeignete Stelle, krabbelte mühsam auf die Insel und wanderte anschließend

In der Verlassenheit einer Geisterstadt

Doch vorher stoppte ich und erschrak im Freytag-Effekt! Erinnern Sie sich? Robinson landet auf einer einsamen Insel und findet einen Fußabdruck im Sand ...

Nun sah ich diesen Fußabdruck, allerdings im schwarzen Staub und folgte der Spur in einer Landschaft, die aus meterhoher Vulkanasche bestand. Vorbei an Häuserresten, die in ausgeglühten Lavaströmen steckten und einem Baumskelett, das abgestorbene Äste in den Himmel reckte. Ich blieb stehen, blickte mich um. Jemand folgte mir, so glaubte ich zumindest. Doch hier war niemand, außer meiner Phantasie, die mit mir ging und die Verlassenheit beiseite schob. Ich wanderte weiter. Jeder Schritt wirbelte pulverartigen Staub zu kleinen dunklen Wölkchen auf. Dann stand ich vor dem Mahnmal des Jüngsten Gerichts: Von der verschütteten Kirche ragte nur noch die Turmuhr aus der Asche. Ihre Zeiger standen auf fünf Uhr zwanzig, in einer für immer erkalteten Zeit. Als die glühend heiße Lava die Stadt überströmte, fanden die meisten Bewohner darin den Tod. An sie dachte ich, während ich auf das schwarze Gestein vor mir blickte und mir angesichts des penetranten Gestanks von Schwefel plötzlich ein Bild in den Sinn kam, das viele der Überlebenden, unter der Erinnerung vergraben, heute noch mit sich herumtragen dürften. Die Stimmen derer, die sie riefen, um aus der steinernen Gruft befreit zu werden, während den Angeflehten nur ein hilfloses Zittern blieb.

Jedes Haus ein Grabstein. Friedhofsruhe. Kein Vogel. Ausgelöschtes Leben. Und doch, wenn man genauer hinsah, erkannte man das zarte Grün von Pflanzen die sich aus der Asche erhoben. Mühsam schien sich das Leben zurückzukämpfen und die Natur reparierte nur zögernd, was sie selbst angerichtet hatte. Zerbeulte Autos standen am Rand. Am vom Staub überzogenen Verwaltungsgebäude verwies eine intakte Tafel auf die Sprechzeiten des Bürgermeisters einer Totenstadt. Zusammengefaltet wie ein Pappkarton lag am Ende eines ausgeglühten Lavastromes das Tribunal, wo die Taschenspieler des Rechts einstmals ihr Geschick präsentierten.

Es knirschte. Vorsichtig schob ich eine Tür auf und mit ihr eine Schicht schwarzer Asche weg, die seit Jahrzehnten unberührt auf dem Holzboden einer karibischen Villa lagerte. Im Schrank stapelte sich noch das Porzellan. An den Wänden hingen Fotos voller Staub, ich wischte eines frei und sah in die Augen einer lächelnden Familie. Auf der Treppe standen ein paar Stiefel, so akkurat abgestellt, als ob der, der sie ausgezogen hatte, jeden Moment wieder zurückkommen sollte. Doch es kam niemand mehr. Man evakuierte die Insel. Ihre Bewohner wanderten aus, zu ihren ehemaligen Kolonialherren nach England oder auf die Nachbarinseln. Ein beklemmendes Gefühl legte sich über den Staub des Todes.

Das Unterwegssein an sich empfand ich teilweise schon als masochistisches Vergnügen, doch ein solch obskurer Ort stimmte mich melancholisch. Gut, dass sich bald natürliche Unruhe durchsetzte, denn bisher hatte ich das Glück, auf der verbotenen Exkursion nicht von der Küstenwache entdeckt worden zu sein. Nun hatte ich genug von der pittoresken Zerstörtheit und ging um sieben Uhr morgens vorbei an der stehen gebliebenen Zeit des Infernos zum Wasser und ruderte zum Schiff zurück.

Am Heck klopfte ich mir die Asche aus den Klamotten und duschte den schwarzen Staub vom Körper. So, wie der Reiz des Verbotenen alle Bedenken wegspülte und dafür sorgte, dass ich etwas Außergewöhnliches erleben konnte. Etwas, das sich so radikal von den anderen Inseln der Karibik unterschied.

Nun aber weg. Mit einem Gefühl der Erleichterung zog ich den Anker an Deck und richtete AURYN nach Nordwest aus. Die grobe Richtung war die Meerenge zwischen der Ostküste Puerto Ricos und der Westküste von St.Thomas. Das Ziel lag mittendrin und voraus. Ein neuer Wegepunkt, zurück ins Leben und hin zu einer Welt, nach der ich mich sehnte:

Die Welt des Windes

Wo sich der Horizont mit dem Himmel vereinigte, lagen weiße Wolkenberge dahingestreckt wie träge Tiere. Im frischen Passat unter weißen Segeln zog AURYN ihre Spur in das tiefe Blau des Meeres. Das Land war schon lange hinter mir verschwunden, nun befand ich mich allein, im Einssein in der Weite des karibischen Meeres und in der Faszination jenes Augenblickes, der mich gefangen hielt sowie einem Gefühl, das mich so schnell nicht wieder los ließ.

Der Kurs lag an. Der Wind nahm zu – mit ihm eine Begeisterung, die meine Seele erfüllte, als ich AURYN auf den Wellen reitend in ihrem Spiel zusah.

Ich freute mich auf Kuba, beschäftigte mich mit dem Land und der Navigation. Nur darin bestand in den nächsten Tagen die Aufgabe, das Schiff auf Kurs und im Fahrtwind zu halten, denn ich wollte ohne weitere Stopps direkt nach Santiago de Cuba segeln. Durch die Windward-Passage, vorbei an den Nordküsten der Inseln von Puerto Rico, der Dominikanischen Republik sowie Haiti. Warum vorbei? Nun, wie schon erwähnt, die Hurrikansaison brach an. Einerseits versprachen die Inseln keine geschützten Schlupflöcher, in denen man einen ausgewachsenen Zyklon abwettern konnte, zum anderen herrschten auf Haiti bürgerkriegsähnliche Zustände und die anderen beiden erschienen mir zu touristisch. Aber noch mehr stand mir der Sinn nach Segeln. Weit und lang, vermutlich sieben Tage.

Das letzte Sonnenlicht entzündete das obere Gewölbe und die Türme der Abendwolken. Ich saß beim Abendessen, Hähnchencurry im Reis, und blickte auf die sich grau einfärbende Abenddämmerung. Dann kam die erste Nacht. In ihr wurde es ruhig. Keine Schiffe um uns herum. Im schwachen Licht der Lesefunzel lag ich im Cockpit und döste über der Geschichte Kubas ein. Ich musste so tief geschlafen haben, dass ich nicht mitbekam, dass Humboldt von meinem Bauch rutschte und unsanft auf dem harten Boden landete. Und ich schlief lange, denn als ich aufwachte, war der Mond bereits aufgegangen und sein Schein fiel durch abziehende Wolken. Hinter ihren Schatten kamen weitere Haufenwolken in Sicht, der ganze Himmel füllte sich damit und war durch das Licht des Mondes in fließender Bewegung. Es entstanden Bilder wie im Zeitraffer. Im abwechselnden Spiel aus Licht und Schatten zogen die Wolken schnell und schaufelten in ständiger Veränderung neue und immer wieder andere Gebilde. In ihnen hockten zerzauste Riesen, die mir auf einen Teil durch die Nacht Gesellschaft leisteten. Sie erzählten von Geschichten aus einem Märchen, gaukelten vom fernen Zauber und wechselten sich ab mit Gedanken von der Grenzenlosigkeit des Segelns durch eine einsame Vollmondnacht.

Am Morgen des 2. Seetages hatte sich die Wolkendecke zu einer grauen Masse verdichtet. Aus ihr hingen drohende Fransen wie Korkenzieher, die auf Schauerböen hindeuteten. Gegen Nachmittag ging der Wind, der nicht zu blasen aufgehört hatte, seit ich in Antigua aufgebrochen war, in Regen über. Eine kurze, wenn auch heftige Front, die auf keiner Wetterkarte verzeichnet war, erreichte uns und beschäftigte mich zwei Stunden. Der Wind drehte zaghaft um die Kompassrose und legte dann stürmisch zu. Die Front war da und die See richtete sich auf. Als eine Welle an den Rumpf knallte, schüttelte sich AURYN und warf das über ihr brechende Wasser wieder ab. Kurzzeitig wühlte sich das Meer auf und die Sicht in den Schauerwänden wurde mäßig. Aus diesem Szenario tauchten bald die Umrisse eines mächtigen Öltankers auf. Der Bug des Riesen stampfte in die hohen Dünungsrücken und schaufelte das Wasser bis zur Brücke, bevor sich der Pott wieder schwerfällig hob. So ging es eine ganze Weile und in diesen Bedingungen hatte es auch die Großschifffahrt nicht gerade einfach.

Die Schlechtwetterfront löste sich bald auf und zog nach Norden ab. Die Welt wurde wieder makellos. Blau. Unter und über uns. Am Himmel schälte ein Düsenjet einen hellen Kondensstreifen. Aus Europa kommend benötigte er für die Atlantiküberquerung gerade mal zehn Stunden, auch wenn der Preis dafür ein unbequemes Sitzen in einer engen Kunststoffröhre und ein lustloses Stochern in matschiger Pasta bedeutete. Um das wirkliche Ausmaß eines Ozeans zu fühlen, seine Weite zu spüren, sollte man am Boden bleiben und ihn einmal durchsegeln, auch oder gerade, weil man dafür so wie ich fast drei Wochen benötigte. Der Reiz einer Ozeanüberquerung mit dem eigenen Boot besteht darin, in gemächlicher Fahrt durch die Zeitzonen zu segeln und genügend Raum zu haben, um sich mit der Kultur und Geschichte des Landes zu beschäftigen, dem man sich allmählich nähert.

Schattengedanken

So hatte ich mir das immer vorgestellt: Im Paradies zu segeln. An einem traumhaften Tag, unterwegs in tropischen Gewässern. Aber es war nicht nur die Reise auf dem Meer, die mich interessierte, sondern auch das Land dahinter. Mittlerweile lag ein Abschnitt davon hinter mir und mit dem Blick zurück driftete ich ab in die Schattengedanken einer Traumreise. Sind die karibischen Inseln tatsächlich das Paradies, wie es uns aus den Hochglanzprospekten der Reiseprospekte vorgegaukelt wird? Subjektiv betrachtet durchaus. Denn der Inselbogen, der sich von Grenada im Süden bis zu den Virgin Islands im Norden hinstreckt, zeigt sich im tropischen Klima mit weißen Stränden unter Palmen in einer wunderschönen Natur. Romantische Landschaften wechseln sich ab mit dschungelartigen Regenwäldern, die eine abenteuerliche Geschichte von Kolumbus bis Francis Drake in sich tragen.

Touristen aus aller Welt urlauben im warmen Sonnenschein. Typen wie ich segeln im Passatwind oder ankern in verträumten Buchten. Weiße Investoren bauen immer neue Resorts, weil sie mit den schönen Bildern des Paradieses Geschäfte machen. Immer mehr weiße Urlauber locken sie an. Diese lassen sich von den Nachfahren der Sklaven bedienen und tanzen unter einem Sternenhimmel zu ihrer Musik. Umgeben von einer leichten Brise, die eine andere Seite des Traumes aufschlägt. Hinter den Mauern der abgesicherten Hotelanlagen, in angrenzenden Palmenwäldern hockt das Elend: Arbeitslosigkeit, Armut, Unsicherheit, Kriminalität, bettelnde Kinder. „Die Karibik ist keine Idylle“ sagt der Schriftsteller und Nobelpreisträger Derek Walcott aus Sta. Lucia, „jedenfalls nicht für die Einheimischen, zu mühsam ist das Leben auf den Inseln.“ Wer Glück hat, findet einen Job als billige Arbeitskraft im Tourismus. Ansonsten bleibt den Schwarzen kaum etwas von ihrem Paradies, denn durch den Raubbau der Weißen ist Landwirtschaft kaum möglich und Regen und Hurrikane lassen der Natur kaum Zeit zur Regenerierung. Was mir jedoch besonders auffiel, war der teilweise offene Hass der Schwarzen gegenüber den Weißen. Besonders da, wo die Schnittstelle zwischen Armut und Wohlstand liegt, geht Rassismus den umgekehrten Weg. Schwarze wollen die Weißen nicht länger dulden.

Ob der Mensch will oder nicht, eines ist und bleibt die Karibik auf jeden Fall: Das Geburtsbecken des Golfstromes und damit erfolgt ein Übergang zur Aktualität des Tages. Dieser Golfstrom machte uns nun spürbar zu schaffen, denn er stand mit fast zwei Knoten gegen uns. Aufgeladen mit tropischer Sonne beginnt er seinen Zug im Golf von Mexiko, zieht durch die Windward-Passage ostwärts, bis er in der Nähe von Florida nordwärts schwenkt. Entlang der amerikanischen Ostküste setzt er seine Reise fort bis hinauf nach Neufundland, wo er nach Europa abknickt und mit seiner Fernwärme dafür sorgt, dass vor dem Haus von Rosamunde Pilcher Palmen wachsen. Am Ende des dritten Tages segelte AURYN stur gegen den Golfstrom und weiter westwärts. Puerto Rico war als dünner Strich an backbord gerade noch auszumachen, während wir uns bereits dem nächsten Wegepunkt näherten. Er lag nördlich der Küste der Dominikanischen Republik, womit ich Humboldts Erzählung über Kuba ins Regal packte und mir geographisch passend „Das Fest des Ziegenbocks“ von Vargas Llosa vornahm. In diesem eindrucksvollen Buch schildert Llosa sehr transparent, wie die Diktatur in Allianz mit großen Handelsgesellschaften in der Dominikanischen Republik bis vor kurzem noch funktionierte. Die korrupte Staatsmacht verfügte weder über die Moralität noch über den Sinn für das Gesetz, um ihr Land auch tatsächlich am Leben aufrecht zu erhalten. Ihr Handeln richtete sich ausschließlich nach dem Profit und der Verachtung derer, die sich ihnen in den Weg stellten. Eine Welle des Mordens lief über das Land oder man folterte seine Widersacher so lange, bis sie zu einem Rädchen im degenerierten Staatsgebilde wurden.

Ein Sonnenstrahl brach diagonal aus den Wolken und fiel ins Meer.

Der helle Schein gab den dunklen Kapiteln des Buches jenes Licht, worin sich seine winzigen Zeilen von brutaler Gewalt rasch auflösten. Denn friedlich ging es zu auf AURYN an einem heißen Nachmittag, an dem ich eine Zeit lang nichts weiter tat, als mich an den Eindrücken der Umgebung festzuhalten, bis ich in einen bleiernen Schlaf fiel.

Der Wecker klingelte. Er erinnerte mich an die Zeit der Navigationsarbeit. Positionseintragung, Kurs, Fahrt, Besegelung, Wetterbeobachtung. In die Rubrik „Verschiedenes“ kritzelte ich: Bergfest! Die Hälfte der Distanz liegt hinter uns. Noch 400 Seemeilen, der Tag vom Feinsten: Herrliches Raumschotsegeln, das Schiff macht gute Fahrt mit einem Etmal von 160 Seemeilen. Freu mich auf Kuba!

Die Luft wurde schwül, drückend. Das Baro stieg und der Wind nahm ab. Unter einer erbarmungslosen Tropensonne lag das Meer bald wie geschmolzenes Blei. Stunden später segelte AURYN mit den Resten eines Windes in die Düsternis der Nacht. Für einen zufälligen Passanten musste es aussehen, als spräche ich mit mir selbst. Doch in Wahrheit sprach ich mit dem Wind und bat ihn, noch zu bleiben. Aber dem Wind war es egal, ob einer mit ihm sprach oder nicht. Er verabschiedete sich, so dass ich den Rest der Nacht im monotonen Geräusch des Diesels verbrachte.

Starker Schwell setzte ein. Ein greller Sonnenaufgang legte sich auf die graue Dämmerung und mit dem kontinuierlichen Fallen der Barometernadel wurde mir klar, dass die Karten neu gemischt wurden und es bald schon wieder ganz anders kommen würde.

Der Tag, an dem es nicht hell wurde

Miami Weatherforcast kündigte eine Tropical-Wave an. Die Ausläufer dieser tropischen Störung standen gegen Abend weit sichtbar am Horizont und die Wetterkarte zeigte diese Front zwischen einem Hoch im Osten und einem satten Tief, das sich über Jamaica gebildet hatte. Das Tief zog schnell und sollte uns nach der Vorhersage am nächsten Tag erreichen. Doch bereits am Abend war es da. Zaghaft fächelte der Wind. Gewitterwolken zogen auf. Dann wurde es wieder windstill. In dieser Ruhe lag etwas in der Luft. Etwas Bedrohliches. Die Ahnung bekam Schärfe, als ich aufblickte und erschrocken zwei Wasserhosen (Tornados) entdeckte, die im Abstand von ungefähr fünf Meilen vor sich hin rüsselten. Sehr deutlich erkannte ich ihre Trichterfüße auf der See, die sich grauweiß bogen. Bilder schossen mir in den Kopf von Tornados an Land, die Zugbahnen totaler Zerstörung hinterließen. Wasserhosen auf See sind wie konzentrierte Tiefdruckgebiete, die in der Thermik schwüler Tage entstehen. Während in den üblichen Tiefdruckgebieten der Luftdruckabfall sich über Hunderte von Seemeilen ausbreitet, zentriert sich der Druckabfall einer Wasserhose innerhalb einer Säule von wenigen Metern und setzt sehr schnell ein. Die rotierende Gischtwolke war auf See wunderbar zu orten, gleichwohl zählt Gradlinigkeit nicht zu den Charaktereigenschaften eines wandernden Wirbelsturms: Er torkelt wie ein Betrunkener, zieht mal dahin und mal dorthin. Doch eines war klar, packte uns ein solches Monster, sollte zumindest der Nachlass geregelt sein, denn der Tornado konnte uns zertrümmern. Im Schiff würde ein hoher Luftdruck entstehen, wodurch der Luftdruckausgleich nach außen alle Luken und Fenster aus dem Schiff reißen wird. Was dann passieren konnte, war graue Theorie, ich las von Yachten, die in der Säule empor gerissen und zerlegt wurden.

Was konnte ich tun? Nichts. Außer abwarten und die Ungeheuer beobachten und hoffen dass sie sich auflösten oder sich zumindest verzogen. Über den Kompass peilte ich die Monster. Keine Veränderung, die Dinger zogen langsam. Eine Viertelstunde, die mir zur Ewigkeit wurde, verging, dann löste sich die eine Säule auf, während die andere noch darüber sinnierte, vielleicht doch Schaden anrichten zu wollen. Doch dann nahm sie ihren Unterteil von der brodelnden Wasseroberfläche und schraubte sich in das tiefhängende Wolkengetürm zurück. Ich atmete kräftig durch und spürte den Wind, der zurückkam. Ihm folgten tropische Schauerböen und die Umgebung verschwamm hinter Vorhängen aus Wasser. Noch einmal reffte ich die Segel und sah im Trimm eine See von bedrohlicher Schönheit. Dann ging ich an den Kartentisch, trug die aktuelle Position ein und markierte das Kreuz mit einem dicken Ausrufungszeichen. Kein Kommentar. Nichts. Weil es unglaublich war.

Der Tag, an dem es nicht hell wurde, brachte uns einen Schauer nach dem anderen und dunkle Wolken. Die Kraft aus dem Schwarz dem windgepeitschten Grau war so gewaltig, dass ich den Kurs nicht mehr hielt und AURYN nur mit einem Stück des Vorsegels vor dem Wind ablaufen ließ.

Erschöpft versank der Tag in die Nacht. Hungrig stieg ich in die Wohnhöhle unter dem Mast und löffelte kalt die Reste des Essens vom letzten Abend.

Gegen Mitternacht fiel zaghaft das erste Mondlicht durch eine zunehmend aufreißende Wolkendecke. Die Front war durch, das Baro stieg. Es wurde Morgen und wieder Mittag und die Tropensonne brannte. Der Passat war zurück. AURYN segelte in einer frischen Brise unter vollem Tuch, während ich die Meerharmonie fühlte. Boot, Wind und Wellen waren wieder im Einklang, abgehakt die Widrigkeiten des letzten Tages. Fahrtensegeln bedeutet Bewegung, Veränderung, Qualen, Hoffnung sowie Abenteuer in einer extremen Form des Naturerlebnisses. Und das war es, was meine Begeisterung herausforderte.

Schrie da jemand?

Ein alter Holzkahn mit bunt geflicktem Lateinersegel kam auf und kreuzte dicht vor dem Bug auf Kurs Haiti. In früheren Zeiten mochte das schäbige Boot sicher mal ein Frachtensegler gewesen sein, der Obst und Gemüse, Reis und Rum von einer Insel zur nächsten beförderte. Heute transportierte er Menschen, die sich zusammengepfercht wie Tiere am Deck klammerten und zaghaft winkten, derweil im Hintergrund die Deutsche Welle über die Bundesligaergebnisse berichtete. Stimmen, Leben, Land. Morgen sollte ich es sehen und Kuba erreichen.

Mit einem dampfenden Kaffee stieg ich zurück ins Cockpit und sah am Horizont ein mächtiges Wolkengebilde, dann zog sich der Tag zurück. Nur die oberen Haufenwolken hatten noch die Kraft, das Sonnenlicht auf sich zu ziehen, darunter dämmerte bereits der Abend im flammenden Rot.

Die Nacht unter einem flimmernden Universum kam und ging. Als ich aufwachte, roch ich Kuba. Eine andere Luft, sie war warm und würzig.

Cuba Sozialista

Nach drei Stunden unter Segeln entlang der Südküste Kubas, vorbei an der Guantanamo Bay, wo der US-Militärstützpunkt lag, steuerte ich AURYN nun unter Motor in einen Fluss, der uns nach Santiago de Cuba führte. Am Ufer standen die kläglichen Überreste einstmals hübscher Villen wie verfaulte Zahnstumpen im Gesicht einer Landschaft, die mit einer blühenden Vegetation beeindruckte.

„Patria o Muerte" zeterte die verwaschene sozialistische Parole auf einer verfallenen Brüstung. „Bienvenido Cuba Sozialista" konterte eine andere. Ein Windstoß trieb den Staub des Weges vor sich her, auf dem ein Mann mit großem Strohhut tief gebeugt entlangschlich. Ein alter Mann aus einer morbiden Welt, der die schwere Last der Vergangenheit mit sich trug. Hinter einer Flussbiegung lag der kleine Hafen von Santiago de Cuba. Ein aufgeregter Marinero zeigte auf einen freien Platz und nahm hibbelig die Leinen an. Dann lagen AURYN fest und 816 Seemeilen hinter uns. Nur das salzverkrustete Deck erinnerte an die letzten sechs Tage und Nächte.

Kuba – Im Land der Widersprüche

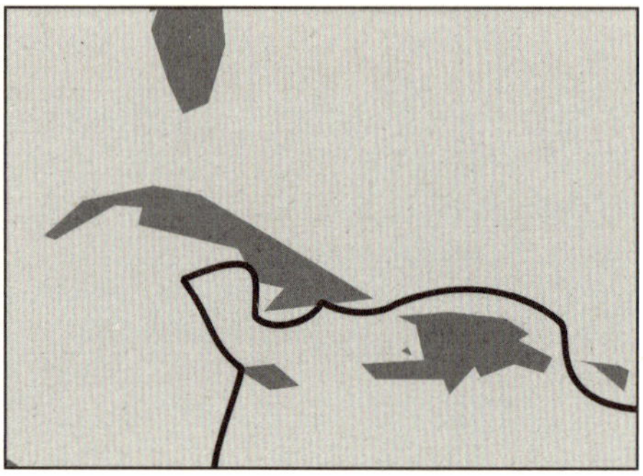

„Nie sah ich ein schöneres Land,
noch freundlichere Menschen“
Christoph Kolumbus, Bordtagebuch 1494

Da stand ich nun auf dem festen Boden des kleinen Yachthafens von Santigo de Cuba und wollte mir sechs Tage Schiffschaukeln aus den Beinen laufen. Doch das Empfangskomitee, welches mir mit steifen Uniformen und wehenden Kitteln auf der Steganlage schwungvoll entgegenmarschierte, verwies mich wieder aufs Schiff. Ohne offizielle Einklarierung hatte keiner das Schiff zu verlassen. Der Doktor im weißen Kittel schaute mir in den Mund und stellte Fragen nach Impfungen, während der Veterinär den Kühlschrank inspizierte und die Konserven kritisch musterte. Dann kam der Hafenmeister und brachte gleich seinen Stellvertreter mit. Der eine fragte, der andere testete noch die Mine seines Kugelschreibers, indem er damit einen Schreibblock traktierte. Schiffsname, letzter Hafen und Name des Kapitäns machten noch keine Schwierigkeiten, doch dann hakte die Konversation an solch diffizilen Fragen wie: Grund der Reise und Art der Ladung. Ladung? Zweimal bestätigte ich, dass AURYN keinerlei Ladung transportierte. Bis dann endlich ein Schrägstrich das Palaver beendete.

Die nächste Instanz war ein kleiner untersetzter Typ vom Zoll. Treuherzig beantwortete ich die Fragen nach Tabak und Alkohol mit nada, während er mich mit einem verschleierten Lächeln durch sein Monokel beobachtete, als ich auch die Fragen nach Drogen und Pornozeitschriften mit einem Kopfschütteln verneinte. Der Beamte verabschiedete sich. Ich wollte schon erleichtert aufatmen, doch es wartete noch einer. Der Inspektor der Polizei, der im Cockpit bereits durch mein Logbuch blätterte, beschäftigte sich nun mit dem Pass und den Schiffspapieren. Dabei kontrollierte er, die Brille nach oben haltend, immer wieder deren Gläser, so als behindere schon die allerkleinste Verschmutzung die Kontinuität seines Leseflusses. Die zähe Prozedur ging nach einer Stunde zu Ende. Ich zählte insgesamt 16 Personen, war 120 Dollar los und buchte es unter: Eintrittskarte für ein wunderbares Land. Dann machte ich mich auf den Weg nach

Santiago de Cuba

Das Taxi ecologico, stellen Sie sich einfach eine Pferdekutsche vor, ließ ich am Wegesrand grasen und marschierte stattdessen entlang einer langen Uferpromenade zur Stadt. Auf der anderen Seite des Malecon stand das Mauerwerk zerbröselter Häuser mit den Fassaden verblasster Farben. Morbide und Marode hatten Patina aufgetragen. Etwas weiter bogen sich dünne Holzlatten unter der Last einer nachträglich eingezogenen Etage, in der bereits gelebt wurde. Aus der reizvollen Verfallenheit trat ein alter Mann, schulterte seine Gitarre und schlurfte über die Strasse. Kurz darauf folgten, nicht gerade jünger, ein Bass und noch eine Gitarre. Die Kapelle war komplett. Un, dos, tres … Ein zarter Anfangsakkord, die anderen fielen ein. Musik erklang. In den Adern der alten Kubaner floss kein Blut, sondern Musik, die im warmen Tropenwind die Seele zum Schmelzen brachte. Santiago umarmte einen kleinen Seemann mit seiner tropischen Sinnlichkeit, der unnachahmlichen Fröhlichkeit seiner Bewohner und bestach durch die Reize seiner architektonischen Kostbarkeiten, die Pracht und Verfall gleichzeitig ausdrückten. Je näher ich dem Stadtzentrum kam, desto mehr pulsierte das Leben.

Klimatisierte Touristenbusse spuckten Scharen von Pauschalurlaubern aus, die sich jenseits ihrer isolierten Hotelburgen ein Bild vom eigentlichen Kuba machen wollten. Allerdings, zum Shoppen fuhr keiner von ihnen nach Santiago. Glitzerwelten mit elegant gestylten Schaufenstern, wie man sie aus anderen Metropolen gewohnt ist, gibt es hier nicht. Dafür fiel eine starke Polizeipräsenz auf. Da die sozialistischen Tourismus-Minister nur mit Bauchschmerzen über ihren ideologischen Schatten sprangen, lag darin Strategie. Denn die Touris brachten zwar die nötigen Devisen, aber nicht die richtige Gesinnung mit. Daran erinnerten die allgegenwärtigen Parolen wie „Sozialismo o Muerte", Sozialismus oder Tod. Geäußert von zwei Köpfen, auf die man überall in Cuba stieß: Von Fidel Castro, dem charismatischen Altrebellen im grünen Drillich und Che Guevara, dem eigentlichen Magier der kubanischen Revolution. „Che" arbeitete am Wandel des Bewusstseins und träumte vom anderen Menschen, der materiellen Vorteilen abschwor und selbstlos, solidarisch und revolutionär agierte, und zwar weltweit. Balsam für verirrte Seelen. Aber ist man nicht geneigt zu sagen, dass auch bei uns „Che" und sein Traum faszinierten? Längst vergessen sind seine politischen Absichten, nur sein Stil in Gestalt von schicken Klamotten überlebte oder hat „Che" gar zur tragischen Figur der Mode werden lassen. Doch ich drifte ab ...

Zurück in die Stadt. Und mit jedem Schritt hinein wurde ich in den Bannkreis von spontaner Freundschaft und unkomplizierter Lebensfreude einbezogen.

Es fing harmlos an, als Ramon von seinem Fahrrad abstieg, ein paar Fragen stellte und mir den Weg zur Kathedrale wies, während er mit mir ging. Eine Straßen-Bar lag am Weg, wir tranken einen Mojito und fanden uns später auf dem Platz wieder, der zum Herzen dieser Stadt wurde. Die Plaza Major. Vor uns thronte die Kathedrale, die mit weit geöffnetem Portal einem Kulturzentrum ähnlicher kam als einem Bethaus. Rechts davon das Capitolio, Sitz der Verwaltung. Gegenüber wieder eine Parole „Hasta la victoria siempre", immer bis zum Sieg und immer wieder die Skulptur seines Verfassers: Che Guevara. Er sah vom Sockel der Revolution auf ein imposantes Ensemble, das Stile verschiedener Epochen in perfekter Restauration vereinte. Im matten Schein der Kandelaber erkannte ich wunderschöne Details. Wir zogen weiter. Ramon war immer noch an meiner Seite und führte mich zu einem Innenhof, aus dem kubanische Musik erklang. Mal schauen was läuft! Spontane Fröhlichkeit schlug uns entgegen. Und wieder die Musik Kubas. Zu Rhythmus und Klängen, die ihnen in Fleisch und Blut übergingen, lösten sich die Kubaner tanzend auf und zerfielen in verschiedene Körperteile, die völlig unabhängig agierten, ohne den Zusammenhalt zu verlieren. Noch niemals habe ich Menschen so ausgelassen tanzen sehen. Das steckte an. Auch ich tanzte, wobei mein Körper nur einen Schwerpunkt kannte. Plötzlich wurde es dunkel. Die Stadt schaltete den Strom ab, was ständig passierte, wie mir Ramon zuschrie. War eh egal, die Band spielte unplugged und Santiago tanzte unbeeindruckt weiter. Ihre Gestalten verschmolzen im Rhythmus und im Schein des Halbmondes. Wie selbstverständlich begleitete mich Ramon durch seine Stadt, durch die Nacht und zurück zum Yachthafen. Er half am nächsten Tag beim Einkaufen auf dem Wochenmarkt und das alles, ohne die Hand aufzuhalten. Diese Freundlichkeit erwiderte ich dankbar, indem ich ihn zum Essen an Bord einlud und ihm ein paar T-Shirts sowie Angelhaken schenkte.

An der Küste der Revolution

Der Wind ließ die Flaggen des Yachthafens knattern. Ich zog die Festmacherleinen an Bord und winkte meinem kubanischen Freund hinterher, bis er zu einer fernen Erinnerung verblasste.

Dann verließ AURYN die Stadt und steuerte bald darauf entlang der Südküste in Richtung Cabo Cruz, dem südwestlichsten Punkt von Cuba. Der Tag verlief im angenehmen Segeln einem bergigen Landabschnitt entlang, der so gut wie nicht bewohnt war. Auf weißen Landzungen standen sattgrüne Mangroven, sie setzten Akzente, waren zugleich Barrieren. Weißwasser spülte über vorgelagerte Riffe. Dahinter schimmerte ein anderes Grün. Sanfte Hänge verliefen sich in den hohen Bergen der Sierra Maestra. Das Bild war voller Farben, Kontraste und Linien. Aus Räumen und deren Grenzen. Der Natur war es gelungen, entlang dieser Küste ein Meisterwerk zu schaffen, in das die Menschen zum Glück noch nicht eingegriffen hatten.

Im milchigen Licht des Nachmittags tauchten verrostete Seezeichen auf. Sie führten uns durch ein Außenriff in eine geschützte Bucht, an deren Ende sich das kleine Dorf Portillio befand.

Dorthin lenkte ich AURYN, der Anker fiel. Dann ruderte ich zum Dorf, wobei mich ein kurzer, wenn auch heftiger Tropenschauer überraschte. Der Regen trommelte ins Dingi. Den Müttern an Land schien das frische Wasser gerade recht zu kommen. Sie duschten ihre Kinder unter einem Bottich aufgefangenen Wassers, das den Kids den Rücken herunter lief und von ihren seifigen Pobacken tropfte. Längst vermoderte Bilder erhielten wieder Frische. So wie das Ochsengespann, das einen Holzpflug hinter sich herzog, während der Bauer mit ausgestreckten Armen kraftvoll versuchte, das Gerät in der braunen Furche zu halten. Es fiel mir auf, dass, je länger ich unterwegs war, es gerade die belanglosesten Details waren, die meine Beobachtung schärften. So, wie das Gebilde im Schaukasten des Gemischtwarenhändlers, wo eine Pyramide aus Klopapier stand, um die man ein paar Obststücke im Halbkreis platziert hatte. War das Kunst? Zumindest war es phantasievoll und schien den Stolz der wenigen Bewohner auszudrücken, die hier in bescheidenen Lebensverhältnissen wohnten. Im Dorf war nichts gleißend und gar nichts neu. Am wenigsten die schäbigen Fassaden der stillen Gassen, in denen es Abend wurde. Elektrizität und Laternen? Fehlanzeige. Durch die offenen Türen wirkte das Petroleumlicht gedämpft und voll schwebender Atmosphäre. Ich saß auf der Treppe der kleinen Dorfkapelle und lauschte der Musik, diesmal das Gezirpe der Natur. Im Antlitz der gegenüberliegenden Grabsteine reflektierte sich die Endlichkeit des Seins. Aus diesen melancholischen Gedanken riss mich der dumpfe Ton der Kirchenglocke. Ein zaghaftes Geläut rief die Bewohner zum Gebet. Ich folgte ihnen in die schlichte Kirche, die mich eher an eine Gedenkstätte gefallener Revolutionäre erinnerte. An den Wänden hingen Spruchbänder mit „viva la revolucion“ und aus schweren Holzrahmen glotzen mich die Augen gefallener Widerstandskämpfer an.

Verblichene Gesichter spiegelten sich an jenem Ort, der zur Geschichte der Kubaner wurde, die seit der Kolonialzeit nur Ungerechtigkeit, Unterdrückung und Not erlebt haben. Diktatoren errichteten, gestützt von den USA, blutige Terrorregime, die die demokratischen Grundsätze mehr und mehr aushöhlten. Doch das sollte sich ändern. Es war im November 1956, als sich eine Motoryacht namens „Granma“ der Südwestküste näherte. Unter der Führung von Fidel Castro und Che Guevara sprangen 80 Rebellen an den Strand, um die Revolution nach Kuba zu bringen. Auf ihrem Zug nach Havanna befreiten sie ein Dorf nach dem anderen von den Schergen des Diktators Batista. Immer mehr Bauern und Arbeiter schlossen sich in der Sierra Maestra dem roten Caudillo Fidel Castro an. Mit Che an der Spitze marschierten die Revolutionäre 47 Tage nach Havanna, dem Hunger und den Truppen Batistas trotzend. In der Silvesternacht von 1958 auf 1959 wurde in Kuba dann schlagartig alles ganz anders. Als die Guerillatruppen Havanna einnahmen, floh der Diktator Batista. Die Revolution hatte gesiegt und die Kubaner fielen in einen gigantischen Freudentaumel. Fidel und Che Guevara, die beiden Chefideologen, begannen sofort mit dem Umbau der Gesellschaft nach sozialistischen Vorstellungen und ihrem Handbuch zur Umsetzung. Kompromisslos enteigneten sie die US-Unternehmen sowie Großgrundbesitzer und leiteten grundlegende Agrarreformen ein. Sie führten eine Alphabetisierungskampagne durch und beendeten die Rassendiskriminierung. Nach diesem Radikalschnitt verschwanden Arbeitslosigkeit, Armut, Obdachlosigkeit und Prostitution, genau wie die reichen Kubaner, denen die Enteignung so vorgekommen sein musste, als wie man Graf Dracula mit Kreuz und Knoblauch auf die Pelle rückte. Die Kapitalisten packten ihre Sachen und flohen vor den roten Revolutionären nach Miami. Auf Kuba, der größten Karibikinsel, entstand etwas, was dem idealisierten Bild Castros von einer „gerechten Gesellschaft“ nahe kam. Zumindest damals, vor über fünfzig Jahren. Und heute? Dazu später mehr. Jetzt geht's erst einmal weiter unter Segeln und im kräftigen Passat, entlang der Küste der Revolution.

AURYN hielt den Bug immer noch in Richtung Cabo Cruz, als wir es nach vier Stunden herrlicher Rauschefahrt erreichten, halste ich mein Schiff vor dem Wind und folgte dem Knick der Rifflandschaft nach Nordwest. Ein Wrack, das vor nicht allzu langer Zeit vom Riff zermalmt worden war, mahnte, gerade in diesen traumhaften Korallengewässern, auf der Hut zu sein und sorgfältig zu navigieren.

Der Segelwind war ideal. Die Umgebung nicht weniger. Durchsichtig, hellblau bis türkis schimmerte das flache Wasser. An der Schleppangel hing später ein Barrakuda und vor uns tauchte die Perlenkette paradiesischer Inseln auf. Ein lang gestrecktes Band unbewohnter Inseln, das sich vom Cabo Cruz einhundertachtzig Meilen nordwestlich zog. Kein anderer als Christoph Kolumbus taufte sie auf den Namen „Jardines de Reina", die Gärten der Königin. Vermutlich in zärtlicher Erinnerung an die Sponsorin seiner Reise. Königin Isabella, deren Gunst er erwirkte, nachdem er sich am Hofe mit Konsorten herumzuschlagen hatte, die seiner abenteuerlichen Reise eher abgeneigt entgegentraten: Pingelige Bürokraten und mutlose Admirale.

Mir erschien das Segeln entlang der Rifflandschaften über Nacht als zu gefährlich. Zudem besaß ich keine Detailkarten einer Region, die teilweise noch nicht einmal vermessen war, so dass das ich es für gescheit hielt, nach einem geeigneten Ankerplatz für die Nacht Ausschau zu halten. Nur wie, in einem Labyrinth weiß umschäumter Riffe und kleiner Inselchen? Gestützt auf die Seekarte, das Segelhandbuch für kubanische Gewässer und die ureigene Entschlossenheit galt es, dem nüchternen Prinzip des nautischen Instinktes zu folgen. Und so lotste ich AURYN unter Augapfelnavigation langsam durch ein Gewirr dunkler Korallenköpfe und ankerte am Nachmittag vor einem traumhaften Atoll. Es war unbewohnt, trug aber einen Namen. Cayo Blanco. Ein Teil der Insel bestand in der Tat aus weißem Korallensand, ein anderer aus braungrünen Mangroven, an deren Luftwurzeln gerade ein Reiher entlangstolzierte und Kormorane ihre Glieder verrenkt in die Abendsonne hielten.

Ich wollte sehen, was im Korallenriff los war, zog Flossen an, setzte die Taucherbrille auf und schnorchelte durch die Pracht einer noch intakten Unterwasserwelt. In einer Sonnenlichtsäule, die diagonal ins Wasser fiel, trieb ich in einem riesigen Schwarm von Papageienfischen. Ließ mich von einem Zackenbarsch beglupschen und bewunderte das Werk der Baumeister der Riffe: Korallen, die ganz ohne äußere Einflüsse eine Landschaft schufen, die wuchs und gedieh.

Kubanische Freundschaft

Im Zauber der romantischen Bucht knisterte das Feuer im Außengrill. Die Barrakudafilets brutzelten, während am Horizont die Sonne ins karibische Meer versank. Bisher hatte ich noch kein anderes Schiff in den Gewässern Cubas gesehen, doch als ich am anderen Morgen aufwachte, ankerte in hundert Metern Entfernung ein unförmiger Kasten, den man mit viel Phantasie als Schiff bezeichnen konnte. Am Strand davor hockte eine Gruppe von Männern. Vermutlich Fischer. Ich stieg ins Dingi und ruderte zu ihnen. Mein Spanisch reichte mittlerweile, um mich mit den Kubanern gut zu verständigen. Obwohl es bei der Begegnung mit den kantigen Burschen nicht wirklich auf gepflegte Konversation ankam, eher darum, die Buddel Rum abzuschlagen, die ständig die Runde machte. Der Boss der Truppe, der schon mächtig angetrunkene Sisto, erklärte er mir ihre Arbeit zwischen den Inseln, wo sie auf Lobsterfang gingen. Ein Job ohne tariflich festgelegte Arbeitszeiten, in der Regel eine Woche dauernd, bis der mit Wasser gefüllte Bauch ihres Kahns bis oben hin mit den krabbelnden Viechern gefüllt war. Der Lobster, Familie Hummer, wird dann als Exportartikel vom Staat auf die karibischen Inseln für harte Devisen verhökert. Oder er fliegt in Begleitung eines Touristen, der ihn als lebendes Präsent in einer Wasserschatulle gekauft hat, nach Europa. One way. Weil er nach seiner Ankunft in das siedend heiße Wasser eines Edelstahltopfes getaucht wird. Und zwar lebend. Sisto schwankte, hielt sich wacker und war sogar an meinem Törn, den ich den Sand malte, interessiert. Völlig aus dem Häuschen geriet er, als ich ihm verklickerte, dass ich demnächst den Hafen von Casilda ansteuern wollte. „Nein, was für ein Glück". Es war sein Heimatort und wenn ich dort einträfe, würden er und seine Familie mich in ihr Haus einladen. Die ganze Strasse würde mich einladen. Denn dort wohnten seine Mitarbeiter, die mich die ganze Zeit mit leeren Blicken anstierten und außer Rülpsen und kichernden Lauten kaum etwas zur Unterhaltung beitrugen, doch zur ausgesprochenen Einladung nickten sie schwerfällig.

Tolle Typen, einfache Fischer, die tagelang auf der Suche nach Lobstern die Rifflandschaften durchstöberten. Gelegentlich am Strand auf den nackten Grund ihrer Buddel stierten, aber meistens auf der Insel einfach nur campierten. Einige blieben für immer. Auf einer kleinen Wanderung um die Insel entdeckte ich hinter Sandhaufen und Gestrüpp drei schlichte Holzkreuze ohne Inschriften.

Im Schatten der Palmen schlummerte die Truppe um Sisto der Siesta entgegen. Ich schnitzte mir aus einem Ast einen Stab, der eher einem krummen Besenstiel ähnlich kam, ruderte zum

Schiff zurück und befestigte an der Spitze des Holzes einen groben Angelhaken. Warum das? Nun, ich hatte eine Verabredung: Zum Lobsterfischen!

Am späten Nachmittag tuckerte ein Tender durch die Ruhe der Bucht. Sisto stand im Bug und prüfte aufmerksam den glasklaren Grund. Auf seine lässige Handbewegung hin stoppte sein Kumpel den Motor. Dann fielen sieben Leute aus dem kleinen Boot, holten tief Luft und glitten mit kräftigen Flossenschlägen drei Meter abwärts. In der einen Hand hielt ich ein Netz, in der anderen den Stock. Vor uns lagen Felsen und Korallenvorsprünge. Bevorzugte Aufenthaltsräume der Lobster, allerdings versteckten sie sich schlampig. Ihre langen Fühler sonnten sich außerhalb der Höhlen. Es war ein leichtes, sie zu entdecken, selbst für einen Anfänger wie mich. Wie war das noch im Trockenkurs vom Vormittag? Den Stab unter den Körper der Krabbe stochern, Haken nach oben. Kurz anheben und mit einem Ruck wie Giovanni, der die fertige Pizza aus dem Ofen zieht, den Lobster in die freie Wildbahn befördern. Entschlossen auf den Rückenpanzer greifen, auf die Scheren aufpassen, anheben und ab ins Netz. Es funktionierte! Ich hatte meinen ersten Hummer gefangen. Zurück am Strand haute mir Sisto seine grobe Pranke auf die Schulter und schmiss mir seinen Fang als Geschenk vor die Füße. Wie man den Lobster zubereitet, erfuhr ich dann im nächsten Anschauungsunterricht am Strand, am offenen Feuer. Das Essen selbst war dann nur noch eine Frage des Appetits und geradezu köstlich.

Wir verabschiedeten uns noch in der Nacht, weil wir am nächsten Tag verschiedene Kurse steuerten. Ihrer führte tiefer hinein in das Gewirr der Korallengärten, meiner hinaus auf die offene See.

Mit sieben ausgewachsenen Lobstern, die AURYN im Netz hinter sich herzog, verließ ich Cayo Blanco und segelte 30 Seemeilen nach Cienfuegos. Der Törn verlief ohne erwähnenswerte Ereignisse und endete nach fünf Stunden, wie er begann. In schlichter Herrlichkeit.

Cienfuegos

Der hohe Leuchtturm eingangs eines schmalen Fjordes empfing uns bereits am frühen Nachmittag. An Backbord bewachten die hohen Mauern des Castillos den Engpass, der in die herrliche Bucht von Jagua führte. In der 1494 ein bis dahin eher unbekannter Seemann italienischer Abstammung ankerte, der sich später zum großen Eroberer vieler karibischer Inseln ausriefen ließ: Don Christoforo Colombo, bei uns besser bekannt als Kolumbus. Ich irrte ein wenig durch die Weitläufigkeit des riesigen Gewässers, bis ich das erste rotgrüne Tonnenpaar ausfindig machte. Danach steuerte ich mein Boot im Fahrwasser der Berufsschifffahrt zur Peripherie der Stadt Cienfuegos. In der Zerfallenheit eines einstmals herrschaftlichen Yachtklubs fand ich einen Anlegeplatz für AURYN, entledigte mich der lästigen Einklarierung und genoss im frischen Wind, der über die Bucht wehte, das goldene Abendlicht, welches das Wasser magisch glitzern ließ.

Am anderen Morgen wurde ich vom Quietschen der Fender früh wach. Der in der Nacht stark aufgeflaute Wind drückte AURYN auf das marode Holz des Steges, der zudem verdächtig knarrte. Die friedliche See vom gestrigen Abend zeigte sich nun aufgeregt und aufgewühlt. Wolken rasten von Osten heran. Welle um Welle ergoss sich über die Mole, als ich den Yachtklub hinter mir ließ, um mir Cienfuegos vorzunehmen. Die Gischt wehte über die Straße und trieb auf poröse Fassaden, die das Salz des Meeres in sich trugen. Pockenartige Pfeiler unterbrachen eine rissige Brüstung, auf der sich unerschrockene Möwen gegen den Wind lehnten. Die alte Hafenstadt war in die Jahre gekommen, bestand aus einem Knäuel enger Gassen, halbwegs intakter Gebäude und eingestürzter Ruinen.

Dann bog ich ab in das Herz von Cienfuegos und begab mich auf Nahrungssuche, was auf Kuba für Kubaner nicht so einfach ist. Denn das Land litt an einem extremen Versorgungsmangel. Die Regale in den Peso-Läden, in denen die Einheimischen mit dem vom Staat ausgestellten Bezugsschein einkauften, waren praktisch leer. Trotzdem standen sie in meterlangen Schlangen davor.

Im matten Glanz der Verfallenheit

Im Land der Widersprüche prallten die Gegensätze zwischen traumhafter Karibik-Kulisse und kubanischer Realität munter aufeinander. Nach der kommunistischen Doktrin ihres Maximo

Lider Fidel Castro gab es zwar eine Sorte Mensch, aber im Land zwei Währungen. Den Peso für Kubaner und den Dollar für den touristischen Klassenfeind. Dieser konnte in speziell für ihn eingerichteten Diplotiendas (Dollarshops) kaufen, wonach ihm der Sinn stand. Als der rote Caudillo den Dollar als Zweitwährung in Kuba einführte, traf der Giftpfeil das Zentrum des sozialistischen Bewusstseins. Der Staat als Betreiber der Devisengeschäfte schaufelte sich selbst das Grab mit der Inschrift: Hier ruht das hohe Prinzip der Gleichheit. Während der in Peso ausbezahlte Lohn praktisch wertlos wurde, führten jene Einheimischen, die durch den Schwarzmarkt mit den Touristen sowie deren Trinkgelder und finanzieller Unterstützung der Exilkubaner Dollars erhielten, ein recht angenehmes Leben. Wogegen sich vor den Scheiben des Kapitalismus die anderen Kubaner die Nasen platt drückten und sich immer noch wunderten. Denn das, was die Amis mit ihrem Wirtschaftsembargo drei Jahrzehnte lang nicht geschafft hatten, besorgten ausgerechnet ihre sozialistischen Brüder: Mit dem Zerfall der Sowjetunion steuerte Kuba an den Rand eines wirtschaftlichen Infarktes, was zur Folge hatte, dass die Regale in den Läden leer wurden.

Voll dagegen war der kleine Wochenmarkt. Im wuseligen Treiben versuchten die Bauern aus dem Umland ihr Gemüse, Obst und fliegenumschwärmtes Fleisch unter die Leute zu bringen. Mit dem Sprechgesang der aktuellen Ferkelpreise zog ich vom Markt, ging zurück in die Stadt und betrat die mächtige Kathedrale. Im Schatten grober Wände ruhte ich in Gedanken, unter welch traurigen Verhältnissen die Kubaner lebten. Tröstlich das Spiel des Organisten und die Patina der weihrauchgesättigten Kathedrale, die ich bald wieder verließ, weil etwas in mir knurrte. Ich hatte Hunger und aß ein paar gegrillte Sardinen an einem provisorischen Stand, den ein listiger Kubaner im Zentrum aufgebaut hatte. Wo sonst konnte er den Touristen und somit den Dollars näher sein? Roberto hatte ein abgeschlossenes Studium der Ökonomie. Doch was zum Teufel nützte ihm das in einem Land, dessen Wirtschaft vor die Hunde ging? „Ein Hochschulabgänger verdient hier 250 Pesos, 5 Dollar! Wie soll ich mit 5 Dollar meine Frau und drei Kinder durchbringen? “ fragte Roberto. „Jo, no se“ antwortete ich und zuckte mit den Schultern. Woher sollte ich es auch wissen? Mir fiel nur auf, dass angesichts der Misere die Einheimischen akrobatische Überlebenstechniken entwickelten. Handwerkliche Improvisation gehörte dazu, genau wie ihre unerschütterliche Heiterkeit. Doch über allem lag die Musik. Die Seele Kubas.

Im Park unter alten Bäumen stimmte eine Combo „Guantanamera“ an. Leute blieben stehen, lauschten den sehnsuchtsvollen Klängen und fielen konspirativ bei der alten Che-Hymne „Hasta Siempre“ lautstark mit ein. Die Musiker spielten sich in einen Rausch und vergaßen sich im Spiel der Vergessenheit. So, als könnten sie damit die Aufrufe zur Selbstopferung auslöschen, die ihnen von der Häuserfront nachstellten.

„Patria o Muerte“. Fürs Vaterland sterben oder bis zum Untergang kämpfen?

Das wollte keiner von ihnen. Eher fühlten sie sich in ihrer Spielfreude zum Leben bestimmt und diese Lust an der Musik strafte alle ausgegebenen Parolen Lügen.

Ich marschierte zurück zum Yachtklub und erkannte im Licht der untergehenden Sonne die Fassaden, die im matten Glanz einstiger Schönheit erstrahlten. In einer Verfallenheit, die noch ihre Würde bewahrte.

Über Land

Kuba lernt man am besten kennen ... „wenn man es mit einem Segelboot ansteuert, die wunderschönen einsamen Inseln besucht oder vor abseits gelegenen Dörfern ankert und die Gastfreundschaft der Einheimischen genießt“, hätte ich geantwortet und ergänzt mit: ... und das herrliche Land abseits von organisierten Ausflügen durchreist. Das hatte ich für die nächsten Tage vor und organisierte mir einen Wagen, wobei der Chirurg half. Wie bitte? Nun, ohne Zweit- oder gar Drittjob kam unter normalen Verhältnissen in Kuba keiner klar. Deshalb arbeitete die Nachtwache des Yachtklubs tagsüber als Chefarzt in der Ambulanz und fuhr nebenbei noch Taxi. Dottore Miguel lieh mir also für einige Dollars einen Chevy, der aus einer längst vergessenen Zeit stammte, in der man noch Autos baute, die formvollendeten Kunstwerken gleich kamen. Ein erhabenes Gefühl, mit dieser Karre, den Arm lässig wie ein alter Patriarch im Seitenfenster ablegend, über die Unbequemlichkeiten einer von Löchern übersäten Straße zu schleichen. Es gab weder Straßenkarten noch die gewohnte Beschilderung. Und zu allem Überfluss fuhr man überwiegend links, weil auf der rechten Spur Fahrradfahrer, Ochsengespanne, Tabakschlitten und ganze Völkerwanderungen unterwegs waren. Wundern sollte man sich als verwöhnter Europäer in Kuba also über nichts, schon gar nicht, wenn die einzige Autobahn des Landes gelegentlich als Landebahn für Militärflugzeuge herhalten muss.

Dafür entschädigte die Landschaft durch eine beeindruckende Vielfalt und freundliche Menschen, die mir bei einer zufälligen Rast den Anbau ihres Kaffees erklärten und mich anschließend in ihre bescheidene Hütte einluden. Mit dumpfen Schlägen zerstieß ein kleiner Junge im Mörser die getrockneten Kaffeebohnen, während Oma den Wasserkessel aufsetzte und ich im Schatten eines riesigen Tropenbaumes den kubanischen Kaffee genoss. Weiter ging die Fahrt durch die grünen Berge von Toppolantes nach Santa Clara. Steppenartige Felder bestimmten nun das Bild. Am Wegesrand standen ganze Fuhrparks von verrosteten Landmaschinen, die an die Sackgasse der Planwirtschaft erinnerten.

Gegen Abend erreichte ich Santa Clara und fand eine Unterkunft in einer casa particular. Ein Zimmer bei Einheimischen. Stadtbesichtigung. Schönes hatte Santa Clara nicht gerade anzubieten, dafür Monumentales. Im riesigen Mausoleum auf der Plaza de la Revolucion ruhten die Überreste von Che Guevara. In den gewaltigen Sockel meißelte man „Hasta la Victoria siempre“, für immer bis zum Sieg. Mit dem Wahlspruch Ches im Rücken verließ ich Santa Clara und steuerte den alten Chevy in Richtung La Habana.

Die Fahrt ging über den ganzen Tag, führte über die monotone Autobahn und durch eine eher unaufgeregte Landschaft mit kurzem Zwischenstopp. Ich trank einen gepressten Zuckerrohrsaft und tauschte ein altes T-Shirt gegen einen Beutel frisches Obst, welches mir ein netter Kubaner eigentlich schenken wollte.

Dann kam ich nach La Habana. Kubas Millionenmetropole empfing mich laut, ungeordnet und kaum instandgehalten. Havanna war in die Jahre gekommen. Pracht und Niedergang lagen dicht beieinander. Zwischen kolonialen Luxusvillen, Wolkenkratzern im amerikanischen Stil und sozialistischen Plattenbauten wurde der Verfall der Hauptstadt sichtbar. Aber es lag etwas in der Luft. Etwas Verruchtes. Die Verruchtheit eines ehemaligen Sündenbabels der USA, vor der Revolution. Die mintgrünen Buicks und quietschroten Chevrolets, die mondänen Spielcasinos erinnerten an jene Zeit, als amerikanische Millionäre, Zocker, Mafiosi und Politiker nach Havanna kamen, um das zu genießen, was bei ihnen durch die Prohibition verboten war: Alkohol, Drogen, Sex und Glücksspiele.

Auch ich gönnte mir den Luxus und stieg in einem der ältesten und eindrucksvollsten Hotels der Stadt ab. Im Inglaterra. Dort, wo Havannas Seele lag, in der Altstadt.

An einem lauen Tropenabend schlenderte ich über das Kopfsteinpflaster enger Gassen, wo in Grauzonen die üblichen Verdächtigen lauerten: Bettelnde Kinder in dressierten Gesten von Demut, Drogendealer und die abgebrühten Zocker der Gattung Hütchenspieler. Auch unter der karibischen Sonne beherrschten sie jeden flotten Trick. Link, wäre man geneigt zu sagen. Doch noch war man nicht auf dem Schwarzmarkt, wo alles nur Erdenkliche verhökert wurde. Havanna war voller Gaukler und Trickser, anders ließ es sich vermutlich hier nicht überleben. Alte Parteigenossen boten das kommunistische Zentralorgan an, junge Frauen offerierten ihre menschlichen. Eine von ihnen verfolgte mich und ließ sich nicht abschütteln. Ich tauchte ab ins „Floridita“, nahm Platz und blickte auf die vergilbten Fotos jener Herrschaften, die einst den Ruhm dieser Bar begründeten: Hemingway, Orson Welles, Gary Cooper und so weiter und so fort. Dann kam sie. Nahm lasziv Platz und begann einen Smalltalk. Wir bestellten eine Daiquiri und schäkerten herum, ohne den Appellcharakter ihrer Aufgereiztheit zu vernachlässigen. Nebenan gibt es ein Zimmer ... hauchte sie, während ich meine Lippe in den Kokosschaum steckte und am darunter liegenden Alkohol saugte.

In der Tat gab es nebenan ein Zimmer. Eines zum Besichtigen, im Hotel Mundos, wo Ernest Hemingway einige Jahre lebte und solche Klassiker wie „Wem die Stunde schlägt “ und „Farewell to Arms “ in die Tastatur seiner Schreibmaschine hämmerte. Es gefiel Hemingway dabei so prächtig in Havanna, er beschrieb es mit „ein friedlicher Hafen, in den weder Krieg noch Revolution vordringen", dass er sich eine Finca kaufte. Diese zu besichtigen hatte ich mir für den nächsten Tag vorgenommen.

Ich schlief mit einem Schwips ein und wachte mit Kopfschmerzen auf. Dann besuchte ich Hemingway. Seine Finca „Vigia" fand ich nach einer langen Irrfahrt weit draußen am Stadtrand von Havanna. In dem weißen Gemäuer lebte er bis 1960, bis er nichts Gescheiteres zu tun hatte, als sich in Iowa eine Kugel in den Kopf zu jagen. Wände voller Fotos, Waffen und Abzeichen. Bücher und Zeitungen stapelten sich bis unter die Decke. Auf dem Nachttisch lag seine Lesebrille. Es hatte schon etwas Eigenartiges, in das Private eines Menschen zu gaffen, wo es den Anschein hatte, dass er jeden Moment wieder zurückkommen konnte. Im Garten unter einem Vordach stand die „Pilar". Das alte Holzboot. Erinnern Sie sich noch an „Der alte Mann und das Meer"? An den Seemann Santiago,der mit der „Pilar" hinaus auf die See fuhr und mit einem riesigen Schwertfisch, der ihn fast umbrachte, zurückkam. Tolle Geschichte. Wie überhaupt Kuba voller Geschichte und Typen war, wie zum Beispiel:

Von Gebeinen und Blinden und Dr. Miguel

Auch wenn die Gebeine von Christoph Kolumbus mittlerweile in jedem LL Land Lateinamerikas aufbewahrt werden, so beanspruchte dies explizit die Kathedrale von Havanna für sich. Ich saß in ihr, nachdem ich Hemingway verlassen hatte und lauschte dem Gottesdienst. Von maroden Wänden blätterte die Farbe der Heiligen und in der Kirche hing diese muffige, von Weihrauch gesättigte Luft, an der ich schwer atmete. Als ich das schattige Gemäuer verließ, schlug mir die Hitze entgegen und ich blickte in ein gleißendes Licht, wobei ich fast den alten Mann mit den milchigen Augen übersah, der auf den Stufen hockte. Ich gab dem Blinden eine Münze, in einer Sonne, die für ihn fast ein Segen schien und die er genauso wenig sah. Er kannte die überfüllten Busse, die auf Sattelschleppern zusammengepferchten Menschenladungen nicht. Sah weder Offenherzigkeit, noch Prüderie. Las keine Parolen, aber kannte stattdessen die Stimme ihres Verfassers. Vom lebenden Mythos Fidel Castro, der als Robin Hood der dritten Welt die Menschen polarisiert wie kein zweiter. Als dienstältester Alleinherrscher der Welt überlebte er zahlreiche Mordversuche der CIA, politisch acht US-Präsidenten und physisch vier Päpste.

Anderntags beendete ich meine Landtour mit einem Abstecher ins Pinar del Rio, wo in der westlichsten Provinz Kubas der beste, wenngleich teuerste Tabak der Welt gepflückt wird.

Nach fünf Tagen war ich wieder zurück an Bord und fand AURYN so vor, wie ich sie verlassen hatte: Ruhig am Steg liegend und in der Obhut von Dr. Miguel.

Hummer mit Rührei

Ein paar verstreute Palmenwedel erzählten vom Wind der letzten Tage. Cienfuegos hatte das Wasser abgestellt, wie immer, und der Strom fiel aus. Was mittlerweile auch normal war, denn nachts nahmen sie ganze Dörfer vom Netz, damit die Hotels Strom hatten. Manchmal dauerte es auch nur 3 oder 4 Stunden. Doch wer wusste das schon genau in einem Land, in dem die Ungewissheit zum Leben der Menschen gehört wie ein vernünftiger Wind zu AURYN.

Eine Backstagsbrise schob mein Schiff aus dem Fjord, hinaus auf die See und in den Archipel de Canorros. Es ist ein Labyrinth aus über 300 Inselchen, bestehend aus einem Haufen Sand mit Mangroven oder Palmen drauf. Nicht mehr, aber auch nicht weniger und ohne andere Schiffe. Allein im Paradies, wo die Sonne glutrot ins Meer fiel und es ohne Dämmerung schnell Nacht wurde. Am Nachmittag schaute ich noch fix im Riff vorbei, wo große Fische kleinere fraßen. Auch ich war auf Futtersuche und bediente mich bester Bootsmannskost, indem ich einen Lobster fing. Wie es funktionierte, wusste ich dank Sisto. Übrigens, zu dem war ich unterwegs. Am nächsten Tag wollte ich sein Fischerdorf Casilda ansteuern. Doch erst einmal ran an den schon erwähnten Hummer und damit lebte es sich nicht übel in Kuba. Bis ich wieder den Glibber anderer Fische verputzte, gab es fast jeden Tag an Bord Hummer. Morgens mit Rührei, mittags als Suppe, abends gegrillt.

In der Lust des Vollmondsegeln

Anderntags wurde es noch nichts mit der Weiterfahrt, weil mich bis zum Abend die Reparatur der Wasserpumpe beschäftigte, die kurzfristig ihren Dienst wegen Verkalkung einstellte. Bei Sonnenuntergang war das Werk getan.

Eigentlich sollte man es vermeiden, in diesen Gewässern nachts zu segeln, sprach die innere Stimme der Vernunft. Ach was, es ist Vollmond. Ich liebe es, im Vollmond zu segeln, konterte eine andere. Im Reiz des Risikos und der Lust des Vollmondsegelns rauschte ich durch eine wunderbare Tropennacht unter einem funkelnden Sternenhimmel. In einer halben Stunde müsste die Ansteuerungstonne des Fahrwassers nach Casilda kommen, dachte ich und hatte die Stimme des Hafenmeisters wieder im Ohr, der mich darauf hinwies, dass die Feuer der Tonnen nachts nicht funktionierten. Ich schaltete das Radar ein und fand kein Echo. Wo war die verdammte Tonne? Jedenfalls nicht in der Region, in der sie nach den Koordinaten eigentlich sein sollte. Ein kurzer Ruck erschütterte das Schiff. Es knirschte. AURYN schlurfte mit dem Kiel über eine Sandbank und saß fest! Was war los? Ich prüfte die Karte, nochmals die Koordinaten und stellte über Kreuzpeilungen zum Land fest, dass die Position mit der Seekarte nicht übereinstimmte. Um es exakter zu formulieren: Die tatsächliche Position wich von der Seekarte um 0,8 Seemeilen ab! Auf See bedeutete es nichts, in den Korallenriffen konnte man durch die Schlamperei der Kartographen locker von einem Moment auf den anderen dadurch sein Schiff verlieren!

Festsitzend im Korallensand, erkannte ich im Fernglas den dunklen Schatten des Stahlungetüms im Gegenlicht des Mondscheins und startete den Motor. Durch Vorwärts- und Rückwärtsbewegungen unter der Maschine ruckelte ich AURYN frei und steuerten nun die Tonne an, die mich so lange beschäftigte.

Das Radar blieb eingeschaltet, mit seiner Hilfe hangelten wir uns von einem Seezeichen zum nächsten. Bis hinter einem Knick die Schattenrisse einiger Häuser und das schwache Licht des Fischerhafens auftauchten. Die Tonnen verschwanden, die Bucht öffnete sich. In ihr war das Wasser tief. Der Anker fiel. Es wurde fünf Uhr und der Morgen dämmerte.

In einer anderen Zeit

Nach einem kurzen Schlaf ruderte ich zum Kai, wo mich bereits der Hafenkapitän empfing. „Viele Yachten kommen nun nach Kuba“ erzählte er. Außer AURYN hatte ich bisher noch kein anderes Schiff in kubanischen Gewässern entdeckt und wollte es genauer wissen. „Wie viele im vergangenen Jahr?“ hakte ich nach. „Tres“ sagte der Capitano voller Stolz, zog den Kugelschreiber aus seiner abgegriffenen Ledertasche, addierte damit auf der Innenseite seiner Handfläche ein paar Zahlen und hielt mir die Rechnung für die Hafengebühr vor Augen.

Ich betrat Casilda. So wie immer auf Landgängen in Latschen, verwaschenen Shorts und einem einfachen Shirt. Ohne Uhr und anderen Schnickschnack. Durch dieses Outfit vermied ich eine falsche Aufmerksamkeit der Einheimischen, die sich von vielen Touristen in schicken Kleidern und dem dazugehörenden Gehabe meist herablassend behandelt fühlten. Vor allem aber bemühte ich mich darum, die Menschen in ihrer Sprache zu grüßen und ihnen freundlich entgegenzutreten. In Casilda wurde es anders. Als ob sie auf mich wartete, trat eine schöne Kubanerin auf mich zu und sprach mich auch noch an! Irgendwie schien die Beschreibung eines Fischers auf den kleinen Seemann zu passen. Jedenfalls war ich mehr als überrascht, als mich plötzlich Maria, die Frau von Sisto, willkommen hieß.

Sie führte mich zum Haus der Familie, wo sich die Zeremonie des Wangenküssens und der freundschaftlichen Umarmungen fortsetzte, denn die ganze Familie kam zusammen. Töchter, Söhne. Omas und Opas, Tanten, Onkel, Nichten und so weiter … Alle wohnten sie in dieser Strasse und alle verlangten sie danach, mich zu begrüßen. Nur mein kubanischer Freund Sisto fehlte. Er befand sich noch auf See, war Lobster fangen, Rum saufen oder was auch immer er tat, während ich die Gastfreundschaft seiner grande familia genoss. Beim Mittagessen, es gab wieder Hummer, heute mit Reis, erfuhr ich von ihren Problemen. Es fehlte ihnen an Seife, Shampoo, Vitamintabletten für die Alten, Milch für die Babys. Spielsachen für die Kinder und Schulhefte für die Jugendlichen. Lebensmittel waren ausreichend vorhanden. Das Gemüse bauten sie an, das Obst pflückten sie in freier Natur. Fisch war dank Sisto reichlich vorhanden. Für Fleisch fühlte sich Theo zuständig, der als Fleischer zur Familie gehörte. Seinen Händen oblag es, das Fleisch in Ration jeden Monat an die Bewohner Casildas zu verteilen. Logisch, dass er von jeder Portion ein Stück abzweigte. Bei zweihundert Personen, die das Dorf zählte, kam damit durch Verkäufe auf dem Schwarzmarkt immerhin so viel zusammen, dass die Familie ihr Leben gut leben konnte.

Am Nachmittag schaute ich mir den Ort an. Kein Neubau, keine Satellitenschüssel störte die Illusion, die mich in eine andere Zeit versetzte. Casilda hatte den Charme eines alten Fischerdorfes, in dem sich nichts zu ändern schien. Außer dem langsamen Verfall der kleinen Hütten mit ihren hübschen Veranden.

Gegen Abend schaute ich noch mal bei Familie Sisto vorbei. Brachte ihnen, was ich entbehren konnte: Shampoo, Seife, Vitamintabletten, eine Uhr, ein paar T-Shirts und einen Pullover. Es gab Essen, wieder Hummer. Dann packte mich Theo am Arm und zog mit mir und einem Teil der Familie zum Dorftanz.

Es war dunkel, die Luft warm und voller Gerüche. Weich wie die zärtliche Musik, die aus der Ferne herüber wehte. Sie kam aus einem Hinterhof, den wir bald betraten. Die Band mit einem Durchschnittsalter von sechzig Jahren spielte junge Cubano-Music und legte bei den Einheimischen ein Temperament frei, das mich alt aussehen ließ. Umgeben von einem nostalgischen Ford, umherlaufenden Hühnern, dösenden Hunden und neugierigen Ziegen spürte man die ansteckende Heiterkeit und Herzlichkeit der Menschen. Niemals allein, immer in Gruppen. Niemals ausfallend, aber immer fröhlich. Aus ihrem Tanz sprühten die Funken, wie man es nur von Hochspannungsleitungen kannte. Doch hier schossen sie aus den rhythmischen Bewegungen einer Spezies, die nur in Kuba geboren sein konnte. In der Musik und im Tanz lag die Seele Kubas, ohne Musik erschien ihr Leben als ein einziger Irrtum.

Die Schweinebucht

Auch am nächsten Tag blieb Sisto verschwunden, das Dorf machte sich Sorgen. Doch ich wollte nicht mehr länger warten, da die Wetterlage auf Grund der Hurrikansaison zunehmend instabiler wurde. Ich musste hinunter in den Süden des Karibischen Meeres, und zwar schnell.

Vorher wollte ich noch rasch einer Insel einen Besuch abstatten, auf der ein Klassiker meiner Abenteuerbücher spielte. Stevensons „Schatzinsel“!

Die ganze Familie Sisto versammelte sich zum Abschied am Kai. Theo reichte mir einen Beutel mit 5 Langusten, womit das Abendessen für die nächsten Tage gesichert war. Dann legte ich ab, winkte meinen Freunden noch lange nach und steuerte AURYN auf ein neues Ziel: Isla Juventud, dem letzten Ort unserer Kuba-Reise.

Der Wind kam aus Nord und blies stark, so dass AURYN mit gerefften Segeln westwärts schnell vorankam. Der Törn führte an einigen ausgelegten Tonnen entlang, die mir signalisierten, mich von einem Gebiet fernzuhalten, welches man zur militärischen Sperrzone erklärt hatte. Die „Schweinebucht“ tauchte weit entfernt an Backbord auf. Schweinebucht? Was war da noch? Man könnte es so ausdrücken. Die Schweinebucht ist in den Augen der Kubaner ein leuchtendes Gemälde mit dem Titel "Die Bucht der Tapferen“. Für die Amis ein Bild, das zu einer Abendlandschaft wurde, worin die Dämmerung rasch nachdunkelte. Schwarz und ohne Titel. Das Tuch der Schande drüber. Vergessen. Für den Rest dieser Erde wurde die Schweinebucht zum Bild der Apokalypse. In ihr befand sich die Erde am Rande eines Atomkrieges. Diese Bilder schossen mir nun wieder in den Kopf, als ich die Segel nachtrimmte, weil ich den Kurs seewärts änderte, um genügend Abstand zu halten. Vergessene Bilder, die schon lange vermodert waren, aus einer Zeit, als ich mein Alter noch an den Fingern meiner Hände abzählen konnte. Die Schweinebucht im April 1961: Der neugewählte US-Präsident John F. Kennedy gab grünes

Licht für eine Invasion Kubas, um dem kommunistischen Alptraum vor seiner Haustür ein Ende zu bereiten. Die Landung in der Schweinebucht scheiterte. Kennedy legte nach und verhängte ein totales Wirtschaftsembargo (heute noch in Kraft), um die Rebellen in die Knie zu zwingen. Das isolierte Kuba konterte und suchte verzweifelt nach Verbündeten, die es mit der Sowjetunion fand. Mit der Rückendeckung des „großen Bruders" erlebten die Kubaner eine Zeit des Aufschwungs, aber dadurch neue Abhängigkeiten. Chruschtschow nutzte in der Zeit des kalten Krieges die strategisch gute Lage und ließ auf Kuba atomare Abschussrampen errichten. Atomwaffen folgten. Kennedy gab den Befehl, atomare Langstreckenraketen mit Ziel Moskau zu programmieren. Angesichts der harten Haltung beider stand die Welt kurz vor einem Atomkrieg. Wochen später entspannte sich die Kuba-Krise. Chruschtschow baute seine Raketen wieder ab und Kennedy verpflichtete sich, Cuba nicht mehr anzugreifen.

Was blieb, war die nautische Sperrzone, die an die Zeit des Säbelrasselns erinnerte und an verschwundene Bilder, die Gedanken an diese Zeit aus meinem Schädel hebelten.

Der Wind modellierte das hellgrüne Meer wie ein Waschbrett. Er hatte auf Nordost gedreht, so dass ich auf Raumkurs die Segel mit einem neuen Winkel zum Wind einstellte. Das Wasser, über das wir rauschten, war flach und bedingte ein kribbeliges Segeln im ständigen Blick auf den Tiefenmesser. Im Auf und Ab pendelte das Echolot zwischen fünf und drei Metern, während AURYN unbeeindruckt im glitzernden Licht einer tiefstehenden Sonne dahinsegelte. Wie aus dem Nichts tauchten immer wieder kleine Inselchen auf, die mit grünen Mangrovenpuscheln überzogen waren. Noch vierzig Meilen bis zur Isla Juventud. Die voraussichtliche Ankunftszeit berechnete ich für den nächsten Morgen. War es das knirschende Geräusch der Grundberührung oder nur Vernunft, die mich davon abhielt, über Nacht durch das weite Geläuf unzähliger Inseln zu segeln? Wie auch immer, ich hielt es für ratsam, einen Stop over einzulegen. Cayo Largo lag auf dem Weg und diese Insel steuerte ich kurzerhand an, als ihr schmaler Strich am Horizont auftauchte. Zielgenau traf ich die Tonne, die in die schmale Passage führte. Beidseits spülte eine grobe Brandung über Korallenblöcke, die nur knapp unter der Wasseroberfläche lagen. Friedlich öffnete sich dahinter eine kleine Bucht, in der ich vor Anker ging.

Cayo Largo ist ein Tropenatoll umgeben von türkisem Badewannenwasser, schneeweißen Stränden und Palmen. Kurzum, ein Paradies. Cayo Largo ist eines nicht: Kuba. Es gab weder ein typisches Dorf, noch die Herzlichkeit seiner Bewohner. Keine verfallenen Kolonialgebäude und keine ehrliche Musik. Cayo Largo ist eine Retorte. Eine Ansammlung aus Pappmaché. In den künstlichen Hotelresorts blieben die Gäste unter sich. Sie bekamen zwar in der Abendvorstellung eine feurige Tropenshow geboten, aber erlebten ein Kuba, das im Glanz des all-inclusive-Resorts nicht existierte.

... und 'ne Buddel voll Rum

Obwohl der Wind zum Segeln zu schwach war, verließ ich Cayo Largo bereits am nächsten Tag. Die Segel zum Nichtsnutz erstarrt, fuhr ich zunächst unter Motor und war froh, als gegen Mittag ein leichter Seewind dafür sorgte, dass ich zumindest den Blister setzen konnte. Das Leichtwindsegel zog uns seewärts und hinaus in den Golf von Botabano. Trotz eher lauer Tropenwinde wurde der Törn ein wunderbarer. Noch herrlicher, als wir durch ein Labyrinth von unbewohnten Mangroveninseln segelten und aus der dunstigen Kimm die blauen Höhenlinien der „Schatzinsel" auftauchten. Sie rückte näher und aus den weich gezeichneten Linien der Insel entstieg die Geschichte aus Stevensons unvergänglichem Abenteuerroman. Erhoben sich Figuren aus ungezählten Kinderträumen: Der junge Jim Hawkins tauchte auf, Johnny Depp hieß damals Long John Silver und war der Typ mit Holzbein und Papagei auf der Schulter. Für Ru(h)m und Ehre enterten die düsteren Piraten gut gefüllte Handelschiffe, keilten sich bei Gelagen in finsteren Spelunken oder sangen unter der Flagge des Jolly Jokers „Fünfzehn Mann auf des toten Mannes Kiste, Jo-ho-ho und 'ne Buddel voll Rum".

Im Schatten der Erinnerung und im schwachen Wind zog AURYN fast lautlos an der Pirateninsel vorbei. Ihr Zauber verflog, als ich die Maschine startete, um noch vor dem Sonnenuntergang Nuevo Gerona auf der Isla Juventud zu erreichen. Die Kleinstadt kam bald in Sicht. Ein vorausfahrendes Fischerboot verringerte seine Fahrt und lotste uns in den kleinen Hafen, der unmittelbar vor der Altstadt lag. Und somit befanden wir uns wieder mittendrin im authentischen Kuba, das ich ein letztes Mal in seiner ganzen Nostalgie, aber auch Scheinheiligkeit auf mich wirken lassen wollte. Denn morgen wollte ich Kuba verlassen und südwärts segeln. Nach Jamaica.

Doch erst einmal schlenderte ich am Abend durch das historische Zentrum mit seinen gepflasterten Straßen, die auf die Plaza Mayor mündeten und vorbei an Häusern, die an die spanische Kolonialzeit erinnerten. Die letzten Sonnenstrahlen weckten die warmen Töne der Patina und leuchteten die alten Gebäude in ihrer ganzen Herrlichkeit aus. Aus einem Schaukelstuhl, der als Symbol behaglicher Entspannung zu jeder Veranda gehörte, grüßte freundlich eine Einheimische. Ich aß in einem kleinen Restaurant und bummelte weiter. Aus einem Patio erklang „Guantanamera". Ich trat ein und es wurde ernst. Die Hymne Kubas erklang, das Lied vom Commandante Che Guevara. Leidenschaftlich sangen die Besucher einer Galerie mit, zu ihr gehörte der Innenhof, in dem ich nun stand.

Die Poesie des Augenblicks

In der unvergleichlichen Art, menschliche Nähe herzustellen, sprach mich zunächst ein Musiker an, der mich dann durch seine Band reichte, bis mich irgendeiner der Galerieleiterin vorstellte. So ging das weiter. Ich kam als Fremder und fand mich sofort umgeben von herzlicher Gastfreundschaft. Von Fröhlichkeit und Lebenslust, die wie ein Geheimrezept gegen die Kümmernisse der Kubaner in ihrem Alltag wirkten. Wie ein großes „Trotzdem" in einem totalitären Staat. Sonja, die Galerieleiterin, kam mit einem Mojito zurück und stellte mir eine Künstlerin vor. Unsere Blicke trafen sich. Sie schenkte mir ein Lächeln, ich senkte die Augen. Dann führte sie mich zu einem Werk und erklärte es mir mit der sanftesten Stimme, die ich jemals gehört habe, so dass ich die Augen schloss und mir wünschte, sie möge nie mehr zu sprechen aufhören. Doch Musik setzte ein und „Besame Mucho" zerstörte die Poesie des Augenblicks. Obwohl ich am Minzgetränk schlürfte, während wir uns nun lauter unterhielten, fühlte sich mein Speichel an wie Sägemehl. Ich stammelte blödes Zeugs und bildete mir ein, auch noch andere Eigenschaften zu erfüllen, um von ihr dorthin verwiesen zu werden, woher ich kam. Dahin kehrte ich später zurück und segelte am nächsten Tag vom Kommunismus zum Reggae, yah man.

Kuba lag zurück. Und im Blick zurück auf Sonne und Sozialismus schimmerten im zarten Dunst die hohen Berge der Sierra Nevada. Wo meine Kuba-Reise begonnen und die Revolution ihren Anfang genommen hatte.

Mein vierwöchiges Visum lief ab und auch der kurze Sommer einer klassenlosen Gesellschaft schien sich dem Herbst zuzuneigen. Den Rebellen von einst blieben nur noch Durchhalteparolen. Die alten sozialen Übel, gegen die sie einst angetreten waren, kehrten zurück: Versorgungsengpässe, Ungerechtigkeit und Prostitution. Kuba – im Land der Widersprüche prallte die kommunistische Doktrin auf das alte Problem der Umsetzung. Das Drehbuch ist klasse, die Inszenierung jedoch ein Dilemma.

Damit schloss ich die kubanischen Eindrücke ab, die ich in mein Reisetagebuch kritzelte, während AURYN in Richtung Horizont segelte, an dem eine Bank geballter Kumuluswolken stand. An Steuerbord stürzte sich ein Pelikan kopfüber auf seine Beute und im türkisfarbenen Wasser spiegelte sich der Rumpf meines Schiffes. Ein letzter Blick zurück, und als sundowner jenen Drink, dessen Name eher Gaukelei entsprach, aus dem aber etwas klang, was ich dem Land wünschte: Cuba Libre. Salute!

Von Kuba nach Jamaica

Am Horizont verschwand der letzte Rest von Kuba. Mit sechs Knoten Fahrt pflügte AURYN auf Halbwindkurs durch das karibische Meer. Kurs Süd. Ziel: Jamaica. Einhundertsechzig Meilen lagen vor dem Bug und wenn alles so eintreten sollte, wie ich es mir wünschte und es der Wetterbericht versprach, dann sollten wir Montego Bay am anderen Tag gegen Abend erreichen.

Ich freute mich auf Jamaica, dem Land des Reggaes, weil ich es aus einem anderen Leben kannte. Damals zog ich durch die Blue Mountains, über die Insel und erlebte unter anderem ein Konzert einer bis dahin in Europa noch unbekannten, aufmüpfigen Rastalocke namens Bob Marley. Das lag dreißig Jahre zurück und ich hatte keine Ahnung, was mich jetzt erwartete. Die schönen Schokoperlen von damals wurden zu gran'mas und die vermutlich ergrauten Rastalocken trieben einen nostalgischen Kult um die stand up, fight up -Rebellion Marleyscher Doktrin. Natürlich würde es auf Jamaica mittlerweile exklusive Markenläden und Burger King geben. Aber vielleicht hat sich die jamaikanische Seele ja auch nur in einem neuen Körper versteckt und wartet darauf, sich einem neugierigen Seemann zu offenbaren? Jamaica – ich komme, schrieb ich ins Logbuch der Meereslust, klappte es zu und hielt die Nase in den frischen Wind. Unverändert standen die Segel und als der Tag dämmerte, lagen bereits vierzig Meilen hinter uns. Die See nahm uns auf in ihrer endlosen Weite, die sich bald in Dunkelheit verlor.

Das Abendessen heute: Hummer, was sonst!

Eine Stimme in der Nacht

Ich räumte die Pantry auf, bereitete das Schiff und mich für die Nachtfahrt vor. Bändselte mein Notfallcase griffbereit an die Reling, legte Funkgerät und Halogenstrahler ins Cockpit und hörte den aktuellen Wetterbericht, während ich meine Koje neben dem Mast im Salon klar machte, um von dort einen kurzen Weg ins Cockpit zu haben. In das stieg ich zurück und erlebte eine Schwärze wie Teer um uns herum, in der wir nun segelten. Neumondnacht. Das Wasser zischte am Rumpf, ging am Heck ins Gurgeln über. Sonst nichts. Außer über uns ein Universum funkelnder Diamanten.

Der Wind stand durch, keine Arbeit mit den Segeln. Eine schöne, wenn auch langweilige Nacht, bis ... Ja, bis eine Stimme ertönte: Achtung, der Törn hat sich geändert, die Route wird neu berechnet, so hätte mir das Navigationssytem im Auto geantwortet. Doch ich war nicht im Auto. Sondern auf einem Schiff unter Segeln. Mitten in den Tropen und mir war nach Eis. Um mich in der Nacht zu beschäftigen, blätterte ich in einem tollen Bildband von Südamerika, sah traumhafte Bilder von Patagonien und Feuerland. Von Gletschern und Fjorden in einmaliger Natur. Auch wenn die Region fernab lag und klimatisch nicht gerade eine Empfehlung war, so reizte mich die seglerische Herausforderung, dort mit meinem Schiff unterwegs zu sein. Aber die Sache hatte einen Haken. Der Weg bis zur Nordostküste Brasiliens bedeutete zunächst einen harten Törn gegen den Äquatorialstrom und gegen den Passatwind über Tausende von Meilen. Wobei sich die Distanz durch die Zickzackkurse gegen den Wind verdoppelte und die Arbeit verdreifachte. Auch wenn mich dann mit Brasilien ein eher freundliches Segelrevier erwartete, so sollte mich in den südlicheren Breiten einer der rüdesten Ozeane empfangen, den diese Erde zu bieten hat. Noch etwas lauerte dort unten: Kap Hoorn. Der Mount Everest für Segler, das Ziel ihrer Sehnsucht. Gegenstand der Segelnostalgie. Geschichte der Seefahrt, Chronik der Selbstüberwindung und so weiter und so fort. Um Kap Hoorn dreht sich alles oder besser gesagt, biegt sich alles. So zum Beispiel auch die natürliche Wasserstrasse, die unten herum in den Pazifik führt. Der Umweg dorthin war verlockender als eine Motorfahrt durch den Panamakanal, der vom Spannungsbogen her etwa auf einer Stufe mit Halma stehen dürfte. Ich verwarf also den ursprünglichen Kurs, durch den Panamakanal in den Stillen Ozean zu gelangen und entschied mich für Feuerland.

Doch würde ich Kap Hoorn, seemännisch betrachtet, überhaupt bestehen? Gut, ich hatte ein paar Stürme abgewettert, war über einen Ozean gesegelt. Doch ansonsten hatte ich dem Lehrmeister der See kaum etwas zu bieten und was bedeutete dies schon im Vergleich zu dem, was mir aus der nautischen Literatur von den Gewalten der See um Kap Hoorn bekannt war? Ich unterbrach diesen Gedanken, weil ein großes Containerschiff direkt auf uns zu steuerte. Ich fiel etwas vom Kurs ab, wir kamen frei und der Dampfer zog in sicherem Abstand hinter dem Heck vorbei, in Richtung Golf von Mexiko.

Wo waren wir? Ach so, bei der Frage: Würde ich dort unten auf Grund meiner seemännischen Fähigkeiten überhaupt bestehen können oder scheitern? Wer wusste es schon! Die Natur? Vielleicht, doch sie interessierte sich nicht dafür, ob ich dort unten überleben würde oder auch nicht. So entledigte ich mich der unangenehmen Assoziationen, denn die Antworten auf meine Fragen waren so einfach wie die Auflösung eines Zen-Korans. Die Frage ließ sich nur beantworten, indem ich dort hinsegelte, um meine Grenzen auszuloten.

Wieder tauchten Dampferlichter am Horizont auf und kamen rasch näher. AURYN passierte offensichtlich eine Schifffahrtsroute, die von Ost nach West in den Golf von Mexiko führte, wo ein Hauptteil des von Amerika importierten Rohöls entladen wurde.

Feuerland – die Bilder bekam ich nicht mehr aus dem Schädel und döste in ihnen unruhig, bis ich spürte, dass der Wind mehr und mehr nachließ und die Segel anfingen zu schlagen. Ich schlief ein. Als mich grelle Sonnenstrahlen weckten, dümpelte AURYN nur noch in einem ausatmenden Passat und einer schwappenden See. Ich rollte die Segel ein, startete den Motor. Nichts. Auch nach dem fünften Versuch. Der Tankanzeiger stand auf voll, doch er war defekt, wie ich feststellen musste, als ich aus den Reservekanistern Diesel nachfüllte. Damit aber nicht genug. Der Dieselmotor musste entlüftet werden. Nur wie? Es dauerte, bis ich im schlauen Handbuch „Dieselmotoren auf Yachten“ die richtige Seite gefunden hatte und eine Weile, um die Luft aus dem System zu pumpen. Bis der große Augenblick kam und ein kleiner Seemann das Grienen nicht mehr aus dem Gesicht bekam. Stotternd sprang der Motor wieder an, so als ob er sagen wollte: War was?

Die Gedanken des Mittags, hoffentlich reichte der Sprit, verzogen sich am späten Nachmittag, als wieder Wind aufkam. Er war zaghaft, aber ausreichend, um unter dem Blister auf jenen Strich voraus hinzusteuern, der gegen Abend auftauchte: Jamaica. Das Land kam in Sicht. Montego Bay erreichte ich dann später und in finsterer karibischer Dunkelheit. Aber es war nicht zu übersehen, denn überall leuchtete es. Und das erste Leuchtzeichen in der Nacht war nicht etwa das Leuchtfeuer vom Hafen, sondern das großes gelbe M einer gewissen Hamburgerkette. Auch die Leuchtschrift vom „Casino“ blinkte. Ganz Jamaica schien zu blinken, leuchtete im Glanz und im krassen Gegensatz zu Kuba, wo die Orte eher in der Dunkelheit verfielen. Am nächsten Tag war nichts mehr zu sehen von den verschossenen Fassaden alter Gemäuer. Dafür reflektierte sich die Sonne brutal in den verspiegelten Bürosilos und schicken Shopping Malls sowie im Lärm der Stadt.

Jamaica

Ich steuerte AURYN am frühen Morgen zur Tankstelle des Yachtklubs und füllte 400 Liter Diesel in ihren Bauch. Anschließend erledigte ich in der Stadt einige Einkäufe, schleppte sie an Bord und machte mich dann auf zu einer Stadtbesichtung. Je näher ich dem Zentrum kam, desto mehr verdichteten sich die Reklameschilder. Laute Musik schepperte aus Ghettoblastern und mischte sich mit dem Gestank öliger Friteusen. Zwischen albernen Plastikrastalocken und den üblichen Perlen-Zopfflechtereien hellhäutiger Teenager flatterten billige Shirts. Ein Rastaman hatte es auf mich abgesehen und hielt mir eine gewaltige Tüte Shit unter die Nase hielt. Nein danke, mein Bester, mein Aphrodisiakum lag auf See und nicht im Gras.

Montego Bay war mir zu hektisch und voller Kreuzfahrtritter sowie dreister Straßenverkäufer. Wo war das Jamaica meiner Erinnerung? In Montego Bay jedenfalls nicht. Deshalb verließ ich es anderntags am frühen Morgen, um nachzuschauen, was sich in Port Antonio zwischenzeitlich getan hatte.

Es herrschte Windstille. Unter Motor steuerte ich AURYN dicht unter der Nordküste und entlang einer felsigen, jedoch aus üppiger Vegetation bestehenden Landschaft. Es ging vorbei an einem Wasserfall und kleineren Flüssen, die in tiefe Mangrovenwälder führten. Nach Süden schlossen die hohen Bergzüge der Blue Mountains nicht nur das Panorama ab, sondern holten auch eine Erinnerung hervor. Es war ungefähr drei Jahrzehnte her, als ich dort oben eine Wanderung unternahm und mich im Schatten einer Palme ausruhte. Bis ich einschlief und aufschrak, weil eine Herde Wildpferde plötzlich über ein freies Feld galoppierte. Mittendrin ein kleiner Junge, der ohne Sattel auf einem Schimmel saß und die Tiere werweißwohin trieb. Wie in einem Märchenfilm, dachte ich damals, und schlief weiter.

Zurück an die Küste. Nach zwei Stunden fand ich die fjordähnliche Bucht von Port Antonio und lenkte mein Schiff in diesen wunderbaren Naturhafen. Bis zum Ufer ragte der undurchdringliche Dschungel. Die kleine Stadt lag so, wie ich sie noch von damals kannte. Vor grüner Bergkulisse – aber in einer Perspektive, wie ich sie noch nie gesehen hatte. Vom Meer kommend.

„Six hands, seven hands, eight hands … pound“

Noch ein Lied. Kennen Sie's? „Six hands, seven hands, eight hands ... pound“

Harry Belafonte! Wir ankerten vor seiner Privatinsel und umgeben von den dicht bewaldeten Blue Mountains. Gegenüber an der Pier legte gerade ein weißer Bananendampfer an. Vermutlich ließ sich Belafonte einst von diesem Bild inspirieren, als er das weltberühmte „Banana Boat“ komponierte. „… eight hands ... pound“. Früher wurden die Bananenpflücker nach der Anzahl der Hände der Bananenstauden bezahlt, die sie pflückten. Heute quietschte das Eisen, eine Ladeluke ging auf und ein mächtiger Kran griff nach Paletten voll gestapelter grüner Bananen und ließ sie kurzerhand im Rumpf verschwinden.

Port Antonio war und blieb eine Idylle über die Zeit. Nur der Kult um Bob Marley kam dazu und mit ihm ein Protest, der süß roch und wild tanzte. Keiner hat die Reggaewelt derart geprägt wie Marley mit seinen Songs und schonungslosen Analysen über die Zustände im Drittweltland Jamaica. Er sang über Ausbeutung, Korruption, Aids und eine Mordrate in seiner Heimat, die der von Bürgerkriegen gleichkam.

Ein Tief braute sich zusammen. Eine tropische Depression konnte sich daraus entwickeln. Ich wartete ab und auf ein geeignetes Wetterfenster, um den Absprung Richtung Südost, gegen Wind und Strom zu wagen. Bisher lagen wir allein in der Port Antonio Bay, doch am nächsten Tag steuerte ein Schiff unter Schweizer Flagge die Bucht an und ließ den Anker querab von AURYN fallen. Kurz darauf lernte ich die nette Besatzung kennen: Helen und Paul. Ein Schwatz. Ein gemeinsamer Drink im Sonnenuntergang folgte, später. Doch zunächst erkundeten wir am Nachmittag im Dingi die Umgebung des von Mangroven gesäumten Ufers eines Flusses, der ins Hinterland führte. Es musste ein Fischschwarm gewesen sein, der plötzlich zahlreiche Pelikane um uns herum kreisen ließ. Eine ganze Zeit, als ob sie darüber sinnierten, den passenden Moment zur Attacke abzuwarten. Im Sturzflug erfolgte der Angriff. Sie ließen sich tölpelhaft aufs Wasser knallen, wobei ihre großen Körper stecken zubleiben drohten. Doch dann tauchten sie erfolgreich auf und schmissen sich den quer im Schnabel liegenden Fisch gekonnt in ihre dehnbare Halstasche und zermampften ihn. Nach dieser interessanten Vorstellung drangen wir immer tiefer in das Sumpflabyrinth ein, wo gespenstische Fangarme aus Luftwurzeln ins Dunkel des Wassers griffen und überstehendes Buschwerk nach uns. Der kleine Fluss verjüngte sich, der Dschungel erreichte unsere Köpfe. Jetzt fehlte nur noch das Krokodil mit weit aufgerissenem Maul, dachte ich. Doch Jamaica hat keine Crocs, zumindest keine in freier Wildbahn. Übrigens, ein Krokodil, und zwar eines von der ganz fiesen Sorte, kommt dann später. Im Kapitel „Lust auf Ungezähmtes – Von Sydney nach Papua-Neuguinea“. Nur wusste ich zu diesem Zeitpunkt davon noch nichts, als wir fast lautlos in eine geheimnisvolle Welt aus fremden Stimmen glitten. In einer für uns verborgenen Tierwelt. Helen hatte genug davon und wollte zurück. Paul gehorchte, drehte um und fuhr uns zurück zu unseren Schiffen.

Das Faxgerät spuckte die aktuelle Wetterkarte aus und die Vorhersage für die nächsten drei Tage sah zumindest gut aus. Was danach kommen würde, sollte sich zeigen. Flaute oder Wind. Vielleicht bekam ich Sturm oder er mich.

Meeres-Streuner

Nun aber fix rüber zum Sundowner auf die „Basileo“, so hieß das gemütliche Schiff der Schweizer. Triviales Geplauder über Boote und Technik setzte ein, ging über zum üblichen Woher und Wohin. Sie kamen aus Florida und wollten durch den Panamakanal in den Pazifik und planten bereits jetzt, wo sie in zwei Jahren sein wollten. „Was sind deine Pläne?“ fragte Helen. Nun, ich hatte keine, außer gelegentlich spontane. Doch die verriet ich noch nicht. Außerdem war das war ja kein Plan, sondern entsprang eher schönen Bildern und der Lust, mir die Wirklichkeit anzuschauen. Im Gegensatz zu den Planern war ich eher einer, der herumstreunte, ohne eigentlich genau zu wissen, wohin er segelte. Ich wollte unterwegs sein und war neugierig darauf, wohin mich der Wind treiben würde, auch wenn ich ihn demnächst erst einmal ins Gesicht bekommen sollte. „Ich will unten ums Kap Hoorn“, sagte ich, und nun war's raus. Pause.... Was? Ja spinnst denn du komplett! sagte Paul, Helen hob ihr Glas und nahm einen Schluck. Was sollte die Diskussion. Fahrtensegler sind unterschiedliche Typen, die verschiedene Kurse segeln. So war's immer und so wird's auch bleiben. Die einen in einer freundlichen Strömung, die anderen gegen sie. Welche, die versuchten, unter Segeln vorauseilende Terminpläne einzuholen oder andere mit bunten Stecknadelköpfen auf der Seekarte, die dem Zoll im Jemen bereits Jahre vorher signalisieren können, wann er mit dem Eintreffen zu rechnen habe. Tja, und dann gab's da eben noch die Streuner. Typen, die sich nicht an empfohlene Routen hielten und gelegentlich ihren Weg verloren. Aber das brachte das Streunen bekanntlich so mit sich. Und darin lag das Interessante meiner Reise, weil daraus Geschichten entstanden, die das Streunen schrieb. Es speiste sozusagen meinen Blick für eigentlich nichtwürdige Details und im Meeresstreunen ließen sich meine Akkus der Phantasie wunderbar aufladen. Auch die der diabolischen Abteilung meines Törns, doch das ist eine andere Geschichte. Sie lesen sie im nächsten Kapitel. Es wird was zum Feiern geben. Stellen Sie schon mal den Sekt kalt, wir stoßen dann später an.

Kapverden-Kids

Im Fluch der Karibik

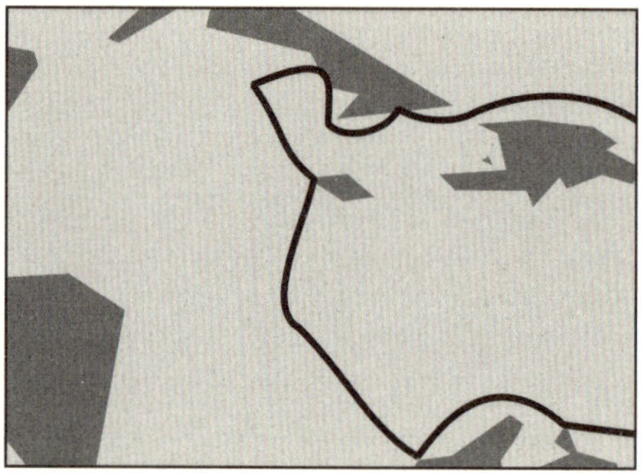

Wenden wir uns nun einem der dunkelsten Kapitel dieser Reise zu. Vielleicht wäre es mir erspart geblieben, wenn ich mich morgens beim Abschied von Helen und Paul ein bisschen länger aufgehalten hätte, um über das Segeln an sich und das Unterwegssein im Besonderen zu philosophieren. Auch wenn ich dabei im Schein dieses friedlichen Tages einen Kaffeeflecken mehr hinterlassen und die Krümel eines weiteren Brötchens in ihrem Cockpit verteilt hätte. Hätte. Stattdessen schaukelte in der Nacht der Mast und ich hatte das Gefühl, als taumelte meine Seele mit ihm.

Doch damit greife ich einer Geschichte voraus, die für mich und AURYN zur bedrohlichsten dieser Reise wurde. Einer Reise voller Gefahren und dem Risiko des Todes. Ihm kam ich ziemlich nahe, als ich das Logbuch zum 4.6.2001 aufschlug und noch nicht wusste, dass ich eine Verabredung haben sollte. Etwas wartete auf mich: Ein Russe.

Port Antonio Bay – Jamaica

Die Bedingungen konnten besser nicht sein. Guter Wind aus Nord. Mäßige See. Der Himmel ungetrübt. Die an Bord waren es auch. Noch. Am Nachmittag, als die Südostküste von Jamaica hinter uns lag, frischte der Wind stark auf und drehte auf Ost, so dass ich nur einen Kurs von 130 Grad steuern konnte. Hoch am Wind. Richtung Südamerika. Ich hatte vor, die Insel Tobago nochmals anzusteuern, um einerseits den Bereich der Hurrikanzone, in dem ich mich immer noch befand, zu verlassen und andererseits von dort weiter nach Brasilien in den Amazonas zu segeln. Nach Tobago waren es zunächst 750 Seemeilen. Doch ich sollte Tobago nicht erreichen.

Neumondnacht. In ihr hatte der Wind, entgegen der Vorhersage, nochmals zugelegt, so dass ich das Segelkleid von AURYN zwischenzeitlich kürzte. Groß- und Vorsegel standen im 2. Reff. Die See wurde ruppig und steil. Wind und Äquatorialstrom hetzten die See auf den Inselsockel, der in jenem Bereich, den wir durchsegelten, nur eine Tiefe von 50 Metern hatte. Durch die flachen Gewässer drängte sich reger Schifffahrtsverkehr west- und ostwärts. Um Mitternacht wurde die See ruhiger, bei der Positionseintragung erkannte ich die Ursache: Das kleine Bleistiftkreuz markierte eine Stelle in der Seekarte, die 1000 Meter auswies, in einem Abstand zur Küste von 25 Seemeilen. Der Schein des Leuchtfeuers von Jamaica war nicht mehr zu sehen, als ich wieder ins Cockpit trat. Auch die Dampferlichter hatten sich in dunkler Schwärze aufgelöst. Im Nichts der Leere um uns herum fiel eine Anspannung von mir ab, die mich träge machte. Ich stellte den Wecker auf zwanzig Minuten, weil mein Körper nach dem verlangte, was er brauchte: Schlaf. Lassen wir den kleinen Seemann also ein bisschen schlafen, auch wenn es für ihn Risiko bedeutete. Dieses lässt sich zwar beim Segeln reduzieren, doch es bleiben Vorgänge, die nicht so einfach zu prognostizieren oder zu kontrollieren sind, wie man es gerne hätte. Gerade, wenn man allein segelte. Und dazu gehört Schlaf und der Mangel an ihm. Über diesen Gedanken schlief ich ein. Still und reglos. Während sich etwas langsam näherte, worauf meine ansonsten geräuschempfindlichen Körperzellen nicht reagierten. Das tat dann die volle Blase, doch zum Pullern kam ich nicht mehr, stattdessen rieb ich mir verwundert die Augen: Ein dunkler Schatten ohne Lichter zog durch das aufgewühlte Meer. Wen oder was hatte ich da vor mir? Das Chaos eines Albtraumes nahm Gestalt an. Ein Frachter, unbeleuchtet, mit gedämpften Maschinengeräuschen. Abstand eine Kabellänge, für Landratten: ca. 180 Meter.

Ich war wie gelähmt und griff zum Fernglas. Unbeirrt wälzte der Dampfer seine Stahlmassen auf uns zu. Sollte ich den Kurs ändern? Viel zu spät und vielleicht würde er in dem Moment in die gleiche Richtung steuern, außerdem, wie lautete noch mal die Regel? Von Segelschiffen, die Vorfahrt haben und der Kurshaltepflicht gegenüber Auszuweichenden und so weiter. Ein Frachter in der Nacht wird für jedes Segelschiff, ob es nun Vorfahrtsrecht hat oder nicht, zu einer tödlichen Bedrohung. Deshalb schob ich die klugen Ratschläge beiseite, griff zum Handstrahler und leuchtete ins Segel, gab Signale. Keine Reaktion. Ich packte das Funkgerät und erhielt keine Antwort. „Funk und Radarbeobachtung ist auf Berufsschiffen Pflicht“, so liest man in den internationalen Seeschifffahrtsbestimmungen, die weiter erwarten „dass jedes Schiff auf See einen Ausguck haben muss, um eine Kollision zu vermeiden“. Schlanke Theorie. Die Handelsschiffe, deren Mannschaften aus Filipinos, Indern und Russen bestehen, aus Sparsamkeitsgründen von den Schiffseignern auf ein Mindestmaß begrenzt werden und unter Billiglandflagge fahren, halten sich kaum daran. Die Besatzungen sind angehalten, einen möglichst geraden Kurs einzuhalten, um Zeit und Kraftstoff zu sparen. Wen scherte es auf der Brücke, dass ausgerechnet jetzt ein blaues Segelboot auf ihrem Kurs lag? Falls denn überhaupt einer auf der Brücke Wache hielt. Vermutlich war er ebenfalls schläfrig eingenickt, auf der Toilette oder holte sich gerade einen Kaffee, während ich abermals in die Stille funkte. Nichts. Ich schaltete das Signalhorn an, der Wind heulte dagegen.

Zwischen Todesangst und apathischer Lähmung kam der Schatten. Er wurde größer. Das Dröhnen der Schiffsmaschinen war gleichmäßig, gleichgültig laut.

In Bruchteilen von Sekunden liefen grauenvolle Szenen durch meinen Kopf. Von einem Monster, das durch AURYN fuhr und uns versenkte. Ganz langsam würden wir sinken, in eine blauschwarze Dämmerung, durch ihre Stille, bis der Grund des karibischen Meeres uns sanft stoppte und sich ein kaltes Leichentuch über uns legte. Kein Mensch würde jemals erfahren, was geschehen war. Ein Seemannsbegräbnis erster Klasse. Ob ich sterben würde? Die Frage war nicht ob, sondern wann. Im Wettlauf mit dem Tod hatte ich nur noch eine Chance: Ich riss das Ruder herum und wollte weg. Nur wohin, wir klebten gleichsam fest. Wie Teer war die See! Es schepperte und knallte. Ich schrie, voller Wut. Gegen alles, vor allem gegen mich selbst, weil ich gepennt hatte und für Minuten eingeschlafen war. Ein Schrei der Verzweifelung. Erst als mich etwas stoppte, wurde mir klar, dass ich die ganze Zeit geschrieen haben musste. Denn ich bekam den Mund erst wieder zu, als ich gegen den harten Bügel der Sprayhood knallte, nachdem mich der kräftige Schlag des Rammings ins Nichts beförderte. Die drohende Wand aus Stahl und Eisen befand sich jetzt über mir. Schläge erschütterten den Rumpf. Glas schepperte. Beide Schiffe lagen parallel zueinander. Machtlos sah ich zu, wie AURYN an der Bordwand zum Heck hin entlangrutschte, weil der Dampfer unbeeindruckt seine Fahrt fortsetzte. Dabei schlug das Rigg einige Male gegen die Brüstung des Frachters. Die Verstagung knackte, die Backbordwanten rissen. Wieder erschütterte ein dumpfer Schlag mein Schiff. Dann herrschte plötzlich Ruhe, so als hätten wir das Tor zur Ewigkeit erreicht. Doch es war nur das gewalzte Schraubenwasser eines Riesens, der einen Namen hatte: „Victor Dubowski“, stand an seinem roten Heck. Unbeirrt fuhr „Victor“ weiter, während AURYN in seinem platten Heckwasser trieb. Bis sie von der hohen Dünung des Karibischen Meeres gepackt wurde und die Segel back standen, weil wir aus dem Windschatten des Frachters kamen. Mit einem Griff nahm ich den Druck aus den Segeln, wodurch die Schoten frei kamen. Der Mast schwankte und ich hatte das Gefühl, als taumelte meine Seele mit ihm. Paralysiert stand ich da und spürte, wie sich mir kalte Finger ums Herz schlossen und in der Schwärze der Nacht hörte ich nichts anderes als Pulsschläge, die mir im Schädel hämmerten. Im Blick auf das Rigg löste sich die Verspannung und wich einer dunklen Vorahnung: Der Mast war dermaßen instabil, dass er umzuknicken schien. Sollte das geschehen, würde ein großes Loch im Rumpf gähnen und darin würde mein Leben enden.

Um die Gedanken von der Einübung des Sterbens mit Macht beiseitezuschieben, musste ich etwas tun. Mit der Signalpistole jagte ich eine rote Leuchtrakete in den Himmel und funkte verzweifelt Mayday, Mayday! Die Antwort war Schweigen und in diesem verschwanden allmählich die dunklen Umrisse der „Victor Dubrowski“. Wie sah es eigentlich im Schiff aus, schoss es mir plötzlich durch den Kopf. Ich stieg in den Salon hinab und riss sämtliche Bodenbretter hoch. Nachdem ich keinen Wassereinbruch feststellen konnte, verschaffte ich mir einen Überblick an Deck. Achtern war der Geräteträger samt Heckkorb komplett verzogen. Eine Solarpanelle zerdeppert, ihr Glas lag an Deck verstreut. Die Relingsfüße an Backbord lagen abgerissen von der Süllrandleiste an Deck. Andere Probleme gab es auf dem Vorschiff. Der Bugkorb war seitlich wegdrückt. Der darunter liegende Bugbeschlag, an dem das Vorstag des Vorsegels befestigt war, wurde vom harten Schlag des Rammings 45° nach Steuerbord verbogen. Noch schlimmer sah es unterhalb des Bugbeschlags aus, wo im Rumpf ein großes Loch klaffte. An der Backbordseite war der Rumpf unterhalb der Süllrandleiste durch die Karambolage an mehreren Stellen aufgerissen. Die Scheuerleiste aus Teakholz verhinderte am Rumpf Schlimmeres, war allerdings im Mittschiffsbereich aufgerissen. Die Rollreffanlage des Vorsegels war im Fußbereich stark beschädigt, so dass ich die Genua bergen musste. Das größte Problem war und blieb der Mast, der durch die gerissenen Backbordwanten in einer gewaltigen Dünung hin und her schwankte. Jeden Moment musste ich damit rechnen, dass er beim Überlehnen nach Steuerbord abbrach. Ich kramte fix den Wantenschneider hervor und hielt ihn bereit, um notfalls den Mast von den restlichen Wanten zu befreien und dadurch weitere Schäden am Rumpf zu verhindern. Achtung, festhalten. Wieder holte AURYN in einer Welle weit über, der Mast folgte bis zu ca. 20 Grad, pendelte dann zurück und knackte bedrohlich. Wann würde das Alu weich sein und brechen, dachte ich und fahndete nach Überlegungen, um den Mast zu retten. Zwischendurch funkte ich nochmals SOS, wer wusste schon, wie die Sache hier ausgehen sollte. Die Gedanken um die Mastrettung purzelten indes weiter. Ideen schossen hin und her. Wurden wieder verworfen und abgelegt, weil nicht realisierbar. Dann hatte ich's! Neun Pfennige klimperten und der Groschen fiel: Ich schnappte nach dem Spifall, pickte es in die Süllrandleiste und holte es über die Wisch dicht. Der Mast hatte etwas mehr Halt, aber ob das wohl genügte? Doch ich hatte eine weitere elegante Idee in petto, die mir vielversprechend erschien: Ich setzte den Großbaum neunzig Grad nach Backbord und sicherte ihn mit dem Bullenstander. Dadurch übernahm nun die Dirk die statische Funktion der gerissenen Oberwante und half zusätzlich, den Mast einigermaßen zu stabilisieren und letztendlich zu retten. Vorläufig.

Die Aktion gab Mut. Da pulste noch etwas, dachte ich. Die Hoffnung lebt. Vielleicht ist noch nicht alles verloren. Entschlossen zu überleben setzte ich wieder einen Funkspruch ab. Nochmals schoss ich eine rote Rakete in die schwarze Nacht des Unheils. In der sinnlosen Hoffnung, die mit nackter Angst einhergeht, funkte ich nochmals SOS und lauschte in die Leere. Dann knackte das Funkgerät und eine Stimme knarzte ... Zehn Meilen von meiner Position entfernt befand sich der griechische Frachter „Athens 2004". Der Wachhabende fragte, was los sei. Ich schilderte den Vorgang. Der Grieche bat mich standby zu bleiben, während er versuchte, den Flüchtigen über Funk zu erreichen. Ich wartete. Wieder erklang eine Stimme. Eine andere. Sie klang nach Osteuropa und kam von der Brücke jenes Schiffes, das uns beinahe für alle Zeiten in die tiefe Dunkelheit der Abyssale geschickt hätte. Der Kapitän der „Victor Dubrowski", ein Russe, schien ziemlich verwirrt, sprach kaum Englisch und hatte von der Karambolage selbst nichts mitbekommen. Ein Segelboot? „Net smotretch". Nix gesehen!

Wie auch, wenn sich zwei Schlafmützen auf dem Meer begegneten. Mehr noch wunderte ich mich, als plötzlich Lichter am Horizont auftauchten, der Russe nach meiner Position fragte, worauf er sein Schiff in unsere Richtung lenkte. Was hatte er vor? Über Funk blieb er eine Antwort schuldig. Erst als der Frachter seine Fahrt drosselte und langsam an Backbord aufkam, sollte mein blasser Schimmer der Vermutung Kontur erhalten: Der Russe hatte im Winkel seiner Gehörschnecke im Ohr immer noch Mayday, Mayday gespeist! Anders konnte ich es mir nicht erklären, als eine Leine von Bord seines Schiffes flog, das nun längsseits zu AURYN stoppte. Das Wasser quirlte, die See kochte. Ich auch. Ich war wütend, weil die stäbige Leine sich fast im Geräteträger verfing. Was sollte das! Hatten sie vor, mich allen Ernstes von Bord zu ziehen oder wollte mich dieser Bolschewik in seiner planlosen Aktion endgültig versenken?

Ich schrie Abstand und wies sie an zu verschwinden. Stattdessen flog wieder die Leine und verfing sich im Achterstag. Bevor sie oben anzogen, bekam ich sie unten gerade noch frei. Vermutlich hätten sie mir das komplette Rigg herausgerissen oder AURYN an ihre Bordwand gedrückt. Endlich sah der Russe von seinem desaströsen Manöver ab. Wir kamen wieder frei. In sicherer Distanz tauschte ich nun die Schiffsdaten mit dem russischen Kapitän Alexander Kowalow aus, nahm nochmals Kontakt zu der „Athens 2004" auf und bat darum, den mitgehörten Funkverkehr zu bezeugen. Was der sehr hilfsbereite Grieche dann durch einen Eintrag in sein Logbuch bestätigte.

Der Russe verschwand. Der Grieche wünschte eine gute Fahrt. Wohin? Weiter mit einem havarierten Schiff oder zurück nach Jamaica? Ich fühlte nichts als Leere und Einsamkeit und war umgeben von Chaos, aus dem keine Ordnung wuchs. Was ich brauchte, war ein Kaffee, um aus dem Alptraum erst einmal aufzuwachen. Nachdem die Details der katastrophalen Nacht fein säuberlich vor mich traten, konnte ich die nüchterne Wirklichkeit einpacken, isolieren und damit unter Kontrolle bekommen. Ich hatte ein Ziel und das hieß Jamaica. All meine Gedanken konzentrierte ich darauf und steuerte AURYN zunächst unter Motor dorthin, wo ich gerade herkam.

Im Wind der Hoffnung

In den Rollbewegungen der See bewegte sich der provisorisch gesicherte Mast immer noch bedenklich. Vielleicht sollte ich ihm etwas Druckstabilität geben, sprach ich zu mir und zog das Großsegel ein Stück heraus. Der Wind fiel ein und hielt mit seiner Kraft den Mast auf Backbord. Gut so. Das gleiche Mittel verordnete ich der Genua, rollte auch sie ein Stück aus und bekam dadurch insgesamt mehr Stabilität ins Rigg. Noch etwas Gutes verband sich mit der Aktion: Ich konnte segeln und stellte den Motor ab.

Die Bewegungen eines Bootes, das hoch am Wind segelt, sind hart und heftig. Wenn das Schiff in die See einsetzte, vibrierte das Rigg, mich wiederum erfüllte ein Zittern. Ich zitterte mit AURYN und betete im feindlichen Wind, der nach Hoffnung roch, weil er uns Meile um Meile zur Sicherheit des Landes führte. Obwohl die See rau und der Wind schwer war, steuerte ich voller Konzentration die geradeste Linie, die ich jemals gesegelt bin. Aber es war auch ein Segeln gegen die Bilder einer fast tödlichen Begegnung und darin kämpfte ich gegen aufkommende Zweifel, ob sich AURYN überhaupt in Jamaica reparieren ließe.

Es war kurz nach fünf Uhr. Morgens. Im Schatten der Nacht vermischte sich das aufkommende Licht der Morgendämmerung. Schwarz, Grau, Blau gingen nahtlos ineinander über. Als sich die Nacht zurückzog, wich das Gefühl, verlassen zu sein und in dieser gelassenen Ruhe fiel die körperliche Anspannung von mir ab. Ausgepumpt sackte ich auf den Sitz und erst jetzt wurde mir bewusst, welchen Dusel ich einmal mehr gehabt hatte: Wenn der Dampfer uns auch nur etwas seitlicher erwischt hätte, wüsste keiner, wo wir abgeblieben wären. AURYN zertrümmert auf dem Grund und ich in dem Teil des Paradieses, der den verschwundenen Seeleuten vorbehalten blieb. Ich versuchte das Wortlose in Worte zu fassen, was ich herausbekam, war ein Gebet. Ich glaube zwar nicht an den Gott, aber manchmal betete ich. Und ich dankte. Ich dankte der Schwadron meiner Glücksengel, die mich beschützten und freute mich, als die Südostküste von Jamaica in Sicht kam. Als ich die Segel nachtrimmte, spiegelte sich mein Bild in der Edelstahlwinsch, während die havarierte AURYN sich tapfer der letzten Meilen des Horrortrips entledigte.

Zwei Angeschlagene erreichten gegen Mittag die vertraute Bucht von Port Antonio. Sie wurde zum Symbol einer Zeit, deren Erinnerung in dem Chaos der Gegenwart Sicherheit und ruhigen Ankergrund bedeutete.

Die flirrende Hitze nahm mir den Atem, so dass ich benommen die Umgebung betrachtete. Aber die Sonne hatte etwas Gutes, denn durch sie wurden die Schäden und das Traurige in ein besseres Licht getaucht, somit leichter zu ertragen. Auch die Sorge verdorrte. Es gab einen Grund zur Freude, aber noch nichts zu feiern. Oder doch. Haben Sie daran gedacht den Sekt kaltzustellen? Okay, stoßen wir an. Auf den 5.6.2001. Er wurde mein zweiter Geburtstag!

Der Tag danach

Im Flüstern eines sanften Windes kletterte ich am nächsten Tag in den Mast, inspizierte das Rigg, das Schiff innen und außen und nahm das Schadensprotokoll auf: Spibaum weggerissen. Wanten an Bb gerissen. Mast beschädigt. Masttopp: Antennen und Windmessanlage ohne Funktion.

Die Führungsöse der Rollreffanlage gerissen. Kinken in den Wanten an Steuerbord. Segellatten im Groß rausgerissen, diverse Risse und Löcher in der Rollreffanlage der Genua, wo Teile der Verkleidung und die Abdeckung an der Trommel nicht mehr vorhanden waren. Bugkorb komplett zerstört, einschließlich Navigationslichter Bb und Stb. Nirohalterung im Bug für Vorstag und Ankerkettenführung komplett verbogen. Ankerwinsch funktionierte nicht mehr, Wantenschoner an Bb weggerissen, Großbaum verbogen. Signalhorn auf der Untersaling keine Funktion. Relingsdrähte Stb u.Bb beschädigt, Relingsdrähte umlaufend gerissen oder beschädigt, Relingsfüße rausgerissen, Geräteträger für Windbagger und Solarpaneele verzogen, Heckreling verbogen. Auf dem Geräteträger ein Solarpaneel zerstört. Rettungskragen über Bord gespült, Bimini beschädigt. Teakscheuerleiste aufgerissen. Schutzleiste aus Niro verzogen. Riss am Heck. Beschädigungen im Gelcoat und der Lackierung der
Süllleiste an Bb. Übergang vom Rumpf zum Deck an Backbord auf einer Länge von vier Metern aufgerissen. Bugspitze aufgerissen, Glasfaser lagen frei. Ankerdeckel beschädigt. Surfboard zerbrochen, Rolle der Umlenkung für Reffleine an Bb Relingsfuß rausgerissen und so weiter und so fort. Ich erspare Ihnen die Aufzählung des Kleinkrams, die Liste allein reichte aus, um zu Verzweifeln. Doch dafür hatte ich jetzt keine Zeit, sondern Wichtigeres zu tun. Ich informierte meine Versicherung über Vorgang und Schadensliste. Diese teilte mir mit, dass ich bis zum Eintreffen des Sachverständigen das Schiff nicht bewegen dürfe.

Der Sachverständige kam drei Tage später und erwies sich nicht nur als äußerst kompetenter Mann, sondern auch noch als Segler! Kaum an Deck, enterte er als erstes den Mast, begutachtete ihn eingehend, kam herunter und gab mir zu verstehen: Ein komplett neuer Mast muss her! Ausführlich hakte er die Schadenliste ab, nahm ein Protokoll des Unfallhergangs auf, ließ sich auf der Seekarte meinen Törnverlauf zeigen und checkte das Logbuch. Selbst die Einklarierungspapiere des Zolls und der Immigration ließ er nicht unkontrolliert. Das ganze dauerte einen Tag. Am Ende erklärte er die Yacht für seeuntüchtig und ordnete an, die Schäden auf Jamaika reparieren zu lassen. Jamaica! Das Wort wurde zum Kinnkitzler. Denn ich hatte mittlerweile Informationen genug, die eher davon abrieten. Kennen Sie Jamaica? Eine herrliche Insel, um Urlaub zu machen. Für alles andere kann man mit anderen Begriffen operieren. Wie wär's mit Korruption oder mit soon come, einer ganz eigentümlichen Mentalität der Bewohner. Damit kein Missverständnis auf kommt, das sind keine Vorurteile, auch nicht Rassismus, sondern fundierte Informationen. Und davon hatte ich mehr als genug.

Auf der Suche nach einer Bootswerft lernte ich einen Österreicher kennen, der mit einer Einheimischen verheiratet war und bereits seit zwölf Jahren auf Jamaica lebte. Nicht nur das. Er brachte es hier auch zu etwas, indem er einen Bootsservice und eine Lackierungswerkstatt aufbaute und außerdem über beste Inselkenntnisse verfügte. Maxl jedenfalls riet mir dringend ab, als Ausländer auch nur irgendetwas in Jamaica in Auftrag zu geben und erst recht kein Boot reparieren zu lassen, es sei denn, ich hätte vor, es abzuschreiben. Schon beim Herausnehmen einer Yacht werden gravierende Fehler begangen. Steht diese dann erst einmal an Land, beginnt der eigentliche Zauber. Der darin liegt, dass Arbeiten, abgesehen von ihrer schlampigen Ausführung, zeitlich nicht eingehalten werden. Aus 6 Wochen konnten schon mal sechs Monate werden. Wenn man sein Schiff überhaupt wieder bekam, denn plötzlich vervierfachten sich die Reparaturkosten geradezu inflationär. Dazu kam, dass ohne „Leute schmieren" auf Jamaica gar nichts lief. Außer vielleicht die Ganjanase der rastabelockten Beamten vom Zoll, an denen man eh nicht vorbei kam, wenn man Teile aus dem Ausland auf ihre schöne Insel einführen wollte. Und ich brauchte ein ziemlich großes Teil: Ein komplett neues Rigg. Bestehend aus einem fünfzehn Meter hohen Mast! Ich errechnete vorab in Gedanken, wie viel mich dieses an Taschengeld kosten würde, während der Sachverständige weiterhin auf seinem Standpunkt beharrte. Die Yacht bewegen, no way!

Er würde seinen Bericht schreiben, alles Weitere sollte ich dann von meiner Versicherung erfahren und damit verabschiedete er sich.

Reparaturen hier? Es kam mir vor wie ein Schlag ins Wasser. Als ich die Hand wieder heraus zog, war mir klar, dass ich mir selber helfen musste und außerdem: Wozu hat man österreichische Freunde auf Jamaica! Maxl half, wo er nur konnte. Er stellte mir Epoxi-Material zum Füllen der Rumpflöcher zur Verfügung, half mir in Kingston Town, Wantendrähte zu besorgen und bei manch anderen Dingen, wie zum Beispiel durch einen Rundruf in seinem caribbean network. Arbeitstitel: Wo ließ sich am besten eine Yacht vom Kaliber AURYNS mit der Liste ihrer Schäden reparieren. Antwort: Puerto de La Cruz in Venezuela. Sogar einen Termin hatte er mit der dortigen Werft bereits arrangiert. Nachdem ich die Überzeugung gewonnen hatte, dass dem Törn dorthin nach Erledigung einiger sicherheitsrelevanter Arbeiten nichts im Wege stand, machte ich mich unter den prüfenden Blicken meines Meisters und mit vollem Tatendrang meinerseits ans Werk. Zunächst bearbeitete ich mit dem Epoxifüller die Risse am Rumpf, um damit zu verhindern, dass noch mehr Wasser ins Gelcoat eintrat, was eine spätere Osmose im Material ausgelöst hätte. Danach füllte ich das klaffende Loch im Rumpf unterhalb des Bugbeschlags mit Bauschaum auf, glättete diesen wiederum mit Epoxispachtel und schliff es grob ab. Das sah nicht gerade schiffig aus, hatte aber durchaus Charme. Dann flexte ich die gerissenen Wanten ab und ersetzte sie durch die neuen Drähte. Anschließend wurde der Mast in seine alte, statische Position getrimmt. Mir war klar, dass durch den herausgerissenen Bugbeschlag, an dem das Vorstag des Vorsegels befestigt wurde, die Rollgenua nicht zu benutzen war. Die Kräfte, die statisch am demolierten Beschlag angriffen, würden zu groß sein. Was tun? Ich spannte das 2. Vorstag, das ich in Reserve am Mast befestigt hatte und schlug die Ersatz-Genua mit konventionell bestückten Stagreitern an. Diese machte es zwar schwierig, die Genua während der Reffvorgänge wegzurollen, aber darauf kam es jetzt nicht an.

Die Arbeiten kamen gut voran und sie lenkten ab von den düsteren Gedanken, die mich immer dann überfielen, wenn ich abends zur Ruhe kam. Ob es die Erinnerungen an die gestrandeten Norweger auf der Isla Deserta waren oder die Gedanken im Bewusstsein schwebten, gerade selbst einer Katastrophe entgangen zu sein. All das, so schien mir, hatte mich verändert. Ich spürte, wie ich anfing, Dinge plötzlich mit anderen Augen zu sehen und unsensibler auf sogenannte Wichtigkeiten reagierte. Es war, als ob ich aus einem Koma erwachte und eine zweite Chance erhielt.

Natürlich wuchs mit den dramatischen Erlebnissen auch die Erfahrung und man selbst mit ihr. Doch damit beginnt der schmale Grat der Selbstüberschätzung. Wo ist die Grenze, wann wird das Risiko zu groß? Durchs karibische Meer gegen Wind und Strom! Lange Kreuzschläge in einem havarierten Boot, in einem unkalkulierbaren Abenteuer, das in der Konsequenz das Leben kosten könnte. Hatte ich Zweifel oder dachte gar an Aufgabe? Keineswegs. Denn gerade auf einer Reise mit einem Boot wurde die Welt noch größer, da man durch riesige Ozeane segelte, in dem es Raum genug für jedes vorstellbare Ende, aber auch für viele neue Anfänge gab.

Jamaica war ein solcher Anfang. Und damit begann das Unternehmen Venezuela, um dort AURYN zu reparieren und dann den Weg nach Südamerika fortzusetzen: Kap Hoorn hieß immer noch das Ziel und nichts stand dem im Weg. Außer …

Sex

Die Stimme der Lady klang sexy und ihr Anliegen erregte meine ganze Konzentration, ehrlich gesagt, erregte sie noch mehr … Nicht doch! Sie erregte meinen Ärger. Ihr Anruf vermittelte mir das, was mir bereits der Sachverständige verklickerte: Mein Schiff sei seeuntüchtig und die Reparaturen müssten auf Jamaica erledigt werden. Detailliertes würde ich aus einem Fax erfahren, welches sie mir senden wolle. Das Fax der Versicherung kam: "Wissen Sie denn nicht, wie gefährlich eine solche Fahrt mit einem havarierten Schiff" … So begann es, ging über in „außerdem hat die Hurrikansaison begonnen" und endete mit: „… lehnen wir den Versicherungsschutz für eine solche Reise ab!" Ich konterte und schrieb folgendes zurück: … abgesehen von der mangelhaften Ausführung der Arbeiten und dem zu erwartenden Ärger mit korrupten Beamten etc. lehne ich es ab, Reparaturen auf Jamaica ausführen zu lassen. Und ergänzte es mit: Warum sollte meine Yacht seeuntüchtig sein? Die sicherheitsrelevanten Beschädigungen sind ausreichend abgesichert. Die Yacht hat keine Leckagen, die Löcher im Bugbeschlag wurden mit

Glasfaserspachtel aufgefüllt, der Mast mit Ersatzwanten fixiert. Das Vorstag wird durch ein zweites entlastet. Die Segel sind funktionsfähig, der Motor ist es auch. Und endete mit: Wenn ich als Eigner und als verantwortlicher Skipper nicht von der Seetüchtigkeit des Schiffes überzeugt wäre, dann würde ich von meinem Vorhaben absehen. Denn es geht nicht nur um die Sicherheit meines Schiffes, sondern auch um meine eigene. Ich werde mein Schiff in Kürze nach Puerto de la Cruz/Venezuela überführen, auch ohne Versicherungsschutz und auf eigenes Risiko, wenn es denn sein muss und grüße freundlich.

War da noch Sekt in der Flasche? Trinken wir auf das Gelingen einer Fahrt quer durchs karibische Meer, gegen Wind und Strom und zur Werft nach Venezuela. Na denn, Prost! Auf einen guten Törn – auch wenn es damit nichts wurde, weil's wieder mal ganz anders kam.

Jamaica

Nach der Kollision

Eine etwas andere Segelreise – quer durchs Meer

Von Jamaica nach Venezuela

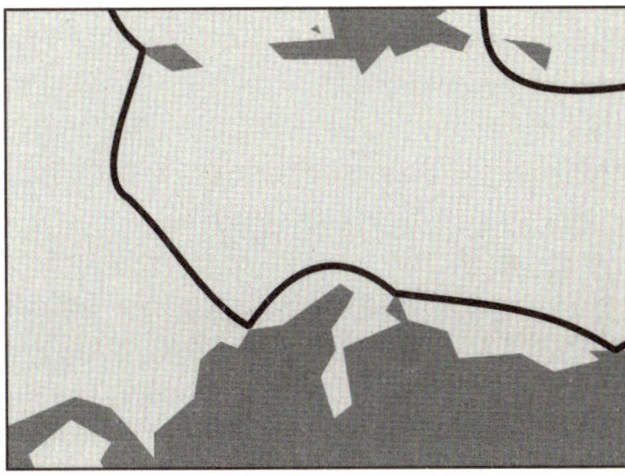

Am Himmel zogen leichte Kumuluswolken und die Wetterlage war stabil, prognostizierte zumindest die Vorhersage. Der Passat blies wie immer aus Ost zwischen vier und fünf Windstärken. Die Segel befanden sich im 1.Reff und ich freute mich über einen Start, der besser nicht sein konnte. Auch wenn ich einen zweiten Anlauf brauchte für ein Ziel, das achthundert Meilen entfernt in südöstlicher Richtung lag. Auf Grund der Beschädigungen war meine Segeltaktik eher defensiv ausgerichtet, zudem noch zeitintensiver, weil ich hoch am Wind bzw. gegen ihn und den Strom segeln musste. Kurzum: Ich plante zwei Wochen für den Törn ein.

In den Bewegungen der See hielt das Rigg zunächst den Beanspruchungen stand, auch die Abdichtung am Bug verhinderte den Wassereintritt. Noch. Ich zuckte ein wenig zusammen, als nach vier Stunden bei der Positionseintragung in der Seekarte die Bleistiftspitze knapp jene Stelle touchierte, an der uns ein Russe fast versenkt hatte. Wo der Alptraum für Fahrtensegler beinahe zur Wirklichkeit wurde.

Mittlerweile war ich zurück im Cockpit und ein Dampfer an Backbord. Wollte da jemand noch ein bisschen Nachtreten? Ich war auf der Hut und dachte dabei an die fast schon vergessenen Tage, wo die Dampfer für Segler noch einen bezahlten Schutzengel im Bug hatten, der Ausguck hiess und der Brücke signalisierte, Abstand zu halten. Lange vorbei, wie auch leider die glückliche Zeit, als die einzige Verschmutzung der Meere noch aus Kartoffelschalen bestand. Heute kam es schon mal vor, dass man auf See riesigen Teppichen aus verklappter Brühe von merkwürdiger Konsistenz begegnete.

Jamaica lag weit hinter uns. Kein Land mehr zu sehen und um uns herum nur noch Wasser. Darüber legte sich der Abend, in dem die Unsicherheit blieb. Auch in den langen dunklen Stunden, die mir zur Ewigkeit wurden, weil ich in ihnen keinen Schlaf fand.

Der Schatten der ersten Nacht war verflogen und der Wind drehte am Morgen mehr auf Südost, so dass ich meinen direkten Kurs von 160° nach Pt. la Cruz/Venezuela nicht mehr halten konnte. Der Bug zeigte nun nach Süd, doch da lag Kolumbien. Ich schluckte … Kolumbien. Nie und nimmer wollte ich dort hin! Kokainkartelle, Drogenschiffe, Gangsterbanden, Waffenschmuggel, Piraten, Bürgerkrieg, all das schoss mir plötzlich durch den Schädel. Bleib ruhig, Seemann, noch war Zeit und jetzt bloß kein Zuviel an Gedanken und Kreuzen'. Erstmal AURYN laufen lassen, Kurs Süd. Mit Glück drehte vielleicht der Wind …

Alles drehte sich, nur nicht der Wind. An welchem AURYN sich rieb und bald hart segelte. So hart, dass sie bei jedem Einstampfen in die nun steilere Welle mit ihrem Bug schäumendes Wasser über das Deck schaufelte. Schaum – der aus dem Baumarkt eignet sich wunderbar zum Ausfüllen von Hohlräumen hinter Türzargen und ähnlichem, weniger im Hochseebetrieb, wenn er permanent vom schäumenden Salzwasser mit kräftigen Schlägen traktiert wird. Dann ergeht es ihm so, wie weiland Vitali Klitschko in der letzten Runde: Er wird bröselig, wankt und fällt in sich zusammen. Während Vitali sich pflegte und sich an der Millionen-Dollar-Gage erfreuen konnte, sollte für mich der Kampf beginnen und damit der harte Teil dieser Reise. Er dauerte nicht ein paar Runden, sondern ging über Tage und Nächte. Wie viele, das wusste ich zu diesem Zeitpunkt noch nicht – weil ich bis dahin auch noch nicht wusste, dass es den Bauschaum vorn im Bug schon gar nicht mehr gab. Stattdessen klaffte dort ein Loch und mit diesem stampfte AURYN in jede Welle. Der Wind nahm kurzzeitig ab, legte dann feurig zu. Deutlich gefallen war die Barometernadel am Ende des zweiten Tages, dieses stellte ich bei der Eintragung ins Logbuch fest und ergänzte es mit den aktuellen Koordinaten unserer Position um zwanzig Uhr. Ein kleines Kreuzchen in der Seekarte markierte unsere Winzigkeit in der Weite des Meeres, das allmählich in uns eindrang: Vorn am Bug, dort wo ein Loch gähnte!

Im Lauf der Zeitlupe

Bisher lief alles so ab wie in unzähligen Tagen und Nächten auf See. Bordalltag. Nach dem Abendessen, aufgewärmte Pasta, und einem Check des Riggs sowie der Segelstellung pflügte AURYN weiterhin Kurs Süd und hoch am Wind durch das karibische Meer. Ich hatte zwischenzeitlich die Segel nochmals durchgerefft, weil der Wind mit 7 Bft zunehmend und stark blies. AURYN segelte durch die Nacht und unter einer sich verdichtenden Bewölkung. Keine Schiffe um uns herum. Ich lag ausgestreckt in meiner Schwerwetterkleidung im Schutz der Sprayhood und umgeben von nichts als Dunkelheit in einer gewohnten Bordroutine, bis ... ja, bis dieses vertraute Dasein zerbrach und ich das Gefühl hatte, in Zeitlupe auf der Stelle zu laufen, weil ich für Augenblicke nicht in die Wirklichkeit zurückkehrte: Der Anblick schwimmender Bodenbretter warf mich aus der Bahn und lähmte mich geradezu, als ich in den Salon hinabstieg und ins Wasser trat. Darin schwamm nun alles, was sich bisher in den Stauräumen der Bilge befunden hatte. Ich registrierte es wie in Trance. Bis ich schwach vernahm, dass meine Hände zitterten und eine Stimme, meiner entfernt ähnlich, schrie: Scheiiißeeee!

Zurück in der Klarheit erkannte ich, dass die Lenzpumpe ihren Dienst eingestellt hatte und mir nichts anderes blieb, als nach dem Eimer zu greifen, um das Wasser aus dem Schiff zu lenzen. Ich schöpfte und pützte wie ein Roboter. Gegen das Wasser, das vom Bug immer wieder nachlief, gegen meine Flüche. Ich schöpfte solange, bis ich erschöpft im Cockpit lag, den kurzen Stößen meines Atems lauschend und an Dinge denkend, die so fern waren wie der Mond.

Nachdem ich das Loch im Bug provisorisch mit Kissen und Decken ausgestopft hatte, um dadurch einiges vom Meerwasser abzuhalten, klopfte ich verwundert an das Glas des Barometers. Es war bedenklich um fünf Strich innerhalb der letzten zwei Stunden abgesackt. Das bedeutete alles, aber nichts Gutes. Was genau, davon berichtet der

3. Seetag – Miami Forcast gab Sturmwarnung! Eine Woche in der Hölle wäre mir lieber als mit einem lecken Schiff im Sturm, murmelte ich. Eine andere Stimme hielt nüchtern dagegen: Du wirst beides bekommen, den Sturm und die Hölle. Doch zunächst begann es zu schneien!

Ein kräftiger Schlag gegen den Rumpf hatte die Türen des Küchenschranks aufgeschlagen und die Tupperpötte hinausgeschleudert, wodurch sich Mehl, Zucker, Reis und Salz munter in einer weißen Schicht vereinigten und sich in der Pantry ausbreiteten. Außerhalb der schwimmenden Wohnhöhle ein ähnliches Chaos. Schäumende See, fliegende Gischt und dunkle, kräftige Regenschauer, die über das Deck fegten. Die blaue, unendliche Weite von gestern verwandelte sich in einen undurchsichtigen Kosmos, in dem es keine Konturen im Oben und Unten gab. Alles war in Auflösung begriffen. Nah und Fern. Himmel und Meer, Wolken und Horizont. In dieser Masse Grau nahm der Sturm uns auf.

Mir blieb nur abzuwarten, alle zwei Stunden hundert Liter Wasser mit dem Eimer aus dem Schiff zu lenzen und gelegentlich von Hand zu steuern, da sich der Autopilot in einer teils heftigen See mit einem piependen Warnsignal und einem „Fail“ in der Anzeige verabschiedete.

Langsam umschloss mich die absurde Gewissheit, dass alles möglich war und doch hatte ich das Gefühl, das selbst im „Fail“ ein Schein von Hoffnung leuchtete. Auch im Blick auf das Baro, jedenfalls fiel die Nadel nicht weiter.

Neptuns Ohrfeige

Nachts. Ich lag mittlerweile ausgelaugt im Salon in der Koje. Am Rumpf rauschte das Wasser, unter mir auch. Immer wenn AURYN sich auf die Seite legte und sich anschließend wieder aufrichtete, kreuzte sich die See im Schiff und schleuderte mir ein paar Spritzer Wasser ins Bettzeug, das mittlerweile klamm und voller Salz war.

So ging es durch die Nacht. Unterbrochen vom Wasserschöpfen und Segeln, wobei mir hinterm Steuerrad zumindest etwas anderes in den Ohren rauschte: Ein heftiger Wind aus Südost in einer gespenstischen Nachtfahrt zwischen kolossalen Wasserwänden und brechenden Wellen.

Hin und wieder erbrach sich eine am Rumpf, ließ das Rigg erzittern, spülte über das Deck oder klatschte mir ins Gesicht, wenn ich mich nicht früh genug wegduckte. Es schien wie eine Ohrfeige von Neptun für meine Frechheit zu sein, weil ich es wagte, mit einem havarierten Schiff durch seine Gewässer zu segeln, inmitten der Hurrikanzeit. Der fehlte eigentlich nur noch. Dafür machte es uns ein anderer schwer: Als gnadenlos erwies sich der Äquatorialstrom, er versetzte AURYN so brutal nach West, dass wir kaum einen Kurs von 180° über Grund halten konnten. Um nicht noch weiter vom Kurs abgetrieben zu werden, entschloss ich mich, mit langen Schlägen gegen den Wind zu kreuzen. Dadurch hoffte ich eines zu vermeiden: Kolumbien anlaufen zu müssen.

Auch am vierten Seetag hielt das harte Wetter an, auch wenn der tropische Sturm etwas an Power verlor. Aber was machte es schon, wenn er uns nun mit acht statt vorher neun Windstärken beschäftigte. Wir blieben weiterhin dem Wind, der im Rigg heulte, und einer hohen See ausgeliefert.

Ein angeschlagenes Schiff, das knarzte und knackte und ein Wasser lenzender Seemann, der sich mit derben Flüchen Luft machte, doch dessen ganze Aufmerksamkeit bald der Mast erforderte. Er wurde mehr und mehr instabil, weil sich der provisorische Wantendraht unter den extremen Belastungen der See zunehmend ausreckte.

Es war zum ... Verzweifeln? Nicht ganz, aber doch ein wenig. Bisschen Schiss kam auch dazu. Aber Angst, so hatte ich irgendwo gelesen, setzt auch einen biochemischen Prozess in Gang, wodurch Energie frei wird. Und die war es, die ich spürte. Die Wanten mussten nachgespannt und ständig auf Spiel kontrolliert werden. Doch damit nicht genug! Das Segel riss ...

Allerdings erst am nächsten Morgen und da sah die Welt schon wieder heil aus, weil sich in der Nacht der Sturm ausgetobt hatte und der Wind auf angenehme 5 Bft zurückgegangen war. Die hohen Wellen blieben und das war weniger gut, weil ich bei der Schaukelei in den Mast musste. Doch der Reihe nach.

Morgens, als ich wie alle 2 Stunden nach dem Wasserschöpfen das Rigg und den Bugbeschlag prüfte, hörte ich über mir ein lautes Ratschen im Großsegel, in dem dann ein vertikaler Riss von fünf Meter Länge klaffte! Ich versuchte, das gereffte Segel weiter einzurollen, was aber nicht gelang, weil im beschädigten Mast der Rollmechanismus blockierte. Was tun? Mittlerweile stand das Wasser im Schiff wieder bedenklich hoch, was ich bemerkte, als ich auf ein Messer biss und mit diesem zwischen den Zähnen getreu dem Motto: Behalte den Überblick und fang mit dem Großartigen an, in den Mast kletterte. Was blieb mir anderes übrig, als das Segel am Mast entlang abzuschneiden? Doch erst einmal mussten fünfzehn Meter in rollender See erstiegen werden und das dauerte. Der Mast schwankte gefährlich hin und her und ich mit ihm. Mein Körper hatte mittlerweile die Wellenbewegungen antizipiert. Immer wenn sich das Schiff in der See überlegte, klammerte ich mein Leben um den Mast und schwenkte mit ihm hinaus auf das Meer, das sich nun direkt unter mir befand. Als das Deck wieder ins Bild kam, erkrabbelte ich mir die nächsten Meter. Nicht so lässig wie eine Seeanemone, die ihre Tentakel um schlanke Korallenröhren spielen ließ, sondern eher zaghaft und nicht nach unten schauend, weil es in meinem Magen anfing zu rumoren.

Endlich erreichte ich die Mastspitze und schnitt mit dem Messer, während ich mich wieder nach unten hangelte, entschlossen das Großsegel durch. Wobei mir jeder Meter die Summe vor Augen hielt, die ich vor nicht allzu langer Zeit für das Segel bezahlt hatte. Dann stand ich wieder auf dem sicheren Boden meines schwankenden Schiffes, mir war zum Kotzen und ich tat es.

Der Rest des durchschnittenen Segels befand sich nun eingerollt im Mast, so dass ich das Segel selbst bei diesen Bedingungen nicht hinausbekam. Vielleicht hatten pfiffige Mastbauer dafür diese kleine Nut neben dem Schlitz des Mastes gepoppt, um darin ein Großsegel mit Rutschern einfädeln zu können, dachte ich mir. Gut. Nur ich hatte keines!

Stattdessen kramte ich das Trysegel (ein kleineres Hauptsegel, auch als Sturmsegel bekannt) aus der Segellast, fädelte das Vorliek in die Schiene ein und trimmte das kleine Tuch von ca. 10m². Das sah schrecklich aus, aber erzielte Wirkung, denn es reichte, um dem Segel Vortrieb und AURYN etwas mehr Stabilität in den Seebewegungen zu geben.

Im Spiegelbild der Winsch

Der Wind blies unbeirrt weiter aus Südost, jener Richtung, in der mein Ziel lag. Immer noch kreuzten wir gegen Wind und Strom, was nicht nur mürbe machte. Als ich nach einer Wende die Schoten dicht holte, erschrak ich im Spiegelbild der Winsch über ein Gesicht, in dem sich die Anstrengungen der letzten Tage abzeichneten. Wann hatte ich eigentlich das letzte Mal geschlafen? In dieser Mattigkeit änderte ich meine Taktik, beschloss, nicht mehr gegen den Wind zu kreuzen, sondern segelte wieder auf Kurs Süd. Auch wenn dieser Kolumbien bedeutete. Die negativen Gedanken, die sich mit dem Land verzahnten, schob ich kurzerhand beiseite und entschied mich zunächst dafür, in die Nähe des südamerikanischen Kontinents zu gelangen, wo immer das sein mochte, um dann entlang der Küste weiter ostwärts zu kommen. Durch diesen Zug wagte ich auch zu hoffen, der starke Strom gegen uns könnte sich verringern, je näher wir uns an der Küste bewegten.

Der Wind nahm weiter ab, das Chaos schien sich auszuruhen. Es sinnierte womöglich darüber, was es für uns noch so alles in petto haben könnte, während am Horizont voraus ein schmaler Streifen auftauchte. Land. Eigentlich ein Grund zur Freude, doch ich drehte wieder ab und kreuzte nun Zickzack entlang der kolumbianischen Küste auf Kurs Ost.

In der Nacht schlief der Wind komplett ein, so dass wir nun unter Motor auf direktem Kurs gut vorankamen. Auch der Wassereintritt ins Schiff war nicht mehr so stark, weil sich die See nun beruhigte. Alles schien irgendwie durchzuatmen. Auch ich musste lange im Cockpit geschlafen haben, als ich weit nach Mitternacht aufwachte, stand der Mond bereits über uns. Ein lauer Fahrtwind, der nach Land roch, strich durch mein Gesicht und dann war ich wie elektrisiert. Am Horizont schaukelten einige Lichter. Fischerboote? Schmuggler? Sofort fielen mir wieder die warnenden Zeilen im Nautischen Handbuch „Segeln im Karibischen Meer“ ein, wonach in den Gebieten der kolumbianischen Küste moderne Seeräuber als Fischer getarnt ihr Unwesen trieben. Gerade wenn man allein und dann noch in der Nacht unterwegs ist, erzielen solche Botschaften eine doppelte Wirkung. Ob man will oder nicht, und mit dem Resultat, dass ich, um nicht die Aufmerksamkeit auf mich zu lenken, unbeleuchtet weiterfuhr. Aber nicht blind durch die Nacht, sondern mit eingeschaltetem Radargerät und konzentriert nach Schiffen Ausschau haltend.

Die Morgenshow

Im Osten stieg die Sonne aus einer ruhigen See. Kolumbien lag weit hinter dem Horizont. Umgeben vom Meer spürte ich nicht nur ein sonderbares Gefühl von Schutz, sondern im Meer umgab mich auch eine Stimmung von eigenartiger Spannung. Ein Fischerboot tauchte weit entfernt auf. Als ich nach dem Wasserschöpfen wieder an Deck kam, erkannte ich, dass der Kahn allmählich näher kam und sich unserer Geschwindigkeit anpasste. Was hatten sie vor? Auf jeden Fall schienen sie, mich zu beobachten. Ich legte Sprechfunkgerät, Tränengas und die Signalpistole bereit – für alle Fälle. Der Abstand zu ihnen betrug nun hundert Meter. Im Fernglas erkannte ich acht geduckte Gestalten, deren Blicke sich auf uns richteten, so als ob sie den richtigen Zeitpunkt ihrer Attacke abwarteten. Darauf wollte ich vorbereitet sein und initiierte eine kleine Morgenshow, indem ich unter Deck verschwand. Dort zog ich mir andere Klamotten an und krabbelte aus dem Vorschiff wieder hinaus, um den Typen zu zeigen, dass sich nicht nur ein Mann an Bord befinde. Dann stopfte ich ein paar Decken in einen Sack, setzte einem herausschauenden Fender einen Sonnenhut auf und drapierte die schlampig gefertigte Attrappe eines Mitseglers ins Cockpit! Damit waren wir schon zu dritt. Sollte ich in ein Gefecht geraten und den Rückzug antreten müssen, so malte ich es mir aus, würde ich mich niemals kampflos ergeben. Dafür deponierte ich ein Messer griffbereit am Mast und eines tapte ich unter den

Deckel im Ankerkasten. Plötzlich kam da noch eine listige Idee: Ich hatte zu Beginn meiner Reise Wetterberichte aus dem Radio auf ein Diktiergerät aufzeichnet, dieses kramte ich nun hervor, schaltete es ein und stellte auf laut. Dazu legte ich ein Hörbuch von Antoine de Saint-Exupery in den CD-Player, auch das lief nun. Im Stimmengewirr ging ein kurzer Blick hinüber zu den Piraten. Ihr Boot befand sich nun querab, aber der Abstand hatte sich bedrohlich verringert. Nur noch zwanzig Meter. Nochmals wiederholte ich die Nummer mit den wechselnden Klamotten und schrie herum, so als ob ich imaginäre Leute mit Kommandos tyrannisierte.

Gerade noch rechtzeitig erinnerte ich mich an die grobe Machete, mit der ich sonst Kokosnüsse zu köpfen pflegte. Als ich sie aus dem Vorschiff holte und sie unter der Sprayhood versteckte, spürte ich etwas hinter mir. Vorsichtig drehte ich mich um und blickte auf rote Wangen jener Menschen, die Indianerblut in sich tragen. Es waren die Fischer, die nun am Rumpf von AURYN klebten und mich genauso musterten wie ich sie. Noch etwas hatten wir gemein, jene Art von Unsicherheit, die man bei Begegnungen empfindet, deren Ausgang völlig offen ist. Mein Herz klopfte nun deutlich schneller, sie musterten mich eher schüchtern, wenn auch mit düsteren Blicken. Der „Segelkamerad" im Cockpit sackte nun auf die Seite, als ob er schliefe. Doch aus dem Salon klang es, als ob dort Leben in der Bude sei:„... Wetterbericht Deutsche Bucht, Nordwest 6, zunehmende Schauerböen ...", verkündete eine blecherne Stimme mitten in der Karibik.. Dazu schrie ich etwas nach unten, um einen Dialog vorzugaukeln. „... man sieht nur mit dem Herzen, das Wesentliche bleibt für die Augen unsichtbar ..." erzählte nun „Der kleine Prinz" im Salon und verriet damit sein Geheimnis, während ich versuchte, meines aufrecht zu erhalten, indem ich ein sanftes Lächeln unterdrückte. „Agua, agua ", sprachen nun die Fischer und allmählich verstand ich, um was es hier ging. Sie hatten einfach nur Durst! Irrten vermutlich bereits einige Tage auf See herum, weshalb ihre Trinkwasserreserven zu Ende gegangen waren. Vielleicht war's ja auch nur ein simples Täuschungsmanöver. So ganz traute ich den Burschen nicht, als ich an der Reling stand und ihnen einige Wasserflaschen überreichte. Doch die Begegnung mit den „Piraten" verlief friedlich, sie bedankten sich und zogen wieder ab.

Anschließend räumte auch ich meine Truppe ab und trug das Treffen im Logbuch ein. Dabei stellte ich fest, dass wir uns 35 Seemeilen von der Küste Kolumbiens entfernt befanden. In der Seekarte markierte nun ein kleines Kreuz jene Position, wo sich neun See-Seelen für einen Moment begegnet waren. Fischer indianischer Abstammung, in einem fragilen Boot und ein norddeutscher Seemann in seinem lecken Schiff, das sich tapfer weiter auf Ostkurs befand.

8.Seetag – Gerade zog ich mich aus einem Problem hinaus, schon stürzte ich mich in ein Neues hinein. Denn immer noch fuhren wir unter Motor durch eine Region absoluter Windstille, in der allmählich die Dieselvorräte zu Ende gingen; dabei lagen noch über sechshundert Meilen bis Puerto de la Cruz/Venezuela vor uns.

Der Törn führte uns nun in Richtung Nordost und parallel zur kolumbianischen Halbinsel Peninsula de la Guaijira, falls Sie gerade den Atlas zur Hand haben und nachschauen möchten. Es war zum Fluchen, jetzt, wo der Wind zurück war, wehte er ausgerechnet aus der Richtung, wo ich den nächsten Wegepunkt absteckte. Querab vom Punta Gallinas. Wieder hieß es, kreuzen gegen den Wind und damit begann ebenfalls das zweistündliche Wasser schöpfen!

Entgegen meiner Hoffnung verlor der Strom in Küstennähe nicht an Wirkung, eher hatte ich den Eindruck, dass er sich noch verstärkte. Denn teilweise zeigte die Logge nur eine Fahrt von zweieinhalb Knoten über Grund und das Etmal am nächsten Tag lag bei deprimierenden 50 Meilen. Der Wind nahm weiter zu.

Als die Nacht uns endgültig übernahm, quälte sich AURYN nur noch mit eineinhalb Knoten voran. Zurück, nach Cartagena, sagte eine Stimme. Weiter, gegen an. Es ist zu schaffen, konterte die andere.

Während die Wellen sich am Rumpf wieder überschlugen, fiel über mich ein Gefühl von Zuversicht her. Was hätte ich auch sonst empfinden sollen? Aufgabe? Egal, wie es im Moment um die Sache stand: Ich hatte meine Hoffnung in etwas gesetzt, von dem ich überzeugt war, dass es gelingt und nicht in eine Erwartung investiert, die scheitern könnte.

Morgens kam das Cabo Vela in Sicht, ich hakte es ab. Müde, zermürbt und ausgelaugt. Weiter, nun dicht unterhalb einer unbesiedelten Küste, an der ich außer Steppe nichts erkannte. Kein Baum, keine Vegetation. Nichts. Nur flaches Land. Auf halbem Weg zur äußersten Nordostspitze Kolumbiens, der Punta Gallinas, entdeckte ich in der Seekarte einen schwarzen Punkt, dahinter stand, mehr versteckt, in kleiner Schrift: setzen Puerto Bolivar. War das ein Hafen ohne Stadt? Zumindest entdeckte ich keine an diesem toten Küstenstreifen, weder in den Landkarten, noch im Atlas und auch nicht im nautischen Handbuch. Was war Puerto Bolivar?

Ein Umschlagsplatz für „Koks“ ! Dazu gleich mehr, denn wir sind noch nicht da.

Im Rest von Diesel

Es dauerte noch eineinhalb Tage, bis wir die lächerliche Distanz von 80 Seemeilen hinter uns brachten, so stark war der Strom. So gewaltig, dass wir gar rückwärts segelten, obwohl rauschendes Wasser und volle Segel oder was man noch als Segel bezeichnen konnte, Fahrt suggerierten. Unglaublich. Lange Zeit ließ ich den Motor mitlaufen, um überhaupt vorwärtszukommen und war froh, als endlich der starke Lichtschein von Puerto Bolivar auftauchte, denn der Diesel ging zu Ende. Doch was verbarg sich dahinter? Davor auf Reede lagen jedenfalls zahlreiche Pötte. Groß und hell erleuchtet wie Flugzeugträger. Über Funk nahm ich einige Male Kontakt zum Hafen auf. Nach einer Weile meldete sich der Hafenkapitän und erklärte mir, dass ich Puerto Bolivar nicht anlaufen dürfe, da es sich um einen reinen Privathafen handle, in dem Kohle verladen werde. Als ich meine Probleme schilderte und um Diesel bat, bröckelte seine Ablehnung. Er gab nach und erlaubte er mir nun einzulaufen, allerdings mit dem Verweis, am anderen Morgen den Hafen wieder zu verlassen. Doch zunächst steuerte ich AURYN hinein in den hell ausgeleuchteten Verladehafen, in dem schwarze Kohlehalden darauf warteten, in den Rümpfen riesiger Schiffe zu verschwinden. An einem dieser Ungeheuer, ich schätzte es auf zweihundert Meter, glitten wir nun vorbei in Richtung unseres Liegeplatzes, der sich inmitten des Hafenbeckens befand. Dort schaukelte eine dicke Muringtonne, an dieser sollte ich AURYN anbinden, womit ich der Weisung des Capitano de la Puerto nachkam. Das Land zu betreten, untersagte er mir. Ein merkwürdiges Szenario umgab uns. Mein Schiff an einer gelben Tonne, vor der Kulisse dunkler Halden und einem futuristisch ausgeleuchteten Industriegelände, in dem Radlader hin und her schoben und Gabelstapler Behälter bewegten. Dröhnende Geräusche klangen aus einer großen Halle, von der quietschende Förderbänder gemahlene Kohle zum Kai schaufelten, an dem zwei Kranausleger über Schläuche die zerbröselte Schlacke in den Bauch eines Frachters rüsselten. Staub lag in der Luft, am Steg gegenüber knatterte ein Außenborder. Er steuerte auf uns zu. Die Küstenwache, die hier einen Stützpunkt unterhielt, kam längsseits und drei Mann enterten AURYN. Zwei Leute inspizierten das nicht gerade aufgeräumte Schiff, während sich ein scharfer Typ mit glitzernder Uniform die Schiffspapiere vornahm. Ob ich eine Kopie vom Schiffszertifikat hätte? No Senor, antwortete ich. Er bestand auf seiner copia! Nur wo eine Kopie hernehmen, wenn ich das Land nicht betreten dürfe und überhaupt, wo gab es einen Kopierer? In der Stadt, entgegnete der Operettenhengst barsch und wies in die dunkle Nacht. Zwei Tage entfernt ...

Irgendwas ballte sich bei mir in der Tasche und der Schaum stand kurz vor der Unterlippe, weil ich wusste, worauf es hinaus lief. In diesem Fall auf 50 Dollar, damit waren alle Probleme vom Tisch. Bis auf eines: Diesel!

Ich unterrichtete sie kurz über meine Situation, bat darum, Diesel zu kaufen. Doch sie zuckten nur mit der Schulter. No gasolina ! Ich stutzte und schaute mich um: Radlader, Autos, Schiffe, alle brauchten sie Diesel. Und hier sollte es keinen geben? Adios, bon viaje. Wieso zwinkerte mir der Typ eigentlich zu, dachte ich, während sie abzogen. Egal, ich freute mich auf Schlaf. Nach zehn Tagen endlich mal wieder ein paar Stunden schlafen.

Weit nach Mitternacht, es klopfte am Rumpf und der schelmische Zwinkerer war in seinem Dingi zurück. Er wies auf vier große Behälter hinter sich, ich verstand sofort und hebelte mit ihm die Kanister an Bord, worauf der Inhalt gleich in den Tank gluckerte. Die Küstenwache dealte also mit Sprit, den sie irgendwo abzwackten, aber das war mir im Augenblick so egal wie der Bordkasse, die sich durch diese Aktion der restlichen Dollars entledigte.

Wieder freute ich mich auf Schlaf ... doch um fünf Uhr in der Nacht knackte das Funkgerät und eine energische Stimme forderte mich auf, sofort den Hafen zu verlassen. Warum? Als ich noch im Halbschlaf den Kopf aus dem Salon steckte, erkannte ich sofort den Grund. Besser gesagt, den Frachter, der nun tief beladen vom Kai ablegte und den ganzen Raum des Beckens benötigte, um zu wenden. Das Hafenwasser kochte bereits vom wirbelnden Schraubenwasser, Schallsignale erklangen und überschlugen sich im Echo zurückprallender Töne, die aus der Richtung der großen Hallen kamen. Es blieb mir gerade noch Zeit, die auf Slip liegende Leine aus der Öse der Festmachertonne zu ziehen, Gas zu geben und zu verschwinden.

Den Frachter im Nacken steuerte ich mein Schiff im grellen Licht der Flutlichtmasten entlang der mächtigen Kaianlagen in Richtung offene See. Im Blick zurück ging der Frachter auf Westkurs und im hellen Schein von Puerto Bolivar beschlich mich so etwas wie eine Vorahnung, weil ich an die nächtliche Einfüllaktion dachte. Wieso hatte der Sprit eine solch eigenartige Konsistenz ...

Im Schatten einer Ahnung

steuerte ich dem nächsten Problem entgegen. Doch zunächst drehten sich die Gedanken um den Törn, der vor uns lag: Entlang der Nordküste der kolumbianischen Halbinsel de la Guajira, durch den Golf von Maracaibo, vorbei an Curacao nach Pt. la Cruz/ Venezuela. 610 Seemeilen gegen Wind und Strom, mit einem Schiff, in das nicht nur am Bug das Wasser eindrang, sondern nun auch seitwärts. Durch das permanente Einstampfen in die Wellen hatte sich die Teakholzleiste am Rumpf immer mehr aus dem Kunststoff gezogen, so dass im vorderen Bereich kleine Löcher in der Außenschale zurückblieben. Vorher wurden sie von Schrauben ausgefüllt, doch jetzt strömte ungehindert Meerwasser hinein und das bedeutete für mich nun, stündlich zum Eimer zu greifen.

Ungetrübt war der Himmel, der Passat wehte in gewohnter Manier aus Ost und mit frischen 5 Bft. Nach einem kurzen Frühstück lehnte ich mich wieder gegen den Wind, der sich drängelnd in die Segel warf und ließ AURYN bis zum Abend seewärts segeln. Kurz vor der Dunkelheit erfolgte die Wende und wir segelten wieder dem Land entgegen. So kreuzten wir weiter in Richtung Osten durch die Nacht, während der West setzende Strom es uns weiterhin schwer machte. Bei der Mittagsposition stellte ich frustriert fest, dass wir in den letzten 24 Stunden gerade mal 27 Seemeilen dem Ziel näher gekommen waren! Ich trimmte die Segel ein bisschen flacher, segelte noch höher am Wind und war wild entschlossen, dem verdammten Äquatorialstrom keinen Millimeter mehr zu schenken, als er sich sowieso schon nahm.

Der Wind nahm zu, mit ihm wieder das Knarren im Rigg. Ich spannte die Wanten nach und ertrug das Wasserschöpfen weiterhin so gelassen, wie ein grasendes Rind den Madenhacker im Nacken erträgt.

Der Wind blieb hart und über Nacht setzten tropische Schauerböen ein, doch am nächsten Tag waren die dunklen Wolken bereits wieder aufgerissen und Lichtstrahlen der Hoffnung schienen auf ein aufgewühltes Meer. AURYN näherte sich wieder klar zur Wende dem südamerikanischen Kontinent, wo in Küstennähe der Wind sehr instabil war. Mal pfefferte er uns seine Gewalt entgegen, dann wiederum zeigte er sich zärtlich verspielt wie in Claude Debussys „La Mer“. Oder es herrschte Windstille, wie an jenem Nachmittag, an dem ich den Motor startete, die Partitur Debussys beiseite schob und nach einigen Stunden ein neues Kapitel in „Murphys Law“ aufschlug.

Etwas schien mit dem Motor nicht zu stimmen, er lief unrund, begann zu stottern und setzte dann völlig aus. Auch nach mehrmaligen Startversuchen sprang er nicht wieder an. Diesel war noch reichlich vorhanden, was konnte es sein? Der Schatten der Vorahnung bekam ein Gesicht, sozusagen ein Zwinkern. Der Typ hatte mir gepanschten Diesel angedreht und damit ging der Motor an einer Stelle ein, wo ich es am allerwenigsten gebrauchen konnte: Eingangs des Golfes von Maracaibo/Venezuela. Eigentlich nicht weiter schlimm. Nur sollte man wissen, dass dieser Golf ein sehr stark befahrenes Gewässer ist, da ein Großteil des amerikanischen Rohöls von hier abtransportiert wird. Dutzende von Ölplattformen stehen herum, große Tanker steuern den Golf leer an und verlassen ihn voll beladen. Andere Frachter wiederum liegen vor Anker, eine Weisung ihrer Reederei abwartend. Durch dieses Gewimmel trieben wir motorlos, windlos und mutlos. Das imaginäre Zwiegespräch mit dem Motor, der nicht ansprang, und einem Öltanker, der sich uns näherte, hätte meine Angst eigentlich verstärken müssen, stattdessen steigerte es meine Wut ins Maßlose. Der Dampfer hielt direkt auf uns zu. Wenn wir Pech hatten, konnte er uns in fünfzehn Minuten überrollen, so errechnete ich es grob, während ich zum Funkgerät griff. Aber er hatte uns schon bemerkt und änderte seinen Kurs. Puuuh ...

Die Angst, übermangelt zu werden, schob nun wieder meine Energie an. Das schlaue Handbuch „Dieselmotoren auf Yachten" hatte sich bereits als sehr nützlich erwiesen. Nun versuchte ich anhand der Theorie eine Vorstellung vom System des Motors zu bekommen sowie vom Verlauf der Dieselleitungen, um mir dann helfen zu können. Vor einer solchen Herausforderung hatte ich das letzte Mal gestanden, als ich meinen ersten Palstek knüpfte. Die ruhige See ausnutzend, begann ich nach Anleitung und stellte mir vor, dass von dem, was ich nun tat, mein Leben abhängen würde. Was ein bisschen übertrieben war, doch es half bei der Schärfung der Konzentration. So nahm ich mir zunächst den Wasserabscheider am Dieseltank vor, der mit rostbraunem Schlamm verstopft war und gereinigt wurde. Als nächstes wechselte ich den Kraftstofffilter. Auch hier kam mir eine zähflüssige Soße entgegen. Dann wurden die Kraftstoffpumpe vom Dreck befreit und die Spritleitungen durchgespült. Als letztes folgte die Motorentlüftung und dann konnte ich den Testlauf kaum erwarten. Um es abzukürzen: Der Motor sprang an, allerdings erst, nachdem ihn nochmals entlüftete.

Im Blues Südamerikas

Mit der Durchquerung des Golf von Maracaibo erreichten wir die Gewässer Venezuelas, bis Puerto de la Cruz waren es noch etwas über vierhundert Seemeilen. Vielleicht würden wir in fünf Tagen die Werft erreichen, dachte ich mir und empfand ein Gefühl von Unbeständigkeit, das weiterhin in der Luft lag. Sie ließ mich nicht unberührt, weil nichts mehr sicher schien. Auch wenn das Bestreben nach Sicherheit auf meinem Schiff sehr ausgeprägt war, so konnte sie auf dem Meer nur ein Wunsch sein. Das Risiko blieb der Tod und dem schien ich besonders nahe zu sein, weil ich durch eine andere Art von Segelreise mein Schicksal herausforderte.

Vier Windstärken wehten aus Nordost, wir segelten wieder und kamen hoch am Wind gut voran. Achteraus baute sich eine mächtige Wolkenbank auf und schob sich hinter uns her, schwarze Schatten huschten über graues Wasser, Windböe um Böe fiel nun ein. Der Wind nahm zu. Mit ihm meine Verzweiflung, als ich den Wetterbericht hörte. Eine Tropical Depression lag vor der Küste Guyanas und zog nordwestwärts. Was nichts anderes bedeutete als in unsere Richtung. Jetzt fehlte eigentlich nur noch das, was daraus entstehen könnte, wenn sich ein solches Gebilde aus heißer Luft, warmem Wasser und einer Kaltfront zusammenbraute: Ein netter Hurrikan! Die Zeit dafür war reif und die Luft schwülfeucht. Sie roch nach Regen. Der Wind drehte über Ost auf Südwest. Tropische Regenschauer fegten übers Deck und durch einen trostlosen Tag. Vom ständigen Arbeiten mit den Schoten und Wasserschöpfen wurden meine Hände rissig und das Kreuz schmerzte.

Auch AURYN litt. Nicht nur durch die harten Schläge der See, sondern auch in ihrem Inneren, wo eine salzige Nässe die Luft im Salon schwängerte. Ständig dem Salzwasser ausgesetzt, lösten sich allmählich die Teakstäbe von den Bodenbrettern und die Polster waren klamm vor Salz. Genau wie meine Koje, in der ich vor mich hin döste. Im feuchten Bett und attackiert vom Blues einer südamerikanischen Salsa, mit der mich eine temperamentvolle Sängerin versuchte, in Schwung zu bringen. Mit ihr ging es in die vorletzte Nacht und in ihr träumte ich wirres Zeug. Nein, ich litt nicht unter hormonellen Störungen, sondern schreckte irgendwann auf und fragte mich in fremder Kulisse, ob ich überhaupt noch am Leben sei.

Wie so oft auf Langfahrten schien ich in den kurzen, doch sehr tiefen Schlafphasen Erlebtes zu verarbeiten oder mich beängstigender Assoziationen zu entledigen.

Es wurde Morgen. Die Sonne stand bereits über dem Horizont, als ich 100 Liter Wasser aus dem Schiff schleppte und über die Reling goss. Dann spannte ich die Wanten nach und war eigentlich schon auf dem Weg zurück ins Cockpit, als ohne ersichtlichen Grund eine ferne Stimme zu mir sprach: Kontrollier noch mal das gestopfte Loch im Bug … als ich mich mit dem Oberkörper wieder aufs Deck zog und aufblickte, kam die Bedrohung völlig unerwartet und wie aus dem Nichts. Direkt vor uns ragten die Reste eines halb abgesoffenen Fischerkahnes aus dem Meer! Mir gelang es gerade noch, nach hinten zu hetzen und das Ruder herumzureißen. Ansonsten … ich mochte den Gedanken nicht zu Ende denken und stierte auf das Wrack, das uns fast zum Verhängnis geworden wäre.

Meer-Gefühl

Ich schaute dem dunklen Punkt noch lange nach und an den Juni 2001 zurück, dem ich die lebensbedrohlichsten Erlebnisse meiner Reise verdanke. Ereignisse, die ich gerne vergessen würde, doch das wird kaum gelingen. Denn die Erinnerung bleibt im Segeln, in einem mitunter erbärmlichen Unterwegssein: Zwischen Stürmen und lähmender Flaute, Nässe und sengender Sonne, Kollisionen und Improvisationen, Nächten ohne Schlaf und Tagen in Einsamkeit. Doch zieht man einen Strich ins Logbuch eines Fahrtenseglers, bleibt das Positive, bleiben die tollen Erlebnisse und Eindrücke. Bleibt ein Meer voller Gefühle und Emotionen. Bleiben Geschichten wie diese, mit denen man als Tattergreis noch lange den Segelnachwuchs am Steg tyrannisieren könnte, bis diese genervt abwinken, in ihre kippelige Jolle steigen und zurückrufen: „Hör doch auf mit dem Garn, du oller Salzbüdel".

Land voraus!

Tatsächlich. Mit eigenartiger Schnelligkeit trat ein Höhenumriss nach dem anderen aus dem Horizont. Auch AURYN schien es plötzlich eilig zu haben, sie rauschte auf Halbwindkurs Pt. la Cruz entgegen. In einer Lockerheit, als ob sie die Distanz von insgesamt 1536 Seemeilen durchs Wasser lässig abschütteln wollte und es die Erlebnisse in den letzten achtzehn Tagen auf See nicht gegeben hätte.

Am Nachmittag erreichten wir die Mündung eines Flusses, ich steuerte mein Schiff ins Landesinnere und von einer Minute zur anderen fiel die Konzentration von mir ab, verschwanden die Geräusche des heulenden Windes und das Mitzittern, wenn das Rigg in den harten Schlägen der See vibrierte.

Hinter einer kleinen Biegung lagen die Gebäude der CMO-Schiffswerft, in deren Innenbecken AURYN einen Liegeplatz fand. Mit dem Abstellen des Motors senkte sich etwas über uns, was wir schon lange nicht mehr gespürt hatten: Ruhe. Die Spannung löste sich und an ihre Stelle trat ein tiefes Gefühl von Befreiung.

Umgeben von den Kulissen eines fremden Landes und der Gesellschaft einiger Möwen konnte mir nichts auf dieser Welt das geben, was mir der Friede an jenem Abend schenkte.

Und damit war erst einmal Schluss mit Segeln. Zumindest fürs Erste. Falls ich Ihnen durch diese etwas andere Reise ein wenig die Lust am Segeln genommen habe – sorry! Die kommt zurück, spätestens beim Klang folgender Worte: Guyana, Amazonas, Brasilien, Urugay, Argentinien, Feuerland.

In der Werft

Venezula –

Werft, Anden, Indianer und Humboldt

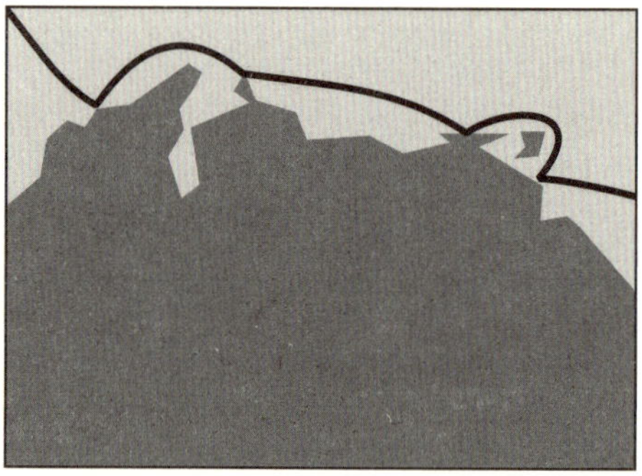

Puerto de la Cruz / Juli – Nov. 2001

Zwei Tage später hing AURYN in den Gurten und ich dachte an die Kosten, während ein riesiger Kran mein Schiff aus seinem Element hob und anschließend an den Landliegeplatz stellte.

Ich informierte die Versicherung über die Ankunft in Venezuela und erhielt das Okay zum Start der Instandsetzungsarbeiten. Doch zunächst begann ich, das Schiff komplett auszuräumen und schleppte alles, was sich an Bord befand, unter den neugierigen Blicken der Anwohner über die Straße, an deren Ende sich eine Wohnanlage befand. Dort hatte ich ein kleines Apartment für die Dauer der Arbeiten gemietet.

Die Bestandsaufnahme der Schäden mit den Werftleuten begann: Tischler, Spachtler, Lackierer, Schlosser, Mastenbauer, Polsterer, Elektriker, Segelmacher etc. Ein grober Zeitplan wurde erstellt, für die Arbeiten drei Monate veranschlagt. Es folgte das zähe Feilschen um die Kosten und damit die federnden Erklärungen des Werftchefs, bei denen ich ahnte, wo die Gräben der Korruption verlaufen könnten. Und in der Tat verlangte der alkoholisierte Boss der Werft zunächst eine nicht unerhebliche Summe für seine Vermittlungstätigkeit bei den einzelnen Gewerken und diese cash und sofort!

Ich lehnte ab und bluffte mit Trinidad. Er fluchte in seinen Whiskey und unterschrieb im Suff den Kontrakt der deutsch-venezolanischen Arbeitsbeziehung. So weit so gut. Der Wiederherstellung von AURYN stand nichts mehr im Weg. Es ging los: Der Mast wurde demontiert und das Schiff in eine Halle gefahren, wo der Rumpf vollständig abgeschliffen wurde. Den Bug flexte man ab und laminierte ihn neu auf. Der Schlosser begann seine Arbeit mit der Erstellung eines neuen Geräteträgers sowie der Relingstützen.

Tagsüber arbeitete ich am Schiff, schliff die vom Salzwasser angeknabberten Bodenbretter ab und lackierte sie neu. Abends saß ich auf der Terrasse meines vorübergehenden Zuhauses und vermisste den Pulsschlag des Meeres, sah den Horizont nicht mehr und blickte stattdessen auf ein Bild, an das ich mich nur schwer gewöhnen konnte. Vor mir im Halbschatten lagen die verkommenen Fassaden der Wohnanlage, von der der Putz abbröckelte und wo sich hinter wehenden Vorhängen südamerikanische Leidenschaft ausbreitete. Paare stritten sich temperamentvoll über die kleinen Irrtümer ihrer Beziehungen, während Telenovelas aus den Wohnstuben flimmerten und sich mit Salsa und Merengue mischten.

Einer, der es zu etwas gebracht zu haben schien, polierte im Hof seinen protzigen Ami-Schlitten, während unter einem Baum ein alter Fischer saß und in stiller Armut seine Selbstgedrehte paffte. Im Blick dieser Gegensätze lebte der Block seinen Abend, führte Venezuela sein tägliches Leben.

Hinter der Wohnanlage standen im gleißenden Licht hoher Flutlichtmasten die Ladekräne des Hafens, von dem ein warmer Wind Generatorengeräusche herüber trug. Schaute ich zur anderen Seite der Terrasse, blickte ich auf stumme Zeugen einstiger Seefahrt. Seelenlose Schiffsrümpfe rosteten auf einer eingezäunten Wiese, die zum Werftgelände gehörte. Hin und wieder wurden die dunklen Schatten ehemals stolzer Boote aufgehellt, wenn die Schweißgeräte jener aufblitzten, die nachts arbeiteten, weil es am Tage unter einer sengenden Sonne unerträglich wurde.

In dieser unwirklichen Szenerie beschäftige ich mich mit Venezuela, mit dem Land, das ich einige Wochen bereisen wollte, weil ich Abstand zu meinem Schiff brauchte.

So saß ich bis in die Nacht statt vor Seekarten nun vor Landkarten und folgte den Linien der Straßen. Sie führten zu fremden Städten, Bergen, Hochmooren und Sumpfgebieten. Im gedämpften Licht bekam das Unbekannte Namen und die Neugier Kontur: Die Gebirgskette der Anden – da wollte ich doch schon immer mal hin!

Im Radio verlas die Sprecherin in sanfter Gleichgültigkeit die Meldungen über politische Unruhen und Straßenkämpfe, die in Caracas tobten. Ich packte meinen Rucksack, stieg am nächsten Tag in den Bus zum Airport und flog in die Hauptstadt Venezuelas, nach Caracas.

Caracas – und durch das Hochgebirge der Anden

Das Pfahldorf lag direkt am karibischen Meer, beim Landeanflug auf Caracas rasierte der Flieger nur knapp darüber hinweg. Das war das erste, was mir an Caracas auffiel, obwohl die Stadt selbst gar nicht vorhanden war! Sie lag sechzig Kilometer im Landesinneren und dahin ließ ich mich fahren; die Tür klappte zu, das Fenster jedoch blieb offen, weil es keines gab. Auch ansonsten machte der alte, zerschlissene Ami-Straßenkreuzer nicht unbedingt einen seriösen Eindruck, obwohl Taxi oben draufstand. Aber er fuhr und brummte gemächlich den ansteigenden Highway bis auf 1000 Meter Meereshöhe hinauf. Im Nebel des Benzinsmogs hatten sich die Bäume jenseits der Straße bereits verkrüppelt und dicke Rauchwolken aus den Auspuffen Vorausfahrender hüllten uns während der ganzen Fahrt ein. Offenbar bedeuteten Filter und Vergasereinstellung für die Einheimischen nichts, in einem Land, in dem Benzin schon immer billiger gewesen ist als Trinkwasser. Dann erreichten wir den Pass und ich blickte auf Caracas, auf die weltberühmte Skyline, die in der Senke eines Dunstkessels von weitem betrachtet imposant wirkte. Abstoßend war dagegen das Bild der Elendshügel im weiten Rund des Tales, wo an den Berghängen die Armenviertel der Stadt wie riesige Schuttlawinen klebten.

In schweren Regengüssen kommt es schon vor, dass ganze Barrios in das darunterliegende rutschen und Tausende sterben, sprach der Fahrer, zuckte mit den Schultern und drängte zur Weiterfahrt. Ich kannte Caracas – aus den Erzählungen von Humboldts – damals musste es ein idyllisches Dorf gewesen sein. An jenem Nachmittag im Juli 2001 empfing mich in lähmender Schwüle die Sechsmillionenstadt verstopft, ungepflegt, laut, pulsierend und unter einer Smogglocke, die die Metropole kaum atmen ließ.

Geh' nicht nach Einbruch der Dunkelheit raus, gab mir der Fahrer noch mit auf den Weg, dann wies er in die Richtung einer Gasse, wo ich ein Hotel finden sollte.

Das Zimmer war schäbig, die Herberge verdreckt. Vielleicht war es das schmuddelige Ambiente, das mich zu einem Spaziergang verleitete. Nach Anbruch des Abends traute sich kaum einer der Einheimischen hinaus auf die Straßen der gewalttätigsten Metropole des Kontinents. Wenn sich die Dunkelheit über das Tal legt, gehört Caracas den Pandillas, den Jugendbanden, die aus den Barrios hinuntersteigen, um sich zu holen, was sie zum Leben brauchen. Die Straßen schienen wie leergefegt an einem Abend, an dem ich zum ersten Mal Simon Bolivar begegnete. Er stand mit aufgepflanztem Schwert auf einem vom Smog angeknabberten Sockel, der ähnlich porös ausschaute wie eine Hirnkoralle unter Wasser.

Ein paar kleinwüchsige Indios hockten stumm davor und musterten mich mit finsteren Mienen. Wo war die Freundlichkeit Venezuelas, die ich von der Küste her kannte? Hier nicht, deshalb ging ich noch ein paar hundert Meter weiter. Kehrte dann aber um, als mich ein dreister Typ anrempelte und Dollars verlangte, während sein Kumpel an etwas zog, das seine Illusion vom besseren Leben verlängern sollte.

Am anderen Morgen sah Caracas schon besser aus. Ein leichter Wind hatte den Smog vertrieben, am blauen Himmel leuchtete die Sonne, ebenso das freundliche Gesicht der Patronin, die sich zudem noch um meine Sicherheit sorgte. In die Stadt wollen sie, das ist zu gefährlich, Demonstrationen, Polizeieinsätze, Verhaftungen, Tote hat es schon gegeben, mahnte sie. Ich hörte ihr aufmerksam zu, vergaß aber dabei nicht, mich über das „Lunchpaket" zum Frühstück herzumachen. Es bestand aus einer kitschigen Verpackung und dem Inhalt: Eine weiche Semmel sowie eingeschweißte Marmelade, ein Stück Butter und zwei verpackte käseähnliche Scheiben. Das ganze schien zusammengepackt von Menschen mit Freude an Vollständigkeit, aber tiefer Neigung zur Geschmacklosigkeit. Ich schob die Reste des Imbisses nebst Verweis der Hotelchefin beiseite, um mir Caracas vorzunehmen.

So marschierte ich über die Prachtstrasse hinauf zur Plaza Bolivar und besuchte das Geburtshaus von Simon Bolivar, jenes Herren, dem man überall in Venezuela begegnet, ob er nun auf grauen Sockeln steht oder von der venezolanischen Währung, dem Bolivar, starrt. Aus Verehrung für jenen Mann sind nach ihm die größten Straßen, die Flughäfen, die öffentlichen Gebäude und so weiter und so fort benannt. Die Geschichte Venezuelas hieß Simon Bolivar. El Libertador, wie er respektvoll von den Einheimischen genannt wird, brachte 1819 dem Land die Unabhängigkeit im Kampf gegen die Konquistadoren, die im Auftrag der spanischen Krone ein Weltreich schufen und an Bolivar verloren, weil er seine Kämpfe und seine Idee von einem freien Lateinamerika weit über die Grenzen von Venezuela hinaustrug. Er führte seine Truppen über die Anden und befreite Bolivien, Peru, Equador und Kolumbien. Sein Leben war ein einziger Kampf im Namen der Freiheit und für seinen Traum: Den Vereinigten Staaten von Lateinamerika.

Mittlerweile saß ich unter seinem Denkmal in der Mittagszeit auf der Plaza Bolivar und im Schatten einiger Bäume. Ein paar Menschen verschwanden in ihre weiß getünchten Häuser und ließen die Rollläden herunter. Unruhe lag in der Luft und in der hektischen Bewegung der Einheimischen. Ich blickte zum Denkmal hinauf, Bolivar hatte seine Unabhängigkeitskämpfe gelebt und doch die Ehre des Sieges nicht erlebt. Er starb früh und wurde erst viel später zur Geschichte Venezuelas – die an diesem heißen Nachmittag auf die venezolanische Gegenwart prallte.

Wieder ging es um Kampf, doch nun standen sich die militanten Anhängerschaften der Opposition und die militärisierten Truppen des Caudillo Hugo Chavez gegenüber. Dessen Politik forderte den Zorn des Volkes heraus, weil der demokratisch gerade neu gewählte Präsident wieder in die alten Muster derer zurückfiel, gegen die er einst angetreten war: Korruption und Diktatur. Chavez, ein enger Freund Fidel Castros, hatte kurzerhand das Parlament seiner Aufgaben enthoben und führte eine Demokratie mit diktatorischen Ansätzen. Dagegen wurden nun Fahnen geschwungen und Transparente entrollt.

Sprechgesänge erklangen, Parolen folgten. Berittene Miliz zog auf, Schüsse fielen. Dem Sprechgesang der Demonstranten fegte die Panik weg. Sirenen heulten. In handgreiflichen Tumulten hetzten die Menschen im Chaos einer Panik. Ich musste weg, doch wohin? In einem wilden Durcheinander wurde ich wie in einem Sog mitgerissen. Bis mich aus dem Nirgendwo plötzlich eine Hand packte und in einen Hauseingang zog. Gestatten, Wilmer, Polizist der Drogenfahndung und politisch in der Opposition tätig. So hätte er sich vorstellen können, aber das tat er später. Dafür blieb im Moment keine Zeit, weil wieder Schüsse über die Plaza hallten, Schreckensschreie die Parolen übertönten und Menschen uns nachdrängelten. Ein ganzes Knäuel sammelte sich im Treppenhaus und wurde von Wilmer in die oberen Räume des Gebäudes geführt. Dem Hauptquartier des Widerstandes. Auch dort herrschte Hektik. Türen flogen, über die Flure eilten Menschen. Laufzettel wurden herum gereicht, an der Decke zeigte der Fernseher die Bilder von draußen. Man sah Menschen, die verletzt abtransportiert wurden, prügelnde Polizisten, sich wehrende Demonstranten. Gewalt und Tränen.

Wilmer, einer von der Sorte, die sich ständig in Schwierigkeiten bringen, war bald wieder inmitten der Tumulte, weil sich Freunde darunter befanden. Unsere Spur hatte sich verloren, doch am Abend, als die Demo sich auflöste und ich mich auf dem Weg zur Kathedrale befand, führte uns eine merkwürdige Skulptur aus Totenschädeln wieder zusammen. Ein paar Nonnen verkauften sakralen Kitsch und billige Keramik, Kerzen flackerten und trugen ihren Schein wie zum Trotz gegen das Vergessen jener, die einst ihr Leben für die Freiheit gaben. Ich versuchte, unter den wabenartig in Ton aufgeschichteten Schädeln die Inschrift zu identifizieren, als mich jemand anstupste und ich erstaunt in das grinsende Gesicht meines venezolanischen Freundes blickte. Kurz darauf saß ich mit Wilmer in einem kleinen Restaurant schräg gegenüber dem Mahnmal des Widerstandes und hörte ihm bei Empanadas und gegrilltem Fisch zu, wie er über den Ablauf der Demo, seine Arbeit bei der Drogenfahndung und sein Leben an sich erzählte. Dann gab ich einen kurzen Abriss meiner Reise, an der er sehr interessiert schien. Er fragte, a donde va', wohin es mich als nächstes ziehen würde. Während er den Wein nachschenkte, antwortete ich, dass ich ins Hochgebirge der Anden fahren wolle, um dort ein bisschen zu wandern. Das weckte nicht nur seine Begeisterung, sondern auch Hilfsbereitschaft. Er kritzelte eine Adresse von Freunden, die in Merida am Fuße der Anden lebten, auf die Rückseite eines Handzettels, der am Nachmittag noch für irgendwelche Parolen hatte herhalten müssen. Auf dem Stadtplan erklärte er mir den Weg zum Busterminal, von wo ich am nächsten Tag starten wollte und dann verabschiedeten wir uns herzlich.

Ich ging zurück zum Hotel, wieder vorbei an einer grauen Statue von Bolivar, und begegnete ein paar Typen, die im Müll der Container wühlten und kurz darauf einer Gruppe Jugendlicher, die zusammengekauert unter einer gewaltigen Baumkrone hockte. Auch wenn sie an Tüten mit Klebstoff schnüffelten, hatte das Bild etwas von einem Lagerfeuer, um das sie sich drängten. Es war frisch geworden auf eintausend Meter, in einer finsteren Nacht nicht ohne Gefahr. Dazu gehörten auch die attraktiven, sehr jungen Frauen, die von einer besseren Zukunft träumten , doch anscheinend hatte das Leben mit ihnen etwas anderes vor und so rückten sie die Auslagen ihrer tief geschnittenen Blusen ins rechte Licht und lauerten auf Kundschaft vor dem Eingang zum Hotel.

Das verließ ich am nächsten Tag sehr früh und ohne die Karikatur eines Frühstücks.

In der Bergwelt der Anden

Quietschend hielt der Bus am Terminal. Eine Tür öffnete sich, ich stieg ein. Da ich etwas vom Land sehen wollte fuhr ich mit dem Bus nach Merida.

In achtzehn Stunden sind wir da, die Nacht wird kalt werden, murmelte ein grimmiger Schnauzbart, als er das Ticket umständlich stanzte und sich mein irritierter Blick auf seine Waffe heftete, die im Schulterhalfter lässig baumelte! Ich betrat Caracas von Norden in einem Taxi und verließ es Richtung Süden in einem Bus. Die Fahrt führte zunächst durch eine flache Landschaft, aus der sich die Berge sanft erhoben. Sie gehörten zum Beginn der Andenkette, die sich durch ganz Südamerika bis hinunter zum Beagle-Kanal zieht. Als ich zu diesem Zeitpunkt aus dem Fenster des Busses auf den nördlichsten Teil der Andenkette blickte, wusste ich noch nicht, dass ich Monate später unter Segeln und an Bord von AURYN auf ihren südlichsten Teil blicken würde. Umgeben von Gletschern, am Ende der Welt.

Immer höher schraubte der Fahrer den Bus hinauf. Eine Tafel flog vorbei, 2000 Meter triumphierte die Schrift. Aber es ging noch höher. An einer Steigung, 25%, sagte der Busbegleiter mit einem Hang zur Genauigkeit, wurden wir tief in die unbequemen Sitze gedrückt. Die Entspannung folgte auf einer Hochebene, durch die der Bus nun gemächlich rollte, was dem Eingeborenen vor mir wieder die Gelassenheit gab, sich einen Zigarillo in das breite Gesicht zu stecken und mit dem Dampf seine kleine Indiofrau geheimnisvoll einzunebeln, während diese still vor sich hinsummend an einer wollenen Jacke strickte. Es sei nur deshalb erwähnt, weil es der kondensierte Qualm war, der sich immer wieder an der Fensterscheibe niederschlug und mir die Sicht nahm. Der Schaffner verteilte nun Käsesandwiches. Ein Baby schrie und wurde von der Mutter gestillt, derweil ich mit dem Handrücken den Dunst des Kettenrauchers von der milchigen Scheibe wischte, um den Blick frei zu haben für das Natur-Kino aus schneebedeckten Andengipfeln, dunklen Bergseen und Felsschluchten, in denen sich die Wassermassen durchs Gestein schlängelten. Der Bus neigte sich nun talabwärts und befuhr eine waghalsige Serpentinenstrecke. Der Nervenkitzel begann, als wir auf zahlreiche Kurven zusteuerten, hinter der die Fahrbahn im Fels zu verschwinden schien. Bloß kein Gegenverkehr jetzt, dachte ich, als urplötzlich die Straße wieder auftauchte. Das Warnsignal, mit dem die Postkutscher einst aus der Ferne ihr Kommen angetrötet hatten, durfte auch hier nicht fehlen. Es hallte von nassen Felswänden zurück und erschreckte einen entgegenkommenden Bauern, der tief geduckt seine schwerbeladenen Maultiere gegen die Unerbittlichkeit heranbrausender Regenböen zum Pass hinauf trieb. Der Abfahrtshorror steigerte sich noch, als die Räder des Busses fest auf dem Asphalt klebten, ein Teil der Karosserie aber bereits über dem Abgrund schwebte. Ganz sicher kam man auch auf andere Art und Weise an seine Halluzinationen, doch mich begeisterten eher die spektakulären Ausblicke in die schroffe Welt der Anden, auch wenn meine Mitreisenden die Fahrt etwas gelassener sahen. Sie dösten.

In einem abgelegenen Bergdorf mit indianischer Vergangenheit und von Gipfeln umzingelt, die bis auf viertausend Meter anstiegen, hielt der Bus. Pause. Ein frisches Klima schlug mir entgegen, als ich mir die Beine vertrat und reine Bergluft atmete. Das Thermometer eingangs der Hütte zeigte etwas über null Grad und drinnen wärmte ein riesiger Natursteinkamin. Bei andenhafter Flötenmusik, die auch besser in die raue Bergwelt passte als Salsa, löffelten wir eine Suppe und als wir die Bauernhütte wieder verließen, schwebten wir durch ein Wolkenfeld, aus dem es bald zu schneien begann.

Zwischenzeitlich wurde im Bus der Boden gewischt und die Toiletten gereinigt. Vamos, drängte der Schaffner zur Weiterfahrt und band sich den Colt wieder um. Aus Schutz, weil es gelegentlich zu Überfällen durch kolumbianische Rebellen kam.

Die letzten Stunden des Nachmittags vergingen wie der Nachmittag begonnen hatte, im schnaufenden Bus, der sich über Serpentinen quälte, und entlang an abgrundähnlichen Schluchten, die mir den Atem verschlugen. Wieder ein Käsesandwich. Dann kam der Schaffner und verteilte Wolldecken. Nach ihm kam die Nacht. Es schneite nicht mehr, aber der Himmel blieb bewölkt und ohne Sterne. Die Dunkelheit bildete eine kompakte Masse, die nur kurz aufglomm, wenn der Kettenraucher vor mir wieder an seinem Zigarillo saugte.

In seinem Qualm schnappte ich nach Luft und zog den Vorhang um mich herum, der dieser Reise den Hauch einer Luxusausstattung gab. So saß ich eingehüllt in meine Wolldecke und empfand ein Gefühl sich ausbreitender Leere. Um ihr zu begegnen, setzte ich mir die Kopflampe auf, die ich mit vom Schiff genommen hatte, und las in ihrem Schein oder schaute mir die Landkarte an. Dadurch hatte ich eine Ahnung, wo Merida lag, aber die Silhouette der Stadt musste ich mir vorstellen. Der Morgen erwachte, aber immer noch brummte der Bus durch den Nebel. Irgendwann riss die Wolkendecke auf und gab den Blick frei auf bewachsene Berghänge, in denen Dachziegel glänzten. Dann leuchtete Merida als weiße Stadt weit unten im Tal.

Null Grad in den Tropen

Merida liegt in einem Talkessel auf 1600 Metern Höhe und ist Ausgangspunkt für Exkursionen in die Bergwelt der Anden. Ich ergänzte meinen Rucksack um Regenfolie, lange Unterhose und Isomatte, besorgte mir von einer Trekkingagentur eine Wanderkarte und steckte in ihr mein Ziel ab: Den Pico Humboldt, mit 5000 Metern einer der höchsten Berge Venezuelas.

Dann zog ich los, in Richtung Jaiji, einem Bergdorf, das auf 2800 Meter Höhe lag. Immer enger und steiler führte der Pfad hinauf. Der Wind spielte in einem farnähnlichen Kraut, das wie zottige Bärte von schlanken Bäumen hing, durch deren Baumkronen sich das Sonnenlicht brach. Es war ein wunderschöner Nachmittag, ähnlich einem Herbsttag in den Alpen. Nur dass ich hier verschlossenen Indios begegnete, deren Häuser aus einfachen Holzgerippen bestanden, um die man braunen Lehm geschmiert hatte.

Der Bauer stemmte seinen hölzernen Pflug in die Erde und kratzte mühsam eine Furche den Hang hinauf in den Himmel. Er verschwand in einem Wolkenfeld, das der Wind der Bergflanke entlangtrieb. Es wurde kälter, je näher wir den Wolken kamen und mit jedem Meter, den wir langsam höher stiegen, drang die Landschaft in unser Blut ein. Ein paar Regenschauer setzten ein, verkrüppelte Kiefern stemmten sich gegen den Wind. Mit dem Einbrechen der Dunkelheit kam ich nach Jaiji und begegnete einer Handvoll Bergbauern indianischer Abstammung, in deren Gesichter sich das raue Klima und das karge Leben spiegelten. Ich fragte nach einer Unterkunft, sie, wohin ich um diese Zeit unterwegs sei. Als ich ihnen antwortete, wunderten sie sich, weil freiwillig von ihnen noch niemand auf den Pico Humboldt geklettert war. Benannt nach Alexander von Humboldt, der sich in Venezuela großer Beliebtheit erfreute, nicht nur lange in Venezuela forschte, sondern auch im Dienste der Wissenschaft dadurch auffiel, dass er Krokodile mit Hunden zusammensperrte, um deren Jagdverhalten zu studieren.

Die Bäuerin, stabil, von ebenso kleiner wie breiter Gestalt und offensichtlich durch nichts umzuwerfen, wies mir meinen Schlafplatz in einem offenen Raum zu. Er bestand aus einem einfachen Bett und der Bibel. Einen Bottich mit Wasser sollte ich im Hinterhof finden. Weil auch die Öffnung in der gekalkten Wand ohne Fenster blieb und der Wind durch den feuchten Raum schlich, hatte ich den Eindruck, als übernachtete ich auf einer Parkbank. Deshalb schlief ich vor Kälte nicht ein und konnte den Morgen kaum erwarten.

Früh zog ich weiter, in Kehren führte der schmale Weg nun hinauf auf die Bergketten, wo der Baumbewuchs spärlicher wurde. Über die nun karstige Landschaft kletterte die Sonne. In ihrem Licht erschienen die Gipfel grell und die Schluchten schroff. Der Wind trieb Wolkenfelder vor sich her. In ihnen steckte Schnee, der mir feine Flocken ins Gesicht blies. Hoch oben, für Momente erkennbar, dann wieder verschwunden, führte ein verschneiter Grat zum Gipfel. Schwer atmend auf den letzten Metern erreichte ich die Gipfelstatue, wo ein Thermometer etwas über null Grad anzeigte und eine Bronzeplakette die Höhe: 4767 Meter. Ich klopfte mir den Schnee von der Mütze, machte ein Foto und spürte, wie es in meinem Schädel zu hämmern begann. Dann kam die Kälte, ich begann zu frieren und stand im leichten Schneetreiben – mitten in den Tropen und 8 Breitengrade nördlich des Äquators.

Noch ein Foto, ein Rundumblick ins Nichts. Dann stieg ich ab. Mein Ziel war nun der Paseo del Aguilla auf viertausend Meter Höhe. Angeblich gab es dort noch Adler und Kondore, und die wollte ich mir in freier Wildbahn einmal anschauen. Den Pass hoffte ich in zwei Tagen zu erreichen. Doch zunächst sackte ich in ein Schneefeld und zog einen nassen Fuß wieder heraus.

Drohende Wolken zogen auf und bald würde die Dämmerung einsetzen. Doch wo war die verdammte Schutzhütte? Das Unwetter überraschte mich 800 Meter unterhalb des Pico Humbold. Noch marschierte ich im Regen weiter, doch als Blitze zuckten und Donner krachte, fand ich Schutz unter einem Felsvorsprung. Dort weidete ich mich nicht auf einer Aue, sondern lag auf hartem Stein. Feuchtigkeit tropfte herunter, trotzdem nickte ich ein und versank in eine tiefe Betäubung.

... der Schnee reichte mir bis zu den Waden, dann schloss mich der Nebel ein. Ich irrte herum und wusste weder, wo das Tal, noch wo der Weg war. Irgendjemand packte mich an der Schulter, zog mich von der Kante des Abgrunds und riss mich zu Boden. Ich prallte mit dem Kopf auf eine Felsspitze. Blut rann. Ein Stiefel schlug an meine Sohle, schien zu prüfen, ob ich noch lebte. Wieder trat er zu, ich stellte mich tot ... Noch ein Schlag, doch diesmal war der Tritt unter meine Fußsohle energischer. Jemand schreckte mich aus meinem Traum. Verwundert rieb ich mir die Augen und blickte auf den Schatten vor mir, der die Höhle füllte. Als ich mich aufrappelte, goss es immer noch in Strömen und der Poncho des Indios glänzte vor triefender Feuchtigkeit. Stumm wies mir der kleine Mann den Weg, zog seinen Strohhut tief ins Gesicht und stemmte sich gegen die Schauerböen. Ich folgte ihm und seiner Handbewegung durch die Dunkelheit. Nach einem halbstündigen Gang über knackende Äste und im Geruch von harzigen Kiefern roch es bald nach Rauch. Vor uns tauchten die Umrisse einer Hütte auf. Aus dem Kamin stieg weißer Qualm und breitete sich unter einer tief hängenden Wolkendecke aus. Es regnete unaufhörlich, noch immer sprach der verschlossene Indio kein Wort. Stattdessen musterte er mich mit scharfem Blick und deutete auf ein düsteres Nebengebäude. Gracias Senor, sagte ich, während er schweigend in die Richtung seiner gemütlichen Hütte abdrehte. Irgendetwas stimmte mit dem Indio nicht. Hombreee ..., gracias, schrie ich ihm nun nach, weil ich ahnte, dass er entweder taub oder stumm, etwas verwirrt oder alles zusammen war. Er verschwand und ich marschierte dem tristen Backsteingemäuer entgegen. Knarrend öffnete sich die Tür, ich trat ein und versank in ein kälteumschlossenes Halbdunkel. Ich tapste durch die Dunkelheit, bis ich gegen eine gemauerte Steinbrüstung stieß, auf der ich Stroh fühlte. Nein, Lichtschalter, Wellnessangebot, Fernseher und Zimmerservice konnte ich nicht erwarten. Immerhin war es besser, als bei dem Wetter draußen zu schlafen und wirr zu träumen, dachte ich mir und rückte die Strohballen zurecht.

Der Morgen kam schnell, ich schüttelte das Stroh ab und krabbelte aus ihm heraus. Wieder knarrte die Tür, ich blinzelte in einen jungen Morgen, wusch mich in einem plätschernden Bach und trat noch etwas verschlafen in einen dösenden Hund. Die Tür zur Hütte meines Gastgebers stand offen, aber niemand schien anwesend. So hinterlegte ich meinen Obolus in einer Schale und verließ, diesmal Hühner aufscheuchend, den Hof.

Dann war ich wieder auf Kurs und unterwegs zum Adlerpass. Mühsam führte der glitschige und teils aufgeweichte Pfad herunter. Erschöpft erreichte ich gegen Mittag den Paseo del Aguilla auf knapp 4000 Metern Höhe. An einem Tag, der nicht hell werden wollte, wartete ich auf den Kondor und beobachtete drei Maultiere, die von jungen Burschen zum Pass geführt wurden. Über mir kreiste nun das Wappentier einiger lateinamerikanischer Staaten, der Kondor. Majestätisch glitt er dahin, ohne die Flügel (von der gewaltigen Spannweite von bis zu drei Metern) zu bemühen. Angetrieben von der Thermik schraubte er sich im Gleiten hoch und höher. Unglaublich die Vorstellung, dass der König der Lüfte, und das ist nicht etwa der Adler, bis auf zehntausend Meter aufsteigen konnte, wenn er denn wollte und man dem Handbuch der Vogelkunde trauen konnte. Es soll nur noch wenige Kondore in den venezolanischen Anden geben. Die Tiere sind auch dadurch vom Aussterben bedroht, weil sie von den Bergbauern rigoros abgeschossen werden. Dahinter verbirgt sich keine Jägerslust, sondern eher Aberglaube. Die Bauern glauben, dass der Kondor die kleinen Kinder von ihren Höfen reißt.

Mittlerweile hatte auch der Maultiertreck den Pass erreicht. Auf lustigen Eseln saßen schelmisch grinsende Jungen mit rot gefärbten Wangen, in denen Indianerblut floss. Sie flachsten, während ich zwei Äpfel zerbrach und die Stücke mit ihnen teilte. Als Dank sangen sie mir ein Volkslied aus den Anden und hatten daran soviel Spaß, dass sie gleich ein zweites anstimmten.

Der Weg führte mich in kalter Umgebung weiter über den Paseo del Aguilla und in Gedanken ging ich ihn mit zwei Menschen, deren Namen überall durch Venezuela geisterten: Bolivar und Humboldt. Anfang des 18.Jahrhunderts führte Simon Bolivar seine Truppen im Kampf um die Unabhängigkeit über diesen Pass nach Kolumbien. Einige Jahrzehnte später zog darauf Alexander von Humboldt, als Vermesser der Welt, mit einem Maultiertreck in das Sumpfgebiet der Llanos. Dort stiegen sie in einfache Boote und legten in 75 Tagen unglaubliche 2250 Flusskilometer zurück. Zunächst folgten sie dem Rio Apure bis zu seiner Mündung in den Orinoko, wobei sie laut Chronisten einigen Flussungeheuern begegneten und an Ufern kampierten, wo Humboldt im Dienste der Wissenschaft in Erdlöcher kroch, um die Leichen von Eingeborenen zu vermessen. Die Exkursion kämpfte sich weiter den Orinoko hinauf über zahlreiche Stromschnellen bis ins Quellgebiet des Rio Tuamini. Humboldt vermaß jeden Fluss und jeden See, den sie durchquerten, nebenbei sprach er mit Papageien und untersuchte alles, was nicht schnell genug vor ihm weggaloppieren oder -fliegen konnte. Er trifft auf Guhabio- und Piarro-Indianer, die den 13 Meter langen Einbaum der Forscher in fünf Tagen über die 12 km breite Landenge bis zum Cano Pichichin tragen. Von dort setzen sie ihre Fahrt zum Rio Negro fort. Humboldt folgt einem Instinkt, der ihm suggeriert, auf diesem Wege den Amazonas erreichen zu können. An der Grenze zu Brasilien rät der Kommandant der Armee davon ab, weiter in den Dschungel einzudringen, da man in der portugiesischen Kolonie bereits mit einem Haftbefehl auf Humboldt warte, weil man seine astronomischen Aufzeichnungen für eine Gefährdung der Landesgrenze hielt. Vom Rio Negro aus traten die Wissenschaftler ihre berühmt gewordene Fahrt auf dem Brazo Casiquiare an, gelangten zum Amazonas und bewiesen die in Europa heftig und lange in Abrede gestellte Gabelteilung des Stromes. An dieses Abenteuer Humboldts dachte ich, in viertausend Meter Höhe wandernd, auch deshalb so intensiv, weil aus dieser Geschichte unter der Regie von Werner Herzog jener fantastische Film entstand, der durch die geniale Schauspielkunst eines Klaus Kinski sein Gesicht bekam. Erinnern sie Sich?

Ich verließ nun den Pfad der Erinnerungen, begab mich auf den Rückweg nach Merida und begegnete dem Engel der Anden.

Der Weg führte durch eine sich lieblich verändernde Landschaft. Würde ich sie auf Musik projizieren wollen, fiele mir das Concierto de Aranjuez von Rodrigo ein. Optisch war sie ein wunderschönes Hochmoor, durchzogen von kleinen Gebirgsbächen und umgeben von den Fraijalones, der Nationalblume der Anden. Sie überdeckten weite Flächen mit ihrer gelben Blütenpracht, weich und samtig fühlten sich ihre Blätter an. Die Wolkendecke riss auf und gab den Blick frei auf bewachsene Berge. Sattes Grün wechselte mit Gelb und Braun. Dann kam ich an die Laguna Negra. Eingebettet in dicht bewaldete Berghänge lag darin ein Gletschersee mit dunklem Wasser. Angeblich auch mit unreinem Grund, wenn man dem Reiseführer für ahnungslose Touristen Glauben schenken mochte: Um die Erntegötter gnädig zu stimmen, würden alljährlich vier Jungfrauen in der Laguna Negra unter Wasser getaucht. So lange, bis ihr Puls nicht mehr schlug.

Es ging bergab und mit jedem Schritt wurden die Temperaturen milder. Am nächsten Tag wollte ich Merida erreichen. Noch einmal übernachtete ich auf einem Berghof, zu dem ein morsches Holztor führte. Ein verschüchterter Junge blickte kurz auf, als ich den grob gepflasterten Innenhof erreichte, und verschwand. Die Bäuerin winkte mir freundlich zu, sie stand am Brunnen, der das Wasser in den Trog der Rinder spie. In den ausgewaschenen Gesichtszügen der netten Frau lag etwas, das ich zu kennen glaubte. Irgendwo war ich ihnen bereits begegnet und dann entsann ich mich des steinernen Engels der Anden, des Schutzpatrons der Bergbauern, vor dessen von Blumen umsäumten Statue ich auf dem Adlerpass lange gestanden hatte und in dessen Antlitz sich das vom Wetter gegerbte Gesicht der Bäuerin wiederspiegelte. Sie lächelte und führte mich über eine dunkle Diele in ein freundliches Wohnzimmer. Es mochte am milderen Klima des Tales liegen, dass sich die Einheimischen nicht mehr so grimmig verhielten. So war ich angenehm überrascht, dass mit den Indios ein Gespräch in Gang kam, auch wenn es auf Grund der Sprachbarrieren recht zäh verlief.

Am Abend führte mich der Chef des Hofes zu meinem Lager, das aus einer grob gezimmerten Holzpritsche bestand. Doch sie hatte eine weiche Unterlage aus getrockneten Fraijalones-Pflanzen. Bettzeug und Schreibtisch waren auch hier nicht zu erwarten, dafür dankte ich für ihre gradlinige Gastfreundschaft. Und immerhin, ich ruhte auf der Nationalblume Venezuelas, auch wenn ich darauf keinen Schlaf fand. Im ungleichen Kampf flackerte das Kerzenlicht gegen die Dunkelheit und meine Gedanken gegen die Empfindlichkeit meiner Nase. Einerseits war ich überrascht, weil ich mir die Anpassungsfähigkeit an das Elend muffiger Decken und feuchten Raumklimas so nicht zugetraut hätte. Andererseits störte mich der unbeschreibliche Gestank aus dem Plumpsklo schon gewaltig, den der Wind zu mir herüber wehte. Die Nacht blieb wie sie begann, zugig und stinkend. Und je länger sie dauerte, umso unruhiger wurde ich. Ich dachte an AURYN, an mein Schiff. An Ankerplätze und Häfen, wo mich gelegentlich eine, wenn auch durch andere Einflüsse verursachte, Unruhe befiel. Dagegen hatte ich ein vielfach erprobtes Mittel: Ich segelte weiter.

Es war noch dunkel. Ich verließ den Hof weit nach Mitternacht, wanderte in frischer Luft talwärts, unter einem Himmel, der bewölkt und ohne Sterne war. Die Dunkelheit bildete eine kompakte Masse, in der ich es schwer hatte, den richtigen Weg zu finden. Doch dann lockerte sich die Bewölkung auf und das heraustretende Mondlicht zauberte eine helle Spur durch die Nacht, als wolle es mir den Weg weisen.

Im Sonnenaufgang lag Merida vor mir und im Sonnenschein betrat ich die weiße Stadt. Zwei Tage blieb ich, dann flog ich über Caracas zurück nach Puerto de la Cruz – Werft CMO – Venezuela. Die Stadt lag noch in tiefer Dunkelheit, als ich das Flughafengebäude verließ und durch geisterhafte Straßen marschierte. Ein lauer Wind wehte und es roch nach Meer, als ich das Werftgelände betrat und mich nach einigen Metern der Wachdienst erschreckte, weil ich noch bei AURYN vorbeischauen wollte. Verlassen lag sie da, umgeben von nüchterner Wirklichkeit. Die Bugspitze war mittlerweile auflaminiert, der Rumpf angeschliffen und die Löcher abgespachtelt. Obwohl es voranzugehen schien, spürte ich eine seltsame Bedrängnis. Ich ahnte, dass es mit dem vorgesehenen Zeitpunkt der Fertigstellung wohl nichts werden würde, denn spätestens Ende des Jahres wollte ich in Feuerland sein.

Als es hell wurde, ging ich schlafen. Gegen Mittag saß ich im Büro des Werftmanagers. „Es una problema"... der Lackierer kam seit Tagen nicht mehr, das Holz liege im Zoll. Er brauchte einen Vorschuss, zählte zwei und zwei zusammen und kam auf fünf. Ich wusste mittlerweile, dass die Differenz in seine Tasche wanderte. Aber was konnte ich schon machen? Ich war ihm ausgeliefert und spürte meine verzweifelte Ohnmacht, die sich verstärkte, weil ich das Gefühl nicht abschütteln konnte, dass sich die Arbeiten viel länger hinziehen würden als geplant. Das Konfliktpotenzial der deutsch-venezolanischen Arbeitsbeziehung verschärfte sich, als es um die Anlieferung des neuen Mastes ging.

Ich hatte in der Zwischenzeit Kontakt mit der englischen Herstellerfirma aufgenommen. Wegen der Überlänge des Mastes schied ein Transport im Flieger aus. Ihn auf dem Seeweg aus dem Empire hierher zu verschiffen würde viel zu lange dauern. Das Hauptproblem allerdings saß in Gestalt des Werftchefs vor mir, der sich bei meinen Verhandlungen mit dem Masthersteller bereits an seinen Fingern abzählte, wie viel Provision er sich mit seinen Kollegen vom Zoll einstecken konnte. Merkwürdig, obwohl er kaum Englisch sprach, besaß er beträchtliche Kenntnisse der Sprache, weil er es fertig brachte, alles, was man ihm sagte, im entgegengesetzten Sinne auszulegen. Und zwar für sich. Mast und Zoll? No problemo, grinste er. Tranquillo! Das Wort hatte ich schon zu oft von ihm gehört, um nicht misstrauisch zu werden. Mit tranquillo war es anderntags dann vorbei, als mich der Chef geheimnisvoll zur Seite nahm, um mir zu erklären, wie ich den Mast auch tatsächlich aus dem Zoll bekommen würde. Logisch, durch eine Zwischenzahlung! So konnte es nicht weitergehen und ich war froh, als Maurizio half: Vom Segelmacher, einem Italiener, der mit seinem Schiff hier hängen geblieben war und sich eine Existenz aufgebaut hatte, erhielt ich den Tipp, den Mast zur Isla Margarita anliefern zu lassen, da auf der venezolanischen Ferieninsel die Einfuhrbestimmungen weitaus laxer geregelt wurden. Er würde das mit seinem Material ähnlich machen und damit gab er das Stichwort: Ich bestellte den Mast auf seinen Namen. Die Lieferzeit sollte zwei Monate betragen, damit war eins vom Tisch: Die Vorstellung von Feuerland am Ende des Jahres.

In den toten Winkeln des Bewusstseins

So wurde es August, die Werft machte Ferien und schloss das Gelände.
Ich ging ans Meer, starrte auf den Horizont und versuchte, Ordnung in die Ereignisse der letzten Tage zu bringen. Am Abend klappte ich im schwachen Schein der Terrassenfunzel die Landkarten von Venezuela wieder auf und folgte diesmal ihren Linien südwärts. Die fremden Namen, die ich nun las, sorgten für Belebung der toten Winkel des Bewusstseins. Der Klang von Dschungeln, die weiten Steppen der Gran Sabana und die mystischen Tafelberge, an den Grenzen zu Brasilien und Guyana, weckten mein Interesse. Der Orinoko, einer der größten Flüsse dieser Erde, machte mich neugierig und spätestens mit der Aussicht auf eine Wildwasser-Kanufahrt zum Angelfall hielt mich nichts mehr: Ich packte meinen Rucksack und machte mich auf zur nächsten Land-Etappe. Am nächsten Tag stieg ich in den Bus ein, in Ciudad Bolivar wieder aus und stand am Abend am Orinoko.

Ciudad Bolivar

Der Geruch von Wasser zog mich an. Seevögel kreischten, ich stand am Orinoko. Unter blauem Himmel und weißen Kumuluswolken lag der gewaltige Fluss, in dessen Flutstrom große Tropenbäume, Ölfässer, Holzpaletten, Plastikmüll und eine kleine Hütte mitgerissen wurden. Es war Regenzeit und das Wasser stand zehn Meter über normal. Die Leinen eines alten Frachtkahnes zerrten in der kräftigen Strömung wild an den Pollern, während auf der anderen Seite des Ufers eine glutrote Sonne im dunkelgrünen Dschungel verschwand, der sich bis zum Horizont ausbreitete.

Dann kam in das Zentrum von Ciudad Bolivar, der alten Hauptstadt Venezuelas, über die sich eine friedliche Abendstimmung legte. Für die nächsten zwei Wochen organisierte ich mir einen Leihwagen und schaute nach dem Abendessen noch mal bei Simon Bolivar vorbei. Ich saß unter seinem Denkmal, ein Hund döste davor. Selbstvergessen schäkerte ein Liebespaar über den Platz, mit wild gestikulierender Pose blickte ihnen Bolivar hinterher. Sein seltsam verdrehter Kopf deutete auf eine mangelnde Restaurierung und ganz offenbar hatte die Stadt keine Gelder, um das Denkmal ihres ersten Patrioten zu pflegen: Die Blumen waren vertrocknet und die Fahne Venezuelas ausgefranst und verblichen.

Eine schwere Dunkelheit schleppte sich nun über den Platz, vermutlich hatten sie auch nicht das Geld, um den verschnörkelten Kandelabern jenes Licht zu geben, dessen Schein Orten wie diesem den Hauch von Romantik gibt. Ich war auf dem Weg zur Zimmersuche, wich einem torkelnden Einheimischen aus und erschrak kurz, als aus dem Schatten einer Wand ein Polizist heraustrat. Mit einem Colt ganz nach Westernart lässig um die Hüften gebunden begleitete er mich so lange, bis er mir die Richtung zu einer Pension wies.

Im Schweigen des Dschungels

Am frühen Morgen des nächsten Tages startete ich in das 800 Kilometer entfernte Dreiländereck Venezuela-Brasilien-Guyana. Genauer gesagt in die Gran Sabana. Auf der Fahrt nach Süden dünnte sich die Besiedelung aus und machte spektakulären Landschaften Platz. Weite Steppen wechselten sich ab mit morastigen Sumpfgebieten. Dann fuhr ich stundenlang durch hügelige und dschungelartige Landschaften und übernachtete in einem kleinen Nest. Anderntags kam ich nach El Dorado. Das gibt es tatsächlich! Dabei hatte ich El Dorado immer für eine Metapher gehalten. Doch nun las ich, dass dieses sagenumwobene El Dorado einst das Ziel einiger Konquistadoren vom Schlage eines Raleigh, Cortez und anderen Konsorten war. Sie wollten Ruhm und Gold, was sie den Eingeborenen brachten, war Tod und Hölle. Auf der Suche nach dem Indianerkönig, der angeblich in Gold badete, durchstöberten sie die Dörfer, fackelten sie ab, nahmen den Indios ihre Edelsteine und schändeten ihre Totenkammern, wo sie den Mumien die Diamanten aus den Augenhöhlen rissen. Im Namen der spanischen Krone und in ihrer Gier nach Gold pfählten sie die Häuptlinge, metzelten die Eingeborenen nieder. Über ihren verkohlten Leichen kreisten die Geier, vermutlich so wie an jenem Mittag, als ich in sengender Sonne am Fluss saß und den Geiern nachblickte, wobei ich ein paar Goldwäscher entdeckte. Während sie am Ufer nach ihrem Glück siebten, glänzten die Blechdächer von El Dorado in flimmernder Hitze. Hinter ihnen leuchtete das Grün des Urwalds. Der Dschungel, der erzählen könnte, schwieg und so fuhr ich weiter südwärts. Nach einigen Stunden lichtete sich das Dickicht, womit sich auch die lähmende Schwüle auflöste.

Ein völlig anderes Bild lag nun vor mir, es trug die Überschrift: Die Gran Sabana. Sie ist eine weite Steppe. Ein einsames Land mit mystischen Tafelbergen, grandiosen Wasserfällen und wunderschönen Seen. „Der Anblick dieser Steppe hat etwas Großartiges, aber auch etwas Trauriges und Niedergeschlagenes. Es ist, als ob die ganze Natur erstarrt wäre", notierte einst Alexander von Humboldt in das Tagebuch seiner südamerikanischen Reise.

Am Sitz der Götter

Gegen Abend erreichte ich Cainama, eine winzige Siedlung mit kleinen Menschen. Sie waren die Nachfahren der Permon-Indianer. Nach einem Bad in der Lagune, in der Indiokinder in schlanken Einbäumen auf Fischfang gingen, stand ich am Ufer und blickte auf das beeindruckende Spiel der Wassermassen, die sich von vier imposanten Wasserfällen gleichzeitig in die Lagune ergossen. Regenbögen schimmerten in der Gischt der Kaskaden und hinter ihrem Dunstschleier tauchte der Ayuan-Tepuey auf. Ein Tafelberg und ein stummer Zeuge der Vergangenheit oder auch „Sitz der Götter", wie ihn die Permon-Indianer ehrfurchtsvoll nennen.

Für den literarischen Mythos dieser Berge hatte ein gewisser Conan Doyle 1912 gesorgt, der in seinem Roman „The Lost World" von lebenden Dinosauriern berichtete, die in einer verlorenen Welt auf den umwölkten Tafelbergen bis in unsere Tage herumtrampeln sollen. Ich schob den Gedanken beiseite, nun im „Jurassic Park" gelandet zu sein, gleichwohl fand ich aber die Vorstellung recht interessant, dass die geheimnisvollen Tafelberge geologisch zu den ältesten Gebirgen gehörten. Sozusagen vorgestern entstanden, vor rund 1,7 Milliarden Jahren, als sich der Boden eines flachen Meeres emporhob und damit auch für die Paläonotologen der Neuzeit bemerkenswerte Erkenntnisse bereitstellte.

In den Schichten der Tafelberge entdeckten sie Fossilien, uralte Lebensformen, die identisch waren mit denen, die auf dem afrikanischen Kontinent gefunden worden waren. Wie war das möglich? Erst 1910 erhielten die Wissenschaftler dank Alfred Wegener eine Antwort. Der deutsche Polarforscher legte seine Stirn in Falten und vermutete beim Anblick der Seekarte, dass der südamerikanische und der südafrikanische Kontinent wie ein Puzzle zusammenpassten, einstmals eine zusammenhängende Landmasse bildeten. So war's möglich, dass Krokodile, Saurier und anderes Getier nach Südamerika kamen, ehe der riesige Kontinent auseinanderbrach.

Der Überfall

Die Sonne hatte ihren Scheitelpunkt noch nicht erreicht. Doch die Hitze war lähmend, als sich eine kleine Reisegruppe, bestehend aus zwei Spaniern, einem Italiener, einem Seemann und zwei Reiseleitern indianischer Abstammung, auf den Weg zum Angel Fall, dem höchsten Wasserfall der Welt, machten. Na ja, Weg ist sicher nicht der richtige Ausdruck für einen

Wildwasserfluss, auf dem wir, angetrieben von einem knatternden Außenbordmotor und zusammengekauert in einem engen Kanu, flussaufwärts steuerten. Der reißende Strom verjüngte sich, Äste aus dem nahen Dschungel griffen nach uns. Ein seltsames Surren erfüllte die Luft, der Himmel verdunkelte sich, dann fielen sie über uns her: Ein ganzer Mückenschwarm besaß die Unverschämtheit uns anzugreifen. Im Kanu brach die Panik offen aus. Der Fahrer hatte Mühe, den kippeligen Einbaum angesichts der wild um sich schlagenden Passagiere auf Kurs zu halten und es dauerte, bis das Licht zurückkehrte und der attackierende Schwarm von uns abließ. Den ganzen Nachmittag über verlief die Fahrt aufregend und in ständiger Deckung, um nicht von überhängenden Ästen geköpft zu werden. In den heftigen Stromwirbeln hatte der Steuermann Mühe, das Kanu auf Kurs zu halten. Noch steiler und wilder wurden die Stromschnellen, mühsam quälte sich der Einbaum weiter hinauf in den tiefen Dschungel zum Angel Fall, den wir anderntags erreichen sollten. Die Nacht verbrachten wir im Hängemattencamp hinter einer Flussbiegung. Das Camp bestand aus einigen offenen Rundbauten und stand etwas abseits vom Fluss. Es war umgeben von einem undurchdringlichen Dschungel, der in der Abenddämmerung erwachte. Seltsame Geräusche tönten zu uns herüber und mischten sich mit dem Geruch von gegrillten Hähnchen und gebackenen Maisfladen. Wir aßen am knisternden Feuer und verschwanden früh hinter dem dünnen Gewebe unserer Hängematten. Das schwache Licht einer Petroleumfunzel leuchtete die Moskitonetze aus wie Leichentücher, hinter denen sich die Umrisse schlummernder Gestalten abzeichneten. Milde strömte ein leichter Wind durch den Raum, strich kurz über die Vorhänge und verschwand durch den offenen Bau in Richtung Flussufer, wo er die Zweige rascheln ließ. Hinter den schattenhaften Bäumen erkannte man im Mondlicht die Umrisse der Tepueys. In diesem Bild einer Märchengeschichte fehlten nur noch die dumpfen Schritte der Dinosaurier, die die Savanne erzittern ließen, doch wo waren die Dinos, Mr. Doyle? Vermutlich doch so abhanden gekommen, wie man es uns in der Schule beibrachte: Vor Millionen von Jahren aus den Stiefeln gekippt und ausgestorben. Über die Bilder vom fernen Zauber und den Gedanken darin muss ich irgendwann in den Schlaf gefallen sein.

Kurz vor Sonnenaufgang und nach einem improvisierten Frühstück stiegen wir wieder in den Einbaum und begaben uns auf die letzte Etappe zum Angel Fall. Sein erfrischendes Wasser rauschte uns entgegen und als der Mittag kam, erreichten wir eine Dschungellichtung, an der das Kanu stoppte. Wir stiegen aus und marschierten eine Stunde durch den Urwald. Je tiefer wir in den Dschungel eindrangen, desto unerträglicher wurde die Hitze. Schlimmer noch waren die Geschwader von Mücken, die immer wieder über uns herfielen. Doch dafür hatten wir bald keinen Blick mehr, denn nun traten wir aus dem Dickicht und schauten auf den Salto Angel, den höchsten Wasserfall der Welt. Seine Wassermassen schossen tausend Meter in die Tiefe. Und darunter nahmen wir ein erfrischendes Bad. Die Entspannung dauerte jedoch nicht lange, denn die Indioscouts drängten bereits wieder zum Aufbruch, um noch vor Einbruch der Dunkelheit wieder im Camp zu sein.

Und so saß die kleine Schar europäischer Erlebnishungriger wieder zusammengepfercht und zerstochen im Einbaum, während dieses nun flussabwärts dahinraste. Unterbrochen wurde die flotte Fahrt von einer kleinen Pause, als der Außenbordmotor mit Sprit gefüllt wurde, unter einem Himmel, der sich plötzlich verfinsterte. Obwohl es Tag war, zog Dunkelheit auf. Die Vögel hörten auf zu singen und wir sahen gebannt darauf, wie das Licht aus dieser Welt floss. Was war das? Die beiden Indios wussten es, blitzschnell zogen sie Moskitonetze auf, unter denen wir gerade noch Unterschlupf fanden. Dann begann ein infernalisches Surren und ein riesiger Mückenschwarm zog über uns hinweg. In einem Moment voll einschüchternder Magie erschien es mir, als erlebte ich den längsten Augenblick meines Lebens. In Gedanken stellte ich mir das Ende vor und freute ich mich umso mehr, als die Sonne wieder aus dem Schatten des Horrors trat und Millionen von Mücken davonschwirrten.

Nach diesem Erlebnis verlief die Rückfahrt flussabwärts schnell und ohne nennenswerte Ereignisse. Wir übernachteten nochmals in der Hängematte und erreichten am Vormittag das Dorf der Permon-Indianer. Ich stieg aus dem Einbaum, um gleich wieder einzusteigen und fuhr mit dem Auto zurück nach Ciudad Bolivar.

Eine erotische Massage

Während des ganzen Nachmittages kehrten meine Gedanken immer wieder zurück zu den Erlebnissen der letzten Tage im Lande Venezuela, das mich durch seine enorme Vielfalt von nahezu sämtlichen Klimazonen begeisterte. Ob es die palmenumsäumten Strände vor türkisem Wasser oder die undurchdringlichen Dschungelgebiete waren, die Regenwälder oder die weiten Steppen und Hochmoore. Ich wanderte gedanklich zurück und dachte an meine Hochgebirgstour durch die bizarre Welt der Anden.

Wie lange ich dieses Gefühl auskostete, weiß ich nicht, aber wann es endete. In der Abenddämmerung und in einem Bild, das aussah, wie eine retuschierte, geradezu verkitschte Postkarte. Wie eine Kugel geschmolzenen Metalls sank die Sonne vor mir glutrot in die Gran Sabana.

Ein grandioser Abschluss, als wolle da jemand das Tagebuch dieser Landreise zuklappen. Aber noch war ich nicht am Ausgangspunkt Ciudad Bolivar zurück. Um es zu erreichen, musste ich noch einmal übernachten und kam in ein kleines Kaff, dessen Name ich vergaß zu notieren, allerdings wird die erotische Massage unauslöschlich bleiben.

Die Pension war nett, das Essen ausreichend und gut. Ich trank ein Glas Rotwein und spürte von der unbequemen Kanufahrt die Schmerzen in meinem Rücken und von der Autofahrt einen verspannten Nacken. Mir war nach einer Massage. Die hübsche und durchaus attraktive Kellnerin räumte das Essen ab, zog mir langsam das Hemd aus und begann meinen Nacken zu massieren, wobei sie mir näher kam und ich ihr erregendes Parfüm roch. Während sie sich nun meinem Rücken widmete, warf sie mir einen erotischen Blick zu ... Ich begann zu grinsen. Das Erlebte, die Atmosphäre, meine Rückkehr zum Schiff, meine Stimmung. Das alles trieb meine Phantasie an, war zum Lächeln und höchst amüsant. Nur die Dame, die nun die Rechnung kassierte, wusste nicht wirklich, wohin ich gerade mit ihr unterwegs war.

CMO-Werft / Puerto de la Cruz

Es folgten die leisen Tage des Vielleicht, denn nach den Ferien kamen die Arbeiten nur zähflüssig wieder in Gang. Und doch wurde in diesen Tagen mehr zusammengebaut als auseinandergerissen. Als auch der Lackierer aus den vacaciones zurück war, erhielt AURYN zwei komplett neue Anstriche. Im Glanz des Blaus reflektierte sich das Matt der Riggprobleme. Noch immer war nicht klar, wann und wo der Mast eintreffen würde. Ich malte mir aus, wie bis zum letzten Moment darum gerungen wurde, meine Vision mit der Realität zu versöhnen und atmete auf, als Maurizio mir mitteilte, dass das Rigg nun definitiv zur Isla Margarita geschickt werden und in wenigen Wochen dort eintreffen würde. Bei der „manana – vielleicht morgen“-Mentalität der Lateinamerikaner konnten allerdings wenige Wochen alles und auch wieder nichts bedeuten. Dennoch gab mir die Nachricht Auftrieb. Tagsüber arbeitete ich am Schiff, abends saß ich in meinem Apartment und prüfte die Abrechnungen der Werft. Korrespondierte mit meiner Versicherung und schrieb hierhin und dorthin, weil es Probleme innerhalb meiner Firma gab, wodurch ich mich wieder mit all den Dingen auseinandersetzte, die mich spüren ließen, dass ich es eigentlich nicht wollte. Ich roch die See, hörte ihre Brandung und dachte an die Stille und Weite der Ozeane. An das Licht der vielen Sonnenauf- und untergänge, an Momente, in denen ich die Zeit verlor und ein Gefühl von Freiheit gewann. Ich lauschte einem fernen Rauschen, das wie eine leise Stimme klang. Ich hörte ihr gerne zu, weil sie mich wieder hinaus rief, aufs Meer.

Und dahin marschierte ich und aß in einer Strandbar eine Empanada. Am Nebentisch hockten zwei Amis in verschwitzten T-Shirts und lässig Kaugummi kauend. Den Wortfetzen, die der Wind herübertrug, entnahm ich, dass es sich bei ihnen um ehemalige Vietnamsoldaten handeln musste und um zwei Typen, die so selbstverliebt und zynisch redeten, wie Amis manchmal reden, wenn es um ihre Kriege ging. Ich trank ein Glas Wein, hörte nun der Brandung zu, die sich mit Getöse auf den Strand warf und genoss den Frieden am Vorabend eines Tages, der die Welt in ein dunkles Tief stürzen würde. Und damit auch mein Portfolio kleinerer Kapitalanlagen, was ich allerdings zu diesem Zeitpunkt noch nicht wusste. Ahnungslos auch die beiden Amerikaner, zwei Männer die nichts mehr erschüttern konnte – doch dann wurde die ganze Welt erschüttert.

9/11

Es herrschte Aufruhr auf dem Werftgelände, wo auch einige Amerikaner an ihren Schiffen arbeiteten. Wie ein Lauffeuer verbreitete sich die Meldung vom Terroranschlag auf das World Trade Center in New York.

Die schrecklichen Bilder flimmerten immer wieder über die Mattscheibe des Fernsehers im Office der Werft, um den sich nun alle drängelten. Der Raum war proppevoll, ich lehnte im Türrahmen und der Tag über der Werft war sonnenklar und blau. Ähnlich dem Blau über New York am 11. September, als zwei Maschinen im Auftrag der Selbstgerechtigkeit derer, die sicher waren, den einzig wahren Glauben zu besitzen, in die verspiegelten Türme der Twintower krachten. Glas splitterte, die Gebäude wankten, bis sie einstürzten. Während in den Trümmern Tausende von Menschen ihre Seele aushauchten, wurden immer wieder die Bilder der qualmenden Türme, der verzweifelten Menschen und der Bergungsarbeiten gezeigt. Die Medien überschlugen sich mit apokalyptischen Schlagzeilen, weil wir danach gieren. Menschliches Interesse fesselt nichts so sehr wie menschliche Tragödien. Wieder die gleichen Bilder vom Einschlag der Jets, doch diesmal in Zeitlupe. Entsetzen in den Gesichtern nachdrängelnder Venezolaner. Vor ihnen, auf den Fernseher starrend, saß in schwitziger Hemdsärmeligkeit Amerika. Geschockt. Kopfschüttelnd. Keiner von ihnen sprach. Stille. Bis eine Tür aufging und die Geräusche der Werft eintraten und daran erinnerten, dass es die Welt noch gab und das Leben auf ihr weiterging. Die Sonne schien. Der Himmel war blau, an ihm zog ein Flugzeug nach Westen. Die beiden Vietnamkämpfer traten nun ins Freie und blickten dem Flieger nach. Einer legte die Faust aufs Herz und rief „God bless America“, der andere tat es ihm nach. An jenem sonnigen Tag, an dem das Drama nicht endete, sondern ein langer Krieg seinen Anfang nahm.

Ein neues Schiff

Nach drei Monaten hing AURYN in den Gurten eines Kranes, der sie langsam wieder in ihr Element hob. Mit ihrer neuen Lackierung, neuer Reling sowie neuem Geräteträger und geschrubbtem Teakdeck funkelte sie mir wie neu entgegen. Nichts sah man ihr von dem Erlebten an. Mit einer Einschränkung: Der alte, beschädigte Mast wurde wieder gestellt und passte nicht ganz in dieses Bild, doch er war nur vorübergehend anwesend und sollte auf der dreißig Seemeilen entfernten Isla Margarita gegen das neue Rigg ausgewechselt werden.

Vor Anker

Der neue Mast und andere Ungereimtheiten

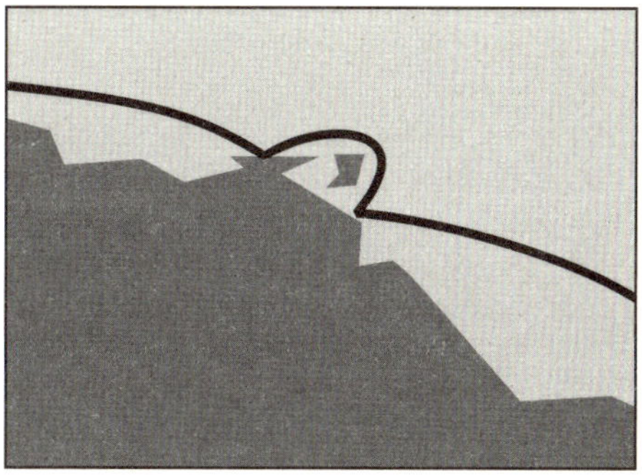

Isla Margarita

Entschlossen schien AURYN die lange Zeit an Land abschütteln zu wollen. In schneller Fahrt preschte sie durch die See, so dass Puerto de la Cruz schon bald hinter uns versank. Wir segelten einem neuen Ziel entgegen, es lag dreißig Meilen nördlich und klang nach einem Cocktail: Die Isla Margarita, Venezuelas Ferieninsel und der Magnet vieler Träume europäischer Urlauber. Aber auch Anziehungspunkt meiner ganz besonderen Sehnsucht, denn dort sollte der neue Mast auf uns warten. An Steuerbord tauchten die grünen Hügel des Golfes von Mochima auf, die bald wieder verschwanden und dann gab es nur noch Meereslust. Der Passat wehte frisch und riffelte die See in silbrig, weiß schäumende Streifen. Die Sicht war unendlich. Unter voller Besegelung pflügte AURYN mit sieben Knoten Fahrt durch ein azurblaues Wasser, in dem sich der scharfe Glanz einer hoch stehenden Sonne reflektierte. Viel zu schnell stieg vor uns aus dem Horizont die schmale Linie der Isla Margarita auf.

Wir erreichten die Südküste der Trauminsel nach einer schnellen Überfahrt bereits am Nachmittag. Eigentlich hatte ich nicht vorgehabt, in der Nacht durch das Gewirr der kleinen Inselchen und winziger Atolle nach Polarmar an der Nordküste von Margarita zu segeln – doch es war wie im Rausch. In diesem Ganz-nah-bei-sich-sein wollte ich Segeln und ließ nicht davon ab. Es war unglaublich schön, nach den Wochen an Land wieder den Wind zu spüren, das Meeresrauschen zu hören, salzige Luft zu schmecken und am Steuerrad den Ruderdruck zu fühlen.

Meersterne und Orion auf dem Rücken

Wie ein Schleier legte sich die einbrechende Dunkelheit über uns. In ihr trimmte ich die Segel neu, weil wir nun auf Halbwindkurs entlang der Ostküste von Margarita segelten. Die Lichterketten zahlreicher Hotelanlagen tanzten im Auf und Ab der Dünungswellen und über dem Land hatten sich einige Wolken gebildet, aus denen das Mondlicht eine helle Spur aufs Wasser zauberte. Als das Leuchtfeuer der Nordostküste von Margarita querab lag und AURYN dann vor dem Wind segelte, ließ dieser allmählich nach. Dafür lugten aus den Wolkenfetzen immer mehr Sterne. Meersterne. Sie warfen zusammen mit dem Mondlicht einen zarten Silberschimmer auf ein Wasser, das sich nun in der Landabdeckung zunehmend beruhigte. Vor uns erhob sich die Ankerbucht von Polarmar aus der Nacht. Vorsichtig steuerte ich mein Schiff in das Feld zahlreicher vor Anker liegender Fischerkähne, Motoryachten, Segelschiffe, Ausflugsdampfer und Behördenboote. Der Anker fiel, die Kette rasselte aus und als der Motor verstummte, kam die Ruhe einer Nacht auf dem Wasser über uns.

In einem Moment von absoluter Entspannung wischte ich mir die letzten Reste der Pasta aus dem Gesicht, erkannte über mir die Pleijaden und sah Orion zu, wie er gerade über den Hügelrücken von Margarita stieg.

Die Überfahrt war herrlich, der Frieden an Bord war es auch und ich wünschte mir nichts mehr, als diesen Augenblick festzuhalten. Während Orion immer höher kletterte, drang wieder das Gefühl von Freude durch, das ich empfand, wenn ich im ruhigen Wasser vor Anker lag oder wenn ich segelte und wo alle Probleme verschwanden. Sie kamen zurück, sobald ich festen Boden unter den Füßen hatte.

Ich begab mich mit den Papieren zum Zoll. Ein Mast aus Florida? „Yo no se“, sagte ein verdutzter Beamter, der von nichts wusste. Wie auch, die Lieferung kam erst eine Woche später und der Zauber begann.

Nach den unproblematischen Zollformalitäten transportierte ein Sattelschlepper zwei lange Kisten zum Hafen und lud die Fracht am Kai ab, wohin ich AURYN mittlerweile verholt hatte. Zwischenzeitlich war auch Maurizio eingetroffen, der den Mast aufzubauen wollte. Mit Spannung setzten wir das Werkzeug an und hebelten die Holzabdeckung auf: Der neue Mast kam zum Vorschein, einschließlich Stagen und Wanten. Alles war komplett. Es konnte losgehen und doch tat sich nichts. Der ansonsten so zuverlässige Maurizio verlangte nun plötzlich den dreifachen Preis, der in Pt. de la Cruz ausgehandelten Summe! Davon ließ er nicht ab, obwohl ich ihn mehrmals an unsere Vereinbarung erinnerte. Nach einem Schweigen, das mir endlos vorkam, obwohl es vermutlich nur ein paar Sekunden dauerte, fand ich die Sprache wieder. Ich beendete unsere Zusammenarbeit ohne weitere Diskussionen, besorgte mir im Hafen zwei Leute, die mir halfen, das verpackte Material an Deck zu hieven. Danach verspannte ich die Fracht sorgfältig, weil ich mit ihr und schwer beladen nach Trinidad schippern wollte. In Chaguramas, einem Platz mit nautischer Infrastruktur und einem Ort, den ich zu Beginn meiner karibischen Rundreise bereits kennengelernt hatte, hoffte ich, jemanden zu finden, der den Mast stellen konnte. Ich glaubte einfach daran. Wer nicht an sich glaubt, geht unter. Das klingt zwar ziemlich darwinistisch, sagte ich mir. Doch es gibt genügend negative Erlebnisse, in denen sich auch immer wieder Chancen ergeben, auch ausweglose Situationen zu meistern.

An einem Tag, der voller Ungereimtheiten blieb, verließ ich mit einer merkwürdigen Fracht und Wut im Bauch die Isla Margarita mit Kurs auf Trinidad. Diese Wut war es vermutlich, die mich nachlässig handeln ließ, indem ich etwas vergaß! Doch der Reihe nach.

Unter voller Besegelung zog AURYN ostwärts, einhundertzwanzig Meilen lagen vor dem Bug. Hoch am Wind und mit eingeschränkter Bewegungsfreiheit durch die sperrige Fracht kamen wir dennoch gut voran. Unter blauem Himmel, Sonnenschein und noch mehr Wind kam der Nachmittag. Um uns herum glitzerte die See und in der Ferne leuchteten die bergigen Kulissen des südamerikanischen Kontinents.

Nach dem Sonnenuntergang ließ der Wind etwas nach. In ruhiger Fahrt und im Genuss einer Abendstimmung auf See beobachtete ich ein paar Delphine, die im Heckwasser surften und kontrollierte, ob die mitgeführte Fracht noch sicher verzurrt war. Dann kam die Nacht.

Im Dösen von Silber und im Treiben der See

Der Mond stieg auf und legte einen breiten Silberstreifen auf das Meer; ich beobachtete das eindrucksvolle Schauspiel liegend aus dem Cockpit und abwechselnd im Dösen. Alle zwanzig Minuten schreckte mich der Wecker hoch und erinnerte mich an die Nachtwache, in der weit nach Mitternacht ein Boot unseren Kurs kreuzte. Ich schaute dem Fischerkahn nach, der durch den Silberschein davon fuhr, bis er von der Dunkelheit verschluckt wurde.

Als die Sonne aufging, flüchtete der Wind und die Segel killten. Flaute. Wir trieben auf dem Meer, bis ich mich entschloss, den Motor zu starten und AURYN wieder Fahrt aufnahm. Bis Trinidad waren es noch 50 Meilen. Die Hitze flimmerte über dem Kontinent. Vor ihm lag das Meer und atmete aus. Die See wurde zum Ententeich und durch diesen motorten wir stundenlang.

Es passierte am Nachmittag, als der Diesel einen Herzschlag aussetzte, wieder lief, und dann völlig abstarb. Seit längerer Zeit schon suggerierte der Tankanzeiger einen zumindest ausreichenden Dieselvorrat. Jedoch war der Tank leer und in der ganzen Hektik in Margarita hatte ich versäumt, Diesel aufzufüllen. Außer einem gelegentlichen Fluchen umgab uns nichts als Stille und Windstille und doch zog uns ein spürbarer Strom weiter, allerdings in die falsche Richtung – wir näherten uns dem Land. Auch wenn absolute Flaute herrschte, zog ich kurzerhand den Blister hoch, in der Hoffnung, den leisesten Windhauch ausnutzen zu können und damit vom Land frei zu kommen. Doch nichts tat sich, außer dass die schroffen Felsen näherkamen. Rundum waren keine Schiffe zu erkennen. Verzweifelt rief ich über Funk nach jemandem, der sich im Irgendwo befand und mir helfen könnte. Durch Diesel vielleicht oder indem er uns abschleppte oder was auch immer. Doch niemand antwortete hinter dem Horizont. Im Schweigen des Funkgeräts setzte bei mir eine lähmende Erstarrung ein. Die Küste war nur noch ein paar hundert Meter entfernt, das Wasser zu tief, um den Anker zu schmeißen. In dieser deprimierenden Hilflosigkeit knackte es plötzlich im Lautsprecher des Funkgerätes und die Auferstehung der Hoffnung setzte mit einer Stimme ein, die meine Erstarrung rasch löste. Die Stimme lotste mich vom Notrufkanal 16 auf eine andere Frequenz, ich folgte ihr gerne. Noch mehr war ich allerdings überrascht, als sich hinter dem Vorhang der Funk-Anonymität der Kapitän eines Frachters verbarg, der unter deutscher Flagge fuhr. Doch damit nicht genug. Der gute Mann kam aus Brake, aus jener Stadt, in der ich als kleiner Junge an der Pier gestanden und sehnsuchtsvoll den großen Schiffen hinterhergeblickt hatte. Und nun trafen sich zufällig zwei Seemänner von der Weser vor der Küste des südamerikanischen Kontinents. Der eine hilflos auf sie zutreibend, der andere auf dem Weg nach Guyana. Wir hatten mittlerweile unsere GPS-Positionen ausgetauscht und Käpt'n Könemann wollte in zwanzig Minuten mit zwei Kanistern Diesel vorbeischauen. Während ich damit beschäftigt war, das Beiboot ins Wasser zu lassen, entdeckte ich den Frachter am Horizont und sah, wie sich das Ungetüm uns langsam näherte. Als sich der Dampfer im sicheren Abstand querab von AURYN befand, wurden zwei Kanister ins Meer geworfen. Ich packte das Fernglas beiseite, stieg ins Dingi und ruderte dem Diesel entgegen, während an der Reling des Frachters die Matrosen winkten und Könemann seinen Zweihundert-Meter-Frachter wieder auf Kurs brachte. Zurück an Deck bedankte ich mich über Funk für die eindrucksvolle Hilfe und freute mich über die gelungene Aktion. Als ich den Diesel einfüllte, konnte ich immer noch nicht so richtig fassen, dass es in der heutigen Zeit, wo jeder Umweg und jede Minute der Reederei Unsummen von Geld kostete, tatsächlich noch einen Kapitän gab, der seinen Kurs änderte, um einem kleinen Segler in Not zu helfen. Anstatt ihn fast zu versenken, fügte ich gedanklich hinzu, womit ich kurzzeitig wieder an die russische Schlafmütze dachte.

Doch nun weg hier, die Situation wurde brenzlig, die Küste war nun bedrohlich nah. Der Anker lag zum Fallen bereit, doch ich zog es vor, den Motor zu entlüften und erst einmal zu versuchen, die Maschine wieder zu starten, was gelang und somit stand den letzten Meilen nach Trinidad nichts mehr im Wege.

Gegen Abend erreichten wir die vom Leuchtfeuer gekennzeichnete Einfahrt in den Golf von Paria und nach Mitternacht die mir schon vertraute Bucht von Chaguramas. Insofern erschrak ich auch nicht mehr über das große Feld unzähliger Schiffe, die hier immer vor Anker lagen. Obwohl die Hurrikansaison vorbei war, bereiteten sie sich jetzt auf ein anderes Spektakel vor. Der Jahreswechsel stand vor der Tür, anschließend der berühmte Karneval von Trinidad. Ich hatte andere Sorgen, doch auch Glück.

Bereits am nächsten Tag, auf der Suche nach einem Spezialisten, der mir den alten Mast abbauen und den neuen stellen konnte, lief ich einer Empfehlung hinterher, die mich zu Bob führte. Er verstand, worum es mir ging und strahlte Kompetenz aus. Doch so einfach sollte es dann auch wieder nicht werden. Warum auch? Hätte irgendwie nicht zu diesem Törn gepasst.

Auf einer Reise um das karibische Meer voller interessanter Eindrücke, toller Begegnungen, aber eben auch einer nicht unerheblichen Anzahl von Problemen. Doch sollte sich das letzte als eher unwichtig herausstellen, denn Bob, mein amerikanischer Helfer, hatte nur vier Tage Zeit. Und so arbeiteten wir von morgens früh bis zum Abend, während Schwarze damit beschäftigt waren, weiße Yachten zu polieren. Dann aßen wir zu Abend, meistens gegenüber in Joe's Pizzeria. Danach folgte die zweite Schicht bis weit nach Mitternacht, im Schein einiger Lichtstrahler und unter den maskenhaften Blicken der schwarzen Nachtwachen.

Wir hatten ein paar Böcke aufgestellt, darauf beide Masten gelegt und konnten nun vom beschädigten die Teile abbauen, die noch in Ordnung waren, um sie an den neuen Mast zu schrauben. Ich war hauptsächlich damit beschäftigt, die Vielzahl von Löchern zu bohren, die für den Anbau der Masttrittstufen erforderlich waren. Und diese Arbeit glaubten nun die Einheimischen, die am Tage ständig um uns herumlungerten, viel besser erledigen zu können, wobei sie ihre Arbeitskraft geradezu aufdringlich anpriesen. Bob, der Mastspezialist, winkte genervt ab. Aufgrund seiner langjährigen Präsenz vor Ort und Erfahrung mit den „Trinis" war ihm klar, dass Neigung und Eignung nicht unbedingt dasselbe waren, doch formulierte er es weniger subtil: Uneffizient und faul waren seine knappen Worte.

Seiner Meinung nach sahen die Einheimischen in den Weißen mit ihren teilweise protzigen Schiffen eine nie versiegende Geldquelle und ihr ganzer Antrieb galt dem Bestreben, mit wenig Einsatz so viel wie möglich davon abzuschöpfen. Auf Grund seiner Zusammenarbeit mit den Locals mochte er Recht haben, aber mir erschien seine Aussage zu pauschal. Gleichwohl fiel mir im Gegensatz zu den freundlichen, hilfsbereiten und offenen Kubanern oder auch Venezolanern schon auf, dass man zu den Menschen aus Trinidad schlecht Kontakt bekam. Ihre Gesichter reflektierten nicht nur eine künstliche Undurchsichtigkeit, in der auch Abweisung lag, sondern viele gaben sich nicht einmal die Mühe, freundlich zu sein. Besonders dreist begegneten mir die Kinder .„Hey Mista, whatch your dingi, gimme twenty Dollar “, lauteten ihre frechen Forderungen, wenn ich das Beiboot am Steg des nautischen Yachtausrüsters sicherte, um mal wieder Schrauben oder ähnliches für die Arbeiten einzukaufen.

Heiligabend in den Tropen

Die Arbeiten am Mast waren so gut wie abgeschlossen. Nachdem die Kabel der elektrischen Anlagen im Masttopp eingezogen waren, stellte am Nachmittag der Kran den neu präparierten Mast an Deck von AURYN. Wir zogen die Wanten und Stagen an und trimmten den Mast in die richtige Position. Dann schlugen wir die Segel wieder an. So weit so gut, AURYN war wieder komplett und Bob hatte eine ausgezeichnete Arbeit geleistet. Das war mindestens ein Grund zum Feiern, ein weiterer kam dazu. Heiligabend brach an und die große amerikanische Fahrtenseglergemeinde lud zur X-mas-Barbecue-Party. Nicht nur zur silent night war Trinidad für die Amis das Paradies. Hier waren das „Bud“ gekühlt, die Chicken Wings knusprig. Am Steg gab es Strom für ihre Klimaanlagen an Bord, Anschlüsse für ihre TV- und Faxgeräte und morgens kam die Zeitung an Bord geflogen. War einem nach den neuesten Jokes zumute, so half ihre morgendliche Funkrunde. Auf ihr wurden Witze ausgetauscht, Falschaussagen zu Steuererklärungen ergänzt, Aktienkurse besprochen, über Politik geflucht oder die günstigsten Steakpreise an die Zuhörer gebracht. Nach dem Wetterbericht erfolgte die Verabredung zur nächsten Barbequeparty, irgendwo fand immer eine statt. Ein nettes Volk, welches einen freundschaftlichen Umgang mit allen Seglern pflegte. Für die meisten Amis war Trinidad der südlichste Punkt ihrer Seglerwelt. Entweder segelten sie nach dem Karneval zurück zu den durchgestylten karibischen Inseln, wo sie wieder den gewohnten Komfort genossen oder sie zogen weiter westwärts in Richtung Panamakanal.

Und nun kam da ein „bloody german“ und erzählte was von Kap Hoorn und dem Weg dorthin. Klar, dass ich auf eine breite Front von Unverständnis und Besserwisserei stieß oder auf jene traf, die sich an die Stirn tickten, womit sie meine Zurechnungsfähigkeit in Frage stellten. Einige hielten mich für schlichtweg lebensmüde, andere übten Nachsicht mit mir und versuchten, mich davon zu überzeugen, dass ich es bis Brasilien gegen den starken Nordäquatorialstrom sowie lokale Unwegsamkeiten und gegen den Südostpassat sowieso nicht schaffen würde. Das klang sehr interessant und nach Erfahrung, doch als ich meiner Hoffnung nach mehr Informationen Nachdruck verlieh, stellte sich heraus, dass keiner von den „Schnackern“ die Strecke jemals gesegelt war, sondern sie ihr Wissen lediglich aus Büchern bezogen.

Von meinem Plan, den natürlichen Wasserstraßen zu folgen, ließ ich nicht ab.

Um in den Pazifik zu gelangen, wollte ich nicht unter Motor durch den Panamakanal tuckern, sondern „unten herum“ und um Kap Hoorn segeln. Zudem reizte mich die Natur Patagoniens und Feuerlands sehr, auch wenn sie klimatisch gesehen nicht gerade eine Empfehlung schien. Doch ich folgte einem Instinkt und hatte mit AURYN eine verlässliche Partnerin, von der ich wusste, dass sie mich überall hinbringen würde, solange ich genügend Entschlossenheit an den Tag legte.

Im mystischen Schein der letzten Stunden

Am ersten Weihnachtstag verließen wir Chaguramas, doch damit begann noch nicht die große Tour an das Ende der Welt. Dafür gab es noch einiges zu tun, allerdings mussten die Vorbereitungen bis Anfang des neuen Jahres warten, denn Trinidad feierte sich und die Holydays. Die Steelbands trommelten bereits in bester Karnevalsstimmung, im Yachthafen überschlugen sich die Einladungen zur nächsten Party und die Jet-Skis im Hafenbecken nervten dermaßen, dass ich beschloss, den Rummel hinter mir zu lassen. Wir legten kurzerhand ab und segelten an die Westküste, wo es ein paar wunderschöne Korallenbuchten gab sowie eine unbewohnte Insel, vor der wir nach einem tollen Segeltag ankerten. Das alte Jahr atmete aus, es kam die Zeit, um die Seele baumeln zu lassen. Zwischen den Korallen schnorchelte ich am Nachmittag, paddelte später an den Strand und sammelte Holz. Als der Abend kam, brannte das Lagerfeuer und es war herrlich, über die funkenstiebenden Holzscheite auf AURYN zu schauen, die in der friedlichen Bucht vor Anker lag, während ich bei gegrilltem Fisch, Salat und Wein unter einem sternenklaren Himmel am Strand im Mondschein saß. Mehr ging nicht. Bis auf den Moment, als ein kleiner Mensch unter einem großen Universum wild um das Feuer herum tanzte.

Das Jahr sank erschöpft in die Nacht. Es war Sylvester und ich lag mit AURYN seit einer Woche immer noch am gleichen Platz, in unberührter Natur. Auch an diesem Abend brannte wieder ein Feuer, es warf einen mystischen Schein in die Dunkelheit der Bucht. Diesmal gab es keinen Tanz, ich fühlte mich irgendwie einsam und in nachdenklicher Stimmung. Im Stochern der Glut lief das Jahr wie in einer best of zurück, in der ich einen Teil meiner Erlebnisse sowie Erkenntnisse auf den hellen Sand projizierte. Darin mischten sich Wirklichkeit, Ziele und Alptraum. Auch Glück kam darin vor, so wie die mitunter abenteuerlichen Törnerlebnisse eine Vorstellung vom Mythos gaben, der das Fahrtensegeln schon immer begleitet hatte.

Im Schatten der Freude

1/2002 – Zurück in Chaguramas baute ich die alte Ankerwinsch aus und spendierte AURYN eine neue, erledigte kleinere Reparaturen (Tankanzeige!!), fettete die Winschen und so weiter. Dann war die letzte Schraube eingedreht, die Abrechnung mit der Versicherung erledigt und alles in trockenen Tüchern. An dieser Stelle Dank an Pantenius. Die Schadensregulierung wurde professionell und ohne großes Lamentieren abgewickelt, so dass ich mich nicht reinhängen musste, um mehr rauszuholen.

Für den bevorstehenden Törn kalkulierte ich grob zwei Monate und deckte mich mit dem entsprechenden Proviant sowie einem großem Vorrat an Trinkwasser ein.

Dann war alles soweit bereit; sobald es das Wetter zulassen würde, wollte ich Richtung Amazonas aufbrechen. Endlich wieder im Unterwegssein und Segeln, ich konnte es kaum abwarten.

Doch dann legte sich ein Schatten über meine Begeisterung und die Meldung schlug ein wie eine Bombe: Sir Peter Blake, ermordet im Amazonas-Delta! Nun, Blake mag dem Segler sicher etwas sagen, den Landratten indes sei geholfen. Was Che Guevara für die kubanische Revolution ist, war Sir Peter Blake für die segelverrückten Neuseeländer. Eine Ikone! Eine Legende bereits zu Lebzeiten. Er war der Gewinner zahlreicher Regatten und das Team Neuseeland gewann unter seiner Führung zwei Mal die begehrteste Segeltrophäe der Welt: Den Admiralscup. Nachdem Sir Peter sich von der Regattaszene zurückgezogen hatte, setzte er sich sehr stark für den Umweltschutz ein, leitete zahlreiche Expeditionen. Seine letzte sollte ihn in den Amazonas führen. Ausgerechnet dort wurde er nun erschossen, ermordet auf seiner Yacht von Piraten! Amazonas und Zweifel, das harmonierte bei aller Traurigkeit über die Nachricht und breitete sich in meinen Gedanken aus. Die Skepsis versuchte Oberhand zu gewinnen, um mich von meinem eigentlichen Plan abzubringen.

Gut, dass der Karneval begann und ich dem Spektakel nichts abgewinnen konnte, wo es den Massen darum ging, sich zu verkleiden und zu saufen und das obendrein auch noch lustig zu finden. Wem`s gefällt... Mir war jedenfalls nach Segeln. Mit einem so gut wie neuen Schiff, wenn auch unter schwierigen Voraussetzungen, auf zu einem neuen Ziel. Ich hatte jede Menge Lust aufs Meer und Sehnsucht nach Weite.

Mit AURYN an das Ende der Welt – rund um Kap Hoorn, doch vorher besuchen wir „Papillon“!

Gegen Wind und Strom

Papillon, Äquator und Amazonas

Trinidad und das karibische Meer lagen im Kielwasser. Das neue Etappenziel hieß Amazonas und die Distanz dorthin betrug 1035 Seemeilen.

Bei mäßigen Winden unter dem Blister segelte ich AURYN durch den Golf von Paria. Ein wunderschöner entspannter Tag lag vor uns und ein Bild wie gemalt: Eine klassische Yacht mit schlankem Rumpf kam uns unter Vollzeug entgegen. Als wäre es ein genetisch programmierter Schlüsselreiz, löste der Anblick dieser faszinierenden Erscheinung traditioneller Bootsbaukunst spontan meine Begeisterung aus. Eher nüchtern dagegen waren die Eindrücke des Nachmittags, als wir eine Vielzahl von Ölplattformen und den mit Bojen gekennzeichneten Verlauf von Pipelines passierten. Einige Öltanker begegneten uns, andere lagen auf Reede. Der Golf erforderte eine aufmerksame Navigation und so war ich froh, als gegen Abend der offene Atlantik vor mir lag. Allerdings verabschiedete sich der Wind, obwohl die Vorhersage des Wetterberichtes eine ganz andere war.

Die Nacht kam und wurde rabenschwarz. Neumond. Dem starken Guyana-Strom auszuweichend steuerte ich mein Schiff entlang der Küste und hoffte auf Wind für die nächsten Tage, da die Voraussetzungen gut schienen: Ein zunehmender Schwell aus Südost und ein fallendes Barometer waren die ersten Anzeichen dafür. Gut möglich, dass damit auch wieder die Kreuzerei gegen den Wind seine Fortsetzung fand. Dieser Törn würde kein leichter werden, das war mir bereits klar, als ich mich vor Monaten dafür entschieden hatte und somit wusste ich auch, was mich an äußeren Einflüssen erwarten würde: Unbeständiges Wetter, je näher wir dem Äquator kamen. Flaute und tropische Stürme. Sengende Sonne und heftige Regenschauer, vervollständigt durch den in unsere Richtung setzenden Strom sowie den überwiegend aus Ostsüdost blasenden Passatwind. Das alles und viel Meer auf den nächsten 2300 Meilen bis zur Nordostküste Brasiliens. Danach sollte alles freundlicher werden. Doch noch befanden wir uns im Vorher.

Nach einem grellen Sonnenaufgang war mir aufgefallen, dass sich die Farben des Himmels veränderten. Die Wolkenfetzen über mir zeugten davon, dass es in den oberen Luftschichten bereits turbulent zuging und auch darunter kam der Wind aus Ost stetig und frischte am Nachmittag stark auf. Die Segel waren bereits einmal durchgerefft und AURYN hielt ihren Kurs hoch am Wind. Grünes Wasser ergoss sich über das Vorschiff, stampfend bohrte sich der Rumpf gegen eine ruppige, steile See. Ich wendete kurz unter Land und steuerte AURYN dann weit hinaus in den Atlantik, in der Hoffnung, den unangenehmen Kreuzseen zu entgehen, die Wind und Welle auf dem flachen Kontinentalsockel verursachten.

Unter einer tief hängenden Wolkendecke und ohne Sterne segelten wir in die kompakte Masse einer pechschwarzen Nacht. Nur die brechenden Wellenkämme erhellten mit weißem Schimmer die nächtliche Hochseeszenerie. Am Wind segelnd schüttelte AURYN das Wasser der überkommenden Seen ab und wurde doch nie trocken. Ich lag eine Zeit im Schutz der Sprayhood im Cockpit, doch als ich um mich herum nur noch Nässe fühlte, verzog ich mich in die trockene Koje. Um mir wieder einmal einen Überblick darüber zu verschaffen, was außerhalb meines kleinen Kosmos lag, hörte ich Nachrichten der Deutschen Welle. Immer noch beschäftigte sich die Welt mit den Terroranschlägen des 11. September. Die Selbstgerechtigkeit des religiösen Fanatismus löste solch heftige Resonanzen aus, dass nicht nur Amerika zitterte. Die Welt fürchtete einen verheerenden Krieg, weil die Anzeichen auf Vergeltung standen. Immer wieder drohend verkündet vom Präsidenten Amerikas, von George W. Bush, der sich so gern auf die Bibel berief. Und dabei war sie es gerade, die ihn lehrte, seine Feinde zu lieben und nicht zu vernichten (Matthäus 5.38-48).

Segeln im Orinoko-Delta

Am zweiten Tag näherten wir uns auf der Kreuz gegen den Wind wieder dem Kontinentalsockel und segelten bald im flachen Gewässer des Orinoko-Deltas, womit sich nicht nur die Tiefe des Wassers abrupt änderte, sondern auch seine Farbe. Das Tiefblau des Ozeans mischte sich plötzlich mit der gelb-braunen Soße, die der Orinoko ins Meer spülte und das, obwohl das Land weit hinter dem Horizont lag. Bei der Positionseintragung war ich erstaunt über die Weite dieser Flussmündung. Haben Sie eine Ahnung davon, wie groß das Orinoko-Delta überhaupt ist? Falls der Atlas zur Hand sein sollte, verweise ich auf Belgien. Mit dem Blick darauf vermag man eine Vorstellung von der Fläche des Orinoko-Delta zu bekommen, in dem sich ca. 40 Flussläufe auffächern. Der Fluss selbst, der sich dann 2150 km weit in den südamerikanischen Kontinent hineinzieht, ist der drittgrößte Strom unserer Erde. Aus seiner gewaltigen Länge speiste sich die gelb-braune Soße: Es sind unglaubliche Mengen von Sedimenten, die der Fluss in den Atlantik trägt. Präziser gesagt: 50 Millarden Tonnen – wie Geologen mit einem Hang zur mathematischen Exaktheit errechneten.

In dieser Brühe und in einer kabbeligen See pflügten wir durch die Mündung des Orinoko und mussten auf der Hut sein, nicht auf jene Sandbänke zu brettern, die laut Angabe des nautischen Handbuches in den Seekarten nicht verzeichnet waren, weil sich deren Position durch Sedimentablagerungen und durch die Gezeiten ständig veränderten.

Im Passat lag eine kurzeitige Drehung auf Nordost, wodurch der Wind mit 90° zum Kurs einfiel und die Krängung des Schiffes abnahm. Mit nur noch leichter Schräglage wurde das Segeln wieder angenehm. Die Verspannung löste sich, Körper und Seele vernahmen es dankbar.

Ich fand Muße zum Lesen und kramte eine Bruttoregistertonne der Weltliteratur aus der Bibliothek. Sie kennen Henri Charriere's „ Papillon", das Buch? Vermutlich doch eher die Filmversion mit Steve McQueen und Dustin Hoffman. Wie auch immer, die ehemaligen Sträflingsinseln, auf denen dieser Klassiker spielte, lagen sozusagen vor dem Bug und vor der französischen Kolonie French-Guyana. Eigentlich hatte ich nicht vor, dort einen Stopp einzulegen, aber nachdem mich die Story so fesselte und der Film in den Original-Kulissen der Teufelsinseln spielte, zog mich „Papillon" geradezu an. Ein anderer Grund war ein Riss im Vorsegel, die Genua musste runter und genäht werden.

Vorbei war's mit dem Frieden an Bord, der Passat drehte wieder auf Südost. Es kam wie es ging: Knüppeldick und von vorn, mit Wasserfontänen, derben Flüchen gegen Wind und Strom und einem Reparaturzettel, der wie der Wind ständig zunahm: Der, wenn auch kleine Riss in der Genua beunruhigte mich, das Antennenkabel für den Wetterempfang schien beschädigt und die Windmessanlage war defekt.

Es war die fünfte Nacht auf See, der fünfte Tag in salziger Nässe und das einzige, was an Bord noch trocken war, dürfte der Sherry gewesen sein.

Danach war mir nicht, ich fühlte mich schlapp, befand mich in matter Müdigkeit und doch ließ das ständige Arbeiten mit den Segeln keinen Schlaf zu. In den wenigen Phasen des Ausruhens kam der Zwiespalt. War dieser Weg der richtige, würde es gut gehen?

Eigentlich nicht, sagte die Vernunft. Irgendwie immer, sagte ich und empfand ein Gefühl von Kraft im schwachen Mondschein, der kurz die Wolkendecke durchbrach.

Als ich am frühen Morgen des sechsten Tages übermüdet aus dem Luk blinzelte, empfing mich der weiterhin aus Südost blasende Passat. Doch das Bild sah insgesamt freundlicher aus, auch wenn es merkwürdig erschien, weil AURYN unter einem blauen Himmel durch ein immer noch gelbbraunes Wasser segelte.

Gegen Abend zog von Osten eine drohende Wolkenbank auf. Mein Blick richtete sich ständig darauf, weil im mächtigen Gebilde schwerer Regenwolken Donner murmelte und Blitze zuckten. Im Wettlauf mit dem nahenden Unwetter machte es uns der Strom schwer, er bremste uns mit drei Knoten und dennoch holte uns die Schlechtwetterfront nicht ein, da sie Richtung Nordwest trieb.

Der 7. Seetag – Am Horizont tauchten die Umrisse der Teufelsinseln auf, die mir lange als eine einzige Insel erschienen. Doch als wir uns am Nachmittag näherten, drittelte sich das Bild. Vor mir lagen die Ile St.Joseph, die Ile Diable und die Ile Royale. Zusammengefasst, die Iles Salud. Zwölf Meilen vor der Küste von French Guyana. AURYN lag vor Anker hinter der von den Sträflingen gebauten kleinen Mole der Ile Royale. Nicht nur der Kai schien ein Relikt einer finsteren Vergangenheit zu sein, aus der dichten Vegetation lugten die Hausumrisse des damaligen Lagerkommandanten sowie ein Teil der Häftlingsunterkünfte.

Zelle 234 – der Traum von Freiheit

Der Ankerplatz war nicht gerade kommod, vom Ozean liefen die Wellen herein und sorgten für einen heftigen Schwell in der Bucht. Es schaukelte und rumpelte und so war ich froh, als ich ins Dingi stieg, an Land ruderte und wieder festen Boden unter den Sandalen spürte. Ein dickes Unterholz, in dem kleine Äffchen über die Ästchen flitzten, empfing mich auf dem Weg zum alten Bruchsteingemäuer der verfallenen Gefängnisblöcke. Schlingpflanzen wucherten durch vergitterte Zellen an einem Ort der Mystik, in dem „Papillon“ seinen ungebrochenen Traum von Freiheit gelebt hatte. Die Zeilen aus dem Buch von Henri Charriere wurden zur lebendigen Geschichte, der Film zur Gegenwart. Stellen sie sich einen Block mit hundertfünfzig Zellen vor, eine neben der anderen, jede aus vier dicken Mauern. Ohne Fenster, dafür mit einer dicken Eisentür. Ein Betonblock als Pritsche, ein metallener Kloeimer. Als Decke der Zelle dienen gekreuzte Eisenstäbe, darüber führt ein Holzsteg, über den die Aufseher unaufhörlich patrouillieren.

Die tropische Sonne brannte, die Hitze flimmerte. Gespräche waren verboten. Zweimal am Tag unterbrach eine Trillerpfeife die Stille: Zum Essen und wenn die Pritsche zum Schlafen benutzt werden durfte.

In Zelle 234 versuchte Papillon zu überleben, ohne verrückt zu werden in jener barbarischen Einrichtung, die das Mutterland der Freiheit, auf dessen Boden die Menschen- und die Bürgerrechte geboren wurden, auf einer einsamen Insel im Atlantik errichtet hatte. 6000 Gefangene, politische (Dreyfus und Konsorten) sowie hauptsächlich Kriminelle schaffte die Grande Nation, Frankreich, in Schiffen über den Atlantik und verbannte sie vor die Küste Südamerikas.

Ein Blitz, das Licht flammte auf. Der Posten hatte sich lautlos angeschlichen und leuchtete sein Verließ aus, in dem Papillon auf und ab ging. Eins, zwei, drei, vier, fünf – zurück. Eins, zwei, drei, vier, fünf – kehrt! Stundenlang. Er will den Spitznamen dieses Gebäudes, Menschenfresserin, Lügen strafen! Hält sich fit, um eines Tages von dieser Insel mit einem Sack Kokosnüsse und mit Hilfe der Strömung an Land zu flüchten. Der Gedanke an die Freiheit hielt ihn wach. „Ihr Käsegesichter, die ihr mich verurteilt habt, schlaft ruhig weiter. Wenn ihr wüsstet, wohin ihr mich geschickt habt, würdet ihr euch entsetzt umdrehen und euch dagegen verwahren, mit einer solchen Bestrafung je etwas zu tun gehabt zu haben“. So könnte er seinen Richtern zugerufen haben, deren unmenschliches Strafsystem nicht überlebte. Papillon dagegen schaffte es. Nach jahrzehntelanger Gefangenschaft und mehrmaligen Fluchtversuchen fand er den Weg in die Freiheit und lebte die letzten Jahre seines Lebens als freier Mann.

Eines ging mir nicht aus dem Schädel: Wenn ich dem Tatsachenbericht von Henri Charriere, der als Papillon bekannt wurde, glauben sollte, wonach er mit Hilfe eines Sacks voller Kokosnüsse an die Küste von Französisch-Guyana geschwommen sei, dann mussten sich die Strömungen in den letzten Jahren stark verändert haben! Nach eigener Erfahrung hat mir der Strom eine ganz andere Geschichte erzählt. Er setzt unabhängig vom Stand der Tide immer von der Küste weg, in Nordwest und dermaßen stark, dass unter den vorherrschenden Bedingungen kein Mensch zum Ufer von French-Guyana schwimmen kann. Er wäre frühestens nach einigen Wochen in Tobago angekommen! Wie auch immer, eine verdammt spannende Geschichte und die Iles Salud ein mystischer Platz, an dem ich trotz Schaukelei vor Anker gerne noch geblieben wäre. Doch wir mussten weg – Schuld hatte Ariane.

Kaimane, Piranhas und ein Weltraumtraum

Die Teufelsinseln gehören zum Privatbesitz der ESA, der europäischen Weltraumagentur, und von ihrer Startrampe in Kourou sollte die Trägerrakete Ariane mit einem neuen Satelliten ins All geschossen werden. Aus Sicherheitsgründen war der Seeraum vor French-Guyana tabu, darum segelte ich AURYN nun platt vor dem Wind in Richtung des südamerikanischen Kontinents, der nach einer Stunde aus dem Horizont stieg. Langsam schienen sich die fernen Landmassen aus ihrem Zustand der Erstarrung zu befreien und ihre Arme nach uns auszustrecken, denn als wir näher kamen, ragten zahlreiche Sandbänke bis weit hinein in das flache Gewässer. Ein ausgetonntes Fahrwasser markierte die tückischen Untiefen und als ich den Fluss erreichte, der nach Kourou führte, stand uns ein starker Ebbstrom entgegen. Unter Motor lenkte ich mein Schiff landeinwärts. Vorbei an einer Landschaft, die an Backbord ohne Zivilisation schien, da das Dschungeldickicht direkt am Wasser endete. An Steuerbord standen einige Pfahlbauten auf fragilen Stützen in einem modrigen Sumpfgebiet und es sah nicht so aus, als ob in ihnen jemand wohnen wollte. Immer tiefer in den Urwald hinein führte der Fluss, bis hinter einer Biegung eine Fischersiedlung auftauchte. Davor lagen an Mooringtonnen befestigt ein paar Boote in einer idyllischen Umgebung, jedoch war das Bild trügerisch. Als in der Flussmitte der Anker über Bord ging, war der Strom mit 5 Knoten dermaßen stark, dass ich alles an Ankerkette rausrasseln ließ, und das waren immerhin sechzig Meter. Als der Strom kenterte, drehte sich AURYN wie von Zauberhand um einhundertachtzig Grad. Die äußeren Umstände ließen mir zunächst keine Ruhe, um AURYN für einen Landausflug so gelassen zu verlassen, wie vermutlich der Eigner jener französischen Yacht, die im reißenden Ebbstrom auf Drift ging und erst auf der anderen Seite des Flusses in den Mangrovensümpfen gestoppt wurde.

Im Übergang der Stromkenterung vom auf- zum ablaufenden Wasser war der Fluss nicht so reißend, so dass ich ein paar Stunden Zeit hatte, mir die Umgebung näher anzuschauen. Eine kleine Dingifahrt führte mich in den Seitenarm des Kourou-River.

Fahr nicht so weit hinein, sagte Pierre, dem ich half, sein Schiff aus den Mangrovenwurzeln zu ziehen und neu zu verankern. In den Sumpfgebieten gibt's ein paar bösartige Wilde. Wenn sie dich sehen, verfolgen sie dich, ergänzte er seine Warnung. Blödsinn, weil nichts dergleichen geschah. Während ich das Beiboot in der Dämmerung in das schmale Gewässer steuerte, erwachte der Dschungel. Ein ohrenbetäubendes Gezwitscher tropischer Vögel setzte ein, das Geschrei der Brüllaffen ertönte und etwas Rotes lugte aus dem modderigen Ufer: Die Augen von Kaimanen. Laut Pierre würden sie von den Fischern gejagt und das Fleisch dieser kleineren Ausgabe der Krokodile sei eine Köstlichkeit. Für mich schmeckte es eher zäh und ledern, als ich es anderntags goutierte. Angeblich gab es Piranhas im Fluss und das machte mich neugierig. Zurück an Bord schmiss ich ein paar Essensreste ins Wasser und in der Tat knabberten diese Nager bald daran. Damit schied eines aus: Die Runden ums Schiff bei meinem geliebten Morgenbad. Als Dank dafür, dass ich ihm bei seinem erneuten Ankermanöver half, hatte Pierre mich zum Essen eingeladen. Er lebte seit Ewigkeiten in der französischen Kolonie French-Guyana, drillte einst die Söldner in der Fremdenlegion und leitete seit einigen Jahren die Fischverarbeitungsgesellschaft, die just in dem Moment, als er zu ihrem Standort wies, ihre Abfälle im Fluss entsorgte. Hunderte von Piranhas schienen sich darum zu balgen, das Wasser schäumte. Spurten seine Untergebenen, die „faulen Neger“, nicht, würde es ihnen ähnlich ergehen, prahlte Pierre nun in seiner ganzen Selbstzufriedenheit und legte in einem Rassendünkel dar, dass ein Weißer besser sei als tausend Schwarze. Seine Kommentare waren knapp, schlicht und haarscharf am Rassismus vorbei. Es war die Sprache derer, die zuviel von sich selbst halten und eine Einstellung, die den Weißen unbezwingbar machte auf seinem glorreichen Weg um die Welt. Bestimmt von Goldgier, Sklavenhandel, Missionarisierung und Besitzansprüchen. Doch was hatten die zivilisierten Weißen den Schwarzen hinterlassen, außer Mord, Plünderung, Vergewaltigung. Sowie Seuchen und Krankheiten, die sie vor der Kolonialherrschaft noch nicht gekannt hatten.

Wir kamen vom Käse zum Hähnchen, als der Donner grummelte und ein Feuerball den Dschungel erhellte. Ariane stieg in den Nachthimmel von Kourou und verwandelte sich in einen funkelnden Kometen, während ein schemenhafter Sklavenabkömmling seinen Einbaum durch den Strom steuerte. Er winkte kurz zu uns herüber, dann verschluckte ihn die Dunkelheit. Was für ein Anachronismus: Auf dem Fluss der Schwarze in seinem archaischen Einbaum, über uns Ariane, die mit gerade noch erkennbarem Schweif über den Sternenhimmel zog und gestartet wurde von einem Technologiezentrum, das sich zwischen Mangrovensümpfen und Regenwäldern befand. Warum sie in Kourou, weit entfernt von der alten Welt und in der tropischfeuchten Hitze in der Nähe des Äquators, abgeschossen wurde? Interessante Frage, wir gingen ihr am nächsten Tag nach.

Vorbei an schäbigen Siedlungen, deren Müll sich am Weg stapelte, erreichte ich Kourou und wunderte mich über die akkurat angelegten Straßen einer Kleinstadt, die nicht besonders hübsch erschien und deren einzige Abwechslung der bunte Gemüse- und Obstmarkt bot. Halt, noch etwas erstaunte mich an diesem schwülen Tag, als ich vor dem Geldautomaten stand und kurz darauf in einem neuen Land eine fremde Währung in den Händen hielt: Sie nannte sich Euro!

Ich lieh mir ein Fahrrad und fuhr zum Bahnhof, der weit außerhalb der Stadt lag und radelte über eine neu asphaltierte, aus den Fleischtöpfen der EU finanzierte Straße mitten im Dschungel. Nach einer Stunde erreichte ich den europäischen Weltraumbahnhof der ESA. Bevor ich zum Informationsgebäude durch das Haupttor fuhr, marschierte ich um das Gelände, um mir einen Überblick zu verschaffen. Doch ich kam nicht weit. Die Abschussrampe war deutlich zu erkennen, Arbeiter waren damit beschäftigt, für den nächsten Start das Gerüst vorzubereiten. Der Abschuss dieser über 100 Millionen Dollar teuren Rakete, die Satelliten im Weltraum aussetzte, trieb nicht nur den Verantwortlichen den Schweiß auf die Stirn, sondern sorgte auch dafür, dass sich Fremdenlegionäre ihre Gesichter olivgrün färbten. Mit dieser Tarnung schwärmten sie aus, um potenzielle Saboteure ausfindig zu machen. Aber war ich wirklich einer? Zumindest erschrak ich, als zwei finster dreinblickende Söldner aus dem Busch sprangen und mich aufforderten, gefälligst den Eingang zu benutzen und nicht durch die freie Wildbahn zu schleichen.

Europas Weltraumtraum

liegt im Dschungel und die Erklärung dafür lag auf der Hand. Die Infobroschüre informierte und beantworte die Frage, warum man ausgerechnet aus dem Busch Ariane ins All feuerte: Durch die Nähe zum Äquator nutzte man die Rotationskräfte der Erde und schoss Ariane gen Osten, quasi mit Rückenwind, in den Weltraum. Dadurch wurden die Abschüsse wirtschaftlicher, weniger Treibstoff bedeutete größere Nutzlasten. Zudem, so hieß es, würde man durch den Abschuss die Satelliten im geostationären Orbit in einer Höhe von 36000 Kilometern besser positionieren können. Soweit dazu.

Ich war zurück am Fluss, aus dem ein Dunst aufstieg, der nicht nur den Himmel und den Dschungel dahinter vernebelte, sondern auch AURYN, die wie aus einer anderen Welt im weißen Schleier lag. Ich nutzte die Zeit bis zum Abend, um meine Dieselvorräte zu ergänzen und da es hier keine Bootsanlegestelle gab, erwies sich das Fahrrad weiterhin als sehr nützlich. Gewappnet mit zwei Dieselkanistern und radelnd sorgte ich für den Spritnachschub von der fünf Kilometer entfernten Tankstelle im Stadtzentrum von Kourou. Einige Male fuhr ich so hin und her. Anschließend nahm ich mir die Genua vor, nähte das Loch im Segel und lötete das Antennenkabel für den Wetterempfänger an der Bruchstelle wieder zusammen. Der Empfang der Isobarenkarten an Bord war mir sehr wichtig, gerade jetzt, da mit dem Äquator ein heikles Seegebiet vor uns lag, in dem die Konvergenzzone das Wetter entscheidend beeinflusste. Was ist denn eine Konvergenzzone? könnte jemand fragen. Die Konvergenzzonen sind tropische Wetterstörungen am Äquator, die zwischen den beiden Passatregionen nördlich und südlich des Äquators auftreten. Diese meteorologischen Gebilde verändern ständig ihre Lage, Ausdehnung, Zugrichtung und Intensität. Aus einer aktiven Konvergenzzone kann sich eine tropische Störung bis zu einem Wirbelsturm entwickeln. Grauer Himmel, schwere Regenschauer und Gewitter sind die üblichen Begleiterscheinungen und treten besonders intensiv in der Nähe des Amozonas-Deltas auf. Weil ich genau dorthin am nächsten Morgen starten wollte, konnte ich den aktuellen Wetterbericht kaum erwarten. Die tropische Konvergenzzone war nicht aktiv, der Wind sollte aus Südost mit vier Bft wehen und vereinzelte Schauer begleiteten die Vorhersage.

Meertage

Während ich den Anker hochzog, brachen die ersten morgendlichen Strahlen durch einen aufklarenden Himmel. Die Tide hatte sich umgekehrt und trieb uns nun mit 4 Knoten auf die offene See. Als ich am 6.2.02 meine Logbucheintragung beendete, lag French-Guyana hinter uns und vor dem Bug das gewohnte Bild einer ruppigen See, in der AURYN wieder hoch am Wind segelte und gegen den Südost kreuzte. Schlag auf Schlag, Wende um Wende. Weil sich durch den Zickzack-Kurs gegen den Wind die Zeit verdoppelte, veranschlagte ich für den Törnverlauf bis zur Amazonasmündung sechs Tage. Ansonsten beschäftigte ich mich nicht weiter mit der Navigation, da es auf solchen Kursen meistens anders kommt als geplant. Doch der Amazonas ließ mich nicht los. Einerseits bedeutete er einen Anflug von reizvoller Sehnsucht, andererseits schreckte er mich nach der Ermordung von Sir Peter Blake ab. Meiner Abenteuerlust, den Amazonas zu befahren, fühlte ich mich verpflichtet, zugleich hielt sich das hartnäckige Gefühl, dass ich genau das nicht tun sollte. In der Ambivalenz dieser Impulse suchte ich nach etwas, das den Ausschlag, für welche Entscheidung auch immer, geben sollte und hörte deshalb die Nachrichten und das Amateurfunknetz. Durch die zahlreichen Meldungen ergab sich zunehmend deutlicher ein Bild vom Tatvorgang und es sah so aus, als ob die brasilianische Piraten Blake deshalb erschossen, weil dieser meinte, vor seiner Crew den Helden spielen zu müssen. Anstatt ihnen zu geben, wonach sie verlangten, eine Uhr und etwas Geld, schoss er auf die Banditen und starb für eine Handvoll Dollars, als diese das Feuer erwiderten.

Den Tag über herrschte ein böiger Wind, so dass ich im ständigen Ein- und Ausreffen der Segel genügend Arbeit hatte. Dazu beschäftigten mich die zahlreichen Wendmanöver. Auch die Nacht verlief nicht entspannter, obwohl ich die Ruhephasen zwischen den Nachtwachen etwas ausdehnte, weil ich mir in dieser Region nicht vorstellen konnte, auf andere Schiffe zu treffen.

Am nächsten Tag blies der Wind ebenfalls so stark, dass er die Schaumkronen von den brechenden Wellen riss und ihre silbrigen Fetzen durch die gischtige Luft schleuderte. Obwohl ich das Gefühl hatte, dass die kräftigen Böen in ihren Spitzen an Power verloren, musste ich auf der Hut sein, denn die Kalmen, denen wir uns nun näherten, waren und blieben eine schwierige Passage. Entweder herrschte dort lähmende Flaute oder das Gegenteil davon. Der Passat nahm weiter ab. Das Barometer stieg und die Luft war so schwülfeucht, dass man sie auswringen konnte. Pechschwarz verdichtete sich der gesamte östliche Horizont. Der Wind drehte auf Süd und dann kam der Regen. Er prasselte so schwer herunter, dass AURYNS Bugspitze nicht mehr zu sehen war und ließ die See weiß schäumen. Es schien, als wolle die Welt untergehen. Bloß kein Gewitter, dachte ich, doch bald darauf krachte der Donner und Blitze zuckten. Auch wenn die Gewitterfront vor uns in Richtung Brasilien zog, blieb eine Nimbuswölkung, aus der es zwölf Stunden ununterbrochen regnete. Weil die Sichtweite zeitweise weniger als hundert Meter betrug, saß ich überwiegend unter Deck und vor dem Radarschirm. Angespannt und konzentriert, bereit, sofort an das Ruder zu springen, falls ein dunkler Punkt auf dem Bildschirm erscheinen würde und sich ein Dampfer nähern sollte.

Trotz der äußeren Bedingungen spürte ich eine Geborgenheit und das, obwohl ich am Abend so weit weg von der Sicherheit des Landes war, wie man es nur auf einem Segelboot sein konnte. Dennoch, sobald ich die Kajüte betrat, fühlte ich mich zu Hause und diesen Augenblick konnte ich nirgendwo so intensiv empfinden wie auf AURYN.

Nachdem die Schlechtwetterfront endlich durchgezogen war, folgte einem Tag mit Regen eine Nacht mit Mondschein. Die niedrigen Breitengrade ließen das Universum noch eindrucksvoller erscheinen, denn nirgendwo sonst kann man so viele Sterne auf- und untergehen sehen, wie in der Nähe des Äquators. Zum ersten Mal sah ich schräg voraus auf das Kreuz des Südens, während der Grosse Wagen und der Nordstern nur noch knapp über dem Horizont standen.

Mit Sonnenschein und noch weniger Wind kam der Morgen. AURYN segelte nun in der Region der berüchtigten Kalmen. Das sind jene fünf Breitengrade nördlich und südlich des Äquators, in denen es ordentlich auf die Mütze gibt oder die Schiffe, sofern es Segler waren, mit flappenden Segeln dahinschleichen, so wie wir es taten. An einem Tag, wo die Sonne brannte und vereinzelte Wolken schwerbeladen tief am Himmel hingen. Unter einer schwülen Dunstglocke sehnte ich mich nach den Flügeln eines Ventilators, während „Karl" den Kurs von 130° übernahm und AURYN unter Motor zum nächsten nautischen Highlight unserer kleinen Segelreise steuerte: Der Überquerung über den Äquator! Trotz der lähmenden Flaute überkam mich eine Vorfreude darauf und ich fühlte mich so wohl wie Hans Albers in der Badewanne, auch wenn das Thermometer 35° Grad anzeigte und die Luftfeuchtigkeit bei 90% lag. Mit einem Schweißvorhang auf dem Körper und einem Buch unter dem Arm verholte ich mich zum Bug, wo der Fahrtwind einen Hauch von Frische fächelte.

„Denn es waren ihrer noch in die Vierzig krank, welche am ganzen Leib heftig geschwollen waren, als die Kalmen uns in ihren Klauen hielten. Nachdem ihnen aber diese frische Kost zukamen und Früchte dienlich eingegeben, ist das Wasser von oben und unten von ihnen gegangen, dass sie also in kurzer Zeit wieder zurechte kommen und vorige Gesundheit erlangt haben“ Das war im Jahr 1607 und ich fand diese auf Antik gebeizte Schilderung bei Johann Verken, der eine Reise in die Tropen auf einem Schiff der Ost-Indischen Compagnie mitmachte und erlebte, wie ihr Dampfer über Tage in den Kalmen windlos dahin trieb. Derartige Hungerödeme, wie Verken sie beschrieb, gehörten zu den Schrecken früherer Schiffsreisen. Skorbut ist nichts anderes als Vitaminmangel und war bereits auf den Reisen eines Kolumbus und Vasco da Gama die Geißel der Seefahrt, die im Verlauf der Zeit Zehntausende von Seeleuten dahinraffte. Erst zweihundert Jahre später kam dem englischen Schiffsarzt James Lind das Verdienst zu, den Zitronensaft als einzig wirksame Prophylaxe bekannt gemacht zu haben.

Post von Neptun

Dem Tag mit Flaute folgte eine Nacht mit Halluzinationen, fremden Stimmen und anderen Merkwürdigkeiten. Es begann wieder bei Null, als wir in die südliche Hemisphäre eindrangen und durch den Chef der Ozeane bestätigt wurden:

Wir, Neptun, Beherrscher aller Meere, Seen, Flüsse, Teiche und Moräste bekunden hiermit, dass der Erdgeborene Mensch Bernt L. an Bord des uns wohlgesinnten Segelschiffes AURYN, heute vom Schmutz der gemäßigten Zonen gereinigt und nach unserem Ritus getauft wurde. Gehörigt, gesalbet und wohl vorbereitet darf er Unsere reinen, freien Gewässer nördlich/südlich des Äquators zum Wohle der Seefahrt befahren. Es war der 15.2.02, als AURYN auf 45° 55’ Minuten westlicher Länge die imaginäre Linie überquerte. Den für die Äquatortaufe vorgesehenen Sherry übergab ich Neptun, ich selbst verzichtete auf einen Schluck: Sechs Uhr morgens war nun wirklich nicht die Zeit dafür, außerdem erforderte der anbrechende Tag meine ganze Konzentration. Das Amazonasdelta war erreicht und irgendwo hinter dem Horizont lag ein anderes Land, sollte es andere Menschen geben.

In dieser Spannung fuhren wir in den Amazonas ein. Doch ich hatte nicht das Gefühl, dass es sich dabei um einen Fluss handelte. Der Strom war so breit, dass mich das Gefühl umgab, noch auf dem Meer zu treiben. Der Himmel flimmerte vor Hitze und einer Täuschung ähnlich zeichnete sich weit entfernt die Uferlinie von Brasilien und der Regenwald des Amazonas wie ein dünner Strich ab.

Im Dunst sah das Land aus wie in ein Geheimnis gehüllt, wogegen das nautische Benutzerhandbuch für den Amazonas sich eher an nüchterne Tatsachen hielt: Eine davon warnte vor der Paroa, einem tückischen Gezeitenstrom, der bei Springtide bis zu zehn Knoten und damit schneller als manches Schiff den Amazonas hinunterschoss, wobei die Paroa meterhohe Wellen vor sich herschob, die mit Leichtigkeit ein Schiff zum Kentern bringen konnten. Ich hatte keine Schwierigkeiten, mir das kochende Wasser vorzustellen und erwähne es auch nur deshalb, weil … es Vollmond war, also Springtide!

Deshalb navigierte ich äußerst sorgsam und freute mich, zum berechneten Zeitpunkt, an dem das Wasser flussaufwärts trieb, das markierte Fahrwasser zu erreichen. Doch die rotweiße Ansteuerungstonne war nicht vorhanden, zumindest nicht dort, wo sie laut Koordinaten der Seekarte sein sollte! Sie befand sich 1,6 Seemeilen östlich davon. Mit dem auflaufenden Wasser steuerte ich nun AURYN unter Motor flussaufwärts und hatte bis zur Stromkenterung sechs Stunden Zeit, meinem Ziel, der Stadt Belem, näher zu kommen und mir bis zum einsetzenden Ebbstrom einen sicheren Ankerplatz zu suchen.

Das Mahnmal am Amazonas

Turmhohe Wolken zogen bereits am Vormittag über dem Dach des Regenwaldes auf und pünktlich zum Nachmittag entluden heftige Wolkenbrüche ihre lauwarmen Wasserlasten.

Stark war der Strom, ich musste auf der Hut sein und wich gerade noch einem riesigen Tropenbaum mitsamt Wurzeln aus, danach trieben ein paar Ölfässer vor dem Bug, unweit jener Position, an der Sir Peter Blake auf seinem Schiff ermordet wurde. Auch ansonsten war das Bild der Umgebung eher düster. Wo sich bis vor einiger Zeit noch dichter Regenwald befunden hatte, gähnte eine Steppe in das Landesinnere Brasiliens hinein, wie ein Mahnmal. Allerdings keines, das den Ökoromantikern Wasser auf ihre Mühlen goss, wonach es der Mensch ist, der den Planeten zerstört, auf dem er wohnt und damit die Natur, mit der er nicht im Einklang lebt. Diese These ist nichts anderes als Quatsch. Die Natur lebt nicht im Einklang mit sich selbst und ist alles andere als im Gleichgewicht. Erdbeben, Vulkanausbrüche, Tsunamis und andere Katastrophen beweisen es immer wieder eindrucks-, wenn auch leidvoll. Die von Menschen hinterlassenen Stummel des abgeholzten Regenwaldes waren eher eine Hinterlassenschaft von Profitgier und Erinnerung daran, dass es der Natur schnurzegal ist, ob wir Schlaumeier in ihr wohnen oder nicht. Egal, ob der Mensch die Ressourcen der Erde ausbeutet oder ihre komplexen Lebensformen vernichtet. Noch immer werden Chemikalien in die Flüsse geleitet und radioaktiver Müll in den Meeren versenkt. Die Natur wird's schon schlucken, jeden Tag neu und doch wird Homo Sapiens den Planeten und die Natur nicht zerstören – nur sich selbst.

Unter einem Himmel, den es nicht mehr gab, zog ein riesiger Vogelschwarm über uns hinweg. Bald darauf wurde die Strömung schwächer. Es wurde Zeit, nach einem Ankerplatz Ausschau zu halten, denn lange würde es nicht mehr dauern, bis der Strom kenterte und uns zurück trieb. Außerdem sollte es bald dunkel werden. Durch die Nähe zum Äquator trat diese Dunkelheit schlagartig ein, weil sich im 12-Stunden-Takt und fast ohne Dämmerung tiefschwarze Nacht und gleißende Tageshelle nahezu übergangslos abwechselten.

In einem Seitenarm des Amazonas fand ich einen Ankerplatz, mitten im Flüsschen. Umgeben von Mangrovenbüschen und auf 12 Meter Wassertiefe rauschte der Anker aus. Stellen Sie sich bitte dieses Bild vor und halten es kurz fest. Wir kommen gleich noch darauf zurück, doch vorher beschäftigten mich die Tembladores, die Zitteraale, und anders als Piranhas, die einen Menschen oder ein Tier in wenigen Minuten bis auf das Skelett abnagen können, haben diese Tembladores noch üblere Tricks auf Lager. Sie sollen ihre Beute, Mensch oder Tier, umkreisen und ihnen einen elektrischen Schlag versetzen, um dann das gelähmte Lebewesen bis zur völligen Auflösung auszusaugen. Mit dieser Vorstellung und dem Einbruch der Dunkelheit legte ich mich schlafen, während in der Ferne der Urwald erwachte.

Als ich am nächsten Morgen über die Reling pinkelte, glaubte ich meinen Augen nicht zu trauen: Wo gestern Abend noch Mangrovenbüschel aus dem Wasser geragt hatten, stand jetzt eine Wand aus riesigen Tropenbäumen! Ich hatte den Tidenhub zwar bei der Wahl des Ankerplatzes berücksichtigt, doch nicht, dass dieser dann über 8 Meter betrug. Es war ein Irrtum, aus Mangel an Erfahrung. Erfahrung aber erringt nur, wer Fehler macht und aus ihnen lernen kann oder etwas versucht, statt nichts zu tun. Sagte ich mir ohne Schuldgefühle und schmunzelte bei der Vorstellung, wie es wohl ausgesehen haben könnte, wenn AURYN auf einer solchen Baumkrone „geankert" hätte.

Doch dann verging mir das Lächeln.

Im lauten Geknatter eines Außenbordmotors näherte sich ein Beiboot, in dem sich sechs zerlumpte Gestalten befanden. Bewaffnet, wie ich im Fernglas erkennen konnte. Während sie AURYN musterten und langsam auf uns zusteuerten, näherte sich mir der Glaubenssatz des Waffentragenden: Zeige nie eine Waffe, wenn Du sie nicht gebrauchen willst. Gebrauche sie nie, es sei denn zum Töten!

In Anbetracht dessen bekam ich nicht nur das Gefühl, in einer Gefahrenzone unterwegs zu sein, sondern machte mich auch darauf gefasst, dem Tod zu begegnen. Den glaubte ich jedenfalls im knochigen Gesicht des Typen zu erkennen, der lässig einen Patronengurt um die Schulter trug und in der Art, wie er seinen Kumpel stumm anwies, näher an uns heranzufahren. Dann spie er seinen Rotz aus und nickte dem Fahrer zu, was soviel bedeutete wie Gas zu geben, denn mit einer mächtigen Wasserverdrängung umkreiste ihr Boot AURYN, dann verschwanden sie. Was mir blieb, waren die hochkomplexen Überlegungen, ob ich angesichts dieser Eindrücke und der Geschehnisse um Peter Blake noch Nerven hatte, den Amazonas weiter aufwärts bis Belem zu fahren. Gewöhnlich pflegt der Instinkt unter Anhörung der Neugier die Entscheidung für sich zu fällen, doch an diesem Vormittag hatte die Vernunft die eindrucksvolleren Argumente. Ich zog den Anker aus dem Modder des Amazonas und haute ab.

Obwohl der Dieselvorrat sich zu Ende neigte, fuhr ich unter Motor und mit dem ablaufenden Wasser in Richtung offenes Meer. Der Ebbstrom riss AURYN mit, nahm später noch eine Palme auf und ließ uns gewähren.

Gegen Abend strömte der Fluss seiner Mündung entgegen und wurde darüber weit, so weit wie ein Meer. Um das Amazonasdelta endgültig zu verlassen, hieß es zweihundertachtzig Meilen hinter uns zu bringen. Dafür benötigt man ungefähr drei Tage, falls der Wind mit einem ist. Segelt man jedoch gen Osten, so wie wir, und kreuzt gegen den Passat, so multipliziert sich nicht nur die Zeit, sondern man hat auch die Gelegenheit, eine Menge Frustrationen anzusammeln.

Ich knabberte lange an der Entscheidung, im Amazonas einen Rückzieher gemacht zu haben, so kurz vor meinem Ziel Belem und der Chance, anschließend noch weiter flussaufwärts zu fahren. Die alte Kautschukstadt Manaus zu erreichen, wäre ein Traum gewesen. Oder auch einen jener Indianerstämme zu besuchen. die im Amazonas-Urwald ohne jeglichen Kontakt zur Außenwelt lebten. Ich verfluchte um so mehr meinen Entschluss, als ich später beim Zoll in Forteleza/Brasilien die Begegnung mit den Flusspiraten den Beamten schilderte und diese sie als normal abtaten. Die Typen, so erklärten sie, würden die Claims der Goldschürfer an den Ufern des Amazonas bewachen und wären in der Regel harmlos. Auch wenn sie gelegentlich mit Waffen die Indios angriffen, weil diese nicht bereit waren, ihnen zuliebe von ihrem Land zu weichen.

Obwohl der Amazonas bereits lange im Kielwasser lag, konnte man selbst am dritten Tag noch weit im Meer das Süßwasser des Flusses schmecken, was mir auffiel, als ich das Messer zwischen die Zähne klemmte, um den Fisch, der eben noch an der Schleppangel hing, auszunehmen und zu säubern.

Blitze, Donner und Johanniskraut

Forteleza an der Nordostküste von Brasilien hieß nun mein nächstes Etappenziel. Sieben Tage koppelte ich für den Törn und ergänzte die Eintragung im Logbuch mit den aktuellen Daten des dritten Seetages:

Südostwind Stärke 6, Seegang 4, Baro 1030, 2/8 Kumulusbewölkung, Segel: Groß und Genua im 2. Reff. Auf Backbord hoch am Wind, Kurs 90°. Wettervorhersage: Gewitter am Abend!

Es herrschte ein steifer Passat, der auf dem Kontinentalsockel steile Wellen vor sich herschob. Die viel zu früh hereinbrechenden Nächte störten mich zutiefst, weil sie gerade bei Neumond pechschwarz waren. Am Abend frischte der Wind stark auf und wir segelten unter einer Masse von drohenden Schauerwolken, aus denen zunächst Donner an mein Ohr drang und bald darauf Blitze zuckten. Ein mächtiges Kraftfeld zog auf, keine Chance, ihm zu entkommen und so segelten wir direkt in die Gewitterfront, womit die Konturen einer chaotischen Nacht Gestalt annahmen.

In den Momenten, wo ich spürte, den Gewalten hilflos ausgeliefert zu sein, in einem lähmenden Abwarten, wie die Sache für uns wohl ausgehen mochte, versuchte ich, mich immer zu beschäftigen und das bedeutete bei aufziehenden Gewittern, dass ich die Kurzwellenantenne vom Achterstag abbaute, um eine Zerstörung durch einen Blitzeinschlag zu vermeiden. Danach schraubte ich dicke Kupferkabel an die Wanten und Stagen, die im Wasser hängend hinterher geschleppt wurden. Damit hoffte ich, einen Teil der Energie, die der Blitz in den Mast schlug, ins Wasser abzuleiten. Das klang sehr theoretisch, als ich irgendwo einmal von dieser Maßnahme las, aber es erschien mir besser, als abzuwarten und nichts zu tun. Der Wind hatte noch weiter zugenommen und damit die Grenze überschritten, wo es entspanntes Segeln nicht mehr gab.

In der Finsternis erleuchteten die Blitze die Brecher der See so gespenstisch, dass ich im Antlitz der Naturgewalten Angst bekam und mein Notfallcase und die Rettungsinsel an Deck bereithielt. Der Kern des Gewitters stand bald direkt über uns. Zum Greifen nah schlugen die Blitze um uns herum ein. Regenschauer fegten über das Deck und Sturmböen folgten. Im infernalischen Donner und in fliegender Gischt brauchte es nicht mehr viel, um johanneskrautsüchtig zu werden. Meine Nerven waren am Ende, die Nacht war es leider noch nicht. Ich fühlte mich unendlich leer. Was mich wach hielt, war der Anblick der gewaltigen See, die meterhohe Wellen vor sich herschob. Sie kamen aus dem Nichts und verloren sich ebenso schnell wieder im Irgendwo.

Wie lange ich bereits segelte, ohne geschlafen zu haben, wusste ich nicht mehr, weil ich jegliches Zeitgefühl auf See verlor. Es kümmerte mich auch nicht besonders, dass mich auf diesem Törnabschnitt einmal mehr die andere emotionale Seite des Fahrtensegelns berührte, die in Kampf und angstvollen Momenten bestand. Dieses andauernde Auf und Ab von Höhen und Tiefen lässt sich nirgendwo spürbarer erleben als auf einem Segelschiff, wo sich der Mensch so klein und der See ausgeliefert fühlt, die er nie beherrschen wird. Dennoch oder gerade deshalb sind es die Lektionen in Demut, die Ängste und die Hoffnungen, die einer Segelreise ihr wirkliches Gesicht geben.

Als die Morgendämmerung den Kokon der chaotischen Nacht zerriss, fühlte ich mich zerschlagen und müde, nachdem die unbarmherzig auf uns einprügelnde Schlechtwetterfront endlich durchgezogen war. Die Bewölkung lockerte sich zunehmend auf, indes konnte sich die aufgewühlte See noch nicht beruhigen, sie machte es uns den ganzen Tag über weiterhin schwer. Der Passat war zurück, er blies mit 5 Bft aus Ost und füllte mit einer steifen Brise AURYNS Segel. Der Bug spaltete die Wellen und die Gischt flog. Das vorbeischießende Wasser, das Rauschen am Rumpf, die knarrenden Schoten – all das suggerierte eine schnelle Fahrt. Doch das abstrakte Wissen, dass wir gegen Wind und Strom nur langsam vorankamen, bestätigte sich durch nüchterne Zahlen bei der Eintragung der Mittagsposition sowie der Berechnung der zurückgelegten Meilen der letzten vierundzwanzig Stunden zum direkten Ziel Forteleza: 26 Meilen, lautete das deprimierende Ergebnis. Der tropische Sturm hatte uns nicht nur hart gefordert, sondern auch zurückgetrieben. Doch das war nun Vergangenheit. Vor uns lagen die letzten beiden Tage dieses harten Törns. Im Sonnenschein und unter einem friedlichen Abendhimmel zog AURYN gelassen ihren Kurs. Außer ein paar Wendemanövern in der Nacht blieb für mich kaum Arbeit mit den Segeln. „Karl" übernahm seine Nachtschicht am Steuerrad, ich legte mich zu ihm und gab mich unter einem gewölbten Sternenhimmel der Weite des Universums hin.

Der Sonnenaufgang hatte etwas Besonderes, außer einem gleißenden Licht und knalligen Farben am Himmel zogen Seevögel über das Wasser und kündeten vom nahen Land, welches sich allerdings kaum zeigte. Um zu wissen, wie es um die Topografie der nordöstlichen Küste des südamerikanischen Kontinents bestellt war, segelte ich AURYN hoch am Wind und auf einem langen Schlag vom Ozean bis zu der Zone, wo ich das Land vermutete. Doch erst der weiß schäumende Streifen einer Brandungszone war das erste Anzeichen dafür, wo das Meer endete und Brasilien begann. Ich wendete kurz vor einer Strandlandschaft, die, von ein paar Sanddünen abgesehen, wie eine Linie ins Nichts verlief. Als der Bug von AURYN wieder in Richtung Atlantik zeigte, stellte sich mein Auge auf unendlich. Am Horizont ging die See in den Himmel über, Meervögel zogen über das flache Gewässer und dann kreuzte das ungewöhnlichste Segelschiff, das ich jemals sah, unseren Kurs. Es war ein Lastensegler mit einem überdimensionalen Lateinerrigg, das aus einem dünnen Mast und einem dürren Großbaum bestand und ein riesiges, an vielen Stellen geflicktes Leinentuch hielt. Die fragile Erscheinung war ein durchaus stäbiges Segelschiff, das Waren von einem Ort zum anderen transportierte oder auf dem Fischer ihrer Arbeit nachgingen. Aus alten Planken und mit rostigen Nägeln grob zusammengezimmert schien mir das Boot nicht wasserdicht. Im Fernglas erkannte ich, wie einer aus der dreiköpfigen Crew ständig Wasser über Bord lenzte, während der Kahn längsseits von AURYN rauschte und die freundlich winkende Crew sich einen Spaß daraus machte, uns ein Stück zu begleiten. Ich schwenkte die Deutsche Flagge, die dunkelhäutigen Seeleute erwiderten den Gruß und dippten mit der brasilianischen zurück. Gemeinsam segelten wir auf Ostkurs durch die anbrechende Nacht. Ich folgte dem schwachen Schein ihrer Petroleumfunzel und einem Skipper, der auf diesen so genannten Jangadas über bewundernswerte Kenntnisse und Erfahrungen über jedes Riff, jede Strömung und Untiefe verfügte. Er brauchte weder Kompass noch Seekarten, weil ihm die terrestrische Navigation seit seiner Jugend bestens vertraut war. Er kannte sich aus und er hatte Zeit. Keiner zählte die Tage seiner Reisen.

Wie viele waren es eigentlich mittlerweile auf unserer? Ich überschlug es kurz und kam auf ca. 550 Tage, als wir uns Brasilien und damit einem neuen Land näherten. Da wir gerade bei den Zahlen sind: Nach fünf Wochen und insgesamt 2300 Seemeilen, ausgehend von Trinidad, erreichten wir Forteleza an der Nordostküste Brasiliens. Die Stadt schlief, ich bekam es wieder so hin, dass wir mitten in der Nacht unser Ziel erreichten, doch die vorgesehene Tonne vor der mit Riffen gespickten Einfahrt zum Yachtklub nicht fand. Es gab auch keine mehr, wie ich anderntags vom Hafenmeister erfuhr. Insofern war es nur logisch, dass das eingeschaltete Radar kein Echo lieferte, so dass mir nichts anderes übrig blieb, als auf See treibend und beigedreht auf das erste Tageslicht zu warten.

Papillon-Teufelsinseln

Sauberkeit an Bord muss sein ...

Samba unter Segeln – Brasilien

Forteleza

Der Atem der Märchenfee hauchte mich an. Dann drehte sie sich einmal um sich selbst und tänzelte mit ihrem Hintern vor einem Clown, dem nichts anderes übrig blieb, als zu erkennen, dass es sich bei diesem wohlgeformten Po nicht um eine Prinzessin handelte, sondern um eine Brasilianerin von Gottes Gnaden. In der lauten Musik von Trompeten, Trommeln und Marimbas, inmitten einer schwitzenden Menschenmasse, blickte ich in alles andere, aber in keine silikongetunten Dekolletees. Das sah sexy aus und nahm mir jeden Funken von Bedauern, die Karnevalsgirls in Trinidad versäumt zu haben. Forteleza tanzte durch eine schrill geschmückte Altstadt und zelebrierte seinen Karneval.

So ausgelassen wie es nur Brasilianer können. Nach und nach befreite ich mich aus der Ekstase des Umzuges und aus allen möglichen Umarmungen. Ich war müde und freute mich auf eine durchgeschlafene Nacht und doch genoss ich diesen wunderbaren Abend bei einem gutem Essen, erfrischender Caipirinha. Im Lokal säuselte eine alternde Diva eine Samba, die von „saudade" handelte, dem typisch brasilianischen Weltschmerz. Mittlerweile kam ich zum Flan de Coco, während die Lady ein sentimentales Lied über eine verlorene Liebe sang, die genauso verblichen war, wie ihre äußere Erscheinung. Jedoch schimmerte in der Fassade der Diva etwas Verwelktes, das ihre vergangene Schönheit noch erahnen ließ.

Am nächsten Morgen, als die Stadt noch ihren Samba-Rausch ausschlief, schaute ich mich in der Altstadt ein bisschen um, doch erschienen mir die frisch bemalten Fassaden portugiesischer Kolonialzeit und die vielen Bars sowie Restaurants zu touristisch und weniger charmant. Die frischen Farben waren auf alt gemixt und gaukelten eine Patina vor. Hinter den akkuraten Restaurationen entdeckte man die Schäbigkeit in den Armenvierteln Fortelezas, den Favelas. In diesem eigenständigen Kosmos von gewaltiger Größe mangelte es an nichts, außer an Übersichtlichkeit. Und ausgerechnet dorthin, wo das Gesetz der Rauschgift- und der paramilitärischen Gangsterbanden herrschte, verwies mich der Hafenmeister, weil er meinte, in einer der zahlreichen Kaschemmen gäbe es jemanden, der mir meine leeren Gasflaschen tauschen bzw. auffüllen konnte.

Während ich mit diesen bewaffnet durch die düsteren Gassen stolperte, hielt ich den Zeitpunkt für gekommen, ein Messer an der Kehle zu spüren, sollte ich dem Reiseführer für unbedarfte Touristen glauben, der ausdrücklich davor warnte, die Favelas zu betreten. Stattdessen traf ich auf hilfsbereite Menschen, die mich begleiteten und mir das richtige Geschäft zeigten. Vielleicht war es die schmuddelige Kleidung eines Seefahrers oder auch seine Art, wie er sich den „Eingeborenen" näherte. Jedenfalls wurde ich nicht überfallen und gekillt wird man auch nicht, sofern man nicht die dümmsten Fehler begeht oder ganz großes Pech hat.

Bereits am frühen Vormittag lag eine lähmende Hitze über dem Yachtklub.

Attackiert von einer rhythmischen Samba und einer aufgedrehten Radiomoderatorin, die mich auf Trab bringen wollten, bereitete ich AURYN für den nächsten Törnabschnitt vor. Da ich immer noch nicht an der Nordostspitze des südamerikanischen Kontinents angelangt war, wo sich endlich Wind und Strom zum Besseren für uns wenden sollten, bedeuteten die nächsten fünfhundertsechzig Meilen nach wie vor: Kreuzen gegen den Passat, bis Recife. Doch vorher wollte ich noch einen kleinen Abstecher zum Archipel Fernando de Norhonha draußen im Atlantik machen.

Das war der Plan, aber es kam wieder mal ganz anders.

Zwischen Traum und Wirklichkeit

Am Nachmittag schmiss ich die Leinen los, doch weit kam ich nicht. AURYN verfing sich in der Ankertrosse eines Nachbarschiffes und mit dieser Panne verknüpfte sich eine Serie von anderen Problemen. Doch zunächst musste ich mein Schiff aus der Gefangenschaft einer unter Wasser verlaufenden Leine befreien, die sich in den Schiffspropeller eingedreht hatte. Das war nicht so einfach und ohne Tauchausrüstung und Sauerstoffflasche nicht zu schaffen. Es dauerte, bis ich diese angelegt hatte und unter den Bauch von AURYN abtauchen konnte. Beim Anbruch der Dunkelheit kamen wir endlich frei, zurück zum Anleger wollte ich nicht – ich war ein Windflüchter und so empfing uns das Meer mit einer magischen Vollmondnacht. Darin zu segeln, erfüllte mich einmal mehr mit dem Gefühl, in einer anderen Welt unterwegs zu sein, in einem Raum, wo sich die Linie zwischen Realität und Traum aufzuheben schien. Doch in diesem Traum von Freiheit unter dem Sternenhimmel holte mich sehr schnell die Wirklichkeit des Chaos wieder ein.

Ausgestreckt und breit warf sich der anrollende Atlantik der Küste entgegen. Dreitausend Meilen leeres Wasser lagen zwischen Brasilien und dem afrikanischen Kontinent, von welchem aus einst vollgestopfte Schiffe ihre Fahrt ins Ungewisse antraten und auch nach Brasilien Menschen brachten, die nicht aus freien Stücken hierher kamen. Schwarze Sklaven. Von den portugiesischen Kolonialherren ihrer Wurzeln beraubt, sorgten sie mit ihrer Musik und ihren Kulten, wie dem des religiösen Macumba, dafür, dass ihre afrikanische Vergangenheit auch auf dem südamerikanischen Kontinent überlebte. Die Samba, das Lebensgefühl der Brasilianer, wäre ohne das Zutun Afrikas kaum denkbar.

Auch AURYN tanzte. Es rumpelte und schepperte an Bord und mein Schiff befand sich wieder im Rhythmus einer kabbeligen See. Hoch am Wind segelnd, gegen einen stark blasenden Passat.

Die Feststellung, dass in diesem Bereich der Nordostküste Brasiliens ein extrem starker Gegenstrom setzte, verwischte die verschwommene Aussicht auf ein gutes Vorankommen. Das Etmal der letzten vierundzwanzig Stunden betrug dann auch am nächsten Tag enttäuschende 35 Seemeilen.

Kaum zu glauben und doch sah ich es positiv: Wir kamen zumindest voran und es hatte schon schlechtere Resultate gegeben. Damals, vor der Küste Kolumbiens, als ... Ein Knall und ein durchs Schiff gehender Ruck unterbrachen den Gedanken. Als ich an Deck kam, erkannte ich schnell, dass das Fall des Kuttersegels, welches ich über ein zweites Vorstag hinter der Genua fahre,

gerissen war. In der hohen Dünung und auf einem schaukelnden Schiff barg ich zunächst das schlagende Segel und setzte die Genua in's 2.Reff.

Dann nahm AURYN wieder Fahrt auf. In träger Langsamkeit, zahlreichen Segelmanövern und brechenden Wellen arbeiteten wir uns über Stunden mühselig voran. Drohende Wolkenbänke zogen auf, in ihnen steckten brutale Schauerböen, die Aufmerksamkeit verlangten. Bevor eine Front über uns herfiel, mussten die Segel gerefft sein. Nach dem Durchzug der Böen ließ der Wind nach und das bedeutete, die Segel wieder ausreffen. Ganz offensichtlich ging das ständige Ein- und Ausreffen, das harte Wetter und die permanenten Kurse am Wind nicht spurlos am Material des Segeltuches vorbei. Dass durch diese Belastungen irgendwann jede Segelnaht mürbe wird und reißt, konnte ich verstehen. Warum mir allerdings innerhalb weniger Stunden auch noch das Großsegel Probleme bereitete, weniger. Und absolut unverständlich blieb für mich die Erkenntnis, dass sämtliche technischen Probleme auf meiner Reise nachts auftraten!

Ritsch, Ratsch. Zwei lange horizontale Risse klafften im oberen Drittel des Grosssegels, ich erkannte den Schaden im Lichtkegel des Handscheinwerfers. Es blieb nur noch das Vorsegel, um dem Schiff Vortrieb zu geben, zu wenig, weshalb ich meinen Kurs in Richtung Küste änderte. Ich hatte die Hoffnung, dort eine Ankerbucht zu finden, wo ich die beiden beschädigten Segel wechseln konnte. Im ersten Licht des Tages steuerte ich AURYN an den rot-braunen Landstrich heran. Doch leider fand ich keine geschützte Bucht, so dass mir nichts anderes übrig blieb, als den Anker kurz vor der Brandungszone zu schmeißen. Auch wenn wir dem starken Schwell des Atlantiks ausgeliefert blieben, lagen wir relativ sicher. Doch es war recht heikel, auf dem heftig hin- und herschwankenden Schiff in den Mast zu klettern, um zu kontrollieren, was die Ursache des abgerissenen Kuttersegels war. Oben angekommen, entdeckte ich, dass der Schnappschäkel für das Segeltopp gebrochen war. Schnell knotete ich einen simplen Palstek in die Öse des Vorsegels, kletterte rasch wieder hinunter und holte das Fall dicht, womit das Segel wieder einsatzbereit war. Etwas komplizierter verhielt es sich mit dem Großsegel, es musste runter und genäht werden. Da ich mit dem Try-Segel vor der Küste Kolumbiens/Venezuelas bereits einiges an Erfahrung vorweisen konnte, wusste ich mir als Ersatz für das Großsegel zu helfen, auch wenn die Segeleigenschaften des eher mickrigen Tuchs nicht gerade berauschend waren. Mit dieser Behelfsbesegelung änderte ich auch meinen ursprünglichen Plan, Fernando de Norhonja anzulaufen und beschloss, während einer kleinen Ruhepause noch vor Anker liegend, Natal anzusteuern, um dort das Segel vernünftig nähen zu lassen. Wenn es nur das gewesen wäre.

„Scheiße an den Hacken"

Ich spürte, wie die Dünung, nun deutlich größer als das gewöhnliche Wellenmuster, uns packte und anhob. Mit einem Schub lief sie unter den Rumpf hindurch, brachte AURYN ins Surfen, bis ein gewaltiger Ruck das Schiff stoppte und mich durch den Salon katapultierte. Noch etwas komplettierte das Durcheinander, es war kein Zug mehr auf der Ankerkette. Wir schienen zu driften! Diese Vermutung verstärkte sich ebenso deutlich, wie das Rauschen der Brandung im nahen Uferbereich zunahm. Als ich an Deck sprang, befanden wir uns bereits im Weißwasser der Brandungszone, ruckzuck zog ich die Ankerkette an Bord, startete im letzten Moment den Motor und steuerte AURYN in sichere Gewässer. Erst dort und als ich die letzten Meter der Kette an Bord holte, wurde mir klar, was passiert war: Der Anker selbst, die so genannte Piek, war durch den Gegendruck der kraftvollen Welle komplett vom Schaft gerissen!

Während ich AURYN wieder auf Ostkurs trimmte, lag der dritte Seetag hinter uns, jedoch blieben die Vorrechte auf die Probleme oder sagen wir's einfach so: Weiterhin klebte mir die „Scheiße an den Hacken" – ein Seemannsspruch. Erfunden von einfachen Leuten, die mit einem scharfen Blick für das Wesentliche das erfassten, was den Ehrgeiz der Sprachzauberer ausmacht, die bildhafte Genauigkeit im Ausdruck.

Das Mondlicht warf einen fahlen Schimmer auf das Wasser, der Wind hatte etwas abgenommen, doch die See blieb ruppig. Ich aß die Reste einer Pasta und trank einen heißen Tee, während eine Delphinschule AURYN ein Stück begleitete. Anhand der Sternkarte identifizierte ich ein paar Sternbilder, worüber ich irgendwann eingeschlafen sein musste, denn schemenhaft vernahm ich bald ein Warnsignal. Es dauerte, bis ich in meinem dösenden Zustand realisierte, dass der Piepton nicht zu einem Traum gehörte, sondern Teil der Wirklichkeit war. Es war „Karl", der da meckerte, der Autopilot signalisierte mir ein blinkendes „Fail" und unterstrich es mit einem nervigen Piepen.

AURYN hielt nicht mehr den einprogrammierten Kurs und schlingerte in der See. Was nun? Wieder las ich im Schein der Stirnlampe, diesmal aber ein technisches Handbuch. Auch wenn ich daraus nicht so richtig schlau wurde, hatte ich eine blasse Ahnung, wo ich ansetzen bzw. wohin ich abtauchen musste: In die Backskiste am Heck. Dort, in der Nähe des Ruders, befand sich das Gestänge des Autopiloten und daran schien etwas nicht in Ordnung zu sein. Nun, wie es sich auf einem ordentlichen Schiff gehört, pflegen die Skipper diese Hohlräume bis zum Rand mit allerlei Dingen anzufüllen und genau das musste raus, alles. Ich nahm die Segel weg, damit die Fahrt aus dem Schiff, und übergab AURYN dem Geschaukel der Wellen. In diesem nächtlichen Szenario, begleitet von nicht druckreifen Worten, packte ich den ganzen Inhalt der achterlichen Stauräume aufs Deck, um nach ganz unten, näher an die Ursache des Problems, zu gelangen. Obwohl ich den vermuteten Fehler nicht fand, entdeckte ich eher aus Zufall den eigentlichen Schaden. Den zu beschreiben, erspare ich mir und Ihnen, es würde an meinem technischen Verstand genauso vorbeischrammen, wie an Ihrer Geduld, diese Erklärung nachzuvollziehen. Es gibt Wichtigeres zu vermerken. Zum Beispiel, dass nach dem Auftauchen aus dem dunklen Verließ zwei Dieselkanister, die Pütz und der Wasserschlauch sich konspirativ darüber einig waren, die Fahrt nicht mehr mitzumachen, indem sie im Geschaukel der Wellen über Bord gingen. Mit dem Bootshaken und einem unter Motor ausgeführten „Teile über Bord"-Manöver fischte ich die Ausreißer aus dem Meer, setzte wieder die Segel und steuerte AURYN auf Kurs Natal und zu jenem Punkt, wo sich seit Jamaica seglerisch alles wieder zum Guten wendete.

Endlich kamen wir um das so oft verfluchte Kap an der Nordostküste Brasiliens, Gott sei Dank hatte die Kreuzerei gegen Wind und Strom ein Ende. Es war meine Freude, die der See nun entgegenschlug.

Mit der Sonne im Rücken und dem Wind von der Seite, schob uns nun die freundliche Strömung in einem genussvollen Segeln rasch Richtung Süden.

Gegen 23 Uhr kam die Ansteuerungstonne des Flusses Jacare, etwas nördlich der Stadt Natal, in Sicht. Ich war überrascht: Sie war befeuert und funktionierte, was für südamerikanische Verhältnisse einem Wunder gleich kam.

Natal – Jacare/Brasilien

Obwohl der Tidenstrom entgegensetze, steuerte ich AURYN unter Motor flussaufwärts, bis der kleine Ort an Backbord auftauchte. Da AURYN keinen Anker mehr besaß, hielt ich es für eine gute Idee, über Nacht an einer großen Muringtonne festzumachen, alles Weitere würde sich dann bei Tageslicht ergeben. Schnell war alles vorbereitet, die Festmacherleine lag griffbereit und behutsam steuerte ich mein Schiff rückwärts an die Boje. Der Ebbstrom hatte zwischenzeitlich zugenommen, daher klappte der erste Andockversuch nicht ganz. Im zweiten Anlauf gelang es mir dann, halb über der Tonne hängend, der Rest von mir noch auf dem Schiff, die Leine in die Öse der Tonne einzufädeln. Doch irgendwie muss ich das Gleichgewicht verloren haben, jedenfalls rutschte ich ab und fiel in den Fluss. AURYN kümmert das wenig, sie trieb im Strom davon! Instinktiv griff ich ins Wasser und nach der schon verlorenen Leine. Ich hatte wieder Kontakt, auch wenn mein Schiff mich nun hinter sich her zog. Der Rest war Formsache: Man glaubt nicht, wie schnell man sich in einer solchen Situation, auch mit durchnässten Klamotten, über 20 Meter Leine wieder an Bord ziehen kann. Das wurde auch Zeit, denn haarscharf schlitterte AURYN an einem vor Anker liegenden Fischerboot vorbei.

Im dritten Versuch lag AURYN dann sicher an der Tonne und ich um drei Uhr morgens in der Koje. Nach vier Nächten ohne Schlaf endlich mal wieder durchschlafen. Zumindest zwei Stunden, dann weckten mich lautes Hupen und wilde Schreie. Was war los?

Die „Muringtonne", an der ich in wilde Träume fiel, markierte das Fahrwasser zwischen den Ufern des Flusses und AURYN blockierte die Fähre. Da die Brasilianer überaus freundliche und vor allem hilfsbereite Menschen sind, liess sich einer von ihnen im Beiboot von der Fähre auf AURYN übersetzen und half mir dabei, mein Schiff zur nahen Kaimauer zu verholen, an der sich mittlerweile zahlreiche Schaulustige ansammelten. Es kam nicht oft vor, dass sich Segelboote nach Jacare verirrten, meinte auch Pascal, nachdem er sich vorgestellt hatte und mich zum Kaffee in eine kleine Bar lotste. Es war ein sympathischer Typ, einer von der Sorte, die mit vielen Träumen lebten, aber mit wenig Geld. Und so waren bald beide Seiten froh: Er, weil sich für ihn als ehemaligen Segelmacher etwas Geld verdienen liess, und ich, weil er mir nicht nur das gerissene Segel nähen konnte, sondern, weil er auch jemanden kannte, der einen Anker zu verkaufen hatte.

Der war am Nachmittag bereits angeschlagen, so dass ich AURYN aus dem Trubel des Fähranlegers zu einem ruhigen Platz nahe der kleinen Stadt verlegte.

Am Abend brachte Pascal das reparierte Segel und einen frisch gefangenen Fisch. Während dieser auf dem Außengrill vor sich hin garte, traten eine Landratte und ein Seebär beim vino tinto in eine längere Unterhaltung über ihre Reisen. Es war herrlich, dem Franzosen zuzuhören, wie er von seinen Rucksack-Abenteuern in unzähligen Ländern berichtete. Seine Geschichten waren wundervoll und auf eindrucksvolle Weise bereichernd und gemessen an den Risiken, denen er sich aussetzte, waren meine Erlebnisse auf See eher flach und unbedeutend. Auch wenn uns das Leben auf verschiedene Wege trieb, so spürten wir beide, dass uns unsere Lebensweise verband. Ganz besonders aber die Stimmung dieses friedlichen Abends, als hinter der kleinen Insel, vor der AURYN ankerte, der Mond aufstieg und von irgendwoher leise Musik herüberwehte. Lange saßen wir schweigend im gespenstischen Licht des

Mondscheins. Am Ufer raschelte das Schilfgras und in einem der Augenblicke, die das Leben lebenswert machen, durchbrach ein Pelikan die Verzauberung. Er klatschte direkt neben AURYN ins Wasser und rasselte mit seinem Gefieder.

Die Insel eines geschenkten Tages

Reffen – das leise Heulen des Windes schien meinen Gedanken Nachdruck zu verleihen. Wir waren wieder auf See und auch wenn der Wind zunahm, war es ein begeisterndes Segeln. Nach einem eher ereignislosen Törn erreichten wir nach zweieinhalb Tagen die Insel Fernando de Norhonha, dreihundertzwanzig Meilen östlich von Brasilien.

Durch die schnelle Fahrt kamen wir einen Tag eher als geplant an und ankerten vor dem weißen Sandstrand einer pittoresken Bucht in einem wunderschönen Naturreservat. Ich schlief schlecht, weil ein permanenter Schwell in die Bucht lief und AURYN im Spiel der Dünung hin und her schaukelte. Deshalb war ich bereits früh wach, machte das Dingi klar, setzte mich mit einer Tasse Kaffee ins Cockpit und wartete auf die Morgendämmerung, weil ich es kaum erwarten konnte, in das Beiboot zu steigen, um einen Inselausflug zu unternehmen.

Den ganzen Tag über wanderte ich über die Insel, die durch ihre schlichte Schönheit bestach. Unberührte Sandstrände wechselten sich ab mit kleineren Bergen, auf denen die Vegetation üppig um sich griff. Auf einem Hügel nahe einer kleinen Bucht entdeckte ich eine verlassene Hütte, ich trat ein und schaute hinaus in die Weite des Ozeans und auf eine Delphinschule, die durch die Bucht zog. Ein leichter Seewind trug einen frischen Hauch von Salz in die Verfallenheit der Ruine, ich atmete die Seeluft tief ein und genoss noch einige Zeit den atemberaubenden Anblick aus diesem Zimmer mit Aussicht. Dann ging ich weiter. Über einfache Wege einer sich selbst überlassenen Natur, die in einer einmaligen Laune von Verschwendung die verschiedenen Elemente landschaftlicher Schönheit auf einem kleinen Atoll zusammengefügt hatte. Nichts störte den Frieden auf Brasiliens Insel weit draußen im Atlantik. Kein Auto, keine Hektik, keine Kompromisse. Nichts. Es gab auch nichts auf dieser Insel, außer ... Na ja, vielleicht noch die kleine Dorfkneipe. Dort saß ich am Abend, umgeben von Jung und Alt. Zwischen Menschen, die sich zum Klönen trafen oder jenen, die eher die Samba auf dem sandigen Dorfplatz vorzogen. Die Band bestand aus einer Sängerin, einer Gitarre und einer Marimba. Ich schätze das Alter der Kapelle auf zweihundert Jahre. Doch sie spielten so herzerfrischend, dass ihre Lieder aus der Vergangenheit die mitunter seelenlosen Songs der Gegenwart auslöschten.

Ihre Musik reflektierte sich in den umliegenden Häusern, deren Fassaden in schlichtem Weiß getüncht waren. Aus dem Inneren ihrer Wohnstuben schien ein gemütliches Licht nach außen, einige Menschen saßen vor den geöffneten Türen und lauschten der Samba, die nun sentimental wurde.

Zärtlichkeit legte sich über den Dorfplatz und den Tanz der Verliebten. Eine leichte Brise wehte vom Meer, als der knochige Gitarrist sang und tief in seiner Seele nach dem Ort suchte, wo eine ehemalige Liebe vermoderte. Während er sich nun seinem filigranen Gitarrenspiel hingab, übernahm die Sängerin ihren Part. Ihr Gesang voller Sehnsucht ließ das vergessene Glück wieder auferstehen, bis es vom Wind in die Dunkelheit der Nacht davon getragen wurde.

Auch ich verlor mich in der Erinnerung. Allerdings brachte ich kein klares Bild mehr zustande, als ich nach dem Platz suchte, wo ich mein Dingi am Strand zurückgelassen hatte. Nachdem ich es endlich gefunden hatte, ruderte ich im Möwengelächter und unter dem Einfluss von Caipirinhas zum Schiff zurück.

Am anderen Morgen klopfte Tony am Rumpf, griente frech aus dem kleinen Fischerboot und stieg zu mir an Bord. Ich hatte den netten Brasilianer am Abend zuvor bei der Dorffete kennengelernt und bereits einiges über die brasilianischen Küstengewässer von ihm erfahren. Als ehemaliger Tauchlehrer und Fischer kannte er sich nur allzu gut aus und so vernahm ich dankbar seine Informationen und trug lohnenswerte Orte in die Seekarte ein. Daraus wurden romantische Ankerplätze, wunderschöne Tauchreviere und eindrucksvolle Begegnungen mit Walen. Aber dazu später mehr.

Nachdem er sich die Reste der zu hastig herunter gespülten cerveza aus dem Gesicht wischte, gab er mir noch die Empfehlung, falls ich in Recife Hilfe benötigte, seinen Bruder Emilio aufzusuchen. Er sei der Hafenkapitän und ein Mann mit Macht. Dann verabschiedete sich Tony, stieg in seinen Fischerkahn, den er am Heck von AURYN angebunden hatte und, bevor er den Motor startete, rief er mir noch zu „Schwimm mit den Delfinen, sie kommen am Nachmittag". Dann gab er Gas und fuhr davon. In der Abgeschiedenheit der Bucht genoss ich die Einsamkeit, räumte das Schiff auf, ergänzte das Logbuch und schrieb an meinen Reisenotizen. Bis es fiepte und klatschte – die Delfine waren da!

Sie schauten neugierig vorbei, zogen durch die Bucht und surften in den Brandungswellen am Riff. Einige von ihnen blieben am Boot. Mit ihnen zu schwimmen ist nicht nur etwas für autistische Kinder, sagte ich mir. Das wollte ich schon immer mal! Und so sprang ich ihnen entgegen, jedoch verscheuchte meine plumpe Aktion sie eher, als dass sie mich in ihr Spiel mit einbezogen.

Im Segelgenuss einer Sturmfahrt

Am anderen Tag segelte ich weiter – Recife hieß das Ziel und vierhundertachtzig Meilen lagen vor dem Bug. Ich koppelte für den Törn vier Tage und vernachlässigte den Wetterbericht. Meine Entscheidung zu segeln war so frei wie das Wetter, das auf mich keine Rücksicht nahm.

AURYN war wieder in ihrem Element, sie rauschte durch die See und das Etmal nach den ersten vierundzwanzig Stunden betrug 160 Seemeilen. Donnerwetter, das dokumentierte eine flotte Fahrt. Und so ging es weiter, auch wenn der Wind zunahm. Doch er kam von der richtigen Seite, schräg achterlich, und die Wellen einer gewaltigen See schoben uns zusätzlich an. Ich musste aufpassen, dass AURYN im Surf der Dünung nicht zu schnell wurde und im nächsten Wellental in die vorlaufende Dünung einstampfte. Genau das passierte, als die Morgendämmerung den Kokon der Nacht zerriss und AURYN in eine rückwärtige Welle vor uns preschte. Der Aufprall ließ das Rigg zittern und dann erzitterte ich. Der Wind hatte über Nacht weiter zugelegt und es machte den Anschein, dass er sich weiterhin verstärkte. Ich nahm das Großsegel komplett weg und segelte nur noch mit der gerefften Genua. Im Blick zurück trugen die Wogen der See zerfetzte Schaumstreifen, sie waren ein Indikator dafür, dass ehrliche acht Windstärken bliesen. Die Unerbittlichkeit der Gegenwart bedeutete Sturm und es war schön! Weil wir mit dem Wind im Rücken und vor ihm weg segelten, wurde es auf diesem Kurs ein Segelgenuss, in den Gewalten und in der schäumenden Weite des Ozeans unterwegs zu sein.

Recife und das Empfehlungsschreiben

Nach drei Tagen tauchte vor uns wieder Land auf und die Küstenstadt Recife kam bald darauf in Sicht. Trotz des stürmischen Windes ging auf diesem Törn nichts kaputt und es passierte auch ansonsten nicht viel. Außer dass ich die Segel beim Start ausrollte und nun wieder einrollte, als wir vor der Hafeneinfahrt und der Skyline einer Millionenmetropole standen.

Der einheimische Yachtklub schien rappelvoll belegt und ich wunderte mich, in ihm kaum Segelboote anzutreffen. Stattdessen glänzten überwiegend chrompolierte Motoryachten vor sich hin. Der einzige freie Platz schien der längsseits eines Ausflugsdampfers zu sein. Daran legte ich AURYN an und meldete mich beim Office des elitären Yachtklubs. Mit dem Charme eines schlecht gelaunten Türstehers gab mir der Sekretär zu verstehen, dass es keinen Platz für uns gäbe. Hatte ich da nicht noch ein Ass im Ärmel? Ich erinnerte mich zwar kurz an Tony und sein „Empfehlungsschreiben", doch es war mir eher unangenehm, auf seinen Bruder, den Capitano del Puerto, hinzuweisen. Ich wollte keine bevorzugte Behandlung. Beziehungen pflegte ich in meinem anderen Leben. Mittlerweile waren sie mir gleichgültig, weil ich mich nicht mehr darum sorgte, was mich umgab und mich nicht länger vor anderen beweisen musste, indem ich mich mit ihnen maß. Nachdem ich das auf meiner Reise, wo sich Vieles auf ein Weniges reduzierte, erkannt hatte, befreite es meine Lebenssicht. Was diese Einstellung betrifft, so sind uns die Tippelbrüder voraus oder die Seenomaden – sie ziehen weiter, wenn sie es wollen.

Wie wär's mit einer der ältesten und schönsten Städte Brasiliens?

Mit Stefan nach Salvador de Bahia

Ausgehend von Recife, also dem nordöstlichsten Punkt Brasiliens und auch des südamerikanischen Kontinents, segelte ich bis zum Rio de la Plata hinunter, immer an der abwechslungsreichen Küste entlang. In Recife besorgte ich mir beim zuständigen Konsulat ein Touristenvisum und hatte nun eine Aufenthaltsgenehmigung von sechs Monaten. Und die nahm ich voll in Anspruch, weil sich gerade die Küste Brasiliens als ein eindrucksvolles Segelrevier herausstellte. Eines der schönsten meiner Reise mit AURYN – die sich jetzt, wo der Wind überwiegend mit uns war, in Harmonie mit der Natur bewegte. Meer, Wind, Schiff und Mensch verschmolzen wieder zu einer Einheit. Es war wohltuend angenehm, nicht mehr verkrampft die Schläge am Rumpf zu spüren, sondern dem Gurgeln des Kielwassers zu lauschen. Es muss auf mich eine solch beruhigende Wirkung gehabt haben, dass ich über Stefan einschlief – und irgendwann mit ihm im Arm wieder aufwachte! Laute Schreie hatten mich geweckt. Ich hatte gepennt und konnte gerade noch rechtzeitig hochspringen, um den Kurs zu korrigieren, ansonsten wären wir womöglich vierkant in ein Fischerboot geknallt. Da sich dieses unter Segeln befand und auf Steuerbordbug segelte, hatten wir allerdings Vorfahrt. Doch wusste das auch der Skipper der Jangada, dieser merkwürdigen Transportschiffe unter Segeln, denen wir bereits einige Male begegnet waren? Ich wich vorsichtshalber weiträumig aus, während sich uns weitere Schiffe ähnlichen Typs näherten. Von Norhonja-Tony hatte ich erfahren, wie unglaublich hart und für unsere Verhältnisse beschwerlich das Leben auf so einer Jangada sein musste. Die Mannschaft bestand meistens nur aus zwei Leuten, sie schliefen und lebten bei jedem Wetter an Deck. Tag und Nacht waren sie unterwegs, mitunter wochenlang. Kam Sturm auf, blieben sie auf dem Meer, allerdings ankerten sie dann hinter den Riffen. Regnete es, waren sie bestenfalls in Wolldecken gehüllt.

Wer ist denn dieser Stefan, höre ich den einen oder anderen Leser murmeln. Sollten Sie einmal das herrliche Brasilien besuchen, es muss ja nicht mit einem Schiff sein, besorgen Sie sich das gleichnamige Buch von Stefan Zweig. Kleiner Auszug gefällig?

„Brasilien bäumt sich einem nicht entgegen, es breitet sich auf mit weichen Armen, es empfängt dich in einer weit ausgespannten zärtlichen Umarmung. Alles ist hier Harmonie, die Stadt und das Meer und das Grün und die Berge. All das fließt gewissermaßen ineinander. Man kann Brasilien nicht zu Ende kennen und das ist seine eigentliche, unvergängliche Schönheit"

Stefan Zweig, 1941,- „Brasilien – ein Land der Zukunft"

Ein wunderbares Buch. Ich holte mir außer guten Tipps auch einen satten Sonnenbrand, weil ich den ganzen Nachmittag über darin las. Die Erzählungen Zweigs faszinierten mich dermaßen, dass ich die Armada von Fischerbooten, die entlang der Schelfkante des Kontinents zog, glattweg übersah! Doch keine Bange, es passierte nichts. So romantisch das Bild – Fischerboote im diffusen Dunst vor den scharfen Umrissen der Küste – auch war, darin lag ein bedrohliches Risiko. Da viele von den Jangadas in der Nacht schlecht bis gar nicht beleuchtet waren, hielt ich es für ratsam, AURYN weit weg von der Küste und hinaus in den Atlantik zu steuern. Als das Land hinter dem Horizont versank und sich die Dunkelheit über uns legte, war das Meer leer. Keine Schiffe waren zu sehen und doch ging ein Licht auf. Es stieg und stieg und ging nach ein paar Stunden wieder unter. Der Abendstern oder auch die Venus, wie wir seit Kepler wissen, lieferte ein kurzes Schauspiel und warf ihren matten Schein auf das dunkle Wasser einer Neumondnacht.

Im schwachen Licht der Sterne hoben und senkten sich die Wellen im langen Rhythmus der Atlantikdünung. AURYN zog darin auf Halbwindkurs und unter vollen Segeln ihre Spur. Irgendwann tief in der Nacht und weit weg von allem gab mir ein alptraumhafter Moment das Gefühl, in eine düstere Zeit gefallen zu sein, in der sich die Grenze zwischen Wirklichkeit und schlechtem Traum aufhob und der Salon mir dunkel erschien und eng wie ein Grab.

Als die Sonne aufging, lag ein Geruch von Land in der milden Luft. Eine Spur von Dunstschleier war immer noch vorhanden, als wir uns nun wieder der Küste näherten. Gegen Mittag tauchte die Silhouette von Salvador vor dem Bug auf. Die Stadt schlängelte sich um die äußere Landspitze einer riesigen Bucht, der Bahia de Todos os Santos. Aus der Ferne betrachtet erinnerten die riesigen Hochhaussäulen, die aufgezackt an der Strandpromenade standen, an die Barten von Walen. Dann segelten wir um die Ecke und hinein in die Bucht, die so groß war wie ein Meer. Bis zum Horizont glitzerte das Wasser, vom umgebenden Land keine Spur. Doch irgendwo hinter dem Flimmern gab es Flüsse, die weit in das Landesinnere führten. Die Portugiesen, die Brasilien durch Antonio Cabral entdeckt und zu ihrer Kolonie gemacht hatten, nannten die Flüsse einst „die goldenen Gewässer", weil sie auf ihnen das in Südamerika erbeutete Gold und Silber aus dem Landesinneren schifften und nach Europa brachten.

Ein paar Tage später befuhr ich mit AURYN einen jener Goldenen Flüsse.

Hineinzugelangen war einfach. Schwieriger als erwartet erwies sich das Hinaus: Denn ich verlor beinahe mein Schiff! Doch zunächst schauen wir uns Salvador an. Wenn schon, dann bitte:

Cidade do Salvador da Bahia de Todos os Santos

So lautet vollständig und ausgeschrieben die Anschrift der ehemaligen Hauptstadt Brasiliens. Da dieser Name auf keiner Postkarte Platz fand, kürzte man auf Bahia ab, ohne jedoch die eigentliche Schönheit dieser interessanten Stadt zu reduzieren. Es wäre auch schade darum gewesen, denn nicht umsonst hatte die Unesco die Altstadt Bahias zum Weltkulturerbe der Menschheit ernannt. Direkt davor und in der Marina Centro Nautico lag AURYN am Steg. Sie ließ sich zunächst das Meersalz vom Deck spülen und ein wenig aufräumen, bevor ihr Skipper sich ebenfalls fein machte und auf Landgang ging.

Das Zentrum der Stadt hatte es dagegen vernachlässigt, sich herauszuputzen und zeigte sein ehemaliges Festgewand brüchig und morbide. Vorbei die Zeiten, als auf dem Höhepunkt des Reichtums die Sklavenschiffe hier anlandeten oder Gold sowie Silber verkauft und verschifft wurden.

Ganz anders sah es im Pelourinho aus, dem Altstadtviertel Bahias. Dank der fetten Geldtöpfe der Unesco schimmerten die hübsch restaurierten Fassaden des ehemaligen Armeleuteviertels in sämtlichen Pastelltönen vor den engen Gassen aus Kopfsteinpflaster. Darin lebten die überwiegend aus Nachfahren der Sklaven bestehenden Bewohner von Salvador. Ihre afrikanische Vergangenheit ist nicht nur Tradition, sondern gegenwärtiges Lebensgefühl, das sich besonders in der Musik ausdrückt.

Was in Deutschland die Fischerchöre sind, ist für Salvador das Bloco Afro Oludum. Ein bunt zusammengewürfelter Haufen, der traditionelles Liedgut unters Volk bringt. Allerdings mit einem Unterschied: Das Oludum sang nicht nur leidenschaftlicher, sondern es trommelte – und wie. Energische Trommelschläge hallten von den Fassaden, Trompeten schmetterten. Voller Wucht schepperten die Stöcke auf den Trommeln, die sich die Schwarzen mit Ledergurten um die Hüfte geschnallt hatten. Dazu brüllten die Musiker ihre Lieder in der Sprache ihrer verschleppten Vorfahren und spielten sich in eine Ekstase, die die Zeit aufzuheben schien.

Der Rhythmus mischte Samba mit Reggae und fügte einen gehörigen Schuss afrikanischer Klänge bei. Daraus ergab sich ein Sound, der so bekannte Popgrößen wie Paul Simon inspirierte, mit dem Oludum „Rhythms of the Saints" aufzunehmen. Auch ein gewisser Michael Jackson nahm seine lüsternen Finger von den Knaben seiner Umgebung und düste nach Bahia, um hier den Song "What about us" zu produzieren, wobei ihm das Oludum gewaltig den Beat blies, respektive den Marsch trommelte.

Von schwachen Hosen und starken Röcken

Auch wenn mir das Handbuch für unschlüssige Touristen wiederum riet, mich von Menschenknäueln fernzuhalten, so hatte ich selbst bei dem Spektakel im Gedränge der Altstadt nicht das Gefühl, dass mir irgendein finsterer Ganove dreist in die Tasche greifen wollte.

Auch nicht im angeblich so berüchtigten Hafenviertel, durch das ich marschierte, um zum Yachtklub zurückzukommen. Die Macho-Typen dort hatten offensichtlich andere Probleme, sie taten nichts anderes, als die Hintern der vorbeigehenden Frauen abzuschätzen, abzuwägen und ihnen in einer dreisten Art hinterher zu pfeifen.

In einem einfachen Restaurant am Wasser aß ich einen gegrillten Fisch und trank eine „Caipi". Zur schönsten Zeit des Tages, kurz bevor die Sonne versank, erstrahlten im warmen Abendlicht die alten, eher schäbigen Fassaden des Viertels. In den Gesichtern der Typen, die immer noch mit ihren Eiern prahlten und den Frauen hinterher gafften, lag ein dumpfer Ausdruck von

Faulheit. Es war ihnen anzumerken, dass sie sich überwiegend auf das Nichtstun beschränkten, während ihre Frauen die Familie zusammenhielten und fleißig waren. Ich ließ die schwachen Hosen zurück, zahlte bei einem starken Rock und erlebte eine herrliche Abendstimmung an der Strandpromenade mit einem fantastischen Blick in die Weite der „heiligen Bucht". Die auflaufende Flut schickte ein paar Wellen. Ich saß auf der Brüstung am Strand und genoss das Schauspiel mit dem Titel: Ein Schiff wird kommen. Und es kam. In der Ferne tauchte eine Jangada auf und zog durch die Bahia de Todos os Santos. In diesem Blick und in der Luft des Abends lag etwas Entspannendes, alles Kämpferische und alle Energie verschwanden darin. Ich folgte den weichen Umrissen des Lateinersegels und der Meeresspur der Jangada. Am nächsten Morgen segelte ich ihr nach.

Das schönste an Salvador ist die Bucht vor seiner Tür. Hat man genug von Kultur und Hektik einer Millionenstadt, segelt man hinaus in die Bahia de Todos, einem Gewässer, das so groß ist, dass man sich monatelang darin aufhalten könnte und immer noch nicht alles entdeckt hätte. Es gibt in ihr ein paar bewohnte und unbewohnte Inselchen, Korallenriffe, gute Tauchgründe und einige Flussmündungen, die in das Landesinnere führten.

Es reizte mich ungemein, einen der geheimnisvollen „goldenen Flüsse" zu befahren, was in der Regel kein Problem darstellt, vorausgesetzt, man hat gutes Kartenmaterial. Ich hatte keines. Weil es nichts in dieser Richtung gab, wonach man navigieren konnte. Der Grund lag, neben dem Achselzucken des Hafenmeisters, im Grund begründet! Durch die sich ständig verändernden Sandbänke innerhalb der Flüsse und in der Bucht waren die Tiefenangaben unzuverlässig und manche Gewässer noch nicht ausreichend kartografiert. Ich zog ein paar Linien in die Seekarte. Wohin wollte ich eigentlich? Ich hatte keinen Plan, aber dank Stefan Zweig eine verschwommene Idee. Irgendwo im Rio Paraguacu sollte es nach seiner Schilderung eine alte Tabakfabrik eines Deutschen namens Dannemann geben und den hoffte ich, besuchen zu können.

So berechnete ich Kurs und Distanz und verließ im ersten Büchsenlicht eines jungen Tages das alte Salvador.

Die Flussfahrt in eine vergessene Welt

Eine leichte Morgenbrise füllte das Segel. Bei achterlichen Winden folgte AURYN dem Blister, der weit voraus am Bug wie ein großer Drachen stand.

Gegen Mittag erreichten wir die Flussmündung des Paraguacu, eine Gefahrentonne markierte seine Einfahrt. Davor schmiss ich den Anker. Das verrostete Ungetüm erwies sich als äußerst willkommen, denn es half mir, über 24 Stunden den Tidenstrom zu beobachten und in etwa Hoch- und Niedrigwasser festzulegen. Wegen des Atlantischen Ozeans unterliegen auch die brasilianischen Gewässer Ebbe und Flut. Allerdings gibt es in Brasilien kein Bundesamt für Seeschifffahrt und Hydrographie, wo fleißige Beamte verlässliche Tidenkalender mit Hoch und Niedrigwasserzeiten festlegen. Somit war ich auf meine eigene Beobachtung angewiesen und ermittelte über den Daumen den Zeitpunkt für den Flutstrom des nächsten Tages.

Mit dem auflaufenden Wasser zog ich den Anker aus dem Grund, setzte die Segel und aktivierte mein inneres Navigationssystem. Lassen sie die Tonne an Steuerbord liegen und halten sie sich in der Flussmitte ... Der Fluss präsentierte sich im hellen Morgenlicht wie ein Diamant. Glitzernd brach sich die Sonne tausendfach an der von einer leichten Brise gekräuselten Oberfläche des Wassers.

Achtung, hinter der Flussbiegung etwas zur Uferseite ausweichen ... Ich holte die Segel etwas dichter, um einer tückischen Sandbank auszuweichen, über der das Wasser schäumend zusammenbrach. Als sich mein Puls etwas beruhigte, hatte ich wieder den Blick für ein schönes Bild. Eines, das völlig anders aussah: Weiße Segel zogen vor einer hügeligen Landschaft, deren sattes Grün die hohe Fruchtbarkeit des Bodens verriet. Das Wasser spiegelte die Umgebung mit solcher Klarheit, dass man keinen Unterschied zwischen Wirklichkeit und Abbild feststellen konnte. Nur im Heckwasser brach das Spiegelbild auf und zerfloss in unzählige Teile. Achtung, der Fluss wird nach kurzer Zeit schmaler.

Die Hügel der beiden Ufer waren zum Greifen nahe. Im Windschatten rollte ich die Segel ein und startete den Motor. Die Fahrt ging weiter. Vorbei an kleinen Hüttendörfern, winkenden Kindern, aufgeregten Hühnern, einer Sau, die sich ihren Pelz an einem Tropenbaum rieb und durch eine Gegend, in der die Zeit seit Jahrzehnten stillstand.

Vergessen von der Zivilisation hausten in erbärmlichen Hütten Menschen, die sich vom Fischfang und der Jagd ernährten, das Obst aus dem Supermarkt der Natur nahmen, Gemüse selber anbauten und sich Hühner und Schweine hielten. Keine Satellitenschüssel störte das Bild, die Leute starben vermutlich nicht am Herzinfarkt, sondern eher am Alter.

Weite Zuckerrohrfelder tauchten nun auf. Arbeiter hackten die schlanken Stäbe, transportierten sie auf Mauleseln zu den Schnapsbrennern, die daraus Cachaca herstellen. Jenes Zeug, das wir so gern in der frischen Caipirinha goutieren. Der Strom kenterte und die Ebbe setzte ein. Weil mir das Risiko zu groß war, im ablaufenden Wasser zu navigieren, suchte ich nach einem geeigneten Ankerplatz. Hinter der Korallenbank wenden. Sie haben ihr Ziel erreicht. Ich schaltete nun die innere Stimme des Navigators ab, AURYN lag mittlerweile sicher und in ausreichender Wassertiefe vor Anker. Beim Essen im Cockpit ließ ich das Bild der Umgebung auf mich wirken. An den Ufern, fast greifbar, rankten sich dichte Mangroven, dahinter standen stolze Tropenbäume mit mächtigem Stammumfang. Ein Fischer in einem Einbaum ließ sich vom Strom treiben.

Als die Dämmerung einsetzte, erklang der Dschungel. Bei Tageslicht von friedlicher Stille, offenbarte er nun seine zweite Natur. Im Schutze der Dunkelheit erwachte das Leben, das Zirpen der Zikaden mischte sich mit dem Gequake der Frösche, irgendwo knackten Zweige. In der blinden Schwärze fremder Stimmen erklang bald das bekannte Geräusch der Brüllaffen. Kurz, es war ein schauerliches Konzert, das zu einem Höllenspektakel anschwoll. Zum Greifen nah, aber ohne Gesicht.

Unter diesem Eindruck leerte ich mein Glas und kroch in die Koje.

Wir starteten am frühen Morgen und wurden bald darauf von knirschendem Kies abrupt gestoppt. AURYNS Kiel steckte in einer Untiefe, doch unter behutsamem Vor und Zurück der Maschine kam mein Schiff wieder frei. Wegen der Tide blieben mir fünf Stunden, weiter in das Landesinnere vorzudringen, von Dannemann bisher immer noch keine Spur.

Ungefähr fünfzig Kilometer flussaufwärts hinderte uns dann etwas anderes an der Weiterfahrt: Eine Brücke! Sie lag hinter einer Flussbiegung und verband ein Tal mit sanften Hügeln und zwei kleinere Orte: Cachoeira und Feliz.

Wir ankerten in der Mitte des Flusses und unmittelbar vor dem alten Dorfplatz. Dort versammelte sich bereits Cachoeira, vermutlich weil sich recht selten ein Schiff in ihre Welt verirrte. Ich erwiderte ihr freundliches Winken und ruderte später zu ihnen herüber.

Im Schlaf des Vergessens

Eine Gruppe von Männern spielte Karten im Schatten einer Baumkrone, die so alt zu sein schien, wie das zusammengerechnete Alter derer, die sich darunter befanden. Ein Gaucho, lässig auf einem Maultier, trieb eine Herde von Rindern über das grobe Pflaster des Ortes, der wie eine perfekte Filmkulisse wirkte. Cachoeira war das ehemalige Zentrum des Zuckerrohranbaues und zeigte noch seine alte Pracht. Alte Kolonialhäuser dösten im Schlaf des Vergessens und schwer angenagt vom Zahn der Zeit, die mitleidslos mit den alten Fassaden umgegangen war. Für Sanierungen oder neue Farbe war dieser Ort entweder zu selbstbewusst oder zu nachlässig, vielleicht auch beides zusammen. Vor allem aber fehlte es am Geld. Doch das war ja das Angenehme an diesem Ort, in dem keine seelenlose Architektur aus Stahl und Glas das perfekte Bild einer alten Kulisse zerstört hatte. Ein Bild, das schon vor weit über hundert Jahren so ausgesehen haben musste, als ein gewisser Herr Dannemann aus Bremen sich über den Ozean schiffte, um an diesem Fluss seine Tabakfelder anzulegen. Sein ehemaliges Herrschaftshaus und einen Teil seiner Tabakfabrik besuchte ich am Nachmittag. Dort schaute ich nicht nur verlegen den hübschen Frauen in ihre glutvollen Augen, sondern ihnen auch über die Schulter, während sie mit flinken Fingern die Tabakblätter rollten und imposante Zigarren formten.

Die Freuden des Außerordentlichen

Das Dorf lag noch im Schlaf. Nur ein Hahn krähte am Ufer, als ich frühmorgens den Anker aus dem Schlick zog. Ich steuerte AURYN wieder zurück zur Bahia de Todos auf einem Kurs, den ich mir auf der Hinfahrt recht gut eingeprägt und durch Skizzen vervollständigt hatte.

Vielleicht war es trotz sorgfältiger Navigation einfach nur Glück, dass ich, von einer Grundberührung abgesehen, bisher keine Untiefe erwischte. Doch nun, flussabwärts, wurden die Karten wieder neu gelegt. Es dauerte zwei Stunden, dann war die Fahrt zu Ende. AURYN rauschte auf eine Sandbank. Der Aufprall ließ das Rigg vibrieren. Trotz mehrmaliger Versuche gelang es mir nicht, mein Schiff von der Untiefe zu manövrieren. Zu schnell lief jetzt das Wasser ab und mit jeder weiteren Minute verringerte sich der Wasserpegel und verschlechterte sich damit die Lage des Schiffes! AURYN neigte sich allmählich auf die Seite. Ich hoffte nur darauf, dass sich auf dem Grund keine scharfkantigen Steine befanden, die den Rumpf eines Glasfiberbootes durchbohren konnten. Wenn dieser sich mit dreizehn Tonnen Gewicht darauf legte, wäre es ungefähr so, als ob man mit der flachen Hand die Druckfestigkeit eines rohen, liegenden Eies prüfen würde.

Laut scheppernd und polternd rutschte in der Pantry das Geschirr aus den Schränken. Die Lage hatte sich dramatisch verändert. Ich hörte meinen eigenen gellenden Schrei, er brach plötzlich ab und hallte in mir mit lähmendem Entsetzen nach. Als ich diese Zeilen in meine Kladde kritzelte, wusste ich nicht mehr, wie lange ich in diesem Zustand des Schreckens ausgeharrt hatte. Es können wenige Sekunden oder auch einige Minuten gewesen sein. Ich war gelähmt von Hilflosigkeit und konnte nichts tun – außer auf das nächste Hochwasser warten.

Im Gegensatz zum Herd war mein Cockpit nicht kardanisch aufgehängt. Deshalb fiel es mir schwer, mich mit einer Mug Kaffee bei einer Schräglage von 50° ins Cockpit zu setzen, um über den Leichtsinn dieser Flussfahrt zu sinnieren. Sicher wäre es vernünftiger gewesen, auf diese Flussfahrt zu verzichten, doch was bedeutet schon Vernunft auf einem Schiff? Nach den Maximen der Vernunft unterwegs zu sein, hieß nichts anderes, als auf die „Freuden" des Außerordentlichen zu verzichten.

Böse Knackgeräusche im Rumpf schienen diese These hörbar zu unterstreichen. AURYN legte sich nun gemächlich in den Sand. Ich stieg vom Schiff, stakste durch knöcheltiefes Wasser und schoss ein paar Fotos. Rumpf und Kiel hatten sich mittlerweile vor Scham im Sand vergraben. AURYN lag schwer auf der Seite. Wie ein gestrandeter Wal kam sie mir vor oder wie die Geländewagen im Autohaus, die man extra dramatisch aufgebockt hatte, um dem Käufer ein Gefühl von Abenteuer und Romantik zu vermitteln. AURYN hatte das auch drauf – wild, unbeugsam und verwegen sah sie aus!

Während ein paar Fischer neugierig vorbeischauten, gewann ich der merkwürdigen Lage des Schiffes noch etwas Positives ab, indem ich, bewaffnet mit Spachtel und Bürste, die Welle und den Propeller sauberkratzte und den Rumpf von Seepocken befreite. Wieder begann es zu knacken, der Rumpf arbeitete. Das Wasser kam zurück. Es grinste grün und glasiggrau, als ob es augenzwinkernd sagen wollte „hey, what`s up?" richtete es AURYN langsam wieder auf.

Der Tag erlosch so schnell wie eine Kerze. Als die Dunkelheit einbrach, schwamm AURYN wieder. Ich manövrierte sie von der Untiefe, lenkte sie in sicheres Fahrwasser und fand eine Stelle, die tief genug war, um dort über Nacht vor Anker zu liegen. Der Spuk war vorbei, das Abenteuer noch nicht. Ich reduzierte es auf ein paar Zahlen und Kürzel und übertrug diese in das Logbuch.

Am nächsten Tag erreichte ich ohne weitere Zwischenfälle die Flussmündung des Rio Paraguacu und damit wieder die Bahia de Todos. Eine Bucht mit Meeresanschluss. Ich atmete die frische Seeluft, rollte Groß- und Genua aus und war froh, den Motor endlich wieder abstellen zu können. Die Segel füllten sich, AURYN nahm Fahrt auf und rauschte dahin. Weich setzte sie in die See. Stolz im Ausdruck, im Anblick würdevoll. Souverän, dachte ich und ließ sie laufen.

Kurs Ost in Richtung Atlantik. Doch bevor wir südwärts und nach Rio de Janeiro aufbrachen, wollte ich meine Lebensmittel und Getränkevorräte ergänzen und legte einen Zwischenstopp auf der Isla Itaparica ein, die wir am Nachmittag erreichten.

Vor dem Hauptort der Insel, in einer wunderschönen Bucht, lag AURYN. Mit dem Ausrasseln der Ankerkette ging eine abenteuerliche Flussreise zu Ende, doch gleichzeitig war es auch der Anfang einer Begegnung, die zu den traurigeren meiner Reise gehörte.

Warum?

Am Abend lernte ich Heiko kennen. Unsere Schiffe lagen in Rufweite voneinander entfernt. Und weit entfernt, in einem anderen Ozean, erreichte mich Monate später über Amateurfunk die Nachricht, dass dieser sympathische Typ in jenem Fluss aufgefunden wurde, den ich befahren hatte. Ermordet!

Warum? Nun, das weiß bis heute keiner so genau. Was wissen wir überhaupt von den Dramen, die sich auf See abspielen oder, wie bei ihm, in einsamen Ankerbuchten? Er segelte allein, man fand ihn in seinem Schiff HEIKON, bestialisch ermordet. Von wem? Dafür gab es keine Zeugen, nur schamlose Übertreibungen: Von Frauen war die Rede, Drogen, Flusspiraten und so weiter und so fort. Die Smalltalker der Yachtie-Szene schürten am Funk die Spekulationen und streuten Unwahrheiten.

Ich behalte Heiko so in Erinnerung, wie ich ihn in jenen zwei Tagen kennenlernte: Als einen feinen Kerl, mit dem ich gerne zusammen war.

Als ich mich von Heiko verabschiedete, steuerten wir unterschiedliche Kurse. Ob wir unsere Ziele auch tatsächlich erreichen würden, wer wusste das schon? So verließ ich Itaparica und mit ihr die wunderschöne Bahia de Todos os Santos, blickte noch einmal hinüber zur Peripherie von Salvador und segelte unter den Trommeln des Bloco Afro Oludum in den Atlantik.

Im „uralten Wehn vom Meer“

Mit dieser blank polierten Metapher von Rainer Maria Rilke segelten wir unter einem frischen Passat nach Süden. Zum neuen Ziel, Rio de Janeiro, das wir nach sieben Tagen erreichen wollten.

Der erste Seetag verlief ganz nach Rilke, doch am zweiten Tag drehte der Wind auf Süd und blies direkt von vorn. Auf eine Kreuzerei gegen den Wind verspürte ich wenig Lust. Unter uns gesagt, ich hatte davon genug! Warum sollte ich mir und dem Schiff diesen Stress auch antun, bot die Küste Brasiliens doch reichlich Möglichkeiten, um dort einerseits interessante Exkursionen zu unternehmen oder einfach nur, auf den passenden Wind zu warten. Geschützte Plätze lassen sich hinter Riffen finden oder man segelt einfach in einen der zahlreichen Flüsse. Nein, nicht schon wieder! Halb so wild, diesmal ging alles gut. Ich steuerte AURYN vom Meer in eine breite Flussmündung und entdeckte eher zufällig einen kleinen Ort, der nur wenige Meilen im Fluss entfernt hinter einem Dschungel versteckt lag. Morro Sao Paulo. Zu diesem verschlafenen Nest kam nur, wer mit einem Schiff unterwegs war oder jene, die sich mit der Fähre übersetzen ließen. Morro Sao Paulo schien dem Hochglanzprospekt des brasilianischen Tourismusverbandes entstiegen zu sein. Mit einem Unterschied. Es gab keine Hotels, nur ein paar romantische Pousadas, jene Herbergen, die man in unseren Breiten als Pensionen kennt. Vor dem Ort lag zur Atlantikseite ein traumhafter Strand, ansonsten marschierte man über ungepflasterte Straßen, begegnete ein paar Cowboys und einer Handvoll Backpacker. Es war ein Ort mit viel Atmosphäre und jeder Menge Natur drum herum. Ich wanderte über eine hügelige Landschaft und durch verschlungene Pfade eines üppigen Waldes. Bis ich mich verlief. Gott sei Dank traf ich unterwegs einen Local, der mir den richtigen Kurs zurück zeigte. Ich duschte unter einem Wasserfall und stand in der Abenddämmerung wieder am Fluss, wo ich das Dingi zurück gelassen hatte.

Dann segelte ich weiter, der Wind drehte wieder auf Ost. Mit ihm segelte AURYN auf Halbwindkurs südwärts. Weit kamen wir nicht. Der Wind schwächelte und schlief ein. Da in der Aussicht auf eine Motorfahrt nichts Verlockendes lag, steuerte ich die Bucht von Camamu an. Dort lagen wir zwei Tage im türkisfarbenen Wasser vor Anker. Umgeben von einer wunderschönen Natur aus kleineren Riffen, unbewohnten Inselchen und einem bewaldeten Hinterland. Ein hübscher Platz, voller Leiden.

In der Hängematte der Geschichte

Ganz in der Nähe setzte der Seefahrer Antonio Cabral im April des Jahres 1500 den Fuß auf brasilianischen Boden und rammte die Flagge Portugals in den Sand. In wehender Soutane folgte der Abgesandte des Papstes und weihte das südamerikanische Land. Der Auftrag des portugiesischen Königshauses und der Kirche war klar umrissen: Landbesitz, Gold und Silber für die einen. Für die anderen galt es, das Christentum einzuführen. Gott musste den Heiden Südamerikas schwer eingehämmert werden. Wehrten sich die Ureinwohner im Pazifik gegen die weißen Missionare, indem sie sie in den Topf steckten, so kämpften die Indios Südamerikas mit Blasrohren und Giftpfeilen. Doch die Waffen der Europäer waren raffinierter und grausamer. Von den einst fünf Millionen Indianern leben nach knapp 500 Jahren „Zivilisation" nur noch zweihundertsiebzigtausend. Krieg, Mord, Sklaverei, Gebietsraub, Krankheiten – die zivilisierten Europäer hatten keine Möglichkeit ausgelassen, die indianische Bevölkerung zu dezimieren. Was übrig geblieben war von der alten Kultur, löschten die weißen Eroberer aus. Die Geschichte haben die Sieger geschrieben: Glorreiche Entdeckung, Missionierung, Zivilisierung.

In der Hängematte liegend, vergrub ich mich immer tiefer in die traurige Geschichte Brasiliens. Was ich las, war eine üble Chronik voller Gewalt gegen dieUreinwohner des Landes. Bis in die Gegenwart. Nach fast einem halben Jahrtausend des Völkermordes beschloss die Regierung des Landes, dass es an der Zeit sei, die „edlen Wilden" zu schützen. Wohl eher wurde sie durch internationale Kritik dazu gezwungen, sollte man vielleicht ergänzen. Nicht ohne auf die eigene Großzügigkeit hinzuweisen, gab man den Eingeborenen einen Teil ihrer Stammesgebiete zurück und zog auf amtlichen Karten Linien für die Reservate der Indios. Doch wer hielt sich schon daran? Am wenigsten die Agenten und Bodenspekulanten der Viehzüchter und der internationalen Konzerne. Einige von ihnen arbeiteten laut einem Bericht der für Indianerfragen zuständigen Behörde mit den Beamten zusammen, die einst die Gebiete zum Schutz der Indianer abgesteckt hatten. Standen die Stämme den Expansionsplänen der Konzerne und Viehbarone im Weg, wurden sie mit Hilfe chemischer und bakteriologischer Waffen systematisch ausgerottet. Entweder, indem sie sich an den unter ihnen verteilten, mit Pocken- und Tuberkulose-Erregern infizierten Kleidungsstücken vergifteten. Oder sie wurden von Flugzeugen und Hubschraubern aus mit tödlichen Bakterien besprüht. Bis in die Gegenwart zahlen Viehzüchter eine Belohnung für die Ohren ermordeter Indianer.

Die kleine Insel und die tief hängenden Wolken hinter den Palmen, vor denen AURYN ankerte, verliehen dem Ausblick eine zeitlose Schönheit. Von moderner Zivilisation noch unberührt, schien sich dieser Teil der Welt seit Jahrhunderten nicht verändert zu haben und passte so ganz und gar nicht zu der fesselnden, wenn auch traurigen Geschichte, die ich den Nachmittag über las.

Schließen wir im Sonnenuntergang dieses deprimierende Kapitel und wenden uns wieder der Meereslust zu.

In der Grenzenlosigkeit des Meeres

Die tropische Hitze des Landes lag in der Luft, als ich mein Schiff durch das Gewirr einiger Korallenbänke und durch die tückische Riffpassage hinaus auf das Meer steuerte. Erst nachdem die Küste ein paar Meilen hinter uns lag, packte uns ein frischer Südostpassat und ich freute mich darauf, die Segel wieder zu trimmen und AURYN zu beobachten, wie sie unter weißen Wolken dahin segelte. „Karl" führte uns nach Süden. Oder doch nach Südwest? Ich musste mich festlegen. Entweder zwei Tage direkt nach Rio de Janeiro zu segeln oder dem Tipp von Tony zu folgen, der auf Norhonja von Abrolos geschwärmt hatte. Ein Segeltag mehr sollte ausreichen, um dorthin zu kommen – wenn ich dorthin wollte.

Rio sollte warten. Ich goss mir einen Kaffee ein, sah AURYN in ihrer rauschenden Fahrt zu und spürte eine Art von grenzenloser Freiheit. Vielleicht auch etwas von dem, was man Glück nennen kann: Spontan zu entscheiden, wohin ich segeln wollte, unterwegs zu sein in ständiger Veränderung und in der Grenzenlosigkeit des Meeres. Diese Gedanken festigten meine Erinnerung an Tony, der mir von seinem Lieblingsplatz erzählt hatte. Und an seine Geschichten, die mich faszinierten. Sie handelten von Walen und anderen Außenbordkameraden, die man auf Abrolos beobachten konnte. Darauf freute ich mich, weniger aber auf das, was sich bald wie ein dunkles Tuch über uns legte: Eine Neumondnacht.

Nach dem Abendessen, Schmorkartoffeln mit Hähnchenfleisch, schob ich eine CD in den Player und lag wie immer bis Mitternacht ausgestreckt im Cockpit. Zu den Klängen von Debussy's „La Mer" rauschte AURYN in blinder Schwärze durch die Nacht. Wir segelten unter einem gestirnten Himmel, der genügend Raum für Gefühle und Erinnerungen gab.Wie zum Beispiel an jene Zeit, als der Sternenhimmel noch ein Medium der Navigation war, unter dem sich die Seefahrer von altem Schrot und Korn mit dem Sextanten an Fixsternen orientierten. Falls sie denn einen freien Himmel hatten und keine Wolken ihre Navigation unsicher machten, worauf wohl wilde Flüche in den Himmel hallten. Wie bequem dagegen hat es der Seemann der Gegenwart, der mit Satellitenhilfe navigiert und nichts weiter zu tun hat, als im Anblick des Universums in ein demutsvolles Schweigen zu verfallen.

Der Passat stand durch, die Nacht verlief ruhig und ohne Segelmanöver. Zu Edward Griegs „Morgenstimmung" saß ich mit dampfendem Kaffee im Cockpit und wartete auf die Morgendämmerung. Sie kam mit abnehmendem Wind und einem grauen Himmel. Sprühregen setzte ein, die Sicht verschlechterte sich.

Die Camouflage des Todes

Als aus dem milchigen Horizont eine grelle Sonne stieg, lagen vor dem Bug bereits die dunklen Umrisse der Abrolos. Wir erreichten den unbewohnten Archipel, der aus drei schroffen Felsformationen besteht, gegen Mittag. Im Lee der Insel und unter einem nun wieder strahlend blauen Himmel fanden wir einen sicheren Ankerplatz, auch wenn dieser in der Dünung des Ozeans alles andere als gemütlich war. AURYN rollte im Schwell dermaßen, dass ich in Anbetracht einer zu erwartenden unruhigen Nacht beschloss, nur über den Nachmittag ein paar Tauchexkursionen zu unternehmen, um dann am Abend weiter Richtung Rio de Janeiro zu segeln.

Ich hoffte, ein paar Wale beobachten zu können, die nach Tonys Erzählungen zu dieser Zeit, es war Juni, aus den arktischen Breiten heraufzogen, um im warmen Wasser Brasiliens ihre Babys zur Welt zu bringen. Doch erst mal tauchte ich ab und blubberte durchs Riff. Hallo, ist hier jemand? Und ob, es wimmelte geradezu von interessanten Begegnungen. Ich schwamm mit Ledernackenschildkröten und einigen Mantarochen. Ließ mich von einem in Zeitlupe dahinziehenden Zackenbarsch beglotzen und strampelte mit ruhigen Flossenschlägen durch einen riesigen Schwarm von Piloten- und Papageienfischen. Wenn man sich kurz zum Verschnaufen in eine Rifflandschaft stellt, sollte man darauf achten, wohin man tritt. Besonders dann, wenn auf dem Grund, durch eine perfekte Camouflage getarnt, der so genannte Stonefisch lauerte. Weiter nicht schlimm, wäre da nicht sein übler Stachel. Wer auf einen solchen tritt, sollte seinen Nachlass geregelt haben. Er wird gerade noch auftauchen können, vielleicht schafft er es auch noch zum Arzt, aber in der Regel verläuft eine solche Attacke tödlich.

Der Luftregulator erinnerte daran, dass es Zeit zum Aufsteigen war. Zurück auf AURYN blieb ich noch ein paar Stunden in der Bucht. Doch nachdem es mit der Walbeobachtung nichts wurde, zog ich den Anker aus dem Sand und segelte in die Nacht. Ich kramte wieder Stefan Zweig aus der Bibliothek, las im Schein der Stirnlampe und freute mich darauf, morgen früh in Rio de Janeiro einzulaufen. Eine Herde verspielter Delfine begleitete uns, die Nacht blieb abwechslungsreich. Zahlreiche Containerdampfer kreuzten unseren Kurs, hell erleuchtete Kreuzfahrtschiffe zogen am Horizont dahin und einige Fischerboote ärgerten mich mit ihren Zickzackkursen. Am Himmel flogen zahlreiche Jets und aus dem Horizont tauchte ein Lichtschein wie aus dem Armageddon auf, der bald den ganzen Himmel einnahm.

Es kam etwas auf uns zu, das war klar. Doch das, was sich mir dann bot, werde ich niemals vergessen. Auch Jahre später, während ich dies niederschreibe, verspüre ich eine leichte Gänsehaut. Machen wir's kurz.

Rio de Janeiro

Im warmen Licht des Sonnenaufgangs segelten wir durch die Baja de Guanabara. Sie ist eine der größten Naturbuchten dieser Erde und führt zu einer der schönsten Städte dieser Welt:

Rio de Janeiro. Mit AURYN entlang der weltberühmten Skyline von Rio zu segeln, gehörte zu den eindrucksvollsten Momenten meiner Reise. Kein anderer Ort der Welt bietet diese Bühne.

Die tropischen Berge ringsum schienen, Armen gleich, bis in die Stadt zu ragen. Zum Greifen nahe passierte ich das uralte, unverrückbare Symbol dieser Stadt, den Pao Acucar. Besser bekannt als Zuckerhut. In seinem Rücken liegt Rios Höhepunkt, topografisch jedenfalls, denn der Berg steigt hinter der Stadt zum Wahrzeichen von Rio an: Dem Corcovado mit der Jesusstatue. Ich wusste nicht, wo ich zuerst hinschauen sollte in diesem eindrucksvollen Panorama aus Copacabana, Zuckerhut, Corcovado und der Skyline. Dieser vertikalen Masse aus hohen Glaspalästen, Wolkenkratzern und protzigen Kolonialbauten. Vor den sattgrün behangenen Bergen blätterte Rio sich auf wie ein Fächer. Ipanema, Copacabana, Botafogo, Flamengo. Jede Bucht, an der wir entlangsegelten, war eine Stadt für sich. Getrennt durch einen schmalen Bergrücken wie die Rippe eines Fächers. Alles zusammen: Ein überwältigender Anblick, den mir keine andere Grosstadt bot, die ich von See aus ansteuerte.

AURYN lag mit Leinen zum Land in der Marina Gloria, eingebettet zwischen dem Zuckerhut auf der einen und dem Corcovado auf der anderen Seite. Mehr ging wirklich nicht.

Immer wieder wanderte mein Blick hinauf zum Corcovado, von dem Jesus seine Arme segnend über die Stadt ausbreitete. Ein szenischer Entwurf, den man erfinden müsste, wenn es ihn nicht schon gäbe. Es waren eindrucksvolle Bilder, die bereits tausendfach verewigt worden waren und Rio das Privileg einbrachten, als „schönste Stadt der Welt" zu gelten.

Schnickschnack, Nutten und ein Mythos

Der mit allem Schnickschnack ausgestattete Yachthafen lag im unmittelbaren Stadtzentrum und somit befanden sich sämtliche Sehenswürdigkeiten sozusagen vor dem Bug. Nachdem ich mich beim Meister des Hafens angemeldet hatte – pass auf die Nutten auf, sie streuen dir Schlafpulver in den Drink und rauben dich aus – begab ich mich auf Stadtbesichtigung. Prompt landete ich am wohl bekanntesten Strand der Welt, der Copacabana. Der Mythos eines Traumstrandes. Doch die Sichel aus weißem Sand zwischen dem Atlantik und den Hochhausfassaden versprühte auf mich nur einen matten Glanz. Ich empfand den Strand selbst als schmuddelig bis verdreckt und die herumlungernden Tour-Guides, die Neuankömmlinge wie mich in Rios Himmel und Hölle hineinziehen wollten, als lästig. Ebenso die jungen Brasilianerinnen, die auf der Strandpromenade nichts anderes als sich selbst verkauften.

Dank der Magie, die attraktive Frauen im reizvollen Nichts auf männliche Strandbesucher ausüben, sammelten sich gerade an der Copacabana die Sextouristen vieler europäischer Länder. Hier nahmen sie Witterung auf und stierten den Frauen hinterher wie Hengste den Stuten. Mich nervte das Gehabe, vor allem bei jenen, die bereits weit über die Sechzig hinaus waren und auf ewig jugendlich mimten. Sie schienen die Studie zu untermauern, wonach Männer zwischen 55 und 70 am häufigsten an Sex denken und doch stand in dem Bericht nichts davon, dass außer dem Sexualhormon Androstenon auch der Schweiß von ihren öligen Wampen in ihre eng geschnallten Hosen lief.

Auch wenn sich das Lebensgefühl Rios an der Copacabana bündelte, so widersetzte ich mich ihrer Zauberkraft und bummelte durch die Stadt. Dabei hatte ich nie den Eindruck, mich in einer Millionenmetropole zu befinden. Jedes Viertel schien wie ein tropischer Park zu sein; wer könnte das besser beschreiben als Stefan Zweig:

„Die Schönheit dieser Stadt, dieser Landschaft lässt sich wirklich kaum wiedergeben. Sie versagt sich dem Wort, der Fotografie, weil sie zu vielfältig, zu unerschöpflich ist. Selbst ein Maler, der Rio in seiner Gänze darstellen wollte mit all seinen tausend Farben und Szenen, käme in einem einzigen Leben nicht zu Ende"

Zu Stefan Zweigs Zeiten gab es das Sprichwort: „In Brasilien sterben die Armen vor Hunger und die Reichen vor Angst" vermutlich noch nicht. Das Land hat in den letzten Jahrzehnten einen enormen wirtschaftlichen Aufschwung erlebt, der die Kluft zwischen arm und reich noch vergrößerte.

Diejenigen, die nicht zu den sozial Vernachlässigten gehören, wohnen in grünen Stadtvierteln und in Apartment-Hochhäusern, die der Schein kolonisierter Festungen umgibt. Ummauert von hohen Wänden und bewacht von schwer bewaffneten Privat-Sheriffs lebten sie ihr Leben im

Schattenreich der Banden

Müllcontainer versperrten die Zufahrt zum Armenviertel Vigario Geral in Rio de Janeiro. Es ist eine der gefährlichsten Favelas der Millionenstadt.

Zirka siebenhundert von diesen Armenvierteln gibt es bereits. Es sind Ghettos, die in keinem Stadtplan verzeichnet sind. Im Schattenreich der kriminellen Banden patroullieren Polizisten mit Sturmgewehren und mit Pistolen im Gürtel. In einer Stadt zwischen Himmel und Hölle.

Während die Reichen und Schönen das Strandleben an der Copacabana und Ipanema genießen, wird in den Favelas geschossen. Eine speziell trainierte Touristenpolizei schützt tagsüber die Urlauber. Doch wenn die Copacabana am Abend zum Rotlichtviertel mutiert, muss jeder auf sich selbst aufpassen.

Von den Kubanern abgesehen, erlebte ich nirgendwo sonst in meiner durch sechsundvierzig Länder führenden Reise solch freundliche Menschen wie die Brasilianer. Sie waren unerschöpflich in der Vielfalt der täglichen Überraschungen aus Herzlichkeit und Hilfsbereitschaft, die einen lächeln ließen, ohne dass man so richtig wusste, warum. Es war einfach ihre spontane Art, wie sie auf Fremde zugingen, das Leben annahmen und zweifellos auch ihr Temperament, das in der Musik explodierte. Wie überall in Lateinamerika überfiel einen aus den voll aufgedrehten Radios die Merengue, dröhnte die Salsa und schepperte die Samba. Rockmusik und Boleros, alles vermischte sich und attackierte das Ohr in einem schrillen Getöse aus Lärm. Wo war die Musik? Jedenfalls nicht in diesem gnadenlosen Krach, als ich am Nachmittag durch das belebte Chaos aus Lärm, Stimmen und Motorengeräuschen der Innenstadt marschierte.

Ich war mittlerweile sechs Tage in Rio, erledigte vormittags kleinere Arbeiten am Schiff und nahm mir am Nachmittag die Stadt und die nähere Umgebung vor. Der Höhepunkt war ganz ohne Zweifel die Fahrt mit der Zahnradbahn auf den Corcovado. Da stand ich dann, siebenhundert Meter über der Stadt und unter Jesus und genoss den einmaligen Ausblick. Es war nicht ein Blick, es waren zweihundertvierzig! Denn im 240°-Radius schwenkt der Blick über Rio. Über die Bucht, ihre Berge, das dahinter liegende Umland, Seen, Inselchen, Schiffe, Stadtviertel und Strände. Unglaublich, unfassbar oder wie Stefan schreibt: Es versagt sich dem Wort Es ist der Blick aller Blicke und doch unfotografierbar. Zu groß ist die Perspektive. Doch erst vom Corcovado aus begreift man die einzigartige Kombination aus allem und wird nicht fertig mit Rio, das einzigartig ist. Nicht seiner schönen Frauen wegen, die gibt es überall auf der Welt. Nicht seiner berühmten Strände Cocacabana und Ipanema wegen, da gibt es weitaus schönere, vor allem saubere, an der langen Küste Brasiliens. Nicht wegen seines Karnevals. Der ist eher eine gigantische Touristenshow, die mit den ursprünglichen Traditionen des brasilianischen Karnevals absolut nichts mehr zu tun hat. Was ist es dann, das Rio so einzigartig macht? Seine Lage. Zwischen steil aufragenden, bizarr geformten Felsen, kleinen grünen Inseln in der Weite der Bucht und hohen, mit üppiger Vegetation bewachsenen Bergen.

Mit einer brasilianischen Mieze

Soweit zu Rio und nun zu Rio. So hieß von nun an und für die nächsten Monate meine neue Begleiterin. Ich hatte mir eine brasilianische Mieze aufgerissen. Eine vierbeinige. Die kleine, verwahrloste Katze miaute schon einige Tage in den Steinen der Uferböschung, vor der AURYN am Steg lag. Sie miaute so jämmerlich, dass ich nachschauen musste und das, obwohl ich eigentlich keine Katzen mag. Das Tier, ein paar Wochen alt, war offensichtlich von Mama Katze verlassen worden und befand sich in einem erbärmlichen Zustand. Ich päppelte die Kleine auf, säuberte sie, brachte sie zum Tierarzt. Danach war sie geimpft, hatte Papiere, trug ein Halsband und durfte nicht mehr erschossen werden. Damit war für mich der Drops gelutscht, für Rio offensichtlich nicht. Sie beschloss, bei mir zu bleiben! Auch am Tag meiner Abreise ließ sie sich nicht überlisten. Ich setzte sie an Land, legte mit AURYN ab und steuerte mein Schiff zur gegenüberliegenden Tankstelle, um Diesel zu bunkern. Als ich damit fertig war und vom Zahlen zum Schiff zurückkehrte, saß Rio wieder an Deck! Für sie war die Sache klar, sie ließ sich nicht abwimmeln und hatte für sich entschlossen, ein bisschen was von der Katzenwelt zu sehen.

Mein nächstes Ziel lag einhundertzwanzig Meilen südwestlich und trug den Namen Ilha Grande. Was nach einer großen Insel klingt, ist ein riesiges Archipel aus unzähligen, teilweise noch nicht vermessenen Inseln und Inselchen und zugleich eines der schönsten Wassersportgebiete an der ganzen südamerikanischen Küste. Doch ich greife vor …

Meerwärts

Mit Rio im Rücken und Rio auf dem Schoß verließ ich die Bucht. Es dauerte, bis wir die offene See erreichten und ich die Segel setzen konnte. Der Wind blies frisch aus Nordost und sorgte für einen optimalen Kurs sowie flotte Fahrt. Die Logge sprang zwischen sechs und acht Knoten und AURYN zeigte sich in ihrem wahren Element. Entfesselt preschte sie unter voller Besegelung durch ein windzerwühltes Meer unter einem aufgeräumten Himmel. Ein paar Kumuluswolken zogen am Horizont, ansonsten nichts als Blau. Über uns, vor uns, unter uns.

Das dunstbefallene Ufer war nach wenigen Stunden nur noch als eine dünne Linie zu sehen. Wir zogen meerwärts.

Es wurde ein traumhaftes Segeln in magischen Momenten. Als es durch die Nacht ging, bedauerte ich ein wenig, dass wir bereits am nächsten Tag die Ilha Grande erreichten. Vielleicht legte sich über mich auch deshalb ein Schleier aus Melancholie, weil ich wusste, dass ich mein Schiff verlassen und meine Reise für ein paar Wochen unterbrechen musste.

Der Mond ging auf. Ich peilte ihn im langsamen Steigen und lauschte dem Ächzen des Riggs. Der Wind hatte etwas zugenommen. AURYN segelte durch die Dunkelheit und das Rauschen am Rumpf erzählte von einer schnellen Reise.

Tausendmal

In der Nacht beherrschten Grübeleien die Zeit. Ich versuchte, sie „mundtot“ zu machen, einen Notausgang aus ihrem Tunnel zu finden, indem ich die Segel nachtrimmte oder im Schein der Navigationslampe mein Logbuch ergänzte.

Doch die Gedanken fluteten meinen Schädel und kamen tausendmal wieder. Tausendmal habe ich an die erste Begegnung mit AURYN gedacht. An die erste Nacht auf dem Schiff. Ostsee. Wo das Prasseln des Regens die Welt mit sich forttrug, aus der ich kam. Wo ich mir im Grau eines düsteren Tages neue Ziele steckte. Ferne Ziele, fremde Küsten und Kontinente. Wo ich mit dem Schiff ein anderes Leben leben wollte. In Freiheit. Wobei ich nicht diesen Bodensatz von Freiheit im eigentlichen Sinne meine. Freiheit ohne Probleme ist eine Illusion. Was ich unter Freiheit verstehen gelernt habe, war, sich selbst zu erleben. Der Herausforderung begegnen ohne äußeren Zwang. Tausendmal bin ich in die Gedanken der ersten See-Nacht zurückgekehrt. Tausendmal an den Ort, wo ich vieles zurückließ und verlor und von dem ich in dieser Nacht weit über die Flut der Gedanken hinaus kaum noch ein klares Bild zustande brachte. Zu diesem Ort würde ich demnächst zurückkehren, um unaufschiebbare Termine wahrzunehmen.

Meerblick

Gegen Mittag erreichten wir die Ilha Grande. Bevor ich AURYN nach Angra dos Reis in den Yachthafen steuerte, ankerten wir in einer verschlafenen Bucht, in der außer einer Katze und einem Seemann nichts Lebendes zu finden war. Oder doch? Ein Mütterchen in dunkler Tracht harkte den Strand! Wo kam es her, war hier noch jemand? Ich ruderte an Land und war überrascht, hinter dem Dickicht aus Palmen und Tropenbäumen eine Hütte zu entdecken, in der eine Fischerfamilie lebte. Die betagte Dame am Strand war Maria, sie empfing mich freundlich. Mittlerweile kam ihr Sohn dazu und beide luden mich zum cafezinho ein. Wir saßen auf ihrer

Terrasse mit Meerblick. Als die Sonne langsam in die Bucht fiel, wechselten wir die Örtlichkeit und verzogen uns ins Wohnzimmer. Nicht weil es draußen schattig wurde. Nein, weil Brasilien spielte. Im Juni 2002. Da war doch was? Genau, die Fußballweltmeisterschaft in Japan. In Brasilien herrschte in diesen Wochen Ausnahmezustand. Ein Land, das seinen Nationenstolz aus Samba und der Erinnerung an den Fußballgott Pele speist, spielte verrückt. Fußball ist in Brasilien Religion, dient als Betäubungsmittel und Aphrodisiakum. Wir saßen im schwachen Licht einer Tranfunzel. Der Reporter plärrte unentwegt. Ein lauer Wind wehte von der Bucht und spielte mit dem Vorhang. Brasilien spielte gut, ging eins null in Führung. Maria servierte gebakkenen Fisch und warme Kartoffeln, wir glotzten auf dem Schirm, während Opa Fischer im Nebenraum schnarchte. Der Abend verging.

Um Mitternacht stand Orion hoch am Himmel einer Vollmondnacht. Aus dem Dickicht zirpten die Grillen. Ruhige Paddelschläge durchzogen das Wasser der Bucht. Zurück auf AURYN hatte Brasilien gegen die Türkei gewonnen und Rio empfing mich maunzend.

An meinem vorletzten Abend auf dem südamerikanischen Kontinent und an Bord trank ich noch ein Glas vino tinto, während mein vierpfötiger Untermieter schnurrend an meiner Seite lag.

Vier Tage später war ich in Deutschland.

Heimat? – eher eine ferne Kulisse.

Im Sommer 2002

besuchte ich mich kurz in einem anderen Leben. Wichtige Termine erforderten meine Anwesenheit. Auf meinen Schreibtisch hatte sich die Post von neunzehn Monaten ergossen. Ich beantwortete Schreiben, die sich stapelten und Rechnungen, die mahnten. Als ich damit fertig war, hatte ich den Anschluss und der Alltag hatte mich wieder. Die Termine machten sich über mich her. Sie teilten sich ein und dieselbe Person: Den ehemaligen Geschäftsmann, der in Bilanzen dachte und über den Rand der Kaffeetasse hinausschaute, sowie den kleinen Seemann, der von freien Kursen träumte und über Horizonte segelte.

Natürlich fiel es mir schwer, das eine Ich vom anderen zu unterscheiden. Zu extrem waren die Gegensätze. Ich kam aus dem Frieden des Meeres, meiner Reise, die mich zurückbrachte zu dem, was ich war: Nichts. Nun rauschte ich wieder durch eine hektische Welt, die in ihrer Komplexität nach mir griff. Die mich im Griff hatte, weil ich, um zu funktionieren, hundert Sachen gleichzeitig erledigte. Im ständigen Überbieten meiner selbst spürte ich, dass mich der Andere in mir wieder eingeholt hatte. Mich dabei sogar frech angriente, ja im plumpen Versuch gar freundlich zu mir war. Das nahm ihm der kleine Seemann übel! Weil er gerade auf dem Meer die wahre Bedeutung oder, besser gesagt, die Bedeutungslosigkeit des Menschen erfahren hatte. In den Tagen an Land spürte ich wieder das aufgeblasene Ego meiner Selbst, indem ich mich wichtiger nahm, als ich war, und Eindrücke hinterlassen wollte. Sinnlos, konterte der kleine Seemann, zieh keine Spuren im Bewusstsein anderer, wobei er diese Sicht der Dinge auf die Schiffsplanken projizierte: Wenn sich das aufwirbelnde Heckwasser eines dahinsegelnden Schiffes wieder beruhigt hat, ist alles wie vorher und bleibt so für die Ewigkeit.

Nach der Verabschiedung von Freunden kam ich wieder in mein Haus. Es war ein schönes und voller wunderbarer Sachen – nur eines enthielt es nicht. Mein Leben.

Ich packte meine Klamotten, rollte die Seekarten, die ich für die südlichen Breiten besorgt hatte, zusammen, stellte den Wecker und ging schlafen. Morgen würde ich nach Brasilien zurückfliegen. Ich freute mich auf AURYN und wusste nicht, dass mit dieser Vorfreude eine freundliche Vorsehung mit unter die Decke krabbelte.

Point of no return

Als ich nach einem Zehnstundenflug und einer vierstündigen Busfahrt wieder in Angra dos Reis ankam, war alles noch an seinem Ort. Auch Rio, von den Nachbarn gefüttert, war noch da. Genau wie das Schiff. Kein Wunder, es war nie fort gewesen. Ich war es, der gegangen war. Doch nun war ich zurück an Bord und der Tag wurde zum Wendepunkt meiner Reise. Für mich war klar: Zurück dahin, woher ich gerade kam, wollte ich nicht mehr, sondern nur noch auf das Schiff. So lange, wie ich Lust darauf hatte.

Ich wollte AURYN so schnell wie möglich seeklar machen und mit ihr über blaue Tiefen unter weißen Segeln zum nächsten Horizont und darüber hinaus aufbrechen.

„Oue es mi barco mi tresoro, que es mi dios la libertad, mi ley la fuerza y el viento, mi unica patria la mar" Mit diesen Worten von Jose de Espronceda, die nichts anderes heißen als: Mein Schiff ist mein Schatz, mein Gott ist die Freiheit, mein Gesetz ist die Kraft und der Wind, meine einzige Heimat ist das Meer waren wir

Klar zum Auslaufen!

Leinen los – Voller Freude atmete ich in der geschützten Bucht die leicht bewegte Luft und witterte die Nähe der offenen See. Als wir sie erreichten, schrie ich in den auffrischenden Wind: Geschafft, gerettet, davongekommen und setzte die Segel. Es war herrlich, wieder an Deck meines Schiffes und unterwegs zu sein. Es umgab mich wieder diese wunderbare Stimmung, welche ich vom ersten Moment an gespürt hatte, wenn es hinausging: Ein Gefühl von Ruhe und Ausgeglichenheit legte sich über mich, weil ich wusste, dass alles, was ich brauchte, mit mir an Bord war und alles, was mir überflüssig erschien, zurück an Land blieb. Status, Gier, Neid, Hass, Medien und so weiter brauchte ich auf AURYN nicht. Mir genügten zwei Segel und der richtige Wind. Kurs und Position. Ein Ziel? Das hatte ich immer noch nicht, jedenfalls nicht so richtig. Der Weg war mein Ziel. Zunächst wollte ich mir Buenos Aires/Argentinien anschauen, danach Kap Hoorn. Und dann? Ich wusste es nicht. Noch nicht.

Der Passat blies mit vier Windstärken aus Ost. Unter einem aufgelockerten Himmel rauschte AURYN Kurs Süd und mit voller Besegelung über den 23sten südlichen Breitengrad. Wir passierten den Wendekreis des Steinbocks. Jenen Punkt, den die Sonne am 22.12. eines jeden Jahres erreicht, weswegen es am nördlichen Polarkreis nicht mehr hell wird und in der Antarktis Mitternachtssonne herrscht.

Im Gesang des Meeres

Mittlerweile segelten wir bereits sechs Monate durch brasilianische Gewässer. Damit näherte sich das Visum dem Verfallsdatum. Deshalb hatte ich vor, so lange wie möglich den Wind zu nutzen, um südwärts zu gelangen. Nach Rio Grande. An der Grenze zu Uruguay.

Die erste Nacht brach an. Der Wind hatte zugenommen, so dass ich das Großsegel einmal durchreffte. AURYN segelte auf Halbwindkurs, in einer hohen See, die sich aufschaukeln konnte auf ihrer langen, ungebremsten Reise vom afrikanischen zum südamerikanischen Kontinent. Die Windwirkstrecke über zweitausend Meilen durch den kräftigen Passat sorgte vor dem Kontinentalschelf für eine beachtliche See. Der eine und andere Kaventsmann, jene Wogen, die im gewöhnlichen Wellenmuster deutlich höher sind, sorgte dafür, dass die See am Rumpf explodierte und sich das Wasser übers Deck erbrach. Die Gischt flog. Querab rauschten die Wellen, ihre Kämme überschlugen sich. Weißes Wasser schäumte.

Ich blieb die ganze Nacht wach und draußen, bei den Sternen. Nicht etwa, weil es ständig etwas mit den Segeln zu tun gab, auch nicht, weil starker Schifffahrtsverkehr Wachsamkeit verlangte. Nein, ich war freiwillig an Deck und genoss es einfach, nach langer Zeit wieder im Gesang des Meeres unterwegs zu sein und besonders, in der Nacht zu segeln.

Von Schiffen keine Spur. Allein unter der himmlischen Geometrie. Von wegen! Es ziepte und lebte. Irgendwo zog eine Walherde und später gesellten sich die Engel der Meere, ein paar Delfine zu AURYN und begleiteten sie in ihrem verspielten Übermut. Weit nach Mitternacht zappelten und glibberten ein paar fliegende Fische an Deck. Und am östlichen Horizont zuckte Wetterleuchten.

Ich war ein stiller Beobachter von alledem und lag eingebettet in meinem Schlafsack in Lee der Cockpitbank. Die Stirnlampe (ich liebe diese Erfindung) auf dem Kopf, las ich im Mondschein einige von jenen nautischen Handbüchern, die ich mir aus Deutschland mitgebracht hatte. Als Ergebnis jahrhundertelanger seemännischer Erfahrungen konnte man sich in diesen maritimen Almanachs über Gezeiten und Windverhältnisse informieren. Über Ankerplätze und Riffe, Häfen und Schiffsrouten.

Doch vor allem konnte man darin wunderbar träumen: Von fast allen Törns dieser Erde!

Am Morgen und mit Morgenstern saß die Crew im Cockpit. Ich steckte gerade die Nase in einen dampfenden Kaffeepott, Rio verspeiste die Reste eines fliegenden Fisches, der sich über Nacht in der Weite des Ozeans ausgerechnet auf die wenigen Quadratmeter unseres Schiffes verirren musste. Jetzt, da mein vierpfötiger Untermieter wieder auftauchte, stellen Sie sich bestimmt die Frage, wie machte sich so ein Tier an Bord und vor allem, wohin machte es?

Wir verstanden uns sehr gut. Anfangs war sie noch recht irritiert, wenn die Motorgeräusche durchs Schiff dröhnten, aber das ging mir ja auch nicht anders. Beim Segeln lag sie meistens auf der Leeseite unter der Sprayhood. Bei Schlechtwetter verzog sie sich in den Salon. Meistens in meine Koje. Ich empfand meinen Mitsegler als wunderbar. Er verschaffte mir Abwechslung und war ein Ventil. Entlastung für das mit sich selbst beschäftigte Ich. Allerdings bezweifelte ich mittlerweile, dass der Doc in Rio Rio auch tatsächlich gegen Tollwut geimpft hatte. Denn jedes Mal, wenn ich zur Abwechslung mal in der (ihrer) Koje lag, sprang sie mir von der Treppe mit einem mächtigen Satz auf die Brust oder sonst wohin.

Was das Wohin angeht: Sie war absolut sauber und hatte es sich seit ihrem Zustieg angewöhnt, ihre Geschäfte in einer Plastikwanne, die ich mit Katzenstreu auffüllte, zu verrichten.

Nach zwei Seetagen war das Segeln nach italienischer Lebensart bereits wieder zu Ende. Das Dolce Vita an Bord wurde gestoppt von Regenschauern und Winddrehungen. Wir verließen allmählich den Bereich der konstanten Passatwinde und näherten uns der Westwindzone und damit einem unbeständigen Wetter.

Der Wind drehte auf Süd, dann auf Südwest und kam somit genau von vorn. Solange ich Zeit und die Option habe, an Land Plätze anzusteuern, tue ich mir und dem Schiff das Kreuzen gegen den Wind nicht an und warte auf günstigere Winde. Noch etwas Gutes lag darin. Aus diesen spontanen Kursänderungen ergaben sich meistens nette Begegnungen und ich kam zu Orten, die ich sonst nie kennengelernt hätte. Einer davon war

Joinville

Vom Atlantik kommend, segelte ich 25 Seemeilen durch das flache und ruhige Gewässer einer riesigen Lagune. Vorbei an zahlreichen kleineren, mit üppiger Vegetation bewachsenen Inselchen.

Dann erreichten wir die Stadt. Es gab einen Yachtklub und zu meiner Überraschung einige Brasilianer, die sogar ein wenig Deutsch sprachen. Viele Übersiedler aus good old Germany hatten sich vor Generationen um und in Joinville angesiedelt. Und einer ihrer Nachfahren trug den typisch brasilianischen Namen: Eckardt. Eckardt, in dritter Generation Nachfahre deutscher Auswanderer, war nicht nur der Chefarzt des Krankenhaus, sondern auch Vorsitzender des Yachtklubs. Dort hatten wir mittlerweile festgemacht. Commodore Eckardt besuchte mich an Bord, hieß mich herzlich willkommen und lud mich gleich zum abendlichen Dinner im Klubhaus ein. Inmitten eines Haufens gut gekleideter Herrschaften kam ich mir gar nicht deplaziert vor. Im Gegenteil, ich wurde gastfreundlich und herzlich aufgenommen. Allerdings musste ich einen kleinen Vortrag über meine Reise halten und dem Chronisten der Stadtzeitung Rede und Antwort stehen. Und Eckardt? Der lud mich am nächsten Tag zu einer Rundfahrt durch die nähere Umgebung ein, zeigte mir seine Stadt und half bei meinen Einkäufen.

Die Stadt selbst gab nicht besonders viel her. Sie zeigte sich im vertrauten Ambiente aus Stimmen, Motorengeräuschen und scheppernder Musik. Ich hatte den Eindruck, dass im dröhnenden Chaos die Südamerikaner sich geradezu an das Verlangen nach Lärm klammerten, als ob sie ein tiefes Bedürfnis verspürten, sich vom Krach betäuben zu lassen. Nur wozu? Um nicht zu denken? Um sich abzulenken? Ich fand keine Antwort. Auch Eckardt nicht und der war immerhin Doktor.

Voller Stolz führte er mich durch sein Krankenhaus und fuhr anschließend mit mir nach Blumenau. Es war ein Ort urdeutscher Prägung. Sein Urgroßopa gründete 1850 diesen Ort, nachdem er und ein paar arme Bauernfamilien aus dem Hunsrück sich in Bremerhaven eingeschifft hatten und in Richtung Neues Glück aufgebrochen waren. Auf Flößen hatten sie sich 50 km den Rio Itaja flussaufwärts gekämpft und sich an diesem Flecken niedergelassen. Das Erbe deutscher Heimat lebte weiter in Fachwerk, Trachten und Biergärten. Aus den Holzhäusern schallte deutsche Blasmusik und auffällig blonde und hellhäutige Brasilianer bestimmten das Bild in Blumenau.

Die Brücke von Florianopolis und andere Merkwürdigkeiten

Mittlerweile hatte ich mich von den freundlichen Menschen des Segelklubs verabschiedet und Joinville abgeschüttelt. Am Horizont leuchtete der Himmel silbrig und die Morgendämmerung sickerte allmählich durch die Palmenwedel. Mit dem ablaufenden Wasser und um sechs Uhr morgens steuerte ich AURYN durch die Bucht zurück aufs Meer. Das Wetterfenster schien geeignet, um das 320 Seemeilen entfernte Florianopolis in den nächsten Tagen und hoffentlich unter Segeln zu erreichen. Der Törn verlief ruhig. Nach zweieinhalb Tagen erreichten wir den Fluss, der nach Florianopolis führte. Damit begann die Aufregung: Die Seekarte machte auf zwei Brücken aufmerksam. Fein, nur hatte jemand vergessen, die Höhen einzutragen. So näherte ich mich der ersten Brücke, stoppte kurz davor AURYN, enterte den Mast und peilte die Durchfahrtshöhe. Platz genug. Weiter ging die Fahrt. Wir kamen zur zweiten Brücke. Dort wurde es heikel. Es sah nicht danach aus, als ob 15 Meter Masthöhe plus 1,50 Freibord bis zur Wasserlinie ausreichten, um unter der Flussüberführung einer Autostrasse hindurchzufahren. Vorsichtshalber schraubte ich die Funkantenne ab und steuerte AURYN vorsichtig unter die Brücke, auf der sich bereits einige Schaulustige versammelt hatten.

Ein Zittern ging durch das Rigg, das Schiff bockte, Metall schabte auf Beton. Wir hingen kurzzeitig fest, diesmal in der Luft. Ich legte den Rückwärtsgang ein und setzte das Schiff zurück. Dann steuerte ich AURYN zwischen beide Brücken, schmiss den Anker und wartete auf das nächste Niedrigwasser. Offensichtlich hatten wir für viel Trubel zwischen den Brücken gesorgt, denn nun näherte sich uns ein graues Behördenboot. Mir wurde mulmig bei dem Gedanken, dass mein Visum abgelaufen war. Vordergründig dachte ich daran, das Land verlassen zu müssen. In einem anderen Winkel meines Bewusstseins lauerte eine Befürchtung. Die Angst davor, dass man mein Schiff an die Kette legte!

Das Polizeiboot kam längsseits, ein paar übertrieben gut gelaunte Beamte standen an der Reling, deuteten auf die deutsche Flagge am Heck und schrien: Alemaniaaa. Hiiieetlär, Zaukrau, Bieärr. Ich war überrascht von ihrem Deutschlandbild und den nationalen Symbolen, die sie damit verbanden, wobei die eher schweren Vorstrafen glichen. Passaporte por favor, sagte der Polizist. Ich sah meine Felle davonschwimmen und überlegte, wie ich die Konzentration der Beamten in andere Bahnen lenken konnte. Ronaldo. Ronaldinho – rief ich ihnen zu, während ich nach meinem Pass kramte und ein Brasil, Campione Mundial hinterher rief. Das saß und machte Eindruck. Glanz trat in ihre Augen. Sie hatten ihre Erinnerungen geordnet und kamen auf: Oliverrr Kaaahn. Brasilo dos, Alemania zero. Genau, daran wollte ich sie ja erinnern. Und überhaupt, dass sie die Größten seien. Nicht nur, weil sie das Endspiel um die Fußballweltmeisterschaft gegen Deutschland gewonnen hatten. Jetzt kam Stimmung in die Bude. Sie ergötzen sich an der Technik ihrer Stars, an den Toren eines Ronaldo, während mich ein paar blutgrätschende Jungs mit dem Adler auf der Brust vor weiteren Kontrollen retteten. Den Pass hatte ich schon lange wieder, Ronaldinho zauberte immer noch. Schiffspapiere amigos, fragte ich sie. Null problemo, antworteten sie. Ronaldo schoss gerade das Zwei Null, als sie freundlich winkend und mit viel Spaß an ihrem Job abzogen.

Ich blieb zurück, schaltete die Ankerlaterne ein und wartete auf den nächsten Morgen.

Im ersten Licht des Tages, bei Niedrigwasser und mit einer Handbreit Luft über dem Verklicker, das ist für Nicht-Seebären der Windanzeiger auf der Mastspitze, steuerte ich mein Schiff vorsichtig unter der Brücke hindurch und zum Yachtklub von Florianopolis.

Es war Anfang Oktober. Deutschland feierte seinen Tag der Deutschen Einheit und ich meinen Geburtstag. Als Geschenk spendierte ich mir eine Fahrt zu einem der Weltwunder dieser Erde. Wenn schon, dann richtig. Doch o weh, die Fahrt kam einer Strafe gleich. Vierzehn Stunden holperte der ungepflegte Bus durch das Landesinnere Brasiliens. Er zuckelte durch spektakuläre Landschaften und öde Sumpfgebiete, während peinigende Sitze meinem Rücken derbe Probleme bereiteten. Vergessen und abgehakt, als ich in Foz do Iguazu ausstieg und mit der großartigsten Szenerie südlich von Rio de Janeiro belohnt wurde: Den imposanten Wasserfällen von Iguazu, gelegen im Dreiländereck Argentinien, Paraguay und Brasilien.

Dieses Naturwunder besteht aus einem riesigen Park mit Wasserfällen. Tosender Donner und feinste Wassertröpfchen von abertausenden Kubikmetern Wasser stürzen sich auf einer Länge von 4 Kilometern über basaltige Felsen und füllen die Luft mit Feuchtigkeit. Ich unternahm eine Raftingfahrt im Wildwasser bis vor die wie weiß-kristallene Gardinen aussehenden Wasserfälle, die in unterschiedlichen Größen von den braun und grün bemoosten Felsen fielen. Ein interessanter Ausflug, der frech zu Ende ging, als mir beim Picknick ein gefräßiger Ameisenbär seine lange Nase dreist in die Tüte leckerer Empanadas steckte.

Zwei Tage später war ich zurück auf AURYN, doch wo war die Katze? Weg!

Ich suchte sie noch gleich am Abend. Im Schilf der Uferböschung am Yachtklub, in einer verfallenen Hütte, in der ich Katzen mit ihren Babys sah – aber nicht Rio.

Enttäuscht kehrte ich zum Schiff zurück. Traurig. Umso mehr, als ich am nächsten Tag den Segelklub auf Grund von Renovierungsarbeiten verlassen musste und somit sich die Chance verringerte, dass Rio den Weg zu AURYN allein zurück fand.

Ich ankerte nun die direkt vor dem Yachtklub, in der Hoffnung, Rio doch noch irgendwo zu entdecken. So ruderte ich am Abend im Dingi abermals an Land und begab mich auf Katzensuche. Sanft wehte das Schilfgras im Wind, ein Pelikan rasselte mit seinem Gefieder und ein paar Katzenbabys kuschelten sich an ihre Mami. Sicher kein schlechter Platz, dachte ich, falls sich Rio dafür entschieden haben sollte. An diesem Ort würde ihr zumindest keiner nehmen, was eine Katze auf einem Schiff nicht findet – ihre Freiheit! Hier konnte sie tun, wozu sie geboren wurde. Streunen, sich von Katern beschwänzeln lassen und echte Mäuse jagen. Auf der Suche nach ihr hackte ich einen Weg durch ein Dickicht, wobei ich Schwärme von Insekten aufschreckte, die wütend durch die Luft brummten. Ein paar hungrige Katzen liefen mir über den Weg, doch Rio blieb verschollen.

Im Sonnenuntergang verlor der Tag sein Licht und an einigen Pflanzen schlossen sich die Blüten. Es schien wie ein Symbol, als ob sich damit auch meine Hoffnung begrub, Rio doch noch zu finden.

Ich joggte am Strand, paddelte zurück zu AURYN und duschte mich am Heck ab und … Moment! Wenn zwei miteinander nicht in Verbindung stehende Ereignisse gleichzeitig auftreten, ist man sich zumindest die Frage nach dem Warum schuldig. Doch ich fand keine Antwort, wohl auch deshalb, weil ich kaum Zeit hatte, lange darüber nachzudenken. Denn ich musste ins Wasser und zwar gleich!

Vorher hatte ich verschwommen bis deutlich festgestellt, dass irgendetwas fehlte. Es war so ruhig. Ich vermisste das schwappende Geräusch des Dingis im Auf und Ab des Wassers. Als ich mich shampooniert umdrehte, war noch etwas weg und trieb im starken Ebbstrom flussabwärts. Ich hinterher. Mit einem Kopfsprung vergrub ich Schlamperei, Ärger, Trauer und Flüche in einem dreckigen Fluss, von dem ich wusste, dass über ihn die ganze Stadt entsorgt wurde. Gut, dass es dunkel war und ich nicht sah, worin ich schwamm. Die Umrisse des Beibootes waren gerade noch im Licht der Straßenbeleuchtung, die vom Ufer auf den Fluss schien, zu erkennen. Stark war der Strom, das Dingi fast unerreichbar. Zwei Dinge waren es, die mich motivierten, einen Kraulsprint wie Mark Spitz in seinen besten Zeiten hinzulegen. Zum einen der drohende Verlust von 1000 Euro, zum anderen die Vorstellung, dass ich, nackig wie ich war, aus dem Fluss stieg und auf dem Rückweg womöglich wegen Erregung öffentlichen Ärgernisses in diesem erzkatholischen Land verhaftet würde.

Nach langem und wütendem Schwimmen erreichte ich den Ausreißer, zog mich mit letzter Kraft ins Boot und paddelte schwer keuchend zurück. Gegen die Strömung und gegen die Flüche, die vom Dingi zurückhallten. Doch was konnte das Beiboot dafür? Es war mein schlampiger Knoten, der mich unfreiwillig zum Schwimmen brachte.

Katzengeschwätz

Mein Puls war wieder auf Normal. Ich saß frisch geduscht im Cockpit, an einem Abend, der mein letzter in Brasilien werden sollte. Ich dachte an die zurückliegenden Monate in diesem herrlichen Segelrevier, an die vielen Freundschaften, an … Rio, an die mich gerade gewöhnt hatte.

Wo mochte sie sein? Der Vollmond spiegelte sich auf dem Fluss, von irgendwoher wehte leise Musik. Morgen würden wir diesen Platz gegen die Leere des Ozeans eingetauscht haben. Übermorgen liefen die Katzen immer noch hungrig durch die Gegend. Der Pfad, den ich frei hackte, würde schon bald wieder überwuchern und die Blüten sich öffnen, um auf verlorene Seelen zu warten. Und nächste Woche? Da würde ich vermutlich in Uruguay sein und dieser Platz so aussehen, als ob AURYN niemals da gewesen wäre. Die Blüten würden sich wieder schließen und im Schein des abnehmenden Mondes säße eine Schar von Katzen, die einer kleinen Katze lauschte, die mit verträumten Augen von ihrer abenteuerlichen Reise erzählte und von dem Seemann, der über den großen Ozean gekommen war.

Ich schlief schlecht und träumte wild.

Anderntags erledigte ich ein paar Einkäufe, suchte ein letztes Mal nach Rio und war bereit zum Auslaufen. Als ich aus dem Office des Yachtklubs zurück zum Steg ging, konnte ich es kaum fassen: Da saß meine Katze. Stellte ihren Schwanz hoch und stiefelte maunzend auf mich zu! Hallo, geht's endlich weiter, schien in ihrem Blick zu stehen.

Nachdem die Mannschaft komplett war, verließen wir Florianopolis und segelten in den Südatlantik. Brasilien versank über dem Achtersteven und vor uns lag ein neues Kapitel von Meereslust.

Seetage

Von Brasilien über Uruguay nach Argentinien

Meerzeit

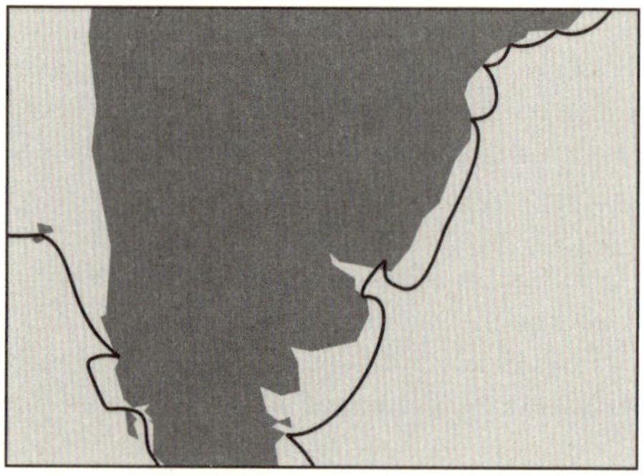

Mitte Oktober, es wurde kälter. Wir hatten die tropischen Regionen mittlerweile verlassen, segelten in den 33. südlichen Breitengrad und kamen in die Bereiche der mürrischen Westwinde.

Als wir den Ozean wieder erreichten, segelte AURYN unter dem Blister nach Süden. Wir bewegten uns am Rande eines sich auflösenden Hochs und im Einzugsgebiet zweier Tiefdruckgebiete, die für die nächsten Tage einen kräftigen Nordwestwind versprachen. Das waren optimale Bedingungen für unseren siebentägigen Törn nach Montevideo/Uruguay. Ich sprach die Worte laut, während ich mein Schiff auf Kurs brachte: Montevideo, Rio de la Plata, Buenos Aires, Patagonien. Klingt das nicht wie.. Musik? Ja, aber das allein reichte nicht. Es kitzelte meine Abenteuerlust. Vor dem Bug lagen neue Ziele, unbekannte Länder und die Freude darauf. Doch ich spürte auch einen seltsamen Übergang zu gedanklichen Querströmungen, deren Tiefe und Kraft ich nicht abschätzen konnte. Sie lagen in der Rauheit der isolierten Region, im harten Wetter, in den lauen Hinweisen unzureichender nautischer Informationen und so weiter.

War ich dem allem und mehr gewachsen? Segle hin und finde es heraus, sagte die frische Beweglichkeit und schob den abgeklärten Blick des Ernstes belustigt zur Seite. In dieser Szene, in dieser Stunde des Aufbruchs lag, im besten Sinne des Wortes, etwas Ergreifendes, etwas Verheißungsvolles und so sah es auch der Wind. Er legte zu. Ich bekam gerade noch rechtzeitig den Blister herunter, dann fiel der Nordwester über uns her. Mit raumem Wind, also schräg von achtern, ausgebaumter Genua und gerefftem Großsegel kam AURYN so flott voran, dass um Mitternacht und nach zwölf Stunden bereits 85 Seemeilen im Kielwasser lagen. Mit dem zunehmenden Wind hatte sich eine beachtliche See aufgebaut und wir surften teilweise mit bis zu 10 Knoten Fahrt die hohen Wellenberge hinunter. Eine Lust, Hochseesegeln pur!

Wie immer konnte ich auch in dieser ersten Seenacht nicht schlafen und genoss dieses einmalige Schauspiel, zu dem sich noch andere gesellten.

Durch das phosphorisierende Heckwasser sah es aus, als ob wir einen langen „Feuerschweif" hinter uns herzögen und die See schäumte dermaßen, dass man den Eindruck gewann, wir segelten durch eine alpine Winterlandschaft.

Nach dem Sonnenaufgang drehte der Wind auf West und sorgte für Arbeit. Der Spinnakerbaum musste weggenommen und das Schiff auf Halbwindkurs neu getrimmt werden. Dabei stutze ich: Auf breiter Front lag vor dem Bug ein eigenartiges Wolkengebilde, das die Form einer dicken Zigarre hatte.

Mächtig und bedrohlich sah das aus und hatte einen Namen: Pampero! Aus dem Segelhandbuch des Südatlantiks waren mir diese Pamperos bekannt, nur hatte ich sie nicht so weit nördlich erwartet. Joshua Slocum (der erste Einhandweltumsegler) beschrieb Anfang 1900 den Pampero als „Böe mit dem weißen Kragen", weil die Wolke oben schneeweiß war und ihre Unterseite dunkel. In einer solchen hätte er fast sein Schiff verloren. Mit Macht näherte sich die Front. Ruckzuck reffte ich die Segel bereits zeitig. Der Wind drehte auf Südwest. Weiter, einmal um die Achse und dann packte uns das Ungeheuer und zog uns in seinen Bann. Die Windmessanlage staunte über bisher noch nie angezeigte Werte von sechzig Knoten, das entsprach reellen

12 Windstärken. Meteorologen würden in ihrem beheizten Büro nun von Orkan orakeln. Ich hatte mittlerweile die Segel ganz geborgen und „segelte" nur mit der Angriffsfläche des Bootkörpers vor dem Wind. Den Landratten sei verklickert, dass bei diesen Bedingungen die Seebären lässig von „vor Topp und Takel ablaufen" schnacken. Das klingt gelassen, hätte aber ins Auge gehen können!

Mit einem lauten Knall hatte der „Wind" einen Flügel aus dem festgestellten Windgenerator gebrochen und wie einen Bumerang übers Schiff zappeln lassen. Nach dreißig Minuten war der Zauber vorbei. Der Pampero zog durch, der Wind ging auf angenehme 6-7 Beaufort zurück. Allerdings blieb er auf Südwest, und das bedeutete hoch am Wind zu segeln, wenn wir den Kurs halten wollten.

Eine mächtige See schob sich nun gegen die alte Nordwestdünung und sorgte für ein chaotisches Meer. Potzblitz, dachte ich, wie schnell das ging. Innerhalb kurzer Zeit wurde ich mit völlig anderen Wind- und Seeverhältnissen konfrontiert und bekam einen zarten Vorgeschmack auf das, was uns weiter südlich noch erwarten sollte. Kap Hoorn, daran mochte ich in diesem Inferno gar nicht mehr denken.

Gut, dass mich jemand ablenkte. Ne, nicht Rio, die hatte sich in meine Koje verzogen. Ein Albatros schwebte neben dem Schiff. Elegant und kaum seine mächtigen Flügel bewegend strich er über die Wellentäler. Stundenlang.

In grauer Leere

Am Abend des ersten Seetages spuckte das Fax die aktuelle Wetterkarte aus: Das prognostizierte Tief erwischte uns zwei Tage früher als vorausgesagt, doch das war nicht alles: Gale Warning! Mein Blick verlor sich im grauen Nichts der Buchstaben. Eine Ahnung von Sturm lag schon den ganzen Tag über in der Luft. Das Baro fiel stark, der Wind schwächelte. Deshalb hatte ich mir die Option, im Rio Grande Schutz zu suchen, bereits im Kopf zurechtgerückt und kramte nochmals nach der Seekarte. Querab zur Küste waren es dreißig Meilen und wieder zurück auf See bedeutete es einen verschenkten Tag. Trotzdem zog ich den Umweg und den Schutz des Landes vor, statt in einen aufziehenden Sturm zu segeln.

Im Grau einer Morgendämmerung verlor sich das Land. Wir erreichten die Ansteuerung des Rio Grande und obwohl ich keine Detailkarten besaß, traute ich mich hinein. Ich folgte einem Fischkutter! Wenn sich hier jemand auskannte, ohne sich auf die prähistorischen Ungenauigkeiten der brasilianischen Seekarte zu verlassen, dann waren es die Fischer. Sie befuhren von klein auf diese Gewässer und kannten sie besser als den Grundriss ihres Häuschens.

Nur schade, dass ihr kleiner Kahn von einer grauen Regenwand verschluckt wurde, so dass mir das Risiko zu groß erschien, weiter in den Fluss vorzudringen, zumal wir nur noch mit einem Knoten vorankamen, weil uns ein starker Ebbstrom entgegen lief. Außerhalb des Fahrwassers ließ ich den Anker fallen, um auf Wetterbesserung zu warten. Gerade noch rechtzeitig. Als der Anker saß, fielen Böen in Sturmstärke über uns her. AURYN ruckte in den Anker und torkelte, Gott sei Dank von ihm zurückgehalten, hin und her. Trotz allem lagen wir relativ sicher. Als ich nach zwei Stunden Schlaf zum Kontrollgang an Deck ging, knatterte der Wind in meiner Segeljacke und jaulte im Rigg. Ich fand die geschützte Bucht nun weiß vor und spürte, dass es deutlich kälter geworden war. Nachdem ich die Ankerkette überprüft und das Schiebeluk von innen wieder geschlossen hatte, war ich froh, bei diesen Bedingungen nicht auf See sein zu müssen. Erst recht, als ich hörte, dass dieser Sturm einer argentinischen Yacht den Mast nahm!

Diese Geschichte erfuhr ich vom Kapitän eines Containerschiffes, dessen Funkverkehr mit einem anderen Dampfer ich zufällig beim Tee lauschte. Später vervollständigte sich die Nachricht dadurch, dass man die Crew geborgen hatte, weil sie ihr Schiff wegen Wassereinbruchs aufgeben musste.

Kurz darauf mischte ich mich in das Gespräch ein und ließ mir die Position der havarierten Yacht geben. Hast du ihre Mayday-Funkrufe nicht mitgehört? Etwas Vorwurfsvolles lag in der Frage und so Unrecht hatte der Offizier auf der Brücke nicht, irgendwo dort draußen in der grauen Leere. Doch wie hätte ich sie hören können? Ich hatte geschlafen, was bei Leuten, die allein segelten, gelegentlich vorkam. Und überhaupt ist bei mir nicht ständig das Funkgerät auf Standby, obwohl es den Vorschriften entsprechend eigentlich so sein sollte. Nachdem ich mich vom Wachhabenden in ein längeres Gespräch über das Woher und Wohin meiner Reise verwickeln ließ, erfuhr ich von ihm noch den aktuellen Wetterbericht. Ein kleiner Hochdruckkeil drückte sich zwischen zwei Tiefausläufer und sorgte für eine Wetterberuhigung, wenn auch nur für eine kurze. Starke Motorengeräusche ließen mich meinen Kopf aus dem Luk stecken. Ein Seenotrettungskreuzer kam zurück vom Ozean. Ob sich die geborgene argentinische Crew an Bord befand, verschloss sich meinem neugierigen Blick durchs Fernglas. Doch der Gedanke war schon grotesk, dass die Männer auf ihren meist freiwilligen Einsätzen ihr Leben riskierten, um andere vor dem nassen Tod zu retten. Als am Nachmittag die Sonne wieder durchkam und das Barometer stieg, zog ich den Anker nebst einer gehörigen Portion Schlick an Deck und setzte, mit dem Bug im Wind, die Segel. Im Auf und Ab der wippenden AURYN schien es so, als nicke sie Brasilien ein längeres Adios zu. Dann füllte der Wind die Segel und das Schiff nahm Fahrt.

Auf See empfing uns ein frischer Nordwest. Platt vor dem Wind segelten wir zunächst nach Südost, um aus der Landabdeckung frei zu kommen. Wir kamen von der grauen Leere zum

Zauber des Meeres

Und zum mittlerweile dritten Seetag. Der zweite verlief im friedlichen Segeln und im stetigen Rauschen des Schiffes, das mit sechs bis sieben Knoten durch die See pflügte. Die Fahrt verlief unter einem blauweißen Himmel, der sich öffnete wie ein kurzes Kapitel von sanftem Segeln in südlichen Breiten. Ein Törn, der Anstrengung bedeutete, im Zauber des Meeres aber auch Kraft verlieh.

In glitzernder Harmonie zwischen Himmel und See, einer verspielten Seehundschule und springender Schweinswale, zwischen Boot und Mensch und im letzten Abendrot stumpfte die Wahrnehmung der Sinne ab. „Aufwacheeen“, ich rieb mir die Augen, fragte mich, wo ich sei und saß noch verschlafen vor der neuen Wetterkarte, deretwegen ich mir den Wecker gestellt hatte. Deutlich genug erkannte ich, dass eine Kaltfront der nächsten folgte, die Tiefs zogen dermaßen schnell, dass die neue Wetterkarte ihre Aktualität bereits wenige Stunden später wieder einbüßte. Auch wenn die Wetterkarten als nicht allzu zuverlässig erschienen, so nahmen die darin angekündigten Isobaren jeder Unwetterwolke, die am Horizont auftauchte, das Beklemmende. Man war gewarnt, hatte sich und das Schiff darauf vorbereitet und sah dem ganzen Gelassen entgegen. Was auch sonst.

Anders rum und Nebelspiele

Südlich des Äquators liefen die Uhren der Jahreszeiten entgegengesetzt und mit der Sonne, die Mitte Dezember im Wendekreis des Steinbocks ihre südlichste Bahn erreichte. Demzufolge, es war Mitte Oktober, müsste Frühling auf der Südhalbkugel herrschen, doch der ließ noch auf sich warten. Es war kalt und regnerisch und das Segeln fühlte sich an wie ein Sommer auf der Nordsee.

Ein toter Pinguin trieb in der Dünung, ein Vorbote einer noch kälteren Region, in die wir noch kommen sollten. In der Nacht und den vierten Tag über wehte es stark. Gegen Abend nahm der Wind ab und eine hohe Luftfeuchtigkeit breitete sich aus. Beeindruckend, wie schnell sich das Wetter in diesen Breiten innerhalb weniger Stunden ändern konnte. Doch mit Nebel hatte ich nun wirklich nicht gerechnet.

Er legte sich nass über uns und hüllte AURYN gespenstisch ein. Da ich an Deck nichts mehr sehen konnte und des Starrens in die Diesigkeit überdrüssig wurde, schaltete ich das Radargerät ein, plottete einen Warnsektor und bereitete das Abendessen vor. Eine verblichene Aufschrift, die an die Werbung der 50er Jahre erinnerte, ließ mich eine Dose aufsäbeln, deren delikater Inhalt offensichtlich aus jener Zeit stammte. Ich sperrte den ekeligen Geruch wieder ein, machte mir stattdessen ein paar frische Pfannkuchen und suchte in der Bilge nach einer Dose Apfelmus, was schwer fiel, weil sich das Papier mittlerweile durch Feuchtigkeit aufgelöst hatte. Zwischendurch ging mein Blick immer wieder auf den Radarschirm oder ich ging kurz in das Cockpit und lauschte in den Nebel, der so trübe war wie meine Zweifel und die Furcht vor einem Dampfer, der uns übermangelte. Doch kein Schiff, kein Vogel, kein anderes Signal war mit uns im Gefühl völligen Alleinseins, über das sich nun auch noch Beklemmung legte.

Ich sehnte den Morgen herbei. Als er endlich kam, brachte er das Licht zurück und ein leichter Wind riss den Nebel zögerlich auf. Zwischen den Nebelschwaden grinste kurz das Meer und die Sonne lugte im diffusen Licht. Dann verschluckte uns die nächste Nebelbank. Im Grinsen, Lugen und einem gedämpften „Verzieh dich endlich, Nebel!“ verging der gesamte Vormittag. Bis ein zunehmender Wind den Nebelvorhang aufriss und der Inszenierung eines neuen Aktes den letzten Schliff gab. Das dramatische Schauspiel hieß Licht und Sonne. Eine Sonne, die ich niemals vorher so begeistert begrüßte wie an jenem Tag. Genau wie den Wind. Der mehr und mehr im Meer des Südatlantiks das Leben zurückbrachte: Segel knatterten, Schoten ächzten, Albatrosse schwebten, Delfine sprangen. Ein Fisch biss an und das freute Rio ganz besonders! Auch der Schiffsverkehr belebte sich zusehends. Kein Wunder, hielt doch AURYN nun ihre Nase in einen der größten Flüsse dieser Erde, den Rio de la Plata. Und der hatte es in sich!

Im Reiz eines klangvollen Namens

AURYN pflügte durch eine braune Masse von Sedimenten, die durch zahlreiche andere Flüsse Südamerikas in den Rio Plata gespült wurden und durch ein chaotisches Wasser. Die kurze, hackige See, die hier über die flachen Sandbänke rauschte, verursachte alles, nur kein angenehmes Segeln.

Im Flussdelta wehte ein starker Wind gegen einen kräftigen Gezeitenstrom und schuf somit die übelste Konstellation für uns Segler. Bedeutet sie doch, dass der Flutstrom die entgegensetzenden Wellen, die der Wind vor sich her schiebt, stoppt oder verlangsamt. Dadurch verkürzen sich die Wellentäler, die Wellen selbst stellen sich steil auf und brechen chaotisch. Kurz: Es war, als ob man in einer ewigen Brandung segelte. Die Gefährlichkeit dieser See mag man an Tabellen ablesen, in denen Schlaumeier errechneten, dass es nicht unbedingt eines starken Windes und eines großen Tidenhubs bedarf, damit sich Wellen auf ihre doppelte oder gar dreifache Höhe aufschaukelten. Doch was bedeutete schon die nüchterne Statistik auf dem Meer, wo sich das wahre Leben neben den Mittelwerten abspielte?

Die Küste von Uruguay enthüllte die Skyline von Punta del Este, es ist ein Ferienort von gewaltigem Ausmaß. Ich ließ Südamerikas El Arenal an Steuerbord liegen und überlegte kurz, ob ich nicht direkt flussaufwärts zum 180 Seemeilen entfernten Buenos Aires segeln sollte. Doch dann blieb ich dem ursprünglichen Plan treu und folgte dem fernen Reiz eines klangvollen Namens. Und überhaupt, wann ergab sich sonst schon die Möglichkeit Montevideo, Uruguays Hauptstadt, auf eigenem Kiel zu erreichen?

Als das Flussdelta hinter uns lag, drehte der Wind auf Süd, so dass wir auf Halbwindkurs schnell vorankamen. Zumindest bis zur Kenterung der Tide. Als der Ebbstrom nach Einbruch der Dunkelheit einsetzte, zeigte die Logge nur noch eine Fahrt von zwei Knoten und die gepeilten Lichter an Land verrieten, wie langsam es nun voran ging. Obwohl die Sicht in der Nacht klar war, segelte ich mit eingeschaltetem Radar, weil ich mich nicht darauf verlassen wollte, dass die Tonnen auch dort waren, wo sie nach der Seekarte sein sollten.

Als wir uns der Erleuchtung am Horizont, die Montevideo ankündigte, näherten, war es Mitternacht. Zwei Stunden später erreichten wir jenen Wegepunkt, der entsprechend den Koordinaten des Hafenhandbuches die Einfahrt zum Yachtklub markieren sollte. Nur, wo zum Teufel war der Hafen? Zu müde, um danach zu suchen, schmiss ich den Anker dort, wo AURYN schaukelte: Direkt vor der Skyline Montevideos, vor ihrem Strand und vor

Uruguay

Bei einem Glas Wein prostete ich der schlafenden Stadt und meinem Schiff zu. Ich nickte AURYN dankbar zu, die mich einmal mehr sicher dort hin gebracht hatte, wonach mir der Sinn stand und blinzelte dabei in die Scheinwerferlichter der hellerleuchteten Promenade. Der vino tinto schob meine Müdigkeit an. Ich nahm diese Stimmung mit und legte mich schlafen. Zumindest so lange, bis mich am frühen Morgen das Zollboot weckte: Ankern verboten! Die freundlichen Beamten wiesen mir mit einer schwungvollen Armbewegung die Richtung zum Yachtklub, den ich dann zwei Meilen entfernt von der angegebenen Position der Seekarte doch noch fand. Allerdings waren die Stege belegt, so dass ich mein Schiff an einer Muringtonne festmachte.

Unter den aufmerksamen Blicken eines Seelöwen, der seine dicke Birne aus dem ölverdreckten Hafenwasser steckte, machte ich das Dingi klar und ruderte an Land, um bei den Behörden einzuklarieren. Ein neuer Stempel zierte den Pass, gleichzeitig bekam ich noch den Auftrag, meinem Präsidenten etwas auszurichten. Doch dazu später.

Nach einer Woche auf See war mir nach Land und Bewegung und so zog ich durch Montevideo. In der Hauptstadt Uruguays lebt der Großteil der Bevölkerung dieses nur 3,5 Millionen Einwohner zählenden und dünn besiedelten Landes. Neben ein paar mächtigen Wolkenkratzern vermittelte das Zentrum eher etwas von Kolonialzeitatmosphäre. Das Straßenbild prägten alte Amischlitten aus den 50er Jahren und hübsche Häuser, auf deren Fassaden die Kruste des letzten Jahrhunderts bröckelte.

In der Tiefe der Altstadt marschierte ich durch schmale Gassen, schaute in Patiohäuser und besichtigte eine der zahlreichen Kirchen, die die Missionierung zurückgelassen hatte. Dann fuhr ich über das Land und mit dem Bus nach Colonia. Wobei mich das kleine Gaucholand sehr stark an die englischen Küstenstriche Cornwalls erinnerte. Die Natur bestach mit allen möglichen Grüntönen. Sie zeigte sich mit Wäldern und satten Wiesen, ging über in schroffe Felsen und tauchte dann weich ein in ansteigende Kornfelder, über die der Wind wehte. Verstreut liegende weiße Gehöfte sprenkelten den Blick über eine sanfte Landschaft. In Colonia stieg ich aus dem Bus, stromerte durch die Gassen der Kleinstadt und besuchte eine Kirche.

Im Gestank des Todes verließ ich die Kathedrale und saß wenig später am Rio de la Plata, der den Augenblick in seiner ganzen Schönheit enthüllte und meine aufgewühlte Seele beruhigte, weil ein leichter Wind den Muff von Gevatter Tod von mir nahm. Ich bedauerte meinen Kirchenbesuch, den ich aus starker Neugierde unternommen hatte, weil ich in die Trauerzeremonie eines verschollenen Fischers platzte.

„Er schläft in den Fluten" sprach mit gedämpfter Stimme der Pfarrer zu der Trauergemeinde und beweihräucherte den Sarg, in dem sich nichts befinden konnte. Ein paar Kollegen, deren vom Wetter zerfurchte Gesichter wunderbar mit ihrer groben Wollkleidung, wie sie Fischer tragen, harmonierten, verneigten sich nun vor dem Sarg und hoben ihn an. Kraftvoll, als ob sie schwer an der Last der Abenteuer ihrer gemeinsamen Zeit auf dem Meer trügen. Die Erinnerung machte ihn unsterblich, seine Lebensspanne dagegen war begrenzt. Der Preis, den er zahlte, war der Tod. Jener Rettungsanker, den die Evolution einbaute, damit sich Tod und Leben im Gleichgewicht befinden und die Erde nicht wegen Überfüllung geschlossen werden muss.

Lange blickte ich dem Fischkutter nach, der seine Spur durch das glitzernde Wasser des Rio de la Plata zog, bis er sich im Dunst verlor. Ein gewürzter Geruch von Gegrilltem ließ mich hungrig werden, ich raffte mich auf und folgte ihm. Am Abend verpasste ich den Bus, suchte mir eine kleine Pension und fuhr am nächsten Morgen zurück nach Montevideo.

Womit nun endlich jene an der Reihe sind, die sich schon die ganze Zeit fragen, was es denn nun mit dem Auftrag an den Präsidenten auf sich hatte. Mein nächstes Ziel lag auf der anderen Seite des Flusses, hieß Buenos Aires und lag in Argentinien. Als ich dafür bei den Behörden ausklarierte, musterte der Kapitän des Hafens meine Papiere aufmerksam. Alemania, murmelte er in seinen grauen Bart und wurde dann deutlicher. Er zog mich zu einer Seekarte, klopfte auf eine Stelle, die eine Gefahrentonne markierte, und zeterte sinngemäß: Dass ich gefälligst meinem Präsidenten ausrichten möge, dass Deutschland endlich seinen Kriegsschrott abholte, der die Zufahrt zu seinem Hafen einschränkte.

Was er damit meinte, lag an Steuerbord. Ich hatte mittlerweile abgelegt und stoppte AURYN kurz an jener Gefahrentonne, auf die der Capitano an der Wandkarte geklopft hatte: Sie markierte auf acht Meter Wassertiefe ein abgesoffenes Kapitel deutscher Kriegsgeschichte. Dort ruht die „Admiral Graf Spee“. Ein Panzerkreuzer der Deutschen Kriegsmarine, der zu Beginn des 2. Weltkrieges auf Kaperfahrt im Südatlantik war und sich nach schweren Treffern durch britische Verbände in den neutralen Hafen von Montevideo rettete. Das Schiff wurde zum Symbol für die „Menschlichkeit im Krieg“, weil ihr Kapitän Hans Langsdorff angesichts eines von ihm als aussichtslos eingeschätzten Kampfes gegen britische Verbände, die bereits außerhalb der Dreimeilenzone lauerten, die Selbstversenkung befahl und somit seinen Jungs und denen der gegnerischen Schiffe den Tod ersparte. Die Mannschaft internierte man in Argentinien, wohin wir nun segelten. Und Langsdorff? Der erschoss sich. Eingehüllt in die Kriegsflagge und an Bord der sinkenden „Graf Spee“.

Schlafende Wale

Als wir das ausgetonnte Fahrwasser des Rio de la Plata wieder erreichten, wehte ein starker Wind aus Richtung Montevideo, das hinter uns im Dunst verschwand. Ein kräftiger Flutstrom nahm AURYN in seinen freundlichen Griff und der trübe Schoß des Rio uns wieder auf. 120 Seemeilen bis Buenos Aires lagen nun vor dem Bug. Der Wetterbericht versprach Wind aus Südost und hielt sich ausnahmsweise daran. Nur die prognostizierten 3 Bft hatten nicht im Entferntesten etwas mit dem zu tun, was tatsächlich unsere Segel füllte. Die Windmessanlage zeigte 6-7 Bft, als wir die Mitte des Flusses erreichten, wo beidseitig keine Ufer mehr zu erkennen waren. Aus einer sich verdichtenden Nimbusbewölkung hingen düstere Fetzen von Schauerböen. Als sie über uns herfielen, hatte ich das Gefühl, dass in den Spitzen der Böen der Wind noch zunahm. Was hier so dramatisch klingt, war vor Ort ein feines Segeln vor dem Wind mit einem kleinen Stück Tuch vor dem Bug, das nur andeutungsweise einem Segel ähnelte.

Fahrt und Tide nahmen zu und trieben uns stromaufwärts mit einer Geschwindigkeit, die ich an den auf uns zukommenden Tonnen, die sich im Strom neigten und wieder verschwanden, abschätzen konnte. Im engen Fahrwasser drängten mich einige Containerschiffe an den äußersten Rand der ausgebaggerten Fahrrinne, die durch grüne Tonnen flussaufwärts markiert wurde. Daran sollte man sich auch halten und nicht in Erwägung ziehen, außerhalb des Fahrwassers zu segeln – so wie ich. Bis mich die Strudel aus schmutzigem Schaum und ein glatter Buckel, der aussah wie der Rücken eines schlafenden Wales, sich aber als tückisch lauernde Sandbank entpuppte, daran erinnerten, AURYN schleunigst wieder in sicheres Wasser zu lenken.

Wer sich nicht daran hält und Pech hat, bekommt eine Gefahrentonne platziert und ruht nun in der braunen Soße des Rio de la Plata. Zahlreiche Wracks, deren Aufbauten knapp aus der Schmuddeligkeit des Wassers ragten, machten deutlich, dass jede Unaufmerksamkeit den Verlust des Schiffes bedeuten konnte. Als sich die Nacht über uns legte, wurde mir schnell klar, dass an so etwas wie Ruhe oder Schlaf nicht zu denken war.

Ich ließ AURYN nur kurz allein zurück, stieg in die Pantry, machte mir etwas zu essen und stieg mit vollem Bauch und heißem Kaffee wieder zurück ins Cockpit. Zurück in den Wind, der über den Fluss stürmte und eine kurze steile Welle vor sich herschob.

In der Nacht zuckten weit entfernt ein paar Blitze durch die Dunkelheit und dumpf grummelnder Donner wehte über die weite Fläche eines Wassers, über das nicht nur ein blaues Boot segelte. Einige Dampfer zogen mit uns in Richtung jenes Scheines am Himmel, der auf eine große Stadt deutete und weit nach Mitternacht noch dreißig Meilen entfernt lag. Zum Greifen nah, könnte man meinen. Doch der nun einsetzende Ebbstrom und die gespenstischen Wellenkämme, die aus der Leere herangetrieben wurden, bremsten AURYN und ließen sie nur noch mühsam vorankommen.

Im zarten Schleier einer Illusion

Nachdem ein grelles Morgenlicht die Nacht ausgelöscht hatte, zeigte sich voraus eine dünne Linie, die bald zu Argentinien wurde. Es war spürbar kälter geworden und doch legte die

Mittagssonne den zarten Schleier einer Illusion von Sommer über die Silhouette von Buenos Aires, dem wir uns langsam näherten.

Einige Segelboote kamen uns entgegen, ihre Crews winkten freundlich und die Gäste eines Ausflugsdampfer, der uns an Backbord passierte, blökten uns ein fröhliches Willkommen in Argentinien zu. Dann nickte der Bug von AURYN der imposanten Skyline der Zwölfmillionenmetropole zu. Wir warteten in geduckter Spannung darauf, dass sich die Drehbrücke öffnete, die uns in den Stadthafen und ins Herz von Buenos Aires ließ.

Windhose

Iguazu-Brasil

Im Land der Gauchos

Buenos Aires

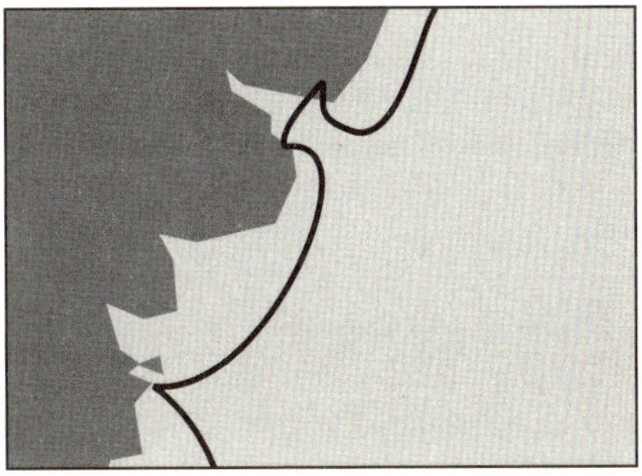

AURYN lag im feinen Yachtklub von Buenos Aires und mitten im Zentrum einer aufregenden Metropole, die das Flair einer Mischung aus Paris und Madrid verströmte. Durch und durch europäisch, dachte ich bei meinem ersten Eindruck, als ich in den Pullover schlüpfte und durch die Stadt und über die abendliche Promenade bummelte. Vor den Cafés saßen schnauzbärtige Männer in Nadelstreifenanzügen, die sich die Schuhe wienern ließen und nur kurz die Nase aus dem Wirtschaftsteil der Zeitung bekamen, um den Berufsflaschensammlern unter den Obdachlosen zuzuschauen, die in den Abfallbehältern der schicken Meile stocherten und was sie brauchen konnten, auf ihre Pferdekarren packten. Diese so genannten „cartoneros“, meistens Jugendliche, leben vom Müll der Stadt und scheinen keine andere Perspektive zu haben. Fragte man sie danach, hört man lange nichts und irgendwann: Fußball. Aus einem ihrer Armenviertel stammt Diego Maradona. Argentiniens Seele liegt im Tango, dachte ich, vielleicht noch in der Mythengestalt Evita Peron oder im verehrten Che Guevara, der Ikone der kubanischen Revolution, in Rosario, unweit von Buenos Aires, geboren. Doch nix da, über allem stand die legendäre Nummer Zehn, griente Diego Maradona. Ob von den Plakaten oder in TV-Shows. Maradona genießt absoluten Kultstatus und doch war er ein schlechtes Vorbild für die Kinder: Er kokste sich den Kopf voll und suchte die Schuld dafür beim CIA. Schimpfte über den Kapitalismus, verlangte aber für ein Interview 25.000 Dollar. Knapp dem Drogentod entkommen, nannte er Bush einen Mörder, den Papst einen Hurensohn und plante mit Fidel Castro eine Revolution. Politiker waren Marionetten in seinem Spiel. Diego, der Herrscher, der König, betrat an diesem kalten Abend im November wieder den Rasen, der einst sein einziges Reich gewesen war, und führte den Anstoß im Lokalderby Boca Juniors und Independiente aus. Alles drängelte sich vor den Fernsehern des vollen Restaurants: Politiker, Geschäftsleute, Zuhälter, Patrioten, Nutten, Opportunisten und jene wie ich, die wegen eines anständigen Steaks gekommen waren.

Friesisches Schweigen

Als ich in der kalten Frühlingsnacht zum Schiff zurückkehrte, hatte ich mit Ernst nun wirklich nicht gerechnet, der auf der Terrasse des Yachtklubs auf mich zu warten schien. Moin, moin, hab dich anlegen sehen, gutes Schiff! sprach er und traf auf Verwunderung meinerseits. Ernesto aus Emden lebte bereits seit einigen Jahrzehnten in Buenos Aires, war mit einer Einheimischen verheiratet und Mitglied dieses elitären Yachtklubs, dessen Gastfreundschaft ich genoss, weil ich eine Woche herzlich und kostenlos aufgenommen wurde. Leichte Tangomusik drang an mein Ohr und friesisches Schweigen. Ernst nippte an seinem Riesling. Er sprach kaum, warf mir ein paar Stichworte zu meiner Reise zu, ließ mich von meinem Törn erzählen und verabschiedete sich früh. Am nächsten Morgen stand er mit frischen Brötchen vor dem Schiff. Wir frühstückten zusammen im Cockpit von AURYN, wobei ich von Ernst nicht nur einige nützliche nautische Informationen für die argentinischen Gewässer bekam, sondern auch seine Zeit. Er zog mit mir durch die Stadt, zeigte mir diverse Geschäfte, wo ich jenes Material einkaufen konnte, dass ich benötigte, um einen langen Zettel von zu erledigenden Arbeiten abzuhaken.

Dann fuhren wir mit der S-Bahn nach San Fernando, einem Vorort von Buenos Aires. Der Grund war nicht die interessante Zugfahrt durch die verschiedenen Viertel einer riesigen, zwölf

Millionen Einwohner zählenden Stadt, sondern einer Option Konturen zu geben. In San Fernando, im dortigen Segelklub mit eigenem Werftgelände, gab es die Möglichkeit, AURYN aus dem Wasser zu nehmen, um einen neuen Unterbodenanstrich auftragen und andere Arbeiten ausführen zu lassen. Schließlich sollte das Schiff für den harten Törn in die südlichen Breiten und um Kap Hoorn gut vorbereitet sein.

Als wir am Abend wieder in den Zug stiegen, hatte ich eine Reservierung für den Kran, einen Landstellplatz für AURYN und bis dahin für Buenos Aires noch drei Tage Zeit.

In der Seele des Tangos

Ein frischer Fahrtwind wehte durchs Fenster des holprigen Zuges. Mein leerer Blick wanderte auf vorbeihuschende Stadtviertel. Das Geläut einer Kirche kam näher und verschwand in einem mitreißenden Strom aus Gedanken an die bevorstehenden Arbeiten. Um einen Weg zurück in die Wirklichkeit zu finden und auch, um mich für die Hilfsbereitschaft zu bedanken, lud ich Ernst zum Abendessen in das Altstadtviertel San Telmo ein. Er zog mich in ein feines Restaurant, in dem die schick angezogene Oberschicht von Buenos Aires sich mit dem besten Fleisch der Rinder, die von den Gauchos in der weiten Pampa aufgezogen wurden, den Wanst stopfte. Bei gutem argentinischen Rotwein und dem zartesten Steak, das ich jemals aß, erfuhr ich von meinem Landsmann einiges über Argentinien und seine ökonomische Situation. Und die kam einem Pulverfass gleich. Der Staat war faktisch pleite und konnte seine Auslandsschulden nicht mehr bezahlen. Der Peso war vor Monaten auf seinen niedrigsten Stand abgewertet worden, wodurch die Wirtschaft kollabierte und die meisten ihr Erspartes verloren. Aber es kam noch schlimmer. Weil der Peso nichts mehr wert war, sperrte die Nationalbank die Konten. Die meisten Argentinier verloren ihren Job und schließlich ihre Hoffnung.

In der Not der Einheimischen liegt für euch Ausländer der Vorteil, dass ihr durch die Abwertung des Peso fast 300% mehr für den Umtausch von US-Dollar bekommt, rechnete mir Ernst vor und erstaunte mich mit diesem komplett ausgesprochenen Satz gerade deshalb, weil der eher schweigsame Gaucho-Friese ansonsten nicht mehr als vier oder fünf Wörter zu reden pflegte.

Ich verlangte nach der Rechnung, bezahlte inflationsbereinigte acht Dollar für ein Doppelessen allerbester Qualität und verließ mit Ernst das edle Restaurant. Als wir zurück in die Kühle einer Frühlingsnacht traten, wehte uns Tangomusik entgegen. San Telmo war und ist die Seele des Tangos und wie immer an solch aufgeladenen Orten trieb mich ein Zeichen, hier war es die Musik, mehr noch eine Neugierde und das Interesse an fremden Dingen in dunkle Gassen voller Atmosphäre. Ernst hatte sich mittlerweile verabschiedet. An seine Stelle trat ein Herr im schwarzen Frack und weißen Handschuhen. Seine Füße federten wonnig hin und her und mit geschminktem Gesicht und Biss dirigierte er ein Bandeneonorchester, das eine temperamentvolle Tangomusik spielte.

Dann trat der Boss des Orchesters zurück, steckte sich eine Zigarette an und gab seinem Abteilungsleiter den Freiraum, den er zum Glänzen brauchte. Bis er dann wieder ins Zentrum trat, sich das Bandeneon lässig umschnallte, den Takt angab und zeigte, dass es für die Übergabe an den Juniorchef noch bei weitem zu früh war. Ich hatte den Verdacht, dass er sich ganz bewusst dieser Spannung aussetzen wollte und die Ekstase in seinem Spiel deshalb suchte, um jene Zeit zu evozieren, als der Tango noch der gesellschaftliche Spiegel Argentiniens war. Heute schien mir der Tango eine billige Touristenattraktion zu sein und eher ein Modetanz, der in den gestylten europäischen Tanzschulen eine Renaissance erfuhr.

San Fernando

In der frischen Brise einer Luft, die nach Meer roch, segelte AURYN aus dem Stadtzentrum von Buenos Aires 35 Seemeilen landeinwärts. Zunächst auf dem Rio de la Plata, später fuhren wir durch ein Gewirr von kleinen Kanälen. Unser Ziel San Fernando erreichten wir im Stillstand der Tide, also gerade noch rechtzeitig, bevor der Strom kenterte. Bald darauf und erstmals nach einem Jahr hing AURYN wieder in den Gurten eines 50-Tonnen-Kranwagens, der das Schiff aus dem Wasser hob und vorsichtig zu seinem Landstellplatz mit Parkblick fuhr. Das hatte schon was: Unter mächtigen Baumkronen wohnte ich nun im ersten Stock mit Leiterzugang und genoss den Blick, umgeben von uralten Bäumen in wunderschöner Parklandschaft. Für Rio war es geradezu das Paradies, sie fühlte sich in der neuen Umgebung besonders wohl. Ich baute ihr aus langen Bohlen der Werftzimmerei einen „Catwalk", über den sie stolz vom Schiff hinunterspazierte und zu ausgedehnten Landgängen ansetzte. Fruchtbaren, wie sich später noch herausstellen sollte!

Nachdem ich mich zwei Jahre in den Tropen herumgetrieben hatte, bekam ich nun wieder ein Gefühl für die Jahreszeiten und den Frühling. Die Bäume standen in voller Blütenpracht und der Park zeigte sich im frischen Grün. Die Abende und Nächte dagegen waren eiskalt. Zum ersten Mal schaltete ich die Bordheizung ein, die mich kurzzeitig ärgerte, weil sie nicht funktionierte. Erst nach dem Reinigen des Zündmechanismus nahm sie ihren wärmenden Dienst auf.

In der Kühle des nächsten Tages kramte ich das ganze Schiff durch und entsorgte überflüssigen Tüterkraam, wie Hinnerk von der Küste sagen würde, womit er nichts anderes als Krempel meinte. Ich hatte keine Lust mehr darauf, mir Vorträge über Unnützes, was ich auf AURYN mitschleppte, zu halten und bevor die Übersicht komplett den Bach runterging, reduzierte ich alles an Bord auf das, was ich tatsächlich benötigte. Der Arbeitszettel für die anbrechende Woche las sich wie folgt:

Korrodierte elektrische Leitungen mussten erneuert werden. Schmutzwasserventile waren nur noch schwer zu schließen und wurden wieder gängig gemacht. Sämtliche Segel wurden gesäubert und durchgecheckt, verschlissene Nähte vom Segelmacher neu genäht. Die Sprayhood wurde erneuert und das Rigg sorgfältig geprüft. Ich spannte die Wanten nach und fettete ihre Terminals. Sämtliche elektronischen Geräte erhielten eine technische Inspektion, ebenso der Motor, dessen leckende Wasserpumpe mich unter anderem schon seit geraumer Zeit beschäftigt hatte.

Ich verabschiedete mich vom Anker und seiner vierzig Meter langen Kette, weil mir das Geschirr in den südlichen Breiten als nicht geeignet, weil nicht stark genug, erschien. Stattdessen besorgte ich eine sechzig Meter messende Kette mit 10 Millimetern Durchmesser und ließ mir einen 25 KG-Deltaanker aus Edelstahl „handgemacht in Buenos Aires" bauen. Auch wenn dafür der Beschlag im Bug geändert werden musste, schienen mir die Umstände und die Investition genügend Argumente dafür zu liefern, dass sich das Mosern der Kasse zugunsten der Sicherheit in die zweite Reihe verzog.

Tagsüber hatte ich also genügend mit den Arbeiten am Schiff zu tun, wogegen Rio genügend Abwechslung in ihren Landausflügen fand, von denen sie mir gelegentlich eine tote Maus mitbrachte und ins Bett legte. Abends freute ich mich darauf, die Heizung anzustellen und in meiner knuffigen Bude bei einer Kalebasse Mate-Tee an meinem Reisetagebuch zu schreiben oder zu lesen.

„Die Akte Odessa"

Während draußen ein eiskalter Südwestwind aus Patagonien durch die schwarze Nacht von San Fernando fegte, schlug ich das braune Kapitel der „Akte Odessa" auf. Forsythe beschreibt darin jenen SS-Geheimbund, der über sein globales Netzwerk den gefürchteten KZ-Arzt von Auschwitz, Josef Mengele, und Massenmörder wie den Holocaustorganisator Adolf Eichmann sowie andere „gefährdete Kameraden" nach Kriegsende in südamerikanische Länder schleuste. Mit Hilfe und dem Segen katholischer Geistlicher, wie Bischoff Hudal, führte ihre Fluchtroute über die Alpen, nach Italien und dann weiter nach Argentinien, wo die braunen Immigranten in Sicherheit und geschützt leben konnten. Dabei spielte Argentiniens Präsident Peron eine nicht unwesentliche Rolle. Schon während des Krieges hatte der begabte Demagoge keinen Hehl aus seiner Nähe zum Faschismus und seiner Bewunderung für Hitler und Mussolini gemacht. Beim Abtauchen der braunen Herrenmenschen in Argentinien hatte auch jene Person ihre schlanken Finger mit im Spiel, die zum Mythos Argentiniens wurde: Evita Peron.

Bei allem Glanz, den Evita umgab, sollte nicht unerwähnt bleiben, dass die First Lady 1947 auf ihrer Polit-Tournee durch Europa reiste und dabei nicht nur Werbung für Perons Argentinien betrieb, sondern auch in geheimer Mission unterwegs war. Historiker und Journalisten deckten auf, dass sie in der Schweiz Vertreter Nazi-Deutschlands und italienische Faschisten traf, um die Flucht von Kriegsverbrechern nach Südamerika zu organisieren. Ein getarntes Auswanderungsbüro in Genf versorgte jahrelang Alt-Nazis mit Visa und Schiffspassagen an den Rio de la Plata. Peron hegte nicht nur tiefe Sympathie für verfolgte Nazis und Antisemiten, sondern wollte mit Hilfe deutscher Ingenieure und Wissenschaftler sein Land zu einem Industriestaat erster Ordnung in Südamerika machen.

Im Morgengrauen schloss ich „Die Akte Odessa", die in den sechziger Jahren durch den ehemaligen Nazi-Jäger Simon Wiesenthal offengelegt und durch den darauf basierenden Thriller von Forsythe vom Phantom zur Medien-Realität wurde. Das Buch hatte mich die ganze Nacht über gefesselt. Ich sah danach Argentinien zwar nicht mit anderen Augen, jedoch rutschte mir schon die Braue hoch, wenn mich graumelierte Herrschaften in Deutsch ansprachen, die ohne weiteres zu den Figuren Forsythes passten.

Es war Wochenende im Yachtklub Argentino, gegründet 1887, dem ältesten des Landes. Die weitläufige Klubanlage war eine Welt für sich. Es gab einen Supermarkt, eine Tankstelle, ein kleines Hotel, einen Golf- und Reitplatz und auch einige Yachten. Innerhalb dieser Anlage trafen sich die Leute, die etwas auf sich hielten und verbrachten ihre Zeit beim Segeln, Golfen oder Polospiel. Es war schon alles recht elitär und doch fühlte man sich als ausländischer Fahrtensegler willkommen und wurde geradezu freundschaftlich aufgenommen. Jorge, vielleicht hieß der ältere Herr in seinem früheren Leben auch mal Georg – die „Akte" ging wieder mit mir durch – war Argentinier, sprach aber ein akzentfreies Deutsch. Er zeichnete sich nicht nur durch eine besondere Hilfsbereitschaft bei der Empfehlung von Handwerkern aus, sondern bestach auch durch seine Gastfreundschaft. Er machte mit mir Ausflüge in die nähere Umgebung, um mir das eine oder andere Sehenswerte zu zeigen. An jenem Sonntag ging die Fahrt durch saftiggrünes Weideland, auf dem die weltberühmten Angus-Rinder grasten. Jorge liebte als ehemaliger Farmer und heutiger Winzer die Gegend, die Fruchtbarkeit des Landes und insbesondere das unverwechselbar gute Fleisch der Tiere. Als sich die Dämmerung über die weiten Steppen der Pampa senkte, steuerte er den Van auf das Weingut, wo seine Familie mit einer traditionellen argentinischen Assado bereits auf uns wartete. Köstlich war das saftige, aromatische Fleisch freilaufender Rinder aus dem Gaucholand. Die Qualität der Steaks wurde nur noch von den Mengen übertroffen, die davon aufgetischt wurden. Nach der „Mästung" hockten wir in geselliger Runde und saugten mit einem Röhrchen aus einer Kalebasse den grünen Mate-Tee, dessen anregender Rohstoff aus den vitaminreichen Gräsern der weiten Pampasteppe stammt. Doch waren wir nicht auf einem Weingut? Jorge ließ mich einen seiner genialen Süffeltropfen öffnen, deren Beeren sogleich einen erfrischenden Duft verströmten und sich rubinrot im Glas räkelten. Gefällt dir der Wein? fragte der Gastgeber. Nun, ich wollte mich nicht über den Saft verbreiten und Worte verlieren wie: Samtig, mit zartem Schmelz und feiner Säure, belebend im Abgang und kraftvoll tänzerisch. Stattdessen nickte ich stumm, während Jorge den Befehl zum Trinken gab: Salute!

Im Schein der Illusion

Ein korrodiertes Seeventil, das mir sicher erhebliche Probleme bereiten würde, falls ich es unbeachtet ließ, frästen wir kurzerhand aus dem Rumpf und ersetzten es durch ein neues. Und da wir schon dabei waren, Fehlkonstruktionen am Schiff zu ändern, nahmen wir uns bei dieser Gelegenheit noch gleich den Ankerkasten vor, in dem der Querschnitt des Wasserablaufs bei jeder überkommenden See nicht verhindern konnte, dass Wasser in das Schiff eindrang. Wenn ich im Plural von den Arbeiten schreibe, dann sei erwähnt, dass Jorge mir einen einheimischen Bootsbauer vermittelte, der sein Handwerk absolut verstand. Wobei ich mir und ihnen erspare, all die kleineren Arbeiten aufzuzählen, die wir noch so erledigten, denn sonst würde dieses Kapitel unendlich, schließlich warten bestimmt schon manche ungeduldig darauf zu wissen, wann es denn nun endlich weitergeht nach Patagonien und Feuerland. Doch alles zu seiner Zeit, noch war AURYN nicht wieder in jenem Wasser, dessen Salz die Polster sich klamm und immerzu feucht anfühlen ließ. Dank der Empfehlung durch Jorge trieb ich einen Polsterer auf, der mir komplett neue Sitz- und Liegeauflagen einschließlich neuer Bezüge herstellen wollte. Nach dem Aufmaß des Spezialisten schmiss ich die verschlissenen Polster über Bord und jenem Herrn vor die Füße, der mich schon einige Tage mit seiner Prosa von der Arbeit abhielt: Ein schönes Boot, getragen vom Wind, frei und ohne Sorgen und Nöte, jederzeit abzulegen, um in die Sonne hineinzusegeln. Ich beneide Sie darum, sagte er im angenehmen Schein der milden Morgensonne, vielleicht auch in einer Illusion. Denn was wusste der Poet schon von den Tagen, die ausgefüllt waren mit Arbeit und der Aufmerksamkeit, die man jedem auch noch so winzigen Detail widmen musste, um ein Schiff seeklar zu machen. Übersah man auch nur einen winzigen Punkt, riskierte man ein Desaster. Wenn man trotz aller Pingeligkeit etwas vernachlässigte, blieb einem auf See und besonders in jener Region, die ich bald durchkreuzen würde, nur die Möglichkeit, sich durch Improvisation selbst zu helfen. Doch darin bestand auch schon wieder der Reiz meiner Reise.

Nachdem ich an der Welle die Zinkanoden gewechselt und das Unterwasserschiff dreimal gestrichen hatte, brauchte das Antifouling Zeit zum Austrocknen und ich eine Pause vom Boot. Ich versuchte es zur Abwechslung wieder mit Buenos Aires, ging auf den Friedhof, einem ganz besonderen und besuchte eine Dame.

Evita Peron

Vom Bahnhof zog ich durch die Stadt, besichtigte eine Che Guevara-Ausstellung und als ich wieder hinausging, wunderte ich mich über einen anderen Mythos, dem man auch 50 Jahre nach ihrem Tod überall in Buenos Aires und vermutlich in ganz Argentinien begegnete: Den „Evita vive"-Graffitis. Gerade die Menschen aus den einfachen Verhältnissen verehren den „Engel der Nation" nahezu abgöttisch, wohl auch, weil sie selbst proletarischer Herkunft war und sich, aus der Pampa kommend, als Bardame im berüchtigten Hafenviertel von La Boca durchschlug. Sie wollte Schauspielerin werden, wurde mit ihrer tiefen, rauchigen Stimme Rundfunksprecherin und lernte dabei den 48-jährigen Offizier Juan Domingo Peron kennen und lieben. Als die Militärs versuchten, den machtbesessenen Peron loszuwerden, war es Evita, die in den Slums von Buenos Aires ihre aus dem Rundfunk bekannte Stimme für Peron erhob. Sie erreichte seine Freilassung. Peron heiratete sie, wurde zum Staatspräsidenten gewählt und die Schauspielanwärterin Evita schlüpfte in die Rolle ihres Lebens. Sie wurde zur Schutzheiligen der sozial Benachteiligten, sammelte Spendengelder und predigte vor Hafenarbeitern und Fabrikbelegschaften für die moralische Erneuerung des Landes. Auf ihren Druck hin wurden Krankenhäuser und Schulen gebaut und die erste feministische Partei des Landes gegründet. Evita vive. So schnell wie ihr Stern aufging, erlosch er wieder. Vom nahen Tod gezeichnet, zelebrierte Evita auf dramatische Weise ihren Abschied. Bei ihrer letzten Ansprache im Mai 1952, von der Leukämie geschwächt, waren ihre letzten Worte „Weine nicht um mich, Argentinien". Andrew Lloyd-Webber fand darin soviel Pathos und den idealen Stoff für sein berühmtes Musical „Evita". Und auch eine gewisse Madonna machte aus „Don't cry for me, Argentina" einen Welthit. Diese Melodie summte ich, während ich das Denkmal des Falklandkrieges mit pompöser Wachablösung einiger Operettensoldaten links liegen ließ. Dann kam ich in

Die Stadt der Toten

Im Zentrum von Buenos Aires, eingezwängt zwischen Beton und Asphalt liegt der Cementerio de la Recoleta – die letzte Ruhestätte der Reichen und Berühmten sowie aller großen Politiker des Landes nebst ihrer Gegenspieler, die hier friedlich vereint beieinander liegen.

Als ich das Eingangstor durchschritt, erhoben sich vor mir aus dem Dunst eine Zypressenallee und das Labyrinth einer Totenstadt, in der die Gräber zu Gebäuden wurden. In ihnen reflektierte sich die architektonische und künstlerische Geschichte von Buenos Aires eindrucksvoll. Ich schlenderte durch ein Meer aus monumentalen Mausoleen, vorbei an bemoosten Steinstatuen und zwischen Kerzen und verwelkten Blumen hindurch. Ich befand mich in einem Dschungel von Kreuzen und Feuerengeln, die auf gekrönten Türmchen hockten und auf gemeißelte Grabtafeln mit gegipsten Schädeln blickten. Alles in allem ein geballter Ausdruck derer, die sich alles leisten konnten. Wenn sie auch nicht immer wussten, worin Schönheit lag.

Das am häufigsten besuchte Mausoleum ist natürlich das von Evita Peron. Sie ruht nun in 9 Metern Tiefe, damit niemand mehr in Versuchung gerät, den Leichnam zu mopsen, wie es 1955 einmal geschah. Militärs, die den Peronismus vergessen machen wollten, schafften den Sarg des Idols nach Deutschland und später nach Italien, wo er 16 Jahre unter falschem Namen in einer Gruft lagerte. Nach dieser makabren Odyssee ruht Evita in jenem schwarzen Marmormausoleum, vor dem ein ewiges Licht brennt und zahllose Verehrer stets für frische Blumen sorgen, während ihr Mythos weiter lebt.

Adios, Caballeros

Nach vier Wochen kam der Tag, nach ich mich sehnte: Der Kran senkte AURYN behutsam wieder in ihr Element. Das Schiff glänzte und funkelte nach einer Komplettüberholung und schien bereit für ein neues Abenteuer, für den harten Weg an das Ende der Welt und darüber hinaus. Am Vorabend unseres Aufbruches lümmelte ich mich in den neuen Polstern und studierte für den bevorstehenden Törn die nautischen Handbücher des Südatlantiks und die Seekarten. Das verschaffte mir eine gewisse Erleichterung und nahm der Aufregung ihre Spitze.

Es war Ende November, als mich die kleine Schar derer, die ich während meines Aufenthaltes in Buenos Aires kennengelernt hatte, am Steg verabschiedete. Jorge überreichte mir eine Salami und ein paar Flaschen Wein, von Horacio dem Polsterer bekam ich ein Trikot der argentinischen Nationalmannschaft und Ruben der Bootsbauer schenkte mir einen selbstgebackenen Kuchen. Wehmut lag im Abschied und ein blauer Himmel über uns, als ich AURYN unter dem Winken meiner Freunde aus dem Yachtklub steuerte. Auch in Rios Blick zurück lag etwas von Traurigkeit. Gerade noch rechtzeitig kam sie an Bord, nachdem sie sich mal wieder einige Tage mit ihren Kumpels irgendwo herumgetrieben hatte.

Es herrschte Windstille, so dass ich AURYN unter Motor durch die engen Kanäle des Parana-Deltas lenkte, wo uns bald darauf ein Ebbstrom in den Rio de la Plata spülte. In den mächtigen Wirbeln, die der Strom verursachte, hatte ich zunächst Mühe, mein Schiff auf Kurs zu halten und war froh, als uns nach einiger Zeit das ruhigere Wasser des großen Flusses aufnahm.

Im Staub der Traumideale

An Backbord tauchte die Insel San Martin auf, im Blick durchs Fernglas erkannte ich die Reste verfallener Gebäude. Es waren Mahnmale barbarischer Diktatur, denn auf dieser Insel befand sich während der Militärherrschaft ein Konzentrationslager, worin wahnsinnige Generäle und brutale Polizisten jene Menschen umerzogen oder umbrachten, die in den Widerstand gegangen waren.

Da mir eine Nachtfahrt durch das von unzähligen Tonnen markierte Gewässer hinaus auf das offene Meer als zu riskant erschien, wollte ich zunächst die 35 Seemeilen zurück ins Zentrum von Buenos Aires fahren. Außerdem stand noch das zeitintensive und zumeist nervige Ausklarierungsprozedere auf dem Programm. Entscheidend war auch, ein gutes Wetterfenster für den Start zu erwischen, und danach sah es im Moment nicht aus. Ein sattes Hochdruckgebiet mit sehr weit auseinanderliegenden Isobaren lag über Argentinien und das bedeutete, wenig bis keinen Wind.

Zurück im Zentrum von Buenos Aires trank ich mit Ernst einen Kaffee, saß anschließend zum Ausklarieren im düsteren Gemäuer des Polizeihauses und dachte an die Demonstration der Mütter, die einmal wöchentlich mit weißen Kopftüchern, dem Symbol gegen das Vergessen, an ihre vermissten Angehörigen erinnerten. An eine Zeit, als die Schergen der Militärjunta mit Gewehrkolben die Türen ihrer Häuser einstießen und die Linken und Gewerkschaftler aus den Betten zerrten. Ihre Gestalten verschwanden zur Vernehmung vermutlich in jenen dunklen Zimmern, in denen ich jetzt saß. Mit Schiffspapieren auf dem Schoß, im grauen Nichts der Bürokratie. Zwischen gekalkten Wänden, die Zeugen waren von Hoffnung und Leid der Gefolterten, wo Traumideale und Albtraum, Recht und Unrecht im Staub der Akten versanken.

Ein kräftiger Schlag des Stempels in meinen Pass brachte mich zurück in die Wirklichkeit. Der Beamte grinste mich freundlich an und wünschte mir eine gute Reise. Ich verließ das ehemalige Gerichtsgebäude, in das viele hineingegangen, doch einige nie wieder herausgekommen waren, und wartete.

Ich wartete auf Nord- oder Westwind für meinen Start zur siebenhundert Meilen entfernten Halbinsel Peninsula Valdez. Dort sollte es außer Killerwalen, den so genannten Orcas, auch Seeelefanten, Pinguine und Seelöwen in freier Wildbahn zu besichtigen geben und das wollte ich mir nicht entgehen lassen.

Am Abend zog ich über das Kopfsteinpflaster der Altstadt von San Telmo und schaute mir nach einem ausgiebigen Essen eine Tangoshow an.

Bereits auf dem Weg zurück zum Schiff spürte ich in der Luft die leichte Windänderung. Über Nacht drehte der Wind auf Nord und mit ihm konnte es endlich losgehen in den südlichen Ozean. An das Ende der Welt.

Tango-Kids

Das Land der Stürme

Patagonien

Von Buenos Aires zur Isla de los Estados

Die Hektik des Landes ging über in die sanften Geräusche der Natur. Der leichte Nordwind sowie ein kräftiger Strom schoben AURYN in das offene Wasser des Rio de la Plata und im Blick zurück versank Buenos Aires allmählich hinter dem Horizont. Ein reger Schiffsverkehr erforderte meine Aufmerksamkeit, während der Fluss mit fünf, dann zehn, dann zwanzig Seemeilen immer breiter wurde, bis die Ufer nicht mehr zu sehen waren. Wir segelten im großen Einschnitt des südamerikanischen Kontinents, in dem das Wasser der Flüsse Rio Parana, Rio Paraguay, Rio Bermejo und des Rio Urugay zusammenkamen und gemeinsam mit uns zum Meer strömten. Gegen Abend vereinigte sich der Rio de la Plata, der längst kein Fluss mehr war, mit dem Südatlantik.

Das Wort des Meeres

Ein dumpfes Murmeln der Dünungswellen wehte über die weite Fläche des Ozeans, als wir unter einem kaltblauen Himmel südwärts segelten. Im letzten Licht loderten über Argentinien die Wolken, ein scharfer Westwind blies mir ins Gesicht. Tief geduckt hinter der Sprayhood und angelehnt an das Horaz-Motto „Carpe Diem“ genoss ich die Stimmung und spürte den alten Zauber, der mich gefangen nahm, als mein Blick zum leeren Horizont wanderte.

Der Wetterbericht versprach freundliche Winde aus Nord und sonnige Tage. Gräulich dagegen erschien die anschließende nautische Warnnachricht: Auf 39. Grad südlicher Breite trieb ein Eisberg von einigen hundert Metern Durchmessern nordwärts, was nichts anderes bedeutete, als dass etwas Gewaltiges auf uns zukam! So weit nördlich hatte ich die weißen Ungetüme nicht vermutet. Weil mich die Meldung nicht schlafen ließ, hörte ich Nachrichten aus einer anderen Welt.

Es lag nur noch ein leichter Wind über dem Meer. Deshalb hatte ich gegen Mitternacht die Genua und das Großsegel eingerollt und das große Tuch des Blisters gesetzt. Es blieb meine einzige Beschäftigung in einer Nacht unter einem gestirnten Himmel und im Schwall einiger Nachrichten aus einer chaotischen Welt, die mir die Deutsche Welle in den Südatlantik schickte: Ich lauschte einer interessanten Diskussion, in der ein paar Schlaumeier den Zuhörern ihre Was- und Wenn-Fragen beantworteten. Wohin gingen die Zinssätze? Drohten Verluste an der Börse? Bliebe man von Krankheiten verschont? War der Arbeitsplatz in Zukunft noch sicher? Fragen über Fragen. Und die Antworten? Die Stimmen aus einem anderen Leben klangen, als ob jemand einen Schalter umlegte und so schwungvoll in die Zukunft einmarschierte, dass man sich fragte, ob es überhaupt ein Jetzt gab. Der Wind drehte, ich trimmte die Segel nach und war zurück in der Gegenwart. Im Jetzt, welches die ungesunden Spekulationen derer verdrängte, die bereits mit ihren Ängsten und Sorgen in der Zukunft lebten. Aber dachte ich nicht vor langer Zeit genauso? Erst AURYN brachte mich zurück zur Einfachheit der Gegenwart und es war gut möglich, dass der Hauptgrund unserer Begegnung nicht darin bestand, mich sicher von A nach B zu bringen, sondern bewusster im Hier und Jetzt und mehr im Sein Kurse anzulegen. Statt irgendeinen unbestimmten Punkt in der Ferne, den man nicht klar sah, anzusteuern.

Auf dieser Reise zu mir selbst und umgeben von der Natur und ihren Gewalten, wusste ich zumindest soviel über meine Zukunft, wie ich wissen musste. Der Tag wird kommen, an dem ich sterben werde und vor mir lag allein die Entscheidung, was ich mit meiner Zeit bis dahin anfange. Gelähmt von Ängsten und Fragen konnte ich an Land bleiben oder zum Beispiel den Kurs bestimmen, die Segel trimmen und davonziehen.

Um aus dem reißenden Fluss aus gedachten Gefühlen und gefühlten Gedanken einen Weg zurück in das Jetzt zu finden, trat ich hinaus ins Cockpit. Ein lauer Wind fächelte mir ins Gesicht und vor mir stieg die Sonne aus dem Atlantik. In diesem Bild und in der Weite des Meeres lag die ganze Wahrheit. Es gab weder Vergangenheit noch Zukunft, sondern nur die Gegenwart in der Ewigkeit des Ozeans, mitunter unerbittlich, dann wieder zärtlich. Tag und Nacht. Nacht und Tag.

Im Spiegel der Stille

Am Morgen bestätigte der wolkenlose Himmel das Barometer, das hohen Luftdruck anzeigte. Die zunehmende Wärme ließ mich, nur mit Shorts bekleidet, mein Schiff beobachten wie es, vom Leichtwindsegel gezogen, in jene Region segelte, die zu den stürmischen Gebieten dieser Erde zählt.

Wenige Stunden später herrschte Windstille. Wir befanden uns im Kern des Hochdruckgebietes, so dass ich den Motor startete, womit AURYN den Spiegel der Stille und die reflektierende Verlorenheit durchbrach.

Es wird nicht lange dauern, sprach ich zu mir selbst, dann würde der Wind schon zurückkommen. Die Wetterkarte des Himmels kritzelte bereits einige Zirren ins Blau und verkündete, dass das Dolce Vita an Bord bald ein Ende haben würde.

Eine Ahnung von Wind lag gegen Abend bereits in der Luft. Kleinere Schatten huschten über den Ozean und kräuselten das Wasser. Stündlich fiel die Nadel des Barometers und bald sollte der Zeitpunkt kommen, wo der Wind über die gesamte Kompassrose wanderte, dachte ich und ergänzte es mit: Dann würde er sich für eine Richtung entscheiden und an Fahrt zulegen. Ich lag auf der Lauer und konnte jenen wunderbaren Moment an Bord kaum erwarten, in dem ich den Motor abstellte und AURYN sich wieder mit den Kräften des Windes bewegte. Mit einer rasch aufziehenden Zirrusbewölkung kam der Wind zurück. Anfangs moderat, dann blies er in der Nacht bereits frisch. Kein Stern durchbrach die geschlossene Wolkendecke. Die einzige Helligkeit kam vom kalten Kompasslicht. Es hüllte das Steuerrad in ein gespenstisches Licht. „Karl", der Autopilot, steuerte wie gewohnt zuverlässig. Er lenkte uns direkt hinein in die „Roaring Forties" und die brüllenden Vierziger-Breitengrade empfingen uns standesgemäß.

Der Atem des Klabautermannes

Während sich das Barometer seit Stunden auf Tiefflug befand, wurden die Wellen deutlich höher. Das beschäftigte mich jedoch weniger, als die Ungewissheit, was da auf uns zukommen würde. In diesen Gedanken verspürte ich auch die Anstrengungen der ständigen Reffvorgänge nicht, die mir der starke Südwest zu diesem Zeitpunkt bereits abverlangte. Die Segel standen mittlerweile im dritten Reff und trotz stark reduziertem Tuch preschte AURYN mit sieben Knoten Fahrt durch die Schwärze der Nacht und im Weiß einer schäumenden See. Das Meer stürmte über die ganze Weite und attackierte das Boot mit verächtlichen Schlägen. Hoch am Wind segelnd war der Südkurs nicht mehr zu halten. Zwischen hohen Bergen aus erbarmungslosen Wellen änderte ich die Fahrtrichtung auf Südost, fierte also die Schoten auf, wodurch sich AURYN etwas mehr ins Gleichgewicht ruckte und sich auch die Crew durch die frechen Püffe der See nicht mehr so gereizt überrumpeln ließ.

Der Preis, den wir für weniger Schräglage zahlten, waren verlorene Meilen. Doch ob ich nun einen Tag früher oder später ankommen sollte, was machte es schon. Bereits lange hatte ich es mir abgewöhnt, die Zeit zu berechnen. Solange ich auf dem Meer unterwegs war, hatte sie für mich etwas Abgelegtes, das ich gelegentlich hervorkramte, wenn ich mich in der Enge eines Landes oder in den Spalten des Tidenkalenders bewegte.

Den ganzen dritten Tag über und dessen Nacht beschäftigte mich der stürmische Atem des Klabautermanns, der eine Horde Dämonen freigelassen hatte und am Himmel vor sich her trieb.

Kleinere Figuren lösten sich aus dem mächtigen Wolkengebilde und tanzten wie besoffene Kobolde im diffusen Schein einer Waldlichtung.

Gegen Mittag des vierten Seetages verzog sich die Kaltfront und Klabautermann verlor seine Kraft. Sonnenschein durchbrach dunkle Wolken und löste die Erstarrung in den Gewalten. Der Wind pendelte sich bei sechs Beaufort ein und wehte jetzt aus West. Das war gut, denn nun konnte ich den alten Südkurs wieder anlegen. Je südlicher wir kamen, desto kälter wurde es. Die Temperatur lag bei neun Grad, die sich auf dem Wasser und im Wind jedoch kälter anfühlten. Hatte ich vor zwei Tagen noch Shorts getragen, so lag ich nun mit Pudelmütze und dick eingemummelt im Faserpelz in einer Neumondnacht, die südlich des Äquators ihre Finsternis dadurch verliert, dass die Sonne in der dritten Dezemberwoche auf ihrer südlichsten Bahn, im Wendekreis des Steinbocks, steht. Bereits jetzt war zu erkennen, dass die Tage deutlich länger wurden und die Nächte nicht mehr wirklich dunkel, weil nach dem Sonnenuntergang um 22 Uhr ihr schwacher Schein über den Horizont von Südwest über Süd nach Südost wanderte.

Stille Nacht

5. Tag auf See, der 8.12.02, auf 44° südlicher Breite.

Immer noch war die See leer und weit und so weit ich sehen konnte, auch ohne andere Schiffe. Vom angekündigten Eisberg keine Spur. Albatrosse und Skuas, ein paar Delfine, eine Walherde, das war alles, was uns begegnete. An diesem Tag kam noch etwas anderes hinzu: Eine Begegnung von gedämpfter Einsamkeit und einem Gefühl, das bis in die Seele kribbelte: „Dreaming of a white Christmas". Es war der zweite Advent. Ich hatte die CD mit Weihnachtssongs eingelegt und lag bei „Stiller Nacht, Heiliger Nacht" mollig warm im Schlafsack hinterm Steuerrad. In der einen Hand einen Kaffee, in der anderen die Reste des selbstgebackenen Kuchens, den mir Rubens mitgegeben hatte.

Ich versuchte, mit den Sentimentalitäten, die mir die Weihnachtsmusik suggerierte, rasch fertig zu werden, wobei mir der Wein von Jorge Gesellschaft leistete. In der Flasche drängelte sich der Chardonnay, als wolle er rufen: Lass mich hier raus! Dann sollte es so sein. Salute, ich trank auf meine argentinischen Freunde, während die See immer noch rau und hoch herging.

Peninsula Valdez

Am nächsten Morgen lag ein zarter Regengeruch in der Luft und der Himmel hatte sich wieder grau verhangen. Dem schwammigen Licht entstiegen die Umrisse der Halbinsel Valdez, nach sechs Tagen sah ich wieder Land und blickte auf eine schroffe Küste, die der Ozean wusch. In der Abdeckung der Insel und in einer kleinen Bucht fiel im langen Rasseln der Anker. Es war ein herrlicher Platz, inmitten der Natur, ganz für uns allein und ohne Gebühren. AURYN ruckte nun in die Kette und stellte ihren Bug keck Valdez und einer Herde von Seeelefanten gegenüber, die sich uns neugierig näherten. Am Kiesstrand der unbewohnten Insel dösten Seelöwen, und eine Kolonie von unzähligen Pinguinen watschelte aufgeregt hin und her. Putzige Gesellen, denen ich Vorsicht wünschte, weil diese Region als beliebte Futterstelle der Orcas galt. Sie wuchten mit furchterregenden Attacken ihren Körper auf den Strand, nehmen sich gerne mal ein Maul voll von frischen Robben und verschmähen auch einen Pinguin nicht. Es dauerte nicht lange, da bekam ich eine eindrucksvolle Vorstellung dieses makabren Naturschauspiels. Ich blickte gerade auf das schroffe Eiland, als sich gespenstisch der glänzende Rücken eines Orcas aus dem Meer hob. Das Wasser rauschte und flüsterte bereits den tiefen Refrain des Todes. Dann tauchte der Wal ab und in der Brandung vor dem Ufer blitzschnell wieder auf. Der Seelöwe, der darin schwamm, hatte keine Chance. Die weißen Kegelzähne packten ihn und schleuderten ihn, der vor Schmerzen brüllte, ins tiefere Wasser, wo in einem Inferno aus aufgewühlter See, Blut und Schreien der Killerwal sein Opfer attackierte und in seinem rosa Schlund verschwinden ließ.

Am Strand blökten die Seebullen, während ich mir am Heck das Meersalz vom Kopf spülte und nach sechs Seetagen die herrlich warme Dusche im eiskalten Wind genoss. Dabei spürte ich, wie eine Dünung aus Nordost in die Bucht lief. Kurz darauf sprang der Wind um und wehte nun direkt in die Bucht, womit der Ankerplatz zunehmend unruhiger wurde. Ich ließ etwas mehr Kette nach. Doch auch wenn AURYN ihre Nase frech der See entgegenstreckte, so erschien mir der Ankerplatz ebenso unsicher wie ungemütlich. Da ich gesehen hatte, was ich sehen wollte und die Insel außer Schroffheit wenig hergab, jedoch der Wind optimal aus Nordost wehte, zog ich das Ankergeschirr aus dem Sand und segelte in die hereinbrechende Nacht. Noch lange beobachtete ich die glänzenden Rücken der Wale, die in die Bucht von Valdez zogen. Sie kamen an. Von einer langen Reise aus den antarktischen Gewässern in wärmere Gefilde, um hier ihren Nachwuchs in die Welt zu setzen.

Unter dem Kreuz des Südens

Kurz darauf war AURYN wieder auf Kurs. Ich war froh, in frischer Beweglichkeit die Entscheidung getroffen zu haben, den Wind zu nutzen und schob den älteren Blick, der eher zur Besonnenheit neigte, lächelnd zur Seite. Mit dem Wind im Rücken und mit ausgebaumter Genua rauschten wir durch eine wunderschöne Neumondnacht. Bei klassischer Musik unter einem gestirntem Himmel zeigte der Bug auf jenes Sternbild, dass bereits vor Hunderten von Jahren den Seefahrern zur Orientierung gedient hatte: Das Kreuz des Südens. Eindrucksvoll und im besten Sinne des Wortes ergreifend hing es am funkelnden Sternenmeer und ließ den Moment als einzigartig erscheinen. Eigentlich wollte ich mich viel mehr mit der Astronavigation beschäftigen, doch meistens kroch ich in den Schlafsack, falls nicht gerade Rio in ihm lag, und legte mich ins Cockpit, um den Sternenhimmel einfach auf mich wirken zu lassen.

Achteraus zog AURYN einen langen phosphoreszierenden „Feuerschweif" hinter sich her. Ein Albatross tauchte kurz mal darin ein, nahm einen Schnabel voll Futter und erhob sich so tollpatschig aus dem Wasser, wie wir es aus Disney-Filmen kennen. Futter? Es sind gewaltige Ströme aus Plankton, Kleinstlebewesen, die aus dem polaren Kühlschrank der Antarktis hinauf in die warmen Ozeane ziehen und auf ihrem Weg zu riesigen Futtertrögen der Nahrungskette werden.

Wie gesagt, es war eine traumhafte Nacht unter Segeln. Die Bugwelle rauschte und hin und wieder hörte man das Ausprusten von Delphinen.

In der zweiten Nachthälfte legte sich ein feiner Schleier aus Luftfeuchte über uns. Das Barometer stieg. Es bestätigte die Wetterkarte, auf der ein kleines Hochdruckgebiet zu sehen war, dessen Keil es wagte, sich dreist zwischen zwei kräftige Fronten zu drängeln.

Gegen Mittag, es war der neunte Seetag, glitzerte das Meer in der Sonne und schien vor lauter Diamanten explodieren zu wollen. Weil der Wind zu schwach aus Nord wehte, um das schwere Tuch der Genua zu füllen, rollte ich das Vorsegel ein und zog den Blister hoch. AURYN nahm wieder Fahrt auf und segelte zwischen weissen Schaumkämmen, die sich über tiefblaues Wasser schoben und unter einem stahlblauen Himmel, an dem flache Schönwetterwolken mit uns zogen. Trügerischer Schein, murmelte ich, während ich an das Barometer klopfte, weil mich die Nadel irritierte, die bereits wieder die Schwerkraft zu entdecken schien. Bei der Navigationsarbeit kritzelte ich unsere Mittagsposition auf den 46. Breitengrad und entdeckte dabei ein dickes Ausrufungszeichen, dass ich bereits vor Wochen, als ich mich navigatorisch auf diesen Törn vorbereitete, in die Seekarte eingetragen hatte: Wir befanden uns nun an der nördlichsten Grenze jenes Gebietes, wo mit antarktischem Nebel und Eisbergen zu rechnen war.

Doch Statistik und Wahrscheinlichkeit klangen noch nie nach felsenhafter Sicherheit und schon gar nicht auf See.

Im Leben anderer

Ein Zappeln auf dem Vordeck hatte Rio aus ihrem Mittagsschlaf hochschrecken lassen. Mit einem Satz fegte sie um die Sprayhood, kramte nach dem fliegenden Fisch, der sich an Bord verirrt hatte und nun zwischen die Wasserreservekanister gerutscht war. Dann hatte sie den Burschen und zerlegte den Glibber vor meinen Füßen im Cockpit, während ich mal wieder im Leben anderer blätterte. Seit kurzem beschäftigte ich mich mit der Biographie von Fernando Magellan, nicht nur, weil mich dieser großartige Seefahrer von seinen nautischen Fähigkeiten her faszinierte, sondern weil ich bereits an der portugiesischen Küste in seinen Spuren gewandert war und nun in seinem Kielwasser segelte. Es war im Jahr 1519, als Magellan mit einer Flotte aus fünf winzigen Schiffen und 265 Männern Sevilla verließ, um die ganze Erde zu umrunden. Am Ende sollten nur ein Schiff und 18 Männer zurückkommen. Die Fahrt wurde zum größten Abenteuer in der Geschichte der Menschheit, was war dagegen schon die Reise von Kolumbus über den Atlantik und zurück nach Europa.

1520 segelte Magellans Flotte entlang der Küste von Südamerika. Er folgte einer Intuition, die ihm einhämmerte, in den südlichen Breiten einen Seeweg in den Pazifik zu finden. Bevor er jenen Eingang zur nach ihm benannten Magellanstrasse fand, irrte er auf der Suche nach einem Platz zum Überwintern an der Küste Argentiniens umher und fand eher aus Zufall das kleine San Julian weit unten im Süden Patagoniens. Magellan verfolgte mit der Rast in ruhigen Gewässern auch eine andere Absicht, wenn sie auch eher einen blutigen Charakter hatte. Es gab zwischenzeitlich Aufruhr an Bord. Um der Disziplin seiner Untergebenen einen neuen Schliff zu geben, ließ er in San Julian ein Exempel statuieren, wobei die Meuterer außer ihrer Ehre auch noch den Kopf verloren.

San Julian! Immer mehr ruckelte die Neugierde an der Idee, diesen Ort aufzusuchen. Aber wo war er? Die merkwürdige Schraffur des Bordchronisten gab nichts Verwertbares her. Auch die Seekarte hielt San Julian eher versteckt. Ein kleiner schwarzer Punkt hinter einem Gewässer, das wie eine Lagune aussah, ließ eine Ahnung vermuten. Doch soviel war klar: Obwohl ich keine nautischen Karten besaß, hielt mich nichts davon ab, mir den Ort genauer anzusehen.

Die Angst in den Knien

Wie erwartet hielt das friedliche Wetter nicht lange an. Die Tiefdruckgebiete, die rasend schnell aus den arktischen Breiten heraufzogen, hatten das Hoch aufgerieben. Es war fünf Uhr morgens, als ich in meiner Koje spürte, wie AURYN durch zuviel Segeldruck von einer Seite zur anderen geigte und zu schnell wurde. Das große Tuch des Leichtwindsegels musste runter, und zwar schnell. Als ich nur in Shorts und Gummistiefeln ins Cockpit stieg, sprang mir der Wind entgegen. In einem seltsamen Übergang von Schläfrigkeit zu Unbesonnenheit fierte ich viel zu schnell die Schot des Blisters, der dann prompt durch den enormen Winddruck nach vorn auswehte und sich in rollender See um das Vorstag wickelte. Trotz mehrmaliger Versuche war das wild um sich schlagende Segel nicht mehr freizubekommen. Klasse. Und nun? Als sich die in mir nachhallenden Flüche endlich verzogen, bot ich mir zwei Möglichkeiten an: Entweder trennte ich mich von dem teurem Tuch, indem ich es wegschnitt, oder ich wagte die heikle Zirkusnummer, in den Masttopp zu steigen und, Stück für Stück, am Vorstag herunterrutschend, das Segel frei zu tüdeln, wie Hinnerk von der Küste zu sagen pflegte.

Sich fürs erste zu entscheiden würde bedeuten, sich von einem Bild zu verabschieden, das ich bereits in meinen Schädel genagelt hatte: AURYN mit blauweißem Tuch vor tausendjährigen Gletschern in Feuerland! Während ich die erste Offerte verwarf und die zweite in Angriff nahm, ging der Ärger über in Hartnäckigkeit und ich fasste Mut. Zweifach gesichert stieg ich in den Bootsmannsstuhl und krabbelte den sechzehn Meter hohen Mast empor. AURYN holte in der See weit über, wobei ich es vermied, nach unten zu schauen. Stattdessen blickte ich in kurzen Ruhepausen hinüber zu einem Albatros, der fast auf Augenhöhe in der Thermik gleitend über die aufgewühlte See huschte. Mit Angst in den Knien umklammerte ich den Mast und doch musste ich höher. Endlich am Masttopp angekommen, löste ich das Fall und rutschte am Vorstag wie ein Äffchen Stück für Stück hinunter und bekam Meter für Meter das Segeltuch frei. Das klingt lässig, aber es dauerte. Ich verlor jedes Gefühl für Zeit und auch die Hoffnung, dass es bald geschafft sein würde. Immer wieder ließ mich das taumelnde Schiff in rollender See um mein Leben bangen und als ich endlich, endlich wieder festen Boden unter meinem schwankenden Körper spürte, hörte ich eine ferne Stimme, die schleppend zu mir sprach: Segeln hält dich doch ganz schön in Bewegung. Es war meine Stimme, ganz weit weg – aus einem anderen Leben.

Ich brauchte eine Zeit, bis ich wieder zu mir kam. Das wenige, was in mir war, übergab ich den Fischen. Danach wischte ich mir den Mund ab und schlug an dieses Kapitel einen Haken.

Im brüllenden Pampero

Ich spürte, wie sich mein Puls allmählich beruhigte und beim Durchatmen den noch leicht säuerlichen und pelzigen Geschmack im Hals. Doch noch mehr spürte ich, wie der Wind weiter zunahm. Das war nicht alles. Er drehte auf Südwest und kam nun aus jener Richtung, in dem der schwarze Punkt lag, den ich für San Julian hielt. Damit immer noch nicht genug: Die Wolke, die da vor uns aufzog, kannte ich: Pampero! Schlagartig fiel das Baro. Was dann kam, war eine stürmische Böe und dann....Stille. Windstille! Die zigarrenförmige Wolke, aus der korkenzieherähnliche Fetzen heraushingen, spielte mit uns.

Dann begann der Pampero zu brüllen und schickte uns in Dantes Vorhölle. Ich bekam gerade noch das Großsegel eingerollt, als er wütend über uns herfiel. Das ganze Meer schien nur noch aus weißer Masse zu bestehen. Wuchtig rissen die Böen die weißen Schaumkronen glatt von den Wellenkämmen. In diesem gischtigen Inferno wendete ich AURYN und segelte mit gereffter Genua und mit dem Wind im Rücken zurück in jene Richtung, aus der wir gerade kamen.

Im trügerischen Bild einiger Sonnstrahlen, die durch die Wolken brachen, setzten die Böen härter und trieben AURYN über brodelndes Wasser nach Lee, dann wieder luvte sie an. In dieser Schlingerfahrt hatte ich mittlerweile „Karl“ frei gegeben und beruhigte mein Schiff, indem ich es von Hand durch Naturgewalten steuerte, die wie entfesselt schienen. Aber auch das ging vorbei. Wir hatten Glück, im Gegensatz zu jenem Seglerpaar, das zu dieser Zeit sein Leben verlor!

Das Geheimnis der See

Als der Pampero uns nach zwei Stunden aus seinen Klauen ließ, stellte ich bei der neuerlichen Positionseintragung verwundert fest, dass er uns 18 Seemeilen zurückgeworfen hatte! Es blieb nicht viel Zeit darüber nachzudenken, denn es lief mir eiskalt den Rücken runter: Es war der 14.12.02, als ich vor mir im Display des Gerätes für nautische Warnnachrichten folgende Zeilen las: Sailing Yacht „Ole Hoop“ with two members missing. On the way from Isla de Pascua to Cabo de Hornos. Call Sign DA2454, German Flag, Length 11,44, white Color, one mast, communication equipment HF, VHF. Founded satellite radiobeacon emmitting position 55°48' S, 73°22' W . Ships and crafts during navigation make searching visual and report sighting. Ich schluckte...das konnte nicht wahr sein. Gerade vorgestern hatte ich morgens um vier noch die Stimmen von Klaus Nölter und Johanna Michaelis, so hießen die Vermissten, auf dem Amateurfunknetz gehört. Sie waren auf der Pazifikseite unterwegs zu ihrem großen Abenteuer, Kap Hoorn zu umrunden „Das wird unser Meisterstück, wir sehen uns in Ushuaia“, sprach Klaus euphorisch. Wenige Zeit später mussten sie in schlechtes Wetter oder in was auch immer geraten sein. Zum Zeitpunkt der Auslösung ihrer Satellitenrettungsboje (Epirb), die über Kurzwelle ihre Position an die Küstenfunkstellen sendete, herrschten in dem Seegebiet acht Meter hohe Wellen. Das war nichts Ungewöhnliches für die Region und auch nicht für Klaus und Johanna, die als besonnene und erfahrene Segler galten, hatten sie doch bereits eine Weltumsegelung hinter sich.

Flugzeuge der chilenischen Küstenwache, ausgerüstet mit hochmodernen Infrarotscannern, stiegen auf und suchten nach der „Ole Hoop“. Man fand weder Wrackteile noch eine Rettungsinsel oder andere Gegenstände vom Schiff. Nach einer Woche stellte man die Suche erfolglos ein. Was blieb, waren wildeste Spekulationen, öffentlich ausgetragen auf dem maritimen Amateurfunknetz. So konnte es nicht gewesen sein, zeterten die einen. Man müsste es so und so sehen, konterten die anderen. Klar, dass nach solchen Katastrophen, in denen Segler ums Leben kommen, die nautischen Bedenkenträger und Smalltalker aus ihren Höhlen krabbeln und zu wildesten Mutmaßungen ausholen, wobei sie ebenso gern zu Übertreibungen neigen. Auch der Pontifex der Fahrtensegler, Bobby Schenk, war gleich mit ellenlangen Analysen von Monsterseen, Freakwaves und ähnlichem zur Stelle. Doch was wussten sie schon? Nichts. Nur die aufgefischte Signalboje, die Totenwache hielt, hätte berichten können, was tatsächlich geschah. Doch sie schwieg und bewahrte das Geheimnis vom Schicksal der „Ole Hoop“ und ihrer Crew.

Das Leben kehrte zurück, die Kaltfront zog durch und schönes Wetter folgte. Am Nachmittag lag der einst wilde Südatlantik von einem Horizont zum anderen da wie die Ostsee an einem lauen Herbsttag. Nur die immer noch mächtige Dünung aus Südwest gab einem das Gefühl, sich noch auf einem Ozean zu befinden. Nachdem ich vier Stunden am Stück geschlafen hatte, duschte ich am Heck, räumte das Schiff auf und freute mich, als aus dem Horizont der schmale Streifen von Patagonien auftauchte.

Aufmerksamkeit bestimmte nun die Zeit. Bis weit in das Meer hinein reichte eine Sandbank, über die sich weiß schäumend das Wasser erbrach und ein Wrack umspülte, das der Sturm auf die Untiefe getrieben hatte. Ich war froh über das ruhige Wetter und hätte es sicher vermieden, bei mehr Wind San Julian anzulaufen, denn ich konnte mir sehr wohl vorstellen, wie es hier zur Sache ging, wenn sich Strömungen, Seegang und Grundseen zu einem einzigen Chaos summierten. Das Wrack war ein markanter Zeuge für die Gefährlichkeit der Natur, während die Seekarte eher einen gleichgültigen und stummen Beweis lieferte.

Eine lange Dünung schob uns vom Ozean über eine Sandbarre in die breite Einfahrt der Lagune, die uns kurz darauf wohl genauso aufnahm wie vor einem halben Jahrtausend schon Fernando Magellan und seine Flotte. Auch ein Herr namens Charles Darwin geriet in diese Gegend. Wobei er hier nicht seine Evolutionstheorie aufgestellt haben konnte, denn gab es keine Bäume, aus denen unsere Urvorfahren plumpsten, sich kurz unterm Arm kratzten und beschlossen, Homo Sapiens zu werden. Ein Land ohne Bäume! Das war das erste, was mir auffiel, als ich AURYN kurz aufstoppte, um mir einen Überblick von der Umgebung zu verschaffen. Ein träger Luftzug hing über einer stillen Landschaft, die aus weiter Steppe, schroffem Geröll und kieseligen Stränden bestand. Melancholisch wehende Gräser vor einem grotesken Eisengestell, dass zu früherer Zeit einmal das Leuchtfeuer getragen hatte, schienen der ganzen Szenerie eine schreckliche Einsamkeit zu geben. Ungefähr vier Meilen landeinwärts entdeckte ich einen bizarren Turm und ein Anzeichen von Zivilisation. Ich fand den kleinen Ort in der Weite der Steppe erst, als ich AURYN durch einen breiten Kanal, der von Pricken ausgesteckt war, und durch eine weitere Lagune steuerte.

San Julian/Patagonien

Nach dreizehn Tagen auf See und 1487 Seemeilen im Kielwasser fiel auf 14 Meter Wassertiefe der Anker vor San Julian. Am Uferboulevard fuhren Autos, ein paar Leute kamen am Strand zusammen und begafften AURYN, als seien wir vom Himmel gefallen.

Als ich nach einer endlich mal wieder durchgeschlafenen Nacht am nächsten Morgen aufwachte, dauerte es lange, bis sich meine Augen mit dem neuen Bild vertraut machten. Ausgewischt waren die tropischen Wälder, verschwunden die wehenden Palmen auf schneeweißen Stränden. Stattdessen patagonische Tristesse. Archaische Naturlandschaften in Grau-Braun, fast ohne Vegetation.

Ich hatte mir mittlerweile das Frühstück gemacht und saß beim dampfenden Kaffee in der sommerlichen Kühle Südamerikas. Mein Blick wanderte über die Bucht und verfing sich am Strand, wo eine Schar Pinguine darüber zu diskutieren schien, wie sie ein paar Seelöwen, die unweit entfernt auf einem Felsen dösten, ein bisschen necken konnten. Ansonsten herrschte reinste Klarheit im Ausblick in eine Ödnis, die aus nichts anderem als Steppe, Horizont und Wolken bestand. Kaum ein anderer hat die Gefühle, die das entlegene, fast menschenleere Patagonien im Besucher auslöst, besser beschrieben, als Charles Darwin. Nach seiner Rückkehr von einer 5-jährigen Forschungsreise auf der „Beagle“ las sich das bei ihm so:

„Wenn ich die Bilder der Vergangenheit hervorrufe, merke ich, dass die Ebenen Patagoniens häufig vor meinem Auge vorbeiziehen, doch werden diese Ebenen von allen als kümmerlich und nutzlos bezeichnet. Sie können auch nur mit negativen Eigenschaften belegt werden: Keine menschlichen Siedlungen, kein Wasser, keine Bäume. Nur ein paar Zwergpflanzen halten sich dort im ewigen Wind. Warum hat sich dann, und das geht nicht nur mir so, diese dürre Einöde so tief in mein Gedächtnis eingegraben?“

Ja, warum nur? Eine der Antworten könnte sein, dass nicht nur der kräftige argentinische Rotwein die Inspiration von Charlie anfeuerte, sondern die grandiose Leere der Landschaft die gleiche Wirkung hatte, indem sie die Phantasie der Menschen ins Schwingen brachte.

In der Zwischenzeit hatte ich das Dingi klargemacht, die Bootspapiere im wasserdichten Beutel verstaut und war bereit zum Landgang. Schnurrend strich mir Rio um die Beine und verabschiedete mich am Heck. Ich nahm sie kurz hoch, streichelte sie und wunderte mich über ihre Zitzen, die stark angeschwollen waren und den kleinen Bauch, der sich bereits abzeichnete!!

Es dauerte nicht lange, bis mir klar wurde, was es bedeutete: Sie würde Babys bekommen. San Fernando war nicht nur für AURYN ein guter Platz, sondern wurde ganz offensichtlich auch für Rio zur „nachtragenden" Erinnerung.

Doch nun erst mal an Land. Ich erreichte es paddelnd und betrat nach fast zwei Wochen auf schwankenden Bootsbrettern den festen Boden Patagoniens, auch wenn dieser zunächst aus knirschendem Kies bestand. Ein paar Leute hatten sich mittlerweile eingefunden, sie begrüßten mich freundlich und halfen mir dabei, das Dingi hoch an den Strand zu ziehen, da ein beträchtlicher Tidenhub herrschte.

Auf der Uferstraße hielten Autos, Fotos wurden gemacht. Die Kunde vom Auftauchen eines blauen Segelschiffes schien sich wie ein Lauffeuer durch die staubigen Straßen ausgebreitet zu haben. Selten genug kam es vor, dass sich eine Segelyacht hierher verirrte, eine ausländische schon gar nicht.

Ich blickte in staunende Augen und hörte neugierige Fragen „aus Alemania hierher, wie ist das möglich?"

Ein Uniformierter tippte mir nett auf die Schulter, lächelte mir ein bienvenido ins Gesicht und wies mir die grobe Richtung zum Zoll- und Polizeigebäude. Es sollte nicht zu verfehlen sein, weil davor ein ausrangiertes Flugzeug an die Zeit des Falklandkrieges mit den Engländern erinnerte. Tranquilo, amigo – lass dir Zeit, vertret' dir erst mal die Beine, wir sehen uns später, sprach er in seiner ganzen Gelassenheit, machte ein Foto von AURYN und verschwand.

Die Melancholie des Tangos

Ich marschierte durch San Julian und über Straßen, die in der Relation zur Größe des Ortes überdimensioniert und quadratisch ausgerichtet waren. Sie trugen wie überall in Südamerika die Züge spanischer Kolonialplanung, doch im Gegensatz zu den tropischen Regionen fehlte es ihnen in San Julian an Leben. Obwohl das verschlafene Gauchonest aus immerhin 2300 Seelen bestand, waren kaum Menschen unterwegs. Der Ort bestand überwiegend aus einer riesigen Kirche und einer Ansammlung von einfachen Bauwerken, über die der ewige Wind eine dicke Schicht aus gelb-braunem Staub geweht hatte. In ihrem geometrischen Raster, dem Ausdruck ihrer Häuser und dem dramatischen Schwarz der patagonischen Kleidung wirkte San Julian düster. Doch diese Melancholie gehört zum argentinischen Wesen wie der seelische Tau, der sich feucht auf den Tango legte.

Ich saß am Abend in einem einfachen Restaurant und sah den Tänzern zu, die es verstanden, den Tango in fast schon erotischer Hingabe zu tanzen. Die Musiker, zwei Bandeneonspieler, ein Kontrabass und ein Geiger, schienen sehr darum bemüht, die Paare in ihrer knisternden Stimmung zu halten und spielten eine wunderschöne alte Tangomusik. Von Piazolla, wie mir Arturo über den Tisch zuflüsterte, während sich der Kontrabass lässig eine Zigarette in den Mundwinkel steckte. Im süßen Duft einer zart zu uns herüberwehenden Hanfwolke erzählte Arturo, immer noch in Uniform, ein paar Geschichten aus dem Falklandkrieg und wie er als junger Kerl mit der Flinte im Anschlag gegen die Engländer kämpfte. Arturo war der Chef der Prefectura Naval (Küstenwache) und jener Herr, der mich bereits am Strand willkommen geheißen hatte. Als ich am Nachmittag in seine Behörde zum Einklarieren kam, überschlug sich darin fast alles vor Eifer. Die aufgeschreckten Beamten schienen fast überglücklich darüber zu sein, dass ausgerechnet wir ihre Bucht anliefen und unverhofftes Leben in ihre Bude brachten. Sorry für die Umstände, dachte ich, als ich erfuhr, dass AURYN das erste Schiff seit einem Jahr war, das in der Bucht vor Anker ging.

Nachdem sie mir ihre Dienststelle zeigten, wir uns über das Wetter im Allgemeinen sowie meine Reise im Besonderen ausgetauscht hatten und es auch nicht vernachlässigten, ein paar Sätze über den deutschen und argentinischen Fußball zu verlieren, schob ich ihnen fast entschuldigend meine Bootspapiere zum Einklarieren hinüber. Wie lästig und nebensächlich solche Vorgänge doch sein konnten! Obwohl acht andere Uniformierte um ihn herum standen, ließ es sich Capitano Arturo nicht nehmen, mich höchstpersönlich zu bedienen. Auf Segelschiffe schienen sie nicht vorbereitet. Der Capitano ließ sich ein Formblatt reichen, das eher für die Berufsschifffahrt bestimmt war, zückte einen Kuli und half beim Ausfüllen: Ladung? Keine, antwortete ich, er lächelte. Betonnung? Dreizehn, sagte ich zackig. Dann befingerte er lange das Schiffspapier und trug unter der Rubrik Kapitän meinen Namen ein, wobei er mir ein warmes Lächeln schenkte. Anschließend schaute er mich ernst an und fragte nach der Mannschaft: Rio, antwortete ich und nun war ich es, der lächelte. Que? hakte er nach. Mia gatina carina, stellte ich nun meine Katze vor und blickte in die verdutzten Gesichter der Umherstehenden. Danach erübrigten sich alle weiteren Fragen nach Woher und Wohin, ob ich Spirituosen an Bord hatte und wie viele Zigaretten, ob Schusswaffen oder keine. Er rückte wieder die Geschichten des Falklandkrieges vor, wies auf die abgeschossene Maschine der Engländer und auf die Landkarte der Falklands.

Als ich mich verabschiedete, zählte ich zehn Uniformierte und fragte mich, was die Herrschaften den ganzen Tag so trieben, wo sie doch augenscheinlich nichts zu tun hatten und dafür auch noch Geld kassierten.

Arturo, der alte Haudegen, half, wo er nur konnte. Fuhr mich zum Supermarkt, transportierte mich zum Besorgen von Diesel zur Tankstelle und schleppte die gefüllten Wasserkanister über den Strand zum Dingi. Diese außerordentliche Hilfsbereitschaft musste belohnt werden, ich lud ihn und seine Familie am nächsten Tag zum Kaffeetrinken auf AURYN ein. Doch daraus wurde nichts! Über Nacht war die Nadel des Barometers von 1010 Hpa auf 980 durchgerutscht. Ein sattes Tief mit viel Wind war im Anmarsch. Vorsorglich steckte ich noch 10 Meter Kette und brachte zur Sicherheit einen zweiten Anker aus. Nach kurzer Windstille sprang Nordwest auf West und ruckzuck war die Front da und mit ihr Böen von 50 Knoten. Ich saß bei neun Grad Lufttemperatur im Cockpit und hoffte darauf, dass der Anker in den Orkanböen hielt. Auch in der Nacht ließ der Sturm nicht nach, so dass ich draußen im Schlafsack lag und Ankerwache hielt. Alle fünfzehn Minuten klingelte der Wecker, ich peilte zum Licht einer Straßenlaterne, die mir bei der Prüfung half, ob AURYN während meiner Dämmerphase auf Drift gegangen war. Es war eine scheußliche Nacht und doch fühlte ich mich in ihr gut aufgehoben und nicht allein, denn zu jeder vollen Stunde meldete sich über Funk die Prefectura Naval und erkundigte sich nach meinem Wohlbefinden.

Der Stein der rollenden Köpfe

Am frühen Morgen ließ der Wind nach. Die Bucht lag in friedlicher Stille, während ich im Sonnenschein und bei einer heißen Suppe im Cockpit saß und am Ufer ein paar Seeelefanten beobachtete, die sich mit ihren fetten Pelzen in der Sonne lümmelten. Ein paar Magellanpinguine schwammen durch die Bucht, steckten neugierig ihren Kopf aus dem acht Grad warmen Wasser und tauchten genauso schnell wieder ab. Auf dem flachen Rücken einer riesigen Sandbank, die zu einer kleinen Insel gehörte, stand eine Kolonie von Pinguinen. Als ich versuchte, sie zu zählen, hörte ich bei fünfhundert lustlos auf und doch ließ ich meinen Blick nicht von ihnen. Sie standen auf der Banco Justicia. Na und, könnte man meinen und eigentlich war es auch nicht weiter erwähnenswert, wenn, ja wenn da nicht die Geschichte mit Fernando Magellan wäre. Sie war es, die mich überhaupt in diese Bucht gelockt hatte. Kurz darauf ruderte ich zur Banco Justicia, verscheuchte leider die Pinguine und ließ mich von ein paar Bullen blöd anblöken. Sollten sie ruhig meckern. Ich murmelte ihnen ein paar Worte der Entschuldigung für mein plumpes Eindringen in ihre Welt zu und begab mich auf die Suche nach jenem Stein, von dem die Köpfe der Meuterer in einen Bastkorb gekullert waren. Doch der Platz, an dem Fernando Magellan die Rädelsführer der Meuterer vor den Augen seiner Mannschaft hinrichten ließ, weil diese nicht mehr daran glaubten, dass Magellan sie aus dieser Wildnis herausführen würde, blieb unentdeckt. Nichts deutete auf diese historische Zeit, wie auch. Es gab kaum Zeugen und von den wenigen Überlebenden der Expedition kam niemand wieder jemals nach San Julian. Dafür ein anderer, siebenundzwanzig Jahre später. Es war 1577, als ein paar Schiffe diese Bucht anliefen. Angeführt von Sir Francis Drake, dem geadelten Piraten im Dienst der britischen Krone, befanden sie sich auf gleicher Fahrt wie Magellan und auch bei ihnen kam es an Bord zu einer Meuterei. Drake waren die damaligen Protokolle von Magellan bestens bekannt und so ahmte er in San Julian Magellans blutiges Urteil nach. Angeblich soll Drake den blutigen Block gefunden haben, auf dem Magellan das Urteil vollstrecken ließ.

Fast dunkel war es, als ich nach vergeblicher Suche zurück auf meinem Schiff war. Noch lange saß ich im Cockpit, ergründete die letzte Flasche von Jorges Spitzenwein und erkannte im Gegenlicht des Mondes die Halbschatten der Umrisse der Banco Justicia, wo für ein paar Stunden Geschichte wieder Wirklichkeit geworden war. Meine Gedanken gingen zurück und doch segelten sie voraus. Nachdem Magellan in dieser Bucht überwintert hatte, fand er keine 70 Seemeilen südlich die ersehnte Verbindung in den Pazifik. Weiter unten im Kapitel „In der Stille der Einsamkeit – Tagebuch aus Feuerland" nehmen wir die Spur von Fernando Magellan wieder auf und quälen uns mit ihm durch den westlichen Teil der berüchtigten und von ihm entdeckten Magellanstraße.

Von abgeknabberter Landschaft, verlorener Potenz und einer Buddel voll Rum

Am vorletzten Tag meines Aufenthaltes fuhr Arturo mit mir hinaus in die Pampa. Ein Wort übrigens, das aus der Aymara-Sprache der Ureinwohner Patagoniens abgeleitet wurde und nichts anderes als Weite bedeutete. In dieser Weite, am südlichsten Ende einer kaum bewohnten Welt, sahen wir in den Stunden unserer Autofahrt nichts – außer brauner Steppe und weiten Himmel. Wir waren auf dem Weg zu Mani. Arturo wollte mich unbedingt seinem Kumpel vorstellen, mit dem er auf den Falklands gegen England gekämpft hatte. Manis Farm lag in verdorrten Weideflächen, die von Schafherden kahl gefressen wurden und machte einen ziemlich heruntergekommenen Eindruck. Als er aus dem Krieg zurückkam, erholte er sich rasch von den Verletzungen. Doch dann ging seine Frau, die seelischen Wunden verheilten nie. Er verlor den Mut, verkaufte seine Tiere, lebte allein und von einer schmalen Pension als Kriegsveteran. Wir tranken einen Mate-Tee, aßen eine Lammkeule und gekochtes Gemüse. Während ich von meiner Reise erzählen musste, stocherte Arturo kurz in der Glut des Kaminfeuers und als ich ihm ein bisschen was vom andalusischen Ronda, von Hemingway und seiner Liebe zum Stierkampf berichtete, flackerte es in Manis Augen. Die Erinnerung holte ihn ein. Er war gebürtiger Andalusier, emigrierte nach Argentinien, vielleicht auch deshalb, um vor seiner Vergangenheit wegzulaufen. Denn Ronda hatte ihn seine Manneskraft gekostet! Mani galt als einer der talentiertesten Stierkämpfer Spaniens, bis, ja bis ihn der Stier packte und auf die Hörner nahm. Einmal im Jahr besuchte er seine Heimat, auch Ronda. Ich vermied es zu fragen, was er dort machte. Sicher war es die Melancholie eines Emigranten, die ihn zurück trieb. Doch ebenso gut konnte ich mir den Moment vorstellen, wie er in sentimentaler Durchfeuchtung in der Arena von Ronda stand, sich an seine verlorene Kraft und die zerbrochenen Träume erinnerte und womöglich Gott verfluchte.

Draußen weinte der Regen am Fenster und der Hagel trommelte. In der geordneten Welt Patagoniens war auf die Unbeständigkeit des Wetters Verlass. Mal schien die Sonne, kurz darauf fegten so schwere Schauerböen über das Land, dass es die Scheibenwischer schwer hatten, für eine klare Sicht zu sorgen. Wir waren mittlerweile auf der Rückfahrt nach San Julian und hetzten zum nächsten Termin: Der Weihnachtsfeier der Küstenwache. Auf dem Rückweg sprachen wir kaum, Arturo schob eine Kassette mit Tangomusik von Piazolla in das Gerät und ich blickte in die Leere. In der völligen Vereinsamung der Landschaft kam mir Arturo mittlerweile wie ein vertrauter Freund vor. Von mir aus hätte er mit seinem militärischen Dickschädel noch vier Kriege anzetteln können und sollte er sich auch wie ein Eber im Misthaufen des Ruhms suhlen, von mir bekam er, was er mir seit unserer ersten Begegnung auf knirschendem Kies gab: Die Vorrechte auf eine Freundschaft.

Ich empfand schon so etwas wie Wehmut, als ich mich am Abend von ihm und seinen Kollegen auf der Station der Küstenwache verabschiedete. Für die Weihnachtsfeier spendierte ich ihnen ein paar Flaschen Rum. Wir tranken vorab schon mal eine und stießen auf das Gelingen meiner Fahrt an. „Bon Vijaje, Suerte! A donde va, Bernardo". Eine gute Reise wünschte auch ich mir, das Glück, das sie mir mitgaben, verstaute ich sorgsam. Auf das Wohin fand ich zunächst keine Antwort. Kap Hoorn war klar und hieß mein Ziel. Doch dann? Wir standen vor der Seekarte, die an der Wand hing. Ich folgte meinem Finger, der über den Südatlantik strich und auf Kapstadt tippte, doch dann die Option wählte, westwärts in den Pazifik zu streifen. Wenn ich zurückblicke auf ein Erlebnis und eine Insel, die ich niemals ansteuern wollte und den Moment, der mich zu diesem Ziel führen sollte, war es sicher Arturo, der mich am Arm packte und zur großen Wand-Seekarte der argentinischen Gewässer dirigierte: visitar Isla de los Estados, klopfte er auf eine unbewohnte Insel, die am Ende der Welt querab des Südzipfels des südamerikanischen Kontinents lag. Staten Island, das klang gut, lag auf dem Weg und Pergamentpapier war auch in der Kantine!

Natürlich hatte ich keine Detailkarten von der Isla de los Estados und so tapte ich das Pergamentpapier auf die Seekarte und zog die Linien der Insel mit einem Bleistift nach, ergänzte das raschelnde Papier mit Breiten und Längenangaben, übertrug wichtige Koordinaten für die Ansteuerung und skizzierte die Ankerbucht fein säuberlich auf das Butterbrotpapier. Als ich fertig war, spürte ich den Alkohol und zog es vor, in der Weite Patagoniens zu verschwinden. Adios Amigos, Feliz Navidad – wir sehen uns wieder, spätestens im nächsten Leben!

Als ich den Anker am nächsten Morgen hochzog und AURYN mit dem ablaufenden Wasser aus der Bucht steuerte, hupten am Ufer meine Freunde, der Capitano jagte einen Böller in den blauen Himmel. Und ich? Ich blickte mich um, weil ich alles noch einmal sehen und mir gut einprägen wollte, um es mitzunehmen und herauszukramen in irgendeiner anstrengenden Stunde oder für den Moment, in dem ich die Weser wieder flussaufwärts fahren würde, um mich daran zu erinnern, dass es genau dieser Moment war, der es mir wert erschien, überhaupt gestartet zu sein.

Mit diesem Gefühl im Bauch sowie einem Lächeln im Gesicht verließ ich Magellans Lagune und San Julian, das ich eher mit einer „gegissten" Navigation gefunden hatte. Diese anerkannte seemännische Technik bei der Positionsbestimmung ohne nautische Grundlagen ging vorsichtshalber vom Schlimmsten aus, folgte den wenigen Anhaltspunkten und bestimmte ihr Ziel mit viel Intuition.

In den wütenden Fünfzigern

Der Südatlantik nahm uns mit seiner ganzen Gewaltigkeit auf. Der kräftige Ebbstrom zog AURYN über die Sandbarre und spülte sie durch eine chaotische Kreuz- und Grundsee aus Tidengewässer und einer Dünung, die sich über eine alte Windsee schob. Der Ostwind stand gegen den Strom, eine steile See stellte sich uns entgegen und es dauerte, bis wir uns vom Kontinentalsockel frei segeln konnten. Mittlerweile kehrten wieder Ruhe und Bordalltag ein. Die Segel waren gut zum Wind, der aus West blies, getrimmt, während AURYN ihre Spur in den Ozean zog. Kurs Süd, zum Ende der Welt.

Ich saß am Kartentisch, rollte das Butterbrotpapier aus und freute mich auf die Isla de los Estados, die 360 Seemeilen entfernt lag. Wenn es gut lief, konnten wir in zweieinhalb Tagen und damit zu Weihnachten dort sein. Wenn nicht, war es auch egal, denn mittlerweile fühlte ich mich umso wohler, je länger ich auf See war. Segelte ich dagegen kurze Distanzen, war ich meistens froh, möglichst schnell anzukommen.

Obwohl auf der Südhalbkugel Ende Dezember Hochsommer herrschte, blieb das Wetter rau. Bald würden wir die „brüllenden Vierziger" verlassen und in die „Roaring Fifties" segeln, hinein in die schreienden, wütenden Fünfziger.

Die Überquerung des 50.Breitengrades bedeutete keine automatische Verschlechterung des Wetters, doch ich spürte schon eine kribbelige Unruhe, die gleichsam angespannt auf härtere Bedingungen zu warten schien. Dabei blies der Wind schon stark aus Südwest, dass er noch weiter zulegen würde, verkündete das fallende Barometer. Gegen Abend drehte der Wind auf Süd und hauchte uns den kalten Atem der Antarktis entgegen. Mittlerweile hatte ich AURYN auf die neuen Verhältnisse eingestellt und die Segel zeitig gerefft. Der direkte Kurs war nicht mehr zu halten. Nach Kreuzen gegen den Wind war mir ebenso wenig wie AURYN, die gerade wieder in eine sich ihr in den Weg stellende See einnickte und kurz die Fahrt verweigerte. Da ich westwärts dem Land und seinen starken Tidenströmen nicht zu nahe kommen wollte, trimmte ich mein Schiff auf Ostsüdost-Kurs.

Über Nacht hatte sich der Starkwind zum Sturm entwickelt. Imposante Wellen bauten sich auf, Regenschauer fetzten über das Deck, feiner Hagel peitschte mein Gesicht, als ich über die Winschen die Segel nochmals reffte. Wolkenfelder rasten im Schein eines abnehmenden Mondes in einer eiskalten Nacht. Wärme verschaffte der heiß dampfende Kakao, den ich in rissigen Händen hielt und doch spürte ich so etwas wie einen geborgenen Moment im Schutz der Sprayhood, eingepackt in zweifacher Thermo-Unterwäsche, Fleeceklamotten und Schwerwetterkleidung.

Rio hatte sich in meine Koje verzogen, wie immer, wenn es zur Sache ging und AURYN in den Gewalten unbeeindruckt ganze Arbeit leistete. Allmählich bekam die Vorstellung von dem, was uns in den südlichen Breiten erwarten würde, feste Konturen. Spürbare. Ein heftiger Schlag knallte weit nach Mitternacht gegen die Bordwand und riss das Schiff wild herum. AURYN torkelte, schien sich zu schütteln, die Segel schlugen. Was war das?

Ich rappelte mich mit nassen Klamotten aus der Koje, spürte mein Herzrasen und stieg verkrampft in die Gummistiefel. In dem Moment rummste wieder eine Monstersee über das Schiff, warf es mit voller Gewalt zur Seite und mich mit halb übergestülpten Stiefeln auf die andere Seite des Salons. In der wild schlingernden Fahrt dauerte es, bis ich im Cockpit war und in defensiver Haltung den Sicherheitsbügel der Steuersäule umklammerte. Als ich mir einen Überblick verschaffen wollte, fegte ein eiskalter Hagel über mich hinweg. Verwirrt durch die Schiffsbewegungen, blind durch den Hagelschauer hatte ich gerade noch genug Verstand, die Schoten loszuschmeißen, um die Segel nochmals zu reffen. Das mussten zwei gewaltige Kaventsmänner von Wellen gewesen sein, die AURYN ausknockten. Dennoch ließ sie sich von allem nichts anmerken, als sie wieder Fahrt aufnahm und sich in einem Inferno aus Wind und Gischt, in chaotischer Berg- und Talfahrt so sicher durch ein wild bewegtes Wasser lavierte wie der „Hamburger Veermaster" von Hans Albers. In dieser Nacht war ich mächtig stolz auf mein Schiff und dankbar, dass noch jemand bei mir war: Rio. Meine Katze war äußerst sensibilisiert für meine innere Stimmung, besonders jetzt, wo sie merkte, dass ich etwas Unterstützung benötigte, sprang sie nach oben, kroch in meine Schwerwetterkleidung, schmiegte sich dicht an meinen Faserpelz und begann zu schnurren. Ein unglaubliches Gefühl von Wärme durchströmte meinen kalten Körper und es war schön. dass einfach jemand da war, mit dem ich „reden" konnte, anstatt meinen gemurmelten Worten zuzuhören.

Ich kraulte ihren dicken Bauch, sie schnurrte. Hey, wie viel sind da drin? fragte ich sie. Geht dich gar nichts an, schien sie mir zuzuzwinkern, streckte ihre Beine gegen meine Brust und verzog sich wieder nach unten. Zurück blieben die Fragen. Wieviel Neugeborene, vor allem aber: Wohin mit ihnen? Als Wasserkaskaden in waagerechten Streifen über die Sprayhood schossen und sich eine eiskalte Nässe über das Schiff legte, griff eine andere Frage nach mir: Was suchte ich eigentlich hier unten? Ging es dieses mal wieder darum, hinter den Vorhang zu schauen? Grenzen zu sprengen, um neue auszuloten?

Machte ich es mir deshalb schwierig, weil ich in meinem Leben noch nie einfache Wege gegangen war? Oder war ich einfach nicht mehr ganz „dicht", wie Arturo mir signalisierte, als er seinen Finger an die Stirn tippte, nachdem er erfuhr, dass ich Kap Hoorn von Ost nach West umrunden wollte?

Auf jeder der Ungereimtheiten fand ich nicht DIE Antwort, jedoch steckte ein kleines Stück Antwort bereits in der Frage.

Seit Buenos Aires hatte ich im Land der Stürme kein Schiff mehr gesehen, nicht einmal ein Fischerboot. Kein Wunder, die Küsten waren unbesiedelt und nach dem Bau des Panamakanals war in den südlichen Breiten kaum noch jemand unterwegs. Trotz dieser vermeintlichen Sicherheit blieb ich in den Nächten, von kurzen Schlafphasen abgesehen, im Cockpit und sah das fahle Licht der Sonne, wie es gegen fünf Uhr morgens hinter einer bedrohlichen Masse aus Grau in den Tag strömte.

Das Lametta des Universums

Es war der 23.12., als wir uns beim Eintrag der Mittagsposition querab der Magellanstraße befanden. Ich erwähne das Datum aus zwei Gründen. Einerseits war es die Zeit, wo die Sonne auf ihrer südlichsten Bahn im Wendekreis des Steinbocks stand und andererseits, weil ich mich an dem Tag von meinem Plan verabschieden konnte, die Isla de los Estados an Heiligabend zu erreichen. Zu weit hatte uns der Sturm vom eigentlichen Kurs abgetrieben und immer noch blies er mit acht Windstärken aus Süd. Um nicht zu weit nach Osten getrieben zu werden, kreuzte ich gegen gigantische Seen und einen entfesselten Wind. Aber nicht lange. Das Einstampfen in die Welle fühlte sich brutal hart an, das Pfeifen im Rigg wurde nervend laut und doch war es ein anderer Gedanke, der den größten Eindruck hinterließ: Die Vorstellung daran, dass der Wind aus der Antarktis hier freie Bahn hatte und uns womöglich eine Monstersee überlief, ließ mich den Kurs ändern. Wir liefen vor Topp und Takel, also ohne Segel, vor dem Wind ab. AURYN „segelte" immer noch mit drei Knoten dahin, wenn auch in die falsche Richtung. Am anderen Tag ließ der heftige Sturm endlich nach und ich stellte bei der Standortbestimmung fest, dass er uns siebzig Meilen zurückgetrieben hatte! Wir befanden uns wieder auf der geographischen Breite jenes Ortes, den wir vor zwei Tagen verlassen hatten. Vielleicht war es vernünftiger, in San Julian auf ein besseres Wetterfenster zu warten. Ich verwarf den Gedanken daran. Denn wer gab mir schon die Garantie, nicht doch wieder von einer Front aus Süd erwischt zu werden? In diesen Breiten zu segeln bedeutete, es so zu nehmen, wie es kam und so nahm ich einen neuen Anlauf.

Heiligabend auf See. Rasmus verteilte seine Geschenke. Der Wind drehte zurück auf West und auch das Wetter war nun mit uns. Ich blinzelte in einen blauen Himmel, lag im Cockpit und in Klamotten, die nicht mehr trocken wurden und kritzelte ein paar Notizen in das Reisetagebuch. Um mich herum rauschten schäumende Wellen und das Meer war so aufgewühlt wie meine innerliche Stimmung, als auf der Deutschen Welle das Weihnachtskonzert erklang und im Glockengeläut sich die „Stille Nacht" über uns legte. Die Erinnerungen an längst vergessene Weihnachten kamen wieder. Sie narrten mich in Gedanken, Gerüchen, Schwermut und fernen Stimmen. Vor allem aber verhinderten sie die Ordnung, die ich in das ganze Durcheinander bringen wollte. Immer noch suchte ich nach einem Notausgang, um aus dem Meer der Gefühle zu entkommen, bis ich schließlich aufgab und mich einfach nur treiben ließ. Im Klang der Weihnachtslieder funkelte über uns der Christbaum des Himmels im Lametta des Universums. Sterne glitzerten, Sternschnuppen zogen einen langen Schweif, bis sie in Heiliger Nacht verglühten. Es war die perfekte Inszenierung einer sentimentalen Stunde, die meine Gefühle beherrschte.

Die Nacht füllte sich mit Kälte und das Bild um uns herum mit einer weißschäumenden See, die vom schwachen Mondlicht gespenstisch ausgeleuchtet wurde. Venus hatte sich bereits verabschiedet, dafür sah ich dem Kreuz des Südens zu, wie es einer sakralen Szenerie ähnlich aus dem Horizont stieg und immer höher kletterte...okay – lassen wir es gut sein. Bevor hier noch der Eindruck entsteht, ich hätte zu lange am Weihrauch geschnüffelt, beende ich die Prosa einer Heiligen Nacht auf See. Zeit für eine Erfrischung, ich ging baden: Mit dem Messer zwischen den Zähnen

Doch der Reihe nach. Die vertikale Achse des Kreuzes des Südens bestätigte, dass der Kompass funktionierte, denn wir segelten 180°. In der zweiten Nachthälfte schlief ich so lange, bis mich der zunehmende Wind und der zu starke Segeldruck aufweckten. Reffen, nuschelte ich mir noch schlaftrunken zu, während nun kräftige Böen über uns herfielen. Es dauerte, bis ich in die Schwerwetterklamotten kam und ebenso lange, bis ich endlich ins Cockpit stieg und damit begann, die Genuaschot zu lösen, um das Vorsegel etwas mehr einzurollen. Doch etwas stimmte nicht und hakte in der Refftrommel, ich musste nach vorn, um nachzusehen. AURYN stampfte nun in der See und eine Welle erbrach sich über das Vorschiff. Dazwischen ich, auf allen vieren zum Bug robbend, um die Reffleine, die sich in der Trommel verhakt hatte, wieder zu lösen. Im Hoch und Nieder des Bugs und im Eintauchen in die See, die mir in die Stiefel lief, brauchte es einige Zeit, bis die Leine wieder frei lief.

Der starke Wind wurde kurz vor dem Ziel zum nächsten Sturm. Von mir aus, dachte ich, solange er aus West blies und wir unseren Kurs halten konnten. Ich wollte jetzt nur noch ankommen und hoffte darauf, dass der Wind nicht drehte.

Es war der zweite Weihnachtstag, als morgens um fünf ein Hagelschauer über das Deck fegte und hinter ihm der Vorhang der Morgendämmerung aufriss. Der Himmel flammte rot und in diesem Bild lagen die zackigen Umrisse der Isla de los Estados.

Ich legte den Kurs mehr östlich, um nicht zu nah an die gefürchtete Le Maire-Strait zu gelangen. Diese Meerenge zwischen Los Estados und dem äußersten Zipfel des südamerikanischen Kontinents galt als sehr tückisch, weil dort der Grund von 2000 auf 50 Meter steil anstieg und kräftige Ströme und Wasserverwirbelungen herrschten. Wir näherten uns der Insel, die wie ein Gebirge aus dem Meer ragte und aus nichts als bizarren Bergkuppen und schroffen Felsen zu bestehen schien. Irgendwo an ihrer Nordseite musste es eine schmale Einfahrt geben, die in die Hoppner Bay, einen ausgehöhlten Vulkankegel, führte. Das durchzeichnete Pergamentpapier einer provisorischen Seekarte schien gute Dienste zu leisten, denn bald darauf fand ich den fjordähnlichen, wenn auch sehr schmalen Einschnitt in die Bucht, die sich noch hinter einem Berg mit schneebedeckten Spitzen versteckte. Denn ich sah nichts als eine kleine Lücke, die durch kalt abweisendes Gestein führte und den dicken Fels, der die Einfahrt teilte. Links davon waren fünf Meter Platz, rechts von ihm sieben Meter. Was sich unterhalb der Wasserlinie befand, wusste ich nicht. Noch nicht. Die kräftige Querströmung verhinderte zunächst die heikle Einfahrt, weil ich befürchtete, dass sie AURYN auf den Fels trieb. Als ich spürte, dass der Strom nachließ, wagte ich den Versuch, mein Schiff durch die enge Passage zu lotsen. Ich hoffte darauf, dass der Fels steil nach unten abfiel und steuerte AURYN ganz langsam an ihm vorbei. Geschafft! Ich atmete durch. Dann gab ich etwas mehr Gas, um nun dem Fjord zu folgen, der in die Bucht führte und zuckte zusammen: Ein Ruck ging durchs Schiff, das Rigg zitterte vom Aufprall, es schien so, als ob uns eine Sandbank stoppte. Doch zu dieser Vermutung passte nicht, dass der Motor abrupt ausging! Auch der Tiefenmesser zeigte genügend Wasser an. Was war los? Ich schaute über die Reling und entdeckte dickarmige Schlingpflanzen. Das so genannte Kelp hinderte mit seiner ganzen Kraft AURYN daran, in diese von Menschen nicht bewohnte Natur einzudringen. Die Arme der glibberigen Stränge hatten sich in der Schraube verfangen und hielten mein Schiff fest umklammert. Es nützte nichts, ich musste ins Wasser, um das Zeug aus dem Propeller schneiden! Im dünnen Neoprenanzug und mit dem Sägemesser zwischen den Zähnen stieg ich in das fünf Grad kalte Nass. Sofort packte mich eine Kälte, die mir den Atem nahm und ich spürte, wie mir etwas, das meinem Frühstück ähnlich kam, den Hals heraufkroch. Um mich herum nur die glibberigen Stränge des Kelps, sie fühlten sich an wie die Tentakel einer riesigen Krake. Es war mühsam, an der Schraube das faserartige Gewebe durchzuschneiden. Die Zeit schien still zu stehen. Eine Minute, zwei Minuten. Endlich konnte ich wieder auftauchen und an Bord. Obwohl es vorbei war, begannen die Schmerzen. Die Wärme kroch zurück in die eisgekühlten Körperteile und meine Finger fühlten sich an, als würden sie zerrissen. Ich saß zusammengekauert mit den Fingerkuppen unter den Achseln, vor Schmerzen schreiend, auf dem Heck und bemerkte gar nicht, dass AURYN in der Zwischenzeit, angeschoben von einem leichten Strom, wieder Fahrt aufgenommen hatte. Als ich erstaunt hochblickte, schaute ich in eine Naturkulisse, die ich in dieser Ausstattung noch niemals betreten hatte. Es war ein riesiges Amphitheater. Die Bucht lag umgeben von steil aufragenden Bergen, auf denen Schneefelder lagen. Ein Wasserfall plätscherte über Kaskaden vorbei an einigen verkrüppelten Bäumen und schien aus einem See zu kommen, der sich auf der ersten Ebene der Gebirgslandschaft gebildet hatte. Ein paar Pinguine schwammen durch die Bucht, von irgendwo her grunzten Seelöwen. Ansonsten war hier nichts, außer einer grandiosen Natur und einem blauen Schiff, dass ich nun auf der Suche nach einem geeigneten Ankerplatz durch die Bucht steuerte. Die Bucht war tief, an ihrer flachsten Stelle mit zwanzig Metern rauschte der Anker nebst sechzig Meter Kette aus. Sollte gut sein, könnte man meinen. Doch als ich mir die Umgebung genauer betrachtete, erkannte ich, dass hier so gut wie keine Bäume standen und das geduckte Gebüsch merkwürdig schief angewachsen war. Im Land der Stürme hatte es nicht nur die Vegetation schwer, auch ich musste mich daran gewöhnen, dass die Ankermanöver mühsam wurden und Zeit erforderten. Es reichte einfach nicht, nur vor Anker zu liegen, das Schiff musste sorgfältig zum Land verspannt werden!

Falls Sie, liebe Leser, einmal der Idee verfallen sollten, in dieser Region segeln zu wollen, vergessen Sie nicht, aus Buenos Aires vier Leinen zu je 100 Metern und vier Kettenstücke à 5 Meter mitzunehmen! Wer denkt, wir leiten nun über in das Kapitel Sado-Maso-Spiele an Bord, der irrt. Das kann Segeln auch ohne Ketten und Fesseln sein. Wer glaubt, ohne das Gedöns von Ketten und Leinen in Patagonien oder Feuerland klar zu kommen, ist ein Narr und würde bestenfalls wie Hein Blöd an der Reling stehen und sich wundern, warum der Anker auf felsigem Grund nicht hielt und sein Schiff auf Drift ging.

Die Kettenstücke rasselten ins Dingi, der Wust der Leinen flog hinterher. Ich ruderte an Land, legte über einen zackigen Felsen die Kette und knotete die Leine daran. Mit dem anderen Ende paddelte ich zum Schiff zurück, holte die Leine dicht und belegte sie auf der Klampe. So ging das noch dreimal und dauerte fast zwei Stunden, bis AURYN verspannt nach allen Seiten sicher lag. Erst danach hatte ich ein gutes Gefühl und sah den hereinfallenden Böen und der Nacht beruhigt entgegen.

Wie ein fallender Vorhang legte sich die Dunkelheit auf die triste Kulisse dieser fast baumlosen und unbewohnten Insel. Ich ließ den Törn nochmals Revue passieren, bedankte mich in einem kurzen Gebet dafür, dass wir gut und sicher angekommen waren und fühlte eine seltsame Leere. Als der Mond mit seinem gespenstischen Licht über den Bergrand kroch, lag die Umgebung in einem schaurig schönen Anblick. Ich war müde und legte mich in die Koje, doch ein tiefes Gefühl von Einsamkeit steigerte meine Empfindsamkeit und ließ mich kaum abschalten. Immer wieder dachte ich an den nächsten Abschnitt dieser Reise, bis ich irgendwann wohl doch einschlief, denn ich träumte wild – am Ende der Welt.

San Julian – Einklarierung

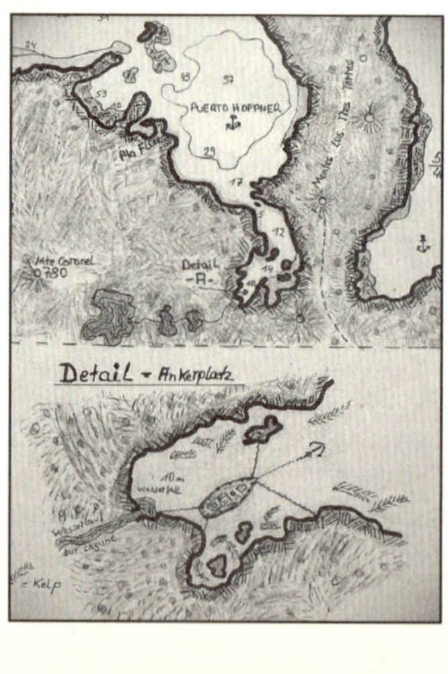

Hoppner Bay – Los Estados

2800 Meter über dem Meer – Fogo/Kapverden

Kanaren

livin' the

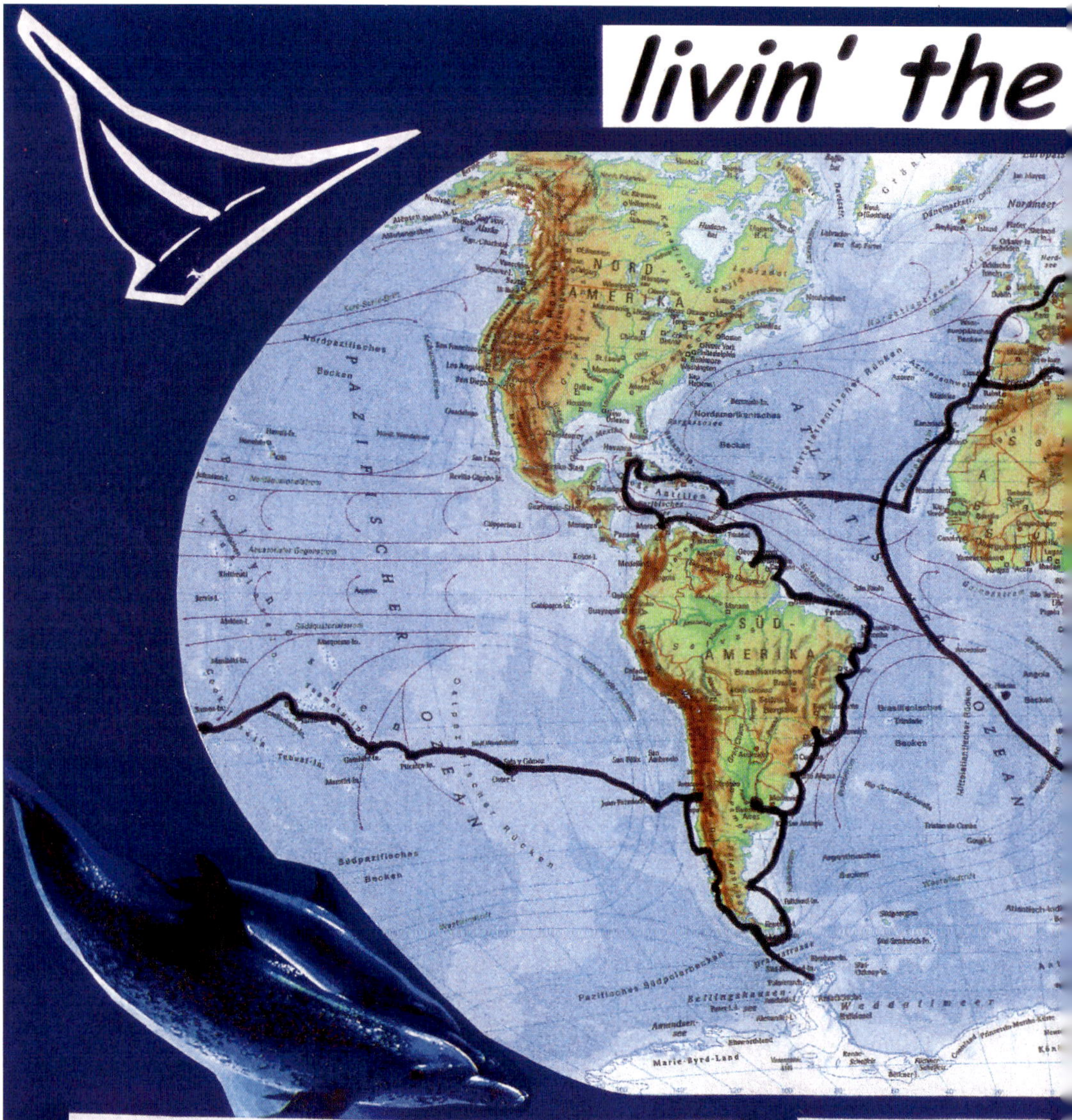

SY AURYN -
8/200
517

dream...

und the world
/2005
Sm

Im Antlitz einer schroffen Natur – Kapverden

Im Land der Widersprüche zwischen kubanischer Realität und traumhafter Karibik-Kulisse

Tobago: Eintauchen in einen fremden Kosmos …

Oben: Salvador de Bahia

Links: In der Ohnmacht einer Schieflage – im Rio Paraguazu

Unten: Samba unter Segeln – Brasilien

Oben:
Auryn – In der Magie der Meere

Rechts:
Am Mythos der Seefahrt – Kap Hoorn

Unten links: Auf dem Felsen der Seefahrerromantik – Kap Hoorn Denkmal

Unten rechts: vor Gottes feuchtem Keller – Kap Hoorn Kapelle

Im Labyrinth der Fjorde Feuerlands

Urzeitliche Region am
kalten Ende der Welt –
Antarktis

Am Ende der Welt

Isla de los Estados – Le Maire-Strait – Beagle-Kanal – Ushuaia

Tief in der Nacht fegten schwere Schauerböen über die Bucht. Der Druck des Windes war so stark, dass sich AURYN auf die Seite legte und ich mich festkrallen musste, um nicht aus der Koje zu rutschen. Zwischen den Böen richtete sich mein Schiff wie in Zeitlupe wieder auf. Die Sorge ließ mich in die Klamotten steigen um zu prüfen, ob an Deck noch alles in Ordnung war. Durch die Einschnitte in den Bergen knatterten die Fallwinde und sorgten in dieser eigentlich geschützten Bucht für weißes Wasser. Die Leinen hielten, alles schien bestens und Weihnachten war vorbei. Es war die einsamste, aber auch die eindruckvollste Weihacht, die ich bisher erlebt hatte und sie produzierte Déjàvus ohne Ende, evozierte Erinnerungen, die schon lange irgendwo ganz weit weg verstaut waren.

Dann schlief ich wieder ein und fand die Welt am anderen Morgen weiß vor. Eine feine Schneeschicht lag an Deck, es war noch kälter geworden. Eigentlich freute ich mich auf eine Landexkursion, doch das Wetter blieb den ganzen Tag über schlecht, so dass ich im Schiff etwas aufräumte, mein Logbuch ergänzte und gerade die Heizung einschalten wollte, als mich lautes Prusten und ein leichtes Schubbeln an der Bordwand davon abhielten. Neugierig lugte ich über die Reling und blickte in die treuherzigen Augen eines bulligen Seelöwen. „Hey, was machst du in meiner Bucht, willst mich nicht zum Frühstück einladen?" schien in seinem Blick zu stehen, während es am Heck platschte. Ich sah gerade noch den glänzenden Körper seines Kumpels von der Gummiwulst des Beibootes abgleiten, nachdem er versucht hatte, dort hinein zu gelangen. Das wär's gewesen: Ein Seelöwe im Dingi!

Nun aber rein in den gemütlichen Salon. Auf der Couch lümmeln, ein bisschen schreiben, lesen, Musik hören. All die Dinge tun, die man so macht in den letzten Tagen des Jahres – auf einem Schiff fernab jeglicher Zivilisation am Ende der Welt. Die Rückschläge an diesem Tag, der so wunderbar angefangen hatte, begannen mit dem Versuch, die Heizung in Betrieb zu setzen, die sich jedoch verweigerte. Entgegen meiner Land-Angewohnheit, Gebrauchsanweisungen wegzuschmeißen, weil das Kleingedruckte einerseits schlecht für meine Augen war und ich andererseits einfach keine Geduld hatte, mich damit zu beschäftigen, sammelte ich die technischen Anleitungen für die Geräte an Bord geradezu penibel. Unter mögliche Fehlerursachen des Warmluftgebläses las ich eine Reihe von Optionen. Die letzten drei bestanden aus: Sicherung im Kabelbaum wechseln, Glühkerze austauschen und: Rufen sie den Kundenservice an! Klasse. Was tun? Ich ging zunächst in den Nahkampf mit der Zündkerze, reinigte sie gründlich und hatte Glück. Die Heizung sprang an, es wurde warm im Bauch von AURYN und so blieb es – an einem Tag zum Abhängen, unter einer Decke, beim dampfenden Tee, ein bisschen Gebäck und in Gesellschaft interessanter Leute, in deren Leben ich blätterte.

Widerhall meiner Verlorenheit

Auch der folgende Tag blieb wolkenverhangen und von schlechtem Wetter geprägt – bis zum Nachmittag. Dann riss die Wolkendecke auf. Ich machte mich landfein, stieg in meine Schwerwetterklamotten, Gummistiefel und mit Fotoausrüstung ins Dingi (ohne Seelöwe). Es war nicht leicht, an Land zu kommen. Die glatten Felsen des Ufers waren vom Regen feucht und von feiner Moosschicht überzogen oder von knorrigen Büschen so dicht bewachsen, dass sie undurchdringlich waren. Dann fand ich eine kleine Stelle und betrat Niemandsland. Von wegen! Offenbar drang ich in einen Abschnitt ein, den andere bereits unter sich aufgeteilt hatten. Mit furchterregendem Gebrüll und der massigen Kraft seines Körpers stellte sich mir der Chef einer Seelöwenbande entgegen und drohte mir, seiner Herde nicht näher zu kommen. Ich war zu Gast bei Freunden, benahm mich höflich, wünschte noch einen fischreichen Tag und schlug eine andere Richtung ein. So marschierte ich ein Stück am Kiesstrand entlang, um einen Einstieg in die Berge zu finden. Was ich fand, war das Skelett eines verendeten Wales. In seiner Gier nach Robben musste er sich verschätzt haben, blieb im Kies hängen und konnte sich aus eigener Kraft nicht mehr zurück ins freie Wasser stemmen.

Auf ausgeschilderte Wege oder hübsch angelegte Pfade brauchte ich mich in dieser von Menschenhand unberührten Natur erst gar nicht einzulassen, deshalb marschierte ich Querbeet über nasses Moos, das bei jedem Auftritt einen kleinen See hinterließ, und stieg immer höher hinauf, bis mein Atem immer flacher wurde. Die Quälerei war herrlich, denn ich wusste, dass oben ein Ausblick auf mich wartete, der alle Anstrengungen vergessen lassen würde.

Nach der Topographie der Karte, die ich bei der Küstenwache in San Juan abgezeichnet hatte, mussten die Berge der Hoppner Bay um die sechshundert Meter hoch sein. Mindestens. Mit jedem Meter wurden die Schritte langsamer, vom kurzen Atmen schmerzte die Brust und es hämmerte in meinem Schädel.

Als ich endlich auf dem Grat stand, ging mein Keuchen in ein hektisches Hecheln über. Doch was ich dann erblickte, war schwer zu fassen. Es war so, als ob ich die ganze Insel in den Händen hielt und den Anblick nicht loslassen wollte. Tief unter mir lag die Bucht wie ein stiller Binnensee, der winzige weiße Punkt vor steil aufragenden Felsen war AURYN. Aus dieser Höhe konnte ich nun auch gut den Weg des Wasserfalls verfolgen, der sich aus einem natürlichen Stausee speiste, welcher sich auf halber Höhe zwischen zwei Bergen aus Schneeschmelze gebildet hatte. Richtung Norden flimmerte der Ozean und umspülte die Küste der Isla de los Estados. Ein spanischer Name für eine norwegische Landschaft, dachte ich, während ich nun auf dem Grat saß und den schmalen Fjord erkannte, der es uns bei der Einfahrt so schwer gemacht hatte. Jeder Blickwinkel wurde zum Auslöser und die Bilder vernagelten sich im Kopf. In der Weite dieser wunderbaren Landschaft, die aus wenig Wasser und vielen schroffen Felsen bestand, erklang der Widerhall meiner eigenen Verlorenheit. Nichts, aber auch gar nichts passte besser zu meiner Stimmung als dieser Moment.

Der Kulissenschieber verstand sein Handwerk. Als ich kaputt und fertig, aber hochzufrieden mit den Erlebnissen dieses Ausfluges wieder an Bord war, zog er den Vorhang des Schauspiels wieder zu und die nächste Schlechtwetterfront breitete sich aus. Es begann zu nieseln, später fiel feiner Schnee und dabei blieb es auch in den nächsten Tagen. Zwischen den Schauern besorgte ich vom nahen Wasserfall einige Kanister Frischwasser, füllte die Tanks auf und pulte mir vom gegenüberliegenden Gestein das Abendessen vom Felsen. Mit einem Eimer Miesmuscheln kehrte ich unter dem Blöken eines Seebullen und den listigen Blicken zweier Pinguine, die kurz aus dem Wasser schauten, zum Schiff zurück und schrammte haarscharf am Tod vorbei!

Doch nun gibt's Miesmuscheln à la AURYN: Butter mit Zwiebeln anschwitzen, Weißwein aufkochen lassen, gaaanz viel Knofel, Salz oder Brühwürfel rein, Muscheln bis zum Aufgehen dampfen lassen. Baguette dazu wäre fein, selbstgebackenes Brot schmeckt viel besser. Dazu einen weißen Traubensaft. Köstlich! Das Essen war herrlich und frischer ging es ja gar nicht mehr und doch aß ich vom Aas des Todes. Zu diesem Zeitpunkt wusste ich allerdings nicht, dass überall in den Amtsstuben der Küstenwachen und Hafenbehörden totenkopfähnliche Plakate aufgehängt waren, die vor dem Genuss dieser Muscheln warnten, da sie von toxischen Algen befallen seien. In diesem Fall hieß die Parole: Gut, nichts zu wissen. Denn schon lange nicht mehr hatte ich mich im völligen Losgelöstsein so wohl gefühlt wie an jenem Abend in der Hoppner-Bay. Dieser Stimmung mich hingebend, verkroch ich mich in die Koje und wollte die Gefühle festhalten, weil ich wusste, schon morgen konnte sich das Blatt wieder wenden.

Vom Aas des Todes in die ...

... merde, würde der Franzose sagen, und dem war nichts hinzuzufügen.

Die Toilette war verstopft, die Ursache der Verstopfung ließ sich nicht mehr abpumpen! Andiamo, vorwärts – an die Arbeit, machte ich mir Mut und entfernte zunächst die Schmutzwasserleitung vom Seeventil, wobei mir das wieder entgegenkam, was ich gerade vorher darin entsorgt hatte. Feine Gerüche mischten sich mit derben Kommentaren. Der mittlerweile 10 Jahre alte Schmutzwasserschlauch hatte sich mit einer festen Kruste dichtgesetzt, sozusagen eine nautische Arterienverkalkung! Es blieb mir nichts anderes übrig, als einen neuen Schlauch einzuziehen. Wozu sonst schleppte ich ein kleines Ersatzsteillager und eine Mini-Werkstatt mit um die Welt? Trotz der Mistarbeit war ich wiederum froh darüber, dass mir das hier und nicht auf hoher See passierte, auch wenn mir dort immer noch der Eimer geblieben wäre.

Ein Erlebnis der besonderen Art bescherte mir der Abend, an dem es trocken blieb, weil die triste Wolkendecke aufbrach und sich das Licht des Vollmondes in den Schattierungen der Felsen reflektierte.

Eingehüllt in eine Decke, bei klassischer Musik und einem Glas Rotwein genoss ich auf dem Vorschiff das eindrucksvolle Bild der wilden Gegend. Die Stimmung verlieh mir, angelehnt an ein bekanntes Powergetränk, zwar keine Flügel, doch verhalf sie zu einer angenehmen Gänsehaut.

Noch etwas anderes kribbelte, eine zunehmende Unruhe. Das beste Argument, sie zu neutralisieren hieß für mich: Segeln und das beste Motiv war immer noch der kleine Felsen, der sich ganz unten am Ende des Kontinents verlor und zum Mittelpunkt meiner Reise wurde. Kap Hoorn.

Doch vorher galt es, den Bestimmungen der bürokratischen Ordnung zu folgen. Aus diesem Grunde war mein nächstes Etappenziel zunächst die argentinische Stadt Ushuaia im Beagle-Kanal, wo ich international ausklarieren musste. Anschließend wollte ich das chilenische Puerto Williams ansteuern, das sich auf der südlichen Seite des Beagle-Kanals befindet. Dort musste ich für Chile wiederum einklarieren und erhielt das erforderliche Papier zum Befahren chilenischer Gewässer, und dazu zählt Kap Hoorn.

Schach mit der Natur

Die Abendzeit bestimmte eine aufmerksame Navigationsarbeit, denn das Seegebiet, in dem wir uns in den nächsten Monaten aufhalten wollten, zählt zum Gefährlichsten auf diesem Planeten und das erste Hindernis lag sozusagen gleich um die Ecke, die Le Maire Strait – zwischen der Isla de los Estados und Tierra del Fuego (Feuerland). 14 Meilen breit und 20 Seemeilen lang. Nur – aber die musste man erst einmal hinter sich bringen. Eindringlich warnte der South Atlantic Pilot der britischen Admiralität vor den Tücken dieses Reviers, in dem ein starker Gezeitenstrom von bis zu 7 Knoten herrscht. Sollte dem eine Windsee aus Südwest entgegenstehen, kann sich ein äußerst gefährlicher Seegang bilden. Weiter hieß es: Hat man die Le Maire Strait passiert, trifft die mitlaufende Tide auf den entgegensetzenden Kap Hoorn-Strom und verursacht gefährliche Brecher! Ich mochte schon gar nicht mehr weiterlesen und doch nahm ich die Empfehlung des nautischen Führers zur Kenntnis, der vorschlug, alternativ die Isla de los Estados zu umfahren. Wollte ich das? Ich schob einen flüchtigen Zweifel beiseite, zog eine gedachte Kurslinie mitten durch die Le Maire Strait und nahm die Herausforderung als Einladung an. Es galt, das richtige Timing zum Passieren dieser Meerenge zu erwischen, und so grübelte ich wie ein Schachspieler darüber, mit welchem Zug ich gegen die Natur eröffnen wollte. Die Ellenbogen auf den Tisch gestützt, die Fingerspitzen an den Schläfen, lag eine Option in den letzten Wehen. Als ich die Hände herunternahm, legte ich den Kurs und die Zeit fest, an der ich eingangs der Le Maire Strait sein wollte, um dann bei Stromkenterung mit der Tide Richtung Beagle-Kanal zu starten.

Und was prophezeite der Wetterbericht? Nix. Ich hatte seit Tagen keine Wetterkarte mehr empfangen, weil im Schatten der hohen Berge kein Funkempfang möglich war. Abgesehen davon erwiesen sich aus meiner Erfahrung die Wetterberichte in den südlichen Breiten als reines Lotteriespiel, denn derart rasend schnell zogen die Tiefdruckgebiete aus der Antarktis oder aus dem westlichen Quadranten, dass darin keine Kontinuität zu erkennen war. Verlässlicher schien mir meine Wettertaktik zu sein. Sie bestand aus Instinkt und Gefühl, dem ich traute und fand konspirative Unterstützung durch das Barometer. War es fallend, stand die Kaltfront kurz bevor und es gab kräftigen Südwind, meistens Sturm. Schlecht, solange es man sich aussuchen konnte. Besser war es, auf Nordwind zu warten. Setzte dieser ein, galt es nicht länger zu säumen, denn je nach Stärke des Tiefs im Süden wehte der Norder bestenfalls ein oder zwei Tage.

Als ich am Morgen des 30.12.02 die Bucht verließ, wusste ich nicht, welcher Wind draußen auf offener See herrschte, ich wollte es nehmen, wie es kam und startete zum einhundertachtzig Meilen langen Törn nach Ushuaia.

Keim einer Theorie

Das Glück segelte mit. Die Barometernadel schien wie angetackert, der Himmel war zwar von leichten Schlieren bezogen, sah aber dennoch freundlich aus, und das Beste: Noooordwiiiind! Noch in der Morgendämmerung begann ich die Leinen einschließlich der Ketten an Land zu bergen und das ganze Gerödel nebst Dingi an Deck sicher zu verstauen. Nachdem ich dafür zwei Stunden benötigt hatte, kroch die Sonne bereits über den Bergkamm und schien in die Bucht. Das war gut so, denn nun konnte ich die Untiefen, die aus einigen knapp unterhalb der Wasserlinie lauernden Felsen bestanden, besser erkennen. Launenhafte Böen, die aus den Schluchten herunterpfiffen, ließen uns anfangs nur zaghaft vorankommen. Als wir die offene See erreichten, rollte ich die Segel aus, trimmte sie auf Westkurs und segelte im leisen Abschied von der Isla de los Estados entlang ihrer Nordküste. Nach meiner Berechnung lagen nun 20 Seemeilen vor uns, sowie vier Stunden Zeit, um den optimalen Zeitpunkt zur Durchquerung der Le Maire Strait zu erwischen. Ich wollte es möglichst vermeiden, dass es mir so erging wie dem geschätzten Wilfried Erdmann, der in seinem Buch „Allein gegen den Wind" berichtet, zu früh an der Le Maire Strait angekommen zu sein und dann beidrehen musste, um die passende Tide zu erwischen.

Apropos Erdmann, der in seinen 343 Tage nonstop um die Welt zum Seemann wurde und entgegen der normalen Route, also von Ost nach West, um den Globus hetzte. Aber wozu? Vor dieser Leistung verneigen sich nicht nur die Schiffer, indem sie ihre Prinz-Heinrich-Mützen ziehen, sondern auch kleine Seemänner wie ich zollen ihm Respekt und Hochachtung. Doch andererseits hab ich mich beim Lesen seines Buches immer wieder gefragt: War das nun eine Segelreise oder eher ein Handbuch zur Selbstverstümmelung? Gegen seine Erlebnisberichte glichen die Leiden Christi eher einem Osterspaziergang. Ich kam nicht so richtig hinter den Sinn seiner Extremfahrt, nonstop um die Welt. Mussten wir auf Erdmann warten, um die Leiden und Mühen von Männern wie Chay Blyth, Knox-Johnson, Francis Chicester, Mike Golding oder Philip Monnet zu verstehen, die lange vor ihm diese Strapazen auf sich genommen hatten? Ich grübelte über verschiedene Theorien, in jeder steckte der Keim einer anderen. „Profilneurose" moserte die eine. „Quatsch. Sechzigjährig befindest du dich doch nicht mehr im Wachstum" belehrte die andere und verdunkelte die aufkommende Zweideutigkeit. „Reines Marketing", zeterte es nun, „ kommerziell ausgenutzt für Buch- und Filmrechte". Schluss damit. Es blieb keine Zeit mehr, über das Warum und Weshalb zu philosophieren, denn wir befanden uns

In der Le Maire Strait

Benannt ist sie nach Issac Lemaire, der 1616 an Bord der holländischen „Eendracht" mit seiner Mannschaft den südamerikanischen Kontinent umsegelte.

Als ich zur berechneten Zeit die berüchtigte Meerenge erreichte, sah es friedlich aus. Immer noch wehte es mit vier Beaufort aus Nord und ein milder Sonnenschein legte sich auf die Stunden des Nachmittags. Mit Wind und Gischt im Rücken segelte ich AURYN nun Richtung Süd-Südwest und hoffte, dass wir die Meerenge möglichst rasch passierten, denn der Himmel kritzelte bereits Zirren und verkündete Wetterverschlechterung. Nach einer Stunde spürte ich, wie der Strom uns packte. Er hatte nun eine Stärke von fünf Knoten und spülte AURYN geradezu durch ein Wasser, das mittlerweile vor mächtigen Strudeln, chaotischen Wellen und einigen Kreuzseen weiß schäumte. Ein paar Wellen stellten sich wie aus dem Nichts bockig auf und fielen dann feige in sich zusammen. Mitten in der Meerenge kanalisierte sich der Wind und legte noch einen Zahn zu. War mir egal, solange er von hinten blies. Bisher war alles nach Handbuch – auch als der Tanz begann. Denn nun gesellte sich der beschriebene Kap Hoorn-Strom hinzu und stellte sich, wie mit breit verschränkter Brust, der Tide, dem Wind und dem Seegang entgegen, wodurch er es uns verdammt schwer machte. Es war, als ob AURYN gegen eine Wand aus steilen Wellen segelte, deren weiße Schaumstreifen sich senkrecht in die Höhe katapultierten. In diesem schäumenden, brandenden Wahnsinn lag kein System. Alles drehte sich im Über-, Unter- und Durcheinander einer Wildwasserfahrt. Immerhin, wir kamen flott voran. Doch ich war kaum in der Lage, Spaß oder Freude aus der Ironie der Situation zu greifen, weil ich spürte, wie mich eine temporäre Hilflosigkeit betäubte. Ein ähnliches Gefühl von Wehrlosigkeit musste auch die Mannschaft des stolzen Rahseglers gelähmt haben, der vom Chaos der See gepackt und in den Felsen am Ufer aufgerieben wurde. Ich erkannte im Fernglas seine Überreste, die wie ein Mahnmal in den Himmel ragten. Nachdem ich das Glas wieder verstaut hatte, blinzelte ich in eine milchige, trügerische Sonne! Ein Halo hatte sich darum gebildet und war ein weiteres Indiz dafür, dass es bald gewaltig was auf die Mütze geben würde. Der dritte Beweis hing an der Wand: Zur klaren Tiefe des immer noch fallenden Barometers legte sich nun auf die Kruste der Hilflosigkeit ein zarter Schleier von Bangen und Hoffen. Ich wusste nicht, was da auf mich zukam, welche Gewalten die Front für uns bereithalten würde. Als ich einmal mehr, mehr als Alibi und zur Ablenkung, am Nav-Tisch Position und Kurs überprüfte, klatschte bereits eine gewaltige Dünung aus Südwest gegen den Bug.

Als wir den äußersten Skorpionschwanz-Zipfel Südamerikas erreichten, drehte urplötzlich der Wind auf Südwest und brüllte uns entgegen. Der Southern Ocean empfing uns standesgemäß und bot uns seine eiskalte Stirn. Ich war froh, nicht direkt gegen ihn ansegeln zu müssen, denn die Le Maire Strait lag nun hinter uns und der Bug zeigte nach Westen. Es waren noch vierzig Meilen bis zum Beagle-Kanal und eigentlich mussten wir nur noch durch die Nacht kommen – doch die hatte es in sich!

Am Ende der Welt

Südlich von uns befand sich nichts, außer Wasser und die Antarktis.

Das einzige Land, auch wenn es eher eine einfallslose Landschaft war, lag an Steuerbord und leuchtete im letzten Licht des Tages: Tierra del Fuego – Feuerland. Ich blickte auf endlose Flächen aus braunroten Tönen, aus zackigen Bergen und schroffen Flächen, karg und unbewohnt. Dann folgten wieder Berge und kalt abweisende Ebenen. Am Ende der Welt sah es nicht gerade einladend aus, auch ist die Region, klimatisch betrachtet, nicht gerade eine Empfehlung, doch seglerisch eine absolute Herausforderung.

Sturmböen, gemischt mit Hagelschauern, die mein Gesicht stichelten, fetzten nun wieder über das Deck. Ich hatte gerade die Segel ein drittes Mal gerefft und konnte mich rechtzeitig in Deckung bringen, als eine Gischtwalze über uns hinwegfegte. Wie ein ängstlicher Wurm verkroch ich mich hinter der Sprayhood und riskierte einmal den Blick auf die Windmessanlage, weil ich glaubte, einen solch starken Wind noch nicht erlebt zu haben: Fünfzig Knoten, las ich ab. Sturm, murmelte ich.

Die Sicht in den Schauerböen war gleich null, die Nacht im Neumond schwarz. Trotz Handschuhen waren meine Finger kalt und mein ganzer Körper, obwohl dick eingepackt, war gelähmt vor Kälte. In einer Welt, die nicht von dieser Welt schien, rauschten gespenstische Wellenkämme aus dem Nirgendwo und flüsterten mir gruselige Geschichten vom Westwind, der rund um den Globus gewaltige Seen vor sich hertrieb. Ungehindert und von keinem Land gebremst, außer einer kleinen Insel: Kap Hoorn!

„An der Spitze aller Synonyme für die Grausamkeit der See steht der unerbittliche Name Kap Hoorn. Stürme toben woanders ebenso wie südlich des 50. Breitengrades. Vielleicht steigen die Wellen woanders auch zu so hohen Brechern an. Vermutlich gibt es noch irgendwo anders solche trostlosen, abgelegenen Orte und solch bedrohliche Strömungen. Von allem mag der Seemann da und dort einen einzelnen oder zweien begegnen und ihnen trotzen, aber insgeheim wird er sich immer fragen, ob er es wohl mit allen zusammen aufnehmen könnte"

Warwick Tomkins

Der letzte Tag

Nachdem der letzte Tag des Jahres angebrochen war, spürte ich, wie die Böen in ihren Spitzen an Kraft verloren und der Sturm abflaute. Gegen Morgen wehte er sich aus und drehte auf Nord.

Im Sonnenaufgang lag vor uns der Beagle-Kanal, bis Ushuaia waren es noch sechzig Meilen. Wäre ja ein toller Abschluss, im Sylvesterfeuerwerk dort einzulaufen, dachte ich, während ich mir in der Pantry einen Kaffee aufsetzte und hörte, wie eine Böe über das Wasser preschte und Schiff und Seemann auf die Seite legte. Rio flog aus ihrem Schlaf und der Kaffee an die Decke. Kräftige Windstöße pfiffen aus den Schluchten der umliegenden Berge. Verstärkt durch die Düsenwirkung fegten sie über den Beagle und machten das Segeln schwerer als es ohnehin schon war. Konzentriert beobachtete ich die Umgebung, lauschte dem Wind und war ständig damit beschäftigt, die Segel zu reffen, wenn sich eine Böe jaulend ankündigte oder auszureffen, wenn sie über AURYN hinweg gezogen war. Auch ansonsten verlangte das Navigieren in der engen Wasserstraße nach meiner ganzen Aufmerksamkeit. Die Felsen links und rechts des Fahrwassers waren kaum durch Gefahrentonnen gekennzeichnet und nicht umsonst zahlte die Berufsschifffahrt für Lotsen, die zum Passieren des Beagle-Kanals vorgeschrieben waren. Übrigens: Lange galt der Beagle-Kanal als Zankapfel in den Grenzrangeleien zwischen Argentinien und Chile. Als ein Krieg drohte, schaltete sich der Vertreter Gottes mit Sitz in Rom ein und bestätigte einmal mehr, dass er nicht nur den Lauf der Welt durch eine gepfefferte Enzyklika verändern konnte, sondern auch den Verlauf von Grenzen. Seine Heiligkeit verlegte die Borderline genau in die Mitte des Beagle-Kanals und machte es damit uns Seglern teuflisch schwer. Theoretisch durfte man nur die Hälfte des Beagle-Kanals seglerisch ausnutzen, wenn man nicht die Zollbestimmungen Chiles und seine Grenzautorität verletzen wollte. Wie gesagt: Theoretisch. Praktisch war das kaum möglich und am letzten Tag des Jahres sogar unmöglich! Der Wind drehte auf Nordwest, so dass ich kreuzen musste. Der geneigte Leser, soweit Segler, ahnt was kommt und weiß, dass man, um „Höhe“ zu gewinnen, am besten lange Schläge macht. Ansonsten segelt man auf der Stelle und ist heute noch da, wo man sich bereits gestern befand. Kurz um und hin zur Praxis: Ich schöpfte Mut und Dreistigkeit aus der unversiegbaren Quelle meiner Inspiration – der See, pfiff im frischen Wind auf den Papst, auf alle Grenzen dieser Welt und segelte Zickzack im Beagle-Kanal. Vom argentinischen zum chilenischen Ufer. Das machte Spaß und in diesem Losgelöstsein sorgte lediglich die eventuelle Ungenauigkeit einer Pergamentpause für eine gewisse Kribbeligkeit. Es war in Buenos Aires einfach nicht möglich gewesen, eine Detailkarte vom Beagle aufzutreiben, so daß ich with a little help from my friends und dank Arturo immer noch nach selbstgezeichneten „Seekarten“ navigierte.

Es wurde ein herrliches Segeln in den letzten Stunden eines aufregenden Segeljahres. Blickte ich vor einem Jahr noch auf tropische Trauminseln im warm fächelnden Passatwind, so wanderten nun meine Augen durch die gezackte Gebirgslandschaft der von Schnee überzogenen Darwin-Kordilleren, die ein Kulissenschieber mit wunderbarem Sinn für Ästhetik hingerückt zu haben schien.

Es wurde 20 Uhr, die Nacht brach herein und voraus flimmerten die Lichter von Ushuaia. Wir erreichten die südlichste Stadt der Welt zwei Stunden später. Nachdem der Anker in den Schlick gerasselt war, fiel ich müde in die Koje und das alte Jahr sank erschöpft in seine letzten Stunden.

Kap Hoorn

Mehr als nur ein Abenteuer

Ushuaia / Feuerland

Sylvester hatte ich verpennt. Ich trat hinaus in den kalten Morgen, schaute mit Rio im Arm auf Ushuaia und auf die südlichen Ausläufer der Anden, die vom Schnee bedeckt waren. Der Bauch meiner vierbeinigen Gefährtin war zum Platzen gespannt und es würde vermutlich nur noch wenige Tage dauern, bis ihre Babys zur Welt kamen. Ich wusste immer noch nicht, wohin mit den Katzen, doch eines war klar: Mit ihnen um Kap Hoorn segeln, kam nicht in Frage. Deshalb wollte ich keine unnötige Zeit vertüdeln und so schnell wie möglich zum Ziel meiner Sehnsucht aufbrechen. Ich war viel zu aufgeregt, um friedlich schlafen oder mir die Umgebung am Ende der Welt in Ruhe anschauen zu können. Auch wenn es sich nur um eine temporäre Stimmung handelte, so war mein Inneres gut ausgefüllt mit Anspannung, Vorfreude, aber auch mit Zweifeln und geduckten Ängsten. Das alles polterte wild durcheinander und um mich davon abzulenken, bereitete ich AURYN für den harten Törn ums Kap vor, checkte das Rigg, überprüfte alle technischen Geräte, kontrollierte die Segel und kaufte für vier Wochen ein.

Ushuaia selbst besteht aus einer Ansammlung hübscher Holzhäuser, deren romantische Fassaden sich vor dem schauerlichen Hintergrund trüber architektonischer Grausamkeiten verlieren. Die Haupteinkaufsstrasse besteht aus unzähligen Kitsch- und Ramschläden, in denen sich die Herrschaften von Meiers Weltreisen die wolligen Feuerlandpullover, made in Taiwan, überstülpen und unter den Koordinaten der äußersten Zivilisation in die Kameras ihre Reisebegleiter grinsen. Ushuaia ist der Stützpunkt der Antarktisabenteurer, die sich mit Kreuzfahrtschiffen ins ewige Eis schaukeln lassen.

Auf der Suche nach einem Supermarkt lief ich einer Neujahrsprozession entgegen. Vorneweg schlenderte der Pastor, der immer wieder wie ein geheimnisvoller Engel in Wolken aus Weihrauch verschwand, die ihm ein übereifriger Messdiener entgegenschwenkte. Hinter dem Oberhaupt der Kirchengemeinde murmelten gutgekleidete Menschen fromme Gebete, während am Ende des Zuges das kalte Licht des Südens auf die Abgesandten der See schien – auf die Fischer. In derber Sonntagskluft aus Öljacken und schweren Seestiefeln schlurten sie ihrem Chef hinterher, der ihre Schutzheilige vor seine Jacke presste, die von Teer befleckt war und glänzend mit den Farbklecksen eines vergangenen Bootsanstriches harmonierte. Im Schweigen der Männer reanimierte ich meine Sprachkenntnisse, fragte eine Feuerländerin nach dem Supermarkt und kehrte mit Einkäufen schwer beladen zum Schiff zurück.

AURYNS Ankunft hatte mittlerweile ein paar argentinische Seglerkollegen neugierig gemacht, die mich dabei beobachteten, wie ich am kippeligen Steg des Yachtklubs Wasser auffüllte und meine letzten Vorbereitungen traf. Nützlichen Revierinfos folgte eine gern angenommene Einladung zum Asado im kleinen Yachtklub. Neben Bergen von Fleisch erhielt ich hier den letzten Schliff für mein Vorhaben und ließ mich von Ratschlägen, Warnungen und besonders von Trinksprüchen überschütten. Salute, und komm heil wieder!, war der letzte, bevor ich im alkoholisierten Übermut zum Schiff zurückkehrte, in die Koje fiel und mit einem dicken Schädel am anderen Morgen erwachte.

In der Schönheit grauer Trostlosigkeit

Im Zustand einer leichten Benommenheit marschierte ich zu den Behörden, um korrekt international auszuklarieren. Rumms! Der muffelige Beamte knallte den Stempel in den Pass, durchsuchte meine Tasche und murmelte patriotische Hasstiraden, als er mein neues Ziel Puerto Williams/Chile in das Ausklarierungspapier kritzelte. Als ich das triste Gebäude verließ, schlug mir ein kalter Südwest entgegen. Rostige Dächer klapperten im Wind, der seit ewigen Zeiten dafür sorgt, dass sich die krüppeligen Sträucher in Feuerland demütig beugen. Gauchos trieben im sanften Licht des frühen Morgens ihr Vieh zusammen und aus der kleinen Backsteinkirche ertönte Glockengeläut. Ein alter Mann trat heraus, grüßte freundlich und zog seinen Filzhut tief ins Gesicht.

Es war ein ausgesprochen ruhiger Morgen am Beagle. Im Hafen dümpelten ein paar einheimische Yachten und am Kai lag neben mondänen Luxusdampfern ein holländischer Traditionssegler. Die Dreimastbark verriet noch handfeste, ehrliche Seefahrt und kein Kreuzfahrttheater mit Animationszauber, Kleiderordnung und anderem Schnickschnack.

Ushuaia lag im Rücken. AURYN segelte mit achterlichen Winden Kurs Ost auf dem Beagle-Kanal. Jener Wasserstraße, die nach dem Schiff von Charles Darwin benannt ist, der zu ausgedehnten Forschungsreisen auch in Feuerland weilte. In fröhlichster Hingabe an eine Landschaft, die meine Entschlossenheit nur noch anfeuerte, baumte ich die Genua aus, trimmte die Segel auf Vorwindkurs und ließ Schiff und Mannschaft treiben. Vorbei an den tiefverschneiten Bergen der Darwin-Kordilleren, deren Gletscherfelder im warmen Licht der Sonne funkelten, und kleinen Inselchen, auf denen das Fell der Robben glänzte. Es war Sommer auf der südlichen Halbkugel, doch das Bordthermometer zeigte mit 5° eher winterliche Temperaturen. „Sei aufmerksam, das Wetter ändert sich stündlich", hatte ich die Worte des Zollbeamten noch im Ohr, als der Wind zu gewohnter Macht ansetzte und die gezackte Silhouette von Hoste Island hinter einer Wand aus tiefziehenden Wolkenfetzen verschwand. Unbeständige Windstöße preschten schwer über das Wasser, schoben kleine Wellen vor sich her und verschafften mir wieder eine eindrucksvolle Vorstellung vom Segeln im Land der Übergänge. Mal war es brutal und kompromisslos, dann wiederum wunderbar und samtweich.

Ebenso wie die rauen Gewässer in und um Feuerland zu den furchtbarsten dieser Erde gehören, in die es ein Segelschiff verschlagen kann, erfüllt der äußerste Zipfel Südamerikas auch die Sehnsucht nach unberührter Wildnis, nach Ferne und Abenteuer in fast menschenleerer Natur. Segeln in völliger Isolation, teilweise in grausam grauer Trostlosigkeit der Landschaft, in die man sich schon vertiefen muss, um in der tristen Melancholie ihre eigentliche Schönheit zu erkennen. Das erste, was die Spanier vor Jahrhunderten von Bord ihrer Schiffe aus sahen, waren die geheimnisvollen Rauchzeichen der Ureinwohner Feuerlands. Mit diesen Feuern warnten sich die Ureinwohner untereinander vor den kolonialen Eindringlingen, die das Land zunächst Tierra del Humo, Rauchland, tauften.

Das klang unlogisch, denn ohne Rauch kein Feuer – und bald hieß das südliche Ende der Welt Tierra del Fuego.

Der Charme einer alten Lady

Nach fünf Stunden flotter Fahrt und dreißig Seemeilen erreichten wir das südlich des Beagle-Kanals gelegene chilenische Puerto Williams. Über Funk meldete ich meine Ankunft bei der Küstenwache an und steuerte AURYN in einen kleinen Seitenarm des Beagle. Bald darauf lag die blaue Slup längsseits an einem deutschen Munitionsschiff aus dem 1. Weltkrieg. Der halb geflutete Dampfer dient hier als provisorischer Anleger für die wenigen Fahrtensegler, die sich in diese Gegend verirrten, und als Vereinsheim des Segelklubs von Puerto Wiliams. „Micalvi", so heißt die alte Lady, die mit besonderem Charme aufwartete. Durch ihre Schräglage zur Bordwand rutschend genoss ich die heiße Dusche mit Bullaugenblick und anschließend die gemütliche Atmosphäre in der kleinen Bord-Kneipe, wo nicht nur der Bollerofen anständig einheizte. Zahlreiche Wimpel an den Wänden und Gästebucheintragungen erinnerten an Crews, aber auch an Schicksale von Yachten, die nicht mehr zurückkehrten. An Schiffe, die es nicht mehr gibt und Menschen, deren Tage nicht wiederkehren. Am nächsten Morgen marschierte ich in den Ort. „Fin del Mundo“ stand auf dem kleinen Ortseingangsschild, das im Wind hin- und herknarrte. Das chilenische Puerto Williams nimmt für sich in Anspruch, das südlichste Dorf am Ende der zivilisierten Welt zu sein und mit gutem Willen und einiger Phantasie lies sich die kleine Ansiedlung tatsächlich als Dorf bezeichnen und bestätigte die Bescheidenheit. Ich schlurte vorbei an einer Handvoll bunter Fischerhütten, einer Telefonzelle, einer Bäckerei und einem Laden.

Neben der Schule, aus der lautes Kindergebrüll und die sich überschlagende, keifende Stimme einer sich Gehör verschaffenden Lehrerin ertönte, stand ich gedankenverloren vor dem als Denkmal ausgestellten Bug der „Yelcho“. Jenem Schleppdampfer, der 1916 von der chilenischen Regierung Ernest Shackleton zur Verfügung gestellt wurde, damit er seine auf Elephant Island festsitzenden 22 Männer bergen konnte, nachdem die Antarktis für die Besatzung der „Endurance“ fast zur Hölle geworden war. Shackleton blieb nichts anderes übrig, als seinen ehrgeizigen Plan von der Durchquerung des weißen Kontinents zu begraben, als das Eis die „Endurance“ schlichtweg zermalmte.

Ich riss mich aus dem Bodensatz hervorgekramter Erinnerungen, schließlich hatte ich etwas zu erledigen. Denn ich war auf dem Weg zur chilenischen Marine, um mir die sogenannte Zarpe zu besorgen, eine Genehmigung, die man benötigt, um in dieser Region mit dem Schiff unterwegs zu sein. Knarrend öffnete sich die Tür zur Amtsstube „Buenos Dias, Senores“, rief ich den Beamten zu, die allerdings mehr mit einer Telenovela beschäftigt waren und erst erschrocken aufsprangen, als hinter mir die Tür ins Schloss krachte. Nach dem wir einige Höflichkeiten ausgetauscht hatten, schoben mir zwei Beamte mit durchgedrücktem Kreuz das Formular zum Ausfüllen zu, während zwei andere auf mich einpredigten, nicht um Kap Hoorn zu segeln. Ich musste schmunzeln und erinnerte mich an meine Seekarte: Vor einem Jahr hatte ich einen dicken Kringel um den berüchtigten Felsen geschlagen, auf dem Weg hierher hatte es einige gegeben, die mir rieten, es nicht mit Kap Hoorn aufzunehmen und jetzt, wo ich so kurz davor stand, versuchte man immer noch, mich davon abzubringen.

Ein umfangreicher Fragebogen lag vor mir. Wie viel Liter Diesel, Wasser, wie viele Vorräte für wie lange, Sicherheitsausrüstung, Schiffsdaten, Zeiten, an denen ich mich über Funk zu melden hatte etc. Nach einiger Wartezeit drückte mir der uniformierte Angstverwalter die Fahrterlaubnis in die Hand, bekreuzigte sich und wünschte mir „mucho suerte“. Ich verstaute es sorgfältig neben dem Papierkram, denn, wenn ich etwas gebrauchen konnte, dann war es Glück! Als ich die muffige Amtsstube verließ, schlugen mir die Klarheit der Luft und ein scharfer Ton entgegen.

Ich schritt vorbei an einer Aufstellung junger Offiziersanwärter, die sich von der wichtigtuenden Mittelmäßigkeit eines aufgeblasenen Ausbilders irgendwelche Kommandos ins Gesicht brüllen ließen und Haltung annahmen. In diesem Gebrüll verließ ich die Kaserne mit dem gültigen Papier und einem knurrenden Magen. Ich hatte Hunger auf ein anständiges Asado, fand das einzige Restaurant geschlossen und das Internet momentan nicht in Betrieb vor. Puerto Williams wirkte merkwürdig verlassen und lag zwischen den Welten wie ein ausgerollter Teppich ohne herzliches Willkommen.

Im Blick der wenigen Einheimischen, die mir begegneten, lag jene Art von Sprödheit, die sich auch in der Landschaft reflektierte. Über den Häuschen qualmten die Schlote der Kamine. Die Dunkelheit, vor der die Einheimischen in ihre Hütten gekrochen waren, zog wie ein nasser Schleier in meine Seele. Mittlerweile deprimierte mich dieser trostlose Ort und ich war froh über den aktuellen Wetterbericht, der es mir erlaubte, am nächsten Tag zu starten.

Zurück auf der „Micalvi“ nahm ich in der schrägen Bar noch einen Absacker, verholte mich in meine Koje und las im Schein der schwachen 12-Volt-Funzel in einer seltsamen Art von Verlassenheit „Die denkwürdigen Erlebnisse des Arthur Gordon Pym“ von E. A. Poe. Das finstere Kapitel, der heulende Wind, die einziehende Kälte boten die passende Kulisse und schienen mich auf etwas Schlimmeres einstimmen zu wollen. Die Gedanken voraus legten sich angesichts der Geschichte so schwer auf mich, dass ich ihnen ein tiefes Grab bereitete, indem ich forsch zum nautischen Handbuch des Südatlantiks griff, um ein kurzes Update über Wetter- und Strömungsverhältnisse zu speichern.

Doch es nützte nichts, denn das tiefe Gefühl von Beklommenheit war zurück, als ich folgendes Zitat las:

„Obwohl unsere Reise nur von kurzer Dauer war, haben wir doch soviel durchgemacht, dass ich jedem, der in Richtung Pazifik fährt, raten würde, es nie mit der Kap Hoorn-Passage zu versuchen, wenn er auch auf einer anderen Route ans Ziel gelangen könnte."

Kapitän David Porter – Kriegsschiff USS Essex – März 1914

Von diesen düsteren Orakeln fand ich noch mehrere ... Doch Schluss jetzt damit, denn schließlich möchten Sie nun endlich wissen, wie es uns ergangen ist am Cabo de Hornos.

Am legendärsten Felsen aller Seefahrerromantik

Ohne Wenn, aber entschieden zog ich am frühen Morgen des 8. Januar 2003 die Leinen an Bord. Ein leichter Nordwind setzte ein, als wir den Beaglekanal wieder erreichten und zunächst ostwärts weitersegelten, um dann nach zehn Seemeilen auf 180 Grad einzuschwenken. Kurs Süd, Kap Hoorn. Obwohl das Wetter ruhig war, verspürte ich eine latente Unruhe – es war die Ungewissheit, die jetzt vor dem Bug lag.

Wir passierten an Backbord die verrosteten Aufbauten eines großen Schiffswracks, das hier vor nicht langer Zeit auf eine Untiefe getrieben worden war. Einige zur Vorsicht mahnende Felsen schauten nur knapp aus der Wasseroberfläche heraus und wurden zu Sonnenterrassen für Magellanpinguine oder auch für Seelöwen. AURYN brachte mit dem weiß-blauen Tuch ihres Blisters ein bisschen Farbe in die archaische Welt des Südatlantiks und segelte durch eine Landschaft, in die noch kein Mensch eingegriffen hatte. Obwohl die Natur so karg und unwirtlich erscheint, überrascht sie mit einer vielfältigen Tierwelt und mit wunderbaren Bildern, die sich im Kopf festsetzen. Der Wind ließ weiterhin auf sich warten, es war merkwürdig ruhig im stürmischsten Seegebiet dieser Erde.

Ich hatte keinen Nerv, um Kap Hoorn zu dümpeln, suchte auf der Seekarte nach einem sicheren Ankerplatz, um dort auf Wind zu warten.

Nach 35 Seemeilen erreichten wir die Caleta Lennox. Delphine begleiteten AURYN im letzten Rest des Tages zu einem Platz, an dem absolute Stille herrschte – bis der Anker herunterrasselte. Die Tierwelt erschrak und dennoch schien sie mich willkommen zu heißen. Neugierig schaute der Kopf eines Seelöwen aus dem Wasser und ein Begrüßungskomitee einer Gruppe von Pinguinen schwamm vorbei. Vor mir dampfte der Tee, dahinter lag die Insel menschenleer, trist ohne Bewuchs. Ohne Gnade blies der überwiegend in Sturmstärke kachelnde Wind und ließ kaum Vegetation zu. Ich hoffte auf Wind, träumte wild und schlief ruhig.

Der logische Weg

Entgegen meiner Befürchtung, vor Aufregung wieder mal keinen Schlaf zu finden, wachte ich am anderen Morgen erst auf, als die Sonne bereits durchs Seitenfenster blinzelte. Mit einem Gesichtsausdruck, der dem eines professionellen Flaschensammlers glich, huschte ich am Spiegel vorbei, nachdem mir endlich klar wurde, wo ich mich überhaupt befand.

Klar dagegen war das Wetter, blauer Himmel, das Baro unverändert und ein Wind, der weiterhin aus Nordost wehte. Optimale äußere Bedingungen, um den Versuch zu wagen, Kap Hoorn zu umsegeln. Endlich wollte ich dieses so oft verfluchte Kap mit eigenen Augen sehen.

Es gibt wohl keinen anderen Punkt auf dieser Welt, der in den Schädeln der Segler so viele Beklemmungen freilegt und dennoch magisch anziehend wirkt. Das Kap umrunden, von Ost nach West, bedeutet aufkreuzen gegen den meist aus West wehenden Wind und gegen den ostwärts setzenden Strom. Und hieß auch: Kreuzen gegen die eigene Vernunft. Zumal man das Kap, wie es die meisten vorziehen, auch von der anderen Seite umrunden könnte. Also mit dem Wind und mit dem Strom im Rücken.

Aber der logische Weg vom Atlantik in den Südpazifik führt eben gegen die Gewalten und der in der Karibik gereifte Gedanke zum Entschluss.

Es ging los. In einer Umgebung aus Stein und Raum segelten wir südwärts bis die Isla Deceit, ein schroff abweisender Felshaufen, in Sicht kam. Eigentlich überflüssig zu erwähnen, doch damit begann das eigentliche Abenteuer, denn das Wetter änderte sich. Schlagartig und fast ohne Übergang.

Wenn da nicht der feine Nieselregen gewesen wäre, der die nächste Front aus Südwest ankündigte. Mächtige, dunkle Wolkengebilde zogen nun auf. Kalte Luft aus der Antarktis und subtropischer Hochdruck aus Nord würden bald schon aufeinander prallen und einen heftigen Sturm entstehen lassen. Das Barometer entdeckte die Schwerkraft und bestätigte bereits die Vorahnung. Bald darauf bekam ich, was ich wollte, Wind – doch mehr als mir lieb war.

Gerade noch rechtzeitig schaffte ich es, die Segel zu reffen und dann schlug uns der Southern Ocean entgegen, mit seiner ganzen Herrlichkeit und einem Wetter, das typisch ist für die südlichen Breiten: 7 Windstärken aus Südwest, zunehmend. Um den Kurs halten zu können, versuchte ich AURYN so hoch wie möglich am Wind zu segeln. Aber es war unmöglich. Es dauerte nicht lange, dann knallte mein Schiff derart brutal in die sich nun auftürmende See, dass das Rigg vibrierte und ich zitterte. Nochmals reffte ich die Segelfläche. Groß und Genua standen nun im 3. Reff, ich fiel etwas ab, segelte mit 60° zum Wind und machte es dadurch AURYN nicht ganz so schwer. Mit der Kursänderung setzten schwere Regenschauer ein, in ihnen steckten kräftige Böen, die sich später mit Hagel vermischten und mit eiskalten Grüßen aus der Antarktis übers Deck fegten. Polternd brach sich eine See an der Bordwand, erbrach sich ins Cockpit und lief mir herrlich frisch am Hals herunter, bis ins Innere meiner Klamotten. So misst man „gefühlte" Temperatur und die war deutlich niedriger als das Thermometer, das bei 5° C stand. Meinen Kumpel nebenan, den Albatros, der uns schon die ganze Zeit begleitete, scherte das wenig. Mit eleganten Schleifen zog er über einen endlosen Ozean, nutzte die Thermik der Aufwinde an den Wellenhängen und glitt ohne seine weiten Schwingen zu schlagen, über den Wellen dahin.

Nach dem raschen Durchziehen der Front riss für einen Moment der graue Wolkenvorhang auf und machte den Blick frei auf Kap Hoorn. Da war er, ganz kurz nur, der äußerste Zipfel des südamerikanischen Kontinents. Als wolle er sagen: ‚Komm nur, aber einfach mache ich es dir nicht' verschwand er genauso schnell wieder hinter einer grauen Regenwand.

Für kurze Momente tauchte ich zum Aufwärmen ab in den Salon, überprüfte das Baro und stellte fest, dass es weiterhin fiel, was wiederum bedeutete, dass uns das Schlimmste noch bevorstand. Am Kartentisch Kurs und Position zu überprüfen, erwies sich als äußerst schwierig, da ich die rollenden Schiffsbewegungen nur mühsam ausbalancieren konnte. Und es war ein sehr unangenehmes Gefühl, hilflos mitzubekommen, wie die See AURYN anhob und ins nächste Wellental „trug" – knallte, müsste es korrekterweise heißen. Solche Schläge taten nicht nur dem Schiff weh, das wie angeschlagen taumelte, sondern gingen auch mir bis ins Mark und weiter südlich davon. Ich stürzte an Deck, prüfte das Rigg und saß anschließend ängstlich zusammengekauert hinter der Sprayhood und beobachtete die Gewalten der gnadenlosen Natur. Der Wind selbst war nicht das eigentliche Problem. Was das Gebiet vor Kap Hoorn so gefährlich macht, sind die Wellen, die sich zu mächtigen Kaventsmännern aufbauen. Denn die See hat einen freien Lauf über Tausende von Meilen. Nichts bremst sie auf ihrem Weg von Neuseeland zum Kap. Dort angekommen, läuft der Südpazifik mit voller Wucht auf den Kontinentalsockel, dessen Schelfkante von 3000 Metern Wassertiefe abrupt auf 60 Meter vor Kap Hoorn ansteigt. Das ist der Moment, wo sich Wellenberge von gewaltigen Höhen bilden und erklärt, warum die Seekarte gespickt ist mit zahlreichen Wracks.

Der Mythos der Seefahrt

Meile für Meile kämpften wir uns gegen den brüllenden West voran. Am Nachmittag war unsere Position 55° 59' südliche Breite, wir befanden uns querab vom alten Leuchtturm der flachen Halbinsel Cabo de Hornos und zum ersten Mal starrte ich auf das berühmteste Kap dieser Erde. War schon ein geiles Gefühl, das jetzt kräftig unterstützt wurde durch die Luft. Sie schmeckte rau, nach Salz und Gischt. Was sind dagegen schon luschige Winde, Bananengeschmack und Motorgedröhn im Panamakanal? Halt das Segel flach, Seemann, denn noch war es nicht geschafft!

Kap Hoorn, im Jahre 1616 von dem Holländer William von Schouten umsegelt und getauft auf den Namen seiner Heimatstadt am Ijsselmeer: Hoorn.

Mit dem Erreichen des alten Leuchtturms an der Ostküste der Insel waren wir jedoch immer noch nicht am eigentlichen Kap angekommen. Das befindet sich auf 67° 17' westlicher Länge und ist der steil aus der See aufragende 425 Meter hohe Fels, vor den sich gerade wieder eine Gischt aus querfliegendem Wasser und eine Wolkenwand schoben. Jetzt war das Kap greifbar nah, denn was sind schon sechs Seemeilen. Ein Klacks, dachte ich lässig, und bekam eine Lektion in Demut und die Quittung des Kap Hoorn-Stroms. Aus sechs Meilen wurden acht Stunden! Nüchterne Zahlen, die nichts bedeuteten und genauso wenig ausdrückten in einem Inferno aus acht Windstärken, Wellenhöhen, die ich nicht mehr schätzte, Gischt, deren Dichte ich nicht mehr maß und salziger Nässe, die mit keiner Zahl zu wiegen war.

Schon lange segelte ich AURYN von Hand durch die Schneelandschaft eines aufgewühlten Ozeans. Obwohl ich beide liebe, mein Schiff und die See, beanspruchten sie mein gesamtes Fassungsvermögen von Emotionen und nahmen mir gleichzeitig meine Kräfte, denn das Kreuzen gegen die Böen und das Segeln durch dunkle Wellentäler machte mürbe. Und doch war ich bis in die letzte Faser angespannt. Hin und wieder schraubte ich an dem Ventil und ließ den Druck ab, doch was ich der See an Flüchen entgegenschrie, drückte mir der Sturm eiskalt wieder in den Hals zurück!

Ein Kaffee, wenn auch abgestanden, weil ich ihn bereits am Morgen aufgesetzt hatte, belebte mich neu und so nahm ich es, wie es kam. Kreuzschlag auf Kreuzschlag. Segel schifften, wenden, dichtholen und hoffen durchzukommen. AURYN hielt sich tapfer und eigentlich gab es trotz der brutalen Gewalt der See keine Verluste – bis ein Riesenbrecher über das Vorschiff fegte, den Spibaum von der Reling riss und das Cockpit flutete. Während ich kniehoch im eiskalten Wasser stand und spürte, wie mich eine lähmende Lethargie befiel, flog ein dunkler Schatten an mir vorbei und landete splitternd auf dem Achterdeck. Die Macht des Windes hatte den Radarreflektor glatt vom Oberwant gerissen.

Die Poesie der Meereslust

Die letzten Wenden. In der nassen Kälte dauerte die Arbeit mit dem Dichtholen der Schoten immer länger, während der Atem zunehmend flacher wurde. In diesem Chaos, einem brüllenden Wind und einer schäumenden See segelten wir wie schon erwähnt für lächerliche sechs Meilen mühsame acht Stunden. Zickzack gegen den Wind, gegen den Strom und es war 23 Uhr, als der Ärger darüber heraus musste:

„Kap Hoorn“, brüllte ich dem öden Felsen entgegen und wendete AURYN direkt unter dem schroffen Zacken, vom dem die Brandung perlte. Wie von Geisterhand schob sich die schwere Wolkendecke auf, ein Stück Mond erhellte die Kulisse und warf einen Lichtstreifen auf die dunkle See. Was für ein Erlebnis. Ein zarter Schauer von Euphorie huschte über meinen Rücken und kitzelte … – ist dies im Chaos der Gewalt romantischer Unsinn? Mag sein, aber ich bleibe dabei und doch wieder nicht. Weil ich erst gar nicht versuchen möchte, den Satz zu beenden, denn er würde versagen. Kein anderer als Bernard Moitessier hat mit seiner Poesie meine Stimmung am Kap wie in einen Fels gemeißelt:

„Die Joshua fährt unter dem Licht der Sterne und der etwas entrückten Zagheit des Mondes auf das Hoorn zu. Ich weiß nicht länger, wie weit ich noch gehen muss, sondern nur, dass wir schon vor längerer Zeit die Grenzen von zu viel hinter uns gelassen hatten.“

Atmet dieser Satz nicht geradezu? Kalter Schweiß rieselte auf meinem Rücken herunter, als ich diese Worte von Moitessier in die Seekarte schrieb und Position, Datum und Uhrzeit ergänzte. Ich dachte noch einige Zeit an diesen großartigen Seemann, der vor einigen Jahrzehnten auf einer Nonstop-Regatta um die Welt in Führung liegend auf viel Geld und Ruhm verzichtete und am Kap Hoorn ausscherte, um seine Seele zu retten. Bernard Moitessier schreibt darüber in seinem „Verschenkten Sieg" und zeigt uns, dass man seinen Traum nie verraten sollte und Kompromisse etwas für andere sind.

Es war geschafft! Kap Hoorn war erreicht. Dieser Klotz im Meer ist der Mythos schlechthin in der Geschichte der Seefahrt und ob man will oder nicht, man wird einfach heruntergerissen in die Gedanken an Schicksale, die sich an diesem Ort abgespielt haben. Man denkt an Schiffe, die hier zermalmt wurden. An Männer und Frauen, auch Kinder, deren Tod erst am Ende einer Reise nach vielen Wochen schlimmer Unbehaglichkeit eintrat. Was mochten die letzten Worte derer gewesen sein, die in kaum vorstellbarer Verzweiflung an diesem Ort dem Tod ins Antlitz sahen? Der Wecker klingelte ... Es war ein Uhr in der Nacht und es dauerte, bis wir nach weiteren, langen Kreuzschlägen um Kap Hoorn kamen und genügend Raum hatten, die zahlreichen kleinen Felsen, auf denen sich die gischtschäumende Brandung donnernd brach, sicher zu passieren.

Am für Momente offenen, funkelnden Sternenhimmel erkannte ich das Kreuz des Südens. Sternschnuppen flogen vorbei, erloschen irgendwo im Nirgendwo, in einer Nacht von kühler, übersinnlicher Schönheit. Über dem Mast stand kurz ein Halbmond, der die Umgebung bis zum Horizont in ein gespenstisches Licht tauchte und genau darin wendete ich ein letztes Mal AURYN und segelte sie mit 90° zum Wind entlang an der Westseite der Isla de Hornos. Mit Halbwindkurs wurde es nun eine Rauschefahrt durch eine eiskalte Nacht, in der mein Blick über die Schulter zurückging. Kap Hoorn lag achteraus. Ich spürte eine solch kochende Stimmung in mir, dass kein Platz war für Klagen über die Anstrengungen, denn nun war es ein herrliches Segeln. Mit acht Windstärken im Rücken und nur mit einem Stück Genuasegel ging es vorbei an der Nordseite der Insel.

Und dann war es geschafft – das berüchtigte Kap Hoorn war umrundet. Die Uhr zeigte 2.30 Uhr und Rio wieder einen Hauch von Leben. Zur Feier des Ereignisses gab es einen heißen Kakao mit einem Fingerbreit (quer, nicht hoch) Rum. Die Wärme knallte durch bis in die Zehenspitzen. Danach saß ein leicht betüdelter Seemann im Cockpit, über ihm glühten die Sterne und in ihm der Rest von heißem Lumbumba. Vielleicht gelang deshalb der letzte Segelwechsel so prächtig. Nun ging es Kurs Nord, hinein in das Lee der Insel Herrschel und zum Ankerplatz. Plötzlich und völlig unerwartet tauchten seitwärts am Bug die Engel der Meere aus der Tiefe und begleiteten AURYN in ihrer phosphoreszierenden Spur bis zur Caleta Martial. Morgens um halb vier verschwanden die Delphine, Feierabend. Doch vorher rasselten durch die Stille der Nacht die Ankerkette und ein Echo, das von den nackten Felsen zurückgeworfen wurde, tat es ihr nach. Aus den Schluchten der umliegenden Berge pfiff weiterhin der Wind, während ich in einen tiefen, traumlosen Schlaf fiel.

Caleta Martial / Isla Herrschel, 15 Seemeilen nördlich von Kap Hoorn

Nach vier Stunden Schlaf zog frischer Kaffeeduft durch den Salon und nach einem ausgiebigen Frühstück wurde klar Schiff gemacht. Ich inspizierte das Rigg, prüfte das Deck und steckte den Kurs auf der Seekarte ab. Das Tagesprogramm hieß Kap Hoorn, den Felsen besteigen, das Denkmal besuchen, die kleine Kapelle und die Wachstation, die von der chilenischen Marine mit einem Soldaten besetzt wird. Mit diesem sprach ich über Funk, meldete meinen Besuch an und ließ mir den aktuellen Wetterbericht geben. West 20 Knoten lautete die Vorhersage.

Die Sonne schien, die Vorhersage klang gut und dennoch, hier muss man auf der Hut sein. Die Region um Kap Hoorn hat ihren eigenen Charakter. Die rasend schnell von West nach Ost ziehenden Tiefdruckgebiete überholen oft alles Aktuelle. Auch wenn ein Restrisiko bleibt, ein Törn um das Kap ist relativ kalkulierbar geworden. Es gibt Analysen der Wetterverhältnisse, Erfahrungsberichte und eben ausführliche Wetterberichte, auch wenn diese nicht immer zuverlässig sind. Forderten die alten Teerjacken auf ihren stäbigen Windjammern noch ihr Schicksal heraus, wurde dank der Technik von heute Kap Hoorn nicht mehr zum Sprung ins Ungewisse.

Im Spleiß des Schicksals

Nach dem Logbuch war es elf Uhr, als ich die 60 Meter Ankerkette über die Ankerwinsch einholte und AURYN langsam aus der Bucht steuerte. Als der Wind einfiel, waren die Segel gesetzt, vorsorglich gleich durchgerefft und mein Schiff bewegte sich wieder mit den Kräften des Windes.

Instinktiv, wie wenn ich etwas vergessen hätte, ging der Blick zurück zum Ankerplatz und zufällig wanderte mein Auge eine Bucht weiter. Was ich sah, war ein rot-weißes Schiff, vor Anker liegend. Was ich nicht wusste war, dass mich diese Yacht in den nächsten 36 Stunden noch intensiv beschäftigen sollte und sich in diesem Moment bereits die Fäden verspleißten. Mit jeder Meile, die ich mich entfernte, zurrten sie sich fester.

Als AURYN ihre Nase aus dem Schutz der Isla Herrschel steckte, stand ihr eine üble, steile See entgegen, die eisige Gischt übers Deck fegte. 15 Seemeilen waren es bis zum Ankerplatz unter dem Kap. Das liest sich wie nichts – doch warten wir's ab. Es ging wieder gegenan und damit begann der harte Teil dieser doch so kleinen Reise, die mir keine Zeit zum Durchatmen gab. Der Wind nahm zu und mit ihm wurde es kälter. Die Temperatur betrug sechs Grad. Die „empfundene" war so kalt, dass ich es mir schnell abgewöhnte, mein Wasser über der Reling abzuschlagen. Stattdessen pellte ich mich beim Pinkeln in der engen Toilette aus einem Sack von Wäsche: Schwerwetterkleidung, Fleeceklamotten, Thermohose, zwei lange Unterhosen! Haben Sie eine Vorstellung, wie lange das dauert? Während die Blase drückte und gestreckte Beine die Schiffsbewegungen ausbalancierten, polterte wieder eine Welle gegen den Rumpf und schleuderte mich mit halb runtergelassenen Hosen gegen die Zwischenwand. Als ich nach dieser Zirkusnummer wieder nach draußen trat, brüllte mir der Wind mit 50 Knoten entgegen und drehte von West auf Südwest. Hatte der Kumpel vom Funk nicht was von West und handigen Winden erzählt? Abhaken. Wettervoraussagen sind eine Sache, die Wahrheit liegt auf dem „Platz", um mich der Metapher eines sehr erfolgreichen Fußballtrainers namens Otto Rehagel zu bedienen.

Mit der Arschkarte in der Pudelmütze

Hoch am Wind segelnd kämpfte sich AURYN unter kleiner Besegelung wieder Meile um Meile voran. Es war wie gehabt. Fliegende Gischt, brutale Wellen. Dazwischen rauschte kurz ein Kaventsmann und schlug mit überdimensionaler Faust gegen die Bordwand, wodurch das Schiff regelrecht zur Seite geschleudert wurde. Oh Gott, mögen Sie denken, jetzt geht das schon wieder los! Keine Bange, ich kürze ab. Doch erlauben Sie mir ein paar Sätze, denn ich war offen gestanden einmal mehr beeindruckt vom Charme der Naturgewalten und offenbar gab es immer noch eine Steigerung. Somit steckte ich die „Arschkarte", welche ich mit dem Wetterbericht zog, in die Krempe der Pudelmütze – denn kurz vorm Kap drehte der Wind auf Süd. Das bedeutete einmal mehr mühsam aufkreuzen, auch wenn die mathematische Aufarbeitung der restlichen Distanz nur noch drei Meilen ergab. Der Wind kreischte im Rigg, AURYN stampfte in die nächste Welle und im Poltern und Rumpeln verzogen sich die aufmunternden Shantys von Kap Hoorn in die hinterste Reihe, dafür drängelten sich Fragen nach vorn. Was mache ich hier eigentlich? Und überhaupt, was soll das Ganze? In diesem Moment, als Inneres nach aussen wollte und Erlebtes schmerzhaft wurde, empfand ich den Schwachsinn als sehr real, gegen das von Orkanböen durchsetzte Szenario anzukämpfen. Eine Seemeile vor dem Ziel segelte ich in Gedanken zurück und hatte die Schoten bereits klar zur Halse. Doch da war noch ein anderer: Der Sturkopf in mir, der nicht auf die innere Stimme der Vernunft hörte, sondern im Typen mit den Scheuklappen seinen Schirmherrn fand, um die gemeinsame Parole zum Durchhalten auszugeben. Es wurde Nachmittag, als wir nach sechs Stunden und unzähligen Wendemanövern endlich die schützende Ankerbucht direkt unter dem Felsen von Kap Hoorn erreichten. Alles, was sich an Kette im Ankerkasten befand, rasselte nun auf 15 Meter Tiefe. Wütende Böen, hier Williwaws genannt, pfiffen vom nackten Felsen und rissen AURYN um 90° herum. Der Anker hielt, aber der Grund war unrein. Fels und Schlingpflanzen sorgten für keine absolute Sicherheit. Zu 60 Metern Kette steckte ich vorsorglich nochmals 20 Meter Leine. Doch mit jeder Böe kam das unsichere Gefühl zurück. Konnte ich das Schiff unter diesen Umständen verlassen? Ich beruhigte den Bedenkenträger in mir, indem ich einen zweiten Anker ausbrachte. Und nun an Land. Gut gesagt, nur wohin? Mit dem Fernglas hielt ich Ausschau am Felsufer – wo sich eine wilde Brandung brach. In diesem Shorebreak war es riskant anzulanden, doch wenn ich auf den Felsen wollte, dann ging es nur in dieser Bucht!

Auf Insel der Einsamkeit

Das Beiboot mit Außenbordmotor war schnell klar und so fuhr ich im Zickzack durch ein paar Kelpfelder in Richtung Strand, wo bereits der Marinesoldat aufgeregt winkte, um mich in Empfang zu nehmen. Zwischen den Dünungssets fand ich einen ruhigen Moment und eine freundliche Welle, die das Dingi auf den glitschigen Kieselstrand schob. Kap Hoorn – ich war an Land!

Es folgte eine kurze, herzliche Begrüßung und schon stiefelte ich schnaufend Hector hinterher, der allein und als einziger Soldat den letzten chilenischen Felsen vor dem Südpol bewachte. Eine steile, nicht gerade stabil erscheinende Holztreppe führte nach oben und auf eine Ebene, die völlig nackt vor mir lag. Kein Baum, kein Strauch und nur mit Gras überzogen, das im immer wehenden Wind nie zur Ruhe kam. Im östlichen Teil stand der alte Leuchtturm und neben der Kapelle die Funkstation, eine sich dem Wind entgegenstellende kleine Hütte, in der Hector seinen einjährigen Dienst versah. Der Platz schien mir bemerkenswert einsam. Wie konnte man hier überhaupt leben, dachte ich, während der Marinesoldat auf das Denkmal wies und mich mit einem Kopfnicken zu seiner Holzbaracke lenkte. Die schwere Tür öffnete sich, wir traten in die Wohnstätte, die zugleich als Funkbude herhielt. Ich überreichte dem hilfsbereiten Chilenen mein Gastgeschenk und fingerte eine Flasche Rum sowie eine Schachtel Zigaretten aus dem Rucksack. Freundschaft und bullige Wärme schlugen mir entgegen. Gemütlich war es in der Hütte, auch wenn Hector in einer Region lebte, in der für ihn die Einsamkeit zur Regel wurde. Während er Kaffee aufsetzte, schaute ich mich ein bisschen um. Auf dem Tisch lächelte eine schöne Frau mit einem Baby – auch Söldner brauchen Wärme – eine grob vertäfelte Wand gegenüber an, an der zahlreiche Erinnerungsstücke von Schiffen hingen. Inmitten der maritimen Unübersichtlichkeit aus Fundstücken und vergilbten Bildern prangte das große Emblem der traditionellen Kap-Hoorn-Vereinigung. Der rote Kreis mit dem Albatrosskopf erinnert an den Bruderbund alter Windjammerkapitäne, der allerdings in Auflösung begriffen ist. Es gibt nur noch eine Handvoll Menschen, die übrig geblieben waren aus der Zeit der schönen Rahsegler.

„Vormittags sahen wir Kap Hoorn. Es lag wie eine geballte Faust im Meer, ungefähr 15 Seemeilen von uns entfernt. Es sah unheimlich und sehr drohend aus. Der Kapitän sagte: ‚Wenn alle Flüche, die gegen dieses Kap gerichtet wurden, davon widerhallten, da würde die ganze Erde erzittern'. Kap Hoorn hat eine ganz merkwürdige Wirkung auf mich ausgeübt. Es macht mich traurig, die Luft hier ist so schwer und die Dünung so hoch".

Heinrich Hauser schrieb diese Zeilen 1930, in seinem Buch „Die letzten Segelschiffe"; er hatte ein Jahr zuvor als Reporter an Bord der „Pamir" Kap Hoorn umschifft.

Während ich mich im Gästebuch eintrug, knallte mir Hector einen Kap Hoorn-Stempel in meinen Pass sowie ins Logbuch und servierte anschließend selbstgebackene Kekse und heißen Kaffee. Wie lange ich das Gefühl auskostete, auf jenem Felsen zu sitzen, den wir in der Nacht so mühsam umsegelt hatten, weiß ich nicht. Ich weiß aber, wann es endete … als es im Funkgerät knisterte und eine Stimme plärrte.

Mayday, mayday … ein treibendes Schiff und Kap Hoorn

Ich hatte meine Nase gerade in das Aroma der dampfenden Mug gesteckt und schlürfte am Schwarz, als aus dem rauen Holzverschlag von nebenan ein panischer Funkspruch quakte. Hektisch sprang Hector auf, lief zum Funkgerät und schaltete sich in das Gespräch ein. Plötzlich herrschte Betriebsamkeit im letzten Holzschuppen der Welt. Was war geschehen? Ganz einfach. Der Spleiß des Schicksals war geknotet oder genauer gesagt: 15 Meilen von hier war die ankernde Yacht F'Murr auf Drift gegangen. Jenes rot-weiße Schiff, welches ich beim Auslaufen am Vormittag kurz über der Schulter gesehen hatte. Der Schilderung nach war die französische Crew, bestehend aus vier Leuten, auf einer Wanderung an Land. Von einem Hügel aus sah der Skipper seine Yacht treiben, nun rief er aufgeregt um Hilfe. Welch Schicksal! Das erste Mal überhaupt nahm er ein Walkie-Talkie mit an Land und mit diesem rief er nun panisch um Hilfe, traf unsere Ohren und sah seinem Schiff zu, wie es vor seinen Augen aus der Bucht trieb. Wie das? höre ich Sie fragen. Nun, zu diesem Zeitpunkt wusste ich es noch nicht, obschon ich eine Vermutung hatte. Ohne dass ich an dieser Stelle in Schubladendenken verfallen möchte, war es doch so, dass mir die Ankermanöver besonders der Yachten, deren Heck die Trikolore schmückte, durch zahlreiche Beobachtungen in den karibischen Gewässern mehr als suspekt vorkamen. Kurz gesagt: Der Skipper hatte vermutlich sein Ankermanöver so schlampig ausgeführt, dass die „Willis", jene berüchtigten Orkanböen, den Anker aus dem Grund rissen, wodurch das Schiff auf Drift ging und sich nun unbemannt im starken Wind und geschoben vom Strom auf Ostkurs befand. Ruhig hielt Hector über Funk Rücksprache mit dem Stützpunkt der chilenischen Marine in Puerto Williams. Nach einigem Palaver hin und her kam er zu mir und bat mich, die Leute in der Bucht zu bergen! Ich schluckte, während er eine Erklärung hinterherschob. Weit und breit war kein anderes Schiff in der Nähe. Hey, was ist mit eurem großen Rettungsboot in Puerto Williams? fragte ich. „ Das kann nicht auslaufen, das Wetter ist zu schlecht!" nuschelte er mir eher zaudernd entgegen. Wenn schon das Rettungsboot seinen Dienst einstellte ... dachte ich irgendwo ganz weit weg, bis mich wieder der Mayday-Ruf des verzweifelten Skippers aus den Gedanken riss und die Wohligkeit der Bude erschauern ließ. Okay, ich musste etwas tun und wollte helfen, wie auch immer die Sache ausgehen mochte. Aber da ich gerade auf dem Kap angenommen war, wollte ich nicht gleich schon wieder davonlaufen, sondern zunächst das Denkmal besuchen, einen Blick in die Kapelle werfen und Fotos machen. Die Zeit musste sein. Die Crew war ja sicher an Land. Eine halbe Stunde länger warten, was machte das schon? Das verklickerte ich Hector, der wiederum seinen Chef in Puerto Williams informierte. Man gewährte mir die Zeit, die ich wollte und ich trat hinaus in die kalte Luft, die aus der Antarktis blies und marschierte im wehenden Gras zum alten Leuchtturm.

Vor Gottes tiefem Keller ...

Ich stand vor einem sakralen Provisorium, das aus einem Holzkreuz aus krummen Aststämmen bestand und mit rostigen Drähten verknotet notdürftig zur Erde verspannt war. Im ewig kachelnden Wind schwankte das Gestell, die Tür der Kirche quietschte. Ich trat in die Kapelle, murmelte ein kleines Gebet und setzte mich auf die unbehandelte Holzbank, vor unbehandelten Holzwänden. Unter der unbehandelten Holzdecke blickte ich auf einen Altar aus Holz und ein Holzkreuz, das nach Süden zeigte. Ich folgte seiner Ausrichtung, blickte aus dem Dunkel und dem Schatten des Türrahmens auf das Blau des Ozeans, das am Horizont in das noch blauere Blau des Himmels überblendete. Davor legte der Wind weiß schäumende Streifen über Gottes nassen Keller, in dem über tausende Seeleute den Tod gefunden hatten.

Als ich die Kirche verließ, packten mich gleich wieder der Wind und die Vergangenheit. Auf dem Weg zur Felsküste öffneten sich die Schranken zu einer Reise in die Dramen der Seefahrtsgeschichte, die sich vor Kap Hoorn abgespielt hatten. Ich starrte auf den Schiffsfriedhof der Welt und kratzte nur an der Oberfläche der Vorstellung, unter welchen Bedingungen die Teerjacken auf den alten Windjammern sich um Kap Hoorn quälten. Hoch oben in den Rahen, in leckendem Ölzeug und durchnässter Kleidung. Das Wasser stand randvoll in ihren Stiefeln, dazu Schnee, Eis, Regen.

Kap Hoorn zu umrunden, bedeutete damals in der Seefahrt, durch die Hölle zu gehen. Sechs Tage dauerte die kürzeste, drei Monate die längste Umsegelung. Es war kein anderer als der der legendäre Käpt'n Bligh mit der „Bounty", der 30 Tage vor Kap Hoorn kreuzte und es doch nicht bezwingen konnte. Völlig entnervt drehte er ab und segelte ostwärts zur Südsee.

In den Gedanken zogen die Erlebnisse von Leben und Tod vorbei, in der Realität zupfte Hector an meinem Ärmel, klopfte auf seine Uhr und holte mich wieder zurück in die Gegenwart, wobei er ungeduldig an die französische Crew erinnerte. Tranquilo, amigo – ich war noch nicht so weit. Dieser magische Ort lässt dich nicht so einfach los. Für einige Augenblicke ließ der Wind nach und die Sonne lugte kurz auf ein tristes Szenario. Doch das war nur von kurzer Dauer, denn bald darauf kachelte es wieder mit acht Windstärken über die dürre Grasfläche. Vornübergebeugt mich gegen den Wind stemmend, machte ich mich auf zu dem Holzbohlenweg, der zum Denkmal führte.

Auf der moosbewachsenen Treppe trat ich auf eine Stufe, die morsch wegbrach, wodurch sich ein dunkles Loch hellen Raum verschaffte. Ich hinterließ einige solcher Räume und gelangte auf die Plattform des Monumento de Cabo de Hornos.

Im Schweigen des Ozeans

Das Denkmal, das den Seeleuten gewidmet ist, die vor Kap Hoorn ihr Leben verloren haben, stellt einen riesigen, aus Metall geschlagenen Albatros dar. Rechts davon ging mein Blick auf die Gedenktafel und verfing sich in Zeilen, die, wer auch immer, kunstvoll in Carraramarmor gemeißelt hatte:

„Ich bin der Albatros, der am Ende der Welt auf Dich wartet. Ich bin die vergessene Seele der toten Seeleute, die zum Kap Hoorn segelten von allen Meeren der Erde. Aber sie sind nicht gestorben im Toben der Wellen. Denn jetzt fliegen sie auf meinen Flügeln für alle Zeit, wo am tiefsten Abgrund der antarktische Sturm heult."

Das Gedicht von Sara Vial wirkte noch lange nach und so saß ich neben der Tafel auf einer maroden Bank und ertappte mich dabei, wie mein Blick zum eigentlichen Kap an der Westküste wanderte und dann wieder vor mir ins Wasser fiel. Auf den abfallenden Felsrücken von Kap Hoorn, der vom Südatlantik und vom Südpazifik umspült wird.

Hinter dem Horizont lagen nur noch die Eismassen der Antarktis, vor mir schäumte der Ozean und im Westen zogen weiße Wellenkämme, in denen ich mich verlor. Irgendwo in dieser Wasserwüste lag die „Ole Hoop" und plötzlich hatte ich die Stimmen von Klaus und Johanna wieder im Ohr. Das lag nun fast vier Wochen zurück und immer noch blieb die Yacht auf rätselhafte Weise verschollen. Keiner kann mehr berichten von ihrem geheimnisvollen Schicksal. Niemand wird erfahren, mit welchen Gedanken, mit welchen Worten auf den Lippen die beiden starben. Im Schweigen des Ozeans bleibt ihr Schicksal wie seit Ewigkeiten verborgen.

Die Umgebung suggerierte Sentimentalitäten, das Gefühl kribbelte bis ganz nach unten und tief in die Seele. Es dauerte, bis ich mich erhob und bückte: Ich griff nach jenem Stein, auf den ich jetzt beim Schreiben gerade blicke, steckte ihn in meine Jacke, machte fix noch ein paar Fotos und nahm Abschied – vom Kap, von Hector und von der Vorstellung, trocken auf mein Schiff zu gelangen. Immer wieder schleuderte eine Welle in der Brandungszone das Dingi zurück auf den groben Kiesstrand. Doch dann fand ich den Durchschlupf. Wie „Papillon" auf seinem Sack voller Kokosnüsse paddelte ich mich frei. Im Gegensatz zu ihm verfügte ich über einen Außenbordmotor, den ich startete und der mich schnell dorthin brachte, wo meine Freiheit lag. Doch so frei waren wir nicht, schließlich standen wir als Subunternehmer im Dienst der chilenischen Marine und hatten einen klar definierten Auftrag: Durchgefrorene Franzosen retten!

Die Rettungsaktion der Crew von der SY F'Murr

Es dauerte eine Stunde, bis ich das Dingi an Deck, Leinen und Anker eingeholt hatte und Hector ein Vamos! über den Äther schickte. Es ging los. Es war 17 Uhr, als wir Kap Hoorn hinter uns ließen. Als wir aus dem Lee der Insel gerieten, empfing mich schnell das gewohnte Bild. Der Blick hinaus ging auf ein brodelndes Chaos aus schäumenden Wellenbergen und Wind, der mit 50, in Böen bis 60 Knoten digital angezeigt wurde. Auch wenn es meteorologisch Sturm bedeutete, war es mit dem Wind im Rücken die reinste Segellust.

AURYN segelte vor dem Wind, mit einem Stück Segel, das eher an die Größe eines Badetuches erinnerte, aber uns immerhin mit sieben Knoten Fahrt so rasch voran brachte, dass wir bereits nach einer Stunde wieder an der Isla Herrschel waren. Doch dann begann der Zauber: Aus den letzten drei Meilen bis zur Bucht, in der die Franzosen warteten, wurden vier Stunden. Der Wind blies aus West, somit direkt von vorn. Böen in Orkanstärken ließen das Schiff erzittern, selbst hinter der geschützten Insel stand uns eine steile Kabbelsee entgegen. Vieles von dem, was ich bereits beschrieben habe, stürzte wieder auf uns ein und hinweg. Deshalb nur zwei Sätze dazu: Unter Segeln hatte ich in der Enge der Bucht und zwischen kleineren Felsinseln keine Chance aufzukreuzen, weil ich nicht eine Kabellänge (dem Zehntel einer Seemeile) vorwärtskam. Ich startete den Motor und hoffte, dicht unter Land mit der Unterstützung von fünfzig Pferdestärken besser voran zu kommen. Besser? Naja, wie man es nahm. Immerhin kamen wir mit einem Knoten Fahrt vorwärts!

Es wurde 21.00 Uhr und dämmerte, als ich eine kleine Rauchsäule am Ende der Insel aufsteigen sah. Eine Stunde später winkten acht Arme am Strand und bald darauf ruderten vier Menschen AURYN entgegen, die mittlerweile in der Bucht ankerte.

Während ich Cabo de Hornos Control über Funk rief, um Hector über die gelungene Aktion zu informieren, enterten Skipper Eddy, Freundin Caty und ihre Mitsegler Vasson und Christian das Heck von AURYN. Ich schüttelte durchgefrorene Hände und blickte in Gesichter voller Anspannung. Fast apathisch und mit leeren Augen versuchte Eddy, ein Bild ihres katastrophalen Tages zu zeichnen, an dem sie ihr Schiff verloren ... „Komm, versuch's später", sagte ich ihm, „lass uns reingehen, ich mach die Heizung an". Die erste, die sich vor dem Warmluftgebläse in ihrer ganzen Schönheit ausbreitete, war die hochschwangere Bordkatze Rio. Dahinter sammelten sich fünf Menschen, rieben sich die Hände und fühlten die Wärme, die langsam wieder in ihre Körper kroch. Allmählich fielen die Strapazen ab. Das Funkgerät knarzte, Puerto Williams mischte sich ein und gratulierte zum Erfolg der Rettungsaktion. Und die wurde erst mal gefeiert!

Reiz des Risikos

Wir saßen gemütlichen beisammen in der Kajüte. Zu dampfender Pasta zischte argentinischer Gerstensaft. Salute! Darauf, dass ihnen eine kalte Nacht im Niemandsland erspart blieb und wir uns rein zufällig am Ende der Welt begegneten, tranken wir. Die Sorgen blieben. Ihr Zuhause, mit allem was sie besaßen, trieb draußen auf der See ins Irgendwo. Oder hatte sich mittlerweile an den schroffen Felsen der unzähligen Inseln zerrieben. In diese Gedanken knisterte es wieder im Lautsprecher und ein besorgter Hector fragte nach, ob alles in Ordnung sei, mit der Crew und überhaupt.

Trotz der heftigen Böen, die am Anker zerrten, lagen wir sicher. Es ging uns gut in einem Schicksal, das uns im molligen Salon von AURYN zusammenpresste. Wie es überhaupt dazu kam, erzählte Skipper Eddy, ein Berufs-Seemann aus der Bretagne. Er war mit seiner Crew und seinem schweren Stahlboot auf dem Weg in die Antarktis. Kap Hoorn war passiert und lag bereits eine Stunde achteraus, als sie von einer hohen Welle erwischt wurden. Der Kaventsmann knockte ihre F'Murr dermaßen brutal aus, dass sie auf der Seite lag und der Rudergänger sich gerade noch im Cockpit halten konnte. Nach dem Schock dieser Fastkenterung sprach keiner mehr von der Antarktis. Sie segelten zurück zur Isla Herrschel, um bessere Wetterbedingungen abzuwarten. Vormittags gingen sie dort an Land und ließen ihr Schiff trotz schwerer Böen unbewacht zurück. Dann kam der Funkruf ...

War das Wegtreiben der Yacht nun die Folge mangelnder Vorsicht? Klar, was sonst. Ich maße mir nicht an, anderen Skippern Ratschläge zu erteilen, als Besserwisser dahersabbeln möchte ich auch nicht; doch das Unglück wäre zu vermeiden gewesen. Trotz der schweren Böen blieb keiner als Ankerwache an Bord zurück und auch wenn das Schiff, wie Eddy versicherte, vor 40 Metern Kette lag, eine, besser zwei zum nahen Land ausgebrachte zusätzliche Leinen und ein zweiter Anker hätten mehr Sicherheit für das Schiff bedeutet und der Crew mehr Ruhe auf ihrem Landgang gegeben. Doch was sollen die Konjunktive, es war, wie es war – und niemals wird das Leben mit einem Schiff auf den Ozeanen frei sein von abenteuerlichen Risiken. In dieser Ungewissheit liegt für viele von uns, die wir auf Fahrt sind, der besondere Reiz einer solchen Reise. Allerdings muss man darauf gefasst sein, an einem Tag, in einem Augenblick alles zu verlieren.

In purzelnden Gedanken

Es war Mitternacht, als wir auf Kanal 16 einem allgemeinen „Security, Security"-Ruf der chilenischen Küstenwache lauschten: Die Berufsschifffahrt wurde vor der treibenden F'Murr gewarnt. Das Wetter auf See war immer noch so chaotisch, dass die Marine zunächst den kommenden Tag abwarten wollte, um dann die Suche nach dem treibenden Schiff aufzunehmen. Ich hielt mich an diesem tröstlichen Gedanken fest, nur, würde es F'Murr morgen überhaupt noch geben?

Meine französischen Seglerkollegen krochen in ihr provisorisches Nachtlager, das ich ihnen im Salon und im Vorschiff zubereitet hatte, und auch ich freute mich nach drei Tagen auf eine durchgeschlafene Nacht. Todmüde und wie in Trance schob ich Rio aus meinem Bett und zog mir die Decke bis zur Nasenspitze. Doch die Kälte kam von unten. Sie und ein überdrehter Adrenalinpegel sorgten dafür, dass mein Hirn angeknipst blieb und sich meine Augen nicht schlossen. Wilde Gedanken purzelten durch meinen Schädel. Ich hatte die Leute aufgenommen, das war meine Aufgabe. Ihr Schiff einzufangen, blieb Sache der Küstenwache und wenn die nicht auslief, was musste dann dort draußen für ein Wetter sein? Würde F'Murr morgen noch gefunden werden, in diesem tückischen Gebiet, wo es von Felsen und Untiefen nur so wimmelte?

Es gelang mir einfach nicht, der Anziehungskraft dieser Fragen zu widerstehen und ich rechnete es mir auch als nichts Besonderes an, dass ich mich entschloss, ihnen zu folgen und mich dem Schicksal zu stellen, das uns an diesem verlassenen Ort am Ende der Welt zusammenführte. Die einzige Seele, die in der Kette der Umstände sowohl den Willen als auch die Möglichkeit hatte, den Franzosen zu helfen, war ich – Ich. „Sei kein Narr!" sagte eine schwache Stimme der Vernunft. „Lass gut sein, du bist müde", kommentierte eine andere. Es dauerte nicht lange, bis ich meinen Hintern hochbekam und mich in Schlafanzug und Gummistiefeln – ich schmunzelte dabei und dachte an Joaquim, meine menorquinischen Freund, der mir in dieser unkonventionellen Kleiderordnung im Hafen von Gibraltar gegenübergetreten war – aus der Luke des Achterschiffs hinauf in eiskalten Wind. Ich schlich eine Runde über das Deck und spürte, dass der Wind eine schwache Neigung verriet abzunehmen. Die Böen waren nicht mehr so hart und die Abstände zwischen ihnen wurden länger.

Als ich mich ins Cockpit setzte, um nachzudenken, schaute ich in die überraschten Augen von Cathy. War es mein Outfit, das sie verwirrte oder ahnte sie mein Vorhaben? Wortlos saßen wir uns ein paar Sekunden gegenüber. Dann kletterte ich nach unten und stieg in meine klamme Schwerwetterkleidung.

Cathy, die mich ohne Worte verstand, hatte mittlerweile ihre Freunde geweckt. „Allez", er meint es ernst, schien sie durch die feuchte Kühle zu flüstern. Für eine Minute herrschte Schweigen im dunklen Salon, dann war allen klar, dass wir die Suchaktion nach ihrem Schiff aufnehmen wollten – mitten in der Nacht und bevor es zu spät war!

Die Spätausgabe der Tagesschau

hieß: F'Murr finden! Es folgte über Funk eine Information an Cabo de Hornos Control. Ich erklärte Hector unser Vorhaben, dieser hielt kurz Rücksprache mit der Zentrale in Puerto Williams. Dann erhielten wir grünes Licht, obwohl das rote bereits brannte. Die Navigationslichter waren eingeschaltet, das Radar lief sich warm und der mit Schlick bezogene Anker war an Bord. Während ich AURYN aus der Bucht steuerte, waren die Franzosen damit beschäftigt, ihr Dingi auf dem Vorschiff zu verzurren. Hector quakte aus dem Lautsprecher, wir sollten auf Kanal 16 standby bleiben und uns zur vollen Stunde unter Angabe von Position und Wetter melden.

Es ging los. AURYN verschwand in der Nacht und in schweren Regenschauern, die sich mit Hagel mischten. Auf der Suche nach einem Ausreißer! Wo steckte die F'Murr? Ich hatte die Detailkarte auf dem Salontisch ausgebreitet und hockte mit Eddy davor, während der Rest der Mannschaft im Cockpit saß und die Umgebung im Auge behielt. „Karl" steuerte, AURYN segelte vor dem Wind ostwärts. Traute ich Wind und Strömung, so hatten diese Eddys Schiff genau durch eine schmale Passage zwischen den Inseln Deceit und Frecinete getrieben. Nun musste sich das Schiff irgendwo östlich von uns auf dem Südatlantik befinden. Wir überlegten, mit welcher Geschwindigkeit die stählerne F'Murr, durch Wind und Strom angetrieben, innerhalb der letzten zwölf Stunden wohl vorwärts gekommen war und zogen ein Suchraster in die Seekarte, das wir nach 10 Seemeilen erreichen wollten. Dann stiegen wir zurück ins Freie. Der Starkwind wischte die Reste von Müdigkeit aus den Gesichtern. Er war stark genug, um nur mit einem winzigen Tuch von Genua auf Raumwindkurs zu segeln. In aufgewühlter See und einer Berg- und Talfahrt durch ein wildes Wassergebirge bewegte sich AURYN gewohnt zuverlässig, irgendwie mühelos.

Dem Haufen unter ihrem Rigg erging es dabei ganz anders. Schweigend verfolgten wir die Drift der F'Murr. Die folgenden zwei Stunden verliefen äußerst schleppend. Cathy kämpfte gegen eine aufziehende Seekrankheit. „Passiert leider immer wieder mit ihr" murmelte Eddy, der selbst immer mehr in sich zusammenfiel und in seelische Tiefs abstürzte. Auch ich hatte meine Probleme, ich fühlte eine unbeschreibliche Leere und war gleichzeitig voll gespannter Konzentration. Der Rest der Crew döste entweder im Vorschiff oder im Salon. Irgendwo lag immer jemand. An dieses Bild musste ich mich erst noch gewöhnen, auch an würgende Geräusche …

Die Geißel der Seefahrt

Einige Male übergab sich Cathy an der Reling und kroch anschließend wieder unter ihre Decke im Salon. Das gedämpfte Licht der Navigationslampe fiel in ihr aschfahles Gesicht. Während ich sie beobachtete, zog eine leise Ahnung von der Hilflosigkeit und den Qualen auf, die Menschen befallen musste, wenn sie unter Seekrankheit litten. Um ihre Liebe zur See nicht zu verlieren, trugen viele Segler nutzlose Pflaster hinter den Ohren, stopften sich mit Pillen voll, probierten dies und das. Doch wie alle Geißeln der Menschheit (Krieg, Liebe, Psychotherapie) ist die Seekrankheit ein wasserdichtes, sich selbst erhaltendes System und dagegen gibt es kein Patentrezept. Wenn überhaupt etwas hilft, dann die alte Weisheit, sich beim Aufkommen der Seekrankheit in den Schatten einer alten Dorfkirche zu setzen.

Nach zweieinhalb Stunden erreichten wir den Seeraum, in dem wir F'Murr vermuteten. Die intensive Suche begann. Wir segelten mal nach Nordost, dann wieder Südost. Auf dem Radarschirm tauchte ein Echo auf. War es ein Signal vom Stahlschiff? Vorsichtig näherten wir uns dem schwarzen Punkt, der auf dem Schirm zunehmend an Kontur gewann. Zu früh war die Freude, in einem Abstand von einer Viertelmeile erkannten wir einen kleinen Felsen, die Isla Hasse! Wir suchten konzentriert weiter, segelten nach Nordost und Nordwest, von Süd nach Nord und vernachlässigten dabei völlig Hector, der immer wieder nach Position, Wetter und Wohlbefinden fragte – keiner scherte sich darum und jeder vergaß, wo wir uns hier überhaupt befanden.

Vor der Endstation der Träume

Morgendämmerung auf See. Um vier Uhr morgens stieg eine graue Leere langsam aus dem Dunkel der Nacht. Wieder ertönte ein Radar-Signal, die Unsicherheit blieb, weil sich in der Peilung die Isla Barnevelt befand. Aber ganz offenbar musste davor noch etwas anderes sein, denn das Echo wurde deutlicher und passte nicht zum ermittelten Abstand zur Insel. Langsam steuerte ich AURYN, nachdem wir die Segel eingerollt hatten und unter Motor fuhren, in die Richtung des Signals.

Unter höchster Anspannung, denn es könnte sich auch um ein tückisches Riff handeln, das nur darauf lauerte, den Rumpf meines Schiffes aufzuschlitzen. Der Wind pfiff, die See toste. Ich verstand Eddy kaum, der nun vorn im Bugkorb Ausschau haltend, mir die Richtung wies, wo er etwas zu erkennen glaubte. Irgendetwas stimmte nicht, ich war unsicher. Nur ganz kurz blickte ich, aus welchen Gründen auch immer, zur Seite und sah im Gegenlicht des Horizonts einen schwankenden Mast! Das konnte nur F'Murr sein. Nach vier Stunden Suche hatten wir sie tatsächlich gefunden. Freudengeheul mischte sich mit dem brüllenden Wind, Tränen mit dem rüdesten Seegebiet dieser Erde. Dazwischen wir, glücklich, zufrieden und noch lange nicht fertig. Mein Freund Hector auf Kap Hoorn wollte informiert werden und mir war nach nichts mehr in diesem Moment, als seinem Befehl sklavisch zu folgen. Doch was war los mit ihm, er schien verwirrt? Als ich ihm die gute Nachricht und unsere Position durchgab, fragte er nach den Koordinaten der F'Murr – die schaukelte direkt neben uns! So dicht, dass es gefährlich wurde. Die See ging hoch und trieb sie zu uns herüber. Ich fuhr einen Halbkreis und legte AURYN in Luv zur französischen Yacht. Neu belebt durch einen Schluck Kaffee, einigte ich mich mit Eddy über unsere Vorgehensweise. Er sollte mit Vasson ins Dingi steigen, zu seinem Schiff herüberpaddeln und es zunächst auf seine Funktionsfähigkeit überprüfen. Das ging ruckzuck und war Formsache. Ihre Köpfe verschwanden unter Deck und als sie wieder herauskamen, war alles bestens, selbst die Heizung lief noch. Nur ein paar Gläser waren zerdeppert.

Vor dem Horizont zeichneten sich dunkel die Umrisse der Isla Barnevelt ab. Lange hätte es nicht mehr gedauert, dann wäre der Fels zur Endstation der Träume und zum letzten Liegeplatz für die F'Murr geworden.

Im sanften Lächeln

Wir hatten genug riskiert, aus Gründen der Sicherheit hielt ich es für angebracht, Cathy und Christian auf AURYN zu behalten. Eddy sollte mit Vasson F'Murr segelklar machen und dann wollten wir gemeinsam zurück nach Puerto Williams segeln. Falls es Probleme geben sollte, konnten wir einen Zwischenstopp auf der Caleta Lennox einlegen, die sich 30 Seemeilen nördlich von uns befand.

Der Wind blies aus West, mit kräftigen Böen um acht Beaufort. Wie fast immer und immer noch kämpfte Cathy gegen ihre Seekrankheit, die wie mit einer Faust das Leid aus ihrer Seele drückte. Im Cockpit saß sie mir mit geschlossenen Augen gegenüber. Ich hoffte, dass es ihr Kraft und Entspannung geben würde, denn ich konnte nichts für sie tun. Um sie etwas zu beruhigen, setzte ich mich zu ihr. Während die Krängung uns zusammenpresste, musste ich kurz eingeschlafen sein. Als ich aufwachte lag mein Kopf auf ihrer Schulter und in ihrem Gesicht ein sanftes Lächeln.

Wir segelten mit neunzig Grad zum Wind und stark gerefften Segeln. Die Bewölkung hatte etwas aufgerissen. Das Ende der Rettungsaktion schien eigenartigerweise mit dem Beginn einer Wetterberuhigung zusammenzufallen.

Wir waren ungefähr zwei Stunden unterwegs, als ich plötzlich bemerkte, wie die hinter uns segelnde F'Murr ihren Kurs änderte und nach Westen ausscherte. Was war los? Ich funkte Eddy an. Er hatte in der Zwischenzeit versucht, mit mir Kontakt aufzunehmen, doch ich hatte mein Funkgerät abgeschaltet, weil mich die ständigen Rückfragen von Hector nervten. Kurzum: Eddy hatte Order von der Küstenwache, die westlich von uns gelegene Bahia Aisen anzulaufen und sollte dort auf das Rettungsschiff warten, das sich von Puerto Williams in Bewegung setzte. Während Eddy mir das am Funk erklärte, mischte sich plötzlich Hector in unser Gespräch ein und forderte mich mit markigen Worten auf, ebenfalls mein Schiff zur Bahia Aisen zu steuern.

Duftende Hardcore-Metaphorik

Ich suchte auf der Seekarte nach dieser Bucht, als ich sie fand, erschien sie mir völlig ungeeignet. Zum einen lagen wir dort im Wind und waren ungeschützt, zum anderen hätte der Weg dorthin bedeutet, 17 Meilen gegen den Westwind aufzukreuzen und wie lange das dauerte, davon konnte ich mittlerweile mehr als ein Shanty singen. Und überhaupt, was sollte die Aktion? Genau das wollte ich wissen! „Porque?“, warum, fragte ich Hector am Funkgerät nach dem Sinn dieser Order und erfuhr dann ein Beispiel für Reife in zart nach Kasernenhof duftender Hardcore-Metaphorik, die ich dem jungen Mann, der mich oben auf dem Kap so nett mit Plätzchen bedient hatte, gar nicht zugetraut hätte.

Ich machte Eddy und der chilenischen Marine klar, dass ich weiterhin gedachte, an meinem Plan festzuhalten, die Caleta Lennox anzulaufen. Alles sprach dafür: Wir konnten segeln, es war ein geschützter Ankerplatz, wir wären schneller da und das Rettungsboot könnte, wenn es denn wollte, auch dorthin kommen. Wo war das Problem? Ruhe. Dann kam Hector zurück auf die Frequenz und teilte mir ziemlich barsch mit, dass wir nicht die Erlaubnis hätten, die Caleta Lennox anzulaufen!

Mit der Tonalität dieser Ansage lagen die Freundlichkeiten hinter uns. Wie war das noch bei Schopenhauer? „Wir können tun, was wir wollen, aber nicht wollen, was wir tun“ oder so ähnlich – wie auch immer. Ich stand kurz davor, aus der Hose zu springen und näherte mich dem Moment, wo ich mir selbst lieber aus dem Weg ging. Meine friesischen Sehnen waren gespannt wie ein Flitzebogen: Schluss mit dem Gelaber, sagte ich zu mir selbst, schaltete das Funkgerät aus und segelte weiter mit Nordkurs zur Caleta Lennox. Immer noch war ich wütend – und der einzige Trost in diesem Moment lag im Lächeln von Cathy und der Tatsache, dass der Sturm nachgelassen hatte.

In einem weit entferntem Abenteuer

Es war der 11.Januar morgens um elf, als wir endlich die Caleta Lennox erreichten und der Anker im Schutz der Insel fiel. Eine merkwürdige Ruhe umgab diese Bucht und griff nach mir. Tagelang hatte ich das Brüllen des Windes, das Kreischen im Rigg, das Poltern des Rumpfes im Ohr gehabt und nun klangen sämtliche Geräusche aus und verschwanden in einem weit entfernten Abenteuer. F'Murr tuckerte in die Bucht. Nachdem auch sie vor Anker lag, ruderten Eddy und Vasson zu uns herüber. Auf dem Achterdeck fielen sich Eddy und Cathy in die Arme, während Vasson mir eine Flasche Champagner überreichte und Eddy nun schüchtern „Merci" murmelte. „Versuch`s noch mal" sagte ich, „das reicht nicht". Dann umarmte er mich ohne Worte, sichtlich bewegt. Wenn man die Mentalität der Bretonen kennt, war dies geradezu als emotionaler Ausbruch zu werten. Zum Feiern waren wir alle zu müde und verschoben es auf den Tag, an dem wir uns in Puerto Williams wieder treffen wollten.

Die Franzosen ruderten zu ihrem Schiff zurück, ich blickte ihnen noch ein bisschen nach, während ich Rio im Arm hielt und ihren strammen Bauch kraulte. Das nächste Abenteuer lag sozusagen in den letzten Wehen und stand unmittelbar bevor.

Es fiel mir schwer, die Eindrücke der letzen Tage zu verarbeiten und doch wollte ich nur noch schlafen. Und so pellte ich mich aus der Schwerwetterkleidung und wusch mir das Meersalz aus dem Gesicht. Als ich damit fertig war, warf mir der Spiegel einen Blick zurück und ich hatte Mühe in dem müden, unrasierten Typen, der mich daraus anglotzte, mich selbst zu erkennen.

Ich schlief fest wie ein Stein und doch nur eine Stunde. Es musste lange gedauert haben, bis ich überhaupt auf das heftige Klopfen an der Bordwand reagierte. Als ich mit verkniffenen Augen aus dem Schiebeluk blinzelte, starrte ich direkt in das Gesicht eines ernsten Marinesoldaten. Die Küstenwache war da, kurz vor AURYN ankerte das große Motorschiff. Es folgten kurze Fragen und eine ebenso knappe Schilderung der Rettungsaktion. „Gab's Probleme?" Keine Sir, alles war in geordneter Konfusion. Dann haute er die Hacken zusammen, bedankte sich knapp und tuckerte mit seinen Kollegen hinüber zur F'Murr.

Unter den Fittichen der chilenischen Marine schlief ich ein.

Am knisternden Kaminfeuer

Anderntags segelten wir im strahlenden Sonnenschein in den Beagle-Kanal und zurück ins 35 Meilen entfernte Puerto Williams. Wir erreichten es am Abend, nach einem ruhigen Segeltörn.

AURYN kuschelte sich wieder am Rumpf der alten Micalvi und nachdem auch die F'Murr am halbgefluteten Dampfer festgemacht hatte, zogen wir ab in die schräge Bord-Bar und feierten die Rettungsaktion bei einem ausgiebigen Abendessen, zu dem Eddy und seine Crew mich eingeladen hatten.

Noch einmal ließen wir Vergangenes zur Gegenwart werden, toasteten uns zu und bemerkten allmählich, wie der kräftige chilenische Rotwein unsere ausgezehrten Körper zur Ausgelassenheit anfeuerte, in der wir uns in fröhlichster Hingabe an die gefährlichen Abenteuer erinnerten.

Bei gegrilltem Lamm und knisterndem Kaminfeuer erzählten wir Geschichten aus anderen Leben und sprachen von unseren Reisen. Der bis dahin so verschlossene Eddy kurbelte die Rollläden seiner Zurückhaltung hoch und ließ mich ein bisschen in sein Inneres blicken. Jetzt ging es nicht mehr darum, womit wir bisher unser Leben erfüllt und was wir mit unseren Schiffen erreicht hatten, sondern darum, wonach wir uns sehnten. Zwischendurch schenkte mir Eddy einen Ring, nicht irgendeinen. Einen mit Geschichte. Den Ohrring trug sein Onkel, der vor fünfzig Jahren mit einem Rahsegler der französischen Handelsmarine Kap Hoorn umrundet und, wie es traditionell üblich war, einen goldenen Ring von seiner Reederei als Anerkennung überreicht bekommen hatte. Diesen Ohrring trugen die Seemänner an der Seite, an welcher sie Kap Hoorn passierten. Ich verstaute das Geschenk sorgfältig, um es in einem ganz bestimmten Moment wieder hervorzukramen.

Ich versuchte mit dem netten Abend, zu dem sich später noch chilenische Segler gesellten, möglichst nicht so rasch fertig zu werden und in dieser angenehmen Stimmung zu bleiben, denn am nächsten Morgen stand bereits eine andere Fete bevor.

Die Mattigkeit polierter Orden

Die chilenische Marine hatte mich in die Offiziersmesse eingeladen. Nach einer kurzen Schilderung der Ereignisse meinerseits hielt der Kommandeur im Kreise seiner Mannschaft eine mir überwiegend unverständliche Ansprache. Ganz offenbar drückte diese Anerkennung aus, denn sie wurde immer wieder durch respektvolles Kopfnicken der Anwesenden unterbrochen, während ich mich vor Mattigkeit kaum noch auf den Beinen halten konnte. Man reichte mir ein Zertifikat, aus der ich die schriftliche Dokumentation der erfolgreichen Rettung ablesen konnte und eine schöne Urkunde, mit der ich aufgenommen war in die chilenische Bruderschaft der Kap Hoorniers.

Es folgten weitere freundliche Worte mit Schulterklopfen und Glückwünschen zum Erfolg der Rettungsaktion. Wobei für mich persönlich der Erfolg die Reise selbst war und nicht in der Tat lag. Ich fragte mich sowieso, wozu dieses ganze Theater. Für mich war es eine Selbstverständlichkeit. Nicht mehr und nicht weniger.

Und so trat ich aus dem steifen Szenario gestärkter Hemden, polierter Orden und gebügelter Hosen hinaus in den knatternden Wind. Vor mir glitzerte das Wasser des Beagle, ich atmete eine frische, kräftige Luft und blickte auf das schimmernde Blau der Gletscher in der südlichen Andenkette. Dann stemmte ich mich gegen den eiskalten Wind und marschierte zum Internetcafé, das ich ausnahmsweise geöffnet vorfand. „Und," – spitzmündelte ein Freund per e-mail „hast du nun endlich das, was du wolltest und die Schnauze voll von der Segelei in den rauen Gewässern dort unten am Ende der Welt?". Spontan haute ich in die Tastatur des einzigen PCs in der letzten Bretterbude vor Kap Hoorn und antwortete: Frag' mich das noch mal in hundert Jahren und ich werde Dir antworten: Ich fange gerade an, ein paar von den wunderbarsten Reisen in einer der eindrucksvollsten Landschaften wahrzumachen.

An einem Tag mit neuem Leben

Schnauze voll? Von wegen. Ich lag gut im Trimm, war neugierig auf einen neuen Abschnitt meiner Reise und wollte durch die Fjord- und Gletscherlandschaft von Tierra del Fuego segeln. Dass darin ein Abstecher ins Südpolarmeer lag, wusste ich zu dem Zeitpunkt noch nicht. Um mit Kipling zu sprechen – das ist wieder eine andere Geschichte!

Wie ging`s weiter? Nun, zunächst wollte ich zurück nach Ushuaia, denn nur dort war es möglich, das Schiff mit Diesel, Wasser und Proviant für die nächsten vier Monate auszurüsten, denn ich plante drei Monate ein, wo ich mich in einer Natur aufhalten wollte, die fernab jeglicher Zivilisation lag

So machte ich AURYN für den Tagestörn nach Ushuaia segelklar, schaute noch mal kurz ins Internet und lief dabei zwei Wanderern aus dem Elsass in ihre Rucksäcke. „Kannst du uns nicht bis Ushuaia mitnehmen?" fragten sie mich, da es auf Grund der politischen Kabbeleien keine offizielle Schiffsverbindung zwischen der chilenischen und der argentinischen Seite des Beagle-Kanals gibt. Irgendwie schien die Phase meiner Hilfsbereitschaft gegenüber Franzosen anzuhalten. Ich sagte zu.

Hartes Wetter im Beagle-Kanal. War es auf dem Hinweg ein Segeln vor dem Wind, kreuzten wir nun gegen den starken West. Wandern ist eine Sache, Segeln eine andere. Doch was raus will, muss raus. Den Wandersleuten ging es verdammt schlecht. Die Lady köbelte mir die Toilette voll und ihr Freund kotzte sich über der Reling hängend die Gedärme aus dem Hals. Es war fürchterlich und Gott sei Dank bald vorbei.

Und doch begann es gerade – die Wehen setzten ein!

Zurück in Ushauai. Ich räumte gerade das Schiff auf, spülte das Kap Hoorn-Salz vom Deck und befreite die Segel ebenfalls von einer Salzschicht. Dann hielt ich den Zeitpunkt für gekommen, eine Kaffeepause einzulegen. So stieg ich in den Salon hinab und trat fast in den Haufen, den Rio gerade hinterlassen hatte. Er bestand aus fünf Katzenbabys! Ich korrigiere, vier. Ein kleines Kätzchen hatte das Abenteuer um Kap Hoorn nicht überlebt. Und so endet dieses Kapitel traurig und dort, wo es begann. In Ushuaia. Am Ende der alten Welt, an einem Tag mit neuem Leben.

Die Reise in die Stille der Einsamkeit

Feuerland – Antarktis – Chilenische Fjorde

Eine beißende Kälte lag über dem Ende der Welt. Wolkenfetzen wehten über Ushuaia, deren Häuser sich wie grau-weiße Schimmelpilze geschwürartig in das schroffe Hinterland gefressen haben, gestoppt von den Darwin-Kordilleren, deren Spitzen glitzernden Neuschnee trugen. Ich rieb mir den Rest einer Nachmittags-Müdigkeit aus dem Gesicht, lauschte der Melodie, die ein sanfter Wind über den Beagle-Kanal wehte und blinzelte in eine kühle Sonne. Das Glück lächelt, murmelte ich, Romantik grüßt. Doch trotz des freundlichen Bildes gelang es mir nicht, meine eher düstere Stimmung anzufeuern. Als ich das Schiebeluk wieder zuzog, um die Wärme des Salons nicht entweichen zu lassen, fühlte ich mich eher wie die kondensierte Luft, die von den Innenscheiben perlte. Schwer und von dichter Feuchte umgeben. Was war los?

Nachdem ich Kap Hoorn umrundet hatte, grübelte ich noch lange über die erlebten Abenteuer. Ich fühlte mich wie nach der Erledigung eines Auftrages. Etwas war überstanden, das Ziel war weg. Ein Gefühl von Blues kam auf und legte sich auf meine Seele.

Soviel zur lähmenden Verwirrung, doch Schluss damit. Entschlossen hielt ich der kühl aufziehenden Stimmung etwas entgegen: Eine Wärmflasche, die letzte aus dem Geschenkkarton von Jorge. Ich öffnete das Antidepressivum, goss den feurigen Argentinier, rot wie Purpur, dick wie Blut und voller Würze in das Glas und spürte seine Wirkung – sofort. Vor dieser gewaltigen Übermacht, konspirativ unterstützt durch bröselige Parmesanwürfel, verzog sich die Schwermut in die hinterste Reihe. Eine freche Leichtigkeit griente mich an, die mich schon bis an das Ende der Welt gebracht hatte und noch darüber hinaus begleiten sollte.

Das Tief war durch, die Aktivität räkelte sich. Dann kam in die matten Flügel wieder Bewegung. Ich griff nach Stift und Schreibblock und brachte Ordnung in einen umfangreichen Arbeitszettel.

Das raue Wetter in der rüden Region am Hoorn hatte Spuren hinterlassen und dem Rigg einiges abverlangt, so dass zunächst Pflege- und Reparaturarbeiten die Zeit der nächsten zwei Tage bestimmten.

Nachdem ich das Meersalz aus den Schoten sowie vom Deck gespült und die Nähte der Segel auf Schäden hin überprüft hatte, nahm ich mir den Motor vor. Ein Ölwechsel war dringend nötig, bei der Gelegenheit wechselte ich gleich noch den Kraftstofffilter. Das alte Problem der leckenden Wasserpumpe beschäftigte mich wieder, besonders in den letzten Wochen. In Buenos Aires hatte ich dafür viel Geld an eine Werkstatt bezahlt, besser gesagt, über Bord geworfen. Gebracht hatte es gar nichts.

Dani vom Yachtklub Ushuaia organisierte für mich zwei Motorspezialisten. Doch Vorsicht! Auf Grund einschlägiger Erfahrungen trat ich ihnen mit einem gewissen Argwohn gegenüber, denn in den Blaukitteln steckten meistens keine ausgebildeten Fachleute. Nach drei Tagen Fummelei bekamen sie die Sache tatsächlich in den Griff. Zum Dank lud ich die beiden in ein Restaurant ein, dessen Spezialität dem Geruch nach offenbar fettige Pommes waren. Der Koch, indianischer Abstammung, kaute auf Knoblauch und rollte sich während seiner Arbeit den Tabak in einen Fetzen vergilbter Druckerschwärze.

Das Essen war fertig, doch Halt – erst musste der Zeitungsstumpen in sein stacheliges Gesicht. Dann schob er uns die Teller schwungvoll über den Tisch. Bier folgte. Prost, Mahlzeit! Der Hamburger war köstlich, daran mummelnd addierte ich in Gedanken die Arbeitsstunden und kritzelte sie auf eine Serviette. Geschenkt, sagten sie in aller Bescheidenheit, wir sind Feuerländer, keine Argentinier. In dieser kleinen Geste lag ihre ganze Größe. Sie halfen, ohne dafür die Hand aufzuhalten.

In geordneter Konfusion

Nachdem ich AURYN, von der technischen Seite aus betrachtet, meine ganze Aufmerksamkeit geschenkt hatte, lauschte ich nun angespannt den Worten, die mir der innere Logistiker ins Ohr flüsterte. Für den neuen Abschnitt meiner Reise wollte ich gut vorbereitet sein, denn sie führte mich durch die chilenische Gletscherwelt und durch eine Natur, die fernab jeglicher Zivilisation lag. Ungefähr 2500 Seemeilen hatte ich dafür bis nach Valdivia auf den Seekarten abgesteckt und drei Monate plus X dafür veranschlagt. In der Konsequenz der Planung bedeutete es, dass alles, was ich dafür benötigte, hier in Ushuaia zu beschaffen war. Im beeindruckenden Gepolter dieser Gedanken „was nehm ich mit, was lass ich weg" folgte ich dem Spiel der Strömungen solange, bis ich einen Schreibblock nahm und darauf den umfangreichsten Einkauf meines Lebens kritzelte. Mit der Überschrift: Je länger die Reise, umso größer vorher das Chaos, kaufte ich zunächst 12 40-Liter-Kanister, fuhr mit ihnen leer zur Tankstelle und voll gefüllt zum Schiff zurück, wo ich sie an der Reling sorgfältig festbändselte. Auch wenn darin noch Übersicht lag, so verfing ich mich immer mehr im zarten Gespinst des Chaos.

Haben Sie eigentlich eine Vorstellung, wie es aussieht, wenn man für drei Monate einkauft? Auf AURYN sah es aus wie in der Lagerhalle von Aldi. Es stapelten sich Paletten von Getränken: Wasser, Bier, Wein, Rum, Säfte, H-Milch, Kakao und so weiter. Tüten von Mehl, Reis, Zucker, Kaffee, Tee, Pasta, Dosenfutter, Brot. Sechs Kilo eingeschweißtes Rinderfilet, Butter, Käse und Salami. Da standen unzählige Dosen von Sardinen, Corned Beef, Thunfisch, Suppen, Tomatensoße und mehr. Gläser voll Marmelade, Honig, rote Beete, Oliven. Kisten mit Rot- und Weißkohl, Zucchini, Tomaten, Porree, Salatköpfen, Zitronen, Möhren. Obstberge von Äpfeln, Bananen, Apfelsinen, Birnen, Pfirsichen und so weiter.

Es war nur der Bodensatz dessen, was insgesamt im Schiff verschwand. So weit, so gut – könnte man meinen. Doch von wegen, es wurde kritisch!

Es gab Probleme, genügend Katzenfutter und Streu fürs Katzenklo zu organisieren. Nachdem ich im ersten Supermarkt die Regale für Tierfutter und Hygiene abräumte, setzte es sich fort im zweiten und dritten und endete im vierten, wo der ungläubige Blick der Kassiererin noch lange hängen blieb. Egal, wohin nun mit dem ganzen Zeugs? In einem Geruch, der mich an einen dörflichen Wochenmarkt erinnerte, versuchte ich in das apokalyptische Chaos eine gewisse Scheinordnung zu bringen, beschriftete und sortierte. Bis ich mich mehr und mehr in dieser Ordnung vertüdelte.

Ich veränderte den Grundriss meiner schwimmenden Dreizimmerwohnung, indem ich aus dem zweiten Schlaf- und Badezimmer Vorratsräume machte und packte den Rest, der überwiegend aus Getränken und Dosen bestand, in die Bilge, bis die Bodenbretter darüber fast aufquollen. Die ganze Aktion dauerte drei Tage und danach wollte ich nur noch die Leinen zum Land kappen und endlich lossegeln, neuen Abenteuern entgegen.

Der Klang fremder Namen

Mit geschäftsmäßiger Entschlossenheit übergab mir der Sekretär des Yachtklubs die Rechnung. Nachdem ich bezahlt hatte und einen flüchtigen Blick auf die Wetterkarte warf, schlurte ich zurück zum Steg. Dabei spürte ich, dass der Wind zugelegt hatte und schmeckte das Salz in der Luft. Jetzt lag nur noch eines vor mir: Der Abschied! Der Preis, den wir für neue Freundschaften zahlen, liegt darin, adios zu sagen und zu spüren, dass man sich vermutlich nie wieder sehen wird. Zumindest nicht in diesem Leben. Im Farewell von meinen Freunden lag eine gedrückte Stimmung, während der Wind in meiner Jacke knatterte.

Argentinien, das Land der patagonischen Steppe, der derben Gauchos und der brüllenden Winde, lag endgültig hinter uns. Mit dem Wind im Rücken segelten wir auf Kurs Puerto Williams, um dort bei den Behörden einzuklarieren und das erforderliche Genehmigungspapier zum Befahren der chilenischen Gewässer zu erhalten. Der Wind wehte stark aus West, schob eine kabbelige Welle vor sich her und sorgte dafür, dass wir in schneller Fahrt die dreißig Meilen recht flott hinter uns ließen.

Über Puerto Williams noch Zeilen zu verlieren, hieße Zeit zu verschwenden. Wie es im Ort der schäbigen Fischerhütten, den grob zusammen gezimmerten Baracken, über die der Wind pfiff, aussah, haben wir ja bereits im Kapitel zuvor erfahren. Ich hatte mittlerweile mein Schiff wieder in die Obhut der alten Micalvi gegeben und mich auf den Weg gemacht, den Papierkrieg zu erledigen.

Im Charme der einfachen Blechhütte stand ich den hilfsbereiten Soldaten der Marine gegenüber, die Burschen kannten mich ja auf Grund der Rettungsaktion am Kap Hoorn und halfen beim Ausfüllen der Papiere. Es ging um die Beantwortung der umfangreichen Sicherheitsausrüstung, über meinen groben Törnverlauf und endete mit der Order, mich täglich zu einer vorgegeben Zeit über Funk zu melden. Aus Sicherheitsgründen, warf der Beamte grienend hinterher. Gelenkte Demokratie, dachte ich. Segelt, wohin ihr wollt – gemacht wird, was wir sagen! Wie auch immer, ich erhielt die Zarpe und verabschiedete mich vom wachhabenden Offizier, der die Hacken zusammenschlug und sagte: „man muss schon mutig sein und segeln können, wenn man das Hoorn bezwingt und durch Feuerland segelt“ nada – keineswegs, antwortete ich, es reicht schon, wenn man blöd genug und ohne Erfahrung ist, wie ich. Im heiteren Gelächter der Soldaten, knarrte die Tür und als sie hinter mir ins Schloss fiel, lag vor mir eine fast trügerische Ruhe und das letzte Licht des Tages. In bester Stimmung marschierte ich dem Fjord entlang, während sich die Dämmerung heranwälzte. Als sie sich verdichtete und zur Dunkelheit wurde, kehrte ich nach einem kurzen Imbiss zum Schiff zurück und freute mich auf einen ruhigen Abend.

Im gemütlichen Licht des gewärmten Salons blätterte ich voller Neugier im gerade erworbenen Kartenatlas der chilenischen Hydrografico, in dem sämtliche Seekarten für Chile praktischerweise in einem Band komprimiert waren. Entschlossen rasten meine Finger über die weglose Einöde der Andenkette bis in die Weite des Pazifiks. Hinüber zur Osterinsel zum Beispiel: Über dreitausend Meilen von der chilenischen Westküste entfernt, gehört sie ebenfalls zu Chile. Wie auch ein Teil der Antarktis. Ich liebe diese Momente am Abend vor dem Aufbruch, wo ich staunend vor fremden Namen, unbekannten Buchten und fernen Orten sitze und mich darauf freue, dass irgendwann aus den Momenten voller Geheimnisse und dem Klang fremder Namen Wirklichkeit wird. Ich staunte über die Abmaße des dünnen Küstenstrichs von Chile, der eingezwängt zwischen den Anden und dem Pazifik, mit einer Länge von circa 4000 Kilometern und einer Breite von nur 200 Kilometern, von der nördlichen Grenze zu Peru bis zum südlichsten Zipfel am Kap Hoorn verlief. Immerhin, neununddreißig Breitengrade nuschelte ich, während vier Babys an den Zitzen von Rio schmatzten.

Die Schande einer Schleppleine

Als sich der Nebelvorhang, der sich zwischen AURYN und das gegenüberliegende Ufer gelegt hatte, aufzog, verließ ich am Mittag Puerto Williams. Ich wollte solange westwärts vorankommen, bis es dunkel wurde, um dann eine Ankerbucht aufzusuchen.

Es wurde 18 Uhr, als ich weit vor mir weiße Segel erkannte. Eine Yacht quälte sich mühsam, hart am Wind ebenfalls westwärts. Eigentlich nicht erwähnenswert, wenn – ja, wenn nicht kurz darauf bekannte Stimmen aus dem Funkgerät knarrten. Welche Überraschung, plötzlich Peter und Gisela wiederzuhören, denen ich zuletzt in Buenos Aires begegnet war, nachdem ich sie vor zwei Jahren auf den Kapverden kennengelernt hatte. Die Welt ist klein, der Beagle-Kanal schmal. Und so kreuzten wir gegen den Wind und unterhielten uns dabei weiterhin über Funk. Sie waren mit ihrer Comodo auf dem Weg nach Ushuaia. Schade, zu gerne hätte ich mit ihnen noch eine Zeit verbracht, aber ich war bereits ausklariert in Argentinien und war froh, nun neuen Zielen zu folgen. So segelten wir gemeinsam eine Weile, während der Wind darüber mehr und mehr abnahm. Bis er so schwach wurde, dass wir die Segel einrollten und den Motor starteten. Was bei AURYN kein Problem war, für Comodo allerdings eins wurde. Ihre Maschine sprang nicht an! Comodo trieb nun, angeschoben vom unsichtbaren Strom, durch den Beagle-Kanal und würde dem felsigen Ufer bald gefährlich nahe kommen, das war klar. Es musste was geschehen, und zwar schnell. Nichts lag in diesem Moment näher als eine Leine und so bot ich der Crew an, ihr Schiff nach Ushuaia zu schleppen. Schnell war eine 50-Meter-Schleppleine bereit, ich fuhr längsseits an ihr Schiff, nahm die Leine auf und belegte sie auf die Achterklampe meines Schiffes. Vorsichtig zog AURYN an und dann folgte in der Schande einer Schleppleine und im Schatten der Legalität die mühsame Fahrt nach Ushuaia. Mühsam insofern, weil uns ein kräftiger Ebbstrom entgegenlief. Um Mitternacht kamen die Lichter der Stadt näher. Unsere blieben dunkel. Ich wollte vermeiden, unnötig aufzufallen. Erst als uns ein riesiges Kreuzfahrtschiff, das gerade Ushuaia verließ, mit großen Suchscheinwerfern anleuchtete, setzte ich Navigationslichter. Kurz vor dem Steg des Yachtklubs liefen unsere Schiffe aus. Bei Stillstand banden wir Comodo mit Vor- und Achterspring, sowie Vor- und Achterleine an die Backbordseite von AURYN, danach bugsierte ich das Schiff längsseits an den Steg des Yachtklubs. Beide Schiffe lagen nun sicher und verbunden mit dem Land. Es war wie verhext, die Stadt am Ende der Welt schien mich nicht loszulassen.

In schreiender Stille

Bevor es Ärger gab, weil ich die argentinischen Gewässer ohne „anzuklopfen" heimlich betreten hatte, zog ich still und leise die Tür ins Schloss und schlich mich sozusagen aus der Bucht.

Es war ein noch sehr früher, sonniger Morgen. Die Luft war klar, kalt und ein mäßiger Wind wehte aus Südost. Wie zum Abschied nickte AURYN der Zivilisation zu, als ich mein Schiff in den Wind stellte, um die Segel zu setzen. Das Tagesziel war der zwanzig Meilen entfernte Nationalpark Lapataia, dessen Ausläufer vom Wasser des Beagle umspült werden. Der Tag verging im harmonischen Segeln eines beständigen Windes und endete in der Stille einer romantischen Bucht. Wenn da nicht der Anker gewesen wäre, der mit sechzig Meter Kette den Frieden zerriss und die dösenden Seelöwen aufscheuchte, die mich verständnislos anblökten. Wir lagen umgeben von einer wunderschönen Landschaft aus sanften Hügeln, schneebedeckten Bergen, grünen Kieferwäldern und vor einem Wasserfall, dessen Fall im Eis erstarrt war. In diesem Bild umgab uns eine schreiende Stille, die ich mit Worten nicht zum Verstummen bringen mochte.

Kurz vor Sonnenuntergang nahm ich von einem plätschernden Rinnsal noch vierzig Liter Wasser auf, fütterte die „Raubtiere" und freute mich auf den nächsten Tag. Denn nun begann die Reise durch das Land des Regenbogens, der Gletscher, der Fjorde und noch ganz woanders hin!

Der nächste Tag wurde grau, kalt und hart.

Im Nieselregen und gegen einen hackigen Wind kreuzte ich zwischen den Ufern des Beagle-Kanals hin und her und wich zwischendurch kleineren Felsen aus, die von Möwenkot weiß überzogen waren. Es wurde ein mühsames Segeln, denn ich kam in acht Stunden nur verfluchte zwanzig Meilen voran. Es deprimierte mich, obschon ich dankbar sein musste, solche Ergebnisse in kaltnassen Tagen dem Wind überhaupt abgerungen zu haben.

Gegen Abend zog feiner Dunst auf. Bevor der Nebelvorhang fiel, schlüpfte ich gerade noch rechtzeitig in die Caleta Olla. Die geschützte Bucht kam wie gerufen, denn es zog eine weitere Schlechtwetterfront auf, dahinter lauerte bereits der nächste Tiefausläufer. Als AURYN sicher vor Anker lag, brachte ich zusätzlich zwei Leinen zum Land aus und befestigte sie an Bäumen. Das war gut so, denn die Nacht wurde zum Sturm. Das schrille Surren des Windes im Rigg hielt mich bis zum frühen Morgen wach. Ich zählte keine Schäfchen, sondern die Williwaws, die Orkanböen, die von den hohen Bergkämmen tückisch ins Tal stürzten und spürte ihre Gewalt im Hin- und Hertaumeln meines Schiffes. Und doch hatte ich ein gutes Gefühl. AURYN lag sicher.

Ein grausamer Konflikt

Obwohl der Wind weiter pfiff, lenkte ich am anderen Morgen mein Schiff aus der geschützten Ankerbucht wieder in den Beagle-Kanal. Weißes Wasser und eine steile See standen uns entgegen. 55 Knoten Wind las ich schwer beeindruckt ab, das sind nach Herrn Beaufort elf Windstärken. Darin reduzierte sich die Fahrt des Schiffes von fünf Knoten auf einen und auf den Moment, wo mir Segeln als der reinste Schwachsinn vorkam.

Ich wendete AURYN und war mit dem Wind im Rücken schnell wieder dort, von wo ich gerade aufgebrochen war. Die Schande des Rückzuges legte sich schwer auf meine Schulter, doch sie lehrte gleichzeitig. Dieser neue Törnabschnitt war der Beginn einer völlig anderen Reise und ich musste in dieser rauen Umgebung einfach lernen, geduldiger zu sein. Abzuwarten. Ha, das schreibt sich so klasse, hört sich so vernünftig an und war doch geradezu grausam! Wenn man das Bittere meines Konfliktes verstehen will, dann muss ich gestehen, dass es das Abwarten schwer hatte gegen die Dominanz meines Antriebs, der bei jeder Gelegenheit seine Chance im Hier und Jetzt nicht nur witterte. In dieser Grausamkeit, als es Geduld und Antrieb, Abwarten und Weiter, auf die Spitze trieben, stieg ich ins Dingi, ruderte durch die Bucht und enterte das Land.

Zwischen den Regenschauern unternahm ich eine Wanderung zum nahen Gletscher und marschierte durch eine feuchte Hochebene, entlang an einem reißenden Gletscherbach. Was ich dort sah, erinnerte an Bilder nach einem Inferno. Rings um mich herum war alles tot. Eine Geisterlandschaft von abgenagten Baumstümpfen und abgestorbenen, knorrige Ästen, die verloren in den Himmel ragten. Im Schlamm waren deutlich die Spuren der Verursacher zu erkennen: Biber, deren aus Zweigen aufgeschichteter Bau in der Mitte der Sumpflandschaft wie eine Burg aus der Apokalypse stand. Ich sah einige von den Monstern weghuschen, als ich auf knackende Zweige trat und über eine moosige Ebene zum Beiboot zurückkehrte.

Das schlechte Wetter hielt an. Sturm aus West, ein Gemisch aus Regen und Hagelschauern bei Temperaturen um 5° C. Die Sicht war miserabel und durch die Wolkenschwaden konnte man erkennen, dass das Unwetter in den umliegenden Bergen eine Neuschneedecke hinterlassen hatte und sprudelnde Wasserkaskaden sich über steile Felswände ergossen.

Die Logik einer Option

Zwei Tage hielt mich das schlechte Wetter bereits in der Bucht fest und immer noch gab es keine Tendenz zur Besserung, damit ich westwärts weitersegeln konnte. Die Parole hieß weiterhin: Abwarten. Darin lag auch etwas Gutes, ich konnte mein Logbuch ergänzen, schrieb ein paar Briefe in ein früheres Leben und studierte Möglichkeiten unbestimmter Ziele. Einen konkreten Plan über den weiteren Verlauf meiner Reise nach Valdivia, das ich in drei Monaten erreichen wollte, gab es nicht. Die Osterinsel, weit draußen im Pazifik, reizte mich sehr. Pitcairn Island, wo die Nachkommen der Meuterer von der „Bounty" lebten, schien geradezu verlockend. Und dann natürlich die Südsee. Bora-Bora, Tahiti. Ich sah polynesische Schönheiten, die mit flinken Fingern meinen Rücken massierten, hörte das Rauschen der Palmen, die Klänge der Ukulele, während es über mir im Rigg kreischte und Hagelschauer aufs Deck prasselten.

Weil der Wind weiter aus West blies und schräg gegenüber dem Beagle-Kanal eine Wasserstraße nach Süden führte, wurde ich immer mehr von der Logik der Option hin- und her gerissen, den Canal Murray zu erkunden.

Die Gedanken daran hatten meine Neugierde geweckt und fanden Nahrung in jener Unruhe, die ich schon den ganzen Tag über verspürt hatte. Es brauchte Zeichen. Sie kamen und nahmen Gestalt an: Ein Wind, der sich querstellte, ein Kanal, der nach Süden führte, die Zeit, die ich hatte und eine Unruhe, der ich noch nicht Herr wurde. Doch dann, als ich mit dem Finger auf der Seekarte der Wasserstraße südwärts folgte, bekam die Unruhe Kontur und einen Namen: Kap Hoorn! Die Gegend ließ mich nicht los. Durch die Hektik der Umrundung, den Besuch auf dem letzten Felsen vor der Antarktis, verbunden mit der Rettungsaktion der französischen Crew, verschwand ich viel zu schnell aus einer Region, die ich nicht wirklich wahrgenommen hatte. Kap Hoorn, murmelte ich, zwängte mich in die Regenjacke und stieg an Deck. Es kachelte heftig und regnete stark, als ich die Kapuze überstülpte, den Scheinwerfer anknipste, um die Leinen sowie den Anker zu überprüfen. Dann klopfte ich mir den Regen aus der Jacke, war zurück im warmen Salon, kroch unter die Decke und las Herman Melville:

„Seefahrer oder Landratte, auf jeden wartet sein Kap Hoorn. Männer, hütet euch, rüstet euch beizeiten. Ihr Alten! Dankt Gott, dass es vorbei ist. Und ihr, die ihr glücklich lebt, bildet euch nicht ein, Glück sei Verständigkeit und Klugheit, denn trotz der Dotter in euren Eiern wärt ihr gescheitert, wenn es um Kap Hoorn gegangen wäre!"

Herman rutschte vom Bauch, ich war eingeschlafen und träumte wild. Als ich aufwachte, nahm ich das Buch vom Boden, schlug ein paar Eier in die Pfanne und machte nach einem ausgiebigen Frühstück das Schiff seeklar.

Es war soweit und konnte losgehen. Ich löste die Landleinen, zog sie an Deck und überließ der ratternden Winsch die Arbeit, den Anker an Bord zu hieven. Dann verließen wir die Caleta Olla, überquerten den Beagle und verschwanden im Canal Murray. Mit rauschender Fahrt im starken Wind passierten wir schroffe Kulissen und segelten Richtung Süden.

Die Wolkendecke öffnete sich, Sonnenstrahlen zeichneten den Weg und nach 50 Meilen lagen wir am Abend vor Anker in der Caleta Martial.

Abendessen. Ich musste etwas mehr Disziplin in die freche Raubtiergruppe bekommen, packte einen Tiger nach dem anderen, zog ihre gierigen Mäuler aus meinem Hackbraten und warf sie zurück auf die Sitzbank. Von dort nahmen sie einen neuen Anlauf, um über meine Beine wieder auf den Tisch zu gelangen. Zu putzig – ich ließ sie.

Doch jetzt drifte ich ab, ich wollte auf etwas ganz anderes hinaus, denn ich befand mich

Im magischen Reiz eines listigen Gedankens

Während des Essens, der Teller stand praktischerweise auf der Seekarte, eher zufällig auf der des Südpolarmeeres, hörte ich ein fernes Gemurmel. Es ähnelte meinem eigenen und war zunächst noch undeutlich. Dann bekam es Gesicht. Namen schwirrten durch den Raum, Namen von antarktischen Inseln und Buchten, sie mischten sich mit verschwommenen Wörtern wie: Drake-Passage, Eisberge, arktische Konvergenzzone, Strömungen, Shackleton. Das Wort, das jetzt ganz klar und deutlich zu verstehen war, hieß: Antarktis! Eine knisternde, fühlbare Spannung lag in der Luft. Wie weit ist es eigentlich bis dorthin, fragte ein listiger Gedanke. Ungefähr 650 Seemeilen, durchs rüdeste Seegebiet dieser Erde antwortete eine mahnende Rauheit. Werd' nicht übermütig, mischte sich nun die nüchterne Vernunft ein. Sie versuchte, sich energisch Gehör zu verschaffen, um sich von der virulenten Spontaneität zu unterscheiden. Doch diese wich nicht zurück, eher gewann sie an Präzision und Kraft und dann war mir klar, dass ich dem Reiz der Idee nicht mehr widerstehen konnte. Noch jemand half, indem er zerrte.

AURYN zerrte in den mächtigen Böen am Anker, als wolle sie mich daran erinnern, dass sie mich überallhin bringen könne, solange ich nur genügend Entschlossenheit an den Tag legte.

Jetzt war es raus – Antarktis. Im Reiz dieses magischen Namens hört die Phantasie des einen auf, während sie bei anderen ungeahnte Visionen produziert. Weil ich mich zu den letzteren zählte, wollte ich die Sicherheit der geschützten Ankerbucht aufgeben und einem Gefühl nachgehen, welches auf den ersten Blick nicht gerade mit Vernunft in Einklang zu bringen war. Aber es war das alte Spiel, es reizte mich umso mehr, gerade weil es unvernünftig war.

In kaltfeuchter Luft wachte ich auf, die Scheiben der Fenster waren von innen kondensiert und draußen zeigte sich der Tag in schaumigem Nebel und dünnem Nieselregen. Freundlich dagegen schien die Wetterkarte. Die weit auseinanderliegenden Isobaren verrieten, dass die Tiefdruckgebiete verschnauften und die Drei-Tages-Prognose versprach moderate Winde aus dem westlichen Sektor. Zusammen genommen ergab es allerbeste Voraussetzungen dafür, das Abenteuer zu wagen.

Das Licht des Südens

Gegen Mittag lag der Felsen von Kap Hoorn achteraus, wir segelten nun in der berüchtigten Drake-Passage. Das nautische Handbuch der „Sailing Directions for Antarctica", von der US-Marine herausgegeben, beschreibt sie wie folgt: „Etwa auf 67° südlicher Breite existiert eine extrem große Tiefdruckzone, die einer gigantischen Senke gleicht, in die Hochdruck aus nördlicher Richtung einströmt, begleitet von fast ununterbrochen tobenden westlichen Orkanwinden. In der Drake-Passage erreichen die Winde häufig Sturmstärke mit einer Geschwindigkeit von

150-200 Meilen pro Stunde. Winde derartiger Stärke sind sonst nicht bekannt, außer vielleicht in einem tropischen Zyklon".

Das klang nicht nach maritimer Prosa und endete mit dem nüchternen Tipp, sich möglichst von der Drake-Passage fernzuhalten!

Die Warnung beeindruckte mich so tief wie eine Fußnote in einem Handbuch für Rucksacktouristen. Ich hatte etwas angefangen und wollte es zu Ende bringen, nicht gleich wieder wenden. Im Gegenteil, ich fierte die Schoten auf und ließ mein Schiff laufen. Der Wind hatte aufgefrischt und wehte nun mit fünf Beaufort aus West. Am Nachmittag befanden wir uns in der Nähe jener Position, an der eine See die F'Murr auf die Seite gelegt und damit das Abenteuer eingeleitet hatte, das uns im vorigen Kapitel eine Menge Aufregung verschaffte.

Kurz darauf kreuzte AURYN eine Seeroute voller Geschichte und kam in ein Gebiet, wo sich die alten Windjammer vom Atlantik in den Pazifik gequält hatten, indem sie Kap Hoorn weit an Steuerbord ließen und sich gegen den Wind und Strom stemmten. Westwärts, hieß der Kurs. Nach Indien, um neue Handelswege zu entdecken. Nach Indien, das Kolumbus vergeblich versucht hatte zu entdecken, denn das Indien des Don Christoph waren die Inseln der Karibik. Erst zwanzig Jahre später, 1513, entdeckte Balboa den neuen Ozean, allerdings vom Land aus. Er stand auf dem Isthmus von Panama und schaute westwärts auf ein neues Wasser – den Pazifik. Fernando Magellan blieb es dann vorbehalten, 1520 die Mauer des amerikanischen Kontinents zu überwinden, als er einen Durchschlupf durch das düstere Labyrinth der Patagonischen Fjorde fand und seine Flotte in das Licht des Stillen Ozeans führte. Erst dreihundert Jahre später buddelten die Amis einen Kanal durch Panama und schufen somit die künstliche Verbindung zwischen dem karibischen Meer und dem pazifischen Ozean. Nachdem das Wunderwerk des Hoch- und Tiefbaus gelang und der Panamakanal eröffnet wurde, starben die alten Segelschiffe und die Drake-Passage blieb so gut wie unbefahren.

Abgesehen von einem blauen Segelschiff, das weiterhin gen Süden segelte. Dem ewigen Eis entgegen. Die Nacht war ruhig, der Wind blies konstant aus West. Es gab keine Arbeit mit den Segeln und weil es im Cockpit beißend kalt war, hielt ich mich überwiegend im Salon auf. Entweder sitzend vor dem Kartentisch oder liegend in der Koje. Wobei ich aufpassen musste, nicht einen der vierbeinige Zwerge zu erdrücken, wenn ich in den Schlafsack krabbelte.

Am Morgen des zweiten Seetages lagen bereits 120 Seemeilen hinter uns.

Als ich nach der Positionseintragung ins Cockpit trat und in das Licht des Südens blinzelte, empfing mich der kälteste Tag. Das Thermometer zeigte drei Grad Celsius. Vordergründig spürte ich die Kälte im nassen Wind, doch im anderen Winkel meines Bewusstseins lag etwas anderes auf der Lauer: „Hoffentlich rammen wir keinen Eisberg" stammelte ich vor mich her. Dieser Gedanke beeinflusste meine Entscheidung, von nun an permanent Wache zu schieben. Zumindest alle zwanzig Minuten wollte ich nach treibenden Eisbergen Ausschau halten, denn die Natur interessiert es nicht, ob ich nach einem Ramming überlebe oder absaufe.

In der berüchtigten Wasserwüste südlich von Kap Hoorn, wo der Atlantik auf den pazifischen Ozean prallt, segelten wir weiter nach Nirgendwo. Das ist eher als eine Metapher zu verstehen, denn dieses Nirgendwo hatte Koordinaten und trug einen Namen: Deception Island, unmittelbar vor dem Eiskontinent. Bis dahin waren es noch ungefähr 480 Seemeilen und ich hoffte sehr, dass mich bis dahin arktische Stürme mit ihren gewaltigen Seen, die von keinem Land dazwischen gebremst wurden, verschonten.

Bisher hielt sich der Wind ausnahmsweise an die Wetterprognose und schien uns gnädig. Aber ich war auf der Hut, so ganz traute ich dem Frieden nicht, denn ich wusste mittlerweile, was das rüdeste Gewässer dieser Erde an Überraschungen in petto hält.

Verloren in Raum und Zeit

Aus dem Logbuch:

3. Seetag – Position: 59° 40'Süd, 65° 32' West. Kompass-Kurs: Süd-Südost. Wind aus West 4 Bft, Tendenz abnehmend. Baro: etwas steigend. Segel: Groß/ Genua auf Halbwindkurs. Besonderes: Ruhige Nacht. Keine Schiffe.

Der vierte Tag wurde völlig anders. In dieser ansonsten orkanumtosten Gegend wurde es am Nachmittag sogar windstill, dann waberten leichte Dunstschleier. Die Feuchtigkeit legte einen zarten Schleier auf das Deck, bald würde der Nebel kommen, dachte ich. Es dauerte bis zum Abend. Dann wälzte sich eine Nebelwand heran, verschlang uns nasskalt und packte sich schwer auf uns. Die Segel waren mittlerweile eingerollt, AURYN fuhr unter Motor durch eine Wand ins Nichts. Der dichte Nebel brachte mich dermaßen durcheinander, dass ich jedes Gefühl für Zeit und Raum verlor. Ich glaubte, Geräusche zu hören, wo keine waren, sah die Umrisse von Eisbergen, die ich mir einbildete und starrte über den Bug auf einen grauen Vorhang. Die Zeit löste sich auf und wurde zur Ewigkeit, in ihr spürte ich, wie sich über den Nebel ein anderer Schleier legte, der meiner Angst. Ich bibberte, wenn auch mehr aus Kälte und schwitzte, während der Fahrtwind mich auskühlte. In diesem lähmenden Gefühl von Hilflosigkeit hatte ich eine latente Angst, von einem Eisberg erwischt zu werden, und es war wohl jetzt der Zeitpunkt, mir eine Zigarette anzustecken. Aber ich rauche nicht, stattdessen unternahm ich den jämmerlichen Versuch, eine Melodie zu pfeifen, die an Noel McLaughlins „Galway Bay“ weit vorbeischrammte.

Ein Licht! Wie gebannt schaute ich auf den Schein. War das ein Schiff? Ich stellte den Motor ab und lauschte in die feuchte Stille. Da war nichts, außer den schwappenden Wassergeräuschen am Rumpf. Auch das Radar zeigte kein Signal. Als ich wieder ins Cockpit trat, war das Licht weg. Dann wieder da, bis ich hinter den Vorhang des Narrenspiels schaute und einen Stern entdeckte. Der Nebel löste sich in seiner ganzen Gnade auf. Endlich, sagte ich mir und starrte wie hypnotisiert auf den Stern. Er gab mir neuen Mut und schob die Übermüdung weg. Anderes drängte in Vordergrund, die entblößten Eindrücke von einem klaren Himmelsgewölbe, wie ich es in dieser plötzlichen Reinheit der Luft nirgendwo sonst ähnlich prachtvoll erlebt habe. Ich drückte dem Moment meine Dankbarkeit aus, indem ich betete und eine CD einlegte: Griegs Morning silent. Der Himmel brannte rot, der Tag dämmerte, die Sonne stieg aus dem Horizont. Es war wunderschön, nur eines fehlte: Der Wind.

Im Traumland

Nachdem sich der Nebel verzogen hatte, motorten wir durch den fünften Tag und erreichten die antarktische Konvergenzzone. Schlagartig fiel die Temperatur von 8° C auf minus 1° C. Der Himmel verdichtete sich, leichter Schneefall setzte ein. Ein diffuses Licht schummerte durch eine tiefhängende Wolkendecke. In diese Unwirklichkeit hinein verließ ich die Welt, die ich kannte, denn bei der Positionseintragung befanden wir uns südlicher als Afrika im Osten und Neuseeland im Westen. AURYN segelte nun dem unteren Ende der Welt entgegen, wo alle Meridiane wie Schnüre zusammenlaufen und sich am Südpol verknoten.

Am sechsten Tag erreichten wir den Rand des Eiskontinentes und fanden uns nach 614 Seemeilen (ich wollte es ganz genau wissen) auf Deception Islands in der Antarktis wieder. Klingt irgendwie lapidar, fast gleichgültig und eher nach einem in die Länge gezogenen Herbstnachmittag, oder? Jedenfalls nicht nach dem Segelabenteuer, gerade eines der rüdesten Meere dieser Erde hinter sich gelassen zu haben. Es dauerte, bis mir all das bewusst wurde. Greifbarer war mir die Erkenntnis, einfach verdammt viel Glück gehabt zu haben, nicht in einen arktischen Sturm geraten zu sein, auf einer Strecke, die es ansonsten in sich hat.

Wir waren jetzt seit zweieinhalb Jahren unterwegs und erreichten die südlichste Position unserer Reise. 62°59' südliche Breite und 60°33' westliche Länge zeigte das GPS, AURYN ankerte vor Deception Island. Morgens um 9 Uhr verschwand sämtliche Müdigkeit, ich konnte den Blick auf den neuen Kontinent kaum erwarten. Doch welche Enttäuschung, ich sah so gut wie nichts und starrte auf eine diffuse Grenze aus Nebel und Traumland.

Den Vormittag verschlief ich am Ankerplatz. Es war Nachmittag, als mich dicke Eisbrocken weckten, die an der Bordwand klöterten. Schläfrig steckte ich den Kopf aus dem Luk und entdeckte unzählige Eisschollen und bizarre Eisgebilde, die nun in der Bucht und um uns herum trieben. Es war der Moment, wo sich der Nebel mit seinen gewaltigen Massen fortrollte und es kam der Zeitpunkt, der mir geeignet erschien, im Dingi eine kleine Exkursion zu starten.

Mit dem Handecholot prüfte ich aus dem Beiboot einige Stellen, um exakte Tiefenangaben zu erhalten, weil ich mit AURYN so weit es ging an die Eiswand heranfahren wollte, um Fotos zu machen. Dann fand ich eine Stelle zum Anlanden und betrat den sechsten Kontinent – die Antarktis. Jetzt erst war ich angekommen – stand ich in der Antarktis oder stand ich auf ihr? Schwierig zu sagen, umso geiler war das Gefühl. Es krabbelte mir warm den Rücken hinauf und wieder hinunter. Ich kam nicht dazu, es festzuhalten, denn es gab ein paar Typen, die etwas gegen mein Eindringen in ihre Region hatten. Sie brüllten mich an und erst jetzt entdeckte ich die Seeelefanten, die im Kies verstreut vor sich hin dösten oder mich aufgeregt anbrüllten.

Dahinter watschelten Pinguine hoch erhobenen Hauptes geschäftig hin und her. Ich näherte mich ihnen vorsichtig, sie hatten überhaupt keine Scheu und setzte mich etwas abseits. Während ich so tat, als würde ich sie nicht beachten, rückten sie neugierig näher. Ich haute ab, schob das Dingi vom Kiesstrand, sprang hinein und ruderte zurück zu AURYN, die in einer unwirklichen Umgebung inmitten von Eisschollen vom leichten Wind hin und her bewegt wurde, bis sie in den Anker ruckte. Es war weit nach zweiundzwanzig Uhr, als ich mein Schiff erreichte und das Gefühl hatte, als wolle die Sonne im antarktischen Sommer überhaupt nicht mehr untergehen. Denn noch immer, wenn auch in milchigem Dunst, warf sie ihr Licht in den kühlen Abendhimmel.

Die Nacht wurde eiskalt. Obwohl die Heizung bollerte, wurde es im Schiff nicht mehr warm. Die Kälte stieg von unten herauf. Noch einmal steckte ich den Kopf aus dem Schiebeluk und blickte auf den sechsten Kontinent. Eine düstere Dämmerung legte sich wie ein dunkles Tuch über das Eis, auch ich legte mich in die Nacht und schlief mit Pudelmütze ein.

Die Raubkopie made in Taiwan

Am nächsten Morgen lag feiner Schnee an Deck, der Südwind trieb riesige Eisbrocken in die Ankerbucht und dicke Eisschollen verhinderten meine Weiterfahrt zur ukrainischen Forschungsstation Vernadsky. Ihr wollte ich eigentlich einen Überraschungsbesuch abstatten, nachdem ich ein paar Mitarbeiter dieser Station in Ushuaia anlässlich eines Vortrages kennengelernt hatte. Die Wissenschaftler aus dem Osten sind nicht die einzigen, die hier unten ihrem Job nachgingen. Die Antarktis ist territorial aufgeteilt und in jedem Stück unterhalten die großen Nationen dieser Welt ihre Forschungsstationen. Neben geologischen, biologischen und meteorologischen Aufzeichnungen stehen besonders die Auswirkungen des Ozonloches im Mittelpunkt ihrer Beobachtungen. Zu diesem Thema besuchte ich jene schon erwähnte Vortragsveranstaltung in Ushuaia, bei der mir sehr eindrucksvoll die Erwärmung der Atmosphäre vorgeführt wurde. Die Ozonschicht, die uns vor der ultravioletten Strahlung schützt, war im Jahr 2000 45 % dünner als der bis dahin niedrigste Wert und das Loch, das der ignorante Mensch, wohl wissend verursacht durch FCKW aus Kühlschränken, Spraydosen und Klimaanlagen, in die Hülle der Erdatmosphäre gerissen hat, liegt über der Antarktis und ist mittlerweile zweimal so groß wie Europa. Das weiß mittlerweile selbst Klein-Fritzchen. Auch Klein-Erna lernt bereits in der Vorstufe, dass aufgrund der Erderwärmung die Pole schmelzen. Bezogen auf die Antarktis bedeutet das, dass ihre Wassertemperatur zum ersten Mal auf 3° Celsius anstieg. Renommierte Wissenschaftler prognostizieren einen Temperaturanstieg auf 10,4° im nächsten Jahrhundert. Wenn man bedenkt, dass der letzten Eiszeit eine klimatische Veränderung von neun Grad voraus ging, bekommt man eine ungefähre Ahnung vom apokalyptischen Vortrag der Wissenschaftler. Dennoch und gerade weil wir es alle wissen, machen wir heute so munter weiter, als ob uns morgen irgendwo ein zweite Erde zur Verfügung stünde. Klar, wir leben ja im Zeitalter des Wehwehwehs und können ja mal reinschauen ins Web, ob es bei Ebay nicht schon eine Raubkopie der Erde gibt: Menschenresistenter und made in Taiwan.

Das Antlitz des Schicksals

Zwei Riesen der Ozeane kreuzten in die Bucht, ihre Rücken glänzten im zarten Sonnenlicht. Deutlich sah ich, wie die Wale ihre Wasserfontänen ausbliesen und weiter zogen, durch den Frieden dieses Augenblicks.

Es herrschte absolute Windstille, mehr und mehr brach die Wolkendecke auf. Die Voraussetzungen waren ideal, um ein paar Momente im ewigen Eis zu dokumentieren, besonders jenes Bild zur Wirklichkeit werden zu lassen, das sich bereits in der Karibik in meinem Schädel eingemeißelt hatte:

AURYN unter dem blau-weißen Blister vor dem aquamarinen Blau der Gletscher. Im vorsichtigen Slalom näherten wir uns der steil aufragenden Wand eines imposanten Eisgebildes. Ich schaltete den Motor aus, setze als Kontrast ein Segel, überließ AURYN sich selbst und stieg ins Beiboot. Während mein Schiff sachte durch ein Meer von Eisbrocken trieb, filmte und fotografierte ich aus dem Dingi heraus. Atemberaubend war der Anblick und die Stille geradezu hörbar. Alle Literatur über die Antarktis mag interessant sein, was das Auge sieht, übertrifft alles. Hier bekommt man hautnah eine Vorstellung von der Größe und der Macht der Natur.

Als ich wieder an Bord stieg, war ich wie benommen. Es war nahezu perfekt. Das Licht, die Stimmung. Ich fühlte eine aufgekratzte Euphorie und war mehr als zufrieden, eine Grenze überschritten zu haben, einen Augenblick in der Gegenwart zu erleben, den ich niemals vergessen würde. Diesen Moment hielt ich behutsam fest und verstaute ihn sorgfältig, denn ich wusste, dass diesem Ausdruck von Glück, im Antlitz eines Schicksals, das es weniger gut mit uns meinte, bald schon wieder geduckte Worte in Demut gegenüberstehen würden. Sehr bald schon ...

Im Auf und Ab der Emotionen saß ich am nächsten Nachmittag durchgefroren und frustriert im Cockpit und fühlte mich hereingelegt. Was war passiert? Nun, ich hatte vor, noch weiter südwärts zu segeln. Vielleicht schafften wir es, die Vernatzky-Station zu erreichen. Doch ich kam gerade mal bis zum Rand der Bucht und nicht mehr darüber hinaus. Beim Hinaussegeln zwischen den Eisblöcken lies ein dumpfer Schlag das Schiff erzittern. Es war ein Ramming mit einem unsichtbaren Eisklotz, einem so genannten Grawler, unterhalb der Wasserlinie. Als ich die Bodenbretter hochnahm, um einen möglichen Wassereintritt zu prüfen, fand ich Gott sei Dank nichts, was darauf schließen ließe. Auch als ich ins Dingi stieg, um den Rumpf nach Beschädigungen abzutasten, entdeckte ich weder Schrammen noch Schlimmeres. Wie auch, der unsichtbare Feind hatte ganz woanders zugeschlagen, tiefer und weniger am Rumpf. Die Katastrophe wurde hörbar, als ich den Motor startete, um zum Ankerplatz zurückzukehren. Nachdem ich die Drehzahl erhöhte, zitterte das Schiff und ich erschrak. Starke Vibrationsgeräusche kamen aus der Richtung von Antriebswelle und Propeller. Ich gab mehr Gas, doch bereits bei 1400 Umdrehungen waren die Erschütterungen des Rumpfes so stark, dass ich um mein Schiff bangte. Langsam lenkte ich die angeschlagene AURYN wieder zurück zu jenem Ort, der gestern noch meine Begeisterung und Phantasie geweckt und angeschoben hatte. Doch heute machte das einem Gefühl von matter Hilflosigkeit Platz – auch wenn darin Kraft zum Fluchen lag. In erzwungener Isolation saß ich in Schwermut und Selbstzweifeln gedankenverloren im Salon und fühlte mich durch meine selbstsüchtige Reise bestraft. Auch wenn ich mir Gelassenheit vorgaukelte, ließ sich der jammernde Bewusstseinsstrom nicht aufhalten. Schlimmer noch, plötzlich wurden einige Erinnerungen an erfahrenen Ungerechtigkeiten wach und ich dachte an Ereignisse, die in meinem Leben schief gegangen waren, obwohl sie schon lange zurücklagen. Wieso ausgerechnet jetzt, wunderte ich mich und trieb einen Keil dazwischen, denn ich hatte andere Sorgen. Wie sollte es nun weiter gehen, welche Taktik wollte ich wählen, um das Risiko nicht zu verdoppeln?

Im Hin und Her des Für und Wider

Völlig klar war, dass mein Vorhaben, weiter in die Antarktis vorzudringen, mit dem Wellenschaden viel zu gefährlich wäre, wo doch bereits die an der Bordwand schabenden Eisschollen mir mitteilten, dass ein Fiberglas-Boot in dieser Region nichts zu suchen hatte. Dennoch, so schnell aufgeben wollte ich auch nicht. Im Für und Wider vager Möglichkeiten konnte ich diese bis in die Ewigkeit abwägen oder zur Grundlage meines Handelns machen. Das tat ich und entschied mich für den Rückzug. Auch deshalb, weil mir der Wetterbericht die Entscheidung leicht machte. Denn nach der Vorhersage sollte der Wind in den nächsten Tagen aus Südwest wehen, das bedeutete optimale Voraussetzungen, um unter Segeln den südamerikanischen Kontinent wieder zu erreichen.

Es war ein trockener Morgen mit eisiger Luft und verhangenem Himmel. Gerade in dem Moment, als ich AURYN vorsichtig durch einige Eisfelder in Richtung offenes Wasser steuerte, brachen die Sonnenstrahlen durch die Wolkenmassen und ließen die Farben des Eises noch kräftiger funkeln. In diesem Bild von einem Abschiedsgruß wehte ein eher zaghafter, trügerischer Wind.

Die Wettervorhersage und das fallende Barometer waren Indikatoren genug, um einer düsteren Vorahnung Nahrung zu geben. Auf der Hinfahrt hatte ich verdammt viel Glück gehabt, doch nun wurden die Karten neu gemischt. Ich musste das Wetter nehmen, wie es kam, auch wenn die Vorzeichen schlecht standen, so bedeuteten sie Wind und den brauchte ich, um Tierra del Fuego wieder zu erreichen.

Mein Plan bestand darin, zunächst eine geschützte Ankerbucht in der Region um Kap Hoorn aufzusuchen, dort wollte ich unter das Schiff tauchen, um mir einen Überblick über den Schaden zu verschaffen. Alles Weitere würde sich dann ergeben. Das Südpolarmeer nahm uns wieder auf, wir segelten Kurs Nordwest. Im schwachen Schein der Navigationsecke tippte ich die Koordinaten in das GPS, fütterte kurz die Katzen und trimmte die Segel nach. Der Wind hatte zugenommen und wehte frisch, er fegte meine klammen Gefühle weg. Ich schöpfte wieder Kraft und Mut aus einer gleichsam immer sprudelnden Quelle – dem Meer.

Dialog einer Nachtfahrt

Im Spiegelbild der Edelstahlwinsch sah ich mir bei der Arbeit zu, ich musste die Segel reffen, weil der Wind nun böiger wurde. AURYN rauschte in die erste Nacht und dahin zurück, woher wir kamen. Kurs Feuerland.

Im Cockpit lag ich dick vermummt und eingerollt im Schlafsack und starrte ins Nichts. Seit fast zwei Wochen waren wir weder einem Schiff geschweige denn einer Seele begegnet, in einem Zustand temporärer Einsamkeit schlief ich ein und als ich erwachte, hatte ich Besuch: Der Mond war aufgegangen und schickte seinen matten Glanz in einen Raum, der aus nichts als Unendlichkeit bestand. Unter einem Himmel voller Sterne zog AURYN gelassen ihre Spur durch eine kalte Einöde, nur das gedämpfte orangefarbene Kompasslicht suggerierte einen zarten Schimmer von Wärme. Die Einsamkeit war immer noch nicht durch. Sie schaukelte sich im Rhythmus der See wieder hoch, so dass ich mein Gemüt dabei ertappte, wie es sich noch oder schon wieder im gedimmten Dialog zweier Abteilungen befand. Angeführt von der einen, die voller Entschlossenheit auf den neuen Kurs ging und der anderen, diesem alten Weggefährten aus dem Bereich der Selbstbejammerung, der voller Bedenken gerne an den Rumpf klopfte. Aber den Typen wollte ich hier nicht und drängte ihn zur Seite. Die Sonne war mittlerweile aus dem Horizont gestiegen und mir war nach einem deftigen Frühstück. So stieg ich gähnend in die Pantry, warf im Vorübergehen einen routinemäßigen, wenn auch müden Blick auf das Barometer und wurde hellwach, als ich erkannte, dass die kleine Nadel um acht Strich durchgesackt war! Da kam was auf uns zu, das war klar! Nur was, davon hatte ich keine Ahnung.

In einer zunehmend höheren See, also unter schlechten Arbeitsbedingungen, bekam ich ein ganz anständiges Omelett hin, jedenfalls hatte ich schon wesentlich Schlimmeres von meinem Smutje serviert bekommen. Ich aß im Cockpit, auch wenn das Essen im frischen Wind rasch kalt wurde, erfreute mich an dem, was außer uns noch so unterwegs war und sah einer imposanten Flugschau arktischen Gefieders bei ihrer Arbeit zu. Ich schaute auf zum Gleiten der Albatrosse, hinüber zu einem Riesensturmvogel, zu den Skuas und Kormoranen. Alle zusammen waren sie in ihrem Element und schwebten elegant über ein Meer, das mehr und mehr von weißen Schaumkronen überzogen wurde. Der Wind hatte nochmals zugelegt und blies jetzt stark aus West.

Warmduscher an Steuerbord

2. Seetag – Nachmittags. Ich reffte gerade die Segel, schaute nach vorn in den Trimm der Genua und ... blickte erstaunt auf ein weiß schaukelndes Ungeheuer! Vor dem Bug, ungefähr fünf Seemeilen entfernt dampfte ein Kreuzfahrtschiff in Richtung Antarktis. Es war die „Caledonian Star". Ich hatte mittlerweile Funkkontakt mit der Brücke des Ozeanriesen aufgenommen und

unterhielt mich mit dem wachhabenden Offizier über die Kurse unserer Schiffe, deren Ziele und bat um den aktuellen Wetterbericht. Als ich ihn vernahm, gab er der schwachen Vorahnung die Kontur einer Sturmwarnung! Angesichts dessen, was vor uns stand, wünschten wir uns eine gute Reise und viel Glück. Dann knackte es im Funkgerät. Im Rauschen der Frequenz schaltete ich es ab und blickte dem Dampfer hinterher, bis er hinter dem Horizont versank. Auf dem Weg ins Eis. Ich dachte an den exklusiven Komfort an Bord eines solchen Luxusdampfers und daran, was die überwiegend älteren Gäste (Aussage des Offiziers während unseres Funkgespräches) dazu bewegte, sich auf das raue Abenteuer Antarktis einzulassen. War es das Gegenmittel zu den Bequemlichkeiten und dem eingebauten Komfort unserer Kultur? Lag in den Adventures die Weigerung, das Altern ernst zu nehmen, den langsamen unspektakulären Lauf des Lebens selbst? Wie auch immer, man zahlte eine Menge Geld (ich hatte über Funk angefragt) und bekam sicher einiges geboten. Von der Faschingsfete im Südpolarmeer bis zur Damenwahl, über Captain`s Dinner bis zum Bowling auf See. Wie bitte? Ach so, das Animationsteam weist darauf hin, ich möge die Ausflüge in die Natur nicht unerwähnt lassen. Okay, natürlich gibt es auf diesen schwimmenden all-inclusive-Dampfern die Möglichkeit zu Ausflügen in die nähere Umgebung. Wenn's denn sein musste – unbedingt, allein schon wegen der Fotos in friedlicher Landschaft. Hin und wieder bekamen die Warmduscher auch einen ehrlichen Eindruck von der Zerstörungskraft der Naturgewalten. Hautnah und mittendrin. Es war der 22.01.2001, als die „Bremen" aus der Antarktis zurück kam, sich im schweren Wetter befand und von einer 35 Meter hohen Wasserwand getroffen wurde. Die Welle brach sich über das Vorschiff und krachte mit solcher Wucht auf die Scheiben der Brücke, dass sie dem Druck nicht standhielten und zerplatzten wie nach einer Detonation. Das Seewasser suchte sich seinen Weg ins Schiffsinnere, während der Dampfer manövrierunfähig durch eine extrem hohe See trieb. Alle nautischen Geräte auf der Brücke, Instrumente sowie die gesamte Elektronik waren nach dem Einbruch des Seewassers sofort ausgefallen und die Maschinen waren durch Notstopp abgeschaltet. Inzwischen lag die 111 Meter lange „Bremen" dramatisch quer zur See und war dem Untergang geweiht. Die letzen Sätze zu diesem Kapitel überlassen wir dem Kapitän Heinz von Aye: „Die Pumpen versagten mangels Strom. Bei dem Seegang hätten wir niemals ein Rettungsboot klarmachen können. Es wäre für uns alle der sichere Tod gewesen. Ich werde meine Freude nie vergessen, wie der Hilfsdiesel ansprang".

Der „Bremen" gelang es, wieder Fahrt aufzunehmen und dem Klabautermann zu entkommen, wir dagegen befanden uns bald

Im Auge des arktischen Sturms

Wind aus Südwest, unter gerefften Segeln machten wir sechs Knoten Fahrt bei sieben Beaufort. Über den dritten Seetag legte sich die Dämmerung, in ihr beobachtete ich die Wellen, die deutlich höher waren als die normale Windsee. Noch etwas machte mir Sorgen: Das Barometer, das ich jetzt stündlich prüfte, fiel immer noch kontinuierlich. Das satte Tief war im Anmarsch und hieß uns mit einer Ohrfeige willkommen. Ich stand im Niedergang, als eine Welle sich an der Bordwand erbrach und ins Cockpit klatschte. Es war eine deutliche Aufforderung, das Schiff sturmklar zu machen. Ich kritzelte das kleine Bleistiftkreuz unserer aktuellen Position in die Seekarte, wir befanden uns 390 Seemeilen südlich von Kap Hoorn, ergänzte das Logbuch mit aktuellen Wetterdaten, Kurs und so weiter. Dann kochte ich Tee, bändselte mein Notfallcase griffbereit an die Reling und beschäftigte mich mit diesem und jenem. Diese Aktivität vor zu erwartenden Stürmen war für mich ein gutes Ventil, um tief verankerte Ängste in den Griff zu bekommen. Und zwar bevor sie Macht über die Seele bekamen. In diesen Vorbereitungen lag neben Ablenkung ein gutes Stück Sicherheit, auch wenn sich in den übel aufziehenden Vorboten schweren Wetters gute Aussichten ergaben, darin sein Leben zu verlieren.

Nach Mitternacht befanden wir uns unter schweren Wolken, in kräftigen Schauer- sowie Hagelböen und in rauer, aufgepeitschter See. Der Wind fegte mit acht Beaufort aus West und türmte um uns herum eine Mischung aus weißen und grauen Brechern mehr als gewaltig auf.

Die Südweststimmung hatte uns nun fest im Griff und haute uns was um die Ohren. Wie die Filmmusik zu einem Horrorstreifen klang das Tosen, Kreischen und Summen über mir im Rigg. Wie in der Hölle, Begleitheft inklusive. Ich las kurz im nautischen Handbuch, Absatz Drake-Passage, und klappte es schnell wieder zu, nachdem ich vernahm „... halten diese Stürme zwei bis drei Tage an!"

Die ganze Nacht über blieb es ein mühsames Arbeiten im Aus- und Einreffen der Segel. Irgendwann hatte ich ein immenses Stadium an Müdigkeit erreicht, doch ich konnte es mir nicht erlauben, einzuschlafen und um dies zu vermeiden, widmete ich mich wiederum dieser harten, mechanischen Arbeit.

Um mich zu entspannen, las ich geduckt hinter der Sprayhood und im Schein der Kopfstirnlampe im nautischen Handbuch des Südatlantiks. Thema: Sturmverhalten. Müßig, der Theorie zu folgen. Jeder Seemann bevorzugt eine andere Taktik. Ich nahm zwar die Weisungen zur Kenntnis, doch hielt ich mich eher an die komprimierte Erfahrung einiger durchsegelter Stürme, in denen ich mit der Zeit ein beruhigendes Vertrauen in die eigenen Fähigkeiten entwickelt hatte. Trotz allem blieben natürlich Ängste. Gerade jetzt, wo die Sturmböen in ihren Spitzen kräftig zunahmen. Ich verkleinerte wiederum die Segelfläche und kehrte durchgefroren, versteift und mit verkrampftem Rücken zurück in den mittlerweile klammen Liegeplatz im Schutz der Sprayhood. Ich las und musste mit eingeknipsten Licht eingeschlafen sein ...

Von fern her roch es nach tropischen Früchten, eine fernöstliche Schönheit führte mich in ihre Bambushütte, legte mich in Kokosöl und stimmte mich mit gemurmelten Mantren auf eine wohltuende Massage ein.

Während sie mich zu Hula-Hula Musik im traditionellen Sarong umtanzte, glitten ihre geschmeidigen Finger gerade über meinen verkrampften Rücken und kneteten meinen Glutaeus maximus. All das geschah in jener Nacht, in der AURYN fernab von den wilden Träumen eines Seemanns nur mit dem kleinen Stagsegel vor dem Wind ablief. Ich wurde erst wach, als uns ein hoher Wellenkamm unsanft zur Seite schleuderte und ich mich bereits auf halben Weg zum harten Cockpitboden befand. Als ich mich hochrappelte, bekam ich gerade mit, wie uns die nächste Welle packte, emporhob und wir von ihrem Kamm hinuntersurften. Albtraumgroße Wellen waren das jetzt und allmählich kapierte ich, warum die Drake-Passage so gefürchtet war. Meine vom Salzwasser rissigen Hände widmeten sich wieder der Arbeit mit den Schoten und Winschen, während mein schmerzender Rücken darauf hoffte, dass die Anstrengungen in der nassen Kälte bald nachließen.

Ich hatte das Großsegel komplett geborgen, nur ein kleines Stück Segeltuch von der Genua stehengelassen und es mir abgewöhnt, einen Blick auf die Windmessanlage zu werfen. Denn ob ich dort nun 45 oder 55 Knoten Wind ablas, was machte es schon für ein Unterschied in diesem Inferno aus schreiendem Wind, schäumender See und chaotischen Wellen.

Abwartend saß ein dick verpacktes Bündel Mensch im Cockpit, während das Schiff im weißen Schaum der abgerissenen Wellenkämme durch die schwarze Nacht raste. Ich beobachtete die See, den Kurs. Es gab nichts mehr zu tun, außer zu beten. Und das tat ich meistens in solchen Situationen, wo ich mich ausgeliefert, hilflos und allein fühle wie sonst nirgendwo. Ich fluchte, um ein Ventil zu öffnen und betete, weil ich eine Heidenangst hatte. Doch ich war mir nicht sicher, ob der liebe Gott mich gerade jetzt bevorzugt behandeln würde.

AURYN riss mich aus der Leere der Gedanken, scheppernd knallte sie ins nächste Wellental und ich verfluchte eine Zeit lang alles. Den Wind, die Gegend, besonders mich. – Warum ich das alles auf mich nehme, könnte ich den Leser fragen hören. Gute Frage. Die Antwort gab ich mir bereits, indem ich startete. Wie ich das meine? Nun, wenn Sie auf einen Berg klettern, dann sollten Sie wissen, worauf Sie sich einlassen und sich die Frage nach dem Warum nicht dann stellen, wenn Sie nachts, in der Wand hängend biwakieren müssen, weil Sie in ein Unwetter geraten sind. Natürlich gibt es auch wesentlich einfachere Antworten. Hätten Sie die Frage nach dem Warum George Mallory, bevor er am Mount Everest verschollen blieb, gestellt, wäre seine Antwort gewesen „weil er da ist". Ein anderer würde vielleicht sagen „weil es möglich ist" und so weiter und so fort. Müßig, und so einfach wie die Auflösung eines Zen-Korans. Doch nun treibe ich ab, zurück auf den Ozean.

Ins Herz der Finsternis

Eine graue Leere stieg aus dem Dunkel der Nacht. Der Morgen dämmerte und der Sturm hielt uns weiterhin in seinen mächtigen Klauen. Der vierte Seetag verlief so wie der Tag zuvor. Mit einem Unterschied, die See ging noch höher. Um uns herum ein Gebirge von wabernden Bergen und Tälern. Darin Farben, so krass wie klar – schneeweiß und tiefblau. Der Tag blieb hart und ließ den Teil in mir, der zum Pessimismus neigt, wieder Oberhand gewinnen. Ich dachte an Eisberge, und hatte Angst davor, einen solchen zu rammen. Was fühlt man im eiskalten Wasser, so kurz vor dem Ersaufen, fragte ich mich. Wie lange würde es dauern in dieser grenzenlosen Wüste? Ein gnädiger Tod würde vielleicht sagen: ‚Ich gebe Dir ein bisschen Zeit, lass Dein Leben wie in einer Sammlung der schönsten Erinnerungen, sozusagen ein Best of, vorbeiziehen und dann stirb mit einem Lächeln'.

In der düsteren Großartigkeit des Ozeans tauchte ein mächtiger Albatros auf, zog elegante Schleifen und begleitete uns eine Weile. Am Nachmittag rauschte AURYN von den „kreischenden Sechzigern" in die „tobenden Fünfziger"-Breitengrade. Die Drake-Passage blieb in übler Laune und ich freute mich auf den nächsten Tag, auf Diego Ramirez, den einzigen Felsklumpen zwischen der Antarktis und Kap Hoorn. Nicht, dass ich vorhatte, dort an Land zu gehen. Das ist kaum möglich, es ist lediglich ein schroffer Fels, an dem sich die Brandung bricht. Ramirez war nur ein Wegepunkt, der mich daran erinnern würde, dass die Drake-Passage bald im Kielwasser läge. Denn von dort aus waren es nur noch 40 Seemeilen bis Kap Hoorn.

Zwischen Kolossen von Wellenbergen verging der Tag in Bordroutine, mein Schiff hielt sich tapfer und erstaunlicherweise ging nichts kaputt. Der Wind blies unverändert mit Sturmstärke. Ansonsten wenig los, nur die Nacht wurde eine andere: Die Dämmerung verdichtete sich zu einer erstickenden, undurchdringlichen Dunkelheit. Neumond, pechschwarz. Wir segelten ins Herz der Finsternis.

Nach dieser grauenvollen Nacht konnte ich die Morgendämmerung kaum erwarten und begrüßte das Licht des neuen Tages so freudig, wie schon lange nicht mehr.

Beim dampfenden Kaffee befanden wir uns querab des Felsens von Diego Ramirez, doch trotz intensiver Suche im Fernglas konnte ich den nackten Steinhaufen nicht erkennen. Der Karte nach hätte er sich zeigen müssen, doch er blieb versteckt. Außer dem lauen Hinweis auf Höhe, Position, Fels und Brandung gab das Handbuch über den Felsen nichts her.

Dafür fokussierte sich der Blick sehnsuchtsvoll auf eine konturlose Masse, die allmählich aus der See stieg: Kap Hoorn. Der südlichste Zipfel der Welt lag vor dem Bug und im Norden. In Gedanken sah ich uns dabei zu, wie wir, und das war gerade drei Wochen her, den Mythos der Seefahrt umrundeten. Eine querfliegende Gischtsee riss mich frisch geduscht aus der Erinnerung, auch ansonsten blieb wenig Zeit, über das erlebte Abenteuer Kap Hoorn zu sinnieren, denn ich musste höllisch aufpassen, dass uns der starke, nach Nordost setzende Strom nicht zu weit in die „Milchstrasse des Meeres" drückte. So nannte Charles Darwin jenen Archipel aus unzähligen Felszacken um Kap Hoorn, als er mit seiner Beagle die Gewässer Tierra del Fuegos erforschte.

Kurz vor dem Erreichen des südamerikanischen Kontinents gab der stürmische Südwest noch einmal Gas und schob AURYN in den Canal Murray. In der Abdeckung des schroffen Landes beruhigte sich das Szenario, die Wellen liefen aus und mit ihnen mein Schiff, das nun im friedlichen Schub achterlicher Winde im ruhigen Gewässer vorbei an der Insel Navarino segelte. Es war herrlich, nichts rumpelte und schaukelte, es war so wunderbar und sanft friedlich, dass ich die Caleta Martial an Steuerbord liegen ließ und immer weiter hinein segelte in den Kontinent, am Ende der Welt. Bis sich der Beagle-Kanal vor uns auftat, jetzt brauchten wir ihn nur noch zu queren und abbiegen in die Caletta Olla. Feuerland. Angekommen! Hier hatte ich vor gut zwei Wochen den Anker aus dem Grund gezogen, hier plumpste er nun wieder hinunter. Die Kette rasselte hinterher, die Berge warfen ihr Echo zurück. Dann herrschte Ruhe, eine seltsame Stille umgab mich. Sie kroch in die Seele, in meinen Körper. Er fühlte sich leer und kaputt an und doch spürte ich in dem Moment des Fallenlassens eine aufsteigende Energie. Was sich dieser harte Törn an Kraft genommen hatte, gab er mir nun doppelt zurück.

In dieser ruhigen Ankerbucht begann und endete das Abenteuer Antarktis, welches nicht unbedingt ein geplantes Ziel war, sondern eher einer listigen Neugier entsprang. Damals stellte sie die Frage, wie weit die Distanz dorthin wohl sein möge. Nun konnte ich ihr antworten: 1278 Meilen. Damals nahm ich die Chance, ich betrachtete sie als Einladung, weniger als Herausforderung, an und empfand nun Dankbarkeit dafür, all das erleben zu dürfen, was diese Tour für mich so wertvoll machte. Ich dachte an das Auf und Ab von Emotionen und äußeren Eindrücken. Ob es die lähmenden Flautentage waren, der schwammige Nebel, der arktische Sturm, ein Traum, der mich narrte oder die eisige Kälte. Ich tauchte kurz ab in die Erinnerung an Deception Island, fand mich wieder umgeben von Gletschern und Eisbergen in einer unvergleichbaren Symbiose und tauchte auf im Hier und Jetzt, wo die Welt um mich herum bunter aussah. Wir waren zurück auf dem südamerikanischen Kontinent und haben überlebt. Ich staute all die Erlebnisse behutsam weg und bewahrte sie sorgfältig auf, denn irgendwann werde ich sie hervorkramen und in einem Moment der Erinnerung neu ordnen und wieder erleben.

Ein Glas Wein musste her, danach verfiel ich in matte Erschöpfung und verbrachte den Rest des Abends mit Schreiben und Dösen. Selbstzufrieden krabbelte ich in die Koje. An Morgen wollte ich nicht denken, denn morgen musste ich ins Wasser!

Der Tag danach

Um mir einen Überblick vom Schaden an der Welle zu machen, blieb mir nichts anderes übrig, als ins Wasser zu steigen und das Unterwasserschiff zu inspizieren. Das schreibt sich wieder so lässig, aber steigen Sie mal mit einem Kurzarm-Neoprenanzug Typ „Tropic" in vier Grad warmes Wasser.

Ich trat hinaus in die beißende Kälte, die meine Kraft gleich lähmte, schulterte die Tauchflasche, legte die Bleigewichte an und fummelte immer wieder am Regler für den Sauerstoff, nur um nicht gleich ins Wasser steigen zu müssen. Kalte Schweißtropfen perlten zwischen Gummi und Haut am Rücken herunter, es dauerte, bis ich mich überwand. Als ich abtauchte, lähmte mich augenblicklich eine Kälte, die mir fast die Sinne raubte und ich glaubte, nur noch wenige Sekunden zum Leben zu haben. Mein Schädel schien zu explodieren. In der halbgefluteten Taucherbrille, die nicht dicht war, erkannte ich eine erstarrte Landschaft wie einen durchsichtigen Schleier. Ich erschrak dermaßen über den Schock, dass ich panisch wieder auftauchte und vor beißendem Schmerz wild durch die Gegend schrie. Verdutzt guckte Bordkatze Rio über die Reling, ich tauchte wieder ab. Beim zweiten Versuch konnte ich den stechenden Schmerz besser aushalten und die Welle Zentimeter um Zentimeter mit dem Unterwasserstrahler inspizieren. Das Antriebsgestänge schien augenscheinlich in Ordnung, auch der Propeller hatte nichts abbekommen. Das Übel entdeckte ich am Ende der Schraube, an der sich eine dicke Zinkanode befand, die statt von drei Schrauben nur noch von einer gehalten wurde und durch ihre Instabilität die Vibrationen im Rumpf verursachte.

Im sparsamsten Verbrauch meines Atems tauchte ich atemlos auf – jetzt weniger vor Kälte als vor Wut über den Pfusch sogenannter Fachleute. Zurück an Bord, die Anode musste abgeschraubt werden, suchte ich das nötige Werkzeug zusammen und war bald darauf wieder unter dem Schiff. Die Freude darüber, mir selber helfen zu können und dass das Ramming keine Schäden hinterlassen hatte, außer einer kleinen Absplitterung am Kiel, war beim dritten Tauchgang so gewaltig, dass ich keine Kälte-Schmerzen mehr spürte.

Der Motor lief wieder rund, vor mir lagen die viel zu dünn bemessenen Schraubauflagen der Annode. Ich verfluchte jene organisierten Schwachköpfe, die einen solchen Müll entwickeln und bauen, der schon nach drei Monaten wieder weggammelt. Welche Ironie lag in diesem Schrott aus einem Land, dessen Bild auch geprägt wird durch den Slogan: Vorsprung durch Technik.

Es war einer der wenigen sonnigen Tagen, als wir die Caletta Olla verließen und in das unendliche Gewirr der chilenischen Fjorde Feuerlands eindrangen. Auf der Fahrt westwärts im Beagle-Kanal wurde die Landschaft eine andere. AURYN segelte an einigen Gletschern entlang, die europäische Namen trugen: Holandia, Espana, Italia und, siehe da, Alemania. Wie passend, dachte ich beim Blick auf die Zinkanode und an meine Begegnungen mit den deutschen Emigranten in Buenos Aires. Überall in Südamerika stieß man auf ihre Spuren und prallte leider auch auf das grobrastige Deutschlandbild, das sich in den Köpfen der Einheimischen vernagelte. Es bestand aus ein paar blutgrätschenden Kickern, Bier, Märschen, Vorsprung durch Technik, Hitler, Goebbels und Panzer. Zähe Klischees. Es ist Zeit, die historischen Vorurteile zu überwinden. Aber wie, wenn selbst Margot Honecker nach Chile emigriert.

Der Kulissenschieber, mit Sinn für Ästhetik, hatte den Gletscher Alemania nach hinten durchgeschoben. Wir näherten uns nun weiteren Eisfeldern. Auch wenn viele der Gletscher in dichten Wolken lagen, so bekam man dennoch eine Vorstellung von ihrer Pracht. Blau schillernd liefen die Eisströme ins dunkle Wasser und leckten am Beagle. Ein wunderbarer Segeltag. Sonne, Südwind. Mit weißen Segeln durch eine bizarre, schneebedeckte Bergwelt. Gegen Abend lenkte ich AURYN durch einen schmalen Fjord, hinter dem sich eine kleine Bucht öffnete. Es war ein idealer Ort für die Nacht. Nachdem ich den Anker eingefahren und die Heckleinen zum Land ausgebracht hatte, saß ich in der Abenddämmerung noch lange im Cockpit. Gefangen von der Schönheit der weiß strahlenden Gletscherwelt, umgeben von Stille und gegrilltes Lammfleisch genießend. Ich prostete dem Winzer zu, der den köstlichen Rotwein geschaffen hatte und stieß mit dem Rest von Sonne an, die einst seine Früchte gewärmt hatte.

Im Zauber des Regenbogens

Kleinere Eisschollen schabten an der Bordwand, die ersten Sonnenstrahlen brachen sich im Gletschereis. Die ratternde Ankerwinsch zerbrach die Stille des frühen Morgens und zog den Haken vom Grund. Im Zickzack vorbei an den Eisbrocken steuerte ich mein Schiff wieder zurück in den Beagle-Kanal und setzte die Segel. AURYNS Bug zeigte nach Westen, dort lag unser nächstes Tagesziel. Es hieß Seno Pia und lag 20 Meilen entfernt. Leider hatte sich die Sonne wieder verabschiedet, es zog ein Gemisch aus Regen- und Graupelschauern über uns hinweg. In dieses Grau brachte ein prächtiger Regenbogen kurzzeitig etwas Farbe, ansonsten verlief der Tag eher in diffuser Umgebung. Trübe wie das Wasser, das, als wir den Seno erreichten, von Sedimenten braun gefärbt war. Vorsichtig, Meter um Meter, immer ein Auge auf dem Tiefenmesser, tastete ich mich voran. Auch wenn viele der Gebiete recht gut kartographiert sind, die Tiefen in der Nähe von Gletschern verändern sich ständig. Gewaltige Massen von Geröll werden von den hohen Bergen gespült und bilden Untiefen, die in keiner Seekarte verzeichnet sind. Die Sicht wurde immer schlechter, die Wolkendecke hing fast auf dem Wasser. Dazu kam eine dichte Regenwand. Ich brach den Versuch ab, mich Pia weiter zu nähern und kreuzte im Beagle weiter Richtung West, auf der Suche nach einer geeigneten Ankerbucht. Ankern in dieser Region ist ein ganz besonderes und nach Sorgfalt verlangendes Thema. Die von den Gletschern aus der Eiszeit geprägten Buchten sind sehr tief, haben steil abfallende Ufer und einen von Kelp bewachsenen Boden, auf dem es nicht möglich ist, einfach den „Haken" fallen zu lassen. Er griff meistens nicht und schlierte nach kurzer Zeit über den Grund. Ein gutes Indiz für sichere Ankerbuchten ist vorhandener Baumbestand. Daran lässt sich ablesen, ob die Bucht von den so genannten Williwaws (Orkanböen) verschont bleibt.

Am späten Nachmittag fand ich einen solchen Platz und bereitete das Dingi mit 4 x 100 Meter langen Landleinen vor. Danach fiel der Anker mitten in der Bucht. Sein Gewicht, zusammen mit der gesamten Kette, hält das Schiff kurzzeitig am Platz. Zeit, um mit dem Dingi die Landleinen auszubringen. Zwei schräg nach achtern und ebenso zwei nach vorne. Danach lag AURYN sicher verspannt wie in einem Spinnennetz. Was sich hier so locker in drei Zeilen beschreibt, bedeutet zwei Stunden Arbeit.

Die Bucht trug den Namen Caleta Evening. Abends entdeckte ich hinter einem Felsvorsprung einen Wasserfall, der wie gerufen kam, um die Wassertanks zu füllen. Während die Kanister im Wasserlauf vollliefen, beobachtete ich querab eine Kolonie von Kormoranen. Einige von ihnen schienen gerade dabei zu sein, ihrem Nachwuchs Flugunterricht zu erteilen. In kurzen Schleifen zogen sie übers ruhige Wasser, in dem sich plötzlich Ringe bildeten und die dunklen Köpfe einer Seehundschule neugierig herausschauten.

Diese Momente von Frieden waren im Land der Stürme eher kurz. Anderntags hackte es wieder so kräftig, dass einem das Wasser ins Gesicht peitschte und es sich anfühlte wie Hunderte von Nadelspitzen. An diesem Tag war ich unter Segeln mit Motorunterstützung zwar sechs Stunden unterwegs, kam aber nur 12 Meilen voran. Entnervt suchte ich Schutz im Seno Garibaldi. Wie zum Trost entschädigte die Natur für die Mühen des Tages und bot nun, wo die Regenfront durchgezogen war, grandiose Bilder. Vor uns schimmerte der weiße Gletscher und schob sich aus großer Höhe ins tiefblaue Wasser des Fjordes. Ein Wasserfall entsprang einem dichten Mooswald und klatschte hinter uns auf ausgewaschenen Fels. Doch im Frieden lag Gaukel, der Regen kam zurück, mit ihm kräftige Böen. Es stürmte wieder mal in Feuerland.

Der übellaunige Wind hielt die ganze Nacht an und wehte uns auch für den nächsten Tag ein. Ich sehnte mich nach Bewegung und unternahm eine Wanderung durch das umliegende raue Felsmassiv, das in schweren, düsteren Wolken lag. Ab und zu ließ etwas Sonnenlicht das einsame Land in kühlen Farben erstrahlen und ich bekam einen Einblick in die Gewaltigkeit, die von dieser Natur ausgeht. Krachend und donnernd brachen riesige Eisstücke aus der Gletscherwand. Ihre Verdrängungswellen rollten auf einen groben Kieselstrand, wo Pinguine aufgeregt hin und her wuselten und fettglänzende Robben dösten.

Gestrandet in Feuerland

Dann segelte ich weiter, der Beagle lag im Kielwasser und ging über in die neue Wasserstraße namens Canal O'Brian. Brian hatte es in sich. Im besten Sinne des Wortes. Zahlreiche Felsen und gestrandete, vom Rost zerfressene Wracks waren mahnende Hinweise, sorgsam zu navigieren und nicht zu offensiv vorzudringen. Doch was hieß schon offensiv, AURYN kam kaum voran. In grimmiger Kälte, gegen einen kräftigen Wind und gegen eine ruppige See kreuzte ich zwischen den Ufern hin und her. Meile um Meile.

Und doch war das Ergebnis am Ende des Tages oftmals deprimierend. Denn zwanzig Meilen nagten schon gewaltig an der ausgegebenen Parole, locker zu bleiben. So ging das über sieben Tage. Vielleicht war es die Monotonie der Quälerei bei Orkanböen, das Jaulen in der Takelage, die Regen- und Hagelschauer, die Tage die nicht hell wurden oder alles zusammen, das mich am Ende mürbe machte. Ja, fast schon gleichgültig!

AURYN lag vor Anker in einer Umgebung schroffer Schattierungen. Ich kam gerade von einem kurzen Landausflug zurück, kletterte aufs Heck und wollte die Leine des Beibootes auf der Klampe belegen. Irgendwie rutschte mir der Tampen aus den klammen Fingern. Angetrieben von gewaltigen Böen, die aus den Schluchten der umliegenden Berge pfiffen, trieb das Dingi durch die kleine Bucht. Wie paralysiert blickte ich hinterher. Ich hörte eine unendlich weit entfernte Stimme: „Spring ins Wasser, schwimm hinterher". Ich ignorierte sie und verwickelte mich im Netz des Zauderns. Irgendwann musste ich aus dem Nebel der Unentschlossenheit erwacht sein, denn ich fand mich im eiskalten Wasser wieder. Warum ich allerdings so, wie ich war, in voller Montur, dickem Schlechtwetteranzug, Fleeceklamotten und Gummistiefeln, selbst die Pudelmütze hatte ich noch auf, über Bord sprang, führe ich auf die oben erwähnten Umstände und einen gewissen Fatalismus zurück.

Ohne Beiboot war ich aufgeschmissen! Und das entfernte sich immer weiter. Wild kraulend versuchte ich, verlorenen Boden wiedergutzumachen, doch der nasse Sack von Klamotten bremste mich nicht nur, er zog mich hinunter! Als erstes befreite ich mich von den Gummistiefeln, alles andere folgte. Nur mit langer Unterhose, hilft ausgezeichnet bei 5° Wassertemperatur, hetzte ich dem Dingi hinterher und spürte, wie mein Atem immer flacher wurde. Mein Herz klopfte unter der Kinnlade, ich schwamm, bis es mir schwarz vor Augen wurde. Ein stechender Schmerz stieß in mein Bein, ein Krampf, der mich mahnte, dass meine Kraft ihre Grenze erreichte. Ich musste weiter, kraulte instinktiv und ohne Orientierung, mit letzter Kraft und schon aufgebend, als ich plötzlich an etwas Gummiartiges stieß.

Es dauerte, bis ich wieder zu mir kam, die Energie sammelte, die ich benötigte, um sich aus dem Wasser ins Dingi zu stemmen. Doch dann saß ich drin, fühlte mich nicht gerade wie Hans Albers in der Badewanne und trieb stattdessen durch die Bucht. Willenlos, aber immerhin in langer Unterhose. Es knirschte und hörte sich nach Kies an. Gestrandet in Feuerland, erst jetzt kam ich allmählich wieder zu Sinnen, nahm die Paddel und ruderte zum Schiff zurück. Nach warmer Dusche und einem heißen Tee war ich wieder bei mir und spürte eine aufgekratzte Seele. Das war verdammt knapp! Wieder einmal. Mein geduckter Blick wanderte in Richtung grauer Wolkendecke, in welcher die Schar dick eingemummelter Glücksengel offensichtlich weiterhin über mich wachte. Der Tag, der so unfreundlich verlaufen war, endete mit einem Lächeln.

Im Schatten einer schroffen Landschaft

Die Tage wurden noch rauer. AURYN segelte vorbei an düsteren Umrissen von Inseln mit ebensolchen Namen: Isla Desolado, Isla del Muerte. Die Tagestemperatur stand bei 4° C, der Wind blieb stürmisch und auch die Bande der Protoplasten brachte mächtig Bewegung ins Schiff. Obwohl ich es mitunter nicht gerade lustig fand, wenn mir in aller Herrgottsfrühe 16 Katzenpfoten durchs Gesicht wuselten. Neue Lieblingsbeschäftigung war, die Klopapierrolle abzuwickeln um danach alles in kleine Konfettiteile zu zerfetzen. Hinterher sah es so aus, als ob eine Sambaschule durchs Schiff marschiert wäre. Oder feierten sie immer noch ihre Taufe? Mittlerweile trug die Raubtiergruppe Namen. Monkey, der mit dem Wolf tanzt, Tarzan sowie der Anführer der Bande: Socke, und mit dem sollte ich noch meinen Spaß haben.

Am Morgen fegte ich eine leichte Schneedecke vom Deck, es erinnerte mich an meine ersten Segelversuche an der verschneiten Ostseeküste an einem kalten Märztag, und beobachtete an Land einen Seeleoparden, der plötzlich Brutalität in die Szenerie brachte. Er packte eine Robbe, die in Todesangst schrie und verspeiste sie mit wenigen Bissen. Zu diesem Bild fiel mir die Story eines argentinischen Seglers ein, der mich vor diesen Tieren warnte, die so aggressiv sind, dass sie aus seinem festen Beiboot Kleinholz machten. Damals hielt ich es mehr für Seemannsgarn, aber als ich diese Aktion voller Gewalt sah, bekam ich eine Vorstellung von dem, was diese Tiere anstellen können. Das schwere Wetter hielt uns in der Bucht gefangen. Die kleine Nadel des Barometers war immer noch auf der Entdeckung der Schwerkraft, dadurch, dass sie weiterhin fiel, bestätigte sich die Ahnung, dass das Schlimmste noch bevor stand. 963 Hpa las ich ab, kritzelte die Zahl ins Logbuch und setzte ein Ausrufzeichen dazu. Seit Beginn der Wetteraufzeichnungen meiner Reise hatte es noch keinen tieferen Luftdruck gegeben. Die Soundorgie aus Kreischen, Jaulen und Surren im Rigg nahm in den Spitzen zu und lies mich nur auf einem Ohr schlafen. Das andere hielt Wache. Ein paar Mal stieg ich in dieser Nacht in Ölzeug und Gummistiefel, kletterte an Deck und prüfte in der stürmischen Dunkelheit Leinen und Anker. Im Schatten der Gewalten lagen wir sicher. Es gab nichts zu tun und wenig Schlaf.

In einer Mischung aus Abwarten, Kälte und Alleinsamkeit erklang plötzlich eine Stimme und erinnerte mich an eine andere Welt. Sie hob die schrecklichen Ereignisse des 11.9. wieder hervor. Jener Tag, der zum Fanal des weltweiten Terrors wurde und zum Zeugnis einer Katastrophe, die die Welt erschütterte und bis heute prägt. Am Ende der Welt schwebte die nüchterne Stimme des Nachrichtensprechers auf der Deutschen Welle durch den Salon und berichtete über den unrechtmäßigen Angriff der Amis, begründet mit Massenvernichtungswaffen, gegen einen Feind, der als Halunke hingestellt wurde. Ich stellte mir den Sprecher vor, der vermutlich im aalglatten Anzug von H&M im gewärmten Studio saß und mit geschliffenen Manieren diese Nachricht verlas, die er vielleicht sogar glaubte.

Es war klar, dass diese Begründung von Bush nichts anderes bedeutete als: Wie bringe ich das Erdöl Zentralasiens für die USA sicher an die Küste des Indischen Ozeans? Um wirtschaftliche Interessen geht es, um nichts anderes. Und dafür war jedes Mittel recht, auch ein Rechtsbruch. Kann daraus Gutes erwachsen? Schlachten kennen nur Opfer und daraus wird neuer, hundertfacher Terror entstehen, gerade wenn zwei so unterschiedliche Kulturen aufeinanderprallen und der Verlierer von der Bildfläche verschwindet, während der Gewinner im heuchlerischen Lächeln die Geschichtsbücher so umschreibt, dass er sich selbst im vorteilhaften Licht zeichnet. Angelehnt an den alten Napoleon bedeutet es: „Was ist die Geschichte anderes als eine Lüge, über die sich alle einig sind?"

Ich brauchte frische Luft und trat ins Cockpit, drehte eine Runde übers Deck und schaute dem Mond zu, wie er über die bucklige Monotonie Feuerlands kroch und die schroffe Landschaft in ein silbernes Licht tauchte. In diesem Anblick schien die Zeit still zu stehen, so als gebe es keine Welt außerhalb dieser Bucht.

Murphy`s Law

Nach zwei Tagen war die Sturmfront durch, ich lenkte AURYN zurück in den Canal O' Brian, stellte ihren Bug in den Wind und feuerte mich beim Segelsetzen an. Der Wind blähte in die

Tücher, die Schoten knarzten und mit den Kräften der Natur bewegten wir uns weiter durch das eng verzweigte Gewirr der unzähligen Fjorde von Tierra del Fuego. Die Reise in die Stille der Einsamkeit führte uns vorbei an zerfurchten Felsen, aus denen die Nässe tropfte. Vorbei an einem seltsamen Bild verkrüppelter Vegetation, die sich im ewigen Wind beugte. In Demut erstarrt, krumm nach Osten gewachsen. Man könnte meinen, dass in dieser Landschaft Tristesse lag. Keineswegs, sie war gewaltig, so unbeschreiblich, dass mir klar wurde, hier einen der unvergesslichsten Abschnitte meiner Reise zu erleben.

In ständiger Wiederholung wurde der Törn bestimmt durch die raue Auseinandersetzung mit der Natur, durch Emotionen und besonders durch die täglichen Ankermanöver. Und darin lag nicht nur Routine. Jedes Ankermanöver war ein Abenteuer für sich und einige gingen total in die Hose. So wie in der Caleta Brecknock, die uns fast zum Verhängnis wurde und allemal ein paar Zeilen wert ist.

Ich saß im Dingi und war damit beschäftigt, die Landleinen auszubringen. Dabei bemerkte ich viel zu spät, dass der Anker im Kelp schlierte und mein Schiff vom Wind Richtung steiler Bergwand getrieben wurde. Gerade rechtzeitig erreichte ich AURYN und wie auf ein Zauberwort hielt kurz vor dem drohenden Felsen der Anker.

Was dann folgte, war die Fortsetzung weiterer Missgeschicke, ganz nach der Beschreibung von Herrn Murphy. Beim zweiten Versuch den Anker rückwärts einzufahren, übersah ich die im Wasser schwimmende Heckleine, worin sich die Motorschraube prompt verfing. Ruckartig starb der Motor ab! Zu allem Überfluss kam Wind auf und drückte AURYN wieder zur Felswand. Schnell musste etwas passieren, es blieb nur noch Zeit, nach einem Messer zu greifen und so, wie ich war, ins eiskalte Wasser zu springen, um die Leine aus der Welle zu schneiden. Allmählich bekam ich die Situation in den Griff und es gelang doch noch, Schiff und Mannschaft einen ruhigen Abend zu bereiten. Die Katzen wuselten umher und der kleine Seemann gönnte sich eine leckere Spinne!

Igitt, mögen sie nun denken, und hinzufügen: Ist er nun völlig von Sinnen?

Nein, bei dieser arktischen Seespinne, einer sogenannten Centolla, handelte es sich um eine Delikatesse. Auch wenn der Franzose das ebenfalls behauptet, wenn er seine Kauleiste in einen Froschschenkel schlägt, so ist die Centolla ein ganz anderes Kaliber. Sie sieht nicht nur einem Hummer ähnlich, sondern ihr Fleisch schmeckt auch so. Ein absoluter Leckerbissen also, auch wenn der heiße Kakao mit einem Schuss Rum nicht wirklich dazu passte.

Bleibt noch die Frage zu klären, wie ich an die Centolla gekommen war! Nun, als ich unter dem Schiff die Leine aus der Welle schnitt, sah ich beim Auftauchen das Vieh über einen Fels krabbeln. Der Rest war Formsache.

Murphys Gesetz hielt an, die Heizung fiel aus. Ich lag umgeben von kühlender Feuchte in klammer Bettwäsche und las Jack Londons „Südsee-Abenteuer“. Tolles Buch, aber wärmer wurde es dadurch auch nicht.

An einem Tag, der nicht hell wurde, stellte ich Jack ins Regal und nahm mir die Heizung vor. Nach der Reinigung des Zündmechanismus schnurrte sie wieder so, wie die Katzen auf meinem Bauch.

Der Wind fächelte unbeständig und wehte sich aus. Ich wollte das selten ruhige Wetter nutzen, verlorene Meilen aufsammeln und steuerte AURYN im monotonen Gehämmer des Diesels in den Cockburn-Kanal. Dieser Wasserstraße folgten wir nun nordwärts, wo uns am Nachmittag dunkle Regenwolken empfingen, die bis auf das Wasser drückten. Im Dämmern des Abends erreichten wir die berühmt-berüchtigte Magellanstraße. Übrigens genau an der Stelle, wo sie einen scharfen Knick nach Nordwest macht, falls Sie gerade die Karte zur Hand haben sollten.

Nach dem ausgezeichneten nautischen Führer der chilenischen Hydrografico sollte sich westwärts hinter einer Landzunge eine geschützte Ankerbucht befinden.

In der Magellanstraße

Der Wind war zurück. AURYN segelte nun im Kielwasser von Fernando Magellan, jenem genialen Seefahrer, dessen Spuren wir bereits an der patagonischen Südatlantikküste folgten. Falsch, könnte jetzt der aufmerksame Leser einwerfen und ergänzen: Wenn man es genau betrachtet, dann hatte AURYN bereits vor der portugiesischen Algarve und auf den Kapverden die Geschichte von Magellan angerissen. Richtig. Doch der Seemann schaut nicht zurück, nach vorn geht der Blick und darin lag Arbeit und eine tickende Uhr. Denn mit dem Erreichen der Magellanstraße gehörte der Tidenkalender wieder zur täglichen Navigationsarbeit. Ihn zu vernachlässigen konnte bedeuten, einen starken Strom von bis zu drei Knoten gegen sich zu haben.

Wir hatten mittlerweile die Caleta Beaubassin erreicht, das Ankermanöver klappte ausgezeichnet und auch am Abendessen gab es nichts zu mäkeln. Die Mannschaft aus sich putzenden Katzen und einem sich räkelnden Seemann war gut gefüttert und sah einem friedlichen Abend gelassen entgegen.

Ich saß gerade vor dem Laptop und stimmte mit Hilfe eines Tidenprogramms die Hoch- und Niedrigwasserzeiten des nächsten Tages ab, als Motorengeräusche durch die Bordwand wummerten. Ich sah noch kein Schiff, hörte nur ein fernes Geräusch. Etwa so musste sich Robinson gefühlt haben, als er Freitags Spuren im Sand entdeckte. Nach einer Weile tuckerten zwei kleine Fischerboote in die Bucht, auf denen ich ein paar Menschen erspähte. Nach der langen Zeit der Isolation hatte ich Lust auf Stimmen, das Lachen von Menschen und so packte ich eine Schachtel Zigaretten sowie eine Flasche Rum als Freundschaftsgeschenk in den Rucksack und paddelte den fragilen Booten entgegen. Im freundlichen Winken näherte ich mich dunklen Gestalten und dachte daran, dass es sechs Wochen her war, seit sich die letzte Stimme in meinem Ohr verloren hatte. Das erste was ich zu Gehör bekam war das Geräusch von Rotz, den sich einer der Fischer durch die Nebenhöhle seiner Nase zog und vor mir ins Wasser spuckte. Mit „Que tal amigos", warf ich ihnen ein paar Brocken ihrer Sprache höflich entgegen, wobei ich mich im schaukelnden Dingi an ihre ölige Bordwand klammerte. Ihr mürrisches Gemurmel packte der Wind und wehte es zu mir herüber. Erst die Buddel Rum erhellte ihre Gesichter, mit der Schachtel Zigaretten brachen die letzten Dämme der Zurückhaltung. Man half mir an Bord, führte mich umher und lud mich zu einer Portion Seeigel ein. Diese erizos, wie sie von den Einheimischen genannt wurden, sind mit Zitrone beträufelt eine Delikatesse.

In schleppender Kommunikation, bei kreisender Rumbuddel, im Kauderwelsch von Spanisch und einem Eingeborenen-Idiom kam nur eine holpernde Verständigung in Gang. Wertvoll erschien mir allerdings die Empfehlung, die Magellanstraße bereits sehr früh morgens in Angriff zu nehmen, da man nachmittags gegen den West unmöglich ankommen würde. Dann stand der Boss der Truppe auf, wischte sich die Reste eines Igels aus dem Gesicht, packte nach einem Beil und hämmerte hinter dem Führerhäuschen auf irgendetwas ein. Als ich nachschaute, hatte er bereits ein nicht mehr lebendes Stück Filet eines Thunfisches totgeschlagen. Es herrschten derbe Sitten in einem rauen Land. Ich schaute vom Gemetzel weg und reich beladenen Wolken, die über die Bucht zogen, nach, stieg ins Dingi und paddelte ihnen hinterher.

Während sich die schweren Regenwolken in den blassen Umrissen der Berge verloren, kroch ich in den warmen Bauch von AURYN, las ein bisschen, fügte meinen Reisenotizen weitere hinzu und bibberte mich durch eine eiskalte Nacht. Bis um fünf Uhr morgens der Wecker klingelte

All good things comes in threes

Um die Caleta Beaubassin endgültig zu verlassen, benötigte ich mehr als einen Versuch. Nur wusste ich das zu diesem Zeitpunkt noch nicht, als ich die Bucht verließ und am Mittag wieder zurück war. Ich war gerade mal acht Meilen westwärts vorangekommen, als ein stürmischer Westwind einsetzte, gegen den ich nicht den Hauch einer Chance hatte. Wir kreuzten auf der Stelle und gewannen kaum Höhe. Vor dem Wind segelte AURYN zurück. Anderntags und im zweiten Anlauf kreuzten wir bald wieder gegen einen hackigen West und eine steile See. So weit so gut, doch nun kam etwas anderes hinzu und schwappte.

Als ich in den Salon hinab stieg, schwammen die Bodenbretter bereits und in diesem Anblick setzte mein Pulsschlag einmal aus und dann wieder ein. Von einem Moment auf den anderen sprang in meinem Schädel das Licht übergangslos auf Rot. Ich wusste nicht, woher das Wasser kam, ich wollte es auch nicht wissen, weil ich keine Zeit hatte, der Ursache auf den Grund zu gehen, denn nun passierten drei Sachen auf einmal. Der Sturm fiel über uns her und machte AURYN zu einem wilden Spielball, denn das Schiff wurde führungslos. Im Cockpit ertönte die Alarmanzeige des Autopiloten, die Selbststeueranlage hatte ihren Dienst eingestellt. AURYN lief bereits aus dem Ruder, ich rollte die Segel ein und überließ mein Schiff dem Spiel der Wellen. Entschlossen griff ich nach der Pütz, um das Wasser aus dem Schiff zu lenzen. Nachdem ich bereits 300 Liter über Bord gekippt hatte, ließ ich den Eimer rasch fallen, denn wir kamen dem Ufer gefährlich nah. Mit dem gerefften Vorsegel und dem Wind im Rücken segelten wir dorthin zurück, woher wir kamen. In vertrauter Umgebung fiel der Anker und schon begab ich mich auf Ursachenforschung.

Zunächst entdeckte ich im Ankerkasten die Erklärung für den Wassereintritt. Der Ablauf war komplett von Algen, die von der Kette mit hochgezogen worden waren, verstopft. Somit lief das Wasser, das bei jedem Einstampfen in die Welle überkam, nicht ab, sondern durch den Kettenlauf ins Schiff. Bis sich die Bilge randvoll füllte und den sich darin befestigten elektronischen Kompass des Autopiloten absaufen ließ. Eine Ursache, zwei Wirkungen. Was nun? Mitten in der Einsamkeit, Monate bis zum nächsten Elektriker, überfiel mich der reinste Horror bei der Vorstellung, einige Tausend Meilen von Hand steuern zu müssen. Mehr, um mein Gewissen zu beruhigen, als eine Ahnung vom richtigen Handeln zu haben, fummelte ich das eigentlich wasserdichte Gehäuse des Kompasses auseinander. Was nicht gelang, weil die Schrauben korrodiert waren. Ungeduldig versuchte ich, den Schraubenzieher entschlossen ansetzend, die kleine Box, in der linken Hand haltend, aufzubrechen. Mit dem Ergebnis, dass ich abrutschte und mir den Schlitz des Schraubenziehers mit Schmackes in den Handballen rammte. Für einen Moment wusste ich nicht, was meinen Blick mehr fesselte, die tiefblutende Wunde der aufgesäbelten Hand oder das Innenleben eines elektronischen Kompasses! Darin stand das Wasser zwischen den Platinen, ich spülte das Gehäuse mit Süßwasser aus und legte alles zum Trocknen vor die Heizung. Als ich dann beim Säubern der Bilge noch eine geschnittene, pfuschig isolierte Kabelleitung zum Kompass entdeckte, ärgerte ich mich weniger über die saumäßige Arbeit sogenannter deutscher Handwerkskunst, sondern mehr über mich, weil ich einem Schlampladen namens Bootstechnik aus Zeitgründen einfach blind vertraute. Alles funktionierte ja und sah oberflächlich gut aus. Nachdem ich das Kabel ohne Schnittstelle austauschte, den mittlerweile trockenen Fluxgate-Kompass wieder anschraubte, war es dunkel. Aber mein Gesicht strahlte. Der Autopilot war wieder funktionstüchtig und die Erfahrung hatte auch etwas Positives, denn nach und nach lernte ich die Technik meines Schiffes kennen und freute mich darüber, mir selber helfen zu können. Ein besonderer Anlass, um eine Flasche Wein zu öffnen. Ich goss mir einen chilenischen Roten mit sehr wuchtigem Bouquet über den Knorpel, wonach sich eine wohlige Grundstimmung breit machte, in der ich bald in ein sanftes Schlummern abdriftete.

In der Melodie des Windes

Im Büchsenlicht des frühen Morgens zog ich den Anker aus dem Grund. Die Luft war beißend kalt, doch es schien ein sonniger Tag zu werden.

Auch der ansonsten kreischende Wind beruhigte sich und wehte stattdessen eine leise Melodie über die Bucht. In dieser Harmonie steuerte ich mein Schiff zurück in die berüchtigte Magellanstraße, die uns in trügerischer Ruhe aufnahm. Während AURYN hoch am Wind, freundlich unterstützt von einem mitlaufenden Strom, gut vorankam, lag ich ausgestreckt im Cockpit und genoss die vorbeiziehende Landschaft. Am Uferfelsen reflektierten sich die Sonnenstrahlen, in den Bergen glitzerte der Neuschnee. Aufziehende Wolken spiegelten sich im ruhigen Wasser. Im friedlichen Segeln spaltete der Bug eine sanfte Dünung, während die Welle nach achtern durchrauschte. Das kalte Licht des Südens war so klar, dass es meine Seele wärmte. Balsam – im ersten Tag auf der Magellanstraße Richtung Pazifik. Soweit zur Prosa – die sich von Stunde zu Stunde unter einem mehr und mehr zuziehenden Himmel auflöste, bis sie von den ersten wütenden Böen, die wie aus dem Nichts über uns herfielen, brutal zerschmettert wurde.

Obwohl der Wetterbericht uns vorgaukelte, das Baro würde steigen, weil sich das Tief westlich von Chile auflöse, um einem Hochdruckkeil Platz zu machen, zeigte die Magellanstraße wieder ihr wahres Gesicht und fesselte meine ganze Aufmerksamkeit. Diesmal blieb die Technik zwar heil, dafür erwischte uns ein Orkan, dessen Entstehung und Zugrichtung die Schlaumeier vom Wetterdienst offenbar falsch berechnet hatten, oder handelte es sich einfach nur um ein lokales Phänomen? Wie auch immer, ich musste es nehmen, wie es kam und es kam heftig. Der Wind sprang auf 60 Knoten, was 12 Windstärken entspricht.

Unter schnell ziehenden Wolken tobten die Gewalten. Aus den Wellen hingen weiße Streifen, die das Wasser marmorierten. Obwohl ich auf einer Binnenwasserstraße segelte, türmten sich die Brecher steil gegen den Strom auf, bis der Wind die Gischtkämme davonfetzte. Gott sei Dank keine Regenschauer, fluchte ich, als mir wieder eine Fontäne das Gesicht wusch, während ich damit beschäftigt war, die Segel weiter zu reffen. Trotzdem krängte das Schiff so stark, dass ich beschloss, weiter abzufallen, um es auf der anderen Seite der Magellanstraße zu versuchen, die an dieser Stelle 5 Meilen breit war.

Die nautischen Besserwisser mögen an dieser Stelle den Zeigefinger heben und mich darauf hinweisen, dass auf Wasserstraßen nicht von Meilen gesprochen wird, sondern von Kilometern. Dennoch bleibe ich dabei, der Einfachheit halber.

Das andere Ufer empfing mich genauso chaotisch. Es machte keinen Sinn, weiter zu segeln, wir kamen eh kaum voran. Zurück – sprach die eine Stimme in mir. Was ich ihr sofort verübelte und mit Niemals konterte. Wir sprachen nicht immer die gleiche Sprache, aber verstanden uns glänzend.

Eine neue Bucht – Caleta Auryn

Der nächste geschützte Ankerplatz lag zwanzig Meilen voraus und die Seekarte gab nichts her, wo man sich hätte verstecken können. Außer einem kleinen Fjordeinschnitt ohne nähere Angaben. Und genau dorthin steuerte ich nun mein Schiff. Als wir in die Abdeckung des Bergrükkens kamen, war ich einerseits froh, dass die heftigen Böen deutlich an Kraft verloren, andererseits verschaffte mir die Ungenauigkeit des nicht vermessenen Fjordes eine Unruhe, die mich zum Lästern brachte. Doch was bildete ich mir ein, glaubte ich tatsächlich, die Admiralität habe nichts Sinnvolleres zu tun, als einem kleinen blauen Segelschiff für seine frechen Exkursionen die Karten zu zeichnen? Wir waren mittlerweile zwei Meilen in den Seitenarm eingedrungen, als ich plötzlich hinter einem Felsvorsprung eine kleine Bucht entdeckte, die in keiner Seekarte verzeichnet war, aber einen ausgezeichneten Schutz bot.

Als AURYN mit vier Leinen zum Land verspannt sicher lag, kletterte ich in den Mast, um das Rigg auf Schäden zu inspizieren. Im Masttopp war die Wetterfaxantenne glatt abgerissen, sie hing nur noch an einer Poppniete, und eine Saling hatte sich etwas verschoben. Danach räumte ich das Deck auf, wobei ich Verluste registrierte. Zwei Dieselkanister und zwei Fender waren über Bord gespült. Was viel schlimmer wog, aber das entdeckte ich erst, als ich eine weitere Landleine zur Sicherung des Schiffes ausbringen wollte: Der Tank für den Außenbordmotor war ebenfalls vom Deck gerissen worden. Jetzt musste ich paddeln – aber die Paddel waren auch nicht mehr vorhanden!

Ich bastelte mir aus einem Besenstiel und einem Brett, das ich kurzerhand aus einem Schrank ausbaute, zunächst einmal ein Ruder. Beim Sägen, Bohren und Schrauben wurde mir eigentlich erst richtig klar, was es bedeutete, nicht mehr auf den Außenbordmotor zurückgreifen zu können. Es hieß, mit dem Provisorium von einem Paddel gegen eine starke Strömung und starke Fallböen anzurudern oder auch weite Strecken zurückzulegen, um die Wasservorräte zu ergänzen. Irgendwo musste es mir gelingen, einen Außenbordtank zu beschaffen, doch der nächste Ort, wo das möglich erschien, Puerto Natales, lag zu weit nördlich und zuvor musste auch die Magellanstraße erst einmal passiert werden. Ich dachte an einige Seglerkollegen, die zwar diese gefürchtete Wasserstraße befahren, doch dann völlig entnervt aufgegeben hatten und in den Atlantik zurücksegelt waren, in die Karibik, um durch den Panamakanal in den Pazifik zu gelangen.

Abends zeichnete ich von der bisher namenlosen Bucht eine Skizze, taufte sie auf den Namen Caleta Auryn und wollte bei Gelegenheit die Korrektur der Seekarte der chilenischen Marine vorlegen.

Am Eingang zur Hölle

Mühsam kämpften sich Schiff und ein kleiner Seemann an den darauf folgenden Tagen weiter westwärts. Manchmal waren es nur fünf Meilen am Tag! Mittlerweile konnte ich gut nachempfinden, warum viele in der Magellanstraße umdrehten und immer wieder stellte ich mir die Frage: Wie hat der alte Magellan es nur geschafft, mit seinen stäbigen Schiffen, die nur bis zu 80° am Wind segeln konnten, gegen den meist aus West stürmenden Wind den Pazifik zu erreichen? Am 21. Oktober 1520 fand Fernando Magellan, der zum Spanier gewordene Portugiese, den Eingang zu der nach ihm benannten Wasserstraße, die insgesamt, vom Atlantik bis in den Pazifik, 360 Seemeilen lang ist und aus einem Labyrinth von Felsen und Fjorden besteht, die meisten von ihnen in Sackgassen endend. In der Segelanweisung der Magellanstraße las ich: „Der Wind kann sich in Sekundenschnelle ändern, Böen in Hurrikanstärke, gefährliche Strömungen und Wirbel, keine Schutzhäfen, Nebel und treibende Eisschollen, schlechter Ankergrund ...“ und so weiter. Das klang wie das dumpfe Läuten am Eingang zur Hölle. Fehlt eigentlich nur noch ein apokalyptischer Reiter und aus den Wolken fallender Schwefel, nuschelte ich und stellte den Horrorthriller zurück in die Bibliothek. Hinterher fiel mir ein, was in der Aufzählung die Ureinwohner Feuerlands vergessen wurden. Jene dunklen Gesellen, die über die Schiffe herfielen, die sich westwärts quälten und ihren Mannschaften, am Ende ihrer Kräfte, die Keule über den Schädel zogen. Der gute alte Joshua Sloccum wusste darüber eine pfiffige Geschichte zu erzählen, doch dazu kommen wir später. Jetzt erstmal weiter, Kurs West.

Die Sicht war nach Handbuch. Neblig, trüb und blass. Der Nieselregen ging über in Schneeschauer, die sich wiederum mit Hagel mischten.

Magellans Straße gönnte uns keine Zeit zum Durchatmen. Wir erlebten den vierten Sturm in einer Woche und segelten durch Schneeböen, in denen der Wind heulte. Der Tag blieb dunkel und die Temperatur sackte auf zwei Grad Celsius. Wir segelten gerade hoch am Wind, gegen einen starken Strom und um einen schroffen Felsen, den die Seekarte kumpelhaft Carlos nannte, als ich ganz deutlich den Blas eines Wales erkannte. Von einer Sekunde auf die andere stellten sich meine Haare auf und wie elektrisiert starrte ich auf eine dunkle Flosse, die vor dem Bug auftauchte. Im Zustand einer Fast-Lähmung verfolgte ich den dunklen Schatten, der nun am Schiff entlang huschte. Deutlich sah ich die schwarzweiße Zeichnung, ein Orca.

In der romantisierten Welt der ozeanischen Tierbücher liest man dazu:

„Orcas sind wunderschöne Tiere, schwarz-weiß gezeichnet, groß, majestätisch, intelligent, verspielt und können vollends aus dem Wasser springen ...“ Dass sie nebenbei kraftvoll und aggressiv ihre furchtbaren Zähne am liebsten in das Fleisch von Pinguinen, ihrer Lieblingsspeise, schlagen, verschwieg das bunte Büchlein. Auch die Robben konnten von derlei Attacken ein Lied singen, doch meistens kamen sie nicht mehr dazu. So ist das in der Nahrungskette, der Große frisst den Kleinen. Doch stand der Killer des Meeres der Bestie Mensch gegenüber, hatte er kaum eine Chance. Vorbei die romantisierten Zeiten eines fairen Zweikampfes zwischen Mensch und Tier, die Melville in seinem Buch „Typee“ auf so eindrucksvolle, mitunter erschütternde Art und Weise beschreibt.

Die Region um Feuerland war einst Schauplatz seiner Inspiration, als Herman Melville hautnah erlebte, wie sich die Walfänger zwischen Bergen von Blut und Speck Auge in Auge gegenüberstanden. Entweder rammte der Wal seinen Schädel in die Ruderboote und versenkte seine Widersacher oder er wälzte sich im Todeskampf von einer Handlanze getroffen in blutiger See, während an Bord bereits die Flammen loderten und verdreckte Matrosen die Messer wetzten, um anschließend im bestialischen Gestank von Öl, Tran und Gedärm den Kadaver des Wales zu zerschneiden und sein Fett zu kochen.

Stakste früher noch der einbeinige Ahab über das Deck und jagte unter schwarzen Rußwolken im blinden Hass dem weißen Moby Dick hinterher, so ziehen heute modernste Trawler auf, die einer Armee gleich kommen.

Mit hochempfindlichem Sonar jagen sie die Riesen der Meere, haben die ältesten Lebewesen der Evolution im Visier, knallen mit Hightech-Waffen den Königen der Meere großkalibrige Geschosse in ihren Schädel, dass diese geradezu explodieren. Ekliges Thema, lassen wir's und schnuppern lieber

Am Duft der Vanille

Unbemerkt lief uns etwas entgegen. Das Wasserrauschen gaukelte mir Fahrt vor, doch als ich auf die Logge schaute, stellte ich verwundert fest, dass wir gerade mal mit 0,5 Knoten vorwärts kamen. Kurz darauf erkannte ich den Grund. Aus zwei Seitenfjorden lief uns das Wasser entgegen, prallte auf einen kräftigen Gegenstrom und ließ das Wasser kochen. AURYN trieb hin und her gerissen im Strudel kleinerer Geysire. Nach einer Stunde im Whirlpool beruhigte sich das Szenario um uns herum, kurz riss der graue Regenvorhang auf und ließ mich auf noch grauere Kulissen blicken. Das Orchester spielte schräge Töne ... Wagner fiel mir ein. Seine Musik hätte in die Landschaft gepasst, doch ich bevorzuge eher Klänge in Harmonie. Im matten Glanz der Umgebung und mit gedämpfter Kraft, manchmal wie in Trance, segelte ich ein paar Meilen am schroffen Ufer entlang, bis mich der Gedanke an ein Shangri-la aus breiten, bougainvilleagesäumten Straßen, deren üppige Gärten sich bis an die Böschung hinabsenkten, in ein nach Vanille duftendes Paradies versetze.

Nur der dunkle Skelettrahmen, der plötzlich aus dem Wasser ragte, passte nicht wirklich in dieses Bild voller Poesie. Schlagartig kehrte ich in die Welt zurück und passierte das seltsame Mahnmal, welches sich als verrostetes Wrack erwies.

In feuchter Dämmerung fanden wir einen sicheren Ankerplatz.

Ich schlief mit einem heißen Grog ein, wachte mit hämmernden Kopfschmerzen auf und feuerte mich an. Weiter, endlich wollte ich diese schon so oft verteufelte Magellanstraße im Kielwasser lassen. Sie war für mich nicht nur der Eingang zur Hölle, sondern wurde zum seglerischen Albtraum.

Eine Regenwand fiel zwischen mir und dem Bug, der Wind kreischte. Ich schrie ihm improvisierte Flüche entgegen und lästerte lauthals über jenen Herrn dort oben, den ich bei anderen Gelegenheiten geradezu anbetete.

Dann spann ich wieder Garn von meinen zurückliegenden Reisen, träumte von Brasilien und Kuba, von türkisfarbenem Wasser, hatte plötzlich den Geruch von reifen Papayas in der Nase und den Geschmack einer faserigen Mango im Mund. Ich spürte die Sonne, die meine Seele wärmte, schöne Frauen, die für die Leidenschaft zuständig waren, und staunte andererseits immer wieder über die dramatische Landschaft Feuerlands. So rau und abweisend sie auch erscheinen mochte, ihre Schroffheit hatte genügend Substanz für eine Stimmung, in der viel Atmosphäre lag. Und noch MEER. Zum Beispiel rissige Hände, Kälte, ein Schiff, in dem es nicht mehr trocken wurde, wieder Kälte, Regen, Mattigkeit und eine Alleinsamkeit, die sich wie ein dunkles Tuch über mich legte. Sobald sie ins Spiel kam, befand ich mich auf schwankenden Brettern – nicht nur physisch. Jedoch war es nicht die Alleinsamkeit allein, die mir zu schaffen machte, konspirativ lehnte sich der Selbstzweifel an und es kam der Moment, wo ich die Schnauze gestrichen voll hatte und eine schwächliche Verachtung dem gegenüber empfand, der glaubte, sich die Gegend am Ende der Welt unbedingt anschauen zu müssen. Ich wollte gerade einen Schleier des Vergessens über die Begegnung mit diesem Typen legen, als ich seine weit entfernte Stimme hörte: ‚Jammer hier nich' rum. Kap Hoorn-Segler können gegen den Wind pinkeln und dürfen sogar in der Offiziersmesse englischer Kriegsschiffe die Füße auf den Tisch legen. Also wirst du auch durch diese verdammte Magellanstraße kommen.'

Nach diesen Worten voller Hoffnung hatte ich den Notausgang gefunden, witterte frischen Mut und spürte den salzigen Atem eines anderen Meeres. Wir näherten uns dem Pazifik, seine Meer-Luft roch kräftiger, sein Pulsschlag wurde fühlbar. Der Ozean schickte lange Dünungswellen in die sich verbreiternde Magellanstraße.

In grauer Melancholie zwischen nackten Felsen ...

... kreuzten wir die letzten Schläge zum Ende der Magellanstraße.

In schweren Regenschauern verhangen erkannte ich das Kap Deseado. Das ersehnte Kap, wie Magellan es taufte, als er nach 38 Tagen mit seiner in der Zwischenzeit auf drei Schiffe geschrumpften Flotte an dieser Stelle den Pazifik erreichte. Wir waren nun acht Wochen unterwegs und vor uns lag der Pazifik. Ein neuer Ozean, ein weiter Raum gefüllt mit Meereslust und fernen Abenteuern, noch ungeschriebenen Kapiteln. Sie handeln von der Osterinsel, den paradiesischen Inseln der Südsee, den Menschenfressern auf Fidschi, vom Vulkanausbruch auf Vanuatu, von einer Keilerei in Neu-Kaledonien, der geschlossenen Oper von Sydney, dem Tauchen im Great Barrier Reef, dem Kampf mit einem gefangenen Hai, der Flucht vor einem Salzwasserkrokodil, dem Besuch bei den Kannibalen auf Papua Neu-Guinea und einer langen Segelreise von über sechstausend Meilen über den größten Ozean dieser Erde.

Doch ich greife den Abenteuern vor, noch war die Reise in die Stille der Einsamkeit nicht beendet. Noch waren etliche Breitengrade zu durchsegeln auf unserem langen Weg nach Valdivia.

Hinter uns verschwand die Magellanstraße in der nächsten Schauerfront, wir gingen auf neuen Kurs, ich trimmte die Segel, anschließend folgten wir dem Kompass, der nach Norden zeigte. Mit fünfzig Meilen lag jetzt ein Stück Hochseesegeln vor dem Bug, ehe wieder im Gewirr der chilenischen Fjorde verschwanden.

Vergessen Sie zunächst den Pazifik, es macht keinen Sinn: Der Wind peitscht, die Wellen, die nun auf den Kontinentalschelf prallen, brechen sich chaotisch, zudem dreht der Wind auf Nordwest. Halten Sie sich gut fest, wir fallen ab und suchen Schutz hinter der Isla Tamar. Ein seltsamer Ankerplatz, gewiss, aber er bietet Schutz im Lee der hohen Felsen und verspricht eine wahrscheinlich ruhige Nacht.

Die Wahrscheinlichkeit mochte so groß sein wie sie wollte, was nützte ihr die Aufgeblasenheit grauer Theorie, sie hatte keine Chance gegen die Wirklichkeit. Das hatten sich wohl auch die Bäume gedacht, die sich den Gewalten in Demut beugten, während der Wind von den kahlen Felsen bretterte, AURYN packte und wild am Anker zerren ließ. Das Gestrüpp – kein Gestrüpp, mit viel Liebe zum Landschaftsbau vielleicht noch als Bodendecker zu bezeichnen – wurde regelrecht flach gehobelt. Mein Gott, müssen Sie denken – hört dass denn nie auf. Nein, es wurde noch schlimmer. In der rabenschwarzen Nacht legten die Orkanböen AURYN gefährlich weit auf die Seite. Ich befürchtete jeden Moment, dass der Anker ausbrach oder die Kette riss oder beides gleichzeitig passierte. Obwohl wir in der Abdeckung des Berges lagen, kochte um uns herum die See. Im Cockpit sitzend hielt ich Ankerwache, war gespannt wie ein Flitzebogen, um schnell eingreifen zu können, falls es erforderlich werden sollte.

Nervenaufreibendes, nächtliches Ausharren. Ich war so angespannt, dass ich nach ein paar Stunden mir einbildete, Stimmen zu hören und an Land den Schein von Feuer zu erkennen. Ging die Phantasie mit mir durch oder lebte dort tatsächlich jemand am tristesten Ort, den ich jemals sah? Ganz deutlich flackerte dort ein Licht, vielleicht Fischer, die genau wie ich Schutz suchten …

Ich dachte an Joshua Slocum, den Vater aller Einhandsegler, der 1898 als erster die Welt umrundet hatte und auf seinem Törn durch die Magellanstraße mehrmals von den Feuerland-Indianern angegriffen worden war. Er segelte mit einem geschulterten Gewehr, während die Ureinwohner ihn in offenen Kanus verfolgten. Lag die „Spray" vor Anker, ballerte Slocum in Richtung Land, wo sich Geäst bewegte und er Indios vermutete. Um ruhiger schlafen zu können, streute er Heftzwecken auf das Deck und hielt sich so die barfuss laufenden Feuerländer vom Leib. Tolle Idee und gut, dass ich kein Gewehr an Bord hatte.

„Friedvolles" Wasser

Ich hatte im schwammigen Licht eines frühen Morgen den Anker an Deck gezogen und bereits im Schutz des Felsens die allerkleinste Besegelung aufgezogen. Als AURYN ihre Nase aus dem vermeintlichen Schutz der Insel steckte, bekam sie gleich welche drauf. Ruppige Pazifikwellen liefen auf den Kontinentalschelf und verursachten heftige Kreuzseen. Vor uns lag ein Stück offener Pazifik, „Der Friedvolle", wie Magellan den neuen Ozean nannte. Im Bild des Tages lag alles andere, nur kein Frieden!

Der Künstler mit einem Hang zur Dramatik hatte einen wild zerrissenen Himmel geschaffen, unter dem die See tobte und ein furiger Wind hohe Wellen vor sich her schob. Er wehte aus Nordwest. Wir mussten also ziemlich hoch ran, um den nördlich gelegenen Canal Smith zu erreichen. Hey, wir segeln im Pazifik, das erste Mal im großen Ozean, schrie ich mir zu, wobei mir der Wind die Hälfte des Satzes wieder in den Hals drückte. Na ja, Segeln war etwas anderes. Unsere Fahrt glich eher der einer Achterbahn. Auch wenn es nur 15 Meilen waren, so segelten wir in extremer Schräglage, zu boxenden Wellen, im Auf und Ab der See. Unter diesen Umständen brach ich mit meiner alten Tradition, das Wasser über der Reling abzuschlagen und benutzte stattdessen das Waschbecken, weil mir der Weg zur Toilette mit heruntergelassenen Hosen einfach zu riskant war.

In der Ergriffenheit dieses eindrucksvollen Schauspiels von Naturgewalten saß ich zusammengekauert hinter der Sprayhood, gelegentlich klatschte ein Brecher über uns hinweg oder das Rigg zitterte, wenn mein Schiff wieder mal in ein Wellental knallte. Doch keine Angst, AURYN hatte uns schon durch ganz andere Situationen gebracht und ließ sich selbst von einem rüpelnden Russen nicht versenken. Ich dachte kurz an die Kollision zurück, die uns südlich von Jamaica an die Schwelle zur Finsternis geführt hatte und verwarf ebenso schnell wieder den düsteren Gedanken. Denn wer auf See an Schlechtes denkt, wird es auch bekommen. So jedenfalls besagte es der Glauben der chilenischen Fischer, wonach Supaya, der Gott des Bösen, die Gedanken der Seeleute überwacht.

Hatte Homer nicht auch solch einen Schnack im Seesack? Ich hatte keine Zeit mehr, um mich mit griechischer Mythologie zu beschäftigen, jetzt kam Smith in Sicht und Ärger drohte.

Auf dem Weg nach Nirgendwo

Als AURYN die Abdeckung des Canal Smith erreichte, verschwand achteraus die grobe See, die fürchterlichen Roller gingen über in eine sanfte Dünung.

Na bitte, das geht doch. Im herrlichsten Segeln passierten wir an Backbord einen schönen Leuchtturm und eine flach geduckte Baracke der chilenischen Küstenwache. Ihre weißrote Flagge flatterte im Wind, genau wie die Unruhe in meinem Bauch. Mein schlechtes Gewissen, wenn ich denn jemals eines hatte, meldete sich im Anblick der Staatsmacht, denn bisher hatte ich es schlichtweg vernachlässigt, mich zu den vorgegebenen Zeiten über Kurzwelle täglich bei der Marine zu melden. Aus Gründen der Sicherheit, erinnerten die mahnenden Worte des Offiziers vor zwei Monaten in Puerto Williams. Zur Entschuldigung meines respektlosen Verhaltens sei gesagt, dass ich abends um zwanzig Uhr meistens in abenteuerlichen Ankermanövern verwickelt oder einfach zu ausgepowert war, um mich auf das Palaver der Kontrollstation einzulassen. In denen dusselige Fragen lauerten, wieviel Diesel ich noch hätte, ob ich noch genügend Lebensmittelvorräte hätte und wie es um das Wohlbefinden der Mannschaft bestellt war. Nun, der Crew, besser gesagt der Katzenbande, ging's prächtig, dem Smutje gut und auch der Steuermann hatte nichts zu meckern. Nur der Skipper schwächelte und hatte keinen Nerv auf solch geistreiche Fragen wie „what's your estimated time of arrival" zu antworten, denn was wusste der schon, wann wir wo ankommen würden, auf einem Weg nach Nirgendwo?

Am Besen Gottes

Der Anschiss, auf den ich gefasst war, kam drei Tage später. Oder waren es vier? Ich wusste es nicht mehr genau, die Zeit kam mir in der Alleinsamkeit vieler Wochen abhanden. Zeit hatte für mich keine Bedeutung mehr. Ich wachte morgens mit der Sonne auf und fiel mit ihr abends in die Koje.

Mit gemischten Gefühlen und der Hoffnung, einen neuen Tank für den Außenbordmotor sowie Paddel für das Dingi beschaffen zu können, näherten wir uns der Zivilisation. In gebremster Fahrt, einem Gegenstrom ausweichend, steuerte ich AURYN durch einen langen Fjord entlang einer vom Wind kahl gefressenen Landschaft, in der grau getupfte Punkte lagen. Als ich mich ihnen näherte, wurden daraus kleine Hütten, die den Charme verbeulter Konservendosen versprühten. Dahinter erkannte ich Puerto Natales als ein kleines Dorf, das sich an einen sanft ansteigenden Hang kuschelte, schutzbedürftig in nackter Umgebung einer baumlosen Landschaft.

Vorsichtig näherten wir uns der Ansiedlung. Wofür das Puerto stand, blieb mir rätselhaft, der Ort hatte weder einen Hafen noch ein geschützte Bucht. Hinter dem Steg des Versorgungsschiffes ließ ich AURYN auslaufen und schmiss den Anker.

Vor uns lag das Dorf. Ein paar Leute kamen zum Steg und winkten freundlich. Von irgendwoher klang Kindergeschrei, dann hörte ich einem Wind zu, der Musik herüberwehte. Ich machte das Beiboot klar, griff nach der ehemaligen Schranktür, die jetzt mein Paddel war, und ruderte an Land. Ich gestehe, – dass ich es mit einer Sehnsucht nach Leben betrat.

Natales hatte den Charakter einer alten Goldgräbersiedlung in Alaska. Der Ort war geprägt von düsteren Gestalten, die ihre Köpfe tief in die hochgeschlagenen Krägen ihrer Mäntel steckten und verschlossen durch die Gegend huschten, vorbei an Läden, deren Türen im Wind knarrten, durch enge, staubverwehte Gassen. Über den grob zusammengenagelten Blechhütten kräuselte dicker Qualm, der sich wie eine Mütze über den Ort legte und ihn noch kälter aussehen ließ, irgendwie seltsam leer. Getrieben von der Gier nach einer leckeren Hammelkeule zog mich ein Geruch von gegrilltem Fleisch in ein Restaurant. Als ich es wieder verließ, war nicht nur der Bauch voll, sondern auch meine Seele hing wieder im Lot. Die Einsamkeit, die mir vorübergehend zu schaffen gemacht hatte wie die Strudel einer kräftigen Tide, verkroch sich nun tief in meiner Bilge.

Ich schaute hier und dort hinein, verließ ein verqualmtes Café und wechselte die Straßenseite, weil mein Blick etwas fokussierte, das geheimnisvoll blinkte: „Mus..k-B..r". Der unvollständige Name, die Sehnsucht nach Stimmen und Menschen, die Neugierde und alles zusammen zogen mich in die Musik-Bar. Im flackernden Kerzenlicht vor einer weiß getünchten Wand schnallte sich der Musiker seine Gitarre um, der Schatten an der Wand tat es ihm gleich. Sein Spiel war genial und voller wunderschöner klassischer Melodien. Er spielte virtuos und ohne Notenständer, warum auch: Die Seele seiner Musik stand auf keinem Stück Papier. Es war kurz vor Mitternacht, als ich die Bar verließ und zwei hübschen Mädchen plump in die Hacken stolperte. Ich lächelte entschuldigend der einen zu, scannte den Blick der anderen und trat errötend in den aufgeschichteten Staub der Straße. Vielleicht hätte ich den letzten Teil des Weges in Gesellschaft gehen können – in der Gesellschaft einer Prinzessin. Stattdessen fegte mir der Besen Gottes eisig durchs Gesicht. „La Escoba de Dios", wie der feuchtkalte Wind von den Einheimischen genannt wurde, nahm mir sinnliche Gedanken und versetzte die Lebensgeister Natales nicht wirklich in Hochstimmung. Nein, er schuf eher ein unfreundliches Klima, in dem die sonst so heitere südamerikanische Ausgelassenheit außen vor blieb. Der Wind spielte mit einer geknüllten Dose und trieb sie mir vor die Füße, ich kickte sie weg und kehrte im dumpfen Geläut der Kirche zum Schiff zurück. Es war Mitternacht.

Eine Königin unter Schlampen

An einem Tag voller Fehler sollte sich der letzte als einer mit Schräglage herausstellen, nicht nur weil daraus Freundschaft erwuchs. Doch der Reihe nach …

Ich erledigte einige Einkäufe, schleppte in zwei Reservekanistern ungefähr einhundertachtzig Liter Diesel zum Schiff und war anschließend berechtigterweise so erschlafft, dass ich mich gerade ausruhen wollte, als pünktlich zum Nachmittag Böen in gewaltiger Stärke über die Bucht fegten.

Vorsichtshalber scherte ich in eine sich schräg vor uns befindende Mooringtonne noch eine Leine ein und belegte sie auf dem Schiff. Dieses instinktive Handeln war letztendlich die Rettung, denn kurz darauf rissen die heftigen Windböen den Anker aus dem Schlick, wodurch AURYN auf Drift ging. Ich starrte auf die ausbrachte Leine, gleichzeitig auf die rostige Boje und hoffte, dass beide zusammen das Schiff in den Griff bekämen. Doch Fehlanzeige! Stattdessen trieb mein Boot weiter durch die Bucht und zog die Tonne hinter sich her, die ebenfalls keine Bindung mehr zum Grund hatte! Kurz vor der felsigen Uferböschung ruckte AURYN plötzlich in den Anker ein. Das war knapp, wieder mal Schwein gehabt. Fortuna liebte uns, ohne Zweifel, denn sie wachte weiter über uns. Ich vertraute auf mein Glück, zwinkerte der Dame zu und sackte erschöpft auf die Couch. Ich blieb bei den Frauen. Bevor ich eindöste, ärgerte ich mich kurz über die verpasste Chance des Vorabends, über die nicht erlebte Lust, diesen Moment im Arm der Prinzessin aus Feuerland genießen zu dürfen und erschrak, als mich ein energisches Klopfen aus erotischen Träumen riss!

Als ich nachschaute, wer da an den Rumpf meines Schiffes hämmerte, blickte ich in die ernsten Gesichter zweier Marinesoldaten! Ohne weitere Erklärungen (nein, ich wurde nicht verhaftet) bestellten sie mich zum Kommandanten der Küstenwache. Was mich dort erwartete, konnte ich mir nicht nur vorstellen, sondern ich arbeitete bereits auf dem Weg zum Rapport an einer Geschichte, die dem Anschiss seine Schärfe nehmen sollte.

Als ich den Raum der Küstenwache betrat, schlug mir außer einer bulligen Hitze auch der grimmige Blick des Kommandanten entgegen. Nach einem zackigen „Buenos Dias, Senor“ komprimierte er all seine zerfurchten Falten zu einem finsteren Ausdruck, las mir nicht nur die Leviten, sondern beherrschte das Gespräch so machtvoll, dass er mich mundtot machte. Dann zeigte er auf eine Seekarte und brummte die Namen einer Region, in der man mich bereits suchte, weil ich mich nicht über Funk gemeldet hatte! Derweil legte ich ihm das Logbuch auf den Tisch, wobei „zufällig“ die Dokumentation der chilenischen Marine über die Rettungsaktion am Kap Hoorn und die schicke Urkunde der Aufnahme in die chilenische Bruderschaft der Kap Hoorniers herausrutschte. Das schrie geradezu nach Beachtung! Komm schon, beiß an, dachte ich, und hoffte auf den Zauber des Eindrucks. Er wirkte. Die Stimmung schlug um. Nun glaubte ich in seinem Blick einen zarten Ausdruck von Respekt zu erhaschen. Die Mühen am Kap zahlten ihre Dividenden. Der Ton wurde nun etwas vertraulicher. Wir sprachen kurz über das Abenteuer am Kap, dann knallte der Chef höchstpersönlich den Stempel auf das Erlaubnispapier zur Befahrung chilenischer Gewässer. Damit nicht genug. Das Wetter wird sich verschlechtern, sagte er, zog mich zur Wandkarte und tippte auf einen Ankerplatz, der mir mehr Sicherheit versprach. Wenn ein kräftiger Händedruck zwischen Männern noch Bedeutung hatte, konnte ich annehmen, dass wir beide uns am Ende doch noch mochten.

Als ich zu AURYN zurückkehrte, befand sie sich umgeben von rostigen, erbärmlichen Fischkuttern und lag mit ihrem poliertem Chrom und den hellen Segeln wie eine Königin unter Schlampen da.

Zu Besuch bei Familie Eberhardt

Die Nähe zu den umliegenden Schrotthaufen einstmals stolzer Schiffe erschien mir zu gefährlich. Ich folgte der Empfehlung des Comandante, zog den Anker hoch und verließ Puerto Natales so, wie man etwas verlässt, wo man nicht unbedingt begraben sein möchte. Dann steuerte ich AURYN zur letzten Hoffnung, in den Ultima Esperanza. Der Fjord lag sechs Meilen landeinwärts.

Aufregung bestimmte die Einfahrt in das flache Gewässer. Die Tiefenangaben stimmten nicht mit der Karte überein. Es dauerte nicht lange, dann knirschte etwas unterm Kiel. Wir saßen fest! Ich versuchte mehrmals, unter Vor und Zurück des Motors von der Untiefe zu kommen, doch keine Chance. Zu schnell lief die Tide ab und ließ kleinere Sandhaufen zurück. AURYN legte sich in ein Bett aus braunem Sand, während ich in schräger Lage schweigend im Cockpit saß und dem ablaufenden Wasser zuhörte, das am Rumpf gurgelte. In die Stille der Landschaft und in die Schande der Lage tuckerte ein Motor.

Das Beiboot näherte sich im Slalom durch kleine Priele jenem Sandhaufen, auf dem AURYN wie ein gestrandeter Wal lag. Nachdem uns das Boot erreicht hatte, blickte ich in das grinsende Gesicht eines Feuerländers, dessen gewaltige Nase rötlich verfärbt war und so knubbelig aussah, als hätte er sie zu oft in Dinge gesteckt, die ihn nichts angingen. Doch in diesem Fall kam sie wie gerufen.

Das Wasser spülte zurück und begann AURYN, die träge herumlag, anzuheben. Sie lebte, es knackte im Rumpf und dann ruckelte sie sich ungeduldig in ihre Balance zurück. Gereizt ob der peinlichen Situation, unter dem Grienen von Rudy, hatte sie es eilig und trieb, nachdem sie wieder genügend Wasser unter dem Kiel hatte, mit dem Wind ab.

Rudy lotste mich nun zu seiner Schaffarm, die hinter einem Knick des Fjordes lag. In einem kleinen Landeinschnitt direkt vor der Estancia rasselte im letzten Rest eines warmen Sonnenlichtes der Anker. „Komm nachher zum Essen“ rief er mir noch zu, dann verschwand der Farmer so wie er gekommen war – im Getucker eines Außenbordmotors.

Nachdem ich zur Sicherheit noch einen zweiten Anker ausgefahren hatte, sollte die Hilfsbereitschaft erwidert werden. Ich schnappte mir eine Buddel Whiskey, paddelte an Land und marschierte auf das Wohnhaus zu, das auf einer kleinen Anhöhe stand. „Tür is' offen, Essen auf'en Tisch", mit diesen alles sagenden Worten empfing mich der Deutsch-Chilene. Ich klopfte den Regen aus der Jacke, trat in die wohlige Wohnstube und stand kernigen Typen gegenüber, die sich gerade ein verkohltes Lamm ins Gesicht schaufelten. Rudy stellte mich seinem Vorarbeiter John vor, ein kräftiger Typ schottischer Abstammung, der mir sogleich die Flasche aus seiner Heimat abnahm.

In der Ecke bollerte ein Ofen. Wir aßen, tranken und erzählten. Sie von ihrer Arbeit, ich aus einem anderen Leben und von meinem Job, meiner Seereise, die mich unter anderem auch zu ihnen führte.

Nach Entlastung des sabbelnden, mit sich selbst beschäftigten Ichs suchend, knüpfte ich Fäden zur Geschichte der Aussiedlerfamilie. Rudy erzählte nun von der Gründungszeit der Estancia. Man schrieb das Jahr 1893, als Hermann Eberhardt seinen Seesack mit Schmackes auf chilenischen Boden warf und als Kapitän bei der deutschen Reederei „Kosmos" anheuerte. Diese stand im Dienste Chiles und hatte den Auftrag, die Gewässer Chiles zu kartographieren. Und so steuerte Opa los, drang immer tiefer in das Gewirr der Fjorde ein, erkundete dieses und jenes und vermaß nicht nur die Gewässer Feuerlands, sondern auch die Körper schöner Frauen. Bis er mit seiner Herzliebsten 1895 in diesen Fjord dampfte und schwungvoll die chilenische Flagge in den Boden rammte. In einem Landstrich, von dem keiner etwas wissen wollte. Opa erwarb sich nicht nur große Verdienste, sondern wurde vom Staat mit 110.000 Hektar Land fürstlich entlohnt. Die Eberhardts kultivierten das Land, wurden erfolgreiche Farmer und beteiligten sich am Aufbau des Ortes Natales. In den politischen Wirren um den Sozialisten Allende wurde den Eberhardts, mittlerweile in der dritten Generation, alles Land genommen und unter den Gauchos verteilt. Doch die sozialistische Doktrin kollidierte mit dem alten Problem der Umsetzung: Das Drehbuch war klasse, die Inszenierung eine Katastrophe. Die Folge der „revolutionären" Tat war, dass die Landarbeiter und Hirten, die niemals vorher für sich selbst sorgen mussten, jetzt mit dem eigenen Land nichts anfangen konnten, auch die sogenannten Intellektuellen waren dabei keine Hilfe. Nur mit Plapperei und Mao-Fibel unter dem Arm wurden keine Schafe groß, geschweige denn vermarktet. Dann wurde Chiles Geschichte neu geschrieben. Pinochet putschte sich zum Präsidenten und gab den alten Großgrundbesitzern einen Teil ihres Landes zurück, was für die Familie Eberhardt 3500 Hektar bedeutete. Heute, in der vierten Generation, besitzt die Familie wieder 6000 Hektar, und lebt von ihrer riesigen Schaf- und Rinderzucht.

Ich blätterte in der Familienchronik, blickte in die Gesichter vergilbter Bilder und lauschte den Erzählungen Rudys, während John sich seinem Kumpel aus der Heimat widmete. Der Abend verging, die Buddel war leer und die Geschichte erzählt. Morgen wollten wir nach Punta Arenas aufbrechen.

„Wir starten früh bei Sonnenaufgang" sagte John. Buenas noches, amigos, antwortete ich und schlich durch eine silberne Nacht zum Ankerplatz, hin zu einem Bild, das ich so noch nicht gesehen hatte: AURYN vor hügeligen Schafkoppeln, die im Mondlicht glitzerten.

Im Schatten von Fernando Magellan

Wir waren zu dritt, als wir uns mit unserem Fahrer auf den Weg machten, vom Seno aus drei Stunden über einsam gewundene Straßen nach Punta Arenas.

Bei flotter Fahrt mit Dudelsackmusik im Hintergrund flog eine Landschaft an uns vorbei, die eher den Charakter einer Steppe hatte und vom ewig hämmernden Wind wie flach gehobelt dalag. Am Vormittag erreichten wir Punta Arenas. Meine Freunde gingen ihren Terminen nach, ich stand wieder an der Magellanstraße, um das zu kaufen, was sie mir im Orkan genommen hatte: Außenbordtank, Paddel und Dieselkanister.

Es war ein windstiller, sonnenloser Tag, als ich den Schiffsausrüster verließ und auf dem Weg ins Herz von Punta Arenas auf jenen Obelisken stieß, der an die Zeit erinnerte, als Magellan mit seiner Mannschaft an dieser Stelle der heutigen Stadt das Land enterte, doch sofort wieder verschwand, nachdem die abgehärteten Seefahrer ein Holzgestell mit 200 Indianerleichen entdeckten und über die Reste eines verwesten Wales stolperten. So berichtet es jedenfalls der Bordchronist Pigafetta. Ich klappte das düstere Kapitel der Magellan-Reise zu und nahm mir die Stadt vor, wobei ich zunächst der Promenade entlangwanderte und einem Kreuzfahrtschiff zusah, das gerade am Kai anlegte. Bald darauf bestimmten aufgeregte Passagiere das Bild im Stadtzentrum, das aus einem riesigen Park und merkwürdig verschachtelten Häusern, kalten Büroklötzen und anderen architektonischen Grausamkeiten bestand. Punta Arenas ist die Hauptstadt des chilenischen Teils von Feuerland, sie machte auf mich einen aufgeräumten Eindruck, zumindest gab es kein sichtbares Elend. Die Gräuel lagen lange zurück und spielten sich in dunklen Verließen militäreigener Folterkammern ab, als unter der diktatorischen Führung des Generals Pinochet die Leute aus dem Widerstand in Kerkern verschwanden oder auch für immer.

Ich aß eine Kleinigkeit zu Mittag, marschierte danach zurück in den Park und besuchte Fernando Magellan, der mir in seiner ganzen Erhabenheit gegenüberstand. Etwas Sonne durchbrach die graue Wolkendecke, erhellte die in Granit gemeißelte Schrift und ließ Magellan erstrahlen, der unter dem Arm eine gerollte Seekarte hielt und den Blick in die Ferne richtete. Der Schatten des Denkmals wanderte über mich hinweg, während amerikanische Touristen mit albernen Kappen über die Plaza de Armas hetzten und sich kichernde Japaner, ohne Blick für Magellan, vor dessen grobe Stiefeln fotografierten.

Ich schaute einem Liebespaar hinterher, das eng umschlungen auf der Promenade ging und mir eine üble Laune verschaffte, weil dadurch tief in meiner Seele das Meer der Einsamkeit rauschte. Ich hoffte, Ablenkung zu finden, indem ich ein paar Postkarten schrieb, doch sie erinnerten mich nur noch mehr daran, wie allein ich mich fühlte. Trotz der Gastfreundschaft meiner chilenischen Freunde.

„Lass uns eben bei Mani vorbeischauen“ sagte Rudy, nachdem wir uns am Nachmittag wieder am Treffpunkt eingefunden hatten. Mani wohnte am Rande der Stadt und von den Einnahmen seines kleinen Gaucho-Museums, das er liebevoll und mit einem Hang zum Detail eingerichtet hatte. Stolz führte er mich herum, zeigte auf Utensilien von Rinderzüchtern, erklärte die Kleidung berühmter Gauchos, wies auf antike Bilder und Wandteppiche hin. Dann drückte er mir ein verblichenes Album in die Hand. Während ich im Leben anderer blätterte, deren Vergangenheit er so liebevoll pflegte, kam er mit dampfenden Mate-Tee zurück. Schlürfend mäkelte er über seine Kinder, die keinen Blick für die Reliquien einer vergessenen Zeit hätten und stattdessen in einer seelenlosen Gesellschaft weit entfernt in Santiago, der Hauptstadt Chiles, vor sich hin lebten.

Eine Menge Seele hatten die raubeinigen, aber gastfreundlichen Rudy, John und Mani. Sie verstanden sich in erster Linie als Feuerländer, fühlten sich danach als Chilenen. Ihre Verbundenheit begründet sich vermutlich dadurch, dass die harten Lebensumstände hier unten im Land der Stürme die Menschen einander näher bringen als anderswo.

Mit Dow Jones ins Bett

„Schau dir unbedingt den Torre an“. Der Tipp von Rudy weckte meine Neugierde, und so lieh ich mir seinen klapprigen Van und fuhr vorbei an Tausenden von Rindern und Schafen, die in saftgrünem Weideland standen und erreichte den 130 Kilometer entfernten Nationalpark Torres del Paine. Ich ließ das Auto zurück und wurde in den nächsten Tagen vom See- zum Wandersmann. Leider zeigte sich der Nationalpark dicht verhangen und im Regen. Nur hin und wieder riss die Wolkendecke auf und gab kurz den Blick frei auf ein imposantes Gebirgsmassiv, topographisch so eindrucksvoll wie eine Landschaft es nur sein kann. Das Sonnenlicht überflutete den Cerro de Paine. Er ist ein furchterregender, 2000 Meter hoher, senkrechter und teilweise überhängender Fels und gilt in Bergsteigerkreisen als einer der schwierigsten Berge der Welt. Vielleicht zog er deshalb Tausende von Bergsteiger im Jahr an. Im Gegensatz zu meiner Tour in den nördlichen Anden, wanderte ich nun auf markierten Wegen und folgte einem Schild, das mich zu einem Hotel führte. Ich freute mich in Gedanken auf eine vollkommene Nacht, lang ausgestreckt auf ruhigem Grund, im frischen Bettlaken, mit einem verschwenderischen Frühstück und auf besseres Wetter am nächsten Tag.

Um es kurz zu machen: Es war eine eher muffige, sparsame Ausgabe dessen, was sich ein Windnomade erhoffte, der zwischenzeitlich auch gern mal drinnen war. Es begann damit, dass mich eine übellaunige Hexe empfing, setzte sich fort mit einem lieblosen Frühstück und gipfelte in durchgestylten Wandersleuten, die ihrer Alltäglichkeit nicht entfliehen konnten und mit hektischen Augen über den globalen Geldmarkt flogen, der im CNN-Börsenteil dank Satellit in die Herberge flimmerte. Die Wanderer und Bergsteiger stiegen am Morgen mit dem Nikkei aus dem Bett, am Mittag auf den Gipfel und mit dem Dow Jones am Abend wieder in die Laken.

Ausgeschlafen, gestärkt und frisch rasiert trat ich in einen eiskalten Wind und spürte sofort die Kälte, nicht nur über der Oberlippe. Der Wind piekste in meinem ungeschützten Gesicht, ich zog die Kapuze tief über den Kopf und folgte einer Schar Wanderer, die den rudernden Armbewegungen ihres Führers hinterherdackelten. Der Animateur zeigte aufgeregt auf dieses und jenes, während ich an vollen Papierkörben, bunten Werbeslogans und mahnenden Verbotsschildern vorbeilatschte. In dieser organisierten Aufgesetztheit spürte ich eine kribbelnde Unruhe und wusste, woher sie kam: Meereslust regte sich, schlaffe Flügel begannen zu flattern, wollten segeln. Vorwärts und weiter.

Am Tor zur Illusion

Eine Woche blieb ich im Seno Eberhardt, dann wurde es Zeit, weiter Richtung Norden zu segeln. Es war mittlerweile April, auf der südlichen Halbkugel stand der Winter bevor und noch lagen 1500 Seemeilen bis Valdivia vor dem Bug. Mit dem Verlassen von Natales lag Feuerland im Kielwasser, wir segelten nun durch den chilenischen Teil von Patagonien. Ein Narr, wer glaubt, damit wären alle nautischen Hürden übersprungen. Kaum abgelegt, ging es schon los.

Eine kribbelige Passage versprach der Canal Kirke zu werden, wo der Flut- und Ebbstrom aus sechs umliegenden Fjorden zusammenläuft. Hier schlampig zu navigieren, den Stillstand der Tide nicht abzuwarten, könnte bedeuten, in einem Wildwasser von bis zu 14 Knoten Strom den Wasserwirbeln hoffnungslos ausgeliefert zu sein. Der Strom lief bereits mit uns, als AURYN mit neun Knoten Fahrt über Grund durch die Enge drängte und sich plötzlich im harten Ringen mit Fluten befand, die sich quer zu unserem Kurs ergossen.

Eine Regenwand überfiel uns und fegte zischelnd achteraus. Ich zog den gischtigen Wind und die ungeschützte Kälte der Abdeckung hinter der Sprayhood vor, denn die äußeren Umstände schufen allerbeste Voraussetzungen, das Schiff zu verlieren. Doch AURYN machte kurzen Prozess mit dem Chaos des brodelnden Gewässers und rauschte ihm mit achterlichen Winden davon. Auch wenn uns gelegentliche Regenschauer einholten, segelten wir wie auf Wolken, wir flogen. Das Wetter, das windig und regnerisch begonnen hatte, änderte sich.

An einem Abend mit absoluter Windstille, mit Sonne und friedlicher Natur in zarten Farben, die mir wie ein gemaltes Bild erschien, lag AURYN ruhig vor Anker. Die Lichter der Sterne funkelten durch die Nacht, unter ihnen trieb ich ab in das Fahrwasser der Alleinsamkeit. Vielleicht hörte ich deshalb mal wieder die Nachrichten aus einem fernen Universum. Die Welt, aus der ich kam, befand sich im Krieg, im Irak rasselten die Säbel und ich fühlte mich von allem mehr als Milliarden Meilen entfernt. In dieser bitterkalten Nacht stand ich kurze Zeit unter einem sternenklaren Himmel und blickte in den Frieden dieser kleinen Bucht. Das Sternenlicht war so hell, dass die am Ufer stehenden Baumkronen wie Scherenschnitte erschienen und mein Blick bis in die Schatten der Berge wandern konnte. In der Unberührtheit der Natur lag die hörbare Stille Patagoniens, sie war irgendwie zum Atmen und zum Greifen friedlich, so wie man es sich für die ganze Welt wünscht.

Mein Tagesziel war der Gletscher Seno Iceberg im Campo de Hielo, dem größten Eisfeld außerhalb der Antarktis. Lief es gestern noch wunderbar, wurden heute die Karten neu gemischt. Ein Tiefdruckgebiet nach dem anderen jagte gegen die Andenmauer, das bedeutete Wind auf die Nase. Die Berge lagen umhüllt von tiefen Wolken und Nebelschwaden oder in Schnee- und Hagelschauern. Es folgte ein mühsames Gegenanknüppeln in gespenstischer Inszenierung, die mir wie eine Bühne in einem imposanten Theater erschien. Der Titel der Aufführung, eingemeißelt in den schroffen Fels, und angelehnt an Dantes Tor zum Inferno in der Göttlichen Komödie, lautete:

„Lasst ihr, die ihr hier segelt, alle Hoffnung fahren" (auch nur an einem Tag von der Gischt ungewaschen und vom Wind nicht durchgeschüttelt davonzukommen).

Nehmen Sie Platz. Nein, kippen Sie sich vorher noch einen Eimer eiskaltes Wasser über den Kopf. Ein zarter Gong erklingt, die Vorstellung beginnt:

Ein schwerer Regenvorhang zog auf, machte den Blick frei auf drohende Felsen und kahle Berge. Gespielt wurden Szenen aus Wind, Kälte, Nässe und Gewalt. Das Schauspiel schien ohne Ende und in immer neuen, gewaltigen Kulissen aus steilen Hängen, aus denen helle Gletscherzungen applaudierend ins Wasser stürzten. Der Beleuchter warf hin und wieder etwas Sonnenlicht durch diffuse Wolken. Der Ausstatter ließ sich nicht lumpen und half mit wabernden Nebelschwaden nach. Das Orchester spielte, was weiß ich, bloß keinen Wagner, hoffte ich, während im Souffleusenraum das Kondenswasser von den Fenstern tropfte, weil die Heizung es kaum schaffte, die nassen Klamotten des Protagonisten und das feuchte Schiff zu trocknen. Immer noch nicht genug der Dramaturgie, der Regisseur setzte noch eins drauf. Im letzten Akt, wir erreichten gerade den Canal Sarmiento, erreichte der Sturm aus Nord seinen Höhepunkt und ließ die restlichen vier Meilen bis zur geschützten Ankerbucht zur Ewigkeit werden. Wütende Böen peitschten mir erbarmungslos Gischtsalven in die Augen, immer in dem Moment, wenn ich aus dem Schutz der Sprayhood musste, um die Segel zu schiften, weil wir kurz vor dem felsigen Ufer eine rasante Wende nach der anderen fuhren.

Schnitt, Klappe, ein paar Stunden später: Ein mehr als mulmiges Gefühl sackte nach unten, als ich AURYN in Richtung der schmalen Passage steuerte, die in eine Bucht führen sollte, in der ich einen geschützten Ankerplatz zu finden hoffte. Müde, zerschlagen und entkräftet musste ich mitansehen, wie kurz vor der Einfahrt eine Orkanböe mit weiß abgerissenem Wasserstaub das Schiff erfasste und auf den nahen Felsen an Steuerbord versetzte. Ich hatte keine Chance, unter Segeln zu entkommen, startete blitzschnell den Motor und befreite uns im letzten Moment aus der drohenden Kollision.

Der Wind heulte in Vollendung, als ich AURYN wieder auf Kurs brachte und in die Bucht hineinsteuerte, vorbei an schroffen Felsbrocken und dösenden Seelöwen, bis dahin, wo ich dem Anker das Schiff anvertraute.

Puh, das ging gerade noch gut. Ich schüttelte den Regen aus der Jacke, spülte mir die Salzkruste aus dem Gesicht und stieg in den Salon. Und doch stand das Schlimmste noch bevor. Die Nadel des Barometers fiel weiter, die Anspannung in der Nacht stieg. Trotz der umliegenden Berge schüttelte uns der Sturm durch. Das Rigg bot genug Angriffsfläche, um AURYN in jeder Böe hin und her zu reißen, bis sie bockig an der Ankertrosse zerrte.

Zwei Tage wehte uns der Sturm ein, als er ging, wurde es kälter. Die Ausdünstungen der Nacht hingen kondensiert an den Innenseiten der Fenster. Dahinter erkannte man die Bucht, die nun friedlich im leicht bewegten Wasser lag. Beim Frühstück graute mir immer noch vor der Horrorvision, in dem Unwetter fast mein Schiff verloren zu haben. Doch trotz des harten Törns und der technischen Pannen, die Eindrücke der Natur entschädigten immer wieder. Die Begeisterung für diese Reise blieb und ich ließ mich gern darauf ein, unterwegs zu sein im weiten Raum tiefer Stille, auch schreiender Winde, und freute mich darauf, Segel zu setzen, die AURYN vom Nirgendwo ins Irgendwo ziehen würden.

Gefangen im Eisfeld

Das gepeitschte Land zeigte wieder sein bestes Gesicht. Das Wetter, das frühmorgens noch kalt und diesig war, wurde im Laufe des Tages immer milder und freundlicher. Auch der Wind verbrüderte sich mit uns, fiel von schräg achterlich ein und blies frisch bis stark, so dass wir gut vorankamen. Im Canal Wide standen die zurückgelegten Seemeilen endlich in einer fairen Relation zum Aufwand. Immerhin 48 Seemeilen errechnete ich als bisher beste Tagesbilanz. Während ich darauf mit AURYN und einem Glas Rotwein anstieß, wunderte ich mich über die kleine Rauchfahne am Ufer. Wo Rauch da Feuer, wo Feuer da Mensch, dachte ich und wollte mal nachschauen. Bald saß ich im Dingi und erkannte beim Anlanden am Ufer eine mehr als notdürftig aussehende Hütte, deren Gestell aus Ästen bestand und mit bunten Folien provisorisch überspannt war. Der Kies knirschte, als ich das Ufer betrat, geisterhafte Stimmen drangen aus dem Zelt, als würde im Innern eine entscheidende Debatte geführt. Wortfetzen mischten sich mit einem derben Geruch von Fisch, der über einen Draht gespannt zum Trocknen aufgehängt war. Dann knackte Holz und ich erschrak. Wie ein Geist stand vor mir ein vom Wetter gegerbter Indio in der derben Kluft von Fischern, musterte mich kurz und winkte mich in das Zelt, das gegen den ewigen Wind mit dicken Arbeitsleinen zu den umliegenden Bäumen verspannt war. Im Innenraum, den ein kleiner, mit Holz befeuerter Ofen wärmte, auf dem auch gekocht wurde, hockte ich mich zu drei anderen Fischern. Nachdem die Höflichkeiten der Begrüßung hinter uns lagen, packte ich mein Freundschaftsgeschenk aus, diesmal eine Flasche Rum, und erfuhr ein wenig über das raue Leben der müffelnden Gesellen. Sie fuhren im Morgengrauen mit ihren schmalen Kanus in den Fjord und kehrten in der Abenddämmerung mit ihrem Fang zurück ins Lager. Alle drei Tage komme ein größeres Boot, um den Fang abzuholen, für den sie Lebensmittel, Diesel, Kleidung und Tabak bekämen. An Geld waren sie jedenfalls nicht interessiert. Geld war für sie wertlos, Besitz Ballast. Aus der Dachabdeckung, die aus ehemaligen Säcken für Kunstdünger bestand, tropfte das Wasser. Ich vermied es zu fragen, wie lange sie unter diesen Bedingungen schon hausten. Armut war nicht nur sichtbar, Armut stank und es wäre besser gewesen, die mitgebrachte Buddel Rum gleich zu goutieren. Was ich hier freundschaftlich angeboten bekam, war ein selbstgebranntes Gebräu von merkwürdiger Viskosität. Geschmacklich ungefähr vergleichbar mit dem, was auf einen zukommt, wenn man Diesel mit dem Schlauch ansaugt.

Kälte kroch in das Zelt. Die Plörre war getrunken, jemand hatte das Licht ausgedreht. Ich hatte alles gesehen und einiges gehört, dann ließ ich die Geister zurück und zog weiter. Wird auch Zeit, höre ich den ungeduldigen Leser sagen, der endlich wissen möchte, was es mit der Überschrift des Kapitels eigentlich auf sich hat. Deshalb überspringen wir nun drei Tage Frieden einer gemächlichen Segeltour und erreichen den Seno Iceberg:

Im Ebbstrom des Fjordes trieben uns riesige Eisstücke in bizarren Formen entgegen. Auf einer solchen lag ein Vieh, das ich in meinem Buch der südatlantischen Tierwelt als Leopardenrobbe identifizierte. Merkmal: Um den ganzen Kopf reichendes Maul, das der einer Schlange glich. Nicht weit vom Boot trieb ein schwarzer, kantiger Gegenstand im Wasser. Urplötzlich verschwand er wieder und an seiner Stelle tauchte ein runder Kopf auf, der zu einem Seelöwen gehörte. Robben zeigten sich kurz. Dann folgte das markerschütternde Blöken mächtiger Seebullen vom anderen Ufer, was nach Protest gegen das Eindringen in ihr unberührtes Revier klang. Zickzack steuerte ich mein Schiff durch das Minenfeld grober Eisbrocken, bis wir den Gletscher erreichten und in Sichtweite des Eisfeldes vor Anker gingen. Das Wasser war tief, zu 60 Metern Kette steckte ich noch 40 Meter Leine. Das Tagesprogramm hieß eine Wanderung entlang dem Gletscher. In einem patagonischen Reiseführer gab es Aufzeichnungen zu diesem Eisfeld, die von 1951 bis 1998 reichten. In dieser Zeit hatte sich die 50 Meter hohe Eiskante durch die kontinuierliche Erwärmung der Erdatmosphäre um 3100 Meter verschoben! „Wie ist das möglich", fragt sich verwundert Karl Müller, der begeistert den Hochglanzprospekt einer noblen Autofirma in der Hand hält, der ein neues Modell beschreibt, dessen Verbrauch bei 20 Litern liegt. CO_2-Ausstoß? „Ach herrje, Hysterie der Ökofuzzis"! Die gnadenlosen Daten der Messstationen? „Reine Panikmache, nicht mehr". Meer erhebt sich, Millimeter um Millimeter, weil Gletscher sterben. Sie explodieren geradezu. Es gibt neue Beweise dafür, dass es 2005 zweiunddreißig Gletscher-Erdbeben gab. Doppelt soviel wie im Jahr 2000. Diese Zahlen belegen die Destabilisierung der Eismassen in der Arktis und Antarktis. Wissenschaftler, ich erinnerte mich an den Vortrag in Ushuaia, sprechen davon, dass auf Grund der dramatischen Entwicklung der Meeresspiegel in diesem Jahrhundert um 4 Meter ansteigen könnte.

Die Realität ist: Alle 24 Stunden pumpen wir 70 Millionen Tonnen erderwärmender Verschmutzung in die Erdatmosphäre, was zur Folge haben könnte, dass bis zum Ende des Jahrhunderts der Meeresspiegel um vier Meter ansteigt. Dann wären weite Küsten Floridas überspült, Manhattan und Holland würde es nicht mehr geben, ebenso wie viele der Inseln, vor denen wir ankerten.

Um mir einen Überblick zu verschaffen, wanderte ich über das lockere Geröllfeld der Seitenmoräne des Gletschers und stieg auf eine kahle Felskuppe, die den Blick frei gab über das weißblau schimmernde Gletscherfeld, das sich wie ein breiter Daumen bis in den Fjord erstreckte.

Unbeschreiblich war das imposante Bild von Gipfeln, in denen der Wind den Neuschnee wie zerfranste, weiße Fahnen herausriss.

Auf der gefrorenen Masse des Eises, das wie Onyx schimmerte, versuchte ich, mich ein Stück vorzutasten, begleitet vom melodiösen Rauschen des Schmelzwassers, das sich in kleinen Kanälen abwärts ergoss, entlang einer bizarren Versammlung freistehender Eistürme, die von der Sonneneinstrahlung türkisblau leuchteten. Der Gletscher kalbte. Ein mächtiger Eisberg brach unter lautem Getöse ab und löste eine hohe Dünungswelle aus, die bald darauf durch den Fjord lief und AURYN erreichte, deren Mast hin und her schwankte wie zum Gruß. Ich blieb zwei Tage, wohl auch, weil es wieder in Strömen goss und die Sicht bescheiden war. Durch die tiefhängenden Wolkenschwaden konnte man sehen, dass die umliegenden Berge mit Neuschnee eingedeckt waren und sich über steile Felshänge weiße Kaskaden aus Wasser ergossen, in einer äußeren Einsamkeit, die ohne Ende schien. Kein Schiff, kein Mensch und Tage ohne Namen.

Lähmende Hilflosigkeit

In den geisterhaften Anzeichen der Morgendämmerung zog ich den Anker hoch und steuerte AURYN durch das Eisfeld zurück in den Fjord. Wir folgten ihm weiter nordwärts und sollten bald den berüchtigten Golf de Penas erreichen. Mit einem milden Südwestwind im Gesicht und mit sanft ziehenden Wölkchen über uns segelten wir gemächlich und doch mit voller Fahrt bei einem kräftigen Ebbstrom. Am Mittag, als der Strom kenterte, schlichen wir nur noch langsam voran und gerieten dann auch noch in aufziehende Nebelschwaden, die sich verbissen daran machten, uns völlig zu umhüllen.

In lähmender Hilflosigkeit, die mich bei Nebel in heiklen Gewässern meistens befällt, suchte ich nach einem Notausgang und fand ihn in der Einfahrt zur Caleta Conner. Sie kam wie gerufen, denn als wir darin ankerten, senkte sich der Nebel schwer wie eine Daunendecke über uns. In ihr hörte ich es plätschern. Ein Wasserfall, in welcher Richtung? Schwer zu sagen, es ist fast unmöglich, in der dichten Feuchtigkeit die Herkunft von Geräuschen zu bestimmen.

Im diffusen Licht des nächsten Morgens erkannte ich den plätschernden Bach, schnappte mir die leeren Reservekanister, stieg ins Dingi und paddelt ihm entgegen. Doch Vorsicht. Am Ufer glänzten im Sonnenlicht die Felle einer Kolonie der Lobos del Mar. Seelöwen, auch wenn sie mich verschonten, so lieferten sie sich bald schon eine zünftige Keilerei. Mit ungelenken Scheinattacken verteidigten die großen Bullen ihr Reich gegen Artgenossen. Ich wich ihnen großräumig aus und begab mich auf eine kleine Wanderung.

Die Landschaft Patagoniens machte auf mich den Eindruck von Verlassenheit und gaukelte mir vor, auf einsamer Entdeckungsfahrt zu sein, ohne Wegweiser und Schilder. Als ich das Dingi an Land zog, war es jedoch vorbei mit der Illusion. Vor mir befand sich ein Baum, an dem sich andere mit Namenstafeln ihrer Schiffe verewigt hatten und damit wohl anzeigen wollten „Hey, wir sind hier gewesen und grüßen, wen auch immer, der vor diesem Baum steht.“ Ich nickte ihnen stumm zu. Dem Norweger, einem Polen, zwei Amis und auch den Farben Schwarz-Rot-Gold. Dann verabschiedete ich mich von unbekannten Menschen und ihrem Verlangen, Spuren zu hinterlassen.

Im stürmischen Wetter schaffte ich anderntags in neun Stunden gerade mal 16 Seemeilen. Das Nichtvorankommen deprimierte. Dazu kamen die feuchte Kleidung, das nicht mehr trocken werdende Schiff und eine aufsteigende Lethargie. Ich fühlte mich ausgelaugt und lustlos, grübelte oft über die Ereignisse der letzten Wochen und immer klarer wurde mir dabei, dass diese Reise in die Stille der Einsamkeit auch zu einem Törn durchs Gemüt wurde. Um diesen Zustand zu erfahren, hatte ich quer über den Ozean, durchs karibische Meer und den südamerikanischen Kontinent entlang segeln müssen.

Im Golf der Leiden

Ein Albatros schwang seine weiten Kurven und die Strömung war stark, als wir uns langsam dem Ende des Canals Messier näherten. Um den Nährstrom auszunutzen, steuerte ich AURYN dicht unter Land. Ausnahmsweise gab es im Land der Stürme heute einmal keinen Wind, so dass die Maschine den ganzen Tag lief. Einerseits bedeutete dies gutes Vorankommen, andererseits war ich wie behämmert von dem stundenlangen Motorgedröhn.

In der Abenddämmerung lag eine sanfte, schöne Dunkelheit über der kleinen Ankerbucht und hüllte sämtliche Geräusche ein. Ich hatte schon lange keinen Stern mehr gesehen und wartete weiter auf Wind, vor dem südlichen Eingang des Golf de Penas, dem Golf der Leiden! Jenes Gewässers, das als die chilenische Biscaya gilt und ebenso berüchtigt wie gefährlich sein sollte. Während ich vor der Seekarte saß, hatte ich plötzlich die besorgte Stimme des Offiziers der Küstenwache wieder im Ohr. Er warnte mich ausführlich vor dem, was vor mir lag. Selbst die Fähren und die großen Schiffe der Marine müssen geeignete Bedingungen abwarten, um dieses Seegebiet zu befahren, sagte er mir mahnend und bekreuzigte sich.

Der Golf de Penas ist ein zum Pazifik hin offenes Becken, dessen Schelfkante von 1500 Meter im Pazifik auf 85 Meter und weniger im Golf ansteigt. Es braucht nicht viel Phantasie um sich vorzustellen, was passiert, wenn die Wellen des Ozeans auf dieser Kante brechen und zusätzlich durch starke Gezeitenströme durcheinander gewirbelt werden. Vervollständigt wird das Chaos durch den nach Nord setzenden Humboldtstrom. Ich hatte weiß Gott kein Interesse daran, dieses Szenario live zu erleben und wartete brav in der geschützten Ankerbucht ab, bis ich eine Wetterkarte empfing, die es mir erlaubte, in relativer Sicherheit zu starten. West-Südwest 20 bis 25 Knoten Wind, so lautete die Vorhersage.

Am nächsten Vormittag befand sich AURYN bei rauschender Fahrt in ekliger See. Der Wind blies mit den prognostizierten vier bis fünf Beaufort eher moderat. Jedoch warfen uns die extrem hohen Dünungswellen des Pazifiks konfus hin und her. Obwohl ich einiges gewohnt war, verschaffte mir ein solcher Seegang zumindest in den ersten Stunden blümerante Gefühle.

Gegen die See setzte der Gezeitenstrom. Teilweise war es so, als ob Wasser explodieren würde. Vor allem dann, wenn Kaskaden von Salzwasser wie Geysire über die Reling schossen. Offen gesagt, hatte der Vortrag des Lamettaträgers auf mich keine allzu große Wirkung ausgeübt. Doch nun bekam ich meine Golf-Lektion hautnah.

Nach einiger Zeit gewöhnte ich mich allmählich an die Revolution der See und traute mich für eine Positionseintragung hinunter an den Navigationstisch. Wir kamen flott voran, die Hälfte der Distanz durch den Golf der Leiden lag bereits im Kielwasser. Zufrieden hangelte ich mich den Niedergang hinauf, hielt mich an der Reling fest und pisste zum ersten Mal in den Pazifik. Über mir funkelten die Sterne, dort stand das Kreuz des Südens und wir segelten in einem neuen Ozean!

In der Leere der Weite

gab der gestirnte Himmel genug Anlass für Gedanken, doch eigentlich fühlte ich mich viel zu matt, um ihnen zu folgen. Ich segelte AURYN auf Halbwindkurs unter gerefften Segeln im frischen Westwind bis Mitternacht von Hand, dann vertraute ich das Ruder dem Autopiloten an und döste im Cockpit. Am Vormittag des nächsten Tages lag das 185 Meilen währende Chaos in aufgewühlter See hinter uns, wir näherten uns wieder Chiles Westküste, auf die sich wild schäumend die pazifische Brandung warf, während AURYN in ihrer ganzen Gelassenheit ihren Segeln folgte, die sie in den Canal Abandonals zogen. Im Lee einer namenlosen Insel erschreckte das rasselnde Ankergeschirr ein spiegelglattes Wasser und die Ruhe einer Landschaft, die sich abrupt verändert hatte. Südlich vom Golf war alles hart, zerstörerisch und gewaltig. Leergefegte Felsen, mit einer kaum vorhandenen Vegetation. Archaisches Land, abgeschieden und irgendwie feierlich isoliert. Nördlich vom Golf de Penas sah man eine geradezu zarte Welt in sattgrüner Natur aus bewaldeten Bergen, undurchdringlichen Regenwäldern, die im warmen Sonnenlicht ineinanderflossen. In einer Symbiose aus Landschaft und Musik erklang der poetische Höhepunkt aus Orffs Carmina Burana, nichts konnte diesen Moment besser unterlegen. Die Stimmung verwurzelte sich so tief in meine Gedanken, dass die eindrucksvollen letzten vier Monate, die ich nun schon in dieser faszinierenden gottverlassenen Einöde am Ende der Welt herumtrieb, wie im Zeitraffer vor mir abliefen. Niemals habe ich etwas landschaftlich Eindrucksvolleres erlebt und nirgendwo auf meiner Reise holperten die Emotionen so munter durcheinander. Ich dachte an die eingewehten Tage und die endlosen Abende meiner Isolation, die an mir zu nagen begannen, während ich versuchte, die Schale der Alleinsamkeit aufzuknacken. Einerseits genoss ich die Momente, in denen ich mir so nahe war, andererseits hätte ich diese Fahrt gerne mit jemandem unternommen, dessen innere Nähe ich trotz großer Ferne spürte und von dem ich mir wünschte, dass es ihm gut ging. In diesen Gedanken an meinen Vater saß ich im schwachen Schein einer Funzel vor der Seekarte und steckte mein nächstes Etappenziel ab: Laguna Rafael, die den nördlichen Teil des Campo de Hielo markierte.

Im Meer von Smaragden

Nach zwei Tagen Fahrt erreichten wir am frühen Morgen die schmale Passage, die in die Lagune führte. Es wehte ein eiskalter Wind, der mich frieren ließ und dafür sorgte, dass abgebrochene Eisbrocken in der Bucht sich in ständiger Drift befanden, so dass ich AURYN in einer Slalomfahrt langsam aber sicher zu einem eindrucksvollen Augenblick führte. Einer Fototapete gleich erhob sich im Südosten die 60 Meter hohe Abbruchkante des San Rafael-Gletschers. In das sich nähernde Bild blendete sich ein abgelegtes ein. Ich dachte an meine Wanderungen in den nördlichen Anden von Venezuela und steuerte nun mein Schiff auf den südlichen Teil des gewaltigen Gebirgszuges zu, der sich durch den gesamten südamerikanischen Kontinent zieht. Vor dem Bug lag einer der höchsten Berge der südlichen Andenkette, der 4000 Meter hohe San Vicente, der mit seinen Eismassen den gewaltigen Gletscher speiste.

Bis auf 100 Meter näherten wir uns der Gletscherkante, einer Mauer aus bizarren Verformungen. Immer wieder ließ die Energie der nun etwas wärmeren Sonne explosionsartig Säulen aus Eis mit lautem Getöse in die Tiefe stürzen. Der Gletscher schien die Sonne in sich aufzusaugen, ihre Strahlen zu brechen. Es glitzerte und funkelte in einem Meer aus geschliffenem Aquamarin und Eissmaragden. An diesem sonnigen und windstillen Tag schrie das Bild danach, fotografiert zu werden. Ich gab ihm noch etwas Schärfe, zog den weißblauen Blister hoch, stieg ins Dingi und hoffte auf den Augenblick, in dem ein zarter Wind Leben in das leichte Tuch des Segels hauchte. Die Aufnahmen waren gemacht, zufrieden und mit einem Stück Eis kehrte ich zum Schiff zurück. Wurde auch Zeit, AURYN kam dem Gletscher bereits bedrohlich nah.

Die Axt zerhackte das tausendjährige Gletschereis, ich packte es in ein Glas, übergoss das zischende Geräusch sich öffnender Luftbläschen mit einem siebenjährigen Havanna Club, ein Schuss Coke dazu und fertig war der Drink mit dem verlogenen Namen Cuba Libre.

Friedvoll trieben wir durch den Tag und durch ein Meer von Eiskristallen, die in der Lagune schwammen. In die Stille hinein rülpste der Gletscher und erbrach im Donner neue Eisbrocken, die unter gewaltigem Getöse ins Wasser stürzten. Ein perfekter Tag, der letzte im Eis. Mit Sonne im Rücken, klassischer Musik aus den Bordlautsprechern und in mir eine euphorische Stimmung, die mich den Moment intensiv spüren ließ und die Antwort darauf gab, warum ich all die Mühen auf mich genommen hatte.

Am Abend zog am Himmel eine Zirrusbewölkung auf, die sich zunehmend verdichtete. Darin vermischten sich bald Altokumulus und Altostratus. Die nächste Schlechtwetterfront kündigte sich an. Es wurde Zeit zu verschwinden, denn es gab hier keinen sicheren Ankerplatz. Da sich die Tankanzeige bedenklich dem roten Bereich näherte, füllte ich noch rasch aus den Kanistern 60 Liter Diesel auf und verließ mit einem letzten Blick über die Schulter die Laguna Rafael.

Zauber der Undurchdringlichkeit

Unmöglich, den Ausgang der Bucht zu verfehlen. Ein starker Ebbstrom zog uns aus der Laguna Rafael und spülte uns mit neun Knoten Fahrt in den Fjord Quehuem. Das Wasser um uns herum brodelte, die Wellen kabbelten sich und klatschten frech an die Bordwand. In den Stromschnellen und Wirbeln fischten Pinguine, Delfine und Albatrosse. AURYN schüttelte die schmale Passage locker ab und tuckerte weiter in Richtung Norden. Während ich auf Wind hoffte, weil mir die fallende Tankanzeige Sorgen bereitete, suchte ich in der Seekarte einerseits eine sichere Ankerbucht für die anbrechende Nacht und andererseits nach einem Ort, an dem ich Diesel beschaffen konnte.

Die Dunkelheit legte sich bereits über uns, als ich AURYN nun unter Radarhilfe durch ein parkähnliches Gelände steuerte, in die das Mondlicht einen silbernen Schein warf. Es war kurz vor Mitternacht, als wir eine Bucht erreichten, die wie passend den Namen Caleta Gato trug – die Katzenbucht. Wie's meiner Rasselbande so ging? Och, die nervten geradezu in ihrer wohligen Ausgelassenheit. Dennoch, die zärtlichen Momente überwogen. Ich saß gerade bei meinen Tagebuchaufzeichnungen, als Socke vorbeischaute, sich auf den Schreibblock legte und anfing an meinem Kuli zu knabbern. „Was tust du?“ schien ich in seinem fragenden Blick zu lesen. Ich schreibe ein bisschen über den Tag. „Schreibst du auch über mich?“

Möglich. Vielleicht sollte ich schreiben, dass ich dich über die Reling schmeiße, wenn du noch einmal in meine Jacke pullerst!

Frühmorgens stapfte ich durch einen halben Meter Moos, das unter üppigen Bäumen wucherte, nahm an einer Wasserquelle noch rasch 40 Liter auf, dann zog ich den Anker hoch. Der Wind war zurück.

AURYN glitt durch das atemberaubende Panaroma eines Regenwald-Fjordes und entlang an grünen Hängen und rauschenden Wasserfällen, die von schneebedeckten Gipfeln versorgt wurden. Weiße Segel zogen uns an einer Landschaft vorbei, die von wild wuchernden Farnen überzogen wurde und von geheimnisvoller Undurchdringlichkeit erschien. In diese Natur hatte noch kein Mensch eingegriffen. Sie war so, wie sie aus dem Wasser gestiegen ist, ehe sie sich vom Eis befreite. Geformter Charakter, unberührt und ohne Veränderung.

Die Seelen der Verschollenen

In der Abenddämmerung kreuzte ein blaues Segelschiff in die Verlassenheit der Bucht von Chacabucco. Langsam näherten wir uns einer Ansammlung von baufälligen Pfahlhütten, die am Ende des Fjordes auf fragilen Hölzern den Elementen trotzten. Anderntags marschierte ich mit zwei Dieselkanistern bewaffnet durch eine Straße, in deren Staub zwei besoffene Fischer lagen und durch einen heruntergekommenen Ort, dessen Charme für mich einzig und allein aus der Tankstelle bestand. Rein zufällig geriet ich beim Dieselschleppen in einen Prozessionszug. Laut singend schlurfte das Dorf hinter einer Madonna her, die auf einem geschmückten Holzboot stand und von Fischern gezogen wurde, die immer wieder einen Schluck aus einer herumgehenden Buddel nahmen. Der Umzug schien für viele ein willkommener Anlass zu sein, sich in aller Heiterkeit einen zu zwitschern, was zumindest die Schnapsleichen im Staub der Strasse erklärte und die grölenden Jugendlichen, die auf mich zutorkelten. Ich wich ihnen aus, setzte mich auf eine Felsbrüstung, hinter der ein Mann seine Gedärme auskotzte und beobachtete das merkwürdige Treiben. Die Kutte des Priesters zog einen feinen Staubschleier hinter sich her. Er betete auf Spanisch und segnete die Gemeinde in der schwungvollen Lockerheit eines Hotelanimateurs. Wobei seine rudernden Arme den Kindern gefährlich nahe kamen, die herwuselten, um mit Blechbüchsen Münzen zu sammeln. Geld, das an die Fischerwitwen ging, deren Männer das Meer geholt hatte. Was den Familien blieb, waren die Seelen der Verschollenen. Der Anblick von leeren Särgen, die man in die Erde senkte und verblichene Fotos, die sie bejammerten. Nichts blieb ihnen, keine Hände, die aus der Tiefe der Gräber ragten – nur ein unsichtbares Schild, das im kalten Wind auf dem Markt über glotzende Fische wehte: Es ist nicht der Fisch, den du kaufst, es ist das Leben von Männern.

Die Stimmung packte mich und ließ mich nicht mehr los. Ich schnupperte am Muff des Weihrauchs und dachte an meine Oma, die vor wenigen Monaten verstorben war. Darüber kam ich zur Geschichte des Lebens und zur Frage: Ist es nicht auch eine Chronik des Sterbens? Kann man sehen wie, man will, sagte ein weit entfernter Gedanke, positiv oder negativ, und die Frage ist immer, ob der Tod am Ende oder am Anfang steht!

Am Ufer stieg die Flut, bald würde sie wieder gehen. Menschen starben, andere nahmen ihren Platz ein und ich ging womöglich im Stillen Ozean verloren. Verschollen und vergessen. Seltsame Gedanken an einem Ort, den ich schnell wieder verließ – so wie ich ihn betreten hatte: Mit zwei Dieselkanistern.

Gekringel einer Sturmwarnung

Mittlerweile lagen drei Breitengrade hinter uns. Mit schwachen Winden waren wir fast zweihundert Meilen weiter nach Norden gesegelt und hatten den breiten Canal Moraleda, dessen Ufer wie ein schmaler Strich gerade noch zu erkennen waren, im Kielwasser gelassen.

Morgen wollten wir den Golf de Corcovado durchsegeln, am Abend ankerte AURYN in der Baja Porvenir. Nicht gerade erwähnenswert, wenn es nicht der Platz gewesen wäre, wo aus einem Morgen (siehe Zeile vorher) Nacht wurde und ich die ganze Katzenbande ins Dingi verfrachtete, um sie bei ihrem ersten Landgang zu begleiten. Mit dem Beil schlug ich Holz fürs Feuer, darauf brutzelten bald ... nein, nicht die Katzen. Ich hatte Vorräte genug und leckere Würstchen auf dem Grill. Die Katzen? Die erkundeten derweil die nähere Umgebung, an einem Abend der ruhig und friedlich blieb. Der Rauch des Feuers stieg in die Stille der Luft und dämpfte die Abenddämmerung, in der es winterlich kalt wurde. Ich sammelte die Raubtiere ein, ruderte zum Schiff zurück bis es platschte ... der erste, der seinen Freischwimmer erhielt, war Socke. Irgendwie hatte er das Timing des Absprungs noch nicht drauf und landete statt auf dem Heck im Wasser. Vom Beiboot aus fischte ich den Vierbeiner aus dem See, stellte ihn aufs Deck, ließ mir das Wasser ins Gesicht schütteln und kletterte hinterher.

Gegen Mitternacht drehte der Wind. Er blies nun auflandig in die Bucht und nahm stark zu. Der Ankergrund schien kein guter zu sein, denn zweimal musste ich den Haken neu einfahren. Auch beim dritten Mal saßen wir, nachdem ich wieder in der Koje lag und den Geräuschen lauschte, mit dem Heck fast auf dem Ufer. Nun hatte ich den Kanal voll, zog spontan alles Ankergeschirr hoch und verließ um zwei Uhr in der Nacht die Bucht mit Kurs Isla Chiloe.

Es ratterte und zischelte, dann spuckte mir das Wetterfax die aktuelle Isobarenkarte vor die Füße. Das wirre Gekringel auf dem Papier deutete auf Wind, die sachlichen Worte einer Gale Warning bestätigten die schwammige Vermutung. Vor uns zog ein Sturmtief in Richtung Nordost. Das bedeutete Südwinde, und die kamen uns gerade recht.

Mit achterlichen Winden, ausgebaumter Genua und aufgefiertem Großsegel segelten wir im Morgengrauen vom Canal Moraleda in den Golf de Corcovado. Als die Sonne aufging, lagen die patagonischen Fjorde und Feuerland hinter uns und mit ihnen ein Abschnitt, der auf mich eine große Faszination ausgeübt hatte. Auch wenn die Alleinsamkeit mitunter nagte, so genoss ich die Zeit innerer Zufriedenheit des „einfachen" Lebens in fast menschenleerer Natur. Im Blick zurück auf innere Eindrücke und äußere Abenteuer kribbelte schon ein Gefühl von Wehmut, als wir mit angenehmen Winden durch den schönen Golf de Corcovado segelten. Vorbei an einigen Vulkanbergen, deren Kegel weiß umzuckert waren, und der schneebedeckten Andenkette, die im Abendlicht rötlich schimmerte.

Wehrlosigkeit

Nach 90 Seemeilen näherten wir uns gegen 21 Uhr dem Fischerort Puerto Queillon. Als AURYN in die Leeabdeckung der Insel geriet, blieb der Wind weg. Ich zog das Segel ein und startete den Motor, gab Gas – doch AURYN rührte sich nicht von der Stelle! Was war los? Keine Zeit, lange darüber nachzudenken. Im starken Ebbstrom kam das Ufer bedrohlich näher. Windstille, Schraubenwirkung gleich null, starke Tide, Felsen. Keine noch so intelligente Formel hätte uns bessere Voraussetzungen schaffen können, um das Schiff zu verlieren. Es blieb gerade noch Zeit, um instinktiv den Anker zu schmeißen. Als er griff und das Heck zum schroffen Felsen ausschwang, lagen zwischen ihm und AURYN gerade mal zwei Bootslängen! So eng das Manöver auch ausging, es bedeutete Sicherheit und während es Nacht wurde, begann die Ursachenforschung. Ich sprang ins trübe Wasser, tastete, von Finsternis umgeben, die Welle ab und als ich wieder auftauchte, sah ich vieles klarer: Die Schiffsschraube war verschwunden! Weg, wie auch immer.

Die Lichter des Dorfes flimmerten durch die Nacht und in mir das Gefühl von Wehrlosigkeit. Es dauerte, bis meine Stimme in das Mikrofon sprach und über Funk den Hafen von Queillon anrief und es dauerte noch länger, bis endlich aus dem Lautsprecher die knarzige Stimme des Hafenkapitäns ertönte. Ich reanimierte die Reste meiner Spanischkenntnisse, erklärte ihm meine Situation, während der fünf Meilen entfernte Engel mir ein Fischerboot schicken wollte, das mich in den Hafen schleppen sollte. Wunderbar! Darauf einen Schluck Rotwein, ich spürte seine Wärme aufsteigen und verfiel in die Schwermut eines Mannes, der Ordnung in sein Dilemma zu bringen versuchte.

Der Propeller war weg. Wie konnte ich mir helfen? In Deutschland müsste einer organisiert und per Luftfracht gebracht werden, nuschelte ich gedankenverloren vor mich hin. Plötzlich fiel mir ein, dass sich im Vorschiff noch die alte Schiffsschraube befand, die der Voreigner von AURYN dort verstaut hatte. Mit einem Danke Achim, kramte ich sie ruckzuck frei und hatte ein Problem weniger.

Aus der kleinen Funzel, die sich uns näherte, wurde ein Licht und daraus ein Fischerkahn. Eine Leine flog durch die Nacht, ich packte sie entschlossen und belegte sie auf der Klampe. Dann zog der Kahn unter Ausstoß einer uns einnebelnden Rußwolke behutsam an und zog uns in Richtung des kleinen Ortes Puerto Queillon auf der Isla Chiloe. In der Peinlichkeit einer Schleppleine in den kleinen Hafen hinein, an einem halb versunkenem Wrack vorbei und an den Holzsteg. Soweit zum ersten Akt. Trinken Sie einen Kaffee, vertreten Sie sich ein bisschen die Beine. Genau das tat ich, denn bis sich der Vorhang zum zweiten Akt hob, hatte ich noch sechs Stunden Zeit!

Es war kurz vor Mitternacht, als ich unter dem matten Glanz eines elektrischen Lichtes durch eine menschenleere Strße ging. Ziellos, mit den Händen in den Taschen, in vorgebeugter Haltung und unrunden Schrittes, was meiner üblichen Gangart entsprach, wenn ich nach langer Zeit wieder festen Boden betrat. Queillon schien zu schlafen, nur der Wind war noch munter und trug eine sanfte Melodie zu mir herüber. Ich folgte ihr und lauschte dem Violinenspiel eines alten Mannes, dessen Gesicht genauso zerfurcht war wie das Wasser des Fjordes, das der Wind aufrubbelte. Als ich mich über das Geländer zum Fluss beugte, hörte die Violine auf zu spielen und Zigarrenqualm stieg in meine Nase. Spiel weiter, sagte ich, es ist wunderschön.

Im Schlickgang

Ruckartig setzte der Kiel auf, der Rumpf knackte. In der zunehmenden Schräglage des Schiffes schlitterte das Glas Rotwein von der Tischkante und wurde von Günter Grass vor dem Zersplittern bewahrt. Ich war über dem „Krebsgang" eingenickt und schlief mit Grass auf dem Bauch ein. Bis Günter abrutschte, unter dem Tisch lag und das Rotweinglas auf ihn zustürzte. Ich rappelte mich auf und checkte unter dem Kreuz des Südens die Leinen des Schiffes. Da wir uns in einem Gezeitengewässer befanden und der Tidenhub satte sieben Meter betrug, schuf er allerbeste Voraussetzungen, trockenen Fußes unter das Schiff zu gelangen, um bei Ebbe die Ersatzschraube anzubauen. AURYN lehnte mittlerweile mit ihrer Backbordseite gut abgefendert am Holzsteg des kleinen Hafens. Um ein Abkippen nach Steuerbord zu verhindern, spannte ich das Spifall aus dem Masttopp über die Kaianlage und belegte die Leine um einen stäbigen Anker, der eine alte Geschichte von 1847 erzählte.

Alles war vorbereitet, das Wasser gurgelte am Rumpf und lief ab. Um fünf Uhr war Ebbe, ich stellte den Wecker und schlief ein. Als er mich hochschreckte, hatte ich für einen Moment den Überblick verloren, doch dann erinnerte mich das Knacken des Rumpfes wieder an meine Aufgabe.

AURYN hing in einer eiskalten Nacht unter einem hellerleuchteten Sternenhimmel an der Kaimauer wie ein abgestelltes Fahrrad vor einer Kneipe. Kurz darauf kroch ich unter das Schiff, stand in den Schlammresten und befestigte den neuen Propeller, während einige Krebse neugierig um meine Füße krochen und meine klammen Finger den Sicherungssplint in das kleine Loch der Welle fummelten. Das war's. Als ich die Stiefel aus dem Schlick zog, kam die Flut bereits zurück. Nebelschwaden hingen über dem Wasser, ein diffuses Licht lag über dem frühen Morgen, als ich ein paar Fotos machte und sich allmählich das halbe Dorf neugierig am Anleger versammelte.

Der Gezeitenstrom war stark, spülte einige nicht angebundene Teile zurück, die er dem Land vorher genommen hatte und hob AURYN knirschend aus dem Schlick, bis sie im nächsten Hochwasser wieder frei schwamm. Nach dem Check des Maschinenantriebes war ich froh, dass alles so lief, wie es meiner Vorstellung entsprach. Doch kurz darauf kippte die Stimmung ...

Verwirrtheit vor einem Puzzle

Beim Hafenkapitän bat ich um die Aushändigung meiner Papiere und um die Erlaubnis zur Weiterfahrt. Ein barsches „No Senor“ prallte mir entgegen, während er die Begründung nachschob. Zunächst sollte aus Sicherheitsgründen eine technische Inspektion meines Schiffes erfolgen. Meine Sehnen spannten sich bis zum Anschlag und dann ging etwas mit mir durch, was mittlerweile eine schlechte Angewohnheit von mir zu werden drohte. Ich lieferte mir Wortgefechte mit der Behördenwillkür, drohte mit dem deutschen Konsulat, faselte was von „libertad“ und versuchte dem Beamten zu verklickern, dass ich für meine Sicherheit selber verantwortlich sei und sicher nicht Chile. Natürlich war mir klar, dass mein Vortrag keine allzu große Wirkung auf den Bedenkenträger machte, und außerdem, wer saß eigentlich am längeren Hebel?

Am Nachmittag stand ich dann der Küstenwache gegenüber. Einer zweiköpfigen Kommission, die extra aus Castro anreiste und aus einer mit scheppernden Abzeichen versehenen Uniform und einem Arbeitsblaumann bestand. Der im Arbeitsoverall inspizierte den Motorraum und überzeugte sich von der Funktion des Propellers, während der Offizier damit beschäftigt war, die Anzahl der hin und her wuselnden Katzen festzustellen, wobei sich in seinem Gesicht ein Ausdruck von Verwirrtheit zeigte. So als ob er versuchte, ein Puzzle zusammenzusetzen, für das es viel zu viele Teile gab. Ich war damit beschäftigt, für alle Kaffee aufzusetzen, es wurde Zeit, die Situation zu entspannen. Kurz darauf war alles „todo listo“, ich bekam meine Papiere und konnte endlich meine Fahrt fortsetzen.

Im Schatten der Alleinsamkeit

Der angekündigte Südwest hatte es sich anders überlegt, AURYN motorte zunächst die ersten zwanzig des aus 45 Seemeilen bestehenden Törns nach Castro auf der landschaftlich sehr reizvollen Insel Chiloe.

Am Nachmittag fächelte zumindest ein zarter Wind aus Süd, so dass ich das Leichtwindsegel hochziehen konnte, dem AURYN in gemächlicher Fahrt folgte.

So schnell wie sich das Wetter in den südlichen Breiten änderte, so rasch wechselte das Bild der Landschaft. Wir segelten an einem sonnigen Tag entlang der Bergkette der Anden, deren südliche Ausläufer vom Wasser des Golfes umspült werden, und kreuzten durch das Archipel aus Hunderten von malerischen unbewohnten Inselchen.

Obwohl auf der südlichen Halbkugel der Winter Einzug hielt, spürte ich ein Gefühl von Frühling, die Sonnenstrahlen wärmten. Als wir den schmalen Fjord, an dessen am Ende Castro liegt, durchsegelten, erinnerte mich die vorbeiziehende Landschaft durchaus an die Toskana. In den weich gewellten Hügeln verfing sich ein zarter Dunst und umspielte die kleinen Gehöfte mit ihren zypressenartigen Alleen.

Als wir Castro erreichten, war es Nacht. Ich fand die Einfahrt in den kleinen Hafen nur mit Mühe und erst, als ich fast die Gefahrentonne rammte, welche die Untiefe vor der Passage in den Port kennzeichnete. Der Anker rasselte in den Schlick, vor mir funkelten die Lichter einer belebten Stadt. Ich ergänzte das Logbuch, schrieb Kurs, Wetter, Zeit und den neuen Standort hinein und fügte unter Besonderes hinzu: Und morgen frisches Obst!

Im Reiz der Stadt Casto – Isla Chiloe/Chile

Als ich mich am nächsten Morgen der Stadt näherte, versuchte ich zwar, die Stille der Einsamkeit nicht so einfach wieder herzugeben, doch mein Zivilisationsdefizit wollte offenbar blitzartig neutralisiert werden.

Castro empfing mich laut und hektisch. Klar, das haben Städte so an sich. Doch wie würden Sie sich fühlen, wenn Sie nach vier Monaten aus dem Schatten der Alleinsamkeit heraus treten und sich dem Dschungel einer Stadt nähern? Mir fiel es jedenfalls schwer, mich an all das wieder zu gewöhnen. An das Hupkonzert der Autos, in drängelnden Menschenmassen unterwegs zu sein, flankiert von gaukelnder Werbung. Ich sprang vor einem anfahrenden Bus davon und befreite mich aus der Umklammerung der Zeugen Jehovas, die es auf meine Seele abgesehen hatten. Dann schob ich einen bekifften Indio beiseite, der mir schöne Träume verkaufen wollte, während ich nicht verhindern konnte, dass mich ein Bettler mit aufgesetztem Mitleid begrabbelte, als ich unter dröhnenden Bässen in einem Straßenstand nach chilenischer Musik kramte. In dieser angefressenen Stimmung kam ich zum Wochenmarkt, wo ich das keifende Geschrei derber Marktfrauen, die den Fang des Tages anpriesen, in den Ohren hatte, während ich meine Einkäufe erledigte.

Am Nachmittag schaute ich mir die Stadt an. Die Häuser waren überwiegend aus Holz und bestachen durch eine wunderschöne Naturarchitektur, in der vieles noch nach alter Zimmermanns- und Bootsbauerkunst verarbeitet war. Kein Metall störte das Holz, alles war sorgfältig verzapft. Bretter und Balken waren nicht gehobelt sondern nach alter Tradition mit dem Beil geschlichtet. Interessant waren die rosa- und türkisfarbenen Holzhäuser, die sich auf Stelzen im schwarzen Uferschlick aus dem Meer erhoben und wie eine Symbiose ihrer Bewohner zu Land und Wasser erschienen. Allerdings lebten in dieser Idylle der „palafitos" (Pfahlbauten) die Armen der Stadt. Fischer und Tagelöhner. Sie leben in schäbigen Hütten ohne sanitäre Einrichtungen und im ständigen Auf und Ab der Gezeitenströme. Weil es keine Kanalisation gab, machten sie durch eine Luke im Fußboden. Den Rest erledigten Ebbe und Flut. Ich sah Kinder in verdreckten Klamotten und blickte in die Gesichter von Jugendlichen ohne Perspektive. Dann begegnete ich einer Madonna. Vor ihr kniete eine alte Frau, sie bekreuzigte sich und murmelte ein leises Gebet. Vielleicht bat sie um etwas, das dem fragilen Hüttendorf Hoffnung geben könnte. Auch wenn dieser Ort einer von vielen armseligen Plätzen war, die sich in der Erinnerung meiner Reise mittlerweile sammelten, so fiel es mir immer noch schwer, an der Tristesse solcher Plätze einfach nur vorbei zu gehen.

Gegen Abend kam ich zur Uferpromenade. Es war Ebbe. Am Strand gingen bedächtig Frauen und alte Männer, krumm gebeugt sammelten ein, was das ablaufende Wasser zurückgelassen hatte: Krebse, Muscheln und zappelnde Fische. Abseits davon zogen Jugendliche ein Fußballfeld in den Sand und fingen an zu bolzen, bis die Flut ihr Spiel beendete.

Mein Blick wanderte Richtung Osten auf das Binnenmeer, über das wir hierher gesegelt waren. Dann schwenkte ich den Kopf hinüber zu den schneebedeckten Bergen, in deren Gipfel sich das warmrote Licht einer untergehenden Sonne so lange reflektierte, bis sich die Dunkelheit darüber legte und nur noch der rosa Schimmer eines zu Ende gehenden Tages zart auf den Wolken lag.

In diesem romantischen Bild lagen ein wunderschöner Fjord, ein heißes Bad in freier Natur und die Lust auf ein neues Abenteuer.

Im Feuerring der Vulkane

Ohne Abstand, keine Anziehung. Nach einer Pause von zwei Tagen stürmte AURYN unter voller Besegelung mit nördlichen Winden auf Halbwindkurs quer über den Golf de Corcovado und zurück in die Wildnis. Nach einer Rauschefahrt ereichten wir viel früher als erwartet nach 50 Seemeilen den Estero Quintupeu und segelten in einer unglaublich schönen Landschaft. Vorbei an einer erstarrten Zeit aus grotesk verbogenen und mit Farn überzogenen Bäumen, die so alt schienen wie die Berge dahinter. In der Abenddämmerung hielt AURYN ihren Bug in den Estero Cahuelmo und näherte sich im Frieden des von Gletschern geschaffen Fjordes ihrem Ankerplatz. In jene Richtung, wo unterhalb der Steilhänge und dicht über dem Wasser zarte Dampfschwaden waberten, die sich anderntags als heiße Quellen erwiesen. Doch zunächst brachte ich vorsichtshalber mit dem Beiboot eine Sicherheitsleine zum Land aus. Dabei stampfte ich durch einen modrig feuchten Geisterwald, in dem sich alles aneinanderklammerte. Wurzeln, Stümpfe und Äste, Moos und Felsen bildeten ein einziges Gewirr. Ich scheuchte ein paar Vögel auf, in deren Reich des Friedens ich eindrang und glaubte, buckelige Druiden hin und her huschen zu sehen. War es die Phantasie, die mit mir durchging, oder einfach nur die Dunkelheit, ich wusste es nicht. Nur dass ich kurzzeitig die Orientierung verlor, ins Straucheln geriet und von einem bemoosten Stein abrutschte. Ich zog meine Stiefel aus dem Wasser, tapste in nassen Socken zurück zum Dingi und empfand meine Fußsohlen entweder schockgefroren oder glühend heiß. Hautnah spürte ich den Feuerring zahlreicher Vulkane und in den Socken die kochende Erde.

Heißer Dampf entstieg einer üppigen Flora mit grandiosen Farnwedeln, als ich am nächsten Tag wieder zum Land ruderte. Mich zogen die Dampfschwaden an, die bereits gestern Abend meine Neugier geweckt hatten. Zumindest so lange, bis ich mich angstvoll von den „Druiden" verscheuchen ließ. Jetzt konnten sie mich mal, ich stieg über knackende Zweige, entkam zurückschwingenden Ästen und machte auch vor flatternden Vögeln keinen Halt. Bis ich vor einigen in den Fels gehauenen Wannen stand und das mühsame Werk der Ureinwohner Chiles bestaunte. Die Mapuche-Indios hatten ein ausgetüfteltes Zuflusssystem geschaffen, indem sie jede Wanne mit einer Felsrinne verbanden, die man mit Hilfe kleiner Steine und Grasbüschel öffnen oder blockieren konnte und so die Temperatur nach Gusto regelte. Und nun Klamotten runter und rein! Ausgestreckt und mit Pudelmütze lag ich in der Felsbadewanne, wie in einem Foto, das die glückliche Sekunde einfing und für alle Ewigkeiten festhielt. Hinter mir die schneebedeckten Gipfel der Anden, vor mir der dichtbewaldete Fjord mit der darin allein ankernden AURYN. Ich lag in einer Open-Air-Badewanne und in einer Gegend von faszinierender Verlassenheit, die sich bislang dem Menschen erfolgreich verweigerte, denn hierher kam man nur auf eigenem Kiel. Das grandiose Bild der Landschaft brachte nicht nur meine Netzhaut zum Atmen, sondern gab aller menschlichen Arroganz die richtige Dimension. Von den Bergen um mich herum fühlte ich mich zum Zwerg gemacht, der Wind erzählte mir nicht sein Lied, sondern erteilte mir eine Lektion in Demut. Wenn man der Natur so nah ist und seine Füße noch auf ihrem Boden hat, erfährt man Ehrfurcht und den Auftrag, sie zu schützen und nicht zu zerstören. Ich lag immer noch in der Wanne, hob das Grasbüschel an, ließ etwas heißes Wasser nachlaufen und erwärmte mich an den Naturschönheiten Chiles, die so einzigartig sind wie seine bizarre, geographische Gestalt. Das faszinierende Land vereint so unterschiedliche Landschaften wie die trockene Atacama-Wüste im Norden, wo es seit Menschengedenken noch nie geregnet hat, die lieblichen Weinanbaugebiete im mittleren Teil, die mächtigen Gletscher und Fjorde Patagoniens, den Mythos Kap Hoorn, ein Stück Eis in der Antarktis sowie die geheimnisvolle Osterinsel mit ihren gigantischen Statuen in den Weiten des Pazifiks, die demnächst mein Ziel sein sollte. Ich segelte Gedanken hinterher, sie führten mich zu ungebrochenen Horizonten und hin zu der Grenzenlosigkeit des Meeres. Doch zunächst zur letzten Etappe der Reise in die Stille der Einsamkeit.

Im ewigen Meer

Es war bereits Mai, auf der südlichen Halbkugel hielt der Winter Einzug. In der Kälte eines frühen Morgens fegte ich den Schnee vom Deck, zog den Anker hoch und startete zum einhundertvierzig Meilen langen Törn nach Valdivia. Wieder segelten wir über den Golf de Corcovado, allerdings westwärts zum Pazifik und weniger in den italienischen Momenten des Lebens. Das Dolce Vita war Vergangenheit, jetzt wurden wir ohne Ansage von schweren Schauerböen erwischt. Die Windmessanlage zeigte 40 Knoten Wind und beide Segel standen im dritten Reff. Weißes Wasser spritzte über den Bug, im Rigg heulte der Wind, der Kompass zeigte 290°. Genauer gesagt segelten wir zum Canal Chacao, der den nördlichen Teil der Isla Chiloe vom südlichen Ende des Festlandes von Chile trennt. Als wir nach vierzig Meilen gegen Abend in die Abdeckung der Insel gerieten, nahm der Wind etwas ab, dennoch reffte ich die Segel nicht aus, weil mir die gebremste Fahrt nur recht sein konnte. Denn noch drückte die Gezeit das Wasser des Pazifik in den Golf und schuf mit mächtigen Strudeln und chaotischen Wellen alles andere, nur keine guten Voraussetzungen, um durch die Passage in den Ozean zu segeln.

Es galt also, den passenden Moment der Tide abzuwarten. Nach zwei Stunden auf und ab vor dem Canal de Chacao stand die Ampel auf grün. Es ging los, vorbei an einigen Fahrwassertonnen, die sich dem Strom beugten und hinein in einen reißenden Gebirgsbach aus weiß schäumendem Wasser, der uns mit 10 Knoten Fahrt in den Pazifischen Ozean spülte. Als wir ihn erreichten, hatte der Wind auf Südwest gedreht und blies mit fünf Beaufort. Ich trimmte die Segel neu, brachte AURYN auf Nordkurs und sah der Sonne beim Untergehen zu. Wir segelten im Hoch und Runter einer gewaltigen Dünung im ewigen Meer und ich freute mich auf eine Nacht unter Segeln im Schein eines Vollmondes. Ich lag ausgestreckt im Cockpit, dick verpackt und eingerollt im Schlafsack. Viel zu aufgekratzt, um zu schlafen, zu müde um mich mit was auch immer zu beschäftigen. Stattdessen sah ich AURYN bei ihrer Arbeit zu und ließ mich treiben. Es wurde Mitternacht auf dem Pazifik. Gedanken zogen auf und verloren sich in der unendlichen Weite des Ozeans und dem funkelnden Raum über uns. Mit dieser Nacht würde jene nicht geplante Reise zu Ende gehen, die ihren Ursprung im Karibischen Meer gefunden hatte, als ich in einem Bildband über Feuerland blätterte. Um diese Region rankte sich meine Vision. Trotz der Härte der letzten Monate und den holpernden Emotionen bekam das Phantasiebild keine Risse. Im Gegenteil, gegen die Wirklichkeit verblasste jede Vorstellung. Die nachhaltigste Empfindung war sicher die Isolation in der Alleinsamkeit – nirgendwo sonst kam ich mir so nah. Es hatte auch etwas Heilsames, durch die Wildnis zu segeln, sie wirkte entspannend auf den Geist, hatte meine Phantasie angeregt und ich empfand mehr als nur Dankbarkeit, nun dem Labyrinth der Fjorde entkommen zu sein. Diese risikoreiche Reise steigerte meine Eindrücke von einer Welt, die keine Grenzen hatte – außer den eigenen, die sich immer mehr verschoben. Oder, um mit Heinrich Böll zu sprechen: „Man kann eine Grenze nur erkennen, wenn man sie zu überschreiten versucht“.

Freudenfeuer

Die Nacht verlief ruhig, keine Schiffe, keine Lichter. Nichts außer Raum und Zeit. Als eine graue Leere aus der Dunkelheit stieg, taumelte voraus ein rotweißes Stahlungetüm in der hohen Dünung des Pazifiks. Der Tag brach an.

Ich halste um die Ansteuerungstonne des Flusses, um mit dem Flutstrom den Rio Valdivia hinaufzusegeln. Die Stadt selbst lag zehn Meilen landeinwärts, doch bereits jetzt schickte sie mir ihren Müll entgegen.

AURYN segelte durch einen Teppich von Plastikflaschen, Styroporverpackungen, Folien und Aludosen. Ich kam aus der unverdorbenen Natur, aus einer Gegend der hörbaren Stille, war voll von ihrem unwiderstehlichen Zauber und was ich nun erblickte, war der Müll einer Welt, in die ich zurückkehrte.

Ich dachte daran, was ich wohl empfinden würde, wenn ich die Weser wieder aufwärts schipperte. Aber wollte ich in diese mir fremd gewordene Welt hinter dem dunklen Wolkenvorhang überhaupt zurück? Die Gedanken daran waren genauso überflüssig wie der Dreck, der durch das graue Wasser trieb. Ein Hagelschauer schlug mir ins Gesicht, als hinter der Flussbiegung die ersten Häuser von Valdivia auftauchten. Dann kam die Stadt, der Hafen. Ich steuerte AURYN an die Kaimauer, stellte den Motor ab und saß seltsam benommen im Cockpit. Ich hielt die Genuaschot in der Hand, die sich von Salz und Nässe spröde anfühlte, strich über meine rissigen Handflächen und lauschte den Geräuschen der Stadt. Noch war ich unfähig, die neuen Eindrücke in mich aufzunehmen. Vielleicht übermorgen, wenn auch der Teil von mir angekommen war, der jetzt noch da draußen in den Fjorden hing.

Ein kalter Wind wehte mir ins Gesicht, der Wein war geleert und meine Arbeit getan. Trunken vor Zufriedenheit kuschelte ich mich in meine Koje, warf die Anstrengungen hinaus, machte ein Freudenfeuer und sah zu, wie die Reste der Mühen in den Flammen des großen Abenteuers verbrannten.

Im Pazifischen Ozean

Der lange Törn zum Mythos der Osterinsel

Valdivia/Chile

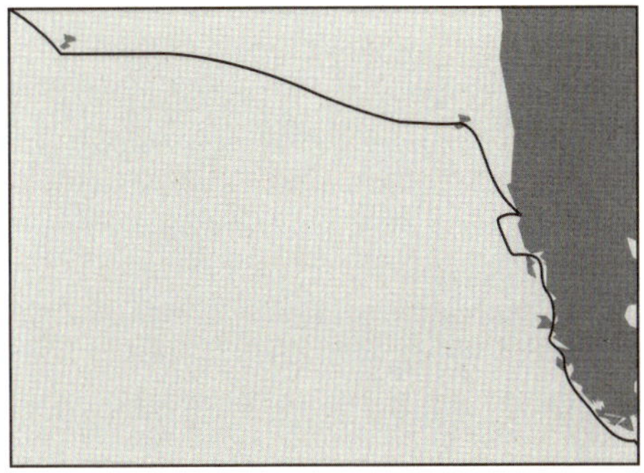

Der sanfte Wind wehte einen penetranten Dunggeruch in meine Nase. Unter dem Blöken der Schafe machte ich Klar Schiff auf AURYN, die am Steg angebunden lag und auszuatmen schien. Der abenteuerliche Weg durch die Stille der Einsamkeit hatte einen Zettel voll Reparaturarbeiten hinterlassen. Wo besser hätte ich sie ausführen können, wenn nicht bei Alex, einem Münchner, der vor 17 Jahren mit seinem Schiff hier hängen blieb, einige Pflöcke in den grünen Boden rammte und eine kleine Bootswerft gründete? Nachdem das Gröbste erledigt war, nahm ich mir die Stadt vor.

Valdivia liegt in schöner landschaftlicher Lage, ein betriebsamer Ort mit guten Einkaufsmöglichkeiten, und was sofort auffiel, war die durchdachte Struktur der Stadt. Straßenbau, Architektur, Küche und Kultur ließen die ordnende Hand(schrift) deutscher Übersiedler schnell erkennen. Hotels trugen Namen wie „Edelweiß", Indio-Kellnerinnen darin lächerliche Dirndl. Der deutsche Club hatte sein Bürofenster in Schwarz-Rot-Gold ausstaffiert, eine germanische Brauerei stellte ihr Bier nach deutschem Reinheitsgebot her und eine Schule trug stolz ein Deutsch vor ihrem Namen, ebenso zahlreiche Geschäfte. Ich wanderte durch deutsche Straßen und wunderte mich nicht mehr über schmierige Hakenkreuze, die sich mit faschistischen Ideologien abwechselten. Wie überall in hispanischen Ländern und Orten wie diesen gibt es braune Nazi-Nester, in denen noch heute in strikt privatem Rahmen der Geburtstag Hitlers gefeiert wird.

In den Kulissen eines Schmieren-Theaters

Valdivia – diese Stadt lag vor vierzig Jahren genau im Epizentrum eines gewaltigen Erdbebens, wodurch sie völlig zerstört wurde. Noch heute sieht man einige nicht wieder aufgebaute Ruinen und die schön anzusehenden Vulkane in der Umgebung sollten nicht darüber hinwegtäuschen, dass einige der feuerspeienden Berge noch aktiv sind. Gelegentlich murmelt der Vulkan und rumpelt der Boden. Für die Bewohner eine ständige Bedrohung, für mich ein interessanter Ausflug in eine alpine Welt, die mich an die Schweiz und die Heimat jenes Braunhemden erinnerte, dessen „Kampf" im Schaufenster einer Bücherei vor sich hin lag.

Ich hatte nur noch einen Tag Zeit, um mein Visum zu verlängern und musste, wenn ich Ärger mit den Behörden vermeiden wollte, schnellstens aus Chile ausreisen, um dann bei der erneuten Einreise eine neue Aufenthaltsgenehmigung zu erhalten.

Chile – die ganze Welt in einem Land. Fünf Klimazonen, viertausend Kilometer lang, hingegen in der Breite nicht länger als die Strecke Hamburg-Hannover. Bevor Sie ihren Atlas bemühen, es sind ca. 100 Kilometer. Die schmale Geografie bot sich für eine Busfahrt durch die Anden nach Argentinien geradezu an und die Aktion meiner Visaverlängerung sollte mich daran erinnern, was den Charme meiner Reise bisher ausgezeichnet und lohnenswert gemacht hatte. Sie war unterhaltsam, nervig, ereignisreich, mitunter lustig und voller Improvisationen. Doch der Reihe nach:

Frühmorgens kam das bestellte Taxi, das mich zum Busbahnhof bringen sollte, natürlich nicht. So stand ich an der Straße des kleinen Yachtklubs, schaute nervös auf meine Uhr und hielt eigentlich mehr aus zeitlicher Bedrängnis die Policia an. Ich erklärte den Beamten kurz meine Situation und fand mich wenig später auf der Rückbank des Polizeiautos wieder, das mich direkt zum Bus fuhr. Gracias, caballeros, die Tür flog zu. Der halb gefüllte Reisebus ruckelte an. Er schoss durch kleine Orte, überrumpelte malerische Flüsse, durchfuhr unendliche Wälder und Hochebenen, die den Blick auf schneebedeckte Vulkanberge freilegten. Der Fahrer hakte mit seiner wahnsinnigen Fahrt eine Landschaft ab, die mich melancholisch stimmte und mich den eigentlichen Grund meiner Reise fast vergessen ließ. Mein Plan war, gleich nach der Ankunft in Argentinien vom nächsten Ort mit dem nächsten Bus zurückzufahren. Mir ging es nur um den Einreise-Stempel. Der Busfahrer kapierte nicht nur, sondern hatte noch eine bessere Idee. Er nahm per Funk über seine Zentrale Kontakt mit dem entgegenkommenden Bus auf, ließ mich gleich nach dem argentinischen Grenzübertritt aus dem Bus aussteigen und versicherte mir, dass bald der Bus in Richtung Chile kommen würde. Ich stieg aus und stand im Niemandsland. In der kühlen Wildnis eines hohen Bergpasses, an dessen Rändern Schnee lag und wo in tiefhängenden Wolkenfetzen ein verlassenes Backsteingemäuer wie der Feenpalast in „Der Herr der Ringe“ gleichsam in einer anderen Zeit schwebte. Ich wartete und schmunzelte über die Kulisse, die für ein Schmierentheater gebaut schien. Nach 20 Minuten quälte sich tatsächlich ein Ungetüm von Bus den Berg empor, in den ich bald einstieg und wieder Richtung Grenzhäuschen fuhr, das, umgeben von karstigen Bergen, nach kurzer Fahrt auftauchte. Die argentinische Fahne knatterte im Wind. Unter misstrauischen Beamtenblicken reihte ich mich ein in die Schlange Wartender, die sich nur langsam zur dämlichen Zeremonie des Pässestempelns bewegte. Neben mir murmelten zwei Grenzsoldaten den Chilenen patriotische Beleidigungen entgegen, während mich etwas gewaltig nervös machte: Die lässig über die Schulter geworfenen Maschinenpistolen, die direkt auf meinen Bauch zielten! Ein Beamter mit der Lahmheit eines Narkotisierten durchwühlte meinen Rucksack und blaffte mich ziemlich energisch an, warum ich bereits nach zwei Stunden wieder aus Argentinien ausreise! War es die Maschinenpistole, die mittlerweile in Richtung meiner Weichteile zielte oder war es die Art, wie man mich anbellte? Ich ballerte zurück, verbal ins pockige Gesicht meines geduckten Gegenübers. Wo steht geschrieben, Hombre, dass man dieses Land nicht auch am selben Tag wieder verlassen darf? Die Freundlichkeiten waren ausgetauscht und nach Rücksprache mit seinem Vorgesetzten blieb dem Handlanger des Staates nichts anderes übrig, als mir wütend den Stempel zur Ausreise in meinen Pass zu knallen. Nach insgesamt vierzehnstündiger Busfahrt und dreistündigem Aufenthalt bei den Passformalitäten, dafür aber mit einem neuen Visum traf ich gegen Mitternacht wieder auf AURYN ein!

Abschied

Valdivia bedeutete für mich auch die letzten gemeinsamen Tage mit der Katzenbande. Um sie in gute Hände zu geben, gestaltete ich ein Plakat mit Fotos und etwas Text und pinnte es an die Eingangstür der deutschen Schule. Kaum zurück, war der erste Vierbeiner schon vergeben. Eine Lehrerin der Schule holte die kleine „Monkey“ für ihre Tochter ab. Eine Familie nahm anderntags den „Wolf“ mit und Mama „Rio“ und „Tarzan“ kamen zur Mäusejagd auf der Estancia der deutschen Auswanderin Dagmar, die hier eine Schaf- und Rinderzucht betreibt. Einer blieb bei mir, Socke. In der Nähe von Kap Hoorn geboren, mit Salzwasser getauft, gehörte er nun zur Crew. Auch wenn der Pontifex der Fahrtensegler, Bobby Schenk, behauptet: „Nur wer über die Reling pinkeln kann, gehört auf ein Schiff“ und er kenne keine Katze, die zwei Ozeane überlebt habe, so hab’ ich dem Fellkumpan ins Ohr geflüstert: Socke, wir segeln über drei Ozeane. Was keine Drohung war, eher ein Versprechen!

Scharfe Kringel im Zauber des Ozeans

Proviant für die nächsten drei Monate war gebunkert. Es gab keinen Grund mehr, sich noch was vorzugaukeln, um die Abfahrt zu verzögern. Meine Arbeiten am Schiff waren mittlerweile erledigt, die Segel, die besonders in den südlichen Breiten gelitten hatten, waren ordentlich repariert und die neue mechanische Windfahnensteuerungsanlage „pacific plus“ zierte AURYNS Heck. Auch wenn ich durch die wuchtige Konstruktion meine Badeleiter einbüßte, gab mir der mechanische Autopilot ein gutes Gefühl von Sicherheit für den nächsten langen Törn über 4000

Seemeilen. Chilenischer Rotwein, argentinischer Käse. Dazu Gedankenwanderungen bei aufgeschlagener Seekarte. Zarte Bleistiftkreuze und scharfe Kringel markierten magische Ziele: Juan Fernandez, Osterinsel, Pitcairn oder wie wär's mit Tahiti – die Südsee. Das roch nach Meer. Ich spürte die Macht der Anziehung, den Zauber des Ozeans und konnte den nächsten Morgen kaum erwarten, um im Pazifik zu verschwinden.

„Reisen heißt nicht, sich durch die Toskana zu lachen oder im sonnigen Sizilien die Kunst des Jonglierens mit drei Apfelsinen zu lernen. Reisen kann auch heißen, sich Zoll um Zoll um die Erde zu quälen."

Ein toller Übergang von Henry Martinson aus „Reisen ohne Ziel". Flimmerte deshalb das Konzert von Bocelli über den Deckenmonitor, während der Bohrer in meiner Backe steckte? Ich blinzelte in ein gleißendes Licht. Aus dem Lautsprecher unter der weiß getünchten Decke schmetterte Andrea seine Arien und ein sirrender Ton sorgte dafür, dass ich immer weiter in den von kaltem Kunstleder überzogenen Stuhl sank. Meine terrestrische Standortbestimmung war die Arztpraxis des Dottore Schild – der Zahn musste raus. Den Mund voller Novokain, noch leicht anästhesiert, torkelte ich nach der Behandlung in den Bus, nahm neben einem übel riechenden Eingeborenen Platz und betrachtete den gerade gezogenen Zahn mit seinen dicken Wurzeln. Während der alte Mapuche-Indio irgendetwas in seinen Bart nuschelte, dachte ich an die letzten 48 Stunden. Der Zahn mit imposanter Wurzel war verantwortlich dafür, dass ich mich wieder in Valdivia befand. Es war nicht nur der Zahn!

Valdivia und der südamerikanische Kontinent lagen bereits 120 Seemeilen achteraus, als plötzlich starke Zahnschmerzen einsetzten und zu allem Überfluss kurz darauf auch noch der Autopilot ausfiel. Ich änderte den Kurs um 180 Grad. Auch wenn dies Zurückkehren bedeutete, war es die beste Lösung. Das Pech hielt an, der Wind ließ nach. Kurz darauf stellte der Autopilot seinen Dienst ein, wobei mir nichts anderes übrig blieb, als den ganzen Tag AURYN von Hand auf Kurs zu halten. Gegen Mittag quakte aus dem Lautsprecher des Funkgeräts die Küstenwache: Sturmwarnung! Zahnschmerzen, technische Panne, ein anrückender Sturm. Die besten Voraussetzungen, um zu verzweifeln. Ich bereitete mich auf das Bevorstehende mit einem kräftigen Schuss Rum in heißem Kakao vor, stieg wieder ins Cockpit und steuerte AURYN durch einen langweiligen Nachmittag und dann durch die Schwärze einer Neumondnacht.

Am Abend setzte der Wind ein. Nach Mitternacht wurde aus ihm Sturm. Doch glücklicherweise kam er von achtern und wurde von der Windfahne sauber verarbeitet.

AURYN fegte mit acht Knoten durch die Schwärze der Nacht. Um nicht in der Dunkelheit an der flachen Einfahrt des Rio Valdivia anzukommen, nahm ich später die Segel komplett weg. Vor Topp und Takel und in schweren Regenschauern zeigte die Logge immer noch vier Knoten Fahrt.

Im Sonnenaufgang erreichten wir den flachen Fluss. Schwere Grund- und Kreuzseen türmten sich auf. Durch die aufgewühlte See zu schlüpfen erwies sich als die reinste Achterbahnfahrt. Das Chaos ließ mich die schmerzende Backe vergessen, und auch wenn wir 240 Meilen por la nada zurück gelegt hatten, war ich froh, dass mir die Missgeschicke so dicht unter Land passierten und nicht in der Weite des Pazifiks.

Ich stellte mir gerade vor, wie ich mit Hilfe der Winsch den Zahn aus dem Kiefer hebelte, als die ersten Fahrwassertonnen an uns vorüber flogen. Der mitlaufende Strom und der schiebende Wind waren so stark, dass wir mit über 10 Knoten Valdivia entgegenrauschten.

Zurück am Steg der Werft machte ich mich gleich auf den Weg zum Zahnarzt… und nun sind Sie, liebe Leser, wieder im Anfang dieses Kapitels, wo ich den Zahn in der Jackentasche verstaute und mich vom stumm nickenden Mapuche-Indio verabschiedete. Mit Hilfe von Ronny, dem deutsch-chilenischen Werftleiter, begab ich mich auf Fehlersuche. Im Antriebsmotor des Autopiloten war ein Kabel korrodiert. Rätselhaft! Eigentlich sollte der Zylinder wasserdicht sein. Einmal mehr bestätigte sich die Tatsache, dass die Versprechungen der Hersteller in den Hochglanzprospekten nicht viel mit der Realität auf See gemein haben. Wieder einmal zeigte sich: Trau nicht den Dealern der nautischen Geräte. Die Sicherheit der Seemänner ist offenbar nicht das, was ihnen am Herzen liegt. Es gab mittlerweile nichts, was nicht kaputt ging oder so verarbeitet war, dass man nicht das Gefühl hatte, in dem Gerät stecke eine Sollbruchstelle, die den Hersteller wiederum an Ersatzteilen verdienen lässt. Ronny drückte es mit dem Charme eines Blaukittels aus, als er mir den reparierten Zylinder in die Arme legte: „Ihr haltet euch für ein hochtechnisiertes Land, aber baut genau solchen Schrott wie die unterentwickelten Indios". Ich hatte ihm nichts entgegenzusetzen, außer einer Flasche guten chilenischen Weines.

So schlief ich mit einem Schwips ein und wachte mit einem dicken Schädel auf. Benommen vom Roten, halb angeknockt von den Resten der Narkose fummelte ich frühmorgens um vier bei mittlerer Tide die Leinen von der Klampe, um im zweiten Versuch Valdivia endlich hinter mir zu lassen.

Seit Homers Zeiten ...

weiß der Seemann, dass er über ein Säckchen voller Aberglauben verfügt. In ihm tragen wir Riten und Beschwörungen, und eine davon heißt: Laufe nie an einem Freitag aus!

Trotz schmerzender Wunde und insgesamt bescheidener Verfassung war ich dennoch zufrieden. Der Zahn war raus, der Autopilot repariert, AURYN auf Kurs und ich hatte die Nase wieder im Wind. Und ... heute war Freitag (der 6.6.03). Ich nahm es als gutes Omen.

Das Schiff rollte in der hohen Dünung einer alten Windsee, hinter uns verschwand die Küste im dichten Dunst. Ein Albatros zog mit trägen Flügelschlägen vorbei, während ich an Terry dachte! Er ist Lotse der chilenischen Berufsschifffahrt, ich traf ihn im Hafenbüro, als ich mir den neuesten Wetterbericht abholte. Terry, ein Seemann von der Sorte, die Wetterkarten zu lesen verstand wie andere die Tageszeitung, rutschte kurz aus der Fassung, warnte mich vor neuen Tiefs, die aufziehen würden und gab mir den Rat, noch ein paar Tage zu warten. Dennoch ignorierte ich seinen gut gemeinten Rat. Es war Winter auf der Südhalbkugel. Eine Kaltfront jagte die andere, die kleinen Fenster milder Hochs wurden brutal von den rasch ziehenden Tiefs aufgelöst. Das hanging around ist nicht meine Sache, lieber stellte ich mich dem Wetter und segelte. Als wir das offene Meer erreichten, wehte ein kräftiger Wind und die Schaumkronen hoben sich meterhoch. Ich überlegte einige Zeit, ob ich nicht doch besser umkehren solle, aber in meiner Entschlusslosigkeit entfernte ich mich nur noch weiter und hoffte, dass, wenn wir die Schelfkante erreichten, die See nicht mehr so chaotisch sein würde. Als ich die Genua ins dritte Reff setzte und mir dabei ein weiterer schaumiger Brecher ins Gesicht klatschte, zündelte in mir die Vorahnung von Schlimmerem. Gegen den steifen Nordwest wollte ich nicht gegenan und beschloss, in Richtung Küste abzulaufen.

Talcuhuena hieß die Stadt, die mit einem Hafen aufwartete, der Schutz bieten könnte. Da ich keine Detailkarten für die Ansteuerung besaß, blieb mir nur die Möglichkeit, nach dem Leuchtfeuer zu navigieren, dessen Schein bald am dunklen Horizont auftauchte.

Es war wie ein Geschenk und genau die Landmarke, die ich suchte, doch bald darauf verschwand das Licht in einer respekteinflößenden schwarzen Wand aus Regenschauern. In schweren Böen und hässlicher See tanzte AURYN wild auf den Wellenbergen. Es blieb mir nichts anderes übrig, als in der Sturmsee das Schiff beizudrehen und auf einen vorbeikommenden Fischer zu warten, der uns in seinen Heimathafen lotsen würde.

Zwischen den Zeilen einer Zeitung

Im faden Grau des frühen Morgens lagen wir hinter einer dicken Steinmole, über die sich die Sturmseen brachen. AURYN schwabbelte im kontaminierten Wasser des gewaltig stinkenden Fischerhafens von Talcuhuena. Es war ein dreckiger, heruntergekommener Ort mit einem kleinen Yachtklub, dessen wenige Boote genauso trostlos aussahen wie die Bilder der näheren Umgebung. Aus dem Wasser ragten verrostete Wrackaufbauten, verweste Fischkadaver trieben durch das schmuddelige Hafenbecken. In dieser trübseligen Gemeinsamkeit aus dem, was die See nicht wollte und die Stadt nicht mehr gebrauchen konnte, sorgte das blaue Segelschiff mit seinem Erscheinen für Aufsehen. Gleich zwei Tageszeitungen brachten eine Story darüber, was zur Folge hatte, dass jedes Mal, wenn ich an Land paddelte, dort einige Leute standen, die mich gastfreundlich zum Café, ja selbst zum Essen einluden. Natürlich um mich auszufragen, über mein Woher und Wohin. Frei nach Laotse: Es gibt kein Ziel, es bedeutet Stillstand. Der Weg ist das Ziel, er verspricht Bewegung wollte ich ihnen antworten, doch so weit her war's mit meinen Spanischkenntnissen auch wieder nicht. Vielleicht sollte ich die Antworten aufschreiben und an der Wand hinterlassen, rutschte ich in Gedanken ab, doch die war bereits beschmiert von sozialistischen Parolen aus einer Zeit, als Chile seine Revolution hatte – doch von Nelken keine Spur.

Ein scharfer Wind fegte über Talcuhuena. An ein Auslaufen war nicht zu denken. Draußen kachelte es so sehr, dass die Küstenwache den Hafen für ein- und auslaufende Schiffe sperrte. Der Sturm hielt uns gefangen.

Ein flotter Strom, träges Verlassensein, Melville und Möwenkot

Nach vier Tagen beruhigte sich das Wetter. AURYN steckte ihre Nase aus dem geschützten Hafenbecken und segelte hinaus auf den offenen Ozean. Ich steuerte mein Schiff nah an der Küste, um dort den nordwärts setzenden Humboldtstrom auszunutzen. Der Wind blieb mäßig. Aufregend wurde es, als wir durch zahlreiche Nebelschwaden segelten. Einige Containerschiffe und Fischerboote, die dabei unseren Kurs kreuzten, ließen, auch wenn das Radar mitlief, keine Nachlässigkeit zu. Die Dunstschwaden wurden dichter. Angespannte Konzentration und ein quälendes Gefühl von Verlassenheit griff nach mir, als ich durch den geheimnisvollen Nebel segelte und spürte, wie mir ein kalter Schauer über den gewärmten Rücken lief: Ein Wal tauchte knapp neben dem Boot auf. Mit dem kalten Humboldtstrom zogen die Riesen des Meeres aus der Antarktis nordwärts in wärmere Gewässer, bedienten sich der Nahrungskette in diesen noch nicht totgefischten Gewässern und rammten gelegentlich ihren Schädel in den Rumpf dahintreibender Schiffe. Ein Narr, wer behauptet, das sei Seemannsgarn. Kein anderer als Herman Melville machte Mitte des 19.Jahrhunderts diese Erfahrungen, als ein 80 Tonnen schwerer Pottwal durch Rammstöße die Dreimastbark Essex versenkte. Melville romantisierte später das Erlebte und schuf Moby Dick.

Doch zurück zu unserem Wal. Er blieb friedlich und war nicht weiß. Dunkel glänzte sein Rücken, dann blies er aus und tauchte ab. Die Nacht kam und ging und so ging es über drei Tage im gemütlichen Segeln entlang der chilenischen Westküste, die wie ein Strich am Horizont lag. Nach 280 Seemeilen machte das ferne Land einen scharfen Knick nach Osten und vor uns tauchte die weitläufige Bucht von Valparaiso auf.

Valparaiso. Den Namen flüsterte ich einige Male in den Wind. Das hörte sich früher nach MEER an. Früher, als die (Radio-) Stimme in einem weit entfernten Leben von Valparaiso erzählte. Alles drehte sich in der Geschichte dieser Stadt um den Hafen. Die berühmten P-Liner, „Passat", „Preußen" und „Pamir" der Hamburger Reederei „Leisz", quälten sich wochenlang um Kap Hoorn, um aus Valparaiso Salpeter und Möwenkot abzuholen. Nichts anderes ist Guano. Doch diese Zeiten sind lange vorbei. Als die synthetische Herstellung des Nitrats gelang, wurde Salpeter für die Düngemittel- und Sprengstoffindustrie überflüssig. Als man nach sieben Jahren Grabens die Eröffnung des Panamakanals feierte, hatte Valparaiso endgültig seine Bedeutung verloren. Was blieb, war der verblasste Glanz. Und der hatte es in sich, als ich mich der alten Hafenstadt näherte.

Von See aus entfaltete sich ein Wirrwarr aus bunten Häusern und Gebäuden, die auf zahlreichen Hügeln bis in die Bucht hinunter führten. Später schlenderte ich durch den Zauber romantischer Gassen in der Altstadt, die gerade zum Weltkulturerbe der UNESCO erklärt worden waren, und verließ nach zwei Tagen die wunderschöne Stadt am Meer. Mehr Zeit gab ich mir nicht. Es war Juni und noch vor der Taifunsaison, die im Südpazifik im Oktober beginnt, musste ich entweder Australien oder Neuseeland erreicht haben. Das Festland lag im Kielwasser. Mit einem Blick zurück verabschiedete ich mich von Chile und irgendwie von der ganzen Welt.

Juan Fernandez – und die geraubte Illusion

Mit Nordwinden zwischen drei und sechs Windstärken segelte ich während zweier ereignisloser Tage und Nächte nach Juan Fernandez, das 330 Seemeilen westlich von Valparaiso im Pazifik liegt. Wenn Sie an pazifische Inseln denken, suggeriert da nicht allein schon der Name laue Luft und satte Palmen, die sich vor türkisfarbenem Wasser wiegen?

Juan Fernandez war alles andere als ein Postkartenklischee, es empfing mich kalt, windig und schroff. Die Cumberland Bay, in der wir ankerten, war nicht gerade ein geschützter Platz. Sie war nach Norden offen und ein unangenehmer Schwell lief in die Bucht, der dafür sorgte, dass AURYN hin- und herrollte. Doch es war der einzige halbwegs annehmbare Ankerplatz. Ähnliches empfand wohl auch Käpt'n Graubär, als er sich im Ersten Weltkrieg mit den Engländern in den Gewässern Südamerikas erbitterte Seegefechte lieferte und mit dem Kreuzer „Dresden" in der Cumberland Bay Schutz suchte. Hier endete sein Schicksal. Tragisch. Denn hinter uns, wo eine Gefahrentonne das Wrack des Kriegsschiffes markierte, wurde die „Dresden" von einem britischen Geschwader versenkt. Die wenigen Überlebenden schwammen an Land und sorgten in ihrer verzweifelten Suche nach Nahrung dafür, dass die Zahl der Hunde auf Juan Fernandez immer geringer wurde.

Die Geschichte lag achteraus, der Blick wanderte voraus. Vor sattgrünen Berghängen lag der Hauptort der Insel. Als ich an Land ruderte, standen zahlreiche Bewohner neugierig am Anleger. Besuch kam selten, mit dem Schiff schon gar nicht. Hilfsbereit nahmen sie die Leinen des Dingi an und empfingen mich herzlich. Ich saß mit ihnen unter einem Blechdach, auf das der Regen prasselte, weil eine Schauerwand aufzog und es aus Kübeln schüttete. Als sich die Front verzog, lächelte die Sonne und ich marschierte durch das winzige 650-Seelen-Dorf aus einfachen Häuschen. Es gab einen Bolzplatz, eine Kneipe und den Friedhof, der sich am Rande der Ansiedlung unter zugewachsenen Bäumen befand. Unter riesigen Farnen entdeckte ich das Denkmal für die Gefallenen der „Dresden". Ungepflasterte Straßen, ein kleines Nest, dessen Bewohner abseits der zivilisierten Errungenschaften wie Internet und Auto in Ruhe lebten. Lärm verursachten nur der ständig heulende Wind und der Generator, der kurz vor Sonnenuntergang angeschmissen wurde, um die Gemeinde mit Strom zu versorgen.

Juan Fernandez ist trotz seiner Schroffheit ein grüner Garten und beherbergt mehr endemische Pflanzen als irgendeine andere ozeanische Insel, erklärte mir Josef. „Komm, ich zeig dir die Gewächse", sagte er voller Stolz und in freudiger Erwartung einer Führung durch die üppigen Farnwälder, während ihm flirrende rote Kolibris um den Kopf schwirrten. Bei allem Respekt für den persönlichen Einsatz, dem sich der diplomierte Schweizer Biologe verschrieben hatte, meine Welt ist das Grünzeug nicht unbedingt. Deshalb schlurfte ich ihm eher unkonzentriert nach, weil etwas anderes nach mir griff...

Es brauchte eine Reise um die halbe Welt und Sepp, der mir eine Illusion nahm, sozusagen den Meilenstein jugendlicher Phantasie: Die weltberühmten Abenteuer des Robinson Crusoe. Den Ort der Handlung habe ich mir als kleiner Junge immer unter Palmen und weißen Stränden vorgestellt. Doch nun war ich überrascht, als Josef mir erzählte, die wirklichen Geschichten spielten auf Juan Fernandez und basierten auf den Erlebnissen des schottischen Seemannes Alexander Selkirk. Dieser befand sich im ständigen Streit mit seinem Piratenkapitän, der ihn kurzerhand, ausgerüstet mit einem Gewehr, einem Messer, einer zerfledderten Bibel und den Klamotten, die er am Leib trug, aussetzte. Der junge Schotte verbrachte viereinhalb Jahre auf der seelenlosen Insel Juan Fernandez. Als er von einer Gruppe englischer Freibeuter gerettet wurde, war er in Ziegenfell gekleidet und hatte seine Sprache bis auf ein unartikuliertes Krächzen verloren. Bei seiner Ankunft in der Heimat wurde der gestrandete Seemann nicht nur zu einer Sensation, sondern lieferte auch den Stoff zu einem der erfolgreichsten Klassiker der englischen Sprache. Wobei Defoe den Aufenthalt Robinsons auf seiner Insel von vier auf 28 Jahre ausdehnte und mit allerlei tollen Abenteuern anreicherte, die Selkirk selbst gar nicht erlebt hatte. Robinsons Partner „Freitag" entsprang ebenfalls der Phantasie Defoes. Auch die Kulissen der seltsamen Abenteuer wurden von Defoe von der sturmumtosten herben Insel in das liebliche Sonnenparadies Tobago verlegt.

Im Reich der Stille

Ich wanderte zu dem Punkt, von dem aus Selkirk jeden Tag sehnsüchtig Ausschau nach einem erlösenden Schiff am Horizont hielt und kam vorbei an Eukalyptushainen, Hochwäldern und einem Regenwald mit fünf Meter hohen Farnen. Dann stand ich in 600 Metern Höhe auf dem Yunque und genoss von dieser Plattform aus einen atemberaubenden Blick weit über den Pazifik, bis hin zum Horizont, an dem weiße Kumuluswolken ins Nirgendwo zogen. Wild brach sich unter mir im rauen Felsen die Brandung und hinter mir blickte ich in jenen zerfurchten Teil der Insel, den ich gerade mühsam durchwandert hatte.

Abends war ich wieder zurück im Ort und saß zwischen zwei Regenschauern vor einem kleinen Café am Dorfplatz, wo es keine Touristen gab. Die abgelegene Lage, die mühsame Anreise und wohl auch die schroffe Natur machten diese Region nicht unbedingt zu einem touristischen Anziehungspunkt. Mir war es recht. Ein Ziel wie Juan Fernandez war gerade aus diesem Grund für mich besonders reizvoll und einmal mehr genoss ich die überwältigende Gastfreundschaft der Chilenen. Eine Fischerfamilie lud mich spontan zum Abendessen ein. Es gab frisches Fischfilet mit Hummer auf Reis. Nach und nach füllte sich der Vorbau, unter dem wir saßen. Ein Mann spielte auf seiner Gitarre, die Rotweinbuddel kreiste und ich erfuhr ein wenig vom Leben der Einheimischen. Ihre Vorfahren kamen aus Spanien und Chile, sie wuchsen mit der westlichen Kultur auf und nehmen sich von der Zivilisation das, was sie brauchen: Die Medizin, die Musik, ihre geliebten Telenovelas. Alles andere blieb auf dem Festland zurück. Hier gab es keine Armut, keine Kriminalität und keine Umweltverschmutzung.

Umgeben vom Rauschen des Pazifiks regierte auf Juan Fernandez eine beschauliche Stille. Sie schien die Ethik zu lehren, die ihre Bewohner im Umgang miteinander lebten.

Im Rätsel von Nachtgedanken

Als der Wind auf Nordwest drehte und eine hohe Dünung den Ankerplatz noch ungemütlicher machte, beschloss ich, am nächsten Morgen weiterzusegeln und trieb mit Thor Heyerdahl's „Geheimnis der Osterinsel" in Gedanken voraus. Mein Ziel hieß Rapa Nui, wie die Ureinwohner ihren kleinen Felsen nennen. Nicht weiter erwähnenswert, stünden dort nicht die rätselhaften Steinkolosse, die an eine versunkene Kultur erinnern. Die Osterinsel, der einsamste Ort der Erde, am weitesten entfernt von jeder anderen menschlichen Siedlung. Zu den nächsten Nachbarn zählen die Pitcairn-Inseln, 2200 Kilometer entfernt und das Festland von Chile, 3700 Kilometer entfernt.

Die Osterinsel, der einsamste Ort der Erde, und da segeln wir nun hin.

Juan Fernandez lag schon lange hinter dem Horizont und ich lang ausgestreckt im Cockpit. Der Start glückte, AURYN rauschte mit halbem Wind und vollen Tüchern über den Tag und als die Nacht sich über uns legte, blickte ich auf das Kreuz des Südens und dachte an ferne Inseln, unter denen ich mir noch nichts vorstellen konnte, aber deren Namen umso geheimnisvoller und verlockender waren.

Südamerika war Vergangenheit, in Gedanken voraus verwoben sich Erinnerungen. Patagonien, Antarktis, Tierra del Fuego. In ihrer faszinierenden Verlassenheit bin ich mir oft selbst begegnet, da die Kommunikation mit der Außenwelt schlicht und einfach entfiel. Die Einsamkeit schärft die Sinne und erleichtert die Konzentration auf eine eindrucksvolle Natur. Ich war von dem Erlebten so aufgeschlagen, dass sich daraus Pläne für die Zukunft entwickelten. Irgendwann noch einmal in die Antarktis, Patagonien im Winter, die Küste entlang bis nach Lima. Dann eine Landtour, den alten Inkapfad hinauf durch das peruanische Hochland bis nach Cuzco, der Inkastadt. Machu Picchu. Von den Namen einer versunkenen Epoche mit AURYN hoch bis nach Alaska. Träume! Nichts passiert, ohne dass sie vorausgehen.

Meilen & Meer

Tagelang segelten wir durch schwache Windzonen, es wurde zunehmend wärmer und nach acht Monaten in dicken Klamotten war es endlich wieder ein Leben in kurzen Shorts und ohne Schuhe. Beim Abschied auf der Isla Robinson schenkten mir liebe Menschen Obst und Gemüse. Zu viel des Guten, denn bald schon futterte ich gegen Fäulnisbakterien, die sich über Tomaten und Salat hermachten. AURYN segelte, Socke kämpfte im Schlaf mit imaginären Monstern und ich kochte in hoher Dünung.

Eingeklemmt zwischen Herd und Pantry, die rollenden Bewegungen des Schiffes und die Pastasauce im Topf ausbalancierend, ging das nicht immer gut.

Kochen auf See heißt in den meisten Fällen, gewagte Zirkusnummern in der Kombüse zu vollbringen, um anschließend das Essen aus schaukelnden Töpfen mitsamt dem, was gelegentlich auf den Boden klatscht, einzunehmen.

Auch die mittlerweile sechste Nacht blieb ohne Besuch. Wir befanden uns fernab aller Schifffahrtsrouten, so dass ich die Nachtwachen vernachlässigte und fast die ganze Nacht schlafen konnte. Dennoch war ich so sensibilisiert, dass ich im Halbschlaf spürte, wie die See zunehmend höher wurde. Das Barometer fiel langsam! Ich wusste, was kam und doch beschäftigte mich das Thema Sturm nicht. Wer daran dachte, sollte ihn auch bekommen. So jedenfalls besagt es der Glaube der chilenischen Fischer, wonach Supaya, der Gott des Bösen, die Gedanken der Seeleute überwacht.

Nach dem Sonnenaufgang blickte ich auf das beeindruckende Bild mächtiger Wellen. Der Wind nahm zu, drehte auf Nordwest. Ich reffte die Segel. Der Meerwert war spürbar, das Schiff lag besser in der See und schüttelte die Sturmböen locker ab. Am Nachmittag legten die Wellenberge bedrohlich zu. Ich sah den Horizont erst, als wir uns auf dem Kamm eines Wasserberges befanden und danach ins nächste Tal surften. Immer noch sank das Barometer, die Kaltfront erwischte uns mit 35 Knoten, bevor Sie umrechnen, das sind acht Windstärken. Das Windmuster im Südpazifik war mir mittlerweile vertraut. Das durchziehende Tief brachte zunächst starke Südwestwinde. Dann drehte der Wind gewöhnlich auf Süd und schließlich auf Südost und, bevor sich das nächste Hoch einstellte, wehte ein kräftiger Südostpassat. Und so kam es.

Drei Tage herrliches Passatsegeln mit dem Wind im Rücken. AURYN rauschte über ein tiefblaues Wasser mit weißen Schaumkronen. Die Unendlichkeit des Ozeans hatte uns einmal mehr aufgenommen, ihn zu durchsegeln verschob die Grenzen der Zeit.

Heimat-Meer

Wir durchsegelten eine weitere Zeitzone, ich stellte die Uhr um eine Stunde zurück. Eine Stunde, die ich geschenkt bekam. Unter einem von Passatwolken betupften Himmel las ich Mutters Brief „Du musst doch auch mal wieder nach Hause kommen!"

Blau war der Himmel, die Gedanken träge. Lange dachte ich über das „Junge komm bald wieder nach." Wo war eigentlich mein Zuhause? War ich von Bremen losgesegelt, um nach Bremen zurückzukehren? Es klang so, wie von Irgendwoher nach Irgendwohin. Ich fühlte mich wie ein Mensch ohne geografische Wurzeln. Eine wirkliche Heimat gab es für mich nicht, eher emotionale Momente, in denen ich mich zu Hause befand. Räume, in denen ich stille Zufriedenheit empfand, meistens auf See. Ohne zu übertreiben kann ich behaupten, dass ich auf AURYN öfter ein starkes Gefühl von Glück und Reichtum spüren konnte als zu meiner Zeit mit dem ganzen Schnickschnack von sozialem Status an Land.

Das Meer flimmerte silbern und als die Sonne unterging, zeigte sich der Himmel bis zum Horizont in zarten Pastelltönen. Unter der schmalen Sichel des neuen Mondes war AURYN ein dahintreibendes Etwas im weiten Ozean. Gerade in dieser Stimmung konnte ich mir nichts anderes vorstellen, als zu segeln. Ohne ein konkretes Ziel. Für einen Fahrtensegler ist die wunderbare fernöstliche Weisheit, wonach der Weg das Ziel sei, Lebensmaxime. Der Ort, zu dem meine Sehnsucht tendierte, war die Reise selbst und dieser Moment war mein Zuhause. Auf 23°45'Süd und 97°50' westliche Länge, 4700 Meter über dem Meeresboden.

12. Seetag – Irgendwo im Wendekreis des Steinbocks

Ich trug die Mittagsposition in die Seekarte ein, packte diese aber rasch wieder zusammen, weil die Kreuzchen darin einen so deprimierend kleinen Abschnitt der Gesamtkarte markierten. Obwohl ich aufhörte, die Tage zu zählen, war dieser Tag ein besonderer. Mit dem Überqueren des dreiundzwanzigsten Breitengrades erreichten wir den Wendekreis des Steinbocks und waren wieder in den Tropen. Das erste Mal seit Monaten tanzte ich in den Farben des Sonnenuntergangs wieder nackig an Deck. Der Wind schlief völlig ein, das Meer wurde ölig und glatt. Ganz langsam rutschten wir in das Reich des faulen Windes, wo es stumm wurde, sich Stille neu definierte. Die Welt schien sich auszuruhen. Keine Seevögel, kein anderes Schiff. Meilenweit kein Lufthauch, nur die langgezogene Dünung. Dieses ruhige Atmen eines schlafenden Giganten erinnerte mich daran, dass ich mich auf einem Ozean befand, der uns nicht ziehen lassen wollte.

Wir trieben in der Monotonie der tropischen Breiten. Die Segel hingen schlaff, überließen AURYN sich selbst. Socke schien das alles nicht zu interessieren, er tollte wie jeden Abend an Deck herum, verputzte einen fliegenden Fisch, der sich darauf verirrte, schleppte die Reste in meine Koje, während ich an Deck schlief.

Das Mar Pacifico zeigte sich so, wie es von Magellan getauft worden war, als Stiller Ozean. Die Stille gab Anlass, sich der alten Seemänner zu erinnern. Es blieb spannend, sich an Originalschauplätzen in die Erlebnisse der Entdecker hineinzudenken. Womit wir wieder zu Fernando Magellan kommen. Er dümpelte mit seiner Flotte tagelang in den Flautezonen , zu allem Überfluss wurde ihnen Wasser und Verpflegung knapp. „Wir essen mit Mäusedreck vermischten Schiffszwieback, Sägespäne und das Leder der Rahen, das wir vier bis fünf Tage in Meerwasser aufgeweicht haben“, las ich im Tagebuch des wohl genialsten Seefahrers aller Zeiten. In der Marter der Monotonie dehnte sich die Fahrt Magellans, diese nach den Worten von Stefan Zweig „fürchterlichste und entbehrungsreichste Seefahrt, welche die ewige Chronik menschlicher Leidensfähigkeit, die wir Geschichte nennen, verzeichnet“, schier endlos aus. Das Wasser war so verfault, dass sich die Seemänner beim Trinken ihrer Ration die Nase zuhielten und wegen Vitaminmangels fielen ihnen die Zähne aus dem Gesicht. Skorbut und gefressenes Leder! Mich wunderte es, dass die Seefahrer vergangener Zeiten sich nicht aus dem Meer versorgten. Jedenfalls las ich nichts davon in den Aufzeichnungen des Bordchronisten der Magellan-Expedition. Wenn ich Lust auf frischen Fisch hatte, rollte ich meine Schleppangel aus, meistens hatte ich nach kurzer Zeit einen Thunfisch oder eine Dorade am Haken. In jenen Momenten zeichnet sich die Mannschaft durch besondere Harmonie aus. Der Smut nimmt den Fisch aus, der Kater kann die ersten Stücke kaum erwarten und der Skipper lächelt zufrieden, denn die Menükarte dieser wunderbaren Abende versprach Großartiges: Thunfischsteaks mit Bratkartoffeln. Um der Poesie meiner Kochkünste die Spitze zu nehmen: Gelegentlich gelang mir auch ein dermaßen scheußliches Essen, dass ich nichts davon anrührte. Soweit dazu. Es gab Arbeit, der Wind war zurück.

Allerdings drehte er bald schon auf Nordwest und nahm zu. Unter einem wolkenlosen Himmel legte sich AURYN auf die Seite und segelte hart am Wind mit schäumender Bugwelle Kurs Nord. In dieser Schräglage rutschte ich im Salon in die Kissen, hörte Nachrichten über Kurzwelle und blickte dabei gedankenverloren durch das Fenster ins unendliche Universum. Nacht. Sternschnuppen flogen vorbei, wo blieb der Südostpassat? Seit Tagen hatten wir nordwestliche Winde, die das bekannte Windmuster im Passatgürtel auf den Kopf stellten. Auch der Äquatorialstrom war kaum zu bemerken. Was war los? Eine Ursache könnte El Niño sein, jenes Wetterphänomen, das dafür sorgt, dass der Passat einschläft und Westwinde so beherrschend sind, dass sie die Oberflächenströmung beeinflussen. Es ist eine Tatsache, dass die von Menschenhand angeheizte Erdatmosphäre den El Niño-Effekt verstärkt und die globale Erwärmung mit wachsender Geschwindigkeit fortschreitet. Hauptursache ist das Verbrennen fossiler Stoffe wie Kohle, Erdöl, Erdgas, Holz und die im großen Umfang betriebene Vernichtung von Wäldern. Die Co_2-Konzentration in der Luft ist heute bereits 25 % höher als zu vorindustrieller Zeit und wird sich nach Aussagen von renommierten Wissenschaftlern, falls sich nichts ändert, bis zum Jahr 2030 verdoppeln. Wir alle wissen das und dennoch hat z.B. der amerikanische Präsident George W. Bush Abstand von seinem Wahlversprechen genommen, den Ausstoß des Kohlendioxyds zu begrenzen und das Kyoto-Abkommen zur Reduzierung der Schadstoffe nicht unterzeichnet. Gerade die Amerikaner, die nur fünf Prozent der Weltbevölkerung stellen, aber 25 % des jährlichen Rohölbedarfs verbrauchen und sich wundern, warum das Ozonloch über ihren Köpfen immer größer wird.

Das Thema beschäftigte mich einige Zeit. Die Deutsche Welle übertrug mittlerweile ein Wunschkonzert, doch als Hannelore ihren Karl-Heinz grüßte, stellte ich das Radio endgültig ab.

Ein Meer göttlicher Momente

Durch das offene Fenster wehten die Geräusche der See, am Rumpf, dessen zwei Zentimeter mich von der Ewigkeit trennten, rauschte das Meer und irgendwann wechselte ich in meinen Gedanken hinüber zu den zärtlichen Berührungen einer Frau. Darüber musste ich eingeschlafen sein. Als ich erwachte und ins Cockpit stieg, explodierte der Himmel. Im Meer voller Sterne rauschte AURYN in einer phosphoreszierenden Bugwelle, die in einen funkelnden Strom zusammenfloss, durch die Nacht. Segeln bei Vollmond – einer dieser göttlichen Momente. Am Himmel hing das bekannteste Sternbild der südlichen Hemisphäre, das Kreuz des Südens. Es diente nicht nur den europäischen Entdeckern zur Orientierung, sondern schon wesentlich früher den polynesischen Windnomaden als Himmelskompass auf ihrem Weg durch die Südsee.

In der Nacht, die so friedlich begann, erschrak ich kurz über die Lichter eines Dampfers am Horizont, später setzten kräftige Windböen ein. Ich wunderte mich, dass sich abseits der festlegten Routen ein Schiff aufhielt. Das Handbuch der britischen Admiralität „Ocean Passages of the World“, zeigt anschaulich die bevorzugten Strecken der motorisierten Schiffe. Nur, daran hält sich heutzutage kaum noch ein Dampfer, weil sie mittels immer stärker werdender Motoren auch gegen vorherrschende Winde und Strömungen ihre Ziele auf direktem Weg ansteuern können.

Der Wind blies frisch aus West. Ich saß hinterm Steuerrad und spürte in den Pobacken, dass der Ruderdruck zu groß wurde. Zeit, die Segelfläche zu reduzieren. Ein Hin und Her. Kamen die Böen, musste ich stark reffen, waren die Squalls durch, war der Winddruck so schwach, dass ich die Segel wieder ausreffte. So ging es durch die Nacht, an Schlaf war nicht zu denken.

Als der Morgen grau in grau kam, ging das Meer in den Himmel über. Als ich mehr aus Zufall auf die Windmessanlage blickte, zeigte diese nichts mehr an. Eine Böe schien die Anlage im Masttopp außer Gefecht gesetzt zu haben, was aber nicht so dramatisch war. Die Zeiten, wo Segler die Windgeschwindigkeit noch nicht digital am Steuerstand ablesen konnten, waren lange vorbei. Sie verließen sich auf ihre Sinne und erfanden die Beaufortscala. Sie geht von 0-12. Null bedeutet spiegelglatte See und bei Zwölf bekommen die Seeleute gewaltig den Marsch geblasen.

Gegen Mittag war die Schlechtwetterfront durch, der Himmel riss auf, die Sonne schien. Der Ozean wechselte die Farbe und mein emotionaler Zustand wurde ein anderer.

In der Weite der Verlorenheit

17 Uhr Bootszeit, im Irgendwo des unendlichen Pazifiks. Diese Unendlichkeit, dieser Begriff, der so schwer zu vermitteln ist, macht es einem leichter, die eigene Endlichkeit klarer zu begreifen. Besonders, wenn sich zwei Stunden vor Sonnenuntergang das schönste Licht des Tages über Schiff und Umgebung legt. In den Momenten, wo sich weiche Sonnenstrahlen durch den von Passatwolken gemalten Himmel brachen, schaltete ich oftmals den Autopiloten aus und steuerte AURYN von Hand durch die silbrige Masse des glitzernden Meeres und empfand einerseits eine starke Zufriedenheit, andererseits ein Gefühl von grenzenloser Verlorenheit. In dieser ambivalenten Harmonie zog am Abend, als ich die Fragmente dieser Zeilen in meine schwarze Kladde kritzelte, eine Walherde. Der Anblick war voller Schönheit und obwohl weit entfernt an Steuerbord, blieb eine latente Angst bei der Begegnung mit den Riesen der Ozeane. Es sind Momente, in dem mir der Rumpf meines Schiffes wie eine dünne Eierschale vorkommt und ich mich an Geschichten erinnere, wo Wale Yachten angriffen, sie unter Wasser drückten, bis sie vollliefen und absoffen. Ob die Wale AURYN bemerkten? Ganz sicher. Denn Wale besitzen durch ihr sensibles Sonarsystem ein ausgeprägtes Wahrnehmungsvermögen. Sie „sehen“ sozusagen mit den Ohren, wodurch sie ein dreidimensionales Verständnis von den Dingen entwickeln, die sie umgeben. Jetzt blies der Wal aus, tauchte ab, um zu trinken. Eine paradoxe Vorstellung, dass dieser Gigant in dem Wasser verdursten kann,

in dem er lebt. Die lebenswichtigen Flüssigkeiten liefern Quallen, die fast vollständig aus Süßwasser bestehen, sozusagen frei Haus. Wahrscheinlich stießen die Wale gerade auf tausende von Metern hinab. Jagten Tintenfische, deren Glibber sie am liebsten fraßen, während ich meine Zähne in die merkwürdige Konsistenz eingedoster Würste schlug und Stimmen hörte …

Meeres-Stimmen

Wir segelten in die 21. Nacht. In der Dunkelheit, unterstützt durch Schlafmangel, kamen oft Träume und ferne Erinnerungen. Wie von einem unsichtbaren Wind wurden die längst vergessenen Seiten meiner Lebensgeschichte aufgeschlagen. Wie in einer Zeitschleife hörte ich Stimmen von Menschen, die lange schon nicht mehr in meinem Gedächtnis waren, und sah üble Bilder, die in meine Träume schlichen. Das Ungeheuer mit schleimigen Tentakeln hatte nach uns gegriffen und AURYN unter Wasser gedrückt. Mit der Hand an der Mastspitze versuchte ich, sie vor dem Absaufen zu retten, ich hatte sie besessen und wieder verloren. Erschöpft und ausgelaugt tauchte ich wie ein Ertrinkender prustend an der Oberfläche des Meeres auf … Dann erwachte ich und kam nur mühsam aus dem Dunkel des Albtraumes heraus. Um mich zu beruhigen, stieg ich ins Cockpit. Draußen tauchte das Mondlicht die Landschaft in Silber, vor mir lag eine Nacht des Friedens, und der

26. Seetag

Es war frühmorgens, als ich sehnsuchtsvoll nach Westen blickte und unter einer Bank von Kumuluswolken einen strohfarbenen Streifen in der See entdeckte. Land! Ich stand wie angedübelt im Bugkorb, hielt Socke im Arm und spürte etwas Salziges. Meer und Tränen haben etwas gemeinsam: Salz und Wasser, beides ist Leben. Im Laufe des Nachmittags wurde aus dem Streifen eine Insel. Rapa Nui. Auf der Detailkarte der Osterinsel erkannte ich die Form eines Dreiecks und in jedem Winkel einen erloschenen Vulkan. Der Karte nach waren die Küsten hoch und fielen steil ab. Gegen Abend segelte ich mein Schiff in Richtung des nördlichen Höckers und im sicheren Abstand zur Osterinsel drehte ich AURYN bei und blieb auf dem Meer.

Am anderen Morgen wollte ich bei besseren Lichtverhältnissen an der Südküste von Rapa Nui vor Anker gehen. Gibt's keinen Hafen? höre ich den Leser fragen. Leider nein und das bedeutete jeden Tag ein neues Abenteuer beim Anlanden. Doch ich will nicht vorgreifen….

Ins Meer mit dem Anker und her mit Schlaf. Doch vor lauter Aufregung und Spannung vor dem Landfall bekam ich kein Auge zu. Fast stündlich stieg ich ins Cockpit um nachzuschauen, ob er noch da war: Der abgeschiedenste Felsen dieser Erde.

Endlich graute der Morgen und ich segelte AURYN mit südöstlichen Winden entlang am Cabo Roggeveen, benannt nach dem gleichnamigen Holländer, der als erster Europäer die Insel am Ostersonntag des Jahres 1722 zu Gesicht bekam. Dann tauchte die Bucht von Tongariki auf und im Fernglas erkannte ich die ersten Moais, die stummen Zeugen einer geheimnisvollen Epoche. Ich brüllte ihnen meine Freude entgegen, spürte, wie die hohe Pazifikdünung in der Abdeckung von Rapa Nui deutlich abnahm und erreichte nach weiteren sechs Seemeilen den Ankerplatz von Hanga Vinapu. Mit dem ausratternden Anker sprangen mir aus den Kettengliedern die vertrockneten Reste des Hafenschlicks von Talcuhuena entgegen. Dann kehrte eine unglaubliche Ruhe ein und mit ihr ein Gefühl, als hielte ich die fast dreitausend Seemeilen hierher in den Händen.

Ich verstaute den Moment, hob ihn für später auf, denn ich musste an Land.

Gemäß den Anweisungen der chilenischen Admiralität hatte ich mich bereits vor dem Erreichen der Osterinsel bei der Kontrollstation der Marine über Funk gemeldet. Die Herrschaften standen wie aus dem Ei gepellt bereits am Anleger, um Pass, Schiffspapiere und die Mannschaft zu kontrollieren. Und doch war es nur ein Mann, der ihnen im Dingi entgegenruderte. Neben einem anständigen Gruß warf ich ihnen auch noch die nasse Leine meines Beibootes um die frisch gebügelten Hosen. Dann krabbelte ich über eine verrostete Leiter an Land und stand auf der Osterinsel, die gewaltig schwankte.

Die Osterinsel

Mythen und Legenden

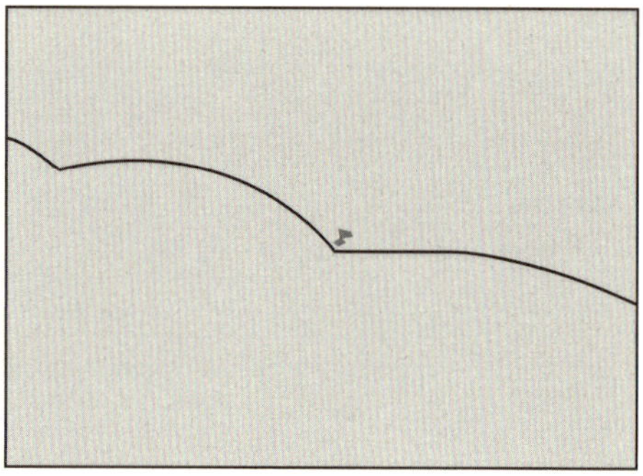

Die Sonne fiel senkrecht durchs Fenster der Koje. Nach einer seit Wochen endlich einmal wieder durchschlafenen Nacht kam ich nur allmählich in Tritt. Ich fühlte mich nach diesem Törn, einem der bisher längsten meiner Reise, den ich überwiegend sitzend oder liegend verbracht hatte, körperlich matt und wollte der relativen Bewegungslosigkeit ein Ende machen. Ich sehnte mich nach einer Wanderung, stieg ins Dingi, ruderte an Land und marschierte zum Vulkan Rano Kau. Doch schon nach kurzer Zeit befand ich mich fast am Rande eines körperlichen Zusammenbruchs. Die 21 Tage auf See hatten Spuren hinterlassen. So kraftlos leer, wie ich mich bereits nach kurzer Zeit fühlte, empfand ich auch die Bilder um mich herum. Ich wanderte durch eine nüchterne, fast karge Vulkanlandschaft mit verstreuten Lavabrocken in einer weiten Steppe ohne Vegetation. Diese Insel hatte einmal anders ausgesehen.

Als die ersten polynesischen Übersiedler hier ankamen, war die Osterinsel dicht bewaldet. Im Laufe der Jahre formierten sich einzelne Stämme, deren Steinkünstler aus dem weichen Tuffstein der Vulkane immer mächtigere Skulpturen zauberten. Um diese Moais, wie die Skulpturen von den Einheimischen genannt werden, zu den Klans zu schaffen, wurden immer mehr Bäume umgeholzt, weil man diese als Rollen für den Transport der Statuen benötigte.

Kriegerische Auseinandersetzungen zwischen den Einwohnern entwickelten sich und im Kampf um das Holz zerstörten sie nicht nur die Wälder, sondern vernichteten sich dabei gegenseitig. Auch wenn man allmählich wieder damit begann, die Insel aufzuforsten, bleibt sie ein bedenkliches Beispiel dafür, dass nicht nur Emissionen Auslöser einer ökologischen Apokalypse sein können.

Vorbei an den Überresten von Legenden aus gehauenem Stein führte ein staubiger Weg immer weiter hinauf zum Kraterrand, auf dem ich nach einem mühseligen Anstieg kurzatmig stand und in das gewaltige Rund des Vulkanes blickte. Vor mir ein See mit hohem Schilfgras, gegenüber die schroffe Kante der Caldera, steil in das kalte Wasser des blauen Ozeans abfallend. Weiße Schaumkronen kräuselten sich bis zum Horizont, ein Bild zum Hinsetzen und ein Augenblick voller Farben und Leben. Hoch oben schwebten die Fregattvögel, nicht weit von mir entfernt zog gemächlich eine Herde Wildpferde durch das Steppengras und unten am Krater donnerte der Pazifik in die schwarzen Felsen. Ich suchte mir einen gemütlichen Platz, ließ mich in diesem Bild treiben und las ein wenig über die Geschichte der Insel, über die fast 700 gigantische Steinstatuen wachen.

Rapa Nui, wie die Osterinsel von den Einheimischen genannt wird, beschäftigt seit Jahrhunderten die Phantasie der Menschen und bis heute soll es noch keinem Wissenschaftler gelungen sein, die mystischen Geheimnisse der Steinfiguren endgültig zu lüften. Ein Name ist jedoch sehr eng mit der archäologischen Geschichte der Osterinsel verbunden: Thor Heyerdahl. Obwohl bereits James Cook bei seinem Aufenthalt 1774 vermutete, die ersten Inselbewohner seien polynesischer Abstammung, geriet diese Theorie durch Heyerdahl ins Wanken. Der Norweger war 1947 mit einem Geflecht aus Balsa und Schilf von Peru aus in die Tuamotus gesegelt, wo er sich und seine sechsköpfige Besatzung mit der „Kon-Tiki“ gekonnt ins Riff setzte. Heyerdahl kam anschließend auf die Osterinsel und behauptete, die ersten Bewohner seien peruanische Flüchtlinge gewesen, die mit ihren Schilfbooten hier anlandeten. Als Unterstützung seiner These führte er typische Pflanzen des südamerikanischen Kontinents an. Er fand die Süßkartoffel und jenes Schilfrohr, das dort unter mir im Vulkanschlund sanft wehte. Die Erkenntnisse Heyerdahls wurden schon bald von führenden Fachhistorikern angezweifelt. Renommierte Wissenschaftler stiegen in den Krater und bewiesen durch Pollenanalysen, dass das Schilfgras bereits seit über 3000 Jahren auf der Osterinsel wächst und niemals von Südamerika importiert wurde. Für die namhaften Archäologen dieser Welt waren Heyerdahls Theorien ebenso absurd wie die Aussagen eines Erich von Däniken, der behauptete, Außerirdische hätten die Moais aus dem Stein gehauen. Rapa Nui brauchte sicher ein paar Mythen, die Leute wie Däniken und Heyerdahl lieferten. Den Rest besorgten die Medien und die Touristen, die in ihrem leicht zu beeindruckenden Unwissen anfingen, die stummen Götzen zu verehren und sich eine Menge unsinniger Legenden vorgaukeln ließen.

Gegen Abend war ich zurück in der Bucht, wo der dünne Mast eines blauen Segelbootes im Schwell des Pazifiks hin- und herschwankte und das warme Licht der letzten Sonnenstrahlen auf eine aufgeschichtete Mauer aus überdimensionalen Steinquadern schien. Diese kunstvoll geschlagenen Steine, millimetergenau, fast fugenlos ineinander geschichtet, waren ein weiteres Argument für Thor Heyerdahls These, dass nur die Südamerikaner aus dem sagenumwobenen Andenreich zu solch filigraner Arbeit fähig waren. Aber auch diese Aussage galt nicht als Maßstab seriöser Archäologie, denn im gesamten polynesischen Raum fanden sich die Steinmetzkünste ihrer Ureinwohner wieder.

Im Schatten der Götter

Der Wind kachelte weiter aus Nordwest, so dass ich in Vinapu im Lee der Insel vor Anker blieb und allmählich ungeduldig wurde. Endlich wollte ich jene Moais mit eigenen Augen sehen, die mich aus Heyerdahls Buch „Das Geheimnis der Osterinsel" so düster anschauten. Da die unbewohnte Bucht von Vinapu alles andere als interessante Besichtigungen bot, marschierte ich anderntags wieder los. Diesmal quer über die Insel, ungefähr sieben Kilometer zum Hauptort Hanga Roa. Parallel zu meinem Weg verlief eine Landebahn. Ich wunderte mich über die in Relation zur Größe der Insel gewaltige Asphaltrollbahn und erfuhr später, dass der Flughafen Mitte der sechziger Jahre von den Amerikanern für Notlandungen ihrer Raumfähre Spaceshuttle gebaut worden war, womit sie die Geschichte der Osterinsel von der Steinzeit ins touristische Zeitalter der Technologie katapultierten.

Mit dem Eintreffen der ersten Touristen wurde zunehmend Aufmerksamkeit auf die Insel gelenkt und die chilenische Regierung sah sich gezwungen, für die bis dahin eher vernachlässigten Inselbewohner etwas zu tun, die bis vor 30 Jahren noch ohne Strom und Wasserversorgung auskommen mussten.

Mein Tagesziel hieß Hanga Roa. Es ist die einzige Ansammlung von Zivilisation auf Rapa Nui, hat den Charakter eines Dorfes mit ca. 2800 Bewohnern und verstömte eine friedlich, entspannte Atmosphäre. Alles ging hier seinen ruhigen Gang. Die Leute waren hauptsächlich auf Pferden unterwegs und selbst die Geschwindigkeit der wenigen Autos von 20 Kilometern in der Stunde ging mit der Gemächlichkeit des Ortes Hand in Hand.

Entlang den verfallenen Ruinen, wo einst Leprakranke gehaust hatten, kam ich zur hohen Steilküste, an der einige der Steinfiguren standen. Seltsam leer schien ihr Blick ins Nichts des Landesinneren gerichtet und doch hatte es etwas Herrliches, sich bei Sonnenuntergang einfach für eine Zeit zu den Moais zu setzen. Die Wahrzeichen Rapa Nuis stellen nach der Überzeugung von Gelehrten entweder verstorbene Häuptlinge oder Götter dar und wurden geschaffen, um die Arbeitskraft der Gemeinschaft zu steigern. Über seine Augen soll der Moai das so genannte Mana, die Lebenskraft, auf das Oberhaupt der Familie gelenkt haben, wodurch sie beschützt und gestärkt wurden.

Nach einer unruhigen Nacht, in der der Südwind gedreht hatte und nun direkt in die Bucht blies, verholte ich das Schiff frühmorgens an die Nordküste nach Hanga Roa.

An jenem Platz, an dem bereits 1774 James Cook geankert hatte, um seine Wasservorräte aufzufrischen. Was früher wie heute nicht so einfach war, denn Hanga Roa hat keinen Hafen, in dem man mit dem Schiff lässig an der Kaimauer festmachen kann.

Rapa Nui liegt weitab der Schifffahrtsrouten. Von den wenigen, die überhaupt mit dem Schiff hierher kommen, gehen noch weniger an Land. Der Anlegeplatz war nicht mehr als ein ausgewaschenes Becken mit Felsbrocken und donnernder Brandung. Da hindurchzukommen schien der reinste Horror. Zwischen Fels und schäumendem Weißwasser fand ich einen schmalen Durchgang, wo die Wellen etwas kleiner waren. Es wurde ein Balanceakt zwischen Warten und Geschwindigkeit. Warten auf eine nicht allzu hohe Welle, um dann Geschwindigkeit aufzunehmen und mit dem motorisierten Dingi auf dem Rücken der Dünung vor der nächsten sich brechenden Welle in den kleinen Hafen zu gelangen. Hinein, soweit kein Problem. Richtig spannend wurde es jedoch, als ich im Dunkeln zum Schiff zurück wollte und unerwartet eine Gischtwand vor mir auftauchte, in der ich bis auf die Haut gewaschen wurde. War das Anlandeabenteuer überstanden, entschädigte die Osterinsel für ihre Unzulänglichkeiten über alle Maßen. Die Freundlichkeit der Insulaner und die wahrhaft mystische Ausstrahlung der Moais sind einfach sagenhaft und wer die imposante Kulisse der aufgereihten Steinriesen einmal bestaunt hat, wird die geheimnisvolle Aura, die sie ausstrahlen, wohl nie vergessen können. Auch wenn die Welt der Moais aus Sagen und Legenden unter der Oberfläche der folkloristischen Fassade verborgen bleibt, so scheinen ihre Geister immer gegenwärtig zu sein. Zumindest den Inselbewohnern. In den weichen Sonnenstrahlen der Abenddämmerung huschten die Einheimischen in ihre schlichten Häuschen, weil AKU AKU, die guten und bösen Geister, mit Einbruch der Dunkelheit immer noch die Territorien der alten Familienclans bewachen sollen.

Rapa Nui ist voller Wildpferde und am besten mietet man sich ein Pferd und reitet geruhsam über die Insel. Da ich mich aber an meinen letzten Ausritt und besonders daran, wie ich vom Gaul geflogen war, erinnerte, lieh ich mir ein Fahrrad und radelte über die im Durchmesser 19 Kilometer messende Insel. Teilweise erinnerte die Osterinsel an ein Schlachtfeld und als ob sie die Trostlosigkeit der Umgebung nicht sehen wollten, lagen viele der Steinskulpturen umgefallen mit dem Gesicht im Steppengras. Umgeworfene Moais waren das äußere Symbol dafür, dass der Selbstbehauptungswillen der Familien gebrochen war. Entweder wurden sie von anderen Klans bekämpft, zerstört oder ihnen wurde das MANA entzogen. Die einst baumlose Insel verändert allmählich ihren kargen Charakter und wird mit kleinen Wäldern und Eukalyptushainen wieder aufgeforstet.

In der Mitte der Osterinsel lehnte ich das Fahrrad an den Ahu a Kivi. Sieben gewaltige Moais standen dort wie auf einer Bühne nebeneinander und ihr Blick ging ausnahmsweise zum Ozean und war nicht wie sonst üblich ins Landesinnere gerichtet. Ganz in der Nähe lag der Puna Kau-Krater, in dem die Pukaos, die „Hüte“ der Moais, aus dem roten Tuffstein gefertigt worden waren. Ich stieg den unbefestigten Feldweg hinauf zum Kraterrand und erlebte einen herrlichen Ausblick über die Inseltopographie, wo Hügel und Berge aus gelbbraunem Gras wuchsen, über das der Wind sanft strich.

Am Nachmittag erreichte ich den Vulkan Rano Raraku und nebenan lag der berühmte Moai-Steinbruch, in dem aus dem weichen Vulkangestein die meisten Moais gehauen worden waren. Als wäre die Zeit stehengeblieben, standen hier immer noch Hunderte von ihnen wie zur Abholung bereit, waren teilweise halbfertig und bei manchen sah es so aus, als würden sie bergab wandern.

Heyerdahl und Menschenfresser

An diesem Abend saß ich allein im weiten Rund des Vulkans und betrachtete die Düsternis im Ausdruck der Moaigesichter. Obwohl es kaltes, behauenes Gestein war, schien jede Skulptur eine eigene lebhafte Mimik zu haben. Irgendwie empfand ich die Umgebung als etwas Magisches, fast Unheimliches. Immer noch sind die Antworten zu den Moais nicht klar. Wer sind sie? Wie wurden sie tatsächlich bewegt?

Thor Teyerdahl wusste auf jede archäologische Frage der Osterinsel eine Antwort. In seinem Buch „Das Geheimnis der Osterinsel“ schreibt er, dass die Statuen „gegangen“ sind, von Menschen aufgerichtet und dann mit Seilen und Schnüren vorwärts bewegt wurden. Aber der Stein ist sehr weich und die Moais stehen 14 Kilometer vom Steinbruch entfernt. Es ist bekannt, dass es Heyerdahl in einem Experiment gelang, durch Hin- und Herschaukeln eine Figur gerade mal dreieinhalb Meter zu versetzen! Das überzeugendste Gegenargument zu Heyerdahls These lieferte ein gewisser Professor Tilburg. Er untersuchte sämtliche Statuen auf Spuren von Seilen an

Hals, Oberkörper und Fuß und – fand keine! Wenn man um das weiche Gestein der Skulpturen dicke Seile gebunden hätte, um diese fast über die komplette, hügelige Insel zu ruckeln, dann wäre der Stein im Bereich der Seildruckstellen mehr als abgenutzt. Heyerdahl hat „Das Geheimnis der Osterinsel“ sicher nicht enthüllt und machte sich zudem mit seinen Theorien nicht nur bei den Einheimischen unbeliebt, denn in seinem Buch äußert er sich nicht gerade freundlich gegen die Ureinwohner Rapa Nuis: „Eines ist gewiss, dieses ist nicht das Werk einer Kanuladung polynesischer Holzschnitzer. Keiner wäre imstande gewesen, sich eine solche Kunst auszudenken oder sie zu bauen. Zu faul, zu wenig schöpferisch, zu dumm.“

Auch wenn die Zeiten der großen Archäologen ein halbes Jahrhundert zurückliegen, wühlen sich immer noch Expeditionen durch die Osterinsel. Sie finden Grundmauern von uralten Kultstätten, den verscharrten Müll von anderen Expeditionen und Menschenknochen! Kannibalismus gab es auch auf der Osterinsel. Der Menschenfresser von Rapa Nui hieß Kai Tangata und hatte zu seiner Zeit eine Vorliebe für peruanische Sklavenhändler und Walfänger, die in den südlichen Breiten unterwegs waren und die Osterinsel anliefen, um Wasser und Lebensmittel zu bunkern. Eine üble Sorte von Seefahrern, die nicht nur die Frauen vergewaltigten, sondern der Insel auch so manche Seuche brachten, die die Einheimischen vorher nicht kannten.

Ein schlitzohriger Lotse

Ein steifer Nordwind sorgte dafür, dass wir Hanga Roa verließen und an die Südwestküste segelten, wo wir in Anakena Schutz fanden. AURYN ankerte vor dem kleinen Sandstrand, der verwoben ist mit der uralten Geschichte der Osterinsel, denn hier landeten mit ihren Kanus unter der Führung von Hotu Matua die ersten Polynesier.

Doch zurück zur Gegenwart: Über Funk erfuhr ich von der chilenischen Marine den aktuellen Wetterbericht und nahm ihre Einladung zu einem Besuch gerne an. Als Dankeschön packte ich einige Schachteln Zigaretten ein und besuchte die Soldaten in ihrer kleinen Station, wo ich kostenlos meine e-mails versenden konnte. Ich schlug jenen Leuten auf die Schulter, die mich täglich mit dem aktuellen Wetterbericht über Funk versorgten und mir dazu, je nach Windrichtung, den einen oder anderen Ankerplatz empfahlen und bedankte mich bei ihnen. Wie überall in chilenischen Gewässern schlug mir eine gewaltige Hilfsbereitschaft entgegen, die aber offensichtlich noch steigerungsfähig war. Als in ihrem kleinen Hafen etwas Raum frei wurde, bot mir ein Offizier dort einen Liegeplatz für AURYN an. Es war wie ein Geschenk, das ich liebend gerne annahm. Die einzige Bedingung, die man mir stellte, war, dass ich für die heikle Passage durch ein Gewirr von Felsen und Riffen in das enge Liegebecken einen einheimischen Lotsen nehmen sollte, der für seine Dienste die bescheidene Summe von 100 US-Dollar berechnete! Natürlich wusste ich, dass das Geld sozusagen als Grundlage für die nächste Fete der kleinen Marinebasis diente, aber ich wollte endlich einmal ruhig schlafen und ohne besorgte Gedanken um das Schiff von Bord gehen.

Zum ersten Mal als Skipper investierte ich in einen Lotsen. Der Mann hieß Isidro und führte uns bei Hochwasser, im kleinen Holzkahn vorausfahrend, sicher in das ausgehöhlte Felsbecken von der Größe eines halben Fußballfeldes. Gerade mal Platz für das kleine Kontrollboot der Marine, ein paar bunte Fischerboote und einen imposanten Moai, der oberhalb der aufgeschütteten Mole über die Kulisse wachte.

Selbstgebackene Kekse und verlorene Eier

Ein junger Einheimischer stand mit seiner Frau am Kai. Während sie angelten, säuberte ich mein Schiff vom Salzwasser und irgendwann kamen wir ins Gespräch. Das übliche Woher, Wohin und Fragen nach den Stationen meiner Reise. Nette Menschen, die ich anderntags zum Kaffee auf AURYN einlud. Claudio brachte, neben selbstgebackenen Keksen, auch seine Gitarre mit und spielte einige melodiöse Lieder, die mein Interesse weckten. „Polynesische Kirchenlieder“, sagte er, „ komm am Sonntag in die Kirche, dann hörst du mehr davon!“ Das traf sich gut. Einen polynesischen Gottesdienst wollte ich ohnehin besuchen, andererseits hatte ich es mir mittlerweile angewöhnt, nach langen Törns in die Kirche zu gehen. Bis dahin war noch Zeit. Es folgten Tage, die bestimmt waren von kleineren Reparaturen und Wanderungen über die kantige Insel, die auf mich immer mehr einen ganz außergewöhnlichen Reiz ausübte. Voller Düsternis und irgendwie fremdartig. Obwohl die Osterinsel einer jener Plätze ist, die zur Weltmythologie zählen, war ich überrascht, wie wenig Touristen hier unterwegs waren. Und ich empfand es als angenehm, dass im Dorfzentrum kein Werbeschild von Coca-Cola hing und keine Fastfood-Filiale irgendwelche Maxi-Menüs feilbot.

Stattdessen aß ich in einem kleinen Restaurant am Hafen und genoss einmal mehr die Gastfreundschaft der Einheimischen, die mich freundlich an ihren Tisch winkten. Alleine essen? Das war den Rapa Nuis fremd. In dieser Runde ausgelassener Herzlichkeit saß Carmen, eine wunderschöne Frau. Sie war Chilenin polynesischer Abstammung und Leiterin des Heimatmuseums und es war klar, dass meine bald folgenden Besuche im Museum nicht nur der Geschichte der Osterinsel galten!

Bei einfachen Gerichten, bei Fisch, Gemüse und Reis in wunderbarer Atmosphäre lernte ich den Dottore Vetenario kennen, wovon auch Socke bald darauf etwas hatte, er wurde kastriert und verlor seine Eier- auf der Osterinsel!

In der Falle

Das Baro fiel, dunkle Regenwolken zogen auf. Der zunehmende Wind drehte auf West und drückte eine hohe See in das kleine Hafenbecken. Es war Neumond und ein gewaltiger Schwell setzte ein. Alles halb so wild, dachte ich. Doch dann spürte ich die Ohnmacht, denn wir saßen in der Falle und in ihr wurde die Nacht zur Katastrophe. Zunächst riss die Leine des zweiten Ankers, AURYN trieb zurück und knallte mit dem Heck an die Kaimauer! Ich fürchtete um meine Windfahnensteuerung und hielt es für eine gute Idee, zwischen Heck und Mauer als Schutz das Dingi zu binden. Aber bei der nächsten herein laufenden Welle und dem Schub des Schiffes Richtung Kai brach mit einem lauten Knall der Hartschalenboden des Dingi. Es musste etwas passieren, und zwar fix! Ich schnappte mir zwei lange Leinen, sprang, so wie ich war, nämlich nackt, in die Dunkelheit und schwamm zur gegenüberliegenden Seite des Hafenufers. Dort band ich die Leinen um einen Fels und zog AURYN anschließend über die Winsch einige Meter nach vorn. Den Rest der Nacht, doch mittlerweile angezogen, hielt ich im Cockpit liegend Leinen- und Ankerwache. Zumindest so lange, bis ich eindöste und erschrak, als mich ein kräftiges Licht aus einem Halogenstrahler blendete. Ich blinzelte zwei um mich besorgten Marineleuten entgegen, die am Kai standen und fragten, ob alles in Ordnung sei und ob sie etwas tun könnten. "Nada, gracias amigos, hasta manana!"

Kirchgang

Sonntag, kurz vor neun Uhr, marschierte ich in einem Aufzug, der seriöser Kleidung nahekam, zur Kirche, die schließlich Achtung verlangte. Inmitten der Einheimischen von Rap Nui, die gemeinsam in Richtung Messe strömten. Die Frauen mit hochgestecktem Haar, in dem wunderschöne Blüten steckten. Die Männer in schwarzen Hosen, weißen Hemden und wahrscheinlich das erste Mal seit Tagen anständig rasiert. Dazwischen wuselten Kinder mit verspielten Schleifchen im Haar und über allem lag eine aufgelöste Heiterkeit.

Ich setzte mich in die hinterste Reihe dieser schlicht weiß getünchten Kirche ohne Pomp, durch die ein Messdiener zum Altar schlurfte. Als er dort bedächtig eine Kerze anzündete, traute ich kaum meinen Augen: Vor die versammelte Gemeinde trat Claudio mit seiner Gitarre und stimmte das Lied an, welches er schon zum Kaffee im Cockpit auf AURYN gesungen hatte und in das jetzt die ganze Dorfgemeinschaft einstimmte! Claudio, sorry, Pater Claudio, hielt seine Predigt im Wechsel mit den herrlichen Klängen polynesischer Chorgesänge. Wie ein Prisma brachen sich die Sonnenstrahlen im Kirchengang und der Wind streichelte sanft die weißen Stoffstreifen der Fensteröffnungen.

Nach dem Gottesdienst und einem kurzem Kaffeebesuch bei Carmen, der Museumsleiterin, wanderte ich am Sonntagnachmittag zur nahen Kultstätte Vau kaa. Auf dem Rückweg hielt ein

Jeep, ich sprang auf die offene Pritsche und hockte mich neben einen Alten, dessen auffallendster Zug seine Nase war, die, breit und flach, kaum wahrnehmbar in den runzeligen Wangen unterging. Im Mund eine riesige Zigarre, die wie eine schussbereite Kanone auf mich gerichtet war. Dann drehte sich der Fahrer um und ich erkannte Isidro, den Lotsen. Mein Vater, so stellte er mir den Alten vor, während der Pickup über die Schotterpiste rumpelte. Auf meine Frage, wie alt sein Vater sei, wusste sein Sohn keine genaue Antwort. Immerhin so zwischen neunzig und hundert Jahre! Der Alte sprach kaum spanisch und nur ein polynesisches Idiom, die Heimatsprache der Rapa Nui. Ich fragte Isidro, ob sein Vater schon einmal den Namen Thor Heyerdahl gehört habe und löste damit eine Schimpfkanonade aus, bei der ich um die Gesundheit des Alten fürchtete. Der Greis kam bei der Übersetzung der Frage richtig auf Touren. Er und seine Freunde waren von Heyerdahl übers Ohr gehauen worden, sie hatten wochenlang für ihn gebuddelt und keinen Peso erhalten! Und doch huschte ein schelmisches Schmunzeln über das faltige Gesicht des Patriarchen. Falls ich die Übersetzung von Isidro richtig interpretierte, hatten sie dem Norweger für viel Geld „historische Fundstücke" angedreht, die sie vorher selber kunstvoll angefertigt hatten.

Rapa Nui lebt von Legenden und Geschichten, auch von Menschen, die für viel Geld einfliegen. Typen wie

Paul aus London

Britisch wie ein Trockenkeks parlierte er, erstaunt darüber, auf der Osterinsel ein Segelboot anzutreffen. Und das, obwohl er selbst mit einer Yacht unterwegs war. Wie viele andere kam er durch den Panamakanal und segelte mit seiner Frau auf der so genannten „Barfußroute" über Galapagos nach Tahiti, wo sie ihr Schiff zurückließen und in den Flieger nach Rapa Nui stiegen, um sich die Steinmonumente anzuschauen. Zu mühsam, zu weit erschien ihnen der Weg, auf eigenem Kiel hierher zu segeln. Ob ich wüsste, das man dafür 14 Tage brauchte, fragte er mich und als ich ihm entgegnete, dass mir vier Wochen dafür auch egal seien, spürte ich, wie er daran knabberte und es ihn einige Zeit beschäftigte. Es folgte eine triviale Unterhaltung über Bootstechnik und über den Törnverlauf beider Schiffe. Als er erfuhr, dass AURYN von Süden gekommen und um Kap Hoorn gesegelt war, schüttelte er nur ungläubig den Kopf und verabschiedete sich zum Flughafen. Vermutlich mit einer kleinen Statue im Gepäck, der pittoresken Erinnerung an eine grandiose Insel, deren tragische Geschichte wohl die wenigsten Besucher kennen.

Eine Insel, wo der Wind durch gelbe Wiesen pfiff, mit erodierten Lavabrocken und gestürzten Moais. Stundenlang saß ich dort bei den starrenden Steinskulpturen und obwohl man das Gefühl hatte, wenn man einen Moai gesehen hatte, alle anderen auch zu kennen, verströmten die Plätze eine besondere Atmosphäre. Die schönste Zeit war kurz vor Sonnenuntergang, wenn sich das warme Licht in dem voller Geheimnisse und uralten Mythen steckenden Gestein verfing.

Ich dachte an meinen langen Törn und empfand es als etwas Eindrucksvolles, hierher gesegelt zu sein, anstatt wie mein englischer Segelfreund sich in eine klimatisierte Röhre zu schnallen und nach der Landung in einer von kaltem Neonlicht ausgestrahlten Halle auf sein Gepäck zu warten, während man nach seinem Reiseleiter Ausschau hält und sich darauf freut, beim Welcome Drink im Hotel eine (billige) Südseeshow geboten zu bekommen.

Stöckchen holen

Meine letzten Tage auf Rapa Nui waren bestimmt von den Vorbereitungen für den Törn nach Tahiti. Wasser und Diesel schleppte ich in Kanistern heran, bunkerte Lebensmittel und Getränke und verabschiedete mich von Freunden. Carmen schenkte mir ein kleines Büchlein über die Geschichte von Rapa Nui. Offen gestanden lag mir sehr an dieser Frau: Ich hätte Sitz gemacht und Stöckchen geholt, doch leider blieb es nur bei einem Flirt. Mit Claudio und seiner Frau marschierte ich zur Steilküste und legte der Schutzpatronin der Fischer, der Heiligen Maria, eine Opfergabe aus Muscheln und Blüten unter die Figur. „Gott sei mit dir und viel Glück auf deinen Reisen." Es hatte etwas Eigenartiges, dieses aus dem Mund eines Angestellten des Himmels zu hören, der mein Sohn hätte sein können, und es irritierte mich noch mehr, als mich der Priester umarmte.

Ein Zollbeamter, Polizei, zwei Marineoffiziere und meine Freunde versammelten sich am Kai, um meine Auslaufpapiere klarzumachen. Dazwischen hantierte Robert, ein Reisejournalist aus Neuseeland, den ich einige Tage vorher kennengelernt hatte, mit seinem Equipment, weil er für eine Reportage Fotos von AURYN unter Segeln hinter der Kultstätte Tahai machen wollte.

Aber zunächst kam ich nicht frei, die Kette des Hauptankers hatte sich um etwas im Hafenbecken gewickelt, von dem ich nicht wusste, was es war. Komisch nur, dass gleich ein Einheimischer dastand und sich anbot, als Taucher den Anker klarzumachen, für 200 US-Dollar! Veräppeln kann ich mich alleine … und tauchen auch!

Unter den neugierigen Blicken des sich nun füllenden Kais machte ich das Tauchgeschirr klar und stieg ins Wasser. Durch den Schwell des Ozeans war das Wasser aufgewühlt und die Sicht gleich Null. Ich tastete mich langsam an der Kette entlang zum Anker und fand die Piek eingegraben hinter einer dicken Stahltrosse, die quer über den Grund des Hafenbeckens lag. Obwohl es dunkel war, ging mir allmählich ein Licht auf! Der Typ stand nicht zufällig am Kai und verlangte einen unverschämten Preis für seine „Hilfe". Und dass ich bei der Ankunft in diesem Hafen nur an einer ganz bestimmten Stelle den Anker fallen lassen sollte, hatte im Nachhinein auch seinen Grund.

Abgekartetes Spiel. Früher lockte man die Segler mit falschen Feuern aufs Riff, um sie auszurauben, heute zieht man ihnen raffinierter die Dollars aus der Tasche. Isidro, dieses grienende Schlitzohr, lotste uns wieder durch die Riffpassage hinaus auf den Pazifik. Ein letzter Gruß, dann segelte ich AURYN an den Moais von Tahai entlang und im Kielwasser achteraus verschwand dunkel und unheimlich die Osterinsel. Dieser vom Wind zerzauste, weit abgelegene Klotz, der die Verbindung zu den Geistern hält, die alle Geheimnisse der Insel bewahren.

Osterinsel

Moais

Von Rapa Nui nach Tahiti

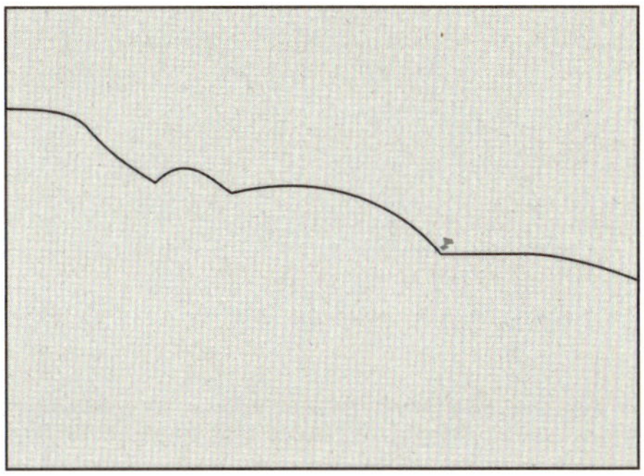

Blass und rötlich schob sich der Morgen von Osten heran, ich war früh wach und schaute dem neuen Tag entgegen. Über Nacht hatte der Wind abgenommen, der Morgen war friedlich und die See bis zum Horizont wie ein Spiegel, in dem sich der Himmel in rosa-bläulichen Pastelltönen reflektierte. In diesem Bild zog uns das blau-weiße Leichtwindsegel durch den wunderschönen Tag und eine sanfte See. Da waren sie wieder: Die italienischen Momente im Leben eines Fahrtenseglers.

Ich ordnete meine Rapa Nui-Erinnerungen, verstaute sie in das Reisetagebuch, während Socke irgendwelchen Phantomen nachsprang. Dann kam Besuch. Es prustete und sanft glitt der glänzende Rücken eines Wales aus dem Ozean. Welch ein Anblick im Zauber der Natur. Der Riese des Ozeans, den eine ehrfurchtsvolle Aura umgab, rief Gedanken an Melville und seinen legendären Moby Dick wach. Doch die Romantik des Walfangs war lange schon dahin. Vom Kampf der Walfänger in ihren fragilen Beibooten, Auge in Auge mit dem Wal, kann in moderner Walfängerei keine Rede mehr sein. Niemand begibt sich noch in Gefahr und der einzige, der darin umkommt, ist der Wal.

Über das Dolce Vita eines Fahrtenseglers legte sich der Abend. Ich saß mit einer Schüssel Nudeln im Cockpit. Bocellis Arien drangen aus den Lautsprechern und achteraus gab es einen Blick zum Zurücklehnen. Vollmondnacht. Im Kielwasser reflektierte das Licht des Mondes eine breite Spur von geriffeltem Silber. Darüber Sirius, umgeben von getupften Passatwolken. In diesen Moment der Vergänglichkeit hinein zog AURYN wie von einer unsichtbaren Schnur gezogen ihre Bahn in die Unauslöschbarkeit der See.

Das Bild war voller Schönheit, erfüllte meine Seele und mehr, denn irgendwann schlief ich darüber ein.

Aus dem Logbuch:

06.8.2003 – 6. Seetag, Kurs 270°, ca. 200 Seemeilen vor Pitcairn-Island!

Ich hatte vor, die Nachkommen der „Bounty-Meuterer" auf Pitcairn zu besuchen.

Jener Insel, die einsam und verlassen zwischen Rapa Nui und dem Atoll der Gambiers im Pazifik liegt und zur Endstation der Odyssee von Christan Fletcher und seiner Verbündeten wurde, nachdem die Meuterer den Kapitän der „Bounty" und seine wenigen Getreuen vor Tonga in einer offenen Schaluppe ausgesetzt hatten. Doch ich sollte Pitcairn nicht betreten.....

Im Einheitslook

Das Baro sackte von 1028 auf 998 und das in 24 Stunden! Unter heranjagenden Regenschauern mit heftigen Böen war das Meer schnell aufgewühlt und grau. Die See stellte sich meterhoch auf, weil der Wind mit 40 Knoten aus West kachelte, genau aus unserer Richtung. Ich versuchte, es AURYN leichter zu machen, indem ich abfiel, die Segel nochmals durchreffte und den Kurs auf Nord änderte. Danach gönnte ich mir einen Kaffee und saß im Schutz der Sprayhood in einer pechschwarzen Nacht, in der man nur schemenhaft die diffusen Umrisse des Mondes hinter mächtigen Wolken erkennen konnte. Im schwachen Licht des Kompasses hielten meine Gedanken Zwiegespräche. Wo segelte ich hier eigentlich? Geografisch befand ich mich in den Tropen, wenn ich aber auf meine Schwerwetterkleidung einschließlich Gummistiefeln blickte, hatte ich eher das Gefühl, auf der Nordsee unterwegs zu sein. Um mich herum alles im Einheitslook. Das Wasser, die Luft, der Himmel. Alles Grau in Grau. Darin mischten sich schwere Schauer und ein heulender Wind. Es tobte und toste. AURYN fegte trotz dreifach gerefftem

Groß und Sturmfock durch einen nicht endenden dunklen Tunnel. Es war eine hässliche Nacht, in der ich auf allen Vieren zum Vorschiff kroch, um die Schot der Reffleine zu klarieren, die sich um das Stag vertörnt hatte. Als ich verängstigt aus der sicheren Umgebung des Cockpits herauskrabbelte, klatschte mir erstmal eine überkommende Welle ins Gesicht und ich erkannte weiße Kämme auf meterhohen Wellen, deren Steilheit im noch jungen Sturm zugenommen hatte. „Wie hoch sind solche Wellen?“, höre ich den einen oder anderen Leser murmeln! Nun, nicht nachmessbar und stark abweichend von der Wirklichkeit. Denn, wenn es gut läuft, man Wetter, Schiff und sich im Griff zu haben glaubt, neigt der Seemann eher dazu, in seiner aufgekratzten Euphorie noch ein paar Meter draufzupacken.

Ich jedenfalls konnte die Seen nicht mehr sehen, hatte an Deck alles getan und legte mich in den Salon. Um mich abzulenken, schaltete ich das Radio ein und hörte über Kurzwelle Deutsche Welle. Die Nachrichten vermischten sich mit dem Gekreische im Rigg. Die See prügelte das Schiff so brutal, dass ich wie erstarrt bei jeder Erschütterung des Rumpfes ein Stoßgebet nach oben schickte, weil ich in dieser stürmischen Nacht eine ganz besondere Beziehung von Vertrauen und Partnerschaft zu meinem Schiff spürte und AURYN liebe Worte zuflüsterte.

Wer einmal mit seinem Boot durch einen solchen Alptraum gesegelt ist, weiß, wie ich es meine.

Dann bekam das Chaos Schärfe…

Kurz vorm Eindösen stieg ich in meine Regenklamotten, hangelte mich ins Cockpit und um munter zu werden, schrie ich in die Dunkelheit und die See. Danach setzte ich mich zu AURYN hinters Steuerrad und lenkte sie von Hand durch die Unordnung des Ozeans, um den brechenden Wellen die passende Antwort zu geben. Mit einem lauten Knall riss das obere Ende der zweiten Rollanlage aus dem Terminal des Mastes und wurde mitsamt der Sturmfock vom Wind über Bord gerissen. Es bereitete mir einige Mühe, das acht Meter lange Metallrohr mit dem wild um sich schlagenden Segel wieder an Deck zu bekommen und dann zu sichern. Ich reffte nun auch den Rest des Großsegels ein, legte AURYN direkt vor den Wind und trieb mit vier Knoten vor Topp und Takel.

In einer Mischung aus Furcht und Hoffnung widmete sich mein Blick immer wieder dem wichtigsten Instrument der Wettervorhersage: Dem Barometer. Als die Nadel endlich eine konstante Position einnahm, lag das Schlimmste hinter uns. Der Sturm hatte seinen Höhepunkt überschritten und allmählich löste ich mich aus meiner Erstarrung. Mein Magen knurrte und ich erinnerte mich daran, dass ich seit dem letzten Abend nichts mehr gegessen hatte. Ich fühlte mich zum Kotzen, tat es kurz darauf und aß danach ein paar Scheiben trockenes Brot.

Der Sturm nahm uns neben der zweiten Rollanlage auch noch 120 Seemeilen, die wir von unserem eigentlichen Kurs abkamen, so dass erst drei Tage später und in einer immer noch rauen See die Felsumrisse von Pitcairn in Sicht kamen.

Pitcairn Island

Im kalten Schauspiel der Natur blies der Wind heftig und peitschte große Wellen gegen den Kieselstrand. Das wild bewachsene Land war schwarz und die vom Regen glänzenden Häuser sahen trotz ihrer weißen Fassaden irgendwie trostlos aus.

AURYN lag auf Position 25°04'S, 130°05,5'W vor Pitcairn Island. Ich nahm Funkkontakt mit dem Verwalter der Insel in Adamstown auf und erfuhr bald darauf, dass es bei dem Seegang unmöglich war, überhaupt am Strand der Insel zu landen.

So blieb mir nur die Zeit eines Nachmittags, um im Geschaukel der Wellen einen Blick auf die schroffe Insel zu werfen und mir vorzustellen, wie hier jene Geschichte endete, die die Phantasie vieler Menschen anregte. Über die Meuterei auf der „Bounty“ sind etliche Bücher geschrieben und Filme produziert worden. Hier in Pitcairn Island endete die Odyssee der Bounty. Um dem langen Arm der britischen Admiralität und der Todesstrafe zu entkommen, ging Christian Fletcher auf diesem abseits gelegenen Felsen an Land und um keine Spuren zu hinterlassen, versenkte er die „Bounty“ in der Bucht, die wir mit Kurs auf die Südsee kurz vor Einbruch der Dunkelheit wieder verließen.

Ein Meererlebnis

Auf mittlerweile 4000 Seemeilen und in zwei Monaten auf dem östlichen Pazifik traf ich keinen anderen Segler, sah keinen Kondensstreifen am Himmel und hatte keine Begegnung mit der Berufsschifffahrt. Und doch glaubte ich weit nach Mitternacht, verfolgt zu werden! War das ein tieffliegendes Flugzeug? Merkwürdig, es kam nicht näher.

Das Ereignis wiederholte sich auch in der darauf folgenden Nacht. Erst später kam ich auf die Spur dieses Phänomens. Was ich lange Zeit für das Licht eines Fliegers hielt, war der Mars. Er war in diesen Tagen ungewöhnlich groß und strahlte stark rötlich. Später erfuhr ich, dass unser Nachbarplanet im August 2003 der Erde so nah gekommen war wie zuletzt vor 60.000 Jahren.

Day-Pic

Sonntag, 10.8.2003; 12 Uhr Bootszeit, 11. Tag auf See, Position 23°05'Süd und 129°54'West, Kurs 275°, Wind mit 15 Knoten aus Südost, See 15 Fuß, Baro: 1020 Besegelung: Groß im 1. Reff, Genua auf Steuerbordbug mit 90° zum Wind. Distanz: 310 Seemeilen bis zu den Gambier-Inseln.

Mittags kam der wichtigste Augenblick des Tages. Nach der Eintragung ins Logbuch übertrug ich die geografische Breite und Länge in die Seekarte: Ein kleines Kreuz in der Unermesslichkeit des Ozeans. In dieser Unendlichkeit fühlte ich mich wie ein Weitdahinsegelnder und befand mich in diesem Zustand in bester Tradition der polynesischen Windnomaden, die in diesen Regionen oft monatelang über den Pazifik trieben und nach Wolkenbildern und Wellenströmungen navigierten. Ich versuchte, mich in ihre Zeit hineinzuversetzen und ähnlich zu navigieren. Doch konnte ich, der ich simpel Dargelegtes durchaus kapiere, im System der Natur keine Antwort finden. Für mich war die Dünung eine zerstreute Bewegung, die mal aus Süd, dann wieder aus Südost oder Nord kam.

Dennoch empfand ich einen gewaltigen Respekt vor den alten Seemännern Polynesiens, die bereits vor 1200 Jahren mit ihren Kanuflotten die Inselgruppen des polynesischen Dreiecks zwischen Hawaii, Neuseeland und der Osterinsel entdeckten. Diese Reisen zählen zu den längsten in der Geschichte der Seefahrt überhaupt und ihre Navigatoren müssen naturwissenschaftliche Genies gewesen sein. Sie navigierten tagsüber nach dem Stand der Sonne und nachts nach Sternbildern, die in einem bestimmten Winkel zu den Inseln standen, die sie suchten. Aus dem Flug der Vögel und den Farben von Wolken konnten sie das Land definieren. Lange bevor es sich zeigte. Zusammengefasst besaßen polynesische Navigatoren das, was den europäischen Entdeckern fehlte: Tausend Jahre Erfahrung im Navigieren, Leben auf dem Ozean und ein untrügliches Gefühl für den Rhythmus der See, den sie bis in ihre empfindlichsten Teile spürten.

Apropos: Ich schlug mir ein paar Eier in die Pfanne und genoss die Ruhe einer friedlichen Abendstimmung, die durch nichts unterbrochen wurde. AURYN segelte im beständigen Südostpassat mit raumem Wind und ausgebaumter Genua.

Die Einsamkeit der Reise zwischen Himmel und Horizont, wo Tage nichts bedeuten und Grenzen zwischen Heute und Morgen verwischen, fand mit dem Erreichen der südlichen Grenze von Französisch-Polynesien ein gutes Ende. Das Bild der Landschaft wurde ein anderes.

Wie Fata Morganen schwebten die Atolle kleiner Inselchen über der See, als AURYN in das Archipel der Tuamotus eindrang und kurz darauf die Gambier-Inseln erreichte. Als die Sonne in ihrem Zenith stand, fand ich den Pass, der in ein riesiges, halbkreisförmiges Barierreriff führte. Bald darauf fiel der Anker vor dem Ort Rikitea. Der einzigen Ansiedlung mit einigen hundert Einwohnern, die, berauscht vom Dasein auf einem flachen Atoll, quasi ein Leben auf dem Vulkan führten. Nichts anderes ist ein solcher Atollring: Der Rand eines einstigen Kraters, der sich nach seinem Absterben auf der Höhe des Wasserspiegels gehalten hatte. Umgeben von türkisfarbenem Wasser und Korallenriffen, auf denen sich die Brandung brach.

Gambier Island

Das Atoll der Gambier-Inseln, das von einem rautenförmigen Riffgürtel umgeben ist, besteht aus 10 kleinen Inseln und der Hauptinsel Mangareva, was im Polynesischen soviel wie „treibender Berg“ bedeutet. Bevor Sie im Atlas nach Orientierung suchen: Die Gambier-Inseln liegen unmittelbar nördlich vom Wendekreis des Steinbocks und ca. 1800 Kilometer südöstlich von Tahiti!

Nach einer mal wieder durchschlafenen Nacht und einem deftigen Frühstück hievte ich das Beiboot vom Deck und ruderte zum Anlegesteg. Willkommen in der Südsee, dachte ich mir. Doch das erste was mir entgegenschlug war ein derbes „Na du deutsches Arschloch.“ Ich hätte ihm nur zu gern eine passende Antwort gegeben, aber im gleichen Moment grinste der Klotz von Mann mich schelmisch an und lud mich auf einen Cafe au Lait in sein Haus ein.

Ive empfing mich mit seiner ureigenen Herzlichkeit. Während ich in seiner Küche saß, brühte er Kaffee auf und erzählte in gut verständlichem Deutsch von seinem Leben. Geboren und aufgewachsen im Elsass, hatte er als Fremdenlegionär an den Kriegsschauplätzen dieser Welt gekämpft und kam zu Zeiten der französischen Atomversuche vom nahen Mururoa nach Rikitea. Ive versorgte mich mit Salatköpfen, Pampelmusen und Papayas aus seinem Garten. Die Einheimischen sind Selbstversorger und gewohnt, von dem zu leben, was sie in ihren Gärten ernten. Ergänzt von den Produkten, die ihnen ihre grunzenden und gackernden Hausgenossen für die Küche liefern. Wohl deshalb ist das Angebot in den beiden kleinen Läden recht dürftig und teuer. Oft gibt es Engpässe bei der Versorgung, weil das Schiff aus Tahiti, das die Gambiers einmal im Monat anläuft, vergeblich auf sich warten lässt.

Ich marschierte der einzigen Straße des Ortes entlang, wobei mir auffiel, dass es in diesem Südsee-Idyll kein Hotel, kein Restaurant und keine Kneipe gab. Auch gab es so gut wie keine Hinweis- oder Verbotstafeln. Wohl auch deshalb, weil es kaum Touristen gab. Die einzige Einnahmequelle für die Leute von den Gambiers ist die Perlenzucht, die hier im großen Umfang in der Lagune betrieben wird.

Ive, der neben Fischfang auch Perlen züchtet, erklärte mir sehr ausführlich das Prinzip der Perlentransplantation. Begehrt sind vor allem die schwarzen Zuchtperlen. Die Perlen bildenden Fremdkörper werden der riesigen schwarzlippigen Perlauster eingepflanzt, die sich im klaren, warmen Wasser dieses Atolls besonders wohl fühlt. Eine Zuchtperiode verläuft übrigens über drei Jahre und wenn sie erfolgreich ist, kann der Perlenfischer reich werden.

Ich war auf dem Weg zur Immigration, um mich anständig anzumelden. Doch fand ich das Büro verschlossen vor und den jungen Polizisten dösend in seiner Hängematte. Er antwortete auf mein Einklarierungsanliegen ziemlich unwirsch und schien offenbar sauer darüber, bei seinem Nickerchen gestört und an seinen Job erinnert worden zu sein. Mit eingefrorenem Lächeln blätterte er in meinem Pass, bestaunte die unzähligen Stempel der Länder, während kurz darauf ein neuer meinen Pass zierte.

Im Glockengeläut einer fernen Kirche marschierte ich weiter. Die Tür des Gebetsschuppens stand weit offen. Darin Menschen, die vor Gottesglück rhythmisch umherhüpften. Ihr Gesang, eine einzige Melodie aus Wehmut wie aus den Strahlen der Sonne geschmolzen, lockte mich durch einen Eingang aus weißem Korallengestein in die schlichte Kathedrale. Ich nahm Platz zwischen bunt gekleideten Männern und Frauen und lauschte ihren wunderschönen polynesischen Gesängen. Als der Chor verstummte, setzte ein Augenblick absoluter Stille ein. Kurz unterbrochen vom Zweig einer Kokospalme, der durch das windschiefe Fenster ohne Glas raschelte. Dann kam der Pfarrer, der aussah wie ein gealterter Engel, und schlurfte bedächtig vor den Altar aus schimmerndem Perlmutt.

Er begann mit seiner Predigt, die wohl recht lustig zu sein schien, denn sie wurde mehrmals vom Gelächter der Kirchengemeinde unterbrochen. Warum sollte er auch lamentieren? Es gab in diesem Ort nichts Böses. Keine Spelunken, Sexshops oder Videotheken.

Im Schatten der Apokalypse

Es war eine wundervolle Vollmondnacht, die Brandung brach schäumend übers Riff, ein sanfter Wind strich über die Lagune und der Duft von polynesischen Blüten zog zu uns herüber. Mir fielen die Worte von Ive ein: „Das letzte Paradies …“. Und doch hat es seine Schattenseiten. In diesem Südseetraum kommt man der Hinterlassenschaft der Apokalypse sehr nahe. Die Palmen haben eine völlig andere Farbe als gewöhnlich und die Fische aus der Lagune sind nicht essbar. Jeder, den ich auf Fisch ansprach, warnte davor. Rückstände von Caesium! Die französischen Atomversuche auf dem Nachbar-Atoll Mururoa haben das Leben der Inselbewohner nachhaltig geprägt und verändert.

Die Franzosen zündeten über Jahrzehnte ihre Atomsprengköpfe in einem der empfindlichsten Ökosysteme der Welt – in einem Korallenatoll. Sie sprengten es in die Luft, töteten die Tierwelt, verseuchten die Umgebung und füllten die Löcher im Atoll mit Beton auf, um weitere Tests ungestört ausführen zu können. Es kümmerte sie herzlich wenig, dass die Einheimischen auf unbestimmte Zeit die Auswirkungen ihres Wahnsinns zu spüren bekamen. Schilddrüsenkrebs, Leukämie und Gehirntumore haben in den vergangenen Jahren in Ostpolynesien drastisch zugenommen. Dennoch lehnt es die französische Regierung ab, auch nur anzuerkennen, dass bereits sichtbare Auswirkungen der Atomversuche vorhanden sind. Im Juli 1998 hat die Internationale Atomagentur im Auftrag der französischen Regierung einen Bericht veröffentlicht, in dem behauptet wird, dass keine nachhaltigen Auswirkungen auf die Umwelt festgestellt worden sind, die auf radioaktive Verseuchung zurückgeführt werden können. Der Witz an der Sache: Es war eine von Frankreich bezahlte Studie. Und sie wird auch nichts an der Tatsache ändern, dass die radioaktive Strahlung in den Tuamotus auch noch in tausend Jahren vorhanden sein wird. Fakt ist, dass renommierte Wissenschaftler außerhalb der 12-Meilen-Zone von Mururoa Spuren von Caesium im Plankton fanden und bei Bohrungen im Atoll radioaktiv verseuchtes Grundwasser mit einer Halbwertzeit von mehreren tausend Jahren analysiert wurde. Das Paradies ist eine tickende Zeitbombe, die spätestens in 30 Jahren zu einer Katastrophe für die Bevölkerung wird. Folgende Geschichte ist überliefert und an Ignoranz kaum zu überbieten: Am 10.9.1966 war Präsident Charles de Gaulle selbst auf Mururoa, um einem Versuch beizuwohnen. Das Wetter machte es jedoch notwendig, die Aktion zunächst zu verschieben. Am folgenden Tag war das Wetter immer noch ungeeignet, da der Wind in Richtung der bewohnten Inseln und nicht der unbewohnten Antarktis im Süden wehte. Als de Gaulle sich beschwerte, er sei stark beschäftigt und könne nicht mehr länger warten, unternahm man die Atomsprengung trotzdem. Dies hatte zur Folge, dass radioaktiver Niederschlag auf den Cook-Inseln, Tonga, Samoa und Fidschi niederging. Am stärksten war jedoch Tahiti betroffen und dennoch bezeichneten die Sprecher der Regierung die damalige hohe Strahlendosis als ungefährlich.

Ich stand neben einem langen Wellblechschuppen, der in den 60er Jahren von den Franzosen als „Bunker" für die Einheimischen zum Schutz gegen den radioaktiven Fallout gebaut worden war. Neben mir zog ein alter Fischer seinen bunten Kahn an den Strand. „Nach dem Explosionsblitz war die Lagune voll von toten Fischen," erzählte er mir, als ich ihn auf den hässlichen Schuppen ansprach. Und damit raus aus dem Schatten der Apokalypse und hin zum Kai, denn da war was los!

Der schwimmende Supermarkt

Das Versorgungsschiff aus Tahiti hatte angelegt. Im Nu war das ganze Dorf in Bewegung und kam aufgeregt zusammen. Vom schwimmenden Supermarkt wurden Dieselfässer, Zementsäcke, Fertiggerichte in Dosen, gackernde Hühner, Schubkarren und vieles mehr an Land gehievt. Oder für Ive, mit dem ich nun am Kai stand, um die Ausladung zu beobachten, nichts. Sein Sack Hundefutter war irgendwo verlorengegangen. Da nützte auch seine Quittung nichts, mit der er wild fluchend hin- und herwedelte und hitzig debattierte.

Sieben Tage hielt ich mich im Atoll der Gambiers auf, fischte mit Ive nach Perlen, wanderte durch die Schönheit einer paradiesischen Landschaft und doch fing die Ruhe an, mich zu lähmen. Der Seemann spürte, dass er allmählich wieder Bewegung brauchte.

Vor der Kulisse kolonialer Zerstörung

Am nächsten Morgen setzte ich die Segel, winkte Ive am Kai lange nach und steuerte AURYN zum Horizont. Mein Herz riss auf, als ich mein Schiff durch die enge Riffpassage steuerte, die nur mit halb verfallenen Bambusstangen gekennzeichnet war. Der Wind blies mir ins Gesicht, Adrenalin rauschte durch die Adern, während uns Seemöwen aus der Lagune geleiteten.

Nachdem die Riffdurchfahrt hinter uns lag, segelten wir zunächst Richtung Nordwest und kamen in das militärische Sperrgebiet von Fanataufa und Mururoa. Die Atolle, oder was von ihnen übrig war, lagen 120 Seemeilen an Steuerbord und es war es ein mulmiges Gefühl, in einer Region zu segeln, in der über 160 Atomsprengköpfe gezündet worden waren. Als Mururoa zerstört war, nahmen sich die Franzosen Fangataufa vor. Als das ebenfalls kaum noch vorhanden war, hing man die Bomben an Ballons und zündete sie über den Resten des Atolls. Auch als der öffentliche Druck immer größer wurde, ignorierten die Franzosen die weltweiten Proteste, vor allem aber jene der betroffenen Südseeinsulaner.

Wenige schafften es, auf eigene Faust in die Sperrzone der Atomversuche einzudringen. Einer von ihnen war der Kanadier McTaggert, der spätere Gründer von Greenpeace, der mit seiner Crew in das Gewässer um Mururoa eindringen konnte, allerdings aufgegriffen und brutal zusammengeschlagen wurde.

Das Flagschiff von Greenpeace, die „Rainbow Warrior", wurde vor ihrem Auslaufen nach Mururoa in Neuseeland vom französischen Geheimdienst versenkt, wobei ein Fotograf ums Leben kam. Die französischen Attentäter, Offiziere der Marine, wurden in Neuseeland zu 10 Jahren Haft verurteilt, doch aufgrund einer wirtschaftlichen Erpressung durch Frankreich lieferte Neuseeland die Bombenleger bereits wenige Jahre später aus.

Immer noch sind die Inseln Sperrgebiet und tabu. Und noch immer befinden sich auf Mururoa die Einrichtungen des Atombombenversuchsgeländes der Franzosen.

War es die Neugierde, die mich trieb, der Reiz des Verbotenen? Ich wusste es nicht, nur dass ich Ärger bekommen sollte, war klar, als ich mich anderntags gegen Abend an Mururoa entlangschlich, um mir das Symbol kolonialer Unsitten einmal näher anzuschauen.

Vor dem Zerrbild eines ehemaligen Südsee-Atolls kam das Patroullienboot rasch längsseits. Alles andere als gastfreundlich forderte der Kommandant mich auf, möglichst schnell aus dieser Region zu verschwinden. Ansonsten....nun bevor die Sache eskalierte, steckte ich einen neuen Kurs ab und segelte durch das Gewirr der stecknadelgroßen Atolle der Tuamotus nach Amanu.

Ein Meer voller Sterne und eine unbetretene Insel

Es wurde ein entspannter Törn im warmen Passatwind und unter einem Himmel, der mir Sterne schenkte. Nach vier Tagen erreichten wir Amanu, doch es war Nacht, als ich auf dem Radarschirm die Konturen des flachen Atolls erkannte.

So drehte ich AURYN bei, trieb mit der Strömung auf einem dunklen Ozean und wartete auf das erste Licht des Tages.

Als der Morgen dämmerte, steuerte ich mein Schiff in den Pass, in dem uns eine mächtige Strömung entgegenlief und sich AURYN selbst unter Motorhilfe nur mühsam voranquälte. Vor dem kleinen Ort, der aus einer Handvoll palmenblättergedeckter Hütten bestand, fiel der Anker. Am Tage nahm der Wind auf 25 Knoten zu, der Anker slippte das erste Mal im weichen Korallensand und beim zweiten Mal zog ich das ganze Ankergeschirr wieder an Deck. Mir erschien dieser Ort zu mulmig. Das Wetter hatte sich verschlechtert, der Wind nahm zu und um uns herum kein Platz, der Schutz bot.

Der einheimische Seevogel Karako krähte und am Ufer winkten die Kinder, als wir Amanu wieder verließen, ohne jemals an Land gegangen zu sein.

Meer-Erhebung

Wir segelten in höchster Konzentration das Archipel der Tuamotus und eine Kette von Atollen entlang, die sich in einer Länge von 1500 Kilometern in zwei parallelen Reihen von Südost nach Nordwest erstrecken und zum Gebiet Französisch-Polynesien gehören. Wechselnde Strömungen, tropische Squalls und teilweise noch nicht vermessene Gebiete machen das Segeln in den Tuamotus extrem gefährlich. Mehr als einmal rieb ich mir verwundert die Augen, als voraus am Horizont Palmen aus dem Ozean zu wachsen schienen. Das war das Tückische: Die Atolle sind so flach, dass man sie erst erkennt, wenn der Kiel bereits im Riff aus gestoßenem Korallengestein knirscht.

Auch wenn die flachen Atolle bei einem Tropensturm schon mal überspült werden, so muss man es als Tragödie bezeichnen, wenn viele der Inseln im Pazifik einfach verschwinden, weil der Meeresspiegel ansteigt. Um drei Millimeter pro Jahr. Das klingt nach Marginalie und doch ist es die sichtbarste Erscheinung, die mit dem Klimawandel in Verbindung gebracht werden kann.

Faaite in den Tuamotus

hat einen Umfang von 30 Seemeilen und liegt nur zwei Fuß über dem Meer.

Die Riffeinfahrt war identisch mit den vorgegebenen Koordinaten des nautischen Handbuches. Soweit prima, doch dann begann der Tanz! Über einen Strudel in der Passage und durch eine brodelnde Gezeitenströmung kämpfte sich AURYN in die Lagune, die uns später in türkisspiegelnder Friedlichkeit empfing. Der Grund war glasklar und schien mit Perlmuscheln überdeckt zu sein schien. Ich ließ mich nicht zweimal bitten, jumpte über die Reling und schnorchelte in einer kräftigen Unterströmung durch einen traumhaften Korallengarten.

Später ruderte ich an Land, zog eine Spur von lachenden Kindern hinter mir her und besuchte das Hüttendorf. Die Gastfreundschaft der Einheimischen war überwältigend. Man lud mich zu einem Gastmahl nach alter polynesischer Sitte ein. Auch wenn das Sitzen mit verschränkten Knien auf einer Palmmatte alles andere als bequem und das Essen von Palmblättern anfangs reichlich ungewohnt war, so genoss ich den in Kokosmilch eingelegten rohen Fisch, den gedämpften Yams, Bananen und die Süßkartoffeln aus dem Erdofen. Die polynesische Ernährung kann man als fast perfekt bezeichnen. Denn nichts wird totgebraten. Es gab überwiegend gedünsteten Fisch mit geraspeltem Kokosfleisch und gekocht wurde mit Kokosmilch, ohne Salz oder andere Gewürze. Stattdessen roch es nach Bananen, Guaven und Mangos, während im Hintergrund eine Südseeschönheit auf der Ukulele spielte und zum Rauschen der schwappenden Lagune die Kinder zu singen begannen. Das Dorf schien sich in der Gemeinschaft zu beschäftigen. Der einzige, der allein am Riff entlangmarschierte oder im Schatten der Palme las, war ich. In den Hütten war nichts zu sehen von Fernsehern oder Videorecordern. Es gab keine Zeitung und von einer Waschmaschine hatte vermutlich auch noch keiner von ihnen gehört. Was sie zum Leben brauchten, fischten sie tagsüber in der großen Lagune oder nahmen es aus dem Garten der Natur. Sie lebten im Gleichklang der Tage in diesem herrlichen Paradies und ihre Aufgabe bestand lediglich darin, sich mit ihren Kindern zu beschäftigen und die Nahrung anzubauen, die sie benötigten.

Ich schenkte den Kindern Luftballons und Malstifte und kritzelte mit dem Stock die Umrisse der Weltkarte in den Sand, um ihnen meinen Weg über das Meer zu zeigen und das Land, aus dem ich kam. Einer Welt aus Konkurrenzdenken und materiellen Besitztümern, in der man hart arbeitet, um seinen Lebensunterhalt zu verdienen und finanzielle Sicherheit zu erlangen. Ein größeres Haus, ein besseres Auto. Besitztümer, die einem das Gefühl vorgaukeln, im Leben etwas erreicht zu haben. Aber sind es wirklich Reichtümer, die einem Leben den Sinn geben?

Aus dieser Welt hatte mich das Segeln hinausgetrieben zu einem Leben, das sich auf kargste Einfachheit reduzierte.

Die leise, melancholische Musik, der fröhliche Gesang und das Lachen der Kinder mischten sich in diese Gedanken und den Frieden des Augenblicks. Nach einem unvergesslichen Abend mit den warmherzigen Insulanern unter einem magischen Südseesternenhimmel ruderte ich zurück zum Schiff.

Im Schatten des Windes

Nach zwei Tagen verließ ich Faaite und segelte bald in einer Flaute. Die Segel flappten hin und her. Ich nahm sie weg und ließ uns einfach treiben. Kein Luftzug, kein Hauch von Bewegung, keine Tierwelt. Alles lag ermattet in sengender Hitze wie in einem Vakuum. Es war so heiß, dass ich nachts im Schiff unmöglich schlafen konnte. Ich spannte die Hängematte zwischen Mast und Vorstag und schaukelte bald darauf unter einem strahlenden Halbmond, der die hoch ziehenden Kumuluswolken erhellte. Obwohl wir kaum vorankamen, wanderte die Seele und ich fühlte ich mich mehr als gut auf dem Meer.

Der nächste Morgen war in leichten Dunst gehüllt, rosafarben lag er über dem Horizont. Gegen Mittag kam der Wind zurück und trieb mit leichten Püffen AURYN unter dem blau-weißen Segel vorbei am Raroia-Riff. Ein Atoll wie viele andere, unbewohnt und eigentlich nicht erwähnenswert, wenn es nicht eine ganz besondere Geschichte hätte:

Am 28.4.1947 startete in Calao von der peruanischen Küste ein gewisser Thor Heyerdahl mit sechs Landsleuten und einem Schweden mit einem nach alten Inkavorbildern erbauten Floß namens „Kon-Tiki“. Beweisen wollte Heyerdahl mit dieser Fahrt, dass Fahrten vom südamerikanischen Kontinent nach Polynesien zu früherer Zeit möglich waren. Das Floß bestand aus 12 Balsastämmen, die durch starke Hanfseile zusammengehalten wurden, und einer offenen Bambushütte am Heck. Der Südostpassat trieb das trapezförmige Rahsegel zusammen mit dem Äquatorialstrom durchschnittlich 35 Seemeilen am Tag nach Westen. Am 4.8.1947 passierte die „Kon-Tiki“ die äußere Grenze der Tuamotus und vier Tage später setzte Heyerdahl äußerst gekonnt, wenn auch nicht beabsichtigt, sein Floss auf das Riff, welches nun querab an Backbord lag und auf dem sich wild schäumend die weiße Brandung brach.

Wo wir gerade bei Typen sind. Schon lange nichts mehr von Socke gehört, oder?

Meinen Kumpel schien die Umgebung wenig zu interessieren, er spielte versonnen mit den Schoten und war auch sonst immer mittendrin. Arbeitete ich nachts auf dem Vordeck, wuselte der noch verschlafene Kater stets mit mir. Trug ich in der Seekarte die Position ein, musste ich erstmal den Kater beiseite schieben. Öffnete ich den Kühlschrank, hatte er als erster die Nase drin. Pinkelte ich über die Reling, stand er garantiert zwischen meinen Beinen, wobei die letzten Tropfen auf seinem Kopf landeten.

Ansonsten wenig los auf dem 3-Tages-Törn zu einem der größten Atolle der Südsee, das wir nach 240 Seemeilen sicher erreichten

Fakarawa

AURYN lag in Lee hinter dem Riff, auf dem sich die Brandung brach und die Gischt meterhoch in den Himmel schoss. Ein Bild wie von einem Kitschpostkartenidyll. Blauer Himmel, türkisfarbenes Wasser, weißer Korallensand, sanft im Passatwind wehende Palmenblätter. Kurz – ein Traum.

Lust auf einen Unterwasserausflug? Nur zu, folgen Sie mir in Gottes Aquarium. Mit sanften Flossenschlägen tauchen wir zum Pass, der aus oder in die Lagune führt und lassen uns mit der Strömung an fast senkrechten Korallenwänden zum offenen Ozean treiben. Hinein in eine bunte Welt voller Leben. Noch sind die Fische putzig, wie der Putzer- oder der Mandarinfisch, gleichsam „Findet Nemo“ spielend. Der Clownfisch selbst knabbert an einer Riesenmuschel, derweil wir etwas an Tiefe gewinnen, wo die Fische größer werden. Vorbei an Papageienfischen, die aus großen Augen glotzen, hin zu den lauernden Barrakudas und neugierigen Schwarzspitzen-Riffhaien. Keine Angst, die sind klein und ungefährlich. Verhalten Sie sich nur ruhig, auch wenn Sie sich kurz erschrecken, weil zwei mächtige Manta-Rochen direkt an uns vorbei schweben …

Als ich den Kopf wieder aus dem Biotop dieses fantastischen Kosmos zog, war mir nach einem Landgang. Vorbei an der farbenprächtigen Folkloreveranstaltung, in der das Amen nicht wirklich zum Happening religiöser Lebenslust gehörte, machte ich Halt neben der Kirche und besuchte Robert Louis Stevenson. Zumindest das Haus, in dem er 1888 eine Zeit lang gelebt und an der „Schatzinsel“ geschrieben hatte.

Froh, meine Beine wieder bewegen zu können, lieh ich mir ein Fahrrad und radelte über die Insel. Unter dem wohl sanftesten Himmel der Welt, vorbei am Meer, das im blauesten Blau leuchtete, so lange, bis die Straße zu Ende war und verfallene Ruinen an eine einst vorhandene Leprastation erinnerten. Vor gut zweihundert Jahren überfielen die französischen und englischen Kolonialherren die Inseln des Südpazifiks. Im Namen der weißen Rasse vergewaltigten sie die Insulanerinnen, plünderten das Land und brachten den Ureinwohnern einige andere üble Sachen wie Hautkrankheiten, Syphilis und eben … Lepra.

Finden Sie mal einen Übergang von Lepra nach Tahiti! Nun, ich hatte dafür zwei Tage und 265 Seemeilen Zeit.

Im Schwitzkasten einer Warmfront trieb uns ein sanfter Wind übers Meer. Gedanken segelten voraus und verloren sich in einer vorbeiziehenden Landschaft aus gekräuseltem Silber. Darin tauchten anderntags die Umrisse Tahitis aus dem Dunst auf. Zunächst als feiner Schatten, doch dann wurden die Konturen der hohen Berge schärfer. Tahiti, flüsterte ich. Kaum ein anderer Name hat Segler und Nichtsegler derart magisch angezogen, so manch einer, der dem Zauber der Südsee erlegen war, ist mit seinem Schiff dort hängengeblieben.

Tahiti – für jeden Matrosen hat dieser Name den süßesten Klang der Welt. Seit den Zeiten des seligen Cook sind die Geschichten von palmenumsäumten Plätzen der Freizügigkeit in aller Munde. Im Logbuch von Antoine Bougainville, dem französischem Kapitän und Entdecker Tahitis, las ich : „Wie die nackte Venus war ein barbusiges Mädchen aus seinem Kanu gestiegen, auf unser Schiff, schritt zum Achterdeck, hielt an einem Lukendeckel inne, streifte sich den dünnen Stoff-Pareu von den Hüften und blieb nackt und lächelnd vor den aufgeheizten Blicken der Männer stehen, ich glaubte mich in den Garten Eden versetzt."

Tahiti – Die Zeilen Bougainvilles vor Augen, erreichte ich in sinnlicher Erregung Papeete, drehte mit AURYN eine Runde im Hafen und haute gleich wieder ab!

Von wegen barbusige Südseeperlen… Ich war erschrocken über den höllischen Lärm der Schnellstraße, die unmittelbar an der Wasserfront entlangführte, vom Gestank dicker Abflussrohre, aus denen die Brühe der Stadt ungefiltert ins Hafenbecken lief und vom Gedröhn der umherflitzenden Powerboote. Im Hinterland hingen Rauchsäulen von verbrannten Müllhalden, deren Geruch sich pelzig in der Nase festsetzte. Auch wenn der Kai von Tahiti einer der berühmtesten Liegeplätze für Yachten ist, war ich nicht über den halben Pazifik, über 4000 Seemeilen und durch sechs Zeitzonen gesegelt, um mich in diesem Dreckloch auch nur einen Tag lang aufzuhalten. Nichts wie weg und voll konzentriert manövrierte ich AURYN durch den schmalen Pass der Lagune in Richtung Westküste zur Maeva Beach. Ein Ankerplatz voller Yachten direkt an der Riffkante. Im Rücken die grünen Hänge der zackigen Berge von Tahiti. Vor mir das zum Greifen nahe Moorea. Ein großartiger Anblick und dennoch brauchte ich eine gewisse Zeit, um mich an die Umgebung zu gewöhnen. War ich ein Jahr in fast unberührter Natur unterwegs gewesen, so war ich nun umringt von einer unendlichen Zahl von Yachten. Jenen, die hier hängengeblieben waren und auf ihren teilweise verwahrlosten Schiffen lebten, und der Heerschar internationaler Fahrtensegler, die auf der „normalen" Panamakanal – Galapagos – Marquesas-Route den Weg nach Tahiti gefunden hatten. Doch, wo war die Romantik, wo waren die Südseeschönheiten?

Um es kurz zu machen: Tahiti war für mich nicht der Garten Eden und hatte auch nicht die betäubend sinnliche Wirkung, wie von Bougainville beschrieben. Die Frauen waren hochgeschlossen gekleidet, überwiegend dickwabbelig und fettwanstig und ihre Lieblingsbeschäftigung schien darin zu bestehen, in große Tüten mit salzigem Knabberzeugs zu greifen.

Armageddon

Ich gestehe, ich war ziemlich angefressen und empfand alles um mich herum überaus trostlos. Und sicher fand ich Tahiti nicht nur deshalb nicht sonderlich attraktiv, weil ich mich seit Tagen in Unordnung befand und meine Stimmung auf diesen Ort projizierte. Denn Tahiti bedeutete, nach Monaten wieder online zu sein und damit war ich wieder inmitten meiner alten „Baustellen". Der Scheidungstermin stand bevor, Rechtsstreitereien innerhalb meiner Firma warfen weiterhin Probleme auf. Einsprüche, Widersprüche, nächste Instanz. Ich war benommen von der Ohnmacht, nicht direkt eingreifen zu können. Gerichts- und Anwaltskorrespondenzen, die beschäftigten mich tagelang.

Mir war einerseits klar, dass ich zurück nach Deutschland musste, um mich den Angelegenheiten zu stellen. Andererseits schien es unmöglich, weil ich AURYN nicht sicher zurücklassen konnte, da die Hurrikansaison bald begann und bei längerer Abwesenheit der Zoll Probleme bereiten würde. Ein ständiges Hin und Her der Gedanken. Ziehe ich einen dicken Schlussstrich unter ALLES und verzichte auf viel Geld, finde endlich Ruhe, die meine Seele wieder ins Lot bringt? Oder breche ich mein Unternehmen „Lebenstraum“ ab? In dieser Südsee-Konfusion bekam ich den Kopf nicht mehr hoch, hatte keinen Blick mehr für die Schönheit der Natur und fühlte mich wie zwischen Schwert und Wand oder „Entre las espada y la pared“, wie der Chilene zu sagen pflegt.

In der ganzen Summe aus Für und Wider versuchte ich, eine Balance zu finden und entschied mich letztendlich dafür, später von Australien aus für ein paar Monate nach Deutschland zurückzukehren, um für das juristische Prozedere die erforderlichen Vorbereitungen zu treffen und Gerichtstermine wahrzunehmen, um danach mit AURYN ein für mich wichtiges Lebensprojekt zu Ende zu bringen.

Doch erst einmal kam Besuch …

Bora-Bora

Südsee

Südseegeschichten

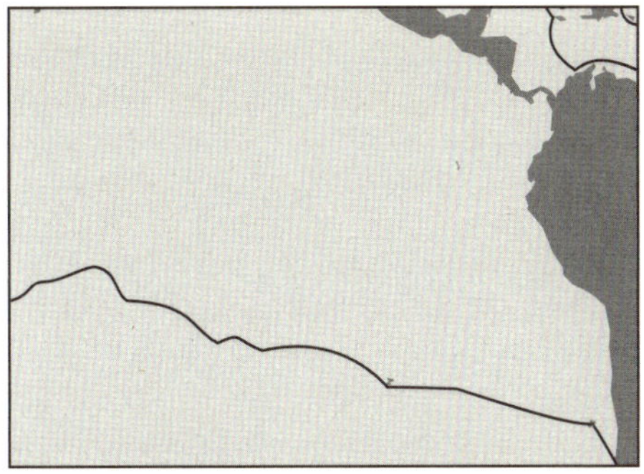

Morgens um sechs Uhr saß ich auf der harten Bank am Flughafen von Papeete. Neben mir ein alter Polynesier mit Hang zu Blähungen, während ich auf meinen Cousin Andreas wartete, der bald darauf vor mir stand. Übernächtigt, doch im Glanz einer Kette aus frischen Hibiskusblüten um den Hals.

Vor uns lag ein Dreiwochentörn durch die Gesellschaftsinseln, dem Inbegriff europäischer Südseeromantik: Wer denkt dabei nicht an Moorea, Huahine, Tahaa, Maupiti oder Bora-Bora, dem Schmachtfetzen unter den Traumzielen. Doch der Reihe nach und zunächst mal rein ins Auto, denn schließlich wollten wir was von Tahiti sehen. Wir waren überrascht über die perfekte Infrastruktur dieser großen Insel, die hauptsächlich durch französische und neuerdings EU-Subventionen finanziert wurde. Wobei kaum etwas von dem, was wir sahen, nach Unterstützung schrie! Im Gegenteil: Wir staunten nicht schlecht über den materiellen Wohlstand der Einheimischen, der gleichzeitig eine arrogante Distanz zu denen schuf, die für ihren Status mitverantwortlich waren. Touristen wie wir, die nun auf der Küstenstraße unterwegs waren zu ihrem ersten Ziel, dem Paul-Gauguin-Museum im Süden Tahitis. Wir schritten vorbei an den Schautafeln, die Gauguins Leben wiedergaben und stellten fest, dass kaum eines der Originalwerke in diesem weißen Gemäuer zu bewundern war. Stattdessen sah man verblichene Reproduktionen mit kleinen Schildchen darunter, die darauf verwiesen, wo sich die farbenfrohen Originale befänden. Jene Werke, die so voller leuchtender Kräftigkeit waren wie die Vita des Künstlers selbst.

„Liebt und Ihr werdet glücklich sein“

Paul Gauguin

Seemann, Börsenmakler, Arbeiter beim Bau des Panamakanals, Künstler. 1891 verlies er Marseille auf einem Dampfer nach Tahiti. Auf der Suche nach mehr Verständnis für seine Kunst und voller Sehnsucht nach der Südsee. Er lebte zunächst eineinhalb Jahre mit seiner 14jährigen Geliebten in Mateia, malte, schnitzte und legte sich mit snobistischen Kolonialherren, korrupten Bürokraten und heuchlerischen Missionaren an. „Zivilisiert!“ brüllte Gauguin. „Ihr seid so stolz darauf, dass ihr kein Menschenfleisch fresst, aber tagtäglich zerfresst ihr die Herzen Eurer Mitmenschen!“

Auf der Suche nach einfachen Lebensformen kehrte er dem Ort den Rücken, der ihn zu sehr an Europa erinnerte und zog von Tahiti auf die Inselgruppe der Marquesas. In Hiva Ova baute er sein „Haus der Freude“, nahm sich wieder eine 14jährige Inselschönheit, töpferte und malte wie berauscht an seinen Bildern voller duftender Südseephantasien. Er schuf etliche Meisterwerke und zeugte Kinder, getreu dem Motto, das er in die hölzernen Balken seines Hauseinganges hämmerte: „Liebt und ihr werdet glücklich sein!“

Seine Bilder verkörpern den in Öl gebannten Augenblick einer friedlichen Südseeidylle von glücklichen Menschen und vermitteln das Seelenleben eines ausgeglichenen Malers. Doch sie drücken nichts aus von einem verzweifelten Genius, der in der Realität voller Zerrissenheit lebte.

Das exzessive Leben Paul Gauguins geriet außer Kontrolle. Er soff, nahm Drogen, hurte herum, unternahm Selbstmordversuche, bis nach Jahren die Syphilis ihn endgültig dahinraffte. Ein Freund fand ihn und biss ihm nach polynesischem Ritus in den Schädel, womit er den Tod bestätigte. Gauguin starb verarmt wie die meisten großen Künstler, deren Ruhm sich erst nach ihrem Tode verfestigt. Geblieben sind seine Bilder, die die Schönheit Polynesiens dank seines phantasievollen Pinsels im verewigten Moment von Vollkommenheit zeigen.

So, wie es vielleicht einmal war...

Auf der breiten Küstenstrasse Tahitis fuhren wir zur Matavai-Bucht. Dieser Naturhafen war Ausgangsort für eine der meistverfilmten Geschichten der Seefahrt und hier stieß ich wieder auf die Geschichte von Captain William Bligh und der legendären „Bounty". Begeben wir uns auf eine Zeitreise und zurück ins Jahr 1788. Die „Bounty" stach von England aus in See, mit dem Auftrag der britischen Admiralität, Pflanzen der Brotfrucht an Bord zu nehmen. Diese Pflanzen benötigten die Engländer als Grundnahrungsmittel für ihre Sklaven in der Karibik. Die „Bounty" quälte sich wochenlang vor Kap Hoorn und kam nicht Richtung Westen voran. Völlig entnervt gab Bligh auf, segelte Richtung Osten in den Südpazifik und erreichte dadurch Tahiti zu einer ungünstigen Jahreszeit, was zur Folge hatte, dass sie fünf Monate in Tahiti vor Anker liegen mussten, um die Taifunsaison abzuwarten. Zeit genug für die Mannschaft, sich mit jenen Dingen zu vergnügen, die die Insel bot und ihre Disziplin durch den Umgang mit den Einheimischen zu lockern oder gar vollends aufzuheben.

Den Seeleuten gefiel das paradiesische Leben in der Südsee so gut, dass sie sich weigerten, die Fahrt nach Westindien fortzusetzen. Am 28.04.1789 meuterten die Seeleute unter Anführung von Fletcher Christian in tonganischen Gewässern gegen ihren Kapitän. Im Verlauf dieser Meuterei setzten sie Bligh mit 18 Gefolgsleuten in einem Rettungsboot aus. Es folgte eine der größten Leistungen in der Seefahrt. William Bligh schaffte es, in 41 Tagen in der offenen Schaluppe und ohne Seekarten sich und seinen Haufen Männer über 3000 Seemeilen bis ins damals holländische Timor zu führen. Erst durch diese Heldentat erfuhr der Rest der Welt von der „Meuterei auf der Bounty".

Ich saß eine ganze Zeit, vertieft in die Biografie Blighs, an der Matavai-Bucht. Der lange Schatten des Leuchtturms am Point Venus war darüber bereits ein ganzes Stück weiter gewandert. Dieser Platz war voller Geschichte. 20 Jahre vor der „Bounty" ankerte hier die „Endeavour" unter dem Kommando des wohl größten Seefahrers und Entdeckers überhaupt: James Cook. Jeder, der im Pazifik segelt, stößt auf diesen Namen und empfindet, ob er will oder nicht, Bewunderung für diesen Seemann. Er war ein außergewöhnlicher Mensch und ein großartiger Kapitän mit einem ausgeprägten sozialen Gewissen. Hier am Point Venus beobachtete Cook, der neben seinen ausgezeichneten Fähigkeiten als Kartograph auch für sein Verständnis der Astronomie geschätzt war, ein astronomisches Phänomen, als sich die Venus vor die Sonne schob.

Doch zurück zur Gegenwart, unsere Autoreise endete in Papeete.

Menschen, die vom gerade angekommenen Kreuzfahrtschiff ausgespuckt wurden, wuselten hektisch zwischen den Ständen. Urlauber auf der Jagd nach Andenken, die man gerade vorher aus dem Leben gerissen hatte. Souvenirs vom Meeresgrund: Muscheln, Korallen, Haikiefer und Zähne. An der Luft getrocknet und mit Lack überpinselt. Es gibt wohl kaum etwas, das so verloren und tot aussieht wie ein Korallengeweih in einem städtischen Apartmenthaus.

Ich hatte auf dem Törn durch den Pazifik von Tahiti geträumt, aber die meisten Enttäuschungen des Lebens beginnen mit Träumen. In Papeete verlor ich einen Teil meiner Südsee-Illusion und mir blieb unklar, was die Leute an Tahiti fanden. Dieser Ameisenhaufen war nichts für mich und Andreas sah es genauso. Gesunder Menschenverstand, der sich mit einer starken Abneigung gegen volle Häfen vereinigte, entschied die Angelegenheit: Nix wie weg und raus aufs Meer. Zeit zum Segeln! Wir saßen auf dem Vorschiff und blickten hoch zu Millionen von Sternen. In dieser wunderschönen Nacht stand das Kreuz des Südens am Himmel wie eine Ansammlung von Diamanten. Wolkenbänke zogen wie Pantomimen vor der orangenen Bühne des Mondlichtes. Als sich der Zauber langsam auflöste, zeichneten sich vor uns die Bergkonturen von Moorea ab. Die Insel lag 20 Seemeilen entfernt und sollte am nächsten Tag unser Ziel werden.

Moorea

Nach vier Stunden Segeln bei mäßigen Winden aus Südost, dafür unter Geleit einer Delphinschule, erreichten wir die weltberühmte Cook-Bay. Es gibt wohl kaum einen Weltumsegler, der diesen Ort ausgelassen hat.

Wir liehen uns Mountainbikes und quälten uns über eine schmale Straße in das bergige Innere der Insel. Vorbei an alten Maraes, den alten polynesischen Kultstätten. Hier wurden während religiöser Zeremonien den Göttern Früchte, Hunde, Schweine und gelegentlich auch Menschen geopfert. Kannibalismus war in der gesamten Südsee verbreitet.

Schweißgebadet erreichten wir unter ungläubigen Blicken von Touristen, die gerade ihre klimatisierten Reisebusse verließen, den Belverdere. Einen hohen Aussichtspunkt, von dem aus man einen traumhaft schönen Ausblick hinunter in die Cook-Bay, die Baie Opunahu und über das Meer bis zum Horizont hat. Dahinter lag unser nächstes Ziel.

Viel Spaß im Paradies, sagte unser Segelnachbar und wünschte einen guten Törn. Ins Paradies? Fein dachte ich, vielleicht doch noch barbusige polynesische Schönheiten, die mit vertikalen Bewegungen ein horizontales Unterfangen einleiteten? Hatte Bougainville doch nicht übertrieben? Von wegen, das Paradies empfig uns in

Ölzeug und Gummistiefeln

130 Seemeilen bis Huhahine lagen vor dem Bug. AURYN teilte das Meer, denn ein frischer Passat sorgte für eine flotte Fahrt. Zumindest solange, bis uns eine tropische Regenfront in ihre Klauen bekam. Doch zunächst zickte der Wind und fächelte uns am Abend nur noch einen leichten Südost zu. Aus dem Zauber unter Segeln in einem Meer aus funkelnden Sternen wurde nichts. Massige Wolken zogen auf, in ihnen steckten tückische Squalls mit Sturmböen und heftigen Regenschauern. Der Wind drehte, bis er direkt von vorn über uns herfiel und am Rigg rüttelte. Für Kreuzen gegen den Wind mit doppeltem Zeitaufwand ist das Leben zu kurz, und eigentlich segelten wir ja auch im Paradies. Doch statt in Shorts und lauen Winden wurde es in dieser Nacht ein Dasein in Ölzeug und Gummistiefeln!

Am frühen Morgen standen wir bei Niedrigwasser vor dem kniffeligen Pass von Huhaine, schüttelten uns die Nässe aus den Haaren und wunderten uns, dass trotz Stillstand der Tide immer noch ein mächtiger Strom aus der Lagune lief. Unter Segeln keine Chance, rief ich Andreas zu, unter Motor gegen den Strom, rein in die Lagune, beendete ich den Satz und fügte in Gedanken hinzu: Dann fix wieder die Segel ausgerollt, denn es gehört zu den schönsten Erlebnissen überhaupt, sich mit einem Segelboot einem neuen Ziel langsam zu nähern. Fare hieß der Ort.

Ein verschlafener Südseehafen, vor dem AURYN vor Anker lag. Um uns herum Polynesien pur. Ein verträumtes Insel-Idyll ohne Hektik und lärmenden Autoverkehr und mit einer Pizzeria, die vermutlich schon seit Jahren geschlossen war. Der Ort lag völlig im Dunkeln. Doch von irgendwo aus dem Dschungel schwurbelte ein Singsang, als drehe man zu schnell am Kurzwellenradio. Wir folgten den Klängen und fanden uns später auf der Südseeparty einer polynesischen Strandbar wieder. Der lässige Reggae ging über in melodische Südseelieder voller Romatik. Einheimische zupften an der Ukulele, und schöne Frauen sangen höchst intime Songs über was weiß ich. Zumindest waren sie zum Anhören, Sichverlieren und man musste schon stocktaub sein, um davon nicht berührt zu werden.

Dann kam sie ... hielt mir einen Rumpunsch entgegen und ein Lächeln, bei dem ich errötete! Halt die Spielregeln ein, sagte die eine ferne Stimme. Okay, aber einen ordentlichen Flirt wird dir die Sache doch wohl wert sein, konterte die andere.

Im schalen Bodensatz frivoler Gedanken schloss ich dieses Kapitel während meiner Chronistenpflicht am anderen Tag, klappte die schwarze Kladde zu und segelte mit meinem Cousin innerhalb des Riffes von Huhahine nach Port Bouyne.

In der malerischen Lagune schnorchelten wir durch Korallen und ließen beim Sundowner die Stille dieser unberührten Ankerbucht vor üppig bewachsenen Berghängen auf uns wirken. Vor uns in Blickweite lag:

Raiatea / Tahaa

15 Meilen waren es, um den Pass der beiden Inseln mit stark zerklüfteten, tief eingeschnittenen Bergen zu erreichen. Raiatea und Tahaa sind von einem gemeinsamen Riff umgeben, an dessen Innenseiten sich zahlreiche Motus (Inselchen) wie auf einer Perlenschnur aneinanderreihten. Bilder aus dem Reisekatalog: Türkisfarbenes Wasser, schneeweißer Korallensand und Kokospal-

men im wehenden Passatwind. Die Südsee. Wenn man den Statistiken der Tourismusbranche zu den Traumzielen dieser Welt glauben schenken darf, dann heißt einer der Orte menschlicher Sehnsüchte Bora-Bora. Das Postkarten-Klischee wollten wir auf seine Wirklichkeit überprüfen und segelten die 35 Seemeilen unter dem blau-weißen Leichtwindsegel in sieben Stunden.

Bora-Bora lag an Steuerbord und die Riffkante, die sich um das gesamte Atoll legte, kam gefährlich nah. Der Grund war eine starke Strömung und unsere Neugier, waren die Silhouetten spitz zulaufender Schwerter, die durchs Meer zogen. Orcas! Diese als Killerwale verschrienen Ungetüme hoben hin und wieder ihre schwarz glänzenden Rücken aus den Wellen und vollbrachten einige akrobatische Sprünge, bei denen sie ihre mächtigen Körper aus dem Wasser katapultierten und klatschend ins Meer zurückfielen.

Bora-Bora

Das atemberaubende landschaftliche Ensemble aus bizarren Bergspitzen, türkisfarbener Lagune und einem Riffkranz, an dem sich donnernd der Pazifik bricht, heißt in der Sprache der Eingeborenen „Pora-Pora", die Erstgeborene.

Das war das eine; das andere: Das Bild deckte sich nicht mit dem Hochglanzprospekt der Tourismusbranche! Nein, manchmal sind die Dinge sogar besser! Das Naturschauspiel war einzigartig, schlichtweg grandios. Und doch platschte ein Wermutstropfen in die paradiesische Badewanne aus Türkis.

Zahlreiche ins Wasser gebaute Luxus-Bungalowanlagen, in denen eine Nacht selten unter 500 Euro pro Person kostet, säumen die Landschaft. Doch dazu später. Jetzt erst einmal einen Sundowner an einem der wohl schönsten Orte im Sonnenuntergang innerhalb einer Lagune. Ein Platz, den ich mit keinem Sechs-Sterne-Hotel eintauschen würde: Dem Vorschiff von AURYN. Vor Anker liegend, an einem Bilderbuch-Motu. Das Essen am Abend war Handarbeit. Genüssliches Knacken und Pulen von Muscheln. Dazu der Höhepunkt aller Fummelei: Jene rosa glitschige Winzigkeit herauszudrehen, daran zu schlürfen, während man das Meer schmeckt. Draußen kann man es riechen. Salz liegt in der Luft, weil die Wellen des Pazifiks auf das Außenriff krachen. Schaumtänzer schießen durch die Gischt – Surfer, Virtuosen schwereloser Balance. Hinter ihnen fiel die glutrote Sonne ins Meer. Sie löschte den Tag aus und die Zeit, die sich im Sternengewimmel der Nacht verlor. Traumhaft, oder?

Doch nun die andere Seite. Denn so eindrucksvoll die Natur Bora-Boras war, so lästig waren anderntags die lärmenden Motorboote, deren Generatoren über die Lagune dröhnten, um die Stromversorgung für gekühlte Bierdosen zu sichern. Riesige Kreuzfahrtschiffe lagen vor Anker. Am Heck klappten sie eine komplette Wassersportschule auf. Abenteuer-Kunden wurden ausgespuckt, die laut grölend mit hochmotorisierten Jetskis die Luft verpesteten, die Vögel verscheuchten, während ich in Gedanken nach meiner Harpune langte.

Bora-Bora war sicher einmal ein Paradies gewesen, doch jetzt erschien es mir als Ort aufgeblasener Möchtegerne und ein Platz, der von der Habgier der Luxusresorts ruiniert wurde. Und dennoch: Her mit dem Schampus, es gab etwas zu Feiern!

Abgerissene Jahresblätter ....

An den Wänden hingen verblichene Fotos berühmter Persönlichkeiten, von Filmstars und Rockmusikern. Umgeben von einer Horde Amerikaner, die in schicker Abendgarderobe und feinen Golferklamotten über das köstliche Büfett herfielen, saßen zwei Seemänner barfuss im Sand. Hinter uns Frank Sinatras „My way". Vor mir ein Film wie im Zeitraffer. Er dokumentierte mir, wie schnell die Zeit marschierte. Jahresblätter mit großen Zahlen. Abgerissen und vom pazifischen Wind verweht. Ich wurde fünfzig und erkannte plötzlich, dass ich dem Tod näher war als der Geburt.

Mit diesem Abend schloss unsere kleine Rundreise durch das Paradies der Gesellschaftsinseln. Andreas flog zurück nach Deutschland und ich, besser: AURYN lag eine Zeit umgeben von Traumruinen.

See-Meerchen

Verrostete Schiffe zeugten von ausgeträumten Seglerträumen. Wir lagen in der Marina von Raiatea, es gab einige Reparaturen zu erledigen und nette Begegnungen. Eine davon war die mit dem alten Dave, der mir mit traurigen Augen wunderschöne Meerchen erzählte. Womit ich nicht das Garn meine, das gelegentlich gesponnen wird. Dave philosophierte über das Meer, von seinen Abenteuern, der ständigen Veränderung im Meersein, von ungebrochenen Horizonten und der Meereslust. Diese musste Dave einst besessen und doch verloren haben. Sie festzuhalten, dafür war er mir Mahnmal.

Ich hatte noch ein paar Tage Zeit, um mich zu entscheiden, wohin ich segeln wollte. Daves Worte von der Grenzenlosigkeit des Meeres fielen mir ein und die Botschaft: In Maupiti gibt es kaum Touristen, zu weit weg, zu einfach.

Das klang nach mehr und war wie ein Signal.

Maupiti

Ein lauer Wind trug uns seinen Duft zu, heißer als eine schöne Polynesierin.
An einem schwül-warmen Sonntagnachmittag lichtete ich den Anker und kurz darauf segelte ein blaues Boot mit weißem Tuch aus dem Pass der Lagune.

Im Blick über die Schulter lag Französisch-Polynesien achteraus und im scheinbaren Frieden einer grandiosen Natur. So wie in einem Bild von Paul Gauguin.

Der Südostpassat atmete aus, wir trieben durch eine wie in Blei gegossene See und in der fast unerträglichen Hitze war mir danach, über Bord zu springen, um ein erfrischendes Bad zu nehmen. Während ich zum Glück noch zauderte (danke), hob sich eine Finne aus dem Wasser und näherte sich langsam dem Schiff. Hi!

Ein Tigerhai! Ich schätze ihn auf sechs Meter. Das Monster glubschte mich kurz an und schlich sich wieder. So, wie der Killer plötzlich aufgetaucht war, doch mit einem Gummiköder im gierigen Maul, weil er mir das komplette Angel-Equipment von der Reling riss!

Ansonsten kam uns nichts mehr quer auf dem Meer. Nach vierzig Meilen stiegen aus dem Horizont die Umrisse von Maupiti. Drei Stunden später war es vorbei mit der Gemütlichkeit im Auf und Ab eines sanften Ozeans. Mitten im flammenden Sonnenuntergang steuerte ich in die tückische Riffeinfahrt. Schnell wurde mir klar, warum das Segelhandbuch Polynesiens ausdrücklich vor dem schmalen Pass warnte. Brecher links und rechts, Meereswirbel und Gegenstrom. Das Wasser lief uns so kräftig entgegen, dass ich in der Waschmaschine Mühe hatte, mein Schiff auf Kurs zu halten. Mühsam quälte sich AURYN Meter für Meter voran. Die Tortur hatte auch etwas Gutes. Sie hielt andere davon ab, in die Lagune einzufahren, in der sich bald ein kräftiger Anker in den Korallensand eingrub.

Die arme Sau

Im Zauber einer tropischen Ankerbucht und der Romantik eines einsamen Platzes schwamm ich ein paar Runden ums Schiff und bestaunte die Topographie Maupitis, die man getrost als Miniaturausgabe von Bora-Bora bezeichnen kann. Auch der Strand stand dem ihrer großen Schwester in nichts nach. Im Gegenteil. Wenn der Begriff Traumstrand je einen Sinn hatte, dann hier. Der Sand blendend weiß und staubfein. Wasser, Brandung und Himmel. Eine Farborgie in Blautürkisweiß. Wer hier kein Foto macht, knipst keines mehr, sagte ich mir und zog über die wunderschöne Insel.

Ich hatte Hunger und kam am Abend in eine schmuddelige Strandbar, wo ich bald darauf vor einem Teller zerfetzten Fleisches saß. Das arme Schwein, dachte ich, trank vom billigen Weißen und spürte im anschließenden Sodbrennen, dass die Sau im Darmsystem rückstandslos zersetzt wurde. Ich erwähne es nur deshalb, weil sich in diesem Moment eine abgetakelte Südseeperle an den groben Tisch setzte und mir ein kurzes Fuck entgegen hauchte.

Um den Gedanken ernsthaft in Erwägung zu ziehen, war ich zu müde, grinste den Rest von Schwein auf dem Teller an, schüttelte der Lady die Hand und marschierte zu meinem Dingi.

Zum Schiff zurückrudernd spürte ich die Wetteränderung, der Wind hatte gedreht und etwas von Schärfe lag in der Luft.

Gefangen in Maupiti

Eine tropische Depression mit 40 Knoten Wind zog über uns hinweg. Aus dunkler Nimbusbewölkung schüttete es wie aus Kübeln. Der Tag wurde nicht mehr hell und eine Wetterbesserung war nicht in Sicht. Vorboten der nahenden Taifunsaison! Ich war spät dran, wollte unbedingt in diesem Jahr noch Australien erreichen, um AURYN dort in Sicherheit zu wissen.

Doch der kachelnde Wind wehte uns ein. Zeit, sich um ein technisches Problem zu kümmern, welches mich schon einige Zeit beschäftigte. Diesel in der Bilge!

Befreit von den theoretischen Erörterungen eines Do-it-yourself-Handbuches zum Thema Schiffsmotoren brachte mich Entschlossenheit weiter. Ich griff zum Schraubenschlüssel und tauschte die leckende Dieselkupferleitung gegen Gummischläuche aus, die ich kurzerhand vom Tank des Außenbordmotors abschnitt und provisorisch mit Schellen am Spritkreislauf wieder befestigte.

Dann fuhr ich mit dem Dingi zum Pass, um die Bedingungen zu prüfen.

Berge von Wellen rollten in kurzen Sets in die Ausfahrt. Keine Chance, hier herauszukommen. Jetzt verstand ich, was der Fischer am Kai gemeint hatte: Rein kommst Du immer, nur raus wird es verdammt schwierig. Gefangen in Maupiti. Eine Last war es nicht wirklich. Ich hatte Zeit, stieg auf einen Berg und besuchte...nein, nicht die Strandbar, sondern die rappelvolle Kirche. Temperamentvoll war die Predigt, unterbrochen von rhythmischen Chorälen und zappelnden Kindern. Neben mir (dem Geruch nach) ein alter Fischer, der über allem sanft einschlummerte und den Gottesdienst als seine private Siesta betrachtete. Er lag mittlerweile wie erlegt seitwärts im Kirchengestühl. Erst ein energischer Stoß mit einem Stock durch einen im traditionellen Pareu daherschreitenden Kirchendiener verhinderte, dass er vollends unter die Bank sackte.

Kurs West

Auch wenn der Wind deutlich abgenommen hatte, stand die alte See noch ruppig vor der Ausfahrt. Unter Motor und volle Pulle lenkte ich AURYN durch den quirlenden Pass. Ich hielt die Schoten der Genua bereit für den Fall, dass der Motor versagen würde. Es war mehr eine Maßnahme, um mein Gewissen zu beruhigen, denn wenn der Motor ausfallen sollte, würden wir ruckzuck auf dem Riff sitzen.

Wie im Whirlpool quirlte das Wasser. Querströme und ein ablaufender Gezeitenstrom von bis zu fünf Knoten standen gegen den Wind. AURYN knallte gegen Wände aus einer sich aufbäumenden See und donnerte brutal in die kurzen Täler der Wellen. Nach 20 langen Minuten, die mir vorkamen wie Stunden, war der Horror vorbei und mein flacher Atem beruhigte sich.

In der Magie des Meeres

entkam ich langsam der Zivilisation und glitt hinüber in eine weite Fläche aus Zeit und Meer. Einem Ozean, der so groß ist, dass sämtliche Landmassen der Erde darin Platz hätten. Unterwegs im Gischtschleier und Bugrauschen, im Windgeschrei und im Adrenalin ohne Ende wurde ich wieder ein winziger Punkt im ewigen Kreislauf von Himmel und Wellen. In Tagen mit rastlosen Gedanken und Nächten mit Träumen, aus den Sternen der Nacht gefunkelt.

AURYN zog mit ausgebaumter Genua und gerefftem Großsegel ihre ruhige Spur in den Ozean. Kurs West. Mein Ziel war Tonga. Doch wie immer gab es Überraschungen...

Womit nicht jene gemeint war, als ich nach langer Zeit mal wieder Deutsche Welle Radio hörte und mich freute, dass kein neuer Krieg ausgebrochen und keine skandalöse Umwelt-Schweinerei aufgedeckt worden war. Das kleinkarierte politische Gerangel aus der Heimat verlor sich in der Weite des Pazifiks. Obwohl es mitunter angenehm war, eine deutsche Stimme zu hören und es mich auch interessierte, was außerhalb meines Kosmos so vor sich ging, schaltete ich den Kurzwellensender schon bald wieder ab und beschäftigte mich mit Literatur. Dies war eindeutig spannender, denn die Autoren zahlreicher Bücher hatten mir interessante Geschichten zu erzählen. Eine davon spielte sich ganz in der Nähe ab.

Nach 270 Seemeilen lag das winzige Atoll Mopelia an Backbord querab. Übrigens eine ehemalige deutsche Kolonie! Wie bitte, in der Südsee? Genau, und zwar mittendrin! Und damit lassen wir Seefahrtsgeschichte lebendig werden.

Sagt Ihnen der Name Graf Felix Luckner oder der Seeadler etwas? Wenn nicht, helfe ich gerne ein bisschen nach:

Ende 1916 durchbrach der kaiserliche Korvettenkapitän von Luckner die britische Nordseeblockade und wurde zur legendären Gestalt in der Südsee. Unvergessen sind seine kühnen Kaperfahrten und sympathisch waren sein fairer Kampf und sein humanes Wesen. Der „Seeadler", ein stolzer Dreimaster, zerschellte am Korallenriff von Mopelia. Reste davon sollen übrigens noch heute zu besichtigen sein. Aus den Segeln des Kreuzers fertigten die Männer um den „Seeteufel" Luckner auf Mopelia Zelte und Hütten, für sich und für ihre amerikanischen und französischen Kriegsgefangenen. Luckner ließ die Reichskriegsflagge hissen und erklärte die Südseeinsel Mopelia zur deutschen Kolonie. Nach kurzem Aufenthalt stieg der Graf mit fünf seiner Männer in ein sechs Meter langes Rettungsboot der „Seeadler" und begab sich auf eine abenteuerliche Fahrt durch die Südsee Richtung Westen. Die Insel Wakaya im Fidschi-Archipel erreichten sie erschöpft und mit zur Neige gehenden Trinkwasservorräten nach 22 Tagen quälender Fahrt. Dort wurden die Deutschen erkannt, gerieten in britische Kriegsgefangenschaft, wurden nach Suva verschifft und kamen später frei.

Soweit zur Geschichte.

In der Gegenwart eines wunderschönen Sonnenuntergangs versanken die Umrisse Mopelias achteraus und in diesem Blick zurück verließen wir gleichzeitig Französisch-Polynesien. Ich packte den Bildband weg, denn ich brauchte keine Bilder mehr, um der Wirklichkeit zu trauen und so segelte ich hinein in die Inselwelt Melanesiens.

Aus dem Logbuch:

Montag 27.10.2004. 12 Uhr. Mittagsposition: 17°15'Süd, 159°44'West. Kurs 270°. Fahrt über Grund: 6 Knoten, Etmal:125 Seemeilen. Wind mit 4 Bft aus Südost, Baro 1015, Bewölkung 2/8 Kumuluzirrus. Besegelung Genua ausgebaumt, Groß 1. Reff mit BS gesichert auf raumen Wind. Ziel Palmerston: Distanz 500 Seemeilen, Temperatur im Schiff: 32° C, draußen nicht viel weniger!

Besonderes: Vormittags bricht im Masttopp die Rolle des Gennakerfalls weg und der Blister saust ins Wasser. Nehme das Großsegel weg und damit die Fahrt aus dem Schiff. Berge den nassen Blister, wobei mir die Schot die Brille vom Kopf reißt. Ein halber Tausender schwebt in Richtung 4500 Meter tiefen Grund. Es half nichts: Musste in den Mast. Auch wenn dort oben die Angst auf mich wartete. Meine Angst. Ich summte eine zittrige Melodie und krabbelte Stufe um Stufe nach oben, scherte eine neue Umlenkrolle ein und hangelte mich wieder nach unten.

Apfelmus und Sekt

Am Nachmittag schlief der Wind ein. Wir schlichen von Horizont zu Horizont, in einer unermesslichen Weite aus glitzerndem Silber. Lähmende Lethargie. Abwechslung verschafften mir Socke und AURYN. Als ich am Navigationstisch saß, versuchte Socke mit einem Satz aus dem Cockpit auf dem Tisch zu landen, aber das Timing passte nicht wirklich. Krallend blieb er in meinem Obertschenkel hängen. Ich wusste nicht, was mich mehr faszinierte, das Blut, das langsam an meinem Bein herunterlief, oder die 30.000ste Seemeile, die das Log plötzlich anzeigte!

Dreißigtausend Seemeilen, murmelte ich langsam vor mich hin. Drei Jahre seit Cuxhaven unterwegs! Gedanken segelten zurück. Es folgte ein kleiner Durchlauf an Erinnerungen, sozusagen eine Best Of. Auch negative Erlebnisse fanden darin Raum. Begleitet von Emotionen, die auf mich einstürzten und die ich nicht zurückhalten wollte. Darin Zwiegespräche, ohne Selbstgespräche zu führen.

Dreißigtausend Seemeilen, weit mehr als der Erdumfang. Interessant, wie sich die Maßstäbe verschoben. Bei meinem Start empfand ich 100 Seemeilen als eine ziemlich lange Strecke. Heute freute es mich, über Tausende von Meilen am Stück zu segeln. Zur Feier des Tages gab es

Zimt-Pfannkuchen mit Apfelmus, dazu köpfte ich jene Flasche Sekt, die ich von Eddy und der Crew der geretteten F'Murr vor Kap Hoorn geschenkt bekommen hatte. Ein kräftiger Hieb ging über Bord für Maui, den Meeresgott der Südsee, eine Rumpfdusche auf AURYN, den Rest für den kleinen Seemann.

In einer klaren Neumondnacht lümmelte ich mich mit Apfelmus und Sekt im Bauch hinterm Steuerrad und beobachtete lange das Kreuz des Südens. Dieses schöne, imposante Sternbild ist auch ohne Sekt leicht zu identifizieren. Seefahrer der vergangenen Jahrhunderte navigierten danach, indem sie die Längsachse des Kreuzes verfolgten und über den untersten Stern dieser Konstellation auf die südliche Himmelsrichtung schlossen.

In dieser Nacht beschäftigte ich mich in der Seekarte mit den kleinen Atollen, die wie Stecknadelköpfe auf dem Weg lagen. Eines davon war Palmerston, unter neuseeländischer Verwaltung stehend, kaum bewohnt, ohne Hafen und ohne geschützte Ankerbucht. Obwohl mir nicht klar war, warum ausgerechnet Palmerston mich magisch anzog, wusste ich genau, dass ich die Kursänderung nicht in Zweifel ziehen sollte.

Noch glänzte das Meer blau und metallisch. In beruhigender und doch ermüdender Monotonie. Ich war ungeduldig und fühlte, dass wir uns nach fünf Tagen dem Land näherten. Zahlreiche Vögel umkreisten AURYN, ich glaubte, das Land zu riechen noch bevor ich es sah. Dann erkannte ich in der Ferne die flachen Umrisse des Atolls, auf dem sich eine Palmenkette abzeichnete. Ein Bild, dass vermutlich auch James Cook so sah, als er Palmerston 1774 entdeckte.

Die Inselkonturen verfestigten sich, während die untergehende Sonne den Tag auslöschte. Wieder mal kam ich in der Nacht an und in der vollkommenen Dunkelheit eines Neumondes tastete ich mich unter Radar dem schäumenden Riffgürtel entlang und fand eine kleine Ausbuchtung in den Korallen. Den GPS-Koordinaten zufolge musste hier das kleine Dorf sein. Entweder hatte es keine Elektrizität oder AURYN lag an einer völlig anderen Stelle. Jedenfalls erkannte ich an Land nichts, was auf Leben hinwies. Auch am Morgen nicht. Bis ein Außenbordmotor knatterte …

Fischer

Moana-mei-o-kiva...

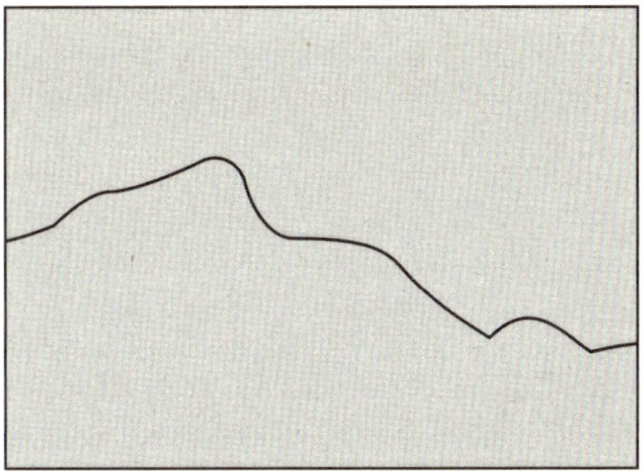

Das Geknatter eines Außenborders passte nicht zum lodernden Sonnenaufgang. Auch sonst mussten sich die zwei unrasierten Typen an jenem Morgen vor Palmerston ziemlich verdattert angeschaut haben: Bob, weil er an dieser Stelle noch nie ein Schiff vor Anker gesehen hatte, und ich, weil ich mich wunderte woher er überhaupt kam!

Die GPS-Koordinaten des pazifischen Handbuches waren einmal mehr falsch. Der Ankerplatz vor dem Dorf, zu dem Bob uns nun zwischen scharfkantigen Korallenköpfen hindurchlotste, lag 500 Meter achteraus! Jetzt ging mir ein Licht auf, warum ich in der Nacht die kleinen Funzeln vor den Hütten nicht gesehen hatte.

Ich packte Kamera, Reisepass und Schiffspapiere in die wasserdichte Tasche, stopfte Luftballons und Malstifte oben drauf und stieg in das kippelige Boot von Bob, der in einer rasanten Gleitfahrt, beängstigend knapp vorbei an tückischen Korallenköpfen, hinein in die türkisgrün leuchtende Lagune zum Strand düste.

Kinder empfingen mich verspielt und lachend. Barfuß stapfte ich mit ihnen am Strand entlang und näherte mich der kleinen Hüttengemeinschaft, die versteckt unter schattigen Palmen lag. Das Palmerston-Atoll liegt übrigens in den Cook-Islands, die von Neuseeland aus verwaltet werden. Obwohl das Dorf nur aus sechs Familien bestand, herrschte hier Ordnung, mussten die Formalitäten eingehalten werden. Die neuseeländische Flagge flatterte in wichtiger Geste über einem unscheinbaren Häuschen. John, der eher aussah wie ein Bademeister, machte wenig Aufhebens von der formalen Aktion. In seiner Bastschaukel liegend haute er schwungvoll den Stempel in den Pass. Dann zeigte er mir das abgegriffene Gästebuch von Palmerston, in dem auch AURYN bald ihren Platz fand, während er mir einen Welcome-drink aus frischer Kokosmilch reichte...mit einem kräftigen Schuss Rum. Grad aus Neuseeland mitgebracht, nuschelte er. Nach langen Wanderjahren durch seine Heimat hatte er sich auf Palmerston zurückgezogen, weil allzu viele Mütter in Neuseeland auf seine Unterhaltszahlungen warteten.

Winkende Menschen vor den Hütten begrüßten mich herzlich, als ich im Rauschen der Palmenkronen über einen grob-weißen Korallensand marschierte. Wellness für die Füße! Dazu ein warmer Passat und das fröhliche Lachen der Kinder. Glaubte man diesem, so musste Palmerston eine glückliche Insel sein.

Nur 50 Menschen lebten hier, 20 davon waren Kinder. Nachdem ich meine Malstifte und Luftballons ruckzuck losgeworden war, nahmen sie mich an die Hand und zogen mit mir zur Schule, die aus einem grob gezimmerten Bambus- und Palmengeflecht bestand. Auf einer von der Tropensonne verblichenen Weltkarte durfte ich den Weg meines Törns nachzeichnen, bis von irgendwoher eine Glocke läutete. Essen ist fertig!

Die Bewohner von Palmerston aßen gemeinsam. Im Schatten des Dorfgemeinschaftsplatzes wurden Trinknüsse gereicht, Reis gekocht, gespeerter Fisch und Lobster gegrillt. In einer Atmosphäre aus Bedächtigkeit beobachtete ich im Atoll der Zeitlosigkeit die Bewohner, wie sie in ihrer eigenen Glückseligkeit unter der Melodie raschelnder Palmen lebten. Um sie herum ein Blick bis zum blauen Horizont. Eine weit abseits gelegene Welt, in die nur hin und wieder ein Stück Treibholz drang oder ein staunender Seemann.

Sie brauchten keinen Status, kannten kaum materielle Dinge und schienen wie befreit von der Zeit.

Zeit hatte für sie keine Bedeutung. Niemand, den ich auf Palmerston kennenlernte und nach seinem Alter fragte, konnte mir antworten. Genauso wenig kannten sie die Jahreszeiten, denn im Paradies hing kein Kalender.

„Diese kleinen Atolle, gehören nicht zur Erde, sie sind davon losgelöst", sagte James Cook, als er das nach ihm benannte Archipel vor mehr als 200 Jahren durchsegelte und die englische Flagge für seine Majestät in den körnigen Korallen-Grund rammte.

Als die Dämmerung kam, verbrannten die Frauen um ihre Hütten getrocknete Kokosnussschalen. Der Qualm sollte die Moskitos fern halten. Ich hatte dieses Problem nicht, denn der frische Passat hielt mir am Ankerplatz die lästigen Viecher vom Leib, während ich im Cockpit saß und die Eindrücke im Reisetagebuch verstaute.

Zu leisen Gesängen, die auf den Schultern eines milden Windes über die Lagune klangen, kritzelte ich spontane Gedanken in meine schwarze Kladde:

Desertierung: Ich segelte aus einem Leben voller Zwänge, Fülle und Individualismus in eine Welt, in der eines über allem stand: Gemeinschaft.

Paradies und Stille: Die Vorstellung, in einem Paradies zu leben, kam ihren Bewohnern eher nicht in den Sinn und Stille schien auf dem kleinen Atolle eher ein Gräuel. Sie schätzten offensichtlich nichts mehr als gemeinschaftliches Handeln. Es schien, als ob sie nur so ihre Isolation in der Weite des Pazifiks ertrugen. Die Männer fischten und jagten, die Frauen bereiteten in der Gemeinschaftsküche das Essen zu. Kinder suchten nach Vogeleiern oder im Niedrigwasser nach Krebsen.

Die einlullende Musik vom Dorf wehte immer noch übers Wasser. Gesungen von Menschen, die sich kaum damit beschäftigten, was im nächsten Monat sein würde und deren Tage nicht bestimmt waren vom Zifferblatt einer Uhr. Ich fühlte mich als einer von ihnen, jedenfalls solange ihre melodischen Gesänge und die Akkorde der Gitarren anhielten. Als der Zauber vorbei war, klappte ich die Kladde zu und legte mich schlafen.

Am anderen Morgen war das Riff um uns herum vom Hochwasser überspült und man glaubte, mitten auf dem Ozean zu ankern. Bei Ebbe stakste ich über das fragile Riff, beobachtete im seichten Wasser knallgrüne Papageienfische und erschrak, als direkt vor meinen Füßen eine Muräne aus dem Gestein schoss und sich ebenso verschreckt hastig in ein neues Versteck wuselte.

Ein lähmender Nachmittag in der Tropensonne. Ich löste mich nur langsam aus dieser Idylle, kramte einige überflüssige Konserven, Olivenöl, Kaffee sowie ein paar T-Shirts zusammen und überreichte dies den herzlichen Bewohnern von Palmerston. Es war Zeit zum Abschied.

Das geblasene Muschelsignal von Bob ertönte, als ich die Segel setzte und AURYN wieder auf Kurs legte. 420 Seemeilen westwärts zu einer neuen Insel. Doch vorher gab's was auf die Schnauze.

Neptuns Ohrfeige

2. Seetag. Die Nacht blieb ruhig, die See friedlich. Ich hielt die Nase in den frischen Morgen und blickte auf einen flammenden Horizont. Der Teufel heizt seinen Kamin, murmelte ich und beobachtete gleichzeitig das fallende Barometer. Von Süden zogen lockere Kumulonimbusfelder auf, verdichteten sich zu mächtigen Haufenwolken.

Gütiger Himmel, eine Gewitterfront!

Gegen Abend war es vorbei mit pastellfarbener Südseeromantik. Die Umgebung erinnerte mehr und mehr an die Farbe eines Nordseehimmels im April. Im irrealen Licht einer Dämmerung, umgeben von grauschwarzer Bedeckung, nahm der auf Nordwest drehende Wind kontinuierlich zu.

Ich reffte die Segel nochmals durch und steuerte AURYN hart am Wind durch die einfallende Nacht. Die Windmessanlage zeigte 35 Knoten, alle Achtung – und dann schüttete sich ein großer Brecher über das Schiff und eine Menge Wasser ins Cockpit. Der Schlag gegen den Rumpf war hart und der Salon war nicht mehr der alte. Eher ein schmieriges Chaos! Ein Schapp hatte sich geöffnet, Papier und Zeitschriften flogen hinaus. Aus dem Küchenregal schossen Olivenöl, Essig und Gewürze und vermischten sich mit Obst und dem, was sich sonst noch alles auf dem Boden ansammelte.

Es dauerte, bis ich in das Durcheinander Ordnung bekam und mich endlich ausruhen konnte. Zumindest so lange, bis es krachte …

Was war das? Ich rappelte mich nur mühsam hoch und stieg ins Cockpit. Socke hinterher. War was? stand in seinem Gesicht geschrieben. Dann zuckte es wieder. Ein ungeheurer Blitz zerriss die Dunkelheit und krachte ins Irgendwo. Für Momente war ich in weiße Gischt getaucht und die Welt schien unterzugehen.

Die Schauerfront ließ den Beifall prasseln und AURYN wühlte sich unbeeindruckt von allem durch eine sich aufbäumende See.

Mit zunehmender Wellenhöhe wurde es schwieriger, das Schiff auf Kurs zu halten. Ich schaltete den Windpiloten ab und steuerte in schweren Regenböen, umgeben von zuckenden Blitzen, AURYN von Hand. In Böen wurden es 45 Knoten. Sturm war das jetzt. Jedes Donnern ließ mich ängstlich zusammenkauern. Obwohl ich bereits einige Stürme und Orkane durchsegelt hatte, blieb in den mächtigen Gewalten ein Gefühl von…Angst? Genau, nichts anderes war es. Ich hatte Angst, murmelte irgendwelche Gebete und dachte an so manche Seebären, die mir des Öfteren verklickern wollten, dass sie in einem solchen Inferno das Gefühl nicht kennen, wenn einem die Angst aus der Seele krabbelt und über das Kreuz bis in die Eier kriecht!

Der tropische Gewittersturm verlor in den Spitzen an Kraft. Der Regen ließ endlich gegen drei Uhr morgens nach. Doch der Wind tobte noch immer. Zumindest wurde die Sicht besser und der nächste Tag tat so, als sei nichts geschehen. Unter einem strahlenden Himmel schüttelte ich das Salz aus den Segeln, ordnete das Deck und trimmte mein Schiff wieder auf den alten Kurs.

Bei einem starken Kaffee und trockenem Brot genoss ich das beeindruckende Schauspiel einer aufgewühlten Natur und freute mich über Maui, Gott von Moana, den Herrscher über den Pazifik. Er war wieder bei bester Laune und es kam, was nach vier Seetagen kommen musste.

Niue

Die Insel ist einer der kleinsten Staaten, aber gleichzeitig der größte Korallenblock der Erde. AURYN lag als einziges Schiff am offenen Ankerplatz vor dem Hauptort Alofi, wo ich James Cook wiederbegegnete. Er entdeckte das Eiland im Jahre 1774 und nannte es „Insel der Wilden“, weil die Bewohner ihm Widerstand leisteten. Als ich an Land ging, war davon nichts zu spüren: Wilde? Fehlanzeige! Nur sirrende Moskitos. Über dem langweiligen Ort lag eine eigenartige Stille und in der sengenden Hitze gab es keinen Lufthauch. Und so zog ich an einem trägen Nachmittag die Leine aus der Öse einer frisch bemalten Muringboje, die mir allerdings nur äußerlich Sicherheit vorgaukelte. Unterhalb der Stahltonne schien die Trosse zum Grund bereits langsam in Verwesung überzugehen. Gut, daran keine Nacht, womöglich noch mit auflandigem Wind, verbracht zu haben. Wer weiß schon, wie die Geschichte ausgegangen wäre.

Moana-mei-o-kiva

Rätselten Sie nicht schon eingangs dieses Kapitels über den Sinn dieser Worte? Nun, übersetzt bedeuten sie in der Sprache der Südseeinsulaner „Im großen Ozean vom blauen Himmel“. Und nicht anders wurde es, als AURYN wieder auf Kurs ging und ihren Bug in Richtung Tonga hielt, das 240 Seemeilen entfernt lag.

Der Südostpassat blies konstant um die 20 Knoten, entspanntes Segeln im Meer der Zufriedenheit.

Ich las, hörte Musik, fing einen Fisch, döste von Wolkenformationen beobachtet und schälte im Sonnenuntergang Kartoffeln. Und dann…eigentlich nichts weiter, bis auf eine

Ungewöhnliche Begegnung

AURYN war ein blauer Punkt in der unendlichen Wasserwüste des Pazifiks. Drei Wochen schon war ich keinem Schiff begegnet. Doch dann wünschten sich mitten auf dem Ozean, am entferntesten Punkt jenseits der Heimat, zwei Bremer eine gute Nacht!

Doch der Reihe nach.

Kurz bevor sich die Nacht über uns legte, erkannte ich im Fernglas und an Steuerbord schräg voraus die orange-blauen Farben der Reederei Hapag Lloyd. Ich tippte auf die „Bremen“ und funkte über Kanal 16 das Kreuzfahrtschiff an. Und tatsächlich, sie war es. Ich war der alten Lady bereits zweimal sehr nahe gekommen. Kurz nach meinem Start in Lissabon und am Ende der Welt.

Völlig perplex war ich, als mich der Wachhabende daran erinnerte, dass er am 6. Januar 2002 in Ushuaia beim Kaffee im Cockpit von AURYN gesessen hatte!! Es war Armin, der Nautiker, der damals seinen Dienst auf der „Bremen“ angetreten hatte und an jenem kalten Januarnachmittag über den Steg des Yachtklubs gegangen war, wo wir ins Gespräch kamen.

Wir wechselten auf einen anderen Funk-Kanal und hatten uns eine Menge zu erzählen. Von unseren Reisen, Erlebnissen bis hin zu einer Verabredung in Kapstadt und dem aktuellem Wetterbericht.

Die Aufbauten der „Bremen“ verschwanden am Horizont, der sich allmählich mit einer milchigen Schleierbewölkung zuzog.

Die ITC, die Konvergenzzone, hatte sich weit nach Süden verlagert. Sie brachte schwüles Wetter und tropische Schauer. Vorboten der nahenden Taifunsaison.

Zu Besuch beim dicken König

Es war der 04.11.2003, als wir in die zum Königreich Tonga gehörende Vavau-Gruppe einliefen. Unplanmäßig sozusagen, weil ich im Schutz des nördlichen Archipels die nahende tropische Schlechtwetterfront abwarten wollte. Da ich keine Detailkarten von Tonga besaß, navigierte ich grob nach einer Landkarte aus dem sehr guten „Reise-Handbuch Südsee“ von K.W. Berger. Damit kam ich sicher nach Neiafu, dem Hauptort des Vavau-Archipels. AURYN ankerte am Ende eines weit in das Landesinnere ragenden Meeresarmes, der in der Taifunsaison als einer der sichersten Naturhäfen des Pazifiks gilt. Zeit zum Einklarieren: Ein Polizeibeamter mit knirschender, traditioneller Bastmatte um die Hüfte nahm mir 50 Dollar fürs Anmelden ab. Der Gesundheitsofficer griff sich in den Schritt und fragte in Gegenwart von krabbelnden Kakerlaken in seiner muffigen Amtsstube nach der Sauberkeit auf meinem Schiff! Alles in bester Ordnung, Sir! antwortete ich. Was mich wiederum 50 Dollar kostete. Beim Zoll kam ich besser weg. Doch insgesamt war ich 110 US-Dollar los! Immerhin, ich war in Tonga und das erste, was mir dazu einfiel, war der dicke König. Durchlaucht schien knapp bei Kasse zu sein oder warum sonst ließ er uns Segler so dreist über den Tisch ziehen? Taufaahau Tupou, bekannt dafür, sich oft in märchenhafter Kostümierung durch die Hauptstadt chauffieren zu lassen, regiert die letzte Monarchie der Südsee und einen Inselstaat, der nie unter Kolonialherrschaft stand. Seine greise Majestät ist bekanntlich ein besonderer Freund der Deutschen, nicht nur, weil er ihnen Entwicklungshilfe in Millionenhöhe abluchste, sondern auch, weil er nach seinem Deutschlandbesuch einige männliche Deutsche ins Land lockte, denen er Land auf Lebenszeit zur Verfügung stellte. Bedingung – sie mussten eine tonganesische Frau heiraten. Als der König merkte, dass er sich mit dieser Großzügigkeit einige Nichtsnutze und Hallodris ins Land geholt hatte, revidierte er sehr schnell seine Großzügigkeit.

Doch damit genug und überhaupt, über Tote soll man nicht lästern. Der König ist mittlerweile verstorben.

Zurück ins Leben und das Tagesprogramm aus allerlei Erledigungen: Wäsche waschen, einkaufen, Diesel und Wasservorräte auffüllen sowie das Abarbeiten einer langen Reparaturliste. Kurz – Fahrtensegleralltag.

Feierabend! Neiafu war ein quirliger Ort aus festen Häusern und losen Bretterbuden. Ein Ort, der eigentlich durch die vielen Immigranten, insbesondere deutscher Herkunft, freundlicher hätte aussehen können. Aber leider hingen viele dieser Typen überwiegend in der Kneipe herum und fielen durch rassistische Parolen auf. Dabei hätten sie mit gutem Beispiel vorangehen können, denn es gab jede Menge zu tun: In den Straßen sammelte sich der Müll. Grunzende Schweine balgten sich mit struppigen Hunden um Essensreste. Auch das Handwerk hätte florieren können: Schlampige Grasdächer auf baufälligen Pavillons schrieen nach vernünftiger Verarbeitung. Farbenfroh der Gang über den Markt. Die Luft schmeckte nach Gewürzen und in duftenden Begegnungen traf ich nette Einheimische und deckte mich mit frischem Obst und Taro-

Knollen ein. Eine Standnachbarin tuschelte Palangi, was aber nicht das Zauberwort dafür war, nun den Preis zu verdoppeln oder gar ein Schimpfwort gegenüber Touristen wie mich bedeutete. Palangi heißt sinngemäß „Die mit weißen Segeln kamen". Seit der Zeit, als die ersten Europäer mit ihren Schiffen in der melanesischen Inselwelt landeten, werden Ausländer von den Einheimischen Palangis genannt. Andere nannten sich selbst Missionare. Sie fielen im religiösen Wahn über die Inseln der Südsee her, hackten den frivolen Steinstatuen die Penisse ab, verboten den Wilden, nackt herumzulaufen und trichterten den Eingeborenen den Begriff der Erbsünde notfalls mit Gewalt ein.

Aus diesen Gedanken zu einer finsteren Vergangenheit riss mich die rasselnde Bastmatte einer Marktfrau, die ihre weit ausholende Hüfte durch die seltsame Konstruktion eines Umhanges auch nicht gerade attraktiver machte. Ihr war es egal, sie lächelte mich an, schritt selbstgefällig daher wie die Prinzessin ihres eigenen Märchens und ich ...ich folgte ihrer gastfreundlichen Einladung zu einem tonganesischen Umo-Essen.

Zunächst aber lernte ich ihre fast weiße (!) Tochter kennen. Gezeugt von einem deutschen Entwicklungshelfer, der seine Mission offensichtlich sehr individuell wahrgenommen hatte. Die beiden Ladys legten den rohen Fisch in kokosgeraspelte Palmblätter, wickelten ihn in ein anderes Blatt Bananen und Yams und deckten alles mit glühend heißen Steinen zum langsamen Garen zu. Dann kam der Mann ins Bild, fand Gefallen an der Buddel Rum, die allmählich seine Zunge löste. Er erzählte von früheren Ritualen ihrer Essgewohnheiten, wo es keine tabuisierten Lebensmittel gab. Schwein, Pferd, Hund und Katze – sie schoben alles in den Erdofen, was zwischen menschliche Kiefer passte.

Wechseln wir das Thema.

Zyklone und Seelenzustände

Es war Anfang November und die Taifunsaison begann. Man sah es an den unzähligen Yachten, die in Neiafu vor Anker lagen. Letzte Arbeiten wurden erledigt, Besuche mit Berichten und Ratschlägen angereichert. Sorgen ausgetauscht. Die Heerschar amerikanischer, kanadischer und europäischer Fahrtensegler sammelte sich, um im Geschwader nach Neuseeland zu segeln. Einige der Segler waren bereits auf dem Weg dorthin. Und bei einigen, die es bisher gewohnt waren, auf der so genannten Barfußroute unterwegs zu sein, klang es über Funk so, als bekämen sie das erste Mal Wind um die Ohren.

Dem morgendlichen Wetterbericht folgte über Funk eine nicht endende Diskussion über die geeignete Wettertaktik für den 1000-Meilen-Törn ins Land der Kiwis. Die Herausforderung bestand darin, in den tropischen Breiten nicht in einen nahenden Zyklon zu geraten und den Frühjahrsstürmen Neuseelands auszuweichen. Eine quälende Ungewissheit machte sich breit und den Seelenzustand so mancher konnte man während der morgendlichen Funkrunde miterleben.

Neben uns lag ein alter Stahlschoner. Rostzerfressene Metallbeschläge blinkten am Rumpf. Was der Rost für das Schiff war, schien für eine sensible Seele der Törn nach Neuseeland zu werden: Einigen nahm er die innere Ruhe.

Trotz der nahenden Zyklone hieß mein Ziel weiterhin Australien. So sehr mich auch die Natur Neuseelands reizte, sprachen einige Dinge dagegen. Zum einen fand ich es nicht verlockend, im Pulk mit Hunderten von Schiffen in der Bay of Islands oder in Whangarei vor Anker zu liegen, zum anderen verspürte ich keinen Nerv darauf, mir die Lebensmittel, die ich quer über den Pazifik transportiert hatte, von pingeligen Beamten konfiszieren zu lassen. Das Hauptargument gegen Neuseeland hieß aber Socke. Der war bei den Kiwis nicht willkommen. Sie sperrten Tiere monatelang in Quarantäne und diese Tortur wollte ich meinem Kumpel ersparen.

Also weiter Kurs West. Hinein ins Risiko und das Gefühl, am Leben zu sein. Das Ziel hieß Sydney, denn in die Oper wollte ich schon immer mal.

Aber noch war es nicht soweit, denn die Vavau-Gruppe ist eine Perle des Königreiches Tonga. Es lohnte sich, noch ein bisschen zu verweilen. Ich zog den Anker aus dem schlammigen Grund, verließ das quirlige Neiafu und segelte hinaus in ein prachtvolles Labyrinth kleiner bewaldeter Koralleninselchen. Vorbei an einsamen Buchten mit schneeweißen Sandstränden, bis

AURYN im Sonnenuntergang vor der traumhaften Insel Tapana ankerte. Vor uns lag ein kleines, ursprüngliches Dorf, in dem das Leben geruhsam ablief. Frauen flochten Bambusmatten, Kinder kloppten sich um einen Ball und die Männer droschen mit Dominosteinchen auf ein hartes Tropenholz. Dabei lernte ich Jon kennen.

Der alte Mann und das Meer....

Er fuhr schon lange Zeit zur See und kannte sich in den Gewässern Melanesiens, besonders in Fidschi, bestens aus. Da ich vorhatte, Fidschi als nächstes anzulaufen, erfuhr ich einige nützliche Tipps. Wobei einer davon die Eintrittskarte in die Dorfgemeinschaften bedeutete: Kava! Eindringlich empfahl mir Jon, Kava mitzunehmen. Jenes Rauschmittel, das aus den Wurzeln der Yangona-Pflanze stammt und mit Wasser zu einer Brühe von merkwürdiger Konsistenz vermischt als Begrüßungsdrink gereicht wird. Als Gegenleistung darf man ungestört ankern und wird vom Dorf in Freundschaft aufgenommen. Meine ganz speziellen Erfahrungen mit diesem Zeug sollte ich noch machen, doch ich will der Geschichte nicht vorgreifen.

Denn wir lagen noch zwei Tage in Tonga vor Anker und hinter einem Riff, das fast zwei Meilen lang war. Davor brachen sich die riesigen Wellen des Ozeans und obwohl der Monsun darüber hinwegpfiff, war das Wasser innerhalb der Lagune ruhig wie auf einem Ententeich. Kaum ein Mensch verirrte sich hierher. In der Abenddämmerung fing ich zwei Fische und grillte sie am Strand, zur Musik der schäumenden See, die über das Riff donnerte.

Dann meißelte ich mir die Koordinaten dieses Traumes wie eine Chiffre in mein Gedächtnis – je sauberer, umso besser die Erinnerung –, rollte die Seekarte nach Fidschi aus und segelte davon.

Fidschi

Tonga

In der Inselwelt Melanesiens

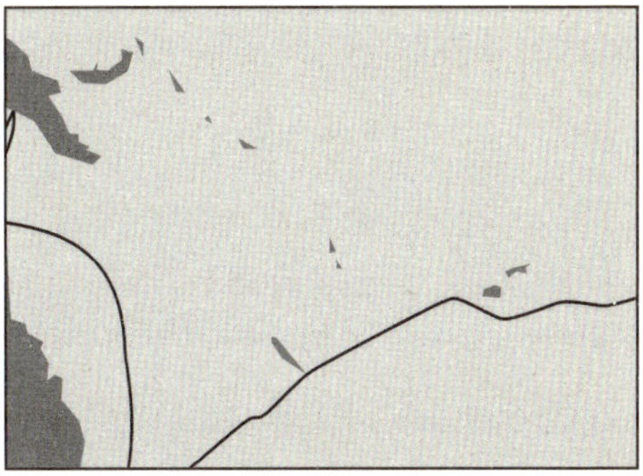

Gibt schlechtes Wetter, sagte Jon und schaute im matten Licht der Morgensonne hoch zum Himmel, den Maui, der polynesische Gott des Meeres, mit düsteren Pinselstrichen überzogen hatte.

Im Paradies begann die Zeit unstabiler Wetterlagen. Die Wassertemperatur stieg auf die Höchstmarke von 28 Grad und der Druck der Passatwinde hetzte das aufgeheizte Oberflächenwasser über den Ozean, wobei besonders viel feuchte Luft aufstieg. Stieß diese auf Land, ergaben sich daraus starke Regenfälle. In eine dieser Fronten gerieten wir, als Tonga schon lange hinter der Kimm lag und ich mich an Jons Worte erinnerte. Fidschi hieß das Ziel, das ich hoffte, im Schachspiel mit der Natur in drei Tagen zu erreichen.

Seetage

Krasse Wetterumschwünge wechselten sich ab mit romantischen Erlebnissen im Meersein.

Obwohl ich nun bereits einige Jahre auf dem Wasser lebte, beeindruckten mich die Stimmungen immer wieder aufs Neue. So wie der Moment, als meine Augen aus der Kapuze auf jene regenschwarze Wand lugten, die von nichts Gutem kündete. Bald darauf zog sie über uns hinweg und es schüttete stundenlang. Im Auf und Ab der See fegten Schauerböen über das Deck. Der Wind warf sich auf uns und war zumindest an diesem Tag mehr Gegner als Freund. In die graunasse Tristesse lächelte Petris Glück: Die Angelrute bog sich nach achtern, die Sehne schien zum Reißen gespannt und in gespannter Erwartung zog ich das Abendessen an Bord. Traute ich den Abbildungen in meinem schlauen Buch der Meerestiere, muss es sich bei dem Fisch des Tages um einen Wahoo gehandelt haben.

Durch ihn kam Abwechslung in die Speisekarte des Smutjes. Der Fisch wurde für die Mannschaft gekocht und für den Skip gegrillt. Der Rest eingelegt in Soja, dazu Nelken, Lorbeerblätter, Pfeffer und Salz, kurzum mariniert und am nächsten Morgen zum Trocknen über die Reling gehängt! Ein Genuss für den Tag, an dem wir einen weiteren nautischen Meilenstein passierten. 70 Seemeilen südöstlich von Fidschi überquerten wir auf Position 18°29,32 Süd die Datumslinie. Wir hatten alle 180 westlichen Meridiane durchsegelt und bekamen als Dank einen Tag geschenkt!

Das schöne Wetter war zurück und AURYN rauschte unter voller Besegelung in einem frischen Passat, umgeben vom zunehmenden Schifffahrtsverkehr, Fidschi entgegen. Suva, der Haupthafen auf Fidschi, gilt als Umschlagsplatz diverser Güter in der Achse Neuseeland – Indonesisches Meer.

In dieser Nacht lag ich ausgestreckt, aber in höchster Wachsamkeit im Cockpit. Zu den Riesen der Ozeane gesellten sich kleinere Fischerboote, die teils unbeleuchtet unseren Kurs kreuzten. Ich hockte in der Dunkelheit, navigierte nach dem Schein des Leuchtfeuers von Suva und war froh, als sich am Morgen die Sonne in den Himmel stemmte. Land kam in Sicht.

Nach dreieinhalb Tagen zeichneten sich im Dunst die Konturen der Berge Fidschis ab.

Möbel für Ikea und Pornohefte ...

Fidschi galt bis Mitte des neunzehnten Jahrhunderts als die Insel der Kannibalen. Dazu kamen blutige Stammesfehden und merkwürdige Gebräuche, die Europäer eher fern hielten. Doch die Zeiten haben sich geändert. Der Hafen von Suva gilt heute als bedeutender Knotenpunkt für

Frachtumschläge im westlichen Pazifik. Ich lotste AURYN vorbei an zahlreichen Schiffen und staunte über die Hochstapelei riesiger Containerhalden am Kai. Die Stahlkisten, entwickelt im Koreakrieg, um Material an die Front zu schaffen, wurden zur Weltwährung der Logistik. Auf Grund der uferlosen Nachfrage nach Konsumgütern wurden Container zum Turbolader der Globalisierung. Sie bringen Kinderwagen aus Japan, Mobiltelefone aus Taiwan, Ikea-Möbel aus China....ich kam nicht dazu den Gedanken zu beenden, denn wo, verdammt, war der Yachtklub?

Ich fand die Einfahrt zum Royal Suva-Yachtklub nur mühsam und hätte am liebsten gleich wieder umgedreht. Denn bald darauf lagen wir vor Anker im schlammigen Gewässer und in der Umgebung trostlos anzuschauender Schiffe. Verrostet und vergessen gammelten sie vor sich hin, während ich mich mit meinen Dokumenten auf den Weg zu Zoll und Polizei begab, denn Schiff und Mannschaft mussten ordnungsgemäß angemeldet werden

Der freundliche Zollbeamte mit knubbeligen Knien, die unter seinem traditionellen Sarong hervorlugten, stellte mir die üblichen Fragen nach der Mannschaft (Ein Seemann und eine Katze, Sir.) Waffen, Drogen und Alkohol (No, Sir) und so weiter und so fort und endete mit der Bitte nach Pornoheften! (Wie bitte, Sir?)

Um Missverständnissen aus dem Weg zu gehen, verstaute ich meine Papiere und nahm mir die Stadt vor.

Suva

die Hauptstadt Fidschis, liegt vor sattgrünen Bergen und ist eine quirlige Stadt mit immerhin 70.000 Einwohnern. Auffällig waren die vielen Inder und die vollen Bürgersteige. In einem chaotischen Gedränge wuselten Käufer und Flaneure vorbei an Geschäftsauslagen, auf denen der Staub vergangener Jahre lag. Man sah nur wenige Fidschianer in der Stadt. Stattdessen dominierten Hindus, mit dem roten Punkt wie auf die Stirn genagelt, das Bild der Straße und die Wirtschaftsbereiche der Insel. Das kommerzielle Denken und rasche Handeln der indischen Geschäftsleute scheint schwer vereinbar zu sein mit den uralten Traditionen der Fidschianer. Dazu gesellen sich Muslime und Islamisten. In diesem Melting Pot wird Religion zänkisch. Ethnische Meinungsverschiedenheiten führen schon mal dazu, dass die Tempel der Hindus und der Hare Krishna von militanten Fidschianern in Brand gesetzt werden.

Wie war das noch mit der Insel der Kannibalen?

Die Kannibalen oder besser jene mutierte Tierart Mensch, die sich selbst die Krone der Schöpfung übergestülpt hatte, fraß mit Vorliebe Fleisch ihresgleichen. Besonders gierig trat dabei Chief Udre Udre in Erscheinung, der er über 800 Menschen den Schädel einschlug und das Gehirn auslöffelte. Nach dieser leckeren Vorspeise schmorten die Kannibalen ihre Opfer im Ofen und verputzten ihr Fleisch je nach Gusto angebraten oder gut durch. Gab es Versorgungsengpässe mit dem Fleisch weißer Missionare oder gestrandeter Schiffbrüchiger, befriedigten Udre und Konsorten ihre Gier durch die Opferung von Freunden oder Verwandten.

Es nieselte seit Stunden. Die Stadt erschien mir schmuddelig und die Einheimischen von seltsamer Lahmheit. Was aber nicht besonders überraschte, denn über allem hing eine schwüle Glocke aus fast hundertprozentiger Luftfeuchtigkeit.

Das Klima an der Westküste ist besser, sagte die Prinzessin, als sich die Rauchfahne ihres paffenden Gegenübers um sie kräuselte, während ich am Tresen des Yachtklubs stand und auscheckte.

Der freundliche Hinweis der Sekretärin war eine Sache, eine andere meine Abenteuerlust, gepaart mit einem Seesack voller Neugierde. Ich wollte jene Inseln besuchen, die William Bligh von der Bounty auf seiner Odyssee westwärts durchsegelt hatte.

Und so verließen wir Suva, kreuzten entlang der Südküste Fidschis, die sich über 100 Meilen dahinstreckte. Vorbei an einer eindrucksvollen Landschaft aus dicht bewaldeten Bergen, hohen Plateaus und grünen Plantagen. Die Luft war voller Sirup, denn vom Land trug der Wind den süßlichen Geruch von geschlagenem Zuckerrohr herüber.

In der Nähe der Stadt Lautoka fand ich einen kleinen Yachthafen mit fast europäischer Infrastruktur.

Ist die knifflige Riffeinfahrt, die nur bei Hochwasser zu empfehlen ist, erst einmal passiert, genießt man den Luxus eines Steganlegeplatzes mit Wasser- und Stromanschluss. Nach Monaten gönnte ich AURYN wieder eine Süßwasserdusche und beobachtete, wie sich einige Kollegen auf die Taifunsaison vorbereiteten. Allerdings geschah es hier nach einem ganz anderen System. Sie kranten ihre Schiffe aus dem Wasser und stellten sie in ausgebuddelte Löcher. Der Kiel verschwand darin und die Yacht saß bis zum Rumpfboden im Erdreich. Die Schiffsseiten stützten sie mit ausgemusterten Autoreifen ab. Es war eine eigenartige Variante, die trotz ihrer Witzigkeit Sicherheit gewährte.

„Besoffen" über die Insel

Bevor ich im Blau des Pazifiks verschwand, wollte ich das Landesinnere Fidschis erkunden und lieh mir ein Auto. Es fiel mir nicht gerade leicht, mich an den Linksverkehr zu gewöhnen und der Ladung auszuweichen, die uralte Lastwagen verloren hatten, als sie das frisch geschlagene Zuckerrohr vom Feld zur Fabrik transportierten.

Im Zickzackkurs durch liegengebliebene Zuckerrohrbündel kam ich nach Lautoka. Die kleine Stadt wirkte auf mich aufgeräumter als Suva und machte einen betriebsamen Eindruck, weil die Ernte der süßen Stäbe auf vollen Touren lief. Ich besuchte den Markt, der voller Gerüche hing, staunte über Gewürze, exotische Früchte und ziemlich schöne Menschen, die sie aufrecht tragen.

Dann war die Welt leer.

Der Boden grau von der letzten Brandrodung, der Fluss reißend, die Ufer felsig, die Landschaft dahinter karstig. Archaisch und unberührt, könnte man meinen. Plötzlich die Hütte. Ein Schlot und Rauch, der übers Dach strich. Das Parfüm der Geborgenheit. Im Näherkommen war die Hütte nur ein schäbiger Verschlag am Rande der Straße und ein deutscher Bauer hätte mit solchem Gebäude glatt den Tierschutz am Hals. Doch hier wohnten Menschen drin. Im Licht einer schwachen Birne machten Kinder Schularbeiten, Frauen den Abwasch und Männer dösten.

Über einen Schotterweg führte der Weg zurück zur Küste. Hin und wieder ein Tempo 30-Schild. Irgendwie ein Hohn, denn mehr als 20 waren einfach nicht drin. Schlagloch reihte sich an Schlagloch und das Auto fuhr, als sei ich besoffen. Dabei wich ich nur den Kratern aus.

Im Meer einer alten Zeit

Die vorgelagerten westlichen Inseln von Fidschi sind ein wunderschönes Segelrevier, in dem man sich zeitlos verlieren könnte. Malolo-Leila landschaftlich sehr schön, doch touristisch bereits durchgestylt, lag achteraus. Vor uns die Yasawa-Gruppe, in ihr Naviti und ein Traum von Südseeidylle. Türkisfarbenes Wasser, auf dem AURYN zu schweben schien, eine interessante Unterwasserwelt, in der bunte Korallenfische hin- und herflitzten und an Land eine üppige Vegetation im verschwenderischen Reichtum von Früchten. Ein kleiner Wasserfall plätscherte hinter einer Palmenreihe, etwas weiter hatte das Dickicht Relikte einer alten Tempelanlage mit seinen Farnen überwuchert.

Ich begegnete einem Fischer, der am Strand sein Netz im hohen Bogen auswarf und einem Dorf, das in uralten Traditionen lebte.

Kinder hatten die Ankunft eines Segelbootes bereits angekündigt, insofern war ich nicht wirklich überrascht, als mich der alte Dorfchef in seinem fein gebundenen Sarong aus Pandanussblättern und einem Oberkörper voller Tätowierungen erwartete. Ich kramte Jons Kavawurzeln aus meinem kleinen Rucksack und bat um Erlaubnis, vor seiner Insel ankern zu dürfen. Der Chief taxierte mich schweigend, während ich seine lange Haartracht bewunderte, die vor Kokosöl triefte. Mein Gastgeschenk verfehlte seine Wirkung nicht. Der Boss klatschte in die Hände und damit war ich willkommen in seinem Dorf. Nach einem kurzen Rundgang hockte ich mit verdrehten Knien unbequem auf einer harten Bastmatte, um bei gedünstetem Fisch in Bananenblättern anständig zuzulangen.

Ein Fidschianer mit breitem Lächeln reichte mir als Empfangscocktail die Tanoa. Die altertümliche Kavaschale war wunderschön geschnitzt, doch die braune Suppe darin musste in den Hals!

Das Gebräu abzuschlagen galt als unhöflich. Der Willkommens-Cocktail hatte es in sich.

Er narkotisierte meine Beine und sorgte dafür, dass mein Mund anschwoll. Nach der zweiten Runde fühlte sich meine Zunge taub an und ich glitt hinüber in einen tranceähnlichen Zustand, in dem mich Trommelrhythmen und die anmutigen Bewegungen der hübschen Tänzerinnen in eine andere Zeit entführten. Das Tempo ihres Tanzes wurde bestimmt durch die Schlagfrequenz fellbespannter Trommeln und den Wechselgesang des Chores.

Dann wurde es ruhig ... und eindrucksvoll: Es folgte die mimische Darbietung einer alten Frau, vermutlich der einzigen Überlebenden einer vergangenen Epoche. Im Spiel mit Leinenschnüren schüttelte sie den Staub von vergessenen Legenden und erzählte fingerfertig Geschichten von Seereisen, der Jagd und von der Poesie der Liebe. Naviti zelebriert seine uralten Bräuche mit wilden Tänzen, melodischen Gesängen und lebt abseits weißer Missionare und den Repressalien ihrer Kirchen.

Immer noch im Gestern und im Meer einer alten Zeit.

Der Zauber war vorbei.

In die Stille des Versammlungsplatzes schlurfte ein alter Mann, faltete bedächtig seine knochigen Hände und flüsterte ein Gebet zum mauiden Gott von Moana. Er bat um einen reichen Fang für die Fischer, ihr Wohlergehen und vielleicht auch für das eines kleinen Seemannes, der am nächsten Morgen hinter dem sanft rauschenden Palmenhain den Anker an Deck zog und westwärts segelte

Im Schatten eines Helden

führte uns der Törn durch den Bligh Water Channel, an einer Kette von unbewohnten Inselchen entlang.

Das musste einmal anders gewesen sein, glaubt man den alten Logbuchaufzeichnungen von Captain William Bligh. Wir folgten seiner Spur. Nachdem Bligh mit 18 seiner Getreuen von den Meuterern der „Bounty“ in einem offenen Beiboot auf hoher See in der Nähe von Tonga ausgesetzt wurde, sichtete er 1789 diese Inseln und skizzierte als erster Europäer von diesem Teil Fidschis eine akkurate Karte. Obwohl Bligh die Eindrücke der Landschaft in seinem Logbuch penibel beschrieb, wagte er es nicht, an Land zu gehen, da die Dahintreibenden bereits von den angriffslustigen Fidschianern entdeckt und mit einem Kriegskanu verfolgt wurden. Den hervorragenden seemännischen Fähigkeiten Blighs war es zu verdanken, dass ihre Schaluppe den messerwetzenden Kannibalen entkam und Bligh seine Männer sicher über eine qualvolle Reise von 3000 Seemeilen, entlang der australischen Ostküste durch die Torres Strait, bis nach Timor führte.

Doch zurück zur Gegenwart.

Mit dem Erreichen von Turtle Island war die Romantik der unberührten Ankerbuchten dahin. An einem der schönsten Strände des Archipels befand sich ein exklusives Luxusressort und zu allem Überfluss lag in der Lagune ein protziges Kreuzfahrtschiff vor Anker. Bereits morgens rasten riesige Schlauchboote mit kreischenden Gästen ziellos durch das türkisfarbene Wasser, das ihnen bei jedem Einstampfen der Bugspitze waagrecht ins Gesicht klatschte. Ich kam nicht hinter den tieferen Sinn dieser Aktion. War es ein „Wie vermittle ich meinen Kunden das Gefühl. an einer lebensbedrohlichen Exkursion teilzunehmen“ oder was auch immer. Ich saß mittlerweile im Dingi, paddelte zum Strand und bestaunte ein Hotel, das sich sensibel der Landschaft anpasste. Die Handschrift des Architekten verriet seine Verbundenheit zur Natur. Kein Glas, kein Beton und kein Edelstahl zerstörte die Symbiose aus natürlichen Baustoffen. Selbst einen Golfplatz hatte man zart in die Landschaft eingebunden.

Ich marschierte ein Stück dieser parkähnlichen Landschaft entlang, die Schatten bot und mich begeisterte, auch wenn rot verbrannte Ärmchen in schicken Designerklamotten auf kleine Bällchen eindroschen.

Eine Gruppe Amis mit dicken Bäuchen über schmalen Gürteln zog mit albernen Wägelchen vorbei, während eine glutrote Sonne sich frech auf Loch 17 legte.

Das Paradies hatte seinen Preis! Eine Nacht in den palmengedeckten Hütten kostete die übersichtliche Summe von 650 US Dollar. Dennoch machte die Herberge auf mich einen gut besuchten Eindruck, wohl auch, weil in der „Blauen Lagune“ nebenan jene Hollywoodschnulze gedreht worden war, die eine gewisse Brooke Shields weltbekannt machte.

Verlangen, das einmal war

Es machte mir Spaß, die Leute zu beobachten, und da ich mich irgendwie einsam fühlte, gönnte ich mir ein unverschämt teures Abendessen in der Geselligkeit eines hübschen Hotelambientes. Allerdings fiel mir auf, dass die Hoteldiener lächerliche Kostüme trugen, die teilweise schlampig verarbeitet waren und den Gästen vermutlich eine typische Landestracht vorgaukeln sollten. Auch wenn ich mich ungern an das Gefühl meiner aufquellenden Zunge erinnerte, spätestens bei der Abendunterhaltung und der erbärmlichen Interpretation eines Stammestanzes stand mir der Sinn nach einer Schüssel von geseihter Kava.

Wie in einer Filmsequenz wanderte meine Erinnerung zurück in das ursprüngliche Naviti und hin zu Bildern von fusseligen Getränken, prächtigen Gewändern und ehrlichen Tänzen. Bei der billigen Südseeshow machte ich mir den Spaß und bat den Kellner um eine Schale bewusstseinsverändernder Kava. Er verstand den Spaß und damit hatte ich mit Pierre für den Rest des Abends einen Freund an meiner Seite, der mir außerdem brauchbare Tipps für mein nächstes Reiseziel gab. Er kam aus Vanuatu und auch wenn er ziemlich ablehnend von seinem Heimatland sprach ... sumpfiger Urwald, Malaria, Moskitos, dumme Bewohner, merkwürdige Kulte, aktive Vulkane...,so klang es in meinen Ohren wie der allmähliche Höhepunkt in Orffs „Carmina Burana“. Übrigens, alle Angaben des Kellners, der früher auf Zuckerrohr eingeschlagen hatte, erwiesen sich als wahr. Mit Ausnahme der einfältigen Bewohner!

Mittlerweile war ich solide aufgeschlagen, denn die Cocktails hatten es in sich. Verliebte Pärchen lagen sich zärtlich in den Armen und lauschten den melodischen Klängen der Hotelkapelle, die Isla Lei spielte, das wunderschöne Abschiedslied der Fidschianer. In diese Stimmung rieselte etwas Schwermut, die dazu beitrug, dass sich meine romantischen Synapsen verkabelten und die Erregungsübertragung von einer Zelle zur anderen übersprang. Ich dachte an eine vergangene Liebe und an ein Verlangen, das einmal war.

Vollmond, Libido und Himmelsgekritzel oder Segeln im westlichen Pazifik

Es war die zweite Dezemberwoche 2003, 18 Uhr Bootszeit, als ich in der Seekarte mit dem Zirkel das neue Ziel absteckte und einen feinen Bleistiftstrich zum nächsten Etappenziel zog. Tanna (Archipel Vanuatu), schrieb ich ins Logbuch. Distanz 520 Seemeilen. Und ergänzte die Chronistenpflicht mit dem Vermerk „Besonderes“. Dort stand:

Vollmond. Wenn die Libido unten ist und die Zärtlichkeit einer Frau weit entfernt, gibt es kaum etwas Aufregenderes als das Segeln im silbrig reflektierenden Licht einer Vollmondnacht!

Der scharfe Wind knatterte mit 25 Knoten aus Südost. Ich hatte die Genua ein zweites Mal gerefft, anschließend ausgebaumt und das Großsegel mit dem Bullenstander gesichert. AURYN rauschte mit dem Wind im Rücken und im Surf beachtlicher Wellenkämme. Konstante 7 bis 8 Knoten Fahrt sorgten bei der Umrechnung des Etmals für das stolze Ergebnis von 179 Seemeilen. Soweit zur nüchternen Logbucheintragung.

Das Empfinden spielte sich draußen ab.

Nachmittags hing ein großer Mahi-Mahi an der Schleppangel. Leider nur kurz. Als ich ihn mit dem Gaffhaken Richtung Achterdeck schwenkte, riss er sich mit einem Reflex aus dem Eisen und tauchte wieder ins Meer. Damit verschwanden die frischen Fischstäbchen, worüber sich Skip und Socke ärgerten. Kurz nur, denn das Himmelsgekritzel lenkte ab und beunruhigte. Dramatische Zirren können in den Tropen zwar alles oder nichts bedeuten, doch das untrügliche Fallen der schwarzen Nadel des Barometers machte Schluss mit spekulativen Theorien. Das Farbenspiel eines tropischen Pazifikhimmels änderte sich. Dunkle Wolken zogen auf. Die ausgefransten Bärte darin kündeten von kräftigen Schauern und ihre alarmierende Botschaft lautete: Seemann, mach dein Schiff klar, es gibt was auf die Schnauze! Dann rollte der Ozean heran.

Mir blieb gerade noch Zeit, mein festgelegtes Schwerwetterritual aus routinierten Handgriffen umzusetzen und alles, was im Schiff herumfliegen konnte, sicher zu verstauen. Mein Notfallcase samt Rettungsinsel und Schwimmweste klar zu machen, die aktuelle Position in der Seekarte einzutragen, die Segel zum zeitigen Reffen vorzubereiten. Viel mehr kann man nicht tun. Außer beten, sich gut festhalten, auf das Schlimmste gefasst sein und darauf hoffen, dass alles gut geht.

Ein kleiner Seemann steuerte in dieser Nacht sein Schiff mit Segeln, die im dritten Reff standen, durch eine graue Gebirgslandschaft aus mächtigen Wellen. Der Starkwind erreichte in den Spitzen heftiger Schauerböen Sturmstärke. Als die Nacht „Guten Morgen" sagte und durch einen schmalen Wolkenspalt die aufgehende Sonne lugte, flaute das tropische Unwetter allmählich ab.

Auf dem Feuerring

Nach dem vierten Seetag bot der rauchende Vulkan von Tanna bereits von weitem eine natürliche Ansteuerung. Ich näherte mich der Insel vorsichtig, denn die Seekarte warnte vor ungenauen Wassertiefen, hervorgerufen durch ständige Unterwassereruptionen und Seebeben. Noch immer sind die vulkanischen Aktivitäten in dieser Region sehr ausgeprägt und kleinere Erdbeben gehören zum Alltag von Vanuatu. Der Inselstaat liegt auf dem sogenannten „Feuerring" am Westrand der pazifischen Platte und östlich des Neu-Hebriden-Grabens, dessen tiefste Stelle 7660 Meter misst. Was zur Folge hat, dass sich die Indo-Australische und die Pazifische Platte mit gewaltiger Kraft aneinander reiben. Diese Unterwasserkabbelei bekommt an Land kaum einer mit, nur schlaue Geologen. Sie haben errechnet, dass Vanuatu auf Grund spuckender Vulkane jährlich um einen Millimeter angehoben wird! Immerhin oder vielleicht doch dramatisch! Ich kam nicht dazu, der Relativität Schärfe zu geben, denn es schepperte!

Was nichts anderes bedeutete, als dass die „Alarmanlage" der Schleppangel ausgelöst wurde. In Erwartung frischen Futters wetzte Socke zum Heck. Ausgerechnet jetzt, da ich mich auf die Ansteuerung der Riffpassage konzentrierte, war die Angelsehne zum Reißen gespannt. Was da am Haken hing, kämpfte und zog. 50 Meter Leine wanderten seitwärts aus oder führten steil in die Tiefe des Ozeans. Langsam und Hand über Hand zog ich den Fisch zum Heck und spürte dabei, wie er allmählich müder wurde.

Zum Vorschein kam wieder ein großer Mahi Mahi. Doch diesmal entkam er nicht.

In einem Gewusel aus zerlegten Fischfilets, Köder und Sehne, aufgeregter Katze und Blutgeschmiere steuerte ich AURYN haarscharf vorbei an einem gefährlichen Felszacken, der knapp unter der Wasseroberfläche lauerte, und durch die schmale Riffpassage zum Port Resolution. Benannt nach einem der Schiffe von James Cook, auf dessen Namen man immer wieder stößt, wenn man sich auf eine Segelreise durch den Pazifik begibt.

Man schrieb das Jahr 1774. Cook ankerte in Tanna, nannte den lavaspuckenden Vulkan „den Leuchtturm der Südsee" und machte sich anschließend auf die Suche nach der Terra incognita australis, dem sagenumwobenen Südland, das man um den Pol herum vermutete und das wegen des arktischen Eises so lange unerreichbar blieb.

Die alte Kultur Melanesiens – Rituale, Tänze und knackige Ärsche

AURYN lag als einziges Schiff in der vom dichten Dschungel umgebenen Lagune von Port Resolution. Frische Fischfilets brutzelten in der Pfanne und vom nahen Vulkan grummelte es hin und wieder.

Ein merkwürdiger Schwefelgeruch lag in der Abenddämmerung und in dieser näherte sich mit ruhigen Paddelschlägen ein Auslegerkanu und kam längsseits. Aus einem ausgehöhlten Baumstamm grinste mich Tawa an. Ol sem wanem sprach er schüchtern, was nichts anderes als Hallo bedeutete. Das Idiom war Bislama. Eine Mischung aus englischem, französischem und melanesischem Sprachgut. Eine witzige Sprache allemal, nur leider unverständlich.

Am Morgen des nächsten Tages schob mich eine sanfte Dünung mit dem Beiboot auf den kieseligen Strand. Ich marschierte ein Stück auf einem Weg, der geradewegs in den tropischen Wald führte. Vorbei an uralten Bayanbäumen, Bananenstauden und Ananasfrüchten, die wie Unkraut im Gebüsch wuchsen, und kam in das Dorf, das sich hinter einer Wegbiegung befand.

Diesmal schlug mir ein herzliches ramassem entgegen, was wiederum Hallo bedeutete, aber ein anderes Dorfidiom war. Später erfuhr ich, dass jedes Dorf auf Grund seiner Isolation eine eigene Sprache entwickelt hatte und es über 150 Dialekte auf Tanna gab.

Dann schüttelte ich eine Vielzahl von Händen und hörte ebenso viele Namen. Der Juniorchef führte mich zum echten Häuptling, dem ich meinen Beutel mit Gastgeschenken entgegenstreckte: Kavawurzeln, Tabak, Angelhaken und ausgemusterte T-Shirts, wobei meine ganze Aufmerksamkeit darauf ausgerichtet war, das Protokoll einzuhalten: Den Dorfchef nicht anzuschauen, eine geduckte Körperhaltung einzunehmen, um nicht größer zu erscheinen als der Boss selbst. Es nicht zu tun würde bedeuten, ein Tabu zu verletzen.

Zum unbequemen Small Talk sank ich mit verschränkten Beinen auf die grobe Pandanussmatte und lauschte der Begrüßungszeremonie. Der Ältestenrat murmelte Beschwörungsformeln oder was auch immer, während neben der kleinen Hütte mit Holzkeulen auf die Yanggona-Wurzeln eingeschlagen wurde. Anschließend kam das zerstampfte Pulver in ein Stück Stoff und wurde im Wasser der Kavaschale geseiht. Dann machte die Tanoa ihre Runde und die Tattergreise schlürften einen gewaltigen Mund voll davon, derweil ich meine Lippen nur vorsichtig in die trübe Brühe steckte, um nicht wieder das Gefühl von tauben Beinen zu erleben. Als jeder einmal den Kelch an den Lippen hatte, klatschte die Runde dreimal in die Hände, womit das offizielle Empfangsprotokoll abgeschlossen, wurde. Erst jetzt war ich willkommen und aufgenommen in die Hüttengemeinschaft.

Stanley, der Sohn des Dorfchiefs, führte mich anschließend durch ein beschauliches Nest, das im Gestern schlummerte. Ich war ein Zeitreisender, badete in Nostalgie und passierte romantische Szenen vor dürftig verhängten Fenstern, hinter denen das Leben spielte.

Das Dorf lebte abseits der sich immer weiterentwickelnden Zivilisation und hatte der Angleichung an moderne Lebensformen bisher widerstanden. Es gab keine Elektrizität, kein Internet und keine Fernseher und weil es kein fließendes Wasser gab, stand hier keiner zeitlos unter der Dusche und sang muntere Seemannslieder. Sanitäre Einrichtungen? Fehlanzeige. Nur der Chief hatte ein Plumpsklo. Das Volk marschierte zum Meer, hockte sich auf das flache Riff und entledigte sich dessen, was sein musste. Für die Spülung sorgten Ebbe und Flut.

Der frische Passat blies auflandig. Wie ferner Donner knallte die Brandung im Getöse auf einen Ring aus Korallengestein. Darin lagen die Rumpfreste einer einst stolzen 20-Meter-Yacht, die vor einem Jahr in einem Sturm aufs Riff geschleudert worden war. Letzter Liegeplatz und Endstation der Träume für die englische Crew, die von einem Moment zum anderen alles verlor.

Zurück im Dorf passierten wir den Versammlungsplatz, an dem die alten Männer zusammengekauert immer noch an der Schale faseriger Kava schlabberten. Der benebelt dreinblickende Häuptling ließ einen angedeuteten Gruß erkennen, während der Rest der Herrschaften sich in der beruhigenden Wirkung der Betäubungswurzeln befand, die zumindest bewirkte, dass keiner grölend in seine Hütte wankte, seine Kinder vermöbelte oder die Frau vergewaltigte.

Nach einem Tag voller Eindrücke ruderte ich im warmen Licht des Sonnenunterganges zu meinem Schiff zurück. Vorbei an einem Fischer, der in seinem archaischen Einbaum minutenlang reglos verharrte, um dann blitzschnell seinen Holzspeer in einen zuckenden Fisch zu schleudern.

In das Farbenspiel der Passatwolken mischte sich eine andere Nuance von Pastell und in dieser Abendstimmung lag nach langer Zeit meine schwarze Kladde wieder auf dem Tisch. Ich wollte meine Gedanken formulieren, um mich irgendwann an die Realität meiner Erlebnisse zu erinnern und schrieb:

Schmeißt die Bibel weg, sauft Kava, tanzt wild und habt Partnertausch ...

Und damit begann ein neues Kapitel, in dem ich anderntags durch die Umgebung des Dorfes marschierte und durch einen Dschungel, der mich mit satter Schwüle und dem betäubenden Duft von Hibiskus empfing. Ein leichter Wind strich durch die üppige Vegetation und wehte geisterhaft Blätter über zwei verfallene Grabsteine. Sie erinnerten an jene Sorte Mensch, die von den Erzählungen Bougainvilles, Cooks und anderer ins Paradies gelockt wurden. Im Namen Christi kamen die weißen Missionare zur Bekehrung der Wilden in die Südsee. Nichts machte sie seliger, als den armen Heidenkindern das Wort Gottes einzutrichtern und sehr schnell unterbanden sie Rituale wie Ahnenkulte und Zauberei. Und die südpazifische Lebenslust ihrer Ureinwohner, die aus kaum etwas anderem bestand als Polygamie, Kavabesäufnissen und wilden Tänzen. Allerdings ließen sich die Ureinwohner von Tanna schlecht christianisieren. Einige der Priester, die hier landeten, wurden mit Keulen erschlagen und gleich in den Topf gesteckt, wie mir Samson erklärte.

Ich war zurück im Dorf und stand vor der Hüttenkirche aus stäbigem Bambus. Davor ein Holzkreuz und eine Schiefertafel mit Kreideschrift, die den nächsten Gottesdienst ankündigte. Der Altar war aus schlichten Bambusrohren geknotet und umgeben von wunderschönen tropischen Pflanzen.

Im Duft dieser Farbenpracht lernte ich Samson, den Laienprediger kennen. Er saß unter einem schattigen Gestell aus geflochtenen Palmenblättern und schien sich auf die Predigt vorzubereiten. Wir palaverten in einem Kauderwelsch aus mutiertem Englisch, übrig geblieben aus seinen Gelegenheitsjobs auf Frachtschiffen und aus meiner Schulzeit.

Samson hatte nicht die anarchistischen Glaubenstriebe seiner Vorfahren geerbt. Stattdessen las er den Dorfbewohnern aus der Bibel vor. Doch kaum einer lauschte seinen Worten, weil archaische Naturreligionen ihre Renaissance erlebten. Alte Kulte blühten auf. Medizinmänner erhielten wieder Macht und schrieen mit stechenden Blick: Schmeißt die Bibel weg, sauft Kava, tanzt wild und habt Partnertausch!

Das Land, das immer schon da war ...

... so heißt in der Sprache der Eingeborenen die Inselgruppe von Vanuatu. Auf Grund des feuchtheißen Klimas und mangelnder touristischer Infrastruktur ist es nicht unbedingt die erste Adresse für Urlauber, die gepflegt entspannen wollen. Wer sich dennoch auf Vanuatu einlässt, wird belohnt mit grandiosen Landschaften, einer üppigen Vegetation, die sich tiefgrün vom blauen Himmel abhebt, der alten Kultur Melanesiens und aktiven Vulkanen. Der Yasur auf Tanna ist ein solcher und wurde mein Ziel.

Wir stiegen in der Abenddämmerung auf, um das Schauspiel rot glühender Lava besser beobachten zu können.

Ein unangenehmer Geruch lag in der Luft, dunkler Qualm wurde in den Himmel geblasen und Ascheregen rieselte nieder. Mühsam stiefelte ich meinem Führer Stanley hinterher, auf einem losen Boden, der Milliarden Volt zu haben schien. Die Hitze der Erde schlug durch die Sohlen dicker Schuhe. Schwefelgase machten den Aufstieg zusätzlich beschwerlich, doch dann standen wir am oberen Rand eines der aggressivsten Vulkane unseres Globus und blickten in die Tiefe der Kaldera.

Die Dunkelheit senkte sich allmählich über die Vulkanöffnung, wodurch sich die feurigen Schlünde eindrucksvoll abhoben. Ein Lavapilz bildete sich, wuchs wie der rote Feuerball einer aufgehenden Sonne, bis er in einer wahnsinnigen Eruption zerplatzte. Das Echo des gewaltigen Knalls hallte an den Kraterwänden wider und glühende Steinbrocken wurden von unten gespenstisch angestrahlt. Wie zäher Kleister spritzte die Lava auseinander, während der Vulkan erneut rülpste. Im Inferno von Glut und einem Hagel aus brennenden Steinen konnte man sich der Faszination der glühenden Eruptionen kaum entziehen und war versucht, näher heranzugehen. Doch das Erlebnis des beeindruckenden Naturschauspieles war gefährlich.

Stanley erzählte mir makabre Geschichten seiner Vulkan-Expeditionen, wo eine japanische Touristin von einem Gesteinsbrocken geköpft wurde oder ein Lavageschoss den Bauch eines Australiers durchschlug und ihn anschließend meterweit durch die Luft schleuderte. Warnend rollten glühende Lavabrocken an uns vorbei. Es war Zeit für den Abstieg.

Spätabends waren wir zurück im Dorf, in einer Welt schlichter Wirklichkeit. Im schwachen Schein eines verglimmenden Feuers saßen einige Frauen unter einem als heilig geltenden Bayanbaum und flochten Palmenblätter. Andere strickten an einer einfachen Kutte, die sie sich später bündig über den Kopf streiften. Vermutlich ohne Gedanken an einzwängende Unterwäsche und ohne sich darunter nackt zu fühlen. Und die Kerle? Genau! Sie hockten wie immer mit verdrehten Beinen im Rausch der abendlichen Kavarunde und befanden sich gerade in ihrer Kicherphase. Mehr aus Höflichkeit setzte ich mich kurz zu ihnen, nippte an dem breiigen Gesöff der Pfefferwurzeln und rutschte ab in einen warmen Zustand von Ruhe, in dem ich das Leben in einer phantastischen Intensität fühlte.

Das quälende Schreien eines Flying Fox riss mich zurück in die Wirklichkeit. Schräg gegenüber hing kopfüber und am Fußgelenk angebunden eine Fledermaus mit der imposanten Flügelspannweite von über einem Meter. Das Vieh mummelte an einer überreifen Mango und versuchte, sich aus der Fessel eines schlampig gebundenen Knotens frei zu zappeln. Die „fliegenden Hunde" gelten als Spezialität der melanesischen Küche, werden gemästet und dann über dem Feuer gegrillt. Ich hatte kurz den Gedanken, den Kerl vor dem zu bewahren, was ihm bevorstand. Doch im monotonen Getrommel und der Narkose des Kavas muss ich eingeschlafen sein.

Doch nur eine Illusion?

Eine stickige Luft weckte mich. Nach einem kurzen Frühstück marschierte ich mit Stanley, meinem Reiseleiter, im mörderischen Regenwaldklima über schlammige Pfade durch einen dichten Dschungel. Kaum sichtbare Moskitogeschwader fielen mit bösartigen Stechattacken über uns her und erhöhten die Wahrscheinlichkeit, sich auf dieser Tour eine Malaria einzufangen. Spätestens, als ich auf einen glibberigen Tausendfüßler latschte und mein Kopf ein reifenradgroßes Spinnennetz streifte, sehnte ich mich nach der Frische und der reinen Natur Patagoniens.

Eine ausgewaschene Flussebene, durch die der Wind wehte, bot eine kurze Erfrischung. Doch dann folgte ich wieder Stanley, der mit der ausholenden Bewegung eines Animateurs im Urwald verschwand. Wir gingen zu seinen Freunden im Nachbardorf und marschierten auf einem modrigen Trampelpfad mächtigen Bayanbäume entlang, die so alt waren wie der Wald, der sich über tausend Jahre nicht verändert hatte.

Das Dorf schien nicht mehr fern. Vorbei an einer Gruppe von Frauen, die in einer Flussbiegung ihre nasse Wäsche auf glatte Felsen klatschten, drang ein dumpfes Trommeln aus dem Busch. Kinder nackt oder in Baströcken liefen uns barfüßig entgegen und beinahe stolperte ich in eine schäbig abgedeckte Grube. Ein dunkles Verlies, in das man früher die weißen Gefangenen steckte, um sie zu mästen, bevor man ihnen den Schädel einschlug und sie fraß, wie mir Stanley versicherte. Auch Tanna hatte eine an Kannibalismus reiche Vergangenheit und oft waren es die ausgesandten Boten der christlichen Kirche, die den Weg in jenes muffige Loch fanden, in das ich beinahe gestürzt wäre.

Das Dorf, in das Stan mich führte, schien mir noch entrückter zu sein. Im Gegensatz zu Resolution, dass durch die Bucht zumindest eine Anbindung hatte, lebte dieser Stamm vollkommen isoliert von den Reizen der äußeren Welt. Tief im Dschungel und in wilden Tänzen.

Unter der ausladenden Krone eines heiligen Bayanbaum, in dessen ausgehöhlten Astlöchern Schädel und vergilbte Knochen lagen, vibrierte die Erde. Eine Gruppe von Männern begann eine Art von Stampftanz. Sie waren fast nackt. Nur die Garderobe ihres Schniedels bestand aus einem wippenden Büschel aus getrockneten Gräsern, gehalten von einer dünnen Liane, die sich zwischen den Backen der sandverschmierten Hintern spannte.

Das wilde Gehopse der Tanna-Dream-Boys sorgte für zittrige Bewegungen der umherstehenden Palmen. Händeklatschen und ein kehliger Gesang begleiteten den Tanz, der von alten Kulten erzählte und dem Dank an „Mutter Erde", die den Einheimischen zu ihrem einfachen Leben das Notwendige gibt.

In einer Atmosphäre, die mich faszinierte, wusste ich nicht, wohin mit all den Eindrücken. Gott sei dank hatte ich meine Kamera! Um mich später an die Begegnung zu erinnern, näherte ich mich in einer eigenartigen Mischung aus Respekt und nüchterner Chronistenpflicht schwabbeligen Hintern und stampfenden Füßen und schoss ein paar Fotos. Dabei vermied ich es, meine Kamera allzu aufdringlich in die sensible Komplexität der melanesischen Kultur zu halten, von der ich bisher keine Ahnung hatte.

Die ständig neuen Eindrücke und die freundlichen Menschen von Resolution machten mir die Weiterfahrt nicht leicht, doch im Hinterkopf schwebten ständig die Dämonen heraufziehender Zyklone.

In dieser latenten Unruhe beschloss ich aufzubrechen, dankte dem Chef für seine Gastfreundschaft und sagte dem Dorf im besten Sinne des Wortes „Auf Wiedersehen". Zum Abschied fand ich mein Dingi mit Hibiskusblüten ausgelegt und spürte einen dicken Kloß im Hals, als ich mit langsamen Schlägen in Richtung AURYN ruderte. Mit ihr segelte ich in ein anderes Jahrhundert, entdeckte einen Frieden, der wie ein Zauber war und wollte mit ihr eines Tages wieder kommen, um nachzusehen, ob es Wirklichkeit war oder doch nur eine Illusion

Schottland liegt im Südpazifik

Wer zur falschen Jahreszeit im Südpazifik auf dem Wasser unterwegs ist, hat eine ziemlich hohe Gewähr, von Zyklonen überrascht zu werden. Zwischen November und April ist die Zeit der Taifune.

Wer dann segelt, hat zwar die Romantik unberührter Ankerplätze für sich, kann sich aber gleichzeitig in allergrößte Schwierigkeiten bringen. Natürlich war ich besorgt, denn es war bereits Mitte Dezember.

Die aktuelle Wetterkarte zeigte ein weit ausgedehntes Hoch mit weit auseinanderliegenden Isobaren und der Südostpassat sollte mit angenehmen vier Windstärken blasen. Doch es kam anders, schlechter!

Es wurde ein sanfter Törn ohne nennenswerte Ereignisse, mit einem Wind, der schwächer blieb, als vorhergesagt. AURYN segelte knapp über dem südlichen Wendekreis und im gleichmäßigen Rhythmus der Natur. Unter weißen Segeln und in Gegensätzen, die krasser nicht sein konnten.

Nach drei Tagen sowie 310 Seemeilen und nach der archaischen Welt von Tanna tauchte ich wieder ein in die Hektik moderner Zivilisation. Port Moselle in Kaledonien hat europäischen Standard. Ein Yachthafen mit Strom und Wasser am Steg. Duschen mit Heißwasser und sanitäre Einrichtungen mit Wasserspülung. Für mich eine Rückkehr in die Normalität, für die Leute von Tanna, selbst nach der exzessivsten Kavaorgie, kaum vorstellbar.

Kaledonien (abgeleitet von dem lateinischen Wort für Schottland) ist ein französisches Überseeterritorium mit beschränkter Selbstverwaltung. Noumea heißt die Hauptstadt, die kaum südpazifischen Charakter erkennen ließ. Das architektonische Stadtbild machte auf mich eher den Eindruck eines mediterranen Ortes und verriet die Handschrift der Nachkommen französischer Kolonialherren. Die Strassen waren asphaltiert, klar angelegt und sauber. Im Park patrouillierte die Polizei in steif gebügelten kurzen Hosen und weißen Kniestrümpfen.

In der Geschäftigkeit Noumeas hetzte eine überwiegend adrett angezogene Bevölkerung vorbei an den schicken Auslagen der zahlreich vorhandenen Luxusgeschäfte. Auffällig in einem Bild voller Ordnung waren die im Schatten der Bäume dösenden Penner und ein Seenomade mit salzwasserdurchtränkten Latschen auf dem Weg zum Zoll. Vor dem protzigen Behördengebäude erweckte ein gewaltiger, vom Rost angefressener Stockanker meine ganze Aufmerksamkeit. Eine Hinterlassenschaft des wohl größten Seemannes der Geschichte: James Cook. Am 05.09.1774 ging er an der rauen Nordostküste Kaledoniens an Land und nannte die Insel Neu-Kaledonien, weil sie ihn an Schottland erinnerte. Cook und seine Mannschaft wurden von den Ureinwohner Kaledoniens, den sogenannten Kanaken, freundlich empfangen. Jene, die Cook nachfolgten, stießen schon bald auf erheblichen Widerstand, weil es ihnen um Geschäfte und Seelen ging. Nach den Sandelholzhändlern und Missionaren fielen die Franzosen über Kaledonien her. Sie fanden Erze, Eisen und Nickel. Das war der Anfang der Ausbeutung und das Ende einer gewachsenen Natur. Der Raubbau der weißen Plünderer hat bis in die heutige Zeit tiefe Narben in die umliegenden Berge gegraben. Weithin sichtbar war der rote Boden, der die Flüsse färbte, als ob die Insel ausblute.

Im Highway der Gewalten

Im Frühjahr 2003 kam Erica. Hinter ihrem Namen verbarg sich nicht der zärtliche Charme einer schönen Frau, sondern ein mörderischer Zyklon, der mit 350 km/h über die Insel fegte und eine tödliche Spur der Vernichtung hinterließ. Das lag gerade ein Jahr zurück, doch Kaledonien liegt nach wie vor inmitten der Zuggebiete von Taifunen. Einem kam ich ziemlich nah, als Meteo-France Beunruhigendes ankündigte: Nördlich von Kaledonien brauten sich zwei tropische Stürme zusammen. Der Himmel war stockdunkel und schwere Regengüsse fegten über die Stadt. Starker Schwell setzte in die Bucht und ließ die angeleinten Schiffe wild hin und her torkeln. Ich zog es vor, die vermeintliche Sicherheit der Marina zu verlassen, weil Häfen mir erfahrungsgemäß im schweren Wetter nicht wirklich Schutz boten. Ich dachte an das Chaos abgerissener Steganlagen im Jahrhundertsturm der Kanaren, an den Hurrikan in Curacao und zog es vor, Port Moselle zu verlassen, um in der 15 Seemeilen entfernten Baya de Prony das aufziehende Unwetter abzuwarten.

In einer fjordähnlichen Landschaft, im Schutz von Akazien und über vierzig Meter hohen Norfolk-Pinien, beobachtete ich aufmerksam die Wetterkarten und die Zugrichtung der Kaltfront, deren Ausläufer uns schon bald kräftig durchschüttelten. Die Windmessanlage zeigte in Böen 60 Knoten. Orkanstärke, murmelte ich und stellte fest, wie AURYN sich immer wieder kurz mit 15 Grad beängstigend auf die Seite legte. Doch wir lagen relativ sicher. Der Anker hielt, genügend Kette war gesteckt und zur Sicherheit spannte ich zwischen den Schauerböen zwei Landleinen quer über die Bucht. Nach 24 Stunden sackte das Baro auf 935 Hektopascal ab, fiel aber nicht weiter. Damit war das Gröbste für uns überstanden, doch für Niue begann erst der Horror! Während der tropische Sturm auf seinem Weg Richtung Ost noch an Fahrt zulegte und zum ausgewachsenen Taifun wurde, zerstörte er mit seiner ganzen Gewalt ein paar Tage später jene Insel, vor der AURYN wenige Wochen zuvor geankert hatte.

Die Natur innerhalb des Fjordes erinnerte mich an den nördlichen Teil von Patagonien und hatte nichts mit der typischen Sanftheit einer Südseelandschaft zu tun. In der Umgebung schroffer Felsen stiegen die Berge bis auf tausend Meter. Doch diese Wildnis wies nicht ab, sondern beruhigte. Auch wenn der graue Himmel im diffusen Licht strahlte und es über Tage regnete. Der Wind roch frisch und wie frisch gewaschen lagen die Steine am Strand.

Kaum vorstellbar, dass nur 40 Meilen südlich einer der Orte lag, der nach Mitteilung der französischen Zeitung „L' Express" zu den 10 schönsten Traum-Plätzen dieser Erde gehörte. Auch wenn es nach reinem Patriotismus klang, denn das gleiche würde der „Tagesanzeiger von Fehmarn" vermutlich auch von der Halbinsel Orth behaupten, machte mich die Ile de Pin mehr als neugierig.

Der Törn ins Paradies gehörte eher zur ruppigen Sorte. AURYN segelte hoch am frischen Südostwind und gegen einen lokalen Riffstrom. In der Nacht zeigte mir die starke Kennung eines Leuchtfeuers den Weg zur Einfahrt in ein Mix-Labyrinth aus scharfkantigen Riffen und flachen Korallenbänken. Das liest sich nach allerbesten Voraussetzungen, um sein Schiff zu verlieren, war aber halb so dramatisch, weil einige Bojen mit funktionierenden Lichtern uns sicher in die Ankerbucht lotsten.

Das typische Postkartenklischee

einer Südseeinsel besteht aus sonnigen Stränden, Palmen, türkisfarbenem Wasser und einem blauen Himmel, der von weißen Wolken betupft ist. So wie das Bild am nächsten Morgen. Wunderschön anzusehen und schnell wieder ausgewischt, als lärmende Jetskifahrer vom nahen Hotelressort in diesen Traum hineinknatterten.

Ich verholte AURYN eine Bucht weiter und schmiss den Anker vorsichtig in das zarte Blau einer Lagune hinter dem geschützten Riff. Wenn die Sonne kulminiert, ist das Licht in den Korallengärten am intensivsten. Und so schnorchelte ich in einer leichten Strömung durch einen wunderschönen Mikrokosmos einer noch intakten Unterwasserwelt, in der bunte Papageienfische hin und her flitzten, aber auch weniger putzige Kollegen zu Hause waren. Mittlerweile kannte ich die südpazifischen Gewässer gut genug, um brauchbare Reviere für Haie zu erahnen, und doch erschrak ich gewaltig, als hinter einem vorstehenden Korallenblock zwei Schwarzspitzenhaie regungslos dösten. Normalerweise attackieren diese bis zu zwei Meter großen Riffhaie den Menschen nicht. Meistens hauen sie ab, wenn ein Besucher direkt auf sie zuschwimmt. Doch ich wollte es nicht drauf ankommen lassen und schlich mich mit sanften Flossenschlägen davon. Von wegen! Den Haien war mein geheimer Rückzug völlig egal, sie hatten mich längst bemerkt. Durch spezielle Zellen am Körper haben sie ein sehr sensibles Gespür für Schwingungsfrequenzen und können diese bis zu einem Radius von mehreren hundert Metern wahrnehmen.

Die Begegnung verlief freundschaftlich und im Frieden eines Paradieses zog ich nachmittags den Anker aus dem weißen Korallensand und steuerte AURYN zurück aufs Meer.

Hinter uns senkte sich der kitschige Vorhang eines Werbeprospektes und im Zauber einer frischen Brise rauschten wir mit achterlichen Winden hinein in die herrliche Stimmung einer Abenddämmerung, in deren Licht alles miteinander verschmolz: Das Meer, der Himmel, der Horizont und das Boot darunter.

In Momenten voller Schönheit kreisten die Gedanken, beflügelten sich Phantasien, lagen neue Ziele:

Amadee

Nach einer ruhigen Nachtfahrt im beständigen Wind und ohne Arbeit mit den Segeln erreichten wir nach 85 Seemeilen die kleine Insel Amadee. Ein weißer Fleck in einer der größten Rifflandschaften der Welt.

Um das empfindliche Ökosystem nicht zu schädigen, vermied ich es, den Anker in den fragilen Korallengarten rasseln zu lassen, sondern suchte nach einer passenden Stelle im hellen Sand.

Bald darauf ankerte AURYN in einem türkisfarbenen Meer, umgeben von einem Ring winziger Atolle und einem Außenriff wie eine Wallanlage aus Korallen und Muschelkalk. Auch wenn Amadee nicht urbanisiert war, schien hier allerlei los zu sein! Die Insel war die Heimat vieler Seevögel und auch sonst mit einer interessanten Tierwelt ausgestattet. Allerdings auch mit einer besonderen Art von Spezies, bei deren Erscheinen der eigene Nachlass geregelt sein sollte!

Kurz vor Sonnenuntergang marschierte ich um die recht übersichtliche Insel und latschte am Strand fast auf eine schwarz-gelb gestreift Seeschlange, die sich im letzen Licht der Sonne wärmte. Niedlich! Auch wenn im Gebüsch weitere Artgenossen zischelten. Später an Bord las ich in dem wunderbaren Buch „Die Enzyklopädie der Meere“ mehr über diese sogenannte banded sea krait, die man auch als „Gewöhnlichen Plattschwanz“ bezeichnet. Demnach ist sie eine geschickte Schwimmerin, die ihre Fischnahrung im warmen Wasser der Lagune sucht, jedoch zum Ausruhen und Eierlegen ans Ufer kommt. Soweit so gut, doch dann läuteten die Totenglocken Der Biss eines Plattschwanzes ist tödlich. Das Nervengift soll zehnmal giftiger als das der Kobra sein. Es blockiert die Nervenendplatten an den Muskelfasern und führt zu einer vollständigen Erschlaffung der Bewegungsmuskulatur und zum Exodus, innerhalb von zwei Minuten. Soweit zur Theorie, mit der Praxis sollte ich mich einige Tage später beschäftigen.

Futtertröge, Arigato, Geister und klare Ziele

Zurück nach Noumea waren es zwei herrliche Segeltage. Zwischen Erledigungen und Verproviantieren für den nächsten Törnabschnitt nach Australien geriet ich auf dem Weg zum Ausklarieren bei den Behörden in eine Demonstration rebellierender Kanaken, die sich lautstark für ihre Unabhängigkeit einsetzten. Unter einem Bougainvillebaum, der mit der Glut seiner Blüten prahlte, stand der Anführer und hetzte seine revolutionären Thesen ins knarzende Megaphon. Grimmige Flics in blauen Shorts, die bis zu ihren höckerigen Knien reichten, beobachteten aus zusammengekniffenen Augen die Sprechgesänge, die untermalt wurden von rhythmischen Bongotrommeln. Ich stand am Rande, sah diesem Spektakel eine Zeitlang zu und hatte den Eindruck, dass es sich hier nur um eine alberne Alibi-Demo handelte. Was wollten diese wohlgenährten Farbigen, die nach Freiheit und Unabhängigkeit grölten? Sie hatten keine Arbeit, lebten vom großzügigen Kindergeld, genossen freie Ärzte-, Schul- und Krankenhausbesuche und ernährten sich aus den Futtertrögen der französischen Sozialkassen. Wovon wollten sie leben, wenn sie autonom waren und der rektal eingeschobene Scheck, den sie monatlich fürs Nichtstun bekamen, nicht mehr eingelöst würde? Den aufmüpfigen Typen fehlte es irgendwie am Bezug zur Realität und der Charakter dieser Versammlung entsprach mehr dem Bestreben, den alten Kampf der Freiheit im Sinne ihrer Urahnen aufrecht erhalten zu wollen.

Eine Stunde später war der Spuk vorbei. Städtische Ordnungskräfte mit „Haltet Noumea sauber" auf dem Overall fegten den achtlos im Park zurückgelassenen Müll zusammen und drängten die vom Fusel berauschten Kanaken notfalls mit Nachdruck aus dem Grün der Parkanlagen.

Noumea machte auf mich keinen friedlichen Eindruck und es hatte schon etwas Groteskes, als kanakische Ureinwohner mit Ukulele und in japanischer Sprache auf eine Schar Touristen aus dem Land Nippons einsangen! Arigato – danke. Ich sollte jetzt gehen.

Am Abend aß ich im Restaurant. Hinter mir palaverten ein paar gutgekleidete Widerstandskämpfer.

Ich hatte einiges gesehen von Kaledonien und vieles gehört. Jemand sollte das Licht ausmachen, zuschließen und die Geister ihrer Urahnen in Ruhe lassen, wenn sie von ihren alten Unabhängigkeitskämpfen sprachen. Nächtelang.

Der Wein war ausgetrunken. Es war genug jetzt. Vom Hafen wehte ein frischer Wind und im Summen der Wanten genoss ich einmal mehr das wunderbare Gefühl der Freiheit, neue Ziele abzustecken, einen Strich in die Seekarte zu ziehen, den Kurs zu berechnen, die Segel zu trimmen und unbekannten Orten entgegenzusteuern.

Im Rhythmus der See

Von Kaledonien nach Sydney

Im Dunst eines frühen Morgens verließ ich den Yachthafen von Noumea. Hinter uns krabbelte eine milchige Sonne über gezackte Berge. Dieses Bild riss das Herz auf und war zugleich voller Harmonie. Ich projizierte es auf die Innenseite meiner Sonnenbrille, übertrug es auf meine Seele und steuerte das Schiff gelassen durch die enge Riffausfahrt.

Das Wasser wurde blauer, der Himmel irgendwie höher und der Wind schärfer. So, als blase er einem die Hektik der Stadt aus dem Kopf, lenkte er die Gedanken zu neuen Zielen. Da war viel Raum voraus, eine Menge Meer, ein neuer Kontinent und die Seefahrt von 1300 Meilen nach Sydney, an die australische Ostküste.

Am Mittag nahm uns die lange Pazifikdünung auf, in ihr wurden Boot und Mensch wieder eins im Rhythmus der See. Der Geruch von Salz hing in der Luft, ein frischer Wind schnitt ins Gesicht und Meer-Gedanken wanderten.

Drei Tage segelte AURYN mit ausgebaumter Genua und gerefftem Großsegel vor raumem Wind unter einem weiten Himmel und im beständigen Südostpassat. Dann war der Zauber des Meeres dahin.

Einerseits durch die nüchterne Erkenntnis der aktuellen Wetterkarte und andererseits durch den sachlichen Blick zum Horizont! Dort lag ein gewaltiges Wolkenband voller Düsternis. Es dauerte nicht lange, dann verbündete sich der Himmel mit dem Ozean zu einer dunkel werdenden Masse. Die See wurde höher und schwere Schauerböen peitschten mit ungezähmter Wut auf harmonische Träume, die vor der rauen Wirklichkeit verblassten.

Der Wind erreichte innerhalb weniger Stunden Sturmstärke und nahm uns mit in die Dunkelheit einer gespenstischen Nacht. In ihr zog ein mächtiges Kraftfeld durch den südlichen Pazifik, in dem weit weg Blitze zuckten und jemand brummte: Klabautermann hatte schlechte Laune! Die Wellen waren stark aufgebracht und bäumten sich gewaltig auf. Sie krachten mit einer solchen Wucht aufs Schiff, dass ich um das Bimini und die Sprayhood fürchtete und beides kurzerhand abbaute. Es war wie Cabrio-Fahren: Ich hatte eine uneingeschränkte Sicht auf das beeindruckende Szenario und war dem Wind ziemlich nah. Gelegentlich riss der Himmel auf, ein heller Mond strahlte kalt in die schäumende See und tauchte wilde Wasserlandschaften in silbernes Licht.

Soweit zu den äußeren Eindrücken. Und wie sah es drinnen aus?

Offen gestanden spürte ich in den Gewalten zunächst das Gefühl universaler Einsamkeit nicht wirklich, eher die allmählich aufziehende Angst, die sich mit jedem harten Schlag der Brecher gegen den Rumpf meines Schiffes steigerte. Was macht man in solchen Momenten? Um die Angst zu reduzieren, kann man beten oder sich Bücher vornehmen, in denen es den Protagonisten noch übler erging. Wie zum Beispiel Arthur Gordon Pym in seinen denkwürdigen Erlebnissen, aufgezeichnet von Edgar Allen Poe.

Ein Dokument des nacktem Grauens. Es handelt von Seekrankheit, Schiffbruch, Kannibalismus, Klaustrophobie, Hunger, Durst, Meuterei, Orkan und Tod. Diese schauerlichen Beschreibungen lassen einen Törn durch ein aufgewühltes pazifisches Meer geradezu als eine Kaffeefahrt erscheinen, auch wenn die Nadel des Barometers immer noch die Schwerkraft entdeckte. Die mächtige Kaltfront sollte uns auch in den nächsten Tagen noch in ihren Klauen behalten und mittlerweile gaben phantasievolle Meteorologen dem Tiefdruckgebiet einen Namen. Heta nannten sie den tropischen Sturm, der sich nicht so recht entscheiden konnte, welchen Weg er einschlagen sollte. Erst tobte er ostwärts von uns, dann zog er direkt in unsere Richtung nach Nordost! Am nächsten Tag entschied Heta sich dafür, uns doch zu verschonen. Sie drehte endgültig nach Südost ab, machte einem neuen Hoch Platz und mit dem schönen Wetter kamen ...

... Meeresengel

An einem wunderbaren Segelnachmittag saß ich im Bugkorb, umgeben von der Weite des Südpazifiks und bald inmitten einer Schar von Delphinen. Im absoluten Glücksgefühl sah ich ihrem verspielten Treiben zu und erinnerte mich plötzlich an eine Story, die ich vor einiger Zeit im Zusammenhang mit diesen friedlichen Tieren gelesen hatte. Zur Zeit des Kalten Krieges, also im militärischen Wettrüsten zwischen den USA und der damaligen Sowjetunion, ging es zwischen den Supermächten auch darum, wer die effektivste Meeressäugerstaffel im Aufspüren von Minen und Torpedos besaß. Kranke Hirne testeten Delphine als potenzielle Killermaschinen. Sie frästen ihnen die Köpfe auf, verkabelten eingepflanzte Steuerungsgeräte, die durch elektronische Signale ihren Kurs manipulieren konnten und hefteten Sprengköpfe an ihre Körper. War der Kamikaze-Delphin nah genug an einem feindlichen Boot, zündeten sie per Fernsteuerung die Mine mitsamt dem Delphin!

Das geschah vermutlich, ohne mit der Wimper zu zucken und ohne Respekt vor Gottes Eigentum. Wenn wir uns kurz in Gott hineinversetzen könnten, müssten wir seine Verärgerung darüber deutlich spüren!

Denn was hatte er sich nicht alles ausgedacht. Herumgetüftelt, bis jeder Stein im Yosemite-Nationalpark an seinem Platz war, den Pinguinen geduldig klar gemacht, wie ihr Watschelgang funktioniert und so weiter. Doch dann muss am letzten Tag seiner Schöpfung und vermutlich unter Zeitdruck etwas gewaltig in die Hose gegangen sein. Etwas, das eigentlich die Krönung seines Werkes darstellen sollte: Der Mensch!

Jene Kreatur, die unter anderem dem Engel der Meere, der sich gerade verspielt auf die Seite legte, bisher nichts als einen Haufen Ärger eingebracht hatte. Die wunderschönen Tiere werden vom Dynamit in Fetzen gerissen, mit Treibnetzen gejagt, worin sie elendiglich ersticken oder roh gefressen. Besonders gerne von Japanern. Den Rest ihrer Lebensräume erledigt der Mensch, indem er weiterhin Toxine und Atommüll ins Meer kippt oder eine Ölpest nach der anderen verursacht.

Die Meeresengel hatten sich mittlerweile in die Tiefe des Raumes verzogen und auch das blaue Segelboot wechselte an diesem Nachmittag das Revier.

Wir verließen den Wendekreis des Steinbocks und gelangten in das Reich der unbeständigen Westwinde, die mit kräftigen Kaltfrontsystemen aus der Tasman-See heraufzogen. Es wurde kälter und der Wind irgendwie härter.

In den letzten Stunden des Jahres

drehte der Wind nach einer kurzen Flaute auf Südwest, frischte stark auf und kam nun direkt aus der Richtung, in der unser Ziel lag. Der Bug zeigte mehr in Richtung Neuseeland als zum fünften Kontinent.

Mitternacht. Silvester auf See.

Über uns ein gigantisches Feuerwerk aus glitzernden Sternen, funkelnden Planeten und vorbeiziehenden Sternschnuppen. Jahresende. Wie immer, Zeit für Besinnung. Die Hälfte meiner Reise war in den Schatten getreten. Erinnerungen an erlebte Bilder produzierten Déjà Vus ohne Ende und das vergilbte Foto von mir während meines Starts vor vier Jahren erinnerte mich unweigerlich an die Endlichkeit des Seins.

Bei einer Mug heißen Kakaos mit einem ordentlichen Schuss Brandy dachte ich an die Abenteuer, Begegnungen und die langen Seetörns im Meersein zurück, während sich der Brandy um anderes kümmerte. Eine wohlige Wärme sackte in meine isolierte Stimmung, in der seit einiger Zeit schon eine latente Unruhe gegen meinen Willen rumorte. Ich wusste um die Rastlosigkeit in meiner Seele. Einsamkeit hieß das Gefühl und ich bedauerte einmal mehr, meine Erlebnisse und die Zeit, die ich hatte, nicht mit jemandem teilen zu können. Allein unterwegs zu sein ist nicht leicht. Schwerer wird es noch, wenn kaum jemand da ist, der auf einen wartet.

Ein Brecher knallte gegen die Bordwand, eine Wasserkaskade wusch mir das Gesicht. Das reichte, um sich nicht mehr einsam zu fühlen. Im Übrigen, ganz so allein war ich nicht. Seit Kaledonien war da eine Begleiterin!

Dumpfes Geläut von Totenglocken

Als der erste Morgen des neuen Jahres aus der frischen See stieg, wäre es fast mein letzter gewesen! Ein Tuna hing zappelnd an der Schleppangel. Blind griff ich in die Backskiste, um das Fischmesser herauszuziehen. Doch was ich dann in der Hand hatte, war eine glibberige Seeschlange vom Typ Plattschwanz! Erinnern Sie sich noch ... blockiert die Nervenendplatten an den Muskelfasern und führt in kürzester Zeit zu einer vollständigen Erschlaffung der Bewegungsmuskulatur und zum Tod ... Instinktiv ließ ich das Vieh fallen, worauf es im Leinengewirr des Stauraumes verschwand. Die Schlange musste raus, soviel stand fest. Nur, wie war sie überhaupt an Bord gekommen? Ich grübelte. Sie konnte nur am Ankerplatz vor Amadee über das Gestell der Windsteuerung an Bord gekommen sein, durch die Belüftungsöffnung gelangte sie dann in die Backskiste, wo sie sich mittlerweile in die äußerste Ecke verkrochen hatte.

Das Reptilienbuch empfahl: Schlange am Schwanz packen und aus der Gefahrenzone befördern. Das klang lässig. Doch greifen Sie mal nach einer Schlange, wenn im Hintergrund bereits die Totenglocken läuten. Ich griff zu meiner Harpune und schoss ihr eiskalt den Pfeil durch den Kopf! Mit einem Lächeln, denn schließlich hatte ich Geburtstag. Es war mein dritter!

19. Seetag

Das Land kam näher, der Wind machte sich davon. Im Schwitzkasten einer Warmfront motorten wir Richtung Küste, bis uns eine Nebelwand verschluckte. Ich glaubte, Brandungsgeräusche zu hören, wusste aber, wie unmöglich es war, bei Nebel die Herkunft von Geräuschen zu bestimmen. Gott sei Dank hatte ich Radar! Und einen PC mit elektronischen Seekarten, freute ich mich, als ich daran dachte, dass ich keine Papierseekarten an Bord hatte. Sydney stand eigentlich nicht auf meinem Programm!

Als ich den Laptop einschaltete, fühlte ich die Ohnmacht, von der Technik abhängig zu sein. Um es nautisch auszudrücken: Der PC war torpediert und schaltete sich nicht ein. Stattdessen kam die raue Küste Australiens immer näher. Wo war die Einfahrt in den Fjord nach Sydney? Hier jedenfalls nicht!

Panik stieg in mir auf, ich schwitzte, zugleich kühlte der Wind! Er kam wie gerufen, schob den feuchten Vorhang beiseite und gab den Blick frei auf Australien! Nach einem dreiwöchigen Törn und 1300 Seemeilen hatte uns die Zivilisation wieder und bei allem Stress, den uns die letzten Stunden bereitet hatten, fand ich die Situation schon fast wieder vergnüglich. Man sollte nichts zu ernst nehmen, am wenigsten sich selbst.

Doch nun in die weit ausladende Bucht, die nach Sydney führte und so, wie es sich gehört: Unter weißen Segeln der überwältigenden Skyline entlang und mit Gänsehaut vorbei an der Oper. Hinein in den Stadthafen. Doch der hat eine harte Tür und lässt nicht jeden rein, der will. Nur den, der reserviert hat! Gegen Abend lag AURYN außerhalb der Stadt in einer kleinen Marina. Erst jetzt fiel die Anspannung von mir ab. In einem sentimentalen Anflug freute ich mich über den glücklichen Törn und sehnte mich nach einer durchgeschlafenen Nacht ...

„Rund ist die Träne, tief das Meer. In's Meer mit ihr! Und her mit Schlaf!"

Mit Wysten H. Auden trank ich ein Glas Wein und krabbelte mit ihm in die Koje.

No worries

Austaliens Mantra empfing mich am nächsten Morgen heiß und die Umgebung hatte es in sich, im besten Sinne des Wortes. Bewaldete Hügel, sattgrüne Wiesen, farbenprächtige Blumen und fruchtbare Böden. Doch wie jedes Paradies trägt auch Australien den Keim seiner Zerstörung in sich: Unermessliche Schätze an Erze, Gold und Diamanten locken seit Jahrhunderten Raubgesindel jeder Fasson in Steppe, Berge und Urwälder. Von bewaffneten Plünderern, Goldsuchern bis hin zu aalglatten Anzugträgern mit geschliffenen Manieren in ihren chromblitzenden Büros, die in den Himmel schossen. Auf die Skyline protziger Architektur blickte ich beim Frühstück im Cockpit und anschließend, als ich AURYN vom Salz befreite. Die Hektik der Stadt, von der ich einen kurzen Eindruck bekam, als ich bei den Behörden einklarierte, schreckte mich ab und so zog ich für einen kleinen Ausflug dorthin, wo sich die Menschen nicht gerade auf die Füße traten. In den Outback. Dort, wo es immer noch so aussieht wie vor Jahrhunderten, als die Engländer ins Land kamen und Australien besiedelten. Die einzige Nation, die als Gefängnis anfing! Nur sagen Sie dies bitte nicht in Gegenwart der Aussies, die Raumtemperatur fällt sonst rapide.

Die Erde wurde rot wie im Reiseführer.

Müde vom stundenlangen Fahren über schienengerade Straßen hatte ich das Auto in einen Seitenweg gefahren. Ein Ort der Fülle. Totenstill und schwülheiß. Der Wind trieb weiße Wölkchen durch einen blauen Himmel und der Greifvogel, der über der roten Steppe schwebte, ließ mich die Weite noch deutlicher spüren.

Dann war's vorbei mit der Stille. Die Erde vibrierte, ein dunkles Grummeln kam näher, wurde lauter und zum gewaltigen Lärm. Ich pinkelte gerade in den Outback, als der Road Train angebrettert kam. Drei Anhänger donnerten hinter einer gewaltigen Zugmaschine über die trockene Piste. Eintausendfünfhundert Meter beträgt der Bremsweg eines solchen Gespannes, dachte ich gerade, als uns eine rote Wolke verschluckte.

Zurück in Sydney klopfte ich mir den Staub aus den Klamotten und setzte mich in ein kleines Restaurant.

Mit einem alten Ventilatorgitter holte der Koch ein Stück Schwein aus dem müden Fettbad. Schneidig biss ich hinein, blieb in den ersten Sperrlinien zäher Fleischfasern hängen, während meine Geschmackspapillen meldeten: Alles tot hier, Sir!

Der Laden füllte sich zu Feierabend. Arbeiter verschiedener Rassen und Religionen saßen gemeinsam am Tisch. Ausgeschlossen wie die „Fundis", die Aborigines. Die „Realos", um im Jargon zu bleiben, hatten etwas gegen die Fraktion der Ureinwohner, die auf Staatskosten soffen und leider auch dadurch auffielen, dass sie Touristen wie mich ziemlich dreist um Dollars anbettelten.

Das mit den Aborigines ist ein anderes Kapitel, wie die Rückkehr in die Welt, die ich hinter mir gelassen hatte.

Zwischen den Welten

AURYN hing in den Gurten des Travelliftes, stand über zwei Monate an Land, während Socke die Stellung hielt und Vollpension bei freundlichen Segelnachbarn erhielt.

Von Sydney aus wollte ich nach Deutschland zurückfliegen, um mich um einige nicht mehr aufzuschiebende Dinge zu kümmern: Firmenprobleme, Rechtsstreitereien, Hausauflösung, Scheidungstermin. Und so verbrachte ich den Rest des Abends mit Packen und Schreiben, verfallen in die Schwermut eines Mannes, der seine Angelegenheiten zu ordnen versuchte. In nachdenklichen Momenten kehrte ich bereits heim und stellte mir vor, was mich dort erwartete. In einer Gesellschaft, die ein eher ambivalentes Verhalten zu jenen an den Tag legte, die keiner regelmäßigen Arbeit nachgingen und der blödsinnigen Idee verfallen waren, sich jahrelang mit einem Boot auf den Ozeanen herumzutreiben.

Zeitenwende

Zwischen den Welten

Im Januar 2004 flog ich von Sydney über Singapur zurück nach Bremen. Schreibt sich ziemlich locker und verrät nichts von dem achtundzwanzigstündigen Eingezwängtsein in einer engen Röhre. Festgeschnallt wie 300 andere, mit denen ich das vorgesetzte Essen einnahm und mummelnd von einer Zeitzone in die andere düste. Ich glotzte auf einen Spielfilm, den ich nicht sehen wollte und empfand das Abenteuer dieses Langstreckenfluges nur darin, bei der Zwischenlandung in Singapur das richtige Gate zum Weiterflug zu erwischen. Singapur, toll, dachte ich, doch das Einzige, was mir davon in Erinnerung blieb, war die Toilette, die nach künstlichem Kokos- und Vanilleduft und nach Urin roch.

Die Heimat empfing mich kalt. Während es in down under sommerte, fuhr man in Deutschland Winterreifen.

Es fiel mir zunächst schwer, den gewohnten Trott des Bordalltags zu vergessen. Nachts nicht hochzuschrecken, um Kurs und Segelstellung zu prüfen. Benutztes Klopapier nicht aus dem Fenster zu schmeißen oder vor dem Spülbecken der Küche meinen Fuß nicht nach der Fußwasserpumpe tasten zu lassen.

Ich sah die Alltäglichkeit Deutschlands und die Hektik einer Welt, die überzogen war von Satelliten und einem globalen Geldmarkt, der im Osten mit dem Nikkei auf- und im Westen mit dem Dow Jones unterging, mit fremden Augen.

Drei Monate Deutschland reichten aus, um 20 Jahre meines Lebens abzuwickeln: Übergabe der Firma, Notar- und Anwaltstermine, Vollzug der Scheidung „Im Namen des Volkes“, verbunden mit der Auflösung einer gemeinsamen Zeit, eines gemeinsamen Hausstandes, der sich nun in wenigen Kartons sammelte.

Auch wenn ich viel verloren hatte, so war es ein Gewinn. Eine Art von Freiheit, weil ich meine Zufriedenheit nicht daran maß, wie viel ich besaß. Ich hatte AURYN und mich und das war mehr als genug.

Die Reise mit meinem Schiff hat mich zu neuen Ufern und wunderbaren Orten geführt, mein Leben verändert, es bereichert und geholfen, einen Traum zu leben.

Vor meiner Abreise nach Sydney traf ich einen alten Freund, der mich um meine Zeitenwende beneidete.

Ich erinnerte mich an seine einstigen Wünsche von fernen Reisen, einfachem Leben und war überrascht, dass er nun sein Leben für die nächsten Jahrzehnte auf eine solch bestimmte Weise festgelegt hatte, dass er wohl die Wahrheit nicht mehr entdecken würde, dass man ein anderer Mensch ist, als man erwartet.

Ich erzählte von Erlebnissen und Erfahrungen, zeigte ihm Seekarten und Fotos. Er betrachtete sie wie eine Rückfahrkarte in eine Zeit, die für ihn vergangen war und verlor sich in Träumen, von denen er wusste, dass sie sich nicht erfüllen würden. Seine Visionen waren abgelegt im Ordner „Nicht realisierbar“ und seine Augen waren voller Traurigkeit, als wir uns verabschiedeten an einem düsteren, kalten Märzabend.

Der Flieger hob mich in den Himmel, verschwand auf einem langen Weg und auf einer dünnen geographischen Linie, die mich zurück zu meinem Traum führte.

Lust auf Ungezähmtes

Great Barrier Reef – Papua Neu Guinea – Torres Strait – Darwin

Sydney – Im Schatten der Oper

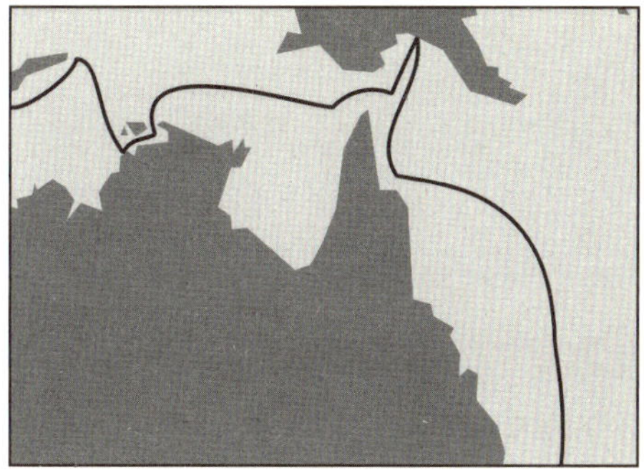

Zwei Wochen hatte ich am Schiff gewerkelt, die üblichen Instandsetzungsarbeiten erledigt, neues Antifouling auf den Unterboden gepinselt, dann hob uns der Travellift aus dem Dreck der Werft, und AURYN schwamm wieder dort, wohin sie gehörte. Socke hatte während meiner Abwesenheit die Vollpension beim neuseeländischen Seglerpaar genossen, das im Yachthafengelände sein Schiff restaurierte. Gemeinsam saßen wir an einem milden Sommerabend auf der Terrasse des Yachtklubs und genossen den Blick auf die weltberühmte Oper mit ihrem segelförmigen Dach, das in bunten Farben angestrahlt wurde. Abgesehen vom Ayers Rock schien das Opernhaus die einzige touristische Attraktion der ehemaligen Sträflingsinsel Australien zu sein.

Alle, die Australien besuchen, fahren zum Ayers Rock, sagte am anderen Tag die freundliche Lady vom Tourismusservice. Und genau deshalb tat ich es nicht! Der rote Felsen mitten im Outback war längst Opfer kalkulierter Vermarktung geworden und hatte seinen Zauber verloren. Als ich las, dass man vor dem Heiligtum der Aborigines einen Touristenkomplex mit Luxushotels, Campingplatz, Spielcasino, Supermärkten, Shopping Malls inklusive Nachtklubs gesetzt hatte, klappte ich die Hochglanzprospekte zu und marschierte zum Wahrzeichen Sydneys, dem Opera House. Busladungen von Touristen wurden davor ausgespuckt. Geführte Menschen tippelten wie aufgezogen ihrem Reiseleiter hinterher, folgten seinen hektischen Armbewegungen und wurden anschließend nach einem festen Zeitkodex wieder eingesammelt. Ein japanisches Mädchen drückte mir ihre Kamera in die Hand und grinste mich an, als ich das Foto schoss, um das es mich bat. Wo ist der Rest deiner Reisegruppe, fragte das Mädchen aus dem Lande Nippon und konnte nicht verstehen, dass ich alleine unterwegs war. Auch wenn ich mir oft jemanden an meiner Seite gewünscht hätte, genoss ich die Qualität des Alleinreisens. Ich brauchte auf niemanden Rücksicht nehmen und liebte den Augenblick, meine Pläne von Stunde zu Stunde spontan zu ändern.

Im Schatten der Oper, sie war übrigens wegen Renovierungsarbeiten geschlossen, projizierte sich mein Dasein emotional auf die Umgebung: Im Blick verliebter Pärchen und in der Sehnsucht nach einem Gefühl, das einmal gewesen war.

Sydney war mir zu touristisch, steril und glatt. In dieser Aufgesetztheit sehnte ich mich nach duftenden Bambuswäldern, dem Geruch von süß geschnittenem Zuckerrohr, nach einfachen Hütten, lachenden Kindern, freundlichen Dorfbewohnern und verspürte

Lust auf Ungezähmtes

Papua-Neuguinea, zweitausendachthundert Meilen entfernt, schien mir genau das Richtige zu sein, und so machte ich AURYN seeklar, schmiss die Leinen los und steuerte mein Schiff zurück auf den Ozean.

Der Wind fiel in die Segel, AURYN nahm Fahrt auf. Salz lag in der Luft. Schoten knarrten, Gischt flog, das Kielwasser schäumte. Klingt toll, oder? Doch der Auftakt war zäh.

Im Rhythmus der See antizipierte der Körper erst allmählich die Bewegungen des Schiffes. Dazu gesellte sich der Neumond, eine pechschwarze Nacht und eine Schlechtwetterfront, in der ich die Schauerböen erst spürte, als sie über uns herfielen.

Ich kreuzte gegen einen Nordostwind und gegen die eigene Dummheit, die Wettervorhersage bei meiner Abreise allzu lässig genommen zu haben. Das Tiefdruckgebiet, na und... Nun geriet ich in den Ausläufer der Front, in dessen Kern die Isobarenkarte satte 998 Hektopascal ankündigte und wunderte mich über die Zugrichtung des Tiefs, die ich offen gestanden falsch interpretiert hatte. Zurück? Kein Gedanke daran, stattdessen bereitete ich AURYN auf das harte Wetter vor. Während ich die Segel durchreffte, blies mir ein scharfer Wind ins Gesicht. Mächtige Wellen bauten sich auf, in ihnen schien mich der Teufel hämisch anzugrinsen. Ich verkroch mich nach drinnen, an diesem Tag konnte mich nichts mehr nach draußen locken. Ich döste, lauschte den Wellenschüben und versuchte, darin ein Muster zu erkennen. Nach 16 Stunden war die Front durch und gegen Abend ließ der Sturm nach.

Am Wendekreis des Steinbocks

Auf 23 Grad südlicher Breite kam das Licht zurück in den Tag, es wurde wärmer. Kein Wunder, wir waren zurück in den Tropen. Überzogen von Wolken, wie aus Glas geblasen, segelten wir durch einen unendlichen Raum. Die Zeit schien still zu stehen, der Tag wurde eingeteilt durch Sonnenauf- und Sonnenuntergang. Ein Tölpel jagte über eine ruhige See, weit weg die Fontäne eines Wales. Kein Schiff weit und breit. Nichts. Nur zwei vergängliche Spuren: AURYN, die ihre in den Ozean zog und Sternschnuppen, die ihr Leuchten über uns auswischten. Gerade in Neumondnächten hatte ich auf dem Südpazifik das Gefühl, als explodiere der Sternenhimmel in seiner ganzen Pracht. So klar war das Licht, so greifbar das Universum. Wie ein sakrales Monument hing das Kreuz des Südens an den Himmel genagelt, Orion stand im Zenith und die Milchstraße erschien wie in einem Universum für sich. Unter dieser Schönheit verlor sich der Winzling Mensch, lag ausgestreckt im Cockpit und hörte klassische Musik im Meer-Sein. Dann kam der Angriff ...

9. Tag auf See

Mittlerweile lagen 1000 Meilen im Kielwasser, wir segelten 300 Meilen querab des Great Barrier Reefs, Kurs Nordost. Ich erwähne die 300 Meilen eigentlich nur deshalb, weil ich mich wunderte, dass mir jenseits der australischen Hoheitsgewässer ein Flugzeug den Frieden des Backens nahm.

Ich war gerade damit beschäftigt, einen neuen Brotteig anzurühren, als das Brummen näher kam, die Maschine einen weiten Bogen um AURYN flog, um dann im Tiefflug deren Mast zu rasieren. So sah es zumindest aus. Im Fernglas erkannte ich die Flagge Australiens und den Schriftzug der Küstenwache. Ich schaltete den Funk an. Während ich den fertigen Brotteig in den vorgeheizten Backofen schob, ertönte eine knarzige Stimme: Woher wir kämen, wohin wir wollten, wie viel Leute an Bord seien, ob alle Mann gesund seien! Vielleicht hatte er meine vorletzte Antwort „Ein Seemann, eine Katze“ nicht richtig verstanden. Jedenfalls beantworte ich seine letzte Frage mit einem schneidigen Yes Sir!, worauf sich alle Mann wieder an Deck begaben, um dem Störenfried hinterher zu blicken. Der verschwand wie er kam: In tiefem Grummeln.

Eine andere Begegnung wartete

Hi!

Unter eingelullter Gedankenaktivität suchte ich nach seichtem Lesestoff und las „Die Bucht“ von James Michener. „Erst, wenn ein Mann sein eigenes Boot hat, ist er wirklich frei. Sein einziges Gefängnis ist dann der Horizont.“ Hmmhh...ich dachte einige Zeit darüber nach, während der Geruch von herrlich duftendem Brot durch den Salon zog. Frisches Brot mit Marmelade. Ich hatte schlampig eingekauft und die Butter vergessen, dafür hing am Nachmittag ein Hai am Haken!

Tagelang hatte ich die Schleppangel achteraus, aber kein Fisch biss an. Socke war dagegen erfolgreicher, jeden Tag fand ich im Cockpit letzte Reste von Fliegenden Fischen, die sich an Deck verirrten und von ihm verputzt wurden. Dann segelten wir über ein versunkenes Atoll, die Wassertiefe sprang abrupt von 3500 Meter auf 75 Meter und mir war klar: An der Riffkante war der Tisch gedeckt, treffen sich Jäger und Gejagte. Kleine und Große. Wimmelte es von Fischen. Es dauerte nicht lange und schon wanderte die Angelsehne nach links und rechts aus. Als ich den Zug überprüfte, schien ein dicker Brocken am Köder der Schleppangel zu hängen! Der Bursche kämpfte wie wild um seine Freiheit, katapultierte kraftvoll aus dem Wasser ... dann sah ich die Flosse! Ein Hai. Ich spürte den Ehrgeiz, diesen Burschen an Bord zu holen und damit begann ein geduldiges Spiel über eine halbe Stunde. Hand über Hand zog ich ihn zum Heck. Wenn der Druck stärker wurde, ließ ich Sehne nach. Solange, bis der Hai müde wurde. Dann hatte ich ihn achtern am Schiff, haute ihm den Gaffhaken zwischen die Kiemen, zog ihn an Deck und blickte in seine eiskalten Augen. Es gibt 350 Arten von Haien, las ich in der Enzyklopädie der Meere, doch um zu wissen, um welchen Typus es sich bei meinem Fang des Tages handelte, brauchte ich das schlaue Buch nicht. Es war ein Riffhai und diesen Burschen war ich bereits einige Male auf meinen Tauch- und Schnorchelausflügen begegnet. Auch wenn sie unter Wasser doppelt so groß erscheinen, so reichte dieser 1,80 Meter lange Hai, um meinen Herzschlag unter der Kinnlade zu spüren.

Übrigens, streichen Sie mal im beim nächsten Besuch im Baumarkt über Schmirgelpapier der Körnung 120! Ungefähr so fühlt sich die Haut eines Hais an, der im Bereich des Kopfes kleine Einkerbungen aufweist. So genannte lorenzinische Ampullen. Mit diesen Gruben nehmen sie selbst minimale Impulse wahr, wie sie durch Muskelbewegungen anderer Tiere verursacht werden, und zwar auch über größere Entfernungen hinweg. Ich strich über seine Haut, schrak aber im gleichen Moment zurück, weil er sich in verzweifelten Zuckungen vom Köder in seinem Maul zu befreien versuchte. Mit mir sprang auch Socke in die sichere Deckung.

Nachdem der Hai nicht mehr zappelte, ich ihn bestaunt und bewundert hatte und mich durch seine geheimnisvolle Aura verzaubert fühlte – brachte ich ihn eiskalt um. Das letzte, was er spürte, war ein dumpfer Schlag aus Edelstahl. Was blieb, war ein Topf voller Haifilets zum Grillen, volle Bäuche und Erlebnisse, die einen Segler bei Laune halten.

Mit Macht drängte der Südost nach Westen. Auch der Ozean schien in diese Richtung zu wollen, denn der Äquatorialstrom schob zusätzlich mit 1,5 Knoten und sorgte für Etmale, die zwischen 130 und 170 Seemeilen lagen. Mit dem Erreichen der Korallensee segelte ich in die Deckung der

Angst

Mit der aktuellen Wetterkarte beschäftigte ich mich am Nachmittag mit der Tropicalkonvergenzzone (ITC). Die Wetterkonstellation, aus der sich ein Zyklon zu bilden begann, hatte sich weiter südlich verlagert. Windstille. Die Sonne schien gar nicht mehr zu existieren. Der Himmel hing gesättigt von Feuchtigkeit schwer und dunkel herab, es war schwülwarm und das Meer hatte eine Temperatur von 26 Grad. Wetterleuchten zuckte am Horizont, das Barometer entdeckte die Schwerkraft. Vorsichtshalber präparierte ich AURYN zum Schutz vor Blitzeinschlägen mit dicken Batteriekabeln, die ich an den Wanten und Stagen befestigte und, im Wasser schleifend, hinterherzog.

Mit dieser Art von Selbstschutz hoffte ich, größere Schäden zu vermeiden und dem Blitz einiges von seiner Power zu nehmen, falls er in den Mast von AURYN zischen sollte. Der Gewitterdonner verstärkte sich, mit ihm meine Angst davor, von dem Kraftfeld überlaufen zu werden. Um mich abzulenken, band ich mein Notfallcase an die Reling und machte die Rettungsinsel klar.

Dann brach das Unwetter los. Starke Regengüsse prasselten aufs Deck, die See brodelte, der Sturm heulte und die Gischt flog mir waagerecht ins Gesicht. Die Windmessanlage zeigte 9 bis 10 Windstärken und die See türmte sich unbeeindruckt davon bis zur ersten Saling auf. Das sind aufgerundete sechs Meter und doch nur eine nichtssagende Zahl im brodelnden Inferno. Zwischen den Wasserwalzen bauten sich in unregelmäßigen Abständen immer wieder Wellen auf, die sich deutlich von der normalen Windsee abhoben.

Vor solchen Kaventsmännern musste ich auf der Hut sein. Um von ihnen nicht quer erwischt oder gar überlaufen zu werden, steuerte ich AURYN von Hand durch die Nacht, in der an Schlaf nicht zu denken war.

Die See blieb gefährlich. Mal surften wir in die Tiefe, dann hoben uns die Wassermassen an und der Bug zeigte in den Himmel. Später nahm ich die gereffte Genua ganz weg. Nur vor Topp und Takel liefen wir immer noch mit fünf Knoten. Bei diesem Vorwindkurs konnten die Wellen AURYN wenig antun, weil brechende Wellen ihre Kraft verlieren, wenn sie das Schiff vor sich herschieben.

Je länger ich jeweils in einem Sturm segelte, desto gleichgültiger fühlte ich mich. Dazu spürte ich eine Art von Fatalismus, weil ich glaubte, dass alles gut ausgehen werde…Ich hatte das Schott zum Niedergang geschlossen und mich im Salon lang ausgestreckt, als ich spürte, wie ein großer Wellenberg heransauste, das Heck anhob und AURYN in das nächste Tal knallte. Wie angeknockt torkelte das Schiff hin und her, bis der harte Stoß des nächsten Brechers mein Schiff fast auf die Seite schlug und in der Kajüte alles hin- und hergeschleudert wurde. Nur um träge im Salon zu liegen, riskierte ich fast eine Kenterung. Nach dem Schock stieg ich fix wieder in die nassen Regenklamotten, krabbelte zurück ins Cockpit und steuerte das Schiff durch die aufgepeitschte See.

Eine knallrote Sonne verabschiedete den Tag, als wir uns dem Great Barrier Reef allmählich näherten.

Meer-Geschichte und alte Bekannte

Der südliche und mittlere Teil des Great Barrier Reefs war nach meinen Informationen durchzogen von Hotelanlagen und Inselressorts, die an den schönsten Plätzen in den schneeweißen Strand ihre Pflöcke gerammt hatten und somit nichts Verlockendes versprachen.

Reizvoll dagegen erschien mir der nördliche Teil des Great Barrier Reefs bis zum Cape York, weil sich darin Meer-Geschichte spiegelt. Auf den Spuren von James Cook und William Bligh wollte ich ein Stück durchs Great Barrier Reef segeln und nachempfinden, was es bedeutete, zur damaligen Zeit mit einem unvorstellbaren navigatorischen Geschick seine Leute und Schiffe durch das Gewirr von Korallenköpfen, Riffen und Untiefen zu lotsen. Außerdem bot das größte Riff dieser Welt etwas, wonach ich mich nach neun durchsegelten Nächten sehnte: Vor Anker liegend ein Bier zu trinken und endlich wieder eine Nacht durchzuschlafen.

Als die Sonne im Zenith stand, versuchte ich, nach Augapfelnavigation in die geschützte Innenseite des Barrier Reefs zu gelangen. Ich besaß keine Detailkarten, aber das beunruhigte mich weniger, weil ich es mittlerweile gewohnt war, für meine spontanen Törnänderungen keine Karten dabei zu haben. Dafür deckte ich mich mit unnötigen Seekarten und Büchern für Ziele ein, die ich nie ansteuerte.

Die Nacht blieb ruhig. AURYN zog gelassen ihre Spur und segelte im Südost dem größten Riff dieser Erde entgegen.

„50 Faden – kein Grund, 40 Faden – Grund, 35 Faden – Grund, Sandboden", so klangen die Kommandos vom Vorschiff der Endeavour, als Captain James Cook sein Schiff behutsam an die Riffkante heran führte. Wenige Meter voraus spülte Weißwasser bereits über die Felsen. Dann krachte es, Holz splitterte, Cook fluchte. Trotz äußerster navigatorischer Sorgfalt hatte er sein Schiff auf eine Korallenbank gesetzt.

Im Licht einer schwachen Funzel las ich in Cooks Logbuch. Er segelte im Nichts, nicht ahnend, was ihn erwartete und welche Ausdehnung das Riff hatte und nicht wissend, ob er sich innerhalb oder außerhalb des Riffes befand. Er hatte weder eine Seekarte noch ein nautisches Handbuch oder eine Topografie des Küstenverlaufs. Nach den Aufzeichnungen der damaligen Zeit navigieren auch heute noch Segler und sogar Berufsschiffer. Man schrieb das Jahr 1770, als es James Cook gelang, nach dem Schiffbruch in einer 20 Meilen entfernten Flussmündung seine leckgeschlagene „Endeavour" trocken fallen zu lassen, den Flaggenstock der britischen Fahne in das Land zu schlagen, um es für England in Besitz zu nehmen und nebenbei noch sein Schiff zu reparieren.

Der Ort trägt heute seinen Namen: Cooktown. Von entscheidender Bedeutung für die Geschichte Australiens, Englands und der Seefahrt war jedoch, dass James Cook einen Ausweg aus dem Labyrinth des Great Barrier Reefs fand, seine Rückkehr nach England fortsetzen und all seine Informationen sowie Seekartenaufzeichnungen der englischen Krone übergeben konnte. Wäre diese großartige seemännische Leistung von James Cook erfolglos geblieben, hätte die Weltgeschichte vermutlich einen anderen Verlauf genommen.

Abschied

Sonntag, 2.5.2004. Wir hatten einen weiteren Ozean durchquert. Ich verließ den Pazifik so, wie ich ihn betreten hatte, mit einer blauen Slup unter Segeln und mit Socke auf dem Schoß.

Auf Position 13° Süd und 143°58,0 Ost fand ich eine Passage, die in das Innere des Great Barrier Reefs führte. Unweit der Stelle, wo Captain Bligh mit seiner offenen Schaluppe den Durchgang durchs Riff in Richtung Torres Strait entdeckt hatte.

Hier war was los! Alles schien durch diese Passage zu wollen. Der Pazifik, der Südostpassat und AURYN. Vermutlich stand ablaufendes Wasser gegen den Wind, denn alles zusammen ergab eine brodelnde Kreuzsee. Schläge gegen den Rumpf, überkommende Brecher, maulender Kater. Chaos. Dann waren wir drin, im größten Riff dieser Erde, das sich über 2000 km an der Nordostseite von Australien ausstreckt. Das Ausmaß des Riffs ist unvorstellbar. Tausend kleine Inseln und Riffe reihen sich aneinander. Milliarden von Korallen, Mikroorganismen, Fischen und Muscheln bestimmen das Leben dieses Riffs.

Untiefen, Felsblöcke und starke Gezeitenströme sorgen dafür, dass ein Törn durch das Great Barrier Reef für den Segler immer noch eine echte Herausforderung darstellt.

Hinter einer von flachen Büschen bewachsenen Insel fand ich einen brauchbaren Ankerplatz und genoss die Entspannung einer tief durchschlafenen Nacht voller lebhafter Träume.

Verwundert stellte ich am nächsten Morgen fest, dass AURYN trotz langer Ankerkette an einer ganz anderen Stelle lag. Der Tidenhub im Great Barrier Reef ist gewaltig und der Gezeitenstrom ändert alle sechs Stunden seine Richtung. Das Navigieren im Reef ist in heutiger Zeit relativ einfach. Die Seekarte verzeichnet die gewundenen Passagen durch die Rifflandschaft und im schmalen Gewässer weist die eine oder andere Gefahrentonne dem Seemann den Weg. Das Barrier Reef ist für Segler nicht gerade ein geschütztes Seegebiet. Der Südostpassat bläst konstant mit 25-30 Knoten. Das Außenriff ist von zahlreichen Durchgängen durchbrochen und bei Hochwasser wird die Dünung des Pazifischen Ozeans nicht gebrochen, weshalb im Inneren des Riffes ein hoher Seegang herrscht.

Inseln im Strom

Der Tidenkalender bestimmte das Segeln nordwärts. Ich erwischte den Start zur richtigen Zeit und AURYN segelte mit Höchstfahrt zwischen den Riffen hindurch. Doch Vorsicht! Hier konnte man sich keine Nachlässigkeiten erlauben, denn unbekannte Ströme und der Tidenstrom versetzten ständig das Schiff.

An Backbord lag der eher langweilige, konturlose Küstenstrich von Nordqueensland und auch sonst fand ich das Great Barrier Reef nicht gerade reizvoll. Die Ankerplätze waren tief und sehr unruhig. Die Unterwasserwelt war tot und kaum zu erkennen. Ich schnorchelte durch braunes Wasser in einer starken Strömung, vorbei an einst blühenden Korallenblöcken, die da lagen wie apokalyptische Mahnmale. War die Ursache dafür die unnatürliche Erwärmung des Meeres oder das von Menschenhand verschmutzte Flusswasser, das ins Meer führte? Keine Ahnung. Jedenfalls konnte von weißen Stränden, intakten Korallenlandschaften und glasklarem Wasser an Australiens Nordostküste keine Rede sein. Ich sah es später... wenn auch nur auf Ansichtskarten.

Das markante Cape York lag an Backbord. Die Springtide war gewaltig. Mit einem kräftigen Südost im Rücken preschten wir mit neun Knoten durch eine aufgewühlte See. Ich war fasziniert vom Blick aufs Kap. Der Klumpen Fels, der im diffusen Licht aus dem Wasser ragte, war die äußerste Nordostspitze des Kontinents von Australien, und vor mir lag die Torres Strait. Benannt nach Senor Torres, der als erster Europäer die Wasserstraße befuhr, die Australien von Papua-Neuguinea trennt.

Gedankenverloren und im Rausch der Fahrt vergaß ich alles um mich herum – besonders, den Stromversatz korrekt zu berechnen. Obwohl ich grob 30 Grad vorhielt, versetzte uns die tückische Strömung so stark, dass wir dem Riff gefährlich nahe kamen. Erst als ich das weiße Brandungswasser sah, das über dunkle Felsen spülte, bemerkte ich meine fatale Nachlässigkeit.

Vor Einbruch der Dunkelheit suchte ich mir einen geschützten Ankerplatz und am 6.5.2004 lag ein blaues Segelboot vor Thursday Island, ungefähr an dem Platz, wo 200 Jahre zuvor William Bligh mit seinen Getreuen neue Kräfte gesammelt hatte.

Meuterei auf der Bounty, ein Glas Rotwein und Geschichte, die im Licht der untergehenden Sonne zur Gegenwart wurde. Fletcher Christian hatte die „Bounty" gekapert und Captain Bligh mitsamt seinen loyalen Seemännern vor Tonga im rauen Pazifik ausgesetzt. Mit wenig Proviant, armselig ausgestattet, ohne nautisches Handwerkszeug, segelte Bligh im offenen Kahn über 3000 Seemeilen Richtung Westen. Hoffnung mischte sich mit der Verzweiflung. Sie flüchteten vor angriffsfreudigen Kannibalen, wetterten tropische Stürme ab, litten unter extremen Hunger und Durst und erlebten kaum vorstellbare Strapazen auf einer langen Reise über den Pazifik, entlang der australischen Küste bis Cape York und durch die Torres Strait. Den bewundernswerten Kenntnissen Blighs über das Meer, Navigation und Geographie sowie dem unbedingten Willen zu überleben war es zu verdanken, dass alle 17 Seemänner, wenn auch halb verhungert, in der ehemaligen holländischen Kolonie Timor an Land krabbelten.

Diese Geschichte fesselte mich so, dass ich das vergammelte Fischerboot mit dunkler Rauchfahne kaum bemerkte, als es auf uns zutuckerte. Dann kam es längsseits. Der Fischer bot einen ähnlichen Anblick wie sein verrosteter Dampfer und schrie mir schwer verständliches Aussie-Englisch entgegen, was ich lediglich mit Achselzucken beantwortete. Er dagegen nahm ein Messer, schabte sich seine Ekzeme wie Kalkstaub von den Beinen, schnitt anschließend damit einen großen Thunfisch durch und schmiss mir eine Hälfte davon aufs Deck. Dann verschwand er wieder.

Die Seefahrt hat es mit Menschen, die in keinen Raster passen, schon immer gut gemeint (wie aufregend ist dagegen eine Ansammlung von Golfspielern an einem Sonntagnachmittag im Grünen).

Seeland

Socke nahm sich schon mal den Thunfisch vor, ich setzte mich mit einem Becher Kaffee in den Bugkorb und schaute zur Wetterkarte des Himmels: Keine Zirren weit und breit. Ein wunderschöner Morgen. Der Seegang legte eine Pause ein. Wie ein silberner Spiegel sah das Wasser aus, das die Strahlen der Sonne reflektierte. Bei zwei Windstärken, aber mit einem starken Flutstrom, lief AURYN unter einer Herde Schäfchenwolken dem blau-weißen Leichtwindsegel hinterher.

Ich konnte an diesem Tag bis zur Kenterung der Tide nur 6 Stunden segeln, dann änderte ich den Kurs Richtung Papua-Neuguinea und unterschätzte einmal mehr den Stromversatz, als AURYN quer auf eine Korallenbank zutrieb. Der mächtige Tidenhub sorgte in den engen Passagen für einen Strom von bis zu fünf Knoten. Das reißende Wasser schien sich zwischen den Kontinenten durchzuquetschen und machte ein Vorwärtskommen selbst unter Motorhilfe kaum möglich. Es dauerte, bis Horn Island achteraus lag und am Nachmittag endlich der Anker hinter der Bligh-Island fiel. Im Lee der Insel lagen einige Fischer- und wohl auch Schmugglerboote, auf denen ich im Fernglas dubiose Gestalten erkannte, die wie erschossen im Schatten der Sonnenabdeckung lagen. Vielleicht herrschte im Hitzegeflimmer des flachen Schelfgebietes, umgeben von einigen grün bewachsenen Inseln, immer noch ein reges Hin und Her zwischen Gütern und Menschen. Denn die Torres-Inseln waren seit Jahrhunderten die Brücke zwischen dem australischen Kontinent und Neuguinea. Über diese Verbindung wanderten vor über fünftausend Jahren die Ureinwohner Australiens in ihre neue Heimat. Für die Aborigines ist das Meer nicht einfach nur Wasser, es ist Seeland. Ein Kosmos, in dem Land und Wasser, Mensch und Tier, Wind und Ahnen unzertrennlich sind. Hunderte Jahre später stieg der Meeresspiegel. Land wurde zu Wasser und prägte die Mythologie der australischen Ureinwohner.

Eine andere Spezies

Ich jumpte ins Wasser, das bei 27 Grad alles andere als eine Erfrischung bot, schnorchelte durch die Korallengärten und traf auf einen Speer-Fischer, der mich davor warnte, in dieser Region baden zu gehen. Hier schwimme der Blauring-Octopus. Sein Biss lähme die Muskeln. Nur Mund zu Mund würde noch retten. Doch die Opfer können weder schwimmen noch schreien oder sonst wie sich bemerkbar machen und gehen bei vollem Bewusstsein unter. Eine weitere Spezialität der Torres-Strait waren jene Viecher, die nicht unbedingt zu der Kategorie der friedlichen Korallenfische gehören: Salzwasserkrokodile! Diese berüchtigten Killer werden bis zu siebeneinhalb Meter lang, erreichen im Wasser Geschwindigkeiten eines flotten Mofas und können sich eine Stunde lang unter Wasser aufhalten. Diese Saltys gelten als einzigartig in ihrer aggressiven Gefräßigkeit und schwimmen über Hunderte von Seemeilen weit ins offene Meer. Diese Ausdauer wurde in der Nähe der Salomoninsel einem Schweizer Segler brutal zum Verhängnis. Er schwamm um sein Schiff und wurde vor den Augen seiner Frau von einem Croc gepackt, unter Wasser gezerrt und weggeschleppt.

Auch ich sollte ein paar Wochen später mit einem solchen Killer noch meinen Spaß haben, doch nun auf in ein anderes Land:

Papua-Neuguinea

Nach 25 Tagen auf See tauchte an einem schwülheißen Tag die insektenverseuchte Mangrovenküste aus dem Dunst auf. Ursprünglich war mein Plan, Port Moresby, die Hauptstadt Papua-Neuguineas, anzulaufen. Aber ich hatte keine Lust auf Stadt, auf einen Yachtklub mit Steg und Stromanschluss. Mir stand der Sinn nach unverfälschter Natur und so steuerte ich mein Schiff nach Daru-Island auf 9 Grad 4 Minuten südlicher Breite und 143 Grad 16 Minuten östlicher Länge. Soweit zum Service, liebe Leser, falls Sie mal nachschauen möchten.

Den Frieden eines lauen Nachmittags zerriss eine rasselnde Ankerkette. Ich entschuldigte mich bei umherschwirrenden Paradiesvögeln und dunklen Nachtgeschöpfen, die aufgeregt aus dem Dschungel schwirrten und blickte auf die Insel, die vor uns dampfte.

Dort, wo Rauchschwaden aus dem grünen Busch stiegen, grinsten vermutlich Totenschädel von alten Kultplätzen. Doch das wollte ich mir am nächsten Morgen ansehen. So saß ich im Cockpit, in den Farben eines kitschigen Sonnenunterganges und beschäftigte mich mit der Geschichte Papua-Neuguineas.

Das Hochland war bis in das Jahr 1930 noch völlig unerforscht und die dort wie zu Urzeiten lebenden Stämme blieben lange unbekannt. Bis – Sie ahnen es sicher – weiße Priester versuchten, wie überall auf den Inseln Melanesiens, die Stämme zu missionieren. Sie bekämpften Heidentum und Syphilis, womit sie bereits im Ansatz scheiterten, weil die meisten von ihnen im Topf mit siedendem Wasser landeten. Später kamen europäische Kaufleute, handelten den Eingeborenen Seegurken und Gewürze ab, teilten das Schicksal der Missionare und ließen ihre Schädel zurück.

Ein Rendezvous mit der Steinzeit

Ein alter Mann warf im hohen Bogen das Fischernetz aus, während ich stumm grüßte, an den Strand ruderte und immer tiefer in den dunklen Dschungel eindrang. Ich trat in eine blutrot getränkte Pfütze ausgespuckten Safts der Betelnüsse, kämpfte mit rudernden Armbewegungen gegen eine Heerschar fieser Moskitos und freute mich, als das Licht zurückkam. In einer Urwaldlichtung lag das Dorf, dessen Bewohner etwas gegen eine geordnete Bebauung hatten. Ihre Hütten lagen verstreut, waren aus Lehm und Bambus und auf den Dächern aus Palmenwedeln befand sich jede Menge Abfall. Vermutlich, um die ganze Konstruktion am Boden zu halten, weil man im Kokosgeflecht schlecht Nägel einschlagen konnte.

Wieder verschwand das Licht aus dem Tag. Ein tropischer Regenguss verwandelte den Weg in Matsch und Schlamm. Das Wasser schmatzte unter meinen Schuhen, als mich der Dorfchief in seine Hütte winkte. Ich hockte mich zu vier Leuten, die um ein offenes Feuer saßen und quer durch den Raum ihre feuchten Klamotten wie einen stinkenden Vorhang gehängt hatten. Ich überreichte mein Gastgeschenk, lauschte stumm einem fremden Idiom und folgte dem Chef, der mich durch sein Dorf führte. Es bestand aus traditionellen Häusern, die ohne Wände auskamen. Intimes oder Privatsphäre, all das, was in unserer Kultur so wichtig ist, schien in Melanesien von geringer Bedeutung. Privates wurde nicht durch Mauern geschützt, sondern durch Verständnis und Respekt. Ich dachte an die Welt, aus der ich kam, wo man sich zur Straße hin verriegelt und lediglich einer Sehnsucht Ausblick erlaubt: Im Blick auf das Meer, nach Freiheit und Ungezwungenheit.

Diese Insel musste man nehmen, wie sie war. Sie war völlig anders. Sie selbst. Durchmodert von Magie, Mythen und Gefahren. Unbeeindruckt von westlichen Idealen. Vor allem schien mir, dass die Eingeborenen etwas gegen die Zeit einzuwenden hatten. Sie kannten kein fließendes Wasser, hatten keinen Strom und von Telefon oder Internet hatten sie noch nie etwas gehört.

Dann wurde es bunt.

Der Medizinmann trat mir in vollem Ornat entgegen, war halbnackt und bekritzelt mit kunstvollen Tatoos. Um den Hals hingen dicke Perlenketten und massige Ringe zogen an seinen Ohrlappen. Ich überreichte ihm den Rest vertrockneter Kavawurzeln und versuchte, mit ihm zu palavern. Doch mein Englisch scheiterte an seinen Ohren und seine Sprache hatte ich noch nie gehört. Ich deutete auf meine Kamera und bat freundlich darum, in seinem musealen Schaukasten ein paar Fotos machen zu dürfen. Dabei vermied ich es, wie ein aufdringlicher Tourist meine Kamera in die Gesichter der Eingeborenen zu halten. Aus der Distanz gab's Motive genug: Qualmende Kochfeuer, stillende Mütter, dösende Alte. Frauen sangen im Schatten eines heiligen Bayanbaumes Lieder, deren Texte vermutlich nicht von weißen Missionaren geschrieben worden waren. Leben brachten die Kinder, als sie den Frauen zappelnde Fische übergaben, die zum Dünsten in den Erdofen gesteckt wurden.

Unter einem Gestell aus Bambus und Palmen, wo vermutlich auch ihre Totenmessen gefeiert wurden, aßen die Urenkel der Menschenfresser gemeinsam. Ein Kind kreischte, als es mich sah und eine halbnackte Frau schob mir ein Stück Palmenblatt mit köstlich gegartem Fisch zu.

Obwohl sie vermutlich seit Jahrzehnten keine Missionare mehr verspeist hatten, wurde ich dennoch das dumpfe Gefühl nicht los, dass sie an diesem geheimnisvollen Ort immer noch ihre uralten Zeremonien abhielten und traditionelle Opfer brachten.

Finster ausschauende Männer hockten unter schlaff herabhängenden Gräsern und säbelten eine Dose Corned Beef auf, dessen Geschmack dem einer menschlichen Leiche wohl noch am nächsten kommt.

Wie auf ein geheimes Zeichen hin verzogen sich die Frauen und Kinder in die schummerigen Hütten und das jahrhundertealte Ritual der täglichen Besäufniszeremonie begann. Im düsteren Licht des Dschungels verfing sich der Nieselregen und die Männer hockten so tief am Boden, dass ihre schlammverschmierten Hintern in den Pfützen hingen, während sie nach jedem Schluck aus der Kavaschüssel immer weiter in eine zweite Pubertät abdrifteten und kindliche Albernheiten von sich gaben.

Kaum vorstellbar, dass die Vorfahren dieser wilden Bande einst loszogen, um Menschenköpfe zu sammeln. In der kichernden Runde nippte ich nur vorsichtig an der braunen, narkotisierenden Brühe des Kava und behielt wohl nur deshalb meine ansatzweise vorhandenen geistigen Fähigkeiten, weil ich nach dem Absprung suchte.

Dann erhob sich der Häuptling, wankte zu einem riesigen Bayanbaum, in den man früher die Schädel der Feinde gelegt hatte, stützte seine Stirn gegen die Rinde und pinkelte gegen den heiligen Baum. Es war der Moment, da ich mich unbemerkt hinter seinem Rücken davonschlich.

Ich kam zurück, fiel in die Koje und wusste nicht, wohin mit all den Eindrücken

Papua-Neuguinea war nicht die farbenfrohe Welt der polynesischen Südsee mit ihren grünen Palmeninseln im beständigen Passatwind. In schwülheißer Luft lauerten Krokodile und Schlangen, in der Flussniederung schwirrten Fliegen und Moskitos als Überträger von Malaria und anderen Übelkeiten.

Tausend Gedanken

führten in meinem Schädel ein chaotisches Dasein, als ich am nächsten Morgen aufwachte und in eine Wasserlache trat! Im Salon stand das Wasser kurz über der Tischfußkonsole und hochgedrückte Bodenbretter schwabbelten im munteren Durcheinander mit Katzenfutter, Kartoffeln, Zwiebeln und Knoblauch. Der Filter der elektrischen Absaugpumpe war verdreckt, so dass ich wie ein Wilder das Wasser aus dem Schiffsinneren schaufelte und feststellen musste, dass ein hektischer Seemann mit der Pütz effizienter arbeitet als die stärkste motorisierte Lenzpumpe. Soviel war klar: Nach einigen hundert Litern, die ich über die Reling kippte, stieg das Wasser zumindest nicht mehr weiter, aber immer noch wusste ich nicht, was den gewaltigen Wassereintritt verursachte. Ich prüfte alle Seeventile, aber die Ursache des Desasters konnte ich erst feststellen, als ich unter dem Wassertank ein Plätschern hörte. Die reparierte Schweißnaht am Boden des 200-Liter-Tanks war aufgebrochen und sorgte dafür, dass sich meine Wasserreserven bis auf ein Minimum verringerten. Durch das ausgetretene Wasser soff gleichzeitig der separate Fluxgatekompass in der Bilge ab, was zur Folge hatte, dass der elektrische Autopilot seinen Dienst einstellte. Da dieses Missgeschick wegen der Meisterleistung eines Fachbetriebes jenes Landes, in welchem es für handwerkliche Arbeiten eine DIN-Norm bzw. klar definierte technische Vorschriften gibt, bereits einmal passiert war, wusste ich, wo der Hebel anzusetzen war. Ich öffnete das Gehäuse, säuberte und trocknete die Platine. Danach funktionierte die Anlage wieder. Um nicht ein drittes Mal in die Verlegenheit eines abgesoffenen Fluxgatekompasses zu kommen, verlängerte ich das Kabel und baute das Gerät einen Meter höher in den Schrank. Ein weiteres Malheur war, dass durch die Feuchtigkeit im Schiff eine Schnittstelle der SSB-Anlage korrodiert und somit kein Empfang von Wetterkarten, E-mails und Funknachrichten mehr möglich war. Es gelang mir, mit dem Rest des Epoxyfüllers die Naht des Wassertanks provisorisch abzudichten. Nach der Austrocknung schaltete ich die Entsalzungsanlage an, um meine Wassertanks wieder aufzufüllen und musste feststellen, dass die Summe der Unglücke konstant blieb oder auch das Gesetz von Murphy nach wie vor Gültigkeit hatte. Aus dem Antriebsmotor der Entsalzungsanlage pulschte ein dünner Wasserstrahl. Ein Dichtungsring schien verschlissen zu sein und verschaffte mir ein ernsthaftes Problem. Ich hatte noch acht Liter Wasser in Plastikflaschen und 900 Seemeilen bis nach Darwin an der Nordküste von Australien. Die Vorstellung verursachte mir Kopfschmerzen, die weniger von einer bereits einsetzenden Dehydrierung kamen als davon, dass ich an die restriktiven Einklarierungsmaßnahmen dachte und womöglich wegen Socke das Land nicht betreten durfte. Wegen des vermutlich verseuchten Wassers erschien mir die Möglichkeit, im Dorf brauchbares Trinkwasser zu bekommen, völlig aussichtslos. Dennoch fragte ich den Chief nach Wasser und war frohen Mutes, als er mich zu einem Wasserauffangbecken führte und den Deckel beiseite schob. Was ich allerdings darin sah, war eine diffuse braune Brühe. Ich schluckte, bedankte mich artig, faselte was von „So kann man sich auch eine Malaria einfangen“ und verschwand noch am gleichen Abend in die Richtung, wo eine knallrote Sonne ins Meer fiel und diesen für mich katastrophalen Tag bald darauf auswischte.

Im ewigen Meer

Die Nähe zum Äquator sorgte für eine stickige Hitze. Die Feuchte der Luft war zum Auswringen und die erste Nacht wurde schlimm. Meine Seele hing auf Halbmast und mein Zustand war wie das Wetter: Gräulich und pechschwarz in dunkler Neumondnacht. Unter voller Besegelung rauschte AURYN in einer aufgekratzten See. Die Nadel des Kompasses zeigte 260 Grad und als ich damit beschäftigt war, navigatorisch irgendwo hinterm Horizont unser Ziel „Darwin“ festzulegen, knatterte ein Helikopter über uns hinweg. Die australische Küstenwache hatte ein ganz besonderes Interesse an dieser Meerenge, denn über die versunkene Landbrücken der Torres-Strait drohen alle Übel Asiens und Papua-Neuguineas einzuwandern: Illegale Einwanderer, Drogen und landwirtschaftliche Schädlinge.

Die Gefahren der Torres-Strait, die gewiss nicht gering waren, hatte AURYN bald hinter sich gebracht und durchsegelte nun die flachen Gewässer der Arafura-See.

Ich beobachtete Seeschlangen, die von den Wellen überrollt wurden und genoss nachts das phosphoreszierende Meeresrauschen im Kielwasser des Schiffes. In einer Spur von funkelndem Feuer und im Schein der Stirnkopflampe beschäftigte ich mich in der Nacht mit der Navigation und dem Tidenkalender der Gewässer um Darwin. Im Schiff war es mit 36° so heiß, dass ich draußen schlief und den Scheinwerferkegel bereits sah, bevor er das Heck von AURYN absuchte! Der Zoll war da. Weit nach Mitternacht teilte ich über Funk auf Anfrage meine Daten und die Registrierung des Schiffes mit, zudem meine voraussichtliche Ankunftszeit in Darwin. Auch ich hatte Fragen und erhielt im Gegenzug von dem freundlichen Beamten aus der Luft die aktuellen Hochwasserzeiten von Darwin.

Erbarmungslos brannte die Sonne auf das Teakdeck. Der Wind hatte sich komplett verabschiedet und nur die schwache Dünung ließ erkennen, dass man sich noch auf einem Meer befand. Seit dem frühen Morgen lief AURYN unter Motor, am Mittag näherten wir uns der Küste von Nordaustralien.

Um im Stillstand der Tide die sensible Durchfahrt der berüchtigten Clarence-Strait anzugehen, ankerte ich im Diemens-Golf, vor Arnhem-Land. Es ist ein riesiges Gebiet, das den Aborigines gehört und nur über eine Straße zu erreichen war, die von den Ureinwohnern Australiens kontrolliert wird. Die Aborigines mochten die weißen Eindringlinge nicht, die ihre Vorfahren aus dem Land vertrieben, das sie schon seit einigen tausend Jahren durchstreift hatten. Die englischen Kolonialherren taten lange so, als gäbe es die Kaoris nicht, die sie selbst ausrotteten. So wie es andere mit den Eingeborenen in Amerika, Afrika oder der Arktis taten.

Doch zurück zur Nordküste Australiens, Arnhem-Land und zu einem Fluss, der es in sich hatte.

Warum ich ausgerechnet in den Adelaide River fahren musste, blieb mir schleierhaft; dass er sich in meinem Gedächtnis für alle Zeiten eingeprägt hat, wird nicht schwer zu verstehen sein.

Sechs Meter Tod vor Augen

Bis zur Kenterung der Tide hatte ich noch drei Stunden Zeit, ich machte das Beiboot klar und erkundete den Fluss, der in das Aboriginesland führte. Ich schreckte eine Schar Vögel aus den Sümpfen, ließ mich von imposanten Wasserbüffeln beglotzen und dachte daran, dass die urzeitlichen Viecher ein besonders begehrtes Fressen der Salzwasserkrokodile sind. Plötzlich hielt ich den Atem an: Auf einer Schlammbank döste ein Krokodil. Es riss sein Maul gierig auf, während über seine Rippen kleine Fischreiher wuselten. Das Croc war ein Exemplar von gewaltigem Ausmaß, schob seinen massigen Körper ins moderige Wasser und steuerte....schnurstracks auf uns zu! Mein Finger zuckte, der Auslöser klickte und nach einer Weile öffnete das Krokodil die Schnauze. Bei sechs Metern Tod vor Augen wollte ich aufschreien oder habe ich geschrieen? Ich weiß es nicht mehr genau. Ich weiß nur noch, dass ich Gas gab, das Dingi herumriss und mit Full Speed den Fluss hinunter auf die offene See hinausjagte.

Ich erreichte AURYN mit dem letzten Tropfen Benzin, krabbelte völlig fertig aufs Schiff und verzichtete auf die Weiterfahrt Richtung Darwin. Stattdessen setzte ich mich mit einem Gin Tonic ins Cockpit, trank auf meinen vierten Geburtstag, sah der Sonne beim Untergehen zu und bekam den Schrecken nicht mehr aus den Knochen.

Nach einer lebhaften Nacht, in der ich mit Krokodilen kämpfte, mich Gin und Schrecken kaum schlafen ließen, zog ich den Anker aus dem Schlamm und brachte AURYN auf Kurs. Der Rest eines starken Tidenstromes spülte uns durch den Van-Diemens-Golf. Unter Radarhilfe segelte AURYN durch die einbrechende Nacht. Zahlreiche Schiffe begegneten uns, ein hell erleuchteter Thunfischtrawler warnte uns über Funk vor seinen nachschleppenden Netzen. Kleinere Fischerboote kreuzten vor dem Bug. Es war eine kurzweilige Nacht, in der sich Müdigkeit mit gelassener Vorfreude mischte.

Wir hatten von Sydney aus eine Distanz von über 3800 Meilen zurückgelegt und auch wenn es in Darwin einiges zu reparieren gab, freute ich mich mal wieder auf das rege Treiben einer Stadt, noch mehr allerdings auf eine ausgiebige Dusche aus einem vollen Wassertank.

Darwin/Australien

Die Sonne war gerade aufgegangen, als ich über Funk 15 Seemeilen nordöstlich von Darwin unsere Position beim Port Control angab und für Mittag unsere Ankunft anmeldete. Sie kannten bereits alle genauen Daten von den Kollegen der Küstenwache und gaben mir die Koordinaten der Anlegestelle zum Einklarieren durch. Als ich am Quarantäneponton anlegte, erwartete mich eine Armada von Uniformierten. Der Gesundheitsoffizier mit Sekretär, zwei Beamte der Fremdenpolizei und der Zoll, welcher gleich mit vier Leuten einschließlich aufgeregtem Hund anrückte. Auffällig in diesem Gewusel war ein Herr in schlankem Overall mit weißen Handschuhen, der sich später als Veterinär vorstellte. Ich hatte bei meiner Vorausanmeldung über Funk auf die Frage, wie viele Leute sich an Bord befinden, geantwortet: Ein Seemann und ein Kater.

Wo ist die Crew? fragte der Zoll. Das ist Socke, meine Mannschaft, erklärte ich. Doch die kantigen Typen hatten keinen Sinn für Humor und durchstöberten ohne große Rücksicht sämtliche Schapps und Fächer, leuchteten auf der Suche nach Drogen selbst den Motorraum aus. Ich saß umgeben von der Immigration im Cockpit, füllte anständig die Anmeldungsformulare aus, während der Gesundheitsofficer den Kühlschrank inspizierte und der Drogenhund über mein Bett schnüffelte. Ich verstieß gegen das Einreisegesetz. Meine noch in Kaledonien gekauften Knoblauchzehen und die Zwiebeln sowie drei restliche Eier wurden konfisziert. Diese Produkte galten als salmonellenverdächtig und um Seuchen vorzubeugen, nahm der penible Beamte zwei leicht angerostete Dosen von meinem geliebten Apfelmus auch noch mit. Für den Abtransport der brisanten Beschlagnahme in einem geschlossenen Behälter knöpfte man mir satte 120 australische Dollar ab.

Die Amtshandlung des Tierarztes bestand darin, die Impfpapiere des Katers zu prüfen und mir den Befehl zu erteilen, dass mein Kumpel im Vorschiff eingeschlossen werden müsse. Weil ich ein Tier an Bord hatte, durfte ich nicht mit AURYN in die Marina einfahren und musste außerhalb des Yachthafens von Darwin vor Anker liegen. Der Höhepunkt der Einreisebeschränkungen bestand darin, dass sich der Veterinär jeden Tag zu AURYN schippern ließ, um zu prüfen, ob der Vierbeiner noch an Bord war! Die Einreisebestimmungen nach Australien, dem fünftem und kleinsten Kontinent unserer Erde, sind etwas Besonderes. Selbst der vertrocknete, chilenische Schlamm aus meinen Wanderschuhen wurde penibel aus den Rillen gekratzt! Australien zitterte vor Angst, dass man ihnen Insekten oder Würmer ins Land trampeln könnte, obwohl das erste Gebot für die Bewältigung ihres Alltags „no worries“ (keine Probleme) lautet.

Bilder der Apokalypse ...

Ich kümmerte mich vorrangig um die Ersatzteile meiner Reparaturliste und nahm mir als wichtigste Arbeit den leckgeschlagenen Wassertank vor. In einem nautischen Ausrüstungsladen der Berufsschifffahrt fand ich dafür Epoxy und Gewebelagen und traf auf Mark, der mir seine Hilfe anbot. Während ich den Wassertank von Kalkablagerungen säuberte und nach dem Austrocknen mehrere Lagen flüssiges Epoxy mit einer Gewebematte auf die gerissene Schweißnaht zog, kümmerte sich Mark, ein Redneck mit sonnengegerbten Gesicht, um die Inspektion des Motors, wobei er lieber Outback-Storys erzählte. Sie handelten von Aussies, die einen Motorschaden hatten und schließlich ihren eigenen Urin trinken mussten, um zu überleben. Oder auch nicht.

Da ich nicht in die Marina einfahren durfte, um mit dem Schlauch die Wassertanks zu füllen, blieb mir nichts anderes übrig, als 400 Liter Wasser in zwei kleinen Kanistern vom Land aufs Boot zu schleppen. Eine Aktion, die mich zwei volle Tage beschäftigte.

Dann war es Zeit für die Stadt. Darwin ist die Hauptstadt des Northern Territory. Sie liegt im tropischen Norden Australiens, wurde in der Vergangenheit mehrmals von Wirbelstürmen heimgesucht und dabei völlig zerstört. Die letzte Apokalypse liegt gerade einmal 30 Jahre zurück und hing dokumentiert auf alten Schwarzweißfotos im Darwin Sailing Club. Beeindruckende Bilder von den Verwüstungen, die dieser Zyklon hinterlassen hatte. Die Stadt schien komplett niedergewalzt, nur die aus Stein gebauten Häuser blieben stehen. Darin die überlebenden Menschen: Eine Hälfte von Darwin, die sich damit beschäftigte, die andere zu beerdigen.

Ich saß mittlerweile bei einer Tasse Kaffee auf der Terrasse des Yachtklubs und schaute der Sonne zu, wie sie als glutrote Scheibe hinter den ankernden Booten im Meer versank. Neben mir hockten ein paar französische und englische Segler, die sich auf ihre Heimreise vorzubereiten schienen. Ein lauer Wind trug ihre Sätze herüber. Wettersysteme wurden diskutiert, Einreiseformalitäten ausgetauscht und bereits jetzt schien festzustehen, wo sie in zwei Jahren ankommen wollten. Ortsnamen flogen durch Raum und Zeit an einem dämmernden Abend, der von Planspielen bestimmt war. Was war eigentlich mein Thema? Ich hatte keines und schmunzelte stattdessen rückblickend über meine spontanen Reisen, bei denen ich meistens keinen Plan hatte und keine Vorstellung von dem, was mich irgendwo erwartete. Nur soviel war klar: Mein Törn sollte mich nicht durch den Suezkanal führen, sondern unten herum.

Um das Kap der Guten Hoffnung!

Im Outback

Von Darwin fuhr ich mit einer organisierten Bustour einen Tag in den Kakadu-Nationalpark. Das von weiten Flächen überschwemmte Aborigines-Land bot eine grandiose Landschaft, in der sich die Kaoris in felsige Erhöhungen zurückgezogen hatten, um in ihren archaischen Wohnzimmern ihre Kunst an Touristen wie mich zu verkaufen. Überall in den Höhlen und an den Wänden konnte man sehr alte Felszeichnungen besichtigen. Ich betastete uralte Kritzeleien und Hieroglyphen, die von einer anderen Zeit erzählten. Aborigines ließen sich beim Malen ihrer wunderschönen Bilder über die Schulter sehen, aber einigen Buchern der „Angel Traveller Tour" war mehr daran gelegen, aus dem Bus ein paar Kisten Bier zu zerren, um sich im Schatten des Höhleneingangs laut grölend zuzuprosten.

Ich verspürte keine allzu große Lust, mit dieser Truppe von Langweilern, die bereits mittags den anästhesierten Gesichtsausdruck von Alkoholikern hatten, weiter unterwegs zu sein und organisierte den Nachmittag selbst. Und so wanderte ich in den Outback, machte Rast an einem offenen Imbiss und sah meinem Essen zu, wie es Zunder aus der Propangasflasche und dem Schweißbrenner bekam. Ein Gestank von verbranntem Fell wehte aus der Steppenküche, dann kaute ich am zähen Hammel.

Mit ihm im Bauch wanderte ich entlang der Straße zur roten Steppe. Pickups donnerten vorbei und ein riesiges LKW-Gespann hüllte mich für einige Minuten in den Staub verbrannter Erde.

Von irgendwo her hallten Schüsse.

Hinter der Straßenbiegung saß ein Typ neben seinem Van auf einem Campingstuhl, vor sich ein Sixpack Bier und ballerte mit seiner Schrotflinte auf ein Verkehrsschild.

Steig ein, Wynton hatte seine Knarre auf die Rückbank gelegt, wobei der Gewehrlauf direkt auf meine Hüfte zielte. Eine stundenlange Fahrt durch die monotone Steppe Australiens folgte. Gelegentlich Gespräche über dieses und jenes. Allerdings schlecht verständlich, da sich gesprochenes Australisch im Outback von den Fesseln des Englischen weitgehend emanzipiert hat, was selbst bei der inoffiziellen Nationalhymne „Waltzing Mathilda" hörbar wird. Den wirren Slang-Text können nicht mal Einheimische dechiffrieren. Echte Folklore eben.

Die stundenlange Fahrt zurück nach Darwin verlief ereignislos. Außer ... einer kurzen Pause, in der zwei Männer schweigend in den Outback pinkelten.

Spät abends erreichten wir den Yachtklub und als Dank lud ich meinen Aussie-Kumpel zum Essen in das feine Restaurant am Hafen ein, in dem sich die wenigen Gäste verloren. Selbst der Ventilator unter der Decke blieb stumm. Das einzige, was quietschte, war die imposante Kauleiste von Wynton, mit der er die Calamares-Ringe bearbeitete, weil sie die Konsistenz geschnetzelter Tennisschuhe hatten.

Der Wein war getrunken und jenseits der Glasscheibe erloschen die Lichter der Straße. Eine melancholische Leere rieselte über alles, besonders auf mein Gemüt. Ich segelte in Gedanken zurück und dachte kurz an die Menschen von Daru Island. Wie wenig hatten sie im Vergleich zu der hochtechnisierten Welt und wie viel machten sie stattdessen aus ihrem Nichts! Sie gaben und teilten, schenkten dem Fremden ihr herzliches Lachen, ihre Gastfreundschaft. Sie improvisierten und waren voller Bewegung. Während Darwin in dumpfe Trägheit verfiel.

Ich wollte schnellstens weg, in Richtung Asien segeln und plante noch einen Tag ein, um Lebensmittel zu bunkern und Schiffsdiesel zu tanken.

Der aktuelle Wetterbericht zeigte nichts Dramatisches und so klarierte ich bei der Immigration und beim Zoll aus, die mich vor lauernden Piraten in indonesischen Gewässern warnten.

Ein letzter Landgang. Ich spazierte durch Darwin und empfand es auffällig, dass in den letzten Tagen immer mehr Aborigines barfuß und zerlumpt durch die Straßen torkelten. Man spürte die Depression ihres Nichtstuns. Sie kamen aus ihren abgesonderten Territorien in die Stadt, um sich die Dollars der staatlichen Beihilfe in die Taschen zu stopfen und sich anschließend zu besaufen. In diesem Zustand bettelten sie die Weißen an, wurden klammheimlich von der Polizei wie streunende Hunde eingefangen, in Käfigfahrzeuge gezerrt und abtransportiert. Die Art, wie es die Aborigines über sich ergehen ließen und ihr trauriger Blick aus den Käfigen verrieten, wie leer ihre Seelen waren. Muss man nur lernen wegzuschauen, um keinen Anflug von schlechtem Gewissen zu haben? Warum schafft es die so genannte Zivilisation eigentlich nicht, ihre Kräfte zu bündeln und mit den Eingeborenen in einer friedlichen Koexistenz zu leben, wo jeder den anderen in Frieden lässt?

Stattdessen gerät die alte Ordnung der Aborigines immer mehr aus den Fugen. Männer verlieren ihre Rollen, den Jüngeren fehlt jeglicher Anreiz zum Lernen und Arbeiten. Gewalt und Trunksucht erzählen davon. Es ist grotesk: Der Staat zahlt seinen Küstenbewohnern Sozialhilfe, direkt am Meer leben traditionelle Fischerfamilien von der Wohlfahrt!

Australien lag achteraus. AURYN verließ Darwin so, wie sie es angesteuert hatte: Unter Begleitung eines knatternden Hubschraubers der Küstenwache und im schwachen Wind eines schwülwarmen Tages.

Ein japanischer Fischtrawler zog zum Hafen, ein paar Typen lehnten lässig über der Brüstung und winkten mir zu. Ihre Arbeit war getan, während meine begann. Ich setzte die Segel, bestimmte den Kurs und versuchte, AURYN ins Gleiten zu bringen. Vor mir dampfte der Tee, hinter dem flirrenden Horizont lag ein neuer Kontinent: Asien, das Indonesische Meer, eine Menge Neugierde auf eine fremde Kultur; auch wenn sich in diese Vorfreude Bedenken mischten, denn ich segelte direkt hinein in eine Region, in der sich ethnische Gruppen bekämpfen und hin und wieder Bomben in die Luft fliegen.

Papua-Neu Guinea

Croc

Im Indonesischen Meer von Darwin nach Bali

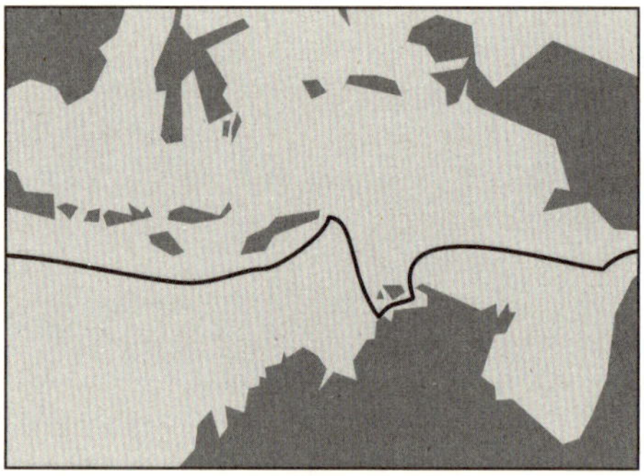

In Beobachtung der Trimmlage saß ich im Cockpit, schaute in den Blister, der uns über den Tag zog und schrieb in das Logbuch den nächsten Törnabschnitt:

16/5: Darwin – Bali. Distanz 960 Seemeilen. Kurs 290°, Wind Nord-Nordwest mit 1-2 Bft, Baro 1008, Bewölkung 2/8 Kumulus.

Dann fiepste es, Besuch war da! Ich setzte mich im Bugkorb eine Zeitlang zu den Delfinen, bewunderte ihre Leichtigkeit und spürte die Zufriedenheit eines Seefahrers, dessen Mühen durch den dankbaren Anblick der Kunststücke der Delfine belohnt wurde.

Wir segelten zwischen den Kontinenten einem unbekannten Ziel entgegen und hinein in einen kitschig schönen Sonnenuntergang, der das gewohnte Schauspiel bot und das vertraute Gefühl vermittelte, es gebe keine andere Welt als jene, die bis zum Horizont vor uns lag.

Ich setzte das in Darwin vorgekochte Abendessen auf. Auf dem Tupperdeckel grinste der Smiley, darunter die Hühnchenbrust – süßsauer. Dazu schnippelte ich gewürfelte Stücke einer frischen Ananas und konzentrierte mich anschließend darauf, in der Einsamkeit einer dunklen Neumondnacht mein Schiff in Fahrt zu halten. Was locker klingt, aber nicht so einfach war. Seit Stunden fächelte der Wind aus unterschiedlichen Richtungen. Mal wehte er kräftiger, dann ließ er wieder nach. Für mich bedeutete es ständiges Arbeiten mit den Segeln. Reffen, Ausreffen und auf diese Weise schlug ich mir die Nacht um die Ohren. Am nächsten Morgen bewegte sich kaum noch ein Luftzug. Der Landstrich der australischen Küste war verschwunden, um uns herum herrschte eine grenzenlose Weite in einem Gefühl von Ewigkeit. Wir schaukelten auf einer bleiernen See und die Sonne knallte so brutal aufs Teakdeck, dass man ohne Schuhe darauf nicht gehen konnte. Aber wohin sollte ich schon gehen!

Unter Motor steuerte uns der Autopilot durch eine pechschwarze Nacht, in der Blitze zuckten und den ganzen Himmel aufhellten. Es donnerte und grummelte, irgendwo hinterm Horizont polterte ein mächtiges Ungeheuer.

Am Tag war der Wind wieder zurück, anfangs umlaufend und schwächelnd, später kam er konstant aus Süd mit 10 bis 15 Knoten. Großsegel und Genua waren gesetzt, über ihnen ein milchiger Himmel und eine Sonne, um die sich ein Haloring abzeichnete. Schwarze Wolken zogen auf, es braute sich etwas Gewaltiges zusammen und kam direkt auf uns zu.

Der richtige Zeitpunkt, die Segel zu reffen, ist der Moment, in dem man daran denkt. Doch meistens vernachlässigte ich diesen gescheiten Augenblick und zauderte so lange, bis mir AURYN die passende Antwort gab. In der Koje liegend spürte ich, wie der Ruderdruck allmählich zunahm und AURYN von einer Seite zur anderen zu geigen begann. Um mich anzuspornen und munter zu werden, rief ich in das Dunkel des Salons „Alle Mann an Deck, Segel reffen“. Während AURYN wild umhertanzte, stand ich in Shorts und Gummistiefeln auf dem Vordeck. Socke zwischen meinen Beinen. Während ich den Spibaum abbaute und sein schweres Gewicht in den Schiffsbewegungen ausbalancierte, wich er geschickt meinen Schritten aus. Womit alle Mann genügend zu tun hatten.

Das Barometer hatte das tropische Gewitter mit kurzzeitigem Starkwind glatt übersehen. Die Front kam schnell und hart und vier Stunden später war alles vorbei. Bis auf die Nacht, die uns mit ihrer Dunkelheit umhüllte.

Ein kräftiges Frühstück unter Schönwetterkumuli und monotonem Dieselgehämmer! Von Wind keine Spur! Vor uns lag das Ashmore-Reef und obwohl ich nicht vorhatte, es anzulaufen, dachte ich an meine Dieselvorräte und suchte nach der Passage in das Atoll, um dort auf Wind zu warten.

Im Ashmore Reef

Nördlich von Australien, südlich von Timor und mitten in der Timor-See befindet sich das Ashmore-Reef. Unbewohnt und doch voller Lebewesen. Am Abend wanderte ich bei Niedrigwasser dem Außenriff entlang und traf die Giant Claims. Keine Rockgruppe, sondern blaugrün schimmernde Riesenmuscheln mit der bissigen Eigenschaft, gerne mal zuschnappen zu wollen, wenn sich Menschen-Zehen näherten.

Bevor die Nacht kam, erwachte das Leben am Riff. Kleine Schwarzspitzenhaie zogen ihre Bahnen, silbrig glänzende Thunfischschwärme flitzen davon und auch Seeschlangen gehörten zum Programm.

Das Highlight der Abendshow bestand jedoch aus zwei Ledernackenschildkröten, die an Land robbten, ihre Eier im Sand verbuddelten und das Loch anschließend wieder lagenweise verdichteten. Doch die Natur setzte noch eins drauf: In unglaublicher Anmut schwebte eine Schar von Mantarochen durch das flache Wasser, in dem allmählich das Türkis ins Dunkelgrau überging.

Seltsam war das Nacht-Gefühl im Ashmore Reefs. Inmitten einer Lagune von der Stille eines Dorfteiches lag AURYN vor Anker. Im Frieden des Meeres. Nur die Brandung am Riff erinnerte an die Rauheit der See....und das Lichtflimmern in der Ferne an Menschen. Hier war noch jemand!

Am andern Tag, immer noch Flaute, erkundete ich mit dem Dingi die Lagune. Woher kamen die Lichter?

In der äußersten Ecke lagen einige merkwürdige Fischerboote asiatischer Herkunft. Ich hatte die Worte des Zolls von lauernden Piraten plötzlich im Ohr und doch wusste ich von Wynton, dass in der Achse Timor- Darwin ein reger Schmuggelverkehr herrschte. Menschenschmuggel! Vermutlich waren die Boote mit ihrer Fracht auf dem Weg nach Australien, um dort jene abzusetzen, die illegal als unterbezahlte Tagelöhner Arbeit fanden. In der schmuddeligen Romantik eines verrosteten Seelenverkäufers erkannte ich schnauzbärtige Gestalten, die dumpf im Schatten einer Persenning lagen. Auf dem Vorschiff, ungeschützt und der Sonne erbarmungslos ausgeliefert, hockten finstere Typen im Elend der Hoffnung.

Zwischen Horizont und Himmel

Unser Ideal sei nicht die Windstille, die das Meer zum Tümpel macht und nicht der Orkan, sondern der große starke Passat, gewaltig, voller Lust, frisch und lebendig, immerwährende Lüftung.

H. Martinson

Nur, wo war der Südostpassat, Harry?

Vor zwei Tagen hatte ich mit schwachen Winden unter dem Leichtwindsegel das Ashmore Reef verlassen.

Bei der Mittagsposition befand sich AURYN 695 Meilen südlich von Bali und war einer mörderischen Tropensonne ausgesetzt. In der Timor-See, zumindest in ihrem nördlichen Teil, hing die Luft voll Feuchtigkeit. Das Thermometer stand auf der Rekordzahl von 42°. Socke hechelte, ich schwitzte, döste und wenn ich mal schlief, narrten mich Visionen von eisgekühlten Getränken, verführerischen Salaten und einer aufmerksamen Stewardess.

Eine ferne Stimme erzählte etwas von Eisheiligen! Ich hörte Nachrichten über Kurzwelle: In Deutschland war es kalt und windig. Irgendwie sehnte ich mich danach. Nein, nicht nach Germany. Eher nach der Frische der Natur Feuerlands. Nach Nächten voller Schlaf und Tagen gefüllt mit Wind.

Wir trieben weiter durch die langweilige Timor-See, die für ihre ausgedehnten Flauten bekannt ist. Es passierte nicht viel, außer dass Socke einen Tölpel fing. Diese Tiere gehören nicht gerade zur Gattung der Kanarienvögel und sind mit einer mächtigen Flügelspannweite ausgestattet, weshalb ich mich darüber wunderte, wie Socke den Burschen durch den schmalen Niedergang brachte. Als er jedoch meinte, er müsste mir seine Beute auch noch ins Bett legen, wurde ich hellwach und beförderte den Vogel samt dem daran hängenden Kater wieder hinaus.

Die Geißel der Seefahrt

Am 7. Seetag erregte etwas meine Aufmerksamkeit.

Ein alter Kahn ohne Flagge und Beschriftung folgte uns im Kielwasser.

Ein Narr, wer die Existenz von Piraten und Seeräubern abstritte. Berichte gab es schließlich zur Genüge oder Warnungen, wie die des Zolls in Darwin.

AURYN segelte mittlerweile in indonesischen Gewässern, unterhalb der berüchtigten Straße von Malakka, in einer Region, die Piraten länger kennt als schriftliche Aufzeichnungen. Bereits im 5.Jahrhundert warnte der chinesische Reisende Fa-Hsien. Diese See ist verseucht mit Piraten, sie zu treffen bedeutet Tod.

Der Dampfer mit der schwarzen Rußsäule kam näher, während es in meinen Beinen zu kribbeln begann. Am Abend hatte er uns eingeholt, tuckerte im Abstand einer Meile querab und raubte mir nicht nur meinen Schlaf, sondern regte auch meine Phantasie an. Ich beschäftigte mich intensiv mit der Möglichkeit eines Überfalls. Nur, was sollte ich machen? Eine Waffe hatte ich nicht an Bord, sie bedeutet für mich keine Sicherheit, schafft eher Eskalation. Der Überfall auf Sir Peter Blake, der den Helden spielen musste und sein Leben verlor, war das mahnende Beispiel dafür. Vielleicht käme ich eher davon, wenn ich ihnen eine abgegriffene Geldbörse mit ein paar hundert Dollars entgegenhielte, eine abgelaufene Kreditkarte, die Eindruck erweckte oder wie wär's mit billigem Fusel, dachte ich und endete: Wenn dich einer umlegen will, ist es eh Kismet und es wird sich kaum verhindern lassen.

Piraterie bleibt die Geißel der Seefahrt und so rasch, wie sich die Kluft zwischen Arm und Reich in der Schnelllebigkeit unserer Welt vergrößert, so aktueller wird für uns Segler das Thema Piraterie auf dem Meer noch werden. Und das gilt nicht nur für die Berufsschifffahrt. Selbst die Fischer in den armen Ländern sehen mittlerweile auch in kleinen Segelbooten einen lohnenswerten Fang.

Langsam wurde ich nervös, ich änderte den Kurs. Die Russsäule auch.

Ich schrie und fluchte. Er blieb stur hinter uns, setzte mal zum Überholen an oder scherte seitwärts aus.

Zweihundert Meilen vor Bali.

Immer noch hämmerte der Diesel, ein Wal flirtete Stunden vorher kurz mit AURYN und ich stieg verschlafen aus dem Cockpit… die Rußsäule war weg! Endlich Ruhe, doch dann kam das Chaos.

Beim morgendlichen Check des Motorraumes stand das Wasser bis über den Rand der Bilge und die Ursache des Übels erkannte ich sofort: Am Verbindungsstück des Abgas-Kühlwasserrohres pulschte das Wasser hinaus. Im Licht der Stirnkopflampe (für Einhandsegler die beste Erfindung seit langem) und mit Hilfe eines Spiegels entdeckte ich neben der Schelle eine durchgerostete Stelle. Mit Epoxy und einer provisorischen Manschette aus Dichtungsband gelang es mir, im zweiten Versuch die Leckage tatsächlich zu stoppen. In den 12 Stunden, in denen das Epoxy durchhärtete und AURYN bewegungslos in träger See lag, nähte ich das gerissene Vorliek des Blisters, das mir Tags zuvor mit einem gewaltigen Knall den Vortrieb aus dem Schiff genommen hatte.

Tatjanas Strip

Die tropischen Nächte in der Nähe des Äquators blieben schwülheiß. In ihnen spannte sich ein wolkenloser Himmel von gewaltiger Größe von einem Horizont zum anderen. Dazwischen schien das breite Band der Milchstraße fast zu explodieren. Der Sternenhimmel glühte und reflektierte seine funkelnde Pracht im Wasser des Ozeans auf den winzigen Punkt Mensch in seinem dahinziehenden Boot – verloren in der Unendlichkeit.

Ich döste, schlief ein und in einem Moment, als mir nichts mehr wichtig erschien, kam sie!

Tatjana lehnte aufreizend lächelnd im Türrahmen!

Sie streichelte mich mit ihrem lasziven Blick, knöpfte sich die schwarze Seide ihres BHs auf und schlang ihre erotischen Beine um meinen feuchten Körper, der....Moment, der tropische Tiger passte nicht in das Bild! Er kauerte mit grimmigem Blick und wilden Augen auf der Treppe, richtete sich auf und riss mit donnerndem Gebrüll sein schreckliches Maul auf. Dann kam der Sprung, die Tatzen des Ungeheuers krallten sich in meine Brust, heißer Atem fauchte mir entgegen und messerscharfe Zähne blitzten vor meinen Augen. Ein Schlag in den Magen, Socke landete mit einem mächtigen Satz auf meinem Bauch und beendete knallhart und abrupt meinen erotischen Traum.

Flammendes Licht eines geheimnisvollen Landes ...

Es war sechs Uhr, als die Sonne den Himmel in ein wildes Bild aus Rot, Gelb und Rosa verwandelte. Dann stemmte sie sich auf den Bergrücken von Lombok und strahlte auf smaragdgrüne Berge, die im Dunst schwammen. Land in Sicht. Vor uns lag das geheimnisvolle Asien mit seiner Vielzahl bekannter und unbekannter Inseln. Der indonesische Archipel mit seinen 13677 Inseln erstreckt sich von Australien bis nach Asien und ist die größte Inselgruppe der Welt.

Soweit zur Geographie, die der Sonne egal war, sie stand bereits in ihrem Zenith, als uns die ersten indonesischen Daus begegneten. Es waren uralte Holzboote mit bunten Segeln und zerlumpten Fischern, die freundlich winkten.

AURYN kam über den Tag kaum noch voran. Ein starker Gegenstrom setzte aus der Meerenge, die Bali von Lombok trennte. Achtung! Der Tankanzeiger befand sich bereits im roten Bereich. Um anderntags genügend Sprit für die Einfahrt durch das Gewirr zahlreicher Felsen in den Hafen von Benoa zu haben, drosselte ich die Drehzahl der Maschine. Dann stellte ich sie ab. Die Vorstellung, ohne Motorhilfe und ohne Wind durch den Stromversatz in die Felsen getrieben zu werden, hatte nicht unbedingt etwas Verlockendes. So trieben wir eine letzte Nacht auf dem Meer. Vor uns schimmerte die Skyline von Benoa. Im Licht des Mondes lag der mächtige Vulkan, aus weiter Ferne betrachtet tatsächlich wie ein Thron der Götter wirkend, deren Atem über das Land strich.

Ich konnte den Sonnenaufgang und die Einfahrt in den Hafen kaum erwarten und steuerte mein Schiff im frühen Licht eines jungen Tages in die Stadt. Vorbei an goldenen Kuppeln, die Sultan Sowieso der Prächtige gegen neidvolle Christen hatte bauen lassen. Dann bog sich der Fluss. Die Kreuze der Kirchen und die Halbmonde der Minarette hoben sich gegen den blassen Himmel. Grau und gewaltig die alte Mauer darunter. Heilig sind Gemäuer und Steine, nicht Ideen. Wer geglaubt hat, dass Religion Frieden stiftet, dem wird auf Bali das Gegenteil bewiesen. Doch dazu später, wir sind angekommen.

AURYN lag mit Leinen verspannt am morschen Steg des Yachtklubs von Bali.

Land der Götter und Dämonen
Bali und Lombok

Der Sage nach wohnen die Götter auf den Bergen und die Dämonen im Meer.

In den Amtsstuben wehte der Geist einer anderen Kultur. Hier herrschte die ausgeprägte balinesische Korruption. Doch der Reihe nach...

Zum Befahren der Indonesischen Gewässer benötigt der Fahrtensegler ein Cruising Permit. Dieses hat man sich im zuletzt besuchten Land, in meinem Fall war es Australien, bei der dortigen Indonesischen Botschaft zu besorgen. Natürlich hatte ich dieses Papier nicht und in meiner Naivität angenommen, dieses auch bei meiner Ankunft in Bali besorgen zu können. Doch die lamettabehangene Uniform hatte etwas dagegen. Da ich den Burschen, der kein Englisch sprach, nicht verstand, während er weiterhin seinen bedeutungsvollen Vortrag in Indonesisch hielt, war ich froh, als mir das Unterhemd zu Hilfe kam.

Der englisch sprechende Zollbeamte in gebügelter Hose und weißem Unterhemd erklärte mir dann verständlich, dass ich ohne Permit nicht einreisen dürfe und Bali sofort wieder verlassen müsse! Ich schluckte, suchte nach einer Antwort, wobei mir nichts Sinnvolleres einfiel, als mit dem deutschen Konsulat zu drohen, das sich schon für die Interessen deutscher Ausländer und erst recht für meine einsetzen würde. Der Standpunkt eines genervten Seemannes machte auf balinesische Autoritäten wenig Eindruck. Ich war illegal eingereist und sollte innerhalb der nächsten sechs Stunden das Land wieder verlassen, und zwar so, wie ich gekommen war, mit einem Schiff und einem Kater.

In der Marina erzählte ich Dick, dem amerikanischen Manager des Yachtklubs, von meinem Ärgernis. Er machte eine konspirative Kopfbewegung, wies mich zu seinem Office und löste grinsend das Problem auf seine Art: „Gib ihnen 200.000 Rupien (ca. 20 Euro) Schmiergeld, dann bekommst du die vorläufige Einreisegenehmigung und besorgst dir dann über einen hiesigen Agenten – den Kontakt stelle ich her – das Indonesische Cruising Permit. Das kostet dich zwar noch mal 200 US-Dollar, dafür schonst du aber deine Nerven und hast Ruhe."

Klar Mann, mindestens die Hälfte davon wandert in Deine Tasche, murmelte ich ihm entgegen, bedankte mich dennoch für seine Hilfe und marschierte wieder zurück zu den Behörden. Ich bemühte mich nun, besonders freundlich zu sein, entschuldigte mich für das illegale Eindringen in balinesische Gewässer und schloss mich kopfnickend dem aufgeblasenen Gelaber der Beamten an. Als ich dem immer noch im weißen Unterhemd Sitzenden meinen Reisepass mit den darin enthaltenen 200.000 Rupien über den Tisch schob, weichten die Fronten auf, und sofort änderte sich die Tonlage des Gespräches. Der Offizier der Immigration knallte mir den Stempel in den Pass und wünschte „Selamat Datang". Herzlich Willkommen, womit ich offiziell in Bali eingereist war. Beim Hinausgehen winkte mich der im Unterhemd verstohlen zu sich in seine muffige Bude. Soll ich dir ein junges balinesisches Mädchen besorgen? fragte er feist grinsend, während hinter ihm der Dalai Lama selig streng aus dem Goldrahmen lächelte.

Nach diesem Schmierentheater bei den Behörden war es Zeit für die Besichtigung der Stadt, und so tauchte ich gegen Abend ein in die wuselige Atmosphäre von Benoa und verschwand, umgeben von bunten Lichtreklamen, knatternden Mofas und stinkenden Autoabgasen. Es störte niemanden. Die ganze Stadt schien direkt an der Straße zu essen, in kleinen Fressbuden mit Grillspießchen und allerlei undefinierbaren, aber gut riechenden Leckereien. Dennoch erschien mir der Straßenimbiss als zu gefährlich und ich verholte mich stattdessen in die Sicherheit eines ruhigen Restaurants, in dem das Abendessen wesentlich besser schmeckte als es die Speisekarte versprach und nicht einmal die Hälfte dessen kostete, was ich grob dafür einkalkuliert hatte. Eine der liebsten Freizeitunterhaltungen der Balinesen schien Karaoke zu sein. Fast jede Kneipe wies mit knalliger Neonschrift darauf hin, was für mich eher eine Abschreckung war, genauso wie das schummerige Licht zahlreicher Massage-Bars. Viel mehr freute ich mich auf ein Bett anderer Art, auf meine Koje und eine durchschlafene Nacht.

Hass

Im maroden Yachthafen von Bali lagen neben AURYN nur noch zwei andere Fahrtensegler. Den meisten bleibt dieses faszinierende Land verwehrt, weil sie die Piraterie in asiatischen Gewässern fürchten, die Beschaffung der erforderlichen Fahrtenerlaubnis eine teure und langwierige Angelegenheit ist und sie vor weiteren Bombenanschlägen Angst verspüren.

Bali am 12. Oktober 2002, es war 23:07 Ortszeit, als aus Religion Hass wurde und importierter Terror die Insel von der globalen Tourismuskarte ballerte. Die verblendeten moslemischen Terroristen kamen aus Malaysia und hatten sich das beste Symbol ausgesucht. Eine Insel des Friedens. In Kuta, dem Party-Ort Balis, zerfetzte ihre Bombe in einer Disko 202 Menschen. Die ungeheure Sprengkraft riss einen Krater in den Boden und sorgte dafür, dass im Umkreis von 200 Metern Häuser, Fassaden und Autos durch die Luft flogen. Nach dem Attentat lag die Insel wie tot im Indischen Ozean.

Der Terroranschlag von Kuta schoss Bali zurück in die Abgeschiedenheit und zerteilte die Zeit in ein Davor mit Massentourismus und in ein Danach, wo man beginnt, den Tourismus zart wieder aufzubauen. Bei aller Trauer um die Opfer hatte der Neuanfang auch etwas Positives: Die Chance, die Balinesen zum Nachdenken zu bringen, ihre Kultur nicht um jeden Preis zu verscherbeln und die Seele ihres Landes wieder neu zu entdecken.

Hakenkreuze

Ich unternahm meinen ersten Tagesausflug durch tropische Regenwälder, vorbei an terrassenförmig angelegten Reisfeldern, in denen bunt gekleidete Menschen knietief im sumpfigen Wasser standen und Setzlinge pflanzten. Vor der fernen Rauchfahne eines noch aktiven Vulkanes zogen Wasserbüffel hölzerne Pflüge und überall sah man Tempelanlagen mit bunten, geschwungenen Dächern.

Gebetsfahnen wehten vor offenen Altären, die mit Opfergaben überladen und mit Räucherstäbchen vernebelt waren. Als ein Gongschlag ertönte, strömten festlich gekleidete Frauen in leuchtenden Sarongs und seidenen Schärpen mit kunstvoll aufgetürmten Opfergaben auf dem Kopf zur Tempelanlage und legten ihre kippelige Last unter den Augen mystischer Steinfiguren vor die Stufen, die zum Altar führten.

Der Priester, in weißes Tuch gehüllt, schlich heran, hockte sich in eine Ecke, wippte sich mit geschlossenen Augen in Trance und rezitierte lautstark ein Mantra, um die Götter mit Opfergaben gnädig zu stimmen. Im Gemurmel der Betenden roch es nach Raucherstäbchen, Jasmin und Schweiß. In dieser andächtigen Stimmung stutzte ich beim Anblick einiger Hakenkreuze!

Wayan, mein balinesischer Führer, verschaffte Aufklärung. Es war eben nicht das Symbol aus der Epoche des österreichischen Gefreiten, sondern die Swastika aus dem Hinduismus, die die Nazis übernahmen und als ihr Identifikationszeichen missbrauchten.

Als die Tageshitze einem milden Abend wich, lag ein süßer Geruch von unbekannten Blüten in der Luft. Wie auf ein fernes Zeichen hin erklang seltsame, metallene Musik, die mir fremd war und aus den Klängen von Flöten, Xylophonen und Trommeln bestand. Es war die traditionelle Musik eines Gamelan-Orchesters. Einheimische Leute von der Nachbarinsel Java und Touristen wie ich saßen im Dunkel eines alten Zeremonienortes. In der Mitte des Zentrums stand ein vielarmiger Leuchter, zu dem ein alter Balinese schlurfte und die Petroleumfackeln anzündete. Andächtig waren seine Bewegungen und versunken die Gesichtszüge. Kein Blick war dem Publikum zugewandt, die Atmosphäre war voll knisternder Spannung und was dann folgte, war ein Kecak-Tanz mit ungefähr 60 Männern, die sich zu den blechernen Klängen des Gamelan-Orchesters in einen tranceähnlichen Zustand tanzten. Dann kamen die Tänzerinnen. Hübsch, grazil, in goldenen Kostümen und mit unglaublichsten Verrenkungen, die in mir Anerkennung und Kreuzschmerzen auslösten.

Deutsche Rouladen

Anderntags säuberte ich AURYN vom Salz und lernte Rolf und Moni kennen, die auf ihrem Törn durch asiatische Gewässer in Bali hängengeblieben waren. Eigentlich wollte ich hier nur meine Post abholen, sagte Rolf. Mittlerweile lebten sie über 15 Jahre hier und schipperten mit ihrer Yacht Hoteltouristen über den Tag.

Rolf hatte die blendende Idee, mich zum deutsch-österreichischen Stammtisch von Bali mitzunehmen. Ich muss wohl unter extremen Kommunikationsentzugserscheinungen gelitten haben oder war es einfach nur Höflichkeit? Wie auch immer, am Stammtisch des deutschen Restaurant „Mamas" machte die Speisekarte deutlich, was man in den Tropen nicht vernachlässigen sollte: Kartoffelsalat mit Würstchen oder Schweinebauch mit Stampfkartoffeln. Ich kaute auf einer anständigen Roulade, hatte die Bildzeitung „Nena prügelt um ihre Tochter" im Rücken und lernte den deutschen Honorarkonsul (Schweinshaxe mit Knödel) kennen. In dieser Runde germanischer Wichtigtuer, die besonders durch ihre langen, bis zum Ansatz der gebügelten Shorts reichenden Kniestrümpfe und einen schlappen Händedruck auffielen, erzählte ein österreichischer Geschäftsmann von seinen Containergeschäften und wie man die Holzschnitzer, die durch die Druckwelle der schrecklichen Bombe ohnehin kaum noch Arbeit hatten, noch effektiver um ihre Werke bringen konnte.

Roland, der ein Restaurant und Hotel betreibt, referierte darüber, wie man die streng gläubigen Balinesen, die man zu Kellnern degradierte, daran hinderte, ihren Gebetszeremonien nachzugehen und sie noch effizienter ausbeutete. Es reichte mir! Ich konnte die aufsteigende Verachtung über das arrogante Gelaber kaum zügeln und wollte gerade dem breitsteißigen Sklaventreiber meine Meinung sagen, als der Konsul „Prost die Runde, Kölsch und Frauen stößt man immer von unten an" mir in den Ärmel griff und ins Wort fiel.

Mental erweicht von einer weiteren Runde Bier ergoss er sich in einen cremigen Redefluss, wie ihn Hans-Dietrich Genscher nicht besser hätte hervorbringen können, im Bemühen, Islamisten ihre Bombenpläne auszureden.

Ich gefror. Doch nur kurz. Im Blick auf das tief dekolletierte Dirndl der balinesischen Kellnerin, den üppigen Teller deutscher Gerichte, den Inhalt der Maßkrüge und den Vorrat an Witz in dieser Runde. Irgendwann fragte einer aus der ehrenwerten Gesellschaft den Seenomaden nach seiner Reise und danach, wie man auf einem Schiff überhaupt leben könne, in der nassen Enge einer Nussschale, die Stürmen ausgesetzt war und keinen Fernseher hatte. Unvorstellbar, so ganz ohne Tageszeitung, Waschmaschine, Telefon, dann noch allein und erst noch ohne Frau. Keiner fragte nach den emotionalen Eindrücken meiner Reise, nach der Romantik, nach der Schönheit und der Poesie der Natur. Ehrlich gesagt, verspürte ich auch keine besondere Lust, mich diesen Hanswursten mitzuteilen, weil ich ihre Reaktion bereits kannte. Keiner dieser um Status Bemühten würde meine Reise auch nur annähernd verstehen.

Die Rouladen waren köstlich, vor mir dampfte der Rotkohl und mummelnd ließ ich meinen Blick durch den rauchgeschwängerten Raum wandern. Was ich sah, war nicht unbedingt eine Eruption von Phantasie und Sensibilität gegenüber der indonesischen Kultur, die so reich ist an Traditionen. Stattdessen hingen an rau verputzten Wänden vergilbte Poster von Schloss Neuschwanstein und vom Münchener Oktoberfest. Höhepunkt der balinesischen Innenarchitektur war sicher der grinsende Typ, der sein korrodiertes Rohr mitten in den Raum hielt und zweistrahlig in ein künstlich angelegtes Biotop strullte. Genug ist manchmal doch genug, sagte ich und hielt den Zeitpunkt für gekommen, nach der Rechnung zu verlangen und die klimatisierte Stätte deutscher Geselligkeit zu verlassen.

Nutten und fliegenumschwärmte Hühnchen ...

Ich brauchte frische Luft, hatte Lust auf einen Spaziergang und marschierte auf der Mainstreet von Kuta, vorbei an Kneipen und offenen Imbissbuden, in denen sich Fliegen auf „Heute frischen Hühnchen“ tummelten und Straßenköter im Müll schnüffelten. Kuta bestand aus einer nicht enden wollenden Ansammlung von Souvenir, Ramsch, Designerboutiquen und billigen Karaokeschuppen.

Hier hatte Bali seine Seele und den Zauber verloren, es wimmelte von unterbeschäftigten Nutten, die an ihren dunkelhäutigen Körpern ein Nichts von Kleidern trugen und den umherstreunenden Weißen ein schlichtes „Fuck“ entgegen murmelten.

Dann kam ich zum Bauzaun, hinter dem die Bombe ihre Wunden gerissen hatte. Ein Paar trat heran, umarmte sich und legte einen Blumenstrauß vor die Absperrung, an dessen Metallgeflecht ein T-Shirt mit der Aufschrift „Fuck Terrorist“ hing.

Dort, wo die Bombe explodiert war, blieb nichts mehr übrig vom großen Lächeln der Insel. Betroffen las ich die Namen der jungen Menschen, die im Techno-Gewitter, in flackernden Stroboskoplichtern und umher fliegenden Metallsplittern der Bombe starben: Australier, Indonesier, Deutsche, Holländer, Italiener und Franzosen.

Der schönste Strand von Bali liegt an der Westküste

las ich im Reiseführer, war neugierig und erlebte die Fortsetzung dessen, was ich glaubte, in Kuta zurückgelassen zu haben. Einen Strandboulevard mit Ballermann-Feeling. Kneipen, Souvenirshops. Der schönste Strand? Nun, zumindest bot er Abwechslung. Surfer spielten in der Brandung, die sich und einige Ungeübte mit gewaltigem Getöse auf weißen Sand warf, während ich eine Schar bettelnder Kinder und lästiger Kitschbudenbetreiber hinter mir her zog.

Alle 50 Meter kam ich an offenen Bambushütten vorbei, wo sich ölige Finger geschickt durch rote, sonnenverbrannte Körper wühlten. Zwanzig Minuten bekamen sie ein geheimes Mantra eingemurmelt, dann stieg die globalisierte Glückseligkeit.

An der Promenade wich ich einem Drachen aus und lief einer Prinzessin in die Arme.

Massage, flüsterte sie, während ich langsam weiter ging. Aber sie ließ nicht locker. Special Massage, Boss, very cheap. Ich erklärte ihr, dass ich nicht ihr Boss sei und auf die Lust des Augenblicks keine Lust hatte.

Am Strand hatte eine Welle eine neue Ladung Surfer ausgespuckt, ich wünschte der Nutte frohes Schaffen und hatte genug von diesen Robbenkolonien, die den Sand bevölkerten: Grölend unter einer Dunstglocke aus Sonnenmilch und gerülpstem Bier. Das ist die eine Seite von Bali, liebe Leser, die andere liegt nur ein paar Kilometer weiter ...

Lombok, die verschlafene Welt ...

Am anderen Tag segelte ich zur 25 Seemeilen entfernten Nachbarinsel Lombok und begegnete auf einem ruhigen Törn verschiedenen Arten von indonesischen Segelbooten. Vom fragilen Einmann-Fischerboot bis hin zum stäbigen Schoner, der bis zum Süllrand beladen von Insel zu Insel fährt. Wie zu alten Zeiten erfolgt die Versorgung unter Segeln und einige dieser Schiffe legten tausende von Meilen zurück.

Lembogan, Gili Air hießen die kleinen Inselchen, wo wir einen Badestopp einlegten und die Korallen auf ihre (Über)Lebensfähigkeit hin überprüften. Dann segelten wir weiter und am Abend lag AURYN in Lombok vor einem Dorf aus kleinen Bambushütten. Irgendwie verschlafen, doch dann besann sich der Muezzin seines Jobs und krächzte mit strangulierter Stimme Gebetsfetzen zu uns herüber. Im Gegensatz zu Bali ist Lombok größtenteils muslimisch.

Im ersten Licht des Tages kreischten wilde Vögel, dann mischte sich der Typ vom Vorabend ein, und in diesem Spektakel aufgeregter Stimmen verließ ich AURYN, leistete mir den Luxus eines einheimischen Fahrers und startete zu einer Inselrundfahrt. Sammy hieß der Fahrer. Er war einer von vielen aus Bali, die nach Lombok übersiedelt waren, weil er weitere Terroranschläge fürchtete. Hautnah erlebte er das Bombenattentat. Die äußere Spur, die die Tragödie hinterlassen hatte, war ein schwarzer Verband, den man ihm um die verbrannte Hand legte und der ihn bis zu seinem Tod an den Tag erinnerte, als aus Religion Hass wurde.

Lombok lebt in einer ihr eigenen, verschlafenen Welt. Der sanfte Tourismus war so zart, dass er noch die Eierschalen seiner Entstehung hinter den Ohren trug. Man sah kaum Reisende und, was besonders gut tat, keine protzigen Hotels, die sich wie Geschwüre in die Landschaft gefressen hatten.

Bilder von wunderschönen Landschaften zogen vorbei. Reisfelder, die sich an den Flanken eines Berges staffelten und eine kunstvolle Symbiose aus Form und Funktion in vollendeter Harmonie ausdrückten. Dann wechselte die Stimmung zum Anachronismus: In der Enge einer harzigen Bretterbude befand ich mich unter aufgepeitschten Zuschauern und verfolgte das tödliche Schauspiel eines Hahnenkampfes. Auch wenn diese illegal sind, weil es um Wetten ging, bei denen Haus und Hütte, Moped und Auto eingesetzt werden, schaut die korrupte Polizei nicht hin. Einige hundert brüllende Männer verfolgten einen Kampf, bei dem zwei Hähne sich so lange ihre Schnäbel in Brust und Nacken hackten, bis einer von ihnen tot in der kleinen Manege lag. Es folgte Kampf um Kampf, Geld- und Schuldscheine wechselten den Besitzer. In den Gesichtern der johlenden Menge stand Mordlust, tödlicher Ernst und nichts deutete mehr auf den indonesischen Ausdruck von verzaubernder Sanftmut hin.

Zum Mittagessen nahm ich den Leichnam eines mageren Hühnchens zu mir, im dunklen Schatten eines Sonnenschutzes saß ein Kind auf dem Topf und eine alte Frau strickte. Gegenüber der einfachen Futterbude, wo ich den Reis wie die Einheimischen mit Händen aus einer Blechschüssel aß, beobachtete ich auf dem Dorfplatz eine Ansammlung von Indonesiern. Den Kleidern nach zu urteilen hatten sich ihre komplexen Kulturen vermischt und das ethnische Gemisch aus Hindus, Muslims, Buddhisten und Christen lebte in friedlicher Koexistenz und ohne religiöse Eifersüchteleien.

Wolkenfeen

Nach vier Tagen verließ ich die verschlafene Welt von Lombok und segelte in acht Stunden zurück nach Bali. Mit einem konstanten Südost und unter einem Himmel voller Dakinis (Wolkenfeen), ein aus dem Tibetischen stammender Name, den ich am Rumpf einer schönen Ketsch entdeckte. Doch nun zu

Brahma, Shiva und dem Mann aus Havanna ...

AURYN lag sicher im Yachthafen. Socke genoss Vollpension bei Nachbar Sampo, ich kramte meine nötigsten Sachen in den Rucksack und erkundete für ein paar Tage das Inselinnere von Bali. Zunächst nordwärts und durch Kulturlandschaften von sanfter und beruhigender Wirkung. Sie waren schöner inszeniert als der Werbe-Prospekt versprach und je höher wir kamen, desto eindrucksvoller wurde die Landschaft.

Auch wenn ich auf meiner Reise schon viele Vulkane bestiegen hatte – der eindrucksvollste war der auf Fogo – so reizte mich der Vulkan Agung ganz besonders. Wo denn sonst kam man den Göttern so nahe?

Um drei Uhr morgens stieg die kleine Gruppe auf. Sie bestand aus einem Bergführer, zwei Wandersleuten und einem Seemann. Von 1867 Metern aus führte der staubige Weg in den klaren Himmel und auf den 3142 Meter hohen Agung. Die Heimat der Götter. Im warmen Licht der aufgehenden Sonne lächelten Brahma, Vishnu und Shiva und ein milder Wind wehte ihren Geist durch das Gestrüpp einer archaischen Lavalandschaft.

Unser Mann in Havanna lehnte abgestellt an der Dose Apfelmus. Ich unterbrach den Klassiker von Graham Greene, während ich im Cockpit saß und Pfannkuchen aß. Dabei zogen die Bilder des Tages vorbei. Einige davon hielt ich fest und beschrieb sie in meiner schwarzen Kladde.

Im Freudentaumel

Am nächsten Morgen trat mir Wayan in balinesischer Tracht gegenüber. Er trug eine Art Kopftuch, hatte sich einen bunten Sarong um seine ausladende Hüfte gewickelt und begab sich mit mir auf den Weg zu alten Tempelanlagen, in denen religiöse Zeremonien gefeiert werden sollten.

Als wir durch den Ort Tengalan fuhren, sah ich im Augenwinkel für einen kurzen Moment ein Bild, nach dem ich schon tagelang Ausschau hielt und auf diesem Ausflug endlich zu finden hoffte. Wayan stoppte, ich stieg aus dem Auto und rannte in der hektischen Bewegung eines Bekloppten die Straße zurück. Zwischen einer Holzschnitzerwerkstatt und einer schäbigen Hütte, die mit Wellblechplatten zusammengehalten war, lag ein breites Nassreisfeld, in dem ein Ochsengespann einen alten Bambuspflug samt Reisbauer hinter sich her zog. Ein Bild wie aus längst vergangenen Tagen. Ein Augenblick, den ich auf die digitalisierte Festplatte meiner Kamera bannte und einer dahinrasenden Zeit entriss.

Als der Bauer eine Pause machte, bot ich ihm eine Zigarette an und fragte ihn, ob ich ein paar Fotos machen könne. Er brabbelte sich etwas Indonesisches in sein breites Gesicht, in das ich aufdringlich meine Kamera hielt, während seine Ochsen solch große Haufen vor meine Füße schissen, dass die umherschwirrenden Fliegen im Freudentaumel fast kollabierten.

Nachmittags fuhren wir durch Urwälder mit imposanten Wasserfällen und als wir den Dschungel hinter uns hatten, lag vor uns eine Landschaft, die von einer Kette von hohen Vulkanen durchzogen war.

Am Tempel Lawang endete die Fahrt, die Gebetszeremonie begann.

Wir schlossen uns dem Glaubensmarsch an, während hinter uns ein Gamelan-Orchester spielte und vor uns Frauen in feinen Gewändern Körbe mit schweren Opfergaben auf dem Kopf trugen. Ein Messdiener im seidenen Umhang schwenkte Weihwasser und führte die Gemeinde in das Tempelinnere, wo Goldstatuen lächelten und es nach verbranntem Kraut roch.

Die Musik stoppte, der Zug hielt. Ein Prediger in gelber Robe und mit geschorenem Kopf hielt ein kurzes Gebet, während in seinen Händen ein aufgeregtes Huhn wild gackerte. Es übertönte die Gesänge der Gläubigen und schien soviel Verstand zu haben, um bereits zu wissen, dass man ihm gleich das Genick brechen und als Opfergabe neben Reis, Blüten und Räucherstäbchen vor den Altar legen würde.

Spät am Abend und nach einem Tag voller Erlebnisse war ich zurück auf AURYN, sehnte mich nach einer Dusche und der Ruhe einer Nacht.

Als ich mit dem Handtuch über der Schulter und dem Duschgel unterm Arm am Häuschen der Security vorbeiging, hörte ich aus dem Funkgerät kurzatmige Stimmen. Was war los? Ich stellte meinen Waschbeutel beiseite und verschaffte mir einen Blick ins Häuschen, in dem andere Segler neugierig Funksprüchen lauschten. Eine Yacht war in der schmalen Riffpassage zum Hafen auf ein Riff gelaufen und kam nicht mehr frei. Der Skipper funkte um Hilfe. Vor mir liefen die Bilder des Norwegers und der „F'Murr" ab, ich hatte einerseits genug von Rettungsaktionen und andererseits standen hier einige Leute herum, die dem unglücklichen Skipper helfen wollten. Ein Australier, ein Franzose und ein Neuseeländer waren bereit, mit einem stark motorisierten Beiboot zum Schiffbrüchigen hinauszufahren, weil sie Beute witterten.

Angeführt wurden sie von Mike, einem Australier, der hier in der Marina schon einige Monate herumhing. Die alte Seemannsweisheit, wonach Schiffe das sind, was Menschen aus ihnen machen, traf bei ihm zweifellos zu. Seine äußere Erscheinung war wie eine Reflektion seines Schiffes. Verkommen. Man sah ihn nur barfuß und in Shorts, seine Wampe hing über der Hose, er hatte blutunterlaufene Augen und keinen Hals. Stattdessen ein feines Näschen dafür, mir aus dem Weg zu gehen.

Ich erinnerte mich daran, wie ich ankam und mich im Office des Yachtklubs anmeldete. Er saß vor dem Internet-Computer, fuchtelte mit der Bierbuddel in der Hand herum und hielt der Sekretärin einen Vortrag, wie man den PC effizienter bedienen könne, wobei er den kleinen Raum so voll paffte, dass die hübsche Balinesin aussah wie eine im Nebel versteckte Tempelgöttin.

Als er fertig war mit seinem Monolog und ich ihn bat, sich das nächste Mal ein Hemd überzuziehen, weil ich es nicht gerade als angenehm empfand, mich in das vom Schweiß seines Fettes getränkte Polster zu setzen, warf er mir einen verächtlichen Blick zu, nuschelte sich etwas in seine unrasierte Backen und spie mir ein „shit germans" entgegen.

Als ich vom Duschen zurück kam, sah ich gerade noch, wie die Horde entschlossener Seemänner in das große Holzboot stiegen und sich um „King Mike" platzierte, der wild gestikulierend schwer verständliche Kommandos gab. Bali schien wieder zum alten Königreich zurückzukehren!

Das Bild war grotesk und löste bei mir Heiterkeit aus.

Eine Sache der Geier ...

Am nächsten Morgen traf ich Pasqual bei einem Kaffee in der gemütlichen Bar des Yachtklubs und ließ mir die Einzelheiten der Nacht erklären. Der übermüdete australische Skipper versuchte, ohne Detailkarten die schon bei Tage knifflige und von Riffen gespickte Einfahrt in den Hafen von Benoa zu finden, wobei ein Korallenblock der nächtlichen Odyssee ein Ende machte. Als das Rettungsboot mit Mike und seinen Mannen die gestrandete Yacht erreichte, schwammen bereits plünderwillige Einheimische um das Schiff herum! Mit dem starken Außenborder versuchten die Mannen das Schiff freizubekommen, was aber nicht gelang. Ein Schlepper aus dem Hafen wurde angefordert, man feilschte um den Bergelohn, dann zog der Koloss an und zwar so gewaltig, dass er den Kiel der australischen Yacht aus dem Schiffskörper riss. Was blieb, war ein dickes Loch im Rumpf, das Schiff lief voll und soff ab. Man barg den Skipper, der das wenige, das er zusammenraffen konnte, mitnahm. Am nächsten Tag wurde die Yacht mit Schwimmkörpern versehen und auf eine Sandbank in der Nähe des Yachtklubs gezogen. Der Rest war dann eine Sache der Geier. Mike und seine Gehilfen fielen über die einst stolze Yacht erbarmungslos her, schraubten und flexten jene Teile ab, die sie für ihre Schiffe gebrauchen oder verkaufen konnten!

Die Geier, das Wrack und ein Gefühl von Niedergeschlagenheit brachten mich aus der Balance. Das Beste, was ich dagegen tun konnte, war segeln. Ich entwarf eine Einkaufsliste, stopfte AURYN bis ins letzte Schapp voll mit Lebensmitteln und Getränken, verabschiedete mich von Freunden und aß ein letztes Mal in Bali zu Abend, wobei mir eine grazile Balinesin Gesellschaft leistete! Der große Weiße teilte sein Essen mit einer verwahrlosten Katze, die zwischen seinen Beinen schnurrte und den kichernden Serviererinnen in ihren traditionellen Kostümen Anlass genug gab, sich köstlich zu amüsieren.

Am Mittwoch, dem 30.06.2004, schmiss ich die Leinen los, setzte die Segel und steckte einen neuen Kurs in der Seekarte ab. Quer übers Meer, durch einen neuen Ozean und 3900 Seemeilen bis zu den Seychellen.

Dann verließ AURYN jene Gegend, die nur ein paar Monate später Schauplatz einer der größten Naturkatastrophen werden sollte, in der über 200.000 Menschen ihr Leben verloren, ausgelöst durch einen verheerenden Tsunami!

Fidschi

Wassertempel

Miles and More

Im Indischen Ozean von Bali zu den Seychellen

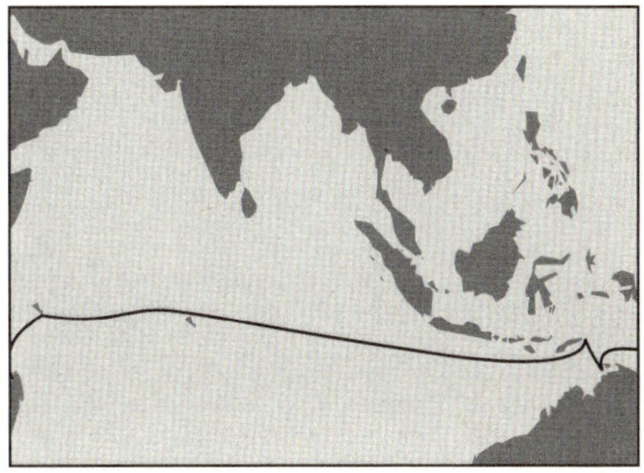

Es war der 30.6.2004, als der Morgen heraufdämmerte und AURYN unter Motor den Yachtklub von Bali verließ und sich gegen eine starke Riffströmung quälte. Als wir die Südküste Balis umsegelten, frischte der Wind stark auf. Ich reffte die Segel durch und steuerte AURYN, die gut im Trimm lag, aber deutlich schwerer beladen war, auf Westkurs. Bali lag achteraus. Im letzten Blick zurück erkannte ich im schwammigen Licht der Abenddämmerung die diffusen Umrisse der Tempelanlage Uluwatu.

Dann verschluckte uns die Nacht. Im abnehmenden Mond schaltete ich die 3-Farben-Laterne ein, legte mich nach dem Essen zum Dösen ins Cockpit und nicht in die Koje. Gott sei Dank! Denn in dieser Nacht hätte der Törn, der gerade begann, bereits zu Ende sein können.

Todesgedanken

Auch wenn ich fest schlief, bis mich der Wecker nach zwanzig Minuten zum Rundumblick aufscheuchte, so wachten in den Schlafphasen instinktiv meine Sinne, unsichtbare Kräfte oder wer auch immer über das blaue Boot, das durch die Ozeane zog, und das war gut so.

Es war weit nach Mitternacht, als mir eine weit entfernte Stimme zuflüsterte Hey Seemann, schau mal nach vorn! Schlaftrunken rappelte ich mich auf, blickte über die Sprayhood und riss im letzten Moment das Schiff herum: Direkt vor uns lag ein dunkler, bedrohlicher Schatten. Ein Fischerboot, unbeleuchtet, leer. Nicht ganz. In einer Jacke knisterte ein Radio, verzerrte Musik drang kaum hörbar in die Nacht. Auf dem Boden verstreut lag der Fang der letzten Stunden, die Glut eines kleinen Feuers glomm, auf dem Rost verkohlte Essensreste. Was war mit der Besatzung geschehen? fragte mich, während ich den Kahn ausleuchtete. Ich hatte mittlerweile die Segel geborgen und langsame Runden um das Schiff gedreht.

Weit und breit keine Seele, vielleicht der Tod.

Hatte die See genommen, nachdem sie gegeben hatte? Wer aufs Meer fährt, ist sich dessen bewusst: Die an Land Gebliebenen haben selten die Chance, ihre Lieben zu begraben, wenn diese Opfer des Meeres werden.

Ich segelte weiter, rollte meinen Schlafsack aus und blieb in dieser Nacht draußen.

Der Gedanke an eine Versenkung durch Fischerboote war zwar ziemlich weit hergeholt, aber er hielt mich wach und führte mich wieder zu mir selbst: Allein auf einer weiten Fläche Meer und in der Hand der Elemente.

Wir segelten in einem neuen Ozean, dem Indischen, und ich murmelte Dreitausendneunhundert vor mich hin. Eine nüchterne Zahl an Seemeilen. Ich rechnete dreitausendneunhundert um in Kilometer und stellte mir vor, dass dies einer Strecke von Deutschland bis in den Sudan entspräche. Mit der Durchschnittsgeschwindigkeit eines Mofas sollten wir in fünf oder sechs Wochen die Seychellen erreichen. Da ich mich immer noch in den Hoheitsgewässern von Shiva, dem Gott des Bösen und der Ungeheuer der Meere befand, bat ich um seinen Segen, wünschte uns eine Gute Fahrt und segelte AURYN zickzack durch eine Vielzahl von Fischerbooten, die auf der Schelfkante von Java auf Beute lauerten.

Am Nachmittag nahm der Wind zu, ich merkte, wie AURYN stark anluvte. „Es wird Zeit, den Blister runterzunehmen“, dachte ich, blieb aber träge in der Koje liegen und vernachlässigte eine alte Seemannsweisheit, die besagt, sobald du daran denkst, mach es! Ein lauter Knall erinnerte mich daran, dass ich den vernünftigen Gedanken faul beiseite geschoben hatte und mir nun nichts anderes übrigblieb, als das am Unterliek auseinandergerissene und bereits im Wasser hängende Leichtwindsegel zu bergen.

Drei Tage lief AURYN unter voller Besegelung in einem konstant wehenden Südostmonsun, der riesigen Insel Java entlang. Als deren Südwestspitze passiert war, lag der asiatische Kontinent hinter uns und der Indische Ozean nahm uns endgültig auf. Doch der Wind ließ uns im Stich.

Als ich noch müde ins Morgenlicht blinzelte, entdeckte ich an Backbord die zackigen Umrisse von Christmas Island. Das kleine australische Territorium liegt 260 Seemeilen südwestlich von Sumatra und Java und ist eine von üppigem Grün überzogene Insel oder auch die Spitze eines erloschenen Vulkans, der 300 Meter steil aus dem Meer ragt.

Zeit für die Dusche: Sie bestand aus ein paar Eimern Salzwasser, die ich mir erfrischend über den Balg schüttete. Danach ließ ich mich im lauen Wind des jungen Morgens trocknen. Der Wind nahm mehr und mehr ab und bald schon trieben wir im Vakuum einer Flaute. Ich verspürte keine Lust auf monotone Motorstunden und beschloss, Christmas Island anzulaufen, um dort auf Wind zu warten. Langsam tuckerte AURYN entlang der Leeküste der Insel, steuerte eine große Bucht an, in der eine überdimensionale Boje im Auf und Ab der Dünung eine gute Ansteuerung bot. An der Tonne, an der sonst das große Versorgungsschiff der Insel festmachte, scherte ich eine lange Leine ein und band mein Schiff an das schaukelnde Stahlmonstrum.

Christmas Island

Am ersten Weihnachtstag des Jahres 1643 wurde sie gesichtet, blieb lange unbewohnt, bis man Phosphat entdeckte und den Abbau mit chinesischen Arbeitern in Angriff nahm. Heute leben auf der Weihnachtsinsel ein paar tausend Leute, hauptsächlich Malaien, Inder, Chinesen und Australier, las ich und ergänzte den Satz mit…hoffentlich in Eintracht miteinander!

Ich klappte das Handbuch zu und wollte mal nachschauen. AURYN lag sicher. Ich zerrte das festgespannte Beiboot vom Vordeck, ruderte an Land und marschierte an einem verschlafenen Sonntagnachmittag durch den Ort, der vor sich hin gähnte. Vorbei an der riesigen Verladestelle für Phosphat, einem Supermarkt und einer offenen Kneipe, in der der Wirt vor sich hin döste. Wo waren die Menschen? Hier jedenfalls nicht. Vielleicht am Strand?

Doch das schien gefährlich, denn als ich die Latschen auszog und durch das flache Wasser eines herrlichen Sandstrandes lief, warnten einige Hinweisschilder vor todbringenden Stonefischen und schrieben zur Strand- und Wasserbegehung Badelatschen vor. Stonefische sind in der Tat hochgiftig, halten sich in Korallengärten und auf dem Sandboden flacher Gewässer auf. Durch ihre perfekte Camouflage bemerkt man die Viecher leider erst, wenn ihr Stachel bereits in der Fußsohle steckt.

Dann nimmt das Unheil seinen Lauf, im besten Sinn des Wortes: Das Gift dringt in den Kreislauf des Menschen ein, führt zur Muskellähmung und in der Konsequenz zum Herzstillstand.

Strand, Badelatschen und Stonefisch passten für mich nicht wirklich zusammen, und so zog ich es vor, wieder in Richtung AURYN zu paddeln, denn Christmas Island bot kaum etwas.

Außer dem chinesischen Tempel und Totenglocken, die vor Steinfischen warnten.

Meerwert

Der Wind war zurück und die Weihnachtsinsel lag achteraus. Es war 23 Uhr Bootszeit, als der Schein ihres Leuchtfeuers immer schwächer wurde. Ich knipste die Navigationslichter ein und das Kojenlicht aus. Dunkelheit um mich herum. Ich lag in der Koje, lehnte meinen Schädel an die Innenseite des Schiffsrumpfes, dessen zwei Zentimeter mich von der Ewigkeit trennten und lauschte dem Rauschen eines Soundtracks. Denn ab Christmas Island lief der Film „Miles&More“.

Aus dem Logbuch:
14. Tag auf See. Wind Südost 3 Bft, Baro 1015, Bewölkung 2/8 Kumulus, 12 Uhr Position 7°05'Süd, 79°30'Ost, Kurs 280 Grad, Fahrt über Grund 5,5 Knoten. Besegelung: Genua ausgebaumt, Groß auf Steuerbord mit Bullenstander gesichert. Mit raumem Wind unter Windfahnensteuerung.
Besonderes: Nachts um 4 Uhr Begegnung mit einem Containerschiff!

Es war das zweite Mal auf diesem Törn, dass mich eine innere Stimme im Tiefschlaf vor etwas warnte. Ich krabbelte aus der Koje, klopfte an das Barometer, überprüfte den Kurs im GPS-Display und bevor ich mir einen Tee aufsetzte, warf ich einen müden Blick nach draußen und war in Sekundenschnelle hellwach: Vier Meilen querab steuerte ein Containerschiff direkt auf uns zu!

Der Pulsschlag des Augenblicks ließ mich handeln. Ich fierte die Schoten, lenkte AURYN aus der Gefahrenzone und beobachtete den Riesen, der vor dem Bug durchrauschte. Das war mehr als knapp. Die Nackenhaare legten sich, der Herzschlag, der einmal ausgesetzt hatte, lief wieder rund. Sahen die auf der Brücke uns überhaupt? Das wollte ich wissen und funkte den Wachhabenden auf der Brücke an, doch erhielt keine Antwort. Vorbei die Zeiten, als man mit Lichtsignalen dem Schutzengel im Bug der Berufsschifffahrt sein Dasein im Meer signalisieren konnte. Schon früher hatte man Schwierigkeiten, einen Segler überhaupt zu erkennen; fast aussichtslos wird die Sicht von der neuesten Generation von Containerschiffen, die über 400 Meter lang sind und deren Brücke sich 30 Meter oberhalb der Wasserlinie befindet, derweilen nachts die niedrigen Positionslichter einer Yacht kaum mehr als eine Meile weit tragen.

Der Riese brummte vorbei, voll bepackt mit Containern. Die Stahlkisten, entwickelt im Koreakrieg, um Nachschub an die Front zu bringen, waren jetzt Weltwährung der globalen Logistik.

Doch die Hochstapelei birgt Risiken. Schlecht gelaschte Container können auf See ein Eigenleben entwickeln und gehen im Sturm schon mal über Bord. Freischwimmende Container sind der Schrecken der Segler, treibende Ungeheuer, die nicht zu sehen sind, weil sie kaum über die Wasseroberfläche ragen. Wer mit ihnen kollidiert, sollte seine Angelegenheiten geklärt haben, denn in etwa zwei Minuten ist der Rumpf einer Yacht voll gelaufen und sie sinkt.

Nachtgespenster

AURYN zog mit einem achterlichen Wind ihre schäumende Spur in die Unendlichkeit des Indischen Ozeans. Den mitunter schwammigen Begriff der Unendlichkeit kann man nur schwer verstehen, geschweige denn präzise definieren, aber er hilft dabei, die eigene Endlichkeit besser zu kapieren.

Die Nächte wurden pechschwarz, es war Neumond und die äußeren Umstände verstärkten eine leichte Niedergeschlagenheit, der ich nicht Herr wurde. Es war das alte Spiel: Ein Anflug von Alleinsein, das in meiner Seele kribbelte, verstärkt durch die Finsternis der Nacht und durch buckelige Druiden, die am Horizont durch mächtige Wolkengebilde zogen.

Der Mond nahm zu und die Gespenster der Nacht verschwanden. Das Barometer stieg, das Licht kam zurück und am Morgen spürte ich wieder Kraft. Der erste, der es mitbekam, war Socke, durch einen zarten Tritt in den Hintern, weil er einfach nicht davon abließ, mir den Glibber seiner Fliegenden Fische ins Bett zu legen. Der zweite, der dran glauben musste, war der Fisch, der am Haken hing und kurz drauf die Kehle durchgeschnitten bekam.

Die Doradenfilets waren lecker. Der Skipper hatte nichts am Smutje rumzumeckern und auch der Koch keinen Grund zum Nörgeln mit der Mannschaft. Kurzum: Die Meereslust war zurück und das Paradies nicht mehr weit!

Am Rand der Ewigkeit

AURYN balgte sich zunächst noch mit den mächtigen Wellen, die der Passat vor sich her schob. Anderntags, es war der siebzehnte auf See, ließ der Wind spürbar nach, bis er völlig einschlief und uns in einer schweigenden Umgebung gefangen hielt.

Ich hatte das Unterliek des Blisters provisorisch wieder zusammengenäht und zog es mit einem Schrei der Freude in den von Passatwolken getupften Himmel. AURYN trug mich bei schwachen Winden einen Längengrad weiter und wir glitten im Schatten des Windes durch eine weite Fläche Zeit und am Rande der Ewigkeit.

In einer angenehmen Kombination aus Dösen und Musikhören hing ich meinen Gedanken nach und notierte kitschige Sätze wie diese in mein Reisetagebuch. Irgendwann dachte ich angesichts der Ironie der äußeren Umstände (weil fast Flaute herrschte) daran, die Nähte der Sturmfock zu überprüfen.

Frieden an Bord, Freiraum zum Lesen. Von Böll über Hesse bis hin zu etlicher Weltumseglerliteratur gab die Bordbibliothek einiges her. Meistens jedoch schlidderte ich in die Reflektionen des Erlebten und holte mich oftmals ab von den Plätzen meiner vierjährigen Erinnerung. Die Reise in ihrer Vielfalt gaukelte mir das Gefühl vor, als hätte ich mehrere Leben geführt und in verschiedenen Welten gelebt.

An der Tür zum Paradies

Vor mir lag die ausgebreitete Seekarte des Indischen Ozeans. Als ich darin die Mittagsposition eintrug, entdeckte ich im Abstand eines Segeltages ein Gewirr von Stecknadelköpfen. Der Chagos-Archipel. Er schien mir einen Besuch wert zu sein, auch deshalb, weil wir im Schwitzkasten einer Warmfront seit zwei Tagen motorten. Ich hoffte auf Wind, dachte an Atolle, Riffe, Strömungen und hörte auf die innere Stimme der Vernunft: So drehte ich über Nacht AURYN bei und klopfte erst bei Tageslicht an die Tür zum Paradies.

Es öffnete sich knirschend, weil der Kiel in der Riffpassage eine Untiefe erwischte. Die Wassertiefe des Ozeans war von 3600 Metern auf fünf Meter angestiegen, die Brandung warf sich aufs Riff, Wasser strudelte. Das barsche Gekrächze eines Tölpels schien uns willkommen zu heißen, denn nun waren wir drin – in einer türkisfarbenen Badewanne.

Ein warmer Geruch von Vegetation mischte sich mit Salzluft, um uns herum – einer Fata Morgana gleich – die verschwommenen Umrisse kleinerer Inseln. Vor einer plumpste der Anker ins Blau des Wassers, das links und rechts von uns in sämtliche Schattierungen von Türkis überging. Im Rauschen der Palmen ruderte ich an Land, das merkwürdig torkelte. Nach 21 Tagen auf See brauchte es einen halbstündigen Spaziergang, bis mein Gleichgewichtsgefühl wieder im Lot hing und ich den Otolithen (die zusammen mit dem Gehirn dafür sorgen, dass man nicht ständig hinfällt) signalisieren konnte, ihren Dienst einzustellen.

Das unbewohnte Salomon-Atoll ist eine friedliche Oase mitten im Indischen Ozean, südlich der Malediven. Das mit der Badewanne erwähnte ich eingangs... umgeben von 11 niedrigen Palmeninseln, die wie an einer Kette aufgereiht auf dem Außenriff stehen. Dort, wo der Ozean 3000 Meter tief abfällt und eine mächtige Brandung herandonnert.

Sonne, Palmen, schneeweißer Sandstrand, kristallklares Wasser.

AURYN ankerte vor dieser Fototapete, die kitschiger gar nicht sein konnte und den trivialen Bildern einer Südseeidylle mehr als nur nahe kam.

Täglich ruderte ein kleiner Seemann, begleitet von seinem Kater, an den Strand, um dort für ein paar Stunden Robinson zu spielen, nackt herumzulaufen, Kokosnüsse zu köpfen und in der Hängematte, die sich zwischen zwei Palmen spannte, zu dösen oder sich zu sehnen: Nach den zärtlichen Berührungen einer schönen Frau.

In dieser Traumzeit strahlte jeder Tag Frieden aus. Gelegentlich unterbrochen von aufregenden Exkursionen. Wie zum Beispiel jener, bei der ich eines Nachmittags am Außenriff schnorchelte und plötzlich von einer gewaltigen Strömung mitgerissen wurde. Sie war so stark, dass ich dagegen nicht anschwimmen konnte und auch nicht wollte, denn die Faszination der hier noch intakten Unterwasserwelt war so beeindruckend, dass ich mich einfach mit dem Strom treiben ließ. Auch wenn ich deshalb eine Stunde im flachen Wasser des schneeweißen Sandes zurücklaufen musste, war es ein Erlebnis der besonderen Art...in einer anderen Dimension. Wie bitte? Einfach nicht zu erklären.

Wenn Sie schon einmal mit Rochen geschwommen sind, beschreiben Sie einmal das Gefühl, in deren Welt einzudringen und in einem Schwarm anmutiger Mantarochen minutenlang dahinzutreiben. Die Worte würden Ihnen fehlen! Oder?

Abends saß ich mit einem Glas Wein im Cockpit und fühlte mich, als hätte ich die knarrende Tür zum Paradies aufgestoßen. Vor mir schimmerte der weiße Strand im Mondlicht, ein milder Passatwind ließ die Kronen der Palmen bedächtig wanken und am Himmel zogen sanfte Schäfchenwolken. Das Farbenspiel war einmalig, einzigartig schön und es war ein glücklicher Augenblick, der mich wieder daran erinnerte, wie wenig ich brauchte!

Ich hielt den Moment ganz bewusst fest, weil ich mittlerweile wusste, dass auf einer Seereise Himmel und Hölle oftmals nur eine Handbreit auseinanderliegen. Ich wusste allerdings nicht, dass ich mich bereits auf dem Weg dorthin befand!

Die Chiffre

Nach sechs Tagen zog ich den Anker aus dem Salomon-Atoll, schloss vorsichtig die Tür zum Paradies und meißelte mir die Hausnummer ins Gedächtnis ein wie eine Chiffre. Je sauberer, desto besser die Erinnerung. Dann trimmte ich die Segel und steuerte AURYN zurück auf den Indik, der uns mit Abwechslung empfing.

Es fing an zu regnen, die Segel mussten gerefft werden. Die Alarmanlage der Schleppangel schlug an, Socke saß wie immer als erster am Heck, dann ich und beide in Erwartung eines silbrig glänzenden Thunfisches, der wie bestellt kam. Pasta, Reis und gekochtes Dosenfutter hatte ich lange genug gegessen. Ein perfekter Auftakt und wie gemalt: AURYN segelte mitten hinein in die Farben eines imposanten Regenbogens.

In der Pantry brutzelten die Fischfilets, ich saß in der Navigationsecke, trug die unauslöschlichen Koordinaten meines Paradieses ins Logbuch, zog einen Strich in die Seekarte, berechnete Kurs, Distanz und die voraussichtliche Ankunftszeit auf den Seychellen: 280 Grad, 900 Seemeilen, acht Tage.

Zwei Tage segelte AURYN im stetigen Wind des Passats, der sich angenehm zurückhielt, als wolle er den Fluss meiner Gedanken in tropischen Nachtwachen nicht stören. Stattdessen besuchten mich wieder Episoden erlebnisreicher Seefahrt. Im einsamen Licht der Stirnkopflampe, das auf mein Reisetagebuch fiel, erfuhren zurückliegende Begegnungen eine stille Neuaufführung. Sie wurden teilweise widerlegt, gestrichen oder nachgeschliffen.

Kenterung

Die Bewölkung veränderte sich, ein Schleier aus feinem Nieselregen legte sich über uns und bis zu den Horizonten.

Aus dem Nautical Almanac: „Ein beständiger Luftdruck, dessen Veränderungen nicht mehr als 1,3 Millibar in vier Stunden betragen, ist der Begleiter guten Wetters. Ein Fallen des Barometers von vier Millibar und mehr in vier Stunden bedeutet meistens harten Wind."

Das harte Wetter kam kurz und heftig und nach Handbuch. Innerhalb kurzer Zeit nahm der Wind bis auf Sturmstärke zu und schnell bildeten sich hohe Seen. Ich hatte in der mittlerweile gewohnten Routine AURYN und die Mannschaft auf solche Situationen vorbereitet und nachdem an Deck alles Nötige erledigt war (Segel reffen, Gegenstände festbinden, Position ins Logbuch eintragen, Tee kochen und so weiter), legte ich mich in Erwartung einer schlaflosen Nacht zum Ausruhen in den Salon und lauschte dem Muster der Wellenberge. Zwischendurch schob ich immer wieder das Schiebeluk auf, blickte einmal in die Runde, überprüfte Kurs, Segelstellung und den Seegang.

Ich lag gerade wieder in der molligen Koje, als ich spürte, dass etwas Gewaltiges auf uns zurollte. Mit einem Zischen und Brausen, das immer stärker wurde, hob der Kaventsmann AURYN an. Hoch und höher. Es war fühlbar, wie die Welle unter uns durchlief und im gleichen Moment schien es, als ob wir schwerelos fallengelassen wurden. Hinein ins nächste Wellental!

Mein Schiff torkelte, wurde vom nächsten Brecher brutal auf die Seite geschleudert und im nächsten Augenblick veränderte sich die kleine Welt in seinem Inneren.

In der Koje wurde ich von Luv nach Lee geschleudert und lag mit dem Rücken auf dem Bücherregal.

Ich wusste nicht, was mehr nachgab: Die Holzverkleidung der Sitzbank oder meine Knochen!

Dann kam Socke angeflogen und nach ihm alles, was sich lose im Schiff befand. Teller flogen wie Geschosse durch die Pantry, Flaschen aus Regalen und die Küche hing völlig abstrakt in einer anderen Perspektive. Die elementare Gewalt einer brechenden Monstersee hatte das Schiff 90 Grad auf die Seite gelegt und der Mast musste das Wasser berührt haben. Wie ein unendliches Gummiband dehnte sich die Zeit, dann ein Schrei: „Komm wieder hoch, komm schon!!" Dann schnellte das Gummiband zurück und nach einer gefühlten Ewigkeit riss eine Welle den tonnenschweren Kiel in Zeitlupe herum und richtete AURYN wieder auf. Zurück in die Welt.

Von der Kollision mit dem Russen abgesehen, der uns im karibischen Meer fast ein Seemannsbegräbnis erster Klasse anbieten wollte, war ich einer Kenterung noch nie so nah. Dieses Erlebnis ließ mich mit großem Schrecken, zitternden Knien und der Erkenntnis zurück, einmal mehr wahnsinniges Glück gehabt zu haben, und ich hoffte, so etwas nicht noch einmal erleben zu müssen – jedenfalls nicht so bald.

Der Spuk war vorbei. Nachdem ich das Rigg und die Takelage auf Schäden überprüft und in das Chaos des Salons wieder Ordnung gebracht hatte, trimmte ich die Segel neu und legte AURYN wieder auf den alten Kurs. Ich war innerlich so aufgeschlagen, dass ich trotz Müdigkeit nicht abschalten konnte. Ein Versuch, das Erlebte in mein Tagebuch zu schreiben, scheiterte an Gedanken, die immer matter wurden. Auch AURYN lag irgendwie nicht richtig im Trimm. Sie kam vom Kurs ab und luvte stark an. Was war los? Die Segelfläche passte zum Wind, der zudem noch abnehmend war. Ich prüfte die Justierung der Windfahnenanlage, auch die passte zum eingestellten Windwinkel! Dennoch luvte das Schiff weiter an. Ich fand den Grund dafür erst, als ich mit dem Halogenstrahler das Ruderblatt des Windpiloten anleuchtete und feststellen musste, dass es im Bereich der Wasserlinie glatt weggebrochen war! Vermutlich beim Knockdown des Querschlagens, als das freie Ruder mit Wucht auf das Wasser krachte und den extremen Kräften des Wasserwiderstandes und der punktuellen Belastung nicht standhalten konnte. Klar, dass AURYN dadurch den Kurs nicht mehr halten konnte und mich nun vor eine weitere Herausforderung stellte. Die Aufgabe hieß: Wie bastle ich mir mitten in der Nacht ein Notruder? Und vor allem womit? Lange suchte ich nach einer Idee. Die Lösung gab mir die Natur! Ein Brecher donnerte gegen den Rumpf, ich verlor das Gleichgewicht und knallte gegen die Klotür, die dem Druck von 90 Kilo nachgab und mich brutal im Innern der Toilette landen ließ. Ich rappelte mich an der Tür auf und im selben Augenblick wusste ich, womit ich mein Notruder basteln würde.

Mit der Klotür auf Westkurs

Mitten in der Nacht sägte ich im Licht eines satten Mondes aus der Klotür ein neues Ruderblatt, doppelte es und schraubte die beiden Platten zusammen. Als es fertig war, bohrte ich ein paar Löcher, fädelte darin Drahtschlaufen ein und fixierte das ganze Provisorium an den Schaft der Windfahnensteuerung. Mir war klar, dass diese insgesamt instabile Konstruktion nicht lange halten konnte und ich diese von Zeit zu Zeit nachbessern musste. Dennoch schien es eine bessere Alternative zu sein als die Aussicht, AURYN Tag und Nacht von Hand zu steuern.

Was gut anfing, wurde zum Ärgernis. AURYN eierte so gewaltig, dass ich ständig den Kurs korrigieren musste. Eine Stunde später löste sich das Holz auf. Es blieb mir nichts anderes übrig, als mein Schiff von Hand zu steuern. Noch 500 Meilen bis zu den Seychellen.

35 Grad im Schiff, eine hohe Luftfeuchtigkeit und das permanente Steuern raubten mir jeglichen Mumm aus den Knochen. Ich nahm die Segel weg, überließ AURYN dem Ozean, lag matt in der Koje und sah der Sonne zu, wie sie auf gleicher Höhe durch das Fenster in die Pantry schien und warme Strahlen in Sockes Gesicht schickte, der auf seinem Lieblingsplatz neben den (geschnitzten) Delfinen schlief.

Handgranaten und Land in Sicht

Während ich am nächsten Tag auf dem Vorschiff hockte, um den Spibaum zu reparieren, vernahm ich von irgendwo her dumpfe Geräusche, die anders klangen, als jene, die ich bisher in den Wochen der Einsamkeit auf dem Ozean gewohnt war. Ein Fischerboot näherte sich langsam und beschleunigte mein Gehirn, weil mich Begegnungen mit kleinen Booten extrem empfindlich machten.

Das Boot kam längsseits, die Fischer grinsten. Ich erschrak, weil ich unter Resten von Netzen und Leinen den Ansatz eines Schnellfeuergewehres entdeckte! Diese Fischer waren offensichtlich keine, die über die Meere zogen, nach dem Stand der Sonne navigierten und das Verhalten der Meerestiere beobachteten, von denen sie lebten. Diese Burschen waren die Nachkommen von Captain Kidd und Sir Henry Morgan. 300 Jahre nach ihrer Zeit schienen Piraterie und Schmuggel wieder zum boomenden Gewerbe zu werden, abseits der Handelswege gerieten auch Segler zunehmend ins Visier der Freibeuter. Wozu sonst das Geschütz?

In den Tiefen meiner Ängstlichkeit hatte ich kaum Zeit, mir bedrohliche Attacken auszumalen, denn der Anführer fragte mich in einem gerade noch zu verstehendem Englisch nach Wasser und bat um etwas Öl zum Kochen. Auch wenn ich mir einen solchen Ausgang erhoffte, konnte ich die Gnade des Augenblicks kaum glauben und atmete beruhigt durch. Gleich darauf erschrak ich erneut, als mir der finstere Typ eine Handgranate entgegenhielt. „Nimm sie, verteidige dich, in dieser Gegend wimmelt es von Piraten und üblen Typen wie uns“. Laut lachend und winkend zogen sie mit Vollgas und einer schäumenden Bugwelle davon.

Wie ein müder Wanderer näherte ich mich dem Seegebiet der Seychellen und segelte im lauen Wind vorbei an flachen Inselchen, bis aus dem Horizont die bergigen Umrisse von Mahe stiegen.

Ich hatte mittlerweile die gelbe Flagge zum Einklarieren gesetzt und meldete meine Ankunft in Port Victoria über Funk bei den Behörden an, die mich später an einer zugewiesenen Boje empfingen.

Das erste, was mir auf den Seychellen entgegensprang, war ein wuseliger Drogenhund, der es kaum erwarten konnte, über meine Polster und durch meine Koje zu schnüffeln. Dann brummte mir ein miesgelaunter Zollbeamter Fragen nach Waffen und Alkohol ins Gesicht. Es war streng verboten, etwas in ihre Welt hineinzuschmuggeln, die angeblich noch heiler war als anderswo. Der Gesundheitsoffizier inspizierte den Kühlschrank und räucherte anschließend das Schiff komplett aus. Seine Begründung: Insekten! Mein Einwand: Doch nicht auf einem Törn über dem Ozean, scheiterte an seinen Ohren. Was nützte das verbale Geplänkel? Es war Formsache und die kostete. Nachdem man mir 60 US Dollar für die „Eintrittskarte“ abknöpfte, saß ich zumindest in der ersten Reihe und blickte nach sechs Wochen auf See in das Land, das mich mit üppiger Vegetation beeindruckte. Vor mir dampfte die Insel, dazwischen schimmerten im Licht der untergehenden Sonne imposante Granitfelsen, die sich abwechselten mit bunten Häusern, die in allen Pastelltönen leuchteten.

Seychellen

Bilder mit Bounty-Geschmack

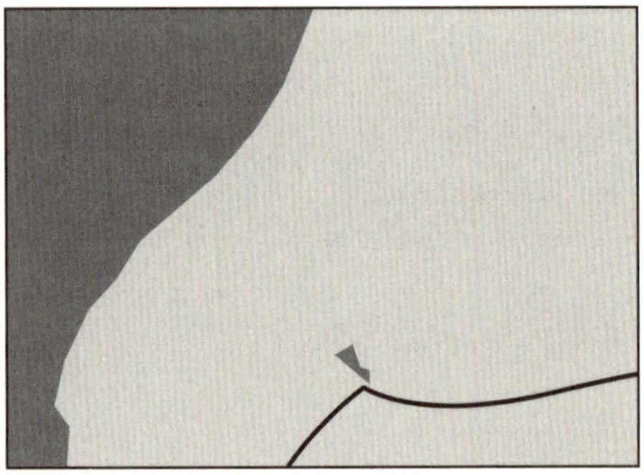

In den ersten Tagen sah ich so gut wie nichts von Mahe, außer den Inneneinrichtungen diverser Werkstätten. Bei einem Tischler ließ ich mir eine neue Toilettentür bauen, ein Schlosser fertigte nach Maß die Konstruktion für die defekte Edelstahlplatte des Hydraulikzylinders und nach langem Suchen fand ich einen Mechaniker, der mir den Außenbordmotor reparierte. Außerdem musste das von mir eher schlampig zusammengenähte Unterliek des Leichtwindsegels professionell genäht werden, wofür ich einen einheimischen Segelmacher fand. Pierre war nicht nur für weiße Segel zuständig, sondern auch für schwarze Geldgeschäfte. Er tauschte Dollars in einheimische Währung und das zum wesentlich günstigeren Kurs als in der Bank.

Das neue Ruderblatt des Windpiloten bestellte ich in Deutschland, mein Cousin, der in wenigen Tagen auf dem Airport von Mahe landen sollte, würde es mitbringen.

Andreas und ich hatten vor, in den nächsten drei Wochen die Inselwelt der Seychellen zu erkunden. Doch dafür musste erst einmal ausreichend Proviant gebunkert werden. Koste es was es wolle. Und das tat es garantiert, denn das Paradies hat seine Schattenseiten. Bedingt durch den staatlich verordneten und jeder ökonomischen Grundlage entbehrenden Wechselkurs sind die Lebenshaltungskosten nicht gerade niedrig. Das bekommen vor allem die Einheimischen zu spüren, die sich nur mit Zweitjobs über Wasser halten können, aber auch die Urlauber in den Hotels, die hemmungslos um ihre harten Devisen gebracht werden.

Port Victoria, die Haupt- und Verwaltungsstadt des Archipels der Seychellen, ist um eine große Bucht herum gewachsen. In den engen Straßen der Stadt herrschte hektische Betriebsamkeit.

Die Auslagen der Marktstände quollen über von Obst, Gemüse, Früchten und Gewürzen jeder Art. Aus den Buden der rastagelockten Dreadmans wehte der Geruch von Dope, während sie Bob Marley-Kitsch zu No woman, no cry an weiße Touristinnen verhökerten.

Fliegen umschwirrten geflieste Tische, auf denen tote Fische aus großen Augen glotzen. Ein Anblick, der zu den weniger schönen Eindrücken eines Marktbesuches zählte.

Wir schleppten die Einkäufe zum Steg des Yachtklubs, packten sie ins Dingi und tuckerten Richtung AURYN, die verstohlen in der Ecke der kleinen Bucht lag und in gefesselter Erregung schien, als ein Windhauch sie unruhig am Anker hin und her zerren ließ.

Die kleine Andeutung von Wind genügte, um die Seele meines Schiffes zu erkennen, von dem ich mittlerweile wusste, dass es keine Gefangenschaft an Leinen oder Ketten ertrug und lieber frei unter Segeln seinen Weg zog. Dann mal los!

Ruckzuck waren die Lebensmittel und Getränke verstaut. Ich blickte vom Zug der Wolken in das Gesicht von Andreas, der gleich wusste worum es ging: Segeln, gleich und jetzt.

Eine lokale Thermik sorgte bei halbem Wind für volle Tücher. AURYN kam munter voran, unser Abendziel hieß La Digue und lag 20 Meilen entfernt. Gleich zu Beginn hing ein Bonito an der Schleppangel, sicherte das Abendessen und war der perfekte Auftakt unserer Segeltour durch den Archipel der Seychellen. Inseln, die unter Geologen schon wegen ihres gebirgigen Granitaufbaus als außergewöhnlich gelten und Reste eines uralten Kontinentalsockels sind, der vor Millionen von Jahren vom nahen Afrika abgebrochen war.

Auch wenn die Navigationslichter des Hafens von La Digue, aus welchem Grund auch immer, nicht funktionierten, fanden wir die hinter tückischen Riffen liegende Einfahrt zum kleinen Anlegesteg. Es war weit nach Mitternacht, als wir mit einer Flasche Rotwein, einer Stange Baguette und französischem Käse im Cockpit saßen und irgendwo am Rande unseres Bewusstseins die Bilder unserer Tagträume durcheinanderpurzelten. Seychellen – Bilder von paradiesischer Natur, markanten Kulissen, ausgewaschenen Granitblöcken und traumhaften Sandstränden voll üppiger Vegetation. Bunte Luftschlösser, die in der grauen Monotonie unseres Alltags unsere Phantasie anregten, auch wenn sie nur angenehme Klischees auf Fototapeten waren. Weit weg.

Doch nun war alles zum Anfassen nah, obwohl der Ort, auf den wir uns freuten, bereits im Tiefschlaf lag.

Bacardi, Raffaello und Softpornos

Die Insel La Digue wirkte friedlich, als wir am nächsten Vormittag durch die einzige Straße des kleinen Ortes marschierten. Hier fuhren so gut wie keine Autos. Wer sich bewegen wollte, ging zu Fuß, lieh sich Fahrräder oder Pferde. Zu den bevorzugten Transportmitteln gehörten jedoch Ochsengespanne. Vor einem solchen sprangen wir gerade noch von der Straße, als das Gespann mit dröhnender Reggaemusik und bekifftem Fahrer durchzugehen schien.

Es zog uns zu einer Art Pilgerstätte, der Anse Soucre a' Jean, einen Ort, den fast jeder kennt, noch bevor er ihn überhaupt gesehen hat. Es ist der Bacardi- und Bounty-Strand aus der Fernsehwerbung. Auch Becks mit der Dreimastbark „Alexander von Humboldt“ und Raffaello haben hier ihre Spots gedreht. Allein der Weg dorthin war filmreif und führte durch eine Kokosplantage, vorbei an einem verwunschen wirkenden Friedhof, einer alten Werft und einem verfallenem Landhaus, wo vor Jahrzehnten im vertikalen Bemühen hübsche Frauen in die Horizontale gebracht wurden, um den Softporno „Emanuelle“ zu drehen.

Nach ein paar Schritten stockte uns der Atem. Vor uns lag der Strand. Das Original. Man brauchte nur den Finger auf den Auslöser zu halten und einen 360er zu drehen. Wo man auch hinschaute, was man auch fotografierte: Bilder mit Bounty-Geschmack. Tropenklischee überall. Türkisfarbenes Wasser, schneeweißer Sand, wippende Palmen vor den weltberühmten Granitblöcken, die so unnatürlich schön aussahen, dass man das Gefühl nicht los wurde, der Tourismusmanager hätte bei der Präsentation der hübschen Steinchen gewaltig nachgeholfen.

Das Wasser war zum Reinspringen und genau das taten wir, während wir bald darauf ein paar Kokosnüsse in bester Robinson-Tradition köpften und im Schatten raschelnder Palmen dösten. Songs von Bob Marley wehten herüber, am Ende der Bucht sangen zottelige Einheimische zur Gitarre, wobei sie sich einen Haufen süßer Abwechslung in ihren Tabak mischten. Es gibt eine ausgeprägte Rasta-Reggae-Kultur auf den Seychellen, denn Äthiopien, das heilige Land der Dreadlocks, liegt nicht weit entfernt.

Segelwandern zwischen den Inseln in einer wunderbaren Natur von überwältigender Schönheit.

AURYN lag anderntags vor Curieuse Island in einem Traum von Ankerbucht. Zumindest oberflächlich. Doch wie sah es darunter aus?

Steckte man den Kopf unter Wasser, war man in einer anderen Welt, allein und doch umgeben von zahllosen bunten Fischen und neugierigen Nachwuchsrochen. Dennoch war die farbenfrohe Welt schwer angeschlagen. Wegen der sich verändernden Wassertemperaturen in den vergangenen Jahren waren viele Korallenblöcke bereits abgestorben, und die Unterwasserwelt war nicht ganz so heil, wie Reiseprospekte uns glauben machen wollen.

Ein Fischer kam in seinem fragilen Kanu, aus dem er ständig Wasser lenzte, in die Bucht und längsseits zu AURYN. Pascal hieß der knorrige alte Mann, dessen Augen diesen in die Ferne gerichteten Blick hatten, in dem man die unendlichen Tage erkennen konnte, die er schon auf dem Meer verbracht hatte.

Wir erzählten von den kaputten Korallen, der angegriffenen Unterwasserwelt, während er für uns ein Stück Filet aus einer frisch gefangenen Dorade säbelte und eher beiläufig von einem Hammerhai erzählte, der sich in der Bucht herumtrieb. Danach reduzierte sich die Schorchel-Lust auf ein Minimum. Egal.

Die Seychellen hatten einiges zu bieten.

Grande Soeus zum Beispiel. Wir wanderten durch die Insel und entkamen dem Ozean trotzdem nicht. Jeder Weg ist ein Weg zum Meer. Der Strand: Frisch geschlagene Kokosnüsse, der gegrillte Fisch von Pascal und Andreas' 40. Geburtstag, gefeiert an einem Platz, der wunderschön ausgebreitet dalag und jede Menge Raum zum Jüngerwerden ließ.

Wir segelten weiter nach Praslin, überprüften riesige Schildkröten auf ihre Echtheit und unterließen es, einen horrenden Eintrittspreis für den Nationalpark auszugeben, obwohl er zum Weltkulturerbe der UNESCO erklärt worden war; stattdessen investierten wir die Dollars in ein fantastisches Abendessen. Das Restaurant, dessen Inneneinrichtung aus natürlichen Baustoffen bestand, hatte ein Architekt mit Hang zu Garten- und Landschaftsbau wunderbar verspielt in die natürliche Umgebung integriert. Das Essen: Feinste französische Küche.

Die Brandung donnerte in der Ferne, die Gischt schimmerte silbrig. Wir hingen wie hingegossen in unseren Stühlen und lümmelten uns in diesen wunderbaren Abend, der allerdings bei der immens hohen Rechnung keinen Anlass gab, das Dolce Vita noch länger aufrecht zu erhalten.

Zurück an Bord genossen wir die Poesie unseres lauschigen, aber zugleich letzten gemeinsamen Abends. Denn auch das gehört zu den Schattenseiten eines Paradieses: Irgendwann muss man es wieder verlassen.

Alte Gräber

Verloren

Oben: In grauer Melancholie –
Caleta Brecknock/Magellanstraße

Rechts und unten: In der Stille der
Einsamkeit – Patagonien

Oben: Im Nationalpark Torres del Paine – Chile

Rechts: Stumme Zeugen einer versunkenen Kultur – Rapa Nui

Unten: Im Meersein … zwischen Himmel und Horizont

Oben: Empfang auf der Osterinsel

Rechts: Bei den Enkeln der Kannibalen – Fidschi

Unten: Der Magnetberg menschlicher Sehnsüchte – Bora-Bora

Oben: Im Meer der Zeitlosigkeit – Polynesien

Links: Großer Fisch an der Schleppangel – Hai!

Unten: Im Vollrausch der Natur – Seychellen

Links:
Im Indonesischen Meer – Bali

Unten: Am Rand der Traumzeit – Chagos Atoll

In einem anderen Jahrhundert – Seenomaden in der Torres-Strait

Im Land der Götter und Dämonen – Bali

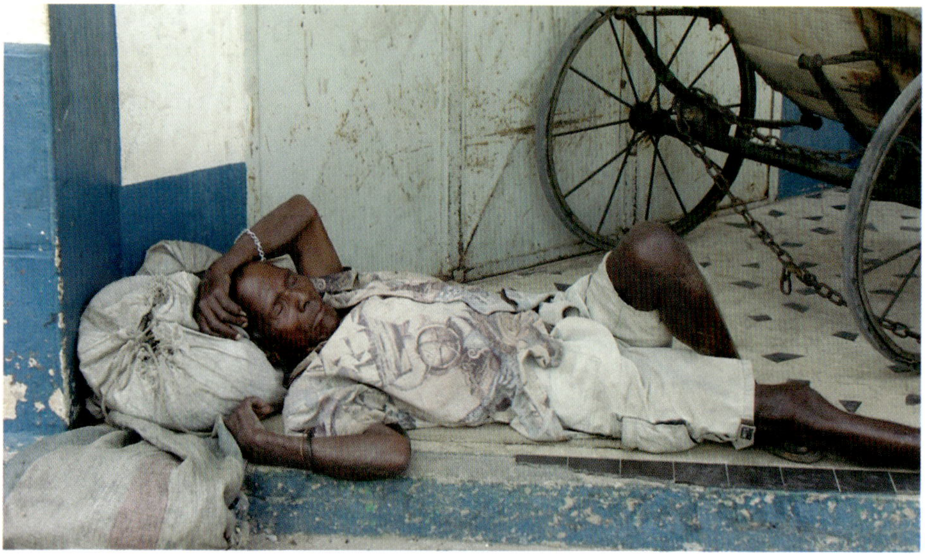

Oben: Wir lagen vor Madagaskar …

Links: Zeitreise zwischen den Welten – Madagaskar

Unten: Archaische Kulturen und traditionelle Tänze – Vanuatu

Oben: Bizarre Landschaften – Seychellen

Rechts: Jenseits von Afrika – Mozambique

Unten rechts: Besuch und Tauschverhandlungen in Melanesien

Unten links: Im Aborigines Land – Australien

Oben: Im Zauber tropischer Seetage – am Riff in Kaledonien

Links: Im Schatten eines Containerschiffes – Atlantik

Unten: Zum Horizont und darüber hinaus – Meereslust

Im Spiegel der See

Von den Seychellen nach Madagaskar

Quo vadis?

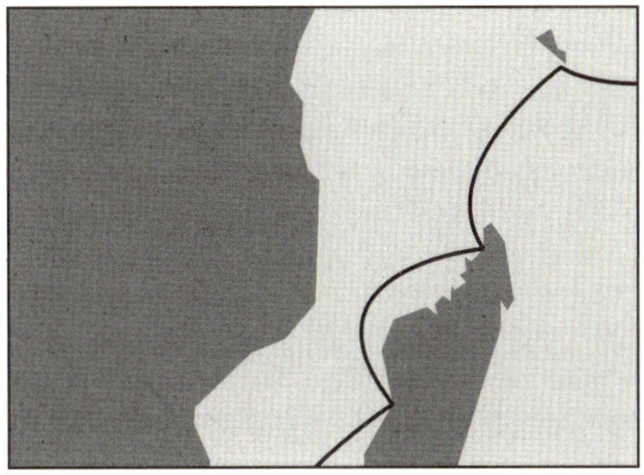

AURYN segelte mit mäßigen Winden durch die Bucht von Port Victoria, vorbei an einigen japanischen Thunfischtrawlern, die auf Reede lagen, während zur gleichen Zeit über uns die Maschine der Air France einen weiten Bogen flog. Nicht unbedingt erwähnenswert, wenn sich darin nicht jene deutsche Chartercrew befunden hätte, mit der ich am Abend zuvor ein paar nette Stunden beim Small Talk im Yachtklub verbracht hatte.

„Sie sind um Kap Hoorn gesegelt und waren mit ihrem Schiff in der Antarktis?“ Joo, antwortete ich, gestattete mir einen Anflug von bescheidenem Stolz und warf ein Augenzwinkern hinüber zu AURYN, dank der ich diese Abenteuer überhaupt bestehen konnte.

Wohin geht's als nächstes? Ich wich der Frage der interessierten Crew aus, weil ich es mir mittlerweile abgewöhnt hatte, von künftigen Reisezielen zu reden. Einerseits, weil ich des Öfteren nicht dort ankam, wohin ich ursprünglich wollte und zum anderen, um niemanden mit meinen Etappenzielen zu beeindrucken oder zum Nachhaken Anlass zu geben.

Der Flieger schwenkte auf Nordwest. Ich fierte die Schoten etwas auf, legte den Kurs auf Südwest und dachte an Madagaskar…oder doch Mauritius? Jedenfalls schrieb ich ins Logbuch:

10. Oktober 2004 – Törn: Seychellen nach Mad oder Mau, Distanz: 735/900 Seemeilen, Baro: 1018, Bewölkung: 2/8 Kumuli, Wind: Nordost mit 10 Knoten, Besegelung: Blister.

Die Berge der Südküste von Mahe verschwanden im Dunst aufsteigender Feuchtigkeit. Der Wind blieb schwach und das blauweiße Leichtwindsegel zog uns im leichten Auf und Ab der Dünung in eine pastellfarbene Abenddämmerung.

An Steuerbord querab spülte eine weiße Brandung über einen tückischen Felszacken. Ich erschrak bei dessen Anblick, denn das flache Riff war nicht durch ein Warnzeichen markiert. Dies war mehr als eine deutliche Mahnung an den Seemann, hier besonders auf der Hut zu sein und sorgfältig zu navigieren, denn das Seegebiet der Seychellen ist mit äußerster Vorsicht zu befahren. Die Seekarte und das nautische Handbuch für den Indischen Ozean warnten ausdrücklich vor Flächen, die noch nicht vermessen und Untiefen, die nicht verzeichnet waren.

Dafür wies die Detailkarte des Archipels der Seychellen große Zonen aus, wo industrieller Fischfang verboten war. Man versucht, dem ökologischen Wahnsinn, verursacht durch asiatische Trawler, die Millionen Tonnen von Thunfischen und Doraden aus dem Ozean ziehen, zu begegnen, indem man die schwimmenden Fabriken außerhalb einer 150-Meilen-Zone verbannt. Aber hielt man sich tatsächlich daran? Die Frage sollte sich Stunden später beantworten.

Die erste Nacht. Dösend lag ich in der Koje, versuchte zu schlafen, doch lauschte ich stattdessen mit einem Ohr am fragilen Rumpf von AURYN, der mich vom Rand der Unendlichkeit trennte.

Oben am Mast schlug ein Fall. Ich kannte mittlerweile sämtliche Geräusche und wusste, wohin sie gehörten. Selbst im Halbschlaf war ich so sensibilisiert, dass ich den kleinsten Kurswechsel, jede Veränderung des Windes und den Trimm der Segel spürte: Le sommeil du marin – der Schlaf des Seemanns. Auch wusste ich mittlerweile, dass sich Schallwellen von Motorgeräuschen im Wasser fünfmal schneller als in der Luft bewegen. Das mit den fünfmal hatte ich irgendwo gelesen, den wummernden Schiffspropeller deutlich gehört!

Ich stieg ins Cockpit und beobachtete bald darauf, wie ein hell erleuchteter Fischtrawler in jener Region seine Schleppnetze hinter sich her zog, wo er es gefälligst zu lassen hatte. In der Schutzzone! Doch wer hielt sich schon dran? Der Kapitän jedenfalls nicht. Er musste von seinem Flutlicht dermaßen geblendet gewesen sein, dass er AURYN nicht sah und mit großer Geschwindigkeit direkt in unsere Richtung fuhr. Ich änderte den Kurs, leuchtete zusätzlich mit einem starken Halogenstrahler in das Großsegel. Der Typ beachtete uns immer noch nicht und rauschte in grober Geste dicht an uns vorbei. Wendete und hielt wieder auf uns zu. Was sollte das? Ich fluchte, schrie und schrie und fluchte nochmal: Nur diesmal ins Funkgerät. Da ich keine besondere Lust auf derartige Spiele in der Nacht hatte und die Kollisionsverhütungsregeln vorschreiben, dass man sich von einem Fischereifahrzeug mit ausgeworfenen Netzen weit entfernt zu halten hat, schaltete ich den Autopiloten aus und steuerte AURYN von Hand aus der Gefahrenzone.

Die nächtliche Konfrontation beschäftigte mich. Segler hegen für Trawlerbesatzungen ohnehin keine besondere Sympathie, weil sie dem Segler jeglichen Schlaf rauben und mit ihren Schiffen ohne erkennbare Muster gefährlich hin- und herkreuzen. Doch den Spezies unterhalb der Wasserlinie ging's noch schlechter, denn sie wurden von den skrupellosen Typen mit ihren hoch technisierten Sonargeräten gejagt und je nach Fischart nach und nach ausgerottet. Schutzzone? Sie schrecken nicht davor zurück, sondern fischen bis zum letzten Winkel das Meer leer, ohne sich um die Zukunft zu kümmern. Dabei hatte alles so gut angefangen in der

Biblischen Genesis

Als am siebten Tag der Schöpfung die Chefsache beendet war, ging vermutlich unter Termindruck erheblich was in die Hose. Die Erde ist rissig, Vulkane spucken, Tsunamis und Hurrrikane machen, was sie wollen. Was soll's, könnte man meinen oder sich an Einstein erinnern, der sagte, er könne nicht glauben, dass Gott mit dem Universum würfelt. Doch auch beim Meisterwerk der Evolutionsgeschichte treten die Mängel bei der Verarbeitung schnell ans Licht. Er verursacht nicht nur das ökologische Desaster der Ozeane, sondern sorgt mit seiner Umweltverschmutzung weiterhin für die Apokalypse der Meere. Immer noch schüttet er radioaktives Material und Millionen Tonnen von Chemikalien ins Meer oder entsorgt seinen Hausmüll im Ozean. Plastikmüll schwimmt, das weiß sogar Klein-Erna. Wale und Delphine ersticken daran oder werden durch Hochfrequenzen in den Wahnsinn getrieben und steuern im Suizid die Küsten an. Menschen, die es gut mit ihnen meinen, versuchen, die Delfine dahin zu stoßen, wohin sie nicht mehr zurückwollen. Lieber verenden sie elendiglich am Strand, während Klein-Fritzchen davor steht und weint.

Am Rand des Universums

Der Wind blies konstant aus Südost. Wir segelten am Tag unter einem blauen Himmel und in der Nacht umgeben von funkelnden Sternen, die uns in die Unendlichkeit des Universums lockten – zumindest in Gedanken. In jener lauschigen Nacht ließ ich das Seychellenerlebnis Revue passieren und schaute anschließend dem Mond beim Aufgehen zu. Sternschnuppen stürzten vom Himmel, so groß und deutlich, dass man sie mit seinem Glas auffangen mochte.

Noch etwas lag in der Luft: Wetteränderung.

Am nächsten Morgen hatte der Wind gedreht, kam schräg von vorn und AURYN segelte so, wie es zu erwarten war: Ruppig und hoch am Südost, der mit 5 Bft blies.

Die Lage blieb ungemütlich und doch gab's einen Grund zum Feiern. Das Log zeigte die 40.000ste Seemeile an.

Vierzigtausend nautische Meilen lagen seit unserem Start in Cuxhaven im Kielwasser. Zweimal um die Welt, wenn man so will, mit einem Schiff, das Unglaubliches aushalten musste. Stürme und Orkane sowieso. Doch AURYN hatte sich mit einem Containerschiff angelegt, war in den Flüssen Brasiliens auf die Seite gefallen, hatte Berührungen mit Baumstämmen und Ölfässern überstanden, ja selbst das Ramming mit einem Eisberg. AURYN war voller Geschichten, und jede Schramme am Rumpf erzählte eine davon.

Ich klopfte dreimal aufs Teakholz, war mächtig stolz auf AURYN und empfand ein tiefes Gefühl von Dankbarkeit. Vier Jahre waren wir nun unterwegs und diese Zeit hat mich so verzahnt mit dem Schiff, dass sich daraus eine intensive Vertrautheit entwickelt hatte, die mir eine unerschütterliche Sicherheit gab. Diese Sicherheit hörte nicht dort auf, wo gewöhnlich das Boot endet. Manchmal schleppte ich eine lange Leine achteraus, sprang während der Fahrt aus dem Bugkorb, ließ AURYN vorbeiziehen, griff nach der Leine und zog mich daran wieder an Bord! Das hielt mich fit, bei Laune und machte gleichzeitig sauber.

Mit Joseph im Spiegel der See

Der Indische Ozean bereitete mir nach fünf Tagen zunehmend Ärger. Der Süd-Südost legte weiterhin zu, eine milchige Schleierbewölkung, die nichts Gutes bedeutete, zog auf und der Stromversatz war gewaltig. Hartes Segeln hoch am Wind, bei jedem Einstampfen in die See ging eine hohe Ladung Wasser übers Deck. Darunter war es mit 33 Grad unerträglich heiß. In Tagen und Nächten, die nicht mehr grade wurden, lag ich in permanenter Krängung stundenlang in der salzigen Nässe des Cockpits und blickte auf eine Welt ohne Licht. Der Horizont ging vom Dunkel der Wellen über in eine konturlose Masse aus grauer Bewölkung. Grau in Grau wanderte meine Stimmung Richtung Tiefpunkt. Doch in dieser Trübsinnigkeit befand ich mich in guter Gesellschaft und las im tröstenden Zusammensein mit Joseph Conrad im Spiegel der See.

Doch Schluss mit der Tristesse, Conrad beiseite und her mit dem Hochglanzprospekt der Tourismusbranche von Mauritius. Eine wunderhübsche Tropenschönheiten lächelte mir zu, blaues Wasser, verführerische Cocktails, schneeweiße Strände.....ich konnte die Palmen rascheln hören und verfluchte den Brecher, der gegen den Rumpf knallte und mit seiner Gischt das Bild der Tropen auswischte.

Der Südost legte weiter zu und bevor AURYN sich überschlug, reffte ich die Segel.

Die See wurde rau. Mit ihr rollten hohe Wellen auf uns zu, in denen AURYN nur unter der Genua und der Windfahnensteuerung schräg vor dem Wind ablief. In den Wellensets scherten immer wieder Brecher aus, deren Kämme deutlich höher waren als die übliche Wellenhöhe, die ich auf fünf Meter schätzte. In der Aufgepeitschtheit der See lag ich eingekeilt im Cockpit, versuchte zu dösen oder mich durch Lesen abzulenken. Doch meistens sprang ich auf, korrigierte den Kurs des Windpiloten, prüfte die Segelstellung, schrie der See entgegen und sehnte mich nach einer Tasse heißen Tees, war aber zu träge, ihn aufzusetzen. Stattdessen zurück zur Schönheit, die sich – mittlerweile in Salzwasser getränkt – unter mein Sitzkissen verzogen hatte. Mauritius lag schräg voraus an Backbord und nur 800 Seemeilen entfernt.

Mauritius – schon der Klang des Namens war eine Verlockung; doch Mauritius, so dachte ich mir, würde sich nicht wesentlich von den Seychellen unterscheiden. Den Fotos nach schien ihre Natur wunderschön und von sattem Grün überzogen zu sein. Jedoch wucherten in ihr die weißen Geschwüre einer gierigen Branche, die die Insel mit zahlreichen Luxus-Resorts um den Zauber ihrer Ursprünglichkeit brachte. Listige Hochglanzprospekte, gesponsert vom Tourismusverband, gaukelten dem Reisenden eine heile Welt vor, in der die französischen Kolonialherren den Einheimischen ihr Idiom nahmen, sich ihrer Frauen bedienten und ihre schwarzen Kerle als Kellner in bunte Jäckchen steckten.

Also doch nicht Mauritius! Wie wär's mit Madagaskar?

Madagaskar erschien mir reizvoller. Klang nach fernem Abenteuer, suggerierte Einfachheit, wilde Landstriche, archaisches Leben, Improvisation, Kolonialarchitektur und Widerstand gegen die Franzosen. Madagaskar entfachte seinen Reiz auch deshalb, weil ich auf die Insel nicht vorbreitet war.

Alles in allem: Gute Gründe, die Insel zu besuchen.

Am Morgen des 17.10.2004 kam Land in Sicht oder auch Landfall, wie englische Seemänner dieses Ereignis bezeichnen. Die Umrisse der Nordküste Madagaskars tauchten am Horizont auf und ich steuerte AURYN Richtung Cape Ambre, welches mich nachmittags stürmisch mit dem sogenannten Cap-Effekt empfing. Der Wind wurde durch die Landmasse abgelenkt, durch die Trichterwirkung der Berge lokal verstärkt und pfefferte mir jetzt mit 35 Knoten entgegen. Beide Segel standen im 3. Reff. AURYN fegte und stampfte durch die hackige See und auf dem weißen Schaum der Wellenkämme, die im abendlichen Dämmerlicht glänzten. Das Rigg zitterte, und der Wind stritt sich darum, welche Richtung die Oberhand behalten sollte. Mal kam er aus Süd, dann aus Südwest und drehte wieder zurück in den östlichen Quadranten. Mit dem plötzlichen Rückdrehen hörte auch der regelmäßige Rhythmus der Wellen auf und machte einem Durcheinander sich bockig aufbauender Kreuzseen Platz. Ein ständiges Arbeiten mit den Segeln.

Der Tag verschwand, das Meer schien das Licht zu halten und in der rauschenden Brandung segelten wir entlang der Nordwestküste. Die Gegenströmung nahm zu, wir kamen nur noch mit drei Knoten Fahrt voran. Vorbei war es mit der romantischen Vorstellung, am Abend bei einem Glas Wein in einer ruhigen Ankerbucht zu sitzen. Die äußeren Umstände erforderten eine weitere Nacht in einem aufgepeitschten Meer und einem scharfen Wind, der den brechenden Seen ihre schäumenden Wellenkämme glatt wegriss.

Erst weit nach Mitternacht erreichte der Wind seinen wütenden Höhepunkt und wehte sich allmählich aus. Ich räumte das Deck vom Gewirr der Schoten frei, aß um fünf Uhr morgens den kalten Inhalt einer Dose Ravioli und erlebte dazu einen imposanten Sonnenaufgang. Obwohl ich die ganze Nacht über keinen Schlaf fand, weil ich ständig auf Winddrehungen gefasst und mit Reffen der Segel beschäftigt war, fühlte ich mich keineswegs übermüdet. Eher durchrieselte mich eine kribbelige Mischung aus neugieriger Vorfreude und gespannter Erwartung. Wie sah die Insel aus, die seit vielen Jahrzehnten sich kaum verändernden Einflüssen ausgeliefert war, wie spielte sich das Leben dort ab?

Das Leuchtfeuer von Cape Ambre verlor sich achteraus. Ich navigierte mit dem Radar und den schwachen Umrissen zahlreicher Atolle einer Kette von unbewohnten Inselchen entlang.

Am Vormittag kam die kleine Insel Kariache in Sicht, ein guter Zwischenstopp, um nicht in der Nacht in den geschäftigen Hafen von Helville auf Nosy Be einzulaufen.

Nachmittags fiel der Anker, das Schiff lag sicher. Genug der Schaukelei im Ozean und Zeit für einen Spaziergang. Ich ruderte an Land und marschierte durch einen kleinen verfallenen Ort. Keine Menschenseele und nichts, was auf das 21. Jahrhundert hindeutete. Die vulkanischen Kiesel vor Afrikas Ostküste schienen den Globalstrategen unserer Zeit unbedeutend. Kariache war merkwürdig verlassen, hatte sich aber seinen ureigenen Charme erhalten. Im Westen ein Blick bis zum Horizont, im Osten grenzte die Insel dschungelgrün an den Indischen Ozean.

Beklemmende Stille um mich herum. Bis auf den Moment, als ich zusammenschrak, weil die leichte Brise einen glaslosen Fensterrahmen hin und her klappern ließ. Die morbiden Fassaden lagen wie im Gespräch mit sich selbst und schufen genügend Raum für meine überhitzte Phantasie. Was war mit den Bewohnern geschehen? Evakuiert oder waren diese geheimnisvollen Ruinen die letzte Stätte ausgesetzter Leprakranker? Wieder zuckte ich zusammen. Hinter einem Rest von Mauer raschelte eine Ziege und zupfte gierig am Gras. Bei diesem Anblick freute ich mich auf ein anständiges Stück Fleisch...und genoss es am nächsten Tag, als wir Hellville erreichten und offiziell in Madagaskar ankamen.

Wir lagen vor Madagaskar...

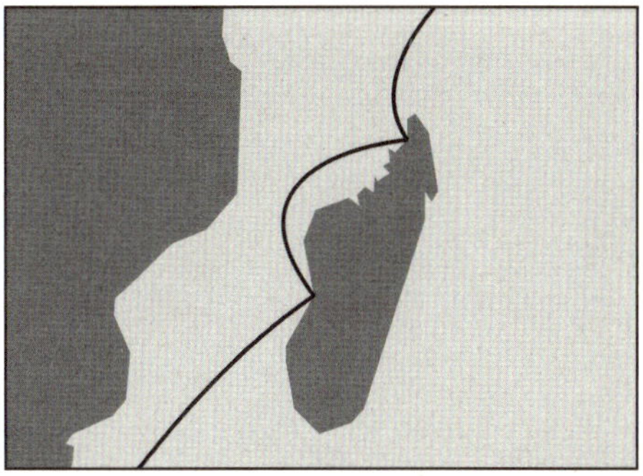

... und hatten die Pest an Bord. Den Namen der Insel kennt wohl jedes Kind. Das Volkslied, in dem die Seeleute ihr Schicksal beklagen, dudelte in der verrockten Version von Achim Reichel im Hintergrund, während ich noch damit beschäftigt war, mich mit einer völlig anderen Kulisse vertraut zu machen.

Um uns herum lagen braune Hügel mit spärlicher Vegetation, davor eine verfallene Kaianlage, vergammelte Kräne, verrostete Loren. Ein Mahnmal, das die Erinnerung an eine ehemalige Zuckerrohrverladestelle aufrechterhielt.

Bei einem ausgiebigen Frühstück zum Mittag ließ ich die ersten Eindrücke auf mich wirken und beobachtete, wie ein alter Madagasse in einem archaischen Einbaum auf AURYN zupaddelte und sich kurz darauf am Süllrand des Schiffes festhielt. Die Schwielen in seiner Hand schienen so alt zu sein wie das Holz-Paddel, dass er in sein Boot legte. Er bat um etwas Wasser und begann plötzlich aus heiterem Himmel (das war er wirklich) wild gestikulierend zu meckern. Ich wusste natürlich nicht, worauf sich seine Schimpftiraden bezogen, erst allmählich verstand ich seine Botschaft. Es ging um seinen Präsidenten, um Korruption und darum, dass die Leute kein Geld hätten und alles teurer würde. Als er mit seinem Grundkurs über die ökonomische Situation seiner Heimat fertig war, lächelte er mich an, legte mir einen frisch gefangenen Thunfisch aufs Deck und sagte: „manao ahoana“, was soviel wie Guten Tag bedeutete. Meine Revanche bestand aus einer Schachtel Zigaretten und damit hatte ich meinen ersten Freund auf Madagaskar. Er schien sich besser im Tidenkalender auszukennen als mit den Öffnungszeiten der Behörden, doch zumindest kannte er den Weg zum Zoll und zur Immigration. Es wurde Zeit zum Einklarieren.

Hello

Ich weckte den Zollbeamten, dessen Kopf wie abgemurkst mit offenem Mund und seltsam verdreht auf der Schreibtischplatte lag. Ich hatte zunehmend Eindruck, dass behördliche Nickerchen in den Tropen zur Tagesordnung gehörten und sie die Siesta nach ihrem eigenen Gusto erweiterten.

Erst als ich mit der flachen Hand dicht neben seinem Schädel auf das schwere Holz schlug, kam Leben in die Amtsstube. Schwerlich. Erst musste das Barett auf seinen kantigen Schädel, dann die antiquarische Schreibmaschine vom Überzug entblößt werden. Schließlich haute ein Finger in die abgegriffene Tastatur und obwohl mein Reisepass vor ihm lag, fragte er dreimal, welcher Nationalität ich war. Auch sonst bemühte er sich, mich davon zu überzeugen, dass er nicht gerade zu denen gehörte, die dafür bezahlt werden, erst zu denken und dann zu sprechen.

Damit nicht genug, nun zur Policestation. Sie lag am Ende der staubigen, ungepflasterten Straße.

In der dunklen Amtsstube pennte niemand, alle waren hellwach, konzentriert und verfolgten aufmerksam eine soap opera im Fernsehen, welche so laut war, dass ich gegen den Ton anbrüllen musste. Nachdem mir der an meinem Anliegen desinteressierte Beamte – ein Auge auf dem Fernseher – den Stempel mehr zufällig dorthin knallte, wo er hingehörte, war ich froh, die Prozedur des Eincheckens überstanden zu haben.

Madagaskar – nun war ich auch offiziell angekommen, in jenem Land, das auch in Zeiten des Last-Minute-Ferntourismus noch zu den wenigen verbliebenen „weißen Flecken“ auf der Weltkarte gehört. Und das hat seine Gründe.

Madagaskar hatte nie die Bedeutung anderer großer Kolonialstaaten und die Welt interessierte sich kaum für die unbekannte Insel im Indischen Ozean, die zudem auch noch weitab von den großen Handelswegen lag. Vergessen, irgendwie abgelegt wie die ...

... Eierschalen der Evolution

Vor Millionen von Jahren brach der Urkontinent Gondwanaland entzwei und die heutigen Kontinente Asien und Afrika drifteten auseinander. Zwischen Indien und der ostafrikanischen Küste blieben jedoch zwei große Landmassen stehen: Sri Lanka im Osten und Madagaskar im westlichen Teil des Indischen Ozeans.

Der vulkanische Ursprung schuf die Basis für einen fruchtbaren Boden, auf dem alles wächst, was man sich an Obst und Gemüse nur vorstellen kann. Davon konnte ich mich überzeugen, als ich mich auf den Weg in die nähere Umgebung der Stadt machte, weil es mir an Bewegung fehlte.

Am späten Nachmittag war ich zurück in Hellville, dem Hauptort der Insel Nosy Be.

Ein warmes Licht tiefstehender Sonnenstrahlen fiel auf die Fassaden wunderschöner Kolonialbauten und frischte die Patina der zerfallenen Gebäude magisch auf. Es gab einige französische Restaurants und bescheidene Pensionen, die auf mich eher den traurigen Eindruck hoffnungsvoller Erwartung machten.

Der süße Geruch von Shit wehte zu mir herüber. Unter einer dunklen Zypresse hockten ein paar Jugendliche auf den verrosteten Rohren einer Baustelle, die niemand mehr bebaute.

Nach dem harten Törn der letzten Tage freute ich mich auf ein entspanntes Abendessen und fand ein Lokal von unordentlicher Schönheit, aber dennoch mit Atmosphäre. Das Essen war gut und reichlich. Im Hintergrund fiedelte ein Madagasse auf seiner Violine und sein Kumpel sang derart sentimental, dass sich eine melancholische Leere auf mein Gemüt legte und meine Seele im Vollmond lächelte.

Ein herrlicher Abend. Wohl auch für das Pärchen schräg gegenüber: Eine viel zu junge Geliebte machte den Alten an ihrer Seite mit heißen Blicken so scharf, dass sie kurz darauf das Lokal Hand in Hand verließen – um die Glut zu löschen, die sie gelegt hatte.

Es war zum Heulen. Auf dem Höhepunkt des „Concierto de Aranjuez“ kullerten die Tränen, denn ich schnitt die Zwiebeln und marinierte den Fisch.

Nach dem Essen freute ich mich auf eine durchgeschlafene Nacht. So ganz abschalten konnte ich wohl noch nicht, denn ich schrak mitten im Tiefschlaf hoch, weil ich eine Positionseintragung in der Seekarte vornehmen wollte.

Am nächsten Morgen kamen ein paar Einheimische in ausgehöhlten Baumstämmen ans Schiff gerudert, um Ananas, Papaya, Mango, Bananen und Limonen anzubieten. Die schüchternen, freundlichen Menschen, die mit nassen Hintern in ihren lecken Einrümpfern saßen, waren weniger an Geld, sondern mehr an Tauschgeschäften interessiert. Für solche Fälle halte ich immer ältere T-Shirts, leere Marmeladengläser mit Schraubdeckeln, Plastikflaschen und Angelhaken mit Sehne bereit. Die Verkaufsverhandlungen begannen, verbunden mit einem Schnellkurs in Madagassischer Sprache und ich lernte in einem der kippeligen Baumstämme Pascal kennen, der mich mit seinen vom Zuckerrohr weggefressenen Zahnstummeln angrinste. Er hatte in der Schule aufgepasst, sprach etwas englisch und bot sich an, mir das Süßwasser aus einem Brunnen in Kanistern zum Schiff zu schleppen und mir anschließend ein paar Sehenswürdigkeiten seiner Heimat zu zeigen.

Später hoppelte ein uralter R4 mit einem neugierigen Seemann und einem pfiffigen Schwarzen über eine aus Schotter und Mull bestehenden Trasse, die man nur mit viel Liebe zum Straßenbau als eine solche bezeichnen konnte. Vorbei an einem Bach, in dessen Senke gerade ein Bus gewaschen wurde, an Kindern in bunten Schuluniformen, die uns freundlich zuwinkten und gestoppt von einer Ziegenherde, die ohne Hast vom Hirten über die Piste geführt wurde.

Ein ausgebranntes LKW-Wrack mit zahlreichen Schusslöchern erinnerte daran, dass bis vor zwei Jahren auf Madagaskar ein Bürgerkrieg getobt hatte, der das marxistische Regime aus dem Parlament trieb.

Auf dem Programm des Vormittags stand der Besuch der Ylang-Ylang-Destillerie, wo einheimische Pflückerinnen im Duft der berauschenden Blüten ihre Körbe vom Kopf wuchteten und auf eine eher nüchtern ausschauende Waage stellten. Die Essenz der Blüten ist ein wichtiger Grundstoff für die französische Parfümindustrie und führte auch zum Kosenamen von Madagaskar: „l'île du parfum“.

Wir juckelten weiter über die „Parfüminsel“ und machten Station am Ozeanografischen Institut, in dem recht interessante Fisch- und Korallenarten der Gegend ausgestellt sind. Danach ging es zum Markt ins Zentrum von Hellville. Die Stadt zeigte sich nach den eher langweiligen Eindrücken vom Vortag nun quirlig, laut und lebenslustig. Vor mir lag ein Schmelztiegel von Menschen unterschiedlicher Rassen in chaotischen Straßenbildern voller dröhnender Musik, die so laut schepperte, dass der Krach jegliche Art von Besinnung verhinderte.

Mittagszeit. Imbissverkäufer priesen schreiend ihre Waren an. Es roch nach frittierten Maiskolben und verbranntem Fleisch.

In diesem Gewimmel von Unübersichtlichkeit lernte ich Sahad kennen, der mich in einem gebrochenen Deutsch und mit dem schlappen Händedruck einer alten Frau begrüßte.

Er zog mich von der Straße und lud mich in einer schummrigen Kaschemme zum Kaffee ein, während uns gegenüber eine moslemische Familie ihr fliegenumschwärmtes Hähnchen auseinanderfummelte, erfuhr ich von Sahad den Grund, weshalb er besser Deutsch sprach als ich die Sprache der Madagassen. Seefahrt, Goetheinstitut, Hamburg!

Außer dem pulsierenden Markttreiben, seinen gastfreundlichen Menschen und der verlorenen Schönheit der wundervollen Kolonialarchitektur bot Helville wenig Aufregendes. Auch war meine Lust auf Stadtleben einmal mehr gedeckt und ich war froh, als wir am späten Nachmittag wieder Richtung AURYN fuhren. Im Slalom auf einer von Schlaglöchern gepflasterten Straße und in den Abgasen eines schrottreifen LKWs, auf dessen Pritsche die von den Feldern abgeholten Zuckerrohrarbeiter wie eine Horde eingefangener Sträflinge standen.

Sail away

Madagaskar verfügt über eine Pflanzen- und Tierwelt, die überwiegend endemisch ist. So las ich es im Handbuch des Indischen Ozeans, während AURYN mit einer frischen Brise zur Insel Nosy Komba segelte, die in Sichtweite lag und bekannt ist für seine einzigartigen Lemuren. Diese Mischung aus Affe und Katze oder auch Halbaffen wurden auf der übrigen Welt von den Affen verdrängt und konnten nur in der Isolation Madagaskars überleben.

Als ich die Lemureninsel betrat und in den wild wuchernden Dschungel eindrang, wich ich erschrocken zurück, als mich eines jener wuseligen Exemplare neugierig musterte, das nach der Aussage Charles Darwins dem Besserwisser Mensch frech die Krone der Schöpfung vom Schädel riss.

Da der Südostpassat durch die hohen Berge gebrochen wird, herrscht im Lee der Insel ein eher thermisch bedingter Wind. Wir waren früh am Morgen gestartet und im Hauch eines Luftzugs auf einer Segelwanderung entlang der Nordwestküste Madagaskars. Zahlreiche Ankerbuchten und Flüsse bieten auf über 1000 Meilen Schutz für den Fall, dass eine Schlechtwetterfront aufzieht.

Bei umlaufenden Winden und ständigen Segelmanövern erreichten wir im schummrigen Licht der Abenddämmerung gerade noch rechtzeitig die Russian Bay. Die Kette rasselte auf jenen Grund, auf dem Anfang des zwanzigsten Jahrhunderts die Schiffe der in den Ostasiatischen Krieg verwickelten Russen vor Anker lagen. Heute lag die Bucht in Frieden da und außer AURYN deutete nichts auf andere Schiffe hin. Die Nacht blieb ruhig, der Morgen war es auch.

Dann breitete sich vor uns ein wunderschöner Tropentag in seiner ganzen Prächtigkeit aus.

Direkt vor uns lag ein zackiges Korallenatoll, über welches sich weißes Wasser spülte. Konnte ich gestern Abend nicht gesehen haben, weil Hochwasser gewesen war! Glück gehabt. Jetzt, beim niedrigen Stand der Tide, saß AURYN fast auf dem Riff, das mahnend zum Vorschein kam, gleichzeitig aber zu einem Schnorchelausflug einlud.

Flossen an und rein in das türkisfarbene Wasser, in dem AURYN zu schweben schien. Den dunklen Schatten ihres Rumpfes unter und den leeren Himmel über mir. Gnadenlos brannte die Sonne, während ich bei Totenstille ein paar Runden um das Schiff schwamm, das mir in seiner Reflektion auf dem Wasser vorkam wie ein Wesen aus einer anderen Welt.

Da die Wassertemperaturen deutlich niedriger lagen als am Äquator, war das Korallenwachstum in einem erheblich besseren Zustand als auf den Seychellen. Ich bestaunte riesige Tischkorallen und Fächerkorallen, die ich seit den kubanischen Gewässern nie mehr lebend vorgefunden hatte und wunderte mich: Nichts los im Riff, wo waren die Fische?

Das mussten noch (Ur)Zeiten gewesen sein im Gondwandaland, als hier die Riesenechse Pliosaurus oder der delfinähnliche Ichtthyosaurier durch die Gegend schlich. Heute schien die Unterwasserwelt ohne Lebewesen. Hallo, wohnt hier keiner? ... Niemand zu Hause? Doch, schau mal genauer hin...

Erst jetzt bemerkte ich den Trompetenfisch und andere Fische gleicher Gattung, die sich aufrecht schwimmend im Gras versteckten. Es war eine Camouflage, die Natur hat den Fischen eine perfekte Tarnung gegeben, die sie vor dem Hintergrund ihres natürlichen Lebensraumes fast unsichtbar werden ließ.

Im Zauber neuer Eindrücke

Im Schein der kleinen Funzel des Navigationstisches entdeckte ich auf der Seekarte den Bahamanay River, der ganz in der Nähe und auf dem Weg Richtung Südwesten lag.

Flussmündungen üben auf mich eine fast magische Anziehungskraft aus, weil sie für mich wie ein offenes Tor wirken, hinter denen meine abenteuerliche Phantasie auf den Zauber neuer Eindrücke hofft. Alles im Fluss, sozusagen, und doch wieder nicht. Denn das Problem war, dass ich keine Detailkarte für diesen Gezeitenfluss hatte, die mich sicher durch das Gewirr von Sandbänken und Korallenköpfen hätte führen können.

Auch wenn die Gefahr bestand, ohne Seekarten aufzulaufen, war der verlockende Reiz größer als das Risiko, das ich für relativ kalkulierbar hielt. So segelten wir am nächsten Vormittag die von dichter Vegetation bewachsenen Küste entlang, die auf mich einen Eindruck von Verlassenheit machte, und erreichten den Bahamanay River im richtigen Moment bei Stillwasser der Tide.

Es war Mittagszeit und beim höchsten Stand der Sonne steuerte ich AURYN vorsichtig durch ein Minenfeld von dunklen Korallenköpfen, die mir deutlich den Weg durch das türkisfarbene Wasser wiesen. Ohne Probleme gelangten wir in den Fluss, der uns mit seiner eindrucksvollen Pracht empfing. Mangrovensümpfe wechselten sich ab mit üppiger Vegetation. Grünbewachsene Hänge mischten sich mit kleinen Sandstränden, an denen malerische Hüttendörfer direkt am Wasser lagen und von Fischern in kleinen Auslegerbooten angesteuert wurden.

Wir fuhren zwei Kilometer flusseinwärts und ankerten hinter einer leichten Biegung direkt vor einer idyllisch anmutenden Sammlung fragiler Hütten. Kinder wetzten neugierig an den Strand und winkten ausgelassen. Es dauerte nicht lange, dann kamen freundliche Einheimische angerudert. Sie begrüßten mich verlegen und hielten mir Krebse, Eier, Obst und Honig entgegen.

Es war ein friedvoller Platz, nichts störte die Romantik der Umgebung. Abends hörte ich die Kinder vom Dorf singen und vor einer großen Hütte saßen im Unterstand eines Flechtdaches Frauen und kochten gemeinsam das Abendessen, während die Männer Fischernetze flickten, in der Dämmerung dösten oder an ihren Booten werkelten. An den archaischen, teilweise auf Stelzen stehenden Hütten verschandelte keine Satellitenschüssel das Dorfbild, das auch vor hundert Jahren schon so ausgesehen haben muss. In der Nacht blieb das Dorf in völliger Dunkelheit. Es gab anscheinend keinen elektrischen Strom, denn mir fiel auf, dass kein Generator durch die Nacht knatterte. Diesem Umstand war es wohl zu verdanken, dass die Dorfbewohner ihren Familiensinn nicht darauf beschränkten, schweigend vor einer Mattscheibe zu sitzen und kommunikationsunfähig den Abend totzuschlagen.

Alles im Fluss

Am frühen Morgen des nächsten Tages paddelte ein Jugendlicher aus dem Dorf im wackeligen Ausleger in unsere Richtung. Er war mehr damit beschäftigt, das Wasser aus seinem lecken Kahn zu lenzen, als den Kurs zu halten. Dennoch trieb eine leichte Strömung sein Kanu direkt auf uns zu. Jacques hieß der Bursche, der mir eine fette Krabbe schenken wollte, die sich in Zeitlupe zwischen seinen Beinen bewegte. Ich hatte keinen Appetit auf das krabbelnde Monster und auch kein Interesse an einer angebotenen Bootstour, wo er mir ein paar Krokodile zeigen wollte, die etwas weiter in den Sümpfen lebten. Petit Croco, meinte er und zeigte auf die Ausmaße seines 10-Fuss Kanus. Ich winkte ab. Meine Abenteuerlust hatte sich nach der Begegnung mit den Salzwasserkrokodilen an der Küste Nordaustraliens verflüchtigt und ich dachte für Sekunden daran, wie ich den Killern nur mit Müh und Not hatte entkommen können. Reizend dagegen erschien mir ein Bummel durch das Dorf. Ich kramte ein paar Präsente zusammen, stieg in den schaukelnden Ausleger und ließ mich von Jacques zum Strand paddeln.

Ich war ein Vahiny, ein Fremder, und es war auch hier Sitte, dass dieser sich beim Dorfältesten mit einem Gastgeschenk vorstellen musste. Meines bestand aus zwei Tüten Reis und einer Flasche Rum. Der Chef begrüßte mich herzlich und lud mich ein, in seinem Dorf zu bleiben, wobei er mir sogar einen Platz zur Mittags-Siesta zuwies! Hier schien alles im Fluss und geregelt zu sein.

Die Ordnung in den Dörfern Madagaskars ist seit Urzeiten bestimmt und festgelegt von Gesetzen oder Verboten, den so genannten Fadys. Jeder Bewohner muss sein Leben entsprechend den Fadys innerhalb seiner sozialen Umgebung führen und sich ihnen unterordnen. Nur der Dorfälteste hat das Recht und die Pflicht, neue Fadys auszusprechen oder alte aufzuheben.

Neben dem Dorfchef war der Medizinmann die zweite Autorität in der Machtzentrale der Dorfgemeinschaft. Jacques wies voller Ehrfurcht auf den alten Quacksalber, der umgeben vom Säugling bis hin zur Urgroßmutter in der offenen Versammlungshütte so etwas wie eine Predigt hielt. Seine nuschelige Sprache blieb mir verschlossen und schien so alt zu sein wie der Stamm.

Jetzt eine Schüsssel Kava, dachte ich. Doch das Essen war fertig!

Frauen bereiteten das gemeinsame Abendessen zu. Von der Feuerstelle wehte der Geruch von gekochtem Gemüse herüber. Ein merkwürdiger Mann saß mir gegenüber im Schatten eines Baumes und hielt auf seinem Schoß ein Schwein, in das er vermutlich lieber seine Zähne geschlagen hätte als in die übergroßen Fledermäuse, die auf dem Grillspieß gedreht wurden.

Mir fiel auf, dass die Madagassen völlig anders an das Leben herangingen. Was immer sie taten, geschah ohne Hetze. Sie gingen mit einer stolzen Gemächlichkeit durch den Tag und genossen die simplen Freuden ihres einfachen Daseins. Obwohl das kleine Dorf keine Anbindung an die Welt hatte, die hinter dem Dschungel lag, hatte ich den Eindruck, dass es ihnen an nichts fehlte. Sie waren Selbstversorger. Alles, was sie brauchten, wuchs im natürlichen Garten der Natur um das Dorf herum. Sie bauten Gemüse an, hielten Hühner, Ziegen und Schweine. Die Männer gingen auf die Jagd, fischten und schlugen Tropenhölzer in den umliegenden Wäldern. Das Holz segelten sie auf einem uralten Schoner in die Stadt Mahajanga und verkauften es dort. Auf dem Rückweg brachten sie dann ihre Grundnahrungsmittel mit: Reis, Mehl und Bier!

Besonders auffällig schien mir, wie die Kinder sanft miteinander im Spiel umgingen, das ohne jegliche Aggression war. Diese kleinen Wilden, die in einer intakten Gemeinschaft aufwachsen, sind nicht einmal halb so wild wie die verrohten Kids, die in der sogenannten Zivilisation apathisch vor Computerkriegsspielen hocken. Innerhalb dieser Dorfgesellschaft gab es keine Tendenz zur Individualisierung persönlicher Interessen und kein anonymes Leben. Man traf sich auf dem Dorfplatz: Familien, Freundinnen und Freunde Alles schien irgendwie miteinander verwandt zu sein und alles spielte sich innerhalb der Gemeinschaft ab.

Ich musste der Gemeinschaft wie ein Ausgestoßener vorgekommen sein, weil ich alleine reiste, mich abseits setzte und schrieb oder einsam am Strand spazieren ging.

Obwohl ich das Gefühl hatte, im Dorf willkommen zu sein, machte es mir das Idiom der Einheimischen schwer, in ein Gespräch zu kommen und ihnen selbst, meine Reise zu verstehen.

Das Getränk schien nicht nur aus Saft zu bestehen, es muss auch eine nicht unwesentliche Menge Alkohol darin gewesen sein, denn ich fand den Weg zurück zum Beiboot nur sanft taumelnd. Jacques half mir, das Dingi ins Wasser zu schieben. Ich verabschiedete mich dankbar von einem Freund, der einiges dazu beigetragen hatte, dass ich einen Nachmittag voller interessanter Eindrücke erleben durfte, ohne dass er dafür eine Gegenleistung verlangte.

Scherenschnitte im Mondlicht

An diesem Abend saß ich noch lange im Cockpit. Vom gegenüberliegenden Dorf erkannte man die Konturen der Dächer, die wie Scherenschnitte vor einem silbrig glänzenden Mondlicht lagen. Ich kaute auf der Suche nach ein paar stichwortartigen Gedankenregungen auf meinem Kuli und kritzelte dann in meine schwarze Kladde:

Zufall

Warum war ich gerade in diesen Fluss gefahren? Ich glaube nicht mehr an Zufälle! Eher war es für mich eine Begegnung, die deshalb stattfand, weil ich einer Bestimmung folgte.

Zeitbombe

Ich hatte einen Ort aus der Vergangenheit gefunden, wo nicht Kommerz das Leben bestimmte, sondern tief verwurzelte Traditionen. Unweigerlich tickt hier eine Zeitbombe. Junge Leute werden aus dem Familienverbund ausbrechen, in der Stadt Arbeit suchen, Geld verdienen, die ersten Konsumgüter kaufen und ins Dorf schleppen …

Ich wollte die Gedanken nicht zu Ende schreiben, klappte mein Reisetagebuch zu und wünschte dem Dorf und mir eine Gute Nacht.

Im ersten Licht des heraufdämmernden Morgen zog ich den Anker an Deck, steuerte AURYN unter Motor wieder zur offenen See und bald darauf gekonnt auf den knirschenden Sand einer Untiefe. Wir saßen nur kurzzeitig fest, bis eine Welle, die rauschend über das Flach lief, uns mit einem kräftigen Ruck von der Sandbank spülte!

20 Millimeter Kunststoff

Mein nächstes Tagesziel trug den Namen Moromba Bay und lag 70 Seemeilen in südwestlicher Richtung. Der Wind hatte in den letzten Tagen auf Nordwest gedreht. Der Monsun änderte allmählich seine Richtung und läutete die Regenzeit ein, die bis zum März des nächsten Jahres dauern würde.

An einem milchigen Tag machte AURYN unter voller Besegelung auf Halbwindkurs eine flotte Fahrt, die nachmittags unterbrochen wurde von einer eindrucksvollen Begegnung, die ich so schnell nicht mehr aus meinem Schädel bekommen sollte.

Gedankenverloren blickte ich auf den Trimm der Segel und schwenkte dann ab in Richtung Horizont. Der Buckel eines Wales! flüsterte ich und starrte auf den Punkt im gekräuselten Wasser, aus dem nun eine Wasserfontäne in die Höhe schoss. Der Wal blies aus und stieß kurz darauf seine gewaltige Fluke aus dem Indischen Ozean. Dann tauchte er ab und kam nach ein paar Minuten ein zweites Mal hoch, wobei er deutlich näher war und auf uns zusteuerte. Mein Herzschlag setzte einmal aus und schlug danach spürbar schneller.

Die Buckelwale verlassen im April die planktonreichen Gewässer der Antarktis, um in wärmeren Gewässern ihre Babys zur Welt zu bringen. Auf ihrem Törn Richtung Norden, entlang der ostafrikanischen Küste, bogen einige Herden ab und steuerten die Gewässer Madagaskars an. Aus gutem Grund, denn hier gab es in den breiten Flussmündungen frisches Futter: Plankton, Krebse und Krill.

Die Wale blieben fast ungestört in einer Unterwasserwelt, die noch intakt war. Sie paarten sich, fraßen sich den Bauch voll, päppelten ihre Jungen auf und machten sich im Oktober wieder auf den Weg in die kalten Regionen der Antarktis. Wale sind eigentlich friedliche Zeitgenossen, es sei denn, man dringt in ihre Umgebung ein und bedroht ihre Jungen! Plötzlich tauchten weitere glänzende Rücken auf. Ein Riese des Ozeans stieg direkt vor dem Bug aus der See. Wenn er tatsächlich seinen Nachwuchs schützen wollte, dann würde er AURYN brutal angreifen. Das Meer schäumte. 15 Meter Masse wirbelten herum, sein Schwanz schlug aufs Wasser und dann pflügte der Wal wie ein gerade scharfgemachter und mit Zielkoordinaten versehener Torpedo auf uns zu. Soviel war klar, wenn der Bursche von der Länge meines Schiffes es darauf anlegte, uns zu versenken, hätten wir keine Chance, das Ramming zu überleben. Was sollte AURYN dieser Masse aus tonnenschwerer Kraft entgegensetzen? Gerade mal lächerliche 20 Millimeter Kunststoff! Innert Sekunden würden wir gnadenlos absaufen, während sich der blaue Tropenhimmel des Indischen Ozeans über uns legen würde wie ein frisches Leichentuch.

Der schartige, von Seepocken überzogene Kopf war nun fast zum Berühren nahe. Deutlich sah ich das Auge des Buckelwales. Dann erschreckte mich ein Knall. Der Wal entlud seine Blasfontäne und tauchte langsam wie ein U-Boot in das Meer ab, bis er ganz verschwand.

Ich atmete durch und spürte erst jetzt die nackte Angst, die wie schweres Blei durch meine Adern rann, bis sich allmählich meine Verkrampfung entspannte.

Die anderen Buckelwale näherten sich uns nicht weiter, stattdessen stand bei ihnen Showtime auf dem Nachmittags-Programm. Sie legten einige galante Sprünge hin. Wenn man sich vorstellt, welch ungeheurer Schub notwendig ist, um diese tonnenschweren Körper aus dem Wasser zu wuchten, dann war es schon unglaublich, mit welcher Leichtigkeit sie ihre Sprünge zelebrierten. Ein Wal schien völlig aus dem Meer steigen zu wollen. Er stützte sich nur noch auf seine Schwanzflosse, drehte sich seitlich und platschte mit einem dumpfen Aufprall wieder auf die Wasseroberfläche.

Als ich die Segel wieder setzte, nahm AURYN Fahrt Richtung Südwest auf und so wanderte der Spielplatz der Wale bald immer weiter achteraus, während ihre Rücken bei gelegentlichen Sprüngen noch glänzten.

Von den einheimischen Fischern hatten die Wale übrigens nichts zu befürchten, sie jagten sie nicht, weil die Wale für sie Fadys waren. Absolutes Tabu. Denn nach der Überlieferung uralter Mythen sahen die Fischer im Buckelwal ein Monster, das aus dem Reich der Toten aufstieg und zum Unglücksboten der Insel wurde. Deshalb schauten sie auch weg, als die großen Walfangflotten vor Madagaskar aufkreuzten und das brutale Massaker begann.

Doch das ist wieder eine andere Geschichte…

Mahajanga

Es war 1:30 Uhr und eine stockdunkle Neumondnacht. Zu allem Überfluss zog auch noch ein tiefhängendes Regenfeld über uns hinweg. Es schüttete wolkenbruchartig und nahm mir den Rest der Sicht, die ich brauchte, um mich nach den Schattenkonturen der kleinen Inseln bei der Durchfahrt in die Lagune zu orientieren. Es blieb nichts anderes übrig, als auf der Stelle den Anker zu werfen, um den Durchzug der Schauerfront abzuwarten. Danach irrte ich weiter auf der Suche nach der Einfahrt durch die Nacht.

Irgendetwas stimmte hier nicht! Konnte auch nicht. Denn die Seekarte stimmte nicht mit der Umgebung überein, was ich aber erst später feststellen konnte und eine Abweichung von zwei Kabellängen (360 m) ermittelte. AURYN schien dennoch entschlossen, in die Bucht zu wollen und fand die kniffelige Passage über die Sandbarre erst, als sie mit dem Kiel sanft daran stieß.

Ich hatte diese Bucht bewusst gewählt, um die Hafenstadt Mahajanga im Tageslicht anzusteuern.

Merkwürdiger Platz, murmelte ich am nächsten Morgen, als ich auf seltsame Bäume blickte, die aussahen, wie eine dicke Wurzel, über die man eine kleine Baumkrone gestülpt hatte.

Diese sogenannten Baobabs (Affenbrotbäume) standen in einer schroffen Landschaft, die wenig Eindruck auf mich machte. Also weiter, seewärts.

Vorbei an Fischerpirogen, die wie festgenagelt auf dem Wasser lagen und ebenso wie ich auf Wind hofften. Gegen Mittag war er zurück und trieb uns mit vollen Segeln der Südwestküste von Madagaskar entlang, an der sich die Brandung des Ozeans schäumend brach.

Dahinter stiegen weite Ebenen in das Landesinnere, unterbrochen von grünen Hügelketten, durchschnitten von breiten Flüssen, die rotbraunes Wasser ins Meer führten.

Mahajanga, das Tagesziel, kam nach 87 Seemeilen in Sicht, doch leider viel zu spät und wieder in der Nacht. Aber das bekam ich ja immer so hin.

Die Ansteuerung zum Ankerplatz im Fluss war relativ einfach. Es gab ein paar Gefahrentonnen, die zwar nicht beleuchtet, dafür aber auf dem Radar gut sichtbar waren und sicherheitshalber ankerte ich mit AURYN in der Mitte des breiten Flusses Betsiboka, an dem die Stadt in schummriger Beleuchtung lag. Mahajanga sollte meine letzte Station auf Madagaskar sein. Hier wollte ich mich auf dem Markt mit Getränken, frischem Gemüse sowie Obst für meinen Törn nach Südafrika verproviantieren und bei der Polizei sowie dem Zoll international ausklarieren.

Ich plante zwei Tage ein, blieb aber doppelt so lange.

Es gefiel mir anzuhalten, wo ich mochte, mich umzuschauen, unterwegs zu sein. Das Erlebnis Madagaskar war für mich ein ganz besonderes und bestätigte einmal mehr den Plan, mich abseits der vielbefahrenen Segelrouten aufzuhalten.

Melancholie der Verfallenheit

Der Morgen dämmerte. Als ich über die Reling machte, hatte AURYN sich um 180 Grad gedreht und lag in einem starken Tidenstrom. Umzingelt von Fischtrawlern, die vor Rost blühten und kleinen Transportschiffen, die auf Reede lagen.

Von der nahen Stadt krähten Hähne und wie auf ein Signal setzten sich ein paar Auslegerkräne in Bewegung, um einen Containerdampfer zu entladen, der gerade an der Hafenmole festgemacht hatte, womit plötzlich hektische Betriebsamkeit in den eher verschlafenen Alltag der Madagassen einkehrte.

Wir lagen vor Madagaskar und hatten die Pest an Bord …

Das war der dunklen Schiffsratte egal, als sie mitsamt ihren Flöhen in Asien und den feuchten Hafenstädten Afrikas an Bord der Schiffe kletterte, sich im tropischen Klima munter vermehrte und die Pest verbreitete. Wurde ein Seemann von einem Rattenfloh gebissen, litt er nur kurz an dieser grässlichen Krankheit und war innerhalb von 48 Stunden tot … und täglich ging einer über Bord.

Ich saß mittlerweile beim Frühstück im Cockpit und sah interessiert dem Hafentreiben zu. Die Entladung schien abgeschlossen, die Luken wurden quietschend geschlossen. Die Arme der Kräne knickten ein und der Cargo legte wieder ab. Vorbei die Romantik der alten Seefahrt, wo die Seemänner nach ausgedehnten Landgängen wieder an Bord torkelten und von der Liebe der Nacht mit einem maliziösen Lächeln am Kai verabschiedet wurden. Heute hieß das Motto: Time is money, Liegeplätze am Kai und die Nutten im Hafen wurden immer teurer.

Das Beiboot platschte ins Wasser. Ich schraubte den Außenbordmotor an und tuckerte in Richtung Kaimauer, auf der es zuging wie auf einem orientalischen Souk. Zwischen aufgestapelten Kokosnüssen, eingepferchten Ziegen, Bergen von Obst, Ständen mit Ramschklamotten und lecker riechenden Grillspießchen wuselten Inder, Araber, Franzosen und Afrikaner feilschend hinter Kunden her. Ein Polizist lehnte lässig im Türrahmen und beobachtete das geschäftige Treiben, während ich ihn freundlich beiseite schob, um in der Amtsstube meine Ausreisepapiere zu erledigen. Mich wunderte, dass die gelangweilten Beamten an ihrem Schreibtisch einen Assistenten an ihrer Seite hatten, vielleicht lag die Erklärung darin, dass 70% der Madagassen angeblich Analphabeten sein sollen. Wie auch immer, raus aus der vom Salzwasser angefressene Bude und rein in die Stadt. In der mir die Hitze der Tropen entgegenschlug und mir gleich wieder den Schwung aus dem Tritt nahm.

So hatte ich Zeit, meine Bedächtigkeit im Blick auf die Kunst europäischer Kolonialarchitektur schweifen zu lassen. Die Fassaden der alten Gebäude tragen die Last ihrer Verfallenheit und drücken sie in einer ganz eigenen Art von Melancholie aus. Neben dem französischem Einfluss auf die Gestaltung der Häuser sah man auch arabisch wirkende Gebäude, was besonders in den Details der vielen geschnitzten Hauseingänge sichtbar wurde.

Im Straßenbild von Mahajanga wechselten sich Moscheen und Tempel ab. Es war auffällig, dass die ethnische Vielfalt der Stadt gut tat. Denn alles verlief im friedlichen, respektvollen Umgang miteinander, und kein militanter Terror entschied die Frage, welcher Gott in Mahajanga die besseren Argumente hatte.

Vergeblich suchte ich nach einem Internetcafe. Alles war heutzutage elektronisch mit der ganzen Welt verbunden. Mahajanga offensichtlich nicht. Es kam mir vor, als ob die Zeit an der Stadt vorübergegangen und der technische Fortschritt nicht vorhanden sei. Noch etwas schärfte meinen Blick: Im Gegensatz zur ländlichen Bevölkerung schienen die Menschen der Stadt arm zu sein. Sie lebten in Hütten, die den Normen von Baubehörden nicht wirklich entsprachen und deutlich unter der pro Person vorgeschriebenen Quadratmeterzahl an Wohnfläche lag. Die fragilen Bauten waren teilweise mit plattgeklopften Blechdosen notdürftig zusammengehämmert und drückten eine Hässlichkeit aus, die für das Auge schon wieder malerisch war.

Amin'ny manaraka

Auf meiner Tour durch einen kleinen Ausschnitt der riesigen Insel Madagaskar traf ich nur wenige Touristen, die das interessante und ursprüngliche Land bereisten und geradezu wohltuend war es, hier keinen japanischen Nikonträger zu Gesicht zu bekommen, der in einem madagassischen Pousee Pousse, einer anderen Art von Rischka, durch den Ort gezogen wurde und vor sich hin griente.

Abschied von Madagaskar. Ein letzter Abend in einer einfachen Fischerkneipe am Hafen. Über die offene Veranda wehte von der See eine Brise Salzluft. In ihr vermischten sich Meer-Gedanken. Der Törn nach Südafrika lag vor uns und bei einer leckeren Fischplatte nahm uns der Indische Ozean bereits auf. Trotz der Schlichtheit dieses Lokals war alles sehr bequem, denn keine Wand engte ein und keine Scheiben schotteten die schöne Natur der Umgebung ab.

In dieser Offenheit kam ein sehr attraktives Mädchen an den Tisch und fragte lächelnd nach einer Zigarette. In ihrer erotischen Ausstrahlung und der aufreizenden Art, wie sie versuchte, mit mir ins Gespräch zu kommen, brauchte ich nicht lange zu grübeln, um auf das zu kommen, worum es ihr ging: Sex!

Ihr Auftritt hatte auf mich keine aphrodisierende Wirkung hinterlassen.

Sie versuchte ihr Glück am Nachbartisch. Ich blickte aus dem Fenster und auf die restliche Fassade einer einstmals prachtvollen Villa. Abgeknickte Säulen hielten den Rest eines Balkons. Darunter standen zwei Typen im Halbschatten und pafften. Ein uraltes Moped, auf dem eine ganze Familie zu sitzen schien, knatterte vorbei und wirbelte den Straßenstaub auf. Als sich der Schleier legte, erklangen aus einem verzerrten Lautsprecher von irgendwo her sentimentale Akkorde. Sie stiegen in eine Nacht, die groß und voller Sterne war und an der Theke lehnte eine schöne Frau. Die ganze Szene hätte melodramatischer nicht sein können und ohne weiteres in einen Bogart-Streifen gepasst. Für den Augenblick war sie eine perfekte Schlusssequenz in einem Film mit dem Thema: Amin'ny manaraka, auf bald Madagaskar!

Vieles konnte ich nicht besuchen. Und so werde ich wohl eines Tages wiederkommen auf diesen keineswegs dunklen Urkontinent, der ein kulturell und landschaftlich reiches Land ist, das mit brachliegenden Bodenschätzen, dünn besiedelten Hochflächen und einer Bevölkerung gesegnet ist, die tief verwurzelt in alten Traditionen lebt.

Mit diesen Gedanken zahlte ich, verließ die Kneipe und wanderte durch das morbide Hafenviertel, dessen Gebäude eine seelenlose Verlassenheit ausstrahlten, auch wenn darin ein paar Nutten durch die Nacht schlichen.

Eine Art von Freiheit

Am letzten Freitag des Monats Oktober im Jahre 2004 sah der Fluss Betsiboka vermutlich genauso braun aus wie vor tausend Jahren. Sedimente wuschen sich aus dem Landesinneren in den Fluss und strömten dem Meer entgegen. Ich hatte einige Mühe, den Anker aus dem tiefen Schlick zu ziehen, spülte sorgfältig den Schlamm aus den Kettengliedern, derweil AURYN es eilig hatte und im leichten Strom breitseitig flussabwärts trieb.

Dann nahmen wir Kurs auf die offene See. Ein letzter Blick über die Schulter zurück Richtung Stadt und vorbei an einer alten Fischer-Piroge, die im Strom ankerte. Ein alter Mann lag ausgestreckt im Einbaum und fischte, während ein kleiner Junge eifrig damit beschäftigt war, das Wasser aus dem lecken Kahn zu schöpfen. Sie unterbrachen ihre Arbeit, um mir zuzuwinken. Den Gruß nahm ich als Omen für eine gute Reise an und blickte ihnen noch lange nach.

Von dieser Insel würden sie wohl nie wegkommen und konnten sich keine andere Welt hinter dem Horizont vorstellen, als die, die sie kannten. Eine Welt, die mir noch in Ordnung schien. In der ich mich an Bildern erfreute, wo Zebus mit Schnüren zusammengehaltene Karren zogen, die mit duftendem Zuckerrohr beladen waren. In einer Welt, wo Kinder mir lächelnd Papayas anboten und zerlumpte Fischer in archaischen Auslegerbooten auf den Ozean hinausfuhren. Andererseits genoss ich den Luxus eines schicken Schiffes mit sicheren Planken unter den Füßen und zog dies einem ausgehöhlten Baumstamm vor, in dem man mit nassem Hintern auf Fischfang gehen musste.

In diesen Gedanken-Bildern empfand ich es einmal mehr als ein Gefühl von Glück und Dankbarkeit, all das erleben zu können, und es war meine Art von Freiheit zu segeln, wohin ich wollte. Wie wär's mit Südafrika? Durban lag nur 1400 Meilen entfernt.

In der Mozambique Strait

Von Madagaskar nach Südafrika

Einmal mehr

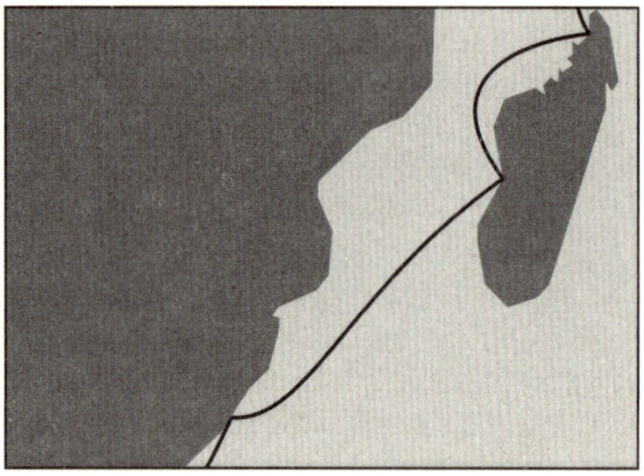

Ein Auftakt, der es in sich hatte! Zum Muster einer ruhigen See passt kein weißes Wasser, das sich über ein Korallenriff erbricht.

Wir kennen Korallengärten aus lyrischen Erzählungen. Sie mögen, wenn man sie durchschnorchelt, von üppiger Schönheit und unübertrefflicher Zartheit sein. Wenn sie aber in keiner Seekarte verzeichnet sind, können sie schnell zu einer heimtückischen Gefahr werden: Immer bereit, den Rumpf eines Segelbootes brutal aufzureißen! Warum das Riff in keiner Seekarte verzeichnet war, blieb mir ein Rätsel. Das Glück lächelte – einmal mehr.

Am Rande des Ozeans

Das Land war nur noch als dünner Strich in der flimmernden Mittagshitze zu erkennen, voraus viel Meer und 14 Tage und Nächte, die ich bis zur südafrikanischen Ostküste einkalkuliert hatte.

AURYN brachte mich wieder zum Horizont und es war ein herrliches Gefühl, erneut am Rand des Meeres zu sein. In Seetagen, die gefüllt waren mit Bordroutine und den üblichen Improvisationen. Am dritten Tag nahm der Wind deutlich zu, er kam mit sechs Bft. aus Nordost und setzte gegen den nach Norden ziehenden Mozambique-Strom. Die See wurde ruppig, was blieb, war die Gelassenheit, das Wetter zwischen Madagaskar und dem afrikanischem Festland zu nehmen, wie es kam. Und so trimmte ich AURYN optimal zum Wind und machte es dem Schiff einfach, indem ich die Segelfläche nochmals reffte. Ich trug die Position in die Seekarte ein: 23° 45' Süd, womit wir den Wendekreis des Steinbocks verließen und in das Reich der Westwinde eindrangen.

Als ich in der Nacht den Kopf aus dem Luk steckte, war auch das Meer aufgewacht. Der Starkwind brüllte mir entgegen, schüttelte AURYN durch und ließ die Wanten wie böse Geister sirren.

Und doch war es eine fantastische Nacht, die zur kosmischen Reise wurde: Unterwegs im Vollmond – Segeln in einem Universum, in dem die Grenzen zwischen Horizont und Himmel verwischt waren. Die äußere Welt blieb am Rumpf meines Schiffes zurück. Obwohl ich mittlerweile seit vier Jahren auf dem Meer und AURYN lebte, vermisste ich nichts. Im Gegenteil: Fernsehen, Radio und Tageszeitungen brauchte ich nicht. Sie erinnerten mich eigentlich nur daran, wie wenig ich an Land verpasste.

Mein Schiff zog weiterhin seinen geraden Kurs durch die aufgewühlte See der Mozambique Strait, während ich zunehmend abdriftete und mich plötzlich einer Frage gegenübersah, die man mir gelegentlich stellte: Was treibst du eigentlich auf dem Meer? Allein, in der Einsamkeit des Bootes, umgeben von dieser schrecklichen Wasserwüste? Gescheites fiel mir dazu nie ein. Meistens erklärte ich, dass ich auf einem Törn endlich dazu käme, in Ruhe ein Buch zu lesen, Musik zu hören, zu schreiben oder stundenlang nur die Wolken zu beobachten, was für mich zu einer Art von Meditation wurde. Dass sich eine Art von Melancholie oftmals wie ein feiner Nebel um meine Seele legte, ich sie abschüttelte, wiederum die Wellen übel anschrie, hin und wieder sang, im Sonnenuntergang tanzte oder mit den Delphinen lächelte, behielt ich lieber für mich – ich wollte diese Intimität nicht der stummen Antwort wegrollender Augen meines Gegenübers aussetzen oder womöglich noch hören: Seemänner spinnen. Das ist zweifellos richtig, nur die Technik ist eine andere.

Im Schleppnetz meiner Erinnerung

In den langen Stunden dunkler oder funkelnder Nächte gehörten die Meer-Gedanken ferner Erlebnisse und Eindrücke beim Segeln zu den intensivsten. Weil ich einfach die Muße hatte, mich zu erinnern und mir das einzuprägen, was an mir vorüberzog. Den Rest besorgte mein Tagebuch. Alles, was sich aus meinem Gedächtnis verflüchtigen konnte, trug ich sorgfältig in die schwarze Kladde. Meine Abenteuer und die Bewahrung unzähliger Erlebnisse und Begegnungen. Ich hatte die Stimmen der Kinder von Tanna plötzlich im Ohr. Ihren ergreifenden Gesang, der vom Wind über die Lagune zu uns getragen wurde. Dann wechselte das Thema.

Der Abendstern war da und spiegelte sich im Wasser. Im einsamen Funkeln reflektierte sich die Magie einer anderen Begegnung: Ich dachte an Aurora Australis, das Polarlicht. Es gibt wohl keinen größeren Zauber am Firmament. Kaum anderswo lässt sich das Mysterium aussichtsreicher erleben als während einer Seefahrt in der Antarktis und doch ist das mystische Licht keineswegs ein Privileg des Südens.

Auf der Nordhalbkugel hat der ehrfürchtig staunende Mensch dieser Himmelserscheinung den nicht weniger klangvollen Namen einer Göttin gegeben: Aurora Borealis.

Ich hatte das Gefühl für die Zeit längst verloren. AURYN pflügte Meile um Meile unaufhaltsam durch die Schaumkämme der Mozambique Strait. Der Wind drehte auf Nord und presste sich gegen den starken Strom. Alles schien sich durch die Mozambique Strait zu drängeln und prallte auf den Widerstand der Wellen, die sich immer höher auftürmten. Auch wenn Erzählungen vom Segeln immer auch Geschichten von Wellen sind, vermied ich es, mir Gedanken über deren Höhe zu machen. Unter einem strahlend blauen Himmel ritt AURYN die weißen Brecher ab oder segelte hinter dem Rücken einer sich aufbäumenden Welle her, die in der Sonne glänzte. Die reinste Segellust, herrlich und faszinierend, obwohl die Berg- und Talfahrt die Navigationsarbeit am Kartentisch oder das Kochen fast unmöglich machte.

12. Seetag

Im Kern eines Hochdrucks kamen wir nicht mehr in Schwung. Ich hatte mittlerweile die Segel eingerollt, wir motorten durch eine windlose Langeweile, in der sich alle Lebendigkeit verlor.

Ein schwülwarmer Wind hauchte von Afrika herüber und nach 12 Tagen auf See erkannte ich den Küstenstrich von Mozambique, der im dunstigen Schleier lag.

Mit dem Erreichen des südafrikanischen Kontinentes zickte der Wind und das Wetter zeigte sich übellaunig. Auf Grund der mürbe machenden Motorfahrt in absoluter Windstille beschloss ich, nicht wie geplant Durban anzulaufen, sondern Richardsbay, das in 85 Seemeilen zu erreichen war. Ich koppelte die voraussichtliche Ankunftszeit auf 18 Uhr, klatschte grienend in die Hände und freute mich darauf, vor Einbruch der Dunkelheit in den Hafen einzulaufen.

Es kam völlig anders.

Das Grinsen verzerrte sich zur Grimasse. Das schöne Wetter zur Tristesse. Urplötzlich fiel der Wind über uns her, fauchte aus den Bergen über die See, dann drehte er auf Nord.

Wunderbar soweit, AURYN segelte vor dem Wind. Als ich die Genua ausbaumte, war alle Mühe umsonst. Der Wind drehte weiter, fiel vorlicher ein und wehte aus Südwest direkt auf die Schnauze. Segeln auf der Kreuz, eine ganze Nacht durch und im Zickzack durch eine Region mit starkem Schifffahrtsverkehr! Ein kleiner Vorgeschmack auf das, was mich auf dem Weg zum Kap der Guten Hoffnung noch erwarten konnte.

Um nach Südwesten, gegen den Wind, überhaupt voranzukommen, segelte ich AURYN in langen Schlägen hinaus auf den Indischen Ozean, wendete und steuerte sie dann bis dicht unter Land, wo mich später die Umrisse eines in zwei Teile zerlegten Supertankers erschreckten. Dieses Wrack war noch nicht in der Seekarte verzeichnet und erinnerte an einen schweren Sturm, der den Riesen erst vor kurzem erwischt haben musste. Ich hatte die Segel geschiftet, die Schoten dicht geholt und segelte nun vorbei am ehemaligen Tanker, dessen Länge ich auf 250 Meter schätzte. Ich staunte über die gewaltigen Ausmaße und stellte mir vor, was passiert, wenn solche Schiffe in jedem Wellental bis zu einem Meter durchgebogen werden. Logisch, dass bei solchen Belastungen jedes Material irgendwann mürbe wird und Schiffskatastrophen vorprogrammiert sind. Wir kennen das Ergebnis und die Bilder von durchgebrochenen Öltankern, verschmierten Vögeln, die im Öl ersticken oder von schlammverschmutzten Stränden. Apokalypse der Natur, die sich über Jahrzehnte davon nicht erholt.

Die Faktoren sind bekannt, dennoch macht jene vorbestrafte Spezies (bereits einmal wegen moralischer Vergehen durch die Sintflut weggespült) so weiter, als könnten Öltransporte mit immer größeren Schiffen über die Ozeane gut gehen, weil profitgierige Landratten Dividende einstreichen und ökologische Gaus Transportrisiken betriebswirtschaftlich rentabel rechnen.

„Die See von heute ist ein geschundener Packesel, zerfurcht, verunstaltet vom Kielwasser, das rohe Schiffsschrauben aufpeitschen, des überwältigenden Zaubers ihrer Unendlichkeit beraubt, entkleidet auch ihrer Schönheit, ihres Mysteriums und ihrer Verheißung“ schrieb Joseph Conrad in „Verdammte der Inseln“ bereits 1896!

In der Romantik des Segelns

Zwischen Tag und Nacht legte sich die Dämmerung. In ihr kontrollierte ich ständig den Kurs, hatte genug mit den Segeln zu tun und konzentrierte mich auf die zahlreichen Containerschiffe, die unseren Weg kreuzten. Der starke Wind hatte sich ausgeweht, drehte auf Südost. AURYN trug ihre Segel wieder aufrecht, wodurch das Bordleben entspannter wurde. Auf geraden Kursen kamen wir unserem Ziel mit jeder Stunde um 6 Meilen näher.

In der Romantik des Segelns wünschte ich dem aufgehenden Mond einen guten Abend, bummelte noch ein wenig übers Deck und kehrte zum Mitternachtsdinner zurück: Bratkartoffeln mit Spiegelei. Danach haute ich mich mit vollem Bauch und müden Augen für den 10-Minuten-Schlafrhythmus in die Koje, während Socke durch den Salon flitzte und den Tag entdeckte.

Um die Kurse der Frachter und einiger Fischerboote im Auge zu behalten, lag ich später ausgestreckt im Cockpit und las im Licht einer schwachen Funzel am Anfang eines neuen Tages vom Ende der alten Seefahrt: „Der Rauch von zahllosen Dampfschiffen hat sich wie ein großes Bahrtuch über den ruhelosen Spiegel der Unendlichkeit gebreitet. Die Hand des Technikers hat den Schleier von der schrecklichen Schönheit gerissen ...“. Ich kam wieder zu Conrad, der den alten P-Linern nachtrauerte, während vor mir die Umrisse der Skyline von Richardsbay Konturen bekamen.

Jenseits von Afrika

steuerte ich mein Schiff durch den ölverdreckten Industriehafen, vorbei an einer Raffinerie, deren züngelnde Gasflammen den Himmel leckten, durch das betonnte Fahrwasser eines schmalen Kanals und mitten hinein in die kleine Yachtklubanlage.

Ein sabbernder Afrikaner mit den schwarzen Stumpen übrig gebliebener Zähne empfing mich mürrisch, zeigte stumm auf den Wasseranschluss, die Steckdose, Dusche und Bar. Doch mir war nicht nach Versorgung und dem Schnickschnack einer schicken Marina. Mir stand der Sinn eher nach Bewegung und so schüttelte ich mir den Rhythmus der See aus den schlappen Beinen, verließ das scharf bewachte Yachtklubgelände und wanderte in die nähere Umgebung. In der schwülen Abendluft mischte sich der Geruch von Holzkohle mit verbranntem Fleisch. Südafrika – wem kommen da nicht Bilder von Löwen, Elefanten und Nelson Mandela? Der erste, der mir über den Weg lief, war Rolf! Ein deutscher Auswanderer, der eine kleine Wäscherei betrieb und mich spontan zum Abendessen in sein schickes Haus mit abgeriegeltem Vorgarten einladen wollte. Waren es die Gartenzwerge, der kläffende Wachhund oder einfach nur die Vermutung, mir vergilbte Fotos oder die komplette Familienchronik ansehen zu müssen? Ich wusste es nicht, lehnte seine Gastfreundschaft aber dankend ab. Stattdessen marschierte ich weiter durch die adrette Siedlung aus Einfamilienhäusern, wo sich ganz offensichtlich Weiße niedergelassen hatten, die auf Distanz zu den Schwarzen isoliert lebten.

Ein Wachdienst kontrollierte militärisch streng die Straßen und obwohl ich gerade erst angekommen war, sehnte ich mich bereits wieder nach der Freiheit unter Segeln.

Südafrika

Richardsbay

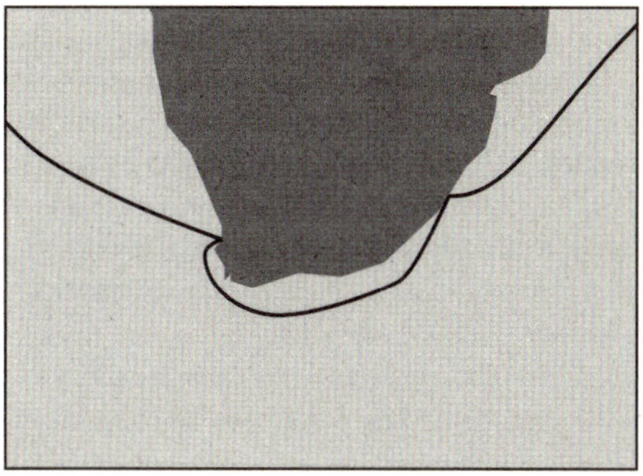

Bei Hochwasser, um 5 Uhr, verließ ich den Zululand-Yachtklub. AURYN bewegte sich wie ein Geist in ihrem eigenen Märchen, als sie, angestrahlt vom diffusen Licht einer nahegelegenen Industrieanlage, durch ein schwammiges Gewirr unbeleuchteter Fahrwassertonnen fast lautlos durch die Anonymität eines großen Hafenbeckens glitt .

Die merkwürdige Stille durchbrach eine scharfe Stimme im Funkgerät, die mich aufforderte, den Hafen nicht zu verlassen, weil sich ein großer Gastanker der schmalen Einfahrt näherte.

Umgeben vom Müll der Stadt und dem Gestank der Abwässer, die man in den Hafen leitete, wartete ich ab, bis mir der Hafenpilot die Genehmigung zur Ausfahrt gab. Niemals zuvor habe ich sehnsuchtsvoller auf den Moment gewartet, die offene See zu erreichen und Segel zu setzen.

Im Atem des Meeres

Das Ziel hieß Durban und lag 80 Seemeilen südwestlich.
Der Wind kam aus Nordost mit 16 Knoten. Ich baumte die Genua aus, stellte den Windpiloten ein und machte mir ein anständiges Frühstück. Auch wenn sich leichte Zirren am Himmel zeigten, versprach der Wetterbericht für den Tag eher moderate Winde. Die voraussichtliche Ankunftszeit in Durban koppelte ich auf 21 Uhr. Wir begegneten einem kleinen Fischerboot und zogen allein weiter unter weißen Segeln entlang der dunklen Küste Südafrikas.

Am Nachmittag war es vorbei mit der herrlichen Raumschotfahrt. Der Himmel verdichtete sich. In dunklen Regenwolken hingen bedrohliche Schauerfransen. Der Wind drehte schlagartig, sodass ich gerade noch den Spibaum herunter bekam, bevor uns die ersten Sturmböen aus Südwest in ihre Krallen bekamen. In schaumiger See und steifem Wind versuchte ich, die starke Strömung zu überlisten, indem ich AURYN dicht unter Land lenkte. An der Felsküste brach sich eine schwere Brandung, in der sich einige Wellenreiter vergnügten. Ihr unbeschwertes Spiel war für mich eher ein übles Vorzeichen, denn wo sich Brandungssurfer herumtollen, gibt es hohe Wellen, die durch vorgelagerte Riffe verursacht werden. Sofort wendete ich das Schiff und steuerte AURYN wieder zum offenen Meer.

Auch gegen Abend hatte uns der Südwest weiterhin im Griff. Während sich die Nacht wie ein dunkler Schleier über die Felsküste legte, kreuzten wir unentwegt gegen den Wind.

Obwohl die Lichter von Durban schon lange zu sehen waren, hatte ich nicht das Gefühl, der Stadt wirklich näher zu kommen. Dafür der bedrohlichen Front!

Das Gewitter wartete nicht darauf, bis wir sicher im Hafen waren, sondern donnerte schon bald los in einem Inferno gewaltiger Orkanböen und schwerer Regenschauer. Blitze zuckten und erhellten die Szenerie der City-Skyline vor seelenlosen Hochhäusern in irrealem Licht.

Um 1:30Uhr fand ich die Einfahrt in den Stadt-Hafen von Durban ohne Probleme. Dann irrte ich einige Zeit umher, bis ich die schwankenden Masten erkannte, die auf den Yachthafen hindeuteten.

Im Schatten der Gefahr

Ich hatte einen sicheren Platz verlassen und anscheinend einen gefährlichen erreicht. Denn beim Ausfüllen der Anmeldepapiere im Yachtklub lief mir Hans über den Weg und gab mir einen Grundkurs für Überlebenstechniken in Durban, wo er seit über 20 Jahren lebte und bereits einige Male überfallen worden war. Zudem erzählte er eine grauenvolle Geschichte, nach der gerade vor ein paar Tagen ein Seglerpaar vor dem Gelände des Yachthafens ausgeraubt und bestialisch ermordet wurde.

Von dieser Art Erzählungen kannte ich einige, auch Typen wie Hans, die durch aufgeregte Vorträge Neuankömmlinge verunsicherten, um Anerkennung zu finden. Seine Horrorgeschichten brachten jedenfalls in meinem Schädel die Totenglocken nicht zum Schwingen. Ich hatte vor, mir Durban anzuschauen. Allein und ohne Geleitschutz.

Ein Hochsommertag im Dezember. Der Park im Vollrausch der Natur, im üppigen Delirium. Der Kater danach, der Gang entlang schattigen Baumkronen, unter denen die schwarzen Obdachlosen dösten. Der Park grenzte an das Viertel der Oberschicht. Beeindruckende Häuser, wenn man Eisengitter mag.

Jedes Fenster, jede Tür ist verbarrikadiert. Folge des Bürgerkriegs und der Plünderungen. Der Geist der Aggression wehte durch die Luft. Durban roch nach Angst, gegen Abend waren keine Weiße mehr auf den Straßen zu sehen. Häschens Märchenstunde kam mir in den Sinn, waren die Geschichten tatsächlich wahr? Jedenfalls nahmen sie Gestalt an, als mich finster dreinschauende Halbstarke verfolgten. Oder bildete ich es mir nur ein? Jedenfalls blieb ich auf der Hut, was sich hinter meinem Rücken abspielte, während ich mich unter einer kitschigen Weihnachtsdekoration daran erinnerte, dass mir weder in den Slums von Caracas noch in den Favelas von Rio etwas Böses zugestoßen war.

Wer so wie ich um die Welt reiste, forderte sicher sein Schicksal heraus; um ihm auszuweichen, musste man an den Zauber der Unverletzbarkeit glauben.

Im KwaZulu-Natal

Für die nächsten Tage lieh ich mir ein Auto, fuhr ins umliegende Zululand und in den Krüger-Nationalpark, einem der bekanntesten seiner Art und ein großer Tummelplatz für Erwachsene, die ihre Kindheitsträume in einen pauschal gebundenen Safariurlaub kleideten. Was gut war und Arbeitsplatzgarantie für eine ganze Schar von Rangern bedeutete, die vom Abenteuertourismus lebten. In der faszinierenden landschaftlichen Schönheit des afrikanischen Buschlandes, an der Grenze zu Mozambique, ging ich unter uniformierter Führung auf die Pirsch nach großen wie kleinen Tieren. Giraffen knabberten an Ästen, ungelenke Elefanten staubten durch die Steppe. Plötzlich ein Rascheln, dann ein Schnauben. Kaum dreißig Meter entfernt standen vier Nashörner. Starrten, prusteten, zogen sich zurück und grasten zwischen den Akazienbäumen. Die Kamera klickte, das Herz pochte: Afrika. Jetzt fehlte nur noch ein Löwe, dachte ich, wenigstens einer im Vorbeihuschen. Doch Fehlanzeige. Man kann nicht alles haben in der Hitliste der Top Five.

Ich verließ das Hotelressort im Nationalpark, das viel mehr an Wasser für seine üppigen Grünlagen verbrauchte, als es vielleicht den schäbigen Hüttendörfern in einer von der Sonne ausgedörrten Landschaft gut tat, die ich am Nachmittag durchfuhr. Die Dörfer lagen in den sogenannten Homelands, die von der Regierung während der Apartheid der schwarzen Bevölkerung zur Verfügung gestellt wurden. Auf nur 13% der Landesfläche mussten 80% der Schwarzen leben. Auch wenn die Apartheid bereits 1994 abgeschafft wurde, die Folgen des Unrechtsystems sind immer noch groß und werden wohl noch lange sichtbar bleiben.

Im Blues eines Auffanglagers

Auf dem Rückweg nach Durban machte ich Halt in einem winzigen Dorf. Die einzige Straße bestand aus Staub. Ich war auf der Suche nach einem Imbiss, als mich eine Bande von hysterischen Hunden entdeckte und bellend verfolgte, während ich an abweisenden Hütten vorbeimarschierte, in denen es weder Strom noch Wasser gab, auch wenn hinter schäbigen Fassaden ein verrotteter Fernseher oder vor der Haustür eine ramponierte Waschmaschine etwas anderes als Elend suggerierte. In den fragilen Hütten lebten in einem Raum bis zu zehn Menschen. Ihre kräftigen Körper standen im Widerspruch zu der Anfälligkeit ihrer Häuser. Der Ort bestand aus Nichts. Kein Lokal, kein Supermarkt. Keine Bewegung, überall Ruhe. Ich saß im

Schatten einer großen Bayankrone, ließ mich kurz auf die Stille ein und dachte an eine Welt, die nicht wirklich hier war und ganz woanders liegen musste.

Am Nachmittag fuhr ich durch den südlichen Teil der Drakensberge, wo sich allmählich die Konturen verloren, weil sich die Abenddämmerung näherte. Matt von der sonnigen Leere in einer von weichen Hügeln durchzogenen Landschaft suchte ich mir ein Hotelzimmer.

Umgeben vom zauberhaften Dschungel in gigantischer Natur lag ich für teure Dollars in einem Hotel mit dem Blues eines Auffanglagers und lauschte dem Regen, der armdick vom Wellblechdach über das geöffnete Fenster schoss. Kröten hüpften über den Hof und wollten in das Zimmer mit der klammen Bettwäsche. Doch da war schon jemand und dazu noch ein anderer.

Long Walk to freedom

Obwohl ich in der eindrucksvollen Biographie Nelson Mandelas las, dessen Existenz mir bewies, dass man über dem steht, was man erleidet, fiel es mir schwer, mich auf die Geschichte zu konzentrieren. Mich lenkte das eigenartige Zimmer ab, weil von ihm eine sonderbare Muffigkeit ausging, die mich an depressive Film-Sequenzen in Schwarz/Weiß erinnerten. Ein Hauch von Wind spielte im Moskitonetz und ließ das Fenster im Scharnier quietschen, auf dem Flur schlich jemand über den knarrenden Holzboden. Dann ging die Phantasie mit mir durch und ich stellte mir den Schleicher vor, wie er nun die Tür hinter sich schloss, seine Klamotten säuberlich aufeinanderlegte, einen Abschiedsbrief schrieb und sich anschließend im maroden Holzgebälk aufhängte.

Wie gesagt, ein merkwürdiger Ort, jede Menge Raum zum Spinnen, aber auch ein Platz, wo Geschichte lebendig wurde.

Apartheid

Oft gehört und gedanklich berührt. Doch erst im Schatten der Vergangenheit begriff ich die gesetzliche Trennung und die ungleiche Rechtsstellung von Menschen aufgrund ihrer Hautfarbe.

Mit der Rassendoktrin versuchten die Weißen, vor allem die Buren, ihre Macht zu erhalten. Die Schwarzen hatten keine Stimme, sie durften nicht wählen und nur in bestimmten Zugabteilen sitzen. Kinos und Strandabschnitte waren einer strikten Rassentrennung unterworfen. Südafrika geriet durch die Apartheid, einer alten Form des Kolonialismus mit Herrschenden und Beherrschten, jahrzehntelang international ins Abseits. Erst 1985 führte Willem de Klerk Südafrika wieder aus der politischen Isolation, indem er die Apartheidsgesetze außer Kraft setzte und somit die Voraussetzungen für eine demokratische Lösung schuf. Der gewünschte Frieden kehrte erst ein, als er jenen Mann freiließ, an dessen Namen man unwillkürlich denkt, wenn man Südafrika hört: Nelson Mandela, der weltweit zur Symbolfigur für unbeugsamen Widerstand gegen Rassismus und Willkürherrschaft wurde. Die Lebensgeschichte von Nelson Mandela ist Legende und zugleich Tatsache.

Mandela brachte es vom Hirtenjungen zum Anwalt und trat als junger Widerstandskämpfer in Erscheinung, als er zunächst gewaltlose Proteste nach der Lehre Gandhis organisierte. Als diese immer weniger effektiv wurden, wich er von seiner Linie ab und ließ sich mehr vom Dogma eines Carl von Clausewitz leiten, nach dessen Worten Krieg die Fortsetzung der Politik sei. Mandelas Aktionen gegen den Staat und seine Einrichtungen wurden zunehmend militanter. Er entschloss sich zu Sabotageakten gegen militärische Einrichtungen, Telefonleitungen, Hochspannungsmasten und die Transportwege der Minengesellschaften.

Die Kämpfer im Untergrund steckten Landgüter und Fabriken in Brand, rissen Eisenbahnschienen heraus, um den Zugverkehr zu unterbinden; in den Zügen saßen Weiße, die sich mit Maschinengewehrfeuer einen Weg zu bahnen suchten. Tausende Menschen verloren ihr Leben und verschwanden im Gefängnis. So auch Nelson Mandela, der vom Widerstandskämpfer im Untergrund zum lebenslänglich Inhaftierten und – nach 28 Jahren Haft – vom wohl berühmtesten Gefangenen der Welt zum ersten schwarzen Staatspräsidenten Südafrikas wurde.

Quacksalber und Instinkte

Bevor ich am nächsten Morgen das Auto bestieg, hörte ich von den nahen Bergen die Rufe der Zulus, die sich wie in früheren Jahrhunderten die Nachrichten des Tages über die Täler zuriefen. Überhaupt hatte ich das Gefühl, als sei die Zeit in diesem Teil Südafrikas stehengeblieben. Was ich eindrucksvoll erlebte, als ich später in ein Dorf kam, einen sogenannten Kraal. Hier bestimmt noch heute ein archaisches Stammesleben den Alltag, in dem uralte Traditionen überleben.

Der trockene Sandboden vibrierte, als die Zulus einen wilden Kriegstanz vorführten und ein alter Medizinmann einem Seemann mit abgewetzten Knochen die Zukunft vorgaukelte. Ob der alte Quacksalber auch etwas vom taktischen Verhalten im mächtigen Agulhas-Strom wusste? Obwohl ich noch den festen Boden der Zulus unter meinen Füßen spürte, beschäftigte ich mich unbewusst bereits mit der nächsten Segeletappe zum Kap der Guten Hoffnung.

Am Abend war ich zurück in Durban, wo der Dunst des Tages die langweilige quadratische Anordnung der Straßen auflöste und die mächtigen Hochhäuser niedrig erschienen ließ. Vor düsteren Kneipen standen schwarze Einheimische. Die Nacht kam und mit ihr gehörte die Stadt ihnen. Blicke, die ich nicht sah, musterten mich. Ich spürte sie, weil ich mir mittlerweile angewöhnt hatte, mit meinem Instinkt zu sehen. Vielleicht entkam ich deshalb der von Hans angerissenen Hölle von Durban oder auch nur, weil die unsichtbare Abteilung meines Sicherheitsdienstes hoch über mir weiterhin über mich wachte.

Mit einem Rucksack voller Eindrücke von der gewaltigen Natur kehrte ich zurück in den abgeriegelten Yachthafen, klopfte mir den Staub aus den Wanderschuhen, betrat barfuß das Deck und freute mich auf neue Kurse.

Am Abend bereitete ich mich navigatorisch auf den anspruchsvollen Törn zum Cape Hope vor. Meine ganze Aufmerksamkeit wurden vom berüchtigten Agulhas-Strom gefesselt, der eine ganz besondere Gefahr für Segler darstellt, die die Südspitze Afrikas zu umrunden versuchen, um vom Indischen Ozean in den Südatlantik zu gelangen.

Der Agulhas, ein Strom von gewaltiger Stärke, der sich aus den nach Süden abfließenden Wassermassen des Indischen Ozeans speist, erhält einen zusätzlichen Schub, indem er wie durch eine Düse durch die Strasse von Mozambique gepresst wird und dabei direkt auf die vorherrschenden Windsysteme des südlichen Meeres prallt. Wenn die West- oder die plötzlich auftretenden Südstürme gegen den Agulhas-Strom wüten, stehen Wind- und Wasserströmung gegeneinander und sorgen für solch heftige Turbulenzen und atypische Wellen, wie es sie sonst nirgendwo auf Erden gibt. Dabei treten gigantische Monsterseen und gewaltige Wellentäler auf, in denen bereits über zehntausend Tonnen schwere Kriegschiffe und Tanker buchstäblich abstürzten und ihren Weg auf den Grund des Meeres fortsetzten. Dieser gewaltige Strom von teilweise fünf Knoten erzielt seine Mächtigkeit parallel zur Küste auf der 100-Meter-Tiefenlinie.

In flotter Gesellschaft

Ein feiner Nebel lag über dem Yachthafen und ließ vorbeihuschende Arbeiter wie spukende Geister erscheinen, die kurz auftauchten und gleich wieder verschwanden.

Letzte Einkäufe und Vorbereitungen am Schiff.

Dann aufs Meer.

Als ich vor dem Hafen die Segel setzte, erinnerte ich mich an die Empfehlung aus dem Sailing Cruisers South Africa: Go to the 100 m line. Ich gehorchte ausnahmsweise und steuerte mein Schiff genau dorthin, wo es in flotter Gesellschaft Fahrt aufnahm. Der Wind kam aus Nordwest, wehte mit 10 Knoten. Eine Sache des Blisters. Doch kaum hatte er AURYN angeschoben, verabschiedete er sich aus dem Trimm und irgendwie auch von seiner langjährigen Tätigkeit: Jede weitere Reparatur der durch die UV-Strahlen morsch gewordenen Nähte erschien aussichtslos.

28.11.2004 – Auf der Breite von Port Elisabeth notierte ich in das Logbuch AURYNS Welt-Rekord-Etmal von 198 gesegelten Meilen. Die Logge zeigte 12,5 Knoten Fahrt und der Agulhas-Strom seine magische Kraft. Man spürte den Strom im perlenden Wasser. Es knisterte und rauschte, genau wie in mir die Vorfreude auf das große Abenteuer: Die Umrundung des Kap der Guten Hoffnung.

In der zweiten Nacht überfielen uns die chaotischen Wetterverhältnisse der südafrikanischen Gewässer plötzlich und unerwartet. Der Wind nahm ab, ich reffte die Segel aus. Während es fast windstill wurde und ich überlegte, unter Motorhilfe weiter zu fahren, fegte bereits die erste Böe aus Südwest in die Gedanken. Der Wind war zurück – nur leider aus der falschen Richtung. Doch damit nicht genug.

Er nahm auf Sturmstärke zu. Im ständigen Reffen erinnerte schon kurze Zeit später nur noch die Spitze der Genua und eine Andeutung von Großsegel an das ansonsten stolze Segelkleid meines Schiffes.

In der düsteren Nacht prallte der kalte Wind des Südatlantiks vierkant auf den relativ warmen Agulhas und ließ Wellen entstehen, die doppelt so hoch waren wie die lineare Windsee. Ich hatte ähnliche Wasserwände vor Kap Hoorn und in der Drake-Passage erlebt. Doch hier erschienen sie noch urgewaltiger. Nun verstand ich, warum der Agulhas so berüchtigt war, der nautische Führer vor ihm warnte und die Berufsschifffahrt ihn mied. Der Natur war's egal, sie hielt sich nicht an ...

... Statistik

Einer alten Vorstellung entsprechend, wonach die planerische Wellenentstehung nach einem Muster von gleicher Höhe ausgeht, gab es keine Monsterwellen oder berüchtigte Freakwaves.

Doch mittlerweile ist die Wissenschaft weiter. Forscher entwickelten und installierten Radargeräte, die in der Lage waren, Wellenbilder zu erfassen, aus denen Frequenzen, Höhen und daraus entstehende Wellenprofile abgeleitet werden. Dazu gibt es Fakten:

Nordsee, Draupner Plattform, Ende des Jahres 1995

Sensoren, die an einer Bohrinsel angebracht wurden, maßen eine Wellenhöhe von 12 Metern. Kurz darauf erschütterte eine weitere Welle die Plattform, die immerhin 26 Metern aus dem Meer ragte. Auch in den folgenden Jahren wurden ähnlich hohe Riesenwellen gemessen, die sämtliche Erkenntnisse aus vergangener Zeit revidierten.

Im Laufe der Zeit wurde die Technik noch revolutionärer. Satellitenbilder registrierten innerhalb von 21 Tagen weltweit zehn Monsterwellen und schlaue Leute ohne Hang zur Dramaturgie ermittelten, dass durchschnittlich jede Woche weltweit ein Dampfer in den gewaltigen Kaventsmännern auf den Grund des Meeres gerissen wird.

Zahlen, Diagramme, Tabellen.

Was halfen sie einem Seemann, wenn er in einer Region segelte, die bekannt ist für eine auffällige Sammlung gewaltiger Wellen. Statistik mag uns helfen, den Überblick zu behalten, aber in der realen Natur liegt das Normale in der Abweichung. Also, wenn eine Monstersee auf mich zurollen würde, die durchschnittlich gar nicht existierte, blieb mir nur noch die Zeit zum Sterben – und sonst nichts.

Gebt mir euer Herz und eure Seele, ich sorge dafür, dass alles gut wird.

In diesen Worten (hatte die nicht schon Jesus gebraucht?) lag viel Trost und irgendwie spiegelte sich darin die Seele einer chaotischen See-Nacht. Doch was ich hörte, war nicht das Wort zum Sonntag, sondern die Ansprache von George W. Bush! Amerika wählte einen neuen Präsidenten, ich hörte nach langer Zeit mal wieder Nachrichten aus einer anderen Welt, während in meiner der Starkwind pfiff und die See rauschte.

„Gebt mir euer Herz und eure Seele ..." sprach übrigens auch Nelson Mandela, weil er sich der Wirkung solcher Botschaften auf die Massen seines Volkes während der Revolution bewusst war. Ich marschierte mittlerweile wieder mit Nelson in seinem Long Walk to freedom und vergaß darüber fast meine eigene kleine Reise und den Moment, als ich zurück war im ...

... Heimat-Ozean

Am Montag dem 06.12.2004, notiere ich ins Logbuch: Großsegel und Genua auf Steuerbord. Hoch am Wind. Kurs 270 Grad. Besonderes: 11:30 Uhr Cape Agulhas querab – wir sind wieder im Atlantik!

Unter dem Kiel von AURYN erhob sich der Kontinentalsockel. Die Tiefe sprang von 2600 abrupt auf 120 Meter, als wir das Cape Agulhas passierten, an jener Schnittstelle, wo sich zwei Ozeane miteinander vermischten. Im „Friedhof der Schiffe", wo seit 1592 über 130 Boote ihre letzte Reise auf den dunklen Grund des Meeres antraten, segelten wir vom warmen Agulhas-Strom des Indischen Ozeans in den kalten Benguela-Strom, der aus der Antarktis heraufzog, in Richtung der Südspitze des afrikanischen Kontinentes. In der anbrechenden Nacht quirlte das Wasser seltsam, wie in einem Whirlpool und ich vernahm jammernde Laute. Mit uns zogen Wale. Sie sangen und kommunizierten mit ihren Artgenossen, die sie noch über tausend Kilometer entfernt wahrnahmen und erreichten. Sie hatten sich einiges zu sagen, umspielten dabei AURYN, faszinierten mich und tauchten dann im Mondlicht und in einer magischen Spur in die Tiefe einer silbrig glänzenden See.

40 Seemeilen von der Küste. Im Niemandsland schlich sich ein Jemand in die Anonymität der Nacht, unregelmäßig, aber beharrlich dem großen Kap entgegen. Zumindest so lange, bis der Wind endgültig aushauchte und uns die Flaute kurz vor dem Kap der Guten Hoffnung, dem Kap der Stürme erwischte. Bis zum Nachmittag wummerte das monotone Geräusch des Diesels und in mir verzog sich die Freude, das Monument seefahrerischer Leiden unter Motor zu umrunden. AURYN ohne Segel um das Kap? Dafür hatte ich nicht den Indischen Ozean in seiner gesamten Breite durchsegelt. Wir trieben in der See und im Strom mehr zurück. Ich döste im Cockpit und spürte den ersehnten Wind erst, als er die Flügel des Windgenerators sanft anschob und die Segel allmählich füllte.

Am Meilenstein der Seefahrtsgeschichte

00:45 Uhr Bootszeit, Pos. 34°26'Süd, 18°32'Ost. Wind: Süd 25 Knoten. Besegelung: Groß im 2. Reff. Genua 2. Reff, ausgebaumt auf Stb mit raumem Wind.

Das Kap der Guten Hoffnung lag 5 Meilen querab an Steuerbord und ich empfand ein kribbelndes Gefühl, als ich den mächtigen Felsen im klaren Mondlicht ganz deutlich sah. Der Wind blies kalt aus der Antarktis und dennoch wurde mir warm. Wir umsegelten das zweite große Kap dieser Erde, das wie Kap Hoorn zum Meilenstein der Seefahrtsgeschichte gehört. Auch wenn es nur eine düstere Felsmasse war, freute ich mich über den Anblick und im Rückblick auf Kap Hoorn dachte ich an die mühsame Quälerei, wo wir in neun Stunden gerade mal acht Meilen gegen Wind und Strom vorangekommen waren.

Dagegen war es am Kap der Guten Hoffnung geradezu eine Lust, im Nichtstun den Felsen anzuschmachten. Wir flogen mit halbem Wind, aber vollen Segeln durch die Nacht, vorbei am legendären Kap, von dem das Leuchtfeuer von Cape Point seinen kalten Schein auf uns warf.

Den Rest der Nacht lag ich draußen im Cockpit. Aufgewühlt wie die See, doch nicht ohne Grund: Die beiden großen Kaps umsegelt, die drei großen Ozeane durchquert, die Antarktis auf eigenem Kiel erlebt, die Hölle erlebt und das Paradies berührt. Was will man mehr vom Meer!

Nachtsegeln entlang der Cap-Halbinsel, deren Bergkette an beiden Seiten von zwei Ozeanen umspült wird. Ein Blick zurück auf Cape Hope: Sir Francis Drake, Pirat und Seeräuber im Diensten der englischen Krone, bezeichnete es als das schönste und großartigste Kap der Erde. Nun, das mochte sein Kollege Störtebeker auch vom Kap Arkona in Rügen behauptet haben, doch eines blieb beiden: Die Hut vor den typischen Wind- und Wetterverhältnissen, die markante Kaps mit sich brachten. Warme Landluftmassen prallen auf kühlere Seeluft, lassen thermische Winde urplötzlich entstehen.

Kopf-Bilder

Noch 30 Seemeilen bis Kapstadt. Das Faxgerät spuckte die aktuelle Isobarenkarte aus. Doch die Wetterberichte in den südlichen Breiten haben auch an der Südspitze Afrikas nur eine kurze Halbwertszeit. Zu schnell ziehen die Tiefdruckgebiete aus dem südlichen Eismeer, zu kräftig ist ihre Reibung an den heißen Luftmassen des schwarzen Kontinents. Schwere Windböen stürzten aus dem düsteren Bergmassiv auf die See und schoben tückische Wellen vor sich her, stupsten AURYN zusätzlich an, die sich kurz auf die Seite legte und dann frech davonzog.

Auf meiner kleinen Reise um die Welt hatte ich große Bilder im Kopf: Die Copacabana entlang nach Rio unter blau-weißem Blister war eines, dem Aquamarin der Antarktis-Gletscher entlang ein anderes; Kap Hoorn unter Segeln sowieso und den stummen Moais auf der Osterinsel meine Grüße von der See freudig entgegenzuschreien, waren weitere Höhepunkte. Doch ein Bild blieb in der Best-of-Sammlung einmaliger Segelerlebnisse: AURYN unter weißen Segeln vor dem Tafelberg. Der Satz kann nicht annähernd die Schönheit des Augenblicks beschreiben, denn gerade, wenn man von der See kommt, zeigt sich Kapstadt von seiner besten Seite. Die Stadt zieht sich, ausgehend vom atlantischen Ozean, hinauf bis zur steilen Kante des Tafelberges, dessen scharfe Konturen vom Schleier zart umspielt werden; ausgerissen aus dicker Wolkenwatte, die sich wie ein Tischtuch über den Tafelberg legt. Es brauchte lange, bis ich dieses Bild verstaut hatte und überhaupt hatte ich es nicht eilig, in den Hafen einzulaufen. Vor mir die Stadt und die Flaute unterm Tafelberg. AURYN trieb durch die Bucht, in einer glatten See. Ich atmete ihre Stille und blieb, wo ich war. Erst am Nachmittag steuerte ich mein Schiff durch den geschäftigen Hafen von Kapstadt, vorbei an schwenkenden Kränen und hinein in den ehrwürdigen Royal Yacht Club.

Capetown

Noch am Abend spazierte ich durch Mothercity, wie die Stadt liebevoll von den Einheimischen genannt wird. Mit dem Tafelberg thronend im Rücken und flatternden Parolen Einheit zwischen Schwarz und Weiß voraus marschierte ich durch eine der bekanntesten, wohl auch schönsten Städte dieser Erde. Erst 1994 mit den ersten freien Wahlen aus einem jahrelangen Dornröschenschlaf wachgeküsst, entwickelte sich Kapstadt rasant zu einer boomenden Metropole. Und wie bei jedem Bummel durch solche Städte gelangt man irgendwann an Stände voller Kitsch und Andenken, die man Touristen wie mir für unverschämtes Geld unter die Nase hält.

Eine Horde lächelnder Japaner stieg aus einem Sightseeing-Bus, fiel über die zahlreichen Kitschbuden her, die Zulus trommelten, und der Jongleur zog im Zauber seiner Keulen seine Zuschauer in den Bann. Hey, ich war zurück im Leben und es was herrlich. Ich sah im Schaufenster ein schickes Hemd und kaufte es, während mich an der Kasse ein bekiffter Jugendlicher anrempelte und sich von seinem Walkman die Ohren volldröhnen ließ. Der erste Abend in Kapstadt – und dahinter? Vorbei an einsamen Stränden mit Blick auf das Kap der Guten Hoffnung stoppte ich den Leihwagen vor einer Straußenherde, die frech über die Straße spazierte, während Affen am Wege lungerten und fette Wolkenmassen sich über die Berge schoben. Die Straße führte durch das Cape Hope Nature Reserve, vorbei an rauen Klippen und grünen Hügeln zur südöstlichen Spitze des Cape Point. Busladungen voller Menschen hetzten über einen riesigen Parkplatz und stiegen in die Zahnradbahn, die hinauf zum Historical Ligthouse von Cape Point führte. Ich entschied mich für die Treppe, zählte 120 Stufen und stieg gleich wieder hinab, weil ich mich nicht anstellen wollte, um einen Blick auf jenen Punkt zu werfen, an dem zwei Meere aufeinander prallten.

Einige hundert Meter westlich liegt das eigentliche Kap der Guten Hoffnung. Ein paar Leute stolperten über die Felsen, stemmten sich gegen den Wind und sahen verloren aus in dieser archaischen Natur. Ich blickte auf geriffeltes Silber bis zum Horizont, beobachtete das Wellenmuster des Atlantiks, den Zug der Strömung. Ein Platz, um Gedanken segeln zu lassen. Mit ihnen trieb ich ab in die Zeit der alten Seefahrer, die diesen Platz als den Wendepunkt der alten und neuen Welt sahen. Der Portugiese Bartholomeu Diaz war 1488 der erste Europäer, der Cape Hope umsegelte. Ihm folgte Vasco da Gama, der auf diesem Weg die Gewürzinseln Indiens entdeckte und seinem König in Gestalt eroberter Kolonien die halbe Welt zu Füßen legte.

Der Klang der Gläser

Auf dem Rückweg nach Kapstadt fuhr ich durch das Herzland südafrikanischer Weinanbaugebiete. Die Felder voller Reben erzählten vom Wein und seiner guten Lage, von der Hitze und Kälte des Jahres, von den Menschen, die sich für ihn schinden.

Bei Namen wie Stellenbosch und Franchhoek klingen im Kopf von Weinexperten sofort die Gläser. In jeder Kurve lauerte eine Weinverkostung und im Schatten eines im kapholländischen Stil gebauten Herrenhauses konnte man sich über den Anbau von Shiraz, Merlot und Cabernet kundig machen.

In jedem Wein lebt eine Legende, heißt es. Eine lebende ist Nelson Mandela.

Ich besuchte den beschaulichen Weinbauort Paarl, stand vor einem Tor voller Historie und drehte die Zeit zurück: 11.02.1990 – an der Südspitze Afrikas geht ein strahlender Sommertag zu Ende. Tausende von Neugierigen, Fotografen, Kamerateams und Reporter aus aller Welt fiebern der Freilassung des wohl berühmtesten Gefangenen der Welt entgegen:

„Als ich endlich durch das Tor schritt, um auf der anderen Seite ein Auto zu besteigen, hatte ich trotz meiner 71 Jahre das Gefühl, ein neues Leben zu beginnen. Die zehntausend Tage meiner Gefangenschaft waren vorbei".

Der Zeitraum der Einkerkerung Nelson Mandelas spannte sich über die Geschichte eines Vierteljahrhunderts. Vom Mord an Kennedy zu Armstrongs großem Schritt für die Menschheit über den Vietnamkrieg bis hin zum Fall der Berliner Mauer. Man fragt sich, wie dieser Mann die jahrzehntelange Isolation ausgehalten hat, um dann an ihrem Ende der Weltöffentlichkeit gelassen entgegenzutreten und dem Feind von einst Versöhnungsbereitschaft anzubieten?

Jenseits der Stille

Früh am Morgen war ich in Kapstadt gestartet, fuhr auf der N1 Richtung Beaufort mit dem Ziel der Großen Karoo. Am Nachmittag spuckte uns der Swartbergpass in ein karges Land. Der Pass zählt zu den eindrucksvollsten dieser Erde, wurde von Sträflingen gebaut und führt in die atemberaubende Höhe von 1600 Meter, wo einige Adler patrouillierten. Der verstaubte Leihwagen schob sich vorbei an steilen Abgründen, durch enge Schluchten und auf abenteuerlichen Schotterpisten, bis in das verschlafene Nest von Prince Albert, am Tor zu einer anderen Welt.

Weit weg von der Hektik einer Großstadt befand ich mich in einer wüstenähnlichen Landschaft, saß am späten Nachmittag in einer Art Kaff der Guten Hoffnung, beobachtete die Menschen um mich herum und hörte einer Gitarre zu. Aus der Weite der Wüste stachen im Süden die Tafelberge heraus und die untergehende Sonne tauchte die Groot Karoo in ein diffuses Licht. Ein Platz der Ruhe, wo sich Stille steigert. Umgeben von einer Wüste, die den Begriff neu definierte, zitterte das Gras im Wind.

In diesem Moment hätte ich nirgendwo anders sein wollen als an diesem Ort. Die Gitarre spielte immer noch, ein rucksackbehängtes Paar kam sich in einer sentimentalen Anwandlung näher und ich fühlte mich im Süden meines Herzens, im Jenseits von Afrika, seltsam müde vom Unterwegssein.

Respekt vor der Natur

Zwei Tage später war ich zurück im Royal Yacht Klub von Kapstadt und arbeitete am Schiff meinen Zettel anstehender Reparatur- und Instandsetzungsarbeiten ab. Kleinere. Anders dagegen sah es in der Nachbarschaft aus: UUDS: Ruder verloren. BOSS: Baum gebrochen und BROTHER: Kiel gelöst.

Gescheiterte Boote der Vendee Globe bei ihrer gnadenlosen Hatz um die Welt. Die Schäden waren das Indiz für die ewige Selbstüberschätzung der Menschen gegenüber den Naturgewalten. Für mich sind die Regatten um die Welt, ob sie nun Vendee Globe oder Volvo Ocean Race heißen, Sailing without Soul. Eine ozeanweite Vermarktung von Sponsorengeldern bestimmt die Jagd gegen die Natur im Auftrag des Kommerzes. Joghurt, Müsli oder Versicherungsmarken bringen zwar Farbe in die 100-Millionen-Dollar-Syndikate, deren Protagonisten oftmals genauso stromlinienförmig erscheinen, wie die Kielbomben ihrer Hightech-Boote, doch die Seele des Segelns ging baden.

Streuner wie ich

33°C in Kapstadt. Hochsommer auf der Südhalbkugel und Heiligabend. Ich schaute kurz beim X-mas Barbeque des Yachtklubs vorbei und ging dann auf Kurs Seemannsheim, um dort den Weihnachtsgottesdienst zu besuchen. Der Weg führte durch die Ödnis eines kilometerlangen Containerhafens. Der frische Wind ließ Folien vor sich hin rascheln, eine arglos weggeschmissene Coladose rollte mir zum Spiel entgegen. Eine Möwe, dadurch aufgeschreckt, keifte mich übellaunig an und verschwand mit schweren Flügelschlägen, vorbei an einem Vorbau, in dessen Schatten ein paar alte Männer in zerlumpten Klamotten und ihrer Nutzlosigkeit saßen. Streuner ohne festen Wohnsitz – so wie ich.

An der Kaimauer legte ein Frachter an. Wie die Schiffe brauchen auch deren Seemänner einen Platz zum Ankommen und die Seele eines Hafens liegt für viele im Seemannsheim. Gerammelt voll und ernüchternd die Besoffenheit Herumlallender. Freundlich der Angestellte der Mission, der mich mit einer Tasse Kaffee begrüßte. Ich leckte den Milchschaum vom Löffel, lauschte dem Spiel zweier Cellisten, die ein schwieriges Stück kerzengerade auf dem Sessel ohne jeden Misston vortrugen. Wunderschön – wenn da nicht die Mottenkugel neben mir gesessen hätte, die zudem noch nach Schweiß stank. Dann kam der Pastor. Seine Predigt war weniger harmonisch als das Spiel der nun verstummten Cellos. Es schien, als ob er uns allen die ewige Verdammnis in Aussicht stellte. Himmel erbarme dich über uns, die wir zwar reichlich verdreht im Kopf sind, doch einen fröhlicheren Beistand nötig haben, murmelte ich leise und erinnerte mich an die farbenfrohen Andachten der Polynesier. Jetzt sang der Vertreter Gottes vor, Stille Nacht, Heilige Nacht, die Gemeinde zog nach, während ich zunehmend abrutschte in Erinnerungen an Stimmen und Gerüche vergangener Weihnachten. Bilder und Emotionen schossen mir durch den Kopf. Alle zugleich. Menschen tauchten auf, die mich in meinem Leben ein Stück begleiteten. Gemeinsam sangen wir dieses Lied und mir wurde klar, dass ich kaum einen von ihnen wiedersehen würde.

Vater unser … Amen! Wir setzten uns, während bald darauf etwas Gewaltiges anrollte.

Als das Meer sich erhob

Der Atlantische Ozean schlug in langen Wellen an den Strand. An der Ostküste Südafrikas stieg der Wasserspiegel um 80 cm über Normal. Unnormales brachte die Natur aus der Balance. Es war der 2. Weihnachtstag 2004, der den Meeresboden vor Sumatra aufriss wie einen Reißverschluss. Die indische Kontinentalplatte schob sich knirschend einige Meter unter die Burma-Platte. In Sekundenbruchteilen wurden Millionen Tonnen Gestein gegeneinander gepresst und verschoben.

Ein Donnerschlag ging durch den Indischen Ozean, als das Meer sich erhob.

In Thailand suchten Touristen zu jener Zeit das Paradies. Einheimische erhofften sich eine bessere Zukunft und die Seglerkollegen, die in der Nai Harn Bay vor Anker lagen, wunderten sich, warum sich ihr Schiff um 360 Grad drehte, obwohl kein Wind wehte.

Dann kam die erste Flut und ließ allen in der Bucht den Atem stocken. Der schöne Sandstrand zwischen den vorgelagerten Felsen verschwand unter dem ansteigenden Wasser. Wie von Geisterhand zog sich die Flut plötzlich zurück, immer weiter. Wie ein reißender Fluss strömte sie an den Seglern vorbei, die beschwörend ihre Ankerkette anstarrten, während Felsen zum Vorschein kamen, die vorher nie gesehen wurden. Dann setzte der Herzschlag der Natur auf einmal aus, die zweite Welle kam. Der eigentliche TSUNAMI. Er lief in die Bucht, brach sich haushoch am Strand und von den dahinter liegenden Häusern war danach nichts mehr zu sehen. Die Kraft des Wassers war unvorstellbar. Der Tsunami zerstörte die Küsten des Indischen Ozeans, vernichtete komplette Inseln und tötete Hunderttausende von Menschen.

Von der Unordnung des Ozeans, den Ausmaßen seiner Verwüstungen hörte ich über die Nachrichten der Deutschen Welle. Hautnah, weil ich selber vor wenigen Monaten in jener Region gesegelt war und an meine Freunde dachte. Von Marc, den ich in Darwin kennengelernt und mit dem ich seither regelmäßig Kontakt hatte, habe ich nie wieder etwas gehört. Dem Finnen

Sappo dagegen, Sockes Kumpel aus der Zeit in Bali, ging es in Thailand relativ gut. Sein Schiff wurde von der Flutwelle 100 m ins Landesinnere gespült und befand sich auf einer Baumkrone inmitten des Dschungels!

Irgendwie hat auch Tragik ihren Humor.

Offenbach in Kapstadt

Für mich gab es in Kapstadt nicht mehr viel zu tun. AURYN war seeklar. Ich hatte im Schiff Lebensmittel für drei Monate verstaut, wobei ich es mir und Ihnen erspare, darauf näher einzugehen. Die Auflistung hätte aus Platzgründen eh keinen Anspruch auf Vollständigkeit.

Alles war bereit, es gab nur noch eins: Segeln.

Doch bis zum Start um Mitternacht war noch Zeit. Mir blieb ein sonniger Nachmittag, um mir die Füße zu vertreten, Offenbachs Fledermaus und das Feuerwerk. Mit ihm im Rücken wollte ich Kapstadt verlassen. Es war der letzte Tag des Jahres. Sylvester.

Im Radio neue Horrormeldungen aus Asien. Tsunami. Immer wieder sprach ich dieses Wort aus, das aus dem Herzen der Apokalypse zu stammen schien und von den kalten Fassaden der Hallen zurückflüsterte. Ich marschierte durch den Hafen, lief in eine aufgebrachte Versammlung, in der ein paar ewiggestrige Apartheidsapostel für eine Rückkehr zum Burenstaat demonstrierten und beobachtete, wie eine Geschäftsecke weiter Schwarze in einer aggressiven Aufgebrachtheit eine Gruppe von Weißen beschimpften. Mittlerweile wusste ich nicht mehr, wer die größeren Rassisten waren. Die Buren, die ausgewanderten Deutschen oder die Schwarzen.

Endlich mischte sich Poesie in den Nachmittag.

In einem Straßencafe schaute ich verliebten Paaren hinterher, die auf der Promenade eng umschlungen auf- und abgingen. Schönes Bild, auch wenn ich dadurch auf das mittlerweile bekannte Meer der Einsamkeit blickte, während ich zur Ablenkung ein paar Postkarten schrieb. Aber das erinnerte mich noch mehr daran, wie allein ich mich fühlte.

Hört sich das zu sentimental an? Egal, wer nicht bereit ist, etwas von sich preiszugeben, hat auch nichts zu sagen.

In diese Gedanken hinein versuchte ich, ein wenig Ordnung zu bekommen, indem ich mental auf die unter seglerischen Aspekten größte sportliche Herausforderung zusteuerte. Von Capetown nonstop zurück nach Cuxhaven. Warum? werden Sie sich fragen. Nun, ich fühlte mich einerseits müde vom Unterwegsein, andererseits gab es Pläne, die meinem Leben wieder etwas Zielgerichtetes geben sollten.

6000 Meilen

Eine lange Seereise, eine kurze zu sich selbst. Denn nirgendwo ist man sich so nah wie auf einer monatelangen Segelfahrt allein über einen Ozean. Mittendrin nautische Herausforderungen, die es in sich hatten: die lähmenden Kalmen, der heiße Äquator, die Frühjahrsstürme in den nördlichen Breiten, die Biscaya, die Nebelbänke im englischen Kanal, die Nordsee und viel Meer!

Nun aber los – doch noch nicht auf See. Zunächst Kurs zur Oper von Capetown, dann zu Offenbach und hin zur Fledermaus.

Dann brannte der Tafelberg!

Über uns wölbte sich die Milchstraße mit ihrem Sternenstaub. Darunter explodierte die Nacht!

Eine leichte Dünung umspielte den Rumpf von AURYN, die sich in der Table Bay ohne Segel und Motor von einem leichten Wind treiben ließ. Kurz vor Mitternacht hatte ich die Leinen vom Steg gelöst und genoss vom Meer aus das gigantische Feuerwerk der Metropole in einer eindrucksvollen Klang- und Farbsymphonie.

Das Rigg knarzte im Auf und Ab der Wellen und das matte Licht eines zunehmenden Mondes spiegelte sich wie ein leuchtender Weg bis zum Horizont. Ich brachte AURYN auf Kurs und segelte dem Schein hinterher.

Auf der Schwelle zur Finsternis

Neujahrsnacht

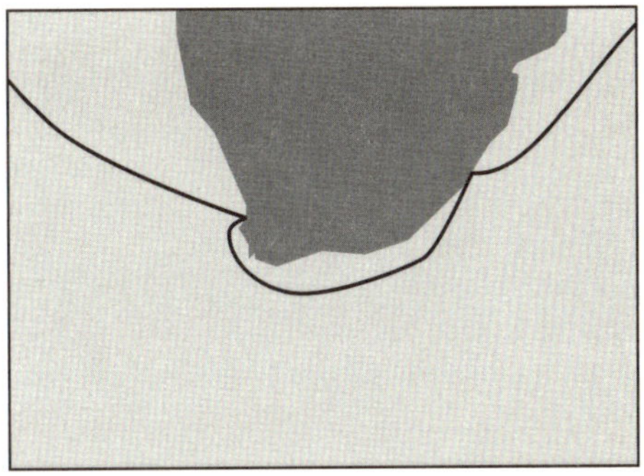

Der Wind nahm zu, AURYN schien wie entfesselt: Entbunden von der Leine, erlöst von der Enge des Yachthafens und frei für den Ozean segelte sie in den eisigen Fluten des Südatlantiks vorbei an der Insel des Fegefeuers, wie Robben Island auch genannt wird. Sie warf noch einmal den Schatten der Erinnerung auf Nelson Mandela, der 18 seiner insgesamt 28 Jahre als Häftling auf der Gefängnisinsel in der Bucht von Kapstadt verbracht hatte.

Südafrika war nur noch eine perforierte Linie in der Dunkelheit und bald versank das Leuchtfeuer von Kapstadt hinter dem Horizont.

Als der Morgen anbrach, war vom Land nichts mehr zu sehen. Beim Frühstück fiel das Spiegelei auf den Boden, weil heftige Windböen im Jenseits von Afrika sich über uns und die See hermachten.

Ich reffte die Segel zweimal durch und schüttelte sie kurz darauf wieder aus.

Zarte Kumuluswolken trieben am blauen Himmel. Das Bild versprach einen schönen Tag und der Wetterbericht leichte Winde. Was aber nichts bedeutet in einer Region instabiler Luftdruckverhältnisse.

Im sanften Schein der hereinfallenden Sonne steckte ich am Kartentisch den Kurs auf St. Helena ab, das 600 Seemeilen nordwestlich vor uns im Südatlantik lag. Ich hatte nicht vor, die Insel zu besuchen. Sie war mehr ein Wegpunkt, um von dort mit Kursänderung auf Nord Richtung Äquator zu segeln.

Am dritten Tag auf See fand ich allmählich zum Rhythmus des Unterwegsseins und ließ mich in einer grenzenlosen See treiben, in Landschaften, von denen ich immer noch nicht genug bekam.

Das weiße Wasser der Bugwelle rauschte vorbei, ich blickte ihm nach, bis sich AURYNS Spur mit in einer weiten Fläche Meer auflöste. Der konstante Südostpassat sorgte für eine flotte Fahrt, die zusätzlich unterstützt wurde durch den Bengualenstrom, der uns in Richtung Nordwest mitnahm und zudem für das Abendessen der nächsten Tage zuständig war. Doraden und Bonitos wechselten sich ab, während mich in den Nächten die Lichter zahlreicher Containerschiffe auf Trab hielten.

Im Schatten des Schicksals

Über das Wetterfax kam die aktuelle Isobarenkarte. Beim Anblick der engen Linien eines Frontensystems war mir klar, dass uns das Schicksal wieder eingeholt hatte.

Den Tag über blieb es ruhig. Dann drehte der Wind urplötzlich, nahm zu und schon bald befand sich die Welt um uns herum in tosendem Aufruhr.

Über die Dämmerung und eine aufgewühlte See legte sich die Nacht. Die ausgeklügeltste Berechnung konnte keine günstigeren Bedingungen für einen Augenblick schaffen, den ich immer befürchtet hatte. Ferne Wolkenbänke versprühten elektrische Ladungen, am Horizont murmelte der Donner. Mein innerer Druck stieg im gleichen Maße, wie die Nadel des Barometers absackte.

Die Szenerie hatte etwas Bedrohliches, zugleich aber auch Vertrautes.

Ich bereitete AURYN auf das Gewitter und das Schlimmste vor. Ich kritzelte die Koordinaten der letzten Position auf ein Stück Papier und steckte es mit dem Walkie-Talkie in das wasserdichte Notfallcase, das ich zusammen mit der Rettungsinsel griffbereit an die Reling band.

Während der Donner näherrückte, trennte ich die Kabel von der Batterie und schraubte den Empfänger der SSB-Anlage ab. Danach befestigte ich an Wanten und Stagen dicke Kupferkabel als Blitzableiter, die ein paar Meter ins Wasser hingen, womit ich zu verhindern hoffte, dass der Blitz den Weg mit voller Kraft ins Schiffsinnere fand. Am Ende solcher Gewittervorbereitungen blieb mir nur noch eins: Beten, vom Schlimmsten ausgehen und das Beste hoffen.

Der Starkwind knatterte in meiner Jacke, AURYN torkelte, während ich mit tänzelnden Bewegungen auf dem Vorschiff den Spibaum sicherte. Der erste Blitz zuckte und ließ die Umgebung taghell aufleuchten. Eine brechende Welle überschlug sich am Rumpf, gerade noch rechtzeitig zog ich das Schiebeluk hinter mir zu, stieg in den Salon und legte mich in Schwerwetterkleidung in die Koje. An Deck war alles getan.

Blitze zuckten, Donner krachten. Aus der See erhob sich brüllend die Hölle. Ein ohrenbetäubender Lärm und eine statische Aufladung von fast greifbarer Energie. Ich hielt mir die Ohren zu, betete, kniff die Augen noch fester zusammen und zählte die Sekunden vom Donner bis zum Blitz, der in diesem Moment den Mast erleuchtete. Ein klammes Gefühl von Todesnähe packte mich, trieb mich an Deck. Ich prüfte das Rigg, die Segel, pfiff auf den Kurs und ... pinkelte die Aufregung über die Reling. Am Geräteträger klammernd bekam ich gerade noch die Hose zu, als der nächste Blitz zuckte und die Elemente auf AURYN einprügelten. Ich war machtlos, beobachtete den schäumenden Wahnsinn, in dem es offenbar immer noch eine Steigerung dessen gab, was ich hoffte, hinter mir gelassen zu haben. Das Getöse war infernalisch, der Blitz schlug ein. Von der Energie geblendet, atem- und bewegungslos erlebte ich ein zweites Mal, wie der Mast leuchtete und die Wanten glühten. AURYN war illuminiert, ich stand auf der Schwelle der Finsternis und spürte erst jetzt meine Lähmung, die einem Gefühl vollkommener Hilflosigkeit wich.

Dann kam die Freude ... am Leben zu sein und das genügte im Moment.

Es dauerte eine Ewigkeit, bis ich mich in die Realität zurückkatapultierte und mich darauf konzentrierte, das Schicksal anzunehmen und mich um die getroffene AURYN zu kümmern.

Zunächst riss ich die Bodenbretter hoch, um einen Wassereintritt zu prüfen. Danach checkte ich die Seewasserventile. Das Schiff war trocken, allerdings funktionierte von der Technik so gut wie nichts mehr. Die Kabel der Blackbox, jener Hauptverteilung, an der alle elektronischen Geräte angeschlossen sind, waren durchgeschmort. GPS, Windmessanlage, elektrischer Autopilot, Navigationsbeleuchtung und die elektrische Stromversorgung der Verbraucher, somit die Beleuchtung, hatten den Betrieb eingestellt. Auch der Motor sprang nicht mehr an.

Über die Trittstufen am Mast kletterte ich in tosender See bis in die Spitze, wich der lauernden Angst aus und kontrollierte das Rigg auf eventuelle Schäden. Was ich entdeckte, waren Schmauchspuren am Mast und verkohlte Reste schwarzen Gummis in der Revisionsöffnung des Kabelkanals. Eigentlich funktionierte nichts mehr: Außer der Windfahnensteuerung und meinem Willen, am Leben zu bleiben.

Schreibt sich leichter als es tatsächlich war.

Erst die Ewigkeit und dann?

Wir trieben unbeleuchtet und nicht wissend wohin im Südatlantik. Jeder Gedanke, jeder Handgriff war von einem einzigen Gedanken diktiert – überleben und raus aus dieser Wasserwüste. Aber wohin? St.Helena, Angola, Namibia lagen am nächsten, schieden auf Grund mangelnder Reparaturmöglichkeiten aus. Brasilien wäre eine Option, lag aber zu weit entfernt. In der realistischen Abwägung meiner Möglichkeiten fiel die Entscheidung: Zurück nach Capetown, schrie ich in die Nacht. Eigentlich mussten wir dort nur lebend ankommen, leider nicht auf direktem Weg: Aus dieser Richtung blies der Südost und der starke Bengualenstrom stellte sich uns entgegen. Die Strategie bestand darin, zunächst Kurs Süd-Südwest zu segeln, um dann nach Erreichen der Westwindzone Richtung Kapstadt abzudrehen.

Daran knüpfte ich meine ganze Hoffnung.

Als der Morgen unter einem Himmel aufstieg, der das Licht gleich wieder verschluckte, spürte ich, dass ich die ganze Nacht nicht geschlafen hatte. Was auch nicht möglich gewesen wäre, weil etwas an meine Ohren drang, das ausreichte, um mich bis in die Ewigkeit wach zu halten. Oder bis nach Kapstadt. Je nachdem, was zuerst kam. Wo eigentlich war Socke? Vermutlich hatte er sich im Inferno irgendwo in ein Versteck verkrochen, denn jetzt tauchte er plötzlich wie gerufen auf. Er krabbelte zu mir, legte den Kopf in meine Armbeuge und schaute mich im Halbdunkel irgendwie fragend an. Ich streichelte ihn und suchte nach Erklärungen, die es nicht gab.

In allen Ungereimtheiten meines Lebens war dieses Erlebnis das intensivste und zugleich etwas, worauf ich trotz der absurden Deutlichkeit keine Antwort fand.

Der Tag wurde nicht hell, erst als sich am Abend der Sturm legte, sah ich zwischen dahinrasenden Wolken Licht flackern. Der Mond war da, sonst nichts.

Trotzdem hängte ich eine Petroleumfunzel unter den Geräteträger am Heck, um dadurch von der Berufsschifffahrt zeitig gesehen zu werden. Auch wenn es eher mein Gewissen beruhigte, denn wer sollte das schwache Licht in einer hohen See entdecken?

Während zwei, drei Tagen segelten wir im Südost nach Süd-Südwest.

Auge in Auge

Dann ließ der Wind nach, AURYN trieb in einer Flaute. Ohne Steuerung, da der Motor nicht ansprang und der Windpilot eben nur mit den Kräften des Windes funktionierte.

Nach dem Ausfall des GPS-Navigationssystems navigierte ich auf traditionelle Art, indem ich koppelte und alle zwei Stunden über die Logge (Fahrt durchs Wasser) und den Kompass (Richtung) meine ungefähre Position und den gesteuerten Kurs in die Seekarte eintrug. Daraus entwickelte sich ein feiner Bleistiftstrich, an dem die Hoffnung und auch irgendwie mein ganzes Leben hing.

Ich versuchte, der Krise den Beigeschmack einer Katastrophe zu nehmen, las, sortierte die Erlebnisse in meinem Tagebuch und sah AURYN beim Schaukeln zu. Ansonsten blieb mir nichts anderes zu tun als abzuwarten, den Horizont abzusuchen, um zu sehen, was zuerst kommen würde: Ein Schiff, der Wind oder das Land.

Es kam ein Hai. Er steuerte direkt auf AURYN zu, wobei seine Rückenflosse ohne zu schwanken das bleierne Wasser zerschnitt. Sein Rücken war blau, sein Bauch glänzte hell. Dieser Hai war wunderschön, bis auf sein bösartiges Maul, das halb geöffnet in meine Richtung zeigte. Eine Zeit lang umspielte er das Schiff und verschwand, als ich ihm in mörderischer Absicht mit der Harpune drohte.

Knarzende Rippen

Der 17. Tag auf See wurde angenehmer, weil der Wind zurückkam und Bewegung ins Schiff brachte. Volle Tücher bei herrlichen vier Windstärken aus Südost, nur die Richtung stimmte immer noch nicht. Je weiter wir in die südlichen Breiten gelangten, umso größer war zwar die Wahrscheinlichkeit, wieder in einen Sturm zu geraten, aber dieser würde dann aus dem südlichen oder westlichen Quadranten kommen und uns in Richtung Kapstadt blasen. Und tatsächlich drehte der Wind auf Südwest. Somit erwischten wir das günstigste Wetter, das man sich nur vorstellen konnte und zum ersten Mal zeigte der Bug auf dieser Irrfahrt auf das richtige Ziel.

Dann kam das Abendessen.

AURYN segelte in einem riesigen Schwarm von Doraden, gold-türkisfarben glänzend in der Reflektion der Sonne schossen ihre Leiber in einem grandiosen Schauspiel dahin.

Der Magen knurrte, die Angelsehne surrte und nickte schon bald dem Horizont kräftig zu.

Hand über Hand zog ich die zappelnde Dorade zum Heck, schwungvoll an Deck und staunte über ihre Größe. Abgesehen vom Hai im Great Barrier Reef war das der zweitgrösste Fang. Er reichte mir bis zum Gürtel, an dem mittlerweile der Fischschleim hing, weil der Bursche sich kraftvoll bemühte, sich vom Köder in seinem Maul zu befreien.

Während ich versuchte, die Schiffsbewegungen in der rollenden Dünung zu antizipieren, musste die Schar meiner Schutzengel vor Übermüdung eingeschlafen sein.

Der imposante Fisch schlug um sich, AURYN holte in der Dünung über, ich verlor das Gleichgewicht und knallte vierkant auf den Knauf der Winschkurbel! Erst blieb mir die Luft weg, dann atmete ich nur noch flach und spürte einen stechenden Schmerz im Brustkorb, wo es hinter den Rippen verdächtig knackte. Ich lag wie abgeschossen auf dem Deck. Unter mir der zappelnde

Fisch, der sich vom Köder im Maul befreit hatte. Ich spürte, dass etwas Warmes an meinem Bein entlang lief und entdeckte erst jetzt den rostigen Angelhaken in meinem Oberschenkel!

Eine Stunde blieb ich auf dem Fisch und in seinem stinkenden Glibber liegen, dann verholte ich mich mühsam über das Cockpit nach unten, wo ich mir einen engen Pressverband um die Brust legte, die Wunde im Oberschenkel desinfizierte und abklebte.

Während Socke sich über den rohen Fisch hermachte, ergriff mich eine widerwärtige Mutlosigkeit. Kaputtes Schiff, angeschlagener Seemann. Kein Land, keine Musik, eine schwammige Hoffnung, die sich zunehmend verflüchtigte.

Ich schlief bis zum nächsten Morgen. Als ich mich ins Cockpit schleppte, war der Fisch weg, die Schmerzen blieben. Ich nahm Antibiotika und starke Betäubungstabletten, konnte, wenn überhaupt, nur auf dem Rücken liegen und empfand das Arbeiten mit den Segeln angesichts meiner schmerzenden Rippen mehr als nur eine Qual. Der Schmerz stieg in den Kopf.

Bevor ich in Verzweiflung fallen konnte, saß ich als schlaffer Haufen hinter der Sprayhood, feuerte mich dann selbst an und mobilisierte meine letzten Willensreserven.

Es war schon lange her, dass ich die letzte Position in die Seekarte eingetragen hatte. Der Kompass war meine grobe Orientierung. Die Nadel tanzte zwischen 120 und 160 Grad. Würden wir den Kurs halten, könnte in acht oder zehn Tagen Land auftauchen. Irgendwann im Irgendwo. Es war mir egal, ich wollte nur liegen und sehnte mich nach Tagen voller Ruhe und genau in diesen Gedanken nahm der Wind wieder zu.

Der Klang des Nebelhorns

Es folgten drei Tage in hässlicher See mit Regenschauern, Böen und Wellenhöhen, die mir aus den südlichen Breiten schon irgendwie bekannt vorkamen. Mittlerweile war die Packung der Betäubungsmittel längst verbraucht und die Folter in Guantanamo konnte nicht schlimmer sein als die Reffarbeiten an der Winsch.

Offen gestanden befand ich mich an der Grenze dessen, was ich an Schmerzen und Erschöpfung glaubte aushalten zu können und war wohl deshalb physisch in solch schwammiger Verfassung, dass ich das Gleichgewicht verlor und kurz vor der Reling einfach liegen blieb, während mich das Dunkel auf der anderen Seite anstarrte. Steckte darin … der Tod?

Zum Glück war ich ihm immer einen Tick voraus, weil ich bereit war, bis ans Äußerste zu gehen, obwohl ich glaubte, dort bereits angekommen zu sein.

Ich drehte mich, bekam besser Luft und blickte in ein Himmelsgewölbe leuchtender Planeten und funkelnder Sterne. Der Schweif einer Sternschnuppe, schnell noch einen einzigen Wunsch hinterher, bevor sie sich in der Unendlichkeit des Universums verwischte.

Während AURYN im weißen Schaum abgerissener Wellenkämme ihre Spur durch die Nacht zog, hörte ich plötzlich Stimmen von Namen und Menschen, von denen ich nicht gedacht hätte, ihnen hier draußen zu begegnen.

Ich träumte wild, bibberte durch eine eiskalte Nacht und überließ mich erst in der Morgendämmerung dem Halbdunkel der Koje und dem prasselnden Regen auf die Scheiben.

Ich muss den ganzen Tag geschlafen haben, so fest und so tief, bis mich das Nebelhorn rief oder was auch immer ich träumte. Aber das war kein Traum! Wieder ertönte das Signal, mächtig, bedrohlich. Als ich endlich im Cockpit war, sah ich nur noch das Heck eines riesigen Containerschiffes, das bald darauf hinter dem Horizont verschwand.

Das Dreieck ins Nirwana

Es war der 28. Tag dieser katastrophalen Reise, als ich hinter der Kimm das Land ahnte und sich mein Blick am nächsten Tag auf die verschwommene Form des Tafelberges von Kapstadt fokussierte. Ich merkte, wie die Spannung von mir abfiel und leckte am salzigen Reflex melancholischer Freude. Die Tränen mussten raus, Gefühle lassen sich nicht rationalisieren. Nicht bei mir.

Im Hauch eines Windes trieb ein angeschlagenes Schiff in die Bucht von Kapstadt.

Ich setzte über das Handfunkgerät einen Ruf zum Port Control ab, dieser informierte den Yachtklub, der uns ein kleines Motorboot als Schlepphilfe schicken wollte.

Das dauerte, war mir aber egal.

Ein paar Stunden mehr auf dem Meer.

Gegen Abend lag AURYN wieder dort, wo sie in der ersten Nacht des Januars gestartet war. Und wieder umgeben von den beschädigten Regattabooten BOSS, BROTHER und UUDS.

Ein merkwürdiger Anblick, der zusammen genommen daran erinnerte, was die Natur beweist und der Mensch gerne verdrängt: Sie folgt ausschließlich den Gesetzen der Physik und nicht dem Menschen, der glaubt, die Gewalten beherrschen zu können.

Ich kam davon, hatte einen Blitzeinschlag erlebt, stand auf der Schwelle der Finsternis und starrte in den Abgrund. Das gesegelte nirwanische Dreieck ergab 2400 Meilen für nichts. Gekostet hat es mich das Kalenderblatt des Januars.

Ich riss es ab, ließ es gedankenvoll vom Wind davon tragen und schleppte den Schmerz meiner Rippen zum Arzt.

Mehr als eine Frage

Der Arzt hielt meinen Brustkorb gegen den Schein einer hellen Sonne. Das dunkle Röntgenbild bewies seine Diagnose: Zwei angebrochene Rippen!

Wie hält man solche Strapazen überhaupt aus, fragte der Arzt. Ich fragte mich das auch. Andere ebenfalls.

Was hätte ich antworten sollen, was wusste ich überhaupt?

Zumindest nichts von den Dingen, die ich im Zusammenhang mit Blitzeinschlägen, Strapazen und Rippenfrakturen gehört oder gelesen hatte; vielmehr wusste ich von den Dingen, die ich gelebt, erfahren und empfunden hatte.

Und so schnallte ich mir das Brustkorsett zu, ging hinunter zur Straße, die immer noch wankte und schob die mahnenden Worte des Arztes „Absolute Ruhe“ tatenfreudig beiseite.

Es gab zu tun, und zwar reichlich.

Leidenschaft

Die defekten elektronischen Geräte hatte ich mittlerweile in Kapstadt ersetzen können, hatte neue Kabel organisiert und mit Piet einen tollen Mechaniker getroffen, mit dem ich nicht nur Seegeschichten teilen konnte, sondern auch die kalte Pizza. Mund abwischen und weiter. Bis spät in die Nacht arbeiteten wir auf AURYN, die an eine Baustelle erinnerte. Um an die verschmorten Kabel zu gelangen, waren sämtliche Decken- und Holzverkleidungen abgenommen, Leitungen entfernt und durch neue ersetzt worden. Allein über diese Arbeit könnte ich ein kleines Büchlein schreiben: Über Piet, der mich immer wieder anschob und mir Mut machte, als ich den Mast hochkletterte, um im Masttopp die Kabel zu erneuern. Tut nich' weh, wenn du runter fällst. Nur die letzten zwei Zentimeter; über das Korsett, das ich verfluchte, weil es mich einengte; über die Hitze, die mir zu schaffen machte und den mahnenden Arzt, der gerne segelte. Absolute Ruhe lautete seine Doktrin – ein Wort, das mir allerdings nicht geläufig war und keine Chance hatte, gegen jene Leidenschaft, die mich hierher gebracht hatte: Die Meereslust.

Rolling Home

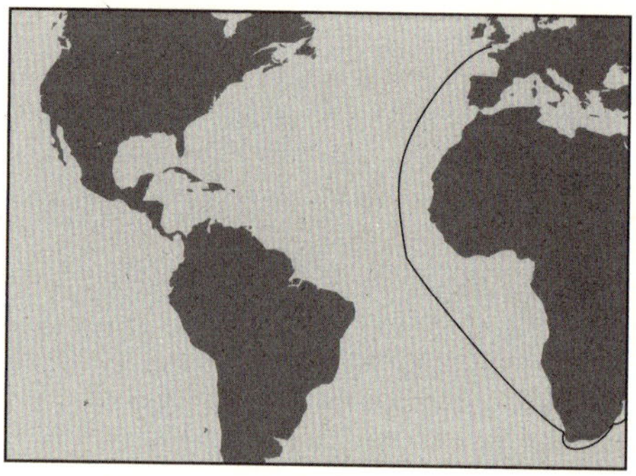

Mitte Februar 2005. AURYN war startbereit. Nur einer hielt sich nicht an die Abfahrtzeit und ließ auf sich warten. Socke stand wohl noch unter der statischen Aufladung der Blitze, so dass er es vorzog, an Land zu bleiben und herumzustromern. Drei Nächte und vier Tage hatte ich mittlerweile das Gelände des Yachtklubs nach ihm abgesucht. Er blieb verschwunden.

Dann war die Last der Unentschlossenheit von mir genommen, ich entschied mich, nicht länger auf ihn zu warten. Klingt hart, nur was sollte ich machen? Wenn er sich für Kapstadt entschieden hatte, blieb mir nichts anderes übrig, als es zuzulassen. Da ich mittlerweile meine Emotionalität besonders auf See einzuschätzen wusste, räumte ich alles aus, was mich an meinen Kumpel erinnern könnte: Die Leinen von der Reling, die verhinderten, dass er über Bord fiel. Das Kratzbrett. Spielmäuse, Näpfe, Katzenstreu und Futter. Bevor diese Aufzählung meiner Traurigkeit im Meer versank, entsorgte ich sie lieber im Müll des Yachtklubs.

Die letzten Stunden in Kapstadt. Nachdem ich bei Zoll und Polizei ausklariert hatte, verabschiedete ich mich von Freunden, Piet und irgendwie auch von Socke. Mit sentimentalen Gedanken marschierte ich zurück zum Schiff, war dabei, die Leinen zu lösen, als ein Schatten an mir vorbeihuschte, an Deck sprang und augenblicklich zu sagen schien: Da bin ich, kann losgehen.

Kurz darauf stand ich im stinkenden Müllcontainer und wühlte Sockes Spielzeug, das Futter und all die Dinge wieder heraus, die ich gerade vorhin entsorgt hatte.

Dann gab's nur noch eins:

Viel Meer

Der Wind kam und nahm uns mit, ich trimmte die Segel und ließ AURYN bei einer anständigen Portion Schmorkartoffeln und Spiegeleiern einfach laufen.

Zu klassischer Musik, zum satten Licht eines mächtigen Mondes legte ich mich ins Cockpit und zur ersten Nacht von insgesamt über sechzig. Das wusste ich natürlich zu diesem Zeitpunkt noch nicht, als ich sechstausend Meilen in die Dunkelheit murmelte und daran dachte, was auf dem langen Törn back home auf mich wartete. Ich hatte mittlerweile gelernt, das Schicksal zu respektieren. Alles schien miteinander verzahnt und ergab in sich einen Sinn. Auch war mir klar, dass ich meiner wahren Existenz auf Erden ziemlich nahe war, weil mein Handeln von Energie und Begeisterung durchtränkt war. Von ihr beherrscht hatte ich in Cuxhaven die Leinen losgeschmissen und hoffte jetzt, dass sie mich dorthin zurückbrachte.

Ich lauschte kurz einem Zwiegespräch, den Geräuschen im Rigg, schob meine Rippenschmerzen beiseite und klappte die Sprayhood hinunter. Wind am Kopf, Salz im Gesicht und Meeresrauschen im Ohr. In dieser Nacht fühlte ich alles: Nur keine Müdigkeit.

Zeiten-Linie

Fünf Tage lagen im Kielwasser, bis dahin war es ein angenehmes Segeln bei konstant durchstehenden Winden … Nein, jetzt kommt keine Flaute, kein Sturm, und der kleine Seemann fällt auch nicht auf die Schnauze. Was kam, war ein Höhepunkt nautischer Art. Auf 23 Grad südlicher Breite durchsegelten wir ein drittes Mal auf dieser Weltumsegelung die magische Linie des Nullmeridians, der heute durch die Sternwarte von Greenwich in England verläuft.

Das war nicht immer so.

Bis 1888 verlief die imaginäre Nulllinie durch Frankreich. Dort hatte man die Zeit festgehalten und grob in einen sakralen Granitboden gemeißelt. Falls Sie Paris besuchen, gehen sie mal in die Kirche. Nicht in irgendeine, sondern in Saint Sulpice. Schauen Sie sich um und auf den Boden: Dort entdecken Sie eine eingelassene Messingleiste, die Kirche und Zeit teilt und an den Nullmeridian erinnert.

Der Nachmittag ging – der Tag verlor langsam sein Licht. Ein nüchterner Satz, doch ein sinnlicher Moment, als die glutrote Sonne über den Glasrand eines Rotweines hinter dem Horizont versank und die Welt um mich herum aus nichts als Einfachheit bestand. Leer – und doch voller Leben.

Rülpsende Vulkane

Am siebten Seetag stellte ich bei der Positionseintragung fest, dass wir uns auf jener geografischen Breite befanden, wo der Blitz ins Schiff gekracht war. Nur segelten wir weiter östlich, so dass am Nachmittag der dunkle Felsen von St. Helena in Sicht kam. Im Fernglas erkannte ich die schroffe Insel. Ein einziger Klumpen Lava, der steil aus dem Ozean ragte. Erwähnenswert, weil Napoleon Bonaparte auf ihm seine letzten Jahre in Verbannung verlebte, bis ihn 1821 der Krebs fraß.

Zur Abwechslung einmal einen Originaleintrag aus meinem Reisetagebuch:

Kursänderung Richtung Nord. Segel dichter geholt auf 50° zum Wind. Luftdruck und Wetter stabil. Nächster Wegepunkt: Äquator! Zwei Ausrufezeichen!!

Aktuelle Krankenakte: Eine Qual. Hier draußen merke ich erst, wie beschissen es noch um meine knirschenden Rippen bestellt ist. Durch das Arbeiten mit den Segeln, das unbequeme Liegen im rollenden Schiff kamen die Schmerzen zurück. Es zwirbelte höllisch zwischen den Rippen und beim Durchatmen knarzt und knirscht es im Brustkorb. Der weiße Kittel war mal kurz da „Wie haben sie das eigentlich durchgehalten?“ Relativ gut bis jetzt, weil ich sehr defensiv segle, um möglichst wenig mit den Segeln und dem Spi-Baum zu arbeiten. Das Wetter spielt bisher mit. Konstante Südostwinde um fünf Beaufort und der kalte, fischreiche Bengualenstrom, der aus der Antarktis heraufzieht, schiebt uns mit 1,5 Knoten zusätzlich voran. Fischschwärme aus silbrig glänzenden Thunas und Bonitos begleiten uns stundenlang. Lass das aber besser mit der Angel …

Besonderes: Socke und ich sind wieder ein Team. Er schleppt seine fliegenden Fische ins Bett, ich schmeiß sie wieder raus!

Deutsche Welle-Nachrichten gehört, mittlerweile forderte der Tsunami über 200.000 Tote, täglich mehr.

Schlaue Seismologen, mit der Tendenz zu mathematischen Genies, hatten zwischenzeitlich errechnet, dass die Energie des Weltbebens mehreren tausend Atombomben vom Typ Hiroshima mit viermillionensiebenhundertfünfzigtausend Kilotonnen TNT entsprochen hatte. Die Botschaft der Nachricht klang für mich wie ein Versuch des Menschen, eine Ahnung von etwas Unvorstellbarem zu bekommen. Oder lag dahinter nur ein Ausdruck von Hilflosigkeit?

Ungläubig lauschte ich beim vagen Vergleich auf das ruhige Meer und machte mir bewusst, dass es genau diese scheinbare Idylle war, die die Zerstörung verursacht hatte. 4.750.000 Kilotonnen …

Die apokalyptische Zahlen-Nachricht verwebte sich mit der Seekarte des Südatlantiks. Auf Position 008°Süd und 013°25'West segelten wir querab von Ascension.

Als ich das kleine Kreuz auf 3900 Meter Wassertiefe eintrug, tastete sich der Bleistift den mittelatlantischen Rücken entlang bis hinunter in die Antarktis. Auch in dieser Region bewegt sich das unterseeische Gebirge aktiv, seit ein riesiger Kontinent vor Millionen von Jahren zerbrach. Noch immer treiben die nord- und südamerikanische sowie die afrikanische Platte auseinander. Spalten öffnen sich, Magma dringt aus dem flüssigen Erdinneren. Auf dem Boden des Meeres grummelt und rummst es gewaltig. Von diesen Erdbeben auf See bekommt der Mensch an der Oberfläche kaum etwas mit. Und wenn, dann so infernalisch, wie in den betroffenen Katastrophengebieten im Indonesischen Meer. Wenn die Erde wackelt und der Vulkan rülpst, entstehen kleine Inseln: Die Azoren, St. Helena zum Beispiel.

Eine weitere Vulkaninsel ist Ascension, das an Backbord lag. Ich blieb auf Nordkurs und segelte daran vorbei.

Totenschiffe

Die Nähe des Äquators wurde fühlbar. 35° C Außentemperatur. 99% Luftfeuchtigkeit. AURYN segelte in der lähmenden Region der Rossbreiten, jenen Zonen des subtropischen Hochdruckgürtels, die sich von fünf Grad südlicher bis fünf Grad nördlicher Breite hinziehen und bei den Seefahrern verflucht sind, weil sie sich durch lang anhaltende Windstillen auszeichnen. Wie würde AURYN durch die verschrienen Kalmen kommen?

Nun, wir quälten uns zwei Tagen in einer Flaute. Dann gab's Wind mit schweren Schauerböen. Fehlt nur noch das Gewitter, dachte ich. Kam Gott sei dank nicht, dafür aber tagelanger Regen. Er kam wie bestellt, weil ich dadurch meine Wasservorräte ergänzen konnte und somit nicht in die Verlegenheit kam, an Wassermangel zu Grunde zu gehen oder dem Wahnsinn zu verfallen!

Tausende von Seemännern gingen in diesen Breiten elendiglich zu Grunde, weil nicht nur der Rum rationiert wurde, sondern auch das Wasser. Tapfere Seeleute, dahingerafft durch verfaultes Wasser oder Skorbut. Den Haien zum Fraß vorgeworfen oder als Skelette an Bord irgendwann wieder gefunden.

Im schwülheißen Hauch einer Ahnung von Wind schlichen wir durch eine ölige See, dem Äquator entgegen.

Gefräßige Haie, Treibende Totenschiffe? Nicht gesehen, wohl alles nur Garn.

Im Reich der Stille

Auf 26°40' westliche Länge sprang das GPS auf Null! Im gedimmten Licht einer untergehenden Sonne schlich AURYN mit flappenden Segeln, nur von einem leichten Strom getrieben, wie die Silhouette eines Geisterschiffes über den Äquator. Lautlos. Windlos. Zeitlos.

Wir waren zurück in der nördlichen Hemisphäre, die Welt stand wieder gerade!

21. Tag auf See. Immer noch kein Wind. Motor anschmeißen? Nicht doch. Und schon gar nicht im Reich der Stille. Und überhaupt rangieren Motorfahrten auf einem Segelschiff bei mir gleich hinter Wurzelbehandlung und Magenspiegelung.

Warten auf Wind ist eine gute Geduldsübung und bedeutet, Zeit zu haben. Eine Überdosis Zeit, in der AURYN in der behäbig sanften Dünung des Atlantiks hin- und herschaukelte und die Langsamkeit entdeckte. Wie Blei lag die See, die Sonne knallte unbarmherzig aufs Teak.

Zeit für ein Bad im größten Pool der Erde.

Es war ein unglaubliches Erlebnis, vom Deck meines Schiffes dem Ozean entgegenzuspringen und ein paar Runden ums Schiff zu schwimmen. Nun, das tat ich öfters. Jedoch noch nie über 4000 m Wassertiefe und mit dem Gefühl, über einem geheimnisvollen Abgrund der Ewigkeit sehr nah gekommen zu sein.

So, wie der Bug von AURYN sich im Ozean widerspiegelte, gab auch ich mich den Spiegelbildern meiner Zeitreise hin. Fast fünf Jahre waren vergangen. In ihnen erlebte ich malerische Inseln und leuchtende Korallenriffe, dampfende Dschungel, Eisberge und schroffe Landschaften. Bunte Fische, lachende Kinder und singende Delfine. Wunderbare Menschen und unterschiedliche Kulturen. Unzählige Seeabenteuer, gemischt mit allem, was man sich unter Wetter auf einem Schiff vorstellen kann (oder auch nicht), hatten wir erlebt. Flaute, Regen, Sturm, tropische Hitze, Orkan, Eis, Nebel und Schnee. In dieser Welt-Reise kollidierte ich äußerlich mit einem Russen, einem Wal und einem Eisberg, während mich innerlich andere Kollisionen beschäftigten: Die Auflösung meiner Firma, Scheidung, die vermissten Segler-Kollegen und der Tod eines Segelfreundes.

Aber das Wichtigste dieser Reise war für mich, dass ich neben allem wieder ein Stück zu mir selbst gefunden hatte, den Begriff Demut und Respekt vor der Natur neu definierte und zum

Glauben zurückfand. Ich betete, dankte und klopfte einige Male aufs Holz. Doch nicht, um meine Glücksengel aufzuschrecken, sondern um die Mehlwürmer aus dem Brot zu klopfen, die als blinde Passagiere in tropischen Gewässern zum Schiffsalltag gehören.

Immer noch kein Lufthauch. Sehnsüchtig wanderten meine Augen zum Horizont, wo sich kein Wasser kräuselte.

Die Vorsehung verweigerte mir zwar den Wind, aber sie sandte eine große Delfinschule, die mich mit ihrem Spiel erfreuten und mir Glück brachten. Denn am nächsten Tag fächelte es sanft und der Wind kam zurück. Endlich bewegte sich wieder etwas. Vor dem Fenster gurgelte das Meer, unter dem Rumpf rauschte der Ozean. Die Segeltücher, gefüllt mit Wind. Natur, Elemente, Boot und Mensch, verschmolzen und formten sich wieder zur Einheit.

Am Ende des Kreises

Im vertrauten Spiel verlängerten meine Finger fünfmal die Achse, die Merak und Dubhe vom Großen Wagen bilden und dann … berührte mein Zeigefinger nach zwei Jahren wieder den Nordstern! Jenen Fixstern, der wie schon seit Jahrhunderten dem Seefahrer eine sichere Orientierung bot und zugleich etwas Tröstliches suggerierte, wenn der Navigator versuchte, seinen Kurs in der Landschaft einer Wasserwüste abzustecken.

In dieser Nacht änderte sich die Welt. Der Wind drehte auf Gegenrichtung und es war, als hätte die Natur dieses Zeichen gewählt, um mir nach ihrer Einfachheit auch ihre brutale Gewaltigkeit zu beweisen. Mit eiskalter Faust drückte der kräftige Nordwind uns vom direkten Kurs weg. Wolkenbänke rasten, starke Böen setzten ein. Segel reffen in schweren Regenschauern. Eine Welle klatschte an den Rumpf, packte AURYN, schüttelt sie durch und duschte mich mit einer Ladung Salzwasser. Ich wandte mich vom Panorama der rauen See ab und der Kartenarbeit am Navigationstisch zu.

Position 16°45'Nord, 24°48'West.

Im Übersegler des Nordatlantiks berührten sich gleich neben einem alten Kaffeefleck ein frischer Bleistiftstrich mit der blassen Linie Kapverden – Karibik vom Februar 2001. Die Erde war umsegelt, der Moment schwer zu fassen.

Ich hatte das Gefühl, als hielte ich die Welt in den Händen.

Chapeau, AURYN

Das Ziel war erreicht. Jetzt blieb mir nur noch ein Auftrag: Mein Schiff, Socke und den Rest der Crew sicher nach Cuxhaven zu segeln. Aber erstmal raus mit der Buddel und her mit dem Sherry! Ein kräftiger Schluck für Rasmus, einen für AURYN hinterher und einen Finger (quer, nicht längs) für den Skipper.

Die Rauschefahrt im derben Wetter ging weiter. Nach dem Durchzug der Schlechtwetterfront drehte der Wind achterlich, sodass wir im Surf mächtiger Wellen schnell unterwegs waren. Irgendwann in der Nacht (wie immer) schreckte mich ein Ruck aus dem Schlaf der molligen Koje. Deutlich spürte ich, wie AURYN ihre Fahrt verloren hatte. Als ich schlaftrunken an Deck Ausschau nach der Ursache hielt, entdeckte ich an der Bordwand das weiße Tuch der Genua, die von AURYN durch das Wasser geschleppt wurde. Das Segel hing nur noch an den Schoten, was bedeuten konnte, dass a) der Schäkel des Falls sich verabschiedet hatte oder b) am Segelkopf etwas herausgerissen war. In der wilden Konfusion der See und der Hoffnung auf a) hangelte ich mich zum Bug, um das schwere Segel an Deck zu hieven.

Die Hoffnung war bestätigt, das Fall des Schäkels beraubt.

Diesen zu erneuern war nicht das Problem, eher das Vorliek der Genua wieder in die Nut und die Schiene des Vorstages zu fummeln. Schreibt sich in einem Satz, die Arbeit an Deck in rollender See beschäftigte mich jedoch einige Stunden. Im milchigen Licht eines Sonnenaufgangs konnte ich die Segel wieder setzen, die Schoten dicht holen, den Kurs neu anlegen und ein anständiges Frühstück zubereiten. Wobei Sockes Lamm mit Karöttchen verlockender klang als meine drei Spiegeleier (eins auf den Boden).

Die Reise im Mondlicht

Bocellis Arien klangen gedämpft durch meine Pudelmütze, während ich im Schlafsack eine wunderbare Vollmondnacht erlebte. Achteraus ein fluoreszierender Feuerschweif. AURYN zog im bewegten Heckwasser ihre kurzzeitige Spur in die Ewigkeit des Atlantiks. Das Licht reflektierte sich in weiß schäumenden Wellenkämmen um uns herum. Es sah aus, als ob wir durch eine winterliche Gebirgslandschaft segelten, umgeben von aufgerissenen Wolkenbänken am Horizont, in denen düstere Gestalten dahinhumpelten. Ich schrie ihnen etwas entgegen, weil ich wissen wollte, wie sich Stimmen überhaupt noch anhören, derweil ich immer matter wurde.

Ich wollte den Zauber dieser Nacht nicht verlieren und mich noch nicht von ihren Figuren verabschieden, aber irgendwann klopfte die Müdigkeit an, und als ich aus der Tiefe des Traumes erwachte, war es der 44. Tag auf See.

Allein und mit einem kleinen Segelboot und der Aussicht auf die Wetterkarte des Nordatlantiks, die nichts Gutes versprach. Sie zeichnete für diese Breiten das typische Bild von zunehmenden Tiefdruckgebieten auf ihrem Weg nach Osten und sensibilisierte mich dermaßen, weil neben einem satten Tief von 995 Hpa mit krakeligen Isobaren die saubere Schrift einer Gale Warning stand. Dieses Sturmtief zog direkt auf uns zu!

Noch kam der Wind aus Südwest, aber die Zugrichtung der Front bedeutete, dass der Wind über West, Nordwest auf Nord drehen würde und damit die Azoren als Wegpunkt nicht mehr anzusteuern wären.

Am Nachmittag toste es unerbittlich, erbarmungslos türmte sich die See auf. Natürliche Angst mischte sich mit der Sorge um mein Boot, das soviel aushalten musste.

Hohe Seen polterten über die Kante und ergossen sich in das Cockpit. Ich steuerte AURYN von Hand, während mir das Wasser über den Rand ins Innere der Stiefel lief. Mit einem lauten Knall riss vor mir das Achterliek des gerefften Vorsegels. Im Versuch, es wegzurollen, spürte ich, wie der Mechanismus der Rollreffanlage blockierte. Um es zu bergen, blieb mir nichts anderes übrig, als das Segel komplett auszurollen, das sich wild um sich schlagend dagegen wehrte. In einem Schauer, der mir fast die Sicht nahm, dauerte es eine Unendlichkeit, bis ich das Segel endlich in den Sack wühlen und die Sturmfock setzen konnte.

Obwohl ich unbändige Naturgewalten gnadenlos und extrem erlebte, gab mir AURYN immer das Gefühl von Sicherheit und Vertrauen, auch wenn die Stunden im Durchzug des Sturmtiefs zur Ewigkeit wurden.

Dann war das Schlimmste überstanden, doch die finstere Häufung von Unglücken hielt an.

Während einer Phase der Wetterberuhigung startete ich nach langer Zeit den Motor, um ihn in Funktion zu halten und die Batterien zu laden. Doch es dauerte nicht lange, bis sich der elektrische Autopilot mit einem blinkenden Fail im Display ausschaltete.

Genua gerissen, Rollreffanlage defekt und ein nicht mehr funktionierender Autopilot. Drei gute Gründe, die nächste Insel zur Reparatur anzulaufen. Kurs Kanarische Inseln, 360 Seemeilen nordöstlich entfernt und im Gegensatz zu den Azoren mit den besseren Serviceeinrichtungen ausgestattet.

Bist du's, Architeuthis?

Zwischen El Hierro und Gran Canaria.

AURYN segelte im steifen Nodostpassat, hoch und hart am Wind. Blauer Himmel. Voraus der schneebedeckte Teide und um uns herum der glitzernde Atlantik.

Irgendetwas schäumte merkwürdig an Steuerbord. Als ich neugierig über die Reling schaute, erkannte ich, wie sich zwei monströse Tentakel eines Kalmars in die Tiefe des Atlantiks zurückzogen! War das ein Kollege von jenen mythenumwobenen Bestien, vor denen sich die Seefahrer seit Jahrhunderten fürchteten, weil sie mit ihren Fangarmen ganze Schiffe in die Unergründlichkeit der See rissen? War ich zu lange allein auf einem Ozean, der mir in einer weichen Stimmung viel Raum für derlei Phantasien ließ? Oder waren die Theorien gar nicht so versponnen?

Fragen über Fragen!

Was wissen wir schon über einen Lebensraum, der dem Menschen bis heute so fremd geblieben ist wie ein ferner Planet. Doch tatsächlich gibt es in Tiefen zwischen 500 und 1000 Metern Riesenkalmare, was vor einigen Jahren durch zwei japanische Forscher bewiesen wurde, die bei Unterwasseraufnahmen in 900 Meter Tiefe zum ersten Mal den legendären Riesenkalmar „Architeuthis" zu Gesicht bekamen. Eigenartigerweise schien gerade das Revier der kanarischen Inseln zur Heimat der Riesenkalmaren zu zählen, denn es kam gelegentlich vor, dass ein solches Weichtier an den Strand gespült wurde. Unappetitlicher Glibber, tonnenschwer und bis zu 15 Meter lang, wie mir später ein alter Bekannter erzählte.

59. Seetag

Nach fast zwei Monaten auf See tauchte vor uns die spektakuläre Südwestküste Gran Canarias auf, thermische Winde pfefferten uns aus Schluchten entgegen, die tief ins Landesinnere griffen.

Darin lag ein gesprenkelter weißer Haufen, den ich bewusst ansteuerte, weil ich um die guten Reparaturmöglichkeiten dort wusste. Puerto de Mogan.

Nachdem die Segel eingerollt und das Deck aufgeklart war, fuhr ich unter Motor in jenen Hafen, den ich vor fast fünf Jahren verlassen hatte.

Nun lag die ganze Welt dazwischen.

Woher kommst Du? ... Kapstadt ? ... poco loco schrie mir Anchel, der Hafenmeister, entgegen, nahm die Festmacherleinen an und empfing mich mit dem gleichen Lächeln, mit dem er mich damals verabschiedet hatte.

Dann saßen zweieinhalb Mann im Cockpit: Mein kanarischer Freund, Socke und das andere Crewmitglied. Gemeinsam schauten wir auf den wuseligen Retortenhafen mit hübschem Ambiente, blickten auf Menschenschlangen, die sich über einen schmalen Laufsteg zwischen dem Heck von AURYN und den Terrassen der voller Restaurants schoben.

Was für ein Kontrast, gerade noch eine Menge Meer, Weite, Stille ... jetzt Kindergeschrei, Müttergekeife, Musikgedröhne. Gerade noch die nüchternen See- und Wetterkarten ... jetzt schwarze Schiefertafeln mit krakeliger Kreideschrift: Erdbeertorte mit Sahne oder Deutsche Currywurst und Pommes.

Traumschatten

Als ich das Land betrat, kam ich nur langsam in Tritt. Vorbei an John Denver, der mir sein Country Home ins Ohr säuselte, marschierte ich durch den ehemals pittoresken Fischerort und entdeckte den Lauf der Zeit. Die kleine Bananenplantage, die vor Jahren noch bis zum Strand reichte und an der schäumenden Brandung leckte, war nicht mehr am Meer. An ihrer Stelle wucherte ein hässliches Geschwür verschachtelter Apartmentanlagen mit dem architektonischen Charme von Leichenhallen.

Kalt und tot.

Das Leben pulsierte wie schon damals im Yachthafen. Als ich abends über die Stege schlenderte, gab es ein freudiges Wiedersehen mit Steffi. Ihr damaliger Freund Wolf (Sie kennen ihn aus dem Kapitel Siete Islas) war in der Zwischenzeit verstorben. Das war wie ein Tiefschlag für mich, weil ich mich an unsere gemeinsamen Abende erinnerte: An das Konzert in Las Palmas, den Geist seiner Meer-Geschichten ...

Auf einer Bank unter dem Gewölbe einer duftenden Bouganvillea sprach Steffi über die Vergangenheit, die sie nach Wolfs Tod auslöschte, indem sie Haarfarbe und Namen wechselte. Sie heiratete hinein in Status und in eine Welt jener Regelmäßigkeit, neben der ihr Traumbild vom einfachen Leben auf einem Boot und einer Reise um die Welt an Schärfe verlor. Bis sie sich wie eine andere und wieder glücklich fühlte.

Aber war sie das wirklich? Immer wieder fragte sie nach meinem Törn, meiner Reise in eine andere Zeit. Während ich erzählte, trieb sie in Gedanken über Ozeane und zog mit mir durch Kontinente. Solange, bis die Figuren meiner Erzählungen einen langen Schatten auf ihren Traum warfen, dem sie mit einem traurigen Lächeln hinterher seufzte.

Magie eines Augenblickes

In meinen Beschäftigungen mit den Reparaturen und den Fragen neugierig vorbeiziehender Touristengruppen: „Sind sie mit dem Schiff aus Deutschland hierher gekommen?“, und dem Bemühen, auch nach dieser zum zehnten Mal gestellten Frage immer noch freundlich zu sein, verhakte sich mein Blick urplötzlich mit dem einer schwarzhaarigen Frau, die während des Vorbeischlenderns über ihre Schulter zurück Richtung AURYN schaute. Ausgerechnet in dem Moment lenkte mich die Frage des Mechanikers ab, der sich um die Rollreffanlage auf dem Vorschiff kümmerte. Als ich mich wieder dem Zauber der Blick-Berührungen zuwenden wollte, war sie weg.

Nur ihr roter Rucksack schimmerte kurz noch im Schwarm vorwärtsziehender Urlauber.

Die Magie des Augen-Blickes bekam ich nicht mehr aus dem Bauch und als ich eine Stunde später, in Gedanken murmelnd „Was koche ich heute Abend?“, in den örtlichen Supermarkt stolperte, war ich mehr als überrascht, den Faden unserer verlorenen Blicke wieder aufzunehmen.

Zwischen Weinregal und Käsetheke packte ich meinen ganzen Mut genauso entschlossen an wie die Flasche Merlot in der Hand, mit der ich dem roten Rucksack hinterher lief.

Das war noch lässig. Jedenfalls nicht so holprig wie der Satz, mit dem ich jene Frau ansprach, die mein Herz anschob.

Ein kurzes Kaffeetrinken, ein paar Stunden beim Abendessen. Vor uns flackerte das Kerzenlicht, in dem sich meine Reise und das Schicksal reflektierten. Musste ich erst um die ganze Welt segeln, um Doreen zu treffen, die in mir ein wunderbares Gefühl aufleben ließ, das tief unten in meiner Seele vergraben lag? Im Wind knatterten die Flaggen, Wanten surrten. Im Bauch ein Flattern und Kribbeln. Klammheimlich entschuldigte ich mich für alle üblen Flüche, die ich unterwegs in Richtung defekter Geräte, Blitze, gerissener Fock, heftiger Stürme und umsonst gesegelter Seemeilen gebrüllt hatte. Plötzlich ergab meine wochenlange Irrfahrt durch den Südatlantik einen Sinn, weil sich nun zwei Menschen trafen, die man auch deshalb in die Welt gesetzt hatte, damit sie sich begegneten. Durch diese Fügung begegnete mir die Liebe. Gerne hätte ich sie länger festgehalten, doch es blieben gerade mal 20 Stunden bis zur Flugnummer 4268.

Am nächsten Tag war Doreen weg und ich segelte zärtlichen Gedanken hinterher.

Meeresfalten

Das Segel war genäht, der Autopilot schnurrte und die Rollreffanlage funktionierte wie geschmiert. Bevor ich am nächsten Morgen Puerto de Mogan verließ, nahm ich die Einladung Anchels zum Abendessen in seinem Haus dankend an.

Bei köstlich gegrilltem Fisch und kanarischen Kartoffeln saßen wir auf der Terrasse mit Blick auf das Silber eines geriffelten Ozeans. Die Heimat seines Vaters, der sein ganzes Leben auf dem Meer verbracht hatte. Der alte Mann und das Meer schienen sich sehr nah in diesen Stunden, denn er schwatzte mit wetterfester, aber poetischer Grundierung über die See. Es war wunderbar, einem schneeweißen Greis einfach nur zuzuhören, der theoretische Themen wie den simplen Wetterbericht und das Leben auf dem Wasser in gerade Verse goss. Der alte Fischer, dessen Falten im Gesicht so alt schienen wie der Ozean, auf den wir schauten, gab seine See-Gefühle so wieder, wie ich sie erlebte.

Es war etwas Wunderschönes, die eigenen Empfindungen plötzlich aus dem Mund eines anderen zu hören.

Mit Joseph im Meer, ein und alles

Leinen los, Segel gesetzt, Kurs Nordost. Meilen fressen. Apropos Futter: Abends gab es die von Anchel eingepackten Garnelen mit einer ordentlichen Portion Pasta in Ajillo. Dazu den Rotwein des Vorabends, allerdings nicht zum Essen, sondern hämmernd in meinem Schädel.

Auch wenn das eher trockene Mineralwasser nicht so wirklich in den romantischen Moment eines Sonnenuntergangs passte, die Musik tat es:

Griegs Morgenstimmung. Perfekt. Auch wenn damit der Tag ging.

Es war April, die Nacht eiskalt. Mit Pudelmütze, in dicken Fleeceklamotten lag ich mollig verpackt in der Wolldecke unter einem Sternenhimmel, der vor Klarheit fast explodierte.

Darunter AURYN, die, wie von einer unsichtbaren Schnur gezogen, vorbei an der langen Küste Fuerteventuras segelte, in der ein paar Lichtoasen geheimnisvoll flimmerten.

Als der Morgen kam, verschwanden achteraus die Umrisse von Lanzarote und vor uns lagen die letzten 2000 Seemeilen dieser Reise, deren Ende ich allmählich spürte. Mit dem Verlassen der konstanten Passatwindzone segelten wir hinüber in das Reich der mürrischen Westwinde und des instabilen Wetters. Die Region, die in den nächsten Tagen unser Zuhause sein sollte, kann kein anderer prägnanter beschreiben als Joseph Conrad:

Der Westwind ist ein viel zu mächtiger Herrscher, als dass er sich zu verstellen brauchte. Er ist kein kühler Rechner, der finsteren Herzens Pläne schmiedet, und er ist zu stark, um kleine Kniffe anzuwenden. In allen seinen Stimmungen liegt Leidenschaft, selbst seiner heiteren Tage. Er ist der Meere ein und alles und wie ein auf den Thron erhobener Dichter prächtig und schlicht, barbarisch und nachdenklich, großzügig, wandelbar und leicht erregbar

Aus diesen Worten, deren Patina im Spiegel der See matt glänzte, riss mich ein schriller Piepton.

Nachtwache!

Wir befanden uns auf der geografischen Breite der Straße von Gibraltar, der Schifffahrtsverkehr hatte deutlich zugenommen und mit ihm verkürzten sich die Schlafphasen in der Nacht. Der Wecker bestimmte nun das tägliche Geschäft im Weitersegeln und Aufmerksambleiben im Rhythmus der See, in endlos vorbeiziehenden Wellen, im frischen Wind der Frühjahrstiefdruckgebiete, die nun über den Atlantik brausten.

Mittendrin ein blaues Segelschiff in grauer Melancholie.

Zirren am Himmel sind fliegende Zeichen.

Aus ihnen wurde der angekündigte Starkwind einer Schlechtwetterfront, die uns fest in ihre kalten Krallen bekam.

Innentemperatur 5°. Ich stieg aus dem mit salziger Luft gesättigten Bett in die klammfeuchte Schwerwetterkleidung und sah hinter beschlagenen Scheiben, wie ein grausam grauer Morgen aufzog.

Als ich das Kaffeewasser mit die rollende See ausbalancierenden Bewegungen in die Filtertüte goss, übermannte mich gleich wieder die Müdigkeit, weil ich auch in dieser Nacht kaum ein Auge zugetan hatte.

Die Biscaya im Frühjahr zu durchsegeln, war nicht gerade ein Segelspaß und bedeutete, die Illusion ziehen zu lassen, in dem berüchtigten Revier einfach nur davonzukommen.

Es blieb kalt und regnerisch. Die Fahrt wild und die See wütend. Genau diese Bedingungen waren es, die die intensivsten Eindrücke hinterließen, weil aus grauer Melancholie oftmals wunderschöne Wasserlandschaften wuchsen.

Der stürmische Westwind hielt an. Er ließ meine Hände im ständigen Arbeiten mit den Segeln rissig werden, schwächte meine körperliche Verfassung und doch spitzte er meine Konzentration: Denn nun kam es darauf an zu bestehen, im Hausrevier des Empires, in der rauen Nordsee.

Im geordneten Chaos

Seekarten können ein freundliches Bild von einer Region vorgaukeln. Schauen Sie sich jedoch, liebe Leser, die nautische Karte des Englischen Kanals einmal genauer an, so stellen Sie sicher schnell fest: Nicht besonders einladend! In der Tat, die dreißig Meilen breite Meeresenge des Ärmelkanals, die sich zu einer der meist befahrenen Wasser-Straßen der Welt entwickelte, hat es im besten Sinne des Wortes in sich: Kümos, Schnellfähren, Fischerboote, Containerschiffe manövrieren auf engstem Raum. Ein Gewirr von Untiefen- und Heultonnen, Gefahrenzeichen, Radartürmen, Leuchtfeuern, Bohrinseln, Verkehrstrennungsgebieten der Berufsschifffahrt, sowie Korridore für Schnellfähren ergänzen das kartografierte Chaos. Doch die eigentliche Tücke des Reviers lauert im Verborgenen. Bleibt unsichtbar, falls Sie immer noch auf die Seekarte schauen!

Also weg damit und her mit den Gezeitentabellen und Strömungstafeln. Darin kennen sich nicht nur die einheimischen Fischer besser aus als mit den Abfahrtszeiten der Busse; auch der Segler, der hier navigiert, sollte wissen, mit wem er sich anlegt, wenn der mächtige Tidenhub und der Strom zwischen der Insel und dem Festland hindurch schießt.

Doch damit genug, an Steuerbord blinkte es.

Das Leuchtfeuer von Roscoff warf seinen kalten Schein auf die dunkle See und streifte die Dramatik und Einsamkeit, die von der Küste der Bretagne seit ewigen Zeiten ausgeht.

Davor tanzten wild die Lichter zahlreicher Riesentanker im Auf und Ab der rollenden Dünung. Sie zeigten mal weiß, dann rot oder grün. Als ich alles gleichzeitig sah, bedeutete es nichts anderes als Kollisionsgefahr! Schnell fierte ich die Schoten auf, ließ AURYN etwas abfallen und preschte mitten durch die Phalanx riesiger Schiffe. Das war nicht ohne Risiko und doch hatte es etwas Reizvolles! Ich dachte daran, dass mich meine Reise mit AURYN oftmals ins Niemandsland unbekannter Gewässer ohne Seekarten und nautische Hinweise geführt hatte. Nun schmunzelte ich darüber, dass wir uns im Chaos der Umgebung sehr geordnet zurecht fanden – zwischen leserlichen Zahlen auf durchnummerierten Tonnen. Dennoch kam ich in

Seh-Not

Nieselregen setzte ein, der Wind atmete aus und ein diesiges Schleiertuch legte sich schwer auf die See, über das Schiff. Irgendwie ausgeschlossen von der Welt, trieben wir in einem blind machenden Nebel in eine bedrückende Stille. Doch Vorsicht! Es wummerte. Gespannt starrte ich ins Nichts ... dann auf die Schatten mächtiger Stahlungetüme, die auftauchten und gleich wieder verschwanden.

In dieser verhüllten Welt machte ich mich daran, meine lähmende Verwirrung zu überwinden und steuerte AURYN unter Motor im geheimnisvollen Nebel und in einem Meer widersprüchlicher Gefühle. Einerseits hoffte ich darauf, bald anzukommen, andererseits erfüllte sich auch ein kräftiges Gefühl des Abschiednehmens, weil mir immer deutlicher wurde, dass ich die letzten Tagesblätter meiner Fahrt abriss und das Abenteuer sich dem Ende näherte.

Mit schweren Flügelschlägen tauchten Möwen auf und verschwanden sanft hinter dem nassen Vorhang, in dem sich plötzlich verschwommene Bilder wie auf einer Leinwand projizierten.

Die Umrisse von Kap Hoorn, die Gletscher der Antarktis, die paradiesischen Atolle der Südsee, die Lagunen Feuerlands, die Steinskulpturen der Maoris. Vor diesen Bildern zog der Chor auf und die Vorstellung bekam Melodie: Der Sprechgesang von Pater Claudio, die melancholischen Klänge der Kinder, die mir ein Lied am Strand sangen, das der Wind zu unserem Ankerplatz herüber wehte. Der freche Gesang zweier pausbäckiger Bergbuben in den Anden, mit denen ich damals einen Apfel teilte, unterlegte sich mit dem dumpfen Geräusch stampfender Füße der Eingeborenen von Tanna. Erinnern Sie sich noch? Das waren die mit den nackten Hintern, die die Erde von Vanuatu zum Beben brachten. Das hörte ich jetzt und verfing mich im Meer eines dichten Schleiers der Erinnerung, bis eine Nebeltonne blökte – und mich die Schallsignale einer Fähre daran erinnerten, wo ich segelte!

Ein leichter Wind hatte eingesetzt, vertrieb letzte Nebelschwaden und machte der Seh-Not ein Ende.

Nackt-Segeln

Querab der Seine-Mündung kreuzten einige Schnellfähren unseren Bug und AURYN jene imaginäre Linie, die die Welt längsseits in Ost und West teilt. Zum vierten Mal auf unserer Weltumsegelung rutschten wir über den Nullmeridian und auch wenn der Vollmond dazu lächelte, ließ ich mich durch sein listiges Schmeicheln nicht ablenken. Im Rausch der Springtide zog uns eine mächtige Strömung gefährlich nah unter Land, einige Stunden schob sie uns mit drei Knoten Fahrt zusätzlich an, bis sie uns im Gegenstrom ausbremste, so dass AURYN nur noch mit einem Knoten Fahrt über Grund dahinkroch.

Das drückte aufs Gemüt, genau wie die anhaltende nasse Kälte.

Am nächsten Tag unter einem grauen Himmel wurde es noch schlimmer. Im Regen lag die Sichtweite selten über 100 Meter. In einem Minenfeld von Bojen, Schnellfähren, Frachtern und Fischerbooten sprang ich abwechselnd vom Radarschirm hoch ins Cockpit oder umgekehrt. Stundenlang. Die ganze Nacht hindurch, bis mich aus dem Spiegel jemand anglotzte und zu fragen schien: Wann hast du eigentlich zuletzt geschlafen?

Da war noch eine Stimme.

Sie klang real, weiblich, trug einen mahnenden Charakter vor sich her und sprach von ... Gale Warning, herabgesetzter Sicht, Windstärke 8-10, für den östlichen Teil des British Channel ..., den wir zufälligerweise gerade durchsegelten!

Irgendwie passte die zarte Damenstimme nicht zu den erwarteten Gewalten, die Laura Ashley vermutlich im schicken Kostüm vor einer Tasse dampfenden Tees gerade in den Äther hauchte.

Fetzige Musik aus den Top Twenty der BBC folgte, was auch nicht unbedingt zum erwarteten Szenario passte. Eigentlich kam der Moment, um das Programm für die Gebete des Seemannspfarrers zu unterbrechen. Doch wer kümmerte sich schon um jene, die, in einer ausgepeitschten See, mitten in der Nacht unterwegs waren?

Während ich in heftigen Schauerböen mit den Segeln arbeitete, schrie ich, mehr um mir Mut zu machen, derbe Flüche dem aufgewühlten Meer entgegen. Das schaffte Räume. Bis zum Moment, als sich das Meer wehrte und eine überkommende Welle mir die letzen Silbe eines nicht druckreifen Wortes zurück in den Hals drückte.

In diesem Inferno erreichten wir den westlichen Rand der Nordsee. Die Konturen von Wellenkämmen wurden zur Gischt zerblasen. Klamm vor Kälte und den Hintern nass vom Sitzen im Salzwasser spürte ich die Nässe, wie sie in meinen Nierenbereich griff.

Es kam mir vor, als ob ich nackt durch die Nacht segelte.

Das stille Gejammer zählte nicht – was zählte, war die Ankunft.

Frieslands Berge und die Vermessung der Welt

Holland kam in Sicht.

Im milchigen Licht eines Sonnenuntergangs zogen graue Wolkenbänke vorbei und zauberten gleichsam Berge in die friesische Ebene. Darüber nähte ein Düsenjet einen scharfen Saum in einen Himmel voller Pastellfarben.

Noch einmal sog ich alles um mich herum auf. Die letzte Nachtfahrt, den von Sternen erleuchteten Nachthimmel. Mein Blick wanderte die gewölbte Kuppel entlang und ich spürte, dass da oben noch jemand unterwegs war.

Und so dankte ich der Heerschar nie müde werdender Schutzengel und betete, weil ich gesund zurückgekehrt war.

Am nächsten Nachmittag lag vor uns die Elbmündung, an Backbord der rote Fuselfelsen und ich konnte es kaum fassen, dass nach 5 Jahren nur noch 30 Seemeilen zu segeln waren.

Als mich der der mächtige Elbstrom wieder in seine Klauen bekam, saß ich still an der Reling, schaute in die Dämmerung des Abends und rutschte ab in die Oase meiner Erinnerungen. Ein Krabbenfischer tuckerte uns entgegen und kurbelte seine Schleppnetze ins Wattenmeer. Während seine Arbeit begann, war der Job für mich getan.

Die Welt lag im Kielwasser, mit ihr drei große Ozeane, die berüchtigtsten Kaps, die Antarktis. Wir waren von einer Zeit in die andere gesegelt, von Ort zu Ort gezogen und hatten 46 Länder besucht. Die eigentlich nicht geplante Reise um die Welt war zu meinem gelebten Traum geworden und AURYN hatte mir die Freiheit dazu geschenkt.

Fast fünf Jahre war es her, seit das Leuchtfeuer von Cuxhaven sich im nächtlichen Dunkel verloren hatte, nun nahm es mich wieder auf. Es war weit nach Mitternacht, als wir im Yachthafen einliefen und ich in einem eiskalten Ostwind AURYN in jene Box bugsierte, in der wir vor fast fünf Jahren die Leinen gelöst hatten. Damals erschien mir das Ablegen leichter als nun das Ankommen. Genauso musste sich das Tauwerk fühlen, vom langen, langen Gebrauch.

Im Dunkel der Nacht stand ich vor AURYN, die im schummrigen Licht einer Steglaterne irgendwie auszuatmen schien. Es war erstaunlich, wie gut sie nach diesem Mammuttörn noch in

Schuss war, auch wenn das Teakdeck ausgeblichen war und einige Schrammen Meer-Geschichten am Rumpf erzählten.

Schlotternd vor Kälte, die ganze Welt auf dem Buckel, unternahm ich die ersten Schritte auf heimatlichem Boden, der unter meiner Last zu wanken schien.

Dann zog ich das Luk zu, kroch in die Koje, war aber zu aufgedreht, um zu schlafen. Ich bestellte beim Steward ein Glas Wein, stieß mit ihm an und kritzelte ein paar Fragmente ins Reisetagebuch. Indem ich schrieb, gewann die Welt um mich herum wieder an Konturen. Der Steward schenkte nach, sein Wein war gut und es war, als ob die Welt nachschenkte und sie deshalb bei mir blieb, weil es noch Dinge gab, die unbedingt geschrieben werden mussten.

Es war kalt geworden, der Wein ausgetrunken. Im Gemurmel des schwappenden Hafenwassers, mit der Kladde auf der Brust, schlief ich ein.

Im Traumspiel der Meereslust

Es klopfte. Jemand von der Zeitung schaute vorbei, stellte Fragen, schoss ein paar Fotos.

Segelkollegen und Freunde kamen, mein Vater und meine Tochter. Ein herzlicher Empfang und doch: So richtig bekam ich davon nichts mit, weil ein Teil von mir immer noch nicht angekommen war.

Der Tag vertrödelte. Immer wieder haute mich der Schlaf um. Dazwischen klarte ich das Deck auf, gönnte AURYN eine Süßwasserdusche und wischte im Salon das Meersalz von Tisch und Wänden. Der Stein fiel auf den Boden, der kleine Kiesel vom Kap Hoorn. Ich hob ihn auf, rollte ihn gedankenverloren zwischen den Fingern und verrückte Vergangenes in den Augenblick. Plötzlich tauchte ich wieder ein in Bilder und Geräuschkulissen, stand wieder auf dem dunklen Felsen von Kap Hoorn, sah dem Albatros im sanften Gleiten entlang den Klippen zu, blickte auf den Punkt der Brandung, wo sich zwei Ozeane trafen. Im Rauschen des Atlantiks und des Pazifiks pennte ich ein.

Der Wind hatte mich geweckt. Sein kalter Hauch strich durch das Fenster und wehte die letzte Seite meines Reisetagebuches auf.

Der Morgen war grau und kalt. Nach dem Frühstück spazierte ich der Elbe entlang, wanderte den Deich entlang und zugleich am Rande meiner Traumzeit. Die Romantik verträumter Ankerplätze war dahin, wie das Lächeln des Zaubers tropischer Seetage. Man wünscht sich, dass das alles noch nicht zu Ende wäre, zumindest sagt man es sich. Aber allmählich dämmert die Gegenwart und plötzlich ist alles ganz anders. Das war mir klar, nur der Erkenntnis noch nicht.

Sie hatte Mühe zu folgen und klemmte in den Erinnerungen der Meereslust.

In den fünf Jahren, die mir vorkamen wie fünf Tage und zugleich wie ein ganzes Leben, segelten wir zu jener Linie, die den Himmel vom Meer trennt, ohne dass wir ihr jemals nahe kamen.

AURYN brachte mich nicht nur zum Horizont, sondern darüber hinaus und zugleich hinein in eine neue, phantastische Wirklichkeit, die mir das Meer schenkte.

Am Ende des Regenbogens

April 2006

Während uns die Meereslust um die Welt trieb, gab es in Deutschland einen Schumi, der kein Weltmeister mehr war, eine Fülle neuer Gesetze, eine neue Währung, einen Regierungswechsel und meinen Vater, der mit dem Tod kämpfte.

Es fiel mir anfangs schwer, mich zu resozialisieren, weil ich mich zunächst einer Welt der Widersprüche gegenübersah, in der meine eigene Verlorenheit widerhallte.

Das Deutschland, das ich nach meiner Ankunft vorfand, war nicht mehr das, welches ich verlassen hatte. Aber es war auch nicht so schlimm, wie mir über die Deutsche Welle-Nachrichten in der Weite der Ozeane suggeriert worden war.

Zurück im Land der hängenden Köpfe empfand ich die Welt jedenfalls noch in Ordnung und weit entfernt vom Untergang.

Ich staunte über die Auswahl von 30 verschiedenen Käsesorten und hielt verwundert die Hochglanzprospekte nobler Autofirmen in den Händen, die Fahrzeuge ankündigten, deren Verbrauch bei 20 Litern lag. Der daraus entstehende hohe CO_2-Ausstoß führt unter anderem dazu, dass das Meer im westlichen Pazifik jährlich um drei Millimeter ansteigt.

Messstationen liefern dazu gnadenlose Beweise.

Das Meer erhebt sich! Millimeter um Millimeter. Drei Zentimeter in zehn, dreißig in hundert Jahren! Der Untergang einiger Inseln, vor denen AURYN geankert hatte, steht bevor. Tuavalu im Pazifik ist eine davon, Palmerston eine andere.

Im Hauch des Schicksals

In der Zwischenzeit liegt eine zweite Weltumsegelung hinter mir. Das Manuskript einer Reise voller Abenteuer und Emotionen ist geschrieben. Diesen hingegeben, tauchte ich nur schwer aus den Tiefen erfahrener Geschichten auf, umso besser ein in ihre Geheimnisse. War ich wirklich schon angekommen, noch unterwegs oder schon wieder weg?

Die Reise mit AURYN half mir, ein Stück Leben im Leben zu leben und führte mich am Ende zu mir selbst. Oder war es der Anfang?

Wie auch immer.

Das Schicksal hatte die Karten gemischt und ausgeteilt.

Der Zivilisation brachte es einen Seenomaden zurück und dem Himmel einen Todgeweihten.

Im Spiegel der Intensivstation jammerte ich mit mir selbst und begriff im Antlitz meines Vaters das Verlöschen der Zeit. Betäubt von der Traurigkeit des Abschiednehmens beugte ich mich über ihn, küsste ihn auf die Stirn und fühlte, dass er seine Seele aushauchte.

Besserwisser

Versunken in Erinnerungen an meinen Vater kramte ich das Logbuch der Meereslust hervor und las jenen Spruch, den er mir zu Beginn einer nicht geplanten Weltumsegelung auf die erste Seite geschrieben hatte: „Wir verändern immer nur den Himmel über uns, nie uns selber."

Ein schlauer Spruch von Horaz, den ich subjektiv als Quatsch empfand, weil er auf meine Erfahrungen nicht anzuwenden war. Reisen verändert. Und tatsächlich öffnete mir dieser Törn mit AURYN die Seele und führte zu einer enormen Entspannung in der distanzierten Sicht auf jenes Leben, das ich mit dem Losschmeißen der Leinen vor Jahren zurück gelassen hatte.

Die Begegnungen mit unterschiedlichen Kulturen, ihren Menschen, besonders die langen Törns im Meersein über die Ozeane haben mich erfüllt, innerlich reicher gemacht und noch bevor ich die Elbmündung erreichte, wusste ich: Das Ende dieser Reise wird der Anfang einer neuen.

Psalm 65

Ich ging in das Haus der stillen Gebete und flüsterte meinen Dank dafür, dass mir nichts passiert und ich heil zurückgekommen war.

Die alte Kirche schien ebenfalls zu sich selbst zurückgekehrt zu sein, sie war von einer nüchternen Schönheit, die eine angenehme Aura versprühte. Ich saß auf der kantigen Holzbank, neben bleiverglasten Fenstern, an denen der Regen trommelte und Windböen rüttelten.

Fast wie auf AURYN, nuschelte ich, während von der gekalkten Wand eine holzgeschnitzte Figur mich aus schwarzen Augen anglotzte.

Alles war plötzlich voller Leben und saugte mich in einen Tunnel aus Abenteuern und glücklichen Bildern, in denen die verschwommenen Umrisse von Inseln auftauchten und das Meer grummelte, während ich betete. Das war ebenfalls eine der Erfahrungen auf See. Die Rückkehr zum Glauben, zum Beten im Dunkel der Hoffnungslosigkeit, wie in meinem ersten Sturm mitten in der Biscaya.

Gott unser Retter, du hältst uns die Treue, du antwortest uns durch gewaltige Taten. Du bist die Hoffnung der ganzen Erde bis hin zu fernsten Meeren. Du hast die Berge hingestellt mit deiner Kraft. Du bist zum Kampf gerüstet mit Macht. Und stillst die Aufruhr des Meeres, das Brüllen seiner Wellen.

Das Versprechen

Nach Monaten besuchte ich wieder AURYN, die stolz am Ufer der Lesum stand, deren grün bewachsene Böschung sich in der Ferne mit dem Perlregen verschmolz. Es war ein trostloser Anblick, sich meinem Schiff im Schatten der Verlassenheit zu nähern. Ich spürte, wie mich eine Kälte packte, die nichts von der feuchten Luft der Umgebung hatte.

Seit Tagen weinte der Regen am Fenster und es war kalt. Der Nachrichtensprecher verlas eine Unwetterwarnung für die deutsche Bucht. Gut, nicht draußen zu sein, murmelte ich am Nav-Tisch und schob Socke beiseite, der sich wie immer auf der Seekarte breit machte und an einem Bleistift kaute.

Oh, bevor ich es vergesse: Erinnern Sie sich noch an den Anfang des Kapitels „In der Magie des Pazifischen Ozeans?“ An das Versprechen ... das ich meinem Kumpel gab?

Eingelöst! Damit Gruß an Bobby und Socke im hohen Bogen auf die Couch. Ich brauchte Platz!

Never give up ...

Vor mir lag ein Stapel Seekarten, Skizzen, Logbücher, mein Reisetagebuch und ein Seesack voller Erinnerungen, aus denen ich nicht mehr entrinnen mochte. Gedanken flatterten wie Schmetterlinge durch den Raum.

Dann begann ich zu schreiben und ließ mich Seite um Seite vom Zauber der Meer-Geschichten einhüllen und erlebte die Reise noch einmal. Aber diese fünfjährige Lebensreise war von einer solch gewaltigen Fülle, dass ich viele Bilder nach einiger Zeit nicht mehr aufnehmen konnte und sie zu den anderen legte, ins Regal voller Filme.

Jederzeit greifbar bleiben für mich die Steine auf dem Schreibtisch. Ein zackiger dunkler vom Kap Hoorn, ein von der Brandung rundgewaschener vom Kap der Guten Hoffnung.

Diese Steine werden mich immer daran erinnern, wie ich aus einer abgesicherten Welt hinein in die Unregelmäßigkeit einer urgewaltigen Natur segelte und damit in das größte Abenteuer meines Lebens. Weil ich dem Traum eines kleinen Jungen folgte und ihn mir nicht austreiben ließ.

Bis zu dem Moment, als ich AURYN kaufte – und ihn lebte. Das innige Gefühl der Verwachsenheit mit all den Schauplätzen, die wir zurückgelassen haben und zu denen wir irgendwann einmal zurückkehren werden, meißelte sich in die Erinnerung genauso wie die Inschrift des Steinmonuments von Cape Hope:

> Never give up, for that is just the place and time that the tide will turn.

AURYN

ist eine Moody 425 von etwas über 13 Meter Länge und über vier Meter Breite. Eine geräumige, sehr sichere Eigneryacht. AURYN ist als Mittelcockpit-Yacht gebaut und verfügt auf Grund dieser Aufteilung über komfortable Kojen, sodass Sie nicht in „sargähnlichen" Räumlichkeiten schlafen müssen. Falls Sie einmal Lust auf Meer haben sollten und mitsegeln möchten!

Zu jeder Doppelkoje gehört eine Nasszelle mit Dusche, WC und Waschbecken.

Sie werden sich im gemütlichen Salon wohlfühlen und eine Pantry vorfinden, die mit Backofen, Kühlschrank und Gasherd gut ausgestattet ist. Das Cockpit ist großzügig angeordnet, und an Deck haben Sie reichlich Platz zum Sonnenbaden oder zum Relaxen in der Hängematte.

Wenn Sie in einer romantischen Ankerbucht baden möchten, nur zu. Über die Badeplattform und eine Steighilfe kommen sie gut ins Wasser und sicher hinauf und können sich am Heck abduschen. Auch wenn wir uns mit den Kräften der Natur bewegen, so verfügt das Schiff außer Segeln über einen 50 PS Perkins-Dieselmotor, sowie über eine elektrische Ankerwinsch und ein Dingi (Beiboot) mit einem 8-PS-Außenbordmotor.

Zur Ausstattung gehören:
80 m Ankerkette, 20 kg Delta-Anker. Zweiter Reserveanker.
Große Sonnenpersenning vom Mast bis Achterstag, geschl. Rettungsinsel, EPIRB-Sat.-Notrufsender, Rettungswesten mit Lifebelts, Radar, Log u. Echolot, GPS fest eingebaut, GPS-Handy, Autopilot, UKW- u. KW-Seefunkanlage, Radio-CD-Tape, 4 Solarpaneele, 1 Windgenerator.
Besegelung: Furlexreffanlage für Rollgroßsegel u. Rollgenua.
Segelfläche 100 m^2 am Wind, 120 m^2 Leichtwindsegel (Blister), 1 Spi-Baum, Trysegel, Sturmfock, Kuttersegel. Außengrill, Hängematte, Schleppangel usw.
AURYN ist in Deutschland registriert und fährt somit unter deutscher Flagge.
Heimathafen ist Bremen. Das Schiff ist bei Pantenius versichert (Kasko und Haftpflicht).

Infos zu Mitsegelreisen finden Sie unter www.auryn-sailing-adventures.de

PS: Sollten Sie allergisch gegen Katzenhaare sein, kein Problem! Socke ist kein Bestandteil der Ausstattung und gehört nicht mehr zur Crew!

Er hat ausgemustert, zieht das Landleben vor und lebt bei meiner Tochter. Er tyrannisiert Schäferhunde, fängt wilde Kaninchen und erfreut sich allergrößter Beliebtheit und bester Gesundheit.

SY AURYN

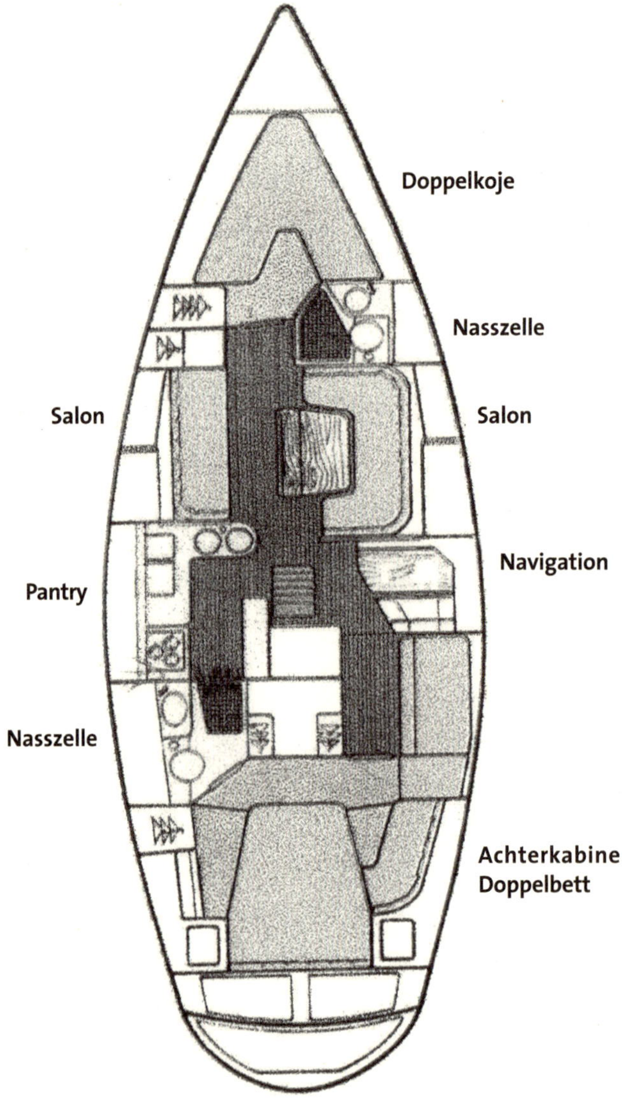

Doppelkoje
Nasszelle
Salon
Salon
Navigation
Pantry
Nasszelle
Achterkabine
Doppelbett

Glossar

Abdrift	Seitliche Versetzung des Bootes nach Lee, Kursänderung vom Wind weg
Abfallen	Kursänderung vom Wind weg
Achtern	Hinterer Teil des Bootes
Achterlicher Wind	Die Schiffsrichtung 180° zur Windrichtung
Am-Wind-Kurs	Die Schiffsrichtung 30° bis 60° zur Windrichtung
anluven	Kursänderung zum Wind hin
auffieren	Die Schoten oder eine Leine nachlassen
Auge	Seemännische Bezeichnung für alle Arten von Schlaufen /Schlingen
AURYN	Ein Amulett aus der Unendlichen Geschichte Michael Endes
Ausreffen	Vergrößern der Segelfläche
Backbord	Die in Fahrtrichtung linke Schiffsseite
Baum	Ein Rohr oder Kunststoffprofil, an welchem die Unterkante (Unterliek) eines Segels festgemacht wird
Beibändseln	bedeutet, dass man zwei Leinen mit einem dünnen Band umwickelt und festknotet
belegen	Eine Leine festmachen
Blister	Ein Segel aus Spinnakertuch ähnlich der Genua, für leichten Wind, zum Höhe laufen geeignet
Boje	Ein auf dem Meeresgrund verankerter Schwimmkörper zur Bezeichnung bestimmter Stellen im Seegebiet, zum Beispiel Fahrtrinnen. Es gibt auch Bojen zum Festmachen von Booten
Bug	Vorderes Ende des Schiffsrumpfes
Bullenstander	Eine Schot zur Fixierung des Baumes, bei achterlichen Winden
Die Schiffsrichtung	180° zur Windrichtung
Dingi	Von einer Person zu bedienendes Bei- oder Segelboot
Dirk	Eine Leine zum Anheben des Großbaumes
Etmal	Die zurückgelegte Strecke von 12 Uhr mittags des einen bis 12 Uhr mittags des nächsten Tages
Fall	Eine Leine, mit der Segel oder Rahen hochgezogen werden
Fender	werden als Knautschzone zwischen zwei Schiffen oder der Kaimauer benutzt
Fock	Kleines Vorsegel
Fuß	Längenmaß (1ft = 304 mm)
Genua	Am Vorstag gefahrenes überlappendes Vorsegel für leichten Wind
Gut	umfasst alles an Bord verwendete Tau- und Drahtwerk (laufendes Gut und stehendes Gut)
Halb-Wind-Kurs	Die Schiffsrichtung 90° zur Windrichtung
halsen	Den Kurs eines Segelschiffes ändern, indem man mit dem Heck durch den Wind geht
Heck	Hinteres Ende des Schiffes
Holen (Dichtholen)	Die Schoten anziehen, um die Segel flacher zu trimmen
im Wind	Schiffsrichtung mit dem Bug genau in Windrichtung
Kiel	Vornehmlich aus Metall, hängt unter dem Schiff, erhöht die Stabilität
killen	Flattern eines Segels, wenn es nicht voll steht oder nicht dichtgeholt ist
Klampe	Beschlag zum Belegen von Leinen
Knoten	Maßeinheit für die Geschwindigkeit (1 kn = 1,825 km/h)
Krängung	Schräglage des Bootes
Kurs	Richtung, in die das Boot fährt
Lee	Die dem Wind abgewandte Seite

Liek	Kante eines Segels, die durch ein Tau verstärkt wird und um das ganze Tuch herumführt
Logge	Messgerät für die Schiffsgeschwindigkeit
Lot	Messgerät für die Wassertiefe
Luv	Die dem Wind zugewandte Seite
Manöver	Sammelbegriff für Arbeiten der Besatzung im Zusammenhang mit der Führung des Schiffes
Poller	dient den Schiffen im Hafen zum Festmachen der Leinen
Reffen	Verkleinern der Segelfläche
Reling	Um das Schiff laufendes Geländer
Rigg	umfasst die gesamte Takelage eines Schiffes (Mast, Spieren, stehendes Gut, laufendes Gut)
Saling	Querschiffs am Mast beiderseits angebrachte kurze Stangen, die die vom Topp herabführenden Wanten abspreizen und dadurch dem Mast besseren Halt geben
Schoten	werden die Leinen beim Segeln genannt, mit denen man die Segel einstellen kann
Seemeile	entspricht einer Bogenminute am Äquator, einfach gesagt: 1852 m
Steuerbord	Die in Fahrtrichtung rechte Schiffsseite
Tampen	Endstück einer Leine, häufig auch als Bezeichnung für ein Stück Leine gebraucht
Tonne	Allgemeine Bezeichnung für ein schwimmendes Seezeichen
Untiefe	nennt man flache Stellen im Wasser
Wenden	oder über Stag gehen bedeutet die Windseite wechseln, also mit dem Bug durch den Wind gehen